中国-东北亚国家年鉴（2017）

主编／董伟俊
执行主编／笪志刚
副主编／刘　爽　张凤林　任晓菲

CHINA-NORTHEAST ASIA YEARBOOK (2017)

社会科学文献出版社
SOCIAL SCIENCES ACADEMIC PRESS (CHINA)

《中国－东北亚国家年鉴》编委会

《中国－东北亚国家年鉴》（2017）编辑部及主创人员

主　编

董伟俊

执行主编

笪志刚

副主编

刘　爽　张凤林　任晓菲

编辑部成员

张　磊　夏焕新　顾晓滨　陈鸿鹏
于江波　马友君　刘润南　张凤林
任晓菲　刁乃莉　刘伟东　张贵海
王　晶　谢东丹

主要撰稿人（按姓氏笔画排序）

丁　丽　刁乃莉　于江波　马　禹
王力力　王为敏　王　跃　尹　兴
乔　虹　任晓菲　刘伟东　刘　茜
安兆祯　纪晨光　孙鸿鹤　杜　颖
杨丽雁　李　宁　李　扬　李瑞飞
邹秀婷　邹春燕　宋晓丹　宋琳琳
张凤林　张司晨　张秀杰　张彤彤
张　梅　张　葳　陈秋杰　陈鸿鹏
赵博雅　洪　欣　殷　勇　郭丽春
曹志宏　曹晓东　笪志刚　董博雯
谢东丹　蓝　亮　路玮孝　樊鸿禄
戴鸿绪

年鉴名称等

张司晨

工作人员

任晓菲　李　宁　张司晨　李　扬

《中国－东北亚国家年鉴》撰稿人员

东北亚国家概况

宋晓丹（中国），陈秋杰（俄罗斯），
任晓菲（日本），洪欣（韩国），
李扬（朝鲜），李宁（蒙古国）

经济社会发展回顾

笪志刚（东北亚区域合作发展回顾），
王力力（中国），邹秀婷（俄罗斯），
杜颖（日本），洪欣（韩国），
张秀杰（蒙古国）

东北亚各国国家和区域战略介绍

于江波　王为敏　丁　丽　邹春燕
樊鸿禄

东北亚各国招商引资情况

乔虹（中国）、董博雯（附，黑龙江），
张彤彤（俄罗斯），刘茜（日本），
曹晓东（韩国），蓝亮（朝鲜），
郭丽春（蒙古国）

东北亚时事动态

刁乃莉　张　葳　戴鸿绪

东北亚地区主要会议

曹志宏

黑龙江省与东北亚各国合作

宋晓丹（黑龙江省），张梅（俄罗斯），
张凤林（日本），宋琳琳（韩国、朝鲜），
李宁（蒙古国）

重要文件

赵博雅

东北亚国家政界、学界观点

张司晨(国家政要发言、中国地方领导发言)、
曹志宏(著名专家观点)

专题报告与专题论文和摘要

李永全　田畑伸一郎　新井洋史
盛　毅　杜纳耶夫 O. H.　那·图木尔
董伟俊　冯玉军　宋　魁　宋晓松
刘　红　张克强　李　芳　朴光姬
焦方义　任嘉嵩　笪志刚　满海峰
姜振军　索伶俐　王玉主　王　晶
张秀杰　张贵海　王爱中　张凤林
禹颖子　杜　颖　邸春光　任晓菲
李　宁　宋琳琳　张司晨　李　新
陆南泉　关雪凌　祝明侠　B. 拉林
周洪涛　A. B. 奥斯特洛夫斯基
程洪泽　王海运　夏焕新　邵立民
邵晨阳

大事记

刘伟东　孙鸿鹤　杨丽雁

附　录

谢东丹　李瑞飞　路玮孝　马　禹
王　跃　尹　兴

编辑说明

《中国－东北亚国家年鉴》（2017）是一部综合性年鉴，着重收载中国和东北亚各国的基本资料及区域内各方面的重要信息，也收录了黑龙江省深化与东北亚各国经贸合作的相关信息和资料，旨在为进一步促进中国与东北亚各国的经贸往来和交流合作服务。同时，为深化区域内各国和地区间的往来，追踪“一带一路”与东北亚的对接合作提供可资借鉴的信息，为海内外各界人士了解中国和东北亚国家的基本情况、即时信息、合作动态、动态梳理提供平台，以促进国家间的相互了解与合作交流。《中国－东北亚国家年鉴》面向国内外广大读者，为国内外政府工作人员、学者、企业家和相关会议与会人员提供便捷的资讯。

《中国－东北亚国家年鉴》的编辑，坚持以习近平新时代中国特色社会主义思想为统领，全面贯彻落实党的十八大以来习近平治国理政新理念、新思想、新战略，坚持实事求是、与时俱进的科学精神，做到尽可能客观反映有关各国情况，追求年鉴从体例到内容的科学性、权威性和实用性。

本年鉴内容以2016年发生的事情为主，着重记述2016年的大事要闻并收入相关数据资料。为保持资料的完整性和连续性，卷中除记述2016年1～12月大事外，部分条目还记述了2017年1～6月的大事。

本年鉴的主要栏目有：东北亚国家概况，经济社会发展回顾，东北亚各国国家和区域战略介绍，东北亚各国招商引资情况，东北亚时事动态，东北亚地区主要会议，黑龙江省与东北亚各国合作，重要文件，东北亚国家政界、学界观点，专题报告与专题论文和摘要，大事记，附录等。2016年是世界经济持续弱势复苏的一年，也是全球政治、外交、安全、经济格局继续呈现变革调整与发展的一年。一方面，经济呈现复苏态势，大宗商品价格出现回升，欧美等发达国家引领此轮复苏，新兴市场国家和发展中国家增长出现分化；另一方面，逆全球化的贸易保护主义和民粹主义持续发酵，英国脱欧进程的不确定性、美国大选及美联储加息等引发金融市场动荡，国际贸易低迷态势依然持续，中、美、欧、日等主要经济体的进出口形势仍未见明显好转。与此同时，传统安全后遗症和非传统安全的冲击不断显现，区域纷争与局部冲突不断，恐怖主义依然是全球发展的重大威胁。从东北亚区域关系的角度看，该地区尤其是朝鲜半岛的核问题依然不容乐观，反复发作的负面因素已经严重阻碍了区域的经贸合作。中美围绕贸易摩擦的端倪显现，中日双边改善关系的脆弱性，中韩因韩方部署“萨德”系统导致的摩擦，来自域外的美国因素的负面影响，区域内双边、多边关系的博弈的复杂性等，使东北亚区域通过双边和多边的外交斡旋进行经济合作的路径变窄。从对世界经济贡献度和推动区域合作的角度，中国继续扮演了全球经济增长牵引动力的角色，也是维持东北亚区域整体影响力不断扩大、区域地位不断提升、合作潜力不断彰显的重要动力。

即使存在各种困难，该区域也有很多有利于区域合作与交流的积极信息，这也是我们看好东北亚区域合作和力求通过年鉴继续反映其相应变化与趋势的编撰原因。年鉴中的概况和动态信息一般做条目化处理，政要言论采用摘要或节选方式，发展报告则采用文章体。资料排列一般采用中、俄、日、韩、朝、蒙的顺序，一国之内发生的事情，在同一栏目中一般按时间顺序编排。

本年鉴由黑龙江省人民政府主管，黑龙江省社会科学院、东北亚战略研究院承编。供稿者除黑龙江省社会科学院各研究部门的专家学者外，黑龙江省国际经济贸易研究所、黑龙江省商业经济研究所、哈尔滨市国际经济贸易研究所、哈尔滨市社会科学院东北亚研究所、黑龙江大学东北亚研究中心等单位的专家学者也联合撰写了部分内容。专题研究报告邀请了俄、日、韩、蒙等国外专家，以及北京、上海、山东、辽宁、吉林和黑龙江的国内知名专家撰写，具有较高的理论水准和应用价值。年鉴收录的文献资料主要来自国内外权威机构、传媒，具有一定的权威性和参考价值。由于本年鉴资料和数据采集涉及书籍、刊物及作者众多，有些还涉及外文转译并做了部分改写，除专家研究报告等部分列出参考文献外，无法一一注明出处和摘编目录，在此一并深表谢意。

作为资料性工具书，本年鉴内容的选题、选材和编排，条目的要素和记述程序等，都依照年鉴的体例做了相应规范。为方便阅读、检索，本年鉴在目录编排上尽可能做到内容详细、分类清晰、便于查找。

为突出年鉴的应用性和实效性，服务黑龙江省落实习近平总书记视察黑龙江时做出的“响应‘一带一路’倡议，融入中蒙俄经济走廊建设”的重要指示，助推黑龙江省通过新的开放与发展，深度对接东北亚经贸合作，收录当年6月召开的哈洽会和中俄博览会的相关信息，我们将年鉴的出版时间做了调整。由于本年鉴成书时间紧迫，资料采集较为艰辛，在内容和形式上难免有疏漏和不足，欢迎国内外各界读者批评指正，我们将在以后的编纂工作中努力改进。

本年鉴在策划和编辑过程中，参考了国内外相关年鉴的部分编辑风格，并进行了一定的创新，得到了国内外相关部门和各界人士的大力支持和帮助，在此表示衷心的感谢！

目　录

东北亚国家概况

经济社会发展回顾

东北亚各国国家和区域战略介绍

东北亚各国招商引资情况

东北亚时事动态

东北亚地区主要会议

黑龙江省与东北亚各国合作

重要文件

东北亚国家政界、学界观点

专题报告与专题论文和摘要

专题报告

专题论文

论文摘要

大事记

附录

东北亚国家概况

中　国

国　名

中华人民共和国（People's Republic of China）

地　理

中国位于亚洲东部、太平洋西岸。陆地面积约960万平方公里，东部和南部大陆海岸线为1.8万多公里，内海和边海的水域面积为470多万平方公里。海域分布有大小岛屿7600多个，其中台湾岛最大，面积35798平方公里。中国同14国接壤，与8国海上相邻。中国地势西高东低，山地、高原和丘陵约占陆地面积的67%，盆地和平原约占陆地面积的33%。

北方地区是指中国东部季风区的北部，主要是秦岭—淮河一线以北，大兴安岭、乌鞘岭以东的地区，东临渤海和黄海。包括东北三省、黄河中下游五省二市的全部或大部分，以及甘肃东南部，内蒙古、江苏、安徽北部。面积约占全国的20%，人口约占全国的40%，其中汉族占绝大多数，少数民族中人口较多的，有居住在东北的满族、朝鲜族等。南方地区是指中国东部季风区的南部，主要是秦岭—淮河一线以南的地区，西面为青藏高原，东面与南面临东海和南海，大陆海岸线长度占全国的2/3以上。本区的范围包括长江中下游六省一市，南部沿海和西南四省、市大部分地区。面积约占全国的25%，人口约占全国的55%，汉族占大多数。区内的少数民族有30多个，其人数5000多万，主要分布在桂、云、贵、川、湘、琼等地，人数较多的为壮族、苗族、彝族、土家族、布依族、侗族、白族、哈尼族、傣族、黎族等民族。西北地区深居内陆，位于大兴安岭以西，昆仑山—阿尔金山—祁连山和长城以北，包括内蒙古自治区、新疆维吾尔自治区、宁夏回族自治区和甘肃省的西北部。这一地区国境线漫长，与俄罗斯、蒙古国、哈萨克斯坦等国相邻。本区面积广大，约占全国面积的30%，人口约占全国的4%，是地广人稀的地区。西北地区是中国少数民族聚居地区之一，少数民族人口约占总人口的1/3，主要有蒙古族、回族、维吾尔族、哈萨克族等。青藏地区位于中国西南部，横断山脉以西，喜马拉雅山以北，昆仑山、阿尔金山和祁连山以南，包括青海、西藏和四川西部。面积约占全国的25%，人口不足全国的1%。这里是中国藏族聚居的地区。西藏自治区同缅甸、印度、不丹、尼泊尔等国相邻。

人　口

截至2016年末，中国大陆总人口138271万人，比上年末增加809万人，其中城镇常住人口79298万人，占总人口比重（常住人口城镇化率）为57.35%，比上年末提高1.25个百分点。

资源物产

土地资源　中国国土面积为960万平方公里，海域面积为473万平方公里。国土面积居世界第3位，但按人均土地资源论，在面积居世界前12位的国家中，中国居第11位。中国土地资源利用的情况极为复杂。例如，在广阔的东北平原上，汉民族多利用耕地种植高粱、玉米等杂粮，而朝鲜族则多种植水稻。山东的农民种植花生经验丰富，产量较高，河南、湖北的农民则种植芝麻且收益较好。在相近的自然条件下，太湖流域、珠江三角洲、四川盆地的部分地区就形成了全国性的桑蚕饲养中心等。中国耕地的分布是南少北多，比如，中国小麦、棉花的集中产区——华北平原，耕地面积约占全国的40%。2016年中国国有建设用地供应总量为52万公顷，比上年下降2.9%。其中，工矿仓储用地12万公顷，下降3.2%；房地产用地11万公顷，下降10.3%；基础设施等用地29万公顷，增长0.2%。

水资源 河流和湖泊是中国主要的淡水资源。中国人均径流量为2200立方米，是世界人均径流量的24.7%。各大河的流域中，以珠江流域人均水资源最多，人均径流量约4000立方米。长江流域稍高于全国平均数，为2300～2500立方米。海滦河流域是全国水资源最紧张的地区，人均径流量不足250立方米。中国水资源的分布情况是南多北少，耕地分布是南少北多。中国水能资源蕴藏量达6.8亿千瓦，居世界第一位。70%分布在西南四省、市和西藏自治区，其中以长江水系为最多，其次为雅鲁藏布江水系。黄河水系和珠江水系也有较大的水能蕴藏量。2016年水资源总量30150亿立方米。全年平均降水量730毫米。年末中国监测的614座大型水库蓄水总量3409亿立方米，比上年末蓄水量略有减少。全年总用水量6150亿立方米，比上年增长0.8%。万元国内生产总值用水量84立方米，比上年下降5.6%。万元工业增加值用水量53立方米，比上年下降6.0%。人均用水量446立方米，比上年增长0.2%。

植物资源 中国幅员广阔，植被种类丰富，分布错综复杂，是世界上植物资源最丰富的国家之一。在东部季风区，有热带雨林，热带季雨林，中、南亚热带常绿阔叶林，北亚热带落叶阔叶常绿阔叶混交林，温带落叶阔叶林，寒温带针叶林，以及亚高山针叶林、温带森林草原等植被类型。在西北部和青藏高原地区，有干草原、半荒漠草原灌丛、干荒漠草原灌丛、高原寒漠、高山草原草甸灌丛等植被类型。植物种类多，据统计，有种子植物300个科、2980个属、24600个种。其中被子植物2946属（占世界被子植物总属的23.6%）。比较古老的植物约占世界总属的62%。有些植物，如水杉、银杏等，世界上其他地区现代已经灭绝，都是残存于中国的“活化石”。种子植物兼有寒、温、热三带的植物，种类比全欧洲多得多。此外，还有丰富多彩的栽培植物。从用途来说，有用材林木1000多种，药用植物4000多种，果品植物300多种，纤维植物500多种，淀粉植物300多种，油脂植物600多种，蔬菜植物也不下80种。

动物资源 中国是世界上动物资源最为丰富的国家之一。据统计，全国陆栖脊椎动物约有2070种，占世界陆栖脊椎动物的9.8%。其中鸟类1170多种、兽类400多种、两栖类184种，分别占世界同类动物的13.5%、11.3%和7.3%。在西起喜马拉雅山—横断山北部—秦岭山脉—伏牛山—淮河与长江间一线以北地区，以温带、寒温带动物群为主，属古北界；此线以南地区以热带性动物为主，属东洋界。由于东部地区地势平坦，西部横断山南北走向，所以两界动物相互渗透混杂的现象比较明显。

矿产资源 中国幅员广阔，地质条件多样，矿产资源丰富，矿产171种。已探明储量的有157种。其中钨、锑、稀土、钼、钒和钛等的探明储量居世界首位。煤、铁、铅锌、铜、银、汞、锡、镍、磷灰石、石棉等的储量均居世界前列。中国矿产资源分布，如铁主要分布于辽宁、冀东和川西，西北很少；煤主要分布在华北、西北、东北和西南区，其中山西、内蒙古、新疆等省区最集中，而东南沿海各省区则很少。钨矿在19个省区均有分布，储量主要集中在湘东南、赣南、粤北、闽西和桂东—桂中。

国体政体

国体 中华人民共和国是工人阶级领导的、以工农联盟为基础的人民民主专政的社会主义国家。社会主义制度是中华人民共和国的根本制度。中华人民共和国的一切权力属于人民。人民行使国家权力的机关是全国人民代表大会和地方各级人民代表大会。

政体 我国的政体是人民代表大会制度。人民代表大会是中华人民共和国国家权力机关，包括全国人民代表大会；省、自治区、直辖市的人民代表大会；设区的市、自治州的人民代表大会；县、自治县，不设区的市、市辖区的人民代表大会；乡、民族乡、镇的人民代表大会。全国人民代表大会是最高国家权力机关，地方各级人民代表大会是地方国家权力机关，人民代表大会由民主选举产生。全国人民代表大会每届任期五年每年举行一次会议。

国家领导人 习近平现任中国共产党中央委员会总书记、中共中央军事委员会主席、中华人民共和国主席、中华人民共和国中央军事委员会主席。

行政区划

中国有34个省级行政区，包括23个省、5个自治区、4个直辖市、2个特别行政区。省级人民政府驻地称省会（首府），中央人民政府所在地是首都。北京是中国的首都。乡镇是中国最基层的行政单位。自治区、自治州、自治县是少数民族聚居地区的民族自治地方，它们都是祖国不可分割的部分。香港和澳门是中国领土的一部分。中国政府已于1997年7月1日对香港恢复行使主权，成立了香港特别行政区；于1999年12月20日对澳门恢复行使主权，成立了澳门特别行政区。

经济贸易

国内生产总值 2016年中国经济运行缓中趋稳、稳中向好。全年国内生产总值744127.2亿元，比上年增长8.0%。其中，第一产业产值63670.7亿元，增长4.6%；第二产业产值296236.0亿元，增长5.0%；第三产业产值384220.5亿元，增长11.0%。第一产业产值占国内生产总值的比重为8.6%；第二产业产值比重为39.8%；第三产业产值比重为51.6%，比上年提高1.4个百分点。全年人均国内生产总值53980.0元，比上年增长7.4%。全年国民总收入741140.4亿元，比上年增长6.9%。

产业 2016年中国粮食种植面积11303万公顷，其中小麦种植面积有所增加，稻谷和玉米种植面积有所减少。全年粮食产量61625万吨，比上年减少520万吨，减产0.8%。全年肉类总产量8538万吨，比上年下降1.0%。全年水产品产量6901万吨，比上年增长3.0%。全年新增耕地灌溉面积127万公顷，新增节水灌溉面积211万公顷。2016年中国全年全部工业增加值247860亿元，比上年增长6.0%。规模以上工业增加值增长6.0%。分门类看，采矿业下降1.0%，制造业增长6.8%，电力、热力、燃气及水生产和供应业增长5.5%。全年规模以上工业中，农副食品加工业增加值比上年增长6.1%，纺织业增长5.5%，化学原料和化学制品制造业增长7.7%，非金属矿物制品业增长6.5%，黑色金属冶炼和压延加工业下降1.7%，通用设备制造业增长5.9%，专用设备制造业增长6.7%，汽车制造业增长15.5%，电气机械和器材制造业增长8.5%，计算机、通信和其他电子设备制造业增长10.0%，电力、热力生产和供应业增长4.8%。工业战略性新兴产业增加值增长10.5%。高技术制造业增加值增长10.8%。装备制造业增加值增长9.5%。六大高耗能行业增加值增长5.2%。全年全社会建筑业增加值49522亿元，比上年增长6.6%。全国具有资质等级的总承包和专业承包建筑业企业实现利润6745亿元，增长4.6%。其中，国有控股企业1879亿元，增长6.8%。

贸易　2016年中国货物进出口总额243386亿元，比上年下降0.9%。其中，出口138455亿元，下降1.9%；进口104932亿元，增长0.6%。货物进出口差额（出口减进口）33523亿元，比上年减少3308亿元。对“一带一路”沿线国家进出口总额62517亿元，比上年增长0.5%。其中，出口38319亿元，增长0.5%；进口24198亿元，增长0.4%。全年服务进出口总额53484亿元，比上年增长14.2%。其中，服务出口18193亿元，增长2.3%；服务进口35291亿元，增长21.5%。服务进出口逆差17097亿元。

对外经济　2016年中国吸收外商直接投资（不含银行、证券、保险）新设立企业27900家，比上年增长5.0%。实际使用外商直接投资金额8132亿元（折合1260亿美元），增长4.1%。其中“一带一路”沿线国家对华直接投资新设立企业2905家，增长34.1%；对华直接投资金额458亿元（折合71亿美元）。全年对外直接投资额（不含银行、证券、保险）11299亿元，按美元计价为1701亿美元，比上年增长44.1%。其中，对“一带一路”沿线国家直接投资额145亿美元。全年对外承包工程业务完成营业额10589亿元，按美元计价为1594亿美元，比上年增长3.5%。其中，对“一带一路”沿线国家完成营业额760亿美元，增长9.7%，占对外承包工程业务完成营业额比重为47.7%。对外劳务合作派出各类劳务人员49万人，下降6.8%。

通　信

2016年，电信业全年新增移动电话交换机容量7318万户，达到218384万户。年末全国电话用户总数152856万户，其中移动电话用户132193万户。移动电话普及率上升至95.6部/百人。固定互联网宽带接入用户29721万户，比上年增加3774万户，其中固定互联网光纤宽带接入用户22766万户，比上年增加7941万户；移动宽带用户94075万户，增加23464万户。移动互联网接入流量93.6亿G，比上年增长123.7%。互联网上网人数7.31亿人，增加4299万人，其中手机上网人数6.95亿人，增加7550万人。互联网普及率达到53.2%，其中农村地区互联网普及率达到33.1%。软件和信息技术服务业完成软件业务收入48511亿元，比上年增长14.9%。

文　化

2016年末中国文化系统共有艺术表演团体2046个，博物馆3060个。全国共有公共图书馆3172个，总流通64781万人次；文化馆3338个。有线电视实际用户2.23亿户，其中有线数字电视实际用户1.97亿户。年末广播节目综合人口覆盖率为98.4%，电视节目综合人口覆盖率为98.9%。全年生产电视剧330部14768集，电视动画片119895分钟。全年生产故事影片772部，科教、纪录、动画和特种影片172部。出版各类报纸394亿份，各类期刊27亿册，图书86亿册（张），人均图书拥有量6.27册（张）。年末全国共有档案馆4193个，已开放各类档案13388万卷（件）。

教　育

2016年中国研究生教育招生66.7万人，在学研究生198.1万人，毕业生56.4万人。普通本专科招生748.6万人，在校生2695.8万人，毕业生704.2万人。中等职业教育招生593.3万人，在校生1599.1万人，毕业生533.7万人。普通高中招生802.9万人，在校生2366.6万人，毕业生792.4万人。初中招生1487.2万人，在校生4329.4万人，毕业生1423.9万人。普通小学招生1752.5万人，在校生9913.0万人，毕业生1507.4万人。特殊教育招生9.2万人，在校生49.2万人，毕业生5.9万人。学前教育在园幼儿4413.9万人。九年义务教育巩固率为93.4%，高中阶段毛入学率为87.5%。

旅　游

2016年中国国内游客44亿人次，比上年增长11.0%，国内旅游收入39390亿元，增长15.2%。入境游客13844万人次，增长3.5%。其中，外国人2815.12万人次，增长8.4%；香港、澳门和台湾同胞11029万人次，增长2.3%。在入境游客中，过夜游客5927万人次，增长4.2%。国际旅游收入1200亿美元，增长5.6%。国内居民出境13513万人次，增长5.7%。其中因私出境12850万人次，增长5.6%；赴港澳台出境8395万人次，下降2.2%。

医疗卫生

2016年末中国共有医疗卫生机构98.3万个，其中医院2.9万个，在医院中有公立医院1.3万个，民营医院1.6万个；基层医疗卫生机构92.7万个，其中乡镇卫生院3.7万个，社区卫生服务中心（站）3.5万个，门诊部（所）21.7万个，村卫生室63.9万个；专业公共卫生机构2.5万个，其中疾病预防控制中心3481个，卫生监督所（中心）2986个。年末卫生技术人员845万人，其中执业医师和执业助理医师319万人，注册护士351万人。医疗卫生机构床位241万张，其中医院569万张，乡镇卫生院122万张。全年总诊疗人次79.3亿人次，出院人数2.3亿人。

科　技

2016年中国研究与试验发展（R&D）经费支出15676亿元，比上年增长9.4%，与国内生产总值之比为2.11%。全年国家重点研发计划共安排42个重点专项1163个科技项目，国家科技重大专项共安排224个课题，国家自然科学基金共资助41184个项目。截至2016年底，累计建设国家重点实验室488个，国家工程研究中心131个，国家工程实验室194个，国家企业技术中心1276家。全年受理境内外专利申请346.5万件，授予专利权175.4万件。截至2016年底，有效专利628.5万件。全年共签订技术合同32.0万项，技术合同成交金额11407亿元，比上年增长16.0%。全年完成22次宇航发射。长征五号、长征七号新一代运载火箭成功首飞；天宫二号空间实验室、神舟十一号载人飞船成功发射，航天员在轨驻留30天并安全返回；新一代静止轨道气象卫星风云四号、合成孔径雷达卫星高分三号、3颗北斗导航卫星等成功发射。2016年末中国共有产品检测实验室34487个。中国现有产品质量、体系认证机构312个。中国共有法定计量技术机构3933个。全年制定、修订国家标准1763项，其中新制定1255项。

环　保

2016年中国近岸海域417个海水水质监测点中，达到国家一、二类海水水质标准的监测点占73.4%，三类海水占10.3%，四类、劣四类海水占16.3%。在监测的338个城市中，城市空气质量达标的城市占24.9%，未达标的城市占75.1%。细颗粒物（PM2.5）未达标地级及以上城市年平均浓度52微克/立方米，比上年下降8.8%。在监测的322个城市中，城市区域声环境质量好的城市占5.0%，较好的占68.3%，一般的占26.1%，较差的占0.6%。全年平均气温为10.49℃，比上年降低0.13℃。共有8个台风登陆。年末城市污水处理厂日处理能力14823万立方米，比上年末增长5.6%；城市污水处理率为92.4%，提高0.5个百分点。城市生活垃圾无害化处理率为95.0%，提高0.9个百分点。城市集中供热面积70.7亿平方米，增长5.2%。城市建成区绿地面积197.1万公顷，增长3.3%；建成区绿地率为36.44%，提高0.08个百分点；人均公园绿地面积13.45平方米，增加0.10平方米。

俄罗斯

国　名

俄罗斯联邦或俄罗斯（Russian Federation，Russia）

地　理

俄罗斯联邦位于30°E～180°E，50°N～80°N，地跨欧、亚两洲，位于欧洲东部和亚洲大陆的北部，其欧洲领土的大部分是东欧平原。北邻北冰洋，东濒太平洋，西接大西洋，西北临波罗的海、芬兰湾。东西最长为9000公里，东起白令海峡的杰日尼奥夫角，西至加里宁格勒州的波罗的海海岸；南北最宽为4000公里，跨越4个气候带。

面积　俄罗斯联邦国土面积1712.52万平方公里（世界第1名；占苏联领土面积的76.3%，占地球陆地面积的11.4%），水域面积占13%，是世界上面积最大的国家。

疆界和邻国　俄罗斯拥有漫长的疆界线，边界的东、北部邻海，西、南部为陆地疆界。总长度超过6万公里，其中海疆占2/3，海岸线长33807公里，共与12个海相邻；陆界占1/3，总长度达1.7万公里，共与14个国家接壤，陆地邻国西北面有挪威、芬兰，西面有爱沙尼亚、拉脱维亚、立陶宛、波兰、白俄罗斯，西南面是乌克兰，南面有格鲁吉亚、阿塞拜疆、哈萨克斯坦，东南面有中国、蒙古国和朝鲜。东面与日本和美国隔海相望。俄罗斯的北部领土中，36%位于北极圈内。

地形地貌　俄罗斯幅员辽阔，地形地貌复杂多样。其中平原、低地和丘陵占国土总面积的60%，高原和山脉各占20%。俄罗斯境内地势东高西低，南高北低。叶尼塞河以东大多是高原、山脉，主要有中西伯利亚高原、南西伯利亚山地、东西伯利亚山地和远东山地。中西伯利亚高原面积约150万平方公里，海拔500～1500米，为世界较大高原之一。叶尼塞河以西则多为辽阔的平原，其中以乌拉尔山为界，又可分为东欧平原和西西伯利亚平原两部分。东欧平原面积约400万平方公里，为世界著名平原。西西伯利亚平原地势低平，河网密布。乌拉尔山脉、大高加索山脉是俄罗斯境内的主要山脉。乌拉尔山南北蜿蜒2000多公里，是欧亚两洲分界线的一部分。大高加索山脉耸立在俄罗斯西南部，最高峰厄尔布鲁士山海拔5642米，是俄罗斯的最高点。

河流湖泊　俄罗斯河流、湖泊密布，水利资源极为丰富。境内的河流达200多万条，其中长度超过500公里以上的河流有200多条，长度在200～500公里的河流约3000条。河流总长度逾650万公里。这些河流分别注入东、南、西、北的北德维纳河、伯朝拉河、鄂毕河、叶尼塞河、勒拿河、因迪吉尔卡河、科雷马河等，这些河通向北冰洋各海；阿穆尔河（黑龙江）、阿纳德尔河等注入太平洋各海；涅瓦河、顿河、库班河等流向大西洋各海；伏尔加河、乌拉尔河等流入里海。俄罗斯的河流结冰期比较长，但河流之间修建了运河，形成了一个四通八达的水运网，内河航运几乎覆盖了整个欧洲平原。俄罗斯最长的河流是鄂毕河，它位于俄罗斯的亚洲部分，全长5410公里（包括其支流额尔齐斯河），其次为远东的阿穆尔河（4440公里）、西伯利亚的勒拿河（4400公里）和叶尼塞河（5539公里）。著名的伏尔加河位于俄罗斯的欧洲部分，发源于瓦尔代高地，向南注入里海，全长3690公里，是欧洲最长的一条河流。在伏尔加河流域居住着43%的俄罗斯人，而且它是俄罗斯文化的源头，被俄罗斯人民誉为“母亲河”。叶尼塞河位于俄罗斯中部，属北冰洋水系，仿佛是一条中轴线，自南向北将俄罗斯分为东、西对称的两半，西部为平原地带，东部为高原和山地。叶尼塞河全长5539公里，是俄罗斯水量最丰沛的一条河流。它发源于乌拉尔山脉的乌拉尔河，与乌拉尔山、高加索山脉一道，成为亚欧两大洲的分界线。阿穆尔河（黑龙江）是俄罗斯与中国的界河，如今两岸人民旅游、经贸往来不断，沿河不少城市多成为重要口岸。

俄罗斯共有大大小小的湖泊200多万个，是世界上著名的多湖之国之一。其中被俄罗斯、阿塞拜疆、伊朗、土库曼斯坦、哈萨克斯坦五个国家团团包围的里海，面积37.1万平方公里，是世界最大的湖泊。里海过去曾经是海洋的一部分，后来与海洋分离成为湖泊，湖内含盐分较高，为咸水湖。贝加尔湖位于中西伯利亚高原南部，靠近蒙古国北部边境，面积约3.15万平方公里，湖底最深达1637米（2015年），蓄水量23.6万亿立方米（2015年），占地球表面淡水总容量的20%。是世界最深、蓄水量最大的淡水湖。拉多加湖位于俄罗斯西部，靠近芬兰边境，是欧洲最大的湖泊，面积为1.8万平方公里。奥涅加湖（面积9700平方公里）、台米尔湖等也是俄罗斯著名的湖泊，具有较高的旅游价值。

海岸海岛　俄罗斯海岸线全长4.3万公里，与12个海相邻：北邻北冰洋的巴伦支海、白海、喀拉海、拉普捷夫海、东西伯利亚海、楚科奇海。东濒太平洋的白令海、鄂霍次克海和日本海，西临大西洋的波罗的海，南与黑海、亚速海相邻。

气候　俄罗斯气候多样，东西及南北间的气候条件差异十分明显，基本属于温带大陆性气候，但北极圈以北属于寒带气候。除了东欧平原的中部地区冬夏气温的差异比较适中外，其他地区大多冬季漫长而寒冷，夏季短促、温暖而少雨，缺乏农作物生长所需的必要湿度和温度。尤其是处于苔原与森林苔原中的多年冻土面积很大。依其大陆性程度的不同，以叶尼塞河为界分为两部分，西部属于温和的大陆性气候，西伯利亚属强烈的大陆性气候。西北部沿海地区具有海洋性气候特征，而远东太平洋沿岸则带有季风性气候的特点。俄罗斯南北部气温悬殊，温差普遍较大，1月平均温度为-18℃~10℃，7月平均温度为11℃~27℃。西伯利亚地区纬度较高，气候寒冷，冬季漫长，但夏季日照时间长，气温和湿度适宜，利于针叶林生长。从西到东大陆性气候逐渐加强，北冰洋沿岸属苔原气候（寒带气候或称极地气候），太平洋沿岸属温带季风气候。从北到南依次为极地荒漠、苔原、森林苔原、森林、森林草原、草原带和半荒漠带。俄联邦的西部和西北部无高山阻挡，来自大西洋的水汽可长驱直入，成为俄联邦陆地水分的主要来源。大西洋气流的消长变化及其影响程度的差异，决定了俄联邦广大平原地区的降水量、季风、气温和湿润状况的变化。北大西洋暖流是俄联邦西北部沿海地区热量的一个主要来源，使这一带的冬季气温远远高于同纬度的其他地区。如地处北极圈的摩尔曼斯克，1月平均气温为-9.9℃，高于同纬度其他地区20℃以上，为俄联邦北部最大的不冻港。俄联邦冬季最低气温区为维尔霍扬斯克和奥伊米亚康，被称为北半球的“寒极”。俄联邦的降水偏少，年平均降水量为530毫米。山地的降水量一般比平原多，降水量最充沛的北高加索地区达2500毫米。从俄罗斯平原到东西伯利亚，年降水量从500~700毫米降到200~300毫米。平原的中部地带，以北纬60°附近降水量为最大，往南降水量逐渐递减。冬季，俄罗斯全境普遍降雪，积雪期和积雪的厚度随纬度的不同而变化。在西伯利亚苔原北部，全年有260天积雪。

人　口

截至2017年1月1日，全俄共有人口1.465亿人。俄罗斯男女比例失衡非常严重，男女比例为1000：1158。俄罗斯人的平均寿命为71.9岁，其中男性平均寿命为66.5岁，女性为77.1岁。俄罗斯新出生人口1888729人，死亡1891015人，人口负增长2286人，人口自然增长率为－0.03%。这一年，俄联邦接受外来移民575158人，其中来自独联体国家的移民511773人，主要来自阿塞拜疆、亚美尼亚、白俄罗斯、哈萨克斯坦、吉尔吉斯斯坦、摩尔多瓦、塔吉克斯坦等国；来自欧盟国家的移民10809人，主要来自德国、拉脱维亚、爱沙尼亚、立陶宛等国；来自其他国家移民50168人，主要来自中国、越南等国。前往国外的俄罗斯移民共313210人，其中前往独联体国家256480人，前往欧盟国家11534人，前往其他国家45196人。就人口数量来看，俄罗斯在世界各国人口排名中居于第九位。但结合其广阔的领土来看，俄罗斯又是地广人稀的国家，平均人口密度不到9人/平方公里，仅相当于世界人口平均密度（36人/平方公里）的1/4。俄罗斯人口分布极不平衡，欧洲部分人口稠密，居住在这里的人口占全俄人口的一半以上，人口密度达50～100人/平方公里，大城市周围甚至超过100人/平方公里；亚洲部分人口稀少，平均每平方公里3.5人，西伯利亚和远东的大部分地区，平均人口密度不足1人/平方公里，该地区人口主要集中在铁路沿线和大河沿岸；人口最为稀少的地区是北冰洋沿岸的寒冷地带，平均每平方公里仅有0.1～0.3人。

俄罗斯的绝大部分人口集中在西部地区，北部和远东地区的人口外流现象严重。人口主要居住在欧俄（北部地区除外）、西伯利亚和远东的南部地区。俄罗斯的人口密集区包括中央联邦区、南部联邦区、北高加索联邦区和伏尔加联邦区。俄罗斯截至2016年底有1114座城市，城市人口占74%；农村人口占26%。莫斯科是俄罗斯的首都，也是居住人口最多的城市，达到1238万人；其次是圣彼得堡，人口总数为528万人；新西伯利亚市紧随其后，人口数量为160万人。俄罗斯国家统计局公布数据显示，截至2017年7月31日，俄罗斯拥有十万以上人口的大城市共170个（比2016年增加1个城市），其中15个城市为人口逾百万城市；22个城市人口在50万至100万人（同比增加1个城市）；41个城市人口在25万至50万人（同比减少2个）；92个城市人口在10万至25万人（同比增加2个）。

俄罗斯境内生活着176个大大小小的民族，大的民族人口过亿，小的民族人口不足1000人。俄罗斯族是国内最大的民族，占全国人口总数的81.5%。其他少数民族中，人口超过50万的有15个，鞑靼族是全国人数最多的少数民族，人口有550万，主要居住在伏尔加河流域的鞑靼斯坦共和国及周边地区。其他比较大的民族有乌克兰族、楚瓦什族、巴什基尔族、白俄罗斯族、莫尔多瓦族、日耳曼族、乌德穆尔特族、马里族、哈萨克族等。车臣族是俄罗斯联邦境内第五大少数民族，信奉伊斯兰教，主要居住在北高加索地区的车臣共和国境内。

资源物产

土地资源　俄罗斯土地资源丰富，且多为可利用土地。截至2017年初，俄罗斯土地面积为17.125亿公顷，占世界陆地面积的1/7，人均占有量11.5公顷，为世界之最。其中农业用地2.221亿公顷，占总面积的13.0%；林地8.707亿公顷，占50.8%；水域用地（包括沼泽）2.268亿公顷，占13.2%；其他土地3.929亿公顷，占23.0%。俄罗斯的农业用地主要分布在东欧平原的伏尔加河流域和顿河流域、莫斯科和圣彼得堡所在的西北部地区、黑海沿岸地区以及西伯利亚和远东南部地区。世界上最大、最肥沃的黑土和草甸黑土区位于俄罗斯境内（约1.68亿公顷）。俄罗斯的土地从北到南依次为极地荒漠、苔原、森林苔原、森林、森林草原、草原带和半荒漠带。草原、苔原和森林地区主要集中在北方及南方山区的狭长地带，虽不利于开发，但并不影响整体土地的利用。森林草原地带呈带状，从喀尔巴阡山一直延伸到阿尔泰。草原带和半荒漠带是俄罗斯的主要农业地带，如西伯利亚南部与蒙古国、哈萨克斯坦交界地带比较适宜农作物生长。

水资源 俄罗斯拥有丰富的水资源，仅贝加尔湖就容纳了全球地表淡水总量的1/5。俄罗斯拥有500多条通航河流，总长度为30万公里，实际通航里程为8万公里。俄罗斯河流众多，河口处的平均年径流总量约为4万亿立方米，位居世界第二，仅次于巴西。水资源的空间分布极不平衡，如居住人口占全俄人口80%的欧洲部分，河川径流量仅占径流总量的8%。俄罗斯是水资源开发利用大国，人均水资源占有量为30600立方米。著名的水电站有布拉茨克、伏尔加格勒、克拉斯诺亚尔斯克、雷宾、萨彦舒申斯克等水电站。

森林资源 俄罗斯森林拥有量为7.635亿公顷，约占全世界森林面积的22%；林木总蓄积量807亿立方米，占全世界森林总蓄积量的22%左右。俄罗斯森林覆盖面积8.67亿公顷，占国土面积的50.7%，居世界第一位。平均年采伐量1.2亿立方米，占木材总储量的0.17%。树种以针叶、硬阔和软阔为主，占森林覆盖总面积的90%。树龄以成熟林和过熟林为主，占木材储量的57.5%。俄罗斯森林资源储量已经超过了整个北美的森林资源。目前俄罗斯是世界木材第三大出口国，仅次于美国和加拿大。多林地区有西伯利亚、远东、乌拉尔以及欧洲部分北部的几个自治共和国。有些树种，如安加拉松、达乌尔落叶松、萨彦岭云杉、西伯利亚和高丽冷杉、雪松等都非常珍贵。除树木外，林区还盛产各种毛皮兽，如黑鼬、银鼠、灰鼠、貂和狐狸等。

矿产资源 俄罗斯联邦地质构造复杂，矿产资源极其丰富，已开采的矿物囊括了门捷列夫元素周期表上所列的全部元素。拥有全世界37%的矿产资源，是世界上为数不多的资源能够自给自足的国家之一。俄罗斯石油探明储量82亿吨，占世界探明储量的4%～5%。天然气潜在资源估计为212亿立方米，已探明蕴藏量为48万亿立方米，占世界探明储量的25%，居世界第一位。俄罗斯的石油、天然气主要分布在西西伯利亚、俄罗斯和东西伯利亚三大地台型含油盆地，以及萨哈林等地槽型含油盆地。在伏尔加河流域和乌拉尔地区有许多石油和天然气产地。目前俄罗斯油气资源的开采地主要集中在北部地区和西西伯利亚地区（以秋明油田为主），天然气资源的开发则集中在雅库特和萨哈林地区。此外，鄂霍茨克大陆架的石油以及里海北部的石油天然气开采前景看好。除石油天然气外，俄罗斯许多矿产储量位居世界前列：煤炭储量1571.1亿吨，居世界前列，占世界总储量的18%；铁蕴藏量位居世界第一，占世界总储量的30%左右；铝蕴藏量居世界第二位；铀蕴藏量占世界探明储量的14%；黄金储量居世界第三位；磷灰石的探明储量占世界总储量的65%；镍、锡的探明储量占世界总储量的30%。这些矿产资源蕴藏在俄罗斯各地：俄罗斯平原和乌拉尔、西伯利亚地区以及雅库特等地的铁矿储量丰富；俄罗斯平原西北部的卡累阿利和科拉半岛地区蕴藏着铁、镍、云母等矿产；希宾山地有世界最大的磷灰石矿；乌拉尔山区和远东山地是俄罗斯主要的有色金属矿产基地；后贝加尔地区探明蕴藏着大型铜矿；安加拉河和叶尼塞河河口附近富藏铅矿等。此外，俄罗斯的非金属矿藏也十分丰富，石棉、石墨、云母、菱镁矿、刚玉、冰洲石、宝石、金刚石的储量及产量都非常大。俄罗斯只有钨、汞等金属资源储量较少，不能自给。开采量较小的矿藏主要是铬、重晶石、锆，以及高品位高岭土和膨润土等。

国体政体

议会 俄罗斯联邦会议是俄罗斯联邦的代表与立法机关，又称俄罗斯联邦议会。实行两院制，两院分别为俄罗斯联邦委员会（上议院）和国家杜马（下议院）组成。议会的主要职责是根据俄罗斯联邦宪法制定和通过各项法令，并对国家管理的重大问题做出决定。联邦委员会由俄罗斯联邦每个主体，包括直辖市、共和国、边疆区和州等各派1名国家权力机关代表和1名国家权力执行机关代表组成，应有议员178名。联邦委员会的职权包括：批准俄罗斯联邦各主体之间边界的变更；批准俄罗斯联邦总统发布的实行军事和紧急状态令；决定能否在俄罗斯境外动用俄武装力量；规定总统选举事宜；弹劾总统；任命宪法法院、最高法院、最高仲裁法院的法官和俄罗斯联邦总检察长。国家杜马由450名代表组成，其中的一半（225席）由各政党代表产生，如果一个政党在选举中获得了不少于5%的选票，其代表有权出席国家杜马。政党获得的选票越多，其在国家杜马的议席就越多。另一半席位由各单席位选区产生，候选人独立报名参选，选民不为某一政党或意识形态，而是为某一具体的个人及其纲领而投票。国家杜马的主要职能是通过联邦法律，实行大赦，同意总统关于政府首脑的任命，任免审计院主席及半数检察员，提出罢免俄罗斯总统的指控等。

俄罗斯联邦政府 国家权力最高执行机关。设1名总理、1名第一副总理、6名副总理和18个部。

俄罗斯联邦宪法法院 对联邦委员会和国家杜马的法律、决定，联邦总统的命令，其他联邦机构的文件，各共和国的宪法，联邦主体的法律、章程和其他法规，联邦内部条约和国际条约是否符合联邦宪法，以及社会团体的成立和活动是否符合宪法的案件做出裁决。联邦宪法法院院长还对联邦国家权力机关之间、联邦国家权力机关和联邦主体国家权力机关之间以及联邦各主体国家机关之间的权限纠纷做出裁决。

俄罗斯联邦最高法院 是民事、刑事、行政和其他案件的最高司法机关。根据联邦法律规定的诉讼程序对法院的活动实行司法监督，并对审判实践问题做出解释。

俄罗斯联邦最高仲裁法院 对经济纠纷和仲裁法院审理的其他案件进行裁决的最高司法机关。根据联邦法律规定的诉讼程序对仲裁的活动实行司法监督，并对审判实践问题做出解释。

俄罗斯联邦总检察院 对犯罪案件侦查的合法性进行监督，支持在法院的公诉，为维护国家利益、公民的权利和自由而向法院提起诉讼，监督国家机关、地方自治机关和公职人员的执法、守法情况。

主要政党 苏联解体后，俄罗斯联邦实行多党制。截至2017年1月1日，俄罗斯联邦司法部审核通过登记的政党共有75个。目前，在俄罗斯政坛中比较活跃的政党有："统一俄罗斯"党、俄罗斯联邦共产党、俄罗斯自由民主党、"祖国"竞选联盟、"右翼力量联盟"党、"亚博卢"民主党、生活党等。

总统 俄罗斯联邦现任总统为弗拉基米尔·弗拉基米罗维奇·普京，于2000年3月26日当选为俄联邦总统，2004年3月14日成功连任总统，2008年5月8日出任俄联邦总理一职。2012年5月7日，普京迎来他的第三届总统任期，为期6年，本届任期结束时间为2018年5月。自执政以来，普京致力于复兴俄罗斯超级大国地位，对内加强联邦政府的权力，整顿经济秩序，打击金融寡头，加强军队建设；对外努力改善国际环境，拓展外交空间，维护本国利益，在国际舞台上恢复了世界性强国地位。普京任总统期间，整体提升了苏联解体后的俄罗斯的国际地位，在对内外政策方面偏强硬，特别是在克里米亚独立并加入俄罗斯问题上态度坚决，无视西方国家的制裁，被认为是一位"铁腕总统"。

行政区划

俄罗斯联邦共划分为九个联邦区：中央区、西北区、南部区、伏尔加沿岸区、乌拉尔区、西伯利亚区、远东区、北高加索区和克里米亚区，各区均由联邦主体构成。2016 年 7 月 28 日，俄罗斯总统普京签署命令，将南部联邦区和克里米亚联邦区合并改组为新的南部联邦区，2016 年由 85 个联邦主体构成，包括 3 个联邦直辖市、4 个自治区、22 个共和国、46 个州、9 个边疆区和 1 个自治州。

经济贸易

国内生产总值　根据俄罗斯联邦国家统计局网站公布的统计数据，2016 年，俄罗斯经济萎缩幅度较上年大幅收窄，按可比价格计算，实际国内生产总值（GDP）同比仅下降 0.2%，较上年收窄 2.6 个百分点。初步统计，2016 年，按当前市场价格计算，俄罗斯名义 GDP 为 83.23 万亿卢布，同比增长 3.2%；按 2011 年不变市场价格计算，实际 GDP 为 61.10 万亿卢布，同比下降 0.2%；GDP 平减指数为 140.56（2011 年 = 100），同比上涨 3.4%。

产业　第一产业包括农业、林业、畜牧业和渔业。得天独厚的自然条件和黑土地资源为俄罗斯农业发展奠定了坚实的基础。俄罗斯 25% 的土地（约为 4 亿公顷）具有农用价值，但目前实际使用率仅为 50% 左右。近几年，俄罗斯逐步扩大农产品的种植面积。主要农作物有小麦、大麦、燕麦、玉米、水稻和豆类。经济作物以亚麻、向日葵和甜菜为主。俄罗斯国家统计局数据显示，2016 年，俄罗斯农业实现生产总值 5626.0 万亿卢布，其中种植业实现产值 3170.5 万亿卢布，畜牧业实现 2455.5 万亿卢布。在农业总产值中农业生产组织所占比重为 52.8%，农户个体生产占 34.7%，农场式生产占 12.5%。农作物的播种总面积为 7931.2 万公顷，其中谷类和豆类 4710.0 万公顷，甜菜 110.8 万公顷，向日葵 759.8 万公顷，马铃薯 205.3 万公顷，蔬菜 69.2 万公顷。谷物总产量达到 1.207 亿吨（净重），同比增长 15.2%。小麦产量为 7334.6 万吨，同比增长 18.6%；大麦产量为 1796.7 万吨，同比增长 2.7%；玉米产量为 1529.2 万吨，同比增长 16.3%；荞麦产量为 118.7 万吨，同比增长 37.8%；水稻产量为 108.1 万吨，同比下降 2.6%；粟米产量为 62.93 万吨，同比增长 10%；油菜籽产量为 1380 万吨，同比增长 7.0%；大豆产量为 294.0 万吨，同比增长 24.8%。畜牧业在俄罗斯农业中与种植业处于同等重要的地位，畜牧业主要包括牛、羊、猪及家禽的饲养。俄罗斯的养牛业主要集中在中央联邦区、西伯利亚联邦区和伏尔加河沿岸联邦区，这里生产全俄近 80% 的鲜牛肉。截至 2016 年底，俄联邦牛存栏数 1880 万头（其中奶牛 830 万头）、猪 2200 万头、羊 2480 万头。全年生产肉制品总量 990 万吨，比 2015 年增加 30 万吨，增长 3.1%；鸡蛋 435 亿枚，牛奶 3070 万吨。截至 2016 年底，全俄从事木材采伐的企业数量为 8900 家，开采原木 1.29 亿立方米。全俄 35 个地区实施的林业项目为 121 个，总金额约 3800 亿卢布，可利用木材总量超过 8000 万立方米。俄罗斯水生生物资源丰富，远洋捕捞技术居于世界领先水平。根据俄渔业署公布的统计数据，2016 年俄罗斯共捕捞各种鱼类 90.2 万吨，较 2015 年减少 27.3 万吨，下降 23.2%；蟹、蚌等 5.22 万吨，同比下降 23.1%。

第二产业包括工业和建筑业，在国民经济中占据主导地位。俄罗斯工业部门齐全，核工业和航天航空工业居于世界领先水平。主要工业部门包括机械、钢铁、冶金、石油、天然气、煤炭、森林工业及化工，木材及木材加工业较发达。2016 年，俄罗斯工业产值增长 1.1%。其中开采业增长 2.5%，加工业增长 0.1%，水、电、气生产分别增长 1.5%。俄罗斯煤炭开采量为 3.85 亿吨，同比增长 3.5%；石油开采量为 5.49 亿吨，增长 2.8%；天然气开采 6390 亿立方米，增长 0.8%。俄罗斯制造业整体水平不高，重工业相对发达，轻工业较为落后。

第三产业包括交通运输、仓储和邮政通信业，信息传输、计算机服务和软件业，金融业、旅游业等服务业。2016年，交通运输实现货物运输75.97亿吨，其中铁路运输12.27亿吨、公路运输51.38亿吨、管道运输10.88亿吨、海洋运输0.25亿吨、内河运输1.18亿吨、空运110万吨。通信业实现产值1.6572万亿卢布。第三产业在俄罗斯国民经济中的比重越来越高。俄罗斯计算机业发展迅猛，特别是在软件开发方面处于世界领先水平，拥有Yandex、卡巴斯基等世界著名的软件制造商。受卢布贬值影响，俄罗斯旅游市场发展速度减缓。2016年，俄罗斯出境游人数大幅下降，从2015年的3440万人次下降到3166万人次，减少274万人次，降幅达19.9%。

财政金融　2016年，俄罗斯财政预算收入为13.46万亿卢布，预算支出为16.42万亿卢布，财政预算赤字2.96万亿卢布。财政预算支出中，一般公共服务支出1.096万亿卢布；国防支出3.775万亿卢布；用于国家安全和维稳支出1.899万亿卢布；国民经济支出2.302万亿卢布；社会文化活动支出5.916万亿卢布；其他支出1.293万亿卢布。

根据俄罗斯银行法规和市场经济发展的需要，俄罗斯目前建立起中央银行、商业银行的二级银行体系。俄罗斯中央银行的基本职能包括制定和执行俄罗斯联邦的信贷政策、稳定货币流动、组织银行间结算和出纳结算业务、负责货币发行、完善货币关系、保护存款者的利益和国家信贷领域的利益。俄罗斯国内的商业银行是在改造苏联专业银行的基础上形成的，如俄罗斯储蓄银行、俄罗斯外贸银行、莫斯科商业银行等。俄罗斯金融资源分布不平衡，80%分布在莫斯科和圣彼得堡两大城市。金融市场可以划分为七类，即外汇市场、股票市场、国债市场、地方债券市场、企业债券市场、货币市场、期货市场。其中股票市场、国债市场、地方债券市场和企业债券市场又统称为证券市场。2017年1月10日，俄罗斯联邦的外汇储备达3414.39亿美元。

进出口贸易　2016年，俄罗斯外贸总额4732亿美元，同比下降11.2%。其中出口额2818亿美元，同比下降17%；进口额1914亿美元，同比下降0.3%。外贸顺差904亿美元。其中俄罗斯与非独联体国家的贸易额达到4125亿美元，占俄对外贸易总额的87%，欧盟的占比从44.8%下降到42.8%，亚太国家（主要是中国）的占比增加——从28.1%增至30%。俄罗斯与非独联体国家的出口额为2417美元，下降16.9%；进口额为1708美元，同比增长0.8%；贸易顺差709亿美元。2016年，俄罗斯与独联体国家的贸易额占俄对外贸易总额的12.1%，与2015年相比下降0.5个百分点。向独联体国家出口商品价值567亿美元，同比下降14.2%；进口额为193亿美元，同比下降8.1%。按贸易总额排序，除独联体国家外，俄罗斯的主要贸易伙伴依次为中国（贸易额695亿美元，同比增长2.2%）、德国（407亿美元，同比下降11.1%）、荷兰（323亿美元，下降17%）、美国（203亿美元，下降3%）、意大利（198亿美元，下降35%）、日本（161亿美元，下降25%）、土耳其（158亿美元，下降32%）、韩国（151亿美元，下降16%）、法国（133亿美元，增长14%）、波兰（131亿美元，下降5%）。俄罗斯在独联体的主要贸易伙伴依次为白俄罗斯（253.06亿美元，下降5%）、乌克兰（102.31亿美元，下降32%）、乌兹别克斯坦（27.26亿美元，下降4%）、阿塞拜疆（19.54亿美元，下降30%）、亚美尼亚（13.36亿美元，增长6%）、吉尔吉斯斯坦（11.96亿美元，下降17%）、摩尔多瓦（11.61亿美元，下降13%）、土库曼斯坦（9.02亿美元，下降9%）、塔吉克斯坦（6.88亿美元，下降5%）。

2016年俄罗斯出口商品中，能源产品价值为1690亿美元，占出口总额的59.2%；化工产品208亿美元，占7.3%；金属、稀有矿石及制品380亿美元，占13.3%；机器设备和交通工具价值243亿美元，占8.5%；食品及农业原料价值170亿美元，占6.0%。俄罗斯向非独联体国家的出口中能源产品价值1560亿美元，占62.9%；金属、稀有矿石及制品价值3340亿美元，占13.5%；化工产品价值150亿美元，占6.0%；机器设备及交通工具价值180亿美元，占7.3%；食品及农业原料1290亿美元，占5.2%；木材及纸浆81亿美元，占3.3%。俄罗斯向独联体国家的出口中，能源产品出口价值128亿美元，占34.4%；机器设备及交通工具价值62亿美元，占16.7%；化工产品价值58亿美元，占15.5%；金属、稀有矿石及制品价值46亿美元，占12.3%；食品及农业原料42亿美元，占11.2%。

2016年俄罗斯的进口商品中，机器设备和交通工具价值863亿美元，占进口总额的47.3%；化工产品价值为338亿美元，占18.5%；食品和农业原料249亿美元，占13.7%；金属、稀有矿石及制品118亿美元，占6.4%；服装鞋帽价值1101亿美元，占6.0%。其中从非独联体国家进口的商品中，机器设备及交通工具价值818亿美元，占50.2%；化工产品价值310亿美元，占19.0%；食品及农业原料价值204亿美元，占12.5%；金属、稀有矿石及制品价值90亿美元，占5.5%。从独联体国家进口的商品中，机器设备及交通工具价值45亿美元，占23.3%；食品及农业原料价值45亿美元，占23.3%；金属、稀有矿石及制品28亿美元，占14.5%；能源产品19亿美元，占10.0%。

吸引外资　根据俄罗斯国家统计局公布的统计数据，2016年，俄罗斯吸引外国直接投资总额为393.9亿美元，共有205个项目获得了外国投资，为全俄提供15064个新增就业岗位（同比增长6%）。食品工业成为外国在俄罗斯直接投资项目最多的领域（32个项目），其次是机器设备生产领域（27个项目）、化工产品领域（23个项目）、机电设备领域（15个项目）。对俄直接投资项目数量的国家排名为德国（43个项目）、美国（38个项目）、法国（20个项目）、澳大利亚（9个项目）。意大利对俄罗斯的直接投资项目减少50%。亚洲国家对俄直接投资项目较少，日本公司参与的投资项目仅有12个，中国公司参与的项目减少到9个。

交通通信

交通　俄罗斯领土广阔，交通运输在全俄经济社会发展中发挥重要作用。交通运输种类齐全，包括铁路、公路、航空、海洋、内河、管道运输。俄罗斯的铁路网多集中于欧洲部分，以莫斯科为中心呈放射状分布。横贯俄罗斯东西的西伯利亚大铁路全长9288公里，是迄今为止世界上最长的铁路线，由莫斯科途经西伯利亚到太平洋的符拉迪沃斯托克（海参崴），被称为欧亚大陆桥。截至2016年底，全俄拥有铁路线8.6万公里，其中4.4万公里已经实现电气化；公路总长度115.4万公里，比2016年新增2万公里。全年实现货物运输79.54亿吨，其中铁路运输货物13.25亿吨，公路运输货物53.97亿吨，管道运输石油及石油产品10.88亿吨，海洋运输货物2500万吨，内海运输货物1.18亿吨，航空运输货物110万吨。全年运送乘客186.90亿人次，其中铁路运送乘客10.40亿人次、公路112.96亿人次、海洋1300万人次、内河1300万人次、航空9100万人次，公共交通工具，如地铁、有轨电车、无轨电车共运送乘客62.26亿人次。

通信　2016年，俄罗斯的通信服务市场规模达到16572亿卢布，与2015年相比减少了148亿卢布。其中移动通信实现收入13213亿卢布，国际长途通信650亿卢布，本地通信和公共电话通信1212亿卢布，邮政通信和特殊通信服务1557亿卢布。截至2016年底，每百名俄罗斯人中使用固定互联网的居民为18.7人，以使用智能手机上网为代表的移动互联网居民为72.4人。

文 化

俄罗斯文化拥有兼具东西方文明的新文化元素，不但引进传统的西方文化成分，还引入了东方文化，如饮茶文化与东方烹饪技术等。东正教是俄罗斯人信奉的主要宗教，教徒约有7000万人，遍及全国，约占俄罗斯人口总数的一半。此外，伊斯兰教、佛教和犹太教也是俄罗斯的传统宗教。这些宗教在俄罗斯人之间起到纽带作用，把他们联系在一起，同时与俄罗斯社会生活的许多方面有密切联系。俄罗斯重视发展文化事业，大量出版图书和报刊，建立了许多图书馆、博物馆、文化馆、俱乐部等群众性文化设施。2016年，每千名俄罗斯人中有265人观看戏剧（比2015年增加4人），842人参观博物馆（比2015年增加29人）。2016年，全俄有5146万人次在各类公共图书馆查阅过资料或翻阅书籍，每千名居民拥有图书5663册，比2015年减少64册。俄罗斯的博物馆可分为革命历史博物馆、历史博物馆、艺术博物馆、各专业博物馆以及其他博物馆等。著名的大型革命历史博物馆有俄罗斯中央革命博物馆、国家历史博物馆、克里姆林宫博物馆、中央海军博物馆等。较大的艺术馆有莫斯科特列季亚科夫国家绘画陈列馆。俄罗斯文学源远流长，在世界上享有盛誉，出现了普希金、莱蒙托夫、果戈理、别林斯基、陀思妥耶夫斯基、托尔斯泰、契诃夫、高尔基、肖洛霍夫等世界驰名的大文豪和作家。俄罗斯人民的创作天赋在文学领域充分而鲜明地体现出来。文学反映了俄罗斯人民在美学、道德和精神方面的价值观。俄罗斯一些著名的哲学家认为，文学也是俄罗斯人的哲学，是他们了解世界的方式。俄罗斯的美术源远流长，绘画有着悠久的历史，著名的艺术大师有列维坦、列宾、苏里柯夫、克拉姆斯科伊等。俄罗斯的宗教音乐和民间音乐有深远的历史传统，歌剧、交响乐和室内音乐具有鲜明的民族气质，奔放豪迈。俄罗斯的戏剧艺术体裁和形式多样，最早出现在宫廷里，19世纪进入繁荣时期，果戈理的《钦差大臣》等社会戏剧充满强烈的时代气息，具有鲜明的民族特色，同时涌现出许多杰出的艺术大师。奥斯特洛夫斯基是19世纪50年代以后俄罗斯文坛众多的戏剧作家中最杰出的代表，被称为“俄罗斯戏剧之父”。马戏团在俄罗斯也很受人们的欢迎，马戏团团员训练有素，技艺精湛。俄罗斯民间艺术形式丰富多样，实用装饰艺术有金属、兽骨和石头的艺术加工，有木雕、木雕壁画、刺绣、带花纹的纺织品、花边编织等。最有名的工艺品有木制套娃、木刻勺、木盒、木盘等木制品。

教 育

俄罗斯教育体系分为普通教育和职业教育。普通教育涵盖学前教育、基础教育、中等普通教育和高等教育四个层次。职业教育则涵盖初等职业教育、中等职业教育、高等职业教育和大学后续职业教育四个层次。截至2016年，俄罗斯共有学前教育机构4.94万家，受教育儿童734.29万人；初等、中等教育机构4.18万家，受教育者1521.9万人；中等职业教育机构3552家，在读学生286.8万人；高等教育机构818所，在读大学生439.9万人，其中女大学生235.8万人。每万名居民中拥有大学生数量为299人。高校中任教的教师共26.10万人。全年招收大学生、研究生共计115.8万人，获得学士、专家、硕士学位证书的共116.1万人。在俄罗斯国立或市立大学接受高等教育的外国留学生共207356人，占学生总数的5.3%；在私立高等教育机构学习的外国留学生共37241人，占7.1%。

旅 游

俄罗斯优美的自然环境为人们提供了良好的休闲、度假环境，旅游市场发展潜力巨大。著名的旅游城市除莫斯科、圣彼得堡外，还有索契、摩尔曼斯克、伏尔加、符拉迪沃斯托克等地。伏尔加河、贝加尔湖等旅游胜地每年吸引大量来自世界各地的旅游者。2016 年，出国旅游的俄罗斯人达到 3439 万人次，其中前往土耳其的游客最多，达到 346 万人次；其次为芬兰，游客数量为 306.7 万人次；第三位是埃及，为 224.4 万人次。此外，俄罗斯人的主要旅游目的国还包括波兰（132.2 万人次）、中国（128.4 万人次）、德国（111.1 万人次）、西班牙（69.3 万人次）、泰国（67.5 万人次）、意大利（66.2 万人次）、希腊（63.4 万人次）、塞浦路斯（55.0 万人次）、阿联酋（47.2 万人次）等。前往俄罗斯旅游的外国人达到 2457.1 万人次，比 2015 年减少 8.5%。2016 年，除独联体国家外，芬兰是俄罗斯入境游的最大客源国，芬兰赴俄游客达到 131.9 万人次；第二大客源国为中国，游客数为 128.9 万人次；第三位是波兰，游客数为 101.7 万人次。之后依次是德国（56.6 万人次）、蒙古国（52.2 万人次）、美国（23.9 万人次）、意大利（19.2 万人次）、法国（17.7 万人次）、英国（17.7 万人次）。

医疗卫生

俄罗斯实行联邦民主制，政府负责主导卫生服务事业。联邦卫生部、州级卫生厅和地市卫生局分别接受同级政府领导。卫生部的职责在于医疗、防疫、食品药品和医疗保险管理等。为促进医疗服务体系结构进一步优化，俄罗斯经过严格的考核和评估，关闭了许多农村地区规模较小、条件落后的医院及诊所。截至 2016 年底，全俄共有医院约 5400 家，医院床位数为 119.72 万张，每万人口床位数为 81.6 个；拥有医师 68.09 万人，每万人口医师数量为 46.4 人。俄罗斯的医疗服务体系以公立医疗机构为主，它包括卫生系统所属医疗机构和其他部委设置的医疗机构。随着人民生活水平的提高，越来越多的人愿意选择私立医院就诊，因为有些私立医院的医疗设备及医师水平、就诊适合度远远高于公立医院。俄罗斯的医院实行院长负责制。俄联邦按照地域面积、服务人口数以及医疗服务需求，规划设置医疗机构，包括门诊部、联合诊所和各级医院，地市级以上的城市设有传染病、精神病等专科医院。目前，俄联邦对医疗机构实行准入制管理，由联邦卫生和社会发展监督局统一颁发为期五年的许可证。俄罗斯的医疗服务体系实行分级医疗和双向转诊，但各地区执行情况不尽相同。

科　技

作为曾经与美国平起平坐的世界科技强国，俄罗斯为世界创造了大量的科技财富。随着俄罗斯经济实力大幅下降，原有的科技优势日益弱化。尽管如此，俄罗斯的科技实力仍不容小觑。目前，俄罗斯在众多沿袭 20 世纪 90 年代的基础科研领域仍具有相当大的潜力；俄罗斯拥有几百个世界水准的科学和教育中心；科研人员的年龄结构明显改善，39 岁以下的科技工作者所占比例已经达到 30%；积累了大量大型技术研发（包括国防和国家安全领域）项目建设经验；研发（特别是民用领域）投入和科技人员数量处于世界中上游水平，与欧盟、澳大利亚、新加坡和智利大体相当。2016 年，俄罗斯共有各类科研组织 4032 个，比 2015 年减少 143 个。从事科研工作的人员共 722291 人，其中研究人员 370379 人、技术人员 60441 人、从事科辅人员 171915 人、其他人员 119556 人。俄罗斯具有优势的科技领域包括计算机、核能、航天航空、卫星发射、卫星导航定位、新材料技术以及军工高精尖技术等领域。

环　保

俄罗斯 65% 左右领土的生态体系未遭到破坏，它与毗邻的地带形成大的欧亚环境稳定中心，对恢复全球生物圈和维持生态平衡具有重大意义。据统计，2016 年，俄罗斯需要特殊保护的地方共有 12014 处，占地 2.137 亿公顷，其中具有全俄意义的地方 272 处，占地 6230 万公顷；具有地区意义的地方共10473处，占地1.220亿公顷；具有地方意义的地方共1269处，占地2950万公顷。为保护生态环境，俄罗斯建有国立自然保护区103个，占地3380万公顷；国家公园50个，占地2140万公顷。为加大对环境保护的扶持力度，2016年，俄罗斯政府共投入环保资金1396.77亿卢布，其中用于水资源保护资金674.69亿卢布，大气污染治理资金403.40亿卢布，土地资源保护资金122.28亿卢布。

日本

国名

日本国（Japan）。

地理

位置 日本位于亚洲大陆的东侧，太平洋西岸，是一个由东北向西南延伸呈弧形的岛国。国土西侧隔着日本海和东海、黄海、朝鲜海峡，与朝鲜半岛、中国、俄罗斯相望；东侧与美洲大陆相隔辽阔的太平洋。国土北面有鄂霍次克海和俄罗斯；南面有菲律宾、印度尼西亚等国。日本国土大致位于北起北纬45°31′，南至北纬20°附近；东自东经149°左右，西至东经123°的范围。

面积 日本的国土面积大约为37.78万平方公里，包括北海道、本州、四国、九州四个大岛和其他6800多个小岛屿。

地形地貌 日本国土当中约有61%是海拔300米以上的山地。其余是洼地（13.8%）、丘陵（11.7%）、台地（11%）、内陆水域（2.4%）等。另外，日本的山地一般都很陡峭，很多山地临海，所以没有很辽阔的平原。日本领土范围内，高度3000米以上的山峰有21座，而这些山峰全部集中于日本列岛的核心——本州中部。本州中部有飞婵、木曾、赤石三大山脉，这些山脉分别被称为北阿尔卑斯山、中阿尔卑斯山、南阿尔卑斯山，统称为“日本阿尔卑斯山”。

日本绝大部分山地是由于火山的活动而形成的，日本列岛基本被七个火山带覆盖。在日本众多的火山中，大约有80个是活火山，世界上大约840个活火山中日本占1/10。在这些火山之中，至今还在继续活动的火山有阿苏山、三原山、浅间山等。

与其频繁的火山活动相关联，日本列岛位于环太平洋地震带上，日本更是一个以地震多而著称的国家。据不完全统计，日本全国平均每天有4次地震，6级以上的地震每年也有1次。

日本最大的平原是关东平原，面积为10000平方公里。关东平原是日本社会、经济、文化最发达的地区，首都东京、全国第二大城市横滨和川崎等大城市都位于这个平原。

江河湖泊 日本是个水资源比较丰富的国家。四面环海的地理位置，亚热带温带的气候，使它的降水量很大，因而河流和湖泊的数量众多。多山且山势陡峭的地势则使其河流湖泊具有独具特色的景观。日本的河流流程短。最长的河流是信浓川，全长约367公里，其次是利根川，全长为322公里，全国干流流程100公里以上的河流共有40余条，其中干流流程200公里以上的河流仅有10条。日本山地与海岸之间的距离很短，河流从山地流出后很快流入海洋，加上日本雨量充沛，河流的落差很大。日本各地四季分明，都有明显的旱季和雨季，季节之间降水量变化显著，因而河流的水流量的季节性变化很大，有些河流夏秋汛期常常泛滥成灾，而到冬季则往往水枯断流。

日本全国共有大小湖泊600余个，大部分分布在日本列岛的关东、东北和北海道地区。

其中，水面面积在100平方公里以上的湖泊有四个，其中，琵琶湖670平方公里，霞浦湖约168平方公里，撒娄玛（猿洞）湖约152平方公里，猪苗代湖约103平方公里。日本的湖泊多是火山湖，有的就是在火山的喷火口积水而成，因而具有小而深的特点。最深的田泽湖水深达423米，北海道的支笏湖和位于青森、秋田两县之间的十和田湖的深度也都超过300米。日本也有一些面积较大并且经济价值颇高的湖泊，如琵琶湖不仅是滋贺县和大阪、京都两府的主要水源地，而且是全国最大的水产基地，其淡水鱼的产量占全国总产量的50%以上，淡水珍珠也在全国久负盛名。

气候 日本地处北半球中纬度地区，四面环海，国土狭长，跨亚热带到亚寒带。由于受复杂的地形和海流的影响很大，各地区气候差异显著。大部分地区是温暖的海洋性气候，四季分明。西南诸岛属于亚热带气候，而北海道属于亚寒带气候。北海道的冬季，月平均气温在零度以下。然而，冲绳以及小笠原的冬季平均气温却在15℃以上。由于连绵起伏的山脉纵贯日本列岛，太平洋沿岸与日本海沿岸的气候差别也很大。太平洋沿岸夏季刮东南风，闷热多雨；冬季刮干风，连续出现晴朗寒冷的天气。与此相反，日本海沿岸夏季持续着较晴朗的天气，冬季却多雨雪，经常是阴沉沉的。日本海沿岸是世界上多雪地带之一。除北海道以外的其他地区，每年从6月上旬到7月中旬为高温、湿热的雨季（梅雨）。每年8月到10月，西南部经常受台风影响。根据气温、降水量等变化，日本的气候可以分为北海道气候、太平洋气候、日本海气候、中央高地气候、濑户内气候、西南诸岛气候六大气候区。

人　口

根据日本总务省发布的数据，截至2017年1月1日，日本国内的日本人口总数约为1.2693亿人，同比减少了308084人，保持了近8年以来持续下降的态势，减幅创1968年开始统计以来新高。自1979年调查开始以来，2016年日本全年出生人数首次下降到100万人以下，2016年出生婴儿981202人，而死亡人数达到130万人。数据显示，日本65岁以上人口占全国人口比例达到27.17%，14岁及以下的人口比例下降到12.69%。低生育率、老龄化是导致日本人口数量减少的主要原因。

资源物产

根据日本林野厅网站2017年5月26日发布的《2016年度森林与林业白皮书》，日本森林面积2508万公顷，是国土面积的2/3，属世界上森林覆盖率较高的国家之一。其中，天然林面积1343万公顷，包括原始薪炭林，约占森林总面积的60%；人工林1029万公顷，约占森林总面积的40%。日本在战后和经济高速增长时期，在采伐迹地上营造了大面积的人工林，其主要树种有柳杉（44%）、扁柏（25%）、落叶松（10%）等。日本森林蓄积量半个世纪以来增长约2.6倍，特别是人工林面积增长约5.4倍。森林蓄积量自2012年3月末统计至2016年末已增至49亿立方米，其中人工林蓄积量达30亿立方米，占总蓄积量的60%。然而，由于林业生产活动低迷，森林得不到充分经营，大多数人工林虽然已是成熟林，但资源利用并不充分。从森林类型来看，森林面积的58%为私有林，12%为公有林，31%为国有林。在人工林中，私有林占人工林总面积的65%，占人工林总蓄积量的73%。日本山地与河流较多，水力资源丰富，蕴藏量约为每年1353亿千瓦时。日本专属经济区面积约相当于国土面积的10倍，渔业资源丰富。

国体政体

国体 日本的国体是注重神道的资本主义国家。

政体 日本的政体是以立法、司法、行政三权分立为基础的议会内阁制。天皇为国家象征，无权参与国政。国会是最高权力和唯一立法机关，分众、参两院。内阁为最高行政机关，对国会负责，首相（内阁总理大臣）由国会选举产生，天皇任命。

天皇 日本国君主的称号，日本国家元首和国家的象征。日本的现任天皇名为明仁，年号平成，于1989年即位。

国会 国会是最高权力机关和唯一立法机关，国会由众议院和参议院两院构成，称为“两院制”。众议院定员480名，任期4年。参议院定员242名，任期6年，每3年改选半数，不得中途解散。在权力上，众议院优于参议院。

内阁 内阁为最高行政机关。内阁由首相及其他国务大臣组成，共同对国会负责。内阁总理大臣享有对国务大臣的任免权，以保持内阁的统一。

日本的政党 战后日本实行政党政治，代表不同阶级、阶层的各种政党相继恢复或建立。目前参加国会活动的主要政党有民主党、自民党、公明党、日本共产党、社民党、保守新党等。

首相 安倍晋三，2012年12月26日任职。

行政区划

日本的都、道、府、县是平行的一级行政区，直属中央政府，但各都、道、府、县都拥有自治权。全国分为1都（东京都，Tokyo）、1道（北海道，Hokkaido）、2府（大阪府，Osaka；京都府，Kyoto）和43个县（省），下设市、町、村。其办事机构称为“厅”，即“都厅”“道厅”“府厅”“县厅”，行政长官称为“知事”。每个都、道、府、县下设若干个市、町（相当于中国的镇）、村。其办事机构称“役所”，即“市役所”“町役所”“村役所”，行政长官称为“市长”“町长”“村长”。43个县：爱知、宫崎、秋田、长野、青森、长崎、千叶、奈良、福井、新潟、福冈、大分、福岛、冈山、岐阜、佐贺、爱媛、冲绳、群马、埼玉、广岛、滋贺、兵库、岛根、茨城、静冈、石川、栃木、岩手、德岛、香川、鸟取、鹿儿岛、富山、神奈川、和歌山、高知、山形、熊本、山口、三重、山梨与宫城。

2012年1月23日，日本政府正式决定成立复兴厅，以应对东日本大地震。复兴厅的设置期限为震后10年，即2021年3月底。总部设于东京，并在盛冈、仙台和福岛3市设置统筹支部的“复兴局”。

经济贸易

经济 2016年日本经济继续保持复苏的势头，2016年日本名义GDP（国内生产总值）总量突破539万亿日元（约合6.1万亿美元），首次刷新1997年以来的历史纪录。实际GDP增长率实现1.17%、名义GDP增长率达到1.00%，GDP平均指数为0.3%，国内需求平均指数为-0.5%。2016年，四个季度的民间企业设备投资的增长率分别为-0.3%、1.3%、-0.3%和0.9%；四个季度的消费增长率分别为0.4%、0.2%、0.3%和0%；四个季度的出口增长率分别为-1.1%、-1.0%、-0.2%和1.3%。从数据来看，2016年日本经济略好于2015年。2016年日本职工人均月现金收入为315372日元，比上一年增长了0.5%。2016年日本恩格尔系数达到25.8%，比上一年提高了0.8个百分点，连续四年正增长。

对外贸易 据日本海关统计，2016年日本货物进出口额为12521.4亿美元，比上年（下同）下降11.65%。其中，出口6450.9亿美元，下降7.38%；进口6070.5亿美元，下降15.77%。贸易顺差380.4亿美元，下降264.0%。分国别（地区）看，2016年美国、中国和韩国是日本三大出口贸易伙伴，日本对三国出口额分别为1301.1亿美元、1138.9亿美元和462.5亿美元，增长3.4%、4.3%和5.0%，占日本出口总额的20.2%、17.7%和7.2%。2016年日本对英国出口出现27.3%的大幅增长。日本进口排名靠前的国家依次是中国、美国和澳大利亚，2016年日本自三国分别进口1566.1亿美元、673.4亿美元和304.1亿美元，占日本进口总额的25.8%、11.1%和5.0%，自中国和澳大利亚进口分别下降2.5%和12.7%，自美国进口增长1.1%。日本贸易逆差主要来源国是中国、澳大利亚和产油国，其中与澳大利亚的逆差额下降26.1%。美国、中国香港和韩国是日本三大贸易顺差来源地，顺差额分别为627.7亿美元、316.9亿美元和212.3亿美元。

对外投资　日本财务省发布的数据显示，截至2016年底，日本政府、企业与个人拥有的海外资产减去负债所得的对外净资产余额约为3491120亿日元，较2015年底增长2.9%，日本企业收购外国企业和投资外国债券增多是主要原因。日本连续26年成为全球最大的净债权国，远超排名第二位的中国（2103027亿日元）和排名第三位的德国（2099234亿日元），对外资产余额增长5.0%至9977710亿日元，连续8年增长。除收购企业外，还得益于机构投资者购买外国股票及外债的增加。对外直接投资资产增加18.3866万亿日元（约合人民币11270亿元）。其中对美投资增加5.7268万亿日元，增长了5.4%，在各国家和地区中位列第一。

交　通

日本交通系统十分发达，遍布全国各地的大小机场，四通八达的高速公路，横贯东西的高速新干线，交织如网的城市电车和地铁，发达的水上交通，构成了空中、陆地、水上的立体交通网。日本交通网由纵横全国的国营铁路、大中城市之间的私营铁路和城市内的地铁构成。去日本各地旅游可乘国营铁路，在大城市生活可乘私营铁路和地铁，十分方便。

铁路运输　日本有四个主要的岛屿，分别为本州、北海道、九州和四国，被一个四通八达的铁路网络覆盖。对外国游客来说，火车是游览日本的一种非常方便的交通工具。约70%的日本铁路是由日本JR国铁拥有和运营的，其余30%由几十个民营铁路公司运营。

JR国铁　JR国铁是日本一个大型铁路公司集团，于1987年分割为JR东日本、JR北海道、JR中日本/JR东海、JR西日本、JR四国、JR九州六家公司，转经营权后开始运营至今。

民营私铁　民营私铁一般以都市为中心，连接城市与近郊市镇，主要供日本人上下班和学生上学来回乘坐，是市民广泛使用的日本交通工具。

地铁运输　日本目前共有9个城市拥有地铁系统。地铁已经成为当地市民生活的一部分，日常的通勤、上下学都与地铁有密切关系。

高速公路运输　高速公路是日本交通中重要的方式之一。1987年，日本的道路长度已超过110万公里，每平方公里的土地上约有3公里的道路。过去由四家国有公司负责高速公路的建设和维护。2005年10月，这些国有企业被重组并且私营化。

空中运输　日本的航空业相当发达。日本主要的航空公司有日本航空公司（JAL）和日本全日空航空公司（ANA）。日本最主要的国际机场是东京的成田机场，其次是大阪的关西机场和名古屋的中部日本国际机场，与福冈机场一起，被称为日本四大国际机场。许多其他日本机场的国际航班数量很少，主要飞往韩国和中国。

文　化

日本独特的地理条件和悠久的历史，孕育了别具一格的日本文化。樱花、和服、俳句与武士、清酒、神道教构成了传统日本的两个方面——菊与剑。在日本有著名的“三道”，即日本民间的茶道、花道、书道。

樱花　樱花是日本的国花。

和服　和服是日本传统民族服装的称呼。

茶道　茶道也叫作茶汤，自古以来就作为一种烹茶饮茶的美感仪式受到上流阶层的无比喜爱。

花道　花道作为一种在茶室内再现野外盛开的鲜花的技法而诞生。

相扑 相扑来源于日本神道的宗教仪式。

柔道 柔道的基本原理不是攻击，而是一种利用对方力量的护身之术，柔道家的级别用腰带的颜色（初级：白/高级：黑）来表示。

能剧 能剧是日本的传统戏剧，也是世界上现存的最古老的戏剧之一。

寿司 寿司是以生鱼片、生虾、生鱼粉等为原料，配以精白米饭、醋、海鲜、辣根等，捏成饭团后食用的一种食物。

赠礼习俗 日本人将送礼看作向对方表示心意的物质体现。礼不在厚，赠送得当便会给对方留下深刻印象。

动漫 英文为“anime”，是“animation”缩写，是将静止的单幅图片连接成具有动感的连续画面的一种电影技术，专门指在日本生产的销售商品。有别于欧美的“animation”，它与画面、儿童文化、铅字文化关系密切，大部分是在漫画的基础上制作而成，漫画也在动漫的影响下成长。

教 育

日本一般有三种类型的教育可供选择：进入公立学校接受义务教育、进入私立学校接受义务教育，或是到不合文部科学省标准的私立学校。虽然义务教育只到中学校毕业为止，仍有超过90%的学生会进入高等学校就读。超过250万名学生会进入大学或学院深造。2010年高等学校就学率为98%，位列全球第一，大学就学率也达45.5%。由于近年来日本出生率的下降，适龄学童越来越少，这个现象开始改变。现在学校开始竞争努力招收新生。不过许多学生仍然在正常课程之外，被送进补习班学习。日本实行小学校6年、中学校3年的义务教育，大部分学生在接受完义务教育后还会继续进入高等学校。2013年日本学校总数为56657所，在学人数为1912.7万人。其中，幼儿园13043所，158万人，比上年减少2万人；小学校21131所，667.7万人，比上年减少8.8万人，创历史新低；中学10628所，332万人，比上年减少3000人；大学256.2万人，比上年增加1000人，研究生院25.5万人，比上年减少8000人，专门学校（包括专修学校的专门课程）58.8万人，比上年增加了9000人。

日本早稻田大学 早稻田大学是日本著名的综合性私立大学，创建于1882年，原名“东京专门学校”，1902年9月改为现名。早稻田大学创始人大限重信以“学术的独立”、“学术的活用”和“造就模范国民”为办校宗旨，主张自由探讨学术，提倡独创的钻研精神，培养具有实际应用知识并在国际事务中具有广泛活动能力的人才。早稻田大学奉行先进和开放的办学理念，建校120多年来为日本培养了众多杰出人才，遍及政治、经济、文学等多个领域。日本前首相竹下登、小渊惠三和森喜朗、福田康夫都是早稻田大学毕业生。

日本庆应义塾大学 庆应义塾大学是日本一所重要的私立大学，与早稻田大学并称为“日本私学双雄”。创建于1858年，由日本近代著名思想家福泽谕吉在江户（东京旧称）的筑地铁炮州购地开办，取“兰学塾”，又名“福泽屋”。10年后，即庆应4年，正式定名为庆应大学。

日本筑波大学 筑波大学的诞生最早缘于1961年日本政府提出建立筑波科学城的设想，1970年内阁会议通过了此设想，1973年又通过了建立筑波大学的法案。筑波大学的前身是日本东京教育大学，它与东京大学的前身——大学南校，今日庆应义塾大学的前身——庆应义塾一样均具有百年以上的校史。于明治五年（1872）创办，最初取名为东京师范学校，后相继发展为东京高等师范学校、东京文理大学，战后实行新学制而改名为东京教育大学。当时设有文学、理学、教育学、农学、体育五个学部和光学研究所。

日本九州大学 九州大学是日本原七个帝国大学之一，目前已成为日本著名的国立大学，在日本以及世界上均占有一定的地位。

日本东北大学 东北大学是根据明治天皇

敕令于1867年在日本东北地区仙台设置一所国立大学，它是继东京大学、京都大学之后日本第三个国立大学。

日本京都大学 京都大学是继东京大学之后成立的日本第二所国立大学。1892年，23位国会议员在一个议案中提出，日本仅有一所东京国立大学，缺乏竞争，对办学和学生的培养都不利，建议在当时的西京——京都建一所大学，1897年该议案被通过，大学得以诞生，当时定名为京都帝国大学。

日本大阪大学 大阪大学位于日本关西地区工业城市大阪，是战前日本成立的第六所帝国大学。与其他几所由政府直接创办，培养政府官员、专家、学者、技术人员的帝国大学不同，它是由民间力量向政府申请创建的。

日本东京大学 东京大学成立于1877年，是日本创办的第一所国立大学，也是亚洲创办最早的大学之一，被公认为日本最高学府，是亚洲一所世界性的著名大学。它的前身是明治时期创办的东京开成学校和东京医科学校。如果追溯得更远些，最早是幕府时期设置的“兰学”机构“天文方”、昌平坂学问府、种痘所历经演变而来。

旅　游

日本政府观光局发布数据显示，2016年访日外国人比2015年增长21.8%，首次突破2000万人大关，达2403.9万人次。其中，来自中国内地（大陆）的游客比上一年增长27.6%，以637.3万人次居首，在访日外国人总数中占比超过25%。2016年访日外国人整体消费3.7476万亿日元（约合332亿美元），比上一年增长7.8%，创历史新高。访日外国人整体消费第一位至第五位的地区依次是中国大陆、中国台湾、韩国、中国香港和美国。这五个国家和地区的消费占访日外国人整体消费的76.5%。其中，中国内地（大陆）游客整体消费位居第一，为1.4754万亿日元（约合130.7亿美元），占比达39.4%。

富士山（Fuji Mountain） 位于本州中南部，海拔3776米，是日本最高峰，日本人奉之为“圣山”，是日本民族的象征，距东京约80公里，跨静冈、山梨两县，面积为90.76平方公里。整个山体呈圆锥状，山顶终年积雪。富士山四周有剑峰、白山岳、久须志岳、大日岳、伊豆岳、成就岳、驹岳和三岳等“富士八峰”。富士山区还设有幻想旅行馆、昆虫博物馆、自然科学厅、奇石博物馆、富士博物馆、大型科学馆、植物园、野鸟园、野猴公园和各种体育、游艺场所等。

东京塔（Tokyo Tower） 位于东京市内，建成于1958年，塔高333米，这座日本最高的独立铁塔上部装有东京都7个电视台、21个电视中转台和广播台等的无线电发射天线。在100米高的地方，建有一个二层楼高的展望台；在250米高的地方，也设有一个特别展望台。展望台四边都是落地的大玻璃窗，窗向外倾斜。站在展望台上可俯瞰东京市容，全市景观尽收眼底。

唐招提寺（Toshodai Temple） 位于奈良市，是由中国唐代高僧鉴真和尚亲手兴建的，是日本佛教律宗的总寺院，这座具有中国盛唐建筑风格的建筑物被确定为日本国宝。唐代高僧鉴真（688～763）第6次东渡日本后，于天平宝字三年（759）开始建造，大约于770年竣工。寺院大门上红色横额“唐招提寺”是日本孝谦女皇仿王羲之、王献之的字体所书。

日本第一大湖——琵琶湖 琵琶湖面积约670平方公里，是京都、大阪和神户大都市圈近2000万人口的“母亲湖”，也是拥有约400万年历史的物种宝库。

北海道明珠——洞爷湖 洞爷湖位于日本北海道西南部，属于支笏洞爷国立公园的一部分，面积70.7平方公里，是日本仅次于屈斜路湖和支笏湖的第三大火山口湖。洞爷湖在土著居民阿伊努族人的语言中意为“山之湖”，大约形成于十万年前的几次火山喷发。因处于火山活动频繁地区，洞爷湖成为日本纬度最高的不冻湖，四面群山环绕，郁郁葱葱，温泉遍布，是休闲养生的胜地，享有“北海道明珠”的美誉。

医疗卫生

日本的医疗保险制度始建于20世纪20年代初。1922年，随着《健康保险法》的制定，日本首先建立了以受雇者为对象的医疗保险制度，其后又于1938年颁布了《国民健康保险法》。1961年，日本修改了运行35年的《健康保险法》，制定了全民必须参加的《医疗保险法》，要求公平地向全体国民提供医疗服务。目前日本国民医疗保险覆盖率为99%，为世界之最。日本医疗保险可分为两大类：（1）被用者保险，或称为“职工健康保险”，其中可分为共济组合保险、组合掌管保险、政府掌管保险、船员保险等，占65.9%；（2）国民健康保险，主要是农业人口、退休老人、自由职业者，其可分为市町村国保、组合国保两种，占34.1%。个人按收入8%缴纳，不足部分由国家及地方财政补贴。凡参加医疗保险均可报销一定比例的医疗费用，大部分为80%～90%，自付10%～20%，家属可报销70%～80%，凡医疗费6.7万日元/月以上，超额部分实行全额报销。日本的医院分为综合性医院、结核病医院、精神病院、传染病院四种。根据医院的功能，医院又可分为三种类型：（1）特定机能病院，主要指大学附属医院、特别专科病院；（2）一般医院，主要是县、市立医院；（3）康复型医院。

科　技

日本总务省于2017年底发布《2017年度科学技术研究调查结果》。该调查对2016年（2016年4月至2017年3月）日本的科学技术研究活动进行了全面调查。在研发经费方面，2016年全社会研发经费总额为18.4326万亿日元，比2015年减少2.7%，连续两年减少。研发经费投入强度（研发经费占GDP比重）为3.42%，比上年减少0.13个百分点。在研发经费投入来源中，政府投入3.2016万亿日元，占17.4%；民间来源投入为15.106万亿日元，占82%；海外投入为1250亿日元，占0.7%。在研发经费使用方面，企业为13.3183万亿日元，比上年减少2.7%，占研发经费比重为72.3%；大学为3.6042万亿日元，比上年减少1.1%，占比为19.5%；非营利组织和公立机构为1.5102万亿日元，比上年减少6.2%，占比为8.2%，体现日本企业在国家研发体系中占有重要位置。制造业研发经费投入为11.5748万亿日元，占企业研究经费的86.9%，其中包括汽车在内的运输机械制造业研发投入为2.9255万亿日元，占企业研发投入的22%；其次是信息通信设备制造，占企业研发投入的10.2%。企业研发经费投入强度（企业研发经费占经营收入的比重）为3.33%，其中制造业为4.25%。在研究人员数据方面，截至2017年3月31日，日本共有科研人员85.37万人，比上年增长0.8%，近三年首次出现人数增长。科研人员人均研究经费为2159万日元，比上年减少3.4%，七年来首次出现减少。女性科研人员数量为14.41万人，在科研人员中占比为16.9%，比上年增加0.4个百分点，已连续十年保持增长势头。在技术贸易方面，2016年度企业技术出口总额为3.5791万亿日元，比上年降低9.6%，六年来首次出现减少。技术出口额排名前三位的分别是运输机械制造业、医药品制造业和信息通信设备制造业。技术进口总额为4529亿日元，比上年降低24.8%，近三年首次出现减少。技术贸易收支顺差为3.1262万亿日元，比上年降低6.8%，八年来首次减少。从统计结果来看，尽管日本全社会研发投入规模下降，但各项投入指标仍居世界前列。其研发经费总额次于美国、中国，排名世界第三位，研发经费投入强度在主要国家中位居前列。

环　保

日本的环保产业，不仅仅是政府主导的产

物，更是产业转型所造就的，企业成为环保产业发展的重要力量。相当一部分企业在转型期利用自身优势，朝着生态化、创新化方向发展，在三废处理以及土壤修复等环保技术方面开发了许多新技术。同时随着国家环保战略的实施，“循环型社会”作为重中之重，政府和企业把发展环保产业作为经济增长点，在经济结构构建中，大力推进经济转型，打造以资源循环利用为中心的环保产业链。日本政府在2009年出台的《未来开拓战略》中提出，“要把日本建成世界第一流的环保节能国家，确保太阳能发电、蓄电池、燃料电池、绿色家电等低碳技术相关产业的国际市场占据第一的份额”。为实现环保目标发展经济，日本制定并逐步完善了一整套环境保护法律法规。比如在环境保护方面除制定了《环境基本法》《清洁生产促进法》《环境污染控制基本法》《循环型社会基本法》《公害对策基本法》等基本法律外，还制定了专业性法律如《大气污染防治法》《水质污染法》《烟尘排放规制法》《噪音管制法》。与环保相关的法律还有《循环型社会基本法》《公害健康损害赔偿法》《能源使用合理化法》《居住生活基本法》等。

韩国

国 名

大韩民国（Republic of Korea）。

地 理

位置 位于亚洲大陆东北部，朝鲜半岛南半部。东、南、西三面环海。北部与朝鲜民主主义人民共和国接壤，西与中华人民共和国隔海相望，东部和东南部与日本隔海为邻，是典型的半岛国家。

面积 约10万平方公里，约占朝鲜半岛总面积的45%。

地形地貌 韩国多山少平原，地势北高南低，东高西低，其中2/3是山地和丘陵。韩国的主要山脉包括太白山脉、小白山脉和车岭山脉。纵贯韩国东海岸的太白山脉是韩国地质的脊梁。太白山脉东部受到海水侵蚀在韩国东海岸形成悬崖峭壁；西部和南部山势平缓，形成西海岸和南海岸的平原和近海岛屿与海湾。韩国的名山包括雪岳山、五台山、智异山、汉拿山等，位于济州岛中部的汉拿山是韩国的最高峰，海拔1950米。韩国的平原主要分布在南部和西部的河流及海岸地带，海拔多在200米以下，主要平原有湖南平原、全南平原、金海平原等，这些平原地区土地肥沃，是韩国的粮仓。韩国的盆地主要分布在大江大河的中下游，面积较大的盆地包括春川盆地、大邱盆地、首尔盆地等。

河流湖泊 韩国河流分布稠密，由于韩国的地貌，河流一般是由北向南或由东向西入海。洛东江、汉江和锦江是韩国的三大河流。洛东江是韩国最大的河流，全长525公里，流域面积2.3万平方公里。洛东江流经龟尾市、大邱广域市和釜山广域市等韩国主要工业城市，是韩国东南沿海地区的经济纽带。其他河流还有蟾津江、临津江等。韩国湖泊较少，以人工湖泊居多，位于济州岛汉拿山顶火山口的白鹿潭，海拔1850米，湖面直径约300米，周长1公里，深约6米，是韩国最大的天然湖泊。

气候 韩国属温带季风气候，四季分明，春、秋两季较短，夏、冬两季较长。韩国各地气温差异较大，年均气温6℃～16℃，年均降水量1300～1500毫米。8月是全年最热的月份，平均气温为19℃～27℃。最冷的月份是1月，平均气温为－8℃～7℃。济州岛是韩国年平均气温最高的地方。首尔1月的平均气温范围是－7℃～1℃；8月的平均气温是22℃～30℃。夏季韩国大部分地区气温都会超过30℃。韩国冬季气温寒冷，大部分地区气温会降到0℃以下。

人 口

韩国统计厅数据显示，2016年韩国人口总数为5125万人。另据统计，截至2015年，包括首尔特别市、仁川广域市和京畿道地区在内的韩国首都圈居民登记人口达到2547万人。在韩国，50%左右的人口信奉基督教、佛教等宗教。

资源物产

韩国矿产资源较少，已发现的矿物有280

多种，其中有经济价值的50多种。有开采利用价值的矿物有铁、无烟煤、铅、锌、钨等，但储量不大。自然资源匮乏，主要工业原料均依赖进口。韩国储量相对较多的金属类矿物主要有金、银、铜、钼、铅、锌、镁、钨、锑、锡等。韩国非金属类矿物的储量很丰富。重晶石、云母、萤石和高岭土的储量很高。韩国的气候与土壤非常适合人参的生长。韩国出产的人参被称为“高丽参”。韩国三面环海，附近海域渔业资源丰富，主要可分为东海渔场、黄海渔场和南海渔场三大渔场。

国体政体

韩国实行“立法、行政、司法”三权分立政体。1987年10月，韩国全民投票通过现行宪法，1988年2月25日生效。宪法规定，总统是国家元首、政府首脑和武装力量总司令，任期5年，不得连任。总统有任命和罢免国务总理和内阁长官、次官、驻外大使、宣布大赦的权力。直属总统的机构包括总统秘书室、国务会议、国家情报院、监察院、中央人事委员会、放送通信委员会等。

国　会　韩国的议会称为国会，是韩国的立法机构。主要职能包括：审议各项法案；审议国家预决算；监察政府工作；批准对外条约以及同意宣战或媾和、弹劾总统和主要政府官员、否决总统的紧急命令等。韩国国会实行一院制，共300个议席，其中2/3议席为全民选举，另1/3议席按比例分配，议员任期4年。第20届国会于2016年4月选出。国会设1名议长和2名副议长，由议员投票选举产生。

政　府　总统兼任政府首脑。第18届韩国总统为朴槿惠（Park Geun－hye）。总理是韩国内阁的最高首长，由总统任命后，须经韩国国会表决同意，韩国宪法规定总理有辅佐总统、统管各行政部门、建议撤销国务委员、向国务会议提出议案、提名行政各部部长人选、颁布总理令等权力。

司法机构　韩国的审判机关有大法院、高等法院、地方法院和家庭法院。大法院是最高审判机关，拥有终审权，院长由总统任命，须经国会同意，任期6年，不得连任。大法院的法官则由大法院院长推荐，由总统委任；韩国共有5个高等法院，受理对地方法院审理民事及刑事案件的裁决提出的上诉，另设有宪法法院。韩国的检察机关有大检察厅、高等检察厅和地方检察厅，隶属法务部。大检察厅是最高检察机关，大检察厅厅长称检察总长，由总统任命，无须国会同意。大检察厅负责案件的立案、调查和起诉、抗诉等。

主要政党　新国家党。为执政党。前身为1990年成立的民主自由党，1995年改名为新韩国党，1997年新韩国党和韩国民主党合并，改称大国家党。2012年2月改名为新国家党。2016年12月27日，该党29名“反朴派”议员集体退党。在2016年4月举行的第20届国会议员选举中，新国家党仅获得300个议席中的122席，使韩国国会时隔16年再次出现“朝小野大”的局面。

共同民主党。为最大在野党。前身为金大中领导的新政治国民会议。1997年金大中当选总统，该党成为执政党。2003年分裂为开放国民党和民主党，2008年2月合并为统合民主党，7月改名民主党。2011年12月，民主党与市民统合党、韩国劳动组合总联盟合并为民主统合党。2013年5月改名民主党。2014年3月与以安哲秀为代表的政治力量联合组成新政治民主联合党。2015年12月改名共同民主党。在第20届国会议员选举中，该党获得300个议席中的123席，一举成为国会第一大党。

国民之党。该党于2016年2月于首尔成立，由无党派人士安哲秀牵头创建。在第20届国会议员选举中，该党不但以38席成功挺进国会，更打破了国会此前的“两党独占体制”。

正义党。前身为进步正义党，2013年7月更名为正义党。

行政区划

韩国全国划分为1个特别市：首尔特别市。2个特别自治市（道）：世宗特别自治市、济州特别自治道。8个道：京畿道、江原道、忠清北道、忠清南道、全罗北道、全罗南道、庆尚北道、庆尚南道。6个广域市：釜山、大邱、仁川、光州、大田、蔚山。

经济贸易

韩国经济从20世纪60年代开始起步。70年代以来，持续高速增长，人均国内生产总值从1962年的87美元增至1996年的10548美元，创造了“汉江奇迹”。1996年加入经济合作与发展组织（OECD），同年成为世界贸易组织（WTO）创始国之一。1997年，亚洲金融危机后，韩国经济进入中速增长期。

韩国的产业以制造业和服务业为主，造船、汽车、电子、钢铁、纺织等产业产量均进入世界前十名。大企业集团在韩国经济中占有十分重要的地位，目前主要大企业集团有三星、现代汽车、SK、LG和KT（韩国电信）等。

2008年，受国际金融危机影响，韩国经济明显下滑。韩国政府迅速采取包括大规模财政刺激等一系列政策，金融市场全面回暖，实体经济企稳回升，企业和消费者信心不断增强，成为经济合作与发展组织成员国中率先走出谷底的国家。2016年主要经济数据如下。

国内生产总值 2016年韩国全年实际国内生产总值（GDP）同比增长2.39%，增速与前一年持平。2016年韩国人均实际国民总收入（GNI）为2.7万美元，虽较上一年增长0.62%（390美元），但依然没有突破3万美元。

工业农业 韩国工矿业产值占GDP的30%，半导体销售额居世界第一位，粗钢产量居世界第六位。农业现有耕地面积175.9公顷，主要分布在西部和南部平原、丘陵地区。农业人口约占总人口的6.8%，农业产值（含渔业和林业）占GDP的2.6%。

进出口贸易 据韩国产业通商资源部统计，2016年韩国出口总额为4955亿美元，出口额下降5.9%，这是过去58年来韩国首次出现出口额连续两年下降；进口总额为4060亿美元，比上一年降低7.0%；全年贸易顺差为895亿美元，比上一年小幅萎缩。

从中韩经贸合作来看，2016年韩国对中国大陆出口额增至1244亿美元，自中国进口额增至869亿美元，与1992年建交时相比分别增长47倍、23倍。中国在2016年韩国出口总额和进口总额中分别占25.1%和21.4%，成为韩国的第一大出口对象国和进口来源地。另据统计，2016年韩国占中国出口总额的10.0%（第一位），占中国进口总额的4.5%（第四位）。

对外投资 据韩国进出口银行数据，韩国对外直接投资从2007年的231亿美元增加到2016年的352亿美元，创历史新高。其中，韩国对华投资有所减少（2016年为33亿美元），对美国和越南投资大增。

吸引外资 韩国产业部统计显示，2016年韩国签订外商直接投资（FDI）合同金额213亿美元，同比增长1.9%，再创新高。其中，以绿地投资方式吸收合同外资金额150.2亿美元，同比增长6.5%，而并购方式吸收合同外资62.7亿美元，同比下降7.8%。第三产业吸收合同外资金额155.1亿美元，同比增长5.3%，连增6年。制造业吸收合同外资51.3亿美元，同比增长12.4%。

从投资国家和地区来看，欧盟对韩投资74亿美元，增至上年的3倍；中国对韩投资20.5亿美元，同比增长3.6%，连增3年，累计投资超100亿美元；美国投资38.8亿美元，较上年降低54.8%；日本投资12.5亿美元，连降4年。

交通通信

韩国陆、海、空交通运输均较发达。全国已建成铁路网和高速公路网。

铁路 1899年以来，韩国铁路发展以首尔地区现有的铁路为起点，以形成韩国独立自主的交通铁路网为目标，逐步完善了韩国各大城市铁路交通建设。1974年首尔、1985年釜山、1997年大邱、1999年仁川、2004年光州、2006年大田，依次开通了主要城市的铁路建设工作。至此，韩国的电轨（都市铁路）发展到首尔19条，釜山的5条，大邱的2条，光州、大田各1条的规模。强大的城市铁路交通网拉动了韩国经济，成为韩国举足轻重的交通手段。铁路总长约3900公里。2004年3月，首尔—釜山高速铁路开通，全长412公里，最高时速300公里，标志着韩国运输历史的新纪元。

公路 韩国公路运输网络较为发达，公路总长约10.7万公里，其中高速公路约4200公里。根据韩国国土交通部2016年公布的“第一个国家道路综合规划”，韩国计划到2020年新建13条高速公路（288.7公里），改扩建10条高速公路（165.7公里），使韩国高速公路通车总里程达5000公里。

水运 以海运为主。主要港口有釜山、浦项、仁川、群山、木浦、济州、丽水等。

空运 开通国内航线21条，国际航线350条（其中外国航空公司航线210条），现有8个国际机场：仁川、金浦、济州、金海、清州、大邱、襄阳、务安。韩国主要航空公司有大韩航空和韩亚航空。仁川国际机场是大韩航空及韩亚航空的主要枢纽，于2001年3月正式启用，代替旧有金浦国际机场的国际航线枢纽地位。在由国际机场理事会（ACI）主办的机场服务质量（ASQ）评价中，2016年仁川机场连续12年获得“全球最佳机场”称号。

通信 韩国移动通信产业经历了1990年代的2G（第二代）、2000年代的3G（第三代）、2010年代的4G（第四代）的发展史。通过官民结合推进的技术开发以及1996年世界最早的CDMA商用化，到2013年世界最早的LTE-A商用化等，韩国目前以独创性的技术开发为基础在世界移动通信市场中销售额和占有率持续名列第一。早在2011年末，韩国无线宽带的普及率就已达到100.6%，成为经合组织成员国中第一个突破100%的国家，并且连续6年位居经合组织国家榜首。2016年10月，韩国在全球率先实现了5G试验通话，并已启动商业化进程，展现了韩国在该领域的一流竞争力。伴随着IT通信业的发展，如今，韩国已经基本实现了网络的全国覆盖。

文　化

新闻机构 韩国新闻出版业发达。共有新闻机构230多家，从业人员4万多人。报社120多家，杂志种类繁多。《朝鲜日报》（1920年3月创刊）、《中央日报》（1965年9月创刊）、《东亚日报》（1920年4月创刊）是三大全国性韩文日报。

通讯社 联合通讯社，1980年由合同通讯社和东洋通讯社合并而成，1999年兼并内外通讯社。该通讯社在北京、华盛顿、纽约、洛杉矶、东京、巴黎、伦敦、曼谷、布宜诺斯艾利斯、布鲁塞尔、开罗、香港、莫斯科设有分社，同40多家外国通讯社签有新闻交换协定或合作协议。

广播公司 有10家全国性广播公司，另有地方广播公司59家，有线广播公司81家。

韩国广播公司（KBS） 1927年开始试播，自1953年开始对外广播。属于政府控股广播公司，拥有全国性广播网，目前用韩、英、汉、法、日等11种语言播音。其电视台成立于1961年12月。自1996年7月起开通多频道卫星电视节目，主要以数字信号播放。

文化广播公司（MBC） 1961年12月开办，拥有全国性广播网。其电视台成立于1969年8月，在各大城市有卫星转播站。

首尔广播公司（SBS） 1991年12月开播。

教　育

1953年起实行小学六年制义务教育，从1993年起普及初中三年义务教育。高等教育机构中80%为私立。2016年韩国共有学校（国立、公立、私立）20261所，学生1146.76万人，教师533649人。著名大学有国立首尔大学、延世大学、高丽大学等。

国立首尔大学 1946年10月15日成立，根据《国立首尔大学设立相关法令》合并首尔附近10间学校成立首尔大学，成为韩国最初的综合性高等学府。全校有冠岳、莲建、水原3个校区，设有16个单科学院及1所一般大学院，11所专修大学院，78个研究院所以及59个国家支援研究中心。首尔大学每年在各种排名榜上稳居韩国大学第一位。该校在2016年度QS世界大学排名中居第36位。

高丽大学 韩国最大的私立研究型综合大学，建于1905年，历史悠久，现有安岩和世宗两个校区。截至2017年，高丽大学共有37303名学生、5023名教授及953名教职员工。两个校区共设置了17个单科大学、83个学科、24个大学院、89个各种研究所等教学研究机构。该校在2016年度QS世界大学排名中居第104位。

延世大学 以基督教精神建立的私立研究型综合大学，创建于1885年，其前身是延禧大学和世博兰斯医科大学，1957两校正式合并为今天的延世大学，"延世"则是从两校各取一字结合而成。延世大学与首尔大学和高丽大学并称为韩国大学的"一片天（S. K. Y.）"。延世大学现有新村、原州、松岛三个校区。该校在2016年度QS世界大学排名中居第105位。

旅　游

韩国旅游业较为发达。近年来，韩国政府将旅游业确定为战略产业，积极鼓励和发展旅游业，通过对外宣传"韩流"文化、简化热点旅游地区入境手续、完善国内旅游市场、改善国内旅游硬件设施、提升相关服务水平，吸引国外游客。据韩国观光公社统计数据，2016年截至11月访韩外国游客突破1500万人次，已经刷新2014年创下的全年历史最高水平1420万人次。

截至2016年末，韩国共有12处世界遗产（其中文化遗产11处、自然遗产1处），文化遗产包括："海印寺藏经板殿"（1995年）、"宗庙"（1995年）、"石窟庵与佛国寺"（1995年）、"昌德宫"（1997年）、"水原华城"（1997年）、"高敞·和顺·江华支石墓遗址"（2000年）、"庆州历史遗址区"（2000年）、"朝鲜王陵"（2009年）、"韩国的历史村落：河回与良洞"（2010年）、"南汉山城"（2014年）、"百济历史遗址地区"（2015年）。韩国的世界自然遗产包括济州火山岛与熔岩洞窟。此外，人气景点还包括景福宫、北村韩屋村、南怡岛等。

景福宫 景福宫是朝鲜王朝（1392～1910）时期首尔的五大宫之一，也是朝鲜王朝的正宫。景福宫是朝鲜王朝的始祖——太祖李成桂（1392～1398年在位）于1395年将原来高丽的首都迁移时建造的新王朝的宫殿，因位于朝鲜王朝国都汉城（今韩国首尔）北部，故又称"北阙"，是首尔五大宫之首，朝鲜王朝前期的政治中心。

北村韩屋村 北村韩屋村位于景福宫、昌德宫和宗庙之间，距今已有600多年的历史，早年间是王室或贵族住宅区，这里的每条小巷里都是复原的几近消失的韩屋，安静闲适，是体验韩屋文化的绝佳去处。

南怡岛 南怡岛位于韩国京畿道和江原道分界线，坐落在从首尔往春川方向63公里处，以狭长的横向水流而著称。南怡岛综合休养地是在修建清平大坝时，因江水满溢而形成的半月形小岛，面积为46万平方米。岛上有南怡将军的坟墓，朝鲜（1392～1910）第7代王世祖（1455～1468年在位）十三年（1467）南怡平定叛乱立下战功，小岛由此得名。南怡岛作为《冬季恋歌》等多部韩国电视剧的拍摄地，吸引众多游客慕名而来，已成为韩国著名的旅游胜地。

医疗卫生

1963年12月，韩国首次提出“建立国家医疗保险行动计划”，并于1977年正式为大公司职员（500名雇员以上）建立了医疗保险。1988年和1989年分别为农村居民和城镇居民建立医疗保险，从而实现了人口的全覆盖。当时，全国共有300多家保险公司承担全民的医疗保险业务。为统一保险政策，2000年韩国将分散的各个保险公司整合成“国家医疗保险公司”（National Health Insurance Corporation，NHIC），后更名为国家医疗保险体系（National Health Insurance System，NHIS），隶属于国家卫生与福利部，自此建立起全国统一的医疗保险体系。政府在实行医疗保险的同时建立新的医疗服务体系，将全国划为中、大、全国三个医疗圈，提倡就近求医，即一般情况下先在一、二次医疗机构就医，经这些医院转院，可以到第三次医疗机构就医。如果违反此规定，医疗费全部由本人负担，目前农村地区医疗机构较少，无选择余地。至于医院的医药费，由保健福祉部主管，每年进行调整。投保人的医药费由相关组合申报，经医疗保险联合会对此进行审查后支付。

科　技

韩国历届政府都十分重视高科技开发，自1982年确立“科技立国”战略起，总统每季度主持召开一次“科技振兴大会”，制定和调整科技政策。近年来，韩国政府通过了《科学技术革新特别法》，决定设立以总统为首的国家科学技术委员会，负责协调政府各部门提出的科研计划，强化国家对科学技术的领导。近年来，“知识经济”席卷国际社会，韩国政府又提出了建设以科技知识为推动力的“头脑强国”的口号。长期以来，韩国的重大科研开发项目都由政府确定，并大多由官办科研机构开发，官办科研机构已占全国研究机构总数的一半以上。但是，随着经济规模的持续扩大和竞争的不断加剧，单纯依靠国家科研已无法满足产业及经济发展的需求。因此，韩国政府在继续发挥其对技术创新的主导作用的同时，开始通过“产学研协同技术开发”，着重提高企业技术研究开发的水平和效率。韩国联合创新的重点在于发挥企业技术开发主体的作用。为此，政府和企业共同努力，采取了多方措施。为强化知识产业技术开发，韩国大量投资集中发展计算机、半导体、生物、新材料、新能源、精细化工、航空航天等知识产业。此外，大力开展尖端技术领域的海外合作研究和技术开发活动，以推动企业的国际经营战略与技术研究开发紧密衔接。

环　保

韩国环境保护与大多数发展中国家一样，都经历了“先污染后治理”的过程。几十年来，韩国通过不断完善法律制度来构筑自身的环保体系，随着教育水平、国民素质、政府重视程度的不断提高，不仅韩国整体环境状况得到了本质的改善，而且环保意识已深入人心。20世纪60年代，随着工业发展带来的污染问题浮出水面，韩国制定了最早的环境法，即《公害防治法》。1971年1月，韩国政府大幅修订和强化《公害防治法》，出台了排污标准制度，设立排污许可制度等。1977年12月，韩国制定并公布了《环境保护法》，取代以消极控制公害为目的的《公害防治法》。同年，韩国政府还制定了首部《海洋污染防治法》。20世纪90年代，韩国进入环境立法高峰期，不仅通过了特定区域环境法，同时为改善汉江水体的水质，制定了《关于汉江水系上水源水质改善及居民支援等的法律》。为有效地保护、管理湿地，制定了《湿地保护法》、《自然公园法》和《关于鸟兽保护及狩猎的法律》等。韩国政府于1993年颁布了《环境影响评价法案》，引入汽车尾气评价标准体系，通过收取排污费来减少污染物排放。同时韩国政府还鼓励企业使用新能源和清洁能源。1996年，韩国政府制定了“21 世纪绿色计划”，并规划韩国 1995～2005 年的环境蓝图，试图将韩国的环境标准提高到与发达国家类似的程度。2002 年对《资源节约与循环利用法》进行了修订，严格限制了住宿业对一次性用品的提供。垃圾分类习惯的养成也得益于立法。韩国在 1995 年开始实行“垃圾从量制”，即不可回收、只能通过填埋和焚烧等处理的垃圾按量进行收费。不可回收的垃圾要放在特定的垃圾袋里，这种垃圾袋必须通过购买才能获得，使用其他普通塑料袋装垃圾将被处以最高 100 万韩元的罚款。2008 年，韩国政府还确定了 2008～2012 年的五年环境规划，即“第四次环保中期综合计划”。2015 年，韩国颁布环保节能车五年计划，以确保到 2020 年环保汽车销量占新车总销量的 20%。

朝　鲜

国　名

朝鲜民主主义人民共和国（Democratic People's Republic of Korea），简称朝鲜。

地　理

位置　朝鲜位于亚洲大陆东北部，朝鲜半岛北端。朝鲜北部以鸭绿江、图们江与中国相邻，边境线长度为1353公里；东北部与俄罗斯有陆地边界，边境线长度为16公里；南部隔军事分界线与韩国接壤，边境线长度为238公里；东面隔日本海（包括东朝鲜湾）与日本相望，西南面为黄海（包括西朝鲜湾）。朝鲜最北端是北纬43°00′36″咸镜北道稳城郡丰西里，南端是北纬31°41′00″黄海南道康翎郡登岩里，东端是东经130°41′32″罗先特别市牛岩里，西端是东经124°10′47″平安北道薪岛郡。

面积　朝鲜国土面积为12.28万平方公里。

地形地貌　朝鲜是一个多山的国家，山地面积占整个国土面积的80%左右，超过海拔2000米的高山60多座。朝鲜平均海拔高度443米，陆地总体走势呈现东北高、西南低。北部山地海拔1000～1500米，主要山脉有白头山、金刚山、妙香山、九月山、七宝山、头流山、狼林山等。最高点白头山主峰将军峰海拔2750米，是朝鲜第一高峰，被称为朝鲜"屋顶"。朝鲜国土面积不大，但山地、高原、平原、盆地、河谷、海岸地形、喀斯特地形、风成沉积地形等各种类型的地形发达。主要高原有白头高原、白茂高原、盖马高原等。朝鲜平原较少，约占国土面积的20%，主要分布在地势较平坦的西海岸和南海岸。代表平原有平壤平原、载宁平原、十二三千里平原等。产粮区主要集中在平原地带。

江河湖泊　朝鲜河流多，江河密度高。在朝鲜半岛上千条大大小小的河流中，较大的鸭绿江、图们江（也称豆满江）、大同江等均在朝鲜。其中，最长的为中朝界河鸭绿江，全长790公里，其次是中、朝、俄边界的图们江，全长525公里。朝鲜还有100多个自然湖和1700个左右的人工湖（水库）。位于朝鲜东北部赴战岭山脉与狼林山脉之间的长津湖是朝鲜最大的湖泊。代表性人工湖有用于水力发电的水丰湖、长津湖等，用于灌溉的银波湖、延丰湖等。此外，在咸镜北道和黄海南道地区分布着很多温泉，在平安北道和慈江道地区还分布了很多药用矿泉。

气候　朝鲜属于典型的温带季风气候，冬季寒冷，夏季炎热，四季变化分明。年平均气温为8℃～12℃。1月最冷，平均气温为－5℃～－10℃；8月最热，平均气温为23℃～27℃。2016年朝鲜国内平均气温为10.3℃，比上年平均温度略低。2016年朝鲜各主要城市平均温度如下：平壤，11.6℃；新义州，10.5℃；开城，12.3℃；元山，12.2℃；咸兴，11.0℃；清津，8.7℃；惠山，4.3℃。

朝鲜受季风影响，旱季和雨季分明，雨量适宜，全年平均降水量为1000～1200毫米，雨季为7月、8月，旱季为4～6月。夏季降雨量占总降雨量的50%～60%，冬季占3%～15%。

2014年朝鲜年平均降水量为943.56毫米，较上年下跌严重。2016年朝鲜各主要城市年降水量如下：平壤，862.5毫米；新义州，872.1毫米；开城，982.1毫米；元山，1614.6毫米；咸兴，871.5毫米；惠山，572.8毫米。

年日照时间2280～2680小时。无霜期一般在160～180天，但北部高原地区无霜期为150天，南部地区一般为200天。朝鲜的气候，各地区差异很大。从南海岸亚热带到北部高山地区的亚寒带，气候条件各不相同，气候现象也因地区而异。

人　口

根据韩国统计厅公布的《2017年朝鲜主要统计指标》报告，2016年朝鲜人口约为2536.86万人，人口密度为每平方公里202.2人。其中男性人口1215.3万人，女性人口1274.4万人，性别比为95.4。朝鲜城市居民人口数量占总数的60%，人口超过100万的城市仅有平壤。2016年平壤人口约为288.4万人，约占全国总人口的11.4%。此外，朝鲜其他人口较多的城市为咸镜南道的咸兴市，人口约为56.9万人，以及咸镜北道的清津市，人口约为63.8万人。15岁以上人口数量为1986.1万人，经济活动人口数量为1400.2万人，经济活动参加率为70.5%。朝鲜2016年5岁以下儿童死亡率约为20.0（每千人），男性人均预期寿命为66.2岁，女性人均预期寿命为72.9岁。

资源物产

土地资源　朝鲜国土80%为山地，20%为平原，耕地面积159.5万公顷，占国土面积16%左右。除了农作物外，还有果树和桑田。

矿产资源　朝鲜蕴藏着丰富的多种地下资源，自古有世界“有用矿物标本室”的美誉。地下资源有400多种，其中具有工业价值的有用矿物有200多种，储量非常丰富。石墨、菱镁矿储量居世界前列。黑色金属矿物有磁铁矿、褐铁矿，有色金属有金、银、白金、钠、铝、镁、铜、镍、铅、锌等，非金属有磷灰石、明矾石、钾长石、天然硫黄、石膏、镁砂、滑石、高岭土、金刚石、红玉、青玉、石灰石、花岗石、玄武岩等。煤炭储量非常大，有高热量的烟煤、无烟煤和石煤。位于咸镜北道中朝边境地区的茂山铁矿已探明储量50多亿吨，可开采量30亿吨。朝鲜地热资源也很丰富，代表性产地是瓮津、白川等地。此地涌出地表的矿泉水温在瓮津地区为100℃以上。

森林资源　朝鲜的森林植被占国土面积的77%，森林总面积为985万公顷。朝鲜森林资源多为亚寒带针叶林，主要有鱼鳞松、通古斯落叶松、红松、朝鲜杉松、银松、黑桦、白杨、山樱、小叶橡树等。森林中还有阿穆尔虎（东北虎）、朝鲜虎、东西伯利亚豹、黑熊、梅花鹿等兽类。朝鲜为保护稀有的动物和植物资源，建设了很多保护区，包括6个自然保护区，14个动物保护区，14个植物保护区，以及其他专门的保护区。

海洋资源　朝鲜东濒日本海，西邻黄海，尤其是东侧沿海海域寒暖流交汇，又与世界三大渔场之一的西北太平洋渔场相邻，水产资源十分丰富，是优良的作业渔场，以产业为目的所捕捞的海产鱼虾贝类达640种。主要渔港有8个，分别为元山、咸兴、新浦、洪源、端川、清津、金策、罗津，其中新浦港是最大的渔港。主要鱼类资源有狭鳕、鲽鱼、太平洋鲱鱼、沙丁鱼、秋刀鱼、带鱼、小黄花、鲈鱼、鲆、鲽、鳐和中国对虾等。在东海岸渔业资源量中，狭鳕最高，在朝鲜总渔获量中占颇大比重。

动植物资源　朝鲜的气候和地理环境非常适宜动植物的生存。朝鲜动植物的品种和数量丰富多样，现已调查登记的动物有8465种，包括脊椎动物1434种，无脊椎动物7031种。其中脊椎动物包括：鱼类850种，鸟类394种，兽类97种，爬虫类27种，两栖类14种。特产动物有牙獐、克拉克鸟、蓝翅八色鸫、石龙子、三条纹蛇、黑带蛙等20余种。朝鲜现有植物种类9548种，其中高等植物包括变种、变异的在内有4280种，低等植物5268种。主要经济植物约有2170种，用材植物约100种、药用植物约900种、山菜植物约300种、野果植物约30种、饲草植物约160种、纤维植物约100种、油料植物约50种、香料植物约60种、蜜源植物约170种等。有“一属一种”之称的金刚绣线菊和金刚吊钟花等特产植物包括变种就有800多种。此外，还有山参、灵芝、松蕈、黑豆树等珍贵植物资源。

国体政体

宪法 朝鲜现行宪法为《朝鲜民主主义人民共和国社会主义宪法》，于1972年12月27日朝鲜民主主义人民共和国第五届最高人民会议第一次会议通过，并先后于1992年、1998年、2009年、2010年、2012年、2013年、2016年进行了七次修订。现行宪法由序文、7章172条内容构成。第一章，政治；第二章，经济；第三章，文化；第四章，国防；第五章，公民的基本权利与义务；第六章，国家机构；第七章，国徽、国旗、国歌、首都。

2012年4月13日，朝鲜第十二届最高人民会议第五次会议在平壤万寿台议事堂举行，会议通过最高人民会议法令《关于批准朝鲜民主主义人民共和国社会主义宪法修订案》，对《宪法》再次进行修订。修改后的宪法，增加了上一年逝世的朝鲜最高领导人金正日的业绩。

2013年4月1日，朝鲜民主主义人民共和国第十二届最高人民会议第七次会议修改和补充了社会主义宪法的序文。同时，将义务教育期限延长为12年。

国家机构 朝鲜民主主义人民共和国最高人民会议，是朝鲜的最高国家权力机关，行使立法权。最高人民会议由根据普遍、平等、直接选举的原则秘密投票选出的议员组成。

最高人民会议常任委员会，是最高人民会议休会期间的最高权力机关。最高人民会议常任委员会委员长代表国家，接受别国使臣的国书和诏书。

朝鲜民主主义人民共和国国防委员会，是国家权力的最高国防领导机关，制定旨在施行先军政治的国家重要政策，领导国家的整个武装力量和国防建设事业。

国防委员会第一委员长是朝鲜的最高领导者。国防委员会第一委员长担任朝鲜一切武装力量的最高司令官，指挥和统率朝鲜的一切武装力量，直接领导朝鲜的全盘工作和国防委员会的工作。此外，国防委员会第一委员长还批准或废除同外国缔结的重要条约、行使特赦权、宣布国家紧急状态和战时状态、发布命令等。

内阁是最高国家权力机关的行政执行机关，是管理整个国家的机关。内阁总理代表朝鲜民主主义人民共和国政府。内阁的工作对最高人民会议（休会期间为最高人民会议常任委员会）负责。

政党 朝鲜劳动党为执政党，前身为北朝鲜共产党，成立于1945年10月10日，1946年8月28日与朝鲜新民党合并为朝鲜劳动党，1949年6月29日与南朝鲜劳动党合并，建党纪念日为1945年10月10日。该党目标是实现“全社会主体思想化，建设共产主义社会”。设中央委员会，在各道、市、郡设相应党委员会，在基层单位设基层党委员会。现任最高领导人是任职第一书记的金正恩，总书记的头衔永远保留给已故领导人金正日。

朝鲜社会民主党原名朝鲜民主党，成立于1945年11月3日，由反对日本殖民统治的中小企业家、商人、手工业者、农民和基督徒组成，1981年改称现名。

天道教青友党成立于1946年2月8日，主要由信奉天道教的农民组成。

此外，朝鲜还有祖国统一民主主义战线、金日成社会主义青年同盟、朝鲜职业总同盟、朝鲜农业劳动者同盟、朝鲜民主妇女同盟和祖国和平统一委员会等社会团体。

国家领导人 金正恩，是朝鲜党和军队及国家的最高领导者，朝鲜劳动党委员长、党中央军事委员会委员长、党中央委员会政治局常务委员、党中央委员会政务局党委员。

行政区划

朝鲜设有1个直辖市、2个特别市和9个道。1个直辖市是平壤直辖市；2个特别市是罗先特别市和南浦特别市；9个道为平安南道、平安北道、慈江道、两江道、咸镜南道、咸镜北道、江原道、黄海南道和黄海北道。直辖市、道下设郡（相当于县）、市，郡下设里（基层政区）。道（直辖市）下设24市、145郡、43区、145邑、1135洞、3230里。此外，朝鲜还设有3个特别行政区，分别是新义州特别行政区、开城工业地区、金刚山观光地区。

经济贸易

国内生产总值 根据韩国统计局公布的《2017年朝鲜主要统计指标》报告，2016年朝鲜国内生产总值（GDP）为36.103兆亿韩元，经济增长率约为3.9%，较往年大幅增长。从产业结构分布来看，农林渔业占21.7%，采矿业占12.6%，制造业占20.6%，服务业占31.1%，其他产业（建筑业、电气、煤气等）占14%。

对外贸易 2016年，朝鲜外贸总额约为60.5亿美元，比2015年略有增幅，增长率为6.1%。中国和俄罗斯仍为朝鲜最大的进出口对象国。2016年朝鲜与韩国的贸易总额仅为3.3亿美元，相比2015年跌幅为87.7%。

交通通信

航空 朝鲜首都平壤建有顺安国际机场，又名平壤首都国际机场，是朝鲜唯一的国际机场，位于平壤以北约24公里处，机场有定期航班到北京、沈阳和符拉迪沃斯托克（海参崴），此外还有一些不定期的包机服务，目的地包括澳门、香港、曼谷，以及有众多朝鲜侨民聚居的日本名古屋及新潟，或世界其他地区。

铁路和公路 铁路运输是朝鲜的主要交通方式。朝鲜国内90%货运量和70%的客运量由铁路运输承担。铁路总里程为5226公里。电气化铁路总里程约为4232公里，1993年基本实现干线铁路电气化，电力机车牵引比重达79.8%以上。国内主要干线有：平壤—新义州、元山—罗津、南浦—高原。国际定期列车有：平壤—北京、平壤—莫斯科。公路总长约为26176公里，已建成平壤—南浦、平壤—元山、平壤—开城和平壤—妙香山高速公路，高速公路总长约774公里。

水路 朝鲜海洋运输的货运量占朝鲜全国货物运输量的3%左右。东海岸的沿海航线是以朝鲜北部的西水罗、先锋、罗津、大津、金策、新浦、兴南和元山为主形成的，并与相邻港口连接，成为近海航线网，主要航线有连接罗津、清津、兴南的北部航线和连接元山、高城的南部航路。西海岸沿海航线连接北部的龙岩浦、多狮岛、长松岛、南浦、孟津浦、九美浦、苏江、釜浦、海州等港口。国际航线开通了对俄罗斯、中国、日本和东南亚国家的航线。朝鲜内河通航里程1382公里，其中，大同江水系通航里程397公里，鸭绿江水系通航里程698公里，清川江水系通航里程152公里。

移动通信 朝鲜国际移动通信业务主要面向驻朝鲜的外国人和外资公司、朝外合资合营公司和贸易会社的工作人员。2008年12月，埃及奥拉斯科姆电信公司在朝鲜平壤正式开通3G手机业务。3G的网络覆盖达到国土面积的14%，理论上能提供服务给94%左右的人口。2009年向普通民众开放手机服务。截至2016年底，朝鲜手机用户已达到360万。

互联网 2000年，朝鲜建立了覆盖全国的计算机局域网络，称为“光明网”。光明网是一种覆盖朝鲜全国各个道、市、郡的但不与因特网相连的国内局域网，内容包括政治、经济、科学、文化等各方面的知识。朝鲜政府大力推广信息技术，朝鲜的中小学校、少年宫、高等院校、政府机关、工厂及图书馆都提供大量自行开发的朝鲜语的操作系统供民众使用。

文 化

文学 朝鲜文学艺术的根本，是革命的、工人阶级的社会主义内容与人民喜闻乐见的民族形式相结合。朝鲜鼓励作家、艺术工作者的创作活动，在群众基础上发展文学艺术，以便使广大群众积极参加文艺活动。

舞台艺术 朝鲜根据不断增长的人民需求，新建或改建了人民剧院、平壤大剧院、大同门电影院、国立话剧院、牡丹峰剧院、平壤杂技团等很多剧院、影院和文化会馆。各种艺术团体主要有血海歌剧团、万寿台艺术团、人民军协奏团、人民军国家功勋合唱团和人民军军乐团等。朝鲜文化艺术工作者先后创作、改编、演出了《卖花姑娘》《血海》《密林啊，请你告诉我》等歌剧和《城隍庙》话剧，以及《摘苹果的时候》《鲜花盛开的村庄》等当时中国观众耳熟能详的一批朝鲜电影。

影视 朝鲜十分重视电影事业，每年除了出版朝鲜中央年鉴外，还单独出版“朝鲜电影年鉴”。主要创作单位有电影文学创作社等，主要的管理机构有朝鲜电影进出口公司、朝鲜电影普及社等。朝鲜主要电影制片厂有朝鲜艺术电影制片厂、朝鲜4·25艺术电影制片厂、朝鲜4·26儿童美术电影制片厂等。朝鲜每年生产各类影片约60部。20世纪80年代以来拍摄的代表影片有《安重根击毙伊藤博文》《桔梗花》《卖花姑娘》《血海》等。

音乐 朝鲜十分重视音乐、歌曲的宣传普及。《金日成将军之歌》《朝鲜之星》《同志爱之歌》是朝鲜三大著名歌曲。2005年《劳动新闻》、朝鲜中央电视台向全国重点介绍歌曲《祖国的蓝天》，2006年《劳动新闻》接连刊登了两首向全国推荐的新歌：《先军革命总进军歌》《把什么留给祖国》。

《阿里郎》是朝鲜民族最具代表性的名曲，表现了朝鲜民族对爱情的忠贞和对美好生活的向往。大型团体操《阿里郎》于2002年首次公演，并于2007年8月被载入吉尼斯世界纪录，成为很多游客必看的观光项目之一。作品由序幕、第一场、第二场、第三场及终场，合计13幕组成，分别被冠以“檀君阿里郎”“强盛复兴阿里郎”等章节名称。总计约10万名朝鲜著名的国际国内音乐大赛获奖者、青年学生、人民军军人、少年儿童参加演出。

媒体 朝鲜设有两个PAL制式的朝鲜语频道“朝鲜中央电视台”及“万寿台电视台”；也设有一个NTSC制式的朝鲜语频道“朝鲜教育文化电视台”。朝鲜的广播电台分别是朝鲜中央广播电台、平壤广播电台、朝鲜之声广播电台。朝鲜中央广播电台为国家广播电台，除用朝鲜语广播外，还用多种外语对外广播。主要报刊有《劳动新闻》，朝鲜劳动党中央委员会机关报；《民主朝鲜》，政府机关报；《勤劳者》杂志，月刊，朝鲜劳动党中央委员会机关刊物。朝鲜外文综合出版社用多种外文出版杂志《今日朝鲜》和画报《朝鲜》。此外，还发行英语和法语周报《平壤时报》。朝鲜的主要出版机构设于平壤，分别有朝鲜劳动党出版社、文艺综合出版社、百科辞书综合出版社、金星青年出版社、工业出版社、农业出版社、教育出版社、人民保健出版社、人民军出版社、群众团体出版社、外文教育出版社、铁道出版社、朝鲜外文出版社。朝鲜中央通讯社KCNA简称朝中社，为国家通讯社，发行日刊《朝鲜中央通讯》等。

教 育

朝鲜从1956年开始实行了普遍的初等义务教育制，从1958年开始实行了普遍的中等义务教育制。自1972年开始实行了普遍的11年制义务教育制。2012年9月，朝鲜最高人民会议公布了关于实行全面的12年制义务教育的法令。即朝鲜对5～17岁的所有儿童和青少年实行12年制义务教育，包括1年制学前教育、5年制小学、3年制初中、3年制高中。截至2016年，朝鲜建有4800所小学、4600所中学、

490所大学。每万人大学生数约为210人。

著名高等学府有金日成综合大学、金策工业综合大学、金亨稷师范大学和人民经济大学等。

金日成综合大学　位于平壤市东北部大城区的龙南山山麓，1946年10月1日建校，是朝鲜半岛北部的第一所正规大学，改变了朝鲜半岛北部没有大学的历史，并以“干部培养基地”“主体教育与科学的最高学府”自居。现有10个研究所、15个系、50多个专业。在校生1.2万人。

金策工业综合大学　培养朝鲜科技人员的综合基地。按照金日成培养主体民族技术干部方针，于1948年9月27日从金日成综合大学理工科类、铁路理工科类分离出来组建而成。最初成立时的名称为平壤工业大学。1951年2月，以金策的名字将校名命名为金策工业大学。1988年，在金正日的关怀下，学校更名为金策工业综合大学。在2005年时，拥有18个学系，80多个专业学科，有1万多名学生，并有10个研究所及一个博士院。

金亨稷师范大学　位于平壤，是朝鲜的高等师范院校，1948年成立，1975年以朝鲜前领导人金日成父亲、抗日民族英雄金亨稷命名。这所大学占地面积10.4万多平方米，有哲学、教育、历史、地理、数学、物理、生物、化学、外语、体育等12个系和再教育系，有27门学科和40多个教研室。此外，还有博士院、教育信息中心、师范教育研究所和自然科学研究所。

旅　游

朝鲜国家观光总局是朝鲜最高旅游管理机构。朝鲜的旅行社主要有观光总局下属的朝鲜国际旅行社、金社盟下属的朝鲜青年国际旅行社和体育省下属的朝鲜金杯旅行社。朝鲜观光总局于1988年开通中国游客赴朝鲜旅游项目，至今已经接待了数十万中国游客。2008年9月2日，中国政府决定朝鲜民主主义人民共和国为开放中国公民出境旅游目的地国家。

朝鲜对外国游客开放的地区有平壤市、南浦市、开城市、妙香山、七宝山、九月山、元山、白头山等地区。除了一般游览外，大部分游客到朝鲜是为了欣赏现在朝鲜独有的大型团体操表演——《阿里郎》。《阿里郎》是由十万多名表演者集体表演歌颂朝鲜领袖金日成和金正日的大型团体操。

朝鲜半岛山高水丽，风景迷人。朝鲜主要的名山有金刚山、妙香山、七宝山、九月山等，金刚山雄伟壮丽，显阳刚之气，分为内金刚、外金刚、海金刚；妙香山山势奇妙，呈阴柔之美。名江有中朝界河鸭绿江、大同江、清川江。

白头山　属朝鲜六大名山之首，雄踞于两江道三池渊郡西北部、中朝边境。由新生代第3期末大火山爆发而形成，山势庄严雄伟。自然景观独特的山脊上，将军峰、向导峰和阳光峰等山峰连绵起伏，中间有喷火口，还有世界最深的山中湖——白头山天池（中国称长白山天池）。天池是由几个火山喷口积水而成的火山湖。在天池畔屹立着将军峰、望天吼、白岩山等巍峨的峰峦。

金刚山　既是朝鲜名山也是世界名山。金刚山峰外有峰，雄峻奇伟，飞瀑万千，碧潭盈盈，实为壮观。金刚山划分为外金刚、内金刚和海金刚。外金刚是包括九龙瀑布在内的九龙渊区到海金刚的名胜区，为金刚山旅游中心。海金刚有景色迷人的湖泊和浩浩荡荡的大海。内金刚是位于金刚山西南部的名胜区，是金刚山峡谷美的代表。金刚山的自然景物中特别有名的是内金刚的毗卢峰、万瀑洞、明镜台、百塔洞，外金刚的万物相、九龙渊、上八潭、水晶峰、玉流洞、寒霞溪、十二瀑布，海金刚的海万物相、金刚门、三日浦等。

七宝山　连接白头山和郁陵岛的白头火山带的一部分，它形成的时期也和白头山相一致。七宝山的优美景色按地区各有特点，可以分为内七宝、外七宝和海七宝。内七宝有五峰山、露积峰、万狮峰等形状奇妙的山峰，还有满月台、海望台、金刚潭、九龙沼等绝妙景致。外七宝有郁郁葱葱的树林、凉爽宜人的荫地、碧绿的水潭、瀑布、万物相、将军岩等。海七宝有海蚀断崖、洞窟、虹岩、降仙门、松岛、飞龙门等壮丽美妙的景色。

妙香山 朝鲜六大名山之一，具有悠久的历史文化。雄伟的奇岩怪石、深邃的峡谷、清郁的花香、火红的枫叶，这些互为衬托，形成了妙香山仙境般的美景。妙香山不仅集所有自然美于一体，这里还建有国际友谊展览馆和具有1000多年历史的佛寺——普贤寺，因而更加享有盛誉。山内还有风景优美的上元洞、万瀑洞、千态洞、七星洞、纹绣洞等。

医疗卫生

朝鲜是世界卫生组织成员。自1953年起在全国范围内实行免费医疗制度，并建立了医疗预防体系。医疗覆盖率高达80%以上。2008年末，朝鲜共有各类医护人员25万人，其中朝鲜医学医生和现代医学医生约11万人。朝鲜的医疗预防体系分为三级：初级卫生院是里卫生医院；二级医院是郡医院，有医生100人左右，病床200张左右；三级医院是国家级医院，拥有医生1000人左右，病床1500张左右。医疗设施先进、治疗条件比较好的医院有平壤友好医院、金万有医院、平壤妇产医院、朝鲜红十字综合医院。

科　技

在建设社会主义强盛国家的事业中，朝鲜把大力发展科学技术放在了极其重要的位置。朝鲜有对科学研究机关的综合性领导单位——国家科学院、社会科学院和领导科学技术行政的国家科学技术委员会。在全国各地还有各个部门的所属单位。

朝鲜在全国各个行业范围内大力进行技术改造工作：研发乐元机械联合企业的现代化机械设备；完成熙川机床厂的新生产系统；电力工业部门解决了火电厂增加电力生产的技术问题，确立了新的电力系统保护技术；改造煤炭采掘设备，提高采掘效率；改善现有电力机车的技术特点，最大限度提高货物的装卸能力；确立新的铁生产方法，开发高性能金属产品；开发优良水稻品种，解决了搞好农业生产的科技问题；轻工业部门大力推进工厂现代化，加快开展改善人民生活的科研工作；开发矿泉治疗设备，实现制药设备的现代化。

在工业科学方面，朝鲜大力发展和提高电脑自动控制系统技术。朝鲜科技工作者自行研制了高速化、高精化、智能化的高性能设备，为提高国家机械工业的科研能力和水平奠定了基础。金策钢铁联合企业开发出不用焦炭炼铁的技术，修建了依靠朝鲜原料和燃料的主体铁高炉。机械工程等主要技术工程部门采用以电脑测定机械状态诊断原因的震动诊断技术等多项技术，把以前的定期检修体系转变为现状维修体系。在轻工业和农业方面，其科研部门研发采用杂交一代水稻，培育出了杂交一代玉米、大豆种子等高产品种，建立了无病毒土豆原种生产体系。同时，研发了宜于冷床育苗和两熟制的套种等高效栽培法和施肥法。朝鲜科技工作者汲取了多种耕作技术的优势，逐步建立起科学的综合农业体系，并研制成功磷菌肥和无毒、无公害的生物农药。朝鲜还在信息技术、纳米技术和生物工程等领域取得了进展。在信息技术方面，朝鲜科技工作者在自主创新的基础上，开发出朝鲜式电脑操作系统，并且积极研发新的高效应用程序。在纳米技术方面，朝鲜致力于开发利用纳米材料的传感元件、发光器件和过滤膜等，扩大其应用范围，研制先进的纳米测定设备，寻求为纳米技术的研究及纳米制品的应用打开突破口。在生物工程方面，朝鲜科学工作者努力发展基因解析和生命信息等基础技术，运用生物识别技术科学、迅速地判定禽流感等病毒。

在大力发展科学技术的同时，朝鲜也加大了对科技人员的培养力度。朝鲜在优先保障科技人员科研条件的同时，通过科技节、展览会、交流会等多种形式和方法，最大限度地发挥科技人员的创造热情和积极性。

环　保

朝鲜于1986年4月9日颁布了《朝鲜人民民主主义共和国环境保护法》，并经历了1999年、2000年、2005年、2011年（两次）、2013年和2014年七次修订补充。

蒙古国

国　名

蒙古国（Mongolia）。

地　理

位置　蒙古国地处亚洲中部，是世界第二大内陆国家，地域总面积156.65万平方公里，居世界第17位。蒙古国地处蒙古高原，首都乌兰巴托海拔约1350米。蒙古国东、南、西三面与中国接壤，国境线长4710公里；北与俄罗斯相邻，国境线长3485公里。蒙古国国土区域位于北纬42°~52°，东经88°~120°。

地形地貌　蒙古国境内地形起伏，地势较高，总体走势是自西向东逐渐降低。西北部国土以山区和森林为主，东部为草原和沼泽，南部是戈壁沙漠，草原、半荒漠草原，占国土面积的大部分。蒙古国最高峰为位于中蒙边界上的友谊峰，海拔4374米。其他如埃恩赫塔伊万山海拔3905米、阿格拉山海拔3738米、尚德山海拔2825米、扎卢丘特山海拔2799米。杭爱山是一道位于蒙古国中部的山脉，呈西北—东南走向。它跨越扎布汗省、前杭爱省和后杭爱省，全长约700公里，平均海拔3000米，主峰鄂特冈腾格里峰海拔4031米。

戈壁沙漠主要分布在蒙古国巴彦洪戈尔省、中戈壁省、戈壁阿尔泰省、南戈壁省、苏赫巴托尔省。它是荒漠的一种类型，即地势起伏平缓、地面覆盖大片砾石的荒漠，戈壁表面大部分不是沙子，而是一些裸露的岩石。它跨越蒙古国南部与中国北部和西北部广袤的空间，北达阿尔泰山和蒙古草原，西南至河西走廊和青藏高原，东南至中国黄淮海平原。戈壁从西南至东北长约1610公里，北至南全长800公里，西部最宽，占地面积约129.5万平方公里，是亚洲最大的沙漠地区。

江河湖泊　蒙古国境内共有河流3800余条，河流总长67000公里，平均年径流量为390亿立方米，其中88%为内流河。蒙古国水资源总量为1920亿立方米，其中河流与湖泊水资源为1800亿立方米，地下水资源为120亿立方米，人均水资源为8万立方米。蒙古国境内流经两个以上省份的河流有56条，大型湖泊3个，分属北冰洋、太平洋和亚洲中部内陆水系。

蒙古国的河流是蒙古国最主要的给水源，大部分在北部和西部，东部稀少，南部没有较大的河流。大多数河流发源于山地和丘陵地带，上游河谷狭窄，水流湍急；下游水面宽阔，水流平缓。河岸不高但陡峭。蒙古国主要有色楞格河、鄂尔浑河、克鲁伦河、哈拉哈河、科布多河、乌尔扎河和鄂尔浑河等50多条河流。其中色楞格河是蒙古国最大的河流。

蒙古国境内有大小湖泊3500多个，大多分布在西北地区的干旱草原或荒漠地带，较大的湖泊分布在西部的大湖盆地。湖泊水资源量达1.8×10^{12}立方米，总面积为16000平方公里，约占国土面积的1%，其中面积在4~100平方公里以上的有80个，面积在100平方公里及以上的有16个。湖泊主要有乌布苏湖、库苏古尔湖、吉尔吉斯湖和哈拉乌苏湖。

气候　蒙古高原属典型的温带大陆性气候，

气候干旱、气温较低、风蚀严重，并且形成从北部和东部的半湿润地带依次向西南过渡到半干旱地带、干旱地带和极干旱地带的气候分布格局。气温是具有明显水平地带性分布规律的气候因子，也是影响土地利用变化的驱动因子之一。在全球变暖环境下，30 余年来蒙古高原温度呈不断上升趋势。蒙古国 20 世纪 90 年代的平均气温较 20 世纪 60 年代升高 1.13℃，其温度上升速率远高于世界同期平均水平（0.6℃）。温度上升导致蒙古高原干暖化趋势加剧，草地地表的蒸散过程加快、强度增大，干扰草地生长及演替，降低其植被覆盖度，导致植被生产力降低，草地退化严重，其中对以位于蒙古高原中部的禾本科为主的典型草原的影响尤为显著。

蒙古国四季分明，终年干燥少雨。春季干燥多风，夏季炎热短促，秋季凉爽宜人，冬季寒冷漫长，大部分地区的年最低气温可降至 -40℃，夏季最高气温超过 40℃。由于地处世界最强大的蒙古高气压中心，因而蒙古国境内常有大风雪；无霜期短，仅 90～120 天；早晚温差较大，年均降水量为 120～250 毫米；年平均日照时间为 2600～3300 小时，是全世界日照时间最长的国家之一。

首都乌兰巴托冬夏气温悬殊，1 月平均气温为 -20℃～-15℃，7 月平均气温为 20℃～22℃，年均降水量为 230 毫米，年均晴天 180 天。

人　口

据蒙古国国家统计局数据，截至 2017 年 12 月底，蒙古国总人口共计 312.09 万人，同比增长 2.1%。近半数人口集中在首都乌兰巴托。蒙古国 1918 年首次进行人口普查，当时人口为 647500 人。2000 年第九次人口普查人口数量为 2373493 人，2000～2010 年十年间人口增长 16%。蒙古国的人口问题与人才短缺问题日益突出，成为制约国家发展的因素之一。蒙古国是世界上人口密度最低的国家之一，每平方公里约 1.9 人。现有人口中 70% 是 35 岁以下的年轻人，从人口的年龄结构上讲，蒙古国是一个年轻的国家。目前，蒙古国政府坚持奉行鼓励生育政策，同时初步制定了未来人口发展战略目标，争取 2021 年人口增长率超过 2.3%，全国总人口达到 350 万。

蒙古国人口主要为喀尔喀蒙古族，约占全国人口的 80%。蒙古国主要语言为喀尔喀蒙古语。居民主要信奉喇嘛教。

资源物产

自然资源　蒙古国可利用的土地面积为 15646.64 万公顷，农牧业用地为 11603.77 万公顷，城郊居住地面积为 48.98 万公顷，交通道路用地面积为 35.92 万公顷，森林面积为 1429.94 万公顷，水域地面积为 66.61 万公顷，国家专用地面积为 2455.94 万公顷，分别占可利用土地面积的 74.16%、0.31%、0.23%、9.14%、0.43% 和 15.70%。森林面积为 1830 万公顷，全国森林覆盖率为 10%，木材蓄积量为 12 亿立方米。水蕴藏量为 60 亿立方米。

矿产资源　蒙古国地下资源丰富。现已探明的有铜、钼、金、银、铀、铅、锌、稀土、铁、萤石、磷、煤、石油等 80 多种矿产和 6000 多个矿点。其中煤蕴藏量约 1620 亿吨，铁约 20 亿吨，磷约 2 亿吨，萤石约 800 万吨，铜约 3600 万吨，钼约 24 万吨，锌约 6 万吨，银约 7000 吨，黄金约 3000 吨，石油约 15 亿桶。额尔登特铜钼矿已列入世界十大铜钼矿之一，位居亚洲之首。

生物资源　蒙古国政府注重保护生物资源，采取措施拯救濒危野生动物。蒙古国先后建立 49 个自然保护区，总面积达 1800 多万公顷，其覆盖率为 12%，其中面积最大的达 530 多万公顷，最小的有 1600 公顷。自然保护区为保护野生动物，特别是戈壁熊、野马和野骆驼等濒危野生动物创造了条件，使世界稀有野生动物戈壁熊的数量从 20 多只增加到 30 多只。野马绝迹后又从国外引进，已繁殖到 130 多匹，成为世界上拥有野马最多的国家。野骆驼的数量增加到600多峰。被列入世界红皮书的野驴在蒙古国已大量繁殖，在戈壁地区上千头野驴经常成群出没，仅在哈坦布拉格县境内就有3万多头野驴。蒙古国野生动物中数量最多的是黄羊，全世界共有黄羊100多万只，而生存在蒙古国的就达80多万只。辽阔的蒙古草原已成为野生动物的乐园。

国体政体

宪法 蒙古国现行宪法为第四部宪法，于1992年1月通过，同年2月12日起生效。宪法规定：蒙古国是独立自主的共和国；视在本国建立人道的公民民主社会为崇高目标；在未颁布法律的情况下，禁止外国军事力量驻扎蒙古国境内和通过蒙古国领土；国家承认公有制和私有制的一切形式；国家尊重宗教，宗教崇尚国家，公民有宗教信仰与不信仰的自由；根据公认的国际法准则和原则，奉行和平外交政策。根据该宪法，改国名为“蒙古国”，建立议会制。

议会 蒙古国的政治制度为宪政共和国。国家大呼拉尔（议会）是国家最高权力机关，行使立法权。国家大呼拉尔可提议讨论内外政策的任何问题，并将以下问题置于自己特别权力之内予以解决：批准、增补和修改法律；确定内外政策基础；宣布总统和国家大呼拉尔及其成员选举日期；决定和更换国家大呼拉尔常设委员会；颁布总统当选并承认其权力的法律；罢免总统；任免总理及政府成员；决定国家安全委员会的组成及权限；决定赦免等。国家大呼拉尔为一院制议会，其成员由蒙古国公民以无记名投票的方式直接选出，任期四年。国家大呼拉尔主席、副主席任期四年；国家大呼拉尔每半年召开一次例会（春季和秋季例会），每次例会不少于75个工作日。本届国家大呼拉尔于2016年6月产生，共76个席位。

总统 宪法规定总统是国家元首、全国人民团结的象征。总统由全民不记名投票直接选举产生，任期四年。

政府 总理领导下的政府为国家权力最高执行机关，政府成员由国家大呼拉尔任命。总理任期四年。现政府由民主党，“正义联盟”（人民革命党、民族民主党组成），公民意志绿党等组成。

政党 蒙古国实行多党制。主要有：（1）蒙古人民党。1921年3月1日成立，原称蒙古人民党，1925年3月改称蒙古人民革命党，1997年2月该党召开的二十二大确定党的性质为“民族民主主义性质的中左翼政党”。理论基础为“民主社会主义思想”。2007年10月该党召开二十五大，通过党章修正案，决定保留党章中“党主席兼任总理”的规定。2010年11月召开二十六大，恢复党名为人民党，选举由31人组成的领导委员会。党员约16万名。（2）民主党。2000年12月6日由蒙古民族民主党、社会民主党、民主复兴党、宗教民主党和民主党合并而成。党员逾16万人。党的宗旨是重视人的发展、人的权力和自由，并视个人能力大小承担相应的社会责任。党的目标是巩固蒙古国政治独立；建立合理、强大的经济体制；建立开放的社会；建立良政；将社会发展与国际社会进步密切接轨。党的全国代表大会每四年召开一次会议。全国协商委员会（相当于中央委员会）下设8个常设委，负责日常工作。党的监察机关是独立于任何个人的基本章程委员会，对党章负责。除以上两大政党外，蒙古国还有人民党、公民意志绿党、共和党、民族新党等约20个注册政党。

司法机构 蒙古国法院是拥有审判权的唯一机构。蒙古国司法体系由国家最高法院、省和首都法院、县法院、县际法院和区法院、行政事务专门法院组成。国家最高法院是蒙古国最高审判机关和监督法院，有大法官和16名法官组成。监察机构由总检察署和各级地方检察署构成。

行政区划

蒙古国全国划分为 21 个省（后杭爱省、巴彦乌勒盖省、巴彦洪果尔省、布尔根省、戈壁阿尔泰省、东戈壁省、东方省、中戈壁省、扎布汗省、前杭爱省、南戈壁省、苏赫巴托省、色楞格省、中央省、乌布苏省、科布多省、库苏古尔省、肯特省、鄂尔浑省、戈壁苏木贝尔省、达尔汗乌勒省），一个直辖市（首都乌兰巴托市）。省下设县，直辖市下设区，县区是基层行政单位。蒙古国共有 331 个县和 1681 个自然村。

经济贸易

蒙古国经济相对落后，以畜牧业为主，曾长期实行计划经济。苏联解体前，蒙古国接受苏联大量援助。苏联解体后，蒙古国工业基础薄弱、生产技术落后、生态环境破坏、荒漠化严重、基础建设不足等问题浮现。蒙古国主要出口畜产品，进口机器设备、燃料、工业原料和生活日用品等。在蒙古国投资和帮助蒙古国建设的国家多为其周边国家，包括中国大陆、日本、韩国、俄罗斯等。蒙古国的石油产品进口 80% 以上来自俄罗斯。蒙古国最大的贸易伙伴是中国。蒙古国的货币名称为图格里克（简称图）。

经济增长率 2016 年，蒙古国经济增速继续回落，国内生产总值 111.83 亿美元，实际增长率仅 -4.82%，人均 GDP 折合约 3583.26 美元。

中央财政 2016 年蒙古国财政收入（包括外国援助）共计 58521 亿图格里克，财政支出（包括偿还贷款）共计 95199 亿图格里克，财政赤字共计 36678 亿图格里克。2016 年蒙古国国家经常性预算收入共计 58790 亿图格里克，经常性预算支出共计 45593 亿图格里克，经常性预算盈余共计 13197 亿图格里克。2016 年蒙古国税收收入同比增加 8780 亿图格里克，增长 21.0%；非税收收入同比增加 1730 亿图格里克，增长 26.7%。2016 年，蒙古国通货膨胀率为 1.94%。

对外贸易 蒙古国经济对外依存度较高，对外贸易是拉动蒙古国整体经济增长的重要力量。近年来，受国际市场大宗款产品价格走低影响，蒙古国出口总额增长放缓；受蒙古货币贬值影响，蒙古国进口总额出现负增长。据蒙古国海关统计，2016 年，蒙古国与世界 157 个国家和地区开展了双边贸易，贸易总额为 82.753 亿美元，受国际大宗商品价格下滑影响，同比减少 2.3%。其中，出口总额 49.173 亿美元，主要是矿产品、畜产品，同比增长 5.3%；进口总额 33.579 亿美元，主要是运输和工程机械、电子电器、成品油、粮食、日用品等，同比减少 11.6%；贸易顺差 1.915 亿美元。

农牧业 农业（主要指种植业）并非蒙古国国民经济的支柱产业，但关系国计民生，历来受到政府的重视。私有化以来，由于经济衰退及投入不足，生产力大幅度倒退，种植面积和产量锐减，农业从业人口仅 6 万余人。蒙古国的主要农作物有小麦、大麦、土豆、白菜、萝卜、葱头、大蒜、油菜等。2016 年，蒙古国农业耕种面积共 50.53 万公顷，同比减少 2.73%。种植谷物 37.78 万公顷，同比减少 3.3%；土豆 1.5 万公顷，同比增长 17.19%；蔬菜 9100 公顷，同比增长 18.86%；饲料作物 2.99 万公顷，同比增长 25.63%。2016 年蒙古国谷物总产量共计 48.35 万吨，同比增长 220%；土豆产量 16.53 万吨，同比增长 1.0%；蔬菜产量 9.44 万吨，同比增长 30.57%。目前蒙古国国内谷物、土豆生产基本可满足国内需求。

畜牧业是蒙古国的传统产业，是国民经济的基础，也是蒙古国加工业和生活必需品的主要原料来源。蒙古国地广人稀，自然条件差、气候比较恶劣，冬季持续时间较长，畜牧业生产仍以自然放养为主，现阶段仍难以实现大规模、现代化生产，受自然气候和牲畜影响较大。

2016年蒙古国牲畜数量继续保持增长，达到历史新高。截至2016年底，蒙古国全国共有牲畜6154万头，同比增长9.9%。其中，马363.55万匹，同比增长10.3%，占5.9%；牛408.09万头，同比增长7.9%，占6.6%；骆驼40.13万峰，同比增长9.1%，占0.7%；绵羊2785.66万只，同比增长11.7%，占45.3%；山羊2557.49万只，同比增长8.4%，占41.6%。

矿产业 矿产业是蒙古国经济发展的重要支柱产业。2016年，矿业产值7.0593万亿图，同比增长20.5%，占工业总值的71%；蒙古国矿产品出口占出口总额比重达76.9%。矿产开采及加工业产值占蒙古国工业生产总值的比重达到59.3%，矿产品出口占蒙古国出口总额比重达81.8%。

工业 蒙古国工业起步较晚，除采矿业和燃料动力工业外，以畜产品为主要原料的轻工业和食品加工业在蒙古国工业部门中占有一定地位，此外还有部分矿产加工业。2016年，蒙古国实现工业总产值9.9432万亿图，同比增长14.13%。其中，加工制造业产值2.023万亿图，占工业总值的20.34%；水电暖供应等行业产值0.861万亿图，占工业总值的8.6%。

建筑业 近年来，蒙古国首都乌兰巴托居民数量急剧增加，已占全国人口一半以上，城市住宅需求迅速增加，住宅建设与销售市场逐渐兴起，建材需求趋旺，建材生产随之大幅增加。但受蒙古国整体经济放缓和蒙币贬值影响，2016年蒙古国房地产市场建设和销售均出现放缓，新建设房地产项目大幅减少，已建成项目销售情况不佳。2016年蒙古国建筑业总产值为2.037万亿图，同比降低17.9%。

对外投资 20世纪90年代以来，蒙古国开始对外投资，但投资额很小。1992年起蒙古国开始对华投资。

外国援助 蒙古国经济对外援依赖较强，主要援助国和国际组织有日本、美国、德国、俄罗斯、中国及亚洲银行、世界银行、国际货币基金组织等。据世界银行数据，2016年蒙古国共接收官方发展援助3.5亿美元。

交通通信

公路 蒙古国全国公路总里程为49250公里，分为三类：国家级公路（包括连接首都与各省会之间、各省会之间、国家边界口岸和中央居住区的公路）、地方公路、单位自用路。国家级公路总里程为11218公里，其中仅有2395公里为柏油路面。乌兰巴托市有硬化公路361.1公里，其中300.4公里为柏油路面，其余的为混凝土路面。2016年蒙古国公路运输收入4971亿图，同比增长11.86%；运输货物2040.6万吨，同比增长22.3%；运送旅客2.61亿人次，同比增长11.8%；蒙古国分别同中国和俄罗斯之间设有多个边境口岸，公路连接和通关较为便捷。目前中、蒙两国共有13个公路口岸。

铁路 蒙古国现有铁路线1811公里，担负着蒙古国货运和客运量的62.8%和2.3%，分别占蒙古国货物和旅客周转量的96.7%和47.6%。现有铁路的年运送能力为2200万吨。由于铁路设备和技术老化，再加上扎门乌德口岸换装能力不足，从2007年开始经常发生季节性货物滞留现象，对此蒙古国政府正采取措施加以改善。为解决铁路领域面临的主要问题，2008年初蒙古国制定了国家铁路网拓展远景规划，计划修建以下线路：（1）戈壁地区铁路线；（2）东部区铁路线；（3）西部区铁路线；（4）铁路网横线。2011年6月，蒙古国大呼拉尔正式讨论通过了国家铁路政策文件。2016年，蒙古国铁路运输收入4418亿图，同比增长13.9%；运输货物1992.72万吨，同比下降4.1%；运送旅客264万人次，同比下降5.5%。

空运 蒙古国设有交通运输建筑城建部和民航总局，开通有国际航线和国内航线。乌兰巴托市成吉思汗国际机场为蒙古国最大的机场，但由于只能单向起降，受气候影响较大，春冬飞机晚点率较高。2007 年，政府决定将科布多、木伦、南戈壁、东方等省市的机场升格为国际机场，目前正在分阶段开展工作。2008 年蒙古国计划将扎布汗、戈壁阿尔泰、巴彦乌列盖、乌布苏等西部四省的机场跑道硬化，蒙古国现有 6 个有硬化跑道的机场（成吉思汗、东方、南戈壁、巴彦洪格尔、库苏古尔、科布多）。2016 年，蒙古国航空运输收入 2793.85 亿图，同比增长 9.8%；运输货物 3082.6 吨，同比增长 8.6%；运送旅客 67.28 万人次，同比增长 9.1%。

媒体通信 蒙古国公开发行的报纸约 126 种，杂志 92 种，广播 76 家，电视台 150 家，网络媒体 30 多家。蒙古国主要的通讯社有蒙古通讯社，是官方通讯社，创建于 1921 年。该社接收路透社、新华社、俄塔社、韩联社、印度新闻出版署等通讯社发布的新闻，现在莫斯科、北京、波恩和乌兰乌德派有常驻记者。

蒙古国最主要的电视媒体有蒙古国家公共电视台（MNB）、TV5、TV9、乌兰巴托电视台（UBS）等。C1、TV8、NTV、教育、USB 等较为有名的新私营电视台。

蒙古国最有影响力的广播电台是国家公共广播电台。其为蒙古国唯一非私营广播电台，使用喀尔喀蒙古语播音，覆盖率达 90% 以上。目前，该电台使用蒙、英、汉、俄、日等 5 种语言对外广播，每日播音 8 小时。

蒙古国在全国发行的综合性日报有《日报》《世纪新闻报》《今日报》《国家邮报》等。这四大报发行量最大，内容覆盖政治、经济、社会等各个方面。此外还有《索音博报》（军报）、《乌兰巴托时报》、《人民权利报》等。

蒙古国的通信领域发展很不平衡，在首都及几个大城市，固定电话和移动电话、宽带及相关业务相对普及，但在偏远地区，很多地方通信网络仍未覆盖。蒙古国共有 381 家企业单位提供 30 多种服务。主要的电信运营商有 Mobicom、Gmobile、Skytel、Unitel、Mongolia Telecom。目前，蒙古国的通信基础设施包括 7500 多公里光缆网、2500 公里数字无线电话线、220 多个卫星通信 VSAM 站、30000 多条空架线，已经形成跨越 88 个县连接 21 个省会的光缆网。仅乌兰巴托的地下光缆就长达 300 公里。

2016 年，蒙古国通信领域收入 7796 亿图，同比增长 7.6%。固定电话网线共 28.68 万条，有线电视用户共 41.84 万户，移动电话用户共 53.8 万户，永久互联网用户共 20.4 万户。

文　化

蒙古国教育文化科学部内设文化艺术政策协调局，主管全国的文化艺术工作。下辖国家民间歌舞团、国家话剧院、国家歌剧舞剧院、国家杂技院、国家音乐馆、国家木偶剧院和博格达汗宫博物馆、乔依金喇嘛庙博物馆、造型艺术博物馆、国家历史博物馆、国家自然历史博物馆、文化遗产中心、国家图书馆、国家艺术画廊等单位，同时检查和指导全国各省、市文化局、文化单位、艺术团体的工作。蒙古国共有 48 家博物馆，160422 件展品；324 家图书馆，8061600 册书籍；323 所文化中心，56685 个座位；42 家剧院、杂技馆，12391 个座位在向公众提供文化服务。此统计未包括非政府组织和民间机构自办的文化机构。

教　育

蒙古国实行国家普及免费普通教育制。蒙古国教育科学部下辖多所大学，同时检查和指导全国各省、市教育局、教育单位、教育科研单位的工作。主要高等院校有国立大学、技术大学、国立师范大学、国立农牧业大学、医科大学等。国民识字率高达 90% 以上。

1921 年前，蒙古国的教育水平非常落后。没有正规的学校，全民识字率仅为 2%。1924 年以后，教育水平得到很大提高。蒙古国一直很重视教育投入，近年来，对教育的投入一直占其国家总预算的 20% 以上。蒙古国实行国家普及免费普通教育制。目前，蒙古国已经基本消除文盲，每三个人中就有一个在大中专院校学习，15岁以上的蒙古国公民，98%以上受到过初等以上水平的教育。乌兰巴托有6所汉语学校，2000多名学生。近年来，蒙古国公民对学习中文很感兴趣。在内蒙古大学学习中文的留学生主要来自蒙古国。蒙古国的义务教育从7岁到18岁，包括小学教育5年，中学教育4年及高中教育2年。有普通学校、特殊学校、艺术与技术学校以及资优学校等形式。

蒙古国有全日制普通教育学校751所，63所专业培训中心。全国共有高校113所，其中国立高校16所，主要有国立大学、科学技术大学、教育大学、农业大学、医科大学、文化艺术大学、人文大学、乌兰巴托大学等；私立高校92所，主要有依赫扎萨克大学、奥特根腾格尔大学等。5所为国外高校分校。学校管理较为松散，相当一部分学生学工结合。全国受过高等教育的人口占总人口的比重很高。根据政府间文化教育科学合作协定，蒙古国与50多个国家交换留学生。近年来，中国商务部、教育部每年向蒙古国提供500余个全额奖学金名额，包括大学本科、硕士研究生和博士研究生。此外中国商务部、中联部等部门每年也向蒙古国提供各类短期援助培训名额。据不完全统计，目前，蒙古国共有约1100名学生在中国的100多所大学里学习。其中通过中国政府奖学金到中国留学的学生每年近200人。蒙古国曾经实行“5+4+2”的基础教育体制，现在实行“6+4+2”的教育体制。目前蒙古国有927所幼儿园和763所中小学。

旅　游

蒙古国被称为“蓝天之国”，人口稀少、地域辽阔，旅游资源丰富，许多地区还处于未开发状态，自然风景得以保持原貌，是一个至今依然保存着游牧景观与游牧文化的国家。蒙古国旅游业发展前景广阔。

蒙古国自然景观复杂多样，草原、森林、丘陵、河流、湖泊和沙漠兼备，且大多数地方保持了原貌，形成多样性的自然风光区域，对游客有很强的吸引力。同时，蒙古国是以喀尔喀蒙古族为主体的多民族国家，历史文化悠久，民俗活动丰富多样，社会文化旅游资源富有吸引力。蒙古国每年春节期间举办的摔跤、赛马、赛骆驼等传统比赛活动和国庆期间举行的那达慕大会最能吸引外国游客。蒙古国是全球保留最为完好的原始生态环境区域，以其神奇的自然风光和独特的蒙古民族风情吸引着世界各地的朋友，它既有荒凉的戈壁，也有茂密的森林、秀美的湖泊，茫茫无垠的大草原更是举世无双。蒙古人十分好客，并且能歌善舞，他们自古喜爱大自然，加之少工业，生态环境保存十分完好，动植物资源非常丰富，是旅游观光的胜地，每年的6~9月为旅游的黄金季节。

蒙古国全国有旅游基地、大小宾馆、饭店约700家。从事旅游服务的公司约500家，主要宾馆有乌兰巴托饭店、巴彦高勒饭店、成吉思汗饭店、大陆酒店等。

蒙古国主要旅游景区及地理分布如下：位于西北部的阿尔泰湖、盐湖、喷泉旅游区；位于西北部的库布德四季雪山风景区；位于西北部的乌布斯河、特斯河、金沙风景区；位于北部的库布斯古尔湖风景区；位于中部的嘎鲁特河风景区；位于中部的哈尔和林古迹与额尔浑河风景区；首都乌兰巴托市及周边风景带；位于南部的达兰扎德盖沙丘风景区；位于东北部的成吉思汗故乡；东部的冈嘎湖和锡林博格多平原洞穴风景区；位于东北部的门纳恩平原和贝尔湖风景区；苏赫巴特省和达尔汗市；位于西部的乌里亚斯台和特勒门湖风景区；位于西南部的阿尔泰山脉两侧及珍稀动物自然保护区。

据蒙古国国家统计局统计，2017年上半年共有216927名外国公民入境蒙古国，相比2016年上半年增长了20.1%。其中，中国公民占41%，来自俄罗斯、韩国、日本、美国、哈萨克斯坦的公民分别占20.5%、11.3%、4.2%、3.5%和2.8%。2016年蒙古国酒店业产值共195亿图，同比下降1.6%；餐饮业总产值共计2314亿图，同比增长12.6%。

医疗卫生

蒙古国医疗卫生水平不高，大部分医院医疗设施陈旧、医生护士缺乏，医疗设施有待完善，医疗用品主要依赖外国进口，专业医护人员数量不足。据世界卫生组织统计，2014年蒙古全国医疗卫生总支出占GDP的4.7%，按照购买力平价计算，人均医疗健康支出565.07美元，人口数量占全国总人口约40%的乡村连最基本的医疗服务都得不到保障。2015年，蒙古国人均寿命为69岁。蒙古国地处蒙古高原，冬季漫长寒冷、空气干燥，且近年来因冬季燃煤供暖等因素影响，乌兰巴托市等主要人口集聚城市冬季空气污染严重，呼吸道疾病现已成为蒙古国最主要疾病之一。除冬季季节性流感外，蒙古国目前未出现其他流行性疾病。近年来蒙古国缺医少药的状况日益严重，蒙古国公共卫生资源不堪重负。1994年1月起，蒙古国实行《医疗保险法》。医疗保险有强制和自愿两种形式，公民也可购买多重保险。强制医疗保险由社会保险机构负责，对象为蒙古国全体公民；自愿保险对象主要包括外国公民和无国籍人士等群体。目前，蒙古国医疗保险的参保范围基本覆盖全国。

科　技

蒙古国工业基础较为薄弱，科学发展相对滞后，技术创新发展水平比其他国家低。蒙古国科技部门对国家经济增长的贡献率较低，国家创新活动在全球和地区的水平上是过时的。2006年蒙古教科文部对科技实力进行的评估表明，在所有出口产品中，45%的没有技术含量，52%是低技术产品，3%是中低技术产品。然而，进口的中高、中低和低技术含量的产品比重很大，表明智力资产利用效率低下。蒙古国虽然过去制定了一些发展科技的政策文件和工作计划，但很少能贯彻落实。经济社会和产业发展的文件中没有包括给予利用科技资源、科技一学术一产业合作及国际科技合作等足够的支持。蒙古国没有完善的基础设施来支撑这些连接，公众科技的重要性认识仍然不高。

环　保

蒙古国主管环境保护的政府部门是自然环境与绿色发展部（网址：www.mne.mn）。该部在首都乌兰巴托市、各省设有自然环境分支机构，各县设有环保工作者。

为吸引国内外资金尽快开发利用该国矿产资源，1997年，蒙古国家大呼拉尔通过第一部《矿产资源法》，并进行了修改、完善。2006年蒙古国《矿产法新版》对环保方面的规定包括：（1）向主管环境问题的中央国家机关和有关省、县（市区）行政长官提交对环境影响的评估和环保计划；（2）许可证持有者在没有取得有关环保部门书面批准同意之前，禁止开始进行勘探和开发活动；（3）对开采过的矿区要恢复原地貌；（4）实行环保抵押金制度。为确保许可证持有者完全履行在环保方面承诺的义务，要求将相当于实施环保措施所需年度预算50%的资金作为抵押金，转入项目所属县（区）行政长官办公室专项账户内。该抵押金必须在项目实施前（季节性施工的项目在5月1日前，全年施工的项目在第一季度内）转入专项账户内。当年12月1日前施工企业按环保规定提交报告后，如未违犯环保条款，在21个工作日内将抵押金退还企业。

根据蒙古国《环境保护法》与《环境影响评估法》的规定，矿山开发及与其相关的建设项目（公路、铁路等）均须进行环境评估。因此，需聘请蒙古国具有环境评估资质的公司，对开发矿山及其相关建设项目将对环境造成的影响进行评估，并将环境评估报告提交蒙古国自然环境部审批。

蒙古国河流湖泊干涸严重，水资源日趋短缺，将成为国家发展的制约因素，在拥有丰富矿产资源的南部戈壁地区尤其缺水。目前蒙古国70%以上的土地面积存在不同程度的荒漠化，而且荒漠化区域正以惊人的速度在全国范围内扩展。蒙古国已经把2013年确定为“支持环保教育年”，以大力加强环保知识教育。“支持环保教育年”的目标是号召教育、科学、文化、体育、旅游、新闻、农牧业等部门及社会团体、专家学者共同行动起来，贡献智慧，构建绿色发展理念，宣传环境保护法规，制定并实施全面的可持续发展纲要。

经济社会发展回顾

2016年东北亚区域合作发展回顾

随着世界经济重心由大西洋向亚太地区转移，东北亚区域作为世界区域经济合作与发展的重要引擎和富有潜力的地区，日益呈现最具合作规模、机遇、活力、现实与潜力的特点。从2016年东北亚区域发展的现状看，随着世界政治经济进入大变革、大调整和大开放的周期，东北亚区域延续和平与发展的主流势头，双边和多边的经贸合作及人文交流持续深化，通过深化国家间的务实沟通、协调和合作，朝核问题、韩国引进“萨德”系统以及中日、日韩等区域内的一些历史与现实交织的冲突和不稳定因素得到一定程度的遏制，双边和多边的信任及解决机制出现改善或朝向改善的调整，尤其是中国通过深化“一带一路”倡议，推动东北老工业基地振兴与东北亚区域合作对接，致力于构建亚太地区的人类命运共同体的诸多尝试，成为带动双边和促进多边合作的亮点。

一　东北亚经贸合作继续呈现稳步扩大向好态势

1. 东北亚国家经济总体维持向好态势

2016年全球经济尤其是外贸和投资增长继续在低速中徘徊，贸易保护主义苗头的出现更是使自由贸易与投资环境受到冲击。东北亚国家经济社会发展在世界经济低迷中实现了相对较好的增长。中、俄、韩、朝GDP均实现正增长，日本名义GDP增长率为正，但实际GDP增长率小幅下跌，蒙古国经济出现较为显著的下滑走势。从国别看，中国经济增速继续维持在6%的水准之上，实现了6.7%的增长，经济规模达74.1万亿元人民币，经济发展稳中向好的格局基本形成，也印证了中国坚持新发展理念，以推进供给侧结构性改革为主线，适度扩大总需求，坚定推进改革，妥善应对风险挑战，实现了“十三五”良好开局；受西方制裁和油价下跌影响，俄罗斯经济延续了消费和出口均低迷的下跌走势，仅实现了0.33%的增长，GDP规模为8.32万亿卢布；日本名义GDP虽然实现正增长，但由于通缩问题一直没有得到有效解决，实际GDP增速为-0.15%，凸显日本经济复苏的脆弱性；韩国经济实现了2.8%的匀速增长，GDP为1.41万亿美元，人均国民总收入为2.75万美元；朝鲜经济延续了连续五年的增长，GDP增速为3.9%，GDP达到285亿美元；蒙古国经济增长相对低迷，GDP增速为-4.82%，经济规模为111亿美元左右。中、日、韩继续引领东北亚乃至东亚经济增长，尤其是中国经济增速高于印度的6.6%，推动世界经济增长的引擎作用进一步加强。

2. 东北亚国家双边贸易稳定增长

虽然朝鲜半岛地缘局势依然呈现较多的不确定性和地缘风险，但东北亚区域内贸易依然克服各种历史恩怨和现实阻力，呈现稳定增长的态势。一是双边贸易额稳定攀升。中日、中韩、中俄之间的双边贸易额分别为2748亿、2526亿和686亿美元。近十年来，日韩、日俄、韩俄的双边贸易均实现较大幅度增长，一些领域还实现了翻倍增长，年均增长率均超过5%。2016年，日韩贸易额为719亿美元，日俄贸易额为161亿美元，韩俄贸易额为151亿美元。从贸易权重和经贸影响力看，中、日、韩三国贸易额占东北亚区域内贸易额的90%，占亚洲贸易额的70%，绝对主导地位较为稳定。二是区域内贸易依赖显著增加。2016年，东北亚六国域内贸易总额为6000多亿美元，相当于同期中国与“一带一路”沿线60多个国家贸易额（6.3万亿元人民币）的60%左右，仅中日、中韩贸易额就相当于50%以上。三是互为贸易伙伴的地位上升。中国为俄、日、韩、朝、蒙的最大贸易伙伴。中日分别为韩国的第一和第三大贸易伙伴。中国为俄罗斯第一大进口国和第二大出口国。四是贸易结构和质量得到提升。东北亚国家间的贸易结构一直以日、韩占据产业链中高端，中国占据制造业产品优势，俄、朝、蒙作为资源和原材料输出国的贸易结构为主，但2016年呈现了双边和多边投资拉动下的贸易产品结构优化和资源国出口商品构成高级化的趋势。以俄罗斯为例，除大宗的矿物燃料、矿物油及其产品、沥青、钢铁之外，珠宝、贵金属及制品，仿首饰，硬币、核反应堆、锅炉、机械器具及零件等比重上升。再以蒙古国为例，除煤炭、铜精粉、铁矿石、黄金和石油等大宗出口商品外，羊绒制品的精深加工、农牧产品的高附加值出口有所增加。

3. 双边和多边投资呈现扩大趋势

东北亚的投资规模继续扩大，不管是区域内的相互投资，还是对区域外的投资，东北亚在全球投资格局中的比重不断提高，地位不断上升。2016年，中、日、韩、俄在全球投资流量中比重分别为17.8%、10%、1.9%和1.9%，东北亚国家合计占比超过30%，凸显东北亚国家对外投资能力的增强和投资水平的提高。从2016年东北亚域内相互投资看，日本全年实际对华投资出现止跌回稳，同比增长1.7%，日本对华投资31.1亿美元，同比减少3.1%，实际金额减少0.2%，也是2012年以来首次出现减少，对华投资排名由2014年的第四位、2015年的第五位跌至2016年的第七位。从日企投资意愿看，40%的日本在华投资企业未来1~2年希望继续增资扩股，日企对华投资领域扩大到食品、化学和医药、零售业等内销型和高附加值产品。韩国当年对华投资为47.5亿美元，增长17.6%，居当年对华投资第三位，与1992年的2亿多美元相比，增幅约为18倍。与此同时，中国同期对韩国以FDI申报为基准的直接投资为201亿美元，占当年总体的9.6%，与1992年相比增幅约为1940倍。中国对俄罗斯的投资为11亿美元，存量为129亿美元。

二　东北亚区域旅游和人文交流合作日益突出

在东北亚区域的各领域合作中，最具实践性、可行性和突破性的就是双边和多边的跨境旅游合作。近年来东北亚区域旅游合作不断出现“井喷”现象就是最好的注解。2016年，东北亚区域的双边和多边旅游合作延续上一年的向好势头，呈现了旅游拉动各国经济社会发展、增进相互理解与民众往来、深化通商等经贸合作的良好势头。2016年，东北亚区域跨境旅游人数达到1.5亿人次，算上各国的国内旅游，合计超过47亿人次。中、日、韩三国之间的游客互访超过2000万人次，东北亚五国六方超过3000万人次。东北亚旅游进入了亿人次、国家间陆续进入超千万人次的跨境旅游新时代。仅以中、日、韩为例，2016年中国国内旅游人数达44.4亿人次，入境旅游人数达1.38亿人次，中国公民出境旅游人数达1.22亿人次；全年实现旅游业总收入4.69万亿元，同比增长13.6%，旅游业对GDP的综合贡献为8.19万亿元，占GDP的11.01%。旅游直接就业2813万人，旅游直接和间接就业7962万人，占全国就业总人口的10.26%。再以日本和韩国为例，2016年访日外国游客数创下2404万人次的纪录，这也是2013年访日外国游客首次突破1000万人次，日本政府预想的2020年访日外国游客突破2000万人次目标的提前收官。其中来自中国的游客约占 1/4，达到 500 万人次，来自东北亚及东亚国家游客占 70% 左右，这主要得益于日本的放松签证政策、中日间增加了廉价游轮和航班、日本各地出台招徕游客新政等。再从韩国来看，据韩国文化体育观光部数据，2016 年访韩外国游客超过 1700 万人次，创历史新高。增加的主要因素是中国访韩游客大增和日本访韩游客回流。韩方数据显示，2016 年访韩中国大陆游客达 804 万人次，同比增长 34.4%，首次突破 800 万人次；中国香港游客达 65 万人次，同比增长 23.7%；中国台湾地区游客达 83 万人次，同比增长 60.4%；日本游客达 229 万人次，同比增长 24.8%。中日韩旅游行业出现井喷式增长，既得益于地缘安全环境的缓和，也得益于区域内双边和多边旅游环境的不断改善，这种向好的势头还直接促进了区域内的人文交流与合作，政府层面重视旅游合作的结果，区域旅游一体化机制也不断涌现，反过来夯实了人文交流与合作的基础，加强三国间跨境旅游合作和旅游基础设施建设，推进旅游、教育、科技、文化、体育等方面的合作，为东北亚区域摸索形成旅游共同体，进而形成人类命运共同体和一体化建设奠定基础，最终有助于实现东北亚地区的共同繁荣、可持续发展及持久和平。

三　东北亚区域合作对中国重要性提升

2016 年，中国一方面推进与东北亚国家在地缘安全、政治、外交等领域持续改善并巩固关系，同时强化与东北亚国家双边和多边的经贸合作，东北亚国家对中国的重要性进一步提升。2016 年，中国与日本、韩国、俄罗斯、朝鲜和蒙古国的双边贸易额分别为 2748 亿美元、2526 亿美元、686 亿美元、54 亿美元和 46 亿美元，合计 6060 亿美元，占中国对外贸易额的 16.4%。韩国和日本分别成为中国第三和第七大外资来源国，与此同时，中国对东北亚区域的俄、日、韩、蒙等国投资总额也继续保持平稳增长态势。中国的“一带一路”倡议也更加注重与东北亚区域国家的对接合作，继俄罗斯和蒙古国提出将本国的“欧亚经济联盟”“发展之路”与中国的“一带一路”倡议深度对接后，日本、韩国也先后展现积极参与合作、务实对接的转变，“一带一路”对中国推进东北亚区域合作和构建有利于形成东北亚区域合作新局面的纽带作用日益凸显。

四　东北亚通商机制建设日益取得共识

在全球区域一体化和通商机制多边化的推动下，东北亚区域国际通商合作的多边沟通和协调也在稳步推进。首先是区域内国家对在和平与发展主题下推动区域合作的共识增强，对国家层面和地方层面双轮驱动有了合作的动力，增进民生福祉的诉求进一步增长。其次是围绕区域的双边或多边合作机制的谈判有序进行。中日韩自贸区进入第十轮谈判并逐渐弥合分歧，三国都充分认识到了自贸区建设的关键性与重要性，都希望通过建立中日韩自贸区，充分发挥三国间的产业互补性，挖掘提升三国贸易投资水平的潜力，促进区域价值链进一步融合。2016 年 10 月召开的中日韩经贸部长会议也进一步承诺要加紧推进谈判，寻求三国自贸区的独特价值，以自贸谈判为标志的区域经济体的构建日益取得成效。以“大图们江倡议”合作为引领的边境地区多边合作日趋务实，“一带一路”倡议下的中蒙俄经济走廊建设不断取得阶段性成果。中日、中韩、中日韩围绕推动 RCEP 的多边合作，中俄、中俄蒙、中俄日韩等国围绕在 APEC、G20、上合组织等机制下的合作不断展开积极的互动和交流。最后是中日韩朝及中俄朝蒙边境地区的次区域合作出现务实新变化。黑龙江省绥芬河—东宁重点开发开放试验区不断取得对俄合作新成效，中国东北振兴战略与俄远东开发对接有序推进，长吉图开发开放先导区框架下的图们江经济开发区的范围进一步扩展，中、俄、日、朝、韩联合开辟了多条海上运输路线和跨国旅游路线，中朝元汀里互市贸易区、中俄珲春互市贸易区、中俄大乌苏里岛互市贸易区等不断密切边境地区的小额贸易和过境贸易。环日本海经济圈的合作继续升温，环日本海物流航线、环日本海经济区、日韩对马海峡经济区及以朝鲜半岛东海岸为中心的半岛经济圈合作等，以“一带一路”和各国区域开发战略为纽带和平台，东北亚各国协调区域合作立场，对接经济开放政策，合作范围不断扩大，合作水平不断提高，合作层次不断加深，为未来的通商机制合作奠定了良好的基础。

2016年中国经济社会发展报告

2016年是“十三五”的开局之年，面对复杂多变的国际环境和国内繁重艰巨的改革发展稳定任务，我国坚持稳中求进工作总基调，坚持新发展理念，以推进供给侧结构性改革为主线，统筹推进“五位一体”总体布局和协调推进“四个全面”战略布局，经济社会保持平稳健康发展，实现了“十三五”良好开局。

一　经济发展

全年国内生产总值744127亿元，比上年增长8.0%。其中，第一产业增加值63671亿元，同比增长4.6%，占GDP比重为8.6%；第二产业增加值296236亿元，增长5.0%，占GDP比重为39.8%；第三产业增加值384221亿元，增长1.0%，占GDP比重为51.6%。全年人均国内生产总值53980元，比上年增长7.4%。全年国民总收入741140亿元，比上年增长8.0%。

（一）农业

全年粮食种植面积11303万公顷，比上年减少31万公顷。其中，小麦种植面积2419万公顷，增加5万公顷；稻谷种植面积3016万公顷，减少5万公顷；玉米种植面积3676万公顷，减少136万公顷。棉花种植面积338万公顷，减少42万公顷。油料种植面积1412万公顷，增加8万公顷。糖料种植面积168万公顷，减少6万公顷。全年粮食产量61624万吨，比上年减少520万吨，减产0.8%。全年谷物产量56517万吨，比上年减产1.2%。其中，稻谷产量20693万吨，减产0.6%；小麦产量12885万吨，减产1.0%；玉米产量21955万吨，减产2.3%。全年棉花产量530万吨，比上年减产5.4%；油料产量3629万吨，增产2.6%；糖料产量12299万吨，减产1.6%；茶叶产量241万吨，增产7.4%。全年肉类总产量8538万吨，比上年下降1.0%。其中，猪肉产量5299万吨，下降3.4%；牛肉产量717万吨，增长2.4%；羊肉产量459万吨，增长4.2%；禽肉产量1888万吨，增长3.4%。禽蛋产量3095万吨，增长3.2%。牛奶产量3602万吨，下降4.1%。年末生猪存栏43504万头，下降3.6%；生猪出栏68502万头，下降3.3%。全年水产品产量6901万吨，比上年增长3.0%。其中，养殖水产品产量5156万吨，增长4.4%；捕捞水产品产量1744万吨，下降1.0%。全年木材产量6683万立方米，比上年下降7.0%。全年新增耕地灌溉面积118万公顷，新增节水灌溉面积211万公顷。

（二）工业

全年全部工业增加值247860亿元，比上年增长6.0%。规模以上工业增加值增长6.0%。在规模以上工业中，分经济类型看，国有控股企业增加值增长2.0%；集体企业下降1.3%，股份制企业增长6.9%，外商及港澳台商投资企业增长4.5%；私营企业增长7.5%。分门类看，采矿业增加值下降1.0%，制造业增长6.8%，电力、热力、燃气及水生产和供应业增长5.5%。

全年规模以上工业中，农副食品加工业增加值比上年增长6.1%，纺织业增长5.5%，化学原料和化学制品制造业增长7.7%，非金属矿物制品业增长6.5%，黑色金属冶炼和压延加工业下降1.7%，通用设备制造业增长5.9%，专用设备制造业增长6.7%，汽车制造业增长15.5%，电气机械和器材制造业增长8.5%，计算机、通信和其他电子设备制造业增长10.0%，电力、热力生产和供应业增长4.8%。工业战略性新兴产业增加值增长10.5%。高技术制造业增加值增长10.8%，占规模以上工业增加值的比重为12.4%。装备制造业增加值增长9.5%，占规模以上工业增加值的比重为32.9%。六大高耗能行业增加值增长5.2%，占规模以上工业增加值的比重为28.1%。

全年规模以上工业企业实现利润68803亿元，比上年增长8.5%。分经济类型看，国有控股企业实现利润11751亿元，比上年增长6.7%；集体企业477亿元，下降4.2%，股份制企业47197亿元，增长8.3%，外商及港澳台商投资企业17352亿元，增长12.1%；私营企业24325亿元，增长4.8%。分门类看，采矿业实现利润1825亿元，比上年下降27.5%；制造业62398亿元，增长12.3%；电力、热力、燃气及水生产和供应业4580亿元，下降14.3%。

（三）固定资产投资

全年全社会固定资产投资606466亿元，比上年增长7.9%，扣除价格因素，实际增长8.6%。其中，固定资产投资（不含农户）596501亿元，增长8.1%。分区域看，东部地区投资249665亿元，比上年增长9.1%；中部地区投资156762亿元，增长12.0%；西部地区投资154054亿元，增长12.2%；东北地区投资30642亿元，下降23.5%。

在固定资产投资（不含农户）中，第一产业投资18838亿元，比上年增长21.1%；第二产业投资231826亿元，增长3.5%；第三产业投资345837亿元，增长10.9%。基础设施投资118878亿元，增长17.4%，比重为19.9%。民间固定资产投资365219亿元，增长3.2%，比重为61.2%。高技术产业投资37747亿元，增长15.8%，比重为6.3%。六大高耗能行业投资66376亿元，增长3.1%，比重为11.1%。农林牧渔业、水利、环境保护等短板领域投资快速增长。

全年房地产开发投资102581亿元，比上年增长6.9%。其中，住宅投资68704亿元，增长6.4%；办公楼投资6533亿元，增长5.2%；商业营业用房投资15838亿元，增长8.4%。年末商品房待售面积69539万平方米，比上年末减少2314万平方米。年末商品住宅待售面积40257万平方米，比上年末减少4991万平方米。

全年全国城镇棚户区住房改造开工606万套，棚户区改造和公租房基本建成658万套。全年全国农村地区建档立卡贫困户危房改造158万户。

（四）交通、邮电与旅游

全年货物运输总量439亿吨，比上年增长5.0%。货物运输周转量185295亿吨公里，增长4.0%。全年旅客运输总量190亿人次，比上年下降2.2%。旅客运输周转量31306亿人公里，增长4.1%。

全年完成邮电业务总量43344亿元，比上年增长52.7%。其中，邮政行业业务总量7397亿元，增长45.7%；电信业务总量35948亿元，增长54.2%。邮政业全年完成邮政函件业务36.2亿件，包裹业务0.3亿件，快递业务量312.8亿件；快递业务收入3974亿元。电信业全年新增移动电话交换机容量7318万户，达到218384万户。年末全国电话用户总数152856万户，其中移动电话用户132193万户。移动电话普及率上升至96.2部/百人。互联网上网人数7.31亿人，增加4299万人，其中手机上网人数6.95亿人，增加7550万人。互联网普及率达到53.2%，其中农村地区互联网普及率达到33.1%。软件和信息技术服务业完成软件业务收入48511亿元，比上年增长14.9%。

全年国内游客44亿人次，比上年增长11.0%，国内旅游收入39390亿元，增长15.2%。入境游客13844万人次，增长3.5%。其中，外国人2815万人次，增长8.4%；香港、澳门和台湾同胞11031万人次，增长2.3%。国际旅游收入1200亿美元，增长5.6%。国内居民出境13513万人次，增长5.7%。

（五）金融

2016年末广义货币供应量（M2）余额155.0万亿元，比上年末增长11.3%；狭义货币供应量（M1）余额48.7万亿元，增长21.4%；流通中货币（M0）余额6.8万亿元，增长8.1%。

全年社会融资规模增量17.8万亿元，比上年多2.4万亿元。年末全部金融机构本外币各项存款余额155.5万亿元，比年初增加15.7万亿元，其中人民币各项存款余额150.6万亿元，增加14.9万亿元。全部金融机构本外币各项贷款余额112.1万亿元，增加12.7万亿元，其中人民币各项贷款余额106.6万亿元，增加12.6万亿元。年末主要农村金融机构（农村信用社、农村合作银行、农村商业银行）人民币贷款余额134219亿元，比年初增加13895亿元。金融机构境内住户人民币消费贷款余额250472亿元，增加60998亿元。其中，短期消费贷款余额49313亿元，增加8347亿元；中长期消费贷款余额201159亿元，增加52651亿元。全年上市公司通过境内市场累计筹资23342亿元，比上年增加5088亿元。其中，首次公开发行A股248只，筹资1634亿元；A股现金再融资（包括公开增发、定向增发、配股、优先股）13387亿元，增加4618亿元；上市公司通过沪深交易所发行公司债、可转债筹资8321亿元，增加414亿元。全年全国中小企业股份转让系统新增挂牌公司5034家，筹资1391亿元，增长14.4%。全年保险公司原保险保费收入30959亿元，比上年增长27.5%。其中，寿险业务原保险保费收入17442亿元，健康险和意外伤害险业务原保险保费收入4792亿元，财产险业务原保险保费收入8725亿元。

（六）国内贸易

全年社会消费品零售总额332316亿元，比上年增长10.4%，扣除价格因素，实际增长9.6%。按经营地统计，城镇消费品零售额285814亿元，增长10.4%；乡村消费品零售额46503亿元，增长10.9%。按消费类型统计，商品零售额296518亿元，增长10.4%；餐饮收入额35799亿元，增长10.8%。在限额以上企业商品零售额中，粮油、食品、饮料、烟酒类零售额比上年增长10.5%，服装、鞋帽、针纺织品类增长7.0%，化妆品类增长8.3%，金银珠宝类与上年持平，日用品类增长11.4%，家用电器和音像器材类增长8.7%，中西药品类增长12.0%，文化办公用品类增长11.2%，家具类增长12.7%，通信器材类增长11.9%，建筑及装潢材料类增长14.0%，汽车类增长10.1%，石油及制品类增长1.2%。

全年网上零售额51556亿元，比上年增长26.2%。其中网上商品零售额41944亿元，增长25.6%，占社会消费品零售总额的比重为12.6%。在网上商品零售额中，吃类商品增长28.5%，穿类商品增长18.1%，用类商品增长28.8%。

（七）对外贸易

全年货物进出口总额243387亿元，比上年下降0.9%。其中，出口138455亿元，下降1.9%；进口104932亿元，增长0.6%。货物进出口差额（出口减进口）33523亿元，比上年减少3308亿元。对“一带一路”沿线国家进出口总额62517亿元，比上年增长0.5%。

其中，出口 38319 亿元，增长 0.5%；进口 24198 亿元，增长 0.4%。全年服务进出口总额 53484 亿元，比上年增长 14.2%。其中，服务出口 18193 亿元，增长 2.3%；服务进口 35291 亿元，增长 21.5%。服务进出口逆差 17098 亿元。

全年吸收外商直接投资（不含银行、证券、保险）新设立企业 27900 家，比上年增长 5.0%。实际使用外商直接投资金额 8132 亿元（折合 1260 亿美元），增长 4.1%。其中“一带一路”沿线国家对华直接投资新设立企业 2905 家，增长 34.1%；对华直接投资金额 458 亿元（折合 71 亿美元）。全年对外直接投资额（不含银行、证券、保险）11299 亿元，按美元计价为 1701 亿美元，比上年增长 44.1%。其中，对“一带一路”沿线国家直接投资额 145 亿美元。

二 社会发展

（一）人口状况

2016 年末全国总人口 138271 万人，比上年末增加 809 万人，其中城镇常住人口 79298 万人，占总人口比重（常住人口城镇化率）为 57.35%，比上年末提高 1.25 个百分点。户籍人口城镇化率为 41.2%，比上年末提高 1.3 个百分点。全年出生人口 1786 万人，出生率为 12.95‰；死亡人口 977 万人，死亡率为 7.09‰；自然增长率为 5.86‰。全国人户分离的人口 2.92 亿人，其中流动人口 2.45 亿人。

（二）居民收入水平

全年全国居民人均可支配收入 23821 元，比上年增长 8.4%，扣除价格因素，实际增长 6.3%；全国居民人均可支配收入中位数 20883 元，增长 8.3%。按常住地分，城镇居民人均可支配收入 33616 元，比上年增长 7.8%，扣除价格因素，实际增长 5.6%；城镇居民人均可支配收入中位数 31554 元，增长 8.3%。农村居民人均可支配收入 12363 元，比上年增长 8.2%，扣除价格因素，实际增长 6.2%；农村居民人均可支配收入中位数 11149 元，增长 8.3%。按全国居民五等份收入分组，低收入组人均可支配收入 5529 元，中等偏下收入组人均可支配收入 12899 元，中等收入组人均可支配收入 20924 元，中等偏上收入组人均可支配收入 31990 元，高收入组人均可支配收入 59259 元。贫困地区农村居民人均可支配收入 8452 元，比上年增长 10.4%，扣除价格因素，实际增长 8.4%。全国农民工人均月收入 3275 元，比上年增长 6.6%。

（三）居民消费支出

全国居民人均消费支出 17111 元，比上年增长 8.9%，扣除价格因素，实际增长 6.8%。按常住地分，城镇居民人均消费支出 23079 元，增长 7.9%，扣除价格因素，实际增长 5.7%；农村居民人均消费支出 10130 元，增长 9.8%，扣除价格因素，实际增长 7.8%。恩格尔系数为 30.1%，比上年下降 0.5 个百分点，其中城镇为 29.3%，农村为 32.2%。

（四）就业与社会保障

2016 年末全国就业人员 77603 万人，其中城镇就业人员 41428 万人。全年城镇新增就业 1314 万人。年末城镇登记失业率为 4.02%。全国农民工总量 28171 万人，比上年增长 1.5%。其中，外出农民工 16934 万人，增长 0.3%；本地农民工 11237 万人，增长 3.4%。

2016 年末全国参加城镇职工基本养老保险人数 37862 万人，比上年末增加 2501 万人。参加城乡居民基本养老保险人数 50847 万人，增加 375 万人。参加城镇基本医疗保险人数 74839 万人，增加 8257 万人。其中，参加职工基本医疗保险人数 29524 万人，增加 631 万人；参加城镇居民基本医疗保险人数 45315 万人，增加 7626 万人。参加失业保险人数 18089 万人，增加 763 万人。年末全国领取失业保险金人数 230 万人。参加工伤保险人数 21887 万人，增加 455 万人，其中参加工伤保险的农民工 7510 万人，增加 21 万人。参加生育保险人数 18443 万人，增加 672 万人。年末全国共有 1479.9 万人享受城市居民最低生活保障，4576.5 万人享受农村居民最低生活保障，496.9 万人享受农村特困人员救助供养。全年资助 5620.6 万人参加基本医疗保险，医疗救助 3099.8 万人次。国家抚恤、补助各类优抚对象 877.2 万人。按照每人每年 2300 元（2010 年不变价）的农村贫困标准计算，2016 年农村贫困人口 4335 万人，比上年减少 1240 万人。

（五）教育与科学

全年研究生教育招生 66.7 万人，在校研究生 198.1 万人，毕业生 56.4 万人。普通本专科招生 748.6 万人，在校生 2695.8 万人，毕业生 704.2 万人。中等职业教育招生 593.3 万人，在校生 1599.1 万人，毕业生 533.7 万人。普通高中招生 802.9 万人，在校生 2366.6 万人，毕业生 792.4 万人。初中招生 1487.2 万人，在校生 4329.4 万人，毕业生 1423.9 万人。普通小学招生 1752.5 万人，在校生 9913.0 万人，毕业生 1507.4 万人。特殊教育招生 9.2 万人，在校生 49.2 万人，毕业生 5.9 万人。学前教育在园幼儿 4413.9 万人。九年义务教育巩固率为 93.4%，高中阶段毛入学率为 87.5%。

全年研究与试验发展（R&D）经费支出 15500 亿元，比上年增长 9.4%，与国内生产总值之比为 2.08%，其中基础研究经费 798 亿元。全年国家重点研发计划共安排 42 个重点专项 1163 个科技项目，国家科技重大专项共安排 224 个课题，国家自然科学基金共资助 41184 个项目。截至 2016 年底，累计建设国家重点实验室 488 个，国家工程研究中心 131 个，国家工程实验室 194 个，国家企业技术中心 1276 家。国家科技成果转化引导基金累计设立 9 支子基金，资金总规模 173.5 亿元。全年受理境内外专利申请 346.5 万件，授予专利权 175.4 万件。截至 2016 年底，有效专利 628.5 万件，其中境内有效发明专利 110.3 万件，每万人口发明专利拥有量 8.0 件。全年共签订技术合同 32.0 万项，技术合同成交金额 11407 亿元，比上年增长 16.0%。

（六）文化与体育

2016 年末全国文化系统共有艺术表演团体 2046 个，博物馆 3060 个。全国共有公共图书馆 3172 个，总流通 64781 万人次；文化馆 3338 个。有线电视实际用户 2.23 亿户，其中有线数字电视实际用户 1.97 亿户。年末广播节目综合人口覆盖率为 98.4%，电视节目综合人口覆盖率为 98.9%。全年生产电视剧 330 部 14768 集，电视动画片 119895 分钟。全年生产故事影片 772 部，科教、纪录、动画和特种影片 172 部。出版各类报纸 394 亿份，各类期刊 27 亿册，图书 86 亿册（张），人均图书拥有量 6.27 册（张）。年末全国共有档案馆 4193 个，已开放各类档案 13388 万卷（件）。

全年我国运动员在 23 个运动大项中获得 107 个世界冠军，共创 9 项世界纪录。在里约奥运会上，我国运动员共获得 26 枚金牌，奖牌总数 70 枚，位列奥运会金牌榜第三、奖牌榜第二。全年我国残疾人运动员在 17 项国际赛事中获得 237 个世界冠军。在里约残奥会上，我国运动员共获得 107 枚金牌，蝉联金牌榜和奖牌榜第一位。

2016年俄罗斯经济社会发展报告

2016年，受美国及欧洲经济制裁、国际油价持续走低影响，俄罗斯经济在经历年初的动荡之后趋稳，与上年相比下行明显趋缓。为应对复杂的经济形势，俄罗斯出台了2016年社会经济稳定发展行动计划，即反危机计划，旨在刺激经济增长。

2016年俄实体经济下滑已经停止，出现增长势头，尽管支持经济增长的主要动力投资、消费和净出口跌幅缩减，但仍呈较严重的衰退状态。

从2016年俄罗斯经济的表现看，可以说最困难的时期已经过去了。这首先得益于俄政府的一系列反危机措施，避免了重要经济金融部门的系统性风险；其次，俄经济对低油价和西方制裁有了一定的适应性。

一　经济发展

2016年，俄罗斯保证了宏观经济稳定，国内生产总值为86.23万亿卢布，同比增长-0.2%，人均国内生产总值为58.66万卢布。

（一）农业

2016年，俄农业产值达5.626万亿卢布，同比增长4.8%。粮食总产量为1.19亿吨，同比增长13.7%，其中小麦产量为7330万吨，同比增长18.6%。牛的存栏数量为1875万头，比上年减少1.2%，奶牛826.3万头，猪2202.8万只。牛和家禽屠宰重量增长3.5%，牛肉下降1.8%，猪肉增长8.7%，禽肉增长1.9%，奶产量基本与上年持平，蛋增长2.3%。渔捕获量为470多万吨，同比增长5.5%。俄罗斯鱼类出口主打产品明太鱼的捕捞量增长7%，达174万吨。

该年农工综合体发展迅速，农产品出口已超过武器出口，出口额为169亿美元，同比增长4%。肉类出口达17万吨，比上年增长1倍，主要出口禽肉和食用杂碎，占俄肉类出口总量的65%，且主要出口至欧亚经济联盟国家（占俄肉类出口总量的40%）、乌克兰东部地区（30%~33%）、中国香港和越南（20%）等。鱼产品出口量为191万吨，同比增长6%。成品或罐头鱼产品出口量增长17.3%，为1.63万吨；甲壳类、软体类和其他无脊椎动物出口量增长16.6%，为9.67万吨；鱼片和其他鱼肉出口量增长11.3%，为11.2万吨；冷冻鱼出口量增长5.1%，为167万吨。在冷冻鱼出口结构中，居于领先的是冷冻明太鱼，与上年相比增长1.6%，占俄鱼类出口总量的53.3%。

由于实行食品禁运，2016年俄罗斯农产品进口从600亿美元减少到200亿美元。俄进口肉和食用杂碎为100万吨左右，在俄肉类市场占比不超过10%。俄主要进口牛肉，其在肉类进口总量中占比达50%；其次是猪肉，占比30%；其他为禽肉。主要从巴西（在肉类进口总量中占比达50%）、白俄罗斯（28%）、巴拉圭（9%）、阿根廷（6%）进口肉类。

（二）工业

2016年，俄工业生产增长1.1%。其中，采矿业增长 2.5%，燃料能源开采增长 2.6%，加工业增长 0.1%，食品业增长 2.4%，水、电、气生产分配增长 1.5%。

2016 年，俄罗斯石油开采量达 5.48 亿吨，同比增长 2.5%；石油出口量同比增长 5.1%，达 2.54 亿吨。其中，俄向独联体国家出口石油 1815 万吨，同比减少 16.8%；向独联体以外国家出口石油 2.358 亿吨，同比增长 7%。石油深加工增长 5%，从占比 74.2% 增长到 79.2%。汽油产量同比增长 1.8%，为 3990 万吨；燃料油产量下降 21%，为 5600 万吨。天然气开采量 6402 亿立方米，同比增长 0.7%；天然气出口 2082 亿立方米，同比增长 8.2%。煤炭开采 3.86 亿吨，同比增长 3.1%；出口 1.7 亿吨，同比增长 8.7%。

2016 年，俄高新技术产值创历史新高，达到国内生产总值的 22.3%。这主要得益于国防工业，军工综合体属于高新产业，该领域的增长在很大程度上提高了高新技术产值在俄国内生产总值中的占比。

2016 年，俄亏损企业比例降至 26%，同比下降 2.1 个百分点。盈利企业数量为 3.85 万家，利润总额为 13.2 万亿卢布（约合 2237 亿美元）；亏损企业数量为 1.35 万家，亏损总额为 1.6 万亿卢布（约合 271 亿美元）。

（三）建筑业

2016 年俄建筑业产值 7.2 万亿卢布，新建建筑物总面积 1.36 亿平方米，其中新建住宅 116.7 万套，总面积 8024 万平方米，同比下滑约 6%。

（四）金融财经

2016 年，俄联邦财政赤字达 29673 亿卢布（约合 495 亿美元），占当年 GDP 的 3.5%。

截至 2017 年 1 月 1 日，俄国际储备为 3777.41 亿美元，同比增长 2.5%，增加了 93.42 亿美元。储备基金资金总额 9721.3 亿卢布（约合 160.3 亿美元），同比下降 73.3%。私人资本净外流量为 192 亿美元，与上年相比下降约 67%。

2016 年俄信贷机构总利润增长至 9300 亿卢布（约合 155 亿美元），同比增长近四倍。本币走强成为过去一年影响银行业指标的重要因素，卢布实际有效汇率增长超过 20%（相对俄罗斯主要贸易伙伴国货币，同时考虑到通胀情况）。其中，12 月实际有效汇率增长 6.1%，对美元实际有效汇率环比下降 3.5%、对欧元实际有效汇率环比下降 6.2%。12 月名义有效汇率环比增长 5.9%，2016 年名义有效汇率增长 17.4%。俄央行强调，去除货币升值影响，俄居民存款稳定增长达 9.2%，这表明俄居民仍保持对信贷机构的信任。

（五）交通运输

2016 年，俄铁路运营里程 4.4 万公里，硬质路面公路 116.2 万公里，内陆水道 10.1 万公里。各类交通工具运输乘客总计 186.9 亿人，同比增长 2.3%，其中铁路运输 10.4 亿人，同比增长 1.5%；海运输送 1300 万人，同比增长 30%；河运 1400 万人，同比下滑 7.1%；航空运送旅客 9100 万人，同比下降 3.2%。各类交通工具运输货物总计 76.95 亿吨，铁路运输货物 13.25 亿吨，公路货运量 51.38 亿吨，海运 2500 万吨，内河运输 1.18 亿吨，航空 110 万吨。

（六）对外贸易

2016 年，俄罗斯商品进出口总额为 4677.5 亿美元，同比下降 11.1%。其中，出口 2854.9 亿美元，下降 16.9%；进口 1822.6 亿美元，下滑 0.3%。贸易顺差 1032.3 亿美元，下降 35.8%。

欧盟是俄最大贸易伙伴，在俄进出口贸易总额中占 42.8%，独联体地区占 12.1%，亚太地区占 30.0%，欧亚经济联盟国家占8.3%。

俄罗斯与中国货物进出口额为 661.1 亿美元，同比增长 4%。其中，俄罗斯对中国出口

280.2亿美元，减少2.0%，占俄罗斯出口总额的9.8%；俄罗斯自中国进口380.9亿美元，增长9%，占俄罗斯进口总额的20.9%。俄罗斯与中国的贸易逆差100.7亿美元，增长58.6%，中国是俄罗斯第一大逆差来源国、第一大进口来源地和第二大出口市场。

（七）批发零售

2016年，俄零售贸易额为28.32万亿卢布，同比下降4.6%，人均零售贸易额为19.3万卢布。其中食品类消费13.75万亿卢布，下降5%，人均9.38万卢布；非食品类消费14.57万亿卢布，下降4.2%，人均9.93万卢布。俄批发贸易额总计61.35万亿卢布，同比增长2.6%。

2016年，俄电子商务市场规模达到9200亿卢布，同比增长21%。跨境电子商务（俄进口）总量达到3018亿卢布，同比增长37%，约占俄电商市场总规模的33%。跨境电商贸易是2016年最为活跃的网络零售行业，外国网络平台向俄罗斯邮寄的包裹数量也显著增长。

（八）利用外资

2016年，国外对俄罗斯经济直接投资额达到190亿美元，同比增长62%。这一增幅与俄罗斯联邦政府出售俄罗斯石油公司19.5%的国有股份有密切关系。

（九）固定资产投资

2016年，俄固定资产投资14.64万亿卢布，下滑0.9%。不动产投资额达42亿美元，同比增长74%。

二　社会发展

2016年，俄罗斯虽然遭遇了严重的经济挑战、国际市场的不利局面以及制裁，但俄罗斯人民团结一致、共渡难关。该年度俄居民生活水平仍然继续下滑，通胀率为5.4%，较上年通胀率下降了一半多。贫困人口增长了30万人，达1980万人（包括克里米亚和塞瓦斯托波尔），贫困人口占其总人口的13.5%。

（一）人口状况

2016年底俄罗斯总人口为1.465亿人，同比增长0.2%，有劳动能力人口6840万人。其中城市人口1.086亿人，占总人口的74%；农村人口3790万人，占总人口的26%。中央联邦区人口最多，为3920.96万人，远东联邦区人口最少，为618.2万人。

（二）居民收入

2016年，俄居民实际可支配收入下降5.6%，居民实际可支配收入已连续三年下降。俄联邦居民人均月收入为30775卢布，增长0.9%；俄职工名义月平均工资为3.67万卢布，增长7.7%，而实际月平均工资增长0.6%。

2016年，俄联邦地方公务员工资平均增长11.5%；国家公务员平均工资为4.5万卢布，自治机关为3.78万卢布。截至2016年底，国家公务员在岗人数为68.53万人，自治机关在岗人数为30.65万人。

俄公务员最高月工资是亚马尔—涅涅茨自治区，当地国家公务员工资达16.59万卢布，莫斯科8.36万卢布。在俄部分地区，公务员的工资在2016年未升反降，这些地区主要集中在南乌拉尔区和外乌拉尔。其中，库尔干州公务员平均工资为4.15万卢布，比上年下降1.1%。车里雅宾斯克州为4.798万卢布，比上年下降4.5%，汉特曼西自治区为9.54万卢布，比上年下降5%。

（三）消费价格

2016年，俄消费品价格指数上涨7.1%，工业品生产价格指数上涨4%。俄食品价格上涨4.6%，非食品类上涨6.5%，服务价格上涨4.9%，价格涨幅最快的食品为奶制品，黄油价格涨幅达20.5%；鱼类及海产品价格涨幅明显，全年上涨 8.6%；蔬菜及水果价格下降，降幅为 6.8%。最低菜篮子平均价格为 3700 卢布。其中，楚科奇地区最高，为 9204.1 卢布；库尔斯克州最低，为 2999.8 卢布。

（四）就业与失业

2016 年俄就业人数为 7650.0 万人，失业人数为 426.4 万人，失业率为 5.5%。

2016年日本经济社会发展报告

2016年，日本经济在“安倍经济学”继续实施的背景下，总体上延续弱复苏态势。得益于世界经济下行压力的减弱，内需和外需均趋于好转，失业率下降，就业形势改善，但企业收益增速放缓，设备投资与私人消费仍然低迷。受中国经济稳定增长、两国政治关系缓慢改善等因素影响，中日经济关系出现回暖势头。其中，双边贸易和日本对华投资虽仍然显示为负增长，但降幅明显收窄。另外，值得关注的是，中国对日投资呈现高增长态势。

一　经济发展

（一）宏观经济

2016年是“安倍经济学”提出的第四个年头，受外部环境改善、就业形势好转等因素影响，日本经济弱势恢复。从GDP增长看，2014年受提高消费税影响实际GDP增速下滑，但2015年实现恢复增长，增速为1.4%，2016年继续保持增长态势，达到1.2%。在低利率形势下，住宅投资恢复，公共投资坚挺，财政金融政策支持取得成效。

从私人消费看，受4月熊本地震和7月自行车燃油费问题影响，私人消费不振。但由于家庭消费支出连续三个季度增长，雇佣环境持续改善，这一不利影响随后减弱，到秋季已有所恢复。

从外需看，进出口均停滞不前，对GDP的贡献有限，但以面向亚洲的电子零部件产品为中心的出口有所恢复。另外，2016年初日元升值，原油价格回落，上半年进口额大幅回落，推升了交易条件面的名义GDP。

从生产面看，随着2016年夏季以后国内汽车销售恢复，与之相关的电子零部件产品/电路、半导体的生产得到恢复。劳动力不足感增强。2016年11月，雇用率提升至1.41%，失业率降至3.0%，均恢复至20世纪90年代以来的水平。

从经济景气动向看，消费和投资虽然不是十分强劲，但保持缓慢恢复态势。在物价方面，由于能源价格回落及2016年初开始的日元升值动向徘徊不前，汇率、原油价格、工资进而影响物价稳定。2016年11月中旬以后，随着美国总统大选政策不断变化，美国利率上调，美元对日元汇率提高。原油价格自2015年初开始到2016年初一度回落，2016年中又开始缓慢恢复。10月后由于产油国家稳定原油价格的一系列措施，原油价格不再继续大幅回落，从而对提高物价产生了影响。日本主要经济指标变化情况见表1。

表1　日本主要经济指标变化情况

单位：%

年份	GDP增长率		民间设备投资	企业收益	完全失业率	消费支出（二人以上家庭）	工矿业生产指数增减	消费者物价指数
	名义	实际						
2014	2.1	-0.4	2.4	9.7	3.5	-2.9	-0.5	2.8
2015	2.7	1.4	0.6	5.9	3.3	-2.3	-1.0	0.0
2016	1.0	1.2	2.5	1.5	3.1	-1.7	1.0	-0.1

资料来源：根据日本内阁府、财务省、总务省、经济产业省发布数据整理。

（二）消费者物价

2016年平均消费者物价综合指数（以2015年100为基准计算）为99.9，比上年同期减少0.1。其中，除去生鲜食品的综合指数为99.7，比上年减少0.3。除去食品及能源的综合指数为100.3，比上年增加0.3。

从十大项目指数与上年比看，煤气费、自来水同比下降了7.3，交通通信同比下降2.0，住房因为房租下降了0.1，家具和家庭用品下降了0.4，食品指数比上年增加1.7。

文化娱乐因文化娱乐服务等提高了1.0，服装及鞋类因为衣服和衣料等提高1.8，教育因为讲课费等提高了1.6。各类杂费由于伤害保险费等增加比上年提高0.7，保健医疗等因为保健医疗服务增加等提高了0.9。

从十大项目指数贡献率看，食品、服装及鞋类、保健医疗、教育、文化娱乐、各类杂费分别贡献了0.45、0.07、0.04、0.05、0.10和0.04。住房、煤气费和自来水、家具和家务用品、交通和通信分别贡献了-0.02、-0.54、-0.01和-0.29。从上升幅度和贡献度与上年比来看，厨房用封闭容器等上升幅度最大，牛肉贡献最大；从下降幅度和贡献度与上年比来看，灯油下降幅度最大，电费贡献度最高。与上年相比，高等学校授课费（公立）服务价格指数上升幅度最大，其中对综合指数贡献最大的为旅店费；与之相对，下降幅度最大的是录像机软件，而贡献最大的是出租费和手机等。在构成消费者物价指数的585种项目中，381种增加，47种没有变化，157种显示为下降。从各个家庭主的综合指数看，各年龄段家庭主均比上年减少。

（三）制造业

经济产业省对总体形势评估认为，日本总体来看生产呈现温和回暖之势。2016年度工矿业生产指数（以2015年100为基准计算）为98.5，较上年度增长1.0。工矿业生产指数中的生产指数为97.7，较上年同期下降0.1。出货指数为97.2，较上年同期增加0.8。库存指数为101.9，较上年度下降0.4，库存率112.9，较上年度下降1.7。从各业种看，运输机械工业、非铁金属工业、情报通信工业、化学工业（医药品除外）、通用/生产用/业务用机械工业的生产和出货提高。金属制品工业、电气机械工业、石油/煤炭工业、电子零部件/电路工业、电器机械工业的生产和出货下降。

2016年新设住宅开工户数开始恢复，比上年增长10.5%。由于消费税提高前的集中需求，继2013年下半年以后年均在100万户左右。因资金利率较低，借贷户增加，开工户随之增加。

由于2015年补充预算和2016年度预算的及时实施，公共投资增加。2016年上半年因达成签订合同目标的80%，承包金额增加。尽管全国防灾事业结束导致的投资预算低于上年水平，但是各都道府县承包金额均超过上年水平。

随着《实现未来投资的经济对策》的实施及具体化、《2016年度第二次补充预算》的实施、奥林匹克投资项目的展开，承包金额增加，工程成交量再度增加。

2016年建设业经营利润增加，营业利润超过其他产业。2016年建设业劳动力人口超过其他产业，20岁以下降低5%，60岁以上增长5%。政府通过设立“建设业工作方式协议会”及“建设业劳动方式改革关系省厅联络会议”，推动建设业改革。民间企业也制定相关政策，推行“缩减劳动时间”“提高工资水平和工作效率”等政策的实施。

（四）第三产业

2016年12月第三产业（服务产业）活动指数为103.8，比上月下降0.4，连续三个月下降。这一状况主要是受到提高消费税政策提高的影响。除了批发业、零售业的第三产业活动指数为106.7，比上月提高了0.2，连续两个月提高。其中，与生活娱乐服务业相关的服务业指数提高，但批发业下降，因此，比上月下降了0.4。拉低指数的三个业种是批发业、情报通信业和零售业。为指数提高做出贡献的三个业种是与生活娱乐相关的服务、面向事业服务和不动产服务。面向制造业的事业服务活动指数为96.3，比上月减少1.9，连续三个月下降；面向非制造业事业服务活动指数为105.7，比上月减少0.8，连续两个月下降。

2016年12月，面向消费的服务活动指数为104.7，比上月下降0.1，连续两个月下降；面向投资、服务活动的指数为100.1，比上月下降1.3，连续两个月下降。

与观光相关的产业活动指数为106.5，比上月增加0.3，连续两个月提高。与饮食相关的产业活动指数为99.6，比上月下降0.7，连续两个月下降。

总体来看，2016年，虽然与生活娱乐有关的服务指数下降，但医疗、福祉等服务指数呈上升态势，因此，第三产业（服务产业）活动指数比上年提高了0.7。

（五）农林渔业

据日本农林水产省统计，2016年重新务农人数为6万人，比上年下降7.5%。其中，49岁以下2.2万人，减少4.3%。农业人口减少和高龄化问题日益突出。2016年2月统计显示，农村的农业家庭人口465万人，占总人口的4%，下降了4.7%。其中，女性人口234万人，65岁以上的高龄人口占农户人口的40%，大大高于65岁高龄人口在总人口中占27%的比例。卡路里自给率为38%，生产自给率约为68%。饲料自给率为27%。主要农产品大米人均年消费54.4千克，同比下降1.8%；畜产品消费138.7千克，同比增长0.8%；油脂类人均年消费14.2千克，同比增长0.7%。从农业生产情况看，2017年水稻播种面积146.5万公顷，比上年减少0.9%；收获804.2万吨，比上年增长0.7%。主食作物播种面积137万公顷，比上年减少0.8%；收获749.6万吨，比上年增长0.7%。小麦播种面积21.2万公顷，收获90.5万吨；大豆播种面积15万公顷，收获23.8万吨。奶牛饲养户数1.64万家，132.3万头，肉牛饲养户5.01万家，249.9万头；猪饲养户0.47万家，934.6万头。蛋鸡饲养户0.24万家，17336.6万只。

2016年，日本农林水产物进口总额为854800亿日元。其中，农产品进口582373亿日元，林产品进口11228亿日元，水产品进口15979亿日元。同期，日本农林水产物出口总额为7502亿日元。其中，农产品出口4593亿日元，林产品出口268亿日元，水产品出口2640亿日元。为确保农业用工和收入，构筑年轻人和孩子安心定居的农村社会体系，农林水产省加速农林渔业生产和加工的一体化改革，促进农林渔业的第六次产业化。尽管日本政府做出积极努力，日本农业发展衰退的局面并未有大的改变。

（六）对外贸易

2016年日本货物进出口额为12521.4亿美元，比上年下降1.6%。其中，出口6450.9亿美元，增长3.2%；进口6070.5亿美元，下降6.3%。贸易顺差380.4亿美元，下降264.0%。其中，日本三大出口贸易伙伴分别是美国、中国和韩国，出口额分别为1301.1亿美元、1138.9亿美元和462.5亿美元，分别增长3.4%、4.3%和5.0%。三大进口贸易伙伴依次是中国、美国和澳大利亚，进口额分别为1566.1亿美元、673.4亿美元和304.1亿美元，占日本进口总额的25.8%、11.1%和5.0%。其中，美国、中国香港和韩国是日本三大贸易顺差来源地，顺差额分别为627.7亿美元、316.9亿美元和212.3亿美元。2016年日本成为中国第二大出口对象国，同时是中国第二大进口来源国。在中国货物进出口贸易中，日本仍占有重要地位。2016年上半年汽车出口下降，下半年由于对美国和欧洲的出口坚挺、对资源国家的出口回落减弱，显示恢复态势。电子零部件等出口大幅增加。在对中国等亚洲国家的高品质智能手机需求提高的背景下，出口有所下降，但液晶显示器、半导体等电子产品出口强劲。

2016 年日本与中国双边货物进出口额为 2705.0 亿美元，同比增长 0.2%。其中，日本对中国出口 1138.9 亿美元，增长 4.3%；日本自中国进口 1566.1 亿美元，下降 2.5%。日本与中国的贸易逆差 427.1 亿美元，下降 16.9%。日本对中国出口的主要产品是机电产品、化工产品和运输设备；日本自中国进口的主要商品为机电产品、纺织品及原料和家具玩具。在日本市场上，中国的劳动密集型产品依然占较大优势。

（七）直接投资

2016 年，日本对华直接投资 86.3 亿美元，仅占日本对外直接投资总额的 5.1%，低于日本对东盟直接投资占比（6.3%），更低于日本对美国直接投资占比（30.7%）和对欧洲直接投资占比（43.3%）。

2016 年，在制造业方面，一般机械、运输机械、电子机械对华直接投资额分别占日本对华投资总额的 21.2%、14.6% 和 12.9%。在非制造业中，批发零售业和金融保险业对华直接投资额分别占当年日本对华投资总额的 24.5% 和 9.8%。制造业在日本对华投资中所占比重开始下降，非制造业所占比重不断提高。制造业同比下降 10.2%，降幅增大；而非制造业同比增长 4.2%，保持了增长的态势。制造业占比从 2006 年的 79% 下降至 2016 年的 62%，非制造业所占比重则从 21% 提升到 38%，非制造业投资在近年表现出较为快速的增长。

伴随中国经济的开放和中国市场的发展，运输机械产业即汽车制造业越发成为日本对华直接投资的主要产业，租赁和商务服务业、批发和零售业、信息通信及计算机服务业等发展势头良好，投资金额不断增加，2016 年增加至 1430 亿日元，但日本国内经济受到熊本地震灾害和史上第二大台风登陆的影响，复苏乏力。这说明日本银行实施的减少利息的金融政策没有奏效，影响个人消费。来自中国游客的集中购物热潮过后，日本消费支出降幅增大。此外，日元升值。由年初的 1 美元兑换 120 日元提高到 1 美元兑换 101.27 日元。为摆脱通货紧缩，日本政府同时推进经济复苏和财政健全化政策，具体实施了《经济财政运营和改革的基本方针 2016》《日本再兴战略 2016》《规制改革实施计划》《日本一亿总活跃计划》。在推动运行方式变革的同时，日本政府推行了《实现未来投资的经济对策》及其具体化的《2016 年度第二次补充预算》。2016 年 8 月，日本政府推出了 28 万亿日元巨额投资计划。

二 社会发展

（一）人口状况

2016 年 10 月 1 日统计显示，日本总人口是 12693.3 万人，比上年减少 16.2 万人，减少 0.13%。其中，日本人人口 12502 万人，比上年同期减少 29.9 万人，降低 0.24%，连续六年下降。自然增减一项显示连续 10 年自然减少，降幅继续扩大。其中，男性人口连续 12 年下降，女性连续 8 年下降。从社会增减情况看，连续 4 年增加。其中，日本人减少 2000 人，连续 6 年下降；外国人连续 4 年增加（见表 2）。

65 岁以上人口比例持续提高，占全国人口比例首次超过 27%。此外，不满 15 岁的人口为 1578 万人，比上年减少 16.5 万人，占下降人口的 12.4%，创历史新低。15 ~ 64 岁人口为 7656.2 万人，比上年减少 72 万人，占下降人口的 60.3%，继续下降。65 岁以上人口为 3459.1 万人，比上年减少 72.3 万人，占 27.3%。75 岁以上人口为 1690.8 万人，比上年增加 58.6 万人，继 2015 年之后再次超过未满 15 岁人口。

从都道府县人口情况看，东京都等 27 个县人口增加，40 个道府县人口减少。其中，人口增减率显示为增加的为 7 个都县，东京都增长率最高，为0.80%。其次是冲绳县，增长0.04%，埼玉县及爱知县增长0.32%。减少的40个道府县为秋田县（－1.03%）、青森县（－1.13%）、高知县（－1.00%），人口下降超过1%。人口比例降幅继续扩大的道府县有21个，其中熊本县（0.02个百分点）居首位，降幅最大。冲绳县65岁以上人口比例首次超过20%。

表2　2013～2016年日本年总人口变化

单位：万人，%

年份	总人口	纯增减		人口自然增减			
		人口增减	增减率		社会增减	日本人	外国人
2013	12741.4	－17.9	－0.14	－23.2	1.4	－2.3	3.7
2014	12723.7	－17.7	－0.39	－25.2	3.6	－2.3	6.0
2015	12709.5	－14.2	－0.11	－27.5	9.4	－0.1	9.5
2016	12693.3	－16.2	－0.13	－29.6	13.4	－0.2	13.6

资料来源：根据日本总务省统计局发布数据整理。

（二）家庭收入和支出

据2016年平均速报结果概要，日本两人以上家庭中的劳动者家庭实际收入，名义比上年增长0.2%，实际比上年增长0.3%。劳动者家庭实际月均收入526973日元（家庭成员3.39人，家庭主平均年龄48.5岁），名义比上年增长0.2%，实际比上年增长0.3%。其中，家庭主定期收入减少，但家庭主的临时收入及赠予以及配偶的收入加在一起使实际收入表现为增长。

两人以上家庭中，没人工作的家庭月均实际收入208056日元，名义比上年降低0.7%，实际比上年降低0.6%。两人以上家庭中只有丈夫一人工作的家庭实际月均收入498019日元，比上年实际增长0.5%。家庭月均可支配收入400280日元，比上年实际增长0.6%。月均消费支出302894日元，实际降低2.2%。两人以上家庭中夫妇二人都工作的家庭，月均实际收入601524日元，比上年实际增长0.5%。其中，可支配收入491058日元，比上年实际增长0.5%。月均消费支出331872日元，实际增长0.3%。

两人以上家庭的家庭月均消费支出282188日元，名义比上年降低1.8%，扣除物价变动因素影响，实际比上年降低1.7%，连续三年减少。从两人以上家庭消费支出项目看，其他消费支出、居住、服装及鞋类、休闲娱乐、交通通信等8项项目减少。同时，教育、保健医疗两项增加。两人以上劳动者家庭的平均消费性向为72.2%，比上年下降了1.6个百分点。盈余119106日元。其中，储蓄和存款增加71151日元，名义增长10.0%；保险纯增20109日元，名义增长1.8%；有价证券纯购入1122日元，名义增长60.3%。另外，财产纯增6754日元，名义比上年降低43.9%。

从两人以上家庭中劳动者家庭可支配收入对上年实际增减率看，50～59岁家庭比上年增长4.1%。40～49岁家庭及60岁以上家庭降低1.5%，未满40岁的家庭降低1.2%。从消费支出实际增减率情况看，60岁以上家庭降低5.5%，未满40岁家庭降低3.1%，40～49岁家庭降低1.3%。同时，50～59岁家庭实际增加1.2%。雇佣环境的缓慢改善使个人消费有所恢复。据日本厚生劳动省统计，2016年职工人均月收入为31.5万日元，比上年增长了0.5%，实际工资转为0.7的正增长，这是十年以来的第一次正增长。这一正增长主要原因是2016年物价陷入负增长，即日本经济陷入通货紧缩。实际工资增幅有限，对消费的拉动微乎其微。

从家庭调查看，家庭主年龄在60岁以上的高龄者家庭平均消费呈上升趋向。从各年龄段家庭主月均消费支出看，40岁261490日元，40~49岁31566日元，50~59岁342952日元，60~69岁277283日元，70岁以上家庭238650日元。其中，50~59岁高龄者家庭的消费支出最多。39岁及以下的年轻家庭则长期处于低迷状态。年轻家庭消费低迷的主要原因包括年轻人对未来缺乏安定感而重视储蓄及对消费的关心度下降等。从耐久性消费产品汽车的保有情况看，20岁、30岁的年轻人大幅下降。旅游、体育设施和服务需求大幅增加，促进个人消费的增加。从消费动向看，主要是耐久性及服务消费发挥拉动作用。如耐久性消费品汽车新车，2016年下半年开始增加。此外，服务消费从对单一产品的需求向项目消费的转变、外食及主题公园入场费等支出的增加，也拉动了个人消费增长。

2016年家庭消费支出不振主要源于2012~2013年提高消费税和恶劣天气因素影响。一方面，深受4月熊本发生地震等因素影响；另一方面，8~9月台风登陆，促使生鲜蔬菜价格上涨，直接或间接地影响了民间消费。如墨鱼、三文鱼因为渔业受到天气影响价格上涨，10~12月降幅扩大。但是电影、戏剧等入场费的季度支出金额均比上年增加，反映了消费向精神娱乐需求的转变。

（三）就业状况

2016年平均完全失业率为3.1%，比上年下降了0.3个百分点（见表3），连续六年下降。为1995年以来的最低水平。平均完全失业208万人，比上年减少14万人。男性完全失业率为3.3%，下降了0.3个百分点；女性完全失业率为2.8%，下降了0.3个百分点。

表3　2016年日本就业状况

单位：万人，%

年份	2014	2015	2016
就业者	6351	6376	6440
完全失业率	3.6	3.4	3.1

资料来源：根据总务局发布统计数据整理。

年均就业者6465万人，比上年增加64万人。其中男性3639万人，增加17万人；女性2801万人，增加47万人。年平均就业率58.3%，比上年增加0.5个百分点，连续四年提高。其中，男性就业率68.1%，提高0.3个百分点；女性就业率48.9%，提高0.9个百分点。15~64岁就业率74.3%，提高1.0个百分点。其中，男性就业率82.5%，提高0.7个百分点；女性就业率66.0%，提高1.4个百分点。65岁及以上就业率22.3%，提高0.6个百分点。其中，男性就业率30.9%，提高0.6个百分点；女性就业率15.8%，提高0.8个百分点。年均正规职员/雇员3364万人，比上年增加51万人，连续两年增加。非正规职员/雇员2016万人，增加36万人。连续七年增加。从正规职员/雇员男女情况看，男性2286万人，增加16万人；女性1078万人，增加35万人。其中15~64岁3266万人，增加46万人；65岁及以上99万人，增加6万人。从非正规职员/雇员男女情况看，男性648万人，增加14万人，女性1367万人，增加22万人。15~64岁1716万人，增加3万人，65岁及以上299万人，增加32万人。非正规职员/雇员占干部以外的被雇佣者的37.5%。年平均非劳动力人口4423万人，比上年减少50万人，连续四年减少。其中65岁及以上增加36万人。2016年47个都道府县的雇佣状况率均显示为改善，自1963年以来首次超过1倍。

2016年劳动力人口增加，就业者人口增加，失业人口减少。从景气恢复面看，2015年劳动力人口减少，失业率下降，2016年生产年龄人口减少的状况因劳动参加率提高呈反弹式增长。人口减少及老龄化使潜在劳动力人口减少，将有助于提高雇用率和降低失业率。在失业率降低的背景下，就业率提高，离职率下降。尤其是制造业离职率趋稳，同时，吸收劳动力人口较高的服务业就职率提高。由于以女性和高龄者为中心的劳动参加率提高，劳动时间缩短，就业者中的男性劳动总供给减少。加之短期劳动者增加，宏观劳动生产性增长困难。

（四）教育状况

2016 年 5 月 1 日文部省对日本教育法规定的学校、市镇村委员会等进行调查显示，2016 年日本幼儿园、小学、中学在学人数继续减少。幼儿联合认定幼儿园在学人数 39.8 万人，比上年增加 11.6 万人。专门学校在学人数 58.9 万人，比上年增加 1000 人。特别支援学校在学人数 14 万人，比上年增加 2000 人，创历史新高。创办义务教育学校 22 所，在学人数 1.3 万人。高等学校和特别支援学校的女性教师人数创历史新高。中学女性教师占全体教师的比重为 43%，高等学校为 31.7%，特别支援学校为 61.2%。大学生 287.4 万人，比上年增加了 1.3 万人。全体女性教师人数 4.4 万人，在全体教师中女性占比为 23.7%，均创历史新高。从高等学校毕业升学率看，大学/短大升学率（应届）进一步提高为 54.8%，比上年提高 0.2 个百分点。其中，大学升学率 49.3%，比上年增加了 0.4 个百分点。专门学校 16.3%，低于上年 0.4 个百分点；大学升学率（含往届生）52.0%，比上年提高 0.5 个百分点。

升入研究生院的比例为 12.1%，比上年下降 0.1 个百分点。从就职者在毕业者中所占比例看，大学毕业者 74.7%，比上年提高 0.2 个百分点。其中，正社员 71.3%，比上年下降 2.4 个百分点。从临时就业和没有升学也没有就职的比例看，总体下降 10.6%，比上年下降了 1.8 个百分点。研究生课程结业的就职者比例连续 6 年提高，为 77.5%，比上年提高 1.3 个百分点。博士课程结业比例连续 3 年提高，为 67.4%，比上年提高了 0.2 个百分点。

小学和初高中的暴力事件有所增加。由上年的 59457 件增加到 59806 件，儿童平均每千人 4.4 件，比上年同期增加 4.2 件。在小学和初高中学校、特别支援学校发生的、被认定为的歧视案件 323808 件，比上年增加了 98676 件。儿童每千人 23.9 件，比上年增加 7.9 件。为防止类似事件的发生，教育部门制定和颁布了“地方防止歧视基本方针”“歧视问题对策联络协议会”，并设立了“教育委员会附属机构”等。

（五）旅游发展

日本实行“观光立国”政策以来，各省厅加强协调，实行了全方位的政策措施。访日外国游客急剧增加。2015 年访日外国人 1973.7 万人，2016 年 2403.9 万人。2016 年比 2015 年增长 21.8%。创历史新高。2007～2016 年，访日外国游客增长了 9 倍。2016 年日本制定了到 2020 年吸引游客 4000 万人的旅游发展目标。2016 年访日外国游客中，中国内地/大陆 637 万人居首位，首次超过 600 万人，所有月份都创下历史最高纪录。中国和韩国的游客数量占赴日外国游客数量的近 3/4。韩国 509 万人，首次超过 500 万人（见表 4）。韩国输送旅客人数在航班价格打折、旅客座位供给的增加的背景下，1 月首次单月超过 50 万人以后，每月可稳定输送 30 万～40 万人。观光船靠岸数量增加、空中航线的扩充、此前访日促销宣传以及签证缓和、消费税免税制度等，是赴日旅游人数增加的主要原因。

表 4　2015～2016 年访日游客地区分布

单位：人，%

国家	2015 年	2016 年	增长率
韩国	4002095	5090300	27.2
中国内地/大陆	4993689	6373000	27.6
中国台湾	3677075	4167400	13.3
中国香港	1524292	1839200	20.7
泰国	796731	901400	13.1
俄罗斯	54365	54800	0.8
总数	19737409	24039000	21.8

资料来源：根据日本政府观光局（JNTO）发布数据整理。

2016年，在中日关系继续处于合作沟通与竞争并存的态势下，中日旅游合作取得显著成果，赴日旅游目的多样化，并向体验游、深度游和个性游化发展。为推进旅游务实合作，中日双方签署旅游备忘录。

2016年韩国经济社会发展报告

近年来，全球经济复苏缓慢，韩国经济一直维持2%～4%的较低增速，面临内需不振、出口减少的局面。同时，家庭债务高企、青年失业率持续高位和人口老龄化加剧等隐忧也亟待妥善解决，以维持韩国经济良性持久增长。

2016年对韩国经济来说，可谓跌宕起伏的一年。“萨德”入韩、“崔顺实干政事件”、“反朴集会”等风云诡谲的韩国政局给经济民生带去了动荡。在“崔顺实干政案”爆发之前，韩进、三星、现代和乐天等大财团企业相继爆出公司破产、手机爆炸、工人罢工和高管舞弊等负面事件，已使韩国的经济遭受重创。被誉为韩国史上最严苛的反贪腐法案——《金英兰法》的实施对萎靡不振的韩国经济来说也可谓“雪上加霜”。

一 宏观经济

2016年10月以来，朴槿惠“闺蜜干政”事件持续发酵，随着案件调查的深入，不少韩国大企业被卷入其中。再加上朴槿惠面临被弹劾，如朴槿惠政府无法完成任期，韩国将提前举行大选，“总统弹劾案”引发的政治动荡势必对经济造成负面影响，并让经济前景蒙上阴影。

整体来看，2016年受出口萎靡影响，韩国全年实际国内生产总值（GDP）同比增速为2.4%，与上一年持平。具体来看，2016年各个季度韩国GDP同比增长率分别为2.9%、3.4%、2.6%和2.4%。其中，第四季度GDP环比增长仅为0.4%，创下一年半来的单季最低增速。

从经济增速来看，2016年韩国最终消费支出增长2.9%，高出上年5个百分点；受建筑投资走高影响，固定投资同比增长5.2%；制造业和服务业双双不振，拉低了经济增速。受造船业产业结构调整和汽车出口业绩不佳影响，2016年韩国制造业增速为2.3%，继续延续上一年的萎靡态势。服务业增速从上一年的2.8%降至2.3%。其中，尤以金融和保险业等服务领域的降幅明显。

由于全球经济疲软导致需求不振，加上韩国国内出口持续下降，生产、消费、投资等主要经济指标持续恶化，造船业大型企业进行结构重组可能导致经济下行，韩国央行在2016年6月做出降息决定，将基准利率下调0.25个百分点至1.25%，创历史新低，开启了韩国的“低利率时代”和宽松货币政策时代。

二 对外贸易

韩国关税厅数据显示，2016年韩国货物进出口额为9015.3亿美元，比上年减少6.4%。出口方面，全年出口额为4954.7亿美元，同比减少5.9%。这是1958年以来韩国首次出现全年出口额连降两年的现象。从单月出口情况来看，9月和10月同比分别减少5.9%和3.2%，11月和12月则分别增长2.5%和6.4%。进口方面，全年进口额为4060.6亿美元，下降7.0%。全年贸易顺差894.1亿美元，下降 0.9%。

从出口国别（地区）来看，中国、美国和中国香港是 2016 年韩国出口排名前三位的地区，出口额分别为 1244.3 亿美元（同比下降 9.3%）、664.7 亿美元（同比下降 4.8%）和 327.8 亿美元（同比增长 7.8%），占韩国出口总额的 25.1%、13.4% 和 6.6%。从出口商品来看，机电产品、运输设备和贱金属及制品是韩国主要出口商品，2016 年出口额为 1925.6 亿美元、982.5 亿美元和 422.8 亿美元，占韩国出口总额的 38.9%、19.8% 和 8.5%。

从进口国别（地区）来看，中国、日本和美国是 2016 年韩国进口排名前三位的国家，进口额分别为 869.6 亿美元（同比下降 3.6%）、474.5 亿美元（同比增长 3.5%）和 432.1 亿美元（同比下降 1.9%），占韩国进口总额的 21.4%、11.7% 和 10.6%。从进口商品来看，机电产品、矿产品和化工产品是韩国主要进口商品，2016 年进口额为 1211.8 亿美元、933.3 亿美元和 354.1 亿美元，占韩国进口总额的 29.8%、23.0% 和 8.7%。

韩国贸易逆差主要源于日本、德国和中东的一些产油国家。贸易顺差主要来自中国、中国香港和美国，2016 年顺差额分别为 374.7 亿美元、311.7 亿美元和 232.6 亿美元。

三　吸引外资

韩国产业通商资源部数据显示，2016 年韩国签订外商直接投资（FDI）合同金额为 213 亿美元，同比增加 1.9%，再创新高。其中，服务业和绿地投资是拉动合同利用外资增长的两驾马车。然而从实际利用外资来看，2016 年实际利用金额为 97.6 亿美元，同比减少 40.9%。产业部对此解释称，外资在申报投资的同时实际到位的并购型投资锐减是其主要原因，但绿地投资规模增长喜人，有助于与跨国企业建立价值链并吸收高新技术。

从国别（地区）来看，2016 年欧盟对韩投资 74 亿美元，增至上一年的三倍；中国对韩投资 20.5 亿美元，同比增长 3.6%，连增三年，累计投资超 100 亿美元；美国投资 38.8 亿美元，远低于上年的 54.8%；日本投资 12.5 亿美元，连降四年。

从引资方式来看，以绿地投资方式吸收合同外资金额 150.2 亿美元，同比增长 6.5%，而并购方式吸收合同外资 62.7 亿美元，同比减少 7.8%。第三产业吸收合同外资金额 155.1 亿美元，同比增长 5.3%，连增六年。制造业吸收合同外资 51.3 亿美元，同比增长 12.4%。

四　就业

据韩国统计厅数据，2016 年韩国就业人口达 2640.9 万人，同比增加 29.9 万人，是 2010 年以来的最低增幅。同时，2016 年韩国失业人口达 100.9 万人，同比增加 3.6 万人，这是 2000 年改变失业人口统计方式以来，首次突破 100 万人。全年失业率为 3.7%，创下 2010 年以来的最高纪录。其中，青年失业率达 9.8%，自 2015 年的 9.2% 后再创新高。

从各行业的就业情况看，服务业领域就业人口增加最多，为 33.9 万人，建筑业小幅增加 2.2 万人；农林渔业和备受青睐的制造业则出现负增长，就业人口分别减少 5.9 万人和 0.5 万人。

除青年失业率较高外，人口老龄化也成为韩国经济的另一隐忧。据韩国行政安全部统计，截至 2016 年，韩国 65 岁以上的人口占总人口比重为 14.02%，已进入“老龄社会”。据 OECD 预计，到 2025 年韩国 65 岁以上人口的比重将超过 20%，进入“超老龄社会”。整体来看，高房价和高失业率提高了韩国青年人的结婚和生育成本，导致生育率下滑和老龄化加剧。人口老龄化则造成劳动力短缺和消费力下滑，赡养负担显著提高了企业经营成本并加大了财政压力，制约了经济增长。

五 物价

韩国统计厅数据显示，2016年韩国消费者物价同比小幅上涨1.0%。其中，农畜水产品受极端自然天气影响，价格上涨3.8%；工业制品价格下降0.5%；服务价格上涨2.3%，为2011年（2.7%）以来的最高增幅。此外，2016年韩国核心消费者物价（扣除食品和能源外指数）涨幅为1.9%。

2016年，韩国房屋交易价格上涨1.4%，相比上一年（4.4%）涨幅明显放缓。市场中掀起江南重建热潮，一度导致房价的过快上涨。11月3日韩国政府出台应急对策，禁止江南三区（江南区、松坡区、瑞草区）和江东区转卖预售权。政策出台后，上述四区房价连续七周下跌，拉低了全年的房价涨幅。

六 家庭收入

韩国央行数据显示，2016年韩国人均国民收入（GNI）为2.7万美元，较上年增长0.62%，是2006年首破2万美元后连续十年徘徊于3万美元以下；人均家庭可支配收入为（PGDI）1.5632万美元，同比微增8.62%；国内总储蓄率为35.8%，同比上升0.2个百分点，创下1999年（35.9%）以来的最高水平；家庭储蓄率为8.1%，与2015年持平。

另有数据显示，截至2016年11月，韩国家庭负债规模已逼近1300万亿韩元，再次刷新历史最高纪录。尽管韩国政府采取措施，限制住宅供应量，且严格进行贷款审核，但以储蓄银行为代表的第二金融圈贷款规模仍增长11万亿韩元以上，“气球效应”愈发显著。其中，2016年第三季度，韩国家庭负债余额环比增加38.2万亿韩元，达1295.8万亿韩元。这是韩国央行于2002年第四季度开始进行相关统计以来的最高值。其中，减去信用卡刷卡额在内的家庭净贷款达1227.9万亿韩元，环比增加36.2万亿韩元。

分析可知，低利率是韩国家庭负债不断增长的主要推手。尤其是央行决定降息，政府出台优惠购房信贷政策，双双助长了房地产投资的热情，推高了房价和家庭债务规模。目前，韩国家庭负债增速明显，高负债已成为威胁韩国经济和民众生活的主要隐患之一。

2016年蒙古国经济社会发展报告

蒙古国经济增长在2015年出现2011年来最大幅度下滑之后，2016年在巨额债务等因素的压力下，仍延续了下行走势，扣除价格因素，实际GDP同比增长仅为1.0%，增幅较上年下滑1.3个百分点。这是因为农牧业大丰收和煤炭生产、出口增加的支撑，才得以保住GDP的小幅增长。因个人消费疲软、进口乏力等因素存在，蒙古国经济不景气现状比较明显。以致蒙古国财长在年中的一次电视讲话中表示："蒙古国正处于一个深度的经济危机状态，已经无法支付财政工资和政府各部门运营成本，预计今年蒙古国政府债务占GDP比重将达到78%。"增长放缓、出口不振、财政赤字压力巨大、外商投资锐减、债务高企以及本币贬值成为当今对蒙古国经济社会现状描述的关键词。

一 综合指标很不乐观

初步统计，按当前市场价格计算，2016年蒙古国名义GDP为23.89万亿图，同比增长3.3%，名义增幅较上年下滑0.8个百分点；按年平均汇率（1美元=2145.53图）计算，2016年蒙古国名义GDP折合111.33亿美元，同比下降5.2%，按2010年不变市场价格计算，实际GDP为16.00万亿图，同比增长1.0%。全年人均名义GDP为766万图，扣除价格因素后，折合3568美元，同比实际下降1.0%。

截至2016年12月底，蒙古国人口净增长2.1%，总人口共计312.09万人。蒙古国国家统计局公布数据显示，2016年蒙古国的适龄劳动人口为205.39万人。2016年上半年，在蒙古国的13万多家注册的企业中，已有6万多家停业或停产，就业岗位流失严重。2016年末，蒙古国城镇登记失业人口3.44万人，较2015年底增加5%，失业率为8.6%。

2016年12月，蒙古国国内居民消费价格指数（CPI）较上月上涨0.7%，较上年同期上涨1.1%。较上月相比，食品价格上涨2.0%，烟酒价格下降0.1%，服装价格上涨0.4%，房屋、水、电、燃料价格价格上涨0.1%，家具和家电价格上涨0.1%，医疗保健用品价格上涨0.3%，运输价格上涨0.5%，通信价格持平，文化娱乐用品价格上涨0.7%，教育价格持平，酒店价格持平，其他货物和劳务价格上涨0.9%。

截至2016年11月底，蒙外汇储备额为13.04亿美元，较上月增长25.54%，较上年同期下降10.61%，给本国货币提供保护的能力已经非常脆弱，依然面临来自国际收支平衡的压力。

二 工业与建筑业一喜一忧

2016年，蒙古国工业总产值为99432亿图，较上年同期增长14.1%。由于中国煤炭供应的中断和中国煤炭生产政策的变化，自2016年第四季度开始，蒙古国煤炭的产出和价格大幅增长，带动矿业总产值达到70593亿图，同比增长20.5%。而制造业总产值为20230亿图，同比下降3.2%；水电暖供应等行业总产值为8610亿图，同比增长12.7%。另据统计，2016年，蒙古国工业品销售总额为110835亿图，同比增长10.5%。其中，矿业销售额为78671亿图，同比增长10.1%，占工业销售总额的70.98%；加工制造业销售额为23573亿图，同比增长11.0%，占工业销售总额的21.27%；水电暖供应等行业销售额为8592亿图，同比增长13.0%，占工业销售总额的7.75%。

目前，蒙古国电力装机容量为1130兆瓦，其中有效装机容量为900兆瓦，占总装机容量的80%；燃煤发电厂占全国装机容量的近90%，其他新能源电站、柴油发电站和水电站分别占6%、2%和2%。2012年至2016年5月，蒙古国发电装机容量增长30%。火电装机容量增长40%，电力用户数量增长2654%，能源领域企业销售收入增长58.1%。2016年，蒙古国全年电力来源为7113兆千瓦时，自有发电量为5667.1兆千瓦时，较上年增长2.79%，占电力总量的比重为79.67%；进口电力1446.3兆千瓦时，较上年增长2.08%，占电力总量20.33%。电力消费量为5445.7兆千瓦时，较上年增长3.07%。

受经济不景气影响，蒙古国建筑业产值下降。2016年，蒙古建筑业总产值为20371亿图，较上年减少17.9%。其中，住宅建筑产值6928亿图，同比增长36.5%；非住宅建筑（工业、贸易、医院、学校等）产值6915亿图，同比增长9.8%；一般通用建筑（道路、桥梁、公共设施等）产值6072亿图，同比减少13%；建筑维修产值455亿图，同比减少27.1%。

三　农牧业持续稳定增长

2016年初，蒙古国政府制定发展农业生产的《促进农业稳步发展短期战略》，按计划，2016年农垦面积达到32.29万公顷，播种小麦30.15万公顷，预计收获38.63万吨，实现自足。至2016年秋，蒙古国农业持续实现增产增收，粮食总产量48.35万吨，是上年的2.2倍；土豆16.53万吨，同比增长1.0%；蔬菜9.44万吨，同比增长30.5%；饲料作物127.54万吨，同比增长24%。蒙古国传统支柱产业——畜牧业持续稳定增长，2016年蒙牲畜数量继续保持增长，达历史新高。截至2016年底，蒙牲畜存栏量共计6154.92万头，同比增长9.9%。其中，马363.55万头，占5.9%；牛408.09万头，占6.6%；骆驼40.13万头，占0.7%；绵羊2785.66万头，占45.3%；山羊2557.49万头，占41.6%。蒙古国农牧业不仅实现了自给自足，还具备了对外出口创汇的能力。

四　对外贸易与吸引外资总额减少，但出口复苏

2016年，蒙古国与世界157个国家和地区贸易总额为82.75亿美元，同比下降2.3%。得益于煤炭出口的大幅回升，蒙出口有所复苏。出口总额为49.17亿美元，同比增长5.3%。然而进口表现乏力，进口总额为33.58亿美元，同比下降11.6%。贸易顺差15.59美元，是上年同期的1.8倍。2016年，蒙古国矿产资源出口总额为40.71亿美元，占出口总额的82.79%。其中，煤炭出口2580.93万吨，较上年同期增长78.3%，金额9.73亿美元，较上年同期增长75.0%；铜精粉出口156.20万吨，较上年同期增长5.7%，金额16.08亿美元，较上年同期减少29.5%；铁矿石出口608.48万吨，较上年同期增长20.1%，金额2.5亿美元，较上年同期增长10.0%；原油出口801.59万桶，较上年同期减少1.5%，金额3.37亿美元，较上年同期减少12.9%；锌精矿粉出口12.60万吨，较上年同期增长49.8%，金额1.45亿美元，较上年同期增长42.2%；黄金出口19.2吨，较上年同期增长69.9%，金额7.58亿美元，较上年同期增长80.3%。2016年，蒙古国对华贸易虽有减少，进出口总额为49.63亿美元，较上年同期减少6.4%，但仍占

蒙同期外贸总额的59.98%。其中，对华出口贸易总额为39.02亿美元，较上年减少0.2%；自华进口贸易总额为10.61亿美元，较上年同期减少23.7%。

1990～2016年，共有112个国家的13000余家外资企业对蒙古国进行了直接投资，投资总额达150亿美元，外商投资总额的72.5%属于矿业。荷兰、中国、卢森堡、英国、新加坡、加拿大、韩国和美国等为主要外资来源国。2016年，中方对蒙非金融类直接投资2.4亿美元，中国已成为蒙古第一大贸易伙伴和第二大投资来源地。

五　交通运输、电信邮政与口岸旅游业充满活力

2016年，蒙古国运输业总收入12185.4亿图，同比增长12.1%；运输货物4033.64万吨，同比增长12.6%；运送旅客2.64亿人次旅客，同比增长1.5%。其中，公路运输收入4970.76亿图，同比增长11.8%，运输货物2040.62万吨，同比增长22.3%，运送旅客2.61亿人次，同比增长1.6%；铁路运输收入4418.46亿图，同比增长13.9%，运输货物1992.72万吨，同比增长4.1%，运送旅客264万人次，同比下降5.5%；航空运输收入2793.85亿图，同比增长9.8%，运输货物3082.6吨，同比增长8.6%，运送旅客67.28万人次，同比增长9.1%。

截至2016年9月，蒙古国电信邮政业务总收入为5720亿图，同比增长4.0%。电信的具体业务量：拥有固定电话26.73万部，增长7.1%；专线用户538户，下降7.2%；移动电话346.04万部，同比下降11.1%；有线电视用户39.48万户，增长6.9%。邮政业务量：投送信函120.76万件，增长39.9%；投送包裹14.4万件，下降30.8%；投送报刊528.38万份。

2016年前三季度，蒙古国出入境人员405.55万人次，同比增长10.6%。其中，入境203.18万人，增长10.8%；出境202.37万人，增长10.3%。经由扎门乌德口岸、阿拉坦布拉格口岸、乌兰巴托机场、嘎舒苏海图口岸、西伯库伦口岸及其他口岸的出入境人数分别占总出入境人数的34.8%、19.2%、16.6%、8.7%、5.2%和16.4%。同期，外国人入境37.74万人，同比下降1.0%。其中，外国人入境按签证种类分，30天签证的占83.8%，90天的占3.3%，90天以上的占12.9%；按入境目的分，旅游的占86.1%，劳务、工作、学习、长期居留的占13.9%；按入境国别分，中国、俄罗斯、韩国、日本、美国及其他国家，分别占总入境人数的36.9%、17.6%、13.8%、4.8%、3.8%和23.1%。2016年前三季度出入境交通工具160.09万辆，同比增长21.3%。其中，货运汽车占38.9%，客运汽车占35.7%，货运列车占22.8%，其他占2.6%；经由扎门乌德口岸、嘎舒苏海图口岸、阿拉坦布拉格口岸、西伯库伦口岸和苏赫巴托口岸出入境的车辆占87.8%。

六　财政金融状况持续恶化

财政赤字增加，货币贬值，债务危机严重。2016年，蒙古国财政预算收入（含外来援助）总额5.8521万亿图，同比减少2.2%；财政支出（含偿债金额）总额9.5199万亿图，同比增长33.4%；财政赤字3.6678万亿图，为2015年的3.2倍。2016年12月，蒙古银行（央行）人民币、美元、欧元、俄罗斯卢布兑蒙图平均汇率分别为358.73、2482.57、2619.89和40.00，与上年同期［2015年12月，蒙古银行（央行）人民币、美元、欧元、俄罗斯卢布兑蒙图平均汇率分别为309.34、1995.84、2171.72和28.57］比较，蒙货币大幅贬值。2016年1～12月美元兑蒙图平均汇率为2145.53，蒙货币图格里克贬值幅度超过20%。尽管蒙古国与中国签署了双边货币互换

协议，蒙图兑人民币也由2013年末的275贬值为2014年末的304，2015年12月为309。大规模财政赤字和图格里克贬值共同推动一般政府债务规模增加，截至2016年9月底，蒙总体债务总额为237.85亿美元，较上年同期增长约10%，已超过GDP的210%。其中，政府（财政）负债47.59亿美元，中央银行负债17.29亿美元，其他金融机构负债23.51亿美元，其他领域负债81.28亿美元，因直接投资发生的公司间债务为68.17亿美元。从2015年末占GDP的55%（国际货币基金组织定义，以现值计算）上升到2016年末占GDP的近70%。

银行资产质量下降，货币供应增加，股票交易量减少。目前，蒙古国银行共有14家，其中可汗银行、贸易发展银行和郭勒穆特银行三大商业银行贷款总量、结算量等占全行业总量均超过80%。截至2016年，蒙古国银行总资产为25.34万亿图（约126.69亿美元）。其中三大商业银行资产总量占全行业70.08%。截至2016年12月底，蒙本币储蓄5.77万亿图，较上年同期增长6.1%；外币储蓄2.78万亿图，较上年同期增长42.7%。但是，蒙古国内银行贷款余额为12.4万亿图（约61.68亿美元），虽比上年同期增长6.1%，但是其中逾期贷款达9128亿图，较上年同期增长6.9%；不良贷款达1.0828万亿图，较上年同期增长24.5%。五大投放行业为房地产、零售业、基础设施建设、制造业和采矿业。蒙古银行利率高，加权平均贷款利率接近20%，给资本充足率施加了压力。蒙广义货币供应量（M2）余额为11.98万亿图，较上月增长3.1%，较2015年底增长19.2%。但是由于受经济不景气影响，2016年蒙通货膨胀率下滑至历史低点。2016年，蒙古国证交所20指数呈宽幅波动走势，年末报收于12456.1点，较上年最后一个交易日收盘价12897.6点下跌3.42%，年振幅为23.4%。2016年蒙交所有8家上市公司退市，全年交易额仅为3486.84亿图，同比下降5499.16亿图，振幅为61.2%，上市公司市值较年初增加2116.76亿图（约8819.83万美元），增幅为16.77%。2016年，蒙古证券交易次数共9708.29万笔，是上年同期的2.3倍，但是，股票总交易量为4628.91亿图，较上年同期减少了48.5%。

七　社会保障与卫生有所改善

2016年前三季度，蒙古国人口出生率为19.5‰，死亡率为4.0‰，自然增长率为15.5‰。蒙古国卫生发展中心新近发布的《人口健康状况报告》显示，截至2016年底，蒙古国总人口约为312万人，人均寿命为69.57岁。其中，女性平均寿命为75.10岁，男性平均寿命为65.58岁，男女平均寿命相差近10岁。蒙古国68.9%的人口生活在首都乌兰巴托市和各省会所在地，31.1%的人口则生活在广大的牧区。蒙古国男女性别比例基本持平，总人口中男性占50.8%，女性占49.2%。蒙古国从人口结构上看是一个年轻的国家。据美国CIA的数据分析，2016年蒙古国全部人口的年龄中值是27.9岁，其中男性为27.1岁，女性为28.7岁。15岁以下的人口占总人口的30%，15～64岁的人口占66.2%。

2016年，蒙古国家庭月平均收入为874400图。前三季度共向25.06万人发放社保金，总金额为1125亿图。在蒙古国内各种传染病中，性传播疾病占21.5%，其中，15～19岁青少年感染性病比例占11.9%。

八　蒙中关系亮点多

2016年，蒙中高层互访频繁。2016年6月，《建设中蒙俄经济走廊规划纲要》签署，正式启动实施。7月，李克强总理访问蒙古国并出席亚欧首脑会议，并与蒙古国总理额尔登巴特共同见证了贸易、经济技术、能源、基础设施建设、金融等十多个双边重要合作文件的签署，进一步充实了中蒙两国全面战略伙伴关系的内涵。10月，中共中央政治局常委、中央书记处书记刘云山对蒙古国进行正式友好访问，分别会见蒙古国领导人并出席多场人文交流活动。蒙古国人民党主席、议长恩赫包勒德访华并出席“中国共产党与世界对话会”。

蒙中经贸务实合作稳步推进，2016年蒙中贸易额已占蒙外贸总额60%，且蒙古国对华贸易始终保持高额顺差，十年顺差达188亿美元，满足了蒙古国进口基本商品的需求。蒙古国牛羊肉等畜产品启动分批对华出口，蒙中畜牧业领域合作得到深化。从蒙古国打开国门开放市场以来，先后有7100家中资公司在蒙注册，截至2016年7月，仍在蒙古从事经营活动的中资企业有2000家左右。据《对外投资合作国别（地区）指南》统计，2016年在蒙主要中资企业有119家，其中从事与农牧产业相关的企业为3家，分别从事农机、羊绒及运输、羊绒驼绒加工等。

中国在蒙一批无偿援助项目、优买贷款项目得到落实。2014年8月，习近平主席访问蒙古国期间宣布的向蒙提供新的优惠出口买方信贷额度，于2016年有一大批项目落实。具体包括：一批公路、桥梁、电力、通信类项目使用中方优买贷款启动实施，将大大提升蒙当地基础设施水平；一批惠及民生、支持当地经济社会发展的蒙古国电子医疗设备、学校物理实验室设备、亚欧首脑会议物资（会议系统和家具部分）、残疾儿童发展中心等项目在蒙落地。

中蒙跨境经济合作区取得积极进展。5月5日，蒙中签署了《中国商务部与蒙古工业部关于中蒙二连浩特－扎门乌德跨境经济区合作共同总体方案》。合作区规划面积18平方公里，将成为集国际贸易、物流仓储、进出口加工、电子商务、旅游娱乐及国际金融服务等多功能于一体的综合开放平台。

中蒙人文交流日益密切。2016年，“电视中国剧场”在蒙启动，中蒙人文交流图片展、中蒙新闻论坛、“感知中国·蒙古行”、“欢乐春节·中国日”等活动在蒙成功举办。两国有关媒体机构签署合作协议，媒体、青年交流机制继续开展。2014年8月习近平主席访蒙期间，中方宣布今后五年将向蒙方免费提供25部中国优秀影视剧作品。首批三部电视连续剧《北京青年》《平凡的世界》《青年医生》蒙语译作自2016年6月30日起陆续登陆蒙古国当地电视荧屏，受到蒙古国观众的热烈欢迎。

中蒙军事安全交流合作继续深化。2016，中共中央军委联合参谋部副参谋长孙建国上将、军委国防动员部副部长牟明滨少将相继访蒙，蒙古国武装力量总参谋长达瓦少将访华，中国人民解放军继续派实兵赴蒙参加“可汗探索—2016”多国维和演习，进一步深化两军关系。

东北亚各国国家和区域战略介绍

中 国

2016年是实施“十三五”规划的开局之年，也是全面建成小康社会决胜阶段的开局之年。在国际环境和地区局势复杂多变的背景下，中国在区域发展、深化改革、对外开放等方面实施了多项战略措施，为推动国家经济社会发展、深化对外开放合作设计出一幅宏伟的蓝图。

一 “十三五”规划纲要出台

2016年3月16日，十二届全国人大四次会议表决通过了《中华人民共和国国民经济和社会发展第十三个五年规划纲要》（以下简称《纲要》），明确了未来五年经济社会发展的宏伟目标、主要任务和重大举措，是全国各族人民的共同愿景。

《纲要》主要阐明国家战略意图，明确政府工作重点，引导市场主体行为，是2016～2020年中国经济社会发展的宏伟蓝图，是各族人民共同的行动纲领，是政府履行经济调节、市场监管、社会管理和公共服务职责的重要依据。

（一）主要内容及特点

《纲要》全面贯彻落实《中共中央关于制定国民经济和社会发展第十三个五年规划的建议》（以下简称《建议》）确定的指导思想、主要目标、发展理念、重点任务、重大举措，在谋篇布局上全面体现新发展理念、突出补齐全面小康的短板。《纲要》共20篇80章，包含25个专栏和4张示意图，共8万余字，可以大致分为三大板块。第一板块是总论，包括第一篇，主要是环境分析和总体的思路方向。第二板块是战略任务，包括第二篇到第十九篇，主要是各领域发展的重点任务和重大举措。第三板块是规划实施保障。

《纲要》共分为20篇：指导思想、主要目标和发展理念；实施创新驱动发展战略；构建发展新体制；推进农业现代化；优化现代产业体系；拓展网络经济空间；构筑现代基础设施网络；推进新型城镇化；推动区域协调发展；加快改善生态环境；构建全方位开放新格局；深化内地和港澳、大陆和台湾地区合作发展；全力实施脱贫攻坚；提升全民教育和健康水平；提高民生保障水平；加强社会主义精神文明建设；加强和创新社会治理；加强社会主义民主法治建设；统筹经济建设和国防建设；强化规划实施保障。

《纲要》在内容上突出体现了五个方面的特点。

一是适应把握引领经济发展新常态。在世界经济周期性变化和我国经济发展阶段性变化的相互作用下，我国经济发展进入新常态。这是一个必然趋势，是当前和今后一段时期我国经济发展的一个显著特征。《纲要》作为经济发展进入新常态后的第一个五年规划，始终把适应新常态、把握新常态、引领新常态作为谋划和推动发展的大逻辑，判断形势、提出思路、确定任务都坚持遵循这个大逻辑，使其贯穿发展的全局和全过程。

二是全面贯彻落实新发展理念。中央《建

议》提出的创新、协调、绿色、开放、共享的新发展理念，是以习近平同志为核心的党中央治国理政新思想在发展理念上的集中体现和概括，是在经济新常态下指导“十三五”规划编制和“十三五”发展的思想灵魂。《纲要》把创新、协调、绿色、开放、共享的新发展理念作为一个整体，统一贯彻于发展的各领域各环节，在谋篇布局、指标设置、战略任务、重要举措等各方面，都充分体现新发展理念的要求，以新的发展理念引领发展行动。

三是着力推进供给侧结构性改革。推进供给侧结构性改革，是适应我国经济发展新常态的必然要求，是贯彻落实新发展理念、破解发展中突出矛盾和问题的科学思路和对症药方。《纲要》把供给侧结构性改革作为贯彻落实新发展理念、适应把握引领经济发展新常态的发展主线，在指导思想中明确提出“以供给侧结构性改革为主线，扩大有效供给，满足有效需求”，并单独设立发展主线一章阐述供给侧结构性改革的主要内涵，在各领域发展中都注重体现推进供给侧结构性改革的要求。

四是紧紧扭住全面小康的明显短板。到2020年全面建成小康社会，是我们党做出的庄严承诺，必须在补齐全面小康的短板上下功夫。农村贫困人口脱贫是一个突出短板，在社会事业发展、生态环境保护、民生保障等方面也存在一些明显的短板。《纲要》坚持问题导向和目标导向，将补齐这些短板作为“十三五”发展的重点，在目标指引、政策设计、资源配置、工程项目等方面都给予充分体现。

五是做深做实“三个重大”。《纲要》把“三个重大”作为将目标任务落到实处的重要抓手，着力在做深做实上下功夫，提出了一批重大政策、重大工程、重大项目。重大政策更加注重使市场在资源配置中起决定性作用和更好发挥政府作用，加强市场机制和政府作用的互补配合。重大工程、重大项目更加注重强化科技创新、结构升级、基础设施、生态环保、民生改善“五大支撑”，《纲要》在专栏中提出了160多项重大工程项目。

概括起来说，《纲要》是一个适应把握引领新常态、贯彻落实新发展理念、推进供给侧结构性改革、补齐全面小康短板、做深做实“三个重大”的五年规划。这是《纲要》最突出的特点。

（二）主要发展目标

按照中央《建议》明确的全面建成小康社会新的目标要求，《纲要》明确了经济保持中高速增长、创新驱动发展成效显著、发展协调性明显增强、人民生活水平和质量普遍提高、国民素质和社会文明程度显著提高、生态环境质量总体改善、各方面制度更加成熟更加定型七个方面的主要目标。同时，设置了经济发展、创新驱动、民生福祉、资源环境四大类25个主要指标，包括12个预期性指标和13个约束性指标，高度凝练地明确了未来五年的发展方向。主要考虑是紧紧围绕全面小康目标要求，反映新常态的新特征，全面体现新发展理念，重点突出补齐短板。在目标设计中特别注重强化四个导向。

一是强化提高质量的导向。《纲要》在提出GDP增速目标的同时，注重设置反映经济发展效率提高、结构优化的指标。提出GDP年均增长是为了确保到2020年实现GDP比2010年翻一番即增长6.5%以上的预期性指标，处在国内外研究机构普遍认为的6%～7%潜在增长率区间之内，综合考虑了就业、结构调整、环境改善等方面的需要。

二是强化创新驱动的导向。《纲要》首次将创新驱动作为一个大类，并增加了这类指标的分量。设置科技进步贡献率指标，主要是为了衡量创新驱动发展的成效。设置互联网普及率指标，主要是考虑到互联网已经成为支撑信息经济发展和创新创业的重要条件。

三是强化保障民生的导向。《纲要》特别注重补齐民生短板，加强民生保障。提出居民人均可支配收入年均增长6.5%以上，既体现了居民收入增长和经济增长同步的要求，也可以确保实现到2020年居民人均收入比2010年翻一番。

四是强化改善环境的导向。《纲要》除了继续提出单位GDP能源消耗、二氧化碳排放降低和主要污染物排放总量减少等减排类指标外，还针对群众反映比较强烈的雾霾和水污染等问题，新设置了直接反映环境质量改善的指标。

通过这样的指标设置，希望将各方面的注意力和关注点引导到提高发展质量和效益、让人民群众有更多获得感上来。

（三）重点任务和重大举措

1. 实施创新驱动发展战略

强化科技创新引领作用；推动大众创业、万众创新；构建激励创新的体制机制；实施人才优先发展战略；拓展发展动力新空间。

2. 构建发展新体制

建立现代产权制度；深化行政管理改革；加快财税、金融体制改革；创新和完善宏观调控。

3. 推进农业现代化

增强农产品保障能力；提高农业生产效益。

4. 优化现代产业体系

实施制造强国战略；支持战略性新兴产业发展；加快推动服务业优质高效发展；拓展网络经济空间。

5. 构筑现代基础设施网络

完善现代综合交通运输体系；建设现代能源体系；强化水安全保障。

6. 推进新型城镇化

加快农业转移人口市民化；优化城市群布局和形态；建设和谐宜居城市；建设美丽宜居乡村。

7. 推动区域协调发展

深入实施西部开发、东北振兴、中部崛起和东部率先发展的区域发展总体战略；推动京津冀协同发展和推动长江经济带发展；扶持特殊类型地区发展。

8. 加快改善生态环境

加快建设主体功能区；推进资源节约集约利用；加强环境综合治理力度；加强生态保护修复。

9. 构建全方位开放新格局

推进“一带一路”建设；推进国际产能和装备制造合作；积极参与全球经济治理；深化内地和港澳、大陆和台湾地区合作发展。

10. 着力保障和改善民生

全力实施脱贫攻坚；推进教育现代化；推进健康中国建设；增加公共服务供给；实施就业优先战略；缩小收入差距；改革完善社会保障制度；积极应对人口老龄化；保障妇女、未成年人和残疾人基本权益。

11. 加强社会主义精神文明建设

提升国民文明素质；丰富文化产品和服务；提高文化开放水平。

二　“三大战略”引领区域发展新格局

（一）“一带一路”建设脚步加快

2013年9月，习近平主席在哈萨克斯坦纳扎尔巴耶夫大学演讲时提出，共同建设“丝绸之路经济带”。2013年10月，习近平主席在印度尼西亚国会演讲时提出，共同建设“21世纪海上丝绸之路”。2014年12月29日，丝路基金正式成立，首期资本金100亿美元。2015年3月28日，国家发展和改革委、外交部、商务部联合发布《推动共建丝绸之路经济带和21世纪海上丝绸之路的愿景与行动》，具体提出了共建“一带一路”的方向和任务。2015年底，亚洲基础设施投资银行正式成立，它为有效增加亚洲地区基础设施投资，为“一带一路”构想实现基础设施的互联互通提供了有力支撑。进入2016年，“一带一路”建设的脚步加快，中国与沿线国家全力推进，取得了积极成效，国际影响力越来越大。

1. 我国与国际组织签署首份“一带一路”合作文件

2016年4月11日，中国与联合国亚洲及太平洋经济社会委员会签署《中华人民共和国外交部与联合国亚洲及太平洋经济社会委员会关于推进地区互联互通和“一带一路”倡议的意向书》。该意向书强调，双方将共同规划推进互联互通和“一带一路”的具体行动，推动沿线各国政策对接和务实合作。亚太经社会作为主管亚太地区经济社会发展的联合国机构，长期致力于促进地区互联互通和区域经济一体化。该意向书是我国与国际组织签署的首份“一带一路”合作文件，旨在扩大双方开展“一带一路”合作的共识，加强交流对接，深化务实合作。

2. 推进“一带一路”建设工作座谈会召开

2016年8月17日，推进“一带一路”建设工作座谈会召开。习近平发表重要讲话强调，总结经验、坚定信心、扎实推进，聚焦政策沟通、设施联通、贸易畅通、资金融通、民心相通，聚焦构建互利合作网络、新型合作模式、多元合作平台，聚焦携手打造绿色丝绸之路、健康丝绸之路、智力丝绸之路、和平丝绸之路，以钉钉子精神抓下去，一步一步把“一带一路”建设推向前进，让“一带一路”建设造福沿线各国人民。

会上习近平就推进“一带一路”建设提出八项要求。一是切实推进思想统一，坚持各国共商、共建、共享，遵循平等、追求互利，牢牢把握重点方向，聚焦重点地区、重点国家、重点项目，抓住发展这个最大公约数，不仅造福中国人民，更造福沿线各国人民。中国欢迎各方搭乘中国发展的快车、便车，欢迎世界各国和国际组织参与到合作中来。二是切实推进规划落实，周密组织，精准发力，进一步研究出台推进“一带一路”建设的具体政策措施，创新运用方式，完善配套服务，重点支持基础设施互联互通、能源资源开发利用、经贸产业合作区建设、产业核心技术研发支撑等战略性优先项目。三是切实推进统筹协调，坚持陆海统筹，坚持内外统筹，加强政企统筹，鼓励国内企业到沿线国家投资经营，也欢迎沿线国家企业到我国投资兴业，加强“一带一路”建设同京津冀协同发展、长江经济带发展等国家战略的对接，同西部开发、东北振兴、中部崛起、东部率先发展、沿边开发开放的结合，带动形成全方位开放、东中西部联动发展的局面。四是切实推进关键项目落地，以基础设施互联互通、产能合作、经贸产业合作区为抓手，实施好一批示范性项目，多搞一点早期收获，让有关国家不断有实实在在的获得感。五是切实推进金融创新，创新国际化的融资模式，深化金融领域合作，打造多层次金融平台，建立服务“一带一路”建设长期、稳定、可持续、风险可控的金融保障体系。六是切实推进民心相通，弘扬丝路精神，推进文明交流互鉴，重视人文合作。七是切实推进舆论宣传，积极宣传“一带一路”建设的实实在在成果，加强“一带一路”建设学术研究、理论支撑、话语体系建设。八是切实推进安全保障，完善安全风险评估、监测预警、应急处置，建立健全工作机制，细化工作方案，确保有关部署和举措落实到每个部门、每个项目执行单位和企业。

3. “一带一路”倡议首次写入联合国大会决议

2016年11月17日，第71届联合国大会协商一致通过第A/71/9号决议。决议欢迎“一带一路”等经济合作倡议，敦促各方通过“一带一路”倡议等加强阿富汗及地区经济发展，呼吁国际社会为“一带一路”倡议建设提供安全保障环境。自联合国安理会2016年3月通过包括推进“一带一路”倡议内容的第S/2274号决议后，联合国大会第A/71/9号决议首次写入“一带一路”倡议，得到193个会员国的一致赞同，体现了国际社会对推进“一带一路”倡议的普遍支持。

4. “一带一路”建设成果丰硕

一是跟相关国家加强政策沟通和战略对接。

2016年我国与有关国家和国际组织签署了40多份共建“一带一路”合作协议，同20多个国家开展了机制化的国际产能合作，签署了第一份双边战略对接合作规划，即中哈《“丝绸之路经济带”建设与“光明之路”新经济政策对接合作规划》，第一份经济走廊合作规划纲要，即《建设中蒙俄经济走廊规划纲要》，结成互信友好、充满活力的“朋友圈”。成功就“一带一路”倡议同欧盟“容克投资计划”、柬埔寨“四角战略”、老挝“变陆锁国为陆联国战略”等对接达成共识，推动“一带一路”倡议同捷克、波兰、乌兹别克斯坦、文莱等国以及欧亚经济联盟的发展战略对接。

二是促进与沿线国家的贸易往来。2016年，中国同“一带一路”沿线国家的双边贸易额达到6.2万亿人民币，增长了0.6%。其中出口3.8万亿元，增长0.7%；进口2.4万亿元，增长0.5%。对“一带一路”沿线部分国家出口实现较快增长，其中对俄罗斯、孟加拉国、印度出口分别增长14.2%、9.3%和6.6%。

三是拓展双向投资合作。2016年对“一带一路”沿线国家投资达到145亿美元，占全国对外投资总额的8.5%。与沿线国家新签对外承包合同额1260亿美元，同比增长了36%。同时，中国不断优化外商投资环境，吸引更多沿线国家企业来华投资。“一带一路”沿线国家对华投资新设立企业2905家，同比增长34.1%，实际投入外资金额71亿美元。

四是打造平台助推企业“走出去”。截至2016年底，中国在20多个国家建设了56个经贸合作区，涉及多个领域，累计投资超过185亿美元，中白工业园、泰中罗勇工业园等已成为中国企业“走出去”亮丽的名片。

五是一批大项目建成投产或开工建设。公路方面，巴基斯坦喀喇昆仑公路升级改造二期工程、卡拉奇高速公路、黑河大桥已经开工建设。亚吉铁路对东北非运输起到重要作用，中老铁路已开工建设，土耳其东西高铁、匈塞铁路等项目正在有序推进。在通信的基础设施方面，亚太直达的海底光缆、亚欧5号海底光缆已经建成投入使用。中国积极发挥驻外经商机构的一线作用，加强对企业的服务和指导，为重大项目建设保驾护航。

六是稳步推进自贸区建设。2016年中国和东盟签订了自贸区协议的升级版，与格鲁吉亚实质性地结束了自贸区的谈判，2017年有望签署。推进与马尔代夫自贸区谈判，启动与海合会、以色列等自贸区谈判，努力构建高标准自贸区网络。

七是中欧班列品牌效应进一步扩大。2016年，中国铁路正式启用“中欧班列”统一品牌。中欧班列开通了1700列，同比增长了1倍多。

八是积极推进人文交流，围绕绿色、健康、智力、和平丝绸之路开展一系列工作。设立了中国政府的教育奖学金。建立了“一带一路”大学联盟，跟沿线国家的学历学位互认工作取得进展。在申遗、旅游、电影等方面展开合作。

（二）京津冀协同发展成果突出

2014年2月26日，习近平总书记全面深刻阐述了京津冀协同发展战略的重大意义、推进思路和重点任务，首次将京津冀协同发展上升为国家战略。2015年4月30日，中共中央政治局审议通过《京津冀协同发展规划纲要》。三年来，从顶层设计到全面实施，在交通一体化、生态环保、产业发展等重点领域率先突破，京津冀协同发展这一历史性工程积极推进，开局良好。2016年是京津冀协同发展的第三年，京津冀三地同心协力打造区域发展新格局，在多个领域取得了成效。

1. 加强顶层设计，推动协同发展

2016年2月，《“十三五”时期京津冀国民经济和社会发展规划》（以下简称《规划》）印发实施。这是全国第一个跨省市的区域“十三五”规划，明确了京津冀地区未来五年的发展目标。

《规划》提出，到2020年，京津冀地区的整体实力将进一步提升，经济保持中高速增长，结构调整取得重要进展；协同发展取得阶段性成效，首都“大城市病”问题得到缓解，区域一体化交通网络基本形成；生态环境质量明显改善，生产方式和生活方式绿色，低碳水平上升；人民生活水平和质量普遍提高，城乡居民收入较快增长，基本公共服务均等化水平稳步提高。

根据《规划》，“十三五”时期京津冀地区将打造国际一流航空枢纽，构建世界级现代港口群，加快建设环首都公园，打赢河北脱贫攻坚战，建立健全区域安全联防联控体系，全面提高首都服务国际交往的软硬件水平，加强与长江经济带的联动，建立统一规范的市场体系，探索建立行政管理协同机制、生态环保联动机制、产业和科技创新协同机制等。

另外，在该规划印发实施不久，最高人民法院于2016年2月18日公布了《关于为京津冀协同发展提供司法服务和保障的意见》。该意见围绕“创新、协调、绿色、开放、共享”五大发展理念，就服务和保障京津冀发展提出了18条举措。这将对人民法院服务和保障京津冀协同发展起到推动和促进作用，通过优质高效的审判执行工作为京津冀协同发展创造良好的司法环境。

2. 四部门联合发布《京津冀产业转移指南》

2016年6月，为引导京津冀地区合理有序承接产业转移，优化产业布局，加快产业结构调整和转型升级步伐，根据党中央、国务院有关工作部署及京津冀地区产业协同发展需要，工业和信息化部、北京市人民政府、天津市人民政府、河北省人民政府联合发布了《京津冀产业转移指南》（以下简称《指南》）。

《指南》为京津冀地区的产业发展明确了方向。《指南》提出坚持创新、协调、绿色、开放、共享发展理念，有序疏解北京非首都功能，推进京津冀产业一体化发展。坚持产业转移与产业转型升级、创新能力提升相结合，与培育产业集群竞争力、适应资源环境承载力相结合，不断调整优化区域产业布局，构建“一个中心、五区五带五链、若干特色基地”（简称“1555N”）的产业发展格局。“一个中心”是指打造北京科技创新中心。“五区”是指北京中关村、天津滨海新区、唐山曹妃甸区、沧州沿海地区、张承（张家口、承德）地区，这是建成京津冀产业升级转移的重要引擎。“五带”是指京津走廊高新技术及生产性服务业产业带、沿海临港产业带、沿京广线先进制造业产业带、沿京九线特色轻纺产业带、沿张承线绿色生态产业带。“五链”包括引导汽车、新能源装备、智能终端、大数据和现代农业五大产业链。另外，还有若干特色产业基地，包括节能环保、医药健康、食品、家具、皮革、工艺美术等。

《指南》的出台有力地推动了京津冀产业协同发展，引导三地充分发挥比较优势，促进产业有序转移和承接，形成空间布局合理、产业链有机衔接、各类生产要素优化配置的发展格局，成为京津冀产业升级转移的重要引擎。

3. 京津冀签署民政事业协同发展合作协议

2016年11月，京津冀三地民政部门签署《共同推动京津冀民政事业协同发展合作框架协议》。三地将通过健全协同机制、搭建合作平台、撬动多方资源、激活多元主体等方式，推动务实合作，有序疏解民政领域非首都功能，提高公共服务均等化水平。

该协议提出，三方将重点在十个方面开展合作，其中包括：共同搭建区划地名管理服务平台；共同推动养老服务业融合发展、发挥有序疏解北京非首都功能；共同建立社会组织协同管理与合作扶持机制；共同建立省际救助工作协同联动机制，实现救助工作转办和信息核查等。

同时，三方将共同构筑区域防灾减灾救灾体系，提高灾害联防联控和应急响应能力；共同建立殡葬服务管理协调联动机制，加快推动区域绿色生态殡葬；共同推进城乡社区服务协同发展，促进区域社区服务社会化、多样化和便利化；共同推动优抚安置工作合作；共同助推公益慈善事业和志愿服务工作协同发展；共同创建社会工作协同联动发展模式，提高区域社会工作专业化、职业化发展水平。

4.《京津冀地区城际铁路网规划》获得批复

2016年11月18日，为贯彻落实京津冀协同发展战略部署，推进京津冀区域交通一体化发展，构建以轨道交通为骨干的城际交通网络，国家发改委正式批复《京津冀地区城际铁路网规划》。按照该规划，京津冀地区城际铁路以“京津、京保石、京唐秦”三大通道为主轴，到2020年，与既有路网共同连接区域所有地级及以上城市，基本实现京津石中心城区与周边城镇0.5~1小时通勤圈、京津保0.5~1小时交通圈，有效支撑和引导区域空间布局调整和产业转型升级。远期到2030年基本形成以“四纵四横一环”为骨架的城际铁路网络。该规划提出到2020年前实施北京至霸州铁路、北京至唐山铁路、北京至天津滨海新区铁路、崇礼铁路、廊坊至涿州城际铁路、首都机场至北京新机场城际铁路联络线、环北京城际铁路廊坊至平谷段、固安至保定城际铁路、北京至石家庄城际铁路等9个项目，总里程约1100公里，初步估算投资约2470亿元。

5. 滨海—中关村科技园正式揭牌

2014年8月6日，北京、天津签署《贯彻落实京津冀协同发展重大国家战略 推进实施重点工作协议》，进一步深化互利合作，推动京津冀协同发展。其中，在天津建设“滨海—中关村科技园”备受关注，两市同时专门签署了《共建滨海—中关村科技园合作框架协议》，“中国硅谷”将正式铺开。2016年11月22日，滨海—中关村科技园正式揭牌，成为北京、天津两市深入落实京津冀协同发展战略的重要抓手。与此同时，来自北京的45个项目签约落地，总投资超过350亿元，涉及移动互联网、跨境电商、融资租赁、健康医疗、国际教育等多个领域。

6. 京津冀协同发展取得初步成效

（1）京津冀经济总体向好

2016年，京津冀三地生产总值合计74613亿元，是2012年的1.3倍（按现价计算），经济规模占全国的10%左右。

（2）非首都功能疏解有序推进

有序疏解非首都功能，是京津冀协同发展的关键环节和重中之重。北京出台了一系列政策措施，严格控制增量，有序疏解存量，天津、河北积极做好产业承接。随着疏解转移稳步推进，人口调控效果显现。截至2016年末，北京市常住人口为2172.9万人，同比增加2.4万人，增量同比减少16.5万人，增速同比下降0.8个百分点，常住人口发展变化呈现人口增量、增速“双下降”的特点。根据北京市经济和信息化委员会提供的数据，2014~2016年，北京市1341家一般制造业企业关停退出，375家商品交易市场调整疏解，北京城市学院、北京建筑大学、北京工商大学已累计向五环之外的新校区疏解学生1.6万人，北京天坛医院丰台新院址、同仁医院亦庄院区二期扩建、友谊医院顺义院区、北京大学第六医院昌平院区加快建设。

（3）一体化交通网络加速构建

国家统计局数据显示，京津冀三地协同共进，加大交通领域投资，2012~2016年累计完成交通领域固定资产投资13908亿元，年均增长6%。新机场、京台高速、京沈高铁等重点工程有序高效推进。京津冀1小时交通圈初步形成，三地交通基础设施互联互通建设已经为京津冀交通一体化吹响了集结号。

三年来，计划新建24条城际铁路的《京津冀地区城际铁路网规划》获得批复，京津城际延长线、津保铁路、张唐铁路建成通车，京沈、京霸、石济、呼张高铁加快建设，京张、大张铁路全线开工，京滨、京唐城际已核准。

公路方面，京台高速天津段、北京段和首都地区环线高速廊坊段、京秦高速天津段建成通车，京开高速拓宽工程、太行山高速等加快推进，一批高速公路“断头路”、国省干道“瓶颈路段”正在打通或扩容。

航空方面，北京新机场主航站楼主体结构

封顶，飞行区工程全面开工；河北机场集团公司纳入首都机场集团公司管理，京津冀机场一体化运营管理机制初步形成。

（4）产业转移协作有序推进

《人民日报》报道显示，2013 年，北京的技术成果只有 1% 左右到河北转化。而 2016 年，北京输出到津冀的技术合同成交额达 155 亿元，新动能输送源源不断。

北京作为科技创新中心，对津、冀的科技辐射力度不断增强。统计数据显示，2015 年，北京向津、冀输出技术合同成交额达 111.5 亿元，同比增长 34.2%；2016 年，北京向津、冀输出技术合同成交额达 154.7 亿元，同比增长 38.7%。在相关部门的联合推动下，一批产业转移协作的重大项目签约落地，现代汽车沧州第四工厂等重大项目建成投产。

（5）生态环保协作取得突破

三地建立健全京津冀及周边地区大气污染和水污染防治协作机制，引滦入津生态补偿机制建立，引黄入冀补淀等重大工程加快实施，2016 年京津冀区域 PM2.5 平均浓度比 2013 年下降约 33%。

（三）《长江经济带发展规划纲要》出台

长江经济带东起上海、西至云南，涉及上海、江苏、浙江、安徽、湖北、江西、湖南、重庆、四川、云南、贵州，包括 9 个省和 2 个直辖市，面积约 205 万平方公里，占全国的 21%，人口和经济总量均超过全国的 40%，生态地位重要、综合实力较强、发展潜力巨大。

2014 年 9 月，国务院印发《关于依托黄金水道推动长江经济带发展的指导意见》，部署将长江经济带建设成为具有全球影响力的内河经济带、东中西互动合作的协调发展带、沿海沿江沿边全面推进的对内对外开放带和生态文明建设的先行示范带。同时，为统筹长江经济带交通基础设施建设，加强各种运输方式有机衔接，完善综合交通运输体系，又编制了《长江经济带综合立体交通走廊规划（2014—2020年）》。2016 年 1 月，习近平总书记在重庆召开推动长江经济带发展座谈会并发表重要讲话，全面深刻阐述了长江经济带发展战略的重大意义、推进思路和重点任务。此后，习近平总书记又多次发表重要讲话，强调推动长江经济带发展必须走生态优先、绿色发展之路，涉及长江的一切经济活动都要以不破坏生态环境为前提，共抓大保护、不搞大开发，共同努力把长江经济带建成生态更优美、交通更顺畅、经济更协调、市场更统一、机制更科学的黄金经济带。2016 年 9 月《长江经济带发展规划纲要》（本部分简称《纲要》）正式印发。

《纲要》从规划背景、总体要求、大力保护长江生态环境、加快构建综合立体交通走廊、创新驱动产业转型升级、积极推进新型城镇化、努力构建全方位开放新格局、创新区域协调发展体制机制、保障措施等方面描绘了长江经济带发展的宏伟蓝图，是推动长江经济带发展重大国家战略的纲领性文件。

1. 定位

《纲要》对长江经济带的建设定位是生态文明建设的先行示范带、引领全国转型发展的创新驱动带、具有全球影响力的内河经济带、东中西互动合作的协调发展带。

2. 基本原则

对于推动长江经济带发展《纲要》提出要遵循五个基本原则，即江湖和谐、生态文明，改革引领、创新驱动，通道支撑、协同发展，陆海统筹、双向开放，统筹规划、整体联动。

3. 格局

《纲要》围绕“生态优先、绿色发展”的基本思路，确立了长江经济带“一轴、两翼、三极、多点”的发展新格局。“一轴”是以长江黄金水道为依托，发挥上海、武汉、重庆的核心作用，构建沿江绿色发展轴，推动经济由沿海溯江而上梯度发展。“两翼”分别指沪瑞和沪蓉南北两大运输通道，这是长江经济带的发展基础。通过促进交通的互联互通，增强南北两侧腹地重要节点城市人口和产业集聚能力。

“三极”指的是长江三角洲、长江中游和成渝三个城市群，充分发挥中心城市的辐射作用，打造长江经济带的三大增长极。“多点”是指发挥三大城市群以外地级城市的支撑作用，加强与中心城市的经济联系与互动，带动地区经济发展。

4. 发展目标

推动长江经济带发展的目标是到2020年，生态环境明显改善，水资源得到有效保护和合理利用，河湖、湿地生态功能基本恢复，水质优良（达到或优于Ⅲ类）比例达到75%以上，森林覆盖率达到43%，生态环境保护体制机制进一步完善；长江黄金水道瓶颈有效疏畅、功能显著提升，基本建成衔接高效、安全便捷、绿色低碳的综合立体交通走廊；创新驱动取得重大进展，研究与试验发展经费投入强度达到2.5%以上，战略性新兴产业形成规模，培育形成一批世界级的企业和产业集群，参与国际竞争的能力显著增强；基本形成陆海统筹、双向开放，与“一带一路”建设深度融合的全方位对外开放新格局；发展的统筹度和整体性、协调性、可持续性进一步增强，基本建立以城市群为主体形态的城镇化战略格局，城镇化率达到60%以上，人民生活水平显著提升，现行标准下农村贫困人口实现脱贫；重点领域和关键环节改革取得重要进展，协调统一、运行高效的长江流域管理体制全面建立，统一开放的现代市场体系基本建立；经济发展质量和效益大幅提升，基本形成引领全国经济社会发展的战略支撑带。

到2030年，水环境和水生态质量全面改善，生态系统功能显著增强，水脉畅通、功能完备的长江全流域黄金水道全面建成，创新型现代产业体系全面建立，上中下游一体化发展格局全面形成，生态环境更加美好、经济发展更具活力、人民生活更加殷实，在全国经济社会发展中发挥更加重要的示范引领和战略支撑作用。

5. 主要任务

《纲要》提出了多项主要任务，具体包括保护和修复长江生态环境、建设综合立体交通走廊、创新驱动产业转型、新型城镇化、构建东西双向、海陆统筹的对外开放新格局等。

（1）探索生态补偿机制

长江经济带发展的基本思路就是生态优先、绿色发展，而不是又鼓励新一轮的大、干、快、上。这是长江经济带战略区别于其他战略的最重要的要求，是制定规划的出发点和立足点。《纲要》明确提出，把保护和修复长江生态环境摆在首要位置，共抓大保护、不搞大开发。重点要做好四方面工作：一是保护和改善水环境，二是保护和修复水生态，三是有效保护和合理利用水资源，四是有序利用长江岸线资源。

长江生态环境保护是一项系统工程，涉及面广，必须打破行政区划界线和壁垒，有效利用市场机制，更好发挥政府作用，加强环境污染联防联控，推动建立地区间、上下游生态补偿机制，加快形成生态环境联防联治、流域管理统筹协调的区域协调发展新机制。一是建立负面清单管理制度。二是加强环境污染联防联控。三是建立长江生态保护补偿机制。按照“谁受益谁补偿”的原则，探索上中下游开发地区、受益地区与生态保护地区进行横向生态补偿。四是开展生态文明先行示范区建设。

（2）创新驱动是推动长江经济带产业转型升级的重要引擎

《纲要》提出的举措主要有以下四个方面。

首先，增强自主创新能力。一是打造创新示范高地。二是强化创新基础平台。三是集聚人才优势。四是强化企业技术创新能力。五是营造良好创新创业生态。

其次，推进产业转型升级。一是推动传统产业整合升级。二是打造产业集群。三是加快推进农业现代化。四是积极发展服务业。五是大力发展现代文化产业。

再次，打造核心竞争优势。一是培育和壮大战略性新兴产业。二是推进新一代信息基础设施建设。三是促进信息化与产业融合发展。

最后，引导产业有序转移。一是突出产业转移重点。二是建设承接产业转移平台。三是创新产业转移方式。

（3）加快交通基础设施互联互通是推动长江经济带发展的先手棋

要着力推进长江水脉畅通，把长江全流域打造成黄金水道；统筹铁路、公路、航空、管道建设，率先建成网络化、标准化、智能化的综合立体交通走廊，进一步提高质量和效益，增强对长江经济带发展的战略支撑力。

一是提升黄金水道功能。全面推进干线航道系统化治理，重点解决下游“卡脖子”、中游“梗阻”、上游“瓶颈”问题，进一步提升干线航道通航能力。二是促进港口合理布局。强化港口分工协作，统筹港口规划布局，优先发展枢纽港口，积极发展重点港口，适度发展一般港口，严格控制港口码头无序建设。三是完善综合交通网络。围绕建设长江大动脉，加快铁路建设步伐，优先实施消除铁路“卡脖子”工程，形成与黄金水道功能互补、衔接顺畅的快速大能力铁路通道。四是大力发展联程联运。鼓励发展铁水、公水、空铁等多式联运，增加集装箱和大宗散货铁水联运比重。

（4）推进新型城镇化是长江经济带发展的重要任务之一

《纲要》围绕提高城镇化质量这个目标，提出了优化城镇化空间格局、推进农业转移人口市民化、加强新型城市建设、统筹城乡发展等重点内容。要促进各类城市协调发展，发挥上海、武汉、重庆等超大城市和南京、杭州、成都等特大城市引领作用，发挥合肥、南昌、长沙、贵阳、昆明等大城市对地区发展的核心带动作用，加快发展中小城市和特色小城镇，培育一批基础条件好、发展潜力大的小城镇。

（5）着力构建长江经济带东西双向、海陆统筹的对外开放新格局

立足上中下游地区对外开放的不同基础和优势，因地制宜提升开放型经济发展水平。一是发挥上海及长江三角洲地区的引领作用。加快复制推广上海自贸试验区改革创新经验。二是将云南建设成为面向南亚、东南亚的辐射中心。三是加快内陆开放型经济高地建设。推动区域互动合作和产业集聚发展，打造重庆西部开发开放重要支撑和成都、武汉、长沙、南昌、合肥等内陆开放型经济高地。

三　供给侧结构性改革开局良好

（一）供给侧结构性改革的提出

2015 年 11 月，习近平总书记在中央财经领导小组第十一次会议上首次提出“着力加强供给侧结构性改革”；同年 12 月中央经济工作会议提出要着力推进供给侧结构性改革，推动经济持续健康发展，将“去产能、去库存、去杠杆、降成本、补短板”作为2016 年推进供给侧结构性改革的五大任务。供给侧结构性改革成为国家解决重点领域的突出矛盾和问题的重要手段。2016 年是供给侧改革的攻坚之年，国家从多个方面着手积极推进政策落实，加快战略实施。

2016 年 1 月 26 日，中央财经领导小组第十二次会议，习近平总书记主持研究供给侧结构性改革方案。他强调供给侧结构性改革的根本目的是提高社会生产力水平，落实好以人民为中心的发展思想。习近平在讲话中指出，制定好方案是做好供给侧结构性改革的基础，要把思想认识统一到党中央关于推进供给侧结构性改革的决策部署上来。会议明确了做好改革方案的五大方向：情况要摸清；目的要明确；任务要具体；责任要落实；措施要有力。供给侧结构性改革进入具体实施阶段。

2016 年的中央一号文件首度提出“推进农业供给侧结构性改革”，将供给侧结构性改革扩展至农业领域。这份题为《关于落实发展新理念加快农业现代化实现全面小康目标的若干意见》的文件，以指导三农工作为主题，体现

了“三农”工作“重中之重”的地位，同时强调要用发展新理念破解“三农”新难题，提出要推进农业供给侧结构性改革。之后在3月的“两会”上，《政府工作报告》也将“加强供给侧结构性改革，增强持续增长动力”列为当年重点做好的八个方面工作之一。报告说，围绕解决重点领域的突出矛盾和问题，加快破除体制机制障碍，以供给侧结构性改革提高供给体系的质量和效率，进一步激发市场活力和社会创造力。

2016年5月16日，习近平总书记主持召开中央财经领导小组第十三次会议，强调推进供给侧结构性改革是综合研判世界经济形势和我国经济发展新常态做出的重大决策，各地区各部门要把思想和行动统一到党中央决策部署上来，重点推进“三去一降一补”，不能因为包袱重而等待、困难多而不作为、有风险而躲避、有阵痛而不前，要树立必胜信念，坚定不移把这项工作向前推进。要坚持以人民为中心的发展思想，在全社会大力弘扬勤劳致富、艰苦奋斗精神，激励人们通过劳动创造美好生活，不断提高生活水平。

（二）供给侧结构性改革的内容

习近平总书记明确指出，供给侧结构性改革，说到底最终目的是满足需求，主攻方向是提高供给体系质量和效率，根本途径是深化改革。供给侧结构性改革，就是用改革的办法推进供给结构调整，更好地满足需求，促进经济社会持续健康发展。

供给侧结构性改革，就是要减少无效供给、扩大有效供给，着力提升整个供给体系质量，提高供给结构对需求结构的适应性。这就表明，供给侧结构性改革不同于一般意义上的宏观管理，它也重视适度扩大总需求，但更强调从生产端入手，提高供给体系质量和效率。习近平指出，放弃需求侧谈供给侧或放弃供给侧谈需求侧都是片面的，二者不是非此即彼、一去一存的替代关系，而是相互配合、协调推进。不断让新的需求催生新的供给，让新的供给创造新的需求，在互相推动中实现经济发展。

推进供给侧结构性改革的根本途径是深化改革。习近平指出，供给侧结构性改革，根本途径是深化改革，就是要完善市场在资源配置中起决定性作用的体制机制，深化行政管理体制改革，打破垄断，健全要素市场，使价格机制真正引导资源配置。这就表明，供给侧结构性改革不同于传统意义上用差别化的产业、区域政策甚至用行政办法来调整经济结构，供给侧结构性改革的关键词是“改革”，要义是用改革的办法推进结构调整。深入推进供给侧结构性改革，必须在深化体制机制改革上做文章，强化制度供给，构建起提高供给体系质量和效率的新体制新机制。

（三）2016年供给侧结构性改革初见成效

2016年是推进供给侧结构性改革的开局之年也是攻坚之年，中央提出去产能、去库存、去杠杆、降成本、补短板五大重点任务取得的初步进展带来了生产和需求领域积极变化增多，市场预期明显改善，投资保持平稳增长，企业效益持续好转等积极因素。去除无效供给，防控经济金融风险，降低企业成本，主要是解决短期面临的突出问题，为国民经济轻装前进创造条件。一年多来，供给侧结构性改革取得初步成效。一是部分行业供求关系有所改善，市场在逐步出清，发挥了促进国民经济稳定增长的效应，2016年我国经济增速为6.7%。二是政府和企业理念与行为发生积极变化，更加重视提高产品质量、提升技术含量、适应市场需求。三是供给侧结构性改革在国际上赢得广泛认可，对国际宏观经济政策产生积极影响。国家统计局新闻发言人盛来运指出，供给侧结构性改革效果是实实在在的，而且超出预期。一些落后产能退出后，供给领域供求关系发生积极变化，再加上国际大宗商品价格上涨，钢铁煤炭价格回升，工业企业利润明显好转。

“供给侧结构性改革改变中国”，中国经济

新气质初露端倪。国家统计局数据显示，11月全国工业生产者出厂价格（PPI）同比上涨3.3%，自9月打破连续54个月下降走势以来，连续第三个月正增长；1～10月全国规模以上工业企业实现利润总额52568亿元，同比增长8.6%，增速比1～9月加快了0.2个百分点。而成本、存货和资产负债率都同比下降；11月中国制造业采购经理指数（PMI）为51.7%，环比增长0.5个百分点，延续9月以来的上行走势。同期的财新PMI录得50.9%，官方和财新PMI均高于临界点，显示制造业呈现回暖态势。

中国钢铁协会发布的数据显示，2016年前三季度，中钢协会员企业累计实现销售收入19920.87亿元，盈亏相抵实现利润252.06亿元，同比扭亏为盈，亏损面同比下降21.21个百分点。中钢协副会长迟京东表示，钢材库存下降，价格回升，表明化解产能的阶段性效果已初步显现。

作为2016年经济工作主线的供给侧结构性改革，在经济增速换挡的大背景下，紧紧围绕着结构优化、动能转换，以满足需求为最终目的，以提高供给质量为主攻方向，以深化改革为根本途径，取得了初步成效，为“十三五”良好开局添上浓墨重彩的一笔。

四　推进《中国制造2025》的新进展

2015年《政府工作报告》中首次提出实施“中国制造2025”，坚持创新驱动、智能转型、强化基础、绿色发展，加快从制造大国转向制造强国。此后，“中国制造2025”一直是贯穿国务院工作部署的关键词之一。同年5月，国务院正式发布了《中国制造2025》，成为我国实施制造强国战略的第一个十年的行动纲领。为推进实施，国务院成立了国家制造强国建设领导小组，同时成立国家制造强国建设战略咨询委员会。2016年，国家在对《中国制造2025》顶层方案设计进行完善的同时，加快推进制造业的创新发展和转型升级，并取得了初步成效。

2016年4月6日国务院总理李克强主持召开国务院常务会议，会议通过了《装备制造业标准化和质量提升规划》（本部分简称《规划》），要求对接《中国制造2025》。《规划》由国家质检总局、国家标准委、工业和信息化部会同有关部门共同编制，于同年8月1日正式印发。为切实发挥标准化和质量工作对装备制造业的引领和支撑作用，推进结构性改革尤其是供给侧结构性改革，促进产品产业迈向中高端，建设制造强国、质量强国，《规划》从四个方面提出了具体要求：一是提升装备制造业标准化和质量创新能力；二是实施工业基础、智能制造、绿色制造三大标准化和质量提升工程；三是围绕新一代信息技术、高档数控机床和机器人、航空航天装备、海洋工程装备及高技术船舶、先进轨道交通装备、节能与新能源汽车、电力装备、农业装备、新材料、高性能医疗器械十大重点领域，提出标准化和质量提升要求；四是加快推进装备制造业标准国际化，开展制造业领域标准化比对分析、外文翻译、标准互认，推动中国装备、技术、产品、服务走出去。《规划》的主要目标是到2020年，工业基础、智能制造、绿色制造等标准体系基本完善，质量安全标准与国际标准加快接轨，重点领域国际标准转化率力争达到90%以上；到2025年，系统配套、服务产业跨界融合的装备制造业标准体系基本健全，装备制造业标准和质量的国际影响力大幅提升。

2016年5月国务院办公厅发布《关于开展消费品工业“三品”专项行动营造良好市场环境的若干意见》（本部分简称《意见》），部署开展消费品工业增品种、提品质、创品牌“三品”专项行动，营造良好市场环境，更好满足和创造消费需求，不断增强消费拉动经济的基础作用，促进消费品工业迈向中高端。《意见》强调，要以市场为导向，以创新为动力，以企业为主体，以实施“三品”战略为抓手，改善营商环境，从供给侧和需求侧两端发力，着力提高消费品有效供给能力和水平，更好满足人民群众消费升级的需要，实现消费品工业更加稳定、更有效益、更可持续的发展。《意见》明确了开展消费品工业“三品”专项行动的主要任务。增品种方面主要包括提高创意设计水平、增加中高端消费品供给、发展智能健康消费品、发展民族特色消费品等；提品质方面主要包括开展国际对标、加强质量精准化管理、推进质量检验检测和认证、保障药品和优质原料供应等；创品牌方面主要包括提高品牌竞争力、培育知名品牌、完善品牌服务体系、推进品牌国际化等。同时，提出了完善市场准入、加强市场监管、加大政策支持、发挥协会作用等方面的保障措施。

另外，为细化落实《中国制造 2025》，国家发布了“1 + X”规划体系，共 11 个配套支撑规划。其中“1”是指《中国制造 2025》，“X”是指 11 个配套的实施指南、行动指南和发展规划指南，包括国家制造业创新中心建设、工业强基、智能制造、绿色制造、高端装备创新五大工程实施指南，发展服务型制造和装备制造业质量品牌 2 个专项行动指南，以及新材料、信息产业、医药工业和制造业人才 4 个发展规划指南。11 个 X 由国家制造强国建设领导小组相关成员单位共同研究编制。工信部表示，11 个 X 不是指令性的，而是引导性的，旨在充分发挥市场在资源配置中的决定性作用，在具体实施中还需要各级政府、企业、科研院所、大专院校、金融机构等有关方面广泛参与，共同努力。

经过 2016 年的推进，《中国制造 2025》在以下几方面取得了成效。

第一，五大工程实施效果初显。提出的五大工程已率先启动。目前，第一家国家级动力电池创新中心挂牌成立，国家级增材制造创新中心的建设方案已经通过论证，与此同时，各省市还建立了 19 家省级制造业创新中心；开展了 226 个智能制造综合标准化试验验证和新模式应用项目，遴选了 109 个智能制造试点示范项目；安排工业强基工程 47 个方向 61 个项目；推进了绿色制造标准体系建设、绿色产品评价、绿色工厂试点等工作；实施了增强制造业核心竞争力三年行动计划、新兴产业重大工程包，以及轨道交通装备、新能源汽车等关键技术产业化项目。

第二，聚焦有限的目标，使重大标志性项目加快推进。遴选了 4G 演进系统、柔性复合机器人及关键零部件等 15 个项目，集中政策资源加快实现工程化和产业化。

第三，制造业和互联网融合发展的效应明显。2016 年国务院先后印发了《关于积极推进“互联网 +”行动的指导意见》和《关于深化制造业和互联网融合发展的指导意见》，通过政策引导，融合效应日益明显。

第四，质量品牌建设也取得了初步成效。通过一系列的工作，全行业累计树立了 251 家品牌培育示范企业，首批参与产业集群区域的品牌建设试点有 22 家。

制造业是国民经济的主体，是科技创新的主战场，是立国之本、兴国之器、强国之基，中国实施的制造强国战略引起了国外媒体、政府官员和专家的普遍关注，对《中国制造 2025》给予了高度评价。联合国两位高级官员曾撰文称赞，《中国制造 2025》路线图正在引导中国的工业现代化进程。《福布斯》杂志认为，实施“中国制造 2025”将助力中国制造业保持国际竞争力。世界经济论坛主席施瓦布称，得益于智能制造业的迅速发展，“中国将成为第四次工业革命的领军者”。

五 加快实施 FTA 战略

2015 年国务院发布的《关于加快实施自由贸易区战略的若干意见》，明确提出构建以周边为基础，辐射“一带一路”、面向全球的高标准自由贸易区网络。目前，中国在亚太地区自由贸易协定（FTA）布局正在加速。

截至2016年，中国对外一共签署了14个FTA，涉及东盟、巴基斯坦、新西兰、秘鲁、韩国、澳大利亚等22个国家和地区，初步形成了周边的自由贸易平台和全球自由贸易网络。中国与这22个自贸伙伴之间的货物贸易额占中国对外贸易总额的38%。

目前中国正在积极推进八个自由贸易协定的谈判。包括中国—海合会、中国—挪威、中日韩、RCEP、中国—斯里兰卡、中国—巴基斯坦自贸协定第二阶段、中国—马尔代夫、中国—格鲁吉亚。此外，据中国商务部消息，中国在11月先后与新西兰、秘鲁、智利三国正式启动双边自贸区升级谈判。

中国积极推动的RCEP于2016年12月6日在印度尼西亚开始第16轮谈判，这一自贸区除东盟十国外，还包括中国、日本、韩国、澳大利亚、新西兰、印度六国，是目前亚太地区规模最大、参与人口最多的FTA谈判。

中日韩FTA在2016年举行了第十轮谈判，三方重点围绕谈判基本方针、服务投资自由化方式等核心议题交换了意见，并就原产地、通关等20多个领域进行了专业对话会议。中国2016年政府工作报告中明确提到，要加快中日韩自贸区谈判。

完成这些谈判后，中国的自由贸易伙伴将从现在的22个跃升为35个，涵盖中国对外贸易的50%。此外，中国—印度、中国—哥伦比亚、中国—摩尔多瓦、中国—斐济、中国—尼泊尔、中国—毛里求斯等FTA也正在研究当中。

中国未来将加快实施FTA战略，加快推动与海合会、日韩、以色列、巴基斯坦、马尔代夫等自贸区的谈判，坚定地推进RCEP、FTA谈判。当前中国的FTA谈判已完全不同于加入WTO之初的谈判，中国正面临来自不同自贸伙伴更多的开放诉求，而贸易保护主义和逆全球化为自由贸易带来了更大的风险与挑战。因而，完善我国FTA建设的网络布局的同时，亟须建立产业应对和风险防控体系。另外，FTA还存在自由贸易试验区（FTZ）所面临的改革创新碎片化、各部门协同性不够等问题，而后者的自主开放具有一定的范围和可控性，因此可以通过FTZ对一些制度改革进行先行先试、压力测试，然后再进一步推进与其相关的FTA谈判进行推进，逐渐扩大开放程度。同时，要以FTA的建设为契机，积极建设高水平的地方政府治理规则体系。

目前，中国参与的FTA数量不断增加，还将更主动地推进FTA向更高标准攀升，货物、服务和投资三大传统领域的市场准入将进一步扩大开放，并在接下来的FTA谈判中更多地加入知识产权、竞争政策、环境等国际经贸新规则。

俄罗斯

一　欧亚经济联盟影响力继续扩大

（一）签署《关于正式启动中国与欧亚经济联盟经贸合作伙伴协定谈判的联合声明》

2016 年 6 月中国商务部与欧亚经济委员会签署了《关于正式启动中国与欧亚经济联盟经贸合作伙伴协定谈判的联合声明》。欧亚经济委员会于 5 月中旬获得谈判授权。据悉，谈判暂不涉及互降进口关税问题，协定将主要集中在贸易便利化、行业问题、海关合作等领域。

（二）中国表示愿尽快启动同欧亚经济联盟经贸合作协定首轮谈判

2016 年 7 月 19 日中国商务部新闻发言人沈丹阳表示，中方愿尽快启动同欧亚经济联盟经贸合作协定首轮谈判。沈丹阳表示，目前双方正在为启动首轮谈判开展前期的筹备。欧亚经济联盟成员国都是丝绸之路重要的沿线国家。启动中国和欧亚经济联盟经贸合作协定谈判是开展“一带一路”建设和欧亚经济联盟建设对接合作的重要内容。中国商务部将会同有关部门与欧亚经济贸易委员会保持密切沟通协调，尽快启动协议的首轮谈判。发言人指出，首轮谈判应该包含的基本内容是，首先通过该谈判力争早日达成双方贸易合作的制度性安排，进一步深化中国与欧亚经济联盟及其成员国的经贸关系。其次，商谈如何在海关管理、检验检疫、技术标准、贸易救济、竞争政策等领域制定一系列贸易便利化措施。最后，在农业、工业、交通运输、基础设施领域就双方如何开展政策对话、加强信息交流进行商讨。

（三）摩尔多瓦新当选总统伊戈尔·多东宣称将举行全国公投决定是否加入欧亚经济联盟

2016 年 11 月 14 日，摩尔多瓦新当选总统伊戈尔·多东宣称，国家有必要废止与欧盟签署的联合协议，并将举行全国公投决定是否加入欧亚经济联盟，坚决反对加入北约，选择俄罗斯作为其当选总统后出访的第一个国家。

（四）普京表态深化欧亚经济联盟框架内的合作将是俄外交政策的优先方向

2016 年 12 月 1 日，普京在发表年度国情咨文时表示：“深化欧亚经济联盟框架内的合作以及与其他独联体国家的协作，在过去和现在都是俄外交政策的优先方向。”毫无疑问，俄罗斯对这一核心地区的关注将一直存续。

（五）欧亚经济委员会在莫斯科举行的会议上通过了40个欧亚经济联盟建设和丝绸之路经济带建设对接合作的基础设施项目

2016 年 12 月 9 日，欧亚经济委员会在莫斯科举行的会议上通过了 40 个欧亚经济联盟建设和丝绸之路经济带建设对接合作的基础设施项目。欧亚经济委员会表示：“在会上确定了在欧亚经济联盟建设和丝绸之路经济带建设对接合作框架下的合作领域和基础设施项目清单。

其中包括交通和基础设施领域的40余个项目。”欧亚经济委员会指出：“欧亚经济联盟国家的提议旨在建立中国—欧亚联盟—欧盟线路和相关路线的直通物流。联盟伙伴国家有充分理由共同就这些项目与中国开展谈判，并同时就其他问题自由开展双边合作。”俄外交部此前表示，俄罗斯在对接合作框架下，向中国提议20个大型项目。这些项目旨在建立有效保护和促进相互投资的制度。

（六）伊朗总统哈桑·鲁哈尼表示伊朗将扩大与欧亚经济联盟的关系

2016年12月23日，伊朗总统哈桑·鲁哈尼在比什凯克与吉尔吉斯斯坦总统阿坦巴耶夫的会谈中表示，伊朗准备扩大与欧亚经济联盟的关系，并争取与该联盟的自由贸易。伊朗总统还表示，他希望该问题在12月25日莫斯科的欧亚经济联盟成员国国家元首会议上讨论。

（七）欧亚经济联盟国家领导人共同签署关税法

2016年12月26日，欧亚经济委员会执委会主席萨尔基相在各国领导人参加的欧亚经济委员会最高理事会会议结束后表示，包括吉尔吉斯斯坦在内的欧亚经济联盟国家领导人签署了联盟关税法。四国总统签署了包括关税法在内所有呈报的文件，该文件从本质上将简化欧亚经济联盟国家内部所有关税程序。

二 “转向东方”战略

（一）俄罗斯在“向东看”问题上提出新战略

2016年，俄联邦政府牵头组织多个政府部门和学术机构研究新的东部地区发展战略和亚洲战略。以俄罗斯外交部发表的2016版《俄罗斯联邦对外政策构想》为代表，构成了俄罗斯新的“转向东方”战略。其中，俄政府提出了四个方向的内容和目标诉求。首先，俄罗斯希望通过深化与亚太地区的能源和经贸合作，增加对外经济联系的获利渠道和贸易出口，寻求俄罗斯国家经济新的增长点，改变目前的经济困局。其次，俄罗斯希望加速发展与亚太地区“关键国家”的外交关系，促使外交关系多元化，摆脱受到西方国家制裁和孤立的困境。再次，俄罗斯试图通过加速对西伯利亚和远东等“边缘地区”的开发，整合利用东部地区丰富的自然资源，振兴自苏联解体后持续衰落的亚洲部分，并且促进国内区域经济的平衡发展。最后，在俄罗斯被西方孤立后，“转向东方”战略有利于俄罗斯展现“亚洲国家”身份，进而提升其在亚太地区国际关系中的地位和作用。

从目前俄罗斯的政治经济现状和亚太各国外交经济需求来看，前者“转向东方”战略的实施存在一些利好条件。比如，尽管美国对俄罗斯持续排斥和打压，但目前多数亚洲国家与俄罗斯并无直接的安全利益冲突，反而由于俄在亚洲地区的“域外大国”身份，使一些亚洲国家希望引入俄方力量以促进区域平衡。同时，由于近年来亚太各国经济不断发展，这些国家对能源的需求也迅速扩大。如果俄罗斯能源进入亚太地区，可为亚太国家提供新的能源进口渠道，有利于这些国家的能源结构多元化和能源安全。

然而，要想真正落实“转向东方”战略，俄罗斯还面临诸多挑战和障碍。其中，来自俄罗斯国内政治的阻碍可能最为显著。尽管“转向东方”是俄总统普京牵头提出的国家战略，且俄联邦政府也有较强的推动该战略实现的诉求和动力，但高层权威能否在与俄政府内部的“山头主义”和官僚主义的“掰手腕”中获胜，目前还有待观察。俄各级政府的贪腐、低效率和不作为，既是沿袭苏联末期以来的恶劣“传统”，也是其政治体制难以克服和改善的痼疾。对于俄罗斯粗放和低效能的经济治理现状，俄各级政府显然要承担很大一部分责任。在没有改革和重构现有政府体制和治理方法的情况下，恐怕“转向东方”战略的落实会遭遇很多延宕和迟滞。

同时，俄罗斯政府和经济界不同部门、利益集团的分歧，也是此前俄罗斯发展亚洲地区的规划一直难以落实的原因之一。早在数年前，俄联邦政府就成立了远东发展部，专门负责东部地区的振兴开发工作。然而，该部门的设立不仅对远东地区的发展裨益不多，还因为权责职能模糊，与能源、外交和经济部门产生了许多冲突。随着俄罗斯对东部地区的关注增加，此类矛盾只可能有增无减。

除行政体制方面的障碍外，在经济和外交层面，“转向东方”战略也面临不少考验和挑战。在经济方面，尽管俄罗斯多年来一直强调扩展对外经贸合作，但其对外出口始终以低端的能源和原材料为主。尽管亚洲国家对能源和原材料上有广泛需求，但只依靠单一产品很难加强双边经济联系，难以达到俄罗斯试图在亚太经济格局中谋得一席之地的目标。在外交层面，如果俄罗斯得以顺利介入亚太地区的安全议题，尽管其能够借此适度提升国际地位和影响力，但也意味着该国将不得不在许多未必重要的安全议题上“选边站队”。因此，卷入复杂的亚太地区格局，既可能为俄罗斯的安全形势“破题”，也存在使俄罗斯招致更多安全冲突和对立的可能性。

（二）俄罗斯缓和与日本关系

2016年俄日关系重拾向上的势头。安倍两次到访俄罗斯，先是5月对俄罗斯进行正式访问，并与普京在索契会见。后是9月参加在弗拉迪沃斯托克举行的第二届东方经济论坛，与普京再次会见。12月，普京对日本进行了访问。这是普京自2012年就任总统以来首次访日。这次访问是近年来俄日关系的高潮，虽然访问未能解决领土问题，俄日关系未取得决定性突破，但对俄罗斯外交来说仍有重要意义：俄罗斯成功地使俄日关系的发展进入它所设计的轨道，这就是首先发展经济合作，提升两国关系，两国签署了12项政府合作文件和68项企业合作协议；同时，推进了俄罗斯东方外交多元化，并打开了西方对俄经济制裁的缺口。

（三）第三次俄罗斯与东盟峰会在索契举行

2016年俄罗斯与东盟关系有较大发展，这也是俄罗斯东方外交的显著成绩。2016年5月，继2005年和2010年元首会晤后，第三次俄罗斯与东盟峰会在俄罗斯的索契举行。这是首次在俄罗斯举办这一峰会。众多东南亚国家元首的到来有一种象征意义，现在已不是俄罗斯领导人单向地远赴东南亚，而且东南亚国家领导人也会聚在俄罗斯。以索契峰会为标志，俄罗斯与东盟关系进入了新阶段，双方确定了发展合作的综合行动计划，制定了经贸合作路线图，签订了文化合作协议，宣布2016年为俄罗斯与东盟文化年，并决定考虑在欧亚经济联盟和东盟之间建立自贸区。除政治、经济、文化合作外，俄罗斯与东盟安全合作也有发展，2016年4月在莫斯科举行了第一次俄罗斯与东盟国防部长非正式会议。

三　俄罗斯工业4.0

2016年10月27日召开了“俄罗斯工业4.0：超前发展”会议，该会议由集群和科技园区协会主办，工业与贸易部提供支持。参加会议的代表达200人，主要来自俄罗斯国家杜马、工业与贸易部、经济发展部、俄罗斯直升机公司等40多家权力机构和大型集团。

（一）工业4.0以工业园区为平台

俄罗斯工业4.0主要围绕“国家技术创新计划”的实施，充分吸收和利用工业集群和科技园区这一有效平台实现科技创新，从而达到进口替代和全球技术领先的目的。在“集群和科技园区是国防工业系统企业迈向新工业模式的先进工具”圆桌会议议题讨论中，来自俄罗斯工业与贸易部、俄罗斯直升机公司等多方代表讨论了若干提高企业竞争力和多元化国防工业系统的措施。经过讨论得出，俄罗斯“国家技术创新计划”的实施可以增加国防工业企业的国际合作机遇，在保证自身技术优势的同时，不断吸取国外的先进经验，而工业集群和科技园区在国防工业系统的规划中扮演着重要角色。

（二）工业4.0以“超前发展”为目的

俄罗斯工业与贸易部的“工业集群和科技园区地理信息系统”数据显示，2015年俄罗斯工业园区在职人员达13万人，工业税收和关税额增加了330亿卢布。集群和科技园区协会会长对此表示，工业集群和科技园区有条件成为带动俄罗斯跨入新技术层次的一种激励工具，政府和商业界应在“国家技术创新计划”基础上为实现俄罗斯工业“超前发展”进行合作，为工业集群和科技园区提供国家扶持，起到推动创新活动的作用，使俄罗斯的工业企业能够在未来国际市场上占据应有的地位。

（三）工业4.0以落实创新计划为途径

会议最终于2016年11月10日形成一份需提交至工业与贸易部、经济发展部等机构的《俄罗斯工业4.0：超前发展》工作总结。总结中提到了当前世界上多个工业发达国家（美国、德国、中国等）和大型跨国集团均在推行提高市场竞争力的措施和规划新型全球价值产业链，并指出俄罗斯同样需要建立全球价值产业链和实现技术水平跨越的必要性。

总结中重点针对政府和工业界联合实施“国家技术创新计划”的工作路径和工作方向概括了以下几点。

吸取俄罗斯联邦主体建设工业集群和科技园区的有益实践经验，通过进行战略会议和概念研讨会来推动信息咨询工作。

根据工业集群和科技园区的建设情况，制定和部署“国家技术创新计划”路线图。为顺利实施“国家技术创新计划”，须继续对最具成效的地区进行实践考察和分析，形成建议提交至俄罗斯工业与贸易部等机构。该建议旨在提高工业生产措施的有效性。

建议俄罗斯工业与贸易部、国家技术创新项目办公室精选合作项目参与者，项目参与者包括根据俄联邦政府2015年7月31日颁布的第779条《关于“工业集群和科技园区”及其专业化机构》决议建立的及列入园区清单的工业集群和科技园区。

建议俄罗斯国家杜马根据工业集群和科技园区的立法保障，研究成立经济政治、工业、创新发展和企业活动鉴定委员会的必要性。

工业园区和集群协会与俄罗斯工贸部、经济发展部、教育与科学部、国家技术创新项目办公室、科学创新机构和工业企业继续进行合作保障机制规划，规划的主要方向是为年轻企业提供相关扶持，以促进国家技术创新计划的实施。

建议俄罗斯工贸部组建临时工作组，由下属的国防工业系统局、区域工业政治局、各行业管理局、国防工业系统一体化机构和专家咨询机构的代表组成。工作组将对工业集群和科技园区作为国防工业企业生产多样化的工作机制进行评价。

四　俄罗斯联邦科学技术发展战略

2016年12月1日，俄罗斯总统普京签发第642号总统令，正式批准《俄罗斯联邦科技发展战略》，规定了未来10～15年科技发展重点领域。

在全面分析俄罗斯科技发展面临的内外部挑战的基础上，结合当前的经济形势，俄罗斯确立了其未来科技发展的五项原则，选取了十个方向作为优先发展方向，并明确了实施路径和保障措施。

（一）科技发展的原则

未来10～15年，俄罗斯科技的发展将遵循以下五项原则。

（1）创新自由的原则

要为科研人员、团队和组织提供机会，让其自由选择合作伙伴、合作形式，以及研究、解决技术问题的方法，同时提高其责任感，树立对科研活动效果负责的意识，并提升对科研成果在国家经济、社会发展中的重要性的认识。

（2）系统扶持的原则

要保证创新周期的完整性，形成从获取新知识、开发新技术、研制创新性和突破性产品与服务、形成新市场，直至占据新市场全产业链条式的扶持政策。

（3）资源集中的原则

要统筹人力、财力、组织和基础设施等各种资源，对科技创新活动进行集中扶持。

（4）合理平衡的原则

既要完成国家科技发展优先方向框架内的重要任务，又要兼顾科技人员自发的、符合科技发展规律的科研项目，特别是扶持有利于国家长期发展的基础性研究工作。

（5）公开公平的原则

不同所有制形式的各类组织、团队和个人，均可从维护国家利益的角度出发，通过公开方式，与个人、企业、社会和国家联合开展科技创新活动，并享有公平使用国家基础设施、财政和非财政资金的权利。

（二）优先发展方向

一是向先进的数字化和智能化生产工艺、机器人系统、新材料和新结构转变，建立大数据处理、辅助教学和人工智能系统；二是向绿色、节能动力方向转变，提高碳氢化合物原材料开采效率和深加工能力，开发新型能源，发展新的能源运输和存储方式；三是向个性化医疗、高技术保健方向转变，包括合理使用药物（首先是抗菌类药物）；四是向高产和绿色环保农业和水产养殖业转变，制定推广安全的生化药剂使用体系，提升农产品加工和存储能力；五是抵御各类技术威胁、生物威胁和社会文化威胁，防范恐怖主义和极端主义思潮，以及网络空间威胁和其他社会、经济威胁；六是通过建立智能化运输和远程通信系统，在国际物流体系和太空、海洋、极地开发利用中占据和保持领先地位；七是通过人与自然，以及人与技术、社会研究机构的相互配合，提升俄罗斯有效应对各类挑战的能力；八是建设评估体系，以预见科技发展可能带来的风险；九是扶持基础科研活动；十是在更远的未来，加强有关社会和自然发展进程、人机交互系统、气候和生态系统控制等方面的研究。

（三）拟采取的科技发展路径和措施

未来俄罗斯科技的发展将遵循“自行构建完整的国家创新体系”的发展路径。俄罗斯认为，唯有如此才可能实现俄罗斯科技的稳定发展，并优化其经济结构，一味推行技术进口只会使俄罗斯“丧失技术独立性和竞争力”。但在自行构建完整的国家创新体系过程中，俄罗斯仍需克服各种消极因素的影响，加快推进相关机构和领域的改革，并根据国家经济发展情况，增加对科研、试验和设计等领域的投入，以保障俄罗斯的创新能力能够逐步接近发达国家水平。

为促进科技创新，未来俄罗斯政府将重点在以下六个方面开展工作。

（1）人才培养

重点是为有天赋的年轻人从事科技创新活动创造条件，以挖掘国家的智力潜能；鼓励研发、制造人员和企业家联手打造有竞争力的创新团队；建立科研贡献评价和荣誉机制，提高科学家的社会威望，加大对优秀人才和科研成果的宣传力度；有针对性地支持年轻人开展科技创新活动，并为其创造公开、公平的竞争环境；吸引有才干的年轻人赴俄工作。

（2）基础设施和环境建设

重点是通过吸引个人投资和利用各级政府预算资金，开展科技创新项目，包括兴建用于科研、教学和生活所必需的基础设施；对自行建设的大型科研基础设施予以支持；允许研究团队获取必要的国内外信息资源，并通过参与国际合作项目获得必要的组织优势；简化研发材料与样品采购程序；发展科技创新产业联盟和高技术产业群；对特殊地区的创新活动及创新型基础设施建设和生产予以支持，以加强地区间的联系。

（3）管理和投资

重点是建立一整套组织管理和法律保障措施，以及有效的现代化管理体制和沟通机制；开展科技含量高的业务活动，提高对研发投资的吸引力和投资效率；政府部门完成从“预算资金管理人”向“专业订货人”的转变；指导“国家订货人”采购科技含量高的国产创新产品；保障非国营公司能够平等参与有前景的、商业价值高且市场潜力好的科研项目；简化税务、海关等行政管理手续，建立满足市场需求和变化的灵活机制；实行刺激性税收政策，通过各种手段，吸引各类资金开展研发活动；发展科技预警体系，以及新行业、新市场的统计、分析和评估机制。

（4）互动协作

重点是引导社会的科技创新需求；开展科技成果转化研究；建立技术转移体系；加强知识产权管理和保护；促进科技成果快速实现转化应用；鼓励并全方位支持大公司、国家权力机关与中小型创新机构间的互动。

（5）国际合作和一体化

重点是与国外研究机构建立有效的伙伴关系，建立国际科技合作和一体化科技发展模式，提升俄罗斯科研活动效益；根据技术发展水平和创新潜力，确定国际合作对象、目标和形式；推动国际性科学难题的解决，提高俄罗斯参与国际科技活动的力度；开展科技外交；保障俄罗斯科研教育机构、制造企业进入全球知识和技术市场；参与国际标准制定，提高俄罗斯在新兴市场中的地位和作用。

（6）扶持本国企业

重点是建立对俄罗斯本国企业的扶持政策体系和工作机制；发展国家级研发中心；建立和扶持有能力的私营企业，使其成为全球技术市场的领军企业；利用“国家技术倡议”这一手段，加快基础研究、探索性研究和应用研究向现实产品和服务的转化，保障俄罗斯企业能够在未来市场上占据领先地位。

日　本

一　《科学技术创新综合战略2016》

2016 年 5 月 24 日，日本内阁发布了《科学技术创新综合战略 2016》，提出日本将大力推进实施科技创新政策，把日本建设成“世界最适宜创新的国家”。作为推动科技创新的必要政策支持，该文件重点阐述了日本在 2016 ~ 2017 年的重点科技创新项目及政策措施。

（一）深化推进“社会5.0”

第五期科学技术基本计划提出了“社会5.0”的新概念，是继狩猎社会、农耕社会、工业社会、信息社会之后出现的新一代社会形态，其命名充分体现了科技创新引导社会变革的含义，最大限度促进、利用和深化信息技术与物联网的发展，实现生产、流通、销售、交通、健康、医疗、金融、公共服务等广泛的产业结构变革，促进人们工作方式与生活方式的变化。信息通信技术发展带来的社会体系变革不仅发生在制造业及与之相关的流通、销售、废弃、循环再利用等系列领域中，还体现在智能交通体系的变革、金融技术的改革、能源供给以及健康、医疗、公共服务的提供等以往被认为与信息通信技术发展并无关联的领域，通过现实世界与网络空间的结合，有望产生一种前所未有的社会体系。政策措施：通过官产学研合作，建立共同的超智能社会服务平台；推动网络安全、物联网系统构建、大数据解析、人工智能等共性技术研发；围绕机器人、传感器、生物技术、纳米技术和材料、光量子等创造新价值的核心优势技术，设定富有挑战的中长期发展目标并为之努力，从而提升日本的国际竞争力。

（二）加强青年创新人才的培养

培养能担当知识创造、技术创新、知识应用、创建产业重任的创新人才，形成博士人才、产业人才以及支撑人才的培养体系。政策措施：培养不惧失败、敢于挑战的人才；促进青年参与科研活动；提升女性工作的积极性；加大对赴海外研修的研究人员的支持力度，同时吸引和留住外国优秀人才，构建国际网络；促进跨部门、跨领域的人才流动；在政府部门主管的研发项目中，示范和推广适用于挑战性研发活动的做法和实践。

（三）加强研究资金改革

日本政府将推进基础性经费和竞争性经费的改革，特别是针对国立大学、公共科研机构一体化推进体制改革和政府研究资金的改革。实现最优政策组合，提高大学和科研机构的运营效率。政策措施：对竞争性经费项目进行梳理，完善各部门竞争性经费的使用规定；促进大学外部经费的竞争；促进大学竞争环境的营造；促进研究仪器的共享；整体推进国立大学改革和研究经费制度改革；重新分配和评估国立大学和公共科研机构的运营交付金（相当于我国的事业费）；完善大学运营经费与竞争性经费的关系以及竞争性经费中间接经费的使用。

（四）构建面向创新人才、知识、资金良好循环的创新机制

政府将通过产学研合作和调动风险投资企业的积极性，解决好人才、知识和资金之间存在的问题，实现良性循环。政策措施：推进科技创新，实施战略性创新计划（SIP）和颠覆性技术创新计划（ImPACT），提高产业竞争力，促进企业、大学、研究机构之间建立紧密的伙伴关系，强化从大学教育、基础研究、应用研究到成果转化的长期使命渗透；推进产学研合作体制的深入；促进大企业与风险企业合作。

（五）加强科学技术创新推进机制

“综合科学技术创新会议”作为日本科技创新政策的指挥部，充分发挥统揽全局和横向联系的功能。具体措施：主导科技预算编制；完善创新环境；投资创新性研发；通过建立新型研发法人制度实现持续创新。主要任务包括：推进大学改革（文部科学省），推进国立科研机构改革（内阁、总务省、特定国立研发法人的管辖部省），制定国际科技合作战略（内阁、外务省、文部科学省、经济产业省）。

二　自由开放的印度洋太平洋战略

印度洋太平洋战略是日本首相安倍晋三于2016年8月提出的，是指在位于太平洋和印度洋沿岸的国家中，共享法治和市场经济等价值的国家在海洋安保和经济上展开合作的构想。

2016年8月27日，日本首相安倍晋三在非洲开发会议上正式提出了新的外交战略，这项战略被称为“自由开放的印度洋太平洋战略”。安倍晋三在发表主旨演讲时强调，连接亚洲与非洲的是一条海上之路，“将把亚洲到非洲这一带建设成为发展与繁荣的大动脉”，并表示在未来三年，将通过日本政府和民间渠道向非洲投资300亿美元，用以促进非洲国家的发展。

2016年9月7日和11月11日，安倍晋三两度与印度总理莫迪举行会谈，向莫迪推销其“印太战略”，对印度的“向东行动”政策大加赞赏，表示要强化与印度的合作。安倍对争取印度支持和参与其“印太战略”表现出十分积极的姿态。安倍的“印太战略”将广阔的印度洋纳入，而印度对其他大国在战略上进入印度洋抱有相当的戒心，导致“印太战略”的实施在客观上需要印度的认可。在2016年9月召开的东盟峰会上，安倍就“印太战略”向莫迪进行说明，并称“印度是连接亚洲和非洲最重要的国家”，希望“日印紧密携手，推动这一构想的具体化”。

2016年11月，印度总理莫迪访问日本，在与日本首相安倍晋三发表的联合声明中提及南海，并称将在各自的“印度洋—太平洋战略”和“东进政策”框架下展开合作。同时首次提出亚非“自由走廊”的概念，其走向是“从亚太至非洲”。

在莫迪访日期间，日本在安保合作、经济合作、核能合作、人才培养等多个领域强化了与印度的关系，推动双方于2014年建立的“特殊全球战略伙伴关系”向更深层次发展。特别是，鉴于印度高铁计划在路线上采用日本新干线模式，安倍还打出“情感牌”，亲自陪同莫迪参观考察生产新干线列车的工厂。

另外，在莫迪访日期间，印度与日本还签署了“里程碑”式的核能协定。至此，日本向印度出口核电站成为现实。这是日本首次与未加入《不扩散核武器条约》（NPT）的国家签署核能协定。印度媒体欢呼此协议“为印度加入核供应国集团奠定基础”，日本社会则表示出对核扩散的担忧。11月11日晚，在会谈后举行的联合记者会上，安倍就签署核能协定称，这将有助于促使未加入NPT的印度实际上参加核不扩散体制，“符合我国力争实现无核武世界的立场”。莫迪表示，这“记录下了历史性的一步”。报道称，核能协定如果经双方国会

批准，将开辟日本核电站向实际拥核国印度出口的道路。安倍政府以经济实力为优先，瞄准的是拥有13亿人口的印度巨大市场。

日本《每日新闻》引述日本外务省人士的话称，特朗普上台后，美国的未来外交政策面临不确定性，在这种情况下，印度这样的“准同盟国”对日本尤其重要。报道称，安倍的“印度洋—太平洋战略”和印度的“东进”政策有共同点，日印欲联手对抗中国的“一带一路”计划。11日，双方就日本新干线在印度的建筑工期达成协议，安倍还呼吁印度计划建设的另外6条高速铁路也采用新干线模式。

在联合记者会上，日印双方还就继续推动联合国改革达成一致。分析称，中日正在连接阿拉伯海到南海的海上交通要道——印度洋上博弈，日印核能协定的背后凸显日美企图牵制在印度洋沿岸影响力日益扩大的中国，借强化安全协作将印度拉入自己的阵营。

三　“日本再兴战略”

2016年4月19日，日本经济再生本部的“产业竞争力会议”上，提出了新一期的《日本再兴战略》，内容包括：

• 面向600兆日元（约5.3万亿美元）GDP创造新的成长型市场

• 以彻底提高生产效率来克服人口减少、劳动力不足的情况

• 为新产业转型升级培养相应人才

战略希望以此打破传统体制机制、化解“安倍经济学”带来的日元升值、企业税高等问题，逐步建设鼓励民间投资的整体环境。

（一）面向600兆日元GDP的官民战略

1. 创造新市场

（1）第四次产业革命

• Society 5.0：物联网、大数据、人工智能、机器人

• 自动驾驶（2020年高速公路自动驾驶）；定制品即时生产；智慧工场；金融科技；无人机（三年内实现无人机物流配送）

• 创造超越企业组织边界的数据活用平台；共享经济；网络安全

• 支援中坚企业、中小企业（引进小型通用机器人减免20%成本、重点支援1万个中小企业）

（2）世界最先进的健康立国

• 面向健康、预防的保险外服务

• 活用物联网技术的医疗诊断；个性化医疗；个性化医疗服务（就诊信息、健康档案的分析整理活用）

• 活用机器人和传感器，减轻看护负担

（3）克服能源环境制约并扩大投资

• 节能产业（以产业领跑制度三年扩大70%产能、支援中小企业）；再生能源；强化资源安全保障

• 创立节电量交易市场；燃料电池车的全面普及、氢社会实现，2030年实现相关投资1兆日元

（4）体育市场产业化

• 体育设施种类功能多样化；体育、科技、健康、旅游、时尚的融合发展

（5）既存住宅流通交易和住宅改建市场活性化

• 构建房屋价值评价交易与金融功能；普及检验与瑕疵保险

2. 本地安倍经济学的深化

（1）扩大服务业生产力

• 旅馆、超市等7个领域减轻固定资产税、地区性金融支持

（2）产业改革、出口促进

• 农地集约；生产资料成本降低；农产品流通结构改革

• 智慧农业（2020年远程监视、无人汽车行驶）；建设产业界与农业界的合作机制

（3）旅游观光立国

• 地方性旅游；旅游经营人才建设；使广域观光路线巡回游达到世界水平；国立公园品

牌化；充分运用文化财产；休假改革

（4）面向2020年奥运会、残奥会的可预见工程

•以PPP/PFI等方式向民间资本放开政府公共服务

3. 唤起国民消费信心

•官民携手共同促进消费信心唤醒等策略

（二）实现生产力革命的体制机制改革

1. 新机制新结构的导入

•以产业革新的未来画像进行中期目标设定并倒排策略；导入具体实施的改革路线图

•从经营者角度出发的体制与行政手续成本的删减等（体制改革、行政手续简化、IT化）

2. 面向未来投资的制度改革

•强化公司管理（加强董事会的实效性、通过信息公开等制度建设促进对话交流）

•促进对无形资产、研究开发的投资；国家战略特区等

（三）培养具备创新精神与挑战精神的人才

1. 强化发明创新能力

•至2025年，企业对大学、科研法人投资增加3倍

•建设5所聚集国内外的顶尖人才科研机构

•设立人工智能研究开发指挥部（人工智能技术战略会议）

•促进民间主导区域与世界对接的桥梁平台建设

•建立政府部门间加强对创新支持的合作机制（政策共同制定、支援的重点化）

2. 在人才培养上进行多角度探索研究

•初等和中等教育中推行程序设计教育的必修化（2020年）；计算机的活用学习；强化高等教育的理科、情报活用能力；培养高级情报人才

•设立第四次产业革命人才培育内阁会议

•世界最迅捷便利的“日本高级外国人才绿卡”（高级人才永久居住权的迅捷办理）等

3. 整顿雇佣环境，打破成长制约，促进女性的职场活跃

•解决修正长时间劳动的问题

•推进女性的职场活跃（解决幼儿的托儿所问题、促进运营的多样性）；推动高年龄者的职场活跃等

（四）收获海外成长市场

•以TPP为契机，支援中坚企业、中小企业的海外拓展

•扩大基础设施系统的出口

•强化引导对内直接投资

•推进经济贸易协定、投资协定的签约谈判工作

四　加入TPP协议

经过五年多的谈判，美国、日本、澳大利亚、加拿大等12个国家于2015年10月达成一致，并于2016年2月签署协定。协定覆盖的区域经济规模占全球经济总量的40%。安倍将TPP视为其经济增长战略一大支柱。

2016年2月4日，TPP 12个成员国正式签署了该协议。由于参加这项协议的国家GDP加起来，占全球的40%，加之这个协议成员国里面并没有中国，有舆论对此认为，这项协议是一份制衡中国的贸易协议，其目的就是对中国经济实施封锁对其孤立。

然而由美国总统奥巴马主导的TPP在美国国会引起了极大的反对声，民主党甚至对这个协议投下了反对票，奥巴马几次对美国国会游说都没有促使TPP通过。之前在美国总统大选期间，两位主要的候选人希拉里与特朗普都明确表示反对TPP，当选总统的特朗普认为，TPP是美国有史以来的最为糟糕的交易，他在大选期间就表示，一旦他当选将立即退出TPP协议，并且特朗普还主张要推翻包括北美自由贸易协定（NAFTA）在内的各种FTA组织。

2016年11月10日，日本国会众议院在全体会议上批准了TPP协定。2016年11月15日，日本首相安倍晋三在参议院TPP特别委员会上称，如果TPP不能生效，则地区支轴将毫无疑问地转向RCEP（区域全面经济伙伴关系协定）。安倍试图向特朗普呼吁，放弃TPP在战略上得不偿失。

2016年11月17日晚，安倍晋三在纽约与特朗普会晤约90分钟，成为特朗普胜选以来会晤的首名外国领导人。安倍之所以如此专注于成为美国主导TPP的“继承者”，凸显了这项贸易准则对于日本政府的重要性。对日本而言，TPP事关区域经济一体化问题，事关日本经济发展，更是事关日本地缘政治利益的重要杠杆。此前，据彼得森国际经济研究所估算，日本可能成为TPP最大的受益者。若该协定得以充分实施，将会在2030年之前给日本带来1250亿美元的额外收入，相当于其GDP的2.5%。

2016年11月18日，APEC峰会期间，安倍晋三与秘鲁总统库琴斯基发表共同声明称，在全球面临不确定风险之下，12个环太平洋国家会继续推动协议，双方“将致力于各国努力让TPP协议顺利通过，并且让TPP协议正式生效”。

五 推进经济伙伴关系协定（EPA）谈判与发展

（一）日蒙EPA协定

2016年5月9日，日本外务省宣布，旨在促进日本与蒙古国贸易及投资的经济伙伴关系协定（EPA）将于6月7日生效。该协定主要内容为蒙古国用10年时间逐渐取消约96%的日本进口关税等，包括从日本进口的大部分整车及汽车零部件。该协定生效后，蒙古国将是第15个与日本之间有EPA或自由贸易协定（FTA）的国家，蒙古国则是首次签署此类协定。

（二）日本与欧盟经济伙伴关系协定

2016年9月20日，日本经济产业相世耕弘成在东京与欧盟（EU）欧洲委员会副主席卡泰宁会谈，再次确认了年内使日本与欧盟经济伙伴关系协定谈判达成妥协的方针。世耕在会谈中指出：“日本有强烈意愿，决心在年内结束谈判。”卡泰宁强调EPA的意义称：“拥有相同想法的国家和地区间制定综合性标准具有重要的政治意义。”在谈判中，日方要求撤销汽车关税，而欧盟方面则要求日本开放乳制品和小麦制品等农产品市场。双方还就包括中央和地方政府等物品采购在内的政府采购以及农产品等地理标志（GI）制度进行磋商。

日本与美国、澳大利亚等国2月共同签署了跨太平洋伙伴关系协定。作为接下来的大型贸易谈判，日本十分重视与欧盟的EPA及与中韩和东盟等的“东亚区域全面经济伙伴关系协定”。

2016年12月12日，日本和欧盟启动首席谈判代表会议，16日闭幕。根据谈判的进展情况，双方朝着举行日本外相岸田文雄和欧盟贸易委员马尔姆施特伦的部长级会议的方向进行了调整。围绕农产品，欧盟方面在奶酪关税谈判等方面，要求日本的让步程度超过跨太平洋伙伴关系协定（TPP）的协议内容。日方则要求欧盟尽早取消汽车关税。双方持续进行着艰难谈判。

2016年12月17日，关于日本与欧盟的经济伙伴关系协定谈判，欧盟首席谈判代表佩特里西奥尼在东京的欧盟驻日代表处召开记者会称，争取2017年尽早达成基本协议，表示放弃2016年内达成协议。据悉，这是由于双方在农产品关税及取消汽车关税的时间等问题上，谈判进展不畅。佩特里西奥尼将立即回国并向欧盟委员会主席容克及成员国汇报。他表示：“虽然接近于得出结论，但存在几个比预想的更难达成妥协的问题。”他还暗示，若日方在农产品等方面满足欧盟方面的要求，则愿意取消汽车关税。

2016年12月19日，日本与欧盟经济伙伴关系协定未能在年内达成框架协议，双方就2017年1月重启工作级谈判进行协调。日本外务省在自民党农林相关会议上表示“将在首席谈判代表层级启动更细的作业”。日本外务省经济局局长山野内勘二在19日的农林相关会议上指出，EPA谈判在到16日为止的首席谈判代表会议“虽然在一些地方已经非常接近达成框架协议，但仍留下了有待解决的难点”。欧盟方则表示，将与成员国开展协调以决定下一步行动。此外，农林与粮食战略调查会会长西川公也在会上称，正在就是否需要成立与日欧EPA相关的党内应对组织进行讨论。他还叮嘱外务省不要仓促推进谈判，称：“保护日本的农林水产业是我们的基本（原则）。不会让他们谈得过于积极。”据了解，在日欧EPA谈判中，关于奶酪等农产品关税磋商以及汽车关税撤销时间等磋商陷入了僵局。

韩 国

一 确定九大国家战略项目

2016年8月10日，韩国总统朴槿惠主持召开了国家科学技术战略会议第二次会议，该战略会议旨在发挥国家研发政策指挥塔的作用，提出中长期科技发展愿景，解决科技界的结构性问题等事项。

此次会议根据第四次产业革命给各领域带来的影响和变化，从对经济增长的贡献度、对提高国民生活质量的贡献度、战略必要性、取得竞争优势的可能性四个角度进行分析和遴选，最终确定了以下两个领域的九大国家战略项目。

（一）与发掘新增长动力相关的五个项目：人工智能、虚拟现实与增强现实、无人驾驶汽车、轻质材料、智慧城市

在涉及发掘新增长动力的五大项目中，人工智能最引人关注。韩国政府计划在2026年前将人工智能专业企业数量提升至1000家，并培养3600名专业人才，争取10年后韩国人工智能技术水平赶超发达国家。为扶持虚拟现实和增强现实（AR）产业，韩国政府到2020年掌握表情、动作识别、传感器零部件等相关原创技术。政府还计划在2019年前开发无人驾驶汽车的核心零部件并研发相关新技术，以及至2021年韩政府及民间计划向智能城市领域投入资金3300亿韩元。

（二）与提高国民生活质量相关的四个项目：精密医疗、碳资源化、粉尘雾霾、生物新药

韩国政府计划对个人诊疗信息和遗传信息等大数据进行分析，并提供量身定制型的医疗服务，研发用于治疗癌症等四大重症疾病的新药。为了解决粉尘雾霾等环境问题，韩国将在2023年前开发新技术，争取将细颗粒物排放量减半，将粉尘预报准确率从目前的62%提高到2020年的75%。为落实2015年世界各国签署的《巴黎协定》，韩国政府计划每年减排750万吨温室气体，并对温室气体中含有的碳进行回收利用，力争在2025年取得4.9万亿韩元的经济效益。

二 推进“亚欧倡议”与“一带一路”对接

“亚欧倡议”是时任韩国总统朴槿惠2013年10月提出的构想，指的是重点开发中亚地区，使其发挥连接欧洲和东亚地区的桥梁作用，推动欧亚经济合作，构建“亚欧和平共同体”。2015年9月之前译为“欧亚倡议”，2015年9月以后改译为“亚欧倡议”。

2016年3月31日，为出席第四届核安全峰会而访美的朴槿惠在华盛顿会晤中国国家主席习近平，双方就朝核、朝鲜问题及半岛局势、韩中关系、地区和国际问题深入交换意见。两位领导人同意切实履行联合国安理会涉朝决

议。朴槿惠和习近平就驻韩美军部署“萨德”系统（末端高空区域防御系统，THAAD）进行讨论。习近平重申反对在半岛部署“萨德”的原先立场，朴槿惠则表示将要从国家利益和安全的角度出发研究该问题。两位领导人还对朝鲜半岛的未来发展交换了意见。朴槿惠说朝鲜半岛和平统一是解决朝核问题的根本之策。此外，双方还商定，积极利用韩中自由贸易协定寻找增长点，在文化产业等相关领域共同开拓第三国市场，加强韩国政府提出的“亚欧倡议”与中国政府提出的“一带一路”对接。

2016 年 4 月 12 日，韩国釜山港湾公社与黑龙江省政府在现代釜山新港码头举办韩、中、俄三国铁海联运航线的“哈绥俄亚陆海联运通道”开通仪式。韩国釜山港湾公社社长禹礼钟，中国黑龙江省委书记王宪魁，中共黑龙江省委常委、秘书长李海涛，以及俄罗斯远东海洋运输集团（FESCO）等三国政府及物流行业相关人士出席仪式，共同见证了这一历史性的重要时刻。

哈绥俄亚陆海联运班列载着来自哈尔滨的汽车运输货物从绥芬河发车，运至符拉迪沃斯托克（海参崴）后装船运往釜山。12 日零时，“现代 UNITY 号”货轮载着来自哈尔滨的 100 个 6.096 米集装箱驶入釜山新港。现代商船、FESCO 等三家公司将每周启运一次货轮航班。釜山港湾公社预测，通过该航线被运抵釜山港进行转运的中国集装箱（6.096 米）有望超过 6000 个。

禹礼钟发表致辞表示，非常感谢中国黑龙江省政府和相关工作人员致力于推动哈绥俄亚陆海联运通道的常态化运行。他表示，哈绥俄亚陆海联运通道的常态化将优化改善黑龙江省的物流体系，进而推动黑龙江省的经济发展。这不仅有助于将釜山港打造成东北亚地区的货物转运枢纽，还有利于韩、中、俄三方合作实现互惠共赢。釜山港湾公社为实现哈绥俄亚陆海联运通道的常态化，将给予力所能及的支持。

2016 年 6 月 29 日，国家主席习近平在北京人民大会堂会见韩国国务总理黄教安。习近平强调，希望双方推动中方“一带一路”倡议同韩方“亚欧倡议”等国家发展战略实现对接，打造合作亮点，落实好中韩自由贸易协定，深化财政金融合作。要巩固人文交流的纽带作用，为双边关系发展夯实基础。

三　积极推进双边、多边 FTA 谈判

（一）中日韩自由贸易协定（FTA）

2016 年 1 月 18～19 日，中日韩自由贸易协定（FTA）谈判的第九次首席代表会议在东京召开。作为农产品和汽车等关税谈判正式举行之前的阶段，本次会议将争取就设定贸易自由化率目标等达成一致。担任日本首席谈判官的外务审议官长岭表示，“为了能够缔结高水平且互利互惠的自由贸易协定，我方将采取积极的姿态来促进交涉的进行”。在目前为止的谈判中，日方很早就撤销了机动车等工业制品的关税，谋求近似于 TPP（跨太平洋伙伴关系协定）的高水平贸易自由化。与之相对，中国出于保护国内产业的顾虑在撤销许多商品的关税方面采取了慎重的态度。在三国领导人确认加速交涉进程的基础上，协议进展程度将是本次会谈的焦点。

2016 年 4 月 5 日，中日韩自贸协定（FTA）第十轮工作谈判在首尔举行。韩国产业通商资源部 FTA 交涉官俞明希、中国商务部国际经贸关系司副司长洪晓东和日本外务省经济局副局长佐藤达夫将作为各方首席代表参加谈判。三方将重点讨论谈判基本方针、服务投资自由化方式等核心议题交换意见，并围绕原产地、通关、卫生与植物卫生措施等 20 多个领域进行专业对话会议。

（二）韩—中美六国自由贸易协定

2016 年 2 月 22 日，韩国与洪都拉斯、危地马拉、萨尔瓦多、尼加拉瓜、哥斯达黎加、

巴拿马等中美洲六国自贸协定第三轮谈判在美国旧金山举行。本轮谈判中，双方加快了货物、服务、投资、金融、通信、政府采购、合作等领域的谈判进程，同时启动劳动、环境领域的谈判。

2016年5月23日，韩国与洪都拉斯、危地马拉、萨尔瓦多、尼加拉瓜、哥斯达黎加和巴拿马等中美洲六国自贸协定（FTA）第四轮谈判在洪都拉斯首都特古西加尔巴举行。本轮谈判为期五天，双方就产地、通关、服务、投资、政府采购、知识产权和技术壁垒（TBT）等不同领域写入协定的要点交换意见。同时，韩方继续探索汽车和纤维等出口优势产业的海外市场开放道路，促进服务贸易和投资自由化，并不断开拓国际政府采购市场，为韩国企业进军中美洲市场打下基础。目前，韩国同中美洲国家间贸易总额为41亿美元，其中，韩国与巴拿马的贸易额占64.7%。韩国产业通商资源部相关人士表示，希望以同中美洲国家商签FTA为契机，扭转韩国与中美洲国家间贸易下滑的趋势，扩大韩企对外出口和海外投资。

（三）韩国与哥伦比亚自贸协定

韩国与哥伦比亚签署的自由贸易协定（FTA）于7月15日正式生效，距离韩哥2013年2月签署自贸协定时隔三年五个月。此前，韩国国会于2014年4月对这份协定予以批准，哥伦比亚政府则于4月15日通报韩国政府结束批准程序。依据自贸协定生效规定，在韩国收到哥伦比亚通知的30日后，也就是7月15日，自贸协定将正式生效。韩哥自贸协定是哥伦比亚与亚洲国家首次签署的自贸协定。韩国自2004年与智利首次签署自贸协定后，2011年又同秘鲁等南美国家签署了自贸协定。韩、哥两国自贸协定生效后，几乎所有的商品关税将在十年内被废除。韩国产业通商资源部表示，今后韩国汽车和化妆品等对哥伦比亚的出口将大量增加。

（四）韩国与墨西哥自由贸易协定

韩国和墨西哥2007年12月启动第一轮FTA谈判，因墨西哥汽车业和钢铁业反对等，2008年6月进行第二轮谈判后没了下文。2010年7月和2012年6月，两国首脑曾就努力重启谈判达成一致，但未取得实际进展。朴槿惠和涅托于2015年11月在亚太经合组织（APEC）第23次领导人非正式会议期间另行会晤，当时双方已就重启韩墨FTA谈判达成共识。

2016年4月5日，正在墨西哥访问的朴槿惠和墨西哥总统培尼亚·涅托当天举行首脑会谈，双方商定在2016年第四季度启动韩墨自贸协定（FTA）工作会议。墨西哥是中南美第二大市场，也是韩国打开北美市场的重要战略基地。墨西哥矿产资源丰富，对零件等中间材料的需求量大，两国重启FTA谈判意味着韩国企业将有机会参与墨西哥的基础设施建设，双方将有机会在贸易投资领域展开深入合作。此外，墨西哥表示支持韩国加入跨太平洋伙伴关系协定（TPP）也对韩国具有重要意义。

韩国—墨西哥首脑会谈取得了重大成果。双方共签署34项贸易投资谅解备忘录（MOU），这为韩国企业参与墨西哥能源开发、交通、水利等基础设施的建设奠定了基础。以此次韩墨首脑会谈为契机，两国将于年内重启FTA工作会议。该会议具有预备谈判的性质，将就FTA开放领域、免税清单等进行事先磋商。据磋商结果，双方将最终决定是否重启FTA谈判。韩墨签署FTA后，汽车、钢铁、电子等韩国面向墨西哥出口的主要货物关税将取消，韩国还有望进军墨西哥的采购市场；而墨西哥则可期待对韩扩大汽车、农产品出口，谋求出口市场多元化。

（五）韩蒙推进缔结经济伙伴协定（EPA）

朴槿惠于2016年7月13~18日开展为期五天的访蒙行程。访蒙期间，朴槿惠于7月15~16日出席第十一届亚欧首脑会议，呼吁更加巩固自由贸易成果，并提议在韩国举办停摆13年的亚欧经济部长会议。朴槿惠还在会上力陈朝鲜半岛和平统一是解决朝核问题的治本之策，争取到将“强烈谴责朝鲜发展核导”写入主席声明的成果。朴槿惠还与欧盟、越南、老挝分别举行首脑会谈或非正式会晤，就共同关心的问题深入交换了意见。7月17日，朴槿惠与蒙古国总统额勒贝格道尔吉举行首脑会谈，商定共同研究推进缔结“韩蒙经济伙伴协定”（EPA）。

（六）韩国首次公开表示决定加入TPP

2016年10月10日，日本经济团体联合会（经团联）会长榊原定征与韩国产业通商资源部部长周亨焕举行会谈，周亨焕透露，“韩国计划近期决定正式加入TPP，希望得到日本的合作”。这是韩国相关内阁成员首次公开韩国决定参加TPP。

韩国此前与TPP谈判保持距离，当2015年10月与美国达成基本协议后，韩国国内批评政府“行动迟缓”的意见增多，因此转变了方针。

朝　鲜

一　朝鲜劳动党第七次代表大会召开

2016年5月6日，朝鲜劳动党第七次代表大会在平壤开幕，朝鲜劳动党第一书记金正恩出席大会。由各道党代表会议选出的有表决权的代表和有发言权的代表出席大会。由各道党代表会议推荐的党务、武力、政权、经济机关和群众团体干部，科学、教育、卫生、文化艺术、新闻出版部门干部列席大会。庆祝朝鲜劳动党第七次代表大会旅日朝鲜人祝贺团和旅华朝鲜人总联合会祝贺团参加大会。

大会反映全体代表、全国党员、人民军官兵和人民一致的意志和愿望，选举金正恩同志为大会主席团成员。

大会上介绍反帝民族民主战线中央委员会、旅日朝鲜人总联合会中央常任委员会和旅华朝鲜人总联合会向金正恩同志致贺信、赠送锦旗，朝鲜社会民主党中央委员会和天道教青友党中央委员会向朝鲜劳动党第七次代表大会致贺信、赠送锦旗，世界多国政党和国家领导人、政党、团体，主体思想研究组织，各界人士，驻朝外交使团、武官团、经贸参赞团、外交使节、国际组织代表处向金正恩同志致贺电或贺函、赠送花篮和礼物、授予奖章、名誉称号和奖状情况。

会议介绍了一些国家政党、党首、友好团结团体、主体思想研究组织和各界人士向朝鲜劳动党第七次代表大会和党中央委员会发来贺电或贺函和花篮情况。

大会上，旅日朝鲜人总联合会中央常任委员会和旅华朝鲜人总联合会分别宣读致金正恩同志的贺信，并向他呈递锦旗。

大会向为保卫朝鲜劳动党第七次代表大会建树丰功伟绩的朝鲜人民军和朝鲜人民内务军官兵，在70天战斗中建树劳动功勋的机关、工厂企业、合作农场劳动群众和干部分别发去贺电。

大会通过以下议题：

（1）总结朝鲜劳动党中央委员会工作；

（2）总结朝鲜劳动党中央检查委员会工作；

（3）修改朝鲜劳动党章程；

（4）竭诚拥戴金正恩同志为朝鲜劳动党最高领导人；

（5）选举朝鲜劳动党中央领导机关。

二　国家经济发展五年战略

2016年5月6日，朝鲜劳动党第七次代表大会在平壤开幕，朝鲜最高领导人金正恩提出2016～2020年国家经济发展五年战略。

2016～2020年朝鲜国家经济发展五年战略的目标是搞活国民经济各个部门，保障部门之间均衡发展，奠定国民经济可持续发展基础。要抓好党的经济建设和核武力建设并进的新路线，解决能源问题，促使国民经济中的先行部门和基础工业部门进入正常发展轨道，扩大农业和轻工业生产，实质性提高人民生活水平。

（一）经济先行部门发展战略

解决电力供给问题是五年战略实施的前提条

件，也是提高人民生活水平的关键环节。因此在实现电力生产目标方面，朝鲜要凝聚全国上下力量，优先保障电力相关设备、原材料以及资金。同时，要有效利用电力，构建国家综合电力管理体系并高效运营，合理安排交叉生产。

此外，大力发展煤炭工业、冶金工业以及铁路运输，促使经济先行部门步入正常发展轨道。煤炭工业要集中投资储藏量大、开采条件好的矿场，广泛实施增产运动，采用高效率开采方法，实现综合机械化和运输多样化，以便满足日益增长的煤炭需求。冶金工业要提高制铁、制钢、碾压工程的技术水平，确立原料、燃料、动力保障对策，扩大钢铁再生产，增加合金钢、标准钢的品种。铁路运输要严格确立综合统一指挥体系，实现输送组织科学化、合理化，保障运输迅速性、正确性、畅通性和安全性，并且合理整合国家铁路网，实现铁路高速化、设施现代化和管理运营信息化。

（二）基础工业部门发展战略

机械工业、化学工业、建筑业和建材工业要实现大转变。机械工业是经济发展和技术进步的基础，机械工业应制造高端设备且要改善已有的设备性能以及升级、构建生产工程现代化，并且依据机械制造技术的最新科研成果，生产出具有世界水平的现代机械设备。化学工业要整顿和保修生产设备且扩大生产能力，实现原料国产化，特别要实现肥料、塑料、基础化学制品的正常化生产，建立利用国内资源的新型化学制品生产基地。建筑业要以劳动党的主体建筑美学思想作为指针，最高水平、最高速度建造体现便利和讲究美学原则的万年大计型、纪念碑型建筑物。建材工业要积极开办现代化工厂和企业，搞好生产的专业化、传统化，利用最新技术实现建材的多样化、国产化。

（三）农业、水产业、轻工业发展战略

农业、水产业、轻工业要大力实施生产突击战，开辟提高人民生活的突破口。农业要掀起科学务农热潮，完成粮食计划生产目标，并且培育优良品种，满足各地的种子需求，按地区、气候条件合理耕种农作物，并严格遵守技术要求，积极接受先进农业技术和管理方法，提高农业机械化水平，使其利用率达到60%～70%，并鼓励发展有机农业。畜产业要采取科学饲养和有效防疫措施，开展群众性饲养吃草动物运动，既要发展协同农场的集体畜产，又要发展个体畜产，掀起畜产热潮。水果生产业要提高集约化、科学化水平，增加水果产量，建设蔬菜温室和蘑菇生产厂，让人民受惠。水产业要完成劳动党提出的生产目标，并且实现船只和渔具现代化，依据科学技术四季捕捞，拓展海岸养殖面积，改善养殖方法。轻工业要开办符合知识经济时代的模范工厂，实现原材料国产化，搞活生产，满足人民需求，提高产品研发水平和质量，生产世界水平的多样化轻工产品，地方要依靠自身力量，拟定细致规划，发展地方特色经济。

（四）对外经济发展战略和对内经济改善措施

对外贸易要讲信用，贸易结构需要改善，提高加工贸易方式的出口比重以及技术贸易和服务贸易水平。合资、合作项目在主体原则下要给予投资者实惠，并接受先进技术，为经济发展服务。经济开发区要保障有利的投资环境和条件，搞活经营方式，大力发展旅游产业。

要实现经济发展的大转变，须加强国家经济组织功能，全面落实“朝鲜式经济管理方法”，同时要搞好对国家经济的统一指导和战略管理。认真实施社会主义企业责任管理制，工厂、企业、协同农场要按照社会主义企业责任管理制的要求，制定经营战略，主动且富有创新性地进行企业活动，使生产达到正常化以及实施扩大再生产。国家要充分保障企业的自主经营权以及创造企业能充分运用的条件。

国民经济的司令部是内阁，内阁要断绝技巧主义、形式主义、失败主义。作为代表党和

人民掌管经济工作的主人，内阁要依据党的路线和政策，制定好国民经济发展战略和阶段性计划，做好其执行组织工作，不达目的不罢休，坚决推进。按内阁责任制、内阁中心制的要求，把国家总体经济工作集中于内阁，严格确立所有经济部门和单位在内阁统一指挥下运行的纪律和秩序。

三　三大革命总路线

2016 年 5 月 7 日，朝鲜最高领导人金正恩在朝鲜劳动党第七次代表大会做中央委员会工作总结报告时，提出了完成社会主义事业的各项任务。

金正恩提出要以金日成同志、金正日同志的思想和业绩为万年基石，推动朝鲜革命向更高层次发展，将社会主义事业进行到底。为了完成社会主义事业、彻底实现人民群众的自主性，要实现全社会金日成金正日主义化。要不断深化实现全社会金日成金正日主义化的斗争，使各部门切实贯彻两位领袖的遗训，把党、国家和军队永远加强和发展成为金日成金正日同志的党、国家和军队。

为了在实现全社会金日成金正日主义化的旗帜下建成社会主义强国，要在切实贯彻落实劳动党关于加强人民政权，提高其职能和作用的同时，有力地展开思想、技术、文化三大革命的总路线。

其中，科技强国是目前在建设社会主义强国过程中首先要攻占的重要目标。

科技部门要大力展开尖端突破战。要进一步发展空间科技，制造和发射更多的实用卫星。要重视人才，实现全民科技人才化。要筑牢国家的物质技术基础，改善人民生活。要切实可行地科学制定并一丝不苟地执行国民经济发展各阶段战略。

当前的任务是切实实现 2016～2020 年国家经济发展五年战略。要扩大和发展对外经济关系。国家要认真负责地进行对经济工作的统一指导和战略性管理。要迎来社会主义文学艺术的全面开花期。要粉碎帝国主义的思想文化渗透活动，坚决维护朝鲜式社会主义文化和生活方式。要在全社会整饬道德纲纪。要进一步增强政治思想强国、军事强国的威力。

要进一步巩固党和人民群众的浑然一体。要及时发现并粉碎敌对势力欲从内部瓦解朝鲜式社会主义的一切阴谋活动，坚决维护朝鲜的思想、制度、阶级阵地和一心团结。

朝鲜人民军官兵在任何考验和逆境中，都要做永远与党中央同思想、共意志、共命运的真正的革命同志、革命战友，为誓死保卫党中央，成为坚不可摧的堡垒和盾牌。

要对发展国防工业下大功夫。全社会要树立重视军事风气，做好全民迎战准备。

四　先军政治

2016 年 2 月 7 日，据朝中社报道，朝鲜当天在平安北道铁山郡的西海卫星发射场发射运载火箭“光明星”号，成功将地球观测卫星“光明星 4 号”送入轨道。

2016 年 3 月 22 日，据朝中社报道，朝鲜最高领导人金正恩日前再次指导军队试射新型大口径多管火箭炮。

2016 年 3 月 24 日，据朝中社报道，朝鲜近日成功进行大推力固体火箭发动机地上点火试验和多级火箭箭体分离试验。朝鲜最高领导人金正恩对试验进行了指导。

2016 年 4 月 2 日，据朝中社报道，朝鲜最高领导人金正恩日前指导了新型防空火箭试射。报道说，防空火箭准确击中空中目标，但未说明试射的时间和地点。

2016 年 4 月 24 日，据朝中社报道，朝鲜日前再次成功发射潜射导弹，朝鲜最高领导人金正恩指导了发射活动。

2016 年 6 月 23 日，据朝中社报道，朝鲜日前成功进行了地对地中远程战略弹道火箭“火星－10”的试验发射，朝鲜最高领导人金正恩指导了发射。

2016年7月20日，据朝中社报道，朝鲜最高领导人金正恩日前指导朝鲜人民军进行弹道火箭发射训练。

2016年8月3日，韩联社援引韩国军队联合参谋本部的消息说，朝鲜当天向朝鲜半岛东部海域发射1枚弹道导弹。之后联合参谋本部更正称，朝鲜实际发射了2枚导弹，其中1枚在发射后不久爆炸。

2016年8月24日，韩军联合参谋本部称，朝鲜当天清晨向朝鲜半岛东部海域发射一枚潜射弹道导弹。朝中社次日报道称，朝鲜进行潜射导弹发射试验，发射试验获得成功。

2016年9月5日，韩国军队联合参谋本部称，朝鲜当天中午向朝鲜半岛东部海域发射了3枚弹道导弹。朝中社6日报道称，朝鲜人民军进行了弹道火箭发射训练。

2016年10月，韩国军队联合参谋本部称，朝鲜先后在当月15日和20日发射疑似“舞水端”中程弹道导弹。朝鲜方面未对这两次报道做出回应。

五 开成工业园区关闭

2016年1月6日，朝鲜进行第四轮核试验。2月7日，朝鲜再次发射火箭。2月9日，韩国总统朴槿惠下令中断开城工业园区。2016年2月10日，韩国统一部部长洪容杓召开紧急记者会，发表措辞强硬的《政府有关开城工业地区全面停运的声明》。韩国全面中断朝韩开城工业园区运营，翌日起撤离韩方人员，作为新一轮对朝严厉制裁的开始。当天，园区内有124家韩国企业、184名韩国公民。

关闭时刻，园区内的韩国资产以投资额为基准共计1.019万亿韩元，其中，公共部门4577亿韩元，民间5613亿韩元。服装、鞋子、手表、锅具等大量成品，乃至友利银行金库里的美元现金皆被强行留在园区。这些资产将由开城市人民管理委员会管理，据传生产设备会被转移他处，尤其是新义州，用于朝鲜自主经营的工业园区。

设立于1969年的韩国统一部，专事负责南北统一、南北对话、交流合作、人道支援等相关政策的制定。这次，它亲手终结了象征朝韩关系的最后一座堡垒、南北经济合作的最后一根纽带。韩国贸易协会的统计显示，园区占朝韩贸易额的99%。就在2016年1月22日向朴槿惠做业务报告时，洪容杓还承诺“保障开城工业园区稳定运转”。

韩国宣布，朝鲜一日不停止研制核武器和弹道导弹，开城工业园就一直“全面中断”，这等同于永久关闭。与此针锋相对，朝鲜祖国和平统一委员会宣布，从2016年2月11日上午10时起全面封锁开城工业园区和附近的军事分界线，切断韩朝管理区域西海的陆上通道，封闭开城工业园区，并将其划为军事管制区。朝鲜留给韩国人的撤离时间仅40分钟。至2月11日20时，280名韩国人全部离开开城工业园区。除企业人员外，还有管理委员会职员、医院人员、水电维护人员等，管理委员长金南植是最后一个离开这片土地的人。

飞来横祸面前，最慌乱的当数园区内的企业家们。韩国政府宣布，对于加入朝韩经合保险的企业，在损失额90%的范围内给予最高70亿韩元的赔偿，并采取金融支援等措施。不过，124家企业中只有76家入了此保险。

2016年3月10日，朝鲜宣布，朝韩间所有经济合作交流协议从即刻起全部无效。并称，由于韩方单方面全面中断金刚山观光和开城工业园区运转，朝方将彻底清算朝鲜境内的韩国企业和相关机构的所有资产。

2016年3月15日，政府对入驻企业和韩方工作人员实行一项补充支援政策，工作人员可从国家拿到每月65万韩元的停业留职津贴。对于有意在国内寻找工厂用地的企业，它们可享受进军国外又回到韩国的“调头企业”应有的政策优惠。

蒙古国

一 推进“草原之路”与“一带一路”对接

蒙古国历史上就是万里茶道和草原丝绸之路的关键通道，蒙古国结合自身国情提出的“草原之路”发展战略与“一带一路”倡议高度契合，推动“一带一路”和“草原之路”对接，对蒙古国自身发展以及中蒙俄经济走廊建设至关重要。

2016 年 7 月 13 ~ 14 日，在新一届蒙古国政府刚成立后不久，国务院总理李克强对蒙古国进行正式访问并出席第十一届亚欧首脑会议，双方将推动中方“一带一路”倡议与蒙古国“草原之路”倡议的战略对接作为交流的重点。李克强同蒙古国总理额尔登巴特举行会谈时强调：“全面深化各领域务实合作，推动中蒙关系不断前进。”李克强指出，中蒙经济互补性强，进一步深化两国合作面临新的机遇。中方愿做好“丝绸之路经济带”倡议同蒙方“草原之路”发展战略对接，尽早启动双边自贸协定联合可行性研究。在农畜产品深加工、住房和基础设施建设等领域打造合作新亮点，取得新突破。额尔登巴特表示，经贸合作是两国关系重要支柱之一，蒙方愿以对接两国发展战略为契机，深化双边农牧业、能矿、基础设施建设等领域合作，加强两国口岸建设合作，加快互联互通。蒙方欢迎中方企业赴蒙投资，对尽早开展双边自贸协定联合可行性研究持积极态度。

2016 年 7 月 20 日，蒙古国道路运输发展部部长顾问芒来巴亚尔表示，中国的“一带一路”将有助于建立连接蒙古国和俄罗斯的经济走廊，让蒙古国有机会推动新的项目，包括拓展蒙古国南北纵贯的铁路，以及建立向东面发展的新路线。为此，蒙古国正在向亚洲基础设施投资银行寻求融资多个铁路项目，包括兴建 550 公里连接中国与欧洲的铁路线。

二 签署《中蒙俄经济走廊规划纲要》

2015 年 7 月，在俄罗斯乌法市三国元首二次会晤，决定将蒙古国的“草原之路”、中国的“丝绸之路经济带”、俄罗斯的“欧亚经济大通道”相结合建设中蒙俄经济走廊。

在 2016 年 6 月中俄蒙元首签署了《建设中蒙俄经济走廊规划纲要》，旨在进一步推动三国间交通基础设施互联互通、口岸建设、产能、投资、经贸、人文、生态环保等领域方面的合作。在铁路建设方面，三国就铁路建设复线或电气化铁路与运输达成共识。主要内容包括建设从蒙古国的额尔敦特向北连接俄罗斯、在蒙古国东西部地区建设新铁路、南下经中国连接俄罗斯远东地区口岸、新建莫斯科至北京高速铁路等 8 个铁路走廊项目。中蒙俄经济走廊是“一带一路”框架下首条正式开建的多边经济走廊，是多边开放合作的典范，中国表示愿与蒙古等国一道，继续推进基础设施互联互通等领域的务实合作。

2016 年 9 月 13 日，中华人民共和国、蒙古国和俄罗斯联邦（以下简称“三方”）以发展传统友好、互利的经贸关系作为三国外交政策的战略方向之一，根据三方 2015 年 7 月 9 日在乌法签署的关于《建设中蒙俄经济走廊规划纲要》的谅解备忘录，以对接“丝绸之路经济带”、“欧亚经济联盟”以及“草原之路”倡议为目标，以平等、互利、共赢原则为指导，制定建设中蒙俄经济走廊（以下简称“经济走廊”）规划纲要如下。

（一）宗旨

建设经济走廊旨在通过在增加三方贸易量、提升产品竞争力、加强过境运输便利化、发展基础设施等领域实施合作项目，进一步加强中华人民共和国、蒙古国和俄罗斯联邦三边合作。

经济走廊以建设和拓展互利共赢的经济发展空间、发挥三方潜力和优势、促进共同繁荣、提升在国际市场上的联合竞争力为愿景。

三方坚信，推动经济走廊建设将促进地区经济一体化，促进各自发展战略对接，并为基础设施互联互通、贸易投资稳步发展、经济政策协作和人文交流奠定坚实基础。

三方应积极利用国际经济合作平台，为有效实施合作项目创造条件。

（二）合作领域

规划纲要重点关注以下合作领域。

1. 促进交通基础设施发展及互联互通

共同规划发展三方公路、铁路、航空、港口、口岸等基础设施资源，加强在国际运输通道、边境基础设施和跨境运输组织等方面的合作，形成长效沟通机制，促进互联互通，推动发展中国和俄罗斯、亚洲和欧洲之间的过境运输。

——建设、发展国际陆路交通走廊，实施基础设施共建项目，保障乘客、货物和交通工具的无障碍流动；

——提升三方铁路和公路运输潜力，包括推进既有铁路现代化和新建铁路公路项目；

——在跨境运输领域协商制定规则，提供良好的技术和关税条件，促进国际通关、换装、多式联运整体衔接，推进国际联运信息交换，为包括初步信息在内的铁路货运数据预先交换创造条件；

——发展三方空中航行服务互联互通，提高安全水平，提升经济效益和做好空间利用；

——发展中蒙俄定期国际集装箱运输班列，建设一批交通物流枢纽。

2. 加强口岸建设和海关、检验检疫监管

加强三方口岸软、硬件能力建设，推动基础设施翻新和改造，提升口岸公共卫生防控水平，加强信息互换和执法互助。创新完善海关、检验检疫业务及货物监管机制和模式，共同推动提升口岸通行过货能力；

——促进换装量、边境火车站货物装卸、铁路口岸吞吐能力平衡增长；

——推动动植物检验检疫领域合作；

——建立食品安全合作机制，加强三方在食品过境贸易方面的监管合作，促进食品过境贸易的便利化；

——加强在经认证的经营者等方面的相互协调，充分交流和分享三方经验及做法。

——加强在跨境传染病监测控制，病媒生物监测、突发公共卫生事件处置等方面的合作。

3. 加强产能与投资合作

加强三方在能源矿产资源、高技术、制造业和农林牧等领域合作，共同打造产能与投资合作集聚区，实现产业协同发展，形成紧密相连的区域生产网络。

——扩大三方之间电信网络，增加互联网流量，加强电子商务合作，研究提高中转流量的举措；

——研究新建输电线和新发电设备的经济技术合理性；

——在具体建议形成的情况下，研究过境蒙古国的中俄原油及天然气管道的合理性；

——继续推动三方在核能、水电、风电、光伏能源、生物质能源等方面的合作；

——强化三方科技园区和创新高地合作；

——依托民用航天基础设施，开展三方卫

星应用服务和实现对口部门合作，扩大信息交流与合作。

4. 深化经贸合作

发展边境贸易，优化商品贸易结构，扩大服务贸易量；拓展经贸合作领域，提升经贸合作水平。

——在扩大农产品、能源矿产、建材以及造纸产品、纺织品等贸易规模的同时，稳步提高装备制造和高技术产品的生产水平；

——加强旅游、物流、金融、咨询、广告、文化创意等服务贸易领域的交流合作；推进信息技术、业务流程和技术诀窍外包，开展软件研发、数据维护等领域合作；

——建立跨境经济合作区；

——引导边境贸易向加工、投资、贸易一体化完善。

5. 拓展人文交流合作

重点深化教育、科技、文化、旅游、卫生、知识产权等方面的合作，促进人员往来便利化，扩大民间往来和交流。

——发展旅游业，开辟跨境跨区域旅游线路；

——着力完善三方边境城市旅游休闲度假功能，提高旅游产品多样性，共建良好的旅游环境；

——推进跨境、跨区域旅游综合安全保障机制建设，包括确保游客人身、财产安全的措施，注意在旅游中保护三方当地的环境。建立紧急情况下的游客救助机制；

——研究培育共同旅游品牌，开展游客信息汇总工作的可能性；

——加强教育和科研机构间交流合作；

——加强三国在知识产权法律制度、知识产权保护实践及知识产权领域人员培训等方面的交流合作；

——着力打造文化交流品牌，拓展直接创作联系，深入开展戏剧、音乐和杂技、电影、民间创作、文化遗产保护、图书馆事务和文化领域人才培养等方面的交流合作。

6. 加强生态环保合作

研究建立信息共享平台的可能性，开展生物多样性、自然保护区、湿地保护、森林防火及荒漠化领域的合作。

——扩大防灾减灾方面的合作，在自然灾害和人为事故、跨境森林和草原火灾、特殊危险性传染病等跨境高危自然灾害发生时，加强信息交流；

——积极开展生态环境保护领域的技术交流合作；

——共同举办环境保护研讨会，探索在研究和实验领域进行合作的可能性。

7. 推动地方及边境地区合作

充分发挥各地比较优势，推动地方及边境地区合作，建设一批地方开放合作平台，适时编制本国地方参与中蒙俄经济走廊建设实施方案，共同推进中蒙俄经济走廊建设。

——推进三方地方经贸合作；

——充分发挥三方相关城市比较优势，推进建设合作机制，如推动蒙古国东部地区和中俄有关地区次区域合作机制。

（三）合作原则

在规划纲要框架下，对各方确定的地理范围内经三方协商一致的项目和活动开展研究。

（四）资金来源

规划纲要涉及项目的投融资将就具体情况以单独协议的形式落实，包括利用国家投资、私营机构投资，引入公私合营模式等可能性。共同推动国际金融机构融资，包括但不限于亚洲基础设施投资银行、金砖国家开发银行、上海合作组织银行联合体、丝路基金等金融机构的投融资支持。

（五）实施机制

负责实施规划纲要的授权执行机构如下：

中方——中国国家发展和改革委员会；

蒙方——蒙古外交部；

俄方——俄罗斯联邦经济发展部。

三方授权执行机构每年举行不少于一次会面，以监管规划纲要及项目实施情况，并协商下一步实施工作的必要措施。

三方研究成立投资项目中心的可能性，如经济可行将建设该中心。

（六）其他

本规划纲要非国际条约，不产生国际法上的权利和义务。

三方根据国际条约承担的权利和义务，不在本规划纲要涉及范围内。

本规划纲要自签署之日起生效，有效期五年。

本规划纲要有效期结束前，三方对实施情况进行联合评估，根据评估结果并经三方约定，有效期可延长至下一个五年。

本规划纲要于2016年6月23日于塔什干以中、蒙、俄文签署，一式三份，每种文本同等作准。

三　签署《蒙俄两国发展战略伙伴关系中期规划》

2016年4月14日，应蒙古国外长普日布苏伦的邀请，俄罗斯外长拉夫罗夫对蒙古国进行正式访问，双方就发展两国战略伙伴关系、维护东北亚地区安全、扩大经贸合作、深化政治和经济联系等方面交换了意见。会谈结束后，两国外长签署了《蒙俄两国发展战略伙伴关系中期规划》文件。普日布苏伦表示，相信拉夫罗夫此次访问，将蒙、俄两国战略伙伴关系提升到新的高度。蒙俄高度关注经贸领域合作，将扩大和加强双方边境贸易合作，共同举办商品物资博览会。拉夫罗夫表示，俄、蒙两国总统在2014年9月乌兰巴托会晤时，制定了两国战略合作中期规划。俄蒙间的债务问题基本解决，俄蒙间新的贷款条件应符合互利互惠的原则。蒙古国时任总理赛汗比列格在会见拉夫罗夫时表示，对蒙俄签署《蒙俄两国发展战略伙伴关系中期规划》感到满意，两国高层对话已经形成机制化，蒙俄战略伙伴关系积极发展。同时希望在2016年6月举行的上合组织领导人比什凯克峰会上，签署“建设中蒙俄经济走廊”文件。蒙方希望两国央行间签署本国货币互换协议，利用本国货币进行贸易结算。拉夫罗夫表示，俄罗斯支持蒙古国与欧亚经济联盟签署备忘录，希望俄蒙政府间签署地区和边境经贸合作协议。

东北亚各国招商引资情况

2016年中国招商引资情况

一 招商引资概况

通过不断提高对外开放水平，中国逐步成为全球跨国投资主要目的地之一。根据《2016年世界投资报告》，中国仍是全球最具吸引力的投资东道国之一。《2016年度中国商务环境调查报告》显示，将中国作为全球首选投资目的地的企业较上一年增多，68%的会员企业有扩大在华投资的计划。截至2016年底，中国累计吸引外资超过1.77万亿美元。2016年，在全球跨国投资总量有所下滑的背景下，中国吸引外资8132.2亿元，同比增长4.1%，特别是美国、欧盟28国对华实际投资大幅增长，分别同比增长52.6%和41.3%。

2016年，中国吸收外商直接投资（不含银行、证券、保险）新设立企业27900家，同比增长5.0%；实际使用外商直接投资金额8132亿元（约合1260亿美元），同比增长4.1%。其中，“一带一路”沿线国家对华直接投资新设立企业2905家，同比增长34.1%，对华直接投资额为458亿元（约合71亿美元）。

2016年1~9月，东盟对华投资新设立企业862家，同比下降1.2%，实际投入外资金额50.5亿美元，同比下降10.4%。欧盟28国对华投资新设立企业1340家，同比下降2.5%，实际投入外资金额79亿美元，同比增长43.2%。“一带一路”沿线国家对华投资新设立企业2153家，同比增长34.2%，实际投入外资金额53.2亿美元，同比下降13.2%。2016年1~9月，主要国家和地区对华投资总体保持稳定。1~9月，对华投资前十位国家和地区依次为：中国香港（645.4亿美元）、新加坡（45.6亿美元）、韩国（37.6亿美元）、中国澳门（33.2亿美元）、美国（30.1亿美元）、中国台湾（27.9亿美元）、德国（24亿美元）、日本（22.7亿美元）、英国（17.4亿美元）和卢森堡（13.5亿美元）。前十位国家和地区（以实际投入外资金额计）实际投资总额为897.4亿美元，占全国实际使用外资金额的94.4%，同比增长0.9%。

2016年1~11月，全国外商投资企业进出口总值15202亿美元，同比下降8.74%，降幅高于全国平均水平1.79个百分点，占全国进出口总值的45.8%。其中，外商投资企业出口额8286亿美元，同比下降9.07%，降幅高于全国平均水平1.57个百分点；进口额6916亿美元，同比下降8.35%，降幅高于全国平均水平2.15个百分点。投资项下进口自用设备金额38亿美元，同比下降34%。

二 招商引资新动态

（一）中国发布“十三五”国家战略性新兴产业发展规划

战略性新兴产业代表新一轮科技革命和产业变革的方向，是培育发展新动能、获取未来竞争新优势的关键领域。“十三五”时期，中国将把战略性新兴产业摆在经济社会发展更加突出的位置，大力构建现代产业新体系，推动经济社会持续健康发展。

2016年11月29日，中国发布“十三五”国家战略性新兴产业发展规划，规划期为2016～2020年。以创新、壮大、引领为核心，紧密结合“中国制造2025”战略实施，坚持走创新驱动发展道路，促进一批新兴领域发展壮大并成为支柱产业，持续引领产业中高端发展和经济社会高质量发展。立足发展需要和产业基础，大幅提升产业科技含量，加快发展壮大网络经济、高端制造、生物经济、绿色低碳和数字创意等五大领域，实现向创新经济的跨越。着眼全球新一轮科技革命和产业变革的新趋势、新方向，超前布局空天海洋、信息网络、生物技术和核技术领域一批战略性产业，打造未来发展新优势。遵循战略性新兴产业发展的基本规律，突出优势和特色，打造一批战略性新兴产业发展策源地、集聚区和特色产业集群，形成区域增长新格局。加快推进重点领域和关键环节改革，持续完善有利于会聚技术、资金、人才的政策措施，创造公平竞争的市场环境，全面营造适应新技术、新业态蓬勃涌现的生态环境，加快形成经济社会发展新动能。

（二）鼓励境外投资者在华建立营利性养老机构

养老服务业既是涉及亿万群众福祉的民生事业，也是具有巨大发展潜力的朝阳产业。近年来，中国养老服务业快速发展，产业规模不断扩大，服务体系逐步完善，但仍面临供给结构不尽合理、市场潜力未充分释放、服务质量有待提高等问题。随着人口老龄化程度不断加深和人民生活水平逐步提高，老年群体多层次、多样化的服务需求持续增长，对扩大养老服务有效供给提出了更高要求。

为促进养老服务业更好更快发展，在鼓励境外投资者在华设立营利性养老机构的基础上，中国进一步放开市场，鼓励境外投资者设立非营利性养老机构，与境内投资者设立的非营利性养老机构享受同等优惠政策。全面清理、取消申办养老机构的不合理前置审批事项，优化审批程序，简化审批流程。申请设立养老服务类社会组织，符合直接登记条件的可以直接向民政部门依法申请登记，不再经由业务主管单位审查同意。支持新兴养老业态发展，对于养老机构以外的其他提供养老服务的主体，鼓励其依法办理法人登记并享受相关优惠政策。

（三）加快内贸流通创新，分领域逐步放开对外资限制

2016年11月7日，商务部等13部门联合印发《关于开展加快内贸流通创新推动供给侧结构性改革扩大消费专项行动的意见》，提出加快内贸流通改革创新，取消经营限制，改变汽车品牌授权销售单一模式，拉动新车消费。积极扩大服务业对外开放，对外商投资商贸物流等实行准入前国民待遇加负面清单管理模式，分领域逐步减少、放宽、放开对外资的限制。

（四）二十国集团加强贸易投资领域合作

二十国集团贸易投资工作组由中国倡议成立，2016年1月二十国集团贸易投资工作组第一次会议在北京召开。二十国集团成员国，西班牙、荷兰、新加坡、新西兰、塞内加尔、埃及、津巴布韦、哈萨克斯坦等嘉宾国，以及世贸组织、联合国贸发会议、经合组织、世界银行、国际货币基金组织、国际贸易中心等国际机构代表与会。商务部副部长王受文在会上指出，二十国集团成员国国内生产总值约占全球的85%，贸易额占全球近80%，有责任也有能力为促进全球贸易增长发挥重要作用。在当前全球贸易投资增速持续下滑的背景下，工商界高度期待二十国集团采取切实行动，加强贸易投资领域合作，推动营造良好商业环境。王受文强调，为积极回应工商界诉求，中方将与各方一道，就加强二十国集团贸易投资机制建设、促进全球贸易增长、支持多边贸易体制、促进全球投资政策协调与合作、促进包容协调的全球价值链发展等议题展开深入讨论，并争取实现三项目标：一是加强二十国集团贸易投资领域合作，推进贸易部长会议机制化进程，使二十国集团在全球经贸治理方面发挥更大作用；二是为支持多边贸易体制做出更多贡献，包括反对保护主义、加强区域贸易协定与多边贸易体制的协调，以及探讨内罗毕会议后多边贸易体制发展方向；三是推动全球贸易投资恢复强劲增长，争取制定全球贸易增长战略、全球投资合作框架、全球价值链能力建设行动计划等合作倡议。

（五）长江经济带国家级转型升级示范开发区建设中将加大吸引外资力度

根据中国长江经济带发展规划，做好长江经济带国家级转型升级示范开发区建设工作，要求引导开发区朝着绿色生态、创新驱动、产业优化、开放引领、设施完备、服务高效的方向发展。

转型升级示范开发区要构建符合开发区特点的创新体系，推动开发区发展由要素驱动、投资驱动向创新驱动转变；形成特色鲜明的主导产业，培育竞争力强、影响力大的产业集群。提高开放型经济发展水平，成为区域对外开放基地；提高创新服务水平，构建公共技术服务平台，加快发展众创空间、大学科技园、科技企业孵化器等创业服务平台建设，设立科技创新发展基金、创业投资基金、产业投资基金，完善融资、咨询、培训等创业创新服务，营造大众创业、万众创新良好氛围；构建开放的创新体系，吸引国外创新资源，鼓励国内外企业研发合作；加大吸引外资力度，扩大先进制造、高技术、生产性服务业等领域吸引外资规模，通过控制成本、提升附加值等措施增强劳动密集型产业引资竞争力；推进双边国际合作产业园建设，引进国外商业模式、资金、科技资源促进开发区发展；对接营商环境国际标准，在企业设立、项目审批、设施配套、投资服务等方面进行流程优化改革。

（六）深化泛珠三角区域合作，充分发挥自由贸易试验区示范带动作用

泛珠三角区域包括中国福建、江西、湖南、广东、广西、海南、四川、贵州、云南九省区和香港、澳门特别行政区（以下统称“9+2”各方），拥有全国约1/5的国土面积、1/3的人口和1/3以上的经济总量，是中国经济最具活力和发展潜力的地区之一，在国家区域发展总体格局中占有重要地位。在“9+2”各方共同努力下，泛珠三角区域合作领域逐步拓展，合作机制日益健全，合作水平不断提高。

新形势下深化泛珠三角区域合作，有利于深入实施区域发展总体战略，统筹东中西协调联动发展，加快建设统一开放、竞争有序的市场体系；有利于更好融入“一带一路”建设、长江经济带发展，提高全方位开放合作水平；有利于深化内地与港澳更紧密合作，保持香港、澳门长期繁荣稳定。根据2016年3月3日《国务院关于深化泛珠三角区域合作的指导意见》，将充分发挥自由贸易试验区示范带动作用，依托自由贸易试验区深化与港澳合作，发挥对泛珠三角区域的辐射和带动作用。大力推进自由贸易试验区投资、贸易、金融、综合监管等领域制度创新，完善外商投资准入前国民待遇加负面清单管理模式，打造国际化、市场化、法治化的营商环境，为泛珠三角区域进一步改革开放提供可复制、可推广的成功经验。支持有条件的省区按程序申请设立海关特殊监管区域，提升区域对外开放水平。

（七）加强众创空间的国际合作

推进大众创业、万众创新是增强发展新动能、促进社会就业、提高发展质量效益的重要途径，是实施创新驱动发展战略的重要支撑，国务院陆续出台了一系列重要支持政策和举措，为经济平稳较快发展发挥了关键作用。中国各地涌现出一批有亮点、有潜力、有特色的众创空间，已经成为大众创业、万众创新的重要阵

地和创新创业者的聚集地，呈现蓬勃发展的良好势头。

为充分发挥各类创新主体的积极性和创造性，发挥科技创新的引领和驱动作用，紧密对接实体经济，有效支撑中国经济结构调整和产业转型升级，需要继续推动众创空间向纵深发展，在制造业、现代服务业等重点产业领域强化企业、科研机构和高校的协同创新，加快建设一批众创空间。根据2016年2月14日《国务院办公厅关于加快众创空间发展服务实体经济转型升级的指导意见》，将加强众创空间的国际合作。鼓励龙头骨干企业、高校、科研院所与国外先进创业孵化机构开展对接合作，共同建立高水平的众创空间，鼓励龙头骨干企业与国外创业孵化机构合作建立投资基金。支持众创空间引进国际先进的创业孵化理念，吸纳、整合和利用国外技术、资本和市场等资源，提升众创空间发展的国际化水平。大力吸引和支持港澳台科技人员以及海归人才、外国人才到众创空间创新创业，在居住、工作许可、居留等方面提供便利条件。

（八）提高沿边地区的投资便利化水平

中国将深化与周边国家和地区的合作，重点开发开放试验区、沿边国家级口岸、边境城市、边境经济合作区和跨境经济合作区等沿边重点地区，这将成为沿边地区经济社会发展的重要支撑，是确保边境和国土安全的重要屏障。

根据国务院关于支持沿边重点地区开发开放若干政策措施的意见，将实施差异化扶持政策，促进特色优势产业发展。支持沿边重点地区大力发展特色优势产业，对符合产业政策、对当地经济发展带动作用强的项目，在项目审批、核准、备案等方面加大支持力度。支持在沿边重点地区优先布局进口能源资源加工转化利用项目和进口资源落地加工项目，发展外向型产业集群，形成各有侧重的对外开放基地，鼓励优势产能、装备、技术“走出去”。支持沿边重点地区发展风电、光电等新能源产业，在风光电建设规模指标分配上给予倾斜。推动移动互联网、云计算、大数据、物联网等与制造业紧密结合。适时修订《西部地区鼓励类产业目录》，对沿边重点地区产业发展特点予以充分考虑。

研究设立沿边重点地区产业发展（创业投资）基金。研究整合现有支持产业发展方面的资金，设立沿边重点地区产业发展（创业投资）基金，吸引投资机构和民间资本参与基金设立，专门投资沿边重点地区具备资源和市场优势的特色农业、加工制造业、高技术产业、服务业和旅游业，支持沿边重点地区承接国内外产业转移。扩大投资领域开放，借鉴国际通行规则，支持具备条件的沿边重点地区借鉴上海等自由贸易试验区可复制可推广试点经验，试行准入前国民待遇加负面清单的外商投资管理模式。沿边地区的投资便利化水平将大大提高。

加强产业项目用地和劳动力保障。对符合国家产业政策的重大基础设施和产业项目，在建设用地计划指标安排上予以倾斜。对入驻沿边重点地区的加工物流、文化旅游等项目的建设用地加快审批。允许按规定招用外籍人员。落实商事制度改革，推进沿边重点地区工商注册制度便利化。鼓励沿边重点地区与东部沿海城市建立对口联系机制，交流借鉴开放经验，探索符合沿边实际的开发开放模式。加强与毗邻国家磋商，建立健全投资合作机制。

（九）在天津等12个城市设立跨境电子商务综合试验区

2016年1月12日，中国在天津、上海、重庆、合肥、郑州、广州、成都、大连、宁波、青岛、深圳、苏州12个城市设立跨境电子商务综合试验区，突出本地特色和优势，着力在跨境电子商务企业对企业（B2B）方式相关环节的技术标准、业务流程、监管模式和信息化建设等方面先行先试，为推动全国跨境电子商务健康发展创造更多可复制推广的经验，以更加便捷高效的新模式释放市场活力，吸引大中小企业集聚，促进新业态成长，推动大众创业、万众创新，增加就业，支撑外贸优进优出、升级发展。有关部门和省、直辖市人民政府将努力适应新型商业模式发展的要求，坚持深化简政放权、放管结合、优化服务等改革，大力支持综合试验区大胆探索、创新发展，为综合试验区各类市场主体公平参与市场竞争创造良好的营商环境。

（十）修订编制外商投资统计制度

为科学、有效地组织外商投资统计工作，按照《中华人民共和国统计法》及其实施细则和国家有关利用外资的法律、法规，2016年5月26日中国商务部修订编制了《外商投资统计制度》。

外商投资统计的基本任务是及时、准确、全面地反映全国吸收外商投资情况，对国家批准的外商投资协议、合同和实际执行情况，以及由此产生的经济效益和已设立外商投资企业运营等方面的情况，进行系统的统计调查和统计分析，实行统计监督。为国家和各级政府部门经济管理和宏观决策提供统计信息、统计咨询、数据共享，并为对外交流提供服务。

统计对象及范围：①地方各级商务主管部门和国家利用外资的有关综合部门和单位，以及在中国境内设立的外商投资企业、合作开发项目等；②根据中国现行利用外资的政策、法规，外商投资统计的范围包括外商直接投资和外商其他投资；③外商投资是指国外及港澳台地区的法人和自然人在中国大陆地区以现金、实物、无形资产、股权等方式进行投资。其中，外商直接投资是指外国投资者在非上市公司中的全部投资及在单个外国投资者所占股权比例不低于10%的上市公司中的投资。本制度按照投资者所注册的国别/地区确定外商投资的来源，自由港投资按实际投资者国别/地区确定来源地。外商投资统计报表包括外商投资统计基层报表和外商投资统计综合报表。其中主要指标内容包括：①外商投资企业基础信息表，包括外商投资企业的各种属性，合同投资资金及其来源状况；②外商投资企业实际投资统计表，包括当期发生的实际投资及其详细分类；③外商投资企业经营状况统计表，包括企业资产负债、经营收益、人员、进出口等方面的指标；④外商投资企业外方股东留存收益统计表，主要包括当年度企业未作为利润分配但应归属于外方投资者的利润部分等。

附　2016年黑龙江省招商引资情况

一　2016年黑龙江省招商引资情况

（一）基本情况

黑龙江省新设立外商投资企业 116 家，同比增长 45%，合同外资 76.96 亿美元，同比增长 35.29%。全省实际利用外资 58.18 亿美元，同比增长 6.78%；全省引进省外投资项目 3801 项，同比增长 2.62%，实际利用省外资金 4473.96 亿元人民币，同比增长 2.31%。

（二）主要特点

第一，从产业分布情况看，2016 年，第一产业实际利用外资 4288 亿美元，同比下降 55.62%；第二产业实际利用外资 30.67 亿美元，同比下降 15.06%；第三产业实际利用外资 27.09 亿美元，同比增长 55.54%；涉及黑龙江省"十大重点产业"实际利用外资 46.8 亿美元，占全省实际利用外资总额的 80.43%。

2016 年，第一产业实际利用省外资金 209.11 亿元，同比增长 14.94%；第二产业实际利用省外资金 2209.91 亿元，同比增长 14.94%；第三产业实际利用省外资金 2054.94 亿元，同比下降 9.41%；涉及黑龙江省"十大重点产业"实际利用省外资金 3430.77 亿元，同比下降 8.77%，占全省实际利用省外资金总额的 77%。

第二，从大项目情况看，2016 年新设立外商投资企业中投资总额千万美元以上的企业 26 家，占新设立外资项目总数的 22.41%；外资实际到位千万美元的项目 93 个，实际到位资金 55.85 亿美元，占全省外资实际到位资金总额的 95.99%。重点项目有：哈尔滨万达文化旅游城项目实际到位 5.26 亿美元；中亚石油有限公司实际到位 3.99 亿美元；恒大集团收购盛和项目实际到位 3.60 亿美元；黑龙江鑫达企业集团有限公司实际到位 3.43 亿美元；长安福特汽车有限公司哈尔滨分公司实际到位 2.95 亿美元；哈尔滨华南城有限公司实际到位 2.73 亿美元；佳木斯万达广场投资有限公司实际到位 2.3 亿美元。

2016 年，引进省外投资企业中投资总额超亿元以上的企业 1569 家，占引进省外投资项目总数的 41.28%。重点项目有：哈尔滨市引进的南京轨道交通系统工程有限公司投资 205 亿元人民币的地铁二号线总部项目；哈尔滨市引进的山东鲁商置业有限公司投资 150 亿元人民币的哈尔滨鲁商置业项目；哈尔滨市引进的北京华鸿集团投资 130 亿元人民币的华鸿农博投资项目；牡丹江市引进的辽宁省自然人韩放投资 123 亿元人民币的抚矿油页岩建设项目等。

全省省外投资实际到位亿元以上的项目 996 个，实际到位资金 3236.44 亿元，占全省省外投资实际到位资金总额的 72.33%。重点项目有：吉林象屿金谷农产品公司投资的 345 万吨粮食仓储物流、120 万吨玉米深加工项目，到位金额为 95.14 亿元人民币；哈尔滨市引进的东方集团股份有限公司投资的东方集团增发股票募集资金项目，到位金额为 86.13 亿元人民币；北京华鸿集团投资的华鸿农博投资项目，到位金额为30亿元人民币；福建省兴业银行股份有限公司投资的黑龙江北大荒农垦集团总公司第一期超短期融资项目，到位金额为50亿元人民币；佳木斯市引进的北京万里利达轻钢结构房屋有限公司400万吨粮食仓储、60万吨玉米、40万吨水稻加工项目，到位金额为42.44亿元人民币等。

第三，从主要投资来源地情况看，2016年有来自27个国家和地区的外商投资企业在黑龙江省投资。实际利用外资前五位的国家和地区依次是：中国香港（43.04亿美元）、美国（4.39亿美元）、开曼群岛（1.57亿美元）、中国台湾（1.09亿美元）、英属维尔京群岛（9983万美元）。这五个国家和地区实际利用外资51.09亿美元，占全省实际利用外资的87.82%。

2016年，有30个省、区、市的企业在黑龙江省投资。其中，实际利用省外资金前五位的省、市依次是：北京市（1351.86亿元）、辽宁省（563.30亿元）、上海市（330.32亿元）、吉林省（323.71亿元）、广东省（319.22亿元）。五省市实际到位资金总额为2888.41亿元，占全省实际到位总额的64.60%。

第四，从各市（地）利用外来投资情况看，2016年，全省实际利用外资11个市增长。其中，哈尔滨30.07亿美元，同比增长9.91%；齐齐哈尔5.08亿美元，同比增长7.41%；牡丹江4.89亿美元，同比增长5.61%；绥化2.81亿美元，同比增长9.12%；佳木斯2.55亿美元，同比增长5%；鸡西1.48亿美元，同比增长5.71%；黑河1.19亿美元，同比增长5.54%；鹤岗7482万美元，同比增长6.42%；七台河5985万美元，同比增长6.8倍；绥芬河5224万美元，同比增长6.03%；双鸭山3000万美元，同比增长7.14%。大庆、伊春、大兴安岭等3个市（地）实际利用外资下降，抚远没有外资到位。其中，大庆6.89亿美元，同比下降6.14%；伊春459万美元，同比下降56.29%；大兴安岭98万美元，同比下降97.03%。

全省实际利用省外投资有12个市（地）增长，其中，哈尔滨1519.5亿元，同比增长2.29%；齐齐哈尔634.56亿元，同比增长1.05%；牡丹江570.82亿元，同比增长9.97%；佳木斯469.21亿元，同比增长6.9%；绥化324.4亿元，同比增长5.47%；鸡西258.86亿元，同比增长5.05%；大庆194.92亿元，同比增长8.37%；双鸭山172.78亿元，同比增长1.33%；黑河120亿元，同比增长0.33%；大兴安岭28.68亿元，同比增长0.67%；绥芬河25.41亿元，同比增长5%；抚远12.97亿元，同比增长6.22%。伊春、七台河、鹤岗3个市下降，其中，伊春59.83亿元，同比下降20.5%；七台河46.9亿元，同比下降30.38%；鹤岗35.12亿元，同比下降49.82%。

二　2016年黑龙江省对韩国招商引资情况分析

（一）韩国在黑龙江省投资情况

截至2016年底，韩国在黑龙江省累计投资项目数1440个，合同外资20.65亿美元，实际利用外资17.9亿美元，分别占全省历年累计外商投资比重的15.62%、3.46%和3.6%。2016年，韩国在黑龙江省投资项目数18项，合同外资7987万美元，实际利用外资6952万美元，同比增长44.65%，实际利用外资额居全省第八位。2015年，韩国在黑龙江省投资项目数17项，合同外资7479万美元，实际利用外资4806万美元。

2016年底，黑龙江省参加年检韩国企业88家，韩国在黑龙江省投资涉及领域主要有制造业、文化体育娱乐业、房地产、农林牧渔业、租赁与商务服务业、批发零售业、住宿餐饮业、居民服务业、计算机等科技服务业等。目前存活的投资额较大的项目有总投资额13857万美元的大宇制纸有限公司，总投资额9960万美元的成道立德地产（大庆）有限公司，总投资额4500万美元的齐齐哈尔市进华休闲健身服务有限公司，总投资额2900万美元的齐齐哈尔市天威农产品有限公司，总投资额2900万美元的齐齐哈尔市华信建筑材料有限公司，总投资额2738万美元的黑龙江三江平原农业开发有限公司，总投资额2500万美元的哈尔滨益仁电子有限公司，总投资额1290万美元的黑龙江赛路恩电子产品开发有限公司，总投资额1200万美元的哈尔滨三益乐器有限公司。

（二）2016年韩国在黑龙江省投资特点

从地域上看，2016年韩国在黑龙江省投资项目83%投在了哈尔滨市，韩资企业投资仍然偏重于经济较发达地区。

从投资方式上看，2016年韩国在黑龙江省投资企业50%为独资企业，韩资企业倾向于选择高度控制的治理结构，以加强对企业的控制和方便灵活地实施经营战略。

从产业类别上看，投资项目中的70%以上为服务业项目，包括餐饮、美容美发、娱乐休闲、批发零售、商务贸易及技术咨询等行业，投资金额较少。从产业契合度上看，韩国具有优势的领域对黑龙江省投资体现不明显，黑龙江省在吸引韩资水平上仍处于一个较低的层次，缺乏大项目的投入。

三　2016年黑龙江省对日本招商引资情况分析

（一）日本在黑龙江省投资情况

截至2016年底，日本在黑龙江省累计投资项目数820个，合同外资6.2亿美元，实际利用外资6.57亿美元，分别占全省累计外商投资比重的8.9%、1.04%和1.32%。

2016年，日本在黑龙江省投资项目有4项，合同外资2583万美元，实际利用外资2572万美元，同比下降57.79%，实际利用外资居全省实际利用外资第12位。2015年，日本在黑龙江省投资项目数两项，合同外资6031万美元，实际利用外资6094万美元。

2016年底，黑龙江省参加年检日本企业62家，日本在黑龙江省投资涉及行业主要有制造业、服务业、批发和零售业、卫生、社会保障和社会福利业等。目前存活的投资额较大的项目有总投资额2.46亿美元的哈尔滨东安汽车发动机制造有限公司，总投资额2312万美元的黑龙江北大荒马铃薯全粉有限公司，总投资额1167万美元的华德培婚礼（哈尔滨）有限公司，总投资额1138万美元的哈尔滨华通丰田汽车服务有限公司，总投资额900万美元的牡丹江欧地希焊接机有限公司。

（二）日本在黑龙江省投资下降原因分析

随着黑龙江省经济进入新常态，经济增速有所放缓，而劳动力、土地等成本持续上升，少数日本企业担心其投资发展前景，处于观望阶段。

日本对黑龙江省投资起步较早，大多数日本大企业已在华设立企业，并取得了较好的经济效益。这些日本企业目前更关注提高在华企业的经济效益，而暂时放缓了扩大投资和新投资。

近些年，黑龙江省组织企业大规模赴日开展的招商活动较少，合同外资储备不多。

四　2016年黑龙江省对新加坡招商引资情况分析

（一）新加坡在黑龙江省投资情况

截至2016年底，黑龙江省累计批准新加坡投资项目144项，合同外资金额20.07亿美元，实际利用外资金额17.6亿美元，占全省实际利用外资的3.54%，排名第五位。

2016年，全省新批准新加坡投资项目1项，合同外资金额1970万美元，实际利用外资金额1122万美元，占全省实际利用外资的0.19%，排名第 20 位。2016 年参加年检的新加坡企业共 28 家，投资总额 8.9 亿美元，投资涉及领域主要包括食品加工、批发零售、商务咨询、环境保护、房地产开发、制造业等。投资金额较大的项目有总投资额 17580 万美元的威立雅（哈尔滨）热电有限公司，总投资额 11950 万美元的益海嘉里（哈尔滨）粮油食品工业有限公司，总投资额 9000 万美元的罗克韦尔自动化控制集成（哈尔滨）有限公司，总投资额 3736 万美元的哈尔滨普洛斯哈南仓储有限公司等。

（二）新加坡在黑龙江省投资的特点

投资地分布较为集中。2016 年参加年检的 28 家新加坡企业中落户哈尔滨市的企业 13 家、佳木斯市 6 家、大庆市 5 家、牡丹江市 3 家、鹤岗市 1 家。投资地点相对集中于黑龙江省经济发展较好的地区。

产业类型较为分散。从 2016 年参加年检的新加坡投资企业来看，涉及行业主要包括：食品加工（6 家）、房地产开发（1 家）、批发零售（3 家）、制造业（6 家）、物流（1 家）、化学产品生产（1 家）、商务服务咨询（4 家）等领域。

投资项目数和金额相对较少。截至 2016 年底，黑龙江省累计批准新加坡投资项目数仅占全省批准外商投资项目的 1.6%；2016 年黑龙江省批准新加坡投资项目 1 项，仅占全省批准外商投资项目的 0.9%；2016 年黑龙江省实际利用新加坡资金仅占全省当年实际利用外资的 0.19%。

五　2016年黑龙江省对香港地区招商引资情况分析

（一）香港企业在黑龙江省投资情况

截至 2016 年底，全省累计批准设立香港投资企业 3251 家，香港地区累计合同外资总额 312.47 亿美元，占全省合同外资总额的 52.34%；累计实际利用港资 254.82 亿美元，占全省实际利用外资总额的 51.25%。

（二）香港地区在黑龙江省投资的特点

2016 年全省批准设立香港投资企业 32 家，占全省同期批准外商投资企业总数的合同外资金额 55.06 亿美元，占全省同期合同外资总额的 71%；实际利用香港投资 43.04 亿美元，同比上升 53%，占全省实际利用外资总额的 73%。

从投资产业分析，香港在黑龙江省投资的企业已经从最初主要投向农产品、林产品、畜产品等资源加工型项目和餐饮业及一般性工业加工项目，发展为投资新材料产业、生物产业、新能源装备制造产业、新型农机装备制造产业、交通运输装备制造产业、绿色食品产业、矿产经济产业、煤化石化产业、林产品加工产业和现代服务业等众多领域。

从投资地域分析，2016 年香港企业在黑龙江省投资仍然主要集中在黑龙江省相对发达的城市，即哈尔滨、齐齐哈尔、佳木斯、牡丹江和大庆。其中，哈尔滨市 20 家，占 62.5%，有 4 家企业总投资过亿美元；齐齐哈尔市 2 家，1 家企业总投资过亿美元；牡丹江市 3 家，佳木斯 2 家，1 家企业过亿美元；大庆市 2 家，1 家企业过亿美元。随着黑龙江省整体投资环境的改善，地区经济的发展，二线城市也开始成为港资转移的新方向。

从投资规模来分析，大项目占较大比重。2016 年投资总额超过 1000 万美元的大项目有 15 项，占新批港资企业的 47%。

2016年俄罗斯招商引资情况

一　招商引资概况

截至2016年12月31日，俄罗斯外商直接投资存量3593亿美元。2016年，俄罗斯吸引外国直接投资329.8亿美元，最大投资来源国是新加坡，其共向俄罗斯投资163亿美元，同比增长87倍，占俄罗斯2016年吸引外国投资的近50%。新加坡对俄投资大增的主要原因是新加坡公司斥资102亿欧元收购了俄石油公司19.5%的股份。巴哈马群岛是俄第二大投资来源地，百慕大群岛是俄第三大投资来源地，2016年分别向俄投资58亿美元和24亿美元。此外，2016年，法国向俄投资24亿美元，瑞士投资20亿美元，奥地利投资18亿美元。2016年，俄罗斯经济竞争力在全球参与排名的138个经济体中排第43位，较2015年提高2名，较2014年提高10名。2016年在俄罗斯境内的外国投资项目数量达到了欧洲国家投资吸引力排行榜历史上的纪录水平，排第7位，项目数从201个增加到205个，是2005年以来的最高值。前6名为英国（投资项目数量1144个）、德国、法国、西班牙、波兰和荷兰。俄罗斯外国投资者创造就业岗位15064个。外国投资者在俄罗斯投资方向包括食品工业32个项目、机械设备制造27个项目、化工产品生产23个项目、电气设备生产15个项目。但在木材工业和纺织工业中，2016年几乎没有任何项目。外国投资项目在俄的地理分布情况为，1/4集中在莫斯科市和莫斯科州，其次是卡卢加州，2016年该地区的项目数量增加一倍。与此相反，圣彼得堡市和鞑靼斯坦共和国投资减少。2016年，中国企业与俄罗斯在能源、核能、航空、航天、基础设施建设等领域的战略性大项目合作也取得了积极进展。中俄地方间合作不断深化。

二　2016年俄罗斯招商引资重大项目及主要政策、文件以及特殊新规动态

1. 关于外国政府及其在俄财产司法豁免权法将自2016年1月1日生效。基于互惠原则，该法律可以限制外国政府不受俄罗斯若干诉讼规则管辖的权利。至此，外国政府及其在俄财产司法豁免权可能被限制，其前提是，如果俄罗斯的司法豁免权在这个国家受到限制。

2. 2016年2月，俄罗斯总理梅德韦杰夫签署政府令，决定建立3个新的社会经济跨越式发展区。在罗斯托夫州建立“古科沃”超前发展区的目的是通过吸引投资和创造新的就业机会促进单一产业城市古科沃的发展。在“古科沃”超前发展区框架内预计将实施22个投资项目。在鞑靼斯坦共和国建立“卡马河畔切尔尼”超前发展区的目的是通过吸引投资和创造新的就业机会促进卡马河畔切尔内的发展。2016年第43号政府令确定了滨海边疆区“大卡缅”超前发展区的界线，经济活动方式，并为其实行特别的企业经营活动法律制度，以及入驻企业资本投入的最低限额。此外，规定在

"大卡缅"超前发展区使用欧亚经济联盟法所规定的自由经济区海关手续。"大卡缅"超前发展区的建立将动用预算拨款中的资金。资金将在远东和贝加尔地区社会经济发展国家计划框架内提供。此决定将有助于为俄罗斯提升在亚太地区竞争市场上的经济地位创造条件，促进滨海边疆区的社会经济发展，创造新的就业机会，新的工业设施，在造船领域生产出口导向和进口替代产品，吸引投资。俄政府 2016 年 10 月 14 日公布了该决议扩大滨海边疆区"大卡缅"超前发展区的规模，可以吸引超过 30 亿卢布私人投资，并创造约 500 个工作岗位。额外将滨海边疆区大卡缅市 5 块地纳入该超前发展区。计划在这些地段上建设用于储存和运输鱼类产品的物流中心，并为"星星"造船厂员工修建 86 栋住宅楼。政府估计，这些项目的实施将吸引超过 30 亿卢布私人投资，并创造约 500 个工作岗位。

3. 俄国家杜马下设委员会已通过旨在简化俄远东地区投资者利润税优惠申请程序的《税法典》修订案，并建议国家杜马于 3 月 25 日对其进行二读和三读审议。修订案规定，如投资者在远东地区三年内投入 5000 万卢布、五年内投入 5 亿卢布，则仅需向税务部门提交申请，此后十年内可免缴利润税。2012 年，俄国家领导人便提出对远东地区投资者实行税收优惠政策，相关政策由俄财政部制订、经俄国家杜马审议通过并于 2013 年生效，但因行政管理程序繁杂，无一投资商者使用。

4. 截至 2016 年 4 月，俄罗斯直接投资基金运行五年来已吸引 250 多亿美元的长期资本。俄罗斯直接投资基金总裁表示，直接投资基金已获准为未来项目投资 7600 亿卢布，其中 700 亿卢布是俄罗斯直接投资基金的资金，另外 6900 亿卢布来自直接投资基金的共同投资者，合作伙伴和银行。与此同时，俄罗斯直接投资基金已与中国、中东地区、欧洲和南非等世界上几乎所有大型基金建立了战略合作伙伴关系。并从这些基金向俄罗斯经济吸引超过 250 亿美元的长期资本。

5. 根据 2016 年 5 月 23 日颁布的税法修正案，三年内在俄远东地区投资额达 5000 万卢布，或五年内达 5 亿卢布的企业，可享受利润税和矿产资源开采税优惠，投资额自 2013 年 1 月 1 日算起。汽车、摩托车等消费品生产企业和油气开采企业除外。

利润税：联邦财政利润税（税率 2%）前十年免缴；地方财政利润税前五年税率为 0 ~ 10%，后五年不低于 10%（正常情况下利润税税率为 18%）。该政策自投资者首次获得利润之日起生效。

矿产资源开采税：前两年免缴矿产开采税，后八年优惠幅度每两年减少 20%。

上述优惠政策有效期至 2028 年 12 月 31 日。

6. 2016 年 5 月，俄远东发展部长加卢什卡表示，俄建议亚洲基础设施投资银行参与北方航道开发，在早期介入项目开发，亚投行对此表现出兴趣。根据俄总统指示，7 月 1 日前俄将完成北方航道开发模式制定工作，在可预见的未来，该航道运输量将增至 6000 万吨。近几年来，俄积极开发北方地区，包括油气开采、北方航道开发等项目，其中北方航道沿北冰洋俄罗斯北部海岸，是远东、亚太地区、北美西部通往欧洲最短的航线。

7. 2016 年 6 月，俄联邦委员会审议通过《社会经济跨越式发展区联邦法》和《符拉迪沃斯托克自由港联邦法》修订案，并提交俄总统普京签署。修订案将在远东地区主要港口扩大自由港政策，自由港政策也将在哈巴罗夫斯克边疆区（瓦宁斯基区，位于萨哈林湾沿岸，与萨哈林岛隔湾相望）、萨哈林州（科尔萨科夫斯基市）、堪察加边疆区（彼得罗巴甫洛夫斯克市）、楚科奇自治州（别维克市，位于恰翁湾沿岸，北临东西伯利亚海）、滨海边疆区（拉佐夫斯基区）等地实行。在远东主要港口推行自由港政策将为远东地区发展赋予新的活力。现远东各港口的投资和货运量不足，需外来资金的投入。如彼得罗巴甫洛夫斯克市计划建设港口枢纽，以发展北部海运航线。为提高吞吐量、船只的载重量，拟定对靠泊设施和相关港口基础设施进行重建。自由港入驻企业将享受税务和管理方面的优惠政策。监督委员会是远东自由港的唯一管理机关。

8. 俄国家杜马 6 月 22 日审议与香港签署避免双重税收协定。俄国家杜马预算税收委员会建议议会下院通过与香港签署避免双重税收和防止偷逃所得税的协定。俄财政部副部长伊利亚·特鲁宁在委员会会议上解释，自中国香港不再是离岸区后，俄总统责成签署该协议。协议于 2016 年 1 月 18 日在香港签署。俄政府认为，落实协议将促进双方吸引投资，为免除双重税收创造条件，发展同香港的经济联系。

9. 俄罗斯与土耳其讨论了恢复建立服务和投资自贸区谈判可能性。俄罗斯经济发展部第一副部长利哈乔夫称，在俄土经济部长 7 月 26 日会谈中，双方讨论了恢复建立服务和投资自贸区谈判的可能性。

10. 俄土或重新研究建立联合投资基金。俄经济发展部长乌柳卡耶夫表示，俄土两国或重新研究建立联合投资基金的相关问题。乌柳卡耶夫表示，俄方关于商签服务和投资制度自由化优惠协定的工作及建立联合投资基金的工作已在一年前开始。

11. 阿塞拜疆拟扩大对俄出口和投资。8 月 8 日阿塞拜疆经济部长穆斯塔法耶夫向媒体表示，阿塞拜疆与俄罗斯的关系发展顺利，两国是战略伙伴，相互投资和贸易额逐年增长，这令人很高兴，然而两国间合作的潜力仍然巨大，阿塞拜疆拟扩大对俄出口和投资。

12. 2016 年 9 月，俄将简化向外国投资者转让矿产权。俄自然资源部将研究向外资参股公司转让联邦矿产使用权，以及分析取消相关联邦法规的风险问题。俄联邦矿产法禁止将联邦矿产权转让给参股外资超过 10% 的公司，而另一项法律规定的门槛是 25%。与此同时，为国外国有公司规定的门槛是 50%。

13. 法国大型零售商业集团欧尚总裁乌布涅尔在“俄罗斯召唤”投资论坛期间表示，14 年来，该集团对俄投资 2000 亿卢布（约合 30.7 亿美元）。他表示，俄市场需求在下降，俄居民倾向购买便宜的商品，这对该集团在俄收入有所影响，近两年该集团在俄收入损失了 14 亿卢布（约合 2000 万美元）。尽管如此，俄仍在该集团的全球业务收入中排第三位，仅次于法国和中国。目前，俄境内有 272 家欧尚超市。

14. 自《符拉迪沃斯托克自由港法》出台之日（2015 年 10 月 12 日）起三年内，在自由港区域注册的企业，可享受优惠政策。

社会保险费：前十年执行 7.6% 费率。

利润税：前五年免缴联邦和地方财政利润税，后五年须向地方财政缴纳 10% 的利润税。

土地税和财产税：前五年免缴土地税和财产税，后五年须缴纳 0.5% 的财产税。

15. 俄与沙特将研究两国燃料动力综合体引资事宜。《俄罗斯报》网站 10 月 18 日消息，俄能源部拟与沙特代表进行会谈。预计两国部长将讨论共同的科研项目，主要研究两国燃料动力综合体的引资问题，包括石油开采、电力、再生电力资源及其他项目。

16. 俄政府讨论批准同伊朗的政府间投资保护协定。10 月，俄政府讨论了关于批准同伊朗的政府间鼓励投资与投资保护协定。该协定及纪要的批准和生效，将有利于保护俄、伊两国投资者利益，并促进两国投资合作的发展。

17. 日本拟向俄罗斯滨海边疆区出口导向的基础设施投资。滨海边疆区政府称，日本拟向滨海边疆区出口导向的基础设施投资，主要包括渔业加工、林业、木材加工、农业及温室技术、物流业等。

18. 俄总统称乌克兰总统是俄罗斯的外国投资者。俄总统普京在出席“瓦尔代”国际辩论俱乐部年会时称，乌克兰总统波罗申科是俄罗斯的外国投资者，因为波罗申科是俄罗斯利佩茨克州一个大企业——“Roshen”糖果集团的所有者。俄罗斯对该工厂所获利润的使用没有任何限制，包括将其汇往国外。

19. 2016 年 11 月，丝路基金与俄罗斯西布尔公司曾在中、俄两国领导人的共同见证下签署了此交易的框架协议。丝路基金入股西布尔公司，是 2016 年中国对俄罗斯最大的一笔投资，对推动中俄能源合作、对接俄罗斯开发远东地区战略、深化中俄双方全面战略协作伙伴关系具有重要意义。

20. 俄罗斯与日本将在俄远东地区共建风力发电站。日本三井物产公司与俄罗斯东方能源系统公司拟在俄远东地区共同建设风力发电站。其发电功率在 2020 年前将达到 5 万千瓦，后期将达 10 万千瓦。项目成本为 1. 94 亿美元。俄罗斯东方能源系统公司是俄远东最大的电能及热能供应商，俄水电集团是其最大股东。

21. 俄远东发展基金将为俄日企业合作项目提供融资。俄远东发展部部长加卢什卡在总结俄日政府间第 12 次经贸合作委员会会议成果时对媒体表示，俄远东发展基金拟对远东地区的俄日企业合作项目提供融资。远东发展基金将对俄日企业合作的一系列项目提供以卢布计价的长期贷款，贷款年利率为 5%，这将极大地提高外资吸引力。俄日双方准备在年底的俄日首脑高层会晤期间签署 10 项合作文件。

22. 2016 年 12 月，俄罗斯拟取消外资参股俄中小企业限制。俄罗斯经济发展部提议取消适用于中小企业的不允许外资参股超过 49% 的规定。相关法律修正草案建议取消外国法人在俄中小企业法定资本或合股资本中的参股总额不得超过 49% 的限制。除其他标准外，在俄罗斯能够纳入中小企业主体的企业，企业法定资本中的国家参股总额或基金参股总额不超过 25%，而外国法人参股不超过 49%。

23. 俄滨海边疆区政府称，日本拟向滨海边疆区出口导向的基础设施投资，主要包括渔业加工、林业、木材加工、农业及温室技术、物流业等。

24. 土耳其在俄鞑靼斯坦共和国投资已近 20 亿美元，但仍希望将投资规模扩大。他表示土在鞑靼斯坦的投资具有战略意义，期望土代表团访问该共和国的“阿拉布加”特别经济区。早前，土期望取消与俄的签证限制。

25. 俄财政部放松对境外俄公民的外汇监管。俄财政部放松对境外俄公民的外汇监管，如在境外生活半年以上可以不申报自己在境外的账号和资产。过去的规定是在境外生活三个月可以不申报。该规定主要是为防止资本外流，维护国际收支平衡。

26. 2016 年俄商业不动产吸引外资比例同比下降 85%。高力国际公司（Colliers International）数据显示，2016 年全年俄商业不动产吸引外资比重仅为 2. 6%，同比下滑 85%。2016 年外资仅参与了一起俄商业不动产交易项目：阿布扎比穆巴达拉（Mubadala）发展公司等投资方与俄直投基金共同购买 PNK—Chekhov3 号及 PNK—Northern Sheremetyevo 仓储综合体项目。

27. 俄、日两国将共同建立总额达 10 亿美元的投资基金。俄罗斯直接投资基金和日本国际协力银行（JBIC）将共同建立总额达 10 亿美元的投资基金，俄直投不控股，但将投入近一半的资金。该投资基金将在俄日投资项目（农业、基础设施建设等）进行融资方面起重要作用。相关文件将由俄总统普京和日本首相安倍晋三签署。

28. 日俄将设立规模为 1000 亿日元（约合 9. 1 亿美元）的投资基金。两国政府已就此达成一致，双方将在同等条件下向基金注资。日方资金将由国际协力银行提供，俄方资金将由俄罗斯直接投资基金提供。投资基金将主要投向远东地区的医疗卫生和城市环境领域，这将有利于日本公司在俄拓展商务活动。

29. 俄萨哈林州政府参与制订俄、日两国共同开发南千岛群岛（日称“北方四岛”）行动计划文件。据俄罗斯萨哈林州政府新闻处消息，萨哈林州政府将会同俄外交部准备与日本共同开发南千岛群岛行动计划文件。目前，萨哈林州州长科热米亚科与俄外交部副部长莫尔古洛夫已就该文件细节进行了商谈。俄建议从2017年新年起简化与日本的签证手续，并探讨在俄日毗邻地区——萨哈林和北海道边境之间实现自由往来的可能性。

30. 日企拟投资110亿美元建设日俄输电线项目。12月15～16日俄罗斯总统普京访日成果丰硕。由于日本工业急需能源供给，俄罗斯可能很快就会向日本进行电力供给。日本投资者拟投重金（110亿美元）在日俄输电线项目（俄远东边疆区和日本北海道的能源网络建设项目）上。但日本国内还有一些障碍要克服，如修改法律解除对进口电力的限制等。与此同时，俄罗斯方面拥有出口电力的所有条件，甚至不需要建设任何新的发电站。目前，俄罗斯远东地区的电力行业有超过30%的过剩产能。

2016年日本招商引资情况

一　2016年对日投资情况

（一）直接投资余额再创新高，占GDP（名义）的比重首次达5%

2016年末对日直接投资余额为27.84兆日元，比2015年的24.77兆日元（2017年5月26日修订值）增加了3.07兆日元，连续三年创历史最高纪录。

从来源来看，外国企业（表决权10%以上）的日本企业和驻日子公司的股票和股票资本为16.10兆日元；外国企业出资的日本企业和子公司的未分配收益（内部保留）中，外国企业的收益的再投资达6.32兆日元；外国企业直接投资包括驻日子公司等资金借贷或债券"债务性资本"5.43兆日元。

随着对日直接投资余额的增加，占GDP（名义）比重从2015年的4.7%上升到2016年的5.2%，首次超过5%。另外，2016年末日本对外直接投资余额是对日直接投资余额的5.7倍（159.19兆日元），处于不平衡状态。

（二）最大的投资来源是欧洲，主要投向制药和汽车行业

从各地区来看，对日直接投资最多的是欧洲（13.56兆日元，市场占有率为48.7%），其次是北美（7.20兆日元，25.9%）和亚洲（5.18兆日元，18.0%）。

从各国家来看，排名第一的是美国（7.01兆日元，占有率为25.2%），第二位是荷兰（3.80兆日元，13.6%）。前十个国家和地区的排名与2015年底不同。

从各行业来看，最多的是金融、保险业（7.79兆日元，市场占有率为35.0%），其次是电气机械设备制造行业（3.14兆日元，14.1%）和运输机制造行业（3.02兆日元，13.6%）。

分地区来看，最大的投资地为欧洲，所占比重约为70%。2016年主要投向日本的制药和汽车零件相关行业。其中，在制药领域中，丹麦的莱奥·法马（音译）以6.75亿欧元（约891亿日元）的价格收购在艾斯特拉斯制药的海外皮肤病治疗药项目。另外，将呼吸系统治疗作为重点工作之一的英国斯特拉综合公司从武田药品工业获得了5.75亿美元（约699亿日元）的呼吸器药物项目投资。

汽车配件领域，全球最大的瑞典航空公司（出资占51%）与国内大企业长野县日信工业（出资占49%）成立了合资公司，以自动驾驶为目标，开始了零部件的共同开发和生产。另外，汽车零件巨头法国瓦雷欧公司在TOB（股票公开收购）中并购了汽车用灯制造厂商市光工业（神奈川县），推进研究开发和生产据点的优化。

随着世界汽车制造商纷纷开展自动驾驶技术的开发，欧洲的汽车配件供应商正在扩大日本据点的研究开发功能。2016年，瓦莱奥在公司的生产技术中心内新设了自动驾驶试验区，并将强化在人力方面自动驾驶和驾驶支援的研

究开发体系。除此之外，德国博什将日本定位为仅次于德国、美国的重要开发基地，并在日本开展自动驾驶的公道试验，同时设立了系统开发部门。同样，汽车零件巨头的德国大陆集体也在北海道纹别市开设了自动驾驶的试验场地。

（三）继续存在的亚洲投资

2016 年，亚洲国家和地区对日本投资增加的有新加坡（2.21 兆日元，同比增长 22.2%）、泰国（2179 亿日元，同比增长 33.5%），还有中国台湾地区（7644 亿日元，同比增长 44.7%）。2016 年 4 月 2 日，中国台湾鸿海集团以 3888 亿日元（折合 35 亿美元）收购了日本夏普株式会社 66% 的股份。

二　日本引资环境

日本政府把促进对日投资视为发展战略的一个支柱，并提出将日本作为“世界上最有利于创业的国家”的目标。降低法人有效税率，加强相关领域的投资制度改革，同时针对没有进行改革的电力、农业、医疗等领域，推出了相应的政策。

（一）通过规章制度改革创造商业机会

迄今为止，日本政府一直致力于降低对被称为“石板限制”的能源、医疗领域的规制改革等。法人实效税率，加强结构改革，并逐渐产生了效果，给国外企业投资日本创造条件。

1. 能源领域

在能源领域，2012 年 7 月开始的“固定价格收购制度”带来了巨大的变革。该制度的目的在于发展和普及可再生能源，促进包括太阳能发电在内的许多可再生能源发电企业进入日本市场。

2016 年 4 月起，电力零售市场全面自由化。电力零售市场的规模约为 8 兆日元，实行自由化的两个月来，零售企业的登记数量达到 310 家。

2. 生活科学领域

政府在促进再生医疗的实用化、使用批准的时间差距和延迟、革新性的药品和医疗器械的早期进行实用化等方面进行了改革。

2014 年 11 月修订的《药师法》的实施，由于药品医疗器械综合机构（PMDA）的体制等原因，加强了药品医疗器械批准进行审查的迅速化。与此同时，在药事审查中新设了“再生医疗等产品”范畴，引进早期承认制度，具备了能够在世界上最快可实现再生医疗产品的环境。另外，还制定了“优先审查指定制度”，其目的是在日本开发出革新药品、医疗设备、再生医疗用产品，并尽早实现实用化。根据该制度，被指定的医药品可以优先进行评价和审查，缩短批准取得结果时间，从而提前将新产品投入市场。另外，还新设了可将国内未经批准的医药品等作为保险外合用治疗的“患者申请疗养”制度。这些制度为医疗服务的提高及市场活性化做出了贡献。

3. 旅游领域

据日本政府观光局统计，2015 年访日的外国游客为 1974 万人，连续三年刷新历史最高纪录。亚洲游客数量多，中国（499 万人）、韩国（400 万人）、中国台湾（368 万人）、中国香港（152 万人），合计占全体的 7 成以上。访日旅客人数在 2016 年持续增加，上半年累计达 1174 万人（推算值），创下历史最高纪录，7 月达到 230 万人，创下单月历史最高纪录。在日元走高的情况下，游客的急剧增加，得益于以东盟国家为中心的 14 个国家的签证条件的放宽、成田机场和羽田机场的客流量大幅增加以及外国游客消费税免税品种（食品、饮料、化妆品）的不断扩大等政策的出台。

政府在“日本复兴战略 2016”中将观光产业定位为面向地方、实现 GDP 600 万亿日元的增长的战略支柱，为将旅游纳入日本的基础产业，采取各种措施。经历了数年的访日外国游客的继续增加，日本挖掘地方住宿旅游资源整顿旅游路线，修改翻译导游制度，放宽民宅居住规则限制，进一步放宽签证条件，利用高速交通机构和提高机场的便利性、提高旅行的舒适度的努力成为必要。

（二）法人实效税率的降低

日本的法人实效税率从37.00%（2013年）降至29.97%（2016年），三年下降了7%左右。日本的法人税被指比其他发达国家更高，日本给外国企业留下“商业成本高的国家”的印象。

与外国相比，现在日本的法人有效税率（29.97%）比美国加利福尼亚州（40.75%）、法国（33.33%）低，与德国（29.72%）相同，但仍然超过英国（20%）、中国（25%）、韩国（24.20%）等国家。为继续提高竞争力，日本仍需进行法人税改革。

（三）国家战略特区的使用

“国家战略特区”是为了以先进的方式进行医疗、旅游、创业等各种领域存在的“岩盘规定”而成立，2013年12月制定法律后，10个地区被指定为“国家战略特区”。在特区内重点推进经济社会的结构改革，加强了产业的国际竞争力，从促进国际经济活动据点的形成方面，综合、集中地推进规制改革等措施。

此前国家战略特区的规制改革，在10个特区内共认定202个项目（截至2016年9月9日）。今后，为了进一步的推进规制改革，将继续进行遗留问题的改革。政府将进一步加快规制改革事项的追加和深挖，并添加必要的指定区域。

三　吸引外国直接投资的政策

日本政府为改善投资商业环境，提高外国人的生活便利性，推行各类政策。

（一）吸引外资五项承诺

2015年3月，日本政府举行以“对日直接投资推进会议”为主题的国务会议。内阁府特命担当大臣、总务大臣、外务大臣、经济产业大臣等出席了会议，直接听取外国企业经营者的意见，进行必要的制度改革。

在2015年3月举行的会议上，日本政府确定了“为吸引外资企业的5项承诺”。5项承诺的内容是“日常生活中克服语言的障碍”（购物、医疗、餐饮店多语言化以及音乐翻译软件），“提高网络的接入环境”（免费公共网络），“地方机场允许进入商务喷气飞机”，“改善从海外来的学生的教育环境”（留学生网络工作活动、小学英语授课），“加强外国企业的咨询的对应”（自治体、企业担当制度）。为外资企业提供良好商务环境的同时，改善外国人来日生活环境。

（二）“旨在实现全球集团性的对日直接投资的政策”

外国投资企业对日本的评价是近年来投资环境正在改善，但也被外资企业指出存在规定、行政程序烦琐，确保全球化人才困难，外语沟通困难等对日本投资的阻碍因素。为解决这些问题，在2016年5月20日举行的“对日直接投资推进会议”决定了新政策组合，开始简化行政程序和吸引全球人才。

（1）简化行政手续

为了简化与对日本投资活动有关的限制、行政程序，对外国企业来说，先行措施应在2016年内出具具体方案并迅速进行。

（2）日本法令的外语翻译的扩充

到2020年为止，将把500条以上的法令全部翻译成外语。

（3）一站式中心

在东京建立一站式中心，创业、开业所需的各种申请，包括登记、税务、年金等业务将集中改为进行电子申请。另外，在开放外国人才的入境手续顺利通过方面，对于在该中心可以申请的在留资格对象这一项，除了“经营管理”“企业内调动”条件之外，还追加了“技术、人文、知识、国际业务”。另外，对于在留资格，法人开设后可以在同一中心申请的期限将延长至6个月。

（4）高级外国人才

政府将大幅缩短允许高级外籍人员永久居住的申请时间，并创建世界最快的“日本版高级外国人才绿卡”。同时，为了进一步活用高级人才积分制，进行大力宣传。此外，促进在留资格程序的在线化。同时，将推进“家务支援”外国人进入国家战略特区。

（5）外国留学生的就业支援

到2020年为止，将外国留学生（学士、硕士、博士）在日本的就业比例从2013年的30%增加到50%。为此，对于结束日本企业文化、商务日语讲座、实习等项目的外国留学生，将采取简化、快捷的方式变更在留资格。

（6）对日本人加强英语教育

到2019年为止，将在小学内安排外语指导助理和英语熟练的人才等，以使学生们能接触高质量的英语教学，来培养精通外语的人才。

2016年韩国招商引资情况

一　韩国招商引资概况

据韩国产业通商资源部统计，以申报额为准（下同）2016年韩国外资申报件数为2987件，外资申报规模为213.0亿美元，同比增长1.9%；外资实际到位规模为97.6亿美元，同比下降40.9%，主要原因为申报时资金同时到位的并购型投资大幅减少了55.4亿美元。

从投资来源地看，欧盟超越美国成为对韩投资第一大来源地，投资总额为73.96亿美元，同比增长196.5%；其后依次为美国、中国、日本，投资额分别为38.76亿美元、20.49亿美元和12.46亿美元。从投资领域看，对韩国制造业投资达51.3亿美元，同比增长12.4%；对韩国服务业投资达155.1亿美元，同比增长5.3%。制造业中，主要引资行业为化工、电气电子、运输机械，分别达到14.55亿美元、10.69亿美元和9.15亿美元。

从投资方式看，绿地投资为150.2亿美元，同比增长6.5%；并购投资达62.7亿美元，同比增速下降7.8个百分点。

联合国贸发会议发布的2017年《世界投资报告》显示，2016年，韩国吸收外资流量为108.3亿美元；截至2016年底，韩国吸收外资存量为1849.7亿美元。

从韩国国内来看，韩国政府积极通过修订外资促进法，解除了限制外资发展的陈旧制度，并配合元首外交活动举办投资说明会，宣传韩国政府积极的引资政策，产生积极效果；从外部环境看，韩欧、韩美FTA生效，继而与中国签署了自贸协定，上述国家对韩投资更加便利。

目前韩国共有八处经济自由区，总面积将达488平方公里。其中，已经完工并投入使用的区域仅为46.4平方公里，占整体面积的10.4%，仍有超过249平方公里的地块尚未破土动工。入驻企业大部分为韩国本土企业，外企规模仅占6.9%。韩国产业通商部于2011年和2014年8月分批取消一部分地区划分为经济区，因此目前经济区面积达335.84平方公里。

二　韩国对外国投资合作的法律法规

《对外贸易法》是韩国政府管理和振兴对外贸易的基本法，与《外汇交易法》《关税法》，为保护、扶持特定贸易的各项“振兴法”以及与贸易有关的个别行政法规等构成了韩国对外贸易管理体制的基本框架。韩国颁布了《外国人投资促进法》等多部法规和部门规定，形成较为完备的外资法律体系。

（一）《对外贸易法》

《对外贸易法》是韩国产业资源部于2001年2月3日发布，包括服务贸易在内的所有对外贸易的基本法律规范。法规制定的目的是振兴对外贸，确立公正的交易秩序，谋求国际收支的平衡和通商的扩大，为发展国民经济做出贡献。主要包括对外贸易振兴、战略物资出口、产业设备出口、原产地标识、进出口限制措施、维护进出口贸易秩序等内容，但未涉及服务贸易相关规定。

（二）外商投资相关法令

韩国与投资相关的基本民商经济、行政及争议解决法律制度基本健全。外商投资相关法令有基本法令和其他法令。

1. 基本法令

《外国人投资促进法》（见下文）、《施行令》、《施行规则》。

《关于外商投资与技术引进的规定》（知识经济部通告）。

《外商投资综合公告》（知识经济部通告）。

《关于外商投资等的赋税减免规定》（企划财政部通告）。

《赋税特例限制法》（第5章关于外商投资等的赋税特例）、《施行令》、《施行规则》。

2. 其他法令

其他外汇、用工、税收、合同、土地、知识产权等分别在相应专门法律中做出规定，如《外汇交易法》（有关外商投资的外汇及对外交易的事项）、《出入境管理法》、《劳动基准法》、《国税法》、《关税法》、《商法》、《关于资本市场和金融投资业的法律》、《外国人土地法》、《知识产权基本法》、《专利法》和《商标法》等。

争议解决法律：《民事诉讼法》《民事执行法》《民事调解法》《仲裁法》《律师法》《行政诉讼法》《行政审判法》等。

其他相关法律：《关于指定及运营自由贸易区的法律》《关于指定及运营经济自由区的法律》《关于资本市场与金融投资业的法律》等。

《外国人投资促进法》于1998年制定，是韩国涉及外商投资的基本法律，对外商投资企业设立条件、形式、审批内容、投资领域、鼓励政策等做出了规定，部分内容以行政规则、地方条例形式做出具体规定。其下级法令规定了包括由该项法律委任的事项及法律施行所需事项，即《外国人投资促进法施行令》《施行规则》，以及《关于外商投资与技术引进》的规定。

若《外国人投资促进法》对外国投资商的外汇及对外交易等事项无特殊规定，则依据《外汇交易法》。关于外国投资商的赋税减免事项须依据《赋税特例限制法》及其《施行令》、《施行规则》及《关于外商投资等的赋税减免规定》。

另外，外资企业同样须依据国内法律设立的国内法人，即使通过了《外国人投资促进法》所规定的各项程序，也要遵守各个别法有关国内法人的规定。因此，若个别法规定了必须通过认可、许可程序时，则须通过该认可、许可方可营业。

2016年1月27日，韩国修改了《外国人投资促进法》，2016年7月28日正式实施。经过调整，简化了一些外资企业进入韩国之后的后期管理手续，整合了相关的申报窗口和程序。值得注意的是，韩国《大中小企业相生协力促进法》规定由大企业、中小企业以及学者等共同组成的“共同成长委员会”来审议通过限定为中小企业才能从事的行业。2016年具体变化内容参见表1。

需要特别说明的是，除与外国人投资有关的法律有规定的以外，在韩国投资的外资企业也是韩国当地企业，同等适用于各项国内法，如韩国国内法规定需要向政府报批的事项，外资企业需向有关部门报批。各项法律中，限制外商投资行业的修改内容见表2。

表1　2016年《外国人投资促进法》的修改情况

修改前	2016年修改后	备注
根据取得新股或者出资方式的外商投资申报	根据取得新股或者出资方式的外商投资申报以及许可申请（结合投资申报）	若取得新股，使用统一的单一投资申报
根据原有股份的外商投资申报及投资内容变更申报		
根据合并取得股份等的申报		

续表

修改前	2016 年修改后	备注
股份等的转让及缩减申报	废止股份等的转让以及缩减申报	被外商投资企业注册变更取代
外商投资企业注销申请	废止注销申请	被外商投资企业注册变更或者职权注册取消取代

表 2　限制外商投资行业的修改内容

行业	修改内容	备注
沿近海渔业（03112）	被删除	外商投资比例为 50% 时，由市长（指直辖市或广域市长）、道知事和市长、区厅长（区长）提前与海洋水产部长协商后许可渔业执照等内容
其他航空运送支援服务业（52939）	被删除	随着从《航空法》中独立出来、《航空事业法》的制定和施行，该行业被删除
报纸发行业（58121）	调整限制	提高外商的投资比例（从不超过 30% 调整到不超过 50%，但对日报保持不超过 30% 的股权限制）
国内银行（64121）	调整限制，调整主管部门	除根据《农业合作社法》成立的农协中央会（金融），根据《水产业合作社法》成立的水协中央会（金融）外，其他国内银行允许外商投资 主管部门由金融委调整为金融委员会、农林畜产食品部（新增）、海洋水产部（新增）

此外，还对科技领域非营利法人的外资范围做出调整，明确了外资的出资（韩称为“捐资”）比例，要求其出资总额超过 5000 万韩元，且要超过该非营利法人出资总额的 10%；允许外资进入的领域由仅限于研发高科技的法人扩大到从事自然科学和工科研究的法人。

三　韩国对外国投资合作的政策

（一）税收和税收减免制度

税收减免范围包括法人税、所得税（国税）和取得税、登录税、财产税、综合土地税（地方税）。税收减免对象，主要包括高新技术产业 467 项以及配套服务产业 111 项。另外，外国人投资区内的企业、自由贸易区内企业所从事的制造业及物流业，以及关税自由区内的物流业也属于税收减免对象。税收减免标准，法人税、所得税（国税）减免对象项目，自 2005 年开始，从最初赢利的年度起五年内 100% 免征，之后两年内减按 50% 征收（2005 年前为 7 免 3 减）；外国人投资区、自由贸易区、经济自由区域（包括济州国际自由城市）内的外资企业的法人税、所得税税收优惠为免 3 减 2；分红的法人税和所得税的减免期限和比例与法人税和所得税标准相同。符合前述条件的外商直接投资企业的土地、建筑物的取得税、登录税、财产税、综合土地税（地方税）从运营开始日起最长 15 年范围内享受税收减免优惠，其间享受减免的期限和比例由地方政府根据地方条例调整规定，可 100% 全部免征，也可按不同时段不同比例减免。外国人投资企业增资时，当年增资部分的税收减免（包括关税）与最初投资的待遇一样享受有关税收减免优惠。关税减免，《税收特例限制法》规定，直接用于法人税和所得税减免对象项目中的机械、器具、器材、零配件等产业设施以及其他原料、备用品，仅限于以新股发行方式进行投资时，其进口关税、特别消费税及增值税免征。此种情况下，其依据关税法的进口申告应在自外国人投资申告之日起三年之内完结，特殊情况经由财政经济部长官同意可再延长三年。技术进口税收减免，韩国国民或法人自外国进口能够提升本国产业竞争力的重要高新技术时，技术提供者所接受的技术转移费从当年合同规定的费用支付日起五年免缴法人税和所得税。对迂回投资的减免税政策和税收减免限度变更情况见表 3 和表 4。

表 3　对迂回投资的减免税政策

内容	变更前	变更后
相当于海外迂回投资的直接与间接持股比例	10%	5%

表4　税收减免限度变更情况

内容	变更前	变更后
税收减免限度变更	若在减免期间段所得税或法人税的减免总额超过以下合计金额，以后者的合计金额为限减免税额 1. 以投资金额为标准的限额： （1）对产业支援服务业以及伴随高技术的项目和入驻个别外商投资地区的项目累计外商实际投资额的70% （2）对其他税收减免对象外商投资企业的项目，其累计外商实际投资额的50% 2. 以雇用为标准的限额，取以下两个限额的最低金额 （1）以下三项合计金额 ①该征税年度的长期雇员中“紧贴产业需求型”高中毕业生数乘以2000万韩币 ②上述长期雇员中除上述高中毕业生以外的青年雇员、残疾人雇员和60岁以上的雇员总数乘以1500万韩币 ③此外的长期雇员乘以1000万韩币 （2）累计外商实际投资额的20% ＊累计外商实际投资额是指根据《外商投资促进法》来韩投资的外商投资者，在减免期间截至该征税年度结束日，实际到账的该外商投资企业的资本金总额	若在减免期间段所得税或法人税的减免总额超过以下合计金额，以后者的合计金额为限减免税额 1. 以投资金额为标准的限额： （1）对产业支援服务业以及伴随高技术的项目和入驻个别外商投资地区的项目累计外商实际投资额的50% （2）对其他税收减免对象外商投资企业的项目，其累计外商实际投资额的40% 2. 以雇用为标准的限额，取以下两个限额的最低金额 （1）以下三项合计金额 ①该征税年度的长期雇员中“紧贴产业需求型”高中毕业生数乘以2000万韩币 ②上述长期雇员中除了上述高中毕业生以外的青年雇员、残疾人雇员和60岁以上的雇员总数乘以1500万韩币 ③此外的长期雇员乘以1000万韩币 （2）累计外商实际投资额的50%（适用于被定位为增长动力型产业企业）或40%（适用于入驻相关特殊经济区的个别符合条件的企业），该标准自2017年开始实施。 ＊累计外商实际投资额是指根据《外商投资促进法》来韩投资的外商投资者，在减免期间截至该征税年度结束日，实际到账的该外商投资企业的资本金总额

（二）产业用地支援

根据《外国人投资促进法》规定，韩国政府为符合一定条件的外商投资企业，无偿或低价提供不同于国内产业园区的用地。该类用地分为个别型外商投资区、复合型外商投资区、自由贸易区和经济自由区等。

（三）财政支援

外商投资比例超过30%或外商为最大出资股东时，提供各种财政支援，包括教育培训补助、雇佣补助，以及协助改善外商投资地区基础设施和生活环境等。

四　韩国禁止外商投资的行业和领域

（一）禁止外商投资行业

韩国对涉及公共性的60多个行业，如影响国家安全或公共秩序的领域、不利于国民健康的领域以及违反其国内法律的领域，禁止外商投资（见表5）。

表5　韩国禁止外商投资行业

序号	行业名称
1	邮政业
2	中央银行
3	个人共济业
4	公司共济业
5	年金业
6	金融市场管理业
7	其他金融支援服务业
8	立法机关
9	中央最高执行机关
10	财政及经济政策行政
11	其他一般性公共行政
12	政府机关一般性辅助行政
13	教育行政
14	文化及旅游行政

续表

序号	行业名称
15	环境行政
16	保健及福利行政
17	其他社会服务管理行政
18	劳动行政
19	农林水产行政
20	建设及运输行政
21	通信行政
22	其他产业振兴行政
23	外交行政
24	国防行政
25	法院
26	检察院
27	教导机关
28	警察
29	消防署
30	其他司法及公共秩序行政
31	社会保障行政
32	幼儿教育机关
33	小学
34	初中
35	一般高中
36	商业及信息产业高中
37	工业高中
38	其他技术及职业高中
39	专门大学
40	大学
41	大学院
42	特殊学校
43	终身教育设施
44	其他未分类的教育机关
45	演出艺人
46	非演出艺人
47	产业团体
48	专家团体
49	劳动组合
50	佛教团体
51	基督教团体
52	天主教团体
53	民族宗教团体
54	其他宗教团体

续表

序号	行业名称
55	政治团体
56	环境运动团体
57	其他市民运动团体
58	其他协会及团体
59	驻韩外国公馆
60	其他国际及外国机关

资料来源：韩国产业通商资源部。

（二）限制外国投资的领域

韩国对限制类领域采取许可方式，而且有股权限制。主要的限制领域包括农业、畜牧业、渔业、出版发行、运输、输电和配电、广播通信等。需要说明的是，如果外国人拟投资的企业是兼有禁止和限制行业的企业，不得投资；如果该韩国企业有两个以上限制行业，则投资时其最高股比不得超过投资比例较低的那个行业的投资比例。

表 6　韩国限制外商投资行业

行业名（标准产业分类）	外商投资比例规定（给予许可）
谷物及其他粮食作物种植业	除水稻及大麦种植外
肉牛饲养业	外商投资比例低于 50% 时
沿海及近海渔业	
其他基础无机化学物质制造业	除制造、供给核电站燃料的业务外
其他有色金属提炼、精炼及合金制造业	除制造、供给核电站燃料的业务外
原子能发电业	未开放
水力发电业	外商从韩国电力公司买入的发电设备总和低于韩国国内全部发电设备的 30% 时
火力发电业	
其他发电业	
输电及配电业	外商投资比例低于 50%，外方持有表决权股份低于韩方第一大股东时
放射性废弃物收集搬运及处理业	除韩国《放射性废弃物管理法》第九条规定的放射性废弃物管理项目外
肉类批发业	外商投资低于 50% 时

续表

行业名（标准产业分类）	外商投资比例规定（给予许可）
内港旅客运输业 内港货物运输业	仅限于韩国朝鲜间旅客或货物运输且与韩国船舶公司合作、外资比例低于50%时
国际航空运输业	外资比例低于50%时
韩国国内航空运输业	
小型航空运输业	
报纸发行业	外资比例低于30%时
杂志及定期刊物发行业	外资比例低于50%时
无线电广播业	未开放
短波段电视广播业	未开放
节目供应业	外资比例不超过49%（但其中进行综合编辑的广播频道使用业外资比例须低于20%；专业报道编辑广播频道使用业外资比例应低于10%）时 （节目供应业指韩国《广播法》规定的“广播频道使用业”）
有线广播业	综合有线广播业外资比例不超过49%（但中转有线广播业外资比例应低于20%）时
卫星及其他广播业	外资比例低于49%（但如涉及综合编辑或从事专业报道编辑的网络多媒体广播内容，外资比例须低于20%）时
有线通信业	外国政府或外商个人（包括外国政府或个人是最大股东，其持有股份占总股份的15%以上的非营利法人）持有股份（限于有表决权的股份，包括股份托管证书等有表决权股份的等价物及出资持股）之和不超过股份总额的49%（外商不得成为韩国电信的最大股东，其持股应低于5%）时
无线通信业	
卫星通信业	
其他电子通信业	
新闻提供业	外资比例低于25%时
国内银行	仅限商业银行及地方银行（特殊银行，农水畜协未开放）

资料来源：韩国法制处《外国人投资以及技术引进规定》。

2016年朝鲜招商引资情况

一 概况

朝鲜的外资引进从20世纪80年代之前的引进援助和西方国家贷款，转变为80年代之后的直接投资引进，对外资的认识发生了质的变化。与外资引进相关的法律环境也逐步得到改善，从1984年公布合营法以来，各项相关法律陆续制定或修改，特区和开发区建设都有相关法律可依据。在外资引进上的最大变化是大力建设国内各地区开发区，外资引进从限定的几个特区扩展到国内各地区，外资引进政策出现巨大转变。

由于朝鲜政治经济体系受先军政治主导，经济体制是高度集中的计划经济体制，排斥全球化，忽视了社会主义市场经济和改革开放在社会主义初级阶段存在的必要性，被外界投资者普遍认为隐含投资风险。虽然在相关法律建设以及开发区建设等引进外资的具体措施上取得一定的成果，但不利于外资引进的因素仍然有很多。朝鲜推行的经济改革是在维持现有经济体制的前提下，主要通过挖掘内部资源来促进经济发展，引进外资被视为一种弥补国内资金短缺的所谓自力更生政策的延伸措施。计划经济体制下市场经济模式难以兼容，外资对经济发展的关联波及效果非常有限，加上朝鲜面临的恶劣国际政治、经济环境和国内落后的基础设施，朝鲜还不完全具备引进外资所需的稳定的政治经济环境。

从20世纪90年代起，中国成为朝鲜最大的贸易伙伴，也是朝鲜最主要的投资来源。为获得更多来自中国的资金，多年来各种朝鲜招商机构以中朝边境的丹东、珲春、延边等地为起点，呈放射状延伸至中国内地。经过多年的发展，已广泛分布在东北地区，以及包括北京、上海在内的国内多个城市。为保障中国企业的投资权益，朝鲜成立了专门委员会——朝鲜科学技术协助委员会，每年举办一次投资沟通说明会，专门协调和讨论中朝企业投资之间的问题。

截至2016年底，朝鲜已宣布设立9个中央级经济开发区和18个地方级经济开发区，已着手选定各经济开发区入驻企业，正式推进经济开发区建设。

据中国商务部统计，2016年中国对朝鲜直接投资流量2844万美元。截至2016年末，中国对朝鲜非金融类直接投资存量6.79亿美元（见表1）。

表1 2012～2016年中国对朝鲜直接投资情况

单位：万美元，%

年份	年度流量	同比增长	存量
2012	10946	95.6	42236
2013	8620	-21.2	58551
2014	5194	-39.9	61157
2015	4121	-20.7	62500
2016	2844	-31	67915

按照2017年8月6日安理会第2371号决议，8月25日，中国商务部发布第47号公告，禁止中国企业在朝鲜境内开设新的合资或合作

实体，禁止朝鲜实体或个人来华新设中外合资经营企业、中外合作经营企业、外资企业，禁止现有双向投资企业增资扩大规模。按照2017年9月12日安理会第2375号决议，9月28日，中国商务部会同工商总局发布第55号公告，要求自第2375号决议通过之日起120天内关闭朝鲜实体或个人在中国境内设立的中外合资经营企业、中外合作经营企业、外资企业，关闭中国企业在境外与朝鲜实体或个人设立的合资合作企业。

据中国商务部统计，2016年中国企业在朝鲜新签承包工程合同1份，新签合同额8万美元，完成营业额292万美元；当年派出各类劳务人员28人，年末在朝鲜劳务人员80人。

二　投资主管部门

2010年3月以前，朝鲜贸易省是外国投资的政府主管部门，负责制定外国投资的相关政策。具体的事务性工作由其下属的对外经济合作局负责。2010年7月，朝鲜内阁新成立了部级双向投资政策主管部门“合营投资委员会”。其职能为与外国政府、民间、个别企业进行投资促进活动，掌控、指导相关投资活动（审批投资项目），改善投资环境，与其他国家签订保护和鼓励投资协定，统一掌握指导投资相关部门，如邀请或派出与投资相关的代表团，管理出口加工区、特殊经济地区等。中朝两国共同开发、共同管理的罗先经济贸易区、黄金坪、威化岛经济区业务，也曾由该委员会具体负责。2013年10月，朝鲜政府重组了“国家经济开发委员会”，负责罗先经济贸易区、黄金坪、威化岛经济区以及各地经济开发区的招商引资、[illegible]业务，朝鲜合营投资委员会不再负责经[illegible]工作，仅负责经济开发区以外的[illegible]外资管理等工作。此外，朝[illegible]央特区开发指导总局”，[illegible]旅游特区和开城工业园区。[illegible]将合营投资委员会和国家经济开发委员会都归并于贸易省，并把贸易省改称为对外经济省，实现了吸引外资窗口的一体化。

三　对外国投资的市场准入规定

（一）投资行业的规定

朝鲜政府关于外国投资合作的主要法律法规包括《外国人投资法》（外国对朝投资的基本法）、《合营法》（相当于合资法）、《合作法》、《外国人企业法》（独资法）、《外汇管理法》、《土地租赁法》、《外国投资企业及外国人税法》、《外国人投资企业破产法》、《外国投资企业劳动法》、《外国人投资企业财务管理法》、《外国投资企业注销法》、《外国投资企业登记法》和《外国投资银行法》等外商投资的基本的法律及其施行规定，以及主要适用于特殊经济区的相关外资法律和实施规定等。

1. 允许投资领域

根据朝鲜《外国人投资法》（相当于总体的外商投资法）、《合营法》、《合作法》、《外国投资企业和外国人税法》、《外国投资企业和外国人税法实施规定》、《加工贸易法》以及《朝鲜外国人投资企业高新技术引进规定》等法律法规，外国企业可以在朝鲜的工业、农业、资源开发、建设、运输、通信、科技、旅游、流通、金融等多个领域进行。

2. 禁止或限制投资领域

朝鲜法律规定，禁止或限制设立影响朝鲜国家安全和风俗的以出口资源为目的的项目（含以初级产品出口为目的的矿产品采掘类投资）、经济性和技术性落后的项目、不符合环保标准的项目、效益较低的项目。

3. 鼓励类领域

采用尖端技术等现代化技术的项目；产品在国际市场上具有高竞争力的项目；科学研究及技术开发项目；基础设施建设项目。

（二）投资方式的规定

按照朝鲜法律规定，外商投资是指外国投资者为进行经济活动而向朝鲜投资财产、产权或专利。外国投资银行包括在朝鲜设立的合营银行（合资银行）、外国人银行（独资银行）、外国银行支店（分支机构），合资银行和独资银行具有法人资格。外国企业可以采取合资（朝鲜称为“合营”）、合作方式（外方不参与经营，由朝方负责经营）及独资方式。朝鲜《合营法》和《合作法》分别对合营企业和合作企业的出资合作方式、审批机关、公司章程、利润汇出、偿付责任、优惠政策等予以详细规定。投资者须与朝方签署合资（合作）合同等文件，并向政府部门申请企业设立许可和营业许可等。投资方式分为直接和间接投资方式。朝鲜《外国人企业法》（独资企业法）对投资主管部门、申请程序和文件、银行账户、企业税收等也进行了具体规定。目前朝鲜尚无关于外资并购、反垄断等方面的法律规定。如外资计划实施收并购业务，可向朝鲜对外经济省合营指导局咨询相关具体手续及操作流程。

四　朝鲜对外国投资优惠情况

朝鲜对外国投资者实行的优惠政策，主要体现为行业优惠和地区优惠政策两种。优惠政策措施主要表现为自主经营权、税收减免、亏损补偿等方面。

自主经营权。符合行业规定的外资企业，可遵照朝鲜现行法规自行决定经营方法；可自行决定产品出口和原材料进口；在有关机关的许可下，可雇用外国技术人员。

所得税减免。在特殊经济区以外的外商投资企业所得税按结算利润的 25% 征收。外国政府或国际金融组织等金融机构给予朝政府银行贷款或商业银行向朝方企业提供优惠贷款时，予以免税。对于鼓励类项目和特殊经济区的生产类项目，实行自获利年度开始“三年免税，两年减半”的优惠政策。

关税免除。对于外销企业，免征外资企业投资的固定资产、生产及经营所必需的原料、零部件、物资的进口关税；免征企业自行生产产品的出口关税。

利润汇出。外国投资者合法所得外汇可免税汇往国外；外国人工资的 60% 允许汇往国外，如超过 60%，应当向外汇管理机关提出申请并获得。

亏损补偿。外国投资企业可以用当年的结算利润弥补上一年的亏损，但补偿期限不得超过四年。

利润再投资优惠。对于把利润用于再投资且已经营五年以上的企业，返还其已交付企业所得税的 50% 或在今后缴纳企业所得税中予以抵扣。但企业如再投资后五年经营期未满就撤资或清算，须补交减免的所得税税款。

交易税免除。外资企业产品出口的，免征交易税。

土地转让费分期支付。对于鼓励类项目以及土地转让费巨大的项目，经土地出租部门同意，允许外资企业在三年间分期支付土地转让费。

2016年蒙古国招商引资情况

一　蒙古国吸引外资的政策和法律

1993年7月，蒙出台了《外国投资法》，该法主要规定了投资方式、投资领域、出资方式、外国投资者的权利和义务等，规范了国内的外国投资行为。并对相关法律进行了补充修改，如1994年颁布了《调整外汇法》，1996年陆续颁布了《中央银行法》《银行法》《关税法》《海关法》，1997年颁布了《土地费法》《审计法》《破产法》，1999年颁布了《劳动法》《公司法》。2000年颁布了《旅游法》《禁止非公正竞争法》，2001年颁布了《劳动输入输出法》，2002年颁布了《土地法》《证券法》，以及专门鼓励外国投资者投资的《经济自由区法》《可拉坦布拉格贸易自由区法》《扎门乌德经济自由区法》《查干诺尔贸易自由区法》，2006年陆续颁布《私人所得税法》《增加所得税法》《企业所得法》。

蒙古国内的主要经济部门是农牧业和采矿业，其中外国对蒙投资的85%在矿业领域。矿业投资法律有1991年的《石油法》《石油法实施细则》；1997年蒙古国家大呼拉尔通过第一部《矿产资源法》，并进行了修改、完善。2001年6月27日，蒙政府确定了《引进外资的重点行业目录》。2002年1月3日，对《外国投资法》的补充修改案中，增加了鼓励投资大项目的条款。按该条款规定，为给投资200万美元以上的投资者创造稳定的经营环境提供法律保障，负责税务政策问题的政府成员可以代表蒙古国政府与外商签订《税收稳定经营合同》。首次投资额达到200万～1000万美元或与其价值相等的当地货币项目，签订《税收稳定经营合同》的期限为10年；1000万美元以上或与其价值相等的当地货币的项目，期限为15年。经过修改、完善，2006年通过《矿产法新版》。2006年的《蒙古矿产法》是目前蒙古国矿业管理法律体系的主要法规，适用于除水、石油、天然气以外的其他矿产资源勘查勘探、开采关系的协调。该法规定蒙古国对矿产资源的勘探、开发采用特别许可制度，分别为勘探特别许可和开采特别许可。特别许可的授予遵循先申请原则，如存在多个申请人，颁发给最先提出申请且符合要求的法人。环境保护方面，进行勘探和开采活动前，须先取得自然环境机关书面批准。

为了加快基础设施和能源项目的进一步建设，促进政府公共部门和私营部门间合作，推动基础设施建设，"公私合作伙伴关系"（PPP）模式在蒙古国得到了积极推广和应用。2009年10月，蒙古国政府出台"公私合作伙伴关系"国家政策，鼓励私营部门参与各领域项目建设。2009年颁布《核能法》等。2010年1月，蒙古国议会通过《特许经营法》，该法于2010年3月1日生效。2012年蒙古国经济发展部成立，其下设立创新和公司合作司，专门负责特许经营项目实施协调等。2012年6月4日蒙古国大呼拉尔通过了《战略领域外国投资协调法》，将矿产资源、金融、媒体通信列为关系国家安全的战略性领域，并对外国投资者尤其是外国国有投资或含国有成分的投资者投资战略领域设置了更严格投资限制。外国投资者在投资蒙古国战略部门的企业时，如果所占股份超过49%并且投资金额超过1000亿图（约合7600万美元），必须得到蒙古国政府及议会的批准。

2013年，为恢复外商对蒙投资的信心，吸引更多企业入蒙投资建设，着力提高投资政策的稳定性和延续性以及强化与国际金融组织的联系，蒙古国对《外国投资法》进行了修改，并对一些项目制定了进口材料免关税的优惠政策。2013年9月，蒙古国大呼拉尔通过新《投资法》，并废止《战略领域外国投资协调法》。2013年11月1日正式实施《投资法》。主管外国投资事务的国家行政机关是外国投资局。根据该法，除蒙古国法律法规禁止从事的生产和服务行业以外，都允许外商投资。蒙古国法律明确禁止的行业是麻醉品、鸦片和枪支武器生产等，除此之外没有其他禁止投资的行业。新《投资法》对外国投资者和蒙本土投资者实行统一待遇，并简化了企业投资注册程序，企业可在蒙古国国家登记注册局办理“一站式”企业注册相关手续，取消了对外国私营投资者投资领域限制，进一步放宽了外商投资比例的审批路径，如基础设施和矿产业的投资股份在大于33%的情况下，只要通过蒙古国主管政府部门批准即可，无须提交到议会审批。

同时在《外国投资法》中也规定了一系列的税收优惠政策，用以调整和改进外商企业在蒙的投资方向，如对于西部地区或者山区的外商投资优惠期可以达到11～13年。新《投资法》虽然保护保障了投资者合法权益，对恢复外国投资者信心发挥了一定积极作用，但受近年来国际市场大宗矿产品价格持续走低等外部因素影响，2013～2014年蒙古国吸收外国直接投资规模连续两年出现大幅下降。相较于2007年的1607家，2014年蒙古国外国投资公司只有340家，为近十年最少。

针对环境保护问题，蒙议会和政府通过了一系列法律法规，对矿产资源开发行业矿区环境保护和恢复、矿区附近水源和森林地保护等进行了严格规范，企业申请矿产开采许可证时根据蒙古国《环境保护法》与《环境影响评估法》的规定，需提供详细环境评估报告，水源和森林地一定范围禁止从事矿产资源勘探和开发等。

2014年的《矿产法》修订草案主要包括两大方面修改内容，一是恢复发放新勘探特别许可证；二是建立健全长期、稳定的矿产领域投资开发法律环境。为维护投资者权益、处理投资者投诉、预防潜在风险、优化法律环境，2016年12月蒙古国成立投资者权益保护委员会。

二　蒙古国外国投资相关规定

1. 外国投资种类

外国投资者（包括外国法人和自然人）可进行以下种类的投资：（1）自由外汇、利润再投资（可以是投资所得的收入）；（2）动产和不动产及与其相关的财产权；（3）知识与工业产权。

2. 外国投资实施方式

蒙古国的外国投资企业是指按蒙古国法律注册成立，外国投资人占有股份25%或以上且每个外国投资人的投资额超过10万美元或等额图格里克的企业。在蒙古国，投资设立企业的形式包括公司代表处、分公司、有限责任公司和股份公司等。

在蒙古国的外国投资按下列方式实施：（1）投资人单独或与其他投资人合作成立企业；（2）投资人购买股票、债券和其他有价证券；（3）通过并购、合并公司的方式进行投资；（4）签署租让权、产品分成、市场营销、经营管理合同和其他合同；（5）融资租赁和专营权形式的投资；（6）法律未禁止的其他形式。

目前外商在蒙投资的主要方式是以现汇和机械设备进行直接投资为主。（1）石油天然气开发项目主要采取国际通用做法，投资商与蒙古国政府签订产品分成合同。产品的具体分成比例为：向蒙古国政府缴资源开发费12.5%，剩余87.5%中的40%用于投资者偿还成本，而后所剩部分由双方平均分成。（2）独资经营。一是在矿产开发行业，直接购买勘探、开发权进行独资开发（部分雇用蒙古技术人员合作）；二是自己购买或租用厂房建立独资企业，只让当地部分人员参与管理有关涉外工作（许多服装厂均采取此方式）。（3）合资经营。有三种方式：一是双方按比例投资，共同经营；二是以合资名义注册，实际完全由外商投资和管理，蒙方只负责个别与有关部门的协调工作，按利润或产量给予一定的提成；三是使用部分贷款开采矿产资源等较大的项目，采取蒙方以矿产权入股，外商以设备和现汇入股方式的合作，基本上是先还贷款，后按投入比例分成利润。

3. 外国投资安全审查

根据《投资法》规定，外国国有资产法人在矿业、金融、新闻、通信领域开展经营活动且其持股比例达到33%或以上的，须报主管投资事务的中央行政机关（外国投资局）进行审批。

4. 经营者集中反垄断审查

蒙古国《竞争法》规定，具有支配地位的商业实体意图通过合并、兼并或收购20%以上普通股或50%以上优先股的方式，改组与其在市场上销售同一产品或合并、兼并了相关商业实体的竞争企业，需要向蒙古国公平竞争和消费者保护局进行申报。

具有“支配地位”，是指一个商业实体单独或与其他商业实体或关联企业共同在相关产品市场上生产销售的市场份额超过1/3。

公平竞争和消费者保护局审查认为交易将对经济环境产生限制竞争影响的，可以否决交易，注销已经完成的企业。但如果能够证明交易本身给国家经济带来的利益超过对竞争的损害，该交易将不被否决。

5. 外资企业获得土地的规定

蒙古国《投资法》允许外国投资者以合同占有、使用土地最长60年，并可将该期限按原有条件延期至最长40年。目前，蒙古国正在对《土地法》进行修订，未来对外资企业获得土地的相关规定或将更加严格和规范。

6. 外国公司承包当地工程的规定

按蒙古国法律规定，外国承包商在蒙古国承包工程需在蒙古国注册公司并获得蒙古国建筑与城市建设部颁发的《建筑工程许可证》，项目开工时，要到国家技术监督总局办理《建设开工许可证》。国际招标的大型综合性工程需根据招标方要求执行。

蒙古国不允许外国自然人在当地承揽工程承包项目。

目前蒙古国法律还未明文规定哪些领域禁止外国承包商承包工程项目，但承包工程需经过政府建设部门和技术监督部门审查许可。

三　蒙古国对外国投资的优惠

根据2013年的《投资法》，为鼓励外商投资蒙古国对投资提供的扶持由税收和非税收组成。

1. 对投资的税收扶持

蒙古国政府向投资者提供下列的税收扶持：（1）免税；（2）减税；（3）加速核减纳税收入中的折旧费；（4）从未来收入中核减纳税收入中的亏损；（5）纳税收入中核减员工培训费用。

下列情况下免除进口机器设备在安装过程中的关税及可将增值税税率降至0：（1）建设建材、石油、农牧业加工和出口产品工厂；（2）建设包含纳米技术、生物技术和科技创新产品工厂；（3）建电厂及铁路。此外，还可按税法调整对投资者提供的上述两大类扶持。

蒙古国对吸引外资的重点领域的税收扶持：（1）电力热力站、电力热力输送网、公路、铁路、航运及其工程建设项目、通信网络等基础设施建设行业十年内免征所得税，后五年减税50%；（2）石油、固体燃料的开采和加工、冶金、化学、金属、机械制造、电子行业五年内免征所得税，后五年减税50%；（3）产品的50%以上出口的项目（不包括羊绒羊毛的洗、梳，皮革初级加工项目），则三年内免征所得税，后三年减税50%；（4）农业开发项目，其生产所得收入减征应交所得税的50%。

2. 对投资的非税收扶持

蒙古国政府按下列形式对投资提供非税收扶持：（1）允许以合同占有、使用土地最长60年，并可按原有条件将该期限延期至最长40年；（2）向自由贸易区、工业技术园区经营的投资者提供扶持，简化注册登记和检验通道手续；（3）扶持基础设施、工业、科技、教育建设项目，增加引进外国劳务及技术人员数量，免除岗位费，简化相关许可的审批；（4）扶持科技创新项目的融资，向生产出口型创新产品的融资提供担保；（5）依法向在蒙古国投资的投资者及其家人发放多次往返签证及长期居住许可；（6）法律规定的其他扶持。

或者按土地法、自由贸易区法、工业技术园区地位法、科技创新法、劳务输出与劳务及技术人员输入法以及其他相关法律调整对投资的非税收扶持。

3. 稳定税收比例

为增强外国投资者信心，蒙古国《投资法》规定稳定税收比例（税率），向符合条件的投资者授予稳定证书，按稳定证书在其有效期内稳定下列税费的课征率：（1）企业所得税；（2）关税；（3）增值税；（4）矿产资源补偿费。投资法人在蒙古国实施的项目符合一定条件则授予稳定证书，但对生产、进口、销售烟和酒精饮料的经营行为不提供税率稳定。

投资法人在蒙古国实施的项目完全符合下列条件则授予稳定证书：（1）商业计划、可行性研究规定的投资总额达到规定的额度；（2）如法律有规定则已做自然环境影响评估；（3）创造稳定的就业岗位；（4）推广新技术工艺。

4. 行业鼓励政策

蒙古国目前没有特别针对行业的鼓励政策，但是在税收稳定等方面，对矿业开采、重工业、基础设施领域有一定的政策倾斜。随着蒙古国对矿业保护政策不断加强，矿产投资空间日渐缩小，加之蒙古国政府对城市规划、基础设施建设以及房地产业的日益重视，房地产、建筑建材领域成为继矿业、农业等支柱产业之后新的投资热点。

5. 地区鼓励政策

蒙古国目前没有特别针对地区的鼓励政策，但是在税收稳定等方面，对中部地区（戈壁松贝尔省、东戈壁省、中戈壁省、达尔汗乌勒省、南戈壁省、色楞格省、中央省）、杭爱地区（后杭爱省、巴彦洪格尔省、布尔干省、鄂尔浑省、前杭爱省、库苏古尔省）、东部地区（东方省、苏赫巴托省、肯特省）和西部地区（巴彦乌列盖省、戈壁阿尔泰省、扎布汗省、乌布苏省、科布多省）有一定的政策倾斜。

6. 特殊经济区域的规定

2002年7月蒙古国议会通过了《关于建立自由贸易区法》。2015年2月蒙议会通过新的《自由区法》，为下一步加快推进自由区建设提供了法律基础。目前蒙古国经济区事务由蒙古国工业部负责，工业部下设自由区处，负责推进国内和跨境经济区建设与合作。

2002年蒙内部曾通过开设四大自由经济区的计划，但由于缺少资金、地理位置偏远、交通不便等原因，建设进程缓慢。蒙古国建设四大自由经济区的计划出台后，中国、俄罗斯及欧盟各国予以支持并增加了对蒙古国的投资。四大自由经济区投入使用后将增加大量工作岗位，减少无业人数，同时增加国民经济收入，提高国民生活水准。蒙古国利用口岸自由经济区的优势吸引投资，带动口岸城市的发展，同时不断扩大与中国、俄罗斯及欧盟各国的经贸合作。

蒙古国欲在天津建立专属经济区，同时打通乌兰巴托到天津港的出海通道。

四　蒙古国招商引资情况

据蒙古国投资局统计，2014 年蒙古国接受外资 14353 亿图（约合 7.89 亿美元），其中外国直接投资（FDI）9229 亿图（约合 5.07 亿美元），外国贷款 3689 亿图（约合 2.03 亿美元），外国援助 1435 亿图（约合 0.79 亿美元）。联合国贸发会议发布的 2015 年《世界投资报告》显示，2014 年，蒙古吸收外资流量为 5.1 亿美元；截至 2014 年底，蒙古吸收外资存量为 166.9 亿美元。

中国是仅次于荷兰的蒙古国第二大投资国，中国对蒙古国投资占外国对蒙古国投资总额的近 40%。在蒙注册中资企业数量占蒙外资企业总数近半。目前在蒙累计注册中资企业数量约 6500 家。蒙古国对中国企业投资合作的保护政策主要有中国与蒙古国于 1991 年 8 月 26 日签署的《关于鼓励和相互保护投资协定》《关于对所得避免双重征税和防止偷漏税的协定》。2014 年 8 月，中国商务部和蒙古国经济发展部签署了《关于研究建立中蒙两国跨境经济合作区谅解备忘录》。据中国商务部统计，2014 年中国对蒙古国直接投资流量 5.03 亿美元。截至 2014 年末，中国对蒙古国直接投资存量 37.62 亿美元。中国对蒙古国投资的主要行业有地质矿产资源勘探与开采、贸易餐饮服务、建筑工程及建材生产、畜产品加工、食品生产等。其中，60% 以上的投资集中在地质和矿产领域。2014 年 8 月，习近平主席访问蒙古国期间宣布，将向蒙提供新的优惠出口买方信贷额度。2016 年，蒙一批公路、桥梁、电力、通信类项目使用中方优买贷款启动实施，提升了当地基础设施水平。5 月 6 日，中国商务部部长高虎城与蒙时任总理共同出席乌兰巴托新机场高速公路开工仪式，标志着蒙古国首条高速公路在中方优买贷款支持下正式动工。2016 年 5 月 5 日，中蒙签署《中国商务部与蒙古工业部关于中蒙二连浩特—扎门乌德跨境经济区合作共同总体方案》。合作区规划面积 18 平方公里，将成为集国际贸易、物流仓储、进出口加工、电子商务、旅游娱乐及国际金融服务等多功能于一体的综合开放平台。

东北亚时事动态

东北亚政治

中国

中国人民解放军战区成立大会在北京举行

中国人民解放军战区成立大会2016年2月1日在北京八一大楼隆重举行。中共中央总书记、国家主席、中央军委主席习近平向东部战区、南部战区、西部战区、北部战区、中部战区授予军旗并发布训令，强调建立东部战区、南部战区、西部战区、北部战区、中部战区，组建战区联合作战指挥机构，是党中央和中央军委着眼实现中国梦强军梦做出的战略决策，是全面实施改革强军战略的标志性举措，对确保我军能打仗、打胜仗，有效维护国家安全，具有重大而深远的意义。

成立大会上，中共中央政治局委员、中央军委副主席范长龙宣读了习近平主席签发的中央军委关于组建战区机关及其领导班子成员任职命令和决定，中共中央政治局委员、中央军委副主席许其亮主持大会。

中央军委委员常万全、房峰辉、张阳、赵克石、张又侠、吴胜利、马晓天、魏凤和出席大会。军委机关各部门领导、驻京各单位主要领导和各军兵种官兵代表参加大会。

中共中央政治局常委俞正声出席2016年对台工作会议并作重要讲话

2016年对台工作会议2月2日在北京举行。俞正声出席会议并作重要讲话。俞正声指出，过去一年，以习近平同志为核心的党中央，准确分析和把握台海形势，主动引领两岸关系发展，两岸领导人实现66年来的首次会面，翻开了两岸关系历史性一页，具有重要的历史意义和广泛深远的国际影响。各地各部门认真贯彻落实中央对台工作方针和决策部署，迎难而上，积极作为，推动对台工作取得新进展。中央给予充分肯定。

俞正声强调，2008年以来，两岸双方在坚持“九二共识”、反对“台独”的政治基础上，建构两岸交流合作制度框架，扩大和深化了各领域的交流合作，增进了两岸同胞福祉。事实证明，两岸关系和平发展是一条正确道路，两岸关系向前发展的大趋势谁也挡不住。我们要毫不动摇地坚持中央对台工作大政方针，坚持一个中国原则，坚决反对和遏制任何形式的“台独”分裂活动，坚决维护国家主权和领土完整，维护两岸关系和平发展和台海和平稳定。

国务委员杨洁篪主持会议。中央有关领导同志出席。中共中央台办、国务院台办主任张志军作工作报告。中央党政军有关部门和各地有关负责同志出席会议。

中国代表强调推动国际关系民主化和法治化

中国常驻联合国代表刘结一2月15日在安理会公开辩论会上发言表示，《联合国宪章》依然具有强大生命力和重要现实意义，应坚定捍卫其宗旨和原则，重点是要大力推动国际关系民主化和法治化。

联合国安理会当天举行“尊重《联合国宪章》宗旨和原则，维护国际和平与安全”公开辩论会。刘结一发言指出，《联合国宪章》体现了人类对两次世界大战的深刻反思，描绘出世界人民共建美好世界的宏伟蓝图。国际社会应铭记历史，坚决维护世界反法西斯战争胜利成果，坚定捍卫其宗旨和原则。

全国人大常委会首次举行宪法宣誓仪式

十二届全国人大常委会2月26日下午在人民大会堂首次举行宪法宣誓仪式，张德江委员长主持并监誓。

十二届全国人大常委会第十九次会议任命了全国人大有关专门委员会副主任委员、常委会工作委员会副主任等6名国家工作人员，按照2016年1月1日开始施行的《全国人民代表大会常务委员会关于实行宪法宣誓制度的决定》，上述人员依法进行宪法宣誓。

人民大会堂二楼东大厅国徽高悬，五星红旗鲜艳夺目，宣誓台上摆放着《中华人民共和国宪法》。宪法宣誓现场气氛庄严隆重。下午5时许，全国人大常委会委员长张德江宣布宪法宣誓仪式开始。全体起立，同唱中华人民共和国国歌。国歌唱毕，领誓人、新任命的全国人大财政经济委员会副主任委员刘源走到宣誓台前，将左手抚按在宪法上，右手举拳，宣读誓词。新任命的全国人大常委会法制工作委员会副主任王超英、张勇、许安标，全国人大常委会预算工作委员会副主任刘伟、朱明春等人并排站在领誓人身后，举起右拳，跟诵誓词。

“我宣誓：忠于中华人民共和国宪法，维护宪法权威，履行法定职责，忠于祖国、忠于人民，恪尽职守、廉洁奉公，接受人民监督，为建设富强、民主、文明、和谐的社会主义国家努力奋斗！”全国人大常委会副委员长兼秘书长王晨和全国人大机关有关负责同志、全国人大机关干部等约50人参加。

中国人民政治协商会议第十二届全国委员会第四次会议在北京人民大会堂召开

2016年3月3日，中国人民政治协商会议第十二届全国委员会第四次会议在人民大会堂开幕。党和国家领导人习近平、李克强、张德江、刘云山、王岐山、张高丽等在主席台就座，祝贺大会召开。

全国政协主席俞正声，全国政协副主席杜青林、韩启德、帕巴拉·格列朗杰、董建华、万钢、林文漪、罗富和、何厚铧、张庆黎、李海峰、陈元、卢展工、周小川、王家瑞、王正伟、马飚、齐续春、陈晓光、马培华、刘晓峰、王钦敏在主席台前排就座。

全国政协十二届四次会议应出席委员2214人，实到2136人，符合规定人数。下午3时，杜青林宣布大会开幕，全体起立，唱国歌。大会首先审议通过了政协第十二届全国委员会第四次会议议程。俞正声代表政协第十二届全国委员会常务委员会，向大会报告工作。

3月14日下午，中国人民政治协商会议第十二届全国委员会第四次会议圆满完成各项议程，在人民大会堂闭幕。会议号召，人民政协的各级组织、各参加单位和广大政协委员，更加紧密地团结在以习近平同志为核心的党中央周围，高举中国特色社会主义伟大旗帜，全面贯彻中共十八大和十八届三中、四中、五中全会精神，以邓小平理论、“三个代表”重要思想、科学发展观为指导，深入学习贯彻习近平总书记系列重要讲话精神，开拓进取，扎实工作，为全面建成小康社会、实现中华民族伟大复兴的中国梦而努力奋斗。

习近平、李克强、张德江、刘云山、王岐山、张高丽等在主席台就座。

会议通过政协第十二届全国委员会第四次会议关于常务委员会工作报告的决议、政协第十二届全国委员会提案委员会关于政协十二届四次会议提案审查情况的报告、政协第十二届全国委员会第四次会议政治决议。

第十二届全国人民代表大会第四次会议在北京人民大会堂召开

2016 年 3 月 5 日，第十二届全国人民代表大会第四次会议在北京人民大会堂开幕。党和国家领导人习近平、李克强、俞正声、刘云山、王岐山、张高丽等出席会议。

国务院总理李克强向大会作政府工作报告。近 3000 名全国人大代表出席盛会，肩负 13 亿人民重托，履行宪法和法律赋予的神圣职责。

大会主席团常务主席、执行主席张德江主持大会。

习近平、李克强、俞正声、刘云山、王岐山、张高丽和大会主席团成员在主席台就座。

十二届全国人大四次会议应出席代表 2943 人。这次会议，出席 2890 人，缺席 53 人，出席人数符合法定人数 。

3 月 16 日上午，第十二届全国人民代表大会第四次会议在人民大会堂举行闭幕会，表决关于政府工作报告、关于国民经济和社会发展第十三个五年规划纲要、关于 2015 年国民经济和社会发展计划执行情况与 2016 年国民经济和社会发展计划、关于 2015 年中央和地方预算执行情况与 2016 年中央和地方预算、关于全国人民代表大会常务委员会工作报告、关于最高人民法院工作报告、关于最高人民检察院工作报告等 7 个决议草案；表决中华人民共和国慈善法草案和关于确认全国人民代表大会常务委员会接受黄润秋辞去第十二届全国人民代表大会常务委员会委员职务的请求的决定草案。

首届中俄网络空间发展与安全论坛举行

首届中俄网络空间发展与安全论坛 4 月 27 日在莫斯科举行，中国国家互联网信息办公室主任鲁炜、俄罗斯联邦总统助理晓戈列夫出席论坛并致辞。

本次论坛由中国网络空间安全协会与俄罗斯安全互联网联盟共同主办，主题为“中俄信息通信技术合作的前景”。论坛设立 3 个分会场，就网络安全、个人隐私、防止网络犯罪等多个议题，从技术交流、人才培养、政策研究等多个方面进行讨论。中俄双方的政府代表、企业界代表、专家学者等 300 余人与会。

鲁炜在致辞中说，网络大国应始终坚持从国际道义出发，担当大国责任，与世界各国携手构建网络空间命运共同体。他说，中俄同为网络大国，在全球互联网发展治理上肩负重任，责无旁贷。

纪念抗日战争胜利71周年座谈会举行

纪念中国人民抗日战争暨世界反法西斯战争胜利 71 周年座谈会 9 月 2 日在北京举行，中共中央政治局委员、中央书记处书记、中宣部部长刘奇葆出席。

71 年前，中国人民经过艰苦卓绝的浴血奋战，打败了穷凶极恶的日本军国主义侵略者，赢得了近代以来中国反抗外敌入侵的第一次完全胜利，开辟了中华民族伟大复兴的光明前景。

座谈会上，来自中央党史研究室、中央统战部、中央军委政治工作部的有关负责同志和抗战老战士、青年学生代表先后发言，从不同角度回顾了中国人民抗日战争的峥嵘岁月，阐述了中国人民抗日战争暨世界反法西斯战争胜利的伟大意义，充分表达了中国人民铭记历史、缅怀先烈、珍爱和平、开创未来的决心和信心。

座谈会由中央宣传部、中央统战部、中央党史研究室、中央军委政治工作部联合举办。参加过抗日战争的老战士老同志代表、抗战烈士遗属代表，中央党政军群有关部门负责同志，各民主党派中央、全国工商联负责人和无党派人士代表，为中国人民抗日战争胜利做出贡献的国际友人或其遗属代表及首都各界群众代表等约 200 人参加座谈会。

中俄海上军演进入实施阶段

参加中俄“海上联合—2016”军事演习的中俄双方参演舰艇，9 月 15 日离开湛江某军港，前往预定海域集结。这标志着此次联合军事演习正式进入海上联合行动实施阶段。

此次演习，中俄双方共派出水面舰艇13艘、潜艇2艘，固定翼飞机11架、舰载直升机10架，海军陆战队员256人以及部分两栖装甲装备。

根据联合演习计划方案，联演分为演习准备阶段、海上联合行动实施阶段和演习总结阶段。在海上联合行动实施阶段，中俄双方参演舰艇将分成红方和蓝方，并首次以“背靠背”方式开展对抗演练。

国务院首次举行宪法宣誓仪式

9月18日上午，国务院在中南海首次举行宪法宣誓仪式。国务院总理李克强监誓。根据《全国人民代表大会常务委员会关于实行宪法宣誓制度的决定》和《国务院及其各部门任命的国家工作人员宪法宣誓组织办法》，2016年以来国务院任命的38个组成部门、直属特设机构、直属机构、办事机构、直属事业单位的55名负责人依法进行宪法宣誓。

国务院小礼堂悬挂着庄严的国徽，气氛隆重。宣誓台上摆放着《中华人民共和国宪法》。

国务委员兼国务院秘书长杨晶宣布宪法宣誓仪式开始。全体起立，面向国旗，同唱中华人民共和国国歌。领誓人左手抚按宪法，右手举拳，宣读誓词。其他宣誓人列队站立，举起右拳，跟诵誓词。“我宣誓：忠于中华人民共和国宪法，维护宪法权威，履行法定职责，忠于祖国、忠于人民，恪尽职守、廉洁奉公，接受人民监督，为建设富强、民主、文明、和谐的社会主义国家努力奋斗！”宣誓后，李克强勉励大家履行誓言，恪尽职守，不懈努力。国务院副总理张高丽、汪洋、马凯，国务委员常万全、杨洁篪、郭声琨，以及国务院有关部门主要负责同志等参加仪式。

中俄两军举行反导问题联合吹风会

中俄两军10月11日在北京就全球和地区反导形势举行联合吹风会。

中方代表、中央军委联合参谋部作战局副局长蔡军少将说，导弹防御问题对大国关系、国际和平与安全、军控与裁军进程都有着深刻长远的影响。美国单方面发展多层次导弹防御计划的非建设性行为将恶化全球安全环境，破坏全球战略平衡与地区安全稳定，阻碍核裁军与防扩散进程，可能引发新一轮军备竞赛。美韩决定在韩部署“萨德”反导系统，与其宣称的目的明显不符，无助于半岛核问题的解决和半岛和平与稳定，将严重损害包括中俄在内有关国家安全利益，中方坚决反对，强烈敦促美韩改弦更张。中方始终主张有关各方应从维护全球和地区战略稳定以及增进战略互信出发，通过政治外交手段实现普遍安全，共同营造和平稳定、平等互信、合作共赢的国际安全环境。中俄两国元首多次就反导问题发表共同声明，双方在反导问题上的协调合作不断深化。

俄方对该系统以防御朝鲜导弹的必要性表示怀疑。美反导系统具有强大战略进攻性，旨在建立对全球范围内任何潜在对手敌人的绝对优势。俄方始终要求美做出以客观标准为依据、具有法律效力的保证，保证欧洲反导系统不针对俄战略核力量。俄方重申此前与中方共同提出的谈判缔结《关于防止在外空放置武器、对外空物体使用或威胁使用武力的条约》的建议。

中央军委联合参谋部副参谋长孙建国海军上将、俄罗斯国防部副部长安东诺夫，以及出席第七届香山论坛的部分国家代表出席了吹风会。

中朝边界联委会第三次会议在平壤举行

10月25日至26日，中朝边界联合委员会第三次会议在平壤举行。联委会双方首席代表、中国外交部副部长刘振民与朝鲜外务省副相朴明国分别率团出席。两国公安、环保、交通、水利、国防、口岸等部门以及相关地方政府代表参加。

中共十八届六中全会在京举行

中国共产党第十八届中央委员会第六次全体会议于2016年10月24日至27日在北京举行。中央政治局主持会议。中央委员会总书记习近平作重要讲话。

全会听取和讨论了习近平受中央政治局委托作的工作报告，审议通过《关于新形势下党内政治生活的若干准则》和《中国共产党党内监督条例》，审议通过《关于召开党的第十九次全国代表大会的决议》。习近平就《准则（讨论稿）》和《条例（讨论稿）》向全会作说明。

全会充分肯定党的十八届五中全会以来中央政治局的工作。决定中国共产党第十九次全国代表大会于2017年下半年在北京召开。

全会号召，全党同志紧密团结在以习近平同志为核心的党中央周围，全面深入贯彻本次全会精神，牢固树立政治意识、大局意识、核心意识、看齐意识，坚定不移维护党中央权威和党中央集中统一领导，继续推进全面从严治党，共同营造风清气正的政治生态，确保党团结带领人民不断开创中国特色社会主义事业新局面。

学习贯彻党的十八届六中全会精神中央宣讲团首场报告会在京举行

11月4日上午，中央宣传部、中央直属机关工委、中央国家机关工委、教育部、中央军委政治工作部、中共北京市委在北京人民大会堂举办学习贯彻党的十八届六中全会精神中央宣讲团首场报告会。中央宣讲团成员、中央组织部常务副部长陈希作宣讲报告。

陈希的报告紧紧围绕习近平总书记在党的十八届六中全会上的重要讲话和全会审议通过的《关于新形势下党内政治生活的若干准则》《中国共产党党内监督条例》，从五个方面深刻阐释了六中全会的重大意义，系统总结了党的十八大以来党中央全面从严治党的新经验新成果，科学分析了党的建设面临的形势和任务，深入解读了《关于新形势下党内政治生活的若干准则》的基本精神和《中国共产党党内监督条例》的基本要求。报告论述深刻、内容丰富，在现场听众中引起强烈反响。大家纷纷表示，要更加自觉地在思想上政治上行动上同以习近平同志为核心的党中央保持高度一致，更加扎实地把党中央的各项决策部署落到实处，万众一心、众志成城，为实现“两个一百年”奋斗目标、实现中华民族伟大复兴的中国梦而不懈奋斗。

报告会由中央宣传部副部长、国务院新闻办主任蒋建国主持。在京党政军机关干部、中央企业负责人、高校有关负责人和高校师生、理论工作者和各界群众代表，约3000人参加报告会。

据了解，中央宣讲团在京举行首场宣讲报告会后，于5日起赴全国各地宣讲。

中国军队首次举办联合国维和参谋军官国际培训班

由中国国防部维和事务办公室、国防部维和中心共同举办的首期联合国维和参谋军官国际培训班11月14日在京开班。来自中国、瑞典、巴基斯坦、新西兰、墨西哥等22个国家的39名教官和学员参训。培训为期2周，全程英文授课，依据联合国标准维和训练大纲设置基础理论、参谋业务、模拟演练等3个模块，涵盖国际法和人权保护、维和人员行为准则、危机管理等18门课程。

2016年以来，国防部维和事务办公室、国防部维和中心连续举办维和特派团高级官员、女性维和军官、军事观察员、维和参谋军官等一系列联合国维和行动国际培训班，为39个国家培训储备了一大批合格的维和中高级人才，充分体现了中国军队履行大国义务、承担和平使命的坚定立场。

中日举行第十四次安全对话

第十四次中日安全对话11月28日在北京

举行。中国外交部长助理孔铉佑和日本外务省审议官秋叶刚男共同主持，两国外交、防务部门人员参加。双方就国际地区安全形势、各自安全政策和中日防卫交流合作等交换了意见。

中方表示，中国始终坚持与邻为善、以邻为伴，坚持亲诚惠容的周边外交理念，倡导并践行共同、综合、合作、可持续的亚洲安全观，探讨构建平等、透明、包容的安全合作架构，走出一条共建、共享、共赢、共护的安全之路。中方对日方近年来在军事安全领域的有关动向表明了关切，希望日方继续坚持和平发展，以和平方式维护国际地区稳定、发展和繁荣。

日方介绍了日本防务安全政策，表示日本将继续坚持和平发展道路，坚持“专守防卫”政策。日方愿同中方通过对话交流增进互信，为地区和平稳定发挥建设性作用。

双方同意继续保持安全防务领域的沟通与合作，妥善管控有关问题和分歧，推动中日关系进一步改善。

俄罗斯

俄国家杜马通过延长公务员退休年龄法案

5月11日三读通过逐步延长联邦级、市政级公务人员退休年龄的法案。法案规定，将以每年增加半岁的方式，逐步延长公务人员的退休年龄，最终将男性的退休年龄从60岁延长至65岁，女性的退休年龄从55岁延长至63岁。

俄罗斯总统普京5月23日签署逐步延长联邦级、市政级公务人员退休年龄的法案。普京当日签署名为《关于对俄联邦某些法律中特定类别公民退休年龄的修改》的法案。法案拟于2017年1月1日起实行。

俄罗斯劳动和社会保障部长托皮林认为，延长公务人员退休年龄可在2017年为俄联邦预算节省约6.2亿卢布（约合6095万人民币）的支出。

俄欲提升争议岛屿军事存在 包括与日本争议岛屿

据新华社电俄罗斯东部军区司令谢尔盖·苏罗维金5月27日说，俄罗斯正采取“空前举措”，提升俄在远东地区的军事存在，包括与日本存在归属争议的南千岛群岛（日本称“北方四岛”）。

苏罗维金在一份声明中说，俄罗斯领导层和国防部打算提升俄在这一地区的军事设施，强化对军事人员及其家属的民防措施，以“抵御任何威胁，哪怕是最小威胁”。苏罗维金强调，萨哈林岛和千岛群岛是俄罗斯“东部前哨站”，对保卫国家安全和领土完整至关重要。

日本和俄罗斯就千岛群岛南部四座岛屿的归属争议严重，至今未能缔结和平条约。千岛群岛位于俄远东堪察加半岛与日本北海道之间。群岛南部的齿舞、色丹、国后和择捉四岛被俄称为南千岛群岛，日本称为“北方四岛”。

第二次世界大战结束以来，四岛由俄方实际控制，但日本声称对其拥有主权，岛屿主权争议致使两国在二战后一直未能缔结和平条约。

5月早些时候，俄太平洋舰队派出6艘军舰行驶至南千岛群岛东北方向的松轮岛勘察。苏罗维金27日解释，此次勘察的目的是研究在这一区域设立太平洋舰队基地的可能性。

法新社报道，俄军方高官发表争议岛屿军事化的言论，正值日本主持召开七国集团（G7）峰会。七国集团20世纪90年代吸纳俄罗斯为新成员，转变为八国集团。2014年，因乌克兰危机，美国、欧盟等对俄实施制裁，俄罗斯也“被缺席”G8峰会，使会议再次回到了G7峰会。

中俄“合作—2016”联合反恐训练启动

中国武警部队与俄罗斯国民近卫军“合作—2016”联合反恐训练7月3日在俄罗斯莫斯科近郊的捷尔任斯基独立作战师驻地启动。

中国武警部队参谋长秦天少将和俄罗斯国民近卫军参谋长琴齐克出席并向双方指挥员授予中俄联合反恐训练队旗。

中俄联合反恐训练中方领队、武警部队训练局副局长刘志军大校介绍，此次联合反恐训练是中俄两国继“合作—2007”联合演习和“合作—2013”联合训练之后的第三次跨国合作，主要围绕反恐怖行动具体技战术问题展开联合训练，目的是巩固和发展中俄全面战略协作伙伴关系，加强两军友好务实合作，探索联合反恐作战、训练方法和手段，提高联合反恐训练水平和反恐作战能力。

俄罗斯舰艇在地中海举行军事演习

俄罗斯国防部透露，俄罗斯黑海舰队和常驻地中海海军作战编队的多艘舰艇 8 月 15 日在地中海东部某海域开展战术演习。

俄国防部称，此次演习依据俄海军舰队既定战备计划实施，旨在检验俄舰队处置海上恐怖主义危机情况的能力。参演舰艇将以最大限度模拟实战的方式进行火炮射击和导弹发射的训练。

俄国家杜马国防委员会主席、前黑海舰队司令科莫耶多耶夫称，演习中将使用名为“口径”的新式海基巡航导弹，这种导弹曾于 2015 年被俄里海舰队用于摧毁叙利亚境内恐怖分子的多处目标。

俄罗斯中部军区举行联合演习

俄罗斯中部军区新闻处 8 月 17 日消息称，俄中部军区当天在乌拉尔地区开启空军和防空部队联合演习。

此次演习将持续一个月，共有 16 架军机、26 名飞行员和 100 多名地面工程技术人员参加。演习期间，空中力量将对地面目标进行密集导弹火力打击，米格－31 战机将充当“敌人”的角色。为实施此次演习，部署在乌拉尔地区和西西伯利亚地区的若干架米格－31 和苏－24战机紧急升空并转场至位于彼尔姆边疆区的军用机场。

中俄将举行执法安全合作机制第三次会议和第十二轮战略安全磋商

中国外交部发言人华春莹 9 月 8 日宣布，应中共中央政治局委员、中央政法委书记孟建柱和国务委员杨洁篪邀请，俄罗斯联邦安全会议秘书帕特鲁舍夫将于 9 月 12 日至 14 日来华举行中俄执法安全合作机制第三次会议和中俄第十二轮战略安全磋商。

俄罗斯举行国家杜马选举

俄罗斯 9 月 18 日举行了第七届国家杜马选举，共有 14 个政党参加竞选。根据 2015 年俄罗斯最新选举法，每年 9 月的第三个周日为全国统一选举日，国家杜马选举、地方杜马及州、市行政长官选举都集中在一天举行。俄罗斯全国共设立 9.6 万个投票站，选举投票时间是各地的早 8 时到晚 8 时。另外，在叙利亚俄军基地、俄罗斯各驻外使领馆等地也设立了投票站。截至莫斯科时间 15 时，投票率接近 33%，大部分地区秩序良好，没有出现破坏选举行为。最终的票数结果在莫斯科时间 19 日上午 10 时公布。

俄罗斯国家杜马即议会下院，由 450 名代表组成。其中的 225 名代表在全联邦选举中按党派原则产生，得票率 5% 以上的政党才能进入国家杜马，并按得票率分配议席。另外 225 名代表从单席位选区的投票中产生，即在全国设立 225 个选区，每个选区选出一名代表。选举活动由俄罗斯中央选举委员会下属的各选区选举委员会及投票站组织。

统俄党在俄罗斯国家杜马选举中获胜

俄罗斯于 9 月 18 日进行第七届国家杜马选举。至 19 日记者发稿时，选票统计已完成 93%。初步结果显示，执政党统一俄罗斯党（统俄党）获得 2500 多万张选票，占选票总数的 54.28%，仍居首位。将与统俄党一道进入国家杜马的依然是俄罗斯共产党、自由民主党和公正俄罗斯党“三大金刚”。

俄罗斯联邦议会实行两院制，议会上院称联邦委员会，下院称国家杜马。国家杜马是俄常设立法机构，下设20多个委员会，由450名代表组成。其中225名代表在全联邦选举中按政党比例代表制产生，得票超过5%的党派可以进入杜马，并按得票率分配议席。国家杜马的另外225名代表从“单席位”选区的投票中产生，即在全国设立225个选区，每个选区选出一名代表。根据2015年俄罗斯最新选举法，每年9月的第三个周日为全国统一选举日，当天将举行国家杜马、地方杜马及州、市行政长官选举。2016年推行的混合选举制和将得票率门槛从7%降到5%是本次国家杜马选举的新尝试，这些新规定将为小党派进入国家杜马带来更多机遇。

根据目前结果，统俄党将按得票率获得140个议席，同时通过“单席位”选区获得203个议席，共计343个席位，约占杜马总席位的76.22%。

全俄社会舆论研究中心9月发布的最新调查结果显示，78%的俄罗斯人认可普京的执政成果，对政府和总理持认可态度的人分别占52.5%和50.5%。这意味着多数俄罗斯人支持保持政权和政策的延续性，这是统俄党获得选举胜利的民意基础。

俄罗斯总统普京发表2016年度国情咨文

12月1日中午，俄罗斯总统普京自克里姆林宫向俄联邦会议发表2016年度国情咨文。此次是普京第13次发表国情咨文。相较2015年，2016年的国情咨文更多地关注俄罗斯国内，谈到了经济、医疗、教育、反腐等一系列话题。在对外关系方面，普京称俄罗斯“需要朋友，不寻求敌人”，表达了与美国新一届政府发展关系的意愿。但他同时也发出有力声音，称俄罗斯不会屈服于外来压力。

普京、安倍开始“温泉会谈”

12月15日，俄罗斯总统普京乘坐专机抵达日本，开始为期两天的访问。当晚，普京与日本首相安倍晋三开始“温泉会谈”，讨论两国间存在多年的领土问题。

安倍依旧盛情邀请普京访日。会谈于15日和16日分别在长门市和东京举行，安倍希望能够在长期存在的领土问题上取得进展，同时增强与俄罗斯的经济联系。

普京年度记者会于12月23日举行

俄罗斯总统普京2016年大型年度新闻发布会将于12月23日在莫斯科举行。

此次发布会将在莫斯科的国际贸易中心举行。多家俄罗斯电视媒体将对该发布会进行直播。与媒体代表们交流开始时，普京将首先谈及俄罗斯的主要经济和社会指标。

俄罗斯政治学家们认为，此次新闻发布会的主要议题将是内部议事日程，包括社会经济领域和社会政治生活。但在近期事件的背景下，国际关系问题也将被重点关注。政治家们也一致认为，发布会上可能会提出普京参加2018年总统选举的问题。

日本

第四届东盟—中日韩新闻部长会议举行

第四届东盟—中日韩（10+3）新闻部长会议3月17日在菲律宾宿务举行。中华人民共和国国务院新闻办公室副主任郭卫民率中国代表团出席。各国部长围绕东盟与对话伙伴在新闻和媒体领域合作取得的进展分享了看法，就《通过新闻和媒体加强东盟+3合作工作计划（2015—2017）》进行了探讨。

日本新版历史教科书写入慰安妇和南京大屠杀

中新网3月18日电，据日媒报道，从

2017年春季起使用的日本高中教科书中，全部6套日本史、11套世界史中的5套以及部分公民教科书中将写入慰安妇问题。

日媒称，关于南京大屠杀，继现行教科书后，新的世界史和日本史教科书也都将涉及。对于存在不同见解的遇难者人数，有的教科书根据文部科学省的审定意见明示了“存在多种说法”后获得通过。

关于慰安妇问题，东京书籍出版社的日本史教科书在介绍日本殖民统治朝鲜半岛时的状况时写道“有大量女性作为慰安妇被送往战地”。还有其他教科书介绍了二战后慰安妇问题仍未解决和原慰安妇对日索赔的情况。

涉及南京大屠杀的实教出版社的《日本史A》原本在正文中使用了“杀害了20万中国人”的表述，并注明“也有遇难者数量为30万人或十多万人”的说法。

日媒指出，由于日本文科省的审定意见认为“未明示没有主流观点”，该教科书的正文被修改为“杀害了大量的中国人”。新的教科书审定标准规定，如果不存在主流观点，必须对这一情况加以明示。该教科书的修改适用了这一规定。

首届中日韩公共外交论坛将在京举行

中国外交部发言人华春莹4月26日宣布，为落实2015年在韩国首尔举行的第六次中日韩领导人会议成果，中国公共外交协会与中日韩三国合作秘书处将于4月29日在北京钓鱼台国宾馆共同举办“首届中日韩公共外交论坛暨2016年中日韩合作国际论坛”。

华春莹说，三国各界知名人士将就“加强对话、深化交流，推进中日韩合作迈上新台阶”这一主题进行研讨。“我们相信，这一活动将为促进三国交往的良性互动和三国合作发挥建设性作用。”

第十八次中日韩环境部长会议在日本举行

第十八次中日韩环境部长会议4月27日在日本静冈举行，中国环境保护部部长陈吉宁、日本环境大臣丸川珠代、韩国环境部长尹成奎分别率团出席会议，就三国最新环境政策、全球及区域热点环境问题、联合行动计划实施进展等深入交流。

日本最大在野党选出首位女党首

日本最大在野党民进党9月15日在东京举行临时大会选举党首，最终代理党首莲舫当选新任党首，其任期至2019年9月。这是民进党及其前身民主党首次由女性当选党首。

参加民进党党首选举的3名候选人分别为代理党首莲舫、前外务大臣前原诚司和国会对策副委员长玉木雄一郎。按照规定，候选人获得过半支持即可当选新党首。在15日选举首轮投票中，莲舫即获得过半支持，直接当选新党首。

中日签署备忘录进一步加强旅游交流与合作

中国国家旅游局局长李金早11月24日在东京与日本国土交通大臣石井启一举行会谈，双方就增进旅游合作、扩大双向往来规模等议题交换了意见，并共同签署了《中华人民共和国国家旅游局与日本国国土交通省关于进一步加强旅游交流与合作的谅解备忘录》。

根据备忘录，双方将大力推进多领域的旅游合作：一是扩大双向旅游交流，推动地方交流、青少年交流、文化体育交流作为两国间的“三座桥梁”发挥积极作用，推动两国间双向旅游交流的可持续发展。二是吸引东亚地区以外的游客，在拓展目标市场、进行共同宣传、促进产品开发等方面开展合作。三是提升旅游服务品质，为两国游客提供更加安全、便利、舒适的旅游体验。四是加强旅游市场监管合作，联合整治不合理低价游、强迫游客购物等影响旅游市场秩序的违法违规行为，保障游客的合法权益。五是完善会晤机制，就两国旅游交流与合作中的重点议题进行磋商，积极开展各项工作。

韩国

韩国政府决定重启对朝扩音喊话

韩国政府1月7日决定，将于当地时间1月8日中午12时重启对朝扩音喊话。这是韩国时隔4个月重启对朝喊话。

赵太庸说，朝鲜无视韩国及国际社会的多次警告，进行了第四次核试验。此举公然违背联合国安理会决议，同时严重违反韩朝“8·25”协议。因此，韩国政府决定从1月8日中午起重启对朝扩音喊话。他还表示，韩国军方已维持万全的应对态势，若朝鲜发起挑衅，韩方将予以还击。

2016济州论坛聚焦亚洲协作 朝鲜半岛局势受关注

第十一届济州论坛5月26日至27日在韩国济州国际会议中心举行。本届论坛主题为“亚洲新秩序与合作领导力”。朝鲜半岛局势、亚洲区域合作等议题受到与会者普遍关注。

济州论坛创立于2001年，以促进朝鲜半岛及亚洲和平与繁荣为宗旨，议题涉及可持续性、多样性、竞争力等，邀请外交、经济、环境、女性、教育、文化等领域的数千名政府人士、专家学者展开广泛讨论。

论坛组委会主席、济州道知事元喜龙对中新社记者表示，亚洲为适应新的时代价值和要求目前最需要的正是“协作领导力”。“气候变化、核安全、恐怖主义、经济低增长、社会两极化等并不仅仅存在于一个亚洲国家，也不是只靠一个国家就能解决的问题。”元喜龙指出，本次关于核安全内容的分论坛达到10个，关于气候变化的论坛有7个，这些都是需要寻求全球合作的话题，需要民间及政府的共同努力。

朝鲜半岛局势历来都是论坛讨论的主要议题。在当前半岛局势并不乐观的情况下，与会者也通过论坛发声，表达各自关切。

韩国民众反对部署“萨德”反导系统

韩国执政党和在野党7月19日在国会召开针对韩美部署末段高空区域防御系统紧急专题质询会。在野党围绕“萨德”反导系统的军事效用以及仓促决策过程等问题对政府展开激烈批评。自韩美双方宣布决定将“萨德”反导系统部署在韩国东南部的庆尚北道星州郡以来，当地民众持续举行烛火示威集会表达强烈抗议。

韩反贪法案《金英兰法》被裁定合宪于9月生效

韩国宪法裁判所7月28日裁定反贪法案《金英兰法》合宪，并表示“该法相关条款并未侵犯一般行为的自由权和平等权”。《金英兰法》是韩国前国民权益委员会委员长金英兰于2012年提出的法案，旨在根除公务人员贪污腐败行为。该法案规定，适用对象在任何情况下都不能接受3万韩元以上的宴请、5万韩元以上的礼物及10万韩元以上的红白喜事“随礼”，这挑战了韩国的“招待文化”习惯。此次宪法裁定的焦点一是将私立学校教职员工和媒体从业人员等纳入法律适用对象以及规定公职人员配偶必须申报非法事实的义务条款；二是贪污腐败的概念不明确。但宪法裁判所强调，该法案虽然有可能使私立学校、言论自由受到一定侵犯，该法案的公益目标远大于受损的私利。韩各界对此反应不一，农畜水产业、餐饮业和花卉业者持反对意见并举行了反对示威；企业界表示原则上接受裁定，但希望及时修改完善在法律执行过程中的问题，将其对经济的影响降到最低；其他部门也希望韩国政府制定相关政策，避免媒体和教育部门的自由受到损害。

韩国总统朴槿惠发表韩国光复71周年讲话

韩国总统朴槿惠8月15日出席韩国光复

71周年纪念活动并发表讲话。本次讲话有关韩国内问题篇幅占较大比重，其中尤为强调重国民自信，实现韩国的“第二次飞跃”。针对目前韩社会甚嚣尘上“妄自菲薄”之风，朴槿惠表示，“悲观、妄自菲薄、相互失信绝不会转化为变化、发展的动力”，“现在是我们重塑挑战、进取、积极精神的时候”。针对韩国内经济改革，朴槿惠强调，产业创新是国家未来增长的重要动力，政府将在企业结构调整、研发系统创新等领域提供支持，同时，政府还要以“破坏性创新”精神果断推进不合理规制的改革。特别是劳动改革方面，朴槿惠表示，为解决年轻人就业和临时工问题，希望全体国民能放弃部分既得权，为实现劳动改革贡献自身的力量。

韩国总统朴槿惠改组总统府

迫于“亲信干政”事件压力，韩国总统朴槿惠10月30日接受了总统府秘书室长、民政首席秘书、宣传首席秘书等8名核心幕僚的辞呈，紧急对总统府进行改组。韩国青瓦台总统府发言人郑然国当天在记者会上表示，朴槿惠深刻意识到目前情况的严重性，为响应各界人士对人事调整的呼声，决定改组总统府。考虑到国政运转，朴槿惠没有接受总统府秘书室此前提出的集体请辞，只接受了部分人员的个人辞呈。郑然国说，朴槿惠目前内定了新任民政首席秘书和新任宣传首席秘书人选，并将尽快确定其他职位的继任人选。随着韩国媒体进一步对“亲信干政”事件进行披露，韩国内质疑和反对声此起彼伏。10月29日，上万名韩国民众在首尔市中心举行大规模集会，要求朴槿惠下台。

朝鲜

朝鲜劳动党七大5月6日开幕 为36年来首次

据朝鲜官方通讯社朝中社报道，朝鲜劳动党中央政治局决定于2016年5月6日在平壤召开劳动党第七次全国代表大会。

而劳动党上次举行全国代表大会是在36年前，这也是朝鲜最高领导人金正恩就任以来首次召开劳动党全国代表大会。此次会议已经引起外界的密切关注，关注朝鲜政府是否将宣布重大政策。

朝鲜纪念金正日逝世五周年

12月17日是已故朝鲜最高领导人金正日逝世五周年纪念日。当天，朝鲜在平壤锦绣山太阳宫举行中央追悼大会，深切悼念金正日。

朝鲜最高领导人金正恩出席追悼大会，朝鲜劳动党中央委员会政治局常委金永南、黄炳誓、朴凤柱、崔龙海及其他党政军领导人、平壤市党中央指导机关成员等参加大会。驻朝外交使团和国际机构代表、武官团代表等也受邀参加了追悼大会。

追悼大会上，全体人员首先面向金正日画像集体默哀，崔龙海致追悼词。随后，朝鲜劳动党中央委员会政治局委员金己男、朝鲜人民军总政治局局长黄炳誓、金日成-金正日主义青年同盟中央委员会第一秘书全勇男分别代表朝鲜劳动党、朝鲜人民军和朝鲜青年发表宣誓演说。

中午12时整，朝鲜全国鸣笛默哀三分钟，悼念并缅怀金正日。连日来，平壤市民纷纷前往万寿台，向金日成和金正日铜像献花，表达自己对已故领导人的崇高敬意和追思之情。

朝鲜进行“打击青瓦台演习” 韩国发严正警告

朝鲜媒体12月11日称，朝鲜人民军特种作战大队进行了作战训练，旨在确认对青瓦台的打击方法。

朝鲜劳动党委员长金正恩偕夫人参观空军飞行大赛

据韩联社12月4日报道，朝鲜劳动党机关

报《劳动新闻》12月4日公布了劳动党委员长金正恩和夫人李雪主参观空军指挥官飞行技术大赛。这是金正恩11月4日视察隶属于朝鲜人民军第525部队的特种作战大队后最近一个月来第九次视察部队。

《劳动新闻》报道称，当天，金正恩夫人李雪主陪同参观。另外，随行人员还有朝军总政治局局长黄炳誓、人民武力相朴永植、总参谋部第一副总参谋长兼作战总局局长李永吉、劳动党中央副委员长李洙墉和李万建等朝鲜军政高层。

空军指挥官飞行技术大赛根据金正恩的指示于2014年首次举行，2016年迎来第三次。

朝鲜中央电视台称朝实施核试验 未出现核泄漏

据韩联社9月9日报道，朝鲜中央电视台报道称朝鲜实施核试验。同时，朝鲜称核试验未出现核物质泄漏现象。

此前韩联社援引一个来自政府方面的消息称，9月9日恰逢朝鲜民主主义人民共和国政权建立68周年，平壤极有可能选择这个日子进行核试验。

朝鲜举行第十三届最高人民会议第四次会议

朝鲜6月29日在平壤举行第十三届最高人民会议第四次会议。

据朝中社报道，金正恩出席了会议。会议通过将宪法中“朝鲜民主主义人民共和国国防委员会第一委员长”变更为“朝鲜民主主义人民共和国国务委员会委员长”，将“国防委员会”改编为“国务委员会”等议题。

金正恩当天被推举为国务委员会委员长。

会议通过了“彻底执行朝鲜劳动党提出的国家经济发展五年战略”法令。

会议还通过了最高人民会议常任委员会其他人事变动等议题。

最高人民会议是朝鲜最高权力机关，其代议员每五年选举一次。最高人民会议每年举行一至两次会议，讨论通过前一年的国民经济预算决算执行情况和当年度的预算，并讨论相关人事问题。

朝鲜发布劳动党大会标语

据日本《产经新闻》2月18日报道，面向时隔36年将于5月再次举行的朝鲜劳动党大会，朝鲜2月17日发表了各部门相关课题的共约360条标语。朝鲜中央通讯社于2月18日对外公布了相关信息。与此同时，朝方还呼吁将会进一步实施此前被国际社会视为远程弹道导弹发射的“卫星发射”计划。

报道称，上述消息是由朝鲜劳动党中央委员会及中央军事委员会共同发布的。当前正值朝鲜即将迎来本国重要纪念日之际，朝方对外发布相关标语是一种惯例。

其中，有标语这样写道：“趁着氢弹试验成功的势头强有力地推动朝鲜2016年总进军工作”，“要发射更多的卫星”。此外，呼吁“粉碎”美韩双方将于3月展开联合军事演习的目标，以及“让美国的敌视政策走向终结”等内容也包括在其中。

朝鲜发射“远程导弹” 从日本冲绳上空飞过

根据韩联社消息，朝鲜时间2月7日上午9时，朝鲜向南方发射了一枚远程火箭。

据报道，朝鲜在平安北道铁山郡东仓里导弹发射场发射了火箭。对此，外界认为朝鲜发射的是一枚远程导弹。日本政府随后称，朝鲜“导弹”从冲绳地区上空通过。

中国外交部长王毅此前曾表示，朝鲜不顾国际社会反对进行核试验，联合国安理会势必要采取进一步措施，目前各方正在就此进行商谈，以便形成新的决议。如果朝鲜采取弹道导弹技术发射卫星，同样得不到国际社会的认可，而且会使形势更加复杂。

朝鲜发射远程导弹射程超万公里

韩联社：朝鲜2月7日从位于东北部的东

昌里发射场发射了一枚长程火箭，射程相信超过1万公里，可以到达美国本土。朝鲜曾表示要发射的是地球监测卫星，但外界认为朝鲜是要测试洲际弹道导弹。如果发射的确是长程导弹，这将是朝鲜试射的第六枚。

蒙古国

蒙古国新一届国家大呼拉尔开幕式举行

经过蒙古国例行议会选举而组建的新一届国家大呼拉尔开幕式7月5日举行。蒙古人民革命党主席米·恩赫鲍勒当选国家大呼拉尔主席。

蒙古国新一届国家大呼拉尔（议会）7月8日投票通过扎尔格勒图勒嘎·额尔登巴特为蒙古国新任总理。

扎尔格勒图勒嘎·额尔登巴特由蒙古人民党提名。在当天的蒙古国国家大呼拉尔会议上，扎尔格勒图勒嘎·额尔登巴特获得97.1%的议员投票支持。

在6月29日举行的2016年蒙古国国家大呼拉尔（议会）选举中，人民党以压倒性优势获得议会多数席位，获得议会76个席位中的65席，获得单独组阁执政的资格。

扎尔格勒图勒嘎·额尔登巴特就任总理后表示，新政府的首要工作就是使蒙古国摆脱当前社会和经济困境，并使每个家庭的收入都能得到增长，为此将让有专业经验的管理人员来组阁，建立稳定的专业化政府。

蒙古国和平友好组织声明支持中国南海立场

蒙古国最大民间对外友好组织——蒙古国和平友好组织7月28日就南海问题发表声明，表示南海诸岛是中国固有领土，强烈谴责和反对任何人打着国际组织的旗号，做出偏向单方利益的决定。

声明称，蒙古国和平友好组织及下属各国际友好协会，代表蒙古国爱好和平、支持友好合作的广大蒙古国人民，就南海问题做出声明。声明内容：一、对于菲律宾共和国单方面提起的南海仲裁案7月12日公布的仲裁结果，蒙古国和平友好组织与世界各国、各政党及友好组织一样，对此予以强烈谴责和反对。二、蒙古国和平友好组织强烈谴责和反对任何人打着国际组织的旗号，做出偏向单方利益的决定。三、蒙古国各界认为，所有国际争议均应通过和平方式，以互相协商、体现共同利益的精神予以解决。

日蒙首脑会谈　安倍请求与蒙古国联合应对朝核问题

日本首相安倍晋三7月14日在蒙古国首都乌兰巴托与该国总统额勒贝格道尔吉举行会谈。鉴于日本与蒙古国间的经济伙伴关系协定（EPA）已于6月生效，双方就力图加强两国经济关系的方针达成了一致。安倍晋三表示，鉴于孟加拉国餐厅发生恐怖袭击事件，有意在15日开幕的亚欧会议（ASEM）峰会上发出旨在根除恐怖主义的明确讯息。额勒贝格道尔吉回应称：“坚决谴责恐怖主义。”

安倍还就朝鲜核开发问题提出请求，希望同与朝鲜建交的蒙古国开展紧密合作。随后，安倍还与蒙古国总理额尔登巴特举行会谈。

蒙古国国家大呼拉尔选举圆满举行

蒙古国第八次国家大呼拉尔（议会）选举6月29日举行，共有12个政党、3个联盟、69名独立候选人共498名参选人在本届选举中角逐76个议席。国家大呼拉尔76个席位中人民党获得65个席位、民主党9个席位、人民革命党1个席位、独立参选人1个席位。获得议会多数席位的政党或联盟将组建政府并提名总理人选。而在首都公民代表大会选举上，蒙古国人民党获得34个席位、民主党11个席位。

蒙古国国家大呼拉尔会议审议通过新政府成员名单

7月23日，蒙古国国家大呼拉尔审议通过

了蒙古国新一届政府组成人员名单。原计划本届政府由16人组成。截至目前仅通过了11名部长就职，其余4名部长问题正在讨论当中。乌·呼尔勒苏赫被任命为蒙古国副总理，扎·孟赫巴特被任命为政府办公厅主任，巴·巴特额尔登被任命为国防部长，巴·乔吉勒苏荣被任命为财政部部长，桑·宾巴朝格特被任命为司法与内务部长，尼·诺木泰巴雅尔被任命为劳动与社会保障部长，曾·孟赫奥尔格勒被任命为对外关系部长，德·奥运霍尔勒被任命为自然环境与旅游部长，扎·巴特苏日被任命为教育、科学、文学与体育部长，查·达希道尔吉被任命为矿业和重工业部长，德·钢巴特被任命为交通运输发展部长。

蒙古国新一届政府组建完毕

蒙古国国家大呼拉尔7月30日召开的会议审议通过其余4名部长名单，加上此前任命的总理、副总理、政府办公厅主任和9名部长，新一届政府组建完毕。蒙古国新政府由原来的15个部门减少到13个。

中蒙第九次防务安全磋商在乌兰巴托举行

中央军委联合参谋部副参谋长孙建国8月9日在乌兰巴托与蒙古国国防部国务秘书巴特赛汗共同主持中蒙国防部第九次防务安全磋商。双方就两国两军关系、两军务实合作、地区安全形势以及其他共同关心的问题深入交换了意见。

孙建国说，中蒙是互为边界最长的友好邻邦，人文相近，经济互补，互为发展机遇。中方尊重蒙古国人民选择的发展道路，愿与蒙方一道，坚决贯彻落实习近平主席和额勒贝格道尔吉总统达成的重要共识，继续保持两军高层往来，加强教育训练、国际维和及边防合作，努力把两军务实合作提高到新的水平，推动两国全面战略伙伴关系深入发展，造福两国人民。

巴特赛汗说，近年来，蒙中关系发展顺利，两军务实合作持续推进，为落实两国元首共识发挥了重要推动作用。蒙方对此表示满意，希望两军进一步落实密切往来，深化交流，促进各领域务实合作。

双方一致认为，中蒙防务安全磋商机制对双方加强战略沟通、筹划两军务实合作发挥了重要作用，双方应继续利用好这一重要平台，为推动两军关系不断发展，维护地区乃至世界和平做出积极贡献。

蒙古国国家大呼拉尔主席：坚定支持中国在涉藏问题上的一贯立场

蒙古国国家大呼拉尔主席、人民党主席米·恩赫包勒德10月31日在乌兰巴托会见以中国西藏自治区人大代表、自治区副主席边巴扎西为团长的中国全国人大西藏代表团。

米·恩赫包勒德表示，当前蒙中关系发展势头良好，双方在政治、经济、人文等各领域合作不断深化。蒙中立法机构交流是两国关系的重要组成部分，为两国关系发展做出积极贡献。蒙古国始终坚定支持中方在涉藏问题上的一贯立场。

边巴扎西向蒙方介绍了西藏经济社会发展成就，他指出，西藏自和平解放以来，从黑暗走向光明，从落后走向进步，从贫穷走向富裕，从专制走向民主，从封闭走向开放，社会制度实现了历史性跨越，社会面貌发生翻天覆地的巨大变化。取得这些成就，得益于中国共产党的领导，得益于全国各族人民的大力支持和西藏各族人民的团结奋斗。实践证明，中央关于西藏工作的一系列方针政策完全符合西藏实际，代表了西藏各族人民的根本利益，得到西藏各族人民的衷心拥护。

蒙中俄三国学术圆桌座谈会举行

蒙古国战略研究所、俄罗斯战略研究所和中国现代国际关系研究院于11月14日在俄罗斯莫斯科市共同举办题为“蒙中俄三国合作趋势”圆桌座谈会。蒙古国战略研究所国际安全研究中心主任格·巴扎尔瓦尼率领蒙古国代表团、俄罗斯战略研究所所长 L. P. Reshetnikov 率领俄罗斯代表团、中国现代国际关系研究院副院长冯仲平率领中国代表团分别出席座谈会，并就三国经济合作现状及其远景等议题分别发表演讲，同时三方就相互关注的地区问题深入交换意见。

东北亚外交

中国

中俄共同庆祝媒体交流年开幕

1月24日，中国驻俄罗斯大使馆隆重举办庆祝“中俄媒体交流年”开幕活动。中国驻俄大使李辉、俄总统办公厅第一副主任格罗莫夫出席并致辞。俄通信与大众传媒部副部长沃林、外交部新闻发言人扎哈罗娃、新闻出版与大众传媒署署长谢斯拉文斯基等相关部门负责人代表以及中俄两国新闻媒体代表约300人出席。

国家主席习近平会见韩国总统朴槿惠

3月31日，国家主席、中央军委主席习近平在华盛顿会见韩国总统朴槿惠，就双边关系及共同关心的重大国际和地区问题深入交换意见。

习近平指出：中韩建交24年来，两国关系始终保持平稳快速发展。中方高度重视中韩关系，始终把发展对韩关系放在周边外交的重要位置。当前，我和朴槿惠总统达成的一系列重要共识正在得到全面落实，取得许多积极成果。把中韩关系维护好、巩固好、发展好，是我们共同肩负的历史使命。中方愿同韩方深化各领域交流合作，确保中韩关系始终在正确轨道上健康稳定发展。

习近平强调，中韩双方要保持高层互动势头，用好一系列战略沟通机制密切协调，照顾彼此重大关切，尊重对方主权、安全、发展利益。中方欢迎韩方积极参与“一带一路”建设。双方要加快推进国家发展战略对接，重点做好自由贸易协定实施工作，深化金融合作，推动中韩产业园建设尽快取得实质进展，推进东亚经济一体化进程。要扩大人文交流，相互支持办好2018年平昌冬季奥运会和2022年北京冬季奥运会。中方愿同韩方一道，办好韩国旅游年、青年领导者论坛等项目，鼓励两国人民交流，服务“一千万+”时代人员往来。双方要密切在联合国、二十国集团、亚太经合组织等机制内合作，加强在全球性问题上的沟通协调。

朴槿惠表示，赞同习近平主席对韩中关系的评价。韩中保持密切的高层交往是两国关系重要性的体现。韩方高度重视对华关系，愿在深化互信的基础上推动韩中战略合作伙伴关系不断向前发展，赞同双方加强高层战略沟通，并在各层级、各领域密切交流。在当前全球经济形势下，韩中双方更有必要加强经贸等领域务实合作，加快实施韩中自贸协定，实现“欧亚合作倡议”同“一带一路”建设对接。韩方支持密切韩中人文交流，相互支持办好平昌冬奥会和北京冬奥会。

习近平欢迎朴槿惠9月赴华出席二十国集团领导人杭州峰会。朴槿惠接受了邀请，表示韩方愿为峰会成功做出积极贡献。

两国元首还就朝鲜半岛形势交换了看法。习近平强调，中方坚持实现半岛无核化、维护半岛和平稳定、通过对话协商解决问题，主张各方都应全面完整履行安理会相关决议。中方敦促各方避免采取任何可能加剧局势紧张的言行，不得损害本地区国家的安全利益和战略平衡。对话协商是解决问题的唯一正确方向，中方愿做出建设性努力，推动在六方会谈框架下重启对话。朴槿惠表明了韩方对当前半岛形势的看法，表示愿就有关问题同中方保持密切沟通。

9月5日，国家主席习近平在杭州会见韩国总统朴槿惠。

习近平表示，20世纪30年代，为抗击日本侵略，韩国临时政府曾在杭州坚持了3年。欢迎朴槿惠总统来到这个在中韩关系上有历史意义的地方出席二十国集团领导人峰会。

习近平强调，中韩两国是近邻，共同利益广泛。实现共同发展、促进地区和平，是双方永恒的利益交集。中韩建交24年来，双边关系实现跨越式发展，给两国人民带来巨大福祉。双方应该珍惜政治互信，维护合作基础，克服困难和挑战，推动中韩关系在正确轨道上平稳健康发展。中方愿同韩方维护好、发展好来之不易的中韩关系，希望双方努力扩大中韩合作积极面，抑制消极负面因素。双方要尊重彼此核心利益，确保中韩关系行稳致远。要努力求同存异，为持续推进双边交流合作创造良好基础和氛围。要维护半岛和平稳定，为实现共同发展营造良好环境。要加强在地区和国际舞台上合作，扩大中韩共同利益。中方愿同韩方深化在多边框架内合作，就热点问题加强协调。

朴槿惠表示，很高兴来到在韩中关系史上有重要意义的杭州见到习近平主席，当前两国关系正按照两国元首确定的方向高水平发展，并带动了地区繁荣。发展韩中友好是大势所趋。韩方高度重视对华关系，致力于深入推进基于互信的两国关系。双方要以2017年韩中建交25周年为契机，深化两国战略合作伙伴关系。韩方支持中方为成功举办二十国集团领导人杭州峰会所做努力。

两国元首还就朝鲜半岛形势交换了看法。习近平指出，中方始终致力于实现半岛无核化目标，致力于维护半岛和平稳定。半岛问题最终还是要通过对话协商加以解决。我们应该坚持六方会谈平台，通过全面均衡解决各方关切，争取标本兼治，实现半岛长治久安。中方反对美国在韩国部署“萨德”反导系统。这个问题处理不好，不利于地区战略稳定，会加剧各方矛盾。朴槿惠表示愿就有关问题同中方保持密切沟通。

中韩海域划界谈判工作组首轮会谈在京举行

中韩海域划界谈判工作组首轮会谈于4月22日在北京举行。

根据2015年12月在韩国首尔举行的中韩海域划界政府谈判代表团首轮会谈共识，经商定，中韩海域划界谈判工作组首轮会谈于4月22日在北京举行。双方将就海域划界有关问题交换意见。

华春莹表示，中韩两国通过谈判协商公平合理解决海域划界问题，对于保障两国间海域的安宁和稳定、巩固和发展两国友好合作关系具有重要意义。这也充分体现出中方所一贯坚持的与直接当事国在尊重历史事实的基础上，根据国际法，通过谈判协商解决有关争议的立场和主张。“希望中韩通过友好协商公平合理解决海洋权益主张重叠问题，为地区国家解决类似问题树立良好典范。”

首届中日韩公共外交论坛在京举行

为落实2015年在韩国首尔举行的第六次中日韩领导人会议成果，中国公共外交协会与中日韩三国合作秘书处于4月29日在北京钓鱼台国宾馆共同举办“首届中日韩公共外交论坛暨2016年中日韩合作国际论坛”。

三国各界知名人士就“加强对话、深化交流，推进中日韩合作迈上新台阶”这一主题进行了研讨。这一活动为促进三国交往的良性互动和三国合作发挥建设性作用。

习近平会见朝鲜劳动党代表团

中共中央总书记、国家主席习近平6月1日在北京会见了朝鲜劳动党中央政治局委员、中央副委员长、国际部部长李洙墉率领的朝鲜劳动党代表团。

习近平欢迎朝鲜劳动党派团来华通报七大情况。习近平说，这体现了中朝两党就重大问题进行战略沟通的传统，表明金正恩委员长、朝鲜劳动党中央对两党两国关系的重视。祝愿朝鲜人民在发展经济、改善民生、建设朝鲜社会主义事业中取得更大成就。

李洙墉转达了金正恩委员长致习近平总书记的口信，并通报了朝鲜劳动党七大的情况。金正恩在口信中表示朝方希望与中方共同努力，加强和发展朝中传统友好关系，维护朝鲜半岛及东北亚地区和平稳定。

习近平强调中方高度重视中朝友好合作关系，愿同朝方共同努力，维护好、巩固好、发展好中朝关系。习近平表示，中方在半岛问题上的立场是一贯的、明确的。希望有关各方保持冷静克制，加强沟通对话，维护地区和平稳定。

中俄举行第三次东北亚安全磋商

第三次中俄东北亚安全磋商6月6日在北京举行，中国外交部长助理孔铉佑和俄罗斯外交部副部长莫尔古洛夫共同主持，两国外交、国防等部门官员出席。

中蒙外交部门战略对话举行

2016年6月16日至18日，中国外交部长助理孔铉佑访问蒙古，其间分别会见蒙古总理赛汗比列格、外交部长普日布苏伦，并同蒙古外交部国务秘书冈呼雅格举行中蒙外交部门第二次战略对话。

国家主席习近平会见俄罗斯总统普京

6月23日，国家主席习近平在塔什干会见俄罗斯总统普京。

习近平指出，在《中俄睦邻友好合作条约》签署15周年和中俄战略协作伙伴关系建立20周年之际，普京总统即将对中国进行的国事访问具有特别重要的意义。中方愿同俄方一道，弘扬条约确立的世代友好理念，增进两国政治和战略互信，加大相互支持，推动两国发展战略对接和“一带一路”建设同欧亚经济联盟建设对接合作，密切在重大国际和地区事务中协调配合。

习近平强调，中方愿同俄方共同努力，为上海合作组织稳定健康发展发挥积极影响。上海合作组织成员要扩大相互支持，通过互利合作强化相互利益融合，通过对话协商逐步化解矛盾分歧。要推进务实合作，通过促进区域贸易和投资便利化，激活上合组织务实合作。要强化安全合作，尽快制订《反极端主义公约》，完善禁毒机制建设。要稳步推进组织建设，确保组织走稳走实，做大做强。

普京首先对中国江苏盐城遭遇龙卷风袭击造成重大人员伤亡和财产损失向中方表示深切慰问，指出俄中两国一贯相互理解、相互支持十分重要。普京表示，他期待着即将对中国进行的国事访问，愿届时就推进双边关系、加强双边合作同习近平主席深入交换意见。

普京表示，上海合作组织在维护地区和平稳定、促进区域经济融合方面影响巨大。俄方赞成在上海合作组织框架内开展欧亚经济联盟和“一带一路”倡议对接合作。希望新成员的加入将有助于上海合作组织在国际事务中发挥更大作用。王沪宁、栗战书、杨洁篪等参加会见。

9月4日，国家主席习近平在杭州会见俄罗斯总统普京。

习近平欢迎普京来华出席二十国集团领导人杭州峰会。习近平指出：普京总统2016年6月访华期间，我们隆重庆祝《中俄睦邻友好合作条约》签署15周年，共同签署并发表3份重要联合声明，还见证签署近30个务实合作协议，充分展示了两国深化全面战略协作伙伴关系的坚定决心，全面体现了双方对重大国际和地区问题的共同立场，发出了中俄共同维护全球战略安全、世界和平稳定的一致声音。双方要落实好我和总统先生达成的各项共识和协议，推动中俄各领域合作不断取得新成果。

习近平强调，中俄双方要更加紧密地加强全方位战略合作，坚定支持对方维护国家主权、安全、发展利益的努力。要积极推动两国发展战略对接和“一带一路”建设同欧亚经济联盟建设有效对接，推进基础设施建设、能源、航空、航天、高新技术等领域务实合作，加强军事交流和安全合作。要密切在国际和地区事务中的协调和配合，坚决维护联合国宪章宗旨和原则及国际关系基本准则，维护国际公平正义，促进世界和平、稳定、繁荣。

习近平指出，当前形势下，各方对二十国集团领导人杭州峰会抱有很高期待。一年来，中方同所有各方一道努力，围绕峰会主题和重点议题，着力打造成果亮点，共同构建创新、活力、联动、包容的世界经济。杭州峰会的成功契合世界经济发展需要，也符合包括中俄在内各方的共同利益。俄罗斯是二十国集团重要成员，相信在包括俄方在内的各方支持下，杭州峰会一定会取得成功。

普京表示，在庆祝《俄中睦邻友好合作条约》签署15周年之际，俄方对两国关系在高水平上运行感到高兴。在双方共同努力下，俄中经贸关系持续发展，人文交流日益密切。两国在国际事务中保持着良好沟通协调。俄方愿同中方一道，将两国政治互信和人民友好转化为经济合作的更大动力，扩大贸易、投资、金融、能源、科技等领域合作，给两国人民带来更多实实在在的利益。俄方支持中方为二十国集团领导人杭州峰会确定的主题和议题，预祝杭州峰会圆满成功。

习近平和普京还就共同关心的国际和地区问题深入交换意见。

10月15日，国家主席习近平在印度果阿会见俄罗斯总统普京。

习近平强调，中俄两国同为联合国安理会常任理事国和主要新兴市场国家，要密切在联合国、上海合作组织、金砖国家等多边框架内的协调和配合，共同推动国际秩序朝着更加公正合理的方向发展，维护好新兴市场国家和发展中国家利益。9月，我们在二十国集团领导人杭州峰会期间举行了富有成果的会晤，就推动中俄全面战略协作伙伴关系高水平发展达成重要共识。双方要加紧推动落实有关成果。

习近平指出，二十国集团领导人杭州峰会期间，金砖国家领导人成功举行非正式会晤，就推进金砖国家合作深入交换意见，达成很多重要共识。中方期待金砖国家领导人第八次会晤取得积极成果，为金砖国家合作发展注入新动力。中方将于2017年担任金砖国家主席国，愿同包括俄方在内的各方一道，办好金砖国家领导人第九次会晤。

普京表示，很高兴俄中高层和各领域保持密切沟通，这对推动俄中全面战略协作伙伴关系发展十分重要。俄罗斯致力于加强同中国在多边框架内合作，支持中国2017年成功举办第九次金砖国家领导人会晤。中国是俄罗斯重要的经济伙伴，俄方愿同中方一道，深化双方在能源、交通基础设施、航空制造、航天等领域合作。俄方支持欧亚经济联盟同丝绸之路经济带倡议对接合作。

习近平和普京还就朝鲜半岛局势等共同关心的国际和地区问题深入交换意见。双方同意保持密切沟通和协作，共同维护东北亚地区和平稳定及双方共同利益。

11月19日，国家主席习近平在利马会见俄罗斯总统普京。

习近平强调，2016年以来，中俄双方围绕庆祝《中俄睦邻友好合作条约》签署15周年和建立战略协作伙伴关系20周年，加强全方位战略协作，既促进了两国共同发展繁荣，也壮大了世界和平正义力量。中方愿同俄方一道努力，在新的一年里保持密切高层交往势头，加大相互支持，巩固政治和战略互信，开展两国发展战略对接和“一带一路”建设同欧亚经济联盟建设对接合作，办好媒体交流年等重要人文交流活动，加强在国际事务中的协调和配合，促进世界和平稳定。

习近平指出，俄罗斯是亚太经合组织重要成员。双方要深化亚太经合组织框架内合作，落实好包括北京会议在内近年会议达成的重要共识，深入推进亚太自由贸易区进程，推动利马会议取得成功，推动亚太经合组织为亚太和全球经济增长做出更大贡献。

普京表示，很高兴再次同习近平主席会晤，俄中高水平的关系对全球和平稳定十分重要，双方应该保持密切高层交往。当前，俄中双边经贸关系发展势头良好，高新技术等领域合作取得积极成果。俄方期待着同中方共同推进欧亚经济联盟建设同“一带一路”建设对接合作。俄中双方要加强在亚太经合组织等多边事务中协调合作。

习近平和普京还就共同关心的国际和地区问题深入交换意见，一致同意要维护东北亚、中亚等两国共同周边地区的和平安全。

国家主席习近平主持中俄蒙三国元首第三次会晤

6月23日，国家主席习近平在塔什干同俄罗斯总统普京、蒙古国总统额勒贝格道尔吉举行中俄蒙元首第三次会晤。习近平主持会晤。

习近平指出，中俄蒙三方依托互为邻国的优势开展紧密合作，积极落实《中俄蒙发展三方合作中期路线图》，在经贸、人文、过境运输、旅游、体育等领域取得积极进展和成果。中方对三方合作势头感到满意。我们要继续围绕中方丝绸之路经济带建设、俄方发展战略特别是跨欧亚大通道建设、蒙方“草原之路”倡议对接这条主线，积极推进三方全面合作。

习近平强调，三方要落实好《建设中蒙俄经济走廊规划纲要》，推进交通基础设施互联互通、口岸建设、产能、投资、经贸、人文、生态环保等领域合作，协力实施重点项目，推动中蒙俄经济走廊建设尽快取得阶段性成果。三方要积极探讨开展三国跨境经济合作区建设，加强产业对接，推进三国毗邻地区次区域合作，带动三国毗邻地区共同发展。三方要扩大在上海合作组织框架内合作，共同落实《上海合作组织至2025年发展战略》关于“开放和伙伴关系政策”等合作事项，深化过境运输、粮食安全、防灾减灾、能源等重点领域合作。

普京表示，俄中蒙是建立在平等、尊重、互利基础上的友好邻邦。俄方致力于按照三方达成的合作共识，同中国和蒙古国一道，落实好交通运输、基础设施建设，加快简化边境口岸手续，推动区域经济一体化进程。俄愿加强三国人文交流。

额勒贝格道尔吉表示，蒙中俄达成经济走廊规划纲要十分重要。蒙方愿同中俄一道，推进交通基础设施建设，加强边境地区经济合作。蒙方希望加强同中俄在农业、救灾减灾等领域合作。

会晤后，三国元首见证了《建设中蒙俄经济走廊规划纲要》和《中华人民共和国海关总署、蒙古国海关与税务总局和俄罗斯联邦海关署关于特定商品海关监管结果互认的协定》等合作文件的签署。

国家主席习近平会见蒙古国总统额勒贝格道尔吉

6月23日，国家主席习近平在塔什干会见蒙古国总统额勒贝格道尔吉。

习近平指出，当前，中蒙关系发展势头良好，双方保持密切交往，务实合作不断深化。双方应共同努力，加紧落实已达成的各项重要共识，充实中蒙全面战略伙伴关系内涵，推动两国关系迈上新的更高水平。两国要加强各层级交往，夯实互信基础，在涉及各自核心利益和重大关切问题上相互理解、相互支持。要加快推进丝绸之路经济带同“草原之路”倡议战略对接，拓展务实合作，努力实现双边贸易额2020年达到100亿美元的目标。积极推动两国大项目合作取得实质性进展，在过境运输等项目上加强合作。中方愿同蒙方加强在上海合作组织等地区多边机制内合作，愿同蒙方、俄方共同推进中蒙俄合作，支持蒙方7月举办第十一届亚欧首脑会议。

额勒贝格道尔吉表示，蒙方对蒙中全面战略伙伴关系蓬勃发展感到高兴，感谢中方长期以来对蒙古国社会经济发展给予的帮助。蒙方愿加强同中方各领域交流合作，拓展两国边境口岸建设、过境运输等合作。

国家主席习近平会见日本首相安倍晋三

国家主席习近平9月5日在杭州会见来华出席二十国集团领导人峰会的日本首相安倍晋三。

习近平指出，中日互为重要近邻，两国关系长期健康稳定发展，符合两国人民利益，也有利于地区和平稳定。当前，中日关系仍然不时受到复杂因素干扰。双方应该排除干扰，推动中日关系早日回到正常发展轨道。

习近平强调，中方致力于改善发展中日关系的基本立场没有改变。两国关系现在正处于爬坡过坎、不进则退的关键阶段，双方应该增强责任感和危机意识，努力扩大两国关系积极面，抑制消极面，确保两国关系稳定改善。要把握2017年中日邦交正常化45周年、2018年《中日和平友好条约》签署40周年等重要契机，推动中日关系向前发展。

习近平强调，中日双方应该恪守中日四个政治文件和2014年底达成的四点原则共识，确保两国关系的政治基础不动摇。两国要管好老问题，防止新问题，减少“绊脚石”。在谈到中日合作时，习近平指出，中日两国经济互补性强，双方可以加强宏观经济政策沟通，提高各领域务实合作水平，弘扬民间友好传统，推进地方交流。双方应该按照合作共赢的新理念，共同推进区域合作，应对全球性挑战。

习近平指出，中日双方应该根据四点原则共识精神，通过对话磋商加强沟通，妥善处理东海问题，共同维护东海和平稳定。日方在南海问题上要谨言慎行，避免对中日关系改善造成干扰。

安倍晋三表示，祝贺在中方主导下，二十国集团领导人杭州峰会圆满成功并取得丰硕成果。日方重视对华关系，同意两国是搬不走的邻居。日方愿努力同中方建立互信，希望按照日中达成的有关共识精神，努力改善两国关系，并就相关问题同中方保持对话。日方希望推进同中方在金融、贸易、环保等领域合作。

国家主席习近平会见俄罗斯联邦委员会主席马特维延科

国家主席习近平9月9日在人民大会堂会见俄罗斯联邦委员会主席马特维延科。

习近平首先请马特维延科转达对普京总统的诚挚问候。他说：普京总统前几天来华出席二十国集团领导人杭州峰会，我们举行了2016年第三次会晤，就深化中俄全面战略协作伙伴关系达成新的共识。2016年是《中俄睦邻友好合作条约》签署15周年和中俄建立战略协作伙伴关系20周年，两国政治上高度互信，互利合作全面展开，成果丰硕。中俄全面战略协作伙伴关系的高水平发展，为构建以合作共赢为核心的新型国际关系提供了有益经验。希望双方共同努力，把两国的政治关系优势转化为更多务实合作成果，更好造福两国和两国人民。

习近平说，近年来，中国全国人大同俄罗斯联邦会议的交流合作更加密切，为两国关系和各领域合作提供了重要保障。希望双方继续发挥各自优势，深化在治国理政、立法交流、监督保障等领域互学互鉴，不断巩固中俄政治和战略互信，推动各领域务实合作，在两国社会各界弘扬世代友好理念，为中俄全面战略协作伙伴关系发展奠定更加坚实的社会和民意基础。

马特维延科高度评价二十国集团领导人杭州峰会的成功召开。她说，俄方愿与中方一道，落实好两国元首达成的重要共识，推动两国关系发展不断取得新成果。俄罗斯联邦会议期待深化与中国全国人大的友好关系，加强立法等方面交流互鉴，支持各领域务实合作，更好地服务于俄中全面战略协作伙伴关系深入发展。

蒙古人民党主席、议长恩赫包勒德访华并出席“中国共产党与世界对话会”

2016年10月13日至20日，蒙古人民党主席、国家大呼拉尔主席恩赫包勒德赴华出席“2016中国共产党与世界对话会”并访华。其间习近平总书记、张德江委员长、刘云山同志分别同恩赫包勒德会见。同年3月，恩赫包勒德还作为时任蒙古国家大呼拉尔副主席对中国进行了访问。

中共中央总书记、国家主席习近平10月18日在北京会见了参加“2016中国共产党与世界对话会”并访华的蒙古人民党主席、国家大呼拉尔主席米·恩赫包勒德。

习近平欢迎恩赫包勒德当选议长后首次访华。他说，当前中蒙关系保持良好发展势头，双方都把发展双边关系放在各自外交的重要位置，各领域交流合作的推进给两国人民带来实实在在的利益，为促进地区和平稳定发展发挥了积极作用。

习近平指出，中国党和政府始终从战略高度和长远角度看待和发展同蒙古国关系，愿同蒙方进一步加强沟通、协调、合作，共同推动中蒙全面战略伙伴关系不断向前发展。希望中蒙继续加强高层交往，引领正确方向，中方支持两国各层级各领域密切友好往来。希望两国执政党深化党际交流，加强治党治国经验互鉴，提高执政能力和领导水平，实现各自奋斗目标。希望双方推进务实合作，携手共迎挑战，中方欢迎蒙方搭乘“中国快车”，实现又好又快发展。双方要妥善处理敏感问题，维护两国关系大局，继续在涉及对方核心利益和重大关切问题上相互理解、相互支持。

恩赫包勒德盛赞“2016中国共产党与世界对话会”，认为对话会呼应并深化了G20杭州峰会主题，为各国政党开展对话、分享经验搭建了重要平台，对发挥政党优势、凝聚各方共识、引领全球经济治理创新具有重要意义。蒙方高度评价习近平主席提出的建设“一带一路”倡议和“亲诚惠容”周边外交理念，认为这对深化蒙中传统友好关系、保障地区和平稳定、促进“一带一路”沿线国家和地区发展合作发挥了重要引领作用。蒙古国各政党主张不同，但都高度重视蒙中关系，在发展对华关系上立场一致，人民党珍视与中共的友好关系，希全面加强党际交流与合作，扩大蒙中各领域的务实合作，推动双边关系不断向前发展。

俄罗斯

日俄就具体推进经济合作达成一致

日本内阁官房副长官世耕弘成7月19日与俄罗斯经济发展部部长乌柳卡耶夫在首相官邸会谈。

着眼于9月初计划在远东城市符拉迪沃斯托克（海参崴）举行的日俄首脑会谈，双方就具体推进日本首相安倍晋三5月提出的经济合作八个项目达成一致。日本政府希望加速强化俄方重视的经济合作，以促成普京总统的年内访日。

日本经济产业大臣林干雄也与乌柳卡耶夫会谈，就八个项目中的扩大中小企业交流交换了意见。

这八个项目包括远东的产业振兴及能源开发等。安倍在5月于俄罗斯城市索契举行的日俄首脑会谈中提出这八个项目，普京也对此表示欢迎。

俄罗斯总统普京会见王毅

俄罗斯总统普京3月11日在莫斯科克里姆林宫会见正在俄罗斯进行访问的外交部长王毅。

普京首先请王毅转达对习近平主席的良好祝愿。他高度评价俄中关系的高水平发展，表示，两国在政治、经济、人文以及国际事务中密切合作，全面战略协作伙伴关系不断深化。两国务实合作有着良好基础和广阔前景，双方应加快重大项目合作，加强在能源、机电产品等领域合作。俄方重视两国举办“媒体交流年”活动，愿与中方加强在国际事务中的沟通协调，共同维护国际关系的基本准则。

王毅转达了习近平主席对普京总统的亲切问候。他表示，2016年是《中俄睦邻友好合作条约》签署15周年，中方愿以此为契机，进一步全方位深化和发展中俄全面战略协作伙伴关系。俄是中国开展对外合作的优先方向，两国经贸规模和质量逆势提升，反映出双边务实合作的巨大潜力和空间。中方对俄发展前景充满信心，愿进一步提高务实合作水平。中俄都是维护世界和平稳定和公平正义的重要力量，应继续加强战略协作。

日本首相安倍访问俄罗斯

5月6日，日本首相安倍晋三在俄罗斯南部城市索契与俄总统普京进行会谈。双方讨论了领土、经贸合作和叙利亚局势等问题。日本媒体纷纷表示，会谈长达三个半小时，远超出预期。然而，会谈结束后，双方未签署任何文件。

日本舆论认为，未能缔结和平条约是两国合作的最大阻碍，这与南千岛群岛（日称“北方四岛”）问题密切相关。安倍此行最主要目的就是改善日俄关系并促成普京在七国峰会期间访日，为解决两国领土争端铺路。会谈结束后，双方并未举行新闻发布会。

汪洋与俄罗斯副总理罗戈津举行中俄总理定期会晤委员会双方主席会晤

中国国务院副总理、中俄总理定期会晤委员会中方主席汪洋6月19日至20日在黄山与俄罗斯副总理、俄方主席罗戈津举行会晤。

汪洋说，当前中俄全面战略协作伙伴关系稳步发展，各领域务实合作取得一批重要成果。普京总统即将访华，习近平主席将同普京总统就两国关系发展和各领域合作做出新的规划。李克强总理和梅德韦杰夫总理下半年将举行中俄总理定期会晤。双方要加快推进经贸、核能、航空航天、农业、跨境通道、卫星导航等重点领域合作，开展联合研制远程宽体客机、重型直升机等大项目合作，巩固两国关系的物质基础和纽带。

罗戈津说，俄方始终视中方为可靠的战略合作伙伴，愿加快与中方在大项目等领域的合作，把两国务实合作提高到新水平。

俄罗斯联邦总统普京对中国进行国事访问

应国家主席习近平邀请，俄罗斯联邦总统弗拉基米尔·弗拉基米罗维奇·普京于6月25日对中国进行国事访问。

普京曾14次访华或来华出席国际活动，其中任总统期间11次，任总理期间3次。

俄罗斯总理梅德韦杰夫会见国务院副总理刘延东

7月4日，俄罗斯总理梅德韦杰夫在莫斯科会见中国国务院副总理刘延东。刘延东表示：在习近平主席和普京总统的战略引领下，中俄关系始终保持高水平运行。6月，普京总统成功访华，为两国关系注入新动力。刘延东此次来俄参加中俄人文合作委员会第十七次会议，既是为落实两国元首北京会晤达成的人文领域合作共识，也是为两国总理下半年举行第二十一次定期会晤做准备。刘延东感谢俄方领导人对中共六大会址常设展览馆项目的高度关注和亲自推动，并表示，中共六大会址常设展览馆的建成开放，是中俄睦邻友好合作不断深入发展的又一重要成果，将为两国人民搭起增进理解、深化友谊的新桥梁。中方愿同俄方继续努力，以《中俄睦邻友好合作条约》签署15周年和中俄战略协作伙伴关系建立20周年为契机，推动两国人文合作不断深入发展，促进两国民心相通，为中俄世代友好奠定坚实的社会和民意基础。

梅德韦杰夫表示，人文交流对于推动俄中关系发展具有十分重要的作用。近年来，两国人文合作内容丰富，取得很多成果，体现了两国关系发展的高水平。中共六大会址常设展览馆建成，相当于在俄首都建立了一个“中国文化岛”，是两国人民尊重历史、真诚友好的又一见证。双方应保持高层互访势头，加强在贸易、投资、创新等领域务实合作，持续深化人文交流与合作。

中俄举行第四次东北亚安全磋商

第四次中俄东北亚安全磋商 7 月 28 日在莫斯科举行。中国外交部长助理孔铉佑和俄罗斯外交部副部长莫尔古洛夫共同主持，两国外交等相关部门代表和专家出席。

双方一致认为，当前朝鲜半岛及东北亚安全局势出现复杂变化，中俄作为全面战略协作伙伴，将根据两国元首关于加强全球战略稳定的联合声明，进一步加强沟通协调，以最可靠、最有效方式切实维护两国利益特别是战略安全利益。

双方对美国和韩国推动在韩国部署“萨德”反导系统一致表示严重关切，均认为美国单方面发展并在包括朝鲜半岛在内的世界各地推动部署战略反导系统的非建设性行为，对国际和地区战略平衡与安全稳定带来消极影响。

双方一致认为，美国和韩国推动在韩国部署“萨德”，与其宣称的目的明显不符，将严重损害包括中俄在内的域内国家战略安全利益。中俄坚决反对美韩有关计划，将针对局势发展出现的负面因素，积极考虑加强双方协作的措施。

双方还就推动有关各方对话协商、实现朝鲜半岛无核化等问题交换了意见。

国务院总理李克强在俄罗斯圣彼得堡市进行访问

当地时间 6 日晚，李克强抵达圣彼得堡后，在俄罗斯总理梅德韦杰夫陪同下参观了艾尔米塔什博物馆。李克强表示，这些来自不同国家和民族的艺术品，充分体现了人类文明璀璨的多样性，凝聚着人类对和平和真善美的坚定信念和不懈追求。当前世界各国应进一步倡导文化多元、包容并蓄，推动友好交往、互学互鉴，推动人类社会的持续进步和长久和平。

当地时间 11 月 7 日上午，国务院总理李克强在俄罗斯圣彼得堡向皮斯卡廖夫公墓纪念碑献花圈。

俄罗斯总统普京会见国务院总理李克强

当地时间 11 月 8 日下午，俄罗斯总统普京在莫斯科克里姆林宫会见国务院总理李克强。

李克强首先转达国家主席习近平对普京总统的诚挚问候。李克强表示，中俄互为最大邻国和全面战略协作伙伴，两国关系与合作一直稳定向前发展，不断取得新成果。中俄合作不仅有利于双方，也有利于地区乃至世界的和平稳定与发展繁荣。双方要落实好两国元首达成的共识，推动中俄关系再上新台阶。

李克强指出，中方愿同俄方深挖合作潜力，拓宽合作领域。巩固双边贸易企稳回升势头，推进石油、天然气、民用核能、航空航天等领域大项目合作，加强金融、基础设施建设合作，推动两国中小企业深化合作，在激发市场活力的同时，也为双方大企业合作提供必要的配套和支持。提升人文交流水平，夯实两国关系的民意基础。

普京表示，俄中两国元首、政府首脑交往密切，双方政府间合作机制运行顺畅。此次两国总理成功举行定期会晤，促进了双方务实合作的发展。当前俄中贸易企稳向好，在机电设备、农产品进出口等领域合作良好，能源领域合作积极发展，航空航天领域合作前景广阔。俄方愿同中方继续扩大双向投资，加强高铁、金融等领域合作，推动两国关系与合作不断深化。

日本

中国国务委员兼国防部长常万全会见日本客人

中国国务委员兼国防部长常万全6月17日下午在京会见由日本陆上自卫队前参谋长火箱芳文率领的日本“中国政经恳谈会”第三十九次访华代表团。

常万全说，中日关系脆弱复杂的基本面没有改变，要推动中日关系重回正常发展轨道仍任重道远。我们敦促日方切实汲取历史教训，坚持走和平发展道路，采取积极行动为中日关系改善营造有利氛围。

火箱芳文说，日中关系改善不仅对两国而且对本地区的和平稳定都很重要，“中国政经恳谈会”愿为两国关系改善发展发挥积极作用。

中日韩就在日本举行外长会日期进行协商

中国外交部发言人陆慷8月18日在答记者问时表示，近来，日方多次提出希邀请中韩两国外长赴日共同举行第八次中日韩外长会，目前三方正就会议的具体日期进行协商。

有记者问，据媒体报道，王毅外长将于近期赴日本出席中日韩外长会。这是否为王毅外长上任以来首次访日？他是否将就改善中日关系同日方交换意见？

中国外交部发言人陆慷表示，2016年中日韩合作协调国轮至日本担任，根据惯例，三方将在日本举办中日韩合作的一系列相关会议。近来，日方多次提出希邀请中韩两国外长赴日共同举行第八次中日韩外长会，就三方合作进行探讨。目前三方正就会议的具体日期进行协商。这是一次年度例行的多边会议，并不涉及双边访问。

中国外交部发言人陆慷指出，对于中日关系，中方的立场是一贯和明确的。我们严正敦促日方按照中日四个政治文件和四点原则共识的精神，奉行积极对华政策，妥善处理重大敏感问题，以实际行动为推动两国关系改善做出努力。

中国外交部长王毅将出席第八次中日韩外长会

中国外交部发言人陆慷8月22日宣布：经中日韩三方商定，第八次中日韩外长会将于24日在日本东京举行。外交部长王毅将应邀出席会议。三国外长将回顾中日韩合作进展情况，就三国合作未来发展方向及共同关心的地区和国际问题等交换意见。

外交部发言人陆慷说，2015年11月，第六次中日韩领导人会议在韩国首尔举行，为东亚区域合作注入了新的活力，得到三国民众和国际社会的高度评价。

“2016年中日韩合作协调国轮至日本担任，根据惯例，三方将在日举办中日韩合作的一系列相关会议。”陆慷说，近来，日方多次提出希望邀请中韩两国外长赴日共同举行第八次中日韩外长会，就三方合作进行探讨。此次外长会是三国合作的年度例行多边会议。

“我们期待通过本次会议保持中日韩合作势头，助力东亚区域一体化进程，努力实现2020年建成东亚经济共同体的目标，共同为本地区的和平、发展与繁荣做出更大贡献。”

日本首相安倍晋三会见王毅

日本首相安倍晋三8月24日集体会见出席第八次中日韩三国外长会的中国外长王毅、日本外相岸田文雄和韩国外长尹炳世。

安倍表示，日中韩三国的经济总量占世界1/5，肩负着维护地区和平稳定的重要责任，三国保持合作尤为必要。希望三国落实好此次外长会成果，为年内举行领导人会议做出积极准备，进而改善双边关系，促进地区发展。日方愿从长远角度出发，与中方沿着建立战略互惠关系的方向，增进信任，加强对话，管控分歧，为构建面向未来的日中关系而努力。即将召开的二十国集团杭州峰会对世界经济可持续发展意义重大，期待届时赴华出席峰会，日方祝愿峰会成功并愿为此提供尽可能的协助。

王毅表示，中日韩三国在彼此关系存在困难的情况下召开此次外长会，保持了三国合作的基调与势头。中方为此提出了促进政治、经贸、人文、可持续发展的“四轮驱动”合作主张。中方乐见日方作为二十国集团成员为峰会成功发挥积极和建设性作用。2016 年还将有一系列中日韩三方共同参与的重要多边会议，希望中日韩三方本着“正视历史、面向未来”精神加强合作，为地区和平发展以及彼此关系的改善做出努力。

第十一次中日韩经贸部长会议举行

第十一次中日韩经贸部长会议 10 月 29 日在东京举行。本次会议旨在为第七次中日韩领导人会议积聚更多成果，并就落实二十国集团（G20）峰会经贸成果，开展三国务实经贸合作新领域、新倡议，以及区域、多边经贸等议题达成共识。

中方立足三国经贸长远发展，提出在“一带一路”和“欧亚倡议”框架下开展第三方国际产能合作并共同开拓第四方市场，推动三国次区域合作发展，深化泛黄海经济技术交流会议等机制建设，支持三国地方间开展更多务实合作，得到了日韩两方积极响应。

此外，三方还通过了“加强三国供应链互联互通”联合研究报告，并同意将共同推动打造开放的世界经济，进一步加强多边贸易体制，促进全球贸易投资并积极推进区域经济一体化。

韩国

国家主席习近平同韩国总统朴槿惠通电话

国家主席习近平 2 月 5 日同韩国总统朴槿惠通电话。两国领导人互致农历新年问候和祝福，同意共同推动中韩双边关系不断提高到新水平。

习近平指出：在双方共同努力下，中韩关系发展取得丰硕成果。两国政治互信和各领域交流合作日益密切，中韩自由贸易协定正式生效并给两国人民带来实实在在的好处，人文交流呈现可喜局面，双方推动各自国家发展战略对接，在重大国际和地区问题上保持密切沟通和协调。我愿继续同总统女士共同指导好中韩关系各领域工作，推动双边关系不断提高到新水平。

朴槿惠表示，韩方高度重视韩中关系，致力于同中方共同努力，推进韩中各领域合作深入发展。两国领导人就共同关心的问题保持经常接触非常重要。韩方对朝鲜不久前进行第四次核试验并宣布将再次进行发射活动表示严重关切。韩方希望国际社会密切协调，希望安理会尽快做出反应，有效应对当前半岛局势。

习近平强调，中方在任何情况下都坚定致力于实现半岛无核化，坚定致力于维护半岛和平稳定，坚持通过对话协商解决问题。这符合包括中韩在内东北亚各国的共同利益。半岛不能有核，也不能生战生乱。我们希望有关各方从维护半岛和平稳定大局出发，冷静应对当前形势，始终坚持对话协商的正确方向。中方愿就半岛问题继续同韩方保持沟通和协调。

中韩举行第七次外交部门高级别战略对话

2 月 16 日，中国外交部副部长张业遂在首尔同韩国外交部第一次官林圣男举行第七次中韩外交部门高级别战略对话，并分别会见韩国外长尹炳世、总统外交安保首席秘书金奎显。

中国外交部副部长张业遂表示，中方高度重视中韩关系，愿与韩方一道，落实好两国领导人共识，推动中韩关系始终在正确轨道上向前发展。实现半岛无核化，维护半岛和平稳定，符合中韩共同利益。中方反对朝鲜核试和射星，支持安理会尽快通过一个新的有力决议。但制裁本身不是目的，还是要通过对话谈判找到从根本上解决问题的办法。

中国外交部副部长张业遂就美韩可能在韩部署“萨德”反导系统表明严正立场，指出此举不利于缓和当前紧张局势，不利于维护地区和平稳定，损害中国战略安全利益，中方对此严重关切并明确反对，希望有关方慎重处理。

韩方表示，韩方高度重视同中国的战略合作伙伴关系，愿为两国关系进一步发展做出努力。朝鲜无视国际社会反对，执意再次进行核试验并发射卫星，对韩安全构成现实威胁，也损害国际不扩散体系，国际社会应团结一致做出应对，安理会应尽快通过强力和有效的对朝制裁新决议。韩方愿就是否部署“萨德”反导系统事与中方保持沟通，不希望这一问题损害中方利益，影响韩中关系。

中共中央政治局委员、中央书记处书记、中宣部部长刘奇葆率中共代表团访问韩国

应韩国政府邀请，中共中央政治局委员、中央书记处书记、中宣部部长刘奇葆5月20日至23日率中共代表团访问韩国。

刘奇葆在首尔会见了韩国国会议长郑义和、副总理李俊植、外交部长官尹炳世、文化体育观光部长官金钟德等。刘奇葆说，在习近平主席和朴槿惠总统共同引领下，中韩双边关系呈现政治互信、经贸合作、人文交流齐头并进的可喜局面，中方愿与韩方一道，深化两国在政党、议会、经贸、人文等领域的交流合作，推动两国真正成为实现共同发展、致力地区和平、携手振兴亚洲、促进世界繁荣的伙伴。郑义和等表示，韩中关系正处于历史最好时期，两国高层交往密切，经贸、人文等各领域交流合作成果丰硕。中国在世界上的地位和影响日益重要。韩方愿同中方进一步增进互信、扩大合作，共同致力于维护东北亚地区乃至世界的和平、稳定与繁荣。

访韩期间，刘奇葆出席了第八届中韩媒体高层对话、世界中国学论坛东亚分论坛等人文交流活动。他希望两国媒体秉持合作互信理念，把握两国关系主流，推出更好更多合作成果，合力奏响中韩友好的华美乐章；希望世界中国学研究进一步聚焦当代中国，加强对中国理念、中国道路和中国共产党治国理政的研究。刘奇葆还考察了希杰娱乐传媒公司等文化企业，了解韩国文化产业发展情况。

第八届中韩媒体高层对话在韩国首尔举行

第八届中韩媒体高层对话5月23日在韩国首都首尔举行，来自《人民日报》、新华社、中央电视台和《朝鲜日报》、韩国联合通讯社、KBS电视台等中韩近30家主流媒体代表围绕深化媒体合作，促进“四个伙伴”关系进行了广泛交流。

2014年7月，中韩两国元首共同确立了实现共同发展、致力地区和平、携手振兴亚洲、促进世界繁荣的“四个伙伴”关系目标，丰富了中韩战略合作伙伴关系内涵，为两国关系发展指明了方向。

两国媒体代表就中韩媒体在两国关系中的作用畅所欲言。

本届中韩媒体高层对话议题包括深化中韩媒体合作、促进“四个伙伴”关系；人文交流及文化交流；围绕第四次产业革命背景下的中韩两国合作。在对话开幕式上，双方媒体还签订了六项合作协议。

韩国总统朴槿惠访问蒙古国　出席亚欧会议

为出席7月15日至16日在蒙古国首都乌兰巴托举行的第十一届亚欧会议（ASEM Summit）和亚欧会议成立20周年纪念活动，朴槿惠总统从7月14日下午起访问蒙古国。这是自英国脱欧后，亚欧主要国家领导人首次举行会议。会议期间，朴槿惠总统阐述了韩国对贸易保护主义抬头的忧虑，并与各方就英国脱欧对世界经济的影响及其应对方案等进行讨论，寻求加强同各国合作的有关方案。另外，朴槿惠

总统还将呼吁国际社会为实现韩半岛无核化提供支持和做出努力，并再次呼吁各国积极落实联合国安理会对朝鲜制裁决议。

朝鲜

建交42年朝鲜外相首访印度　请求粮食援助

朝鲜外务相李洙墉访问印度，并于4月13日与印度外交部长斯瓦拉吉举行了会谈，请求印度为其提供更多的人道主义援助。

这是朝鲜与印度建交42年以来朝鲜外务相首次访问印度。印度外交部在向媒体提供的资料中称，两国外交进行了约2个小时的会谈，李洙墉请求印度为朝鲜提供更多的人道主义援助，斯瓦拉吉表示会“积极考虑”。2011年，印度曾通过联合国世界粮食计划署（WFP）向朝鲜提供过价值100万美元的粮食援助。斯瓦拉吉还在会谈中提及印度在东亚地区的政策，他对朝鲜半岛的和平与安定表示关注。会议后，两国外长没有发表共同声明。

中共中央对外联络部部长宋涛同朝鲜劳动党代表团团长李洙墉举行会谈

宋涛5月31日在北京同朝鲜劳动党中央政治局委员、中央副委员长、国际部长李洙墉及其率领的朝鲜劳动党代表团举行会谈。

朝方通报了朝鲜劳动党七大的情况。双方表示要珍视中朝传统友谊，加强两党之间的交流合作，为巩固和发展中朝关系、促进地区和平稳定做出努力。双方还就其他共同关心的问题交换了意见。

朝外务相会见世界粮食计划署新任驻朝代表

朝鲜外务相李洙墉6月3日在万寿台议事堂会见了世界粮食计划署新任驻朝代表达林·蒂莫。蒂莫向朝方递交了国书。

世界粮食计划署执行干事厄瑟琳·库赞曾于2015年访问朝鲜，瞻仰矗立在万寿台岗上的金日成和金正日铜像，并表示敬意。

朝媒此前报道称，在解决粮食问题上，朝鲜不能依赖于他国。应当考虑本国国情，制定农业政策，克服粮食危机。朝鲜正在采取多种措施，根据其地区特性和世界趋势，开发出先进的农业技术，改善农业生产条件。

中朝边界联委会第三次会议在平壤举行

10月25日至26日，中朝边界联合委员会第三次会议在平壤举行。联委会双方首席代表、中国外交部副部长刘振民与朝鲜外务省副相朴明国分别率团出席。两国公安、环保、交通、水利、国防、口岸等部门以及相关地方政府代表参加。

蒙古国

中国商务部部长率中国政府经贸代表团访问蒙古国

商务部部长高虎城5月5日至6日率中国政府经贸代表团访问蒙古国，与蒙外交部长普日布苏伦共同主持召开中蒙经贸联委会第十四次会议。访蒙期间，高虎城分别会见蒙古国总统额勒贝格道尔吉、总理赛汗比勒格和工业部部长额尔登巴特。

高虎城表示，中方愿与蒙方一道，认真落实两国领导人达成的重要共识，加强“一带一路”倡议与蒙方“草原之路”倡议的对接。蒙方表示，蒙方将与中方进一步加强合作，推动双边全方位、多层次、宽领域务实合作不断深化发展。访问期间，高虎城部长还与赛汗比勒格总理共同出席了蒙新机场高速公路开工仪式，与普日布苏伦外长共同出席援蒙亚欧首脑会议物资交接仪式。

蒙古国总统查·额勒贝格道尔吉对韩国进行正式访问

应韩国总统朴槿惠之邀，蒙古国总统查·额勒贝格道尔吉于5月18日至20日对韩国进行正式访问。访问期间，双方就深化全面合作伙伴关系、保持高层领导人互访频繁、推进两国经贸合作以及地区和国际共同关心的部分问题深入交换意见。访问期间，蒙古国总统查·额勒贝格道尔吉与韩国总统朴槿惠举行正式谈判，并韩国国会议长郑义和及韩国首尔市市长朴元淳等分别拜访蒙古国总统查·额勒贝格道尔吉。朴槿惠和查·额勒贝格道尔吉在会谈上就为进一步发展2011年建立的“框架性伙伴关系”扩大务实经济合作的方案。同时，蒙古国总统除会见在韩国居留或工作的蒙古国公民代表外，还到访韩国外国研究大学并发表题为《蒙古国对外政策及地区安全问题》的演讲。最后他还将接受韩国KBS电视台的采访。

蒙古国对外关系部长出席“亚洲未来”国际会议

蒙古国对外关系部长鲁·普尔普苏荣于5月30日至31日对日本进行工作访问。蒙古国外长鲁·普尔普苏荣拜访日本首相安倍晋三，并与日本外相岸田文雄举行正式会谈。此间，他还出席在日本东京召开的第二十二届“亚洲未来”国际会议及相关会议，并发表了以“蒙古国对外政策”为题的演讲。外长鲁·普尔普苏荣分别会见了日本国际协力机构理事长北冈伸一、日本国际协力银行（JBIC）执行董事前田匡史等。日本国际协力银行执行董事前田匡史表示，随着2016年5月对该银行法进行修改，银行已能够向国外进行投资。同时还表示，今后愿同蒙古国展开密切合作。

中蒙俄三国元首第三次会晤举行

2016年6月23日，国家主席习近平在塔什干同俄罗斯总统普京、蒙古国总统查·额勒贝格道尔吉举行中俄蒙元首第三次会晤，习近平主席主持会晤。三国元首见证了《建设中蒙俄经济走廊规划纲要》等合作文件的签署。同日，习近平主席还会见了蒙古国总统额勒贝格道尔吉。

习近平指出，当前，中蒙关系发展势头良好，双方保持密切交往，务实合作不断深化。双方应共同努力，加紧落实已达成的各项重要共识，充实中蒙全面战略伙伴关系内涵，推动两国关系迈上新的更高水平。两国要加强各层级交往，夯实互信基础，在涉及各自核心利益和重大关切问题上相互理解、相互支持。要加快推进丝绸之路经济带同“草原之路”倡议战略对接，拓展务实合作，努力实现双边贸易额2020年达到100亿美元的目标。积极推动两国大项目合作取得实质性进展，在过境运输等项目上加强合作。中方愿同蒙方加强在上海合作组织等地区多边机制内合作，愿同蒙方、俄方共同推进中蒙俄合作，支持蒙方7月举办第十一届亚欧首脑会议。

额勒贝格道尔吉表示，蒙方对蒙中全面战略伙伴关系蓬勃发展感到高兴，感谢中方长期以来对蒙古国社会经济发展给予的帮助。蒙方愿加强同中方各领域交流合作，拓展两国边境口岸建设、过境运输等合作。

日蒙首脑会谈　安倍请求与蒙古国联合应对朝核问题

日本首相安倍晋三7月14日在蒙古国首都乌兰巴托与蒙古国总统查·额勒贝格道尔吉举行会谈。鉴于日本与蒙古国间的经济伙伴关系协定（EPA）已于6月生效，双方就力图加强两国经济关系的方针达成了一致。安倍晋三表示，鉴于孟加拉国餐厅发生恐怖袭击事件，有意在15日开幕的亚欧会议（ASEM）峰会上发出旨在根除恐怖主义的明确讯息。额勒贝格道尔吉回应称：“坚决谴责恐怖主义。”

安倍还就朝鲜核开发问题提出请求，希望同与朝鲜建交的蒙古国开展紧密合作。随后，安倍还与蒙古国总理额尔登巴特举行会谈。

第十一届亚欧首脑会议举行

第十一届亚欧首脑会议 2016 年 7 月 15 日在蒙古国首都乌兰巴托开幕，会议主题为“亚欧伙伴二十载　互联互通创未来”。

蒙古国总统查·额勒贝格道尔吉在开幕式致辞中表示，亚洲和欧洲在当前面临着很多共同的问题和挑战，需要各方在本次会议上一起认真讨论具体应对措施。本次会议以互联互通为主题，充分讨论加强两大洲在各领域的沟通和合作。会后发表乌兰巴托宣言和主席声明，总结亚欧会议二十年的成就和经验，并为亚欧未来合作指明方向。本次会议为期两天，53 个国家和国际组织的领导人出席本次会议。

首届亚欧首脑会议 1996 年在泰国举行，每两年召开一次，在亚欧地区轮流举行，宗旨是通过对话增进了解、加强合作，为经济和社会发展创造有利条件，促进建立亚欧新型全面伙伴关系。

蒙古国新任外长会见中华人民共和国、俄罗斯驻蒙古国大使

蒙古国对外关系部长曾·孟赫奥日格勒 7 月 26 日在对外关系部会见中华人民共和国驻蒙古国特命全权大使邢海明。同日，会见俄罗斯驻蒙古国特命全权大使伊·卡·阿吉佐夫。伊·卡·阿吉佐夫大使转达了俄罗斯外交部长谢·维·拉夫罗夫的亲切问候，同时自己也表示了祝贺。

蒙古国乌兰巴托与俄罗斯乌兰乌德合作关系提升新台阶

应俄罗斯布里亚特乌兰乌德市市长阿·米·郭勒克沃的邀请，首都行政长官兼乌兰巴托市市长苏·巴特包勒德 9 月 1 日至 4 日对乌兰乌德进行正式访问。乌兰巴托市市长苏·巴特包勒德从乌兰乌德市启动他的对外正式访问，并作为嘉宾出席乌兰乌德成立 350 周年庆祝活动。

中国青年外交官代表团成功访蒙

9 月 10 日至 14 日，由中国外交部亚洲司参赞姚文率领的中国青年外交官代表团一行对蒙古国进行了友好访问。

蒙古国副外长巴特策策格会见代表团。邢海明大使与代表团进行了工作交流，中蒙双方还举行了两部青年外交官座谈会。此外，代表团还赴蒙古国前杭爱省哈拉和林、额尔德尼昭寺、突厥碑博物馆、额吉湖、沙海等地参观，了解蒙古的历史和自然风情，并赴当地牧民家做客。

巴特策策格副外长在会见代表团时表示，蒙方始终把发展对华关系作为外交政策首要方针。近年来，在双方共同努力下，蒙中关系发展迅速，蒙方对此感到高兴。作为外交官，我们都肩负着增进蒙中友好的责任。相信通过此次交流，中国青年外交官朋友们一定会更加了解蒙古国，并在今后的工作中为蒙中关系发展贡献积极力量。

姚文说，蒙古国是中国的友好邻邦，中方始终高度重视对蒙关系。希望通过此次青年外交官交流进一步增进两国青年相互了解，并在今后岗位上继续为两国关系发挥积极作用。在中蒙青年外交官座谈会上，两国朋友们畅所欲言，就共同关心的问题充分交流，进一步增进了相互了解和友谊。

蒙古国新任驻中国大使丹·钢呼雅格向国家主席习近平递交国书

蒙古国新任驻中华人民共和国特命全权大使丹·钢呼雅格 9 月 14 日向国家主席习近平递交国书。丹·钢呼雅格先向中华人民共和国主席习近平转达蒙古国总统查·额勒贝格道尔吉的亲切问候。

蒙古国将与韩国光州市展开合作

以韩国光州市市长尹壮铉为首的代表团对蒙古国进行工作访问。9 月 22 日，蒙古国首都

行政长官兼乌兰巴托市市长苏·巴特鲍勒德会见了韩国光州市代表团，并就合作关系问题深入交换意见。

蒙古国外长曾·孟赫奥日格勒访问日本和韩国

蒙古国对外关系部长曾·孟赫奥日格勒于9月27日至30日分别对日本和韩国进行访问。据计划，访问期间，蒙古国外长曾·孟赫奥日格勒与日本外交部长岸田文雄、韩国外交部长尹炳进行正式会谈，并会见两国政府成员和议会代表及其他高官。

蒙古国对外关系部长曾·孟赫奥日格勒对韩国进行的工作访问圆满结束

蒙古国对外关系部长曾·孟赫奥日格勒于9月29日至30日对韩国进行工作访问。与韩国外长尹炳世进行正式会谈，并就推动蒙韩两国各领域发展问题达成了共识。

蒙古国武装力量总参谋长达瓦少将访华并出席香山论坛

10月9日至16日，蒙武装力量总参谋长达瓦少将率团对华进行正式友好访问并出席第七届“香山论坛”会议。其间，达瓦少将先后会见了中央军委副主席许其亮上将和军委联合参谋部参谋长房峰辉上将，双方回顾了近年来两军关系发展取得的重要成果，重点就下一步具体军事合作交换了意见，代表团一行还赴云南参观了昆明陆军指挥学院。

高频互访推进两国务实合作　中共中央政治局常委、中央书记处书记刘云山同志访问蒙古国

2016年10月1日至2日，应蒙古人民党主席、国家大呼拉尔主席恩赫包勒德邀请，中共中央政治局常委、中央书记处书记刘云山对蒙古国进行正式友好访问。其间刘云山同志分别会见蒙古国领导人并出席多场人文交流活动。在蒙古国首都乌兰巴托会见了蒙古人民党主席、蒙古国国家大呼拉尔主席米耶贡布·恩赫包勒德，双方承诺将增加互信、共同推进双边关系。

刘云山说：“中蒙两国是好邻居、好朋友、好伙伴。”“中国将继续推行友好、真诚、互利、包容的邻国外交政策。”刘云山同时呼吁，根据两国领导人之前达成的共识，中蒙应该加强经贸互利合作，并将中国“一带一路”倡议与蒙古国“草原之路”计划倡议密切对接。

刘云山还承诺密切两国党际和人民之间的交流。刘云山称，中蒙友谊植根于两国人民心中，两国可通过青年、妇女、媒体以及民间组织之间的交流让友谊世代延续下去。

恩赫包勒德称近年来中蒙两国领导人之间的高频互访将大力推进两国务实合作。恩赫包勒德表示蒙古国的政治和经济发展正处于关键阶段，希望从中国获得更多的支持。“蒙古国高度重视‘一带一路’与‘草原之路’计划的对接，以及与中国、俄罗斯之间的三角战略合作。”恩赫包勒德称。

蒙古国总理扎·额尔登巴特访问日本

蒙古国总理扎·额尔登巴特于10月12日至15日对日本进行正式访问。蒙古国总理扎·额尔登巴特与日本首相安倍晋三进行正式会谈，证实蒙古国高度重视与日本开展的关系，并就双方在今后几年要保持的蒙日战略伙伴关系内容和方针上达成共识。他还会见了日本参议院议长伊达忠一和日本众议院议长大岛理森。并出席蒙日经贸与投资论坛，就蒙古国经济形势、投资环境、合作机遇等方面与日本私营企业和投资商深入交换意见。

蒙古国国家大呼拉尔主席会见日本众议院日蒙议会组组长

蒙古国国家大呼拉尔主席米·恩赫鲍勒德10月24日前会见日本众议院日蒙议会组组长任林先。日本众议院日蒙议会组组长称，“日蒙两国关系在社会与经济等各领域得到良好的发展。蒙古国总理不久前对我国进行正式访问，并希望今后进一步发展两国关系和议会间关系”。

全国人大西藏代表团访问蒙古国

10月30日至11月1日，以西藏自治区人大代表、自治区副主席边巴扎西为团长的全国人大西藏代表团对蒙古国进行友好访问。访问期间，蒙古国国家大呼拉尔主席、人民党主席米·恩赫包勒德会见了代表团。

边巴扎西向蒙方介绍了西藏经济社会发展成就，他指出，西藏自和平解放以来，从黑暗走向光明，从落后走向进步，从贫穷走向富裕，从专制走向民主，从封闭走向开放，社会制度实现了历史性跨越，社会面貌发生翻天覆地的巨大变化。取得这些成就，得益于中国共产党的领导，得益于全国各族人民的大力支持和西藏各族人民的团结奋斗。实践证明，中央西藏工作的一系列方针政策完全符合西藏实际，代表了西藏各族人民的根本利益，得到西藏各族人民的衷心拥护。

米·恩赫包勒德表示，当前中蒙关系发展势头良好，双方在政治、经济、人文等各领域合作不断深化。蒙中立法机构交流是两国关系的重要组成部分，为两国关系发展做出积极贡献。蒙古国始终坚定支持中方在涉藏问题上的一贯立场。

在乌兰巴托期间，边巴扎西一行还会见了蒙古国国家大呼拉尔蒙中友好小组议员和蒙学术界、宗教界人士。

中方圆满完成军事物资援助

2016年，中方向蒙军援助了一批工程机械设备，很好地体现了“惠及民生、造福社会”的宗旨，蒙建筑工程部队官兵表示，将利用中国援助的工程建筑设备，积极参加国家经济建设，造福蒙古国人民，为中蒙两国、两军关系做出贡献。

践行“一带一路”倡议，蒙古国执法大学副校长一行到长虹参观考察

2016年，蒙古国执法大学副校长 Bukhchuluun Bat-erdene 和天津中天集团董事长刘春升一行到长虹参观交流。

蒙古国执法大学，系政法、警察、边防、消防、军队、法官等6个司法学院合一的综合性大学，是蒙古国唯一的军校、警官、法官大学，蒙古国执法大学在蒙古国具有较强的威望和影响力。在中国同俄罗斯和蒙古国刚刚签订了全面战略合作伙伴关系后，中央书记处书记刘云山10月初对蒙古国进行了访问，开启了中蒙合作新的纪元。长虹践行“一带一路”倡议，与蒙古国执法大学共同推进中蒙合作。

本次，蒙古国执法大学副校长 Bukhchuluun Bat-erdene、执法大学综合管理负责人 Ochirkhuyag Zorigt、执法大学教务处负责人 Vanov Urgamal 三位蒙古国客人和天津中天集团董事长刘春升、天津中天集团总经理张燕春来访长虹参观考察，与长虹交流，蒙古国执法大学的信息化建设合作和蒙古国政府在生活家电与长虹的全面合作。

Bukhchuluun Bat-erdene 和天津中天集团董事长刘春升一行参观了长虹公司展厅、长虹智能交互一体机的生产车间等。当得知长虹所有的产品需要过91道精工程序才能出厂，Bukhchuluun Bat-erdene 赞扬长虹的实力是无与伦比的。

参观完毕后，Bukhchuluun Bat-erdene 和天津中天集团董事长刘春升一行与长虹控股公司总经理李进等长虹高管团队进行了交流座谈。会上，Bukhchuluun Bat-erdene 讲到，蒙古国执法大学将全面委托长虹对该校校园信息化建设，并把该校的信息化建设成为西伯利亚地区的标杆。同时，邀请长虹高管团队于11月中旬到蒙古国业务考察，与长虹签订蒙古国执法大学信息化建设的合作协议，蒙古国政府还将与长虹在生活家电方面进行全面合作。李总经理代表长虹表

示，接受蒙古国执法大学的邀请，长虹全面践行“一带一路”倡议，与蒙古国进行全面的合作，计划在蒙古国建立长虹商城，共同推进中蒙的深度合作。

中蒙第十八轮领事磋商在乌兰巴托举行

2016年11月7日，中蒙第十八轮领事磋商在蒙古国乌兰巴托举行。驻蒙使馆代办杨庆东和蒙古国对外关系部领事局局长阿伦包勒德共同主持本次磋商。驻扎门乌德总领馆代总领事王军、使馆政务参赞李雁军等出席。

磋商前，蒙古国对外关系部副部长巴特策策格礼节性会见了中方磋商代表团。杨代办表示，近年来两国关系发展步入快车道，高层互访频繁，各领域合作持续扩大，人员往来不断增加，希望双方充分发挥领事磋商机制作用，积极落实磋商成果，推动两国关系不断向前发展。巴积极评价中蒙两国关系和双边领事合作，表示蒙方重视与中方发展领事关系，希望双方继续增进和便利人员往来，为推动中蒙全面战略伙伴关系做出积极贡献。

蒙古国国家大呼拉尔主席米·恩赫鲍勒德访问俄罗斯

据蒙古国国家大呼拉尔新闻办报道，应统一俄罗斯党最高委员会主席巴·格雷兹洛夫之邀，以蒙古国国家大呼拉尔主席、蒙古人民党主席米·恩赫鲍勒德为首的代表团12月14日对俄罗斯进行工作访问。访问之初，蒙古国国家大呼拉尔主席、蒙古人民党主席米·恩赫鲍勒德与统俄党最高委员会主席巴·格雷兹洛夫等领导人物进行会晤，就两党合作问题进行交谈。

东北亚经济

中国

中国哈尔滨—俄罗斯货运班列首发

2月27日上午，编挂47车集装箱的货运班列缓缓驶出哈尔滨香坊站，将经满洲里出关，一路西行至俄罗斯叶卡捷琳堡。这是哈尔滨铁路局继开通“哈尔滨—汉堡”的中欧国际货运班列之后，开通的又一条中俄国际物流通道。哈俄班列的开通，是黑龙江省实施“一带一路”建设、打造哈尔滨“对俄合作中心城市”的重要举措。

哈尔滨铁路局有关负责人介绍，此后还将陆续开通哈尔滨到莫斯科及俄罗斯其他主要城市的点对点往返班列。

“十三五”规划纲要正式发布 首次写入“创新驱动”

3月17日，新华社受权全文播发《中华人民共和国国民经济和社会发展第十三个五年规划纲要》。根据规划纲要，“十三五”时期经济社会发展主要设置了“经济发展”、“创新驱动”、“民生福祉”和“资源环境”等四大主要指标，又在此基础上分为25个具体指标。其中“创新驱动”首次写入规划纲要之中。

哈尔滨首次进行铁路对俄运邮测试

4月10日15时46分，装载着6.1吨295件电商小件货物的K19次国际旅客列车，从哈尔滨西站发车开往俄罗斯莫斯科，这是哈尔滨首次通过铁路测试运输对俄国际邮件。

本次通过铁路运输的国际邮件为测试运输，是利用既有北京开往莫斯科的K19次国际旅客列车行李车装载国际邮件进行运邮测试，货物为俄罗斯客户从中国网购的小件商品，列车全程运行近7600公里，经滨洲铁路到达满洲里口岸站出境，再经俄罗斯西伯利亚大铁路到达莫斯科，全程运输时间为5天半。通过铁路旅客列车运输国际邮件货物，具有时间固定、禁限寄种类少和不受天气限制的运输优势，价格也更具竞争力，哈尔滨到达莫斯科比空运可节省运费3/4左右。

中国首个绿色建材产业发展联盟成立

中国绿色建材产业发展联盟成立大会4月18日前在京举行，这是中国首家以推动绿色建材发展为宗旨的跨行业联盟组织，由138家企事业单位、高等院校、科研机构共同组成。

工信部副部长辛国斌在会上指出，当前工业增长动力不足，产能严重过剩，下行压力大，建材工业必须立足当前、着眼长远，加快供给侧结构性改革，推动建材工业转型升级。在成立大会上，发展联盟与北京经济技术开发区签署全面推广绿色建材战略合作协议，双方将共同建立建材行业线上服务平台，成立中国绿色建材产业发展基金会，在建立建筑垃圾资源化科研、应用及推广中心等方面开展合作。

国务院批复同意设立黑龙江绥芬河—东宁重点开发开放试验区

国务院4月27日批复同意设立黑龙江绥芬

河—东宁重点开发开放试验区。批复要求，试验区建设要紧紧抓住推进“一带一路”建设的重大机遇，充分发挥对东北亚开放合作的综合优势，解放思想、先行先试，深化改革、扩大开放，加快培育新的发展动能，着力推进基础设施互联互通，深化投资贸易合作，发展特色优势产业，加快新型城镇化建设，保障和改善民生，加强生态建设和环境保护，优化发展环境，努力将试验区建设成为中俄战略合作及东北亚开放合作的重要平台、联通我国与俄罗斯远东地区的综合性交通枢纽、沿边地区重要的经济增长点、睦邻安邻富邻的示范区，形成沿边开发开放可复制可推广的经验。

批复要求，黑龙江省人民政府要切实加强对试验区建设的组织领导，健全机制、明确分工、落实责任，充分发挥市场配置资源的决定性作用，更好发挥政府作用，有效引导社会资源，合理配置公共资源，有力有序有效推进试验区建设发展。国务院有关部门要按照职能分工，加大对试验区建设的支持力度，在有关规划编制、政策制定、资金投入、项目安排等方面给予积极指导和倾斜。部门之间要加强沟通协调，深入调查研究，及时总结经验，指导和帮助地方切实解决试验区建设过程中遇到的问题，为试验区发展营造良好的政策环境。

首条国产中低速磁浮铁路试运营

5 月 6 日，中国首条具有完全自主知识产权的中低速磁浮商业运营示范线——长沙磁浮快线载客试运营。据了解，长沙磁浮快线全长 18.55 公里，于 2014 年 5 月开工建设，为目前世界上规划线路最长的中低速磁浮线路。

2016年中国与东北亚地区五国贸易额超6000亿美元

中国商务部亚洲司司长吴政平 6 月 15 日在北京介绍，中国与东北亚地区五国经贸关系密切，2015 年中国与五国贸易额合计约 6059 亿美元，占中国整体对外贸易的 16.4%。目前，中日韩自贸区谈判正积极推进中。当天，第十一届中国—东北亚博览会新闻发布会在北京人民大会堂举行，吴政平在发言中介绍了中国与东北亚地区五国的经贸合作情况。中国与东北亚地区五国或毗邻而居，或一衣带水，各国人员往来频繁。“2016 年，中日贸易额为 2748 亿美元，中韩贸易额为 2526 亿美元，中俄贸易额为 686 亿美元，中朝贸易额为 54 亿美元，中蒙贸易额为 46 亿美元。”吴政平详细介绍了中国与各国间的贸易情况。此外，日本和韩国分别是中国的第二和第三大外资来源国，中国对东北亚区域国家的投资总额也保持着增长。当前，除上述双边经贸合作，中国与东北亚五国在区域和国际经济合作领域也一直保持着广泛的沟通和协调。“目前，中日韩自贸区谈判正积极推进，‘大图们江倡议’合作日趋务实，中蒙俄经济走廊建设方兴未艾，有关各方在 APEC、G20、上合组织等机制下也开展了积极的互动和交流。”吴政平说。

由中国商务部、国家发改委、吉林省政府共同主办的东北亚博览会，是中国政府为推动东北亚各国双边和区域合作采取的一项重要举措，此前已成功举办十届。吴政平表示，经过 10 多年的发展，东北亚博览会日趋成熟，不断适应区域经济发展趋势和各国需求变化，实现商品贸易、投资合作、人文交流的有机融合。“在当前全球经济增长乏力的情况下，我们愿意同各方一道努力，充分发挥彼此地理相近、经济互补的优势，利用好‘中国—东北亚博览会’这一开放性国际平台，围绕‘一带一路’建设等主题，发挥智慧、创新思路、拓展合作，为促进东北亚地区和平稳定与繁荣发展做出更大的贡献。”吴政平说。

第四届中国（东北亚）森博会在伊春开幕

2016 年第四届中国（东北亚）森林博览会（以下简称“森博会”）7 月 17 日在伊春汇源国际会展中心开幕。来自俄罗斯、日本、韩国等 9 个国家的 600 多家企业参展参会。

本届森博会秉承“创新、协调、绿色、开放、共享”的发展理念，以“汇聚森林生态产品，共享绿色健康生活”为主题，以“展示展销、经贸合作、引导消费、拓展市场”为目的。森博会展览总面积达4.7万平方米，国际标准展位494个。分特装展区、林业机械装备展区和国际标准展区三大展区。其中，森林食品特装展区主要展示“红蓝黑＋林畜＋林药”五大优势产业链，突出“红（是指以红松籽为主的坚果产业链）、蓝（是指以蓝莓为主的小浆果产业链）、黑（是指以黑木耳为主的食用菌产业链）”＋林畜（森林猪、蜂、蛙等相关产业链）以及林药方面产品；木艺（北沉香）特装展区主要展示北沉香根艺、根雕、木雕系列产品以及北沉香根拼画、台灯钟表、笔筒、手把件、车挂件、佛珠、手链、香袋和北沉香旅游纪念品等产品；实木家具特装展区主要展示精选进口及国内优质橡木、水曲柳、榆木等珍贵木材为原料的实木家具。

此外，汇源工艺品装展区主要展示崖柏、根艺等产品；海派大师特装展区主要展示北红玛瑙、玉雕等“神工奖”作品；森林生态旅游特装展区主要展示该市四季森林生态旅游产品；森林文化特装展区主题是“四千行动计划映像”，主要展示该市和外省市书法、美术、摄影和文学作品，以及俄罗斯油画、伊春自然生态国际摄影大赛前期作品。林业机械装备展区位于室外广场两侧，主要展示森林消防设备、道路除雪设备、旅游房车、移动木屋、辽宁大山木艺产品以及爱飞客动力伞等设备。

首届中俄蒙三国旅游部长会议新闻发布会在京召开

国家旅游局联合俄罗斯联邦旅游署和蒙古国环境、绿色发展与旅游部于2016年7月21日至24日在内蒙古自治区呼和浩特市举办首届中俄蒙三国旅游部长会议。国家旅游局局长李金早、俄罗斯联邦旅游署署长和蒙古国环境、绿色发展与旅游部部长分别率团与会。出席本次会议的还包括俄罗斯联邦、蒙古国驻华使馆代表，中俄蒙“万里茶道”国际旅游联盟成员及新增观察员单位，中国与俄、蒙旅游合作重点省、区、市，中俄蒙知名旅游专家学者、重点旅行商、新闻媒体等。本次会议举办开幕式、中俄蒙“万里茶道”国际旅游联盟成立仪式、中俄蒙青少年夏令营开营仪式、中俄蒙三国旅游部长闭门会议、“万里茶道”国际旅游论坛以及“美丽中国·亮丽内蒙古”旅游推介等主要活动。此次会议期间，中俄蒙三方将围绕旅游规划、旅游投资、智慧旅游、宣传推广、青少年旅游交流等议题充分交换意见，探讨解决涉及旅游发展的相关问题，积极推进人员往来便利化，加强互联互通，提升旅游开放水平，促进跨境旅游产品开发和推广，共同建设跨境旅游目的地，共享发展机遇。三国部长将聚焦区域合作，平等对话，凝聚共识，共谋发展，共同签署《首届中俄蒙三国旅游部长会议谅解备忘录》，共同发表《首届中俄蒙三国旅游部长会议联合宣言》。

中国国内首列永磁地铁载客运营

长沙市轨道交通1号线永磁牵引系统8月11日前顺利通过载客前评审，中国首列“永磁地铁”已在长沙地铁1号线正式投入载客运营。

据介绍，长沙市轨道交通1号线永磁牵引系统列车是我国第一列搭载自主永磁牵引系统的地铁列车。2015年初，完成了永磁牵引系统列车的总体设计方案。2016年3月，列车正式投入正线试运行。截至7月7日，列车已累计完成了12500公里无故障试运行考核。

“与普通地铁列车相比，永磁牵引系统列车最大的不同在于采用了更为高效、节能的永磁电机作为动力，有助于实现绿色出行。”中车时代电气副总经理、总工程师尚敬介绍，牵引电传动系统是轨道交通车辆中实现动力驱动的“心脏”单元，其性能在某种程度上决定了轨道交通车辆的动力品质、能耗和控制性能，是轨道交通车辆的核心系统之一。牵引系统能耗占轨道交通系统总能耗的40%～50%。最新测试结果表明，永磁牵引系统的列车较传统的异步牵引系统列车，其牵引能耗可降低约11.5%。若考虑牵引系统再生能量，永磁牵引系统的综合能耗可降低30%左右。

“2016东北亚经济论坛”开幕

“2016东北亚经济论坛”8月11日在吉林大学开幕，来自中、俄、韩、日、蒙、美等国家和地区的百余名政要和学者参会，中国提出的“一带一路”倡议、东北亚区域合作和东北老工业基地振兴成为与会者热议的话题。与会专家表示，当前世界政治经济格局进入重大调整时期，在东北亚地区，和平与发展是主流趋势。但是，冷战格局遗留的一些问题仍没有解决，地区安全与信任机制十分脆弱，存在一系列影响本地区和平与稳定的冲突和不确定因素，这就需要东北亚地区国家加强沟通、协调和合作。

中国图们江区域开发专家组组长蒋正华表示，包括中国“一带一路”倡议在内的东北亚国家发展战略的互动对接，有利于推进东北亚区域经济一体化进程，为建立亚洲经济命运共同体注入新动力。特别是，中国提出新一轮振兴东北老工业基地战略，将为东北亚区域合作提供新的发展机遇。日本众议院议员山口壮认为，中日韩三国政府应求同存异，加快推动中日韩自由贸易谈判，加强三国间人文、金融、能源与环境、跨境旅游、基础设施建设方面的合作，为东北亚共同体和一体化建设奠定基础，最终实现本地区的经济繁荣和持久和平。

“2016东北亚经济论坛”主席赵利济表示，本次论坛旨在为知名专家学者深入交流、广泛探讨、寻求共识提供平台，为促进互利共赢、推动东北亚地区经济发展献计献策。东北亚经济论坛建于1988年，是国际区域性非政府组织，总部设在美国夏威夷，得到联合国开发计划署的支持。

中蒙俄国际道路货运试运行活动启动

由中国交通运输部、蒙古国交通运输发展部、俄罗斯联邦运输部共同组织的“中蒙俄国际道路货运试运行活动”8月18日在天津港启动。中国交通运输部副部长刘小明、蒙古国交通运输发展部副部长朝格图格尔勒、俄罗斯联邦运输部国际合作司司长亚历山大罗夫在发车仪式上分别致辞。联合国亚太经社会、国际道路运输联盟等国际组织代表参加了仪式。三国车队从天津港出发，向北经蒙古国首都乌兰巴托至俄罗斯联邦布里亚特共和国首府乌兰乌德，全程2152公里。这是中国“一带一路”倡议、蒙古国“草原之路”计划和俄罗斯“大欧亚伙伴关系”战略在交通运输领域进行对接的有益尝试。

中日韩产业博览会9月举行

由中国国际商会、日本国际贸易促进协会、韩国贸易协会和中日韩三国合作秘书处主办的2016年中日韩产业博览会，于9月在山东省潍坊市鲁台会展中心举行。

本届博览会遵循“中日韩自由贸易区”框架基本精神，采取展览展示、会议论坛、贸易投资等多种形式，推动落实国家“一带一路”倡议和中日韩自贸区建设。博览会设置智能制造电子信息、节能环保新能源、现代农业和食品安全、健康养老、文化创意产业等五个专业展览会，其间将举办中日韩经贸合作与发展论坛、东亚贸易投资便利化论坛等。

“十一”黄金周黑龙江省旅游实现双增长

黑龙江省旅游委10月8日公布，2016年“十一”黄金周期间，全省共接待游客251.22万人次，同比增长12.19%；实现旅游收入28.42亿元，同比增长18.8%。调查显示，假日期间自驾游比重由2015年同期的30.5%上升到32.5%。

入省游显著增长，拉动过夜游收入上升。全省各地以“五花山色·畅爽龙江”为主题的丰富旅游产品供给，满足了不同层次游客需求，吸引了众多外省游客，有效地拉动了全省旅游收入及人数增长。据统计，“十一”期间，全省接待外省游客73.25万人次，旅游收入19.21亿元，同比分别增长21.7%和24.18%。外省游客主要来自辽宁（19.5%）、吉林（17.8%）、北京（9.9%）、山东（8.7%）、广东（6.4%）、河北、浙江、江苏等地，客源地具有地域上极远极近、经济发达、气候、民俗、文化差异较大等特征。与2015年同期相比，来自辽宁、吉林两个地域邻近省份和来自广东的比重增长较为明显。

中共中央办公厅、国务院办公厅出台办法完善农地“三权分置”

继家庭联产承包责任制后，中国农村改革再度迎来重大制度创新。10月30日，中共中央办公厅、国务院办公厅印发《关于完善农村土地所有权承包权经营权分置办法的意见》。意见指出，现阶段深化农村土地制度改革，顺应农民保留土地承包权、流转土地经营权的意愿，将土地承包经营权分为承包权和经营权，实行所有权、承包权、经营权分置并行。

中俄首座跨黑龙江公路大桥正式开建

12月24日，中俄界河黑龙江上首座现代化公路大桥——黑河至布拉戈维申斯克黑龙江（阿穆尔河）大桥项目在黑河市举行开工仪式。随着开工启动球的启动，中俄两国界河黑龙江上的首座现代化公路大桥建设正式拉开帷幕。

黑河—布拉戈维申斯克黑龙江（阿穆尔河）大桥起点位于中国黑龙江省黑河市长发屯，终点位于俄罗斯阿穆尔州布拉戈维申斯克市卡尼库尔干村，路线全长19.9公里，中方境内长6.5公里，俄方境内长13.4公里，标准为二级公路；黑龙江大桥长1283米、宽14.5米，主航道跨径147米，桥型为双车道矮塔斜拉桥。

黑龙江阿穆尔河大桥是中国北方高纬度寒冷地区第一座钢混叠合梁矮塔斜拉桥，大桥全长1283米，主跨147米。大桥设计由中俄双方合作共同完成。大桥上部结构采用塔梁固结的钢混叠合梁体系。钢主梁、钢横梁及钢桥塔全部采用耐候钢钢材；斜拉索采用平行钢绞线索；主桥桥面铺装采用11厘米厚改性沥青混凝土。大桥主墩上墩身采用双柱式墩，下墩采用实体式墩身，主墩基础采用21根扩头钻孔桩基础；主桥及边跨钢梁采用多点顶推法施工，从中俄两岸分别向江中顶推，在主桥中跨跨中合龙。通过中俄两国技术专家的共同努力，大桥设计充分体现了创新、绿色、环保、共享的理念。

大桥建成后将形成一条新的国际公路大通道，实现中俄两个城市直接互通互联，为“一带一路”中蒙俄经济走廊建设以及“黑龙江陆海丝绸之路经济带”建设增添重要跨境基础设施，为黑河市乃至整个黑龙江与俄罗斯远东地区的经济发展注入新活力。

俄罗斯

俄罗斯加大扶持本国汽车业

俄总统普京要求政府在3月1日前制定出俄2025年前汽车工业发展战略。俄工业和贸易部长曼图罗夫日前表示，俄政府计划2016年追加投入50亿卢布（约合6300万美元）支持本国汽车业发展。

俄拟制定出台的发展战略旨在确保产品和技术国产化，规定俄汽车制造业的科技发展重点，确定汽车工业扶持机制，提高国产汽车销量和竞争力。为鼓励汽车企业发展，政府还为汽车生产和销售提供补贴。

俄罗斯国际储备增长0.9%

俄罗斯央行4月8日发布数据称，截至4月1日，俄罗斯国际储备为3870亿美元，比前一周增长了0.9%。

数据显示，从3月25日至4月1日，俄国际储备增加了35亿美元。俄央行表示，增长的主要原因是卢布汇率的积极变化和市场对俄经济预期的重新评估。

俄罗斯国际储备包括外汇储备、黄金储备、在国际货币基金组织的储备头寸和特别提款权等。俄罗斯国际储备由俄政府和央行共同支配，主要用于应对经济风险。

中俄原油管道进口俄罗斯原油8365万吨

黑龙江出入境检验检疫局5月7日发布消息，中俄原油管道2016年4月进口俄罗斯原油140万吨。截至4月30日，中俄原油管道累计输油总量已达8365万吨。

俄罗斯是中国原油进口的重要来源地。长期以来，中俄之间的原油贸易主要是通过铁路运输，存在风险大、运费高的劣势。到2011年，全长近千公里的中俄原油管道正式投产输油，开启中俄之间通过管道输送原油的历史。

中俄原油管道起自俄远东原油管道斯科沃罗季诺分输站，穿越中俄边境，途经中国黑龙江省和内蒙古自治区，止于大庆，管道俄罗斯境内段长约72公里，中国境内长927.04公里。这条中国油气进口东北方向的战略要道，2011年1月1日正式启用，设计年输油量1500万吨，最大年输油量3000万吨。

普京称俄罗斯经济已在2015年走出低谷

俄罗斯总统普京2016年5月20日表示，得益于俄政府反危机计划等措施，俄经济已在2015年走出低谷。

普京当天在俄罗斯—东盟建立对话伙伴关系20周年纪念峰会上表示，由于政府反危机计划对关键经济领域的支持及俄央行引入浮动汇率制度等措施，俄经济已成功克服外部不利条件，于2015年走出低谷。

普京指出，2015年俄贸易顺差达到1600亿美元，当前俄外汇储备约为3915亿美元，失业率、外债水平也都控制在较低水平。

与会的俄经济发展部长乌柳卡耶夫当天表示，俄不动产市场及抵押贷款市场正在经历真正的“繁荣”。俄官方统计数据显示，2016年第一季度俄抵押贷款市场同比增长29%。乌柳卡耶夫说，石油化工、化肥生产、设备生产等工业生产领域2016年将呈现积极增长态势。

张高丽赴俄罗斯举行中俄能源合作委员会第十三次会议并出席第二届中俄中小企业实业论坛开幕式

5月30日，国务院副总理张高丽在索契与俄罗斯副总理德沃尔科维奇共同主持中俄能源合作委员会第十三次会议，并出席第二届中俄中小企业实业论坛开幕式。

在主持中俄能源合作委员会第十三次会议时，张高丽说，在习近平主席和普京总统的战略引领下，中俄全面战略协作伙伴关系在高水平上稳步发展。我们要共同努力，为两国元首会晤做好能源合作方面的准备。张高丽表示，中俄能源合作委员会第十二次会议以来，双方继续扩大和深化能源合作，双边能源贸易顺利开展，能源领域战略性大项目合作实质性推进，能源合作领域不断拓展，取得了一系列新成果。双方要继续深化能源等各领域务实合作，为两国发展振兴进程提供重要保障。要坚定合作信心，进一步拓展合作领域，创新合作模式，合力构建中俄能源战略合作关系，不断推动能源合作取得更多实际成果，造福两国和两国人民。

德沃尔科维奇表示，当前，俄中全面战略协作伙伴关系发展已进入新的阶段。两国在涉及主权、安全、领土完整等关键问题上相互支持，各领域务实合作进展顺利。这符合双方根本利益和各自发展需要，俄方对此感到满意。俄方愿与中方一道继续努力，推动能源等领域合作不断取得新成果。

会议期间，双方就天然气、石油、电力、煤炭、核能、技术装备、可再生能源等领域合作深入交换意见并达成广泛共识。会后，张高丽与德沃尔科维奇签署了会议纪要。

同日，张高丽同德沃尔科维奇共同出席第二届中俄中小企业实业论坛开幕式并致辞。张高丽在致辞中表示，中小企业是经济社会发展活力和内生动力的重要源泉，在促进经济增长和民生改善方面具有十分重要的作用。目前中小企业已经成为中俄务实合作的生力军，两国中小企业合作的热情很高、潜力很大。双方要以中小企业务实合作为着力点，共同促进双边贸易稳定增长和结构优化；以中小企业创新合作为关键点，共同培育经济创新发展的新引擎；以中小企业为依托发掘深化合作的契合点，共同开拓新的合作领域。欢迎俄罗斯中小企业到中国投资兴业，共享中国繁荣进步的机遇和成果。

德沃尔科维奇在致辞中表示，中小企业在俄中经贸合作中发挥着重要作用。双方企业要以欧亚经济联盟与丝绸之路经济带对接为契机，在能源、航天、通信、造船、高铁、运输、农业和毗邻地区合作等领域寻找新的增长点。俄方将在投资准入、产权保护、税收政策等方面进一步消除壁垒，为两国中小企业合作创造良好条件。

张高丽还会见了俄罗斯天然气工业公司总裁米勒。

第三届中俄博览会在叶卡捷琳堡开幕

7月11日，第三届中国—俄罗斯博览会（以下简称中俄博览会）在俄罗斯叶卡捷琳堡市开幕。这是中俄博览会首次在俄罗斯举行。第七届俄罗斯国际创新工业展同期举行。目前，中俄博览会已吸引来自中国黑龙江、北京、吉林等地的200多家中方企业约2000人参加。本届博览会14日结束。

中俄博览会是经中俄两国政府批准，由中国商务部、黑龙江省政府和俄罗斯联邦经济发展部、俄罗斯联邦工业贸易部共同主办的国际经贸博览盛会。其前身是已连续举办20多届的中国哈尔滨国际经济贸易洽谈会。据第三届中俄博览会组委会中方秘书长、黑龙江省贸促会会长鄂忠齐介绍，本届博览会设立了日用消费、资源开发、农林、医药等7个专业展览板块，全面展示代表中俄两国经济实力和水平的产品及技术，促进中俄两国地方及产业间深入合作。

博览会举办地——叶卡捷琳堡地处亚欧大陆交界处，是俄罗斯“工业之都”。在叶卡捷琳堡举办中俄博览会，有助于加强中俄双方在产能和投资领域的合作。

俄罗斯通过新修订的远东开发纲要

俄罗斯总理梅德韦杰夫日前签署命令，通过新修订的远东开发纲要，将扩大向远东地区投资。

据俄政府网站报道，这份纲要分为2016～2020年和2021～2025年两个实施阶段，涵盖了俄远东地区超前发展区、符拉迪沃斯托克（海参崴）自由港、远东地区基础设施提升项目等的主要发展方向，并进一步扩大了俄联邦财政对远东地区发展的投资。2016～2025年俄联邦财政向远东地区的投资将扩大到4665亿卢布（约合72亿美元）。

俄远东发展部预测，远东开发纲要的实施将使该地区常住人口从1070万人增加到1120万人，使远东地区的税收从2014年的7970亿卢布（约合125亿美元）提高至2.276万亿卢布（约合356亿美元）。

经俄远东边境口岸铁路运往中国的货运量增加12.3%至600万吨

据卫星新闻哈巴罗夫斯克8月4日报道，俄罗斯远东铁路局局长尼古拉·马克雷金在记者招待会上表示，2016年上半年通过远东铁路局边境口岸的货运量超过600万吨，同比增长12.3%。

马克雷金说：“上半年仅‘卡梅绍瓦娅—珲春’铁路口岸就运输了110万吨货物，同比增长2倍多。‘格罗杰科沃—绥芬河’运输了430万吨，增长1%。上半年通过远东铁路局边境口岸运输的货物总量超过600万吨，同比增长 12.3%。"

他认为，未来数年国际运输将保持增长势头。

中蒙俄携手打造精品国际运输线

8月18日至23日，中国、蒙古国、俄罗斯三国交通运输部组织9辆货车开展国际道路货运试运行活动，路线全长2152公里，纵贯中蒙俄11个大中城市和边境口岸。这是中国"一带一路"倡议、蒙古国"草原之路"倡议和俄罗斯"大欧亚伙伴关系"战略在交通运输领域进行对接的一次成功尝试。

落实三国元首共识的具体行动。23日下午1时，俄罗斯联邦布里亚特共和国首府乌兰乌德列宁广场，一支由中国、蒙古国、俄罗斯9辆货车组成的大型车队缓缓驶入。长途跋涉2152公里，这支18日从中国天津港出发的车队一路向北，途经北京、张家口、二连浩特，蒙古国扎门乌德、乔伊尔、乌兰巴托、达尔汗、阿勒坦布拉格、俄罗斯恰克图，最终抵达乌兰乌德。

全国人大常委会副委员长陈昌智赴俄罗斯出席第二届东方经济论坛

9月1日至4日，全国人大常委会副委员长陈昌智率团出席在俄罗斯符拉迪沃斯托克（海参崴）举行的第二届东方经济论坛，其间出席论坛全会及"中国—俄罗斯"商务对话会，会见俄政府副总理兼总统驻远东联邦区全权代表特鲁特涅夫。

中俄金融合作取得突破性成果

中国人民银行行长助理张晓慧11月3日在莫斯科接受新华社记者采访时说，虽然外部经济环境错综复杂给中俄金融合作带来诸多挑战，但在双方的共同努力下，过去一年中俄金融合作仍取得一些突破性成果。

张晓慧说，这些成果主要表现在以下四个方面。一是中俄双方央行及监管部门之间合作亮点纷呈，签署了多项具有标志性意义的合作协议，如中俄金融领域第一个合作谅解备忘录、俄央行在华设立代表处协议等，为双方合作开辟了更加广阔的空间。二是双方货币合作稳步推进，人民币清算安排进一步完善。2016年1月至9月，中国内地与俄罗斯办理跨境人民币实际收付业务逾200亿元，同比增长近50%。人民币与卢布交易量实现平稳增长，人民币对卢布衍生品交易逐渐活跃，并开展了掉期和远期交易。中国人民银行已授权中国工商银行（莫斯科）股份有限公司担任俄罗斯人民币业务清算行。三是支付系统合作有序开展，银行卡合作继续深化。中国银联已经于4月顺利接入俄罗斯国家支付卡系统。银联卡在俄罗斯受理业务不断拓展，发卡量和交易量稳步提升。四是银行间合作水平进一步提升，各项业务合作稳步推进。中国的商业银行为俄罗斯多家商业银行核定授信额度，积极参与俄罗斯境内多个在建大型项目并为其提供金融服务。

俄罗斯活雪蟹首次亮相中国国际渔业博览会

据俄罗斯 skr.ru 新闻网站消息，俄罗斯活雪蟹在2016中国国际渔业博览会（CFSE）国际水产设备及技术展览会上首次亮相。

中国国际水产设备及技术展览会于11月2日至4日在青岛举行，俄罗斯滨海边疆区捕鱼公司和南千岛群岛鱼品联合加工厂将作为俄罗斯展区的一部分参加展览。在总面积为900平方米的展区将展示俄罗斯渔业产品和成就。

两家俄渔产商将在其展台摆放两个装有活蟹的鱼缸，这些蟹都是在北鄂霍次克海堪察加半岛千岛群岛子区、北千岛和南千岛区域捕获的。同时，这是此次展览首次展出活雪蟹。

据该网援引萨哈林企业代表的话表示，展会不仅使参展商能够与其他专业人士交换联系方式，还为其与同展区的潜在合作伙伴以及相关部委代表开展所有必要的谈判提供了机会。

中国国际渔业博览会（China Fisheries & Seafood Expo）与中国国际水产养殖展览会共同举办，是亚洲区域规模最大的渔业专业展览会，在全球渔业领域具有重要的影响。

俄罗斯总理：“一带一路”与欧亚经济联盟项目对接或成为全面合作伙伴关系

据卫星新闻莫斯科11月4日报道，俄罗斯总理德米特里·梅德韦杰夫在俄中总理会晤前夕接受中国中央电视台《环球视线》节目主持人水均益采访时表示，“一带一路”与欧亚经济联盟项目对接可能成为中国与欧亚联盟之间全面的经贸伙伴关系。

梅德韦杰夫表示：“该对接最终可能成为中国与欧亚联盟之间的全面经贸合作项目，并设立自贸区和一些其他经济合作元素，这也是我们现在正在研究的问题。”

他指出：为发展经济，我们不仅应该发挥双边潜力，还应该利用更加广泛的一体化平台。其中一个项目与“一带一路”概念和欧亚经济联盟的对接有关。

梅德韦杰夫指出了首个合作领域：“要知道，包括俄罗斯在内的欧亚经济联盟国家是主要的过境区。而说到这两个进程的对接，其直接表现可以是过境欧亚经济联盟和从中国过境俄罗斯发往西欧的货运方面的项目。这些交通走廊和物流产业的建设是非常重要和有趣的议题。目前这方面很多有意思的想法正在研究之中。”

此外，梅德韦杰夫还提到了其他领域，包括利用本国市场潜力、制定高科技和建厂生产领域提议，以及其他一系列项目。

俄罗斯猪肉产量稳步增长

据俄罗斯商务咨询网站11月14日报道，俄罗斯肉类及肉类制品市场2010～2015年调研及2016～2020年预测表明，从2010年开始俄罗斯猪肉产量年均增长5.7%。

2010年生猪活重总产量达308.6万吨。2010～2015年最高增长率出现在2013年，达9.1%。然而，总产量稳步增长。2015年与2014年度相比增长率达3.8%，产量达到397万吨。

2015年俄罗斯生猪活重产量增长率最高的是西北联邦区，为12%。然而，生猪产量所占比重最大的仍是中央联邦区，高达45.8%。

2015年俄罗斯猪肉进口显著下降，进口值下降27%，进口量下降19%。自2013年起俄罗斯新鲜、冷鲜或冷冻猪肉进口量稳步下降。俄罗斯猪肉最大供应商依然是巴西。

俄罗斯拟取消外资参股俄中小企业限制

据俄罗斯报摘网站12月5日报道，俄罗斯经济发展部提议取消适用于中小企业的不允许外资参股超过49%的规定。

相关法律修正草案建议取消外国法人在俄中小企业法定资本或合股资本中的参股总额不得超过49%的限制。

目前，除其他标准外，在俄罗斯能够纳入中小企业主体的企业为，企业法定资本中的国家参股总额或基金参股总额不超过25%，而外国法人参股不超过49%。

此前有报道称，俄罗斯经济发展部正在考虑承认在俄外国企业为小企业。

日本

日韩高层经济磋商在东京举行 韩或有意加入TPP

据日本共同社1月12日消息，日本与韩国副部长级官员就经济合作展开对话的第十四次“日韩高层经济磋商”1月12日在东京举行。这是两国2015年12月就慰安妇问题达成共识后的首次高层经济磋商。日本外务审议官长岭安政等两国首席代表在致辞中均强调，在日韩关系将迎来“新时代”的大环境下，希望进一步加深经济合作。

在对改善日韩关系的期待中，备受关注的是韩国是否会答应解除福岛核事故后对日本水产品采取的进口限制。

在贸易领域，韩国表现出想加入跨太平洋伙伴关系协定（TPP）的意愿。日韩同时还参与包括中国在内的三国自由贸易协定（FTA）谈判以及十六国共同推进的东亚区域全面经济伙伴关系协定（RCEP）谈判，希望在构建自贸区方面也展开合作。

中日韩自贸区第九轮谈判首席谈判代表会议在东京举行

1月18日，中日韩自贸区第九轮谈判首席谈判代表会议在日本东京举行。中国商务部副部长高燕率中方代表团出席。在为期两天的谈判中，三方就货物贸易、服务贸易、投资等议题深入交换意见。

中日韩自贸区谈判于2012年11月启动，目前已进行至第九轮。三方均认为，建立中日韩自贸区有助于充分发挥三国间的产业互补性，挖掘提升三国贸易投资水平的潜力，促进区域价值链进一步融合，符合三国整体利益，有利于本地区的繁荣与发展。2015年11月，三国领导人发表联合宣言，重申将进一步努力加速谈判，最终缔结全面、高水平和互惠的自贸协定。

中国游客“爆买”降温　日本百货店免税品销售下滑

日本百货店协会5月20日发布数据称，4月全国百货店免税商品的销售额较2015年同期减少9.3%，近3年3个月来首次同比下滑。这可能是受到了中国对在境外购买的商品上调关税和近期日元升值导致中国游客“爆买”降温的影响。尤其是珠宝和手表等高价商品销势低迷。

在百货店购物的访日外国游客数同比增加了7.8%，维持良好态势，但人均消费额同比大幅减少15.9%。日本百货店协会专务理事近内哲也称“人均消费额降低，今后也许仍会低于上年同期”，认为“爆买”需求的峰值可能已经过去。

该协会同时发布的包括免税品在内的全国百货店销售额（以原有店铺为准）下降3.8%，连续两个月呈现负增长。日元升值和股市下跌打击了消费者的购物欲望。

从不同地区来看，东京和大阪等10个主要城市加上其他地区总共18个地区均呈现负增长。这是2015年3月因消费税增税前的基数效应导致全部下降以来的首次。受熊本地震的影响，福冈销售额下降5.2%，九州其他地区下降12.9%。

从不同商品来看，服装下降6.3%，鞋包等日用品下降6.0%，艺术品和珠宝等也下滑7.1%。

日本政府出台经济财政基本方针　延期增税影响财源

日本政府内阁会议6月2日通过了经济财政运行基本方针以及旨在克服人口减少问题的“一亿总活跃计划”，充实了育儿支援及看护等社会保障政策，新增加了5月公布草案时没有的“补贴型奖学金”方针。不过由于消费税增税再次延期，曾被搁置的财源确保课题愈发严峻。日本共同社6月2日报道，内阁会议还通过了新的经济增长战略及管制改革实施计划，提出了促进消费的方案，力争给处于停滞状态的日本国内经济增添活力。在日本央行货币宽松措施被指效果有限并有副作用的背景下，安倍经济学没能确保财源，不得不依赖动用国家财政，其危险度已然显现。

日本首相安倍晋三出席了当天召开的经济财政咨询会议和产业竞争力会议的联合会议，强调指出：“将直面少子老龄化这一结构性问题，让经济发展和分配的良性循环惠及全国各地。”

“一亿总活跃计划”则明确提出讨论创设补贴型奖学金，于年内得出制度设计结论。日本文部科学省除了完全无偿的补贴型奖学金之外，还商讨先以贷款方式发放奖学金，然后免除偿还或是偿还部分贷款的方案等。

经济增长战略力争通过活用 IT 及人工智能（AI），克服劳动力不足等问题。管制改革政策的重点是为了扩大访日游客数量，通过登记申报制度解禁“民宿”制度，允许游客有偿入住普通住宅。

日本最新经济调查:东京和地方城市经济两极分化明显

共同社 6 月 29 日发布了向日本各都道府县的地区智库及金融机构等 47 家公司实施的经济调查结果。回答东京和地方城市经济发展的差距今后也将扩大，或是持续的公司超过了 40 家，达 8 成以上。由此可见社会对高度集中于东京的经济发展模式今后也将持续的观点占主流。关于地方城市的经济发展现状，认为“持平”的公司最多，有 28 家（59%）。这也说明了地方经济发展正处于原地踏步的状态。

日本政府以“地方创生”为口号一直强调将经济复苏拓展到全国范围，但通过本次调查得知地方城市的人口流失势头依然不减，人手不足和消费低迷的地方经济之窘况已清楚显现。

在参院选举的经济辩论中，也需要讨论针对人口减少的对策及启动地方产业等缩小与大城市经济差距的策略。

关于经济发展的担忧因素，较明显的有日元升值和新兴市场国家的经济增长减速，以及消费低迷和人手不足。也有声音呼吁国家应该优先解决其背后存在的人口减少问题。

第十二届北京—东京论坛在日本东京开幕

第十二届北京—东京论坛 9 月 27 日在日本东京开幕。在当天下午举行的经济分会场上，来自中日两国的经济专家和企业代表共同探讨了目前全球经济形势，并就中日两国在全球背景下的经贸合作和新机遇展开讨论。

日本拟参与俄企北极天然气开发 强化日俄经济关系

据日本媒体 10 月 9 日报道，作为对俄罗斯经济合作的一环，日本政府已开始研究使日企参与俄民间天然气生产巨头“诺瓦泰克”在北极海域推进的液化天然气（LNG）开发业务。由日本国际协力银行（JBIC）提供资金援助、大型商社等出资获得天然气田权益的方案浮出水面。报道指出，日本首相安倍晋三有意通过经济合作强化日俄经济关系，以推动包括领土问题的和平条约缔结谈判。

俄方强烈要求日方参与该业务，日本方面则希望将其作为对俄经济合作的主打项目。日本是全球最大的 LNG 消费国，通过确保在俄罗斯拥有巨大天然气田的权益，还可推动 LNG 进口的多元化。

北冰洋一年中大半时间处于冰封状态，资源开发的自然环境恶劣，被认为风险较高。大型商社等民间企业正在慎重讨论能否出资等，目前还无法预计是否能在年内谈妥。

讨论对象为计划建在面向北冰洋的俄罗斯格达半岛上的巨大天然气田。据相关人士称，预计每年可生产 1500 万吨以上的 LNG，诺瓦泰克力争 2023 年开始生产。这是约需 400 亿美元巨额资金的项目，预计俄罗斯出资 51%，其余 49% 从俄罗斯以外地区集资。

诺瓦泰克已经在邻接的亚马尔半岛推进 LNG 的开发，力争 2017 年首次出货。2016 年 9 月，JBIC 与诺瓦泰克签署了在石油及天然气领域开展业务合作的备忘录，决定提供 4 亿欧元的资金支援。大型海运公司商船三井计划开通连接亚马尔半岛与日本的北冰洋航线，并将 LNG 运往日本。

日本三大海运公司合并重组

日本海运巨头商船三井、日本邮船和川崎汽船 11 月 9 日前宣布合并定期集装箱船业务，以应对低迷的航运市场和激烈的同业竞争。3

家公司拟投入约3000亿日元于2017年7月成立新的集装箱公司，运输能力将占全球市场份额的7%，排名第六，销售收入预计超过2万亿日元。

据悉，此次3家公司合并的原因在于亏损。根据出炉的2016财年半年报，上述3家公司的主营业务全部亏损，2016财年预期利润合计呈净亏损，亏损额约为3300亿日元。其中，占各公司销售收入三到五成的集装箱业务是主要亏损方面，2016财年第二季度商船三井亏损440亿日元，川崎汽船亏损360亿日元，日本邮船亏损170亿日元。

2008年国际金融危机后，全球贸易增速放缓，导致航运市场萎缩。根据世界贸易组织发布的全球贸易增长报告，2008年至2015年全球国际贸易平均增长约3.1%，不到金融危机前10年平均贸易年增长率6.7%水平的一半。2016年，全球贸易增长率降为1.2%。

受此影响，一些制造业大国出口贸易结构转型升级，以出口加工为主的中间品贸易比重下降。而日本等发达国家为降低运输和汇率成本，开始将部分原先在新兴市场国家的制造业转回国内。这些都减少了对航运的需求。与此同时，集装箱船的运费持续低迷，许多船只因产能过剩和全球经济增速放缓等问题处于闲置状态。韩国第一巨头韩进海运破产就反映出航运业的窘境。

全球性的船舶供应过剩催生行业的大规模重组。世界几大航运巨头最近两年纷纷采取跨国兼并或行业重组措施，以大规模削减开支。比如法国达飞集团合并新加坡的美国总统轮船公司，中国远洋与中国海运宣布重组，德国赫伯罗特公司与科威特的阿拉伯联合国家轮船公司就合并事宜展开磋商等。

川崎汽船社长村上英三表示，近年来通过以欧洲为中心的并购，寡头垄断格局逐渐形成，以往的小规模合作已无法维持竞争力。而《日本经济新闻》分析认为，即使合并，日本海运规模仍处于劣势，只有靠低燃费技术和运输准时胜出。

日本东京拟将自身打造为亚洲最大金融中心

据香港《文汇报》11月22日报道，世界著名金融中心纽约、伦敦等近期相继卷入政治争拗中，日本东京都知事小池百合子计划趁此机会，推动东京建设成亚洲最大金融中心。她早前成立的两个专家委员会于本周召开会议，检讨东京过去无法成为亚洲金融中心的原因，并提出包括改革金融制度与世界接轨、改变日本央行现时垄断债市交易的状况等应对方案，务求提升东京的金融竞争力，希望将金融业占日本国内生产总值的比例，由现在的5%提升至10%。

小池11月11日宣布设立“建设国际金融中心对策委员会”及“延揽海外金融企业委员会”，前者由多名日本金融业领袖组成，包括日本交易所集团前主席斋藤惇及三井住友银行行长国部毅等，于25日召开首次会议。

第二届华商经济论坛于日本东京举行

11月30日下午，由一般社团法人日本中华总商会主办的华商经济论坛于日本东京举行。中国驻日本国大使程永华、日本经济产业大臣世耕弘成和日本中华总商会会长严浩出席论坛并致辞。

中国驻日本国大使程永华在致辞中表示，遍布环球的华侨华人是世界大家庭的一员，也是中华民族大家庭的重要成员，众多华商用勤劳和智慧开拓进取，不仅实现了自身事业的发展，也为各国经济发展和社会进步做出贡献，同时更是促进中国经济和世界交流融合的重要纽带。日本是中国重要的经贸合作伙伴和最大外资来源国，旅日华商与日本经济界建立了良好的关系，本届论坛聚焦日本华商和经济，就医疗保健、观光旅游、投资创业等广泛的话题进行探讨，程永华希望把论坛打造成全球华商和日本经济界增进了解、共谋发展的平台，共同为促进中日各领域的务实合作发挥积极作用。

日本经济产业大臣世耕弘成在致辞中表示，本次论坛是连接世界华商与日本经济的桥梁，在如今发生剧烈变化的世界环境中，希望华侨与日本共同合作为亚洲甚至全世界做出贡献。

本论坛的宗旨为促进日本华商及经济界与世界华商的交流，让世界华商更加了解日本。本届论坛分为基调演讲及4个分科会，分科会均以会员企业为主进行企划运营，共有超过360名代表报名参加。

首届中日韩经济与产能合作论坛在东京举行

第一届中日韩经济与产能合作论坛12月5日在东京举行。该论坛旨在搭建三国智库、企业、金融机构和地方政府间交流与合作平台，为中日韩三方共同投资第四方市场探索方式和途径。

来自中日韩三国的有关职能机构和企业代表就国际产能合作内涵与必要性，以及中日韩开展国际产能合作的方案和可能性等议题展开讨论，并就煤炭绿色发电、三国高校合作与交流等具体领域进行了探讨。

日本防卫预算连续五年增长

日本政府12月22日通过内阁决议批准了2017财年政府财政预算案。其中防卫预算连续五年增长，并连续两年超过5万亿日元。

根据预算案，2017财年日本的防卫预算达到5.125万亿日元，较2016年增长1.4%，连续五年增长，并连续两年超过5万亿日元。2017财年预算列入4架“鱼鹰”运输机、6架F－35战机、11辆AAV－7型两栖装甲车等购置费用。此外，还将建造1艘新型潜艇、改造宙斯盾舰等。日本海上保安厅的预算申请达到2106亿日元，创历史新高。

韩国

韩国政府2016年开发援助134亿元　较2015年增2.5%

韩国政府1月3日召开第二十三次国际开发合作委员会会议，会议表决通过了《2016年国际开发合作综合实行计划》。按照计划，韩国2016年的政府开发援助（ODA）项目规模定为2.4万亿韩元（约合人民币134亿元），较2015年增长2.5%（612亿韩元）。ODA占国民总收入（GNI）的比重为0.15%。双边合作领域的ODA规模为1.9479万亿韩元，其中有偿援助为8937亿韩元，无偿援助为1.0542万亿韩元。多边合作领域的ODA规模为4915亿韩元。从受援对象来看，对亚洲地区的援助最多，占43.8%，其后依次为非洲（18.7%）、拉美（6.7%）、中东和独联体（5.5%）等。从援助领域看，交通占13.3%，比重最大，其后依次为水资源（11.0%）、教育（10.3%）、保健（10.2%）和能源（9.5%）等。

2016年韩国继续推行经济结构改革

新年伊始，韩各经济部门长官在新年致辞中均表示，未来一年韩继续坚定推行结构改革，通过刺激内需和恢复出口促进韩经济发展。韩经济副总理兼企划财政部长官崔炅焕表示，通过积极的宏观政策和放宽限制以刺激投资和消费，并充分利用中韩FTA开拓中国内需市场。产业通商资源部长官尹相植表示，要充分利用中韩FTA平台，培育化妆品等新的出口主力商品，积极挖掘并解决出口企业在通关、认证、贸易金融等方面遇到的困难。另外，美国经济2017年有望持续复苏，韩应抓住机遇扩大出口，拉动韩国经济增长。

韩国举行“中国周”活动吸引中国投资

为延续最近中国对韩直接投资增势，进一

步吸引中国对韩投资，韩国“中国周”活动于4月25日至27日在首尔举行。该活动由韩国产业通商资源部、大韩贸易投资振兴公社等共同举办，活动分为投资说明会、投资商圆桌会议、一对一投资洽谈会、投资区视察等。中国的58家企业、韩国的113家企业以及18个韩国地方政府的代表等与会。

韩国产业通商资源部长周亨焕指出，以韩中自由贸易协定生效为契机，加强两国间投资合作，将为韩中双方带来共赢的成果。特别是高级消费品、服务业、新兴产业等领域，均为今后极具潜力的投资合作领域。

韩国大型船企在全球市场仍具优势

造船和海运动态分析机构克拉克森（CLARKSON）4月27日发布的数据显示，截至3月底，大宇造船玉浦造船厂手持订单118艘、782万修正总吨（CGT），在全球船厂中居绝对优势地位；现代重工蔚山造船厂手持订单95艘、450万CGT，排名第二；三星重工巨济造船厂手持订单81艘、439万CGT，排名第三；现代三湖重工手持订单84艘、342万CGT，排名第四；中国上海外高桥造船厂排名第五（79艘、315万CGT）；现代尾浦造船公司排名第六（108艘、237万CGT）。报称，韩造船业虽面临结构调整困境，但在全球市场上韩大型船企仍占绝对优势。尽管当前全球船舶市场陷入低迷，但韩三大船企仅靠手持订单也可维持1～2年，在全球船舶市场激烈竞争中生存下来的概率较高。

中日韩自贸区第十轮谈判首席谈判代表会议举行

中日韩自贸区第十轮谈判首席谈判代表会议6月27日在韩国首尔举行。中国商务部副部长王受文与日本外务省外务审议官片上庆一、韩国产业通商资源部长助理金学道分别率代表团出席。在为期一天半的谈判中，三方就货物贸易、服务贸易、投资、协定领域范围等议题深入交换意见。

中日韩自贸区谈判于2012年11月启动，截至2016年已进行至第十轮。三方均认为，建立中日韩自贸区有助于充分发挥三国间的产业互补性，挖掘提升三国贸易投资水平的潜力，促进区域价值链进一步融合，符合三国整体利益，有利于本地区的繁荣与发展。2015年11月，三国领导人发表联合宣言，重申将进一步努力加速三国自贸区谈判，最终缔结全面、高水平和互惠的自贸协定。

韩国免税店销售大涨 新设免税店特许竞标激烈

韩政府早在2016年3月就通过了免税店产业相关修订法案，把免税店经营时间由原有的5年延长至10年；经营权限到期后，只要满足相关审核标准，就能继续延长经营时间。此外，据韩国免税店协会公布的统计数据显示，免税店8月单月销售额达到历史最高纪录，总额达到9.68亿美元，其中韩国消费者占2.86亿美元，外国人为6.82亿美元，较7月上升6.9%。

在免税店产业发展前景大好、政府政策有利的背景下，大企业纷纷加入竞标行列，乐天免税店、SM Networks努力争取夺回蚕室世界塔店和Walker Hill免税店的经营权，现代百货店则推出贸易中心店以挑战免税产业。

“第26届韩日经济界会议”10月10日在首尔召开

“第26届韩日经济界会议”10月10日在首尔召开。会议由韩国全国经济人联合会（全经联）和日本经济团体联合会（经团联）主办，韩国产业通商资源部长官周亨焕、日本经团联会长榊原定征等韩日政府及经济界人士参加了会议。会议议题有：韩日经济界在亚洲区域经济一体化（韩中日FTA、RCEP等）中的作用及合作方案；对于全球性课题（环境、BEPS等）的合作及贡献；双方加强合作开拓第三国市场方案；在确保增长动力方面加强合作（科学技术创新、人才培养）；等等。周长官指出，近年韩日贸易额不断萎缩，2015年双边贸易额仅715亿美元，2016年8月韩对日出口略有回升，希望两国经济界保持上述回暖趋势，并欢迎日本企业利用韩国遍布全球的自贸区网络加大对韩投资。据韩联社援引日本媒体消息报道，韩产资部长官周亨焕在接见日本经团联代表团时表示："韩国将在近期正式决定参加TPP，希望得到日本经济界及政府的协助。"日本媒体指出，这是韩国高层首次提及韩国加入TPP决定。

韩国全国经济人联合会或改组为民间研究机构

韩国全国经济人联合会或将变为民间研究机构。全经联12月7日举行高层会议，商讨了上述内容为中心的改组方案。全经联高层相关人士表示，"崔顺实干政事件发生后，我们一直在努力推进全经联改组案。虽然提出了多种方案，但大家一致赞同将组织改组为类似'美国传统基金会'的民间智库的方案"。LG集团会长具本茂前日在国会听证会上表示，"将全经联改组为类似美国传统基金会的组织，则保留为亲睦团体"。此外，全经联会长团中两名大企业总裁则以匿名形式表示"希望变为智库"。全经联会长团由19名大企业集团总裁和曾在事务局工作的李承哲常务副会长组成。若全经联变为智库，最有可能的方式是将现有资产和组织与有关机构——韩国经济研究院合并。

韩首家互联网银行K银行昨获金融委员会批准

韩国金融委员会12月14日召开第二十二次例会，审核通过首家互联网银行K银行最终营业许可。这是韩国1992年以后，24年来新获营业许可的唯一一家银行，同时也是韩国首家互联网银行，韩国银行业新的竞争时代来临。K银行资本金共2500亿韩元，理事9名，员工200多名。K银行未来主营业务包括中低利率个人信用贷款、审核简单的小额贷款、借记卡、简易结算、快速汇款等服务。K银行还计划在正式营业后，另行申请信用卡、银行保险、基金销售等业务许可。K银行沈成勋（音）银行长表示，拟依靠信息通信技术（ICT），通过革新和差别化服务，10年后把K银行发展成为资产达10万亿韩元的韩国头号互联网银行。

韩国将电动车、智能船舶等十二大新产业列为国家未来重点发展产业

韩国产业通商资源部12月21日召开第四届新产业民官协议会，公布了《第四次产业革命时代下扶持新产业发展政策课题》报告。报告称，当前全球产业格局正呈现智能化（Smart）、服务化（Servitization）、亲环境化（Sustainable）及平台化（Platform）等四大发展趋势，如何妥善应对至关重要。为此，韩政府决定将电动及无人驾驶汽车、能源新产业、新一代半导体、尖端新材料、智能船舶、新一代显示器、增强现实（AR）及虚拟现实（VR）技术、机器人、生物养生、航空及遥控无人飞机、物联网（loT）家电、高端消费品等十二大新兴产业列为国家未来重点发展产业，今后5年将向上述产业投入7万亿韩元以上的研发资金，支持核心技术的开发。同时，韩政府将放开对上述产业的市场准入，实行准入负面清单制度，并将出台系列政策扶持措施。韩政府预期，若相关政策落实顺利，到2025年十二大新兴产业占韩国出口的比重将由2015年的6.6%提高到13.2%，并将创造38万个就业岗位。

韩国政府加大对中小企业海外市场开拓资金支持

韩国产业通商资源部12月27日通过公布《2017年进军海外援助事业计划》称，韩政府2017年将加大对走向海外的韩中小和中坚企业的资金援助力度，相关预算投入达3729亿韩元，与2016年2878亿韩元相比，金额增加了

29.5%。此次公布的相关预算，主要用于中小和中坚企业的出口咨询、海外展示会、获得海外出口标准认证、出口研发等海外出口、市场营销等项目。新设了企业需要的出口担保资金1258亿韩元，由企业自由选择。其方针是，通过建立担保金体系，将企业需求度高、成果显著的项目重新编入产业部和中小企业厅的出口援助项目之中，加以综合运营的制度。与设置并运营的向世界主要国家和地区出口的孵化器项目相关的预算为105亿韩元。对韩国企业的出口孵化器办公空间、营销、法律、会计咨询、定居支援等提供服务。用于入驻海外购物商城等电子商务的出口援助资金为99亿韩元。用于国内材料配件企业进入全球价值链（GVC）项目的援助项目资金为55亿韩元。同时，韩政府还编制了用于向培育有出口前景的消费品项目提供44亿韩元资助，对利用韩流进行海外营销援助项目提供88亿韩元等的预算案。

韩国政府召开2017年经济政策会议谋划2017年经济工作重点

韩经济副总理兼企划财政部长柳一镐12月29日召开记者会，介绍政府2017年经济政策方向会议主要内容，表示政府将全力推进提振景气及管控风险、稳定民生、促进结构改革和应对未来变革等三大课题。在提振景气及管控风险方面，将采取积极的宏观政策，发挥财政、政策金融等财源，投入20万亿韩元促进经济发展。大幅扩大对新产业及高就业等投资的鼓励政策。扩大金融和调剂关税支持，积极应对贸易保护主义，促进出口回升。推动对外经济合作，推动开拓海外基础设施市场，促进制造业为主的出口结构多元化。积极应对金融市场波动，对中小企业的信贷及担保提高6.8万亿韩元，启动规模超过10万亿韩元的债券市场稳定基金。管控企业及家庭负债、房地产等领域存在的风险。在稳定民生方面，尽早落实史上最高规模的就业促进预算，推动公共机构及民间创造就业，加大对青年、特殊行业就业的支援，保障低收入阶层就业、创业及增收。强化社会保障制度，促进社会融合。在促进结构改革和应对未来变革方面，继续推进结构改革，迎接第四次产业革命，新设“第四次产业革命战略委员会”，启动对新产业的投融资项目。完善教育、劳动、金融、公共等四大结构改革，为第四次产业革命创造条件。还将积极应对低生育率和老龄化加速等问题。

韩国纤维、服装出口史上首次连续两年贸易逆差

韩联社12月30日报道，据韩国贸易协会数据显示，2016年1～11月，韩国纤维、服装出口为124.26亿美元，同比下降4.8%，而同期进口为135.22亿美元，同比上涨1.0%。目前，韩国纤维、服装贸易逆差为10.96亿美元，已经超过2015年全年逆差。其主要原因为韩国纤维、服装工厂因劳动力费用上涨而大举转移至中国、越南等地。此外，中国等其他国家生产的中低价服装打入韩国市场，进口额不断增加。

韩国纤维、服装产业逐渐将重心转为生产轮胎帘布、超细纤维清洁布、玻璃纤维等高附加值纺织品。贸易协会称，韩国纤维产业在全球市场份额约为5%，十分重要。因劳动力成本问题，缝纫、服装等领域的主导权已转给中国、越南等国家，韩国目前必须继续研发氨纶等高附加值产品的生产技术，升级产业结构。

朝鲜

金正恩视察机械厂：需顺应时代要求实现现代化

据朝媒3月2日报道，朝鲜最高领导人金正恩对台城机械厂进行视察。他在视察中表示，台城机械厂是朝鲜机械制作业的核心工厂，要顺应知识经济时代的要求，实现工厂的现代化。

在视察中，金正恩察看了台城机械厂的综合加工车间、装配车间等，具体了解了机械生

产情况及完成品的性能和质量。

金正恩指出，台城机械厂是朝鲜机械制作业的“长子工厂”“先驱工厂”“核心工厂”，肩负重要的建设任务，必须顺应知识经济时代的要求，实现工厂的现代化。

他还表示，要把台城机械厂的生产和技术管理工序变成开发创造型，而非样品模仿型。

朝鲜劳动党中央副部长赵勇元、金正植陪同视察。

朝鲜开发太阳能发电系统 实现太阳能产品工业化

据朝中社报道，3月4日，金日成综合大学干部和科学家成功研发出朝鲜式太阳能发电系统，并实现了太阳能产品生产的工业化。

朝鲜式太阳能发电系统综合应用电子自动化学系、物理学系、生命科学系、材料科学系研究员推出的研究成果，利用电脑操控整个太阳能发电过程。能批量生产高效太阳能板等太阳能产品的生产工序也已经建成，具备了进行工业化生产的条件。

按照全球太阳能利用技术发展趋势，该发电系统利用电脑综合操控观测照度、调节负载和监控蓄电池状态等，有1~5千瓦能力的家庭用、10~30千瓦能力的单位及福利设施用和50~500千瓦能力的工业用等多种款式，都能保障最大效率。由于能够以工业方法批量生产建立朝鲜式太阳能发电系统所需的各种产品，朝鲜开发和利用太阳能有了新的飞跃跳台。

朝鲜2016年国家预算通过

朝鲜3月30日通过了2016年国家预算，预算收入计划增长4.1%。

朝鲜第十三届最高人民会议第九次会议3月30日在平壤万寿台议事堂举行，会议通过了2015年国家决算和2016年国家预算。

2016年国家预算收入计划增长4.1%，其中中央预算收入占76.8%，地方预算收入占23.2%；2016年国家预算支出计划增长5.6%，其中国防支出占15.8%。

2015年朝鲜国家预算收入完成了预算计划的101.3%，比2014年增长5%；国家预算支出完成了预算计划的99.9%，其中国防支出占15.9%。

蒙古国

中蒙畜牧业领域合作取得突破

2月19日，在中蒙双方精心筹备下，第一批蒙古国牛羊肉对华出口仪式在中蒙边境老爷庙－布尔嘎斯台口岸举行，蒙古国外交部长普日布苏伦、食品农牧业部长布尔玛、驻华大使苏赫巴托尔、戈壁阿勒泰省省长巴特尔等出席。邢海明大使发表书面贺词。邢大使表示，在双方共同努力下，蒙古国牛羊肉等畜产品正式启动对华出口。中方特别是中国驻蒙古国大使馆对此表示热烈祝贺，希望以此次蒙古国向中国出口牛羊肉产品为契机，进一步扩大两国农牧业等相关产业合作。今后，中方还将一如既往地在力所能及的范围内帮助和支持蒙古国发展，将中国自身发展成果更好更多惠及蒙古国及蒙古国人民。

中蒙跨境经济合作区取得积极进展

5月5日，商务部部长高虎城在乌兰巴托与蒙方签署《中国商务部与蒙古工业部关于中蒙二连浩特—扎门乌德跨境经济区合作共同总体方案》。合作区规划面积18平方公里，成为集国际贸易、物流仓储、进出口加工、电子商务、旅游娱乐及国际金融服务等多功能于一体的综合开放平台。

第十四届中蒙经贸联委会成功举行

5月5日至6日，商务部部长高虎城率中国政府经贸代表团访问蒙古国，与蒙方共同召开中蒙经贸联委会第十四次会议。双方围绕进一步落实两国领导人共识，就两国发展战略对接、产能合作、跨境经济合作区建设、中蒙自贸区、双边贸易和投资合作等共同关心的经贸问题深入交换意见，达成广泛共识，并签署部分重要经贸合作文件。

蒙古国总统会见亚投行行长金立群

蒙古国总统查·额勒贝格道尔吉6月8日会见了亚洲基础设施投资银行行长金立群先生。双方就发展亚洲地区基础设施、打造连接亚欧的经济走廊、公路领域投资等问题进行了交谈。蒙古国总统查·额勒贝格道尔吉强调，近几年来蒙古国基础设施领域已得到迅速发展，公路网得到扩展，还表示，今后也将重点关注该领域的发展。以促进亚洲地区基础设施发展为目标的亚洲基础设施投资银行自2016年1月起正式开始运行，亚投行意向创始成员国共有57个。亚洲基础设施投资银行行长金立群指出，亚投行愿在蒙古国实施其首批项目。为此，已启动了向新铺设公路及已铺设的公路利用经费等投入的谈判。

中蒙俄三国元首共同启动经济走廊建设

6月23日，国家主席习近平在乌兹别克斯坦首都塔什干同蒙古国总统、俄罗斯总统举行中蒙俄元首第三次会晤，共同见证签署《建设中蒙俄经济走廊规划纲要》。这标志着“一带一路”框架下的首个多边合作规划纲要正式启动实施，实现了“一带一路”在多边经济走廊方面的突破。

签署“塔旺陶拉盖发电站”投资协议

6月24日，蒙古国国务部长米·恩和赛汗代表蒙古国政府，“塔旺陶拉盖发电站”有限公司执行经理特·孟和特日、“MCS Power”有限公司总经理沙·孟和特日代表投资方签署了塔旺陶拉盖发电站投资协议。

国务院总理李克强访蒙期间签署一系列重要经贸合作文件

7月13日至16日，中国国务院总理李克强成功访问蒙古并出席第十一届亚欧首脑会议。访问期间，李克强总理与蒙古总理额尔登巴特共同见证了贸易、经济技术、能源、基础设施建设、金融等10多个双边重要合作文件的签署，进一步充实了中蒙两国全面战略伙伴关系的内涵。

中国对蒙举办第十一届亚欧首脑会议提供大力支持

7月15日至16日，第十一届亚欧首脑会议在乌兰巴托举行，国务院总理李克强等50多个国家和国际组织领导人参会。应蒙方要求，中国政府专门提供了大量物资援助和技术支持，所供产品技术先进、性能可靠、保障有力，得到使用方高度评价，为峰会的成功举行提供了关键性支持。

蒙俄将扩大两国运输领域合作

蒙古国交通运输发展部长德·钢巴特8月5日会见蒙古国驻俄罗斯特命全权大使伊·卡·阿兹佐夫先生。会晤期间，双方就蒙俄两国运输领域合作问题深入交换意见，并为今后进一步扩展两国合作达成共识。

东北亚国家市长级论坛圆满结束

为期两天的东北亚国家市长级论坛8月5日在乌兰巴托圆满结束。来自24个城市90名代表以及20多个国际组织代表出席此次论坛，并共同发出了呼吁。论坛由5个分会组成，并围绕25篇报告进行讨论。

蒙古国政府重点关注吸引国内外投资问题

蒙古国8月15日召开的政府例行会议会上，总理扎·额尔登巴特向各部长下达指示，各部门要重点关注吸引国内外投资。此次会议上，总理扎·额尔登巴特向各部长还下达指示，各部门重点关注吸引国内外投资问题，促进国内产业发展、国营和私营企业经营业务时仅用蒙图进行结算，对相关法律法规落实要进行监督。

中蒙俄国际道路货运试运行活动启动

由中国交通运输部、蒙古国交通运输发展部、俄罗斯联邦运输部共同组织的“中蒙俄国际道路货运试运行活动”8月18日在天津港启动。

中国交通运输部副部长刘小明、蒙古国交通运输发展部副部长朝格图格尔勒、俄罗斯联邦运输部国际合作司司长亚历山大罗夫在发车仪式上分别致辞。联合国亚太经社会、国际道路运输联盟等国际组织代表参加了仪式。

三国车队从天津港出发，向北经蒙古国首都乌兰巴托，至俄罗斯联邦布里亚特共和国首府乌兰乌德，全程2152公里。这是中国“一带一路”倡议、蒙古国“草原之路”计划和俄罗斯“大欧亚伙伴关系”战略在交通运输领域进行对接的有益尝试。

蒙古国大呼拉尔主席会见全球能源互联网发展合作组织主席

蒙古国大呼拉尔主席米·恩赫鲍勒德8月25日会见全球能源互联网发展合作组织主席刘振亚为首的代表团。蒙古国大呼拉尔主席米·恩赫鲍勒德对在区域范围内建立能源互联网问题能交换意见表示满意。他还说，蒙古国富有能源资源，基础设施领域在两国合作关系中占着重要地位。目前蒙中俄三国正在讨论建立连接三国基础设施的“发展之路”问题，并且特别重视在公路、航线、铁路、能源、气体和液体燃料管道等五个方面将合作关系提升至新水平。全球能源互联网发展合作组织主席刘振亚向蒙古国大呼拉尔主席通报由中国提出的要建立“全球能源互联网”东北亚能源互联网规划和希维敖包能源出口项目等。

蒙中俄三国间发展铁路过境运输走廊磋商会议举行

9月13日，蒙中俄三国间发展铁路过境运输走廊三边磋商会议在乌兰巴托召开。蒙古国交通运输发展部长顾问尤·满莱巴亚尔通报，此次会议围绕建立“经济走廊”规划，并邀请了愿投入铁路的私人企业代表出席以便听取他们的宝贵建议。如负责承办额尔登特至敖包特铁路项目的“Northern Railways”公司，愿在扎门乌德至二连浩特口岸设置输送气体燃料转装设施的俄罗斯“Sibur”公司等。

蒙古国煤炭出口量创新高

据*The UB Post* 9月16日报道，据蒙古国国家统计办公室发布，2016年前8个月，蒙古国煤炭出口量达到1370万吨，较2015年同期增长42%，达到过去七年的新高。煤炭出口额达到4.21亿美元，占蒙古国出口额的14%。蒙古国国家统计办公室指出，过去3个月间，煤炭价格的增长使煤炭出口额大幅提高。2016年前5个月，蒙古国出口了720万吨煤炭，最近3个月（6月至8月）这一数字达到650万吨。

2016年前8个月，蒙古国对外贸易总额较2015年同期减少了6.32亿美元，下降11%。其中出口额近30亿美元，减少8%；进口额近22亿美元，减少了14%。铜精矿、煤炭、金、石油、铁矿石是蒙古国5种主要的矿产品，占到出口总额的78.2%。2016年前8个月，铜精矿出口量增长17.5%，达到193万吨；金出口量增长37.1%，达到9.6吨；石油出口量上升了5%，达到547万桶；铁矿石出口量增长21.3%，达到370万吨。

中蒙俄经济走廊规划落地

9月13日，国家发改委公布《建设中蒙俄经济走廊规划纲要》（以下简称《纲要》），标志“一带一路”框架下的第一个多边合作规划纲要正式启动实施。《纲要》由中俄蒙三国元首于2016年6月在乌兹别克斯坦首都塔什干会晤后正式签署。《纲要》明确了走廊建设的具体内容、资金来源和实施机制，商定了32个重点合作项目。

此次《纲要》正式下发，对走廊的建设内容做了进一步细化，明确七个方面的重点合作领域，包括促进交通基础设施发展及互联互通，加强口岸建设和海关、检验检疫监管，加强产能与投资合作，深化经贸合作，拓展人文交流合作，加强生态环保合作，推动地方及边境地区合作。作为该经济走廊里重要节点的满洲里市也在同一日宣布该地保税区即将实现封关运营。“现在我们已经和30多个沿线国家签署了有关‘一带一路’合作备忘录或协议，这次纲要落地，标志着‘一带一路’首个多边经济合作走廊正式实施。”

《纲要》指出，建设经济走廊旨在通过在增加三方贸易量、提升产品竞争力、加强过境运输便利化、发展基础设施等领域实施合作项目，进一步加强中华人民共和国、蒙古国和俄罗斯联邦三边合作。

在七个重点合作领域中，促进交通基础设施发展及互联互通成为重要规划纲要重点。三方将共同规划发展三方公路、铁路、航空、港口、口岸等基础设施资源，加强在国际运输通道、边境基础设施和跨境运输组织等方面的合作，推动发展中国和俄罗斯、亚洲和欧洲之间的过境运输。

蒙古国议会秋季会议着力应对经济困境

蒙古国2016年国家大呼拉尔（议会）秋季会议10月3日在乌兰巴托开幕，会议着力应对国家面临的经济困境等挑战。作为2016年议会选举后的首次秋季会议，本次会议重点讨论蒙古国2017年预算、修改投资法、外交政策以及政府施政纲领等议题。

当前蒙古国外来投资不振，公共债务高筑，经济增速下滑，由人民党组成的新政府面临提振经济的挑战。蒙古国社会各界期待议会能够通过促进经济发展的举措，切实提升民众生活水平。

蒙古国国家大呼拉尔主席恩赫包勒德在秋季会议开幕讲话中表示，当前，蒙古国失业率已达两位数，民众购买力下降，通过实施大型项目来提振经济的时刻到了。议会在做出决议时应避免民粹主义等因素影响，扭转投资者对蒙古国投资环境的失望情绪。

除议员外，蒙古国总统额勒贝格道尔吉及各国驻蒙大使也出席了开幕式。

蒙古国议长表示将大力发展游牧旅游业

蒙古国国家大呼拉尔主席（议长）恩赫包勒德10月13日说，蒙古国将大力发展游牧旅游业，力争将蒙古国打造成国际游牧旅游中心。

在当天举行的“游牧旅游和城市可持续发展”丝绸之路国际论坛上，恩赫包勒德表示，根据蒙古国稳定发展规划，将蒙古国打造为国际游牧旅游中心是该国未来旅游业发展的目标，蒙古国将采取措施落实这一目标。

目前，对矿业严重依赖的蒙古国经济陷入困境，不少政商界人士呼吁采取措施促进经济多元化发展，认为发展旅游业是重要方向。

论坛旨在推介蒙古国旅游业，通过促进旅游业增加就业并增加外汇收入。数据显示，蒙古国旅游业提供5万多个就业岗位。每年约40万人次外国游客入境，带来的收入约占国内生产总值的3%。蒙古国政府的目标是，到2020年将入境外国游客数提升至100万人次。

蒙古国继续实施“提高城市建设能力”项目

蒙古国首都行政长官兼乌兰巴托市市长苏·巴特鲍勒德10月20日前会见了日本国际合作组织JiCa代表团。日本国际合作组织JiCa代表团团长越智武雄向乌兰巴托市市长苏·巴特鲍勒德介绍了在乌兰巴托实施的“提高实施乌兰巴托市总规划的能力”项目进展状况，并就今后合作问题深入交换意见。

中蒙二连浩特—扎门乌德跨境经济合作区达成五项共识

内蒙古自治区二连浩特市政府10月26日

对外发布消息称，中蒙双方就二连浩特—扎门乌德跨境经济合作区达成五项共识。内蒙古自治区向北开放工作领导小组、商务厅相关负责人日前在二连浩特市会见蒙古国副总理办公厅主任巴·恩赫阿木古楞，中蒙双方就该跨境经济合作区建设展开新一轮对接谈判。

中蒙双方达成的这五项共识：一是加快基础设施建设互联互通，特别是内部核心区域的建设；二是加大招商引资力度，特别是继续帮助蒙方与中资企业的对接，招募适合的原产地加工制造企业尽早进驻扎门乌德自由经济区；三是尽快在二连浩特市设立联合办公室，建立顺畅的沟通对接机制；四是双方共同研究跨境经济合作区的推进计划并上报，提高办事效率；五是在政策研究方面，应突破现行政策法规，蹚出一条可借鉴的路子，寻求一个共同推进的模式。

该跨境经济合作区目前基础设施建设均已启动，且以扎门乌德自由经济区为依托的蒙方区域一期基础设施建设已近尾声，具备招商条件。跨境经济合作区将建设面向中国、蒙古国、俄罗斯及国际市场的商品加工生产基地，实行开放的贸易和投资政策。

蒙古国投资峰会在中国香港开幕

第七届蒙古国投资峰会于11月1日在中国香港开幕。蒙古国政府官员、企业家、外国投资者、专家学者等出席活动。

尽管蒙古国 GDP 增速跌至 1.4%，包括摩根士丹利等在内的投资者依然参加了此次活动，以了解该国最新的政策、经济走势和发展规划。奥尤陶勒盖铜金矿的地下开采成为2016年矿业利润增长的一个重要因素。部分与会者认为，蒙古国人民党在2016年大选中的获胜，也是社会稳定和经济发展的好兆头。

蒙古国通过2017年政府预算案

据 *The UB Post* 11月14日报道，蒙古国国家大呼拉尔已批准2017年政府预算案。该预算案预计2017年蒙古国财政收入、财政支出、财政赤字将分别为 GDP 的 23.3%、32.3%、9.1%。

蒙古国政府希望通过推动大型矿业项目将2017年经济增速提高至3%。为了创造稳定的税收环境，政府表示不会提高税率。同时，政府将改善矿业领域的基础设施，并通过开发建设、投资大型项目等增加财政收入。

2017年政府行政支出（包括工资及其他支出）将减少1%；用于健康、体育、艺术、文化的财政资金以及用于福利和教育项目的支出没有明显减少。

蒙古国政府及国际组织对该国未来经济增速

蒙古国国家大呼拉尔于11月10日通过了蒙古国2017年预算草案及2018～2019年规划预算法案。据2017年预算草案预计，蒙古国2017年、2018年、2019年经济增长率将分别达到3.0%、5.1%、7.1%。

该报援引蒙古国央行副行长拉哈瓦苏荣表示，据世界银行和国际货币基金组织预计，2017年蒙古国经济增速有望达到2.5%～2.7%。

东北亚科技文化

中国

中共中央、国务院隆重举行国家科学技术奖励大会

中共中央、国务院1月8日上午在北京隆重举行国家科学技术奖励大会。党和国家领导人习近平、李克强、刘云山、张高丽出席大会并为获奖代表颁奖。李克强代表党中央、国务院在大会上讲话。张高丽主持大会。

中共中央政治局常委、国务院总理李克强在讲话中代表党中央、国务院，向全体获奖人员表示热烈祝贺，向全国广大科技工作者致以崇高敬意和诚挚问候，向参与和支持中国科技事业的外国专家表示衷心感谢。中共中央政治局委员、国务院副总理刘延东在会上宣读了《国务院关于2015年度国家科学技术奖励的决定》。国家自然科学奖一等奖获奖项目“多光子纠缠及干涉度量”第一完成人、中国科学院院士、中国科技大学常务副校长潘建伟代表全体获奖人员发言。

奖励大会开始前，习近平等党和国家领导人会见了国家科学技术奖获奖代表，并同大家合影留念。出席大会的领导同志还有：刘奇葆、许其亮、赵乐际、栗战书、杨晶、陈竺、万钢。中央和国家机关及军队有关方面负责同志，国家科技教育领导小组成员，国家科学技术奖励委员会委员和首都科技界代表等共约3300人出席大会。

2015年度国家科学技术奖共授奖295项成果和7位外籍科技专家。国家自然科学奖42项，其中一等奖1项、二等奖41项；国家技术发明奖66项，其中一等奖1项、二等奖65项；国家科学技术进步奖187项，其中特等奖3项、一等奖17项、二等奖167项；授予7名外籍科技专家中华人民共和国国际科学技术合作奖。

2016年全国青少年冬季阳光体育大会开幕

由国家体育总局、教育部、共青团中央共同主办的2016年全国青少年“未来之星”冬季阳光体育大会2月16日在黑龙江省牡丹江市镜泊湖国家青少年户外体育活动营地开幕。

作为国内目前最高规格的青少年冬季大型综合类体育活动，本届大会以“冬奥阳光，有你有我”为主题，包含冬季体育比赛、冰雪运动乐园、冬季奥林匹克文化交流、爱国主义教育四大板块。本届大会首次实现多方联动，除了镜泊湖主会场和北京、河北、内蒙古、辽宁等6个分会场外，还在黑龙江省内设17个地市级分会场，形成青少年冬季运动大联欢。同时，赛会期间首次设立“冰雪运动乐园”，开展“星在乐园——等你来挑战”、“冠军伴你行——体育明星公益服务活动”和奥林匹克文化推广活动。

中科院提出引力波探测“空间太极计划”

2月16日，中国科学院对外公布了一项新的空间探测与研究引力波的计划——“空间太

极计划”，并表示这项计划已经在预研过程中，有望2016年底申报立项。

中国科学院院士、太极计划首席科学家胡文瑞透露，太极计划的设想之一是在2030年前后发射3颗卫星组成的引力波探测星组，用激光干涉方法进行中低频波段引力波的直接探测，目标是观测双黑洞并合和极大质量比天体并合时产生的引力波辐射，以及其他宇宙引力波辐射过程。据介绍，太极计划是一个中欧合作的国际合作计划，目前有两个方案。方案一是参加欧洲空间局的eLISA双边合作计划。方案二是发射3颗中国的引力波探测卫星组，与2035年左右发射的eLISA卫星组同时遨游太空，独立进行引力波探测，两组卫星互相补充和检验测量结果。这一计划缘何起名“太极”？胡文瑞解释：按照中国的宇宙观，万物开始是“太极”，探测原初引力波就是研究宇宙的起源，而太极的图形与双黑洞形象很相似。

世界雪日暨国际儿童滑雪节庆祝活动举行

世界雪日暨国际儿童滑雪节庆祝活动1月17日在全国20家滑雪场同步举行，参与这项活动的青少年总人数将达到近3万人。

本次活动主会场设在河北崇礼密苑云顶乐园滑雪场。世界雪日的活动由国际雪联主办，在全世界42个国家同步展开，目的是在青少年当中普及推广滑雪运动，让更多孩子体验滑雪乐趣。

中国首款可控芯片安全手机问世

使用普通操作系统进行一般互联网浏览，使用安全系统处理银行支付、邮件等个人隐私信息，一个手机两个系统，以确保个人信息、语音不被窃取。紫光集团旗下的展讯通信1月25日前联合多家企业正式推出面向智能手机及物联网等应用领域的紫潭安全解决方案，首款搭载可控芯片及操作系统的双OS安全系统的手机已正式问世，国产安全智能终端有了新的标准。

据介绍，此次推出的紫潭安全解决方案，第一次真正实现了从硬件、周边附件、芯片物理层、底层基础软件到上层应用软件安全可信、自主可控的目的。目前，基于紫潭方案的中国首款搭载可控芯片及操作系统的双OS安全手机已达到正式量产的产业化水平。

中国科学家构建自闭症非人灵长类动物模型

我国科学家在世界上首次建立携带人类自闭症基因的非人灵长类动物模型，MECP2转基因猴及其后代表现出类人类自闭症的刻板行为与社交障碍等行为，这一研究成果为深入研究自闭症病理及探索治疗干预方法提供了重要基础。

《自然》期刊1月27日前在线发表题为《MECP2转基因猴的类自闭症行为表征与种系传递》的研究论文，该研究由中科院上海生命科学研究院神经科学研究所仇子龙研究组与神经所苏州非人灵长类研究平台孙强团队合作完成。研究通过构建携带人类自闭症基因MECP2的转基因猴模型及对MECP2转基因猴进行分子遗传学与行为学分析，发现MECP2转基因猴表现出类人类自闭症的刻板行为与社交障碍等行为。

自闭症也称孤独症，患者多会表现出社交障碍、重复性刻板动作和焦虑抑郁等行为及情绪的异常，目前没有有效的药物治疗方法。仇子龙表示，MECP2转基因食蟹猴作为MECP2倍增综合征的非人灵长类模型，可为深入研究自闭症的病理及探索治疗干预方法奠定坚实基础。

中国成功解析首例输入性寨卡病毒全基因组信息

2月23日前，中国疾病预防控制中心病毒病预防控制所专家团队与江西省疾病预防控制中心合作，对中国首例寨卡病毒感染病例血液标本中的寨卡病毒基因组进行了全面解析，成功地获得病毒全基因组序列。病毒基因全长10676个碱基，遗传进化分析显示与目前在美洲的流行株具有高度同源性。

中国输入性病例病毒全基因组序列的解析，对于中国输入性病例的溯源、病毒变异、诊断试剂及疫苗等方面研究具有重要意义。

国务院印发《中医药发展战略规划纲要（2016—2030年）》

国务院2月26日前印发《中医药发展战略规划纲要（2016—2030年）》（以下简称《纲要》）。《纲要》明确了未来15年我国中医药发展方向和工作重点，是新时期推进我国中医药事业发展的纲领性文件。

《纲要》提出，要坚持中西医并重，落实中医药与西医药的平等地位，遵循中医药发展规律，以推进继承创新为主题，以提高中医药发展水平为中心，以完善符合中医药特点的管理体制和政策机制为重点，以增进和维护人民群众健康为目标，拓展中医药服务领域，促进中西医结合，统筹推进中医药事业振兴发展。到2020年，实现人人基本享有中医药服务，中医药产业成为国民经济重要支柱之一；到2030年，中医药服务领域实现全覆盖，中医药健康服务能力显著增强，对经济社会发展做出更大贡献。

《纲要》提出，要健全中医药法律体系和标准体系，加大政策扶持力度，加强人才队伍建设，推进中医药信息化建设。要进一步完善国家中医药工作部际联席会议制度，建立健全国家、省、市、县级中医药管理体系，推动中医药进校园、进社区、进乡村、进家庭，将中医药基础知识纳入中小学课程。

《中国教育改革大系》首发

3月29日，《中国教育改革大系》首发暨出版座谈会在北京人民大会堂举行，相关部门和教育界、出版界专家进行了探讨。

《中国教育改革大系》是“十二五”国家重点图书出版规划项目、国家出版基金资助项目，由湖北教育出版社出版，丛书共10卷，由中国教育学会副会长朱永新任总主编。丛书全景式地展示了改革开放近40年来我国教育改革与发展的历史进程和重要成就，总结经验、积极反思，汇集了专家学者对我国教育改革与发展的新思路和新探索，提出了要重建教育改革哲学、释放全社会的教育活力等建议。

中国科学家提出仿生设计新方法

世界顶级期刊《自然》4月11日在线发表了北京航空航天大学机械工程及自动化学院陈华伟教授、张德远教授，化学与环境学院江雷院士等的研究成果。该研究揭示了自然生物原型体表表面单方向液体搬运新现象，开创性地提出了无动力自润滑防粘新理念，对解决微创手术器械防粘技术难题具有重要参考价值。这是《自然》刊发的我国高校机械工程学科领域的首篇成果。

在自然界中，猪笼草口缘区在湿润环境下显现出超滑特性，昆虫很难驻足在口缘区，常会“失足”滑落而被捕食。研究团队深入表征了猪笼草口缘区微观结构特征，首次发现液膜单方向搬运的神奇现象，提出了单方向液膜搬运表面的仿生设计新方法，为仿生设计与生物制造打下了技术基础。单方向液膜搬运无须动力且可实现坡度搬运，研究成果可直接用于自润滑、新能源，以及医疗器械表面防粘、无人机表面防冰等。

中日韩跨境正品溯源平台上线

中日韩跨境正品溯源平台4月12日正式上线，中日韩三国的跨境商品有望实现源头可追溯、真伪可查询。中日韩跨境正品溯源平台是在浙江省义乌市举办的“2016中国国际电子商务博览会”上正式亮相的。该平台由工信部批准成立的中国二维码产业联盟牵头，采用自主知识产权的四标合一标准GM/CM码作为底层技术支撑，做到安全可控。

中国首颗微重力科学实验卫星返回着陆“实践十号”回收任务圆满完成

中国首颗微重力科学实验卫星“实践十号”在顺利完成12天太空飞行后，其回收舱于4月18日16时30分准确降落在内蒙古四子王旗预定着陆区域，回收舱着陆状态正常、外观良好，搜索回收任务顺利完成。这是中国成功发射回收的第二十四颗返回式卫星，也是首颗在内蒙古草原返回着陆的卫星。卫星回收任务圆满成功，进一步验证了中国返回式卫星控制回收技术，标志着中国在空间科学研究与应用领域迈出坚实步伐。

实践十号卫星于4月6日1时38分在酒泉卫星发射中心发射升空。卫星在轨飞行期间，由西安卫星测控中心对其进行不间断测控管理，确保了卫星运行稳定、星地链路通畅、飞行控制准确高效、各项科学实验按计划实施。

中国首款智能安保服务机器人亮相

中国首款集安全保护与智能服务为一体的机器人，4月23日前在重庆开幕的高新技术成果交易会上亮相。专家指出，这款机器人实现了低成本自主导航定位、智能视频分析等一系列关键技术突破，其“安保＋服务”的设计理念和“事中处置”的首创功能，对提升国家公共安全和反恐防暴能力具有重要意义。

这款智能安保服务机器人由国防科技大学研制，最大行进时速为18公里，巡逻时速为1公里，有类似人脑及耳目的智能系统和传感器等装置，具有智能监控探测、遥控制暴、声光报警、身份识别、自主充电等多种功能。国防科技大学是中国最早开展机器人技术研究的单位之一，先后研制成功中国第一台两足步行机器人、第一台仿人机器人和多型地面智能机器人。

互联网外科学院成立

4月22日，中国第十四届北京国际微创外科论坛暨“互联网＋”时代的外科研讨会在京举行。开幕式上，由解放军总医院肝胆胰肿瘤外科联合全国20家大型三甲医院以及150位发起人共同组建的互联网外科学院宣告成立。学院将致力于促进基层医生对国内外新术式、外科新进展的及时了解和学习；促进优质医疗资源下沉，增加基层医生实践机会，提高手术技能。学院将借助现代互联网技术，形成培养对象广泛、培训方式灵活高效的互联网医师培训平台，进一步提高基层医生的培训效率。

中国行星科学家郑永春获卡尔·萨根奖

美国天文学会行星科学分会5月10日公布了5项年度天文大奖，中国科学院国家天文台的行星科学家郑永春获得其中的卡尔·萨根奖。

卡尔·萨根是天文学领域著名的科普大师。行星科学分会在新闻公报中介绍说，卡尔·萨根奖授予那些在公众传播方面有杰出贡献者。2016年该奖项授予中国行星科学家郑永春，因为他“不知疲倦地向中国大众进行行星科学方面的科普，并向西方世界展示中国科学”。

中国科学家研制出百毫秒级高效量子存储器

6月6日从中国科学技术大学获悉：该校潘建伟和包小辉教授等采用冷原子系综成功研制出百毫秒级高效量子存储器，为远距离量子中继系统的构建奠定了坚实基础。该成果近日发表在国际权威学术期刊《自然·光子学》上。量子中继可以解决光子信号在光纤内指数衰减的重大难题，是未来实现超远距离量子通信的重要途径之一。量子中继的基本原理是采用分段纠缠分发与纠缠交换相结合来拓展通信距离，其核心是量子存储技术，通过对光子比特进行缓存，可大幅提升纠缠连接效率。为满足远距离量子中继的实际需求，量子存储器需要对单量子态进行长时间存储且具备高读出效率。

中国发布新一代气象信息处理系统

中国自主研发的新一代现代化人机交互气象信息处理和天气预报制作系统 MICAPS 4.0，6月7日前在全国气象部门正式发布应用，与其配套的分布式数据存储系统年内也将推广。这一新系统将先进信息技术与现代天气预报技术紧密结合，对现代天气预报业务提供了有力支撑，有助于预报员做出更为精准的天气预报。

中国成功发射第二十三颗北斗导航卫星

6月12日23时30分，中国在西昌卫星发射中心用长征三号丙运载火箭，成功发射了第二十三颗北斗导航卫星。该星属地球静止轨道卫星，卫星入轨并完成在轨测试后，与其他在轨卫星共同提供服务，将进一步增强系统稳健性，强化系统服务能力，为系统服务从区域向全球拓展奠定坚实基础。此次发射的北斗导航卫星和配套运载火箭由中国航天科技集团公司所属的中国空间技术研究院和中国运载火箭技术研究院分别研制，这是长征系列运载火箭的第229次飞行。

中俄蒙油画家满洲里切磋技艺

由内蒙古文联等单位主办的第二届中俄蒙油画艺术家年会7月5日在满洲里市开幕，来自三国的油画艺术家齐聚一堂切磋技艺。

本届年会活动以“聚三国风情，展艺术精粹”主题油画大赛和油画展为重头戏，汇集中俄蒙70余位画家的近300幅佳作。这些作品展现了生态景观的自然之美、公共艺术的人文关怀、三国文化的瑰丽光芒和三国友谊的厚重情感，最终中国油画艺术家张可扬的作品《额吉的奶牛》、俄罗斯彼恰赫齐的作品《小剧场》、蒙古国策·宝力道的作品《看赛马》获得一等奖。本届年会还举办了中国·满洲里中俄蒙油画艺术家创作研讨会。

中国·哈尔滨之夏音乐会大幕拉开

由文化部和哈尔滨市政府共同主办的第三十三届中国·哈尔滨之夏音乐会8月9日前在哈尔滨市开幕。本届音乐会以“营造音乐艺术的盛会，人民群众的节日”为宗旨，首场演出的主题为“哈尔滨之恋”。演出形式采用大型交响乐，配以多首中外经典乐曲。本场演出担任指挥的是著名指挥家汤沐海，拥有百年历史的哈尔滨交响乐团与久负盛名的俄罗斯克拉斯诺亚尔斯克室内乐团和爵士乐队、以色列特拉维夫音乐学院女声合唱团等中外著名乐团联袂演出。

音乐会邀请到了37个国家和地区的演出团组参加，其间共设计6个板块48项主要演出及活动，由开闭幕式两场演出、3项国内外展示评比、青年音乐家活动周、惠民特价图书展、18项中外经典演出、逾千场群众文化活动组成。音乐会于20日结束。

中国成功发射世界首颗量子卫星　将首次实现卫星和地面之间的量子通信

8月16日1时40分，中国在酒泉卫星发射中心用长征二号丁运载火箭成功将世界首颗量子科学实验卫星（简称“量子卫星”）“墨子号”发射升空。随着此次发射任务的圆满成功，人类将首次完成卫星和地面之间的量子通信，标志着中国空间科学研究又迈出重要一步。

量子卫星是中国科学院空间科学先导专项首批科学实验卫星之一，其主要科学目标是借助卫星平台，进行星地高速量子密钥分发实验，并在此基础上进行广域量子密钥网络实验，以期在空间量子通信实用化方面取得重大突破；在空间尺度进行量子纠缠分发和量子隐形传态实验，开展空间尺度量子力学完备性检验的实验研究。

“呼日堪”赫哲图腾文化节开幕

探寻神秘赫哲，邂逅静美街津。作为中俄

边境文化季一项重要活动内容的“呼日堪”赫哲图腾文化节，8 月 22 日前在同江市街津口赫哲族乡开幕。

带有神秘色彩和民俗风情的祭祀活动拉开了节日序幕，在随后的赫哲族文艺演出中，赫哲人通过演绎银鳞公主、鲤鱼姑娘等一个又一个美丽的传说，表现了赫哲人千百年来在与大自然的互动中，对生活的质朴理解和对家乡山水的热爱。

为进一步促进中国北方边境地区与俄罗斯远东地区经贸人文交流，推动中俄双方全方位战略合作，2016 年同江市举办了“2016 中俄边境文化季”活动。街津口“呼日堪”赫哲图腾文化节，是边境文化季 13 个系列活动中的重要一项，通过举办祭祀祈福、传说演绎、才艺比拼、美食品鉴、篝火晚会等活动，展现赫哲故里和旅游名镇文化魅力。

第三代半导体产研院成立

如何让半导体器件更小、耐受更高电压、具备更低导通电阻和更快的开关速度？以氮化镓（GaN）为主的第三代半导体将成为发展方向。10 月 10 日，江苏华功第三代半导体产业技术研究院成立，致力于第三代半导体技术的产业化。

硅半导体材料和器件在材料质量、器件设计、工艺优化等环节已经十分成熟，硅材料已经越来越逼近它的物理极限。中科院院士、江苏华功第三代半导体产业技术研究院院长甘子钊教授介绍，与硅功率电子器件相比，第三代宽禁带半导体氮化镓具备更高耐压、更低导通电阻和更快的开关速度等优势，可使电源系统工作频率更高、损耗更低、尺寸更小，具备广阔的产业发展和应用前景。

中俄总理定期会晤委员会科技合作分委会第二十届例会在上海举行

2016 年 10 月 19 日，中俄总理定期会晤委员会科技合作分委会第二十届例会在上海举行。分委会中方主席、科学技术部副部长阴和俊与分委会俄方主席、俄联邦教育科学部副部长洛帕京分别率团出席会议。

会上，双方分别介绍了中俄科技创新领域现行国家政策，共同展望了两国合作前景，并就多个项目议题深入交换意见并达成共识。分委会强调，中俄科技创新合作是两国全面战略协作伙伴关系的重要组成部分，今后双方将重点围绕科技发展优先方向，探索互利合作形式，进一步提升合作成效。

会议的重要议题之一是关于在大科学项目框架下的合作。以中俄在重离子超导同步加速器（NICA）框架下的合作为例，双方高度评价了两国在建立大科学装置、联合开展基础研究和应用研究方面的积极合作及取得的阶段性进展。双方商定，鉴于中俄在磁约束核聚变领域拥有丰富的经验和良好的合作基础，拟尽快签订相关合作协议，进一步加强两国在该领域的双边合作。

会议还就中俄双方高校、基金会、科学院和其他科研机构间的下一步合作方向达成了重要共识。

会后，中俄双方签订了《中俄总理定期会晤委员会科技合作分委会第二十届例会议定书》，并商定第二十一届分委会例会将于 2017 年在俄罗斯举行。

中科院发现人源寨卡病毒抗体

12 月 19 日前，中国科学院微生物研究所宣布，该所严景华研究员和高福院士领衔的课题组从一名寨卡病毒感染者体内发现了两株高效、特异的寨卡病毒单克隆抗体，该抗体有望成为治疗寨卡病毒感染的候选药物。这项成果作为封面文章发表在最新一期的《科学－转化医学》杂志上。

由于寨卡病毒与同是黄病毒属的登革病毒亲缘关系很近，一些研究中发现的人源抗体会同时识别寨卡病毒和登革病毒，可能产生副作用。而此次筛选出的两株全人源抗体可特异性阻断寨卡病毒感染，对于登革热等黄病毒没有交叉反应。动物实验表明，该抗体能够完全保护小鼠免受寨卡病毒感染。研究人员还发现了这些抗体的结合位点并阐明其保护机制，这对疫苗的设计有重要指导作用。

中国航空发动机研究院在京成立

中国航空发动机集团组建的中国航空发动机研究院12月28日在北京挂牌成立。作为中国航空发动机集团直属的高科技研究机构，中国航空发动机研究院将主要承担航空发动机发展战略与规划研究、基础与应用技术研究、共性技术研究、仿真技术研究、研发体系建设、信息化建设、对外合作和集团内技术交流等工作。

中国航空发动机集团党组书记、董事长曹建国在成立大会上表示，中国航空发动机研究院的定位具有战略性、前沿性和基础性，要致力于建成国家级航空发动机创新中心，并且要广泛联合全国优势力量协同开展基础技术研究，建立产学研协同创新的基础研究体系，逐步建成“小核心、大协作、专业化、开放式”的研发生产模式，引领和支撑我国航空发动机自主创新发展。

当天，中国航空发动机研究院与北京航空航天大学、西北工业大学、南京航空航天大学、清华大学、上海交通大学、厦门大学、中国科学院工程热物理研究所等高校和科研机构签订了科技创新合作协议，将联合国内优势科研力量，携手开展基础与应用技术研究，突破核心关键技术，夯实我国航空发动机自主创新发展基础。

俄罗斯

中俄合作出版纪念二战画册首发式举行

中国外文局人民画报社与俄罗斯国家通讯社塔斯社合作出版的《铭记历史　同护和平——纪念世界反法西斯战争胜利70周年》画册1月19日在莫斯科举行首发式。

仪式在塔斯社新闻发布厅举行，中国驻俄罗斯大使李辉和塔斯社社长米哈伊洛夫出席，俄外交部、研究机构、中俄媒体等机构派代表参加。画册由中国外文出版发行事业局和塔斯社共同采访、编辑，外文局所属人民画报社出版。画册有中文和俄文两个版本，篇幅200页，共收录图片200多张，分为“战争记忆”“保卫家园”“鲜血铸就友谊”“英雄礼赞”“不能忘却的纪念”五个部分，回顾了中俄两国在世界反法西斯战争中并肩战斗的历史，展现了中俄两国人民捍卫世界和平与正义的决心。

李辉在讲话中表示，中俄媒体交流年已经启动，《铭记历史　同护和平——纪念世界反法西斯战争胜利70周年》画册的出版恰是两国媒体就重大题材进行合作的重要实践和成功典范，希望两国媒体继续报道好中俄关系，为国际舆论注入新能量、正能量。

中俄高技术和创新工作组第九次会议在莫斯科召开

2016年4月26日，中俄高技术和创新工作组第九次会议在莫斯科召开。中华人民共和国科学技术部国际合作司张健参赞和俄罗斯联邦教育科学部科技司波利亚科夫·安德烈·马尔季诺维奇副司长分别率团出席会议。

会上，双方围绕协同开展中俄共同科技项目遴选、加强在重离子超导同步加速器（NICA项目）框架下的合作、共同筹建技术产权交易中心、加强俄罗斯科学基金会与中方伙伴的合作等议题深入交换了意见，达成广泛共识。根据会议达成的协议，双方于2016年首次开展中俄共同科技大项目遴选工作，会议明确了项目遴选的具体实施步骤以及完成时间表。双方还商定，中俄高技术和创新工作组第十次会议将在中国举行。

会后，科技部合作司代表团与俄经济发展部社会发展与创新司斯维斯图诺夫·帕维尔·

瓦连京诺维奇副司长等进行了会晤，双方就加强中俄创新领域合作、建立中俄创新对话机制、成立中俄创新合作协调委员会、共同开展中俄青年创新创业大赛、加强双方科技园区合作等议题进行讨论。双方同意，加快中华人民共和国科学技术部与俄罗斯联邦经济发展部《关于在创新领域开展合作的谅解备忘录》文本的协商工作，争取在 6 月签署该文件，为双方开展创新领域合作奠定基础。

代表团还应邀与俄教科部国际司托伊沃宁·尼古拉·鲁道福维奇司长就中俄双方共同实施投资促进科技成果转移转化等问题交换了意见。

2016年中俄主流媒体联合采访活动圆满结束

7 月 5 日凌晨，中俄主流媒体联合采访团中方记者一行 17 人从俄罗斯符拉迪沃斯托克（海参崴）飞抵北京。

这次联合采访活动由人民日报社和俄罗斯塔斯社共同举办，是中俄媒体交流年的重要活动之一，主题是“俄中边界——和平与合作的边界”。除《人民日报》、人民网、《环球时报》外，《光明日报》、《经济日报》、中央人民广播电台、中央电视台、中国国际广播电台、《中国日报》等中国媒体也派出记者参加。俄方媒体包括塔斯社、《俄罗斯报》、《共青团真理报》、独立电视台、伊尔库茨克通讯社、《阿穆尔真理报》、“第一传媒”通讯社。

第三届中俄博览会在俄罗斯叶卡捷琳堡市举行

经中俄两国政府批准，由中国商务部、黑龙江省人民政府和俄罗斯联邦经济发展部、俄罗斯联邦工业贸易部共同主办的第三届中俄博览会于 2016 年 7 月 11 日至 14 日在俄罗斯叶卡捷琳堡市举行。

驻俄罗斯使馆科技处米桂雄一秘与李哲二秘出席了本次博览会框架内的“中俄科技合作及技术转移圆桌会议”、“中俄制造业重点企业总工程师交流会”和“黑龙江周、哈尔滨日开幕式暨中俄经贸合作交流会”等三场重要活动。

中俄科技合作及技术转移圆桌会议由俄罗斯联邦教育科学部、中国科学技术部以及中国驻俄罗斯大使馆共同组织，俄罗斯国际仪表制造者和信息通信技术专家联合会承办。俄联邦教科部顾问苏沃林诺夫主持并重点介绍了俄罗斯正在实施的《2014—2020 年俄罗斯联邦科技发展重点领域研究开发专项计划》的进展情况。

米桂雄一秘在致辞中表示，中俄科技合作已成为两国全面战略协作伙伴关系的重要组成部分，两国的科技合作在内容和机制上都在不断完善，俄罗斯仍然拥有大量的独特技术储备，而中国则在创新和成果转化方面取得了突出成绩，两国可以进一步优化跨国技术转移机制，促进更多的科技创新成果实现跨国流动，中国驻俄罗斯大使馆科技处将继续为两国的科研机构和企业做好服务工作，搭建合作桥梁，为促进两国间科技创新合作的发展和科技成果转化做出贡献。

国务院副总理汪洋与罗戈津出席第三届中俄博览会活动

7 月 13 日，国务院副总理、中俄总理定期会晤委员会中方主席汪洋在俄罗斯叶卡捷琳堡与俄罗斯副总理、委员会俄方主席罗戈津共同出席第三届中俄博览会。双方共同巡馆，并与两国有关地方及企业的代表进行了交流。

汪洋表示：习近平主席和普京总统 6 月在北京成功会晤，就进一步深化中俄全面战略协作伙伴关系、促进两国务实合作达成新的重要共识。我此访的核心任务，就是要落实两国元首共识，进一步推动中俄务实合作发展，并为年底两国总理会晤做准备。两国务实合作潜力巨大，但还需要两国政府和企业加大努力。希望双方扩大产能合作，打造更多示范项目；加强高技术和创新合作，为两国务实合作培育新的动能；深化基础设施和物流合作，促进互联互通；拓展农业合作，实现农产品贸易平衡稳定增长。有中俄高水平政治关系的保障，有两国政府的大力推动，有企业界的开拓创新，中俄务实合作之路一定会越走越宽广。

罗戈津表示，俄中关系处于历史最好时期，互信不仅存在于两国高层之间，也体现在两国具体合作领域之间，体现在两国地方和企业日益紧密的关系之间。双方应继续相互学习，加强互利合作，不断提高合作成效。

12 日，汪洋还与罗戈津举行了中俄总理会晤委员会双方主席会晤。双方就推进核能、民用航空制造、航天、卫星导航、农业等重点领域合作进行了深入探讨。

俄罗斯向国际空间站发射货运飞船

俄罗斯 7 月 17 日在哈萨克斯坦境内的拜科努尔发射场用“联盟 - U”运载火箭发射俄新型“进步 MS - 03”货运飞船，向国际空间站运送补给物资。俄罗斯曾长期利用“进步 M”系列货运飞船向国际空间站运送货物，2015 年 10 月该型号最后一艘飞船“进步 M - 29M”完成任务。自 2015 年 12 月起，俄启用新一代航运飞船“进步 MS”系列。

据俄航天集团公司消息，货运飞船预计将在自主飞行两天后，于莫斯科时间 7 月 19 日 3 时 22 分，同国际空间站进行对接。飞船此次携带 2.4 吨货物，包括水、燃料、压缩氧气、实验设备等。

第七届中俄文化大集开幕

由中俄两国联袂举办的第七届中俄文化大集 8 月 15 日在中国黑龙江省黑河市与俄罗斯阿穆尔州布拉戈维申斯克市同时拉开帷幕。

本届文化大集以“文化贸易、文化交流、经贸合作、繁荣发展”为主题，共设置“高端交流、展览展销、文艺演出、民众文化、体育文化、文化旅游”六大板块。展销产品包括中俄摄影书画、中国刺绣精品、中俄大学生实践作品等，展商和参加的国家地区创历史之最。此外，本届大集还将首次举办当代文学研讨暨中俄出版物版权交易会，与俄开展版权贸易、加大版权输出和推广。

俄罗斯启用新型卫星定位仪

俄罗斯航天测控机构 8 月 21 日启用一套新型卫星精准定位仪，可使定位精度比原先提高 40% 至 60%，从而有效避免在同一条近地轨道内的卫星发生相撞。

莫斯科电力研究所特种设计局的专家近日研制出“节奏 - M”型“对比相位”空间定位仪，可通过仪器周围的卫星天线将卫星发射的微弱无线电信号进行收集、放大和测算，再根据多个延迟数据换算出卫星相对于地球自转方向的角度坐标。

这套定位仪在追踪距地高度 4 万公里、信号频率不超过 8.5 千兆赫兹的卫星时，能将其定位精度由原先的 10 角秒提高到 4 ~ 6 角秒。目前多数导航和通信卫星的运行轨道高度及其工作信号频率都在上述定位范围内。

俄罗斯航天部门计划，此类定位仪将被分布于俄罗斯欧洲部分、西伯利亚和远东数家俄罗斯航天测控站。

第二十九届莫斯科国际书展开幕

第二十九届莫斯科国际书展 9 月 7 日在莫斯科全俄展览中心开幕。

据书展组委会介绍，来自 30 多个国家的 500 多家出版机构代表参加 2016 年的展览，展馆面积 2.4 万平方米。希腊是 2016 年书展的主宾国。除组织作家和读者见面会之外，组委会还安排了新书推荐、专业人士圆桌论坛等总计 600 多项活动，并将宣布“阅读俄罗斯”“年度图书奖”等奖项的获奖情况。

中俄环保分委会第十一次会议在索契召开

2016 年 10 月 12 ~ 14 日，中俄总理定期会晤委员会环保分委会第十一次会议在俄罗斯索契召开。分委会中方主席、中国环境保护部长陈吉宁和俄方主席、俄罗斯自然资源与生态部长东斯科伊分别率团出席会议。

双方分别介绍了两国政府一年来的重大环保举措，共同回顾了中俄环保合作进展，肯定了分委会的重要作用，并探讨了分委会第二个十年的总体合作方向。为进一步深化和加强合作，陈吉宁就分委会未来工作提出了具体建议：一是丰富分委会交流议题，就双方共同感兴趣的议题，互学互鉴、分享经验；二是继续在上海合作组织、金砖国家、亚太经合组织、联合国环境署等多边机制下进一步加强协调配合，发挥分委会在地区和全球环境事务中的积极作用。

会议听取并审议了污染防治和环境灾害应急联络、跨界水体水质监测与保护、跨界自然保护区和生物多样性保护工作组的工作报告，对2015年中俄环保合作成果给予积极评价，审议并批准了三个工作组2016~2017年度的工作计划。此外，会议还交流了两国废弃物管理方面的经验做法，同意在该领域加强合作。

中方介绍了松花江流域水污染防治的进展情况，以及严控环境风险、确保生态安全的诸多举措。俄方介绍了俄联邦政府部门和哈巴罗夫斯克边疆区政府在黑龙江（阿穆尔河）流域开展的环保工作。

会前，陈吉宁与东斯科伊举行了工作会谈。会后，陈吉宁和东斯科伊签署了会议纪要。

中国国际核聚变能源计划执行中心代表团访问俄罗斯教科部

2016年12月2日，中国国际核聚变能源计划执行中心罗德隆主任率团访问俄罗斯教科部，与教科部国际司、科技司，以及库尔恰托夫研究院、俄罗斯原子能公司的代表进行会谈。

此访主要是为落实中俄总理定期会晤委员会科技合作分委会第二十届例会决议，加强中俄在核聚变领域双边合作，与俄教科部就签署《中俄在核聚变领域科技合作议定书》进行商谈。双方经过充分交流讨论，一致认为，中国科技部和俄罗斯教科部应作为两国核聚变领域科技合作的牵头管理部门，尽快商议确定《中华人民共和国科学技术部和俄罗斯联邦教育科学部关于核聚变研究领域开展双边科技合作的议定书》文本内容，并开展相关工作，推动该协议在2017年召开的中俄总理定期会晤委员会科技合作分委会第二十一届例会上签署。会议还讨论了有关在中俄科技分委会框架下成立中俄核聚变合作工作组、推动两国机构开展联合研发、加强核聚变合作经费支持等议题。

日本

日本新型App能听懂“宝宝哭”

5月16日前，日本开发育儿手机应用（App）的First-Ascent公司推出了一项新技术，可以根据婴儿的哭声分析哭泣的原因。预计2016年秋季把这项新功能添加到现有的育儿App“与爸爸一起育儿”之中。

据《日本经济新闻》报道，这款App之所以能够分析婴儿哭泣原因，是基于它与谷歌的“阿尔法狗”一样，拥有以深度学习技术为基础的程序。通过模仿人脑处理信息的方法，软件可以在大量数据之中寻找规律，并进行深度学习。用户可以用智能手机的麦克录下婴儿的哭声，通过云分享让人工智能分析哭泣的原因。导致婴儿哭泣的原因将按照可能性的高低进行排序，如尿布湿了70%、肚子饿了25%等，让弄不清婴儿哭泣原因的新手爸妈可以从容应对育儿生活。

First-Ascent公司董事长服部在接受《人民日报》记者采访时表示，选择开发育儿软件的初衷是，在自己第二个儿子出生时，想要记录其每天的吃奶量以及哺乳、换尿布的次数，才发现市面上的育儿手机应用比较难操作，于是开始潜心研发此类应用。First-Ascent公司的名称意为登山或攀岩时勇于探索新路的开拓者，服部希望自己开发出的App能给用户带来全新体验。

目前已经推出的App“与爸爸一起育儿”于2013年9月上线，主要用于记录婴儿的生活作息。通过平时记录的数据，预测婴儿感到饥饿及更换尿布的时间，并在智能手机上提醒用户。NPO法人育儿创意协会在2014年对这款App进行表彰，授予“育儿创意奖”。现在这款免费App的下载次数已经超过15万次，伴随新功能的加入，预计未来用户人数将会翻一番。

中国国家京剧院在日本上演《白蛇传》

中国国家京剧院5月28日在东京艺术剧场举行《白蛇传》巡演首场演出。

自成立以来，国家京剧院先后10余次赴日演出。此次上演的《白蛇传》是著名剧作家田汉编剧、京剧表演艺术大师叶盛兰和杜近芳先生的经典版本。优秀青年演员付佳和张兵分别扮演白素贞和许仙。

该演出由日本经济新闻社、日本“京剧中心”等主办，人民日报社合办。该剧从5月28日至6月9日在东京、名古屋和大阪共演出17场。

“东京中山论坛”在东京举行

中国公共外交协会与日本孙中山文化基金会联合主办的“东京中山论坛”7月12日在日本东京拉开帷幕，共同纪念孙中山150周年诞辰。中日政治家、学者、民间友好人士等百余人出席了论坛。

中国公共外交协会会长李肇星在主旨演讲中表示，孙中山先生的“大亚洲主义”致力于改变亚洲在19世纪末20世纪初不平等的国际关系，对促进今日亚洲各国之间的合作具有现实意义。他提倡的“联合亚洲其他民族，建立平等自由、互利互助”的外交思想，对新中国倡导的“和平共处五项原则”外交思想具有重要借鉴意义。日本前首相福田康夫在致辞中表示，如今世界范围内的合作交流不断强化，在这种时代背景下，孙中山倡导的“大亚洲主义”理念不但并未过时，而且超越时代，应成为指导当今国际社会、中日关系，乃至亚洲未来发展的方向性指针。

日本高精度光晶格钟准确测定海拔差

日本研究人员8月16日宣布，成功利用锶原子光晶格钟测定了相距约15公里的两个地点的海拔差，今后这一技术有望应用于监视火山活动、观测潮汐变化等。

东京大学教授香取秀俊等人发明了精确度极高的锶原子光晶格钟，160亿年才产生1秒误差。这是在实验中确认的迄今世界上精确度最高的光晶格钟。

根据广义相对论，地球上海拔越低的地方重力越大，时间也就越慢。研究小组在东京大学实验室设置一台光晶格钟，在相距约15公里的理化学研究所中设置了两台光晶格钟，并通过光缆同时将激光传送到3台光晶格钟，让它们具有相同的初始振动频率。依据相对论原理，研究者计算出两地的海拔差为15.16米。这一结果与日本国土地理院实际测量的基本数据吻合。

《东京审判——为了世界和平》全球首发暨版权输出签约仪式在罗马尼亚举行

《东京审判——为了世界和平》全球首发暨版权输出签约仪式11月17日在罗马尼亚首都布加勒斯特举行。在当天的罗马尼亚高迪亚姆斯国际图书展上，上海交通大学出版社与罗马尼亚施普林格·自然出版集团签署了版权输出协议。

2016年是中国－中东欧国家人文交流年。高迪亚姆斯国际图书展是罗马尼亚规模最大的国际书展，中国是本届展会主宾国。在首发仪式上，中罗两国学术界、出版界人士一致认为，《东京审判——为了世界和平》是一部主题鲜明、内容翔实、可读性强、更具普及意义的大众图书。该书中文版全球首发与英文版版权输出，对国际学术界深入研究东京审判具有重要意义，将有益于世界人民了解二战历史、远东国际军事法庭等。

施普林格·自然出版集团出版人裴米娅表示，该书将极大地丰富国际学界对二战历史的研究，希望该书英文版对深化东京审判历史的研究做出贡献。

日本成功发射一艘“鹳”号货运飞船

东京时间12月9日22时26分（北京时间21时26分），日本在鹿儿岛县种子岛宇宙中心用H2B火箭成功发射了一艘“鹳”号货运飞船，用于向国际空间站运送各类物资。

本次发射由日本宇宙航空研究开发机构和三菱重工业公司共同负责。发射约15分钟后，“鹳”号货运飞船与火箭成功分离，进入预定轨道，预计将于13日夜间至14日清晨与国际空间站对接。

“鹳”号货运飞船将为国际空间站带去食品、水、实验器材、大型锂电池以及7个超小型卫星等。除了运送物资外，“鹳”号飞船此次还肩负着另外一项重任——开展清理太空垃圾的实验。

韩国

“中韩友好音乐会”在首尔举行

为庆贺中韩自由贸易协定生效及迎接中国农历新年到来，“中韩友好音乐会”1月31日在韩国首都首尔举行。音乐会由中国驻韩国大使馆、驻韩中国文化院和韩国亚洲新闻集团主办。

中国中央歌剧院合唱团献唱具有中国特色的《父亲的草原母亲的河》《春天的芭蕾》《可爱的一朵玫瑰花》等歌曲。韩国INSIEM合唱团演绎了《江过春来》《怀念的金刚山》等经典韩国歌曲和音乐剧《塞维利亚理发师》《卡门》《图兰朵》等经典片段。中韩两国著名音乐家精彩演出，为两国听众献上音乐盛宴。

首次中日韩教育部长会议在韩召开

为落实第六次中日韩领导人会议成果，首次中日韩教育部长会议1月30日在首尔举行。中国教育部长袁贵仁、韩国副总理兼教育部长官李俊植、日本文部科学大臣驰浩出席会议。

三国教育部长一致认为，本次会议的召开标志着中日韩教育部长会议机制的正式建立，丰富了三国合作内涵，对深化三国教育合作具有里程碑意义，对东北亚乃至亚洲教育合作具有引领作用。三方同意通过这一重要机制全面加强三国在高等教育、职业教育和基础教育等领域的合作。

中方提出的倡议得到日韩两国的积极回应。会后，三国教育部长共同签署了《中日韩三国教育合作首尔宣言》。

“美丽中国　美丽韩国”图片展在韩国济州岛举行

由中国国务院新闻办公室和韩国文化体育观光部共同主办、中国外文局人民画报社和韩国联合通讯社共同承办的“美丽中国　美丽韩国”图片展开幕式5月20日在韩国济州岛济州国际和平中心举行。

此次图片展是为推动两国旅游年活动而举办的。展览以“江山多娇”“古韵依依”“现代风貌”“一脉相承”“情深谊长”五个篇章，100多幅图片展现了两国秀美的自然风光、相近的文化底蕴以及相连的国民情谊。

国务院新闻办公室副主任郭卫民在开幕式致辞中表示，此次图片展是加强中韩人文交流，促进人员互访，在中韩媒体间开展的中韩交流文化系列活动之一。他希望以此为窗口，让更多中韩民众加深对彼此国家的了解。中国有句古语“百闻不如一见”，真诚欢迎韩国朋友们多到中国走一走、看一看，亲身感受中国大地的美丽与和谐，亲身感受中华文化的特色与魅力，亲身感受中国人民的友好与真诚。

韩国观光公社社长郑昌洙在开幕式上表示，目前韩中关系处于历史最好时期，两国交流活跃，两国关系密切，彼此是主要海外旅游目的地，“2014 年和 2015 年两国互访人数均突破千万，希望 2016 年两国互访人数再创新高”。

中国驻韩大使邱国洪、济州道知事元喜龙等也出席了开幕式。本次图片展将在济州岛济州国际和平中心和“思索之苑”举行，展览时间至 5 月 25 日。

第八次中日韩文化部长会议在韩国济州岛召开

第八次中日韩文化部长会议 8 月 28 日在韩国济州岛召开。中国文化部副部长丁伟、韩国文化体育观光部长官金钟德、日本文部科学大臣松野博一出席会议，中日韩合作秘书处代表也列席会议。

这次会议是落实第六次中日韩领导人会议文化领域有关成果的重要举措。会上，三方就进一步深化务实合作交换意见，审议通过了《济州共同文件》。文件进一步明确了三国重点合作领域与合作项目，确定将于 2017 年在日本召开第九次中日韩部长会议。

为进一步做好规划，三方就构建新时期中日韩文化交流与合作格局达成共识，中方提出实施“中日韩文化共同发展计划”“中日韩文化伙伴计划”，办好重启后的中日韩文化产业论坛等倡议。

会议期间，中国长沙市、韩国大邱广域市、日本京都市被授予 2017 年“东亚文化之都”称号，三方还共同举办了中日韩联合演出等文化活动。

中日韩文化部长会议是规划中日韩文化领域交流与合作的重要对话与协商机制。

2016年韩国“欢乐春节”圆满落幕

2016 年韩国“欢乐春节”闭幕演出——“时尚京剧秀”2 月 1 日在首尔举行。当晚的表演将京剧与流行歌曲、意大利歌剧、模特时装展示等现代时尚元素完美混搭，给中韩观众带来一场精彩的视听体验。中国驻韩国大使邱国洪在表演开始前为活动致辞表示，春节是中韩两国民俗文化中最重要的节日，体现了天人合一、乐观包容的人文精神，跨越了时空与国度。2015 年是中韩关系的收获之年，两国关系呈现前所未有的政治互信程度高、经贸合作质量高、人文交流热度高的“三高”喜人局面。2016 年中韩两国将在实现共同发展、维护国际和地区和平与繁荣等方面进一步深化合作，中韩关系将进入全面发展的新时期。

韩国仁川市市长刘正福在致辞中表示，中韩建交 24 年以来，在经贸、文化等领域得到了很大的发展，尤其中韩自贸协定正式生效，为两国带来新机遇。仁川市一直在为与中国建立友好关系而努力，他表示希望2017 年“欢乐春节”活动年能在仁川举行，从而更进一步拉近两国距离，加强各领域的交流。

2016 年韩国“欢乐春节”活动由中国驻韩国大使馆、首尔中国文化中心和中国商会共同主办，自 1 月 22 日在首尔启动以来，陆续为韩国民众献上了包括湖北非物质文化遗产展、“祥云金猴”灯展、凤凰灯舞展示、中国手工艺展、中国茶艺展示等一系列内容丰富、精彩纷呈的文化大餐，给当地民众带来新春祝福的同时，也成为他们了解感知中国传统文化的一扇窗口。

朝鲜

平壤新地铁列车开始运营

1 月 1 日，新年第一天，配备车载电视和乘客信息系统的朝鲜地铁新列车在首都平壤开始运营。这款地铁列车由朝鲜自主研发生产，车厢内部比老的型号亮堂得多，也更为现代化。

新列车在平壤两条地铁线路之一的千里马

线运营。新列车2015年11月19日晚进行试运行时，朝鲜最高领导人金正恩现场视察，体验新列车并指导工作。他称赞新列车“就像美男子一样漂亮”，装饰和设备“体现出现代感”。金正恩表扬参与新地铁列车设计和建造的科研和工程人员，要求坚持国产化，用实践来摆脱“进口病”。

朝鲜科技殿堂竣工仪式举行　金正恩出席剪彩

朝鲜科学技术殿堂竣工仪式于1月1日举行，朝鲜最高领导人金正恩出席当天的竣工仪式，并为科技殿堂剪彩。竣工仪式结束后，金正恩同朝鲜劳动党、朝鲜国家和军队领导一起参观科技殿堂。

金正恩在参观时表示，朝鲜“以科学打开了召开朝鲜劳动党第七次代表大会的新年的第一个大门”。

黄炳誓、朴奉珠、金己男、崔泰福、吴秀容、卢斗哲等朝鲜领导人，参建部队和社会干部，以及朝鲜人民军军人等参加了竣工仪式。

朝鲜油画《绽放的金达莱》2016北京秋季拍卖会

朝鲜美术在东亚美术中占有重要的位置。朝鲜的美术史可追溯到朝鲜半岛的新石器时代（前5000～前1000）。朝鲜美术经历了新石器时代至乐浪时代、高句丽美术、百济美术、新罗美术、古新罗美术、统一新罗美术、高丽美术、李朝美术、日本统治时期（1910～1945）。早在公元前10世纪中国与朝鲜之间艺术就有联系交往，中国与朝鲜的美术在长期的交流过程中始终是在相互渗透和彼此影响。

朝鲜民主主义人民共和国成立以后，更是高度重视美术教育和美术的创作发展，改变了只画飞禽走兽、奇花异草、山水景物的艺术历史，开始把朝鲜人民英勇斗争的历史和今天的生活作为描绘对象，同时也改变了过去以水墨画为主的画坛面貌，丰富和发展出多种艺术品种和风格。

2016年12月2日，北京际华春秋拍卖有限公司2016年秋季拍卖会隆重推出“金达莱－朝鲜民主主义人民共和国现当代艺术”，这些作品经层层遴选以展示朝鲜有代表性的著名艺术家的创作成果，集中地呈现了朝鲜最精彩的现当代艺术的基本样貌。人们将以此了解认识真正的朝鲜，美丽善良、不屈不挠、江山如画的朝鲜。北京际华春秋拍卖有限公司2016年秋季拍卖会在北京京瑞大厦二层预展和拍卖。

北京际华春秋拍卖有限公司2016年秋季拍卖会届时将同时推出“中国经典油画专场”“中国书画专场”“杂项珍品专场”，包括陈逸飞的油画代表作品《西厢待月》、沈周《谷林堂诗意山水》、明成化青花龙穿花纹鹤颈瓶、清乾隆西番莲龙纹紫檀顶箱柜、闻名于世的斯特拉迪瓦利1731小提琴。

朝鲜宣布成功发射“光明星四号”对地观测卫星

朝鲜国家宇宙开发局于当地时间2月7日发布关于成功发射对地观测卫星“光明星四号”的公报。

当地时间2016年2月7日9时，朝鲜国家宇宙开发局在平安北道铁山郡西海卫星发射场，用“光明星”运载火箭成功发射新研制的对地观测卫星“光明星四号”。9分46秒后，卫星顺利进入轨道。公报介绍称，卫星轨道斜角为97.4度，近地点为494.6公里，远地点为500公里，周期为94分24秒。卫星装载有对地观测所需的测量设备和通信器材。公报指出，“光明星四号”卫星发射取得完全成功，“是朝鲜在行使自主的和平利用宇宙权利来发展国家科技、经济和国防力量中具有划时代意义的事件”。公报还称，朝鲜国家宇宙开发局将遵循朝鲜劳动党重视科技政策，继续发射更多的卫星。

朝鲜女足抵达日本　参加里约奥运会预选赛

朝鲜女足国家队一行2月25日乘坐民航班机抵达日本关西机场，参加29日在大阪市举行的里约奥运会女足亚洲区预选赛。

此前，日本政府原则上禁止拥有朝鲜国籍者入境，但此次则作为“例外”允许朝鲜女足入境。在北京的日本大使馆24日向朝鲜女足队员和教练等30人发放了签证。

在日朝鲜人总联合会（朝鲜总联）大阪府总部的国际及统一部长姜贤在机场到达大厅表示：“但愿朝鲜队能以第一名的成绩拿到里约奥运会入场券。希望体育能成为改善日朝关系的契机。”

朝鲜发行成功发射“光明星四号”纪念邮票

3月1日前，朝鲜发行成功发射对地观测卫星“光明星四号”纪念邮票（小型张两枚）。

两种邮票上端均印有“成功发射对地观测卫星‘光明星四号’”的字样，以及“光明星四号”腾空升起的场面。

在以朝鲜国旗为背景的邮票上，有朝鲜最高领导人金正恩在现场指导“光明星四号”发射的图片和他关于发射卫星的亲笔命令。另一种邮票上有“光明星四号”在宇宙空间沿着极地轨道运行的图片，还标注卫星轨道斜角、近地点、远地点和运转周期。

朝鲜举行国际马拉松比赛　吸引千余名外国参赛者

4月10日，朝鲜平壤举行了国际马拉松比赛。世界50个国家的1000多名马拉松爱好者参加。万景台奖国际马拉松大赛在平壤五一广场举行。比赛设置全程马拉松、半程马拉松和迷你马拉松三个组别。参赛者需在4小时内完赛。比赛路线为10公里环形路段。平壤国际马拉松历史悠久，1981年举办第一届比赛，1984年开始分设男女项目。从2014年起，开始接受外国业余选手报名参赛，2016年是第二十九届。

朝鲜最高领导人金正恩观看庆祝朝鲜少年团成立70周年综合演出

庆祝朝鲜少年团成立70周年综合演出《世上无所羡慕》6月7日在平壤万景台学生少年宫举行，朝鲜最高领导人金正恩和朝鲜少年团代表一起观看了演出。

朝鲜中央动物园和自然博物馆竣工迎客

朝鲜中央动物园和自然博物馆在分别完成改建及新建工程后，7月24日在平壤举行竣工仪式并开门迎客。平壤中小学生、工人、普通市民、驻朝外交使团和国际机构代表等10万余人成为第一批参观游玩的游客。

朝鲜劳动党中央委员会政治局常委、内阁总理朴凤柱在竣工仪式上发表讲话说，中央动物园和自然博物馆是为把朝鲜建设成社会主义文化强国而修建的文化教育设施和科学普及基地。随后，朴凤柱等朝鲜党政军领导干部一起为动物园和博物馆竣工剪彩。

中央动物园位于平壤市郊的大城山麓，与中央植物园隔着一个广场。动物园始建于1959年，占地面积100多万平方米，内设水鸟池、鸣禽舍、猛兽舍、爬虫馆、水族馆等馆舍，饲养的动物超过800种，有7200多只。

耗时一年多建成的自然博物馆位于中央动物园园内，建筑面积超过3.5万平方米，由朝鲜最高领导人金正恩提议建设。自然博物馆共四层，分为宇宙馆、古生代馆、中生代馆、新生代馆、动物馆、植物馆等，还配备了电子阅览室和科学技术普及室，充分发挥其作为科普知识教育基地的作用，为青少年打开一扇了解大自然和宇宙奥秘的知识大门。

朝鲜兴起“围棋风”　接连设立教育设施

在韩国棋手李世石和人工智能阿尔法狗

（AlphaGo）“世纪对决”之后，围棋人气高涨，朝鲜也接连建立起各种围棋教育设施，鼓励围棋发展。

朝鲜的对外宣传媒体“朝鲜的今天”8月18日报道称，“最近共和国的首都平壤新出现了围棋普及场所，学习围棋的儿童和围棋爱好者们每天都来下围棋”。现在朝鲜已经有很多的儿童来往于围棋普及场所，他们中间还有很多在全国少儿围棋比赛和平壤市少儿围棋比赛中获得优胜的有实力的围棋爱好者。“围棋作为我们民族从过去开始就喜爱的游戏，是一种对人们智力开发十分有好处的民族体育（项目）。即使只在平壤市各处设立围棋场和围棋普及室，（人民的）围棋技术也有迅速发展。”

朝鲜的网络宣传媒体此前就曾表示慈江道江界市新出现了围棋院。报道称，2个普及场所、3个教室，拥有现代化文化福利设施的围棋院吸引了很多人，特别是在对围棋感兴趣的青少年学生中人气十分高。朝鲜最近还举办了“第五届全国少儿围棋比赛”。在5月举办的“春季平壤市少儿围棋比赛”中夺得冠军的柳权成（音）还被称为“围棋神童”。

朝鲜于1989年成立了朝鲜围棋协会，并设立了各市、道围棋协会，一直努力振兴围棋。目前朝鲜的围棋人口规模达3万人。

蒙古国

蒙古国总统参加冰雪节开幕式并致辞

为了向公众宣传蒙古国最深淡湖——库苏古尔湖冬季美妙风景以及发展冬季旅游，蒙古国库苏古尔省一年一度的“蓝珠－2016”冰雪节3月4日在蒙古国最北部地区库苏古尔省圆满举行，蒙古国总统参加冰雪节开幕式并致辞。来自蒙古国各省份的公民、70多名手工经营者、50多名国外游客等共8000多人参加了此次冰雪节活动。该活动的范围一年比一年大，参与者人数越来越多。此次活动期间，主办方还组织了冰雪雕塑艺术作品、养鹿人、骑马雪橇、骑自行车等多项活动，引起了国内外游客的注目。

蒙古国农牧业大学举行汉语文化中心揭牌仪式和中国大使奖学金启动仪式

9月30日，邢海明大使应邀赴蒙古农牧业大学发表演讲，出席该校汉语文化中心揭牌仪式和中国大使奖学金启动仪式。

邢大使发表题为《站在新的起点上，让中蒙关系不断迈向前方》的演讲，介绍了不久前举行的二十国集团领导人杭州峰会和中国内政外交近况，指出在中国共产党领导下，中国人民正在为全面建成小康社会目标而不懈奋斗。2015年中国共产党十八届五中全会审议通过了“十三五”规划建议，提出了创新发展、协调发展、绿色发展、开放发展、共享发展五大发展理念，为中国的未来发展指明了方向。中国将继续奉行和平发展政策，坚持互利共赢理念，继续做负责任的大国，将自身发展成果更好地惠及周边和发展中国家。

邢大使回顾了中蒙关系取得的成就并分享了对中蒙关系的思考和感悟。邢大使宣布在该校设立中国大使奖学金，表彰和鼓励优秀学生，并同该校校长赫鲁格共同出席汉语文化中心揭牌仪式。

蒙农牧业大学校长赫鲁格表示，蒙方热烈欢迎刘云山先生即将进行的访问。蒙中是友好邻邦，近年来两国全面战略伙伴关系快速发展，各领域交流合作不断加深，高层互访频繁，取得丰硕成果。加强农牧业合作是李克强总理访蒙期间达成的重要共识之一。感谢中国政府和大使馆对学校发展建设提供支持和帮助，今后愿同中方继续保持密切合作，加强汉语课程建设和中国文化研究，为两国关系发展做出贡献。驻蒙古国使馆文化参赞李薇、政治处主任顾一鸣以及蒙古国教育文化科学体育部政策协调司司长蒙赫巴特尔、农牧业大学全体校领导及300多名师生参加上述活动。

2016年中蒙文化交流系列活动隆重开幕

5月24日，由中国驻蒙古国大使馆和乌兰巴托中国文化中心联合举办的中蒙文化交流系列活动开幕式在蒙成功举行。中国驻蒙古国大使邢海明、蒙古国教科文部代表冈图木尔、青海省文化和新闻出版厅副厅长孔蓉、后杭爱省政府办公厅主任拉布哈苏荣以及蒙古国记者协会秘书长巴特赫希格和多家主流媒体代表等百余人出席此次活动。

邢大使在开幕式致辞中表示，青海省地域辽阔，资源丰富，有着壮美的自然风光和独特的民族文化遗产，此次图片展和文艺演出可以让蒙古国观众近距离地了解和感知“大美青海”的壮美和民族文化特色浓郁的中华文化艺术风采，也是中蒙两国文化交流具体内容之一。

长期以来，蒙古国各家媒体积极宣传报道中蒙关系，制作了很多反映中蒙友好、介绍中国发展状况的影视节目，为加强两国人民相互了解与信任做出积极贡献。乌兰巴托中国文化中心作为中蒙文化交流的官方机构，在过去举办了丰富多彩的文化交流活动，为中蒙两国文化交流做了很多卓有成效的工作。希望中国文化中心和蒙古国各媒体之间进一步加强合作关系，通过蒙古国各媒体客观、及时、准确报道中国发展情况和中蒙友好关系，讲好“中国故事”和中蒙友谊，为两国友好事业做出不懈努力。

蒙古国教育文化科学部文化政策协调司司长冈突木尔在致辞中表示，青海省具有壮美的山河及丰富多彩的民族风情，是中国极具特色魅力的省份，热烈欢迎此次来访的青海省艺术团代表并期待精彩演出。相信乌兰巴托中国文化中心与蒙古国后杭爱省合作举办“中国文化日”及同蒙古国新闻媒体界的良好合作必将为增进中蒙两国友好关系起到重要作用。

中国优秀影视剧译作陆续登陆蒙古国荧屏

2014年8月习近平主席访蒙期间，中方宣布今后五年将向蒙方免费提供25部中国优秀影视剧作品。首批三部电视连续剧《北京青年》《平凡的世界》《青年医生》蒙语译作自2016年6月30日起陆续登陆蒙古国当地电视荧屏，受到蒙古国观众的热烈欢迎。

蒙古国记者团成功赴华参访

应中方邀请，蒙古国50名记者代表团于5月31日至6月6日赴北京、天津和内蒙古等地区进行参访。此次参访活动的主题是“绿色发展”，记者们对中国经济社会发展成果和中国对水土生态保护与修复、大气污染治理、清洁能源开发利用和绿色城市建设等方面的探索和实践进行参访。“上次媒体访问团到中国的访问非常成功，我们作为第二批来中国的媒体代表，此次来中国就是要了解中国发展，特别是环保方面的措施和经验。”蒙古国媒体代表团团长J. 巴特赫西戈表示。

采访团访问了国家发改委、中国节能环保集团公司等部门和机构，之后赴天津实地考察海河水资源环境综合治理、中新天津生态城以及全球最大的太阳能光伏玻璃制造企业，并赴内蒙古实地探访鄂尔多斯新能源产业示范区、恩格贝沙漠化治理生态示范区、赛汗塔拉草原生态园、包头钢铁有限责任公司空气治理实验区以及呼和浩特大青山生态综合治理保护工程等。

蒙中2016年“中国文化节”在蒙古国开幕

为加强中蒙两国间人文交流与合作，增进彼此间了解和友谊，中华人民共和国驻蒙古国大使馆、乌兰巴托中国文化中心和蒙古国后杭爱省政府、蒙古国文学艺术联合会8月4日至8日在后杭爱省琪琪日勒格市联合举办首届大型文化交流活动——“中国文化节”。

中国驻蒙古国特命全权大使邢海明、驻蒙使馆文化参赞兼乌兰巴托中国文化中心主任李薇、驻蒙使馆政治处参赞李雁军、乌兰巴托中国文化中心副主任哈斯巴根以及相关人员从乌兰巴托市专程赶赴后杭爱省出席开幕式。蒙古国大呼拉尔议员窑·巴特尔毕力格，于2016年蒙古国大选后产生的杭爱省议会主席波·乌斯呼巴雅尔，后杭爱省省长策·孟和那顺、副省长波·包勒尔玛等新一届省政府行政工作成员，蒙古国教育文化科学体育部文化政策协调司司长德·刚特木尔、蒙古国文联主席及蒙古国功勋演员博·通拉嘎、蒙古国后杭爱省政府秘书长博·拉布哈苏荣、蒙中友好协会后杭爱省分会会长斯·巴特尔等出席活动。开幕式由李薇和博·拉布哈苏荣主持，邢海明、窑·巴特尔毕力格、策·孟和那顺、德·刚特木尔等为开幕式致辞并剪彩。中蒙主流媒体记者、中国内蒙古自治区鄂尔多斯市歌舞剧院、青海省唐卡精品和图书展览组、蒙古国国家电声交响乐团，以及蒙古国各界人士近2000人参加了开幕式活动。

中蒙两国嘉宾剪彩邢海明在致辞中表示，中蒙两国是好朋友、好邻居、好伙伴，两国业已建立全面战略伙伴关系。希望中蒙双方保持密切配合，共同落实好两国领导人达成的各项共识，特别是加强文化教育、财经商务领域的合作，使相关合作项目早日发挥效益，造福蒙古国人民。目前，中国与后杭爱省在教育文化领域的合作与交流已取得可喜的成效，本次“中国文化节”的举办将成为中蒙合作的新起点。

第十一届国际蒙古学大会开幕

在蒙古国总统查·额勒贝格道尔吉的支持下，第十一届国际蒙古学大会于8月15日至18日在乌兰巴托举行。来自29个国家的400多名蒙古学研究界在“蒙古学和可持续发展”主题下欢聚一堂。与会者围绕“蒙古语言学”“蒙古历史学”“蒙古文化和文学”“蒙古社会经济学”“蒙古国国际关系研究学”等5个议题进行讨论。

中国藏文化交流团访问蒙古国

由中国国务院新闻办公室组织的中国藏文化交流团8月21日至23日访问蒙古国。交流团在蒙古国首都乌兰巴托同蒙古国媒体代表、国立大学、科学院专家及当地藏传佛教界人士进行了深入交流，向各界介绍和阐释了中国西藏经济、社会、文化发展成就和民族宗教政策，全国宗教工作会议的重要精神，中国根据自己国情和西藏特点保护、传承西藏文化的成功做法。

交流团团长、中国社会科学院民族学与人类学研究所所长王延中表示，蒙古国是“一带一路”沿线的重要国家，中蒙在文化和宗教等领域有着广泛的联系，继续开展宗教等人文领域的交流，有利于加强中蒙双方的互相理解，有利于深化两国友好关系。

蒙古国佛教协会主席那策克道尔吉说，蒙中在佛教文化上有很多共通点，两国在佛教领域有着广泛的交流合作空间，反对一些个人为了私利打着宗教的旗号从事干涉政治、破坏和平的行为。

蒙古国达希乔依伦寺住持、世界佛教协会副主席丹巴扎布表示，自己去过西藏，了解西藏的宗教政策。这些政策是完全合理的，国家之间应该相互尊重，反对西方国家一些不负责任的涉藏言论。

中国儿童戏剧精品亮相蒙古国

由中国驻蒙古国大使馆、中国文化部中外文化交流中心、乌兰巴托中国文化中心和中国儿童艺术剧院共同举办的《十二生肖》大型舞台剧及中国儿童戏剧精品展8月28日在乌兰巴托国家话剧院拉开帷幕，当地儿童通过看表演、听讲解、做游戏等互动体验领略中国儿童戏剧的妙趣。

该活动作为“感知中国·蒙古行”系列文化活动的组成部分，蒙古国儿童和家长从中近距离感受到了中国文化的魅力。

中国驻蒙古国大使馆向苏赫巴托第二中学、旅蒙华侨友谊学校、蒙古音乐舞蹈学院提供援助

9月6日，中国驻蒙古国大使馆捐赠仪式

在旅蒙华侨中蒙友谊学校隆重举行，邢海明大使出席仪式并代表大使馆向旅蒙华侨中蒙友谊学校捐款，用于修建中蒙友好交流中心。

乌兰巴托中国文化中心与孔子学院共同举办汉语节

9 月 28 日，乌兰巴托中国文化中心与蒙古国国立大学孔子学院共同举办“孔子学院日”汉语节。乌兰巴托中国文化中心工作人员、蒙古国教育大学和国立大学孔子学院、汉语志愿者教师负责人以及蒙古国各大中小学部分负责人和师生、新闻媒体代表近 200 人出席。乌兰巴托中国文化中心副主任哈斯和蒙古国教育大学副校长策仁苏达木、教育大学孔子学院中方院长包爱东等致贺词。

此次活动是教育大学孔子学院的第三个“孔子学院日”，恰逢也是全球孔子学院成立 13 周年，蒙古国教育大学孔子学院学生们展示各自的汉语学习水平和艺术才艺，演出了丰富多彩的文艺节目，内容包括中蒙两国歌舞、中文朗诵、书法表演等。中国歌曲《荷塘月色》、中国民间舞蹈《秧歌》、汉语朗诵《我带着微笑走向生活》、汉语书法《水调歌头：明月几时有》等表演赢得了阵阵掌声，最后以中国群舞表演落幕。

第七届中蒙新闻论坛在蒙古国举行

内蒙古自治区政府新闻办公室和蒙古国记者协会共同主办的第七届中蒙新闻论坛 8 月 20 日在蒙古国肯特省成吉思汗市举行。本届新闻论坛的主题为“深化媒体合作　共创美好未来”。

蒙古国总统额勒贝格道尔吉向论坛发来贺信。中宣部副部长、国务院新闻办公室副主任崔玉英，内蒙古自治区党委常委、宣传部长乌兰，蒙古国记者协会主席嘎拉日德，蒙古国肯特省省长钢宾巴等出席论坛开幕式。

来自人民日报社、新华社、中国国际广播电台、蒙通社和蒙古国国家公共广播电视台等近 30 家中蒙主流媒体的 90 余名代表参加了本届论坛。与会媒体代表一致认为，本届论坛正值习近平主席访蒙两周年之际，随着两国各领域合作不断深入，友好往来不断增多，两国新闻界的务实合作将有广阔的发展前景，两国媒体同人将共同努力为推动中蒙友好传播更多的正能量。

绚丽民族风，舞动中蒙情——蒙古国第三届中学生中国民族舞蹈大赛成功举办

10 月 29 日，蒙古国国立大学孔子学院承办的蒙古国第三届中学生中国民族舞蹈大赛在乌兰巴托剧场成功落幕。

此次舞蹈大赛吸引了蒙古国 14 所主流学校的 38 组选手参赛，选手总人数超过 100 名。他们以独舞或者群舞的表演方式，为现场 500 多名观众奉上了一场包括哈萨克族舞、蒙古族舞、彝族舞、傣族舞等在内的丰富多彩的中国民族舞蹈盛宴。中国驻蒙古国使馆文化参赞李薇代表邢海明大使和大使馆对大赛的举办表示热烈祝贺。

李薇参赞在开幕致辞中对蒙古国国立大学孔子学院举办的一系列文化赛事表示极大的肯定。她指出，举办文化推广活动，服务于蒙古国学校和社区意在使蒙古国民众更多地了解中国，激发蒙古国孩子们学习汉语的兴趣。她鼓励青少年们努力学好汉语，积极参加孔子学院举办的各类文化活动，长大后做中蒙友好交流的中坚力量！

经过近 3 个小时的激烈角逐，ESM 中学凭借舞蹈《千手观音》技压全场，斩获桂冠；蒙古国国立第 18 中学获得最佳组织奖；来自 ESM 中学的张永荣老师获得最佳指导老师奖。

蒙古国中学生中国民族舞蹈大赛已经连续举办了三届，不仅吸引了越来越多的中学生参赛，更通过这些学习汉语的小选手，将中国文化传播到他们所在的家庭，传达给他们的家人和朋友。舞蹈是无声的语言，能表达最深沉的情感，传递最美好的文化信息。

东北亚社会

中国

中韩学者研讨婚庆服务

首届中韩婚礼学术论坛暨婚庆协会会长论坛1月7日在京举行。会议由全国民政职业教育指导委员会、韩国婚庆产业协会等单位共同举办。与会学者提出，要以“互联网+”时代的服务思维，进一步提升婚礼服务的品质，确保规范性和专业性。

会上，来自韩国江陵岭东大学、北京社会管理职业学院等10余所院校的学者进行了交流。与会学者认为，当前人们更加注重个性婚礼定制，但婚礼服务行业在走向多元化、个性化的同时，也暴露出快餐化、功利化等问题。今后，应更加着力于提升婚礼服务的规范性、专业性，同时探索东西方婚礼服务的融合模式，以适应“互联网+”时代下的多元需求。

习近平对台湾6.7级地震受灾同胞表示慰问

2月7日，中共中央总书记习近平对台湾南部地区发生6.7级地震高度关注，对受灾同胞表示慰问。习近平指出：6日凌晨，台湾南部地区发生6.7级地震，造成台湾同胞生命财产的重大损失。我们对灾情表示高度关切，对受灾的台湾同胞表示亲切慰问，对不幸遇难的台湾同胞表示沉痛哀悼。两岸同胞是血浓于水的一家人，愿意提供各方面的援助。

中日友好环境保护中心成立20周年主题活动举行

“合作创新·推进绿色发展”国际研讨会暨中日友好环境保护中心成立20周年主题活动6月7日在北京举行，中国环境保护部部长陈吉宁、日本环境大臣丸川珠代出席研讨会开幕式并致辞。陈吉宁说，环境保护是中日两国交流合作的重要领域，特别是中日友好环境保护中心的建成并投入使用，成为双边国际环境合作典范。

丸川珠代代表日本政府对中日友好环境保护中心成立20周年表示诚挚的祝贺，希望日中环境合作关系能够以此为契机，面向未来，进入更高的发展阶段。

研讨会以“合作创新·推进绿色发展”为主题，围绕环境治理体系改革与创新、供给侧结构性改革与绿色供应链管理创新等5个话题展开，来自中日相关领域的专家学者从国家战略、政策建议、实践操作等多个维度，深入探讨推动绿色发展的新理念、新方向、新路径。

清华大学成立终身学习实验室

清华大学终身学习实验室4月19日成立，旨在探索创新学习模式，推动中国从学前教育到大学教育的创新学习及教育活动发展。据介绍，清华大学终身学习实验室是清华大学和丹麦乐高基金会合作的跨学科、跨界融合的创新学习教育与研究机构。该实验室将创新设计与高新科技等领域的知识学习和动手实践相融合，开发面向不同年龄层次学生群体的动手学习工具平台。

首届中俄跨境马拉松举行

首届中俄 1+1 跨境马拉松于 8 月 7 日、9 日分别在中国黑龙江省同江市和俄罗斯犹太自治州首府比罗比詹市举行。

中俄 1+1 跨境马拉松在同江市和比罗比詹市隔日举行，跑者可任意选择其中一场赛事参加，也可参加全部两场赛事。

中共中央政治局常委、全国政协主席俞正声会见台湾青年参访团

中共中央政治局常委、全国政协主席俞正声 7 月 12 日在全国政协礼堂会见了台湾青年参访团。

俞正声说：青年人朝气蓬勃，希望寄托在你们身上。他引用毛泽东主席“世界是你们的，也是我们的，但是归根结底是你们的”名言和国民党元老于右任《望故乡》“葬我于高山之上兮，望我大陆。大陆不可见兮，只有痛哭”的诗句，鼓励青年人爱国家、爱民族。

俞正声指出：两岸同胞同属中华民族，有着共同的历史和文化，唐诗宋词就是中华民族共同的记忆。希望台湾年轻人多到大陆走走看看。我相信，台湾年轻人是认同中华民族的，中华民族伟大复兴需要两岸人民共同携手一起努力。全国政协副主席张庆黎、李海峰等参加会见。参访团一行 99 人，其中学生 90 人，来自台湾 59 所高校。参访团先后到吉林省和北京市进行了参访交流。

国家副主席李源潮会见香港青少年制服团体交流团

国家副主席李源潮 7 月 25 日在北京会见了香港女童军总会百年会庆暨制服团体“同心同根万里行”交流团。

李源潮说，香港回归 19 年的实践证明，“一国两制”和基本法得到了包括香港同胞在内的全国人民的普遍拥护和国际社会的广泛赞誉。希望香港青少年继承中华民族爱国传统，从内心热爱我们的国家和民族；全面准确理解“一国两制”，积极维护香港繁荣稳定；把握时代机遇，奋力开创香港美好未来。

中国新生儿基因组计划启动

为从根本上实现新生儿遗传病的早发现、早诊断、早干预，8 月 7 日，中国遗传学会遗传咨询分会联合复旦大学附属儿科医院在上海发起中国新生儿基因组计划。

中国新生儿基因组计划将在未来的 5 年内开展 10 万例样本的新生儿基因检测，旨在构建中国新生儿基因组数据库，建立新生儿遗传病基因检测标准，促进新生儿遗传病基因检测的产业化，制定新生儿遗传病遗传咨询标准，联合医院进行遗传咨询培训，完善遗传咨询培训体系。

复旦大学附属儿科医院院长黄国英介绍，临床上存在大量遗传性疾病，如原发性免疫缺陷病、遗传代谢病和多发畸形综合征等。在生命早期发现并明确诊断这些疾病具有重要意义，可以优化治疗策略，提高生存质量。

同日，为进一步揭示胚胎发育的奥秘，推广新技术在临床诊断的应用，提高临床对胚胎的诊断率，中国遗传学会遗传咨询分会联合山东大学附属生殖医院发起中国胚胎基因组计划。中国胚胎基因组计划的目标是构建中国胚胎基因组数据库，建立胚胎植入前检测的遗传咨询体系及报告解读标准，建立胚胎植入前检测遗传咨询培训体系。中国遗传学会遗传咨询分会自 2015 年起开始联合有关医疗机构和科研单位组织开展人类单靶标基因组计划，分别解决各单项生命体问题。

中国青少年科技创新大赛开幕

第三十一届全国青少年科技创新大赛 8 月 14 日在上海开幕。大赛由中国科学技术协会、

教育部、科技部等单位共同主办，来自全国的34支代表队共计约500名青少年和200名科技辅导员，以及来自美国、德国、俄罗斯、法国等15个国家和地区的70余名国际代表在14日至18日同场竞技创新才华。

全国青少年科技创新大赛是面向全国中小学生和科技辅导员开展的规模最大、层次最高、影响最广的青少年科技竞赛活动，每年吸引1000多万名青少年开展科技创新课题研究。本届大赛是邀请参赛的国家、人员和项目数量最多的一届，目前有349项青少年科技创新成果和200项辅导员科技创新成果进入终评评审和展示，这些成果均从省级选拔推荐的近5000项创新成果中评选而出。最终将评选出“中国科协主席奖”等20余项青少年科技创新奖项。

本次大赛是科技创新大赛首次在高校举办。大赛期间还将进行项目问辩、公开展示、科教论坛、科学探究实践、创客体验、文学哲学沙龙漫谈等科技和文化交流活动。

中国哈尔滨国际马拉松赛开跑

2016年哈尔滨国际马拉松赛8月28日上午鸣枪开跑，赛事吸引了30多个国家和地区共计3万多名爱好者参与，“冰城”哈尔滨掀起“全城马拉松”热潮。肯尼亚选手吉路易以2小时14分28秒的成绩获得男子组全程马拉松冠军，中国选手孙腊梅以3小时2分20秒的成绩获得女子组全程马拉松冠军。

本次赛事分为全程马拉松（42.195公里）、半程马拉松（21.0975公里）、迷你马拉松（5公里）。赛事由中国田径协会、黑龙江省体育局、哈尔滨市人民政府共同主办，由哈尔滨市体育局、哈尔滨哈马体育文化发展有限公司承办，哈尔滨银行股份有限公司冠名支持。比赛路线风光秀丽，起点位于哈尔滨市中央大街，全程赛道途经防洪纪念塔、音乐公园、阳明滩大桥、金河湾湿地植物园、哈尔滨大剧院等地标，凸显哈尔滨一江两岸、一路两桥、一街两院、一岛两带的城市特色。

中国健康医疗大数据产业联盟成立

中国卫生信息学会健康医疗大数据产业发展与信息安全专业委员会（中国健康医疗大数据产业联盟）成立大会8月29日召开。这是首个聚焦大数据产业与信息安全的全国性专业委员会。

国家卫生和计划生育委员会副主任、中国卫生信息学会会长金小桃说，大数据是健康医疗领域的发展趋势，是国家的战略发展方向，能够促进医疗健康服务产业升级，培育新业态和经济增长点，带动民生、产业、科技、经济、社会等多方面大发展，意义特别重大。

中国电子信息产业集团有限公司董事长芮晓武当选大数据安全专委会（产业联盟）主任委员。他认为，要坚持规范有序、安全可控，妥善处理应用发展与保障安全的关系，增强安全技术支撑能力，有效保护个人隐私与信息安全。他表示，专委会将汇聚各方智慧，促进健康医疗大数据产业发展，为实现健康中国战略贡献力量。

中国黑龙江建设中俄边界自然保护区

10月27日前从黑龙江省环保部门获悉：黑龙江省提出“打造自然保护区群”理念，重点开展松花江、嫩江干流沿线和大小兴安岭地区自然保护区群建设，同时建设中俄边界自然保护区。

黑龙江省环保厅工作人员卢云峰介绍，黑龙江省中俄边界全长2981公里，与俄罗斯具有相同的生物气候带和生物群落。建立跨界自然保护区群对于共同保护重要生态系统和生物多样性，维持区域的生态平衡具有极其重要的意义。目前，黑龙江省已在中俄边界建立68个自然保护区。三江、兴凯湖、八岔岛、洪河4个国家级自然保护区被列为中俄跨界保护区。

俄罗斯

俄居民中彩票大奖　奖金近500万美元刷新俄罗斯纪录

一名俄罗斯新西伯利亚市居民2月29日前彩票中奖，所获奖金高达3.58亿卢布（约合472万美元），刷新了俄彩票中奖的最高纪录。

这名居民此前购买了一注价值1800卢布（约合24美元）的45选6“国家乐透”彩票。“11，13，45，42，1，7”6个幸运数字的组合在27日开奖时，为这名居民赢得了3.58亿卢布的超级大奖。博彩组织方2月29日称，目前获奖者还未现身领取奖金。此人如何选择的数字以及奖金如何安排尚不得而知。“国家乐透”45选6彩票为全俄国家彩票，是俄罗斯最受欢迎的彩票之一。

俄潜水者创下新冰潜世界纪录

3月7日前，俄罗斯地理学会鞑靼斯坦分会新闻局表示，俄罗斯地理学会科研队潜水员创下白海冰潜新的世界纪录，达到深度102米。报道称，雅克·伊夫·库斯托团队队长、世界潜水联合会董事会成员表示，“这一事实是由巴扎娜·奥斯托伊奇见证的。达到新纪录的深度是在3月5日”。深潜小组是由潜水专家马克西姆·阿斯塔霍夫与亚历山大·古宾组成的，考察队成员阿列克谢·波列休克与伊戈尔·阿尔乔米耶夫已为他们投保。潜水时长为80分钟。“水的温度是1.5摄氏度。”

俄政府拨款12.9亿卢布保护贝加尔湖生态环境

俄罗斯政府网站3月22日前公布消息称，政府已拨出12.9亿卢布（约合1900万美元）以保护贝加尔湖的生态环境。该笔资金将进入布里亚特共和国、外贝加尔边疆区、伊尔库茨克州的预算，将用于废物回收设施、基础设施等的建设。

文件的注释中还指出，这笔资金是对上述地区废物回收、处理和分配，以及公共设施的建设、重建与现代化开支的共同筹资。

据悉，该笔资金是在“2012年至2020年贝加尔湖保护与贝加尔自然区社会经济发展”的联邦目标计划框架下分拨。

政府网站还称，该决定将促进俄联邦贝加尔自然区各行政主体污水处理设施和排水系统、垃圾分类站、固体废弃物填埋场的建设与使用，以及供暖系统的现代化。

俄罗斯鄂木斯克州播种约10万公顷小麦用于出口中国

据卫星新闻莫斯科5月7日报道，俄罗斯联邦动植物卫生监督局鄂木斯克州分局消息称，鄂木斯克州用于出口中国的小麦播种面积约为10万公顷。

俄罗斯农业部长亚历山大·特卡乔夫此前表示，俄罗斯2016年将开始向中国首次出口大批量的小麦。

消息中称，俄联邦动植物卫生监督局鄂木斯克州分局2016年4月接到13份当地厂商要求将其纳入向中国供应小麦的出口商名单中的申请。

据初步数据，鄂木斯克州2016年各类作物的播种面积超过300万公顷。

俄罗斯农业部将2015~2016农业年度小麦出口量的评估从之前的2200万吨提至2400万~2500万吨。因此，2016农业年度俄罗斯将成为出口量最大的国家。2014~2015农业年度，俄罗斯的小麦出口量为2170万吨。

俄人口出生率在欧洲领先

据俄新网6月22日消息报道，俄劳动与社会保障部长托皮林称，俄从2000年开始采取措施提高人口出生率，目前俄出生率指标已经在欧洲地区处于领先。2014年俄出生人口194.7万人，为历史最高。2015年继续保持了194万人的水平。

俄西伯利亚80%的网民通过互联网购物

据俄罗斯经济与生活网站6月26日报道，国际研究公司TNS的调研表明，在2015年俄罗斯344万西伯利亚居民进行了网购，这一数字超过西伯利亚联邦区18岁以上互联网用户总数的80%。

俄罗斯最大搜索引擎Yandex市场的受众数量在西伯利亚地区的增长速度高于俄罗斯平均水平。而最活跃的网上买家是那些小型居民点的居民。就连新西伯利亚这种特大城市的居民也在中国网店上购买服装、鞋子、儿童商品和电子产品。

俄罗斯电子商务协会的调研数据表明，俄罗斯人网购的全部商品，90%以上为中国生产，来自欧盟国家的包裹占4%，2%来自美国。

俄罗斯失业率有所下降

据俄罗斯经济与生活网站8月2日报道，据俄罗斯联邦国家统计局公布的劳动力抽样调查结果，2016年6月420万俄罗斯人，或5.4%的劳动力，依照国际劳工组织的计算方法，被划为失业者。

2016年5月俄罗斯失业率为5.6%。

2016年6月，在俄罗斯国家就业机构中作为失业者登记的有100万人，其中有80万人领取失业救济金。失业者的平均年龄为35.3岁。25岁以下的年轻人在失业者中占到23.7%，50岁及以上者占16.9%。失业者求职的平均时间为女性7.9个月，男性7.5个月。

俄联邦国家统计局指出，失业主要是无人雇佣。在140万农村失业居民中，有36.4%处于长期失业状态；在280万城市失业人口中，有28.4%是无人雇佣的失业者。调查数据表明，作为寻找工作的方法，29.6%的失业者求助于国家就业机构，68.4%的失业人员求助于朋友、亲戚和熟人。

六成俄罗斯人支持互联网检查制度

俄罗斯国际文传通讯社报道，俄著名民调机构“列瓦达中心”11月18日发布的一项最新民意调查结果显示，60%的俄罗斯人支持互联网检查制度，认为有必要对网络信息进行监督。只有25%的受访者对禁止某些网站和网络资源持反对态度。俄社会学家指出，支持对网络信息进行检查的人在过去一年中有所增加。

民调显示，73%的受访者表示网络信息可信，90%的居民认为电视上发布的信息更可信。47%的人表示，他们在收听收看广播电视和阅读报刊时有信息并不完整的印象，43%的人则表示并无类似感觉。32%的受访者认为，禁止某些网站使网民上网活动受限，对公民的权利和自由造成伤害，而44%的人则持相反意见，24%的人表示对此难以回答。

俄执法机构的相关报告称，2015年俄网民首次因发布违法网络信息而被捕入狱，共18人受到刑事诉讼。2016年俄各地也有不少因发布违法网络信息而受到刑事审判的案例。“列瓦达中心”的该项调查于10月21日至24日在俄罗斯48个行政区的137个居民点进行，共有1600名年龄超过18岁的俄罗斯人参加。

俄罗斯居民实际收入持续下降

据俄罗斯经济与生活网站12月5日报道，据俄罗斯联邦审计署署长塔季扬娜·戈利科娃宣布，俄罗斯居民的实际收入仍在继续下降。

俄罗斯审计署署长塔季扬娜·戈利科娃在国家杜马发言时表示，审计署注意到消费者需求已连续两年下降。按照政府估计，2016年全年消费支出将减少4.6%，2016年1～10月的消费支出降幅为5.3%，这与居民的实际货币收入下降有直接关联。按照政府预测，2016年俄罗斯居民实际收入将下降5.6%。

俄罗斯审计署署长介绍，2016年最后一个月的通货膨胀增长速度将加快到0.5%，但全年的物价增长指数将在5.5% ~5.8%。

据俄罗斯联邦国家统计局估计，2016年10月俄罗斯居民实际货币收入下降了5.9%。

俄旅游署计划向外国游客推出“好客俄罗斯”项目

据俄《新闻报》12月21日消息，俄罗斯联邦旅游署将根据外国游客的民族和宗教特点为其推出“好客俄罗斯”项目。

该项目将为俄罗斯入境游主要客源国的游客提供舒适的旅游环境。

据该报援引俄旅游署的消息表示，将根据这些客人的民族和宗教特点为其提供食宿，同时旅游资讯还将按照游客自己的语言和习惯的方式为其提供。

消息指出，“好客俄罗斯”项目将把“友好中国”（China Friendly）框架下成功实施的适应旅游服务和旅游环境的实践经验推向新的高度。在此基础上，在“友好清真”（Halal Friendly）的框架下为伊斯兰国家的游客创造了舒适的条件。目前，正在详细制定“友好印度”（India Friendly）、“友好犹太”（Kosher Friendly）以及其他“友好”项目。酒店、度假村、疗养院、旅游经营者、博物馆、公园、纪念馆、餐厅和咖啡店、商店和购物中心等都可参与到该项目中。

俄罗斯旅游署署长奥列格·萨福诺夫表示：“项目启动前，将专门建立一个协调委员会，其中将包括旅游行政管理部门的代表、旅游业专家、来自俄罗斯各地区的企业家，以及其他国家旅游业的代表。这些国家应是具有前景的客源国。”

特别值得注意的是亚洲旅游市场，赴俄游客量每年都在增长。首先是中国，2016年前9个月，中国赴俄游客量达到1033000人次，同比增长15%。其次，印度具有很大潜力，前9个月赴俄游客量为147150人次，同比增长18%。伊朗、越南和蒙古国的游客量较为稳定。

哈尔滨市俄罗斯商贸新城近日正式运营

入驻商户以对俄企业为主的哈尔滨市俄罗斯商贸新城12月21日正式运营。

据哈尔滨市政府消息，俄罗斯商贸新城位于香坊区。该项目旨在打造以俄罗斯为主题的集商业、贸易、物联网等于一体的新商业模式平台，入驻商户以对俄企业为主。将利用12条对俄航线积极开拓对俄快件业务，推进哈尔滨成为中国功能最全、大数据信息集中收集的中俄电商平台。

据介绍，该项目将实行在新城内企业在线订购，电子商务与物流同时发展，在线支付，在线交易，有效利用哈俄欧货运专列完成无缝对接，提高工作效率，精准送达。通过此项目将俄罗斯大宗商品进出口集散中心与“新城”建立战略合作。

俄罗斯融化奶酪销量缩减56.1%

俄罗斯商务咨询网站12月22日报道，据俄罗斯融化奶酪市场分析提供的数据，2011~2015年，俄罗斯融化奶酪销量下降56.1%，从2011年的23.14万吨下降到2015年的10.16万吨。在过去5年，俄罗斯国内市场上的融化奶酪销量持续下降，2013~2015年销量降幅最大。

近年来俄罗斯融化奶酪销量下降，是由于2014年实行食品禁运导致成品种类减少。在实行禁运之前，俄罗斯市场融化奶酪的最大供应商是乌克兰、芬兰、立陶宛、波兰和法国。2014年上述国家对俄罗斯的产品供应大幅减少，并在2015年全部停止供应。因此，2014~2015年两年间融化奶酪五大供应商对俄供应量减少6万多吨。预计在2016年融化奶酪的销量仍将继续下降，但在未来几年预计销量将逐步增加。一旦取消食品禁运，奶酪进口供应预期将会恢复，尤其是来自欧盟国家的供应。与一些国家恢复贸易关系将导致产品种类扩大和加剧市场竞争。

俄罗斯大幅减少鱼产品进口量

据俄新社网站报道，据俄罗斯联邦渔业署宣布，2015 年俄罗斯商店销售的鱼类 2/3 为俄罗斯国产。

俄联邦渔业署的数据表明，2015 年市场销售的国产鱼和进口鱼比例分别为 68%、32%，而俄联邦渔业署本身预测的比例分别为 65%、35%。而在 2014 年这一比例分别为 50%、50%。

根据最近数据，2015 年俄罗斯鱼类捕捞量增长 5.5%，进口量几乎下降到 50%，出口量略有增加。俄联邦渔业署预测，2016 年鱼类产品进口量出现下降趋势，至年底或将下降 10%；此外，出口量也将减少。

2015 年俄远东地区的鱼类供应量增长 10%。

与此同时，越来越多的国家在寻求进入俄罗斯鱼类市场，其中包括泰国、印尼和摩洛哥。这些国家的部分产品不符合俄罗斯的检疫要求。至于销售的鱼类品种，大多为明太鱼和大西洋鳕鱼，以及来自远东的鲑鱼。

近六成俄罗斯网购者选择中国网店

据卫星新闻莫斯科 12 月 22 日报道，Yandex 市场和捷孚凯联合开展的调查结果显示，2016 年选择在中国网店购物的俄罗斯消费者比例增加到 57%。

根据这份 2016 年 9 月对俄网购者开展的调查，2016 年中国网店在俄罗斯消费者中的受欢迎程度比 2015 年增加 6 个百分点。而 2013 年只有 25% 的俄罗斯人偏向于在中国网店购物。

分析人员指出，俄罗斯各地对在中国网店购物的兴趣都有提高，人口在 10 万～50 万人的城市此现象尤为明显。分析称："看来那里的商品选择较少，无论如何都需要邮购，在中国还是在俄罗斯购买就没有区别了。"

与以往几年一样，俄罗斯消费者 2016 年在中国网店购买最多的还是服装鞋类、儿童商品、化妆品、家居用品和园艺用品。

日本

日本福岛启用"冻土挡水墙"挡核辐射污水

日本东京电力公司 3 月 31 日正式启用了福岛第一核电站的"冻土挡水墙"。这一工程被视为福岛第一核电站应对地下水核污染的重要对策。

福岛第一核电站面向太平洋，坐落在一层含水层上方，西侧为较高陆地。东京电力公司称，每天有 200 吨地下水自西向东流入反应堆所在建筑的地下，变成带核辐射的污水。东京电力公司每天不得不抽取大量污水存储起来，但还无法避免核辐射污水流入大海。

"冻土挡水墙"指的是东京电力公司在福岛第一核电站 1—4 号机组周边约 1.5 千米的地下建设的一道冻结的"墙"，防止地下水流入反应堆所在建筑物的地下，控制核污水增加。

日本九州地区地震遇难者增至41人

自 4 月 14 日以来，在日本九州地区发生的连续强震已造成至少 41 人死亡、1000 多人受伤，另有 19 万人正在避难。

16 日凌晨熊本县再次发生里氏 7.3 级地震，加重灾情。14 日以来，多次地震造成的连续晃动，致地面大规模塌陷、多数建筑倒塌。其中，熊本县南阿苏村震后发生了山体滑坡、阿苏大桥被冲毁，阻碍救援行动，灾情十分严重。

日本文化厅表示，熊本县有 34 处文物古迹也有不同程度损伤，其中具有代表性的是熊本城及阿苏神社。目前，灾区多处断水断电、交通网瘫痪、饮用水及日用品紧缺。

日本福岛县附近海域发生7.4级地震

据日本气象厅消息，当地时间 11 月 22 日 5 时 59 分，日本福岛县附近海域发生 7.4 级地震。福岛县有两人受轻伤。日本气象厅发布海啸警报。

日本气象厅说，地震震中位于北纬 37.3 度、东经 141.6 度，震源深度约 10 公里。日本关东地区和东北地区多地有较明显震感，福岛县和茨城县部分地区观测到 5 度弱的地震烈度。

日本气象厅发布海啸警报，称福岛县、宫城县、岩手县等沿岸地区可能观测到 1 米至 3 米的海啸，提醒当地居民向高处避难。7 时左右，福岛县相马港、小名滨港和岩手县大渡船港等地相继实际观测到高度 0.3 米至 1.4 米的海啸。

日本新潟县发生大规模火灾

据日本媒体报道，当地时间 12 月 22 日上午 10 时 30 分左右，日本新潟县丝鱼川市一家中餐馆突然起火，火势蔓延至周围 140 余栋建筑，持续 10 余小时。日本总务省称，这是日本 20 年来非地震和海啸引发的最大规模火灾。

由于事发地当日为强风天气，且起火地木质建筑较密集，火势迅速蔓延，过火面积超过 7.5 万平方米，363 个家庭的 744 人收到避难警告。火灾造成两人轻伤。

韩国

韩国华侨华人社团举办元宵晚会

韩国华星艺术团 2 月 21 日在中国驻韩使馆的支持下，联合 33 家在韩主要爱国华侨华人社团共同举办了“2016 韩国华侨华人社团联谊‘华星’元宵晚会”，共同欢庆元宵佳节。

韩国华星艺术团及来自中韩的著名歌手、演员共约 150 人参与演出。

韩国举行“三一运动”97 周年纪念活动

韩国各地 3 月 1 日纷纷举行“三一运动”纪念活动。韩国总统朴槿惠依照惯例参加了在首尔世宗文化会馆举行的“三一运动”97 周年纪念仪式。她在纪念仪式上的讲话中再次敦促朝鲜尽早弃核，否则韩国将同国际社会一起持续向其施压。

朴槿惠还在谈到“慰安妇”问题时，敦促日本政府正视历史，不要忘记日本曾经犯下的历史过错，切实履行2015 年底达成的韩日“慰安妇”问题协议。

日本在 1910 年到 1945 年对朝鲜半岛实施殖民统治。1919 年 3 月 1 日，朝鲜半岛爆发反抗日本殖民统治、争取国家独立的爱国运动，遭到日本殖民统治者的残酷镇压，史称“三一运动”。1949 年，韩国政府将 3 月 1 日定为国家法定纪念日。

中韩启动第三批在韩中国志愿军烈士遗骸装殓工作

中韩双方 3 月 28 日下午在韩国京畿道坡州市启动 2016 年在韩中国人民志愿军烈士遗骸装殓工作。根据中韩双方磋商达成的共识，韩方于 31 日向中方移交这批志愿军烈士遗骸及相关遗物。

当天，入殓仪式在坡州市的韩国陆军第二十五师团驻地举行，中国驻韩国使馆国防武官杜农一等出席仪式并为烈士默哀。杜农一代表中方对韩方持续的发掘工作和收殓仪式表示感谢。这 36 具烈士遗骸出土于韩国京畿道北部和江原道华川郡、铁原郡等地。

中国西藏代表团访韩　促进双方旅游及人文交流

中国西藏自治区主席洛桑江村 6 月率团访问韩国，寻求推动西藏自治区与韩国方面的旅游及人文交流与合作。

洛桑江村 6 月 8 日在韩国仁川市开幕的首届中韩省长知事会议上发言，介绍了西藏自治区经济社会发展，以及西藏自治区发展旅游的政策措施、目标前景等情况，并就推动西藏自治区和韩国方面的旅游文化和人文交流、深化务实合作提出具体建议。

洛桑江村6月9日还同韩国庆尚南道知事洪准杓共同签署了西藏自治区和庆尚南道建立区道级友好关系协议。代表团官员表示，协议的签署实现了西藏自治区与国际省级友好城市关系“零”的突破，将有力促进双方在扩大共识，增进友谊、了解和互信，加强务实合作等方面发挥重大作用。

中国藏文化交流团访问韩国

由国务院新闻办公室组织的中国藏文化交流团8月24日至28日访问韩国，与韩国各界人士进行广泛交流，介绍西藏近年来在经济、社会、文化、生态等方面发展成就，就彼此关切问题交换意见。

中国藏文化交流团一行访问了韩国首都首尔、西藏友好道区庆尚南道等地，与韩国文化体育观光部官员、成均馆大学中国研究所专家、庆尚南道国际关系大使，以及大韩佛教曹溪宗等佛教界人士进行交流。交流团一行还出席了由中国驻韩国大使馆举办的“感受西藏”公众开放日活动。活动展出了约40幅精美图片，介绍西藏风土人情、自然环境和社会发展成果，现场播放了纪录片《第三极》，真实展现青藏高原人与自然和谐共生的美丽画卷。

韩国庆州发生5.8级强震

9月12日晚7时44分，韩国庆州市西南发生了5.1级地震；8时32分，又发生了规模达5.8级的二次地震，为韩自1978年开始监测地震以来强度最大的地震。此次地震全部发生在内陆地区，第一、第二次地震的震中都在庆州市西南方向内南面鸟池里，距离庆州市政府约9公里。截至13日零时，又持续发生了91次规模为2～3级的余震。大邱、蔚山、釜山、大田及忠清道、全罗道等韩国多地感受到了第一次地震；第二次地震的震级强烈，包括首尔和首都圈在内的韩国各地都有震感。

据韩国国民安全处统计，截至13日零时，有6名高龄老人受伤及4.9万多个建筑物发生龟裂。韩国水力核能公司表示，已经确认此次地震对该地区核电站没有造成破坏，但根据安全手册停止了月城核电站1—4号机的运转。地震发生之后，韩国各地问候家人安全的通话数量剧增，导致网络电话线路瘫痪，韩国大部分地区出现了手机版 kakao talk（聊天应用）甚至电脑版 kakao talk 在一个小时内无法使用的现象。

韩国民众举行大规模抗议集会

10月29日晚，韩国民众在首尔市中心举行大规模烛火示威集会，要求总统朴槿惠下台。

抗议民众手持标语、高呼口号，抗议朴槿惠亲信崔顺实干政，要求逮捕崔顺实并要求朴槿惠下台。集会结束后，抗议民众还进行了大规模的示威游行活动。据韩国媒体报道，主办方表示约有2万名民众参加集会，警方估计实际规模约为9000人。当天，韩国京畿道、釜山、济州等地区也发生了民众抗议活动。

朴槿惠亲信崔顺实干政事件在韩国社会引发强烈质疑和抗议声浪。朴槿惠10月25日就曾向崔顺实事先泄露演讲稿等文件一事向韩国国民道歉。

韩国人口2031年将达到峰值5296万人劳动力人口2017年开始减少

韩统计厅发布的“2015～2065年人口估算报告”显示，受低出生率影响，韩国人口将于2031年达到峰值5296万人，并于2065年降至1990年人口数量4300万人。劳动力人口（15～64岁）于2016年达到峰值3763万人，2017年开始逐渐减少，2020年开始以每年30万人的速度急剧减少，2065年将降至2000万人左右。劳动人口占比由2015年的73.4%降至2065年的47.9%。2065年韩国整体人口赡养比将上升至OECD国家中第一，劳动力人口占比则将降至末位。100名劳动力人口需要赡养的青少年、老年人口数量将从2015年的36.2人升至2032年的60.1人，2065年将达到

108.7人，是2015年的3倍之多。

韩国“婴儿潮”世代2020年开始步入老年　社会经济负担加重

韩国银行（央行）12月11日发布的“主要发达国家‘婴儿潮’世代退休及老龄化的影响及启示”报告书称，韩国“婴儿潮”世代（1955～1963年出生）将从2020年开始步入老年（65岁），社会经济负担将进一步加重。据推算，劳动力人口中“婴儿潮”世代所占比重将从2014年的21.6%降至2024年的11.9%；而退休人口中其所占比重将逐渐上升至2024年的55.0%。然而，“婴儿潮”世代的养老准备十分不足，其资产仅为整体人口平均水平的1.3倍，负债却与平均水平相当。据首尔大学老龄化研究所2014年以“婴儿潮”世代为对象的调查问卷显示，仅有6.1%的人表示已准备好养老资金。报告书称，韩国现有65岁以上老龄人口贫困率为48.8%，相比法国（3.5%）、德国（8.4%）、美国（20.6%）来说较高，随着“婴儿潮”世代逐渐步入老年，老龄人口生活条件可能更加受限。政府需加大老年雇佣、养老资金支持，并不可避免要改革年金等财政制度，保障社会收入稳定。

韩国个体商户贷款余额高达350万亿韩元　成为家庭负债最大危机隐患

截至2016年6月底，韩国个体商户贷款余额高达350.3万亿韩元（约合3000亿美元），比2015年末增加5%，平均每户负债5.4万美元，成为韩国1300万亿韩元规模家庭负债中最大的危机隐患。据统计，韩国个体商户现有563万人，约占整体就业人口的20%，大部分是50岁以上的中高龄人员，其收入不稳定且多从利率较高的第二金融圈贷款，一旦遭遇经济不景气导致收入下降或加息等紧缩政策实施都极易引发其负债偿还危机。有专家建议，政府应在通过增加就业提高个人所得、支持退休人员再创业以及制定房租上限政策缓和过高居住费用等方面推进相关政策的制定和实施。

韩国各地市民团体举行活动抗议韩日就“慰安妇”问题达成共识

12月31日，韩国各地市民团体继续举行活动，抗议韩日两国外长12月28日就“慰安妇”问题进行谈判并达成共识。在韩国庆尚南道、釜山、忠清北道等地区，市民团体纷纷召开记者发布会，要求即刻废弃广大民众“无法苟同的共识”。他们强调，如果日本真诚道歉，就应该做出“法律赔偿”，而不仅仅是出资10亿日元作为援助基金。

《韩国日报》的报道称，日本政府没有承认其对“慰安妇”问题负有法律责任。而韩联社援引日本《产经新闻》的报道称，日本首相安倍晋三已经表示，他本人今后不会再就“慰安妇”问题道歉，2016年举行的韩日首脑会谈上也不会再提及。

韩国挺身队问题对策协议会谴责称，双方达成的共识中，没有包括涉“慰安妇”罪行是由日本政府和军队犯下的有组织犯罪的相关内容，也未指明日本政府是犯罪主体。

对于出现的争议，韩国外交部长官尹炳世在记者会上强调，希望日方避免让人产生误解的言行。尹炳世在出席执政党新世界党议员大会介绍韩日“慰安妇”问题谈判结果时表示，韩日两国达成的“慰安妇”问题共识不可任意解读。另据韩联社援引韩国政府消息人士的话称，韩国外交部已通过外交渠道向日方传达“不应损害共识精神”之意。

尹炳世表示，“慰安妇”受害者的要求直接或间接地反映到了共识中，不足之处将在落实过程中弥补。日方这次提出的方案比过去任何时候都更有进展，若错过这样的机会，谈判会长期化，问题或永远得不到解决。尹炳世承诺，韩国外交部将同有关部门密切协商，确保设立“慰安妇”援助基金会等后续措施落到实处。

韩国舆论认为，“慰安妇”问题从根源上

解决很重要，日本政府必须正式承认罪行和谢罪。

朝鲜

朝鲜开始流行金正恩风格人民装

据韩国《朝鲜日报》1月20日报道，以前穿金正日夹克的干部和新兴富翁，最近主要穿金正恩风格的人民装。朝鲜市场里，选购人民装的人比选购夹克的人多。朝鲜媒体里出现的人物，在金正日时代多穿夹克，而金正恩执政后穿着人民装的样子明显增加。

金正恩在首次登台的2010年9月劳动党代表会议上穿了人民装；之后，在主要活动上穿着人民装。因此，朝鲜高层干部在金正恩执政后多穿人民装。喜欢穿连衣裙和短裙的金正恩夫人李雪主也从2013年10月起多穿人民装风格的衣服。

朝鲜试研发高档化妆品　确保产品天然低刺激

据朝中社1月25日报道，朝鲜平壤化妆品厂正努力研发和生产世界一流水平的高档化妆品。平壤化妆品厂依靠自己的技术力量，根据人们不同的喜好、适用范围和使用方法，把80多种化妆品加以分类，并科学地设定产品规格，从而为提高产品质量打开了良好前景。该厂还研发了功能性化妆品、美发用化妆品、洗涤用化妆品等数十种新的化妆品。目前，该厂对新产品进行试制并安排试用，努力完成天然、低刺激的稳定产品。朝鲜努力提高原材料的国产化比重，改进产品质量、包装和商标，以保证“银河”牌化妆品成为无可挑剔的高档产品。

另外，平壤化妆品厂下大力量建立自主开发的统合生产体系，努力实现生产工序的无人化、无菌化和无尘化。

朝鲜庆祝“三八”国际妇女节

朝鲜3月8日在平壤人民文化宫举行中央报告大会，纪念“三八”国际劳动妇女节106周年。

朝鲜劳动党中央政治局委员、中央书记崔龙海在大会上做报告，最高人民会议常任委员会副委员长杨亨燮等出席会议。各部门干部、平壤市女盟成员、海外女同胞、驻朝使团和国际机构女性代表等参加了大会。崔龙海向为了祖国的富强繁荣和家庭的幸福和睦而奋力拼搏的广大女性、海外女同胞以及全世界热爱和平的女性致以节日的问候和祝贺。他在报告中说，自“三八”妇女节设立至今已超过一个世纪，在这期间，世界各地的进步女性为了争取真正的和平、民主主义及女性权利和尊严进行了不懈斗争，在世界妇女运动史上取得了巨大进展。为庆祝国际妇女节，当天在平壤烽火艺术剧场还举行了由朝鲜国立民族艺术团带来的歌舞演出，模范女性代表、驻朝使团、国际机构代表和外国人士等观看了表演。

“三八”国际妇女节是朝鲜的法定假日，每年朝鲜都会举行报告大会或演出庆祝这一节日。

平壤附近发生人工地震 初步认定与核试无关

韩联社3月16日援引韩国气象厅消息，当天中午12时30分许（当地时间），朝鲜平壤东南方向34公里处发生里氏2.2级的人工地震。此次地震震源深度为1公里，初步认定为爆破作业引发。

朝鲜举行青年火炬表演　庆祝青年同盟九大召开

当地时间2016年8月28日，朝鲜平壤，朝鲜举行大规模青年火炬表演，庆祝“青年节”和正在召开的金日成社会主义青年同盟第九次全国代表大会。

朝鲜国庆68周年领导层参谒太阳宫　金正恩献花篮

朝鲜民主主义人民共和国成立68周年之

际，金永南、黄炳誓、朴奉珠、崔龙海等朝鲜劳动党、国家、军队领导同志，友党委员长，在平壤市内的党中央领导机关成员、最高人民会议议员，党务机关、武力机关、政权机关、群众团体、各省和中央一级机关干部，9月9日参谒锦绣山太阳宫。

以朝鲜劳动党委员长、国务委员会委员长、人民军最高司令官金正恩名义的花篮摆放在金日成和金正日的立像前。朝鲜劳动党中央委员会、党中央军事委员会、国务委员会，以及最高人民会议常任委员会、内阁分别以共同名义向两位领袖立像敬献了花篮。

参加人员向两位领袖的立像行鞠躬礼。他们走进金日成和金正日所在的永生厅，瞻仰两位领袖的遗容，鞠躬致意。

相关人员还参观了勋章展览厅及两位伟人直到生命的最后时期进行现场指导和出国访问时乘坐的轿车、电动车、客船和专列车厢。

朝鲜2016年粮食增产7%　仍有69万吨缺口

韩联社12月21日报道称，韩国农村振兴厅12月21日表示，据推算，2016年朝鲜粮食总产量为481万吨，同比增长7%，但仍有69万吨的粮食缺口。

具体来看，朝鲜大米产量为222万吨，同比增加10%。2016年朝鲜气象条件比较好，水稻产区未受洪灾。玉米产量为170万吨，马铃薯55万吨，大麦17万吨等，呈现4%至10%的同比增长率。但是大豆类与其他杂粮产量因局部受旱减产6%至17万吨。

据联合国粮农组织（FAO）和世界粮食计划署（WFP）报告，虽然朝鲜粮食总产量稍微增加，但仍处于缺粮状态。2016年朝鲜粮食需求量为549.5万吨，产量则仅为481万吨，粮食缺口达69万吨左右。据农振厅说明，按照朝鲜1.1万吨的日均粮食消费量计算，如无粮援，2016年朝鲜缺乏相当于全体朝鲜居民2个月食用所需的粮食。

蒙古国

2016年蒙古国法官研修班在北京成功举办

2016年4月14日至27日，中国商务部在中国政府援助项下为蒙古国举办的“2016年蒙古国法官研修班”在北京成功举办。来自蒙古国三级法院的20名法官和司法总委员会的5名官员参加了为期14天的学习。此次培训由中国商务部主办，商务部国际商务官员研修学院承办，国家法官学院协办。培训期间，最高人民法院副院长贺荣会见了包括蒙古国最高法院大法官阿塔尔琪琪格在内的学员一行。

在此次培训的举办过程中，各相关单位围绕蒙古国法官的实际需要精心组织，邀请了来自最高人民法院、国家法官学院等机构的资深专家，围绕中国国情和改革开放、中国法院组织制度、中国法官制度、中国司法改革等专题进行讲授。学员还受邀赴中国最高人民法院、北京市丰台区人民法院、河北省秦皇岛市海港区人民法院等地参观考察，实地感受了中国法院的庭审过程以及中国司法改革的进程。通过此次培训，全体学员不仅全面地了解了中国的司法体制，亲身体会到中国社会经济发展所取得的成就，更为中国人民的热情友好所打动。

学员回国后，专程向驻蒙使馆经商处表达了对中方的诚挚谢意，并期待中方提供更多的培训机会，也希望中蒙两国法官在司法改革、信息化建设、法官培训等领域开展更加广泛的交流与合作。

5月9日，蒙古国司法总委员会在其官网上发布了此次培训的新闻报道，总结了此行的收获和感想。中方也将继续促进两国司法领域的合作，为推动中蒙两国法官交流搭建友谊的桥梁。

蒙古国媒体代表团访华聚焦绿色发展

5月31日至6月6日，由国务院新闻办公室主办，蒙古国外交部新闻发言人巴特赫西戈率领的蒙古国新闻社等主流媒体记者代表团一行近50人，在华进行为期一周的参观采访。此次活动聚焦“十三五”规划五大发展理念的“绿色发展”这一主题，选择北京、天津和内蒙古三地的科研机构、产业示范区、生态园及环保企业等，重点介绍中国在环境保护、水土生态保护与修复、大气污染治理、清洁能源开发利用和绿色城市建设等方面的探索和实践。

倡导绿色经济，走绿色发展之路是中国“一带一路”倡议和蒙古国“草原之路”建设的共同目标之一。在绿色发展方面，中国与蒙古国在可再生能源、水资源治理、空气治理、农牧生态保护等方面已达成多项共识并开展了卓有成效的合作。

蒙古国开通网上投资指南系统

据 *The UB Post* 6月3日报道，蒙古国开通网上投资指南系统。在线系统将为投资者提供蒙古国经济及主要商业领域的相关资讯，提供法律和投资环境信息，发布投资机会及注册和许可指南，网站将提供准确和及时更新的信息。

在网站开通仪式上，蒙古国总理赛汗比列格说，蒙古国对外国投资仍具有吸引力，政府一直相信外国投资是国家经济可持续发展的主要支柱并坚持支持投资的政策。

蒙古国那达慕盛会开幕

蒙古国一年一度的那达慕7月11日在乌兰巴托中央体育场隆重开幕，2000多名演职人员在开幕式上进行表演，吸引了上万名国内外观众前来观看。

为庆祝这为期三天的传统体育盛会，蒙古国放假五天，全国进入“狂欢模式”。当天上午，蒙古国骑兵仪仗队将具有传统象征意义的“九尾白纛旗”从国家宫护送到那达慕会场后，蒙古国总统额勒贝格道尔吉致开幕词。额勒贝格道尔吉说，蒙古国刚刚举行了议会选举，民众已经做出了选择，蒙古国正在进行政府更替，而且，蒙古国即将举办亚欧首脑会议，因此2016年的那达慕会吸引更大的国际关注度，这使2016年的那达慕格外有意义。

额勒贝格道尔吉在开幕式后还来到射箭场，亲自进行了射箭表演。当天，新任的蒙古国国家大呼拉尔（议会）主席米耶贡布·恩赫包勒德和总理扎尔格勒图勒嘎·额尔登巴特也参加了那达慕庆祝活动。开幕式结束后，那达慕的三项竞技运动——摔跤、射箭和赛马在不同场地展开。

一批无偿援助项目在蒙落地生根

中国政府对蒙无偿援助项目快速推进，一批惠及民生、支持当地经济社会发展的项目启动实施。7月14日，李克强总理与额尔登巴特总理在蒙古国国家宫共同出席援蒙残疾儿童发展中心项目启动仪式，为项目模型揭幕。

“感知中国·蒙古行”系列活动在蒙古国举办

8月18日，“感知中国·蒙古行”——第四届乌兰巴托·内蒙古文化周在蒙古国首都乌兰巴托市国家美术馆隆重开幕，中国邢海明大使，中宣部副部长、国务院新闻办公室副主任崔玉英，内蒙古自治区党委常委、宣传部部长乌兰，蒙古国教育文化科技体育部副部长奥特跟巴雅尔等出席开幕式。

中国政府援蒙残疾儿童发展中心项目正式开工建设

9月8日，中国政府无偿援助蒙古国残疾儿童发展中心项目举行开工典礼，标志着该项目正式动工。邢海明大使出席典礼并致辞，蒙古国国家大呼拉尔（议会）社会政策、教育、文化、科技委员会主席恩赫阿木古楞，大呼拉尔委员朝格吉勒玛，大呼拉尔委员温都拉，劳动与社会保障部副部长孟根琪琪格，卫生部副部长尼玛苏仁，总理顾问图门格日勒等多位蒙方官员出席典礼，中国驻蒙古国大使馆经济商务参赞孙维仁、项目施工单位中铁四局集团董事长张河川、蒙古国中华总商会会长刘文可，以及来自各参建单位、当地中资商会和企业代表200余人共同出席。

仪式结束后，邢大使还就该项目专门接受蒙当地媒体采访。

残疾儿童发展中心项目位于乌兰巴托市西南部，占地面积约2万平方米，总建筑面积约1.5万平方米，总床位为250个，工期约30个月。该项目系近年来中国在蒙实施的最大规模民生领域援助项目，建成后将成为蒙全国最大、最现代化、功能最齐全的残疾儿童治疗康复场所。

中国政府援蒙古国戈壁熊技术援助项目现场考察顺利完成并签署会谈纪要

10月10日，中国政府援蒙古国戈壁熊技术援助项目考察会谈纪要在乌兰巴托正式签署，这标志着中国政府近年来首个野生动物技术援外项目可研工作完成现场考察，正式进入立项实施阶段。驻蒙古国使馆临时代办杨庆东、蒙古国自然环境与旅游部副部长巴特巴雅尔到场致辞，由中国林业科学研究院森环森保所党委书记周霄羽率领的中方考察组、蒙自然环境部相关官员及大戈壁保护区负责人、中蒙双方媒体记者等共30余人出席签字仪式。

戈壁熊被蒙古国视为“国熊”，现仅存20多只，系唯一能够适应荒漠气候的熊类。受栖息地水资源枯竭、食物短缺等因素影响，戈壁熊目前处于极度濒危边缘。9月28日，受中国商务部委托，中国林业科学研究院派出援蒙戈壁熊技术援助项目可研工作现场考察专家组一行9人来蒙工作，经实地考察和对外商谈，最终就该项目实施内容、双方分工等与蒙方达成一致意见。根据双方达成的共识，中方拟首先开展为期三年的戈壁熊栖息地管理援助，包括栖息地生境质量评价研究、栖息地食用植物种群动态研究、栖息地生物多样性监测研究、戈壁熊种群数量研究、培训保护区技术和管理人员、提供保护区专用设备、安装自动气象站、野外补食等一揽子援助内容。后续，中方将根据援助进展情况和具体条件视情观开展戈壁熊繁育援助。

简化两国公民相互旅行条件

中国公安部出入境管理局和中国内蒙古自治区公安厅出入境管理局代表团于10月20~25日到达乌兰巴托进行工作考察。在访问框架内，中国公安部出入境管理局与蒙古国司法与内务部直属外国公民和国籍事务管理局共同签署了关于创造简化两国公民相互旅行的便利条件备忘录。

东北亚地区主要会议

东北亚地区主要会议

首届中日韩公共外交论坛暨2016年中日韩合作国际论坛（中国　北京）

2016年4月29日，由中国公共外交协会与中日韩三国合作秘书处共同主办的“首届中日韩公共外交论坛暨2016年中日韩合作国际论坛”在北京钓鱼台国宾馆举行。本届论坛云集中日韩三国前政要、三国外交官以及来自政治、经济及人文媒体领域的专家学者。论坛旨在通过广聚三国社会各界观点与智慧，进一步推动各领域交流，分享三边合作建设性提议，推动三国公共外交事业发展。中国公共外交协会会长李肇星主持开幕式，中国外交部副部长张业遂出席并致辞。中国全国人大常委会原副委员长许嘉璐，韩国前总理高建，日本自民党总务会长、前日本经济产业大臣二阶俊博发表主旨演讲。

张业遂在致辞中表示，始于1999年的中日韩合作是东亚合作的重要组成部分。经过近20年的建设发展，已建立起以领导人会议为核心、以20个部长级会议和60多个工作层机制为支撑的合作体系。无论是1997年的亚洲金融危机，还是2008年以来的全球金融危机，中日韩与东亚其他国家都同舟共济，化危为机，共渡难关。三国间的合作不仅助力各自发展，也为维护东亚和平稳定，促进地区发展做出了积极贡献，同时，有力地推动了东亚合作进程。2015年11月，中断三年的第六次中日韩领导人会议在首尔举行，三国领导人均重申对中日韩合作的高度重视，一致同意本着“正视历史、面向未来”的精神，妥善处理历史等敏感问题，深化在政治、经贸和财金、可持续发展、人文等领域的合作。领导人会议后，三国有关部门积极落实会议成果，举办了教育部长会、环境部长会、自贸区谈判、三国记者联合采访、三国青年官员交流等重要活动，推动各领域合作持续深入发展。本次论坛也是落实领导人会议成果的重要举措，显示了中方对推动中日韩人文交流合作的高度重视。

中日韩领导人会议的重启是三方决心继往开来的重要标志，为东亚区域合作注入了新的活力。当前，世界经济仍处在深度调整中，复苏依然乏力，国际金融市场波动不定，地缘政治风险上升，亚洲发展不平衡的问题依然突出。在此背景下，三国应借领导人会议重启的“东风”，落实好领导人会议各项共识，在新的起点上大力推动中日韩合作，为维护地区和平稳定、促进世界发展发挥更大作用。中日韩合作既有良好的现实基础，又有广阔的发展空间，我们要集中力量推动三国务实合作达到新高度、各领域合作成果更多惠及民众。三国应以加快中日韩自贸区谈判进程为抓手，积极推进东亚一体化建设。以充分发挥各自比较优势为基础，积极推动在重大基础设施建设等领域建立跨国合作模式。中方愿将中国装备制造的性价比优势同韩日高端技术、周边国家的发展需求紧密结合，开展国际产能合作，打造三方合作新品牌，为各自经济增长和全球经济复苏增添新动力。以加强创新政策交流为引领，将中国创新驱动发展战略、韩国创造型经济政策、日本科技立国政策相对接，探讨在软件和信息技术服务领域，特别是移动互联网、云计算、智慧城市、大数据等领域加强合作。继续深化节能环保、污染防治、生物多样性保护、循环经济等领域合作，共同落实好东亚减贫合作倡议，促进亚洲地区的可持续发展和共同发展。

中国全国人大常委会原副委员长许嘉璐表示，中、日、韩三国是一个命运共同体，应共同面对当今人类所面临的冲突与战争、不平等、生存环境恶化三大危机。我们应重拾古代贤哲的智慧，继承与发扬各自的优秀传统文化，加强人文交流和文化建设，培育三国共同价值观，构建和谐、友好、和平的东亚环境，为促进世界和平与繁荣做贡献。

韩国前总理高建在发言中称，中、日、韩三国应将经济、文化的互相依存作为实现共同发展与繁荣的钥匙。东北亚地区的深度合作将解决核扩散、金融危机、气候变化等问题。不论是在过去还是将来，国与国之间应以互相尊重、互相信任为基础，通过对各国理念、制度、文化、政治方面的深入了解和接触，走向“和而不同”的共融之路。希望以此论坛为契机，三国集思广益，致力于建立互惠互利的亚洲秩序。

如何推动中日韩关系发展？中国外交部公共外交咨询委员会委员吴建民给出两点建议：聚焦合作、管控分歧。三国有不同的利益，在利益汇合点的基础上，发展各种形式的合作，形成利益共同体，最终形成命运共同体，这就是聚焦合作。管控分歧，请大家注意习主席提出管控分歧，不是消除分歧。管控分歧注意什么？不要使这些分歧恶化，形成危机；不要使这些分歧妨碍三边的合作，影响公众的情绪。

本届论坛设有由政治、经济、人文媒体三个分论坛，各分论坛的议题分别是：政治分论坛——增进政治互信，维护地区和平稳定；经济分论坛——发挥经济互补优势，造福三国社会民生；人文媒体分论坛——推进人文媒体交流，增进理解和友谊。政治分论坛主持人为吉林中日韩合作研究中心顾问、中日韩三国合作秘书处前秘书长岩谷滋雄，经济分论坛主持人为清华大学苏世民书院院长李稻葵，人文媒体分论坛主持人为中国公共外交协会副会长吕凤鼎。

第十八次中日韩环境部长会议（日本　静冈）

2016 年 4 月 27 日，第十八次中日韩环境部长会议在日本静冈举行，中国环境保护部部长陈吉宁、日本环境大臣丸川珠代、韩国环境部部长尹成奎分别率团出席会议，就三国最新环境政策、全球及区域热点环境问题、联合行动计划实施进展等深入交流。

会上，三国部长审议了《中日韩环境合作联合行动计划（2015—2019）》的执行情况进展，听取了企业和青年代表的成果报告，鼓励三国积极开展环保产业和技术合作，并倡导青年人保持友好沟通与合作，将所学知识转化为推动可持续发展的生产力。会议通过并签署了《第十八次中日韩环境部长会议联合公报》。三国部长还就 2030 年可持续发展议程、以“一带一路”为代表的区域可持续发展倡议等全球和区域环境议题交换了意见。

中国环境保护部部长陈吉宁说，中日韩环境部长会议机制是东北亚地区一个重要的环境合作机制。2015 年 11 月召开的第六次中日韩领导人会议首次发表了环境合作专门文件《中日韩环境合作联合声明》，为进一步深化中日韩环境合作指明了方向。

陈吉宁就解决区域和全球环境问题、推进三国环境合作提出三点建议。一是推动落实 2030 年可持续发展议程。中方将把落实议程与加强国内环保工作结合起来，从环境保护角度推动实现可持续发展目标。二是支持“一带一路”等区域可持续发展倡议。建议三国环境部门积极加强区域合作倡议下的环境合作，在区域环境合作中发挥示范和引领作用。三是加强环保技术与产业合作。落实三国领导人会议倡议，构建环保产业合作平台，进一步推动环保技术交流和创新。他希望三国环保部门凝聚发展共识，加强交流合作，携手推动实现区域绿色发展。此外，他还提出与日方加强核安全领域的交流，特别是借鉴日本核事故后，核污染场地修复、放射性废物处理处置等方面的措施与经验，得到日方积极回应。

陈吉宁在随后召开的新闻发布会上表示，过去一年中，三国充分调动各种资源，在空气质量改善、生物多样性保护、农村环境政策对话、绿色金融和环保宣传教育等领域取得积极进展，推动了各自国家环境管理水平的提高，为促进区域可持续发展做出了有益贡献。中方将继续本着睦邻友好、合作共赢的精神，与日、韩两国携手加强对话与合作，共同促进区域及全球的可持续发展事业。

日、韩部长也分别介绍了本国最新环境政策进展。日本着重介绍了东日本大地震后的灾后恢复和重建、基于循环和自然和谐的社会建设方面的政策和措施；韩国则主要介绍了基于科学的环境管理、提供清洁和安全的环境服务、应对主要环境问题方面的政策和措施。

在回答记者关于生物多样性保护的问题时，陈吉宁说，中国政府多年来一直积极履行《生物多样性公约》，发布了《生物多样性保护战略与行动计划（2011—2030）》；与公约秘书处和生物多样性及生态系统服务政府间科学—政策平台（IPBES）秘书处合作承办了多个区域和专题研讨会；并通过南南合作为其他发展中国家生物多样性管理能力建设做出了积极贡献。中国政府已向公约秘书处正式递交了承办2020年公约第15次缔约方大会的申请。未来将通过强化生物多样性保护监管、理顺生物多样性保护管理体制机制、全面实施生物多样性保护重大工程、加大宣传教育和公众参与力度等行动推动生物多样性保护工作。

会议期间，三国部长还为2016年度“中日韩三国环境部长奖”获奖者中国李金惠、日本菅谷芳雄、韩国孔太文颁奖。会前，作为落实第六次中日韩三国领导人会议精神的具体行动，三国环保部门签署了《中日韩环境污染防治技术合作网络谅解备忘录》。中日韩环境部长会议开始于1999年，旨在落实三国首脑会议共识，探讨和解决共同面临的区域环境问题，促进本地区可持续发展。会议每年召开一次，在三国轮流举行。

2016年中日经济合作会议（日本　富山）

2016年11月21日，2016年中日经济合作会议在日本富山召开，此次中日经济合作会议由日中东北开发协会、日中经济协会和中国辽宁省、吉林省、黑龙江省、内蒙古自治区人民政府共同主办，由日中经济合作会议执行委员会承办。中国国家发展和改革委员会、中国东北三省一区的相关部门、研究机构、企业约230人应邀参加会议，日方包括日本经济产业省、日中东北开发协会、日中经济协会、北陆环日本海经济交流促进协议会、日本驻沈阳总领事馆等部门及有关团体、研究机构、企业、媒体代表等共计213人参会。

本次会议以“新一轮中国东北振兴和由中日经济合作解决课题”为主题，通过全体会议、分科会、中日双方VIP会谈、企业考察调研、展示商谈会等多样的交流对接活动，推进中国东北三省一区和日本的企业经贸合作和产业对接，同时就如何加强中日经济合作提出对策建议。在开幕式暨高层论坛上，中日两国地方政府领导及企业代表按照本届会议主题，就发挥各自的优势、探讨今后重点领域的合作等问题进行了演讲。另外，将深化产业合作作为双方共赢目标，不断推进在各产业领域的实质性合作方面取得了一致的意见。日中东北开发协会会长宗冈正二、富山县知事石井隆一、日本经济产业省通商政策局交涉官田村超彦，中国驻日本大使馆公使刘少宾、国家发改委东北振兴司副司长童章舜在开幕式上致辞。富山县副知事寺林敏富、岩手县知事达增拓也、新潟县副知事高井盛雄、北海道经济部部长阿布启二，辽宁省省长助理王大伟、吉林省政协副主席薛康、黑龙江省商务厅厅长孟祥君、内蒙古自治区商务厅副巡视员李春生在高层论坛上发表演讲。

吉林省政协副主席薛康在大会上致辞说，多年来，中日经济合作会议充分发挥平台作用，为促进中国东北地区与日本经贸合作，做出了重要贡献，取得了丰硕成果。本次会议以“新一轮中国东北振兴和由中日经济合作解决课题”为主题，紧扣双方合作发展的战略契合点，必将谱写中日经济合作、实现互利共赢的崭新篇章。吉林是中国重要的工业基地和商品粮基地。中国政府实施新一轮东北振兴战略以来，吉林省经济社会保持平稳健康发展。未来五年，吉林省将围绕“决胜全面小康、建设幸福美好吉林”奋斗目标，加快推动经济转型升级，推进治理体系和治理能力现代化，走出具有吉林特色的振兴发展新路。吉林新一轮全面振兴，展现着广阔的前景，蕴含着无限的机遇，期待有识之士来吉林共话合作、共谋发展。近年来，吉林与日本交流合作成果显著，日本一批世界500强企业相继在吉林落户，日本已经成为吉林省第二大贸易伙伴。吉林省与宫城县、鸟取县等16个地方政府建立了友好关系，双方互访频繁。这些成果充分展示了双方深化务实合作的诚意，也进一步坚定了我们继续扩大合作的信心。

薛康强调，东北是中国区域发展中极具优势的地区，辽宁省、黑龙江省、内蒙古自治区与日本有很好的交流合作关系，各省区都有自身独特的优势与潜力，在中国新一轮东北振兴发展战略中，都取得了新的辉煌业绩，与日本的合作展现出广阔的前景。2016年是中日邦交正常化44周年。这次中日经济合作会议的召开，为双方巩固以往合作成果，面向未来深化合作提供了有利契机。吉林省将紧紧抓住机遇，在装备制造、汽车零部件、高新技术、医药健康、农产品精深加工等领域，与日本有关方面继续拓展合作。期待有更多的日本企业来吉林、来东北投资发展，更多的日本专业人士来吉林、来东北交流合作，更多的日本朋友来吉林、来东北旅游观光。吉林省将努力提供良好的营商环境、良好的创业氛围、良好的消费体验，共同推动中日交流合作迈上新台阶。

辽宁省省长助理王大伟发表演讲，围绕新形势下辽宁加快“三大国家战略”，建设“五个基地”的发展方向，着力推动辽宁自贸试验区、辽宁沿海经济带和沈抚新区加速发展的对外开放格局，尤其是对辽宁的产业发展优势，以及辽宁省政府进一步优化营商环境所取得的成果，向日本客商进行了重点推介，希望能借助宗冈会长及日中经济协会在日本经济界的影响力，带动更多的日本企业积极参与辽宁省的经济建设，尤其是参与沈抚新区建设，支持沈抚新区早日建成东北亚新经济中心；推进欧力士集团与沈抚新区在金融、环保等产业开展全方位合作，推进伊藤忠商事株式会社在沈抚新区建设日本产业园项目。

开幕式后召开了全体会议，来自日本富山县、岩手县、新潟县和北海道的知事以及我国东北三省一区的相关领导分别就各地投资环境和优势产业发表了演讲。在下午的分科会上，内蒙古鄂尔多斯电力冶金集团股份有限公司、内蒙古鹿王羊绒有限公司和内蒙古蒙佳粮油工业集团有限公司相关负责人分别在环境节能、商品制造和农业农产品加工分科会上代表内蒙古自治区企业进行了推介和发言，受到了日方参会代表的关注。

经本次会议主办方协商，确定第16届中日经济合作会议于2017年在吉林省长春市举办。各方参会者一致表示，今后将充分发挥中日经济合作会议的平台作用，认真贯彻落实本次会议的精神，全面推动双方贸易与投资合作。

第三届东方经济论坛［俄罗斯　符拉迪沃斯托克（海参崴）］

俄罗斯第二届东方经济论坛于2016年9月2日在俄罗斯远东符拉迪沃斯托克（海参崴）市举行，日本首相安倍晋三、韩国时任总统朴槿惠均出席了此次论坛。本届论坛期间，俄方举办了超过50场活动，推出111个投资项目，签署130份投资协议，总金额约为155亿美元。俄罗斯副总理兼总统驻远东联邦区全权代表特鲁特涅夫在开幕式上发言。论坛期间，中俄合作保持了此前良好的发展势头，签订了一系列合作协议，日韩两国与俄罗斯的合作也取得了进展。东方经济论坛是在俄罗斯受到西方国家制裁的背景下，由俄总统普京倡议举行的，意在吸引来自亚洲国家的资金技术，发展俄远东地区，从而带动俄经济发展。2015年9月，该论坛首次召开，其中俄方提出的发展远东战略获得了中方的大力支持，双方在物流、基建、汽车、航空配件等领域签署了合作协议。

在本届论坛上，中俄依然保持了长期以来良好的合作势头，双方在能源开发、农业投资以及金融领域等方面均达成了合作意向或协议：俄石油与中石化签署了东西伯利亚天然气加工与油气化工综合体建设项目的初步可行性研究协议；俄中双方共同成立的农业发展基金将向俄现代化养猪综合体、大豆小麦深加工等农业项目注资；由郑州银行、阜新银行、赣州银行等金融机构组成的中资银行团将在未来三年内向俄外经贸银行融资15亿美元。

俄罗斯亚洲工业企业家联合会联席主席玛尔格丽达在接受记者采访时认为，中国企业在远东与俄方的合作具有项目覆盖广、合作深度大等特点。从本届经济论坛双方签订的项目可以看出，双方合作具有较强的互补性，可以预计，未来双方合作潜力仍然很大。中国产业海外发展和规划协会秘书长和振伟认为，俄远东开发战略与中国振兴东北经济的战略不谋而合，双方合作有利于优化自身经贸结构、调整产业思路。

相较于第一届东方经济论坛，此次经济论坛得到了日本、韩国的重视。日韩两国均有大量商务代表团参与论坛讨论。值得注意的是，尽管日韩商务代表团人数众多，但日韩与俄交流的重心仍侧重于政治领域。两国领导人一方面强调支持俄罗斯远东发展战略，另一方面则借机反复阐述自身的核心诉求。

安倍在论坛上呼吁，希望尽快签署两国和平条约，“结束持续了70年的不正常情况，打造日俄关系新纪元”。朴槿惠则希望包括俄罗斯在内的国际社会对朝鲜施压，促使朝鲜放弃核计划，尽早回到谈判桌前。

对此，俄罗斯分别回应日韩称，愿意就和平条约一事进行讨论，并将于“年底访日时揭晓最终结果”；俄反对大规模杀伤性武器扩散，并呼吁朝鲜遵守联合国决议，“但在对待朝鲜问题上应小心，不应挑衅平壤”。

在论坛期间，俄方更希望加强与日韩两国的经贸往来，提出了与日韩就天然气加工厂、远东港口基础设施、煤炭码头以及对俄银行贷款等方面进行合作的意愿。此外，普京提出建议，希望日本和韩国考虑与俄罗斯共同建立投资平台，为工业和高科技领域项目融资。日韩与俄诉求尽管各有侧重，但最终日韩双方均与俄罗斯签署了一系列合作协议。日本ROTOBO贸易会会长村山滋认为，较上一届东方经济论坛，日韩两国在本届论坛上对俄合作“取得了很大进展”。

此次日本派出的代表团人数超过中国，成为论坛中第一大外国代表团。有媒体提出了日本是否能在对俄合作中赶超中国的问题。对此，俄方代表表示，日韩合作不影响中俄合作，不论是日本、韩国还是东盟、越南等亚太重要经济体，在与俄罗斯的合作规模和深度上都远低于中国。此外，靠一个东方经济论坛既无法使日俄关系实现突破，也不会对当前的俄日中关系态势造成重大改变。当前，中俄间的合作途径和平台已经很完备，不需要都集中到经济论坛上来谈合作。日韩两国与俄罗斯在远东地区发展经贸合作具有较强的政治性，且起步较晚，无法与中俄合作相比。无论是日本与韩国，都不具备中俄所处的地理位置，双方在发展物流、跨境电商、能源过境等方面具有得天独厚的优势。

受时任中国黑龙江省委副书记、省长陆昊的委托，省委常委、副省长李海涛率黑龙江省政府代表团出席了本届论坛及相关活动，并与俄联邦有关部门和州区政要就口岸和互联互通设施建设合作等事宜举行会谈和交流。9月2日和3日，李海涛出席了中俄商务对话会议、远东地区跨境运输潜力会议，与俄联邦交通部副部长齐杰诺夫、远东发展部第一副部长奥西波夫、俄边境建设署署长别尔尚斯基举行了专题会谈，就口岸和互联互通基础设施建设等方面事宜进行了深入交流，相互提出了务实的建议和意见。9月3日，李海涛出席了第二届东方经济论坛全体大会。

访俄期间，在俄滨海边区副州长涅哈耶夫陪同下，李海涛考察了杨科夫斯基物流运输中心，就共同办好双方“地区日”活动交换了意见。先后会见俄联邦经济发展部第一副部长哈里乔夫、哈巴罗夫斯克州州长什波尔特、犹太自治州州长列文达尔、阿穆尔州州长科兹洛夫、萨哈林州州长科热米亚科、萨哈（雅库特）共和国政府副主席尼康诺夫、俄中友好协会主席梅津采夫等政要。出席并见证了哈尔滨银行与俄外经银行“百亿元人民币银团贷款”协定签署仪式；与金砖银行副行长祝宪进行了座谈，在金砖银行支持黑龙江省与俄毗邻州区建设跨境基础设施等方面达成了共识。拜会了商务部部长助理王炳南，希望商务部在建设跨境电商综合试验区等方面给予支持，还就长久集团、黑龙江省中盟集团在俄投资项目与俄方进行了沟通交流。

第十一次中日韩经贸部长会议（日本　东京）

2016年10月29日，第十一次中日韩经贸部长会议在日本东京举行，本次会议旨在为第七次中日韩领导人会议积聚更多成果，并就落实二十国集团（G20）峰会经贸成果，开展三国务实经贸合作新领域、新倡议，以及区域、多边经贸等议题达成共识。

会议由中国商务部部长高虎城与日本经济产业大臣世耕弘成、韩国产业通商资源部部长周亨焕共同主持。高虎城表示，当前世界经济复苏势头依然脆弱，中日韩作为东亚三大经济体，对地区和全球经济增长具有重要影响。三方应在经贸领域落实领导人共识，充分发挥产业互补性，提升贸易投资水平，通过深化合作促进自身发展并为东亚乃至亚洲经济平稳增长做出贡献。此次部长会议是在当前世界经济不稳定因素增多、东亚经济总体保持平稳、各国面临共同发展挑战的大背景下召开的，具有特殊重要意义。各国经贸部长应秉持团结合作精神，共同面对经济发展挑战，共谋加强各领域经贸合作的大计，为即将召开的领导人会晤积累经贸成果，为本地区经济增长注入活力和新的动力，为世界经济复苏与发展提供亚洲力量，贡献亚洲智慧。面对共同的机遇和挑战，各国应本着互利共赢原则，搁置争议，团结合作，在新的起点上砥砺前行。东亚地区GDP达到18.6亿美元，总人口接近22亿人，内需市场巨大。各国资源禀赋各异，发展阶段不同，加强经贸合作具有得天独厚优势。在世界主要经济板块中，东亚地区内部互补性最强，拥有较强经济抗风险能力，可以实现从原材料到加工制造直到最终消费的完整经济循环。持续不断的产业梯度转移还深化了区域内分工合作，带动了跨境投资和产业内贸易。

世耕弘成表示，在当天的会议中，中日韩三国就共同推进经济结构改革达成共识，并就合作方式进行了探讨。与此同时，三方还就经济以外领域的合作进行了深入探讨。会议成果不仅对中日韩三国经济，而且对亚洲经济和全球经济都将有很大贡献。

周亨焕表示，本次会议就建立三国合作制度框架，以及三国自贸区和区域全面经济伙伴关系协定（RCEP）进一步加快谈判进程等内容达成了一致意见，并将共同就三国自贸区和RCEP达成现代、全面、高水平、互惠互利等目标努力。中日韩三国经济占世界经济总量的20%，如果三国能够推动合作，将为世界经济的发展和恢复做出巨大贡献。

其间，中国商务部部长高虎城应约会见日本经济产业大臣世耕弘成，就中日经贸关系、区域和多边合作等议题交换意见。高虎城表示，中国和日本互为重要近邻和经贸伙伴，两国邦交正常化以来经贸合作成果显著。中国商务部与日本经济产业省应努力发挥经贸合作对改善两国关系的建设性作用，推动两国关系持续稳定改善。他说，中日经济互补性强，在中国经济进入新常态和经济结构转型调整的新形势下，双方应探索新的合作领域，提高务实合作水平。同时，双方还应加强在区域和多边经贸问题上的沟通与交流，共同推动二十国集团（G20）峰会经贸成果落实，推动中日韩自贸区和区域全面经济伙伴关系协定（RCEP）谈判尽早完成。世耕弘成表示，日本政府十分重视日中经贸关系，愿积极推动日本企业适应中国经济发展新形势，扩大在服务业和新经济等领域的投资合作。

中方立足三国经贸长远发展，提出在共建“一带一路”和“欧亚倡议”框架下开展第三方国际产能合作并共同开拓第四方市场；推动三国次区域合作发展，深化泛黄海经济技术交流会议等机制建设，支持三国地方间开展更多务实合作。中方有关倡议得到日、韩方积极响应。三方通过“加强三国供应链互联互通”联合研究报告，并同意将共同推动打造开放的世界经济，进一步加强多边贸易体制，促进全球贸易投资并积极推进区域经济一体化。中方倡议在“10+3”框架下将上述研究扩展至东盟国家，得到日方和韩方的响应和同意。三方重申将加快中日韩自贸区和区域全面经济伙伴关系协定（RCEP）谈判，增强三国自贸区的独特价值，并在RCEP谈判有关领域取得高质量、具有商业意义的成果，共同努力达成现代、全面、高水平、互惠互利的自贸协定。三方同意共同推动打造一个开放的世界经济，反对保护主义，进一步加强多边贸易体制，促进全球贸易和投资，加强在亚太经合组织和亚欧会议框架下的合作，积极推进区域经济一体化。

会后，三国经贸部长发表了《第十一次中日韩经贸部长会议联合新闻声明》。声明表示，三国将继续努力落实G20杭州峰会成果，强调《G20全球贸易增长战略》和《G20全球投资指导原则》重要性，以及G20贸易投资工作组对进一步加强G20贸易投资合作的重要作用。

2016年东北亚经济论坛（中国 长春）

2016年8月11日，由东北亚经济论坛（NEAEF）主办，吉林大学东北亚研究院、教育部人文社科重点研究基地东北亚研究中心承办的“2016东北亚经济论坛”在吉林大学东荣会议中心举行。全国人大原副委员长蒋正华，吉林大学党委书记杨振斌，东北亚经济论坛主席赵利济，美国阿拉斯加州原州长史提夫·库珀，日本原外务副大臣、现任众议院议员山口壮，韩国国会前副议长朴宽用出席开幕式并致辞。来自美国、俄罗斯、韩国、日本、蒙古国、澳大利亚、欧盟等国家和地区近50位外国前政要、专家学者等和来自中国国内的代表百余人参加会议。论坛主要围绕“一带一路”建设、东北亚地区互联互通工程、东北亚共同体、金融合作、能源与环境合作、跨境旅游、吉林老工业基地发展等议题进行了研讨。

与会的各国专家普遍认为，当前世界政治经济格局已进入重大调整时期，发达国家与新型工业化国家的差距有所缩小，虽然总体国际局势在一定程度上趋于缓和，但局部冲突、地区性政治动荡等问题接连不断。在东北亚地区，和平与发展是主流趋势，但冷战遗留的一些问题仍没有解决，地区安全与信任机制十分脆弱，存在一系列影响本地区和平与稳定的冲突和不确定性因素。近年来，中国提出“创新、协调、绿色、开放、共享”五大发展理念，并以“一带一路”为核心，全面推进东北亚开放发展新理念。与此同时，韩国提出“欧亚倡议”，俄罗斯推进建立“欧亚经济联盟”，蒙古国提出“草原之路”等构想。东北亚国家发展战略的互动与对接，有利于推进东北亚区域经济一体化进程，为建立亚洲经济命运共同体注入新动力。特别是，中国提出新一轮振兴东北老工业基地战略，不仅为吉林省对外经济合作提供了新的发展机遇，也将为东北亚区域合作提供新的发展机遇。

中国图们江区域开发专家组组长蒋正华表示，包括中国“一带一路”倡议在内的东北亚国家发展战略的互动对接，有利于推进东北亚区域经济一体化进程，为建立亚洲经济命运共同体注入新动力。特别是，中国提出新一轮振兴东北老工业基地战略，将为东北亚区域合作提供新的发展机遇。近些年来，受种种因素影响，中日关系不断遭遇艰难险阻，至今仍未完全回归正常发展轨道。这种不健康状态影响中日合作，延缓东亚区域一体化进程，牵动地区和平稳定。发展中日关系，要遵守共识，维护政治根基；要端正认知，形成良性互动；要继承传统，弘扬友好理念。要切实把握大趋势、坚持大方向，要不断增强责任感、怀有危机感，要努力扩大积极面、抑制消极面，要坚持管好老问题、防止新问题。他就此提出四点建议：一是正视历史渊源，二是维护和平海洋，三是拓展互利合作，四是扩大国民交流。

日本众议院议员山口壮认为，中日韩三国政府应求同存异，加快推动中日韩自由贸易谈判，加强三国间人文、金融、能源与环境、跨境旅游、基础设施建设方面的合作，为东北亚共同体和一体化建设奠定基础，最终实现本地区的经济繁荣和持久和平。

“2016东北亚经济论坛”主席赵利济表示，本次论坛旨在为知名专家学者深入交流、广泛探讨、寻求共识提供平台，为促进互利共赢，推动东北亚各国经济发展献计献策。闭幕式上赵利济主席代表论坛发表了《长春宣言》，加快组建东北亚合作开发银行成为与会各国代表共识。《长春宣言》指出，组建东北亚合作开发银行，是“东北亚经济论坛”过去十年一直在呼吁和推动的工作，组建这个银行可以有力推动东北亚经济发展和合作共赢，当前需要明确其发展使命和治理机制，呼吁相关国家加快推动组建工作。同时，当前东北亚地区局势错综复杂，各国国家战略应该加强协作，加强本区域内的基础设施建设、跨境旅游、能源和人文合作，加快中日韩自贸协定谈判等。

与会各国代表一致认为，金融合作是东北亚区域合作的重要内容，也是东北亚经济共同体和一体化的重要推动力量，有关国家尤其是中日韩三国应该加强对东北亚合作开发银行的联合研究和论证，加快银行组建步伐，并与亚洲开发银行、亚洲基础设施投资银行等金融机构加强协调，以此提升东北亚国家合作水平。

东北亚经济论坛建于1988年，是国际区域性非政府组织，总部设在美国夏威夷，得到联合国开发计划署的支持。7月31日至8月10日，吉林大学东北亚研究院和东北亚经济论坛还共同组织举办了东北亚“青年领袖研讨班”（Young Leaders Program，YLP），来自美国、俄罗斯、韩国、日本、蒙古国、中国等国家的共25位青年学者受到全额资助，共同学习和研讨东北亚地区政治、经济、交通、物流等领域的相关问题，全体学员也参加了本次论坛。

第二十一届东北亚地区地方政府首脑会议（中国　长春）

2016年8月17日，第二十一届东北亚地区地方政府首脑会议在长春召开，来自中国吉林省、日本鸟取县、俄罗斯滨海边疆区、蒙古国中央省、韩国江原道等地的政府首脑参会，俄罗斯滨海边疆区州长米克卢舍夫斯基、韩国江原道知事崔文洵、日本鸟取县副知事林昭男、蒙古国中央省副省长蒙赫巴特尔分别做主旨发言。韩国驻沈阳总领事申凤燮、俄罗斯驻沈阳总领事白德福、日本驻沈阳总领事石塚英树、蒙古国驻呼伦贝尔副领事德·钢巴雅尔先后致辞。本次会议主题为“新形势、新机遇、新起点——开创东北亚次区域合作新局面”，与会代表就区域地方之间投资贸易、基础设施、能源建设、旅游环保等议题展开讨论交流，会议发表了推动区域合作的《共同宣言》。

东北亚地区地方政府首脑会议创立于1994年，每年由中国吉林省、日本鸟取县、韩国江原道、俄罗斯滨海边疆区、蒙古国中央省轮流举办，至今已成功举办21届。20多年来，东北亚地区地方政府首脑会议秉承加深了解、增进友谊、促进交流、加强合作的宗旨，广泛开展区域合作交流、投资贸易洽谈、企业项目对接等活动，取得积极成果，内涵不断丰富，层次不断提升，已经成为具有建设性和包容性的区域合作机制，为扩大吉林省同周边国家交往、加快东北亚地区互联互通建设、推动图们江区域开发合作、促进区域经济一体化发展方面发挥了积极作用。

吉林省省长蒋超良在会上致辞并做主旨发言。他指出，东北亚地区在全球格局中的地位举足轻重。20多年来，东北亚地区地方政府首脑会议作为聚焦东北亚、放眼全世界的重要平台，秉承加深了解、增进友谊、促进交流、加强合作的宗旨，通过开展区域合作、加强投资贸易洽谈等活动，取得一系列成果。各方经贸关系日益密切，人员往来日益频繁，合作层次日益提升，成为具有建设性和包容性的区域合作机制。当前，全球经济深度调整、曲折复苏，密切区域合作、实现率先发展已经成为我们的广泛共识。第二十一届东北亚地区地方政府首脑会议将围绕贸易投资、基础设施、能源建设、旅游环保等各方共同关心的话题，开展交流，谋求共识，扩大合作。期待各位嘉宾、使节和学者充分发表真知灼见，不断扩大交流、交往、交融，共绘充满活力的东北亚新愿景。吉林省愿意与各国地方政府一道，紧密合作，齐心协力，培育区域发展新动能，开创区域合作新局面。

蒋超良在做主旨发言时表示，东北亚各国地缘相近、人缘相通，既是亲密朋友，也是合作伙伴。当前，世界经济复苏低迷，国际金融危机深层次影响还在继续。应对风险挑战、加强区域合作、推进互惠发展是我们的共同愿景。现在，中国正在组织实施经济社会发展第十三个五年规划，明确提出以“一带一路”建设为统领，提高对外开放水平，努力形成深度融合的互利合作格局。吉林省正在实施开放发展战略，推进向东向南开放“双翼共进”，全力构建开放型经济新体制。在新形势下，我们应该携起手来，深化睦邻友好，强化多边合作，推动共同繁荣。

蒋超良指出，加强发展战略对接，是加强地方政府合作的重要依托。各会员地区应在各国发展战略指引下，围绕农业、能源、旅游、环保等领域，找准区域交流合作的契合点，完善新的合作机制和平台，深化投资贸易合作，促进产业结构升级，实现互利共赢、共同发展。进一步深化各领域合作，是各方共同利益所在。各会员地区经济互补性强、合作空间大，应以企业为主体，以市场为导向，依托丰富资源开展国际产能、投资贸易等重点领域合作。加快互联互通建设，是实现人畅其行、物畅其流的根本保障。各会员地区应紧密合作，争取各自中央政府支持，加大对东北亚大通道建设的投入，加快陆海空航线和通道建设，构建区域交通物流网络。加强通关制度合作，共同研究简化物流通关手续，降低区域内人员流动和货物运输成本。完善协调推进机制，是巩固扩大东北亚区域合作成果的重要条件。应在完善东北亚地区地方政府首脑会议等基础上，探索建立合作成果推进落实机制，加强各方协调沟通，有效解决问题，使各方共同受益，推动实现新发展。

在当天会议上，参与方签署了《第二十一届东北亚地区地方政府首脑会议共同宣言》。宣言中称，将支持和参与中国倡导的“一带一路”建设和联合国开发计划署推动的大图们倡议（GTI），推动东北亚地区基础设施互联互通建设和国际物流合作，积极完善过境签证制度，推进通关便利化。此外，各方还将开展农业种植、养殖、农产品加工、品牌推广以及流通等领域的交流，共同推动农业现代化发展；发展跨境电子商务等新型贸易方式，扩大国际产能合作和相互投资，进一步推动环保、旅游产业交流合作，以产业互补促进区域经济新融合；扩大文化、教育、卫生、体育以及学术、青少年等领域交流的同时，开展灵活多样的民间交往。

会议还决定第二十二届东北亚地区地方政府首脑会议将于2017年在日本鸟取县举办。

第十二届北京—东京论坛（日本 东京）

2016年9月27日，由中国国际出版集团与日本言论NPO共同举办的第十二届北京—东京论坛在日本东京开幕，本届论坛主题为“面向世界及亚洲和平与发展的中日合作”。来自中日两国政界、经济界、学术界、传媒界的嘉宾和代表出席。来自中日两国政界、经济界、学术界、媒体近500位代表围绕论坛主题展开了务实交流和深入研讨，为中日关系的持续改善与健康发展提供了许多宝贵的真知灼见，达成了一系列共识。

公益财团法人国际文化会馆理事长、原联合国副秘书长明石康代表日本主办方致辞，中国国际出版集团总裁周明伟代表中国主办方致辞。日本外相岸田文雄代表日本政府致辞，中国驻日本大使程永华，中宣部副部长、国务院新闻办公室主任蒋建国分别代表中国政府致辞。日本前首相、北京—东京论坛日方最高顾问福田康夫与中日友好协会会长、原国务委员唐家璇分别发表主旨演讲。

论坛期间，中日两国近百名代表围绕“面向世界及亚洲和平与发展的中日合作”这一主题，通过大会发言和双边政治与外交、经济、媒体、安全及特别等五个分论坛，直面两国关系发展所面临的问题，进行坦诚而深入的交流和沟通，提出许多颇具建设性的意见和建议。在分论坛报告会环节，中国社会科学院日本研究所副所长杨伯江与言论NPO代表工藤泰志共同主持。上海市日本学会会长吴寄南、国家发改委学术委员会秘书长张燕生、人民中国杂志社总编王众一、南京大学国际关系研究院院长朱锋、清华大学当代国际关系研究院副院长刘江永以及上智大学国际关系研究所代表、前驻美国大使藤崎一郎、日兴Research Center株式会社理事长山口广秀、近藤外交和文化研究所代表、原文化厅长官近藤诚一、原日本驻华大使宫本雄二、每日新闻社评论员福本容子12位中日代表登台，分别就相关主题做总结报告。

27日上午的全体会议结束后，将分别开始双边政治与外交、经济、媒体、安全、特别五个分论坛。其中双边政治与外交分论坛主题为“世界及东亚和平秩序的调整转型与中日两国的作用”，经济分论坛主题为“结构改革新局面与中日合作”，媒体分论坛主题为“国民感情改善与中日媒体合作”，安全分论坛主题为“东亚安全形势与中日安全合作”，特别分论坛主题则为“人文交流如何给两国关系注入新活力”。

日兴Research Center株式会社理事长山口广秀和国家发改委学术委员会秘书长张燕生分别对经济分论坛的讨论成果做了报告。山口广秀在报告中指出，双方普遍认为，中日民间对话要克服干扰，加强经济贸易的交流合作。中日间经贸关系要增加透明度且要提高对话和沟通的程度。中日合作推进中日经贸关系有助于推动中日关系的改善。两国在很多领域有许多合作潜力，双方应该努力增进相互理解，推进民间合作。张燕生针对山口光秀的报告进行了补充，他指出，针对中日如何加强合作摆脱当前两国经贸领域面临的困境，中日代表认为：第一，中日应在高铁、发电、装备制造和化工领域进行全方位的合作和努力，以期实现“1+1>2”的效果；第二，应在低碳、绿色发展、节能减排方面开展全方位国际合作；第三，在创新、互联网领域应开展“1+1>2”的全方位合作，共同创造一个以工业互联网为基础的中日间新型开放平台；第四，应在基础设施建设领域，包括交通、通信等方面开展全方位合作；第五，应在少子老龄化领域，包括医疗、保健、教育、居家养老等方面展开全方位合作。

海市日本学会会长吴寄南、上智大学国际关系研究所代表、前驻美国大使藤崎一郎分别对政治分论坛的讨论成果做了报告。吴寄南说，参与政治分论坛的中日方代表主要围绕世界和亚洲现行秩序的评估和调整以及中日两国可以发挥怎样的作用进行了讨论，双方认为，一是世界和亚洲的现行秩序正面临重大的转型，中日两国的发展也在经历历史性的考验。二是中日两国彼此关注对方的发展方向，但是对双方的认知存在差异。中日间认识差距不断扩大，这个问题是一个急需认真关注和深层处理的问题。三是近年来，亚洲在国际事务中的影响力上升，中日两国的姿态在不同程度上会影响和改变现行国际秩序。四是互联网时代，中日两国的各种意见可以充分迅速地在网上得到表达，对政府的行为的监督得到强化，两国需避免狭隘的民族主义的抬头干扰中日关系的大局。五是中日关系在进入新世纪以后，过去的分歧主要集中在参拜靖国神社历史问题上，而现在呈现多点摩擦；双方应管控好老问题，还要防止新问题。其后，藤崎一郎补充介绍，当前的全球政治、经济系统正面临着多种挑战，中日两国应该以面向未来的姿态对所遇到的问题进行讨论并采取相应对策。

第十二届北京—东京论坛由言论 NPO、中国国际出版集团共同主办。“北京—东京论坛”创立于 2005 年，是中国新闻界、学术界现与日本民间组织携手，为促进中日关系健康发展、加强两国民众相互了解而共同搭建的中日精英交流平台，每年在北京和东京轮流举办。前十届由中国日报社与日本非营利法人机构——言论 NPO 共同主办，自 2015 年起由中国国际出版集团与言论 NPO 共同主办。这一中日两国的民间交流论坛十年来广泛聚集了两国各领域的知名人士，围绕涉及中日关系重大问题进行交流研讨，在推动双方沟通观点、缩小分歧、增进互信，影响和引导两国公众舆论方面起到了积极作用。

中蒙俄智库国际论坛2016（中国　呼和浩特）

2016 年 9 月 28 日，由中蒙俄智库合作联盟主办，内蒙古自治区发展研究中心担任轮值主席方的“中蒙俄智库国际论坛 2016”在呼和浩特隆重举行。来自中蒙俄三方智库、政府及企业界代表 150 余人齐聚草原青城，一道为共商共建中蒙俄经济走廊大业建言献策，共论合作发展大计。内蒙古自治区党委常委、自治区人民政府副主席符太增，国务院发展研究中心党组成员、副主任张来明，中国外交部国际经济司参赞孙向阳，蒙古国外交部邻国司司长特·嘉纳巴扎尔和俄罗斯联邦驻中华人民共和国大使馆参赞克朗斯出席了本次论坛开幕式并致辞。

“中蒙俄智库国际论坛 2016”的举办，为三方智库思想交流提供重要平台，显示了三国经济合作的前进方向，把握住了三国经济合作的战略共识，应天顺人，水到渠成，为三国经济合作贡献真知灼见。中蒙俄三国是永久的邻居，也是经济共同体，中蒙俄经济走廊建设是一项跨国、跨世纪的伟大工程，最重要、最核心的任务是实现基础设施的互联互通。内蒙古自治区作为中国北部联通俄蒙的边疆省份，是中蒙俄经济走廊的核心枢纽地区，在基础设施互联互通和中国全方位对内对外开放中发挥着重要的作用。

在开幕式上，中国国务院发展研究中心副主任张来明表示，建设中蒙俄经济走廊，智库是不可替代的重要力量，能够为建设中蒙俄经济走廊发挥好出谋划策的重要作用。蒙古国外交部邻国司司长特·嘉纳巴扎尔说，蒙古国、中国和俄罗斯三国是永久的邻居，也是战略伙伴国，三国在利用各自的优势和地缘特性开展互利共赢的合作方面拥有很大资源和广阔前景。俄罗斯联邦驻华大使馆参赞克朗斯认为，中俄蒙必须要认识到，从本质上改变三方合作的质量和规模。

与会专家学者认为，中蒙俄关系处于历史最好时期，在落实三国元首会晤共识，推进中蒙俄务实合作中，智库的政策沟通、民意联通作用正在逐步显现。智库不仅具有专业研究能力，更是政府和百姓的桥梁。在推动三方务实合作过程中，智库要有担当，要发挥应有的作用。一是要发挥智库联盟作用。启动一些具有前瞻意义、具有储备意义的合作研究，推动三方的务实合作，以及规划纲要的落实。二是加强智库与政府的沟通。将智库的研究成果切切实实传递上去，能够发挥实际作用，成为政府参谋部门、支撑部门。三是发挥好论坛的作用。本次论坛议题聚焦，而且三方专家都来自高端智库，通过三方思想的碰撞、智慧的交流，为规划纲要的落地实施，为三方的务实合作探索路径、方向和渠道。

内蒙古发展研究中心主任杨臣华在发言中说，作为咨政建言和人文交流的重要力量，中蒙俄智库合作联盟在推进中蒙俄经济走廊建设战略中发挥重要作用。杨臣华表示，围绕中蒙俄经济走廊建设优先方向，中蒙俄智库合作联盟秉持政策先导理念，就政策性、战略性、前瞻性问题开展重大课题合作研究，为三方政府提供决策建议，推动政策沟通、设施联通、贸易畅通、资金融通、民心相通，为三国经济社会繁荣发展提供智力支持。

2016 年 6 月中蒙俄三国元首塔什干会晤期间，三国政府共同签署了《建设中蒙俄经济走廊规划纲要》（简称《规划纲要》）。为做好纲要所确定领域的充分对接，以更好发挥智库在推动落实《规划纲要》中的智力支撑和引领作用，本次论坛以“中蒙俄经济走廊：对接与拓展”为主题，以主论坛主旨演讲和五场平行论坛专题交流方式开展。主论坛专题为“共促中蒙俄经济务实合作”“拓展经济走廊建设新领域”“共创合作新机制”“共筑可持续发展软实力”。五场平行论坛专题分别为“中蒙俄经济走廊：规划与行动”“文化教育与可持续发展”“国情、律法、政策沟通”“贸易投资便利化”“科技交流与合作”。来自中蒙俄三方的嘉宾和知名专家学者，围绕会议主题进行了精彩演讲与深度解读，为谋划和推动中蒙俄经济走廊建设建言献策。当前，正值“一带一路”框架下的三国发展战略对接的第一个多边合作规划纲要正式启动实施之际，围绕基础设施、经济贸易、科技文化、生态环保等重点领域，开展三方智库之间的务实对话和深入交流，必将促进中蒙俄经济走廊建设蹄疾步稳、行稳致远。

中蒙俄智库国际论坛是在落实三国元首杜尚别和乌法会晤共识，根据三国副外长北京会议关于建立三方学术和智库交流机制的要求，在中国外交部倡议支持下，由内蒙古自治区发展研究中心联合国务院发展研究中心国际合作局、俄罗斯科学院远东研究所、蒙古国科学院和蒙古国国立大学以及中国北京、内蒙古、黑龙江、吉林、辽宁、新疆等省（区、市）智库，共同形成的国家级、国际性的重要学术交流和智库合作平台。于 2015 年 9 月在蒙古国首都乌兰巴托成功举办了主题为“文明互鉴　思想交流　政策沟通——携手推动中蒙俄经济走廊建设”的首届中俄蒙三方智库国际论坛，为深化三方人文交流，共谋“中蒙俄经济走廊”建设，发挥了智力先行作用。

第三届中国—俄罗斯博览会暨第27届“哈洽会”（俄罗斯　叶卡捷琳堡）

2016 年 7 月 11 日，由我国商务部、黑龙江省人民政府，俄罗斯联邦经济发展部、俄罗斯联邦工业和贸易部共同主办的第三届中俄博览会在俄罗斯叶卡捷琳堡举行，这是中俄博览会首次赴俄罗斯出展。国务院副总理、中俄总理定期会晤委员会中方主席汪洋与俄罗斯副总理、委员会俄方主席罗戈津共同出席本届博览会，并与两国有关地方及企业代表进行了交流。商务部国际贸易谈判代表兼副部长钟山陪同出席上述活动。来自中国 2000 多名政商研工学媒界人士与俄罗斯伙伴一道，展示各自实力，分享合作成果，在探讨加深彼此合作的同时，借助中俄博览会平台，携手探寻与第三国合作的新路径。

汪洋表示，习近平主席和普京总统2016年6月在北京成功会晤，就进一步深化中俄全面战略协作伙伴关系、促进两国务实合作达成新的重要共识。我此访的核心任务，就是要落实两国元首共识，进一步推动中俄务实合作发展，并为年底两国总理会晤做准备。两国务实合作潜力巨大，但还需要两国政府和企业加大努力。希望双方扩大产能合作，打造更多示范项目；加强高技术和创新合作，为两国务实合作培育新的动能；深化基础设施和物流合作，促进互联互通；拓展农业合作，实现农产品贸易平衡稳定增长。有中俄高水平政治关系的保障，有两国政府的大力推动，有企业界的开拓创新，中俄务实合作之路一定会越走越宽广。

罗戈津表示，俄中关系处于历史最好时期，互信不仅存在于两国高层之间，也体现在两国具体合作领域之间，体现在两国地方和企业日益紧密的关系之间。双方应继续相互学习，加强互利合作，不断提高合作成效。

中国商务部国际贸易谈判代表兼副部长钟山，俄罗斯经济发展部第一副部长利哈乔夫主持会见交流会。中国黑龙江省长陆昊陪同参观并在交流会上发言，介绍了黑龙江对俄合作的重要工作进展、黑龙江与俄产业界合作的重要领域和工作举措，副省长孙尧介绍黑龙江参展情况。

本届博览会较以往赴俄参展实现四点突破。一是展览面积大了，本届博览会展览总面积8500平方米。二是参展企业多了。来自全国16个省份的244家企业参展，展位总数478个，其中国内知名大企业近50家。三是板块设计更务实了。设有装备制造和科技创新板块、日用消费板块、资源开发板块、农林板块、工程技术和投资、医药板块、金融文化旅游板块等七个主题板块，顺应了中俄经贸发展的脉络。四是展品安排更接地气了，不仅涵盖食品加工、船舶重工、软件开发、互联网应用开发与服务、高新产业园、建筑材料、新材料、汽车制造、医药加工等众多行业，还组织了更多更接近民生领域的中小企业参展和参会。其中，森工代表团由方正、大海林、山河屯、亚布力、海林林业局和黑龙江森工黑森绿色食品集团公司组成，分别带着特色产品参展，受到俄方客商的关注，并达成多项合作意向。

本届博览会实现三大主要收获。一是金融务实合作取得良好进展。哈尔滨银行作为主席单位组织郑州银行、包头银行等中俄金融联盟16家中方城市商行，与俄罗斯开发与对外经济银行签署银团贷款协议，主要用于中俄两国间贸易和基础设施建设，此项业务是中俄金融联盟与俄罗斯唯一政策性银行外经银行的首次合作，将对促进中俄两国经贸及金融领域合作发挥积极推动作用。二是经贸合作引向深入。展会开幕三天以来，768家参会参展的中方企业与俄罗斯以及韩国等其他国企业开展了深入的洽谈对接。其中中国一重、中航哈飞、中车、鞍钢、大连造船厂、哈轴等49家中方制造业重点企业与俄罗斯技术集团及旗下企业、苏尔古特石油天然气股份公司、乌拉尔热焊接股份公司等34家俄罗斯制造业企业举办了总工程师交流会议。中国工商联组织了修正药业等24家大型上市公司、大型民企参与洽谈，会上总计签署了17个项目，涉及金额2.9亿美元。哈尔滨市签署了28个项目总计56.5亿元人民币。此外，大庆、鸡西、双鸭山、牡丹江、鹤岗、抚远等市分别与合作伙伴在石墨烯、高分子材料、跨境电商合作、俄罗斯食品进口、汽车制造、石化设备、商业服务、黄金、宝石开采、石油天然气、建材等合作领域达成协议。三是人文合作呈现良好态势。13日晚上，哈尔滨交响乐团和与斯维尔德洛夫斯克州国立模范乐团联袂演出，献上精彩节目。在博览会中方展区，中医中药和针灸的现场体验式展出，吸引了大量俄罗斯客人咨询和体验。黑龙江邮政的中俄邮票展、哈尔滨中俄历史文化图片展、北大荒版画、黑陶和林甸温泉等都进行了精彩展示。

中国—俄罗斯博览会，是经中华人民共和国政府批准举办的国家级、国际性大型经贸博览会，由中国商务部、黑龙江省人民政府，俄罗斯联邦工业和贸易部、俄罗斯联邦经济发展部联合主办。博览会前身为已举办24届的中国哈尔滨国际经济贸易洽谈会，2013年10月，中俄两国总理定期会晤期间，李克强总理和梅德韦杰夫总理商定将哈洽会更名为“中国—俄罗斯博览会”，是唯一列入中俄两国总理会晤联合公报中的国际型展会，是中俄两国在政治、经贸、科技、人文等重点领域务实合作和全面交流的重要平台。2014年6月30日至7月4日在哈尔滨举办了首届中国—俄罗斯博览会。从第三届开始，博览会由中国、俄罗斯两国轮流举办，中国方面举办城市永久性定为哈尔滨市。

2016东北亚论坛（中国　沈阳）

2016年9月23日，“2016东北亚论坛”在辽宁大学蒲河校区国际会议中心隆重召开。来自美国、俄罗斯、韩国、日本、哈萨克斯坦和中国的50余名嘉宾与专家参加了本届论坛。韩国高等教育财团事务总长朴仁国和辽宁大学校长潘一山教授分别致开幕词。潘一山校长代表辽宁大学向韩国高等教育财团和朴仁国总长长期以来对“东北亚论坛”的支持和帮助表示感谢，向各位专家学者莅临论坛表示欢迎。他介绍了“东北亚论坛”发展历程及其重要影响力，阐述了学校重视人才重要举措，表达了对东北亚研究领域学者和人民携手共创东北亚地区全新未来的期待。朴仁国总长代表韩国高等教育财团向与会嘉宾表示欢迎，他阐释了论坛主题“十字路口的东北亚政治与经济”的深远意义，强调了“东北亚论坛”重要作用，表达了对“东北亚论坛”依托辽宁地缘政治优势、辽宁大学学科优势和财团支持以及各地专家的积极参与为东北亚未来发展积极贡献的信心和希望。开幕式由辽宁大学副校长、亚洲研究中心主任陆杰荣教授主持。

本届东北亚论坛主题为“十字路口的东北亚政治与经济”。大会主旨演讲环节，中国社会科学院研究员、学部委员、国际研究学部主任张蕴岭以“新理论指导下的东北亚合作”为题，韩国汉阳大学国际学部和国际研究生院院长、中国研究所主任文兴镐教授以“中国新一代中央领导集体对朝外交政策研究”为题，美国丹佛大学约瑟夫—克贝尔国际研究学院美中合作中心主任赵穗生教授以“从规则接受者到规则制定者：中国与世界新秩序的形成”为题，美国美利坚大学教授、亚洲研究理事会主席、辽宁大学客座教授赵全胜以“儒家思想对中国政治及外交政策的影响”为题，日本大分大学经济学部准教授柴田茂纪以“多边框架下新兴国家的困境：以日本‘经济奇迹’为例”为题，台湾政治大学国际事务学院外交系特聘教授、国际谈判中心主任邓中坚以“从台湾视角看中美南海对峙”为题，辽宁师范大学赵毅教授以“论明代东北亚国际秩序的二元格局”为题，分别做了演讲。

当前国际地区形势正发生复杂深刻变化，中、日、韩三国合作面临新的机遇和挑战。在全球经济复苏乏力、贸易保护主义抬头、跨国安全威胁上升的背景下，中、日、韩三国作为近邻进一步发挥各自互补优势实现互利合作并共同应对全球性问题意义重大。同时，三国合作仍然受到一些双边敏感问题的干扰，与会的三国有识之士如能在如何妥善处理好这些敏感问题方面积极建言献策，必将促进三国合作更加健康稳定发展。以往中、日、韩三国优势互补，共同应对了诸多全球性问题。中国的发展也为韩、日两国提供了互利共赢的发展机遇，中方愿与韩、日双方一同应对挑战，推进合作进程。代表们一致认为，当前东北亚合作面临着双边关系影响、政治互信不足和外部经济疲弱的挑战。面对这些挑战，中、日、韩三方应当夯实双边关系基础，发挥好经贸合作的引擎作用，拓展新的合作领域，共同推进东亚区域合作，密切三国民众感情的纽带。

韩国汉阳大学国际学部和国际研究生院院

长、中国研究所主任文兴镐教授表示，东北亚国家的发展离不开国际贸易，中日韩三国应共同反对贸易保护主义。首先，应构建多边贸易网络，并提升贸易网络的层级。其次，中日韩三国政府要在 G20、APEC 等重要国际会议上大力倡导自由贸易。最后，三国政府还应做好预案，为贸易中蒙受损失的人做好保障工作。

台湾政治大学国际事务学院外交系特聘教授、国际谈判中心主任邓中坚认为，中日韩三国应构建命运共同体，共同应对挑战。第一，要构建经济共同体，抵御逆全球化的冲击。第二，要培养并扩大安全共识和共同体意识。第三，要推进深层次人文交流，构建新的东北亚社会共同体。第四，培养三国及周边国家命运共同体意识。

韩国培材大学李焱求教授以“中国土地产权制度之变革与启示”为题，系统总结了中国农村土地产权变迁历程，通过产权绩效评估，提出了尚存在的问题并给出了相应的政策建议。南京财经大学张为付教授在题为“韩国在‘一带一路’中的角色”的演讲中，分别从“韩国产品的优势”“韩国市场规模的劣势”“韩国对‘一带一路’的需求”以及“‘一带一路’能为韩国提供什么”四个方面展开了详细分析。韩国建国大学朱星焕教授以“中国持续经济发展的条件——来自韩国经济发展的经验”为题，系统比较了中国与韩国的经济发展历程与现状，结合韩国经验为中国经济实现持续发展提供了一些对策建议。南京大学安礼伟教授演讲的题目是“‘一带一路’框架下中国与东北亚地区贸易投资合作”，他认为“一带一路”倡议为东北亚地区提供了良好的整合资源禀赋优势的平台，带来了向中国出口高质量产品、向中国投资并利用中国高素质劳动力的机会。

论坛设“大国竞合视角下的东北亚的政治与安全”“区域经济重构视角下的东北亚地区经济合作”“东北亚地区社会文化交流与互动”三个分议题。到会的专家、学者就相关问题进行了广泛深入的交流与探讨。

闭幕式于 9 月 24 日中午举行。辽宁大学人文社科处处长、辽宁大学亚洲研究中心副主任胡胜教授主持了闭幕式。辽宁大学国际关系学院院长刘洪钟教授为本届论坛做了总结。

第十二届中俄蒙工商论坛（俄罗斯　赤塔）

第十二届中俄蒙工商论坛于 2016 年 8 月 5 日在俄罗斯赤塔市举办，本届论坛由俄罗斯联邦工商会主办，西伯利亚、远东两个联邦区内的 15 个州（区、共和国）的工商会以及俄联邦经济发展部、工业贸易部、俄罗斯国民经济科学院赤塔分院等部门出席了此次论坛，蒙古国工商会也组织了三个省的工商会和企业家出席了本次论坛。论坛由中国、俄罗斯、蒙古国三国国家工商会共同发起、轮流主办，

在论坛开幕式上，俄罗斯联邦工商会副主席巴达尔科、蒙古国工商会副会长米·萨壤达瓦、中国内蒙古贸促会副会长张和平和俄后贝加尔边疆区代理州长日丹诺娃分别致辞。张和平副会长在致辞中讲到，中蒙俄三国是唇齿相依的友好邻邦、共存共荣的合作伙伴，同在一个经济版图、共享一片绿色草原。中蒙俄三国有共同的优势，就是幅员辽阔、资源丰富、绿色发展，三国的经济互补性强、资源互补性强、市场互补性强、区域互补性强，只要心连心、手拉手，精诚合作，一定能实现“1 + 1 + 1 > 3”的聚合效应。近年来，中国与俄蒙两国友好关系不断发展、经贸往来日益频繁，与俄蒙两国及毗邻地区在经贸、文化、科技等领域开展了广泛的交流与合作。目前，俄罗斯、蒙古国已成为内蒙古自治区第一和第二大贸易伙伴。希望在各方的共同努力下中俄蒙三国进一步开拓广阔的合作空间，深化务实合作，促进共同发展。“一带一路”的伟大倡议，将实现合作共赢、多方共赢、厚道共赢，将推进中蒙俄绿色发展、和平发展、可持续发展，三国的工商界人士应该抓紧这个机遇，合作好、发展好。

张和平副会长表示，内蒙古自治区贸促会将站在“一带一路”和“中蒙俄经济走廊”建

设的前沿，按照十九大描绘的宏伟发展蓝图，继续发扬开拓创新、包容合作的精神，全方位扩大开放，深层次推进改革，加快打造商事法律服务新高地，依托区位优势，不断加强与俄蒙的商事法律领域的合作，建立相应的机制，搭建合作平台，营造法治化、国际化、便利化的营商环境。持续推动构建商事争端预防机制，丰富纠纷解决途径，为推动“中蒙俄经济走廊”建设和发展做出积极贡献。

在会议后续的论坛中，俄罗斯、蒙古国、中国负责人分别就发挥毗邻优势、促进经贸合作便利化、加强三国商会组织之间的务实合作等方面做了主题演讲，部分与会代表从不同角度就论坛主题进行了深入阐述。俄罗斯各地方工商会会长就边境贸易、旅游领域的合作、教育和文化交流等做了发言，三国企业家还进行了项目推介展示。随后中俄蒙三方的工商会之间、企业之间签订了一系列合作协议和意向书。

在中俄蒙经贸项目推介对接会、中俄蒙旅游项目推介对接会、中俄蒙商事法律研讨会上，与会代表紧紧围绕深化多双边合作机制，共同参与中蒙俄经济走廊建设；合作双赢，共同推动中俄蒙区域内贸易投资便利化；提升地区旅游合作档次，推进中俄蒙跨境旅游业发展；扩大生态建设，促进环保领域合作；优化贸易结构，加快跨境合作区建设五大议题展开热烈讨论，并签订了三国工商会（贸促会）签署合作备忘录，为促进中俄蒙三国在贸易、旅游、招商、科技信息等方面的融合发展提供了更加有力的支撑和保障，成为落实中国“一带一路”“向北开放”的重要举措，进一步提升了内蒙古及阿尔山市的城市品牌影响力，提升了城市知名度，为旅游业的发展带来巨大的商机和动力。

本届论坛的召开将进一步深化中俄蒙三国在能源资源、基础设施、旅游、物流、科技、教育、文化、生态环境等方面的交流合作，加强在维护贸易秩序、促进和保护投资、推动口岸通关便利化等方面的协作，开创新的发展局面，为巩固和发展中俄、中蒙战略合作伙伴关系做出积极的贡献。论坛期间，中国内蒙古自治区贸促会张和平副会长与俄罗斯各地区工商会、蒙古国工商会就开展国际和边境区域经济合作、完善三方合作机制等一系列问题展开全方位、富有建设性的讨论，与俄各地区工商会和蒙古国工商会负责人举行多场会晤，签署了一系列协议。

本次论坛对进一步推进中俄蒙三国商会之间的友好往来和经贸合作，充分发挥三国地缘优势，深入发展睦邻友好和战略合作伙伴关系；对进一步展示内蒙古，密切中俄蒙在产业、经贸、技术等方面的交流与合作，探讨三国经贸发展大势，实现互利、共赢具有特殊意义。

中俄蒙工商论坛是中国贸促会与俄罗斯联邦工商会、蒙古国工商会共同创办的中俄蒙工商对话交流的机制性平台，是推动三国工商界务实合作的重要载体。自 2005 年创建以来已成功举办了 12 届，在推动中俄蒙区域经贸务实合作、深化三国毗邻地区经贸往来，协助三国地方商协会开展好交流、为中俄蒙企业搭建交流与合作的平台等方面发挥了重要的推动和促进作用。

2016海南·中俄金融联盟合作创新论坛（中国　陵水）

2016 年 4 月 8 日，“2016 海南·中俄金融联盟合作创新论坛”在海南陵水举行。来自中俄两国的经济学家、中俄金融联盟成员单位以及两国企业代表，就中俄两国金融领域热点问题及新常态下中俄金融合作的机遇与挑战进行深入探讨。

随着“一带一路”融资需求和贸易服务需要的不断增加，中俄两国间的金融机构合作持续加深，2015 年 10 月中国最早开办对俄金融业务的城市商业银行哈尔滨银行与俄罗斯最大的国有商业银行联邦储蓄银行联合牵头，在哈尔滨市正式发起设立中俄金融联盟。联盟旨在加强联盟成员单位间在金融服务、风险管理、技术解决、员工培训等方面的经验交流，增进中俄两国在金融等领域的信息交流，并在代理行关系建立、本币结算及贸易融资、金融市场交易业务、银团贷款、中俄地方基础设施建设项目融资等领域达成广泛合作。同时，联盟助力“一带一路”倡议及中蒙俄经济走廊建设，推动中俄两国金融及经贸领域的务实合作，打造值得信赖并具有影响力的中俄双边金融合作组织，并致力于巩固合作伙伴关系、建立信息共享及成员间经验、知识及实践交流的平台，逐渐发展成为中俄两国金融领域参与成员最多、合作领域最广、合作层次最高的合作组织。

中俄金融联盟中方主席、哈尔滨银行董事长郭志文在发言中表示，在中俄两国巩固和深化全面战略协作伙伴关系的背景下，未来，联盟将在代理行关系建立、双边本币结算、现钞调运、贸易融资、银团贷款、基础设施建设融资、金融衍生产品及结构性产品交易等领域继续加强合作，搭建联盟成员间合作、交流平台，推动联盟成员间的务实合作，力争将中俄金融联盟建设成为中俄两国金融领域参与成员最多、合作领域最广、合作层次最高的合作组织。值得关注的是，作为国内最早开办对俄金融业务的城市商业银行，多年来，哈尔滨银行将对俄金融作为战略重点，发挥对俄金融事业部优势，在卢布做市、现钞兑换、同业合作、跨境融资、本币拆借等领域成为全国对俄金融的领先银行。

郭志文指出，2015 年 12 月，哈尔滨银行联合 10 家欧美金融机构与俄罗斯第一大私人银行集团——开放金融集团签署总金额 1.85 亿美元的国际银团贷款协议，其中哈行参加份额为 2500 万美元，是中国唯一参加的银行。截至 2015 年底，哈尔滨银行境外代理行数量达到 520 家，其中俄罗斯代理行数量为 128 家。与此同时，哈行还自主研发了跨境电子商务支付结算平台，为境内跨境电商企业、支付机构提供跨境支付结算服务，包括在线跨境支付及收款、结汇及理财等多种金融产品服务。截至 2015 年底，平台接入全球市场占比最大的两家跨境支付服务机构和 18 种俄罗斯跨境支付方式，实现跨境电商收款结算的全球覆盖和俄罗斯区域收款结算的全面覆盖。

海南银行董事长王年生称，俄罗斯是海南五大重点入境旅游市场之一，2010 ~ 2015 年，共有 82.36 万人次俄罗斯游客到海南旅游，占同期海南入境游客总数的 33.1%。海南银行作为联盟新成员首次亮相，引起关注。海南银行加入中俄金融联盟，将通过贸易融资、支付结算、银团贷款等项目合作，为中俄企业、中俄游客提供便利金融服务，为海南与俄罗斯深化合作注入新动力。同时，海南银行与哈尔滨银行签署全面战略合作协议，重点为“候鸟老人”及旅游爱好者提供优质金融服务，深度整合双方机构所在地的旅游、网点等资源优势，为客户打造集全方位金融服务与生活服务一体的金融产品。

论坛上，中俄两国专家学者就“新常态”下的中俄经济形势、中俄金融合作机遇以及如何促进两国经贸发展等话题，进行深入讨论。来自中俄两国的十余家金融机构代表，围绕“‘一带一路’带来的新兴发展机遇”、“俄罗斯超前发展区为中俄金融合作创造新亮点”以及“中俄金融联盟为中俄经贸合作提供新动力”三大主题，展开对话。

与会嘉宾均表示，中国正处于在一个资本净输入大国向资本输出大国转型的过程。中央政府提出的“一带一路”倡议，为推动企业更好更深地“走出去”提供了重大契机。伴随“一带一路”融资需求和中俄贸易服务需要的不断增加，两国金融机构不仅将邂逅一片充满机会的合作蓝海，还有望通过业务领域的持续推进加快金融创新和国际化发展的步伐，进而实现更大范围、更深层次的合作共赢。

会上中俄双方金融机构达成多项合作。俄罗斯联邦储蓄银行、亚太银行、远东发展基金与中方“一带一路”沿线的哈尔滨银行、海南银行、包商银行、内蒙古银行、重庆银行和大连银行等金融机构，签署支持俄罗斯远东和西伯利亚地区超前发展金融合作协议；中俄金融联盟中方成员代表与俄罗斯联邦储蓄银行企业大学签署培训交流合作协议；海南银行与哈尔滨银行签署全面战略合作协议，重点在对俄金融合作、为“候鸟老人”和游客提供特色金融服务等方面开展深度合作。

本次论坛由哈尔滨银行主办，海南银行协办。论坛组织方还宣布中俄金融联盟合作创新论坛将永久落户陵水。

黑龙江省与东北亚各国合作

2016年黑龙江省经济社会发展综述

2016年，黑龙江省创新实施“五大规划”，大力发展十大重点产业，加快建设“龙江丝路带”。面对油煤粮木集中负向拉动的严峻挑战，注重激发内生动力，注重发展动能转换，注重新增长领域培育，新的增长因素和力量正进一步汇集，全省经济在预期中运行，民生持续改善，实现“十三五”平稳开局。初步核算，黑龙江省全年实现地区生产总值15386.1亿元，按可比价格计算，比上年增长6.1%。其中，第一产业增加值2670.5亿元，增长5.3%；第二产业增加值4441.4亿元，增长2.5%；第三产业增加值8274.2亿元，增长8.6%。三次产业结构为17.4∶28.9∶53.7。全省人均地区生产总值实现40432元，比上年增长6.5%。非公有制经济增加值8176.6亿元，比上年增长7.7%，占全省地区生产总值的53.1%。全省非公有制经济企业23.1万户，拥有企业从业人员324.4万人，完成固定资产投资7046.5亿元，实现进出口总值82.3亿美元，实现税收收入942.9亿元。

一　经济发展

（一）农业

2016年黑龙江省实现农林牧渔业增加值2731.7亿元，按可比价格计算，比上年增长5.3%。全省农业机械总动力5634.3万千瓦时，比上年增长3.5%。农田有效灌溉面积592.5万公顷，节水灌溉面积196.7万公顷，综合治理水土流失面积424.3万公顷。生态高产标准农田新增665.4万亩；新建水稻标准化育苗大棚6.2万栋。2016年黑龙江省粮食产量6058.5万吨，比上年减少265.5万吨，下降4.2%，连续六年位列全国第一。2016年末，黑龙江省绿色食品种植面积7400万亩，比上年增长1.3%；绿色食品认证个数2200个，比上年增加580个；绿色食品产业牵动农户130万户。绿色食品加工企业产品产量1510万吨，增长11.8%；实现产值1480亿元，增长7.3%；实现利税97.1亿元，增长8.3%。土地承包经营权确权登记完成实测1.39亿亩。综合经营型合作社新增129个。积极落实大豆目标价格和玉米收储制度改革，玉米种植调减1922万亩，经济作物新增177.7万亩。举办第二届国际奶业展览会暨乳业合作大会。在国内举办14场大型绿色农产品营销推介活动。推广“互联网+”营销，建设“互联网+”高标准绿色有机种植示范基地1170个。各类农村电商主体达到2.7万个，实现交易额135亿元，分别增长92.8%和123%。水稻、大豆、杂粮众筹营销突破30亿元。举办林业产业发展合作大会，设立100亿元林业产业基金。

（二）工业

2016年，黑龙江省全年全部工业企业实现增加值3686.1亿元，按可比价格计算比上年增长2.1%，增加值占地区生产总值的24.0%。规模以上工业企业实现增加值2994.2亿元，其中，轻工业增加值973.8亿元，增长2.9%；

重工业增加值2020.4亿元，增长1.6%。全年装备、石化、能源、食品四大主导产业实现增加值2406.5亿元，比上年增长1.2%，占规模以上工业的80.4%。其中，食品工业增长2.6%；石化工业增长5.7%；装备工业增长1.9%；能源工业下降0.8%。在规模以上工业企业253种工业产品中，全年产量比上年增长的有108种，占42.7%，其中有39种产品产量增幅超过20%。在重点监测的26种工业产品中，产量增长的8种，下降的18种。增长较快的有乙烯110.8万吨，增长31.8%；成品糖0.4万吨，增长13.1%；轮胎外胎541.6万条，增长9.7%；水泥3544.7万吨，增长8.2%。2016年黑龙江省开复工500万元以上产业项目7399个，增长23.9%，其中亿元以上1031个，10亿元以上110个。7吨级直－15直升机实现首飞，富锦象屿350万吨玉米仓储和60万吨玉米深加工、大庆沃尔沃SPA平台、哈尔滨长安福特生产线、哈尔滨奥瑞德蓝宝石基地、中船重工中小燃气轮机产业园、航天海鹰钛产业园一期、中盟食品红松籽全产业链精深加工、华润雪花尚志30万吨啤酒迁建等项目建成。

（三）固定资产投资、建筑业和房地产投资

固定资产投资。2016年黑龙江省完成固定资产投资（不含农户）10432.5亿元，比上年增长5.5%。第一产业完成投资1008.6亿元，增长11.6%；第二产业投资3970.0亿元，增长2.4%；第三产业投资5453.9亿元，增长6.9%。装备、石化、能源、食品四大主导产业完成投资2784.4亿元，增长1.1%，占工业投资的74.0%。民间投资7114.7亿元，增长7.9%。全年施工项目21798个，增长20.3%；新开工项目16743个，增长25.4%。全省产业项目7399个，增长23.9%，其中亿元以上产业项目1031个。

建筑企业。2016年黑龙江省建筑业企业实现增加值874.2亿元，按可比价格计算，比上年增长3.5%。全省1566个资质等级三级及以上的建筑业企业实现主营业务收入1479.1亿元，比上年增长1.7%；实现利税总额103.3亿元，增长2.2%，其中利润47.6亿元，增长2.2%。全省完成房屋建筑施工面积5404.1万平方米，比上年下降3.8%，其中实行投标承包的房屋施工面积占72.7%，竣工房屋面积占50.8%。

房地产开发投资。2016年黑龙江省完成房地产开发投资864.8亿元，比上年下降12.8%。商品房销售面积2117.3万平方米，比上年增长6.0%，其中住宅销售面积1797.0万平方米，增长5.1%；商品房销售额1121.0亿元，增长9.1%，其中住宅销售额903.7亿元，增长9.6%。

（四）国内外贸易和对外经济

消费市场。2016年黑龙江省实现社会消费品零售总额8402.5亿元，比上年增长10.0%。热销商品，2016年黑龙江省在全省限额以上批发零售企业统计的27类商品中，零售额比重较大的有服装鞋帽纺织品类475.2亿元，汽车类443.5亿元，石油及制品类329.3亿元，粮油食品类305.5亿元，中西药品类193.6亿元。增长较快的有建筑装潢材料类增长44.0%，饮料类增长20.6%，中西药品类增长18.7%，书报杂志类增长13.1%，化妆品类增长12.8%，烟酒类增长12.5%。

对外贸易。全年实现进出口总值165.3亿美元，比上年下降21.3%。其中，出口50.4亿美元，下降37.2%；进口114.9亿美元，下降11.4%。从国别看，黑龙江省与俄罗斯贸易往来仍为对外贸易主体，对俄实现进出口91.9亿美元，比上年下降15.3%，降幅同比减少38.1个百分点，对俄贸易比重（55.6%）比上年提高3.9个百分点。其中，对俄出口17.0亿美元，下降27.7%；自俄进口74.9亿美元，下降11.8%。对美国实现进出口总额10.2亿美元，下降31.3%；对巴西实现进出口7.8亿

美元，下降 2.4%；对沙特阿拉伯实现进出口 4.4 亿美元，下降 24.4%；对东盟实现进出口 4.4 亿美元，下降 66.9%；对日本实现进出口 3.8 亿美元，增长 16.5%；对欧盟（25 国）实现进出口 12.5 亿美元，增长 8.1%。

招商引资。2016 年黑龙江省实际利用外资 59.0 亿美元，比上年增长 6.3%。从外资来源看，共有 28 个国家和地区到黑龙江投资兴业。其中，亚洲国家和地区投资 45.3 亿美元，占全省实际利用外资总额的 77.8%；北美洲和拉丁美洲位居其后，分别投资 4.6 亿美元和 2.6 亿美元，分别占 7.8% 和 4.4%。

（五）交通、邮电和旅游

交通运输。2016 年黑龙江省各种运输方式共完成货物周转量 1715.4 亿吨公里，比上年下降 0.6%。其中，铁路 606.3 亿吨公里，增长 2.1%；公路 904.8 亿吨公里，下降 2.6%；水运 7.3 亿吨公里，下降 10.2%；航空 2.7 亿吨公里，增长 15.4%；管道 194.3 亿吨公里，增长 1.1%。全年完成旅客周转量 799.7 亿人公里，比上年增长 4.9%。其中，铁路 264.7 亿人公里，增长 5.4%；公路 200.1 亿人公里，下降 12.8%；水运 3910.0 万人公里，下降 4.5%；航空 334.5 亿人公里，增长 18.9%。年末公路线路里程 16.5 万公里，比上年增长 0.8%，其中高速公路 4349.6 公里，增长 0.1%。

邮政电信。2016 年黑龙江省完成邮电业务总量 821.4 亿元，按可比价格计算，比上年增长 60.5%。其中，电信业务总量 752.7 亿元，增长 63.8%；邮政业务总量 68.7 亿元，增长 31.6%。年末长途光缆线路总长度 5.0 万公里，增长 8.0%。年末固定电话用户 497.5 万户，增长 16.5%。其中，城市 430.7 万户，增长 14.5%；农村 66.8 万户，增长 27.6%。移动电话用户 3445.6 万户，增长 3.5%。全省电话普及率为每百人 103.8 部，比上年减少 1.2 部。固定互联网宽带接入用户 575.0 万户，增长 9.0%；移动互联网用户 2510.9 万户，增长 25.0%。移动短信和移动彩信业务量分别为 4.9 亿条和 0.1 亿条，分别比上年下降 91.8% 和 94.7%。

旅游收入。2016 年黑龙江省共接待国内外旅游者 14476.1 万人次，比上年增长 11.3%；实现旅游业总收入 1603.3 亿元，增长 17.8%。其中，接待国内旅游人数 14380.4 万人次，增长 11.3%，实现国内旅游收入 1572.9 亿元，增长 17.6%；接待国际旅游人数 95.7 万人次，增长 14.7%，实现国际旅游外汇收入 4.6 亿美元，增长 15.9%。

二　社会发展

（一）人口状况

2016 年黑龙江省人口出生率为 6.12‰，死亡率为 6.61‰，人口自然增长率为 -0.49‰。年末常住总人口为 3799.2 万人，比上年减少 12.8 万人。其中，城镇人口 2249.1 万人，乡村人口 1550.1 万人。常住人口城镇化率 59.2%，比上年提高 0.4 个百分点；户籍人口城镇化率 49.9%。0～14 岁人口占全省总人口的比重为 11.0%，比上年下降 0.1 个百分点；65 岁以上人口占全省总人口的比重为 11.6%，比上年提高 0.7 个百分点。

（二）就业、人民生活和社会保障

2016 年黑龙江省城镇新增就业 62.9 万人，城镇人员失业再就业人员 47.4 万人，困难群体再就业人员 18.7 万人。年末城镇登记失业率为 4.22%，比上年下降 0.26 个百分点。

居民收入。2016 年黑龙江省城镇常住居民人均可支配收入 25736 元，比上年增长 6.3%；城镇居民人均生活消费支出 18145 元，增长 5.8%。农村常住居民人均可支配收入 11832 元，增长 6.6%；农村居民人均生活消费支出 9424 元，增长 12.3%。城镇和农村恩格尔系数均为 27.7%。

社会保障。2016年末黑龙江省参加企业职工基本养老保险1064.2万人，比上年增长2.4%。其中在岗职工参保601.8万人，增长1.5%；离退休参保462.4万人，增长3.7%。参加基本医疗保险1599.8万人，增长0.3%，其中，职工参保879.5万人，城镇居民参保720.3万人。参加失业保险313.2万人，增长0.1%；参加生育保险358.0万人，增长0.3%；参加工伤保险522.2万人，增长2.0%。城镇居民得到最低生活保障人数111.1万人，下降7.6%；农村居民得到最低生活保障人数120.9万人，增长2.4%。

社会福利。2016年末黑龙江省各类收养性社会福利单位床位13.1万张，收养人员8.5万人。城镇各种社区服务设施2525处，其中，社区服务指导中心31个，社区服务中心588个，社区服务站1376个，其他服务设施530个。

（三）教育和科学技术

教育事业。2016年黑龙江省薄弱学校校舍建设开工面积319.4万平方米。33个县（市、区）通过国家义务教育均衡发展验收。农村义务教育学生营养改善计划受益学生由16.5万人扩大到40万人。改扩建公办幼儿园104所。共有研究生培养单位27所，毕业生2.0万人。普通高校82所，毕业生20.0万人。成人高校21所，毕业生7.4万人。中等职业教育学校237所，毕业生7.5万人。普通高中372所，毕业生19.1万人。普通初中1451所，毕业生27.6万人。普通小学1979所，毕业生27.8万人。特殊教育学校招生1531人，在校生7845人。幼儿园5720个，在园幼儿52.8万人。成人技术学校培训学员50.7万人次。

科技研究。2016年末黑龙江省共有科学研究开发机构821个，全年科学研究与试验发展（R&D）经费支出157.7亿元，比上年增长2.4%，R&D经费支出相当于地区生产总值的1.0%。全年共取得各类基础理论成果280项，应用技术成果1132项，软科学成果58项。受理专利申请35293件，增长2.0%；授权专利18046件，下降4.7%。全年共签订技术合同1747份，成交金额132.0亿元，增长3.7%。

（四）文化、卫生和体育

文化产业。2016年黑龙江省通过引进圣彼得堡音乐学院优质教育资源创办哈尔滨音乐学院，哈尔滨大剧院、哈尔滨音乐厅举办上百场文艺演出，举办“哈夏”系列艺术活动等，多层次营造哈尔滨“音乐之城”浓厚氛围。全省共有艺术表演团体51个，文化馆148个，公共图书馆108个，博物馆176个，档案馆158个，已开放各类档案380万卷。全年出版报纸62387万份，出版杂志4340万册，二者分别比上年下降5.9%和2.8%；出版图书7336万册（张），增长2.3%。

医疗卫生。2016年黑龙江省新农合参合率达99.1%，人均筹资标准提高到570元。组建医联体364个。强化药品集中招标采购。为乡镇卫生院招聘954名医学毕业生，完成三年3000人派遣计划。共有卫生机构8994个，其中医院、卫生院2028个，专科疾病防治院（所）109个，妇幼保健院139个。卫生机构床位数22.0万张。卫生技术人员22.1万人。疾病预防控制中心（防疫站）168个。卫生监督检验机构148个。乡镇卫生院988个。

体育比赛。2016年黑龙江省举办黑龙江国际马拉松系列赛、松花江赛艇比赛、哈尔滨F1摩托艇赛、山地自行车公开赛、森林穿越、世界单板滑雪锦标赛、速滑世界杯等高水准体育赛事。黑龙江省运动员共获得世界比赛奖牌94枚，其中，金牌38枚，银牌35枚，铜牌21枚；亚洲比赛中获得金牌3枚，银牌1枚；全国比赛中获得金牌243枚，银牌222枚，铜牌211枚。

（五）环境保护和安全生产

环境保护。2016年末黑龙江省有自然保护区250个，其中，国家级自然保护区40个，省级自然保护区 84 个，市县级自然保护区 126 个；自然保护区面积 792.6 万公顷，比上年增长 3.0%。在 13 个地级市中，7 个城市空气质量达到二级标准。

安全生产。2016 年全年黑龙江省生产安全事故死亡 819 人，比上年下降 7.1%。亿元 GDP 生产安全事故死亡率为 0.053，比上年下降 45.9%；营运车辆万车死亡率为 5.990，比上年增长 1.5%；煤矿百万吨安全事故死亡率为 0.686，比上年下降 52.8%。

三　黑龙江省经济社会发展前景

2017 年，黑龙江省深入贯彻落实“激发内生动力”，“向资源开发和精深加工要发展、向优势产业和产品延伸升级要发展、向高新技术成果产业化要发展、向引进外来战略投资者要发展、向选好用好各方面人才要发展”，“做好改造升级‘老字号’、深度开发‘原字号’、培育壮大‘新字号’三篇大文章”，深度开发“原字号”要以“油头化尾”“煤头电尾”“煤头化尾”“粮头食尾”“农头工尾”为抓手，以及“扬长避短、扬长克短、扬长补短”“把振兴发展的基点放在创新上”“深入推进法治建设”等重要要求。综合考虑，2017 年经济增长预期目标为 6% ~6.5%，居民消费价格涨幅控制在 3% 以内，城镇登记失业率控制在 4.5% 以内，城乡居民收入增长与经济增长基本同步，单位地区生产总值能耗下降 3.2% 以上。

推进农业供给侧结构性改革，争当农业现代化建设排头兵。继续从水利、科技、农机、生态四个方面提升农业生产力，同时以提高农业产业化、市场化水平促进农民持续增收。针对“两大平原”现代农业综合配套改革中粮食销售加工市场化和种粮收益保障法制化两个薄弱环节，完善玉米收储制度改革“市场定价、价补分离”的操作方式。稳妥推进农村集体产权制度改革。注重机制创新，促进农村三次产融合发展。支持各种新型农业经营主体发展，推动农业合作社由生产型向生产经营型全方位转变。面向市场调整种植结构，蔬菜、瓜果、鲜食玉米、马铃薯等特色作物面积发展到 1000 万亩。持续大力发展高品质乳制品、畜牧产品生产，推动“两牛一猪一禽”规模化标准化养殖，扩大“森林猪”、“森林鸡”、食用菌等林特产品发展。引导企业和农民通过产权重组、合约使用、特许经营使用等方式，结合特殊地理标识营销，培育形成有竞争力的知名品牌，替代“东北大米”“东北特产”等模糊概念。在“卖得好”提升价格基础上，带动倒逼“种得更好”，推动种植养殖达到绿色标准、有机标准直至欧盟有机认证标准，推动黑龙江由大粮仓变成绿色粮仓、绿色菜园、绿色厨房。

持续推动产业项目建设，深化创新驱动，振兴实体经济。推进中粮龙江玉米深加工、泉林秸秆综合利用、中科良大生物航油技术、七台河宝泰隆 30 万吨煤制轻烃、双鸭山 60 万吨煤制烯烃、鹤岗鸿点集团 40 万吨煤制乙二醇、中韩（鸡西）石墨烯产业园、普莱德锂离子负极材料及石墨深加工、齐齐哈尔紫金矿业 10 万吨铜冶炼、大庆忠旺铝业、大庆映奥新一代显示屏、大庆华为云计算中心、大飞机拆解基地、通联新能源客车等产业项目建设。及时将生成的新矿权与产业界对接。深化军民融合，推动重大军工技术达到终极技术目标前的技术溢出和军民两用技术相互转化应用，加快航空航天、船舶动力等产业发展，加速特种车辆、军用材料基础件等产品扩张；促进先进直升机、通用飞机、卫星应用及机器人等领域发展；促进通用航空产业发展。支持县域经济发展。持续推动四支队伍创新创业，既注重推动高新技术成果产业化，又注重促进农业、林业、生态等优势资源、优势产业与新业态、新商业模式相结合，在供给侧生成更多市场主体，吸引留住人才，推动资源型城市转型，带动就业。积极开展黑龙江省与广东省、哈尔滨市与深圳市对口合作。

深入推进服务业供给侧结构性改革，促进旅游、养老、健康、文化、体育等产业融合发展。深刻把握“绿水青山就是金山银山，冰天雪地也是金山银山”的重要要求，增加产品，提高服务水平，建设好六个省级旅游度假区和大兴安岭、伊春等13个全域旅游示范区项目，加快推进万达文旅城、漠河生态冰雪旅游健康养老小镇等重点项目建设。公开招标推进亚布力滑雪旅游度假区锅盔山东坡、南坡、西坡滑雪场雪道、缆车索道、酒店项目建设。强化监管和执法，坚决维护旅游秩序。养老健康产业要加快把资源优势转化为产品，突出森林氧吧、绿色生态食品配餐、老年病防治三大特色，持续加强营销，叫响独特品牌。开发“南病北治”服务，打造十个示范基地项目。开发黑龙江道地药材，推出中医“治未病”产品和服务。文化产业要注重融合发展，继续引进培育各类传媒、出版、广播电视、文化创意等企业。推出更多高水平演出，与权威机构合作办好有关艺术比赛，不断提升哈尔滨“音乐之城”的艺术魅力。在重点旅游景区推出更有吸引力的驻场演出。举办各类高水平艺术展览。体育产业要着力发现多样性健身健康需求，利用夏季整体生态化优势，集成开展“黑马系列”、森林穿越、山地自行车、摩托艇、赛艇、体育舞蹈等专业体育赛事和群众性体育活动。抓住北京2022年举办冬奥会带动全国冰雪运动发展的机遇，办好冰雪季国际和国家级赛事；用好与国家体育总局合办的创意大赛成果，集中开发推广一批专业与非专业相结合的户外冰雪活动产品。促进冰雪景观、冰雪赛事、冰雪活动、冰雪文化、冰雪教育相融合，通过新媒体系统化营销，展示龙江冰雪的独特魅力，推动冰雪产业加快发展。

确保民生持续改善，推动社会事业发展。确保措施精准，数据准确，按节奏扎实完成脱贫攻坚任务，实现30万农村贫困人口脱贫。按国家政策继续提高城乡低保和特困人员救助等社会救助标准。在企业职工基础养老金全国统筹之前，积极筹措和调度好资金，确保养老金按时发放。合理提高机关事业单位和企业退休人员基本养老金标准。落实整合城乡居民基本医疗保险制度。积极支持国防和军队改革，做好优抚安置工作。持续开展“健康龙江”行动，积极倡导减盐、减油、减糖，降低心脑血管等地方慢性病发病率。全面推开城市公立医院综合改革，取消药品加成。扩大并完善医联体模式，开展家庭医生签约服务。推行“互联网＋”医疗。建立严格的药品和高值医用耗材集中招标采购制度。大力发展中医药健康服务。义务教育发展基本均衡县（市、区、企）建设达118个。加强学生营养餐管理。实现义务教育“两免一补”政策城乡全覆盖。棚户区改造开工20.8万套；农村泥草（危）房改造6万户；坚决完成四煤城采沉区14.05万套棚改任务，确保40万居民受益。

2016年黑龙江省与俄罗斯经贸合作现状

2016年，受国际经济形势，特别是俄罗斯经济萎缩和卢布贬值的影响，黑龙江省对俄贸易继续下降，但幅度较2015年放缓，对俄合作出现了一些可喜变化。在“龙江丝路带”建设大背景下，应适时采取有力措施，提升黑龙江省对俄贸易水平、扩大合作规模，加强产业合作，促进黑龙江省对俄合作全面发展。

一　黑龙江省与俄罗斯经贸合作现状

（一）对俄贸易额继续减少，降幅同比减少

2016年，黑龙江省对俄贸易额为91.9亿美元，与2015年相比减少了17亿美元，下降了15.6%，降幅同比减少38.1个百分点，对俄贸易比重（55.6%）比上年提高3.9个百分点。其中，对俄出口17.0亿美元，下降27.7%；自俄进口74.9亿美元，下降11.8%。2016年，全国对俄贸易额为695亿美元，同比增长8.7%，黑龙江省占全国对俄贸易额比重为13.2%，占比减少了2.8个百分点。

（二）对俄农业合作取得明显成效

2016年前三季度，对俄农业合作取得了很好的业绩，黑龙江省在进口粮食下降的情况下，自俄罗斯进口粮食却大幅度增加，进口粮食38.2万吨，占全省进口粮食总量的16%，增长12.5%，进口额为1.2亿美元，占进口总额的13.1%，增幅为3.4%。随着“一带一路”及中蒙俄经济走廊建设的推进，黑龙江省各级农业部门在抓好省内粮食生产的同时，鼓励企业、农民与俄罗斯远东地区开展合作，经济和社会效益显著。2016年，黑龙江对俄农业产业协会会员企业境外种植面积由2015年的800多万亩增加到870多万亩；粮食回运数量由2015年的35.8万吨增加到2016年的40多万吨，价值1.2亿元；会员企业由2015年的122家增加到2016年的近130家。华信集团在原有种植业合作基础上又投资了一个十万吨的油脂加工厂，把大豆加工成豆油、变成豆饼，把原始的农产品变为深加工产品，也得到了当地政府的大力支持和重视。此外，黑龙江省对俄果蔬出口也在增长。

（三）对俄跨境电商物流体系初步形成

对俄跨境电子商务也是黑龙江的特色和优势，黑龙江把它和电子商务交易平台建设、绿色有机农产品和绿色食品电子商务、传统商贸企业电子商务应用转型升级等作为电子商务的重点工作。俄速通、东宁达俄通、绥易通、俄品多等一批本土跨境电商平台兴起；莫斯科、克拉斯诺亚尔斯克、车里雅宾斯克、新西伯利亚、后贝加尔斯克、叶卡捷琳堡等地建设12个海外仓，总仓储面积14.6万平方米。2016年，黑龙江省对俄跨境电商平台有19个，跨境电商发送对俄国际邮包1385.3万件。借助跨境电商浪潮持续高涨，哈尔滨对俄包机也显示出良好的发展态势。同时，黑龙江省仓储物流业快速发展并带动了境外园区建设。2016年11月，

哈尔滨国际物流内陆港开始建设，建成后将成为黑龙江对俄物流新枢纽。作为中俄经贸合作的枢纽，黑龙江发展境外产业园区已经“领跑”中国。黑河、抚远和绥芬河等黑龙江边境口岸城市，均成为中国企业在俄远东地区设立境外产业园区的依托，仅东宁一市就拥有4个境外产业园区，是中国拥有境外产业园区最多的县级市。截至2016年，东宁园区累计完成投资达24.8亿元，入驻互感器、彩钢、服装、鞋帽、木材、农副产品深加工等生产企业40多户，仅2016年就为俄方纳税1.12亿卢布，安排中方赴俄劳务1120人、俄方就业588人。

（四）跨境基础设施建设取得积极进展

2016年，黑龙江省积极谋划对俄贸易通道建设。同江—下列宁斯科耶铁路大桥是跨黑龙江的首座铁路桥，该项目于2014年6月正式动工建设。2016年，大桥中方主体工程已基本完工，此时俄方也开始施工。大桥建成后，可使同江口岸与西伯利亚大铁路相贯通，东连俄远东最大城市哈巴罗夫斯克，西通欧洲大陆。黑河—布拉戈维申斯克大桥于2016年12月24日开始建设，桥长19.9公里，双向四车道。黑龙江对俄跨境基础设施全方位推进，意味着中俄友好合作会走得更远。

（五）沿边口岸建设取得新进展

黑龙江省沿边15个口岸，是我国对俄沿边合作口岸最多的地区。国家高度重视黑龙江省沿边口岸建设，在政策上给予优先支持。2016年继东宁和抚远撤县建市之后，又批准成立了绥芬河—东宁重点开发开放试验区，给予了口岸开发开放先行先试的便利。为了适应口岸发展的需要，东宁口岸实行货运通道每周七天工作制，保证货物通关的时效性和连续性，尤其是可以保证果菜及时通关，降低食品安全隐患，也避免了企业周日需绕道其他口岸进出口货物的麻烦，方便了企业，降低了成本。2016年，抚远口岸是黑龙江省对俄合作增长速度最快的口岸。同江市为扶持境外园区企业强筋壮骨，将境外园区列入全市重点发展的产业项目，定期跟踪问效，并出台了《2016年扶持口岸外经贸发展奖励政策（试行）》等政策，对列入全市境外重点推进的加工、仓储、物流和服务项目的外经贸企业，完成年初计划任务的给予一定奖励。2016年以来，同江市共实现对俄经济技术合作项目36项，合同金额超1.5亿美元，外派劳务达5000多人次。项目主要分布在俄罗斯远东的犹太自治州、哈巴罗夫斯克、鄂姆斯克州及堪察加州等地。主要在俄开展农业种植、钢结构厂、工程承包、建筑建材、循环经济、木材加工和服务业等合资合作项目。绥芬河口岸对俄贸易也呈现一定企稳复苏迹象，在绥博会、绥芬河公路口岸整体改造等各种因素的影响下，2016年10月末绥芬河市对俄贸易实现15亿元，同比增长10.8%，其中出口同比增长0.69%，进口同比增长13.7%，这也是自俄罗斯经济危机后绥芬河口岸首次出现对俄进口和出口的正增长。

二　黑龙江省与俄罗斯经贸合作前景

（一）黑龙江省与俄罗斯经贸合作将迎来新气象

2016年，为促进黑龙江经济发展和东北地区全面振兴，国家出台了一系列支持政策。先后批准东宁和抚远撤县建市，同时批准设立绥芬河—东宁重点开发开放试验区。2016年4月，《中共中央国务院关于全面振兴东北地区等老工业基地的若干意见》出台，对包括黑龙江省在内的对外开放提出了新的要求，也指明了未来发展的方向。国家政策密集出台必将促进黑龙江省对俄合作全面发展，特别是在边境贸易方面，创新边贸方式及跨境产业合作等方面有新的突破。俄罗斯对远东开发的力度也明显加大，特别是2016年初连续出台优惠政策，设立超前经济社会发展区和符拉迪沃斯托克（海参崴）自由港等。有些优惠政策在远东开发的历史上尚属首次，开发力度之大前所未有。这为黑龙江省进一步开展对俄合作提供了难得的发展机遇。

（二）俄新项目建设为黑龙江企业带来更多机会

2016 年 6 月，俄决定将在犹太自治州、萨哈林州和阿穆尔州建立三个新的超前发展区，还将解决国家基础设施支持六大投资项目以及远东发展基金协助两个新投资项目的问题。目前，远东共建有 12 个超前发展区，已经为该地区吸引 4960 亿卢布（约合 77.8 亿美元）。2015 年 10 月 12 日，俄《符拉迪沃斯托克自由港联邦法》正式生效。这为黑龙江省开辟了一个通往国际海路的最短也最经济实惠出口。中国政府及黑龙江省政府将全力支持企业参与旨在发展俄罗斯远东的自由港等其他项目。同时，自由港行政和税收方面的优惠政策也将吸引更多黑龙江企业。2016 年第二届东方经济论坛期间，对符拉迪沃斯托克（海参崴）自由港、“纳捷日金”、“米哈伊洛夫”和“大石头城”跨越式发展区进行推介，涉及 21 个投资项目，包括“进步”阿尔谢尼耶夫航空公司、“滨海之环”体育中心、“滨海 1 号”和“滨海 2 号”国际交通走廊、液化天然气加工厂、东方石化公司、煤炭和港口设施（扎鲁比诺港、苏霍伊港）、畜牧养殖场、工业生产型经济特区、核医学中心等项目。

（三）对俄跨境电商、仓储物流将快速发展

从俄方来看，首先，俄具有庞大的消费群体。俄罗斯人的习惯是不进行存钱或投资，把可支配收入的大部分花在购物上。其次，俄与我国消费互补性强。俄罗斯轻工业不发达，很多居民日常生活用品都严重依赖进口，而我国正好轻工业发达。俄对中国很多产品需求强烈。最后，俄罗斯线上消费市场很大，且流行跨境网购。1.44 亿人口中，互联网渗透率超过 70%。至 2018 年俄罗斯电商仍然能够保持年均 8% ~10% 的增幅。在此背景下，中俄跨境电商交易规模不断扩大，每年以 50% 的速度上涨。未来俄罗斯会在中俄边境地区建立专门发展电子商务的经济区。随着中俄企业跨境电子商务规则及电子商务平台的建立，跨境电子商务将进一步促进两国贸易额的提升。

（四）与俄中小企业的合作前景广阔

近年来，俄罗斯为了反危机开始支持中小企业的发展。俄罗斯当前已为中小企业发展创造最具吸引力的条件，包括优惠税率、基础设施保障等。俄方对中方中小企业来俄发展的态度是开放的。在此背景下，黑龙江省与俄成长型经济进行合作，具有可预见的发展前景。应把握俄经济转型契机，大力发展与俄中小企业的合作，鼓励中俄中小企业共同建设跨境产业园区和经济合作园区，形成中俄双方中小企业为主体的境外产业集聚，推动黑龙江省对俄经贸关系的新发展。

（五）双方旅游合作将得到深入推进

近年来，随着中俄两国互办旅游年和“中蒙俄经济走廊”建设的深入推进，中俄旅游合作发展迅猛。中俄两国政府都高度重视双方的旅游合作。2016 年 7 月，在第三届中国—俄罗斯博览会和 9 月的第二届俄罗斯东方经济论坛上，如何推动中国东北三省与俄罗斯远东和贝加尔地区旅游合作成为与会者讨论的重要议题之一。

2016年黑龙江省与日本经贸合作现状及发展潜力

一 2016年黑龙江省与日本经贸合作的现状

（一）2016年中国与日本经贸合作概况

根据中国商务部国别数据网统计，2016年中国与日本双边货物进出口额为2705.0亿美元，比2016年增长0.2%。其中，日本对中国出口1138.9亿美元，增长4.3%；日本自中国进口1566.1亿美元，下降2.5%。日本与中国的贸易逆差427.2亿美元，下降16.9%。日本对中国出口的主要产品是机电产品、化工产品和运输设备，2016年出口额分别为469.8亿美元、115.5亿美元和114.4亿美元，增长6.4%、1.8%和17.4%，占日本对中国出口总额的41.3%、10.1%和10.1%。在所有出口商品中，贵金属及制品降幅居前，为27.6%。日本自中国进口的主要商品为机电产品、纺织品及原料和家具玩具，2016年进口额为711.7亿美元、216.3亿美元和93.6亿美元，分别下降1.2%、5.6%和0.1%，占日本自中国进口总额的45.4%、13.8%和6.0%。总体来看，中国的劳动密集型产品在日本市场上依然占较大优势，如纺织品及原料、鞋靴伞和箱包等轻工产品，这些产品在日本进口市场的占有率均在60%以上。2016年，中国是日本第一大进口伙伴，占比为25.8%；是日本第二大出口伙伴，占比为17.7%，仅次于美国的20.2%。据日本海关统计，2016年日本向中国出口额为1138.9亿美元，增长4.3%，占日本出口总额的17.7%；从中国进口1566.1亿美元，占日本进口总额的25.8%。中国是仅次于美国的日本第二大出口贸易市场和第一大进口来源地，2016年，中日贸易占中国对外贸易比重为7.45%。

（二）2016年黑龙江省与日本经贸合作现状及主要特点

1. 黑龙江省与日本进出口贸易额有所回升，份额提高

据哈尔滨海关统计，2016年黑龙江省实现进出口总额165.4亿美元，比2015年下降21.3%，低于全国进出口增速14.5个百分点。其中，出口50.4亿美元，下降37.2%；进口114.9亿美元，下降11.4%。2016年黑龙江省与日本的贸易总额为3.79亿美元，同比增长16.5%，占黑龙江省对外贸易总额的2.3%，其中出口总额为1.75亿美元，占黑龙江省对外贸易出口总额的3.5%；进口总额为2.04亿美元，占黑龙江省对外贸易进口总额的1.8%（见表1）。

表 1　2016 年黑龙江省对外贸易整体情况及与日本进出口贸易情况

单位：亿美元，%

项目	进出口总额	同比	出口总额	同比	份额	进口总额	同比
黑龙江省外贸总值	165.4	-21.3%	50.4	-37.2	100	114.9	-11.4
黑龙江省与日本贸易	3.79	16.5	1.75	3.09	3.16	2.04	31.07

资料来源：黑龙江省商务厅网站。

从国别市场看，2016 年，黑龙江省与 179 个国家实现贸易往来。其中，进出口同比增长的有 77 个，同比下降的有 102 个。俄罗斯、美国、巴西、沙特阿拉伯、日本、德国、法国、伊拉克、阿联酋和土耳其是前 10 位的贸易伙伴。其中，对日本、法国和阿联酋三个国家实现增长。在 2016 年黑龙江省主要对外贸易伙伴国（地区）中，日本居俄罗斯、美国、巴西、沙特阿拉伯之后的第 5 位，比 2015 年的第 11 位上升 6 位。

2. 传统商品是对日出口的主要商品，出口额在低位徘徊

2016 年黑龙江省对日本的出口主要呈以下两个特点。一是传统商品仍是对日本出口的主要商品，农副产品、机电产品、家用或装饰用木制品、鞋类服装及衣着附件、锯材、胶合板及类似多层板等传统商品拥有较大份额。二是对日本出口商品相对稳定，个别商品出口出现增长。据不完全统计，2016 年黑龙江省对日出口商品 364 种，比上年同期增加了 11 种。以前出口日本较少的商品种类开始出现，如印刷品、玻璃制品、镁及其制品（包括废碎料）家用陶瓷器皿及部分高新技术产品等。虽然上述商品出口金额较少，但优化商品结构、依托黑龙江产业优势、加快培育地方产品出口品牌等方面具有积极信号。

3. 进口商品以机电产品及高新技术产品为主，进口额继续提高

2016 年，黑龙江省自日本进口额为 2.04 亿美元，在 2015 年上涨 6.6% 的情况下又上涨 34.33%，占黑龙江省进口总额比例增加至 1.8%。在自日本进口的商品中，位居第一的商品仍为机电产品（含高新技术产品），进口额为 1.63 亿美元，占进口总额的 79.9%（见表 2），其中高新技术产品进口额为 0.63 亿美元。总体来看，在黑龙江省与日本的进口贸易中，进口额在近年内有所增长，2016 年首次超过黑龙江省对日本的出口额。

表 2　2016 年黑龙江省自日本进口情况

金额：亿美元，%

项目	进口		进口主要商品及占比					
	进口额	占比	机电产品（含高新技术产品）		钢材	农副产品	合成橡胶	其他
			金额	占比				
日本	2.04	1.8	1.63	79.9	13.06	1.21	1.82	11.31

资料来源：根据黑龙江省商务厅网站公布数据统计整理。

4. 吸引日资规模小，项目少

截至 2016 年，日本在黑龙江省累计投资项目数为 820 个，合同利用日资 6.21 亿美元实际利用外资 6.57 亿美元，分别占全省外商投资比重的 8.9%、1.04% 和 1.32%。2016 年，日本在黑龙江省投资项目有四个，合同外资 0.2583 亿美元，实际利用外资 0.2572 亿美元，比 2015 年下降 57.79%，实际利用外资居黑龙江省实际利用外资的第 12 位。日本在黑龙江省投资下降原因主要有两点：一是随着我国经济进入新常态，经济增速放缓，而劳动力、土地等成本持续上升，日本企业担心投资发展前景，处于观望状态；二是日本对我国投资早，多数企业已在中国设立企业，并取得较好经济效益，暂时放缓扩大投资和新投资。

二　黑龙江省与日本经贸合作发展潜力

从宏观上来说，双方既存在扩大进出口规模的有利因素，也有不利于双边经贸发展的不利因素，机遇大于挑战。

（一）与日韩经贸发展的有利因素

在东北亚地区，中日作为传统贸易伙伴，在地区经济中的相互依存、共同发展是共同的追求目标。对日本来说，扩大与发展对中国的出口尤为重要和不可或缺。对中国来说，日本是发达国家，中国与日本在汽车、投资、旅游、金融等若干方面已经形成“你中有我，我中有你”的合作。日本经济的复苏和增长离不开中国市场，日本经济面临的“内忧外患”均非短期内所能消除，特别是人口减少、老龄化等引起的消费不足问题将长期困扰日本经济，外需依然是拉动日本经济增长的主要动力。另外，随着中国“一带一路”建设的推进和《黑龙江陆海丝绸之路经济带建设规划》的实施，一些基础设施，如城际高速铁路、各港口物流条件、支线机场的启用、沿边口岸、江海联运专用码头项目等陆续开工建设或投入使用，将有效缓解日本、韩国贸易商、投资商所担心的物流不畅、成本过高等问题，增加了客商的经贸合作的信心和机会。同时，在国家不断给予东北地区优惠政策下，巩固传统贸易伙伴、努力扩大对日韩招商、改善经贸环境等全面振兴经济已在全省上下达成共识。因此，基于经济发展的互补性，黑龙江与日韩在经贸领域的合作还是具有相当大的潜力。

（二）制约与日本经贸发展的不利因素

一是中国与日本的“政冷经凉”关系短期内难以恢复。2012 年 9 月日本当局议定钓鱼岛“国有化”方案引起中国政府及国民众的强烈回应，彻底破坏了双方有关共识和谅解，中日关系“政冷经热”的局面已被“政冷经凉”取代。特别是日本右翼政府否认战争责任及有关“中国威胁论”的言辞严重影响了双边经贸和人员的往来。如果日方不正视历史、一意孤行，让政治问题继续阻碍两国贸易发展，必然会在民众情绪、宏观贸易环境上影响两国贸易的正常发展。二是日韩两国加入美国主导的《跨太平洋伙伴关系协定》（TPP），会提高两国间的贸易壁垒，将对黑龙江省对日韩出口农副产品形成制约。三是朝韩、日朝及中日之间的不确定政治关系会导致黑龙江省对日韩经贸合作陷入不利境地，如领土纠纷或战争问题等。

（三）扩大黑龙江省与日本经贸合作的对策建议

1. 扩大双边人文交流，带动合作

回顾历史，“以民促官”每每充当两国关系发展的推动力量。尽管中日政府关系的现状令人失望，但我们仍可通过非政府渠道，促进中日信任的增量发展。双边可以在市民层面、媒体层面、学者层面的对话来摆事实、讲道理，彼此沟通，突破两国关系中的人为障碍。2013 年以来，日本有的学者、媒体开始反思日本政府对华政策的问题。两国民间高密度、高质量的交流、讨论，可以促进、提升中日的基层信任，从而带动双边经贸合作发展。

2. 加大黑龙江省传统商品出口力度，扩大对日本的出口规模

黑龙江省传统产业及优势产业中的优质农副产品、木制品、机电产品、建材产品、医药、纺织品等在日本等国已有一定的销售规模和认知度，因此，黑龙江省应加大传统商品的宣传力度，继续扩大出口规模。一是加大农副产品的出口力度，提高农产品的技术含量，发展培育绿色农产品、特色农产品等，通过着力提高出口商品质量，打造具有竞争力的出口品牌，以品牌优势确保黑龙江省优质农产品的对日本的出口增长；二是发展高新技术产业，加大研发力度，提高产品技术含量和附加值，打造自主品牌，实现价格优势向质量和品牌等非价格竞争优势转变，增强出口产品的国际竞争力，提升对日本的出口规模。

3. 加强同日本在环境产业、服务业及新兴产业领域的合作

地理及气候因素是制约黑龙江省吸引外来投资的主要因素，对此，黑龙江省应该转变思路，在非制造业方面加大吸引外资的力度。目前，日本对东北三省的投资主要集中在辽宁省和吉林省，黑龙江省与日本在金融、保险、物流、旅游、文化、服务外包等服务业领域合作还很少。因此，黑龙江省应将招商引资重点从制造业招商向现代服务业招商转变，在金融、保险等方面加大力度，发展第三方物流，加快发展信息、专业咨询、会计师事务所、规划设计、中介服务、物业管理等领域的招商。另外，党的十八大报告中首次把“美丽中国”作为未来生态文明建设的宏伟目标。绿色、低碳、节能、环保是受国家鼓励的战略新兴产业，目前亟待解决水污染、食品污染、雾霾等环境污染和能源浪费等问题。因此，黑龙江省与日本可以在此领域找到共同的利益点，并以此为突破口，带动其他经济领域合作。

4. 吸引日本投资参与黑龙江省的加工业

黑龙江省拥有丰富的矿藏资源，石油、木材、矿藏和农副产品资源丰富，这些初级产品如何加工成为具有高附加值的工业产品一直是黑龙江省面临的一个难题，由于黑龙江省自身的技术水平不高和科技转化能力不足，吸引日本先进技术进入加工领域，能够使黑龙江省的石油、木材、矿产和农副产品的加工能力得到提高，从而加快发展资源精深加工，推动黑龙江省经济整体发展水平提高。黑龙江省应积极吸引日本中小企业投资合作，形成企业期待的零部件厂家集群增强规模集聚效应，各地根据本地主导和特色产业，制定产业链招商规划，找准主导产业上下游产业链的空白和薄弱点，引导外资投向关联度高的产业。

2016年黑龙江省与韩国经贸合作现状

2016年是国际金融危机爆发后第八年，虽然世界经济显现温和复苏，但国际贸易依然低迷，国际大宗商品价格低位回升，国际金融市场时有震荡。受内外环境影响，2016年黑龙江省进出口在低位运行。全年实现进出口总值165.4亿美元，比上年下降21.3%，降幅同比回升24.8个百分点，低于全国进出口增速14.5个百分点。其中，出口50.4亿美元，下降37.2%，低于全国出口增速29.5个百分点；进口114.9亿美元，下降11.4%。从贸易方式看，一般贸易进出口112.3亿美元，下降22.1%；边境贸易进出口31.7亿美元，下降18.6%；加工贸易进出口11.9亿美元，下降21.0%。2016年，韩国经济受到本国国内政治动荡和国际市场波动的双重打击。据韩国海关统计，2016年，韩国进出口额为9015.3亿美元，比上年下降6.4%。其中，出口4954.7亿美元，下降5.9%；进口4060.6亿美元，下降7.0%。贸易顺差894.1亿美元，下降0.9%。2016年，韩国与中国双边货物进出口额为2113.9亿美元，下降7.0%。其中，韩国对中国出口1244.3亿美元，下降9.3%；自中国进口869.6亿美元，下降3.6%。韩国贸易顺差374.7亿美元，下降20.1%。尽管2016年中国仍为韩国出口排名第一位国家，但随着“萨德”入韩计划开始实施，本已处于低谷的中韩关系受到更为严重的影响。黑龙江省对韩国经贸合作亟须寻找新动力和突破口。

一　黑龙江省对韩经贸合作现状

2016年黑龙江省对韩贸易进出口总值1.90亿美元，比上年下降46.4%。其中，出口1.40亿美元，下降53.7%；进口0.50亿美元，下降5.1%。在全省对外贸易大幅下滑趋势下，对韩经贸发展也不容乐观。纵观近几年黑龙江省与韩国进出口贸易额增减走势及相关数据分析，2016年黑龙江省与韩国经贸合作呈现以下几大特点。

（一）对韩国经贸发展持续低迷，对韩进出口贸易额大幅下滑

2011年之前，黑龙江省对韩进出口贸易额起伏不定。但近年来，黑龙江省对韩经贸发展态势整体走低，对韩进出口贸易额逐年递减。2016年，黑龙江省对韩出口额在全省出口总额中占比仅为2.8%，自韩进口额占全省进口总额比重为0.4%。双方贸易额仅相当于2015年的一半左右，更是仅为2008年的1/5，下降幅度较大。2015年和2016年，黑龙江省从韩国进口商品贸易额下滑严重；2016年，向韩国出口商品贸易额也呈现大幅下滑（见表1）。

表1　2008～2016年黑龙江省对韩贸易进出口总额及同比增

单位：亿美元，%

年份	进出口额			同比		
	进出口	出口	进口	进出口	出口	进口
2008	9.57	8.45	1.12	—	—	—

续表

年份	进出口额			同比		
	进出口	出口	进口	进出口	出口	进口
2009	5.22	4.20	1.02	-45.4	-50.3	-8.9
2010	7.51	6.56	0.95	43.6	56.2	-6.9
2011	8.56	7.75	0.81	14.0	18.1	-14.7
2012	7.74	6.91	0.83	-9.5	-10.8	2.5
2013	4.37	3.27	1.10	-43.5	-52.7	32.5
2014	4.38	2.80	1.58	0.2	-14.4	43.6
2015	3.54	3.02	0.52	-19.2	7.9	-67.1
2016	1.90	1.40	0.50	-46.6	-53.6	-3.8

资料来源：中华人民共和国哈尔滨海关。

（二）黑龙江省对韩进出口贸易方式单一，商品结构不合理

从贸易方式来看，黑龙江省对韩进出口贸易方式仍呈现单一态势，双方以一般贸易往来为主，其他贸易形式所占比重较低。双方没能进一步优化贸易结构方式，实现加工贸易、服务贸易、技术贸易等多种贸易往来协调发展，经贸合作方式亟待优化，经贸合作领域尚需拓展。从进出口商品结构来看，黑龙江省从韩国进口商品仍以技术含量较高的机电产品、机器人等高新技术及化妆品等高附加值产品为主，而黑龙江省出口韩国的商品则以大米、大豆、果菜等农副产品为主。韩国一直处于贸易顺差地位。

（三）黑龙江省吸引韩资总量逐年稍增，总体规模仍然较小

黑龙江省吸引韩国投资规模逐年略有增加，但总体投资规模仍相对较小。投资涉及主要领域有制造业、文化体育娱乐业、房地产、农林牧渔业、租赁与商务服务业、批发零售业、住宿餐饮业、居民服务业、计算机等科技服务业等。黑龙江省商务厅数据显示，截至2016年底，韩国在黑龙江省累计投资项目数1440个，合同外资20.65亿美元，实际利用外资17.9亿美元，分别占全省历年累计外商投资比重的15.62%、3.46%和3.6%。2015年，吸引韩国投资项目数17项，合同外资7479万美元，实际利用外资4806万美元。2016年，吸引韩国投资项目数18项，合同外资7987万美元，实际利用外资6952万美元，同比增长44.65%；占全省实际利用外资1.2%，实际利用外资居全省实际利用外资的第八位。

韩国在黑龙江省投资特点分析如下。一是从地域上看，韩资企业投资仍然偏重于经济较发达地区，投资项目的83%投在了哈尔滨。二是从投资方式上看，韩资企业倾向于选择高度控制治理结构，以加强对企业控制和实施经营战略，省内韩资企业有50%左右为独资企业。三是从产业类别上看，投资项目中70%以上为服务业项目，包括餐饮、美容美发、娱乐休闲、批发零售、商务贸易及技术咨询等行业，投资规模较小。四是从大项目引入上看，韩方优势领域对黑龙江省投资体现尚不明显，缺乏大项目投入，吸引韩资水平仍处于较低层次。

（四）积极推进人文交流，助力黑龙江省对韩经贸发展

当前，不断丰富人文交流领域互动已经成为黑龙江省强化对韩经贸合作的重要举措之一。例如，2016年11月，“2016年中韩县域经济发展学术研讨会”在东北农业大学召开。来自韩国江原大学、东北农业大学、吉林大学、吉林

农业大学、黑龙江八一农垦大学五所高校的30多位专家学者参加了会议。在研讨过程中，中韩学者分别围绕两国县域经济发展、韩国县域经济发展做相关学术报告，并进行了深入研讨。韩方代表韩国江原大学东北亚研究所与中方代表经济管理学院签署合作交流备忘录，达成双方共识，加强交流与合作，开展学术研究，建立友好伙伴关系。

二　深化黑龙江省对韩经贸合作对策建议

在世界经济复苏缓慢和韩国“萨德”部署、领导人更替等复杂国际形势背景下，2017年的中韩关系发展面临诸多挑战和不确定因素。但随着中国“一带一路”及“中蒙俄经济走廊”建设的深入推进，黑龙江省应继续加快对外开放步伐，并借助国家政策红利，发挥其地缘优势，排除诸多阻碍因素，加速推进对韩经贸合作发展。

（一）深度利用国家政策红利，助力对韩经贸发展

2016年，习近平总书记对黑龙江两次重要讲话为黑龙江省全面推进对外开放工作指明重要方向。2016年国家信息中心“一带一路”大数据中心数据表明，国家对黑龙江省释放政策红利居全国各省份前列，下一步工作应深入学习贯彻落实习总书记重要讲话精神，深挖吃透国家对东北振兴政策举措，特别是主动对接国家“一带一路”倡议，打造我国向北开放的重要窗口，建设黑龙江（中俄）自由贸易区、沿边重点开发开放试验区、跨境经济合作示范区、面向欧亚物流枢纽区等工作，抓其重点、稳步推进。

黑龙江省主动对接“一带一路”倡议和国家东北振兴战略，开通了“哈绥符釜”陆海联运班列［哈尔滨—绥芬河—符拉迪沃斯托克（海参崴）—釜山—广东黄埔港—上海港］，打通了“龙江出海口”。这一航线从试运行到常态化运行，标志着“哈绥符釜”陆海联运大通道正式走向标准化、高效化，成功地实现了中外中、中外、中外外等多种模式。通道的常态化运行，既改善和优化了黑龙江省对外物流体系，又提升了釜山港在东北亚地区的货物辐射能力。双方应积极对市场需求进行深入调研，寻求更适宜的商业模式，增加物流中转量，实现双方企业互利共赢，助力双方经济大发展。

（二）借力中韩自贸协定，挖掘对韩经贸发展新契机

中韩自贸协定谈判始于2012年5月。2014年11月，中韩两国签署了一系列双边合作文件，标志着中韩自由贸易协定谈判正式结束，中韩自贸区进入实质推进阶段。2015年6月1日，中国商务部部长高虎城代表中国政府在首尔与韩国产业通商资源部长官尹相直共同签署了中韩自贸协定，两国领导人互致贺信。2015年11月30日，韩国国会经讨论，批准《中韩自贸协定》。这一协定是中国截至2016年涉及国别贸易额最大、领域范围最为全面的自贸协定。在关税减让方面，中韩自贸协定达成后，经过最长20年过渡期，中方实现零关税产品将达到税目91%、进口额85%，韩方实现零关税产品将达到税目92%、进口额91%。另外，产自朝鲜开城工业园区的产品获得韩国原产资格，在自贸协定生效后可立刻享受关税优惠。在市场开放方面，中韩两国将对进入本国资本市场对方金融企业提供互惠待遇。此外，中韩两国还承诺，在协定签署后将以负面清单模式继续开展服务贸易谈判，并基于准入前国民待遇和负面清单模式开展投资谈判。

根据对中韩自贸协定文本的分析，协定允许由某一海关口岸暂准入境的货物可由不同海关口岸复运出境。同时鼓励主管部门就通过指定另一缔约方的检测实验室，实现在食品和化妆品领域相互承认检测结果。这些规定为黑龙江省借道俄罗斯海港，进一步打通“哈绥符

釜”陆海联运通道提供了制度上的保障和支持。根据协议条款，中韩双方相互给予在其领土内设立的金融机构进入公共实体运营的支付和清算系统的权利，以及在正常业务经营中获得官方融资和再融资安排的权利。黑龙江省可借鉴青岛中韩自贸区的经验，给予韩方金融机构不低于本国投资者待遇，积极引进韩国金融投资，以进一步吸引韩国投资者的关注。黑龙江省同时应加强与韩方在电子商务相关领域的信息和经验交流，鼓励在研究和培训方面的合作，鼓励企业间交流、合作活动和联合电子商务项目，以合作方式积极参与地区及多边论坛，以促进电子商务发展。同时，鉴于黑龙江省国有企业比重较高的情况，应注意协定中要求的“就某一国有贸易企业提供其运行方式以及其运行对双边贸易的影响等信息，在不影响关于机密信息规定前提下，应确保实现最大可能透明度”。

（三）扩大农产品贸易出口规模，挖掘对韩农产品贸易合作潜力

黑龙江省要把农业资源优势和生产优势转化为市场优势和贸易优势，需要与韩国开展深入的农业合作，目前，双方不仅具有合作需求，也具备合作条件，而合作形式大致包括进口开发、出口基地、专项发展、共同研发等模式。要实现合作目标，双方要努力解决农产品绿色壁垒问题、知识产权保护问题、利益分享原则问题及如何强化黑龙江省的招商引资问题。跨国农业合作不能是一厢情愿，而应是双方具备农业合作的需求与愿望，同时具备合作基础，比如一方重点关注投资经营并提供农业技术，另一方提供土地资源和人力资源。

面对韩国为保护本国农产品生产而设立的贸易壁垒，黑龙江省农产品出口企业应深入了解壁垒特点，充分利用政府及行业协会协调作用，通过农产品出口贸易推动地方优势产业发展，打造符合国际市场标准、带动能力强的农产品出口企业，提高生产技术培育多种具有显著地域特征和产品优势的农产品出口品牌，形成由出口产业带动的高标准、优品牌、强竞争力的现代农业产业，扩大对韩农产品出口规模。黑龙江省要积极挖掘对韩农产品贸易合作潜力，吸引韩商投资企业落地及先进技术进行农产品精深加工项目，建立高效稳定的营销渠道，推动向韩国出口农产品持续稳定发展，此举也可规避一些韩方限制农产品出口的壁垒政策。

（四）扩大黑龙江省对韩人文交流合作，推动对韩经贸合作深入发展

2016 年 3 月，国家主席习近平同韩国总统朴槿惠在华盛顿举行会晤时，商定进一步发挥中韩人文交流共同委员会机制作用，引领和推动中韩人文交流取得更大发展。两国元首同意对外发布《2016 年中韩人文交流共同委员会交流合作项目名录》，并积极推动落实。黑龙江省应积极响应国家政策，进一步扩大对韩人文交流合作，助力双方经贸发展迈上新台阶。

2016年黑龙江省与朝鲜经贸合作现状

一 中朝两国经贸往来态势

纵观近40年中朝贸易可见，中朝贸易额整体稳步增长，从20世纪80年代初期的数亿美元，发展到近年的60亿美元上下（见表1）。进入21世纪，中朝两国领导人互访频繁，中朝经贸随着中朝关系的热度升温也走上快车道。整体上，新世纪中朝贸易额年均额度约为20世纪最后20年年均额度的6倍，达到32亿美元左右。但近年来，随着朝鲜核导试验频繁进行，朝鲜半岛核问题成为国际社会关注的焦点，联合国已多次对朝制裁发声。在世界局势处于极其动荡的环境下，中朝经贸发展也会出现一定程度上的波动。

由表2的数据可见，2007～2016年中方在中朝贸易中处于出超地位，但差距逐渐缩小。2013年和2014年，双方贸易额达到一个顶峰。2016年的数值已近2007年的三倍。但随着朝方不顾国际社会明确反对，2009年以来密集进行四次核试验，2016年更是连续进行两次，激起相关各方强烈不满和国际社会的恐慌和强烈担心，不断加大对朝制裁的力度，朝鲜在国际社会中陷于空前困境。这种情况下，中朝贸易在一定程度上成为保障朝鲜国内经济不致失控的保障，2016年双方贸易额占朝鲜外贸总额的80%以上，朝鲜对华贸易依存度进一步加深，而中朝贸易仅占中国外贸总额的不足0.15%。

表1 1980～2016年中朝进出口额情况

单位：万美元

年份	进出口	年份	进出口
1980	67757	2000	48804
1981	48040	2001	73986
1982	54454	2002	73851
1983	49274	2003	102293
1984	50028	2004	138520
1985	47304	2005	158034
1986	49072	2006	169900
1987	53331	2007	197633
1988	47665	2008	279284
1989	45746	2009	267946
1990	44220	2010	347182
1991	61045	2011	564149
1992	69657	2012	603616
1993	89963	2013	655757
1994	62374	2014	638758
1995	54980	2015	551060
1996	56567	2016	565300
1997	65629	—	—
1998	41302		
1999	37037		
1980～1999年平均	54772	2000～2016年平均	319769
总平均		176528	

资料来源：中国国家统计局网站（年度数据）。

表2 2007～2016年中朝进出口额情况

单位：万美元

年份	出口	进口
2007	139249	58384

续表

年份	出口	进口
2008	203243	76041
2009	188692	79255
2010	227728	119454
2011	316473	247677
2012	353240	250376
2013	363008	292750
2014	351965	286793
2015	294292	256769
2016	308054	257246
平均	274594	192475

资料来源：中国国家统计局网站（年度数据）。

近年来，中朝两国主要交易产品结构不断变化，朝鲜出口产品中煤炭、矿石的比重逐渐增大，2016年已占全部出口额的近一半，而一直占据传统优势的水产品比重已经由21世纪初的超过50%，逐渐降低至2016年的不足7%。此时期，中国出口朝鲜的产品中，矿物燃料、粮食和部分机器设备三项占据了主要部分。2016年，中朝贸易额呈逐渐上升状态，在8月、11月、12月达到了几次高峰。但随着朝鲜在上、下半年各举行了一次核试验，2017年初开始，国际社会对朝鲜实施制裁的压力会逐渐传导到中朝贸易各个领域，两国贸易额会出现明显的下行。

二　2016年黑龙江省对朝鲜经贸合作现状

目前，黑龙江省对朝传统经贸合作受大环境影响明显，动力不足、额度不大、关注不高。近年来，黑龙江省和朝鲜的贸易方式主要为一般贸易、保税仓贸易、来料加工、进料加工、租赁贸易、边境小额贸易等贸易方式。其中以一般贸易为主，以保税仓贸易为辅，其他占比很小。从黑龙江对朝出口产品品类看，最多的是生活日用品和生活消费品，农副产品、机电产品、食用油、豆油、纺织纱线等占较高比重。在对朝贸易艰难前行的过程中，黑龙江一直处于贸易顺差地位。2016年以来，联合国安理会陆续发布的制裁令规定联合国成员国必须对朝鲜的全部进出口货物进行强制检查；实行金融禁令；限制朝鲜战略物资的出口；禁止向朝鲜提供航空燃料等；自2017年1月1日起，朝鲜每年向所有会员国出口煤炭的总金额不超过400870018美元或总量不超过750万吨（以低者为准）；禁止自朝鲜进口铜、镍、银、锌，禁止自朝鲜进口雕像；禁止对朝鲜出口直升机和船只。从黑龙江对朝贸易的角度看，从朝鲜进口煤炭已经被列在禁止清单上；机电产品等高附加值对朝出口产品也受到严格限制。受东北亚区域政治大环境影响，黑龙江省对朝贸易并不能“独善其身”。

三　黑龙江省与朝鲜经贸合作展望

2017年，黑龙江省应充分发挥地域优势、良好关系优势和大通道优势，不断拓展与朝鲜的经贸合作领域，提升双方合作水平。当前，朝鲜希望通过提高加工输出品及技术贸易、服务贸易的比重，改善贸易结构，保证对外贸易的多领域发展，大力发展本国经济，提高人民生活水平，扩大发展与外国经济合作关系。其中，涉及对外贸易的政策保证、贸易结构的改善、重视技术贸易和服务贸易。因此，扩大黑龙江省对朝贸易规模、提升贸易质量和水平需要从四个方面开展工作。

（一）认真分析朝鲜国内改革需求，扬长而动

2016年5月，朝鲜最高领导人金正恩在朝鲜劳动党第七次全国大会上做总结报告时，提出要切实落实2016~2020年“国家经济发展五年规划战略”，旨在搞活人民经济，助推经济均衡发展，为国家经济可持续发展奠定基础，这是朝鲜20世纪80年代以来的首个五年计划，

以期令朝鲜经济改革上升到更高阶段。金正恩提出，要抓好朝鲜劳动党的新并进路线，解决能源问题，推动人民经济发展的先行领域，并力促基础工业领域进入正常发展轨道，扩大农业和轻工业生产，最终提高人民生活水平。黑龙江省与朝鲜有地缘优势，经济发展有比较优势，尤其是两地历史上有很好的合作关系，作为中国重要的老工业基地、能源基地和大粮仓，黑龙江省在政策允许的范围内完全可以对应朝鲜国内的经济改革、扩大开放的需求，做好相关领域的技术输出、设备输出、能源输出、粮食供给。目前，黑龙江省对朝经贸发展首先应严格遵循国际社会和我国政府规定的“原则底线”。所有列入制裁决议的商品和服务内容必须做到令行禁止，国家禁止的经贸合作项目，黑龙江企业坚决不做，杜绝为了一己私利、破坏国家统一对外政治经济政策的各类活动。省内海关、交通运输等部门严格执行相关要求，同时做好对朝鲜有投资项目的省内企业的解困服务工作。

（二）主动对接朝鲜对外经贸目标，加速联通

在对外经济关系多元化的目标上，朝鲜希望不断扩大对外经济活动，通过与世界更多国家缔结对外经济关系，加强经济技术交流与合作，促进本国经济快速发展，并提出利用现有潜力资源，生产出口商品，优化投资环境吸引外商进驻，引进最高端的世界先进技术，在短时间内实现现代化。借此优势朝鲜应积极扩大对中国东北地区的经济合作关系，有利于和平与稳定。目前，黑龙江省正在深度融入“一带一路”建设，构建以对俄合作为重点的全方位对外开放新格局，基础设施互联互通取得重要突破，跨境铁路公路大桥、哈欧班列、哈俄班列、“哈绥俄亚”陆海联运建设齐头并进。西向、北向的中蒙俄经济走廊建设取得阶段性进展，南向、东向联络日韩融入“一带一路”建设的工作也越来越得到重视。以绥芬河市“哈绥俄亚”班列代表的陆海联运大通道建设大幅提升了黑龙江省在东北亚地区的枢纽地位和辐射功能，来自黑龙江的粮食和木材，通过这条陆海联运大通道，运往日本、韩国和中国南方港口等。只要地区安全形势出现实质性的缓和，“哈绥俄亚”陆海联运完全可以将线路再延伸至朝鲜港口，将东北亚六国全部联通到这条西通欧洲东出海的线路上来。黑龙江省对东北亚国家的经贸线路将真正实现陆海并重。

（三）特别注重展会经济的积极作用，各展所长

当前，朝鲜为了实现对外经济多元化，不断利用商品展览会、投资说明会、国际科学技术图书馆展览会等方式加强对外宣传，与世界各国加强经贸合作。朝鲜连续多年在平壤与罗津先锋经济贸易地带召开国际商品展览会，每年，来自多个国家和地区的数百家公司在平壤春季国际商品展览会展出了电子、机械、金属、建材、食粮、日用品等商品。近年，罗津国际商品展示会已经能够吸纳超过百余家单位参会，展出机械设备、电气电子、轻工业品、食料品、医药品、建材、化学制品、船舶器材等。连续举办多届的朝鲜国际科学技术图书馆展览会、元山—金刚山国际观光地带投资说明会吸引了世界各国的投资者前来。反观黑龙江，无论是哈洽会，还是中俄博览会，已经高度融入黑龙江开放经济发展，并相互促进、相得益彰。博览会利用国际开放平台发声，把各种优势机遇释放传播出去，推动大有作为窗口期转化成为合作发展热潮，为包括黑龙江在内的东北振兴注入新的动力。黑龙江省应当不断发挥中俄博览会、哈洽会的平台作用，与朝鲜展会和企业实现对接，增加一条中朝合作的重要桥梁。

（四）加强人文交流，促进对朝经贸通道畅通

朝鲜已故最高领导人金正日曾多次到访黑

龙江省，黑龙江省同朝鲜的友好关系有稳固的基础。2013 年，黑龙江省委副书记、省长王宪魁在省政府会见了朝鲜驻沈阳总领事馆总领事金光勋率领的代表团一行，提出希望双方共同努力，加强黑龙江与朝鲜在经贸、人文等多领域的友好合作，续写双方友谊的新篇章。朝鲜方面也表示将继续致力于做好加强朝中友谊的各项工作，推动朝鲜与黑龙江的友好交流与合作。黑龙江省社会科学院历史研究所多年来开展对朝研究和对朝人文交流合作。黑龙江省同时拥有朝鲜语学会和朝鲜民族出版社和前身为黑龙江省立牡丹江朝鲜师范学校的黑龙江民族职业学院，这些单位和机构都在对朝人文交流中发挥重要的作用，应进一步开辟新的合作领域、激发合作动力，促进黑龙江对朝经贸合作健康有序发展。

2016年黑龙江省与蒙古国经贸合作现状

中国是蒙古国最大的贸易伙伴，是蒙古国第一大出口目的国和第二大进口来源国。2014年8月中蒙关系提升为全面战略伙伴关系后，中蒙双边关系迎来历史最好时期。在中国提出“一带一路”倡议的背景下，黑龙江省积极发展与蒙古国经贸合作有利于中国加强对蒙贸易联系与政治互信，积极拓展“一带一路”倡议的内涵。中国是对蒙投资最多的国家，主要投资领域为地矿、轻工、纺织、服装、畜产品加工、建筑等。中蒙建立战略伙伴关系后，双边经贸合作进一步升级。以国家之间的良好合作关系为基础，黑龙江省与蒙古国经贸合作将有望再创新高。

一　黑蒙经贸合作的现状与积极因素

（一）黑蒙经济复苏为双方合作奠定基础

近年来，黑龙江省经济形势不容乐观，经济增长较为低迷。在国家宏观调控以及一系列利好政策出台的新形势下，黑龙江省经济保持了平稳向好的态势，经济结构调整、新动能和新增长领域培育见到成效，整体经济趋稳向好的基本面已经初步形成。2016年，黑龙江省实现地区生产总值15386.1亿元，按可比价格计算，比上年增长6.1%。2013年以来蒙古国经济增速缓中有升。2016年，蒙古国国内生产总值111.33亿美元，实际增长1%，人均GDP折合约3567美元。随着黑龙江省经济平稳趋好，蒙古国经济增长也出现复苏迹象，有利于黑龙江省与蒙古国进一步开展经贸合作。

（二）黑蒙贸易已经呈现增长趋势

2016年，黑龙江省对外贸易形势较为低迷。全年实现进出口总值165.3亿美元，比上年下降21.3%。其中，出口50.4亿美元，下降37.2%；进口114.9亿美元，下降11.4%。作为黑龙江省非传统贸易伙伴，黑蒙贸易总额起伏不定。黑龙江省对蒙古国出口商品中数额较大的是机电产品、钢材、汽车、通道及保护电路装置和成品油。随着黑蒙经济的复苏，在保持传统领域合作的基础上黑蒙经贸关系有望进一步发展。黑龙江省与蒙古国的贸易尽管在全省对外贸易中比重较低，仅为5%左右，增长形势却比较乐观。黑龙江省对蒙经贸关系依然是重振黑龙江省经济形势的有力增长点。

（三）黑蒙间贸易具有较强互补性但并未充分发挥互补优势

2016年，黑龙江省对蒙古国出口的主要商品仍为机电产品、汽车和钢材，三项商品出口总额占出口总额的97%；黑龙江省自蒙古国进口主要商品为铁矿砂，占进口总额的100%。可以看出，黑龙江省与蒙古国双边贸易以劳动密集型产品和工业制成品出口居多，以能源资源性产品进口为主，双边贸易互补性较强。黑龙江省作为中国的农业大省，耕地面积占全中国耕地总量的1/9，是中国最大的商品粮生产基地。黑龙江省有先进的农耕机械和农业人才优势，这正是蒙古国所缺少的。同时，畜牧业作为蒙古国的传统基础产业，其牲畜肉类加工市场广阔。而在黑蒙进出口贸易中，粮食和肉食品所占比重甚小，双方并未充分发挥互补优势。

（四）政策利好转变双边经贸合作重视程度

黑龙江省与蒙古国并不相邻，加之蒙古国在黑龙江省周边的东北亚国家中经济总量相对不高，致使政府对发展黑蒙经贸合作的意愿不强烈。同时，黑龙江省也缺乏为企业开展对蒙经贸合作提供指导与信息帮助的专门机构，使企业难以了解和把握蒙古国的投资环境和市场状况，增加了企业对蒙投资的疑虑和投资风险。在投资项目的运营过程中，政府又缺乏对企业的监督、指导。当前，在中国提出"一带一路"倡议背景下，黑龙江省紧紧围绕五大规划，"加强中蒙俄经济走廊"建设是振兴东北老工业基地的重要举措。黑龙江省加速发展与蒙古国的经贸关系已成为极具现实意义的积极举措。

二 黑龙江省对蒙经贸合作展望

在中国大力推进"一带一路"建设背景下，黑龙江省应紧紧围绕"五大规划"，积极推动"中蒙俄经济走廊"建设，灵活运用国家政策，坚持发展外向型经济，进一步拓宽合作领域。加大对机电产品和高新技术产品的扶持力度，提升具有高附加值产品的出口比例。增加对能源和原材料的进口比重，抓住区域内产业转移的时机，利用好境外的资源与市场，建立具有黑龙江省特色的资源加工基地，从而加快黑龙江省对外贸易结构的转型升级。随着2017年黑龙江省经济持续平稳发展，同时在政策红利刺激下，黑蒙间贸易也将趋好发展。

（一）蒙古国经济出现复苏，对进口商品需求巨大

由于中国对蒙古国矿产存在巨大的需求，矿业是蒙古国经济增长的巨大引擎。出口商品中矿产品、贵金属、化妆品、钱币、畜产品及其制品占出口货值的98.6%。可以看出，蒙古国的经济增长充分利用了本国的矿产资源与畜牧业资源，使黑蒙矿产开发合作和畜牧肉食品加工等领域的投资合作前景光明。随着蒙古国经济的复苏，居民生活水平不断提高。全体蒙古国公民也享受到了矿业兴国所带来的实惠，近280万名蒙古国公民每人分得战略大矿塔温陶勒盖煤矿536股股票红利。在2007～2021年蒙古国中长期发展规划里，到2021年，蒙古国人均国民生产总值将达到19000美元。随着蒙古国经济高速增长，人均收入大幅提高，蒙古国居民对进口商品的需求将会大幅增长，对进口商品的质量要求也会逐步提高。

（二）蒙古国加快基础设施建设，促进黑龙江省对蒙工程承包及劳务合作

蒙古国基础设施相当薄弱，严重制约着矿产资源开发战略。受全球金融危机的影响，蒙古国建筑领域也遭受重创。为此蒙古国道路交通建筑城建部与投资局共同研究加大对基础设施建设领域的投资，拟在该领域实施若干大项目，其中包括十万套住宅项目；连接中俄两大邻国的990公里亚洲公路项目；首都350公里道路改造项目；立交桥项目（7座）；连接蒙古国东西部和首都的1284公里横向公路项目；南戈壁矿区到赛音山达920公里铁路项目；建设水泥厂和钢筋厂项目。为实现这些目标，蒙古国迫切需要先进的建筑和筑路技术、人才及资金。黑龙江省在建筑工程承包方面具有优势，又有在外国承包工程的丰富经验，这将有利于促进与蒙古国在建筑领域的合作，有利于全省对外劳务输出的发展。

（三）资源蕴含量大，黑龙江省加大对蒙境外投资，促进贸易规模扩大

蒙古国是资源大国，世界经济的复苏给蒙古国经济发展创造了良好的环境。矿产业是蒙

古国经济发展的重要支柱产业。2016 年，蒙古国矿业产值 7.0593 万亿图，同比增长 20.05%，占工业总值 71%；蒙古国矿产品出口额占出口总额比重达 76.9%。矿产开采及加工业产值占蒙古国工业生产总值的比重达到 59.3%，矿产品出口额占蒙古国出口总额比重达 81.8%。矿产资源开发在蒙古国经济中的优先地位不会动摇，矿业兴国战略在较长时期内得到坚持。而矿产资源的精深加工，创造更高的附加值则成为未来蒙古国矿业发展的趋势。黑龙江省属于资源类省份，对开采煤炭、石油等地下资源的人员、技术、设备都处于全国领先的地位。抓住蒙古国大力开采矿产资源的机遇，可推动黑龙江省对蒙境外投资。

（四）蒙古国通信业及服务业的快速发展为相关产品出口带来机遇

蒙古国通信基础设施包括 7500 多公里光缆网、2500 公里数字无线电话线、220 多个卫星通信 VSAM 站、30000 多空架线。已经形成跨越 88 个县连接 21 个省会的光缆网。仅乌兰巴托的地下光缆就达 300 公里，移动电话用户已达到 98 万人。特别是互联网技术为蒙古国带来生机。因此，在黑龙江省对蒙古国传统出口商品中，可进一步扩大通信器材、自动数据处理设备及其部件等高附加值的商品出口额。

（五）蒙古国与黑龙江省在农业领域合作前景广阔

蒙古国土地广阔，农业发展水平却很低，仍以粗放型农业为主。粮食产量勉强满足本国需求，面粉自给量为 20% 左右。私有化以来，由于经济衰退及投入不足，生产力大幅度倒退。蒙古国现有耕地 130 万亩，由于缺少农业劳动力，其中的 97% 弃耕抛荒。黑龙江省作为中国的农业大省，省内有高水平的农业专家队伍。黑龙江省与蒙古国在粮食合作、土地开发、农业现代化以及高科技种植业等领域有非常广阔的合作空间。

综上所述，2017 年黑龙江省对蒙贸易将仍以出口机电产品、汽车及钢材水泥等工业制成品为主，进口矿石原材料等商品。随着蒙古国经济的增长，进出口额将有所增加。

三　黑蒙经贸合作发展前景研判

目前，黑蒙间贸易额较低，影响双方贸易的不确定因素较多。要扭转这种局面，黑龙江省应以双方较强的经济互补性为依托，发挥自身人才、资金、技术等方面的优势，积极参与蒙古国的开发战略。

（一）加强高层互访，推进经贸合作

以对俄经贸合作为借鉴，积极推动对蒙合作，由政府牵头，把全省企业推向对蒙合作前台。定期召开相关形式的国际研讨会，以此促进双方的了解并为双方的经贸合作搭建平台，创造有利条件，达到加强经贸合作、共同发展的目的。利用哈尔滨市每年 6 月举行的“中俄博览会”，加大力度邀请蒙古国政府的领导和相关企业家参会，洽谈领域可以广泛涉及能源、轻工业、贸易等，坚持实行“引进来、走出去”的外向型经济发展战略。

（二）积极参与蒙古国畜牧肉类加工领域

畜牧业是蒙古国的传统产业，牛、羊肉也是国民的主要肉食，仅乌兰巴托市每天的牛、羊肉消费量就有 190～220 吨。由于蒙古国内肉食加工厂的设备比较落后，肉产品加工满足不了国内市场及出口需求。对此，黑龙江省企业可有两个选择。一是可投资兴建牲畜肉类加工企业，提供包括牲畜养殖、牲畜交易、肉类交易、检验检疫、肉类及皮毛生产加工交易等服务。二是可以提供资金支持，黑龙江省企业可注资支援蒙古国中小企业扩建，提供资金改善蒙古国肉食品加工厂的设备，使之提高市场竞争力从而获取回报。

（三）积极参与蒙古国矿产资源开发与基础设施建设

黑龙江省属于资源型省份，对开采煤炭、矿产、石油等地下资源的人员、技术、设备都处于全国领先的地位。黑龙江省政府也应加大对矿业企业的支持力度，积极为企业搭建合作交流的平台，在能源供应、石油勘探开发、矿产深加工等领域进行更深层次的合作。同时黑龙江省在建筑工程承包和技术人才方面具有优势，有利于促进黑蒙在基础设施建设领域的合作。抓住蒙古国实施矿业兴国战略和加快基础设施建设的机遇，积极参与，可以明显推动黑龙江省对蒙古国的境外投资，提升黑蒙合作层次。

（四）积极参与蒙古国环境保护事业

蒙古国是一个环保型国家，全国土地面积的10%为各类自然保护区。但是其矿业兴国战略和环境保护之间势必形成尖锐的矛盾。铀、磷矿的开发以及大型焦煤和冶炼项目都会造成严重的环境污染。目前蒙古国缺乏可很好地控制和解决这一问题的资金和技术。黑龙江省企业应积极利用资金优势与技术优势，抢先进入蒙古国环境保护这一至关重要的行业。

（五）扩大对蒙医药行业投资

黑龙江省的医药行业无论是技术、品牌、品种、效益还是市场占有率，均居全国前列。目前，黑龙江省对蒙古国出口医药制品企业仅有两家并且出口规模不大。在蒙古国经济日渐发展、逐步走向开放和加大改革力度初期，但医药制造业相对落后的情况下，全省医药企业积极、主动进军蒙古国市场，增加对蒙古国出口的同时，不断拓宽投资空间，向众多在蒙外资企业、外国机构以及蒙古国内市场提供一个优越、便利、实效的服务，能推动黑龙江省医药企业的国际化发展，并借开拓国际市场之机，获得新的经济增长点，这对于黑龙江省医药行业的发展必将有重大的推动作用。

在中蒙建立战略伙伴关系的新形势下，黑龙江省应积极调整产业结构，充分发挥在东北亚经贸合作中的战略优势，不断拓展黑龙江省与蒙古国在众多领域的合作空间，提升合作水平，实现互利双赢、共同发展。

重要文件

中韩双方发布《2016年中韩人文交流共同委员会交流合作项目名录》

当地时间3月31日，国家主席习近平同韩国总统朴槿惠在华盛顿举行会晤时，商定进一步发挥中韩人文交流共同委员会机制作用，引领和推动中韩人文交流取得更大发展。两国元首同意对外发布《2016年中韩人文交流共同委员会交流合作项目名录》，并积极推动落实。名录包括学术教育、地方、青少年、文化等两国人文领域共69个交流合作项目。

根据中韩元首达成的共识，两国2013年建立中韩人文交流共同委员会机制，迄今举行三次全体会议，开展近70项人文交流活动。

1. 项目名称：韩国旅游年

主办单位：中方：国家旅游局

韩方：文化体育观光部、韩国观光公社

2. 项目名称：人文交流政策论坛

主办单位：中方：中国社会科学院信息情报研究院、外交部

韩方：经济人文社会研究会、外交部

3. 项目名称：人文学论坛

主办单位：中方：中国社会科学院

韩方：韩国研究财团、教育部

4. 项目名称：公共外交论坛

主办单位：中方：外交部、中国公共外交协会

韩方：外交部、韩国国际交流财团

5. 项目名称：未来论坛

主办单位：中方：中国人民外交学会

韩方：韩国国际交流财团

6. 项目名称：大学校长论坛

主办单位：中方：教育部、有关大学

韩方：教育部、有关大学

7. 项目名称：中韩大熊猫合作研究及征名活动

主办单位：中方：国家林业局、中国野生动物保护协会

韩方：环境部、爱宝乐园、三星物产

8. 项目名称：青年领导者论坛

主办单位：中方：中华全国青年联合会

韩方：韩国国际交流财团

9. 项目名称：100名青年精英互访交流

主办单位：中方：中华全国青年联合会

韩方：韩国国际交流财团

10. 项目名称：中学生交流

主办单位：中方：教育部

韩方：国立国际教育院

11. 项目名称：大学生交流

主办单位：中方：国家留学基金管理委员会

韩方：国立国际教育院

12. 项目名称：青年交流

主办单位：中方：中国人民对外友好协会

韩方：韩国国际交流财团

13. 项目名称：政府互换奖学金

主办单位：中方：国家留学基金管理委员会

韩方：国立国际教育院

14. 项目名称：教师交流

主办单位：中方：国家汉办

韩方：国立国际教育院

15. 项目名称：留学生论坛

主办单位：中方：驻韩国使馆教育处、全韩中国学人学者联谊会

韩方：东北亚历史财团、汉阳大学中国问题研究所

16. 项目名称：青少年交流

主办单位：中方：中华全国青年联合会、外交部

韩方：女性家庭部

17. 项目名称：青年职业能力开发与创业交流

主办单位：中方：中华全国青年联合会

韩方：女性家庭部

18. 项目名称：大学生围棋交流

主办单位：中方：中国围棋协会

韩方：韩国棋院

19. 项目名称：传统艺术体验学校

主办单位：中方：中国戏曲学院

韩方：驻华使馆、韩国艺术综合学校

20. 项目名称：传统艺术交流

主办单位：中方：浙江省非物质文化遗产研究院

韩方：国立釜山国乐院

21. 项目名称：地方政府交流研讨会

主办单位：中方：外交部、有关省市

韩方：全国市道知事协议会

22. 项目名称：儒学交流大会

主办单位：中方：山东社科院、山东省外办等

韩方：安东大学、韩国驻青岛总领馆等

23. 项目名称：山东省－京畿道高校合作联盟

主办单位：中方：山东省

韩方：京畿道

24. 项目名称：围棋交流会

主办单位：中方：湖北省

韩方：驻武汉总领馆

25. 项目名称：冰雪情－中韩缘文化节

主办单位：中方：北京龙庆峡风景区

韩方：韩中文化友好协会

26. 项目名称：云南省与韩国青少年交流

主办单位：中方：云南省

韩方：忠清南道

27. 项目名称：书法交流展

主办单位：中方：济南市

韩方：水原市

28. 项目名称："和平之声－中韩缘音乐会"

主办单位：中方：对外友协

韩方：韩中文化友好协会、驻华韩国文化院

29. 项目名称：贵州省－忠清南道主题省道交流活动

主办单位：中方：贵州省

韩方：忠清南道

30. 项目名称：贵州－忠清南道图片展

主办单位：中方：贵州省

韩方：忠清南道

31. 项目名称：贵州省－忠清南道小城市交流

主办单位：中方：贵州省

韩方：忠清南道

32. 项目名称：贵州省－忠清南道卫生环境交流

主办单位：中方：贵州省

韩方：忠清南道

33. 项目名称：贵州省－忠清南道旅游交流

主办单位：中方：贵州省

韩方：忠清南道

34. 项目名称：在忠清南道举办"多彩贵州日"活动

主办单位：中方：贵州省

韩方：忠清南道

35. 项目名称：在贵州举办"忠清南道日"活动

主办单位：中方：贵州省

韩方：忠清南道

36. 项目名称：贵州－忠清南道体育、文化交流活动

主办单位：中方：贵州省

韩方：忠清南道

37. 项目名称：文化交流会议系列活动

主办单位：中方：文化部

韩方：文化体育观光部

38. 项目名称：中国－济州青少年交流项目

主办单位：中方：驻济州总领馆

韩方：济州特别自治道教育厅

39. 项目名称：中国－济州教师互访项目

主办单位：中方：驻济州总领馆

韩方：济州特别自治道教育厅

40. 项目名称：丝路遗韵——丝绸之路沿线音乐文物交流展演

主办单位：中方：河南博物院

韩方：国立国乐院

41. 项目名称："茶字缘扬州行"活动

主办单位：中方：扬州市人民对外友好协会

韩方：韩中文化友好协会

42. 项目名称："孝行天下"活动

主办单位：中方：北京龙庆峡风景区

韩方：韩中文化友好协会

43. 项目名称：丝路行－中韩缘文化节

主办单位：中方：贵州省外办、贵州省旅游局、敦煌市政府

韩方：韩中文化友好协会、韩国文化院

44. 项目名称：舞蹈交流

主办单位：中方：中国文联

韩方：韩国文化艺术委员会

45. 项目名称：群众体育交流活动

主办单位：中方：国家体育总局

韩方：国民生活体育会

46. 项目名称：青少年体育交流活动

主办单位：中方：国家体育总局

韩方：大韩体育会

47. 项目名称：妇女交流

主办单位：中方：全国妇联

韩方：韩中妇女友好协会

48. 项目名称：知名人士论坛

主办单位：中方：中国人民外交学会

韩方：21世纪韩中交流协会

49. 项目名称：省长知事会议

主办单位：中方：中国人民对外友好协会

韩方：全国市道知事协议会

50. 项目名称：韩语演讲大赛

主办单位：中方：中国人民对外友好协会

韩方：韩中友好协会、锦湖韩亚集团

51. 项目名称：汉语演讲大赛

主办单位：中方：驻韩国使馆

韩方：韩中学术文化交流协会

52. 项目名称：广州－光州结好20周年人文交流系列活动

主办单位：中方：广东省外办等

韩方：韩国驻广州总领馆等

53. 项目名称：海南省－济州道人文交流

主办单位：中方：海南省

韩方：济州道

54. 项目名称：聆听中韩－传统音乐（民谣）演出

主办单位：中方：陕西省文化厅

韩方：驻西安总领馆

55. 项目名称：传统服饰研讨会

主办单位：中方：陕西省

韩方：驻西安总领馆

56. 项目名称：大学生文化体验

主办单位：中方：大连外国语大学

韩方：仁川大学、驻大连领事办公室

57. 项目名称：大学生文化产业专家培养

主办单位：中方：中国对外文化交流协会

韩方：驻华使馆、韩中文化中心

58. 项目名称：四川－韩国美食丝绸之路

主办单位：中方：四川省外办

韩方：驻成都总领馆

59. 项目名称：四川－韩国医药合作

主办单位：中方：四川省卫生计生委

韩方：驻成都总领馆

60. 项目名称：满语满文和文献研究

主办单位：中方：北京市社会科学院

韩方：东北亚历史财团

61. 项目名称：中国东北三省－韩国公共外交论坛

主办单位：中方：吉林大学公共外交学院等

韩方：驻沈阳总领馆

62. 项目名称：指定中国电影放映机构

主办单位：中方：国家新闻出版广电总局

韩方：驻华使馆、韩中文化中心

63. 项目名称：高中生汉语演讲大赛

主办单位：中方：驻韩国使馆

韩方：韩中友好协会

64. 项目名称：2016 江苏青年精英亚洲培训营韩国站活动

主办单位：中方：江苏省

韩方：驻上海总领馆

65. 项目名称：博物馆展示交流

主办单位：中方：文化部

韩方：文化体育观光部

66. 项目名称：博物馆学术人员交流

主办单位：中方：文化部

韩方：文化体育观光部

67. 项目名称：中韩业余围棋交流赛

主办单位：中方：中国围棋协会

韩方：韩国棋院

68. 项目名称：中韩青少年大长征－寻找崔溥足迹

主办单位：中方：浙江省外办

韩方：驻上海总领馆

69. 项目名称："感动中国" 中韩青少年交流文艺盛典

主办单位：中方：中国人民对外友好协会

韩方：光州市

（参见 https://www.mfa.gov.cn/web/zyxw/t1352538.shtml）

2016年核安全峰会公报

核恐怖主义和放射性恐怖主义仍是国际安全面临的最严峻挑战之一，而且这种威胁正不断演变。我们，各位领导人，于2016年4月1日齐聚华盛顿，召开第四届核安全峰会。我们自豪地看到，自2010年以来历届核安全峰会提升了国际社会对上述威胁的认识，并为增进核安全采取了许多切实、深远、持久的措施。历届核安全峰会还通过进一步批准和实施核安全国际法律文书等措施，在国家、区域及全球层面强化了核安全体系。我们强调《核材料实物保护公约》及其2005年修订案和《制止核恐怖主义行为国际公约》的重要性，并将继续努力促进其普遍性和全面实施。我们欢迎《核材料实物保护公约》2005年修订案即将生效，鼓励更多国家批准该修订案。

我们重申致力于实现核裁军、核不扩散及和平利用核能这一共同目标。我们也重申，加强核安全的举措不会妨碍各国为和平目的发展和利用核能的权利。我们重申，各国根据其相应义务负有根本责任，时刻保持各自控制的所有核材料、其他放射性材料，包括核武器中所用核材料和核设施的有效安全。

我们仍应付出更多努力，防止非国家行为者获取可用于恶意目的核材料及其他放射性材料。我们致力于通过减少核恐怖主义威胁并加强核安全以营造和平稳定的国际环境。

只有在所有层面始终保持警惕，才能使安全得到持续改进，我们承诺我们各自的国家将把核安全作为长期优先事项。作为领导人，我们深知自身承担的责任。当下采取的行动，能够避免今后发生核安全事件。我们根据各国国情并在保护敏感信息的同时明确地采取行动，有助于使人相信我们的国家核安全机制行之有效，同时将强化这种信任。

应对核及放射性恐怖主义需要开展国际合作，包括根据各国法律和程序共享信息。国际合作可使全球核安全体系更为包容、协调、可持续、强有力，以实现共赢和共同安全。

我们重申国际原子能机构在加强全球核安全体系、制定国际指导文件方面具有重要责任及核心作用。同时，该机构在促进与协调国际组织和机制间的核安全活动、支持各国履行核安全义务方面发挥领导作用。我们欢迎并支持国际原子能机构定期召开高级别国际会议，如2016年12月的核安全国际会议及其部长级会议，以保持政治势头并继续提升所有相关方对核安全的认识。

我们将努力维护由支持核安全峰会进程的政府官员与政府专家组成的国际网络，并努力吸收更多的国家加入，也鼓励核工业界与民间社会的合作伙伴继续参与。

为彰显我们保持政治势头和持续加强国家、区域和全球核安全的共同决心，我们决定执行后附的各项“行动计划”，以支持我们分别参与的国际组织和倡议（联合国、国际原子能机构、国际刑警组织、打击核恐怖主义全球倡议、防止大规模杀伤性武器扩散全球伙伴计划），将本着自愿原则并根据各自国内法和国际义务执行上述计划。这些计划反映了参与国的政治意愿。

2016年峰会标志着此种形式的核安全峰会进程落下帷幕。我们确认，将致力于全面落实2010年、2012年及2014年核安全峰会公报以及2010年核安全峰会工作计划，并以此指导我们为核安全所作的努力。

（参见 http://www.xinhuanet.com/world/2016-04/02/c_1118518081.htm）

中华人民共和国、俄罗斯联邦和印度共和国外长第十四次会晤联合公报

一、2016年4月18日，中华人民共和国、俄罗斯联邦和印度共和国外长在俄罗斯莫斯科举行第十四次会晤。

二、外长们认为，作为国际和地区有重要影响力的国家和新兴市场国家，中俄印需要本着开放、团结、相互理解与信任的精神，加强在国际和地区事务中的协调。外长们强调三国合作对维护国际和地区和平与稳定、推动全球经济增长与繁荣将发挥积极作用。

三、外长们认为，世界正在发生深刻变化，在基于联合国核心地位和国际法的基础上，国际体系正朝着更加公正以及民主化、多极化方向转变。外长们强调本着团结、相互理解与信任的精神加强对全球性问题协调和务实合作的重要性，重申需要尊重文明多样性，尊重各国自主选择发展道路和社会制度。外长们相信，国际问题应由各国集体应对，国际争端应通过政治和外交手段和平解决，坚决反对从外部强行推动任何国家政权更迭，或试图违背国际法准则将国内法适用于域外。

四、外长们重申坚定支持联合国作为最普遍的多边组织，协助国际社会维护国际和平与安全、促进共同发展、促进和保护人权。联合国具有普遍代表性，系全球治理和多边主义的核心。外长们回顾2005年世界首脑会议成果文件。外长们重申需要对联合国包括安理会进行全面改革，使其更有效率并增加发展中国家代表性，以更好地应对全球挑战。中国、俄罗斯两国外长重申，两国重视印度在国际事务中的地位，支持印度在联合国发挥更大作用的愿望。

五、外长们强调根据国际法建立一个公正、平等的国际秩序的重要性。为此，外长们认为需要协调确定一些办法，加强国际关系的法律基础，推动各国严格履行其国际法定义务。外长们强调以下国际法核心准则的重要性，包括不使用武力或以武力相威胁、和平解决争端、尊重国家主权、不干涉他国内政等。

六、外长们认为，超出联合国安理会批准方案的单边制裁违背国际法原则，与国际法原则不相符，损害了联合国宪章赋予安理会的专属权力，降低了安理会制裁机制的效力，对单边制裁对象国造成了不对称的影响。按国内法对他国进行制裁对第三国及国际经济贸易关系造成损害。背离国际法进行的单边强制性行为与忠实履行所有国家主权平等、不干涉他国内政、互利合作的原则不相符。

七、外长们重申加强协调与合作，共同致力于维护亚太地区持久和平与稳定。外长们承诺共同致力于谋求共同、综合、合作、可持续安全。外长们呼吁在公认的国际法准则基础上建立开放、包容、不可分割、透明的地区安全与合作架构。为此，外长们承诺继续推动在东亚峰会框架下利用区域安全架构研讨会等合适渠道讨论亚太地区安全架构，同意年内在中国举行首轮中俄印亚太事务磋商。

外长们认识到亚太经合组织对亚太地区长远发展和共同繁荣具有重要意义。中国、俄罗斯认识到印度在推动全球经济增长方面发挥的

重要作用，支持亚太经合组织保持开放性，重申欢迎印度参与亚太经合组织活动。

八、外长们欢迎金砖国家领导人第七次会晤于2015年7月9日在乌法成功举行，并正式通过金砖国家经济伙伴战略。外长们强调将本着“开放、团结、平等、相互理解、包容、合作、共赢”的原则，加强和拓展金砖国家战略伙伴关系。外长们注意到，金砖国家携手应对新挑战，维护和平与安全，合作处理经济金融问题，推动可持续发展，消除贫困、不平等和失业，造福各国人民乃至整个国际社会，在国际事务中发挥着日益重要的作用。外长们一致认为，金砖国家各自经济发展面临新的挑战，但发展前景依然广阔，增长动力依然充足，仍将是世界经济增长的重要引擎。外长们欢迎金砖国家新开发银行和应急储备安排的成立，认为这将有利于维护国际金融体系的稳定，促进新兴市场和发展中国家的发展。

外长们期待新开发银行落实其授权，为金砖国家和发展中国家基础设施建设和发展做出贡献。外长们全力支持金砖国家通过创新性倡议加强机制化网络。中国和俄罗斯表示将全力支持印度担任2016年金砖主席国并于10月15日至16日在果阿成功举办金砖国家领导人第八次会晤。

九、中俄印三国特别重视在上海合作组织内开展合作，认为上合组织是推进本地区多边政治、安全、经济和人文事务合作的关键机制。中国和印度高度赞赏俄罗斯担任2014—2015年度上合组织主席国期间取得的成绩。中、俄外长重申两国将尽快全面落实2015年7月10日上合组织乌法峰会决议，积极推进印度加入上合组织进程。印度表示希尽快成为上合组织成员国，为上合组织发展作出更大贡献。三方同意朝着今年6月上合组织塔什干峰会签署印度加入上合组织义务备忘录的方向努力。

十、外长们强调三国应加强在各个地区论坛和地区组织中的协调与合作，包括东盟地区论坛、东盟防长扩大会、亚欧会议、亚洲相互协作与信任措施会议、亚洲合作对话等，共同为维护地区和平稳定、促进地区发展繁荣作出贡献。

十一、外长们确认对一切形式和表现的恐怖主义予以强烈谴责，强调意识形态、宗教、政治、种族、民族或任何其他因素都不能成为实施恐怖主义的理由。外长们决心继续加强中国、印度和俄罗斯在防范和打击国际恐怖主义方面的双边和三边合作。外长们强调联合国应在协调打击恐怖主义多边行动中发挥核心作用，有关行动应根据包括《联合国宪章》、国际难民和人道主义法、国际人权法在内的国际法进行。外长们强调应将恐怖分子、恐怖活动的组织者、资助者以及支持者绳之以法。外长们呼吁尽快完成全面反恐公约谈判。

外长们强调通过全面落实联合国安理会相关决议和《全球反恐战略》赋予各国的责任和义务，恐怖主义威胁能够得到有效应对。外长们呼吁各国共同努力反对恐怖主义。为此，外长们表示支持俄罗斯联邦总统在第70届联合国大会一般性辩论中提出的关于在联合国主导下建立广泛反恐战线的提议。

恐怖主义组织可能获得大规模杀伤性武器，包括将化学品和生物制剂用于恐怖主义目的，俄罗斯、印度和中国对上述威胁表示严重关切。外长们强调有必要在国际领域采取有力措施应对化学和生物恐怖主义威胁。为此，外长们决心积极探讨在裁军谈判会议中启动缔结打击化学和生物恐怖主义行为国际公约磋商，裁军谈判会议曾通过成功缔结《禁止生物武器公约》和《禁止化学武器公约》为削减生物、化学武器作出了重要贡献。

外长们强调有效打击恐怖主义必须切断恐怖主义融资渠道。外长们呼吁各国全面执行联合国安理会第2199号决议关于禁止同“伊斯兰国”进行石油和其他自然资源贸易的规定。为此，外长们对旨在防止向“伊斯兰国”及其附属组织提供金融或其他经济支持的联合国安理会第2253号决议表示欢迎。外长们认为有必要加强联合国安理会同金融行动特别工作组的务实合作以切断恐怖主义融资渠道。外长们敦促金融行动特别工作组甄别与恐怖组织有融资和经济联系的国家、法律实体和个人。

外长们对全球毒品问题深度关切，重点关注非法生产和走私鸦片、可卡因、新型精神兴奋剂等人工合成毒品。毒品持续威胁安全和稳定，破坏经济可持续发展，损害公众健康和福祉。外长们计划依据联合国 1961 年、1971 年和 1988 年禁毒公约以及国际法相关规范和原则，采取整体和平衡措施，推进减少毒品供需战略来应对毒品问题。考虑到全球麻醉品生产和需求的空前增长，俄罗斯、印度和中国重申致力于落实 2009 年第 64 届联合国大会通过的《关于以综合、平衡战略开展国际合作，应对世界毒品问题的政治宣言和行动计划》以及麻醉品委员会在 2014 年高级别审议时通过的部长级联合声明。上述文件为即将于 2016 年 4 月 19 日至 21 日召开的开放、包容的毒品问题特别联大奠定了坚实基础。

十二、外长们强调有必要加强合作应对将互联网等信息通信技术用于犯罪和恐怖主义以及与联合国宪章不符的行径。为此，外长们重申金砖国家领导人《福塔莱萨宣言》（2014 年 7 月 15 日）和《乌法宣言》（2015 年 7 月 9 日）的共同立场。

外长们重申联合国应在应对使用信息通信技术安全问题上发挥关键作用，支持制定并通过旨在约束各国负责任地使用信息通信技术的普遍性规则，以避免信息领域冲突。

外长们对利用互联网等信息通信技术从事跨国有组织犯罪、发展进攻型手段和实施恐怖活动表示特别关切。为此，外长们强调有必要在联合国框架下制定打击信息通信技术犯罪的具有约束力的普遍性规则。外长们强调三国应根据彼此要求，就利用信息通信技术实施恶意行为的事件及时提供适当的信息和协助，同意在该领域开展合作。

外长们强调依据普遍承认的国际法原则使用信息通信技术的重要性，这些原则包括政治独立、领土完整、国家主权平等、尊重国家主权、不干涉别国内政、尊重人权和基本自由等。

外长们主张建立一个和平、开放、安全的互联网。外长们认为互联网属于全球资源，各国应平等参与互联网的演进和运行。外长们强调各国应在利用信息通信技术推动安全、稳定及经济合作中发挥首要作用。外长们强调有必要确保网络治理基于多边、民主、透明原则，各利益攸关方根据其各自作用和职责参与网络治理。外长们注意到网络治理国际化和加强国际电信联盟作用的必要性。

十三、外长们重申应维护外空的安全运用并防止冲突，确保外空被用于和平目的。为此，三国将共同致力于提升联合国和平利用外空委员会的作用。外长们强调防止外空军备竞赛是维护国际和平与安全的关键因素之一。外长们支持在裁军谈判会议内达成一项有法律约束力的国际条约以禁止在外空放置武器或对外空物体使用或威胁使用武力。外长们注意到中、俄、印三国代表保持密切对话，根据 2015 年 12 月 9 日通过的联大 70/82 号决议精神，在和平利用外空委员会科学技术小组委员会内推动起草一套有助于保障外空活动长期可持续性的指南，尤其是在外空运行安全方面。

十四、外长们讨论了阿富汗局势的最新变化，注意到阿国内恐怖活动显著增多。对阿持续面临的安全挑战深感忧虑。外长们重申支持阿富汗政府推进“阿人主导、阿人所有”的民族和解进程和打击恐怖主义的努力，愿与阿开展建设性合作，帮助阿实现和平以及政治、经济自主，摆脱恐怖主义与毒品的危害。外长们认为，一支能够有效履行使命的阿富汗安全部队是稳定阿局势的关键。因此，三国认为地区国家和整个国际社会，包括北约领导的、接替阿富汗国际安全援助部队履行职责的“坚定支持任务部队”，在支持阿富汗安全部队能力建设方面应发挥关键作用。部长们强调上海合作组织、集体安全条约组织等由地区国家组成的组织就阿富汗问题开展地区性多边互动的重要性。外长们希望今年晚些时候在印度举行的伊斯坦布尔进程外长会取得积极成果，在国际捐助者的配合及财政支持下，地区国家能够在阿富汗问题上增进合作。

十五、外长们欢迎2016年1月16日起开始执行伊核六国同伊朗于2015年7月14日在维也纳达成的伊核问题全面协议。外长们认为主要目标应为提升国际社会对伊朗核计划的信心，并有助于国际原子能机构最终确认伊朗核计划完全被用于和平目的。外长们欢迎这一复杂问题通过外交手段得到解决，认为此举强化了全球与地区安全以及核不扩散机制。外长们表示愿尽一切努力推动全面协议的持续执行并帮助伊朗对外开展正常的经济和政治合作。联合国安理会对伊制裁的逐步解除将有助于上合组织根据既定程序研究伊朗申请成为上合组织正式成员问题。

十六、外长们讨论了以巴局势，支持通过谈判解决巴以问题，建立主权、独立、富有活力和统一、以东耶路撒冷为首都、边界安全并得到承认的巴勒斯坦国，实现巴以两国和平共处。这一立场得到联合国相关决议和“中东四方机制”文件的支持。外长们呼吁国际社会及捐助者继续提供援助，帮助巴勒斯坦改善人道主义形势。

十七、外长们欢迎近期利比亚危机解决方面出现的积极进展，强调于2015年12月17日在摩洛哥斯希拉特签署的《利比亚政治协议》以及安理会2259号决议的重要性。外长们呼吁尚未表明立场的利各派加入该协议并给予正在组建的利民族团结政府以必要支持。

十八、外长们讨论了叙利亚问题的最新进展，重申军事手段无法解决叙利亚危机。外长们欢迎俄罗斯与美国于2016年2月22日发表的在叙利亚停止敌对行动的联合声明，欢迎叙利亚各派在联合国斡旋下恢复日内瓦和谈，希望各参与方以建设性和负责任的方式行事，为尽早在联合国安理会2254号决议基础上实现叙利亚问题的政治解决而努力。外长们鼓励叙利亚国际支持小组作为一个重要的多边外交支持机制在叙利亚问题解决进程中发挥作用。外长们支持联合国秘书长叙利亚问题特使德米斯图拉所做努力，希望叙利亚在联合国相关决议基础上实现和平。

外长们赞赏国际社会为叙和平进程创造有利氛围的努力。

外长们欢迎销毁叙利亚化学武器工作取得的重要成果，赞赏禁止化学武器组织为此做出的努力。外长们呼吁叙利亚各派和有关各国执行联合国安理会相关涉叙决议，呼吁国际社会遵守联合国有关人道主义救援的指导原则。

外长们对叙利亚帕尔米拉古城的解放感到高兴，欢迎联合国教科文组织在第199次执行局会议上一致通过俄罗斯起草的教科文组织在帕尔米拉及其他叙古城修复中发挥作用的决议。

十九、外长们申明尊重伊拉克的独立、主权和领土完整。完全支持伊拉克政府打击恐怖主义并收复所谓的“伊斯兰国”控制区的努力。外长们强烈谴责由宗教极端分子和恐怖分子频繁实施的大规模屠杀与压迫及其他野蛮暴力行径，包括针对少数族群的迫害及对文化遗产的破坏。外长们认为加强和解是伊结束动荡、实现民众盼望已久和平的唯一出路，希望伊拉克各种族、教派为此做出努力。外长们呼吁各方支持伊推进包容性强的全国和解进程，并呼吁国际社会继续为伊拉克难民及国内流离失所者提供人道主义援助。

二十、外长们对乌克兰东部地区停火协议基本得到遵守表示欢迎，敦促各方继续遵守该协议。外长们强调军事手段无法解决乌克兰冲突，实现和解的唯一途径是包容性政治对话。为此，外长们呼吁乌冲突各方遵守“执行明斯克协议综合措施”所有条款，该协议由乌克兰问题联络小组于2015年2月在明斯克达成，得到俄罗斯、德国、法国和乌克兰领导人支持，并获联合国安理会第2202号决议核可。

二十一、中国、俄罗斯、印度承诺维护基

于国际法原则的海洋法律秩序，该秩序显著体现在《联合国海洋法公约》中。所有相关争议应由当事国通过谈判和协议解决。外长们呼吁全面遵守《联合国海洋法公约》、《南海各方行为宣言》及落实《南海各方行为宣言》后续行动指针。

二十二、外长们注意到世界经济正从全球金融危机中缓慢恢复，但仍存在重大下行风险，面临着高失业率、高负债、资本市场波动加剧和大宗商品价格低位徘徊等挑战。新兴市场国家整体也显露出经济增速相对下滑的迹象。

在此形势下，国际社会应加强协调，推动全球经济从国际金融危机中强劲复苏，以实现可持续和平衡增长。世界主要经济体特别是二十国集团成员进一步加强宏观经济政策协调、支持创新和结构性改革对全球经济实现强劲、可持续复苏至关重要。俄罗斯和印度欢迎并支持中国主办2016年二十国集团峰会，外长们重申愿为峰会成功举办而共同努力。

二十三、外长们支持改善全球经济治理以实现世界经济平稳健康均衡增长，欢迎国际货币基金组织2010年份额和治理改革方案得到落实，呼吁国际货币基金组织继续推进改革，以尽快增加新兴经济体及发展中国家的发言权和代表性。外长们重申强烈支持共同采取措施强化公开、透明、基于规则、非歧视和包容的多边贸易体制以促进增长、可持续发展及创造就业。外长们认可世界贸易组织在制定普适性国际贸易原则和规则方面所发挥的主导作用，对2015年12月15日至18日在肯尼亚内罗毕举行的第十次世贸组织部长级会议所取得的成果表示欢迎，并承诺继续为推动多哈回合谈判做出重大努力。外长们重申各方应确保双边和区域贸易协定对以世贸组织为代表的多边贸易体制形成补充，强调确保区域贸易协定透明和开放的重要性，并强调各方在世界贸易组织内加强合作，确保各区域经济一体化项目相互联通，和谐发展。

二十四、外长们认为新兴经济体和发展中国家致力于稳定金融危机影响下的世界经济，为推动全球增长作出重要贡献。外长们承诺三国将继续采取建设性措施应对全球经济和金融挑战，推动可持续发展，促进金融稳定，支持持续、强劲、包容的增长，创造高质量的就业岗位，推动建立更具代表性的全球经济治理体制。外长们深信各国在全球经济、金融和贸易事务中应权利平等、机会均等和共同参与，重申支持建立一个开放的世界经济体系，实现资源有效配置、商品自由流通和公平有序竞争以造福全人类。

二十五、外长们认识到2015年9月举行的联合国发展峰会的重要意义，欢迎通过2030年可持续发展议程，包括综合、不可分割并平衡经济、社会和环境三方面的可持续发展目标。外长们重申致力于落实2030年可持续发展议程，呼吁各方根据本国国情、发展水平和能力并尊重各自政策选择共同努力实现可持续发展目标。外长们指出，在2015年7月13日至16日亚的斯亚贝巴联合国第三次发展筹资国际会议成果文件提出的具体政策和措施支持下，在重振全球可持续发展伙伴关系的框架下，2030年可持续发展议程及其包含的可持续发展目标可以得到实现。外长们认为，各国都承担着促进本国经济社会发展的首要责任，强调有必要进一步调动并有效利用筹资资源，提高能力建设，并在双方同意的基础上向发展中国家转让环保技术。外长们强调，国家发展需要有利的国际经济环境并进一步加强全球经济治理。

二十六、外长们对2015年11月30日至12月13日举行的《联合国气候变化框架公约》第21次缔约方大会暨京都议定书缔约方第11次大会取得的成果表示赞赏，确认中国、俄罗斯、印度愿积极并建设性落实《联合国气候变化框架公约》缔约方大会决定，以便《巴黎协定》及时生效和落实。

二十七、三国外长强调地区互联互通的重要性，认为这将为促进政治互信、经济合作、加强人文交流注入强劲动力。为此，外长们欢迎各种倡议协同推进亚洲地区互联互通。外长们强调，有必要研究所有有助于促进地区经济更好融合的互联互通倡议，三国将密切协调与合作，确保三方同意的倡议取得具体成果，并惠及本地区所有国家和人民。外长们欢迎亚洲基础设施投资银行发挥更大作用。

二十八、外长们认为，俄罗斯、印度和中国应加强智库合作，促进议会、媒体、文化、影视和青年交流，包括举行青年外交官互访。外长们对2015年5月在中国举行的第14次中俄印三边学术研讨会取得的成果表示满意，欢迎2016年晚些时候在印度召开第15次三边学术研讨会。

二十九、中国、印度外长衷心感谢俄方为此次会晤所做努力和热情周到安排。

三十、外长们决定在印度举行下次会晤，时间和地点将通过外交渠道商定。

（参见 https://www.fmprc.gov.cn/web/zyxw/t1356650.shtml）

亚洲相互协作与信任措施会议第五次外长会议关于通过对话促进亚洲和平、安全、稳定和可持续发展的宣言

1. 我们，亚洲相互协作与信任措施会议（以下简称“亚信”）成员国外交部长，于2016年4月27日至28日在北京举行亚信第五次外长会议，就当前重大地区和国际问题交换了看法。

2. 我们认识到亚洲和世界形势正发生复杂深刻变化，重申恪守《联合国宪章》和公认的国际法原则与规则，特别是《亚信成员国相互关系原则宣言》和《阿拉木图文件》所确认的原则和规则。

3. 我们确认，任何国家或国家集团均无权以任何理由直接或间接地干涉别国内外事务。在境外组织和支持一国政变，是干涉别国内政的行为，威胁到国家主权和政治独立，与联合国宗旨和原则相悖，也违反了《联合国宪章》，将导致威胁国际和平与安全的形势。

4. 我们重申，在全球化大背景下，安全的涵义已演变为一个综合概念，建立可持续和平与安全环境符合本地区各国共同利益。我们应该在迄今达成的共识基础上，谋求共同、综合、合作、可持续安全，相互尊重主权、独立和领土完整，寻求进一步发展和进步。致力于在所有成员国相互信任、睦邻友好及相互合作基础上，建立符合成员国愿望的安全环境。

5. 考虑到各方在中东和平进程问题上的不同立场，我们对此保持关切并呼吁相关各方切实履行联合国所有相关决议，通过重启和谈，在该地区实现全面、持续和公正的和平、安全与稳定。我们并呼吁根据联合国相关决议和国际公认有关该问题的法律基础，通过制定能够确保两国和平、安全相处并完全保障本地区其他国家和平、安全、主权、领土完整和政治独立的两国方案，实现建立巴勒斯坦国。我们呼吁国际社会，包括中东问题四方，继续根据已达成的有关内容推动恢复双边谈判，履行基于两个国家、两个民族的解决方案。我们呼吁双方尊重达成的协议，采取措施恢复信心，为实现该目标铺平道路。

6. 叙利亚危机已进入第六年，该国近半数的人口，约1200万的成年男女和儿童流离失所，其中近500万人在埃及、伊拉克、约旦、黎巴嫩和土耳其等周边邻国获得栖身之所。这一人道主义灾难如此严重，需要国际社会协调、全面应对。我们呼吁国际社会根据相关国际法，特别是1951年《关于难民地位的公约》和1967年议定书，在可能适用的情况下考虑支持寻求庇护人士和难民的可能性。

7. 我们对自2016年2月27日起宣布在叙利亚实施停火表示欢迎，敦促并呼吁所有相关方恪守对该停火承诺。我们重申支持以日内瓦2012年会议联合公报、按维也纳模式作出的相关决定以及联合国安理会第2254、2268号决议为基础，在叙利亚推进旨在恢复叙和平与稳定的政治解决。

8. 我们重申促进和保护人权及基本自由的重要性。促进和保护人权的进程应符合《联合国宪章》、《世界人权宣言》以及国际法的原则与宗旨。我们进一步重申，人权是普遍、相互依存、相互关联、不可分割的。国际社会必须公正、平等地处理全球范围内的人权问题。在认识到各国与各地区皆具独特性以及不同的历史、文化和宗教背景十分重要的同时，各国不论其政治、经济、文化制度如何，都有责任推动和保护所有人权和基本自由。

9. 我们重申支持和维护《联合国宪章》和国际法原则以及《联合国宪章》中和平解决争端的方式。争端各方将按照《联合国宪章》、《亚信成员国相互关系原则宣言》和国际法所确定的原则，迅速建立接触并进行谈判以防止发生冲突和解决争端。争端各方成员国和其他成员国均不应采取任何导致局势恶化的行动。

10. 我们对当前亚洲及其他地区因恐怖主义威胁增长和恐怖组织行径带来的安全挑战深表关切，强烈谴责一切形式和表现的恐怖主义。恐怖主义活动不仅对国家主权和领土完整构成严重挑战，也威胁国际和地区和平、安全、稳定。

11. 我们同样关注因核武器、放射性和生化武器的扩散及投放带来的风险，特别是当其被恐怖分子和其他非国家主体所掌握时。

12. 我们支持在相关地区各国自由达成安排的基础上建立中东无核武器和大规模杀伤性武器区。

13. 我们支持所有国家以和平目的发展和使用核能不可剥夺的权利，包括建设核电站，同时严格遵循各自核不扩散义务及在所加入的相关协议中作出的承诺，尤其是国际原子能机构安保协议。

14. 我们决心采取一切必要措施消除有助于恐怖主义传播的条件，包括但不限于长期冲突，法治缺失和违反人权，基于种族、民族和宗教的歧视、干涉别国事务，在社会和经济中边缘化等，同时认识到上述原因均不构成为恐怖主义开脱的理由。

15. 我们强调，恐怖主义威胁与毒品走私和非法贩运轻型武器密切相关，它们以任何形式落入恐怖主义手中，以及种族主义、分裂主义和各种形式的极端主义思想都为恐怖活动提供资金和人力来源，从而放大了恐怖主义威胁。

16. 我们重申不能也不应将恐怖主义与任何宗教、民族、文明或种族相联系。我们将进一步加强反恐合作，并在《联合国宪章》等国际法基础上同资助、支持、藏匿、转移、训练、武装恐怖分子等在内的一切形式和表现的恐怖主义作坚决斗争。我们同意采取具体措施和必要行动阻止恐怖分子获取物资资源，摧毁他们的庇护场所和训练设施，削弱他们招募和训练恐怖分子，包括外国恐怖作战分子的能力。

17. 我们认为，违反《联合国宪章》及国际法，针对一国的主权、领土完整和政治独立直接或间接使用或威胁使用武力，剥夺外国占领下人民的自决权（行使此项权利须依照《联合国宪章》和国际法），以及干涉他国内政和奉行进攻性的战略方针等都对地区及国际和平构成威胁。

18. 我们重申联合国应在国际反恐合作中发挥核心作用，赞赏亚信成员国独自或共同防范和打击恐怖主义的努力。我们呼吁各国和联合国在共识的基础上尽快完成和通过关于国际恐怖主义综合性公约。我们注意到关于建立联合国主导下的全球反恐联盟（网络）以巩固反恐国际努力的建议，强调反恐不应采用“双重标准”，应采取综合措施消除有助于恐怖主义传播的条件。我们一致认为通过《亚信落实〈联合国全球反恐战略〉行动计划》将进一步加强亚信成员国间的反恐合作，呼吁各方予以共同有效落实。

19. 我们强调国际社会应根据《联合国宪章》的原则和宗旨共同打击一切形式和表现的恐怖主义，支持全面落实《联合国全球反恐战略》。我们强调，有必要共同遏制恐怖和极端主义思想的传播，促进不同宗教间和民族间的宽容、对话与理解。在此背景下，我们欢迎联合国大会于2015年12月10日通过的由伊朗伊斯兰共和国倡议的“一个反对暴力和暴力极端主义的世界”的决议（A/RES/70/109），并呼吁全面落实该决议。

20. 我们强调，防范和打击资助恐怖活动的行为，不对涉及恐怖活动个人和团体给予任何形式的支持，包括阻止恐怖组织招募成员、切断恐怖分子武器来源具有重要意义。

21. 恐怖组织及其支持者越来越多地使用包括互联网、社交网络、广播渠道等在内的新信息通信技术煽动、资助和谋划恐怖活动、为恐怖活动招募人员，我们对此表示关切。

22. 我们对联合国安理会第2178号决议所指的外国恐怖作战分子带来的日益严重的威胁深表关切，认识到这些作战分子对其原籍国、过境国、目的地国以及毗邻武装冲突区域的国家都构成严重威胁，我们强调加强国际合作遏制该现象十分重要。

23. 恐怖组织通过从事跨国有组织犯罪、绑架人质勒索赎金、贩卖毒品和人口、倒卖文物、非法开采和出售自然资源等多种方式加强了其资金能力，我们对此表示关切。

24. 我们强调，揭露和应对恐怖主义和暴力极端主义的思想源头十分重要。我们认识到，包括社交网络在内的媒体以及行之有效的沟通策略对成功回击恐怖主义宣传和应对恐怖主义行径十分关键。

25. 我们强调，导致恐怖主义的分裂主义和暴力极端主义是对国家主权、统一、领土完整、安全和稳定的威胁。我们不支持其他成员国领土内的任何此类分裂主义运动和组织，也不向其提供任何帮助和支持。我们也重申，绝不允许任何此类分裂主义运动或组织利用我们的领土。

26. 我们重申加强合作应对有组织犯罪、毒品走私、贩卖人口、网络犯罪等共同关切的跨国性挑战。

27. 我们根据孟加拉国提出的关于和平文化的联大决议，强调一切文化、文明和宗教都对丰富人类文明作出贡献，确认促进文化、宗教、文明间对话以及相互理解对于合作具有重要意义。世界和传统宗教领导人大会旨在促进宽容和相互尊重的文化，反对仇恨和极端主义思想，我们对此表示欢迎。

28. 我们相信，促进经济增长和繁荣，消除贫困、愚昧和文盲，尊重人权和推动寻求公正对消除恐怖主义、极端主义，包括并不限于长期冲突的传播条件十分关键，强调应进一步开展区域和次区域对话，加强多边合作，采取促进可持续发展、经济合作和人民福祉的适当措施。

29. 我们呼吁各方通过加强文明间对话、继续制定和落实信任措施等方式，努力实现成员国共同目标，切实促进亚洲地区和平、安全、稳定与可持续发展。

30. 我们承认伊朗与六国及欧盟达成《联合全面行动计划》（下称“全面协议”）。我们希望有关各方忠实、充分执行全面协议及安理会第2231号决议。这将有助于该地区国家加强互信。

31. 我们强烈谴责朝鲜民主主义人民共和国公然违反联合国安理会相关决议，于2016年1月6日进行核试验以及于2月7日、4月15日和23日多次使用弹道导弹技术进行发射的行为。联合国安理会于2016年3月2日通过的第2270号决议，表明了国际社会不能接受朝鲜继续核试验和使用弹道导弹技术发射行为的坚定决心。我们重申将全面完整履行相关决议并进一步加强国际合作，敦促朝鲜根据联合国安理会相关决议和2005年六方会谈9·19共同声明，以可核查、不可逆的方式全面放弃核计划。我们支持2005年六方会谈9·19共同声明，以及通过有意义的对话为重启六方会谈创造条件和环境的努力。

32. 我们热烈欢迎东盟共同体于2015年12月31日成立。它包括政治安全共同体、经济共同体和社会文化共同体三大支柱，旨在建立具有政治凝聚力、经济一体化和承担社会责任的共同体。东盟正努力推动地区合作，作出有益于加强地区和平与安全的区域安排，同时深化与域外各方联系，在国际社会中发挥主动积极的作用，我们对此表示欢迎。东盟政治安全共同体的成功建设将有助于增进相互信任与信心，巩固地区和平、安全和稳定。鉴此，我们鼓励亚信秘书处与东盟建立联系，这有助于进一步巩固亚洲地区的安全和可持续发展。

33. 我们重申愿开展协作与互助，尊重本地区宗教和文化多样性，在国家、地区及国际层面开展不同文化与文明的对话合作。在国际法框架内，各方拥有平等的权利和义务。

34. 我们支持就开展文明对话提出的各种多边和国别倡议，认为这是打击一切形式恐怖主义，消除不宽容，促进不同宗教、不同文化人民和平共处的重要手段。

35. 我们欢迎 2016 年 4 月 25 日至 27 日在阿塞拜疆首都巴库举办的以“共同生活在包容社会：挑战与目标”为主题的第七届联合国不同文明联盟全球论坛，以及将于 2016 年 5 月 6 日在纽约由联合国支持举行的“以宗教促和平”论坛。

36. 我们高度赞赏亚信主席国、落实各领域信任措施协调国和联合协调国以及亚信秘书处为推动不同领域信任措施合作所作的努力；强调各方将在自愿基础上，通过落实军事政治、新威胁新挑战、经济、人文和环保五大领域信任措施进一步推动亚信进程；欢迎批准亚信关于落实军事政治、经济以及禁毒领域信任措施的行动计划。

37. 我们认识到，亚信是一个通过持续的对话与协作、全面的交流与紧密合作，致力于建立和落实信任措施的重要会议。亚信成立 20 多年来，为促进成员国间相互协作，加强不同文明间对话，建立和落实信任措施，加强旨在促进亚洲和平、安全、稳定和可持续发展的亚信进程作出了贡献，并将继续作出同样的贡献。

38. 关于落实 2016—2018 年中小企业领域信任措施的行动计划确立了一系列旨在促进和加强中小企业合作的活动，我们坚信实施该计划将为亚信成员国经济增长带来新的动力。

39. 我们赞赏 2030 年可持续发展议程致力于实现新的 17 个可持续发展目标，以及各国领导人通过的《〈联合国气候变化框架公约〉巴黎协定》。我们认识到人类可持续发展正面临巨大挑战，重申需要采取共同措施和重振全球伙伴关系，推动将这一全球议程转化为应对上述挑战的可持续行动计划。我们对探讨实现 2030 年可持续发展目标的方式持开放立场。

40. 我们强调，为进一步促进和平、安全、稳定及可持续发展，必须全面落实亚信在军事政治、新威胁新挑战、经济、人文和环保领域的信任措施。

41. 我们认识到，我们正面临新威胁与新挑战的严峻现实，迫切需要本地区国家以及整个国际社会对这一现实予以最大关注并协作应对。为此，有必要加强落实各领域信任措施的力度，提升亚信成员国间的合作水平。我们注意到哈萨克斯坦提出的在亚信基础上，通过协商一致建立一个国际组织的倡议。

42. 我们欢迎白俄罗斯成为亚信观察员，认为成员国应一致努力，推动亚信与其他地区以及国际组织和论坛的伙伴关系，加强与亚洲其他组织与论坛的合作，为亚洲乃至世界的和平、安全、稳定及可持续发展作出进一步努力。

43. 我们高度赞赏中华人民共和国自 2014 年 5 月担任亚信主席国以来所做工作，认为中方在推进亚信发展进程、机制化建设、制定和落实各领域信任措施方面发挥了重要作用。欢迎主席国倡议成立亚信非政府论坛，赞赏中方为成立亚信青年委员会和实业家委员会所作的贡献。青年委员会和实业家委员会作为落实亚信相关领域信任措施的有效机制，我们愿进一步加强其活动，以增进成员国间相互理解、信任与合作。

44. 我们欢迎中方担任亚信主席国至 2018 年，认为这将有利于更加可持续地深入推进工作。

45. 2016 年 6 月 17 日亚信秘书处将迎来成立十周年纪念日。我们欢迎亚信新总部在阿斯塔纳落成，赞赏亚信秘书处为亚信发展所做的工作，支持加强秘书处建设，敦促亚信成员国自愿定期向秘书处捐款。

46. 我们对《亚信秘书处协定》将于 2016 年 5 月 13 日生效表示满意，呼吁尚未签署或批准《亚信秘书处及其人员、成员国代表特权和豁免公约》的成员国能够尽快批准。

47. 我们感谢中国主办本次亚信外长会议，商定于 2020 年举行亚信第六次外长会议，欢迎中方经与下任主席国协调，于 2018 年举办亚信第五次峰会。

（参见 https://www.fmprc.gov.cn/ce/cgit/chn/zgyw/t1359459.htm）

上海合作组织成员国外交部长理事会会议新闻公报

2016年5月23日至24日，上海合作组织（以下称上合组织）成员国外交部长理事会例行会议在塔什干举行，会议由乌兹别克斯坦方面主持。

哈萨克斯坦共和国外交部长伊德里索夫、中华人民共和国外交部长王毅、吉尔吉斯共和国外交部长阿布德尔达耶夫、俄罗斯联邦外交部长拉夫罗夫、塔吉克斯坦共和国外交部长阿斯洛夫和乌兹别克斯坦共和国外交部长卡米洛夫出席会议。

上合组织秘书长阿利莫夫和上合组织地区反恐怖机构执行委员会主任瑟索耶夫出席会议。

为筹备将于2016年6月23日至24日在塔什干举行的上合组织成员国元首理事会会议，外长们讨论了加强本组织各领域合作、提升其在国际和地区事务中作用和地位的现状与前景问题。外长们强调，上合组织成立15年来，秉持“互信、互利、平等、协商、尊重多样文明、谋求共同发展”的“上海精神”，已成为当代国际关系体系中富有影响力的参与者之一。各方重申，将共同巩固上合组织在国际舞台上遵循的原则，即在解决地区和国际重大问题的过程中坚持不结盟、不对抗，不针对其他国家和国际组织。

各方就2015年7月9日至10日在乌法举行的上合组织成员国元首理事会会议成果落实情况交换了意见。外长们指出，乌法峰会以来，各方在进一步完善上合组织，深化上合组织政治、安全、经济和人文领域富有成效的合作方面做了大量工作。外长们指出，通过《〈上合组织至2025年发展战略〉落实行动计划》并提交上合组织成员国元首理事会会议批准具有重要意义。

外长们决定，提请元首理事会审议签署关于印度共和国和巴基斯坦伊斯兰共和国加入上合组织义务的备忘录问题。

外长们对签署关于给予阿塞拜疆共和国、亚美尼亚共和国、柬埔寨王国和尼泊尔上合组织对话伙伴地位的备忘录表示欢迎。

外长们指出，有必要吸引上合组织观察员国和对话伙伴更广泛地参与本组织框架内务实合作，支持继续完善与观察员国和对话伙伴定期磋商机制，切实提高各领域合作成效。

外长们重申，根据上合组织宪章及其他文件规定，制定和落实相关措施，共同打击各种形式的恐怖主义、分裂主义、极端主义，打击非法生产和贩运毒品、跨境有组织犯罪、现代信息技术犯罪、非法移民、贩卖人口、非法贩卖武器弹药和爆炸物、防止扩散大规模杀伤性武器及其运载工具，仍是本组织合作的优先任务之一。

外长们强调，根据2015年7月10日上合组织成员国元首理事会决议继续制定《上合组织反极端主义公约》十分重要。该公约将与《打击恐怖主义、分裂主义、极端主义上海公约》、《上合组织成员国打击恐怖主义、分裂主义、极端主义2016至2018年合作纲要》一起，巩固该领域合作法律基础。

外长们指出，应推动国际社会制定各国在信息领域负责任的普适行为准则，其中包括尊重国家主权、不干涉别国内政、和平解决冲突及尊重人权和基本自由原则。外长们期待各方在新的联合国国际信息安全政府专家组框架内继续就该问题进行建设性讨论。

外长们指出，互联网管理具有跨国性，必须维护各国参与互联网管理的平等权利和管理互联网本国部分的主权，重申上合组织成员国愿在该领域开展合作。

外长们强调，应进一步扩大上合组织国际交往，深化同国际和地区组织伙伴的合作。

外长们就重大地区和国际问题及其主要发展趋势、巩固地区安全稳定问题交换了意见。

外长们指出，在《联合国宪章》宗旨和原则基础上完善全球治理机制，推动国际秩序向更加公正平等的方向发展，维护政治和经济稳定具有重要意义。

外长们重申，上合组织成员国支持继续巩固联合国在国际关系中的核心作用，国际关系应建立在包括《联合国宪章》宗旨和原则在内的国际法基础之上。特别是要共同维护国际稳定与安全，开展国际合作，确保各国独立平等，以及自主选择社会制度和发展道路的权利，相互尊重主权和领土完整，互不侵犯，互不干涉内政，和平解决国际争端，不使用武力或以武力相威胁，遵守联合国关于打击恐怖主义、分裂主义、极端主义及其他形式犯罪，应对相关挑战与威胁的公认原则和准则。

外长们支持尽快通过《联合国打击国际恐怖主义全面公约》，构建广泛有效的合作平台，应对地区安全挑战与威胁。

外长们确信，国际社会只有在国际法的坚实基础上采取统一协调措施，综合施策，标本兼治，合力打击，才能战胜和消除恐怖主义这一邪恶势力。

外长们强调，为在新形势下扩大反恐合作创造条件，应与国际和地区组织、上合组织观察员国和对话伙伴以及其他国家推动就此形成一致的政治立场，开展相互协作。

外长们支持进一步增强联合国在维护国际和平与安全方面的主导地位，赞同继续就安理会改革进行广泛协商，寻求“一揽子”解决方案，提高该机构透明度和工作效率。不人为设置时限，不强行推动未获会员国广泛支持的方案，维护会员国团结。

外长们指出，阿富汗伊斯兰共和国早日恢复和平稳定是维护和加强地区安全的重要因素，支持通过推动“阿人主导，阿人所有”的包容性民族和解进程解决阿富汗内部冲突。联合国应在阿富汗问题国际合作中发挥中心协调作用。

外长们重申，在认真落实 2015 年 2 月 12 日达成的明斯克协议基础上政治解决乌克兰危机十分重要。

外长们确信，应在遵守公认的国际法准则和相互尊重对方利益的原则基础上，通过所有冲突方开展广泛政治对话解决西亚北非地区危机。

外长们重申，应保持叙利亚的统一、主权、领土完整与稳定，由叙利亚人民自主决定自己的未来，认为叙利亚危机只能在联合国主导的政治进程和安理会第 2254 号决议基础上通过和平方式解决。

外长们指出，在裁军、军控、防止大规模杀伤性武器扩散及和平利用核能方面开展密切合作十分重要，认为《中亚无核武器区条约》议定书尽快对各方生效将为巩固全球核不扩散机制作出重要贡献。

外长们确认，应在包括《联合国海洋法公约》在内的国际法原则基础上维护海洋法律秩序。所有有关争议均应由当事方通过友好谈判和协商和平解决，反对国际化和外部势力干涉。为此，外长们呼吁恪守上述公约、《南海各方行为宣言》及落实宣言后续行动指针全部条款。

外长们欢迎伊朗核问题《联合全面行动计划》开始切实落实，认为这是为巩固地区和世界安全稳定开展国际合作的重要步骤。

外长们认为，个别国家或国家集团无视其

他国家利益，单方面无限制地加强反导系统，将危害国际和地区安全与稳定，坚信实现自身安全不能以损害其他国家安全为代价。

外长们通过了《上合组织成立十五周年塔什干宣言》、《上合组织成员国元首理事会会议新闻公报》草案，以及上合组织秘书长阿利莫夫提交的关于本组织秘书处过去一年工作的报告，听取了地区反恐怖机构执委会主任瑟索耶夫关于执委会工作的报告。

外长们还通过了一系列关于本组织工作以及即将在塔什干举行的上合组织成员国元首理事会会议相关问题的决议。

外长们高度评价乌兹别克斯坦作为上合组织主席国为筹备元首理事会塔什干会议所作的工作。

会议在上合组织成员国间素有的传统友好和相互理解气氛中进行。

（参见 https://www.fmprc.gov.cn/web/zyxw/t1366069.shtml）

上海合作组织成员国元首理事会会议新闻公报

当地时间2016年6月23日至24日，在上海合作组织（以下简称“上合组织”）成立十五周年之际，成员国元首理事会第十六次会议在乌兹别克斯坦共和国首都塔什干举行。

哈萨克斯坦共和国总统纳扎尔巴耶夫、中华人民共和国主席习近平、吉尔吉斯共和国总统阿坦巴耶夫、俄罗斯联邦总统普京、塔吉克斯坦共和国总统拉赫蒙、乌兹别克斯坦共和国总统卡里莫夫出席会议。

会议由乌兹别克斯坦共和国总统卡里莫夫主持。

上合组织秘书长阿利莫夫、地区反恐怖机构执行委员会主任瑟索耶夫列席会议。

上合组织观察员国阿富汗伊斯兰共和国总统加尼、白俄罗斯共和国总统卢卡申科、印度共和国总理莫迪、蒙古国总统额勒贝格道尔吉、巴基斯坦伊斯兰共和国总统侯赛因、伊朗伊斯兰共和国外长扎里夫以及主席国客人土库曼斯坦总统别尔德穆哈梅多夫与会并发言。

联合国副秘书长费尔特曼、独联体执行委员会主席兼执行秘书列别捷夫、集体安全条约组织秘书长博尔久扎、东南亚国家联盟秘书长黎良明和亚洲相互协作与信任措施会议秘书处执行主任宫建伟与会。

元首们在建设性和友好的气氛中审议了上合组织成立15年以来的主要成果，并就当前国际和地区广泛问题交换了意见。

元首们指出，上合组织作为国际舞台上有分量和影响力的角色不断巩固，本组织实际工作的首要任务和元首们有关地区和国际问题的共同立场反映在峰会签署的《上海合作组织成立十五周年塔什干宣言》中。

元首们重申，上合组织对于符合本组织法律文件中规定的准则和条件的相关国家是开放的。在塔什干峰会上签署关于印度共和国和巴基斯坦伊斯兰共和国加入上合组织义务的备忘录，是上合组织扩员进程中的重要步骤。

元首们指出，印度和巴基斯坦获得上合组织成员国地位将扩大本组织潜力，提升其作为解决当前重大问题、保障地区和国际安全、稳定和可持续发展多边机制的作用。

元首们对签署关于给予阿塞拜疆共和国、亚美尼亚共和国、柬埔寨王国和尼泊尔上合组织对话伙伴地位备忘录表示欢迎。

元首们重申，上合组织不针对其他国家或国际组织。成员国愿与赞同《上海合作组织宪章》和本组织其他基础文件规定的目标和任务的国家以及国际和地区组织加强联系和合作。

元首们欢迎关于伊朗核问题的《联合全面行动计划》开始切实落实，认为该文件的顺利执行有利于扩大国际合作，促进地区内外的和平、安全与稳定。

元首们支持继续完善同观察员国和对话伙伴定期磋商机制，丰富各领域合作实际成果。

元首们指出，进一步扩大上合组织对外交往，加强同其他国际和地区组织，特别是同联合国及其专门机构的相互协作十分重要。成员国将继续加强上合组织对外联系，包括研究同其他有关多边组织建立联系的可能性。

元首们指出，当前将上合组织合作提升到崭新水平，提高政治、安全、经济、人文领域合作成效的所有条件均已具备。因此，通过《〈上海合作组织至2025年发展战略〉2016—2020年落实行动计划》具有特别意义。

元首们指出，在《联合国宪章》宗旨和原则基础上完善全球治理机制，推动国际秩序向更加公正平等的方向发展，加强政治和经济稳定具有重要意义。

元首们重申，成员国支持巩固联合国在国际关系中的核心作用，继续遵守《联合国宪章》和国际法的宗旨和原则。元首们支持就联合国安理会改革继续进行广泛协商，寻求“一揽子”解决方案，以提高该机构透明度和工作效率。坚持维护联合国会员国团结的利益，不人为设置时间表，不强行推动未得到联合国会员国广泛支持的方案。

元首们强调，国际恐怖主义和极端主义，包括宗教极端主义和其他表现形式，对世界各国乃至整个人类文明构成的威胁日益严峻。元首们坚信，国际社会只有通过加强联合打击和共同团结努力，综合施策，才能应对这些挑战，铲除其产生的根源。

成员国重申，根据《上海合作组织宪章》条款和上合组织其他文件规定，制定并采取措施，共同打击各种形式的恐怖主义、分裂主义、极端主义，打击非法生产和贩运毒品、贩卖武器弹药及爆炸物，打击扩散大规模杀伤性武器及其运载工具，仍将是本组织框架内合作的优先任务之一。

元首们支持尽快通过联合国全面反恐公约，强调建立应对地区安全挑战和威胁的广泛高效合作平台十分重要。

成员国指出，塔什干峰会关于加强安全领域合作的共识十分重要。

元首们支持进一步开展密切合作，打击恐怖主义、分裂主义和极端主义，防止极端思想扩散、特别是在青年人中扩散，预防民族、种族和宗教歧视以及排外思想。为此，将根据上合组织成员国元首理事会2015年7月10日决议，继续《上海合作组织反极端主义公约》制定工作。该公约将与《打击恐怖主义、分裂主义和极端主义上海公约》《上海合作组织成员国打击恐怖主义、分裂主义和极端主义2016年至2018年合作纲要》一起，巩固该领域合作法律基础。

打击跨国有组织犯罪和现代信息技术犯罪，巩固边境安全，联手打击非法移民、人口贩运、洗钱、资助恐怖主义和经济犯罪，仍是上合组织迫切议题。为此，切实落实2010年6月11日签署的《上海合作组织成员国政府间合作打击犯罪协定》十分重要。

元首们高度评价上合组织地区反恐怖机构为保障成员国主管机关协调合作，落实打击恐怖主义、分裂主义和极端主义共识所做的工作，支持继续加强这一方向的合作。

元首们指出，必须共同努力，构建和平、安全、公正、开放、合作的网络空间，尊重国家主权，不干涉他国内政。强调在落实2009年6月16日签署的《上海合作组织成员国保障国际信息安全政府间合作协定》框架内深化实际合作具有重要意义。

元首们指出，世界经济仍然受到国际金融危机后果的影响，导致总需求萎缩、主要大宗商品价格剧烈波动、世界经济增长缓慢等不良后果。各方强调，为应对当前威胁和挑战，各国应通过大规模结构改革，实现多元化，提高经济长期竞争力和创新发展，推动世界经济深度变革。

元首们指出，15年来，上合组织经贸往来和投资合作形成巨大潜力，区域经济合作发展势头良好，合作机制不断完善。元首们认为，上合组织地区的和谐发展符合本地区经济平衡增长的整体利益。为此，成员国将采取进一步扩大上合组织框架内互利经贸合作的协调措施，包括为贸易、相互投资和实业界合作创造便利条件。

元首们重申，切实落实2015年12月15日在郑州通过的《上海合作组织成员国政府首脑

（总理）关于区域经济合作的声明》达成的共识十分重要。

在此背景下，成员国将谋求各国发展战略对接，加强协调各国经贸规划。元首们认为，采取措施保障社会经济稳定增长，提高人民福祉和生活水平，进一步深化在贸易、产能、财政、投资、农业、海关、通信、卫星导航及其他符合共同利益领域的合作十分重要。各方将特别重视就有效应对经济下行交流经验，使用创新技术，创造便利的投资和营商环境，在优先合作领域实施长期互利项目，发展基础设施。

成员国重申支持中华人民共和国关于建设丝绸之路经济带的倡议，将继续就落实这一倡议开展工作，将其作为创造有利条件推动区域经济合作的手段之一。

元首们指出，在可再生和替代能源利用等能源领域继续开展多方面互利合作十分重要。

元首们强调，有必要进一步推动交通领域多边合作，促进构建国际运输走廊，打造连接亚洲和欧洲的枢纽，共同实施基础设施项目，扩大具有经济可行性的互联互通潜能，释放地区过境运输潜力。为此，元首们指出，2014 年 9 月 12 日在杜尚别签署的《上海合作组织成员国政府间国际道路运输便利化协定》尽快生效和落实十分重要。

元首们支持实施《上海合作组织成员国多边经贸合作纲要》落实措施计划中规定的共同关心的具体项目，以及制定《2017—2021 年上海合作组织进一步推动项目合作的措施清单》。

元首们支持进一步扩大同观察员国和对话伙伴的互利合作，以提高上合组织合作潜力。为此，充分发挥上合组织实业家委员会和银行联合体作用具有重要意义。

为保障项目融资，成员国将继续研究建立上合组织开发银行和发展基金（专门账户）问题。

元首们认为，有必要特别关注在文化、卫生、科技、教育、环保、体育和旅游领域发展双多边合作，共同研究和保护上合组织地区，包括在丝绸之路沿线的文化和自然遗产。

为扩大旅游领域合作，构建共同旅游空间，加强旅游往来，成员国授权代表签署了《上海合作组织成员国旅游合作发展纲要》。

元首们听取并批准了上合组织秘书长关于上合组织过去一年工作的报告和地区反恐怖机构理事会关于地区反恐怖机构 2015 年工作的报告。

2015 年 7 月 9 日至 10 日上合组织乌法峰会之后，上合组织举行了成员国政府首脑（总理）理事会会议（2015 年 12 月 14 日至 15 日，郑州）、安全会议秘书会议（2016 年 4 月 13 日至 14 日，塔什干）、外交部长理事会会议（2016 年 5 月 23 日至 24 日，塔什干）、国家协调员理事会会议（2015 年 10 月至 2016 年 6 月，北京、塔什干）、地区反恐怖机构理事会会议（2015 年 9 月 18 日和 2016 年 4 月 8 日，塔什干）、司法部长会议（2015 年 8 月 18 日，杜尚别）、总检察长会议（2015 年 8 月 27 日，阿斯塔纳）、最高法院院长会议（2015 年 9 月 3 日至 6 日，比什凯克）、经贸部长会议（2015 年 9 月 16 日，西安）、救灾部门领导人会议（2015 年 11 月 11 日至 12 日，成都）、第十一次上合组织论坛（2016 年 4 月 28 日至 29 日，杜尚别）、最高审计机关领导人会议（2016 年 5 月 27 日，阿斯塔纳）、国防部长会议（2016 年 6 月 8 日，阿斯塔纳）、文化部长会议（2016 年 6 月 21 日至 22 日，塔什干）、实业家委员会和银行联合体理事会会议（2016 年 6 月 22 日至 23 日，塔什干）。

元首们高度评价乌兹别克斯坦共和国担任上合组织主席国期间所做工作，对乌方在塔什干峰会期间给予的热情接待表示感谢。

上合组织成员国元首理事会下次会议将于 2017 年 6 月在阿斯塔纳行，本组织下任主席国将由哈萨克斯坦共和国担任。

（参见 https://www.fmprc.gov.cn/ce/ceke/chn/zgyw/t1375250.htm）

上海合作组织成立十五周年塔什干宣言

当地时间2016年6月24日，上海合作组织成员国元首，根据2016年6月24日在塔什干举行的上海合作组织成立十五周年元首理事会会议成果，声明如下：

2001年6月15日关于成立上海合作组织的历史决定，是成员国为积极促进地区和平与共同发展、深化睦邻友好与伙伴关系、增进相互尊重与信任气氛作出的重要战略抉择。15年来，上海合作组织已跻身具有威望和影响力的国际和地区组织之列，成为当代国际关系体系中保障安全、稳定和可持续发展的有效因素。体现本组织根本原则和理念的“上海精神”是上海合作组织顺利发展的独特源泉，是发展国家间关系、应对全球威胁和挑战、解决国际分歧的重要指针。

成员国遵循《上海合作组织宪章》《上海合作组织成员国长期睦邻友好合作条约》《上海合作组织至2025年发展战略》及其他本组织基础性文件，秉持“互信、互利、平等、协商、尊重多样文明、谋求共同发展”的“上海精神”，继续保持建设性和相互信任的伙伴关系。上海合作组织遵循不结盟、非意识形态化、不对抗的立场解决国际和地区重大问题。

上海合作组织建立了行之有效的制度基础，组织机构高效运转，为落实《上海合作组织宪章》在政治、经济、人文、安全领域确定的目标和任务持续开展系统性工作。

在应对新的威胁和挑战，特别是打击恐怖主义、分裂主义和极端主义、非法贩运毒品和武器及其他形式的跨国有组织犯罪方面，上海合作组织建立了各级别定期会议机制和坚实的条约法律基础，以协调成员国间的务实合作。

在加强经济和人文关系方面合作成果丰硕，在贸易、投资、项目合作、文化、科技、应对自然灾害和生产事故以及其他领域，通过和落实发展合作的长期纲要和计划。

成员国恪守《上海合作组织宪章》规定的不针对其他国家和国际组织等原则，积极加强同其他国家及国际和地区组织的联系与合作。

同阿富汗、白俄罗斯、印度、伊朗、蒙古国、巴基斯坦等观察员国，阿塞拜疆、亚美尼亚、柬埔寨、尼泊尔、土耳其、斯里兰卡等对话伙伴相互协作，同联合国及其专门机构建立和保持伙伴关系，并同其他国际和地区机制开展合作。

上海合作组织一贯奉行开放原则，杜尚别峰会制定了规范上海合作组织扩员程序的法律基础。根据乌法峰会决议，正在履行接收印度共和国和巴基斯坦伊斯兰共和国成为上海合作组织成员国的程序。

国际形势快速变化，地缘政治紧张加剧，恐怖主义、分裂主义和极端主义活动规模扩大，给整个国际关系体系带来负面影响。

在此背景下，联合国仍是为维护全球安全发挥主导作用的普遍性国际机构和解决国家间及国际问题的主要平台。成员国重申，支持巩固联合国在国际关系中的核心作用。

成员国将继续遵守《联合国宪章》宗旨、

原则和公认的国际法，特别是维护国际和平与安全、开展国际合作、维护独立与平等、自主选择社会制度和发展道路、相互尊重主权和领土完整、边界不可侵犯、互不侵犯、互不干涉内政、和平解决争端、不使用武力或以武力相威胁等原则。

成员国重申，决心恪守《上海合作组织成员国长期睦邻友好合作条约》条款，继续在共同关心的领域加强睦邻友好关系，包括使各国之间的边界成为永久和平与友好的边界。

成员国支持进一步加强联合国安理会在维护国际和平与安全中的关键地位，支持就其改革进行广泛协商，寻求“一揽子”解决方案，以提高该机构透明度和工作效率。坚持维护联合国会员国团结的利益，不人为设置时间表，不强行推动未得到联合国会员国广泛支持的方案。

成员国指出，阿富汗早日实现和平稳定是维护和加强本地区安全的重要因素。

成员国支持通过推动“阿人主导，阿人所有”的包容性民族和解进程解决阿富汗内部冲突。联合国应在阿问题国际合作中发挥中心协调作用。

成员国强调，应根据《联合国宪章》的原则和公认的国际法准则，尽快稳定西亚北非局势，寻求政治解决危机。

各方重申，必须维护叙利亚的统一、主权、领土完整和稳定，政治解决危机、使叙利亚人民自主决定命运是结束冲突的唯一选项。

成员国重申，在认真落实2015年2月12日达成的明斯克协议基础上政治解决乌克兰危机十分重要。

成员国确认，应在包括《联合国海洋法公约》在内的国际法原则基础上维护海洋法律秩序。所有有关争议应由当事方通过友好谈判和协商和平解决，反对国际化和外部势力干涉。为此，成员国呼吁恪守上述公约、《南海各方行为宣言》及落实宣言后续行动指针全部条款。

成员国将根据共同、平等和不可分割安全原则，继续在裁军、军控、核不扩散、和平利用核能方面开展合作，通过政治外交手段应对核不扩散机制面临的地区挑战。成员国恪守《不扩散核武器条约》，全面持续推动该条约所有宗旨及原则。

成员国认为，《中亚无核武器区条约》议定书尽快对各方生效将为巩固全球核不扩散机制、维护地区和国际和平与稳定作出重要贡献。

成员国欢迎关于伊朗核问题的《联合全面行动计划》开始切实落实，认为该文件的顺利执行有利于扩大国际合作，促进地区内外的和平、安全与稳定。

成员国重申，个别国家或国家集团，不顾及其他国家利益，单方面无限制地加强反导系统将危害国际和地区安全与稳定。成员国坚信，实现自身安全不应以损害其他国家安全为代价。

成员国强调，防止外空武器化对确保各方平等和不可分割安全、维护全球稳定十分重要，支持采取切实措施防止外空军备竞赛，制定禁止在外空放置武器的国际协议是主要措施。

成员国支持为通过制定法律措施强化《禁止生物武器公约》制度所作出的努力和提出的倡议。

成员国对恐怖组织获得大规模杀伤性武器，包括将化学和生物武器用于恐怖主义目的等威胁不断增长深表关切，支持制定打击化学和生物恐怖主义行为国际公约的倡议。

成员国呼吁国际社会在相互合作、尊重国家主权和不干涉他国内政原则基础上构建和平、安全、公正、开放、合作的网络空间。成员国支持在联合国框架内制定网络空间负责任国家行为的普遍规范、原则和准则。成员国将继续加强合作，阻止恐怖和极端组织利用信息技术从事违法破坏活动，共同打击利用信息技术犯罪，致力于在联合国框架内制定相应的普遍性法律文件。

成员国将进一步深化合作，切实落实《上海合作组织成员国保障国际信息安全政府间合作协定》。

在此背景下，成员国愿加强互联网管理合作，支持所有国家平等管理互联网的权利，特别是支持保障各国管理本国互联网的主权权利。

成员国特别强调，国际恐怖主义和极端主义，包括宗教极端主义和其他表现形式，对世界各国乃至整个人类文明构成的威胁日益严峻。

成员国坚信，国际社会只有在国际法的坚实基础上采取统一协调措施，综合施策，标本兼治，合力打击，才能战胜和消除这一邪恶势力。

在打击恐怖主义、分裂主义、极端主义及应对其他新威胁和新挑战背景下，上海合作组织成员国支持尽快通过联合国全面反恐公约。

成员国强调，为在新形势下扩大反恐合作创造条件，应同国际和地区组织、上海合作组织观察员国和对话伙伴以及其他国家形成一致的政治立场并开展协作。

成员国愿同多边反恐力量团结一致，支持在联合国主导下，采取协调行动共同打击恐怖组织。

成员国重申，打击各种形式的恐怖主义、分裂主义、极端主义，打击非法生产和贩运毒品、买卖武器弹药和爆炸物、扩散大规模杀伤性武器及其运载工具，仍然是上海合作组织框架内合作的优先任务之一。

成员国强调，塔什干峰会关于开展安全合作的共识十分重要。

成员国主张进一步开展密切合作，打击恐怖主义、分裂主义和极端主义，防止极端思想扩散，特别是在青年人中扩散，预防民族、种族、宗教歧视以及排外思想。为此，成员国将根据上海合作组织成员国元首理事会 2015 年 7 月 10 日决议，继续《上海合作组织反极端主义公约》制定工作。该公约将与《打击恐怖主义、分裂主义和极端主义上海公约》《上海合作组织成员国打击恐怖主义、分裂主义和极端主义 2016 年至 2018 年合作纲要》一起，巩固该领域合作法律基础。

打击跨国有组织犯罪和现代信息技术犯罪，巩固边境安全，联手打击非法移民、人口贩运、洗钱、资助恐怖主义和经济犯罪，仍是上海合作组织迫切议题。为此，切实落实 2010 年 6 月 11 日签署的《上海合作组织成员国政府间合作打击犯罪协定》十分重要。

成员国注意到在纽约举行的联合国大会世界毒品问题特别会议成果，将在上海合作组织通过的国际法律文件基础上，继续就在本地区打击非法贩运麻醉药品、精神药物及易制毒化学品开展务实合作。

成员国支持进一步加强上海合作组织地区反恐怖机构打击恐怖主义、分裂主义和极端主义工作。

成员国对日益严峻的国际毒品威胁深表关切，重申坚决支持维护和巩固以联合国三大禁毒公约为基础的现行国际麻醉品监管体系。成员国认为，在联合国的中心协调作用下，在综合平衡、广泛且责任共担原则基础上，共同努力消除全球毒品生产十分重要，包括铲除毒品原植物的非法种植及其生产加工，建立应对新型合成毒品及其他精神活性物质的有效法律体系，并加强吸毒人员康复领域合作，有效减少毒品需求。

成员国指出，世界经济仍然受到国际金融危机后果的影响，导致总需求萎缩、主要大宗商品价格剧烈波动、世界经济增长缓慢等不良后果。为应对当前威胁和挑战，各国应通过大规模结构改革，实现多元化，提高经济长期竞争力和创新发展，推动世界经济深度变革。

成员国指出，上海合作组织成立 15 年来，经贸往来和投资合作形成巨大潜力，区域经济合作发展势头良好，合作机制不断完善。成员国认为，上海合作组织地区的和谐发展符合本地区经济平衡增长的整体利益。为此，成员国将采取进一步扩大上海合作组织框架内互利经贸合作的协调措施，包括为贸易、相互投资和实业界合作创造便利条件。

成员国重申，切实落实 2015 年 12 月 15 日在郑州通过的《上海合作组织成员国政府首脑（总理）关于区域经济合作的声明》中达成的共识十分重要。

在此背景下，成员国将谋求各国发展战略对接，加强协调各国经贸规划。成员国认为，采取措施保障社会经济稳定增长，提高人民福祉和生活水平，进一步深化在贸易、产能、财政、投资、农业、海关、通信、卫星导航及其他符合共同利益领域的合作十分重要。各方将特别重视就有效应对经济下行交流经验，使用创新技术，创造便利的投资和营商环境，在优先合作领域实施长期互利项目，发展基础设施。

成员国重申支持中华人民共和国关于建设丝绸之路经济带的倡议，将继续就落实这一倡议开展工作，将其作为创造有利条件推动区域经济合作的手段之一。

成员国指出，在可再生和替代能源利用等能源领域继续开展多方面互利合作十分重要。

成员国将推动交通领域多边合作，促进构建国际运输走廊，打造连接亚洲和欧洲的枢纽，共同实施基础设施项目，扩大具有经济可行性的互联互通潜能，释放地区过境运输潜力。为此，成员国认为 2014 年 9 月 12 日在杜尚别签署的《上海合作组织成员国政府间国际道路运输便利化协定》尽快生效和落实十分重要。

成员国将集中力量实施《上海合作组织成员国多边经贸合作纲要》落实措施计划中规定的共同关心的具体项目，以及制订《2017—2021 年上海合作组织进一步推动项目合作的措施清单》。

成员国赞同进一步扩大同观察员国和对话伙伴的互利合作，以提高上海合作组织合作潜力。为此，充分利用上海合作组织实业家委员会和银行联合体具有重要意义。

为保障项目融资，成员国将继续研究建立上海合作组织开发银行和发展基金（专门账户）问题。

成员国特别关注在文化、卫生、科技、教育、环保、体育和旅游领域发展双多边合作，共同研究和保护上海合作组织地区，包括在丝绸之路沿线的文化和自然遗产。

成员国重申，上海合作组织对于符合本组织法律文件中规定的准则和条件的相关国家是开放的。本次峰会期间签署的关于印度共和国和巴基斯坦伊斯兰共和国加入上海合作组织义务的备忘录，是上海合作组织扩员进程中迈出的切实步骤。

成员国认为，印度和巴基斯坦获得成员国地位将扩大本组织潜力，提升其作为解决地区当前重大问题、保障安全稳定和可持续发展的多边机制在国际舞台上的作用。

成员国将深化同与上海合作组织建立正式联系的国际和地区组织的互利对话与协作，并扩大对外交往，以便进一步构建 2004 年塔什干峰会期间成员国元首提出的多边伙伴体系。

成员国在相互尊重、睦邻友好原则的基础上，致力于维护和平、共同发展和平等关系，将继续开展建设性和互信对话，深化各领域有效合作，为加强上海合作组织地区安全稳定和可持续发展贡献力量。

哈萨克斯坦共和国总统　纳扎尔巴耶夫

中华人民共和国主席　习近平

吉尔吉斯共和国总统　阿坦巴耶夫

俄罗斯联邦总统　普京

塔吉克斯坦共和国总统　拉赫蒙

乌兹别克斯坦共和国总统　卡里莫夫

2016 年 6 月 24 日于塔什干

（参见 http://www.xinhuanet.com/world/2016-06/25/c_129088765.htm）

中华人民共和国和俄罗斯联邦关于促进国际法的声明

一、中华人民共和国和俄罗斯联邦重申全面遵守《联合国宪章》、1970年《关于各国依〈联合国宪章〉建立友好关系及合作之国际法原则之宣言》所反映的国际法原则。两国遵循和平共处五项原则。国际法原则是构建以合作共赢为核心的公正合理的国际关系、打造人类命运共同体、建立平等和不可分割的安全与经济合作共同空间的基石。

二、中华人民共和国和俄罗斯联邦共同认为，主权平等原则对国际关系的稳定至关重要。各国在独立、平等的基础上享有权利，并在相互尊重的基础上承担义务和责任。各国享有平等地参与制定、解释和适用国际法的权利，并有义务善意履行和统一适用国际法。

三、中华人民共和国和俄罗斯联邦重申关于国家不得违反《联合国宪章》使用或威胁使用武力的原则，并因此谴责单边军事干预。

四、中华人民共和国和俄罗斯联邦坚定支持不干涉他国对内与对外事务的原则，谴责违反该原则的以强行改变他国合法政府为目标的任何干预他国内政的行为。中俄谴责与国际法不符、将一国国内法进行域外适用的做法，认为这种做法是违反不干涉他国内政原则的又一例证。

五、中华人民共和国和俄罗斯联邦重申和平解决争端原则，并坚信各国应使用当事方合意的争端解决方式和机制解决争议，各种争端解决方式均应有助于实现依据可适用的国际法以和平方式解决争端的目标，从而缓解紧张局势，促进争议方之间的和平合作。这一点平等适用于各种争端解决类型和阶段，包括作为使用其他争端解决机制前提条件的政治和外交方式。维护国际法律秩序的关键在于，各国应本着合作精神，在国家同意的基础上善意使用争端解决方式和机制，不得滥用这些争端解决方式和机制而损害其宗旨。

六、中华人民共和国和俄罗斯联邦共同认为，应善意履行公认的国际法原则和规则，反对采取双重标准或某些国家将其意志强加于其他国家的做法；认为采取与国际法不符的单边强制措施，即单边制裁，是此类做法的一个例证。某些国家在联合国安理会采取的措施之外另行实施单边强制措施，将妨碍安理会所采取措施的目的和宗旨，削弱这些措施的完整性和有效性。

七、中华人民共和国和俄罗斯联邦谴责一切形式和表现的恐怖主义，认为恐怖主义是削弱以国际法为基础的国际秩序的全球性威胁，应对这一威胁要求完全依据包括《联合国宪章》在内的国际法采取集体行动。

八、中华人民共和国和俄罗斯联邦主张，各国在任何时候均须履行与其他国家及其财产和官员豁免相关的国际义务。违反这些国际义务的做法不符合国家主权平等原则，可能会导致紧张局势升级。

九、中华人民共和国和俄罗斯联邦强调，1982年《联合国海洋法公约》在维护海洋活动的法治方面具有重要作用。至关重要的是，这项具有普遍性的条约的规定应统一适用，不能损害缔约国的权利和合法利益，同时不能破坏《公约》所建立的法律制度的完整性。

十、根据双方战略伙伴关系，中华人民共和国和俄罗斯联邦决心进一步加强合作，以捍卫和促进国际法，建立以国际法为基础的公正、合理的国际秩序。

本声明于二〇一六年六月二十五日在北京签署。

（参见 https://www.fmprc.gov.cn/web/zyxw/t1375313.shtml）

中华人民共和国和俄罗斯联邦联合声明

应中华人民共和国主席习近平邀请，俄罗斯联邦总统弗·弗·普京于2016年6月25日对中华人民共和国进行了国事访问。两国元首在北京举行了会谈，中华人民共和国国务院总理李克强和全国人民代表大会常务委员会委员长张德江分别会见了普京总统。

中华人民共和国和俄罗斯联邦，以下简称“双方”，声明如下：

一

今年是双方宣布发展平等信任、面向二十一世纪的战略协作伙伴关系20周年，也是《中华人民共和国和俄罗斯联邦睦邻友好合作条约》签署15周年。

条约汲取中俄两国数百年来交往的积极经验，基于公认的国际法原则和准则，已成为当代中俄关系的国际法基础，充分体现了中俄两国人民睦邻友好的深厚历史传统和两国热爱和平的对外政策。

条约确定的中俄关系模式——平等信任的战略协作伙伴关系，在过去15年来具备了真正的全面性，至今仍具有现实意义。

条约不仅总结了截至本世纪初的中俄关系发展成果，还为两国关系持续全面发展指明了道路。双方正在落实条约实施纲要。

在条约基础上形成了双边关系的主要原则，并经受住了时间的检验。中俄关系建立的基础是非意识形态化，平等，互信，相互承认领土完整，尊重彼此利益，尊重对方选择社会制度和发展道路的主权权利，互不干涉内政，在涉及主权、安全、发展等核心问题上相互支持，全面互利合作，摒弃对抗。中俄关系不具有结盟性质，不针对第三国。

条约及其实践具有重要的国际效应，向世界展示了两个大国之间构建和谐、建设性、平等信任、互利共赢关系的典范。建立在条约基础上的中俄外交战略协作在国际关系中占有重要分量，促进了公正合理的世界多极秩序的形成和国际关系民主化。

二

条约签署15年来，中俄关系保持快速发展，达到历史最高水平，牢固的政治互信是两国关系的最主要特征。发展双边关系成为两国对外政策的主要优先方向。

两国彻底解决了边界问题，整个中俄边界已成为和平与全面合作的纽带。

两国经贸、投资、金融、能源、科技、农业、地方及其他领域务实合作快速发展。中俄总理定期会晤机制有效运行，机制框架下设立数十个委员会、分委会和工作组，涵盖双方合作的所有领域。

中俄关系的社会和人文基础得到实质性巩固。双方互办国家年、语言年、旅游年及青年友好交流年活动，推动两国人文交流取得显著进展，加强了两国人民之间的相互理解和友谊。

2016—2017 年互办媒体交流年将为两国人文交流注入新动力。

中俄关系的持续全面发展符合两国根本利益，给两国人民带来了实实在在的好处，有利于维护地区及世界和平、安全与稳定。条约签署 15 年来，中俄战略协作伙伴关系的发展成果及蕴含的潜力，使我们完全有理由对两国关系的未来充满信心。

三

基于《中俄睦邻友好合作条约》确立的世代友好理念和共同目标，双方声明如下：

——支持对方自主选择发展道路和社会政治制度的权利，在维护各自主权、领土完整和安全等涉及彼此核心利益问题上相互坚定支持；

——基于平等信任、相互支持、共同繁荣、世代友好的中俄全面战略协作伙伴关系新阶段，继续扩大和深化双方全方位合作，并将其作为各自对外政策的优先方向；

——支持和发展高层战略信任对话，提升现有机制效率，根据需要建立新的政府、立法机关、部门及地方间合作机制；

——保持双边贸易稳定快速发展势头，逐步优化贸易结构，创新合作模式，为实现 2020 年前双边贸易额达到 2000 亿美元创造必要条件，扩大相互投资规模；

——坚持一揽子合作原则，推进油气、煤炭、电力、可再生能源、能源装备等领域合作，在互利共赢基础上建立长期能源战略伙伴关系；

——坚持一揽子合作原则，在平衡双方利益的基础上推动中俄核领域全面务实互利合作；

——积极探寻新的科技及创新合作模式，加强全方位合作，在优先领域开展联合基础研究和高新技术研发，促进科研成果商业化和产业化；

——在和平利用外层空间基础上，全面推动《2013—2017 年中俄航天合作大纲》的落实，深化空间对地观测、月球与深空探测、火箭发动机、航天电子元器件及卫星导航等大型项目的合作；持续推进卫星导航领域务实合作，推动中国北斗和俄罗斯格洛纳斯系统进一步融合与互补；

——拓展和深化地方合作，积极运用“中国东北—俄罗斯远东”和“长江—伏尔加河”模式的经验，完善合作模式和机制，以推动重点项目，培育新的合作增长点；

——通过官方和中俄友好、和平与发展委员会等民间渠道全面推动教育、文化、卫生、体育、媒体、旅游、电影、档案、青年交往等领域合作，重点办好中俄媒体交流年、中共六大纪念馆和深圳北理莫斯科大学合作项目；

——发展中俄军事交往与合作，加强两军传统友谊，将其视为中俄全面战略协作伙伴关系重要组成部分。

四

中俄认为，由于世界力量正在发生调整重组，世界格局正在加快演变。世界多极化进一步发展，新兴市场国家和发展中国家崛起已经成为不可阻挡的历史潮流。与此同时，由发展不平衡、国家福利水平差距加大、资源争夺、开放销售市场等引发的矛盾进一步发展，全球战略稳定形势出现恶化态势。在地球不同角落仍存在众多冲突，一些冲突方甚至诉诸武力方式解决，恐怖主义威胁依然严峻。

全球金融危机的后续效应也对国际局势稳定产生了显著影响。在经济持续低增长的背景下，货币和原料市场出现了巨大波动。建立封闭性贸易组织、实行单方面制裁、使用各种限制性机制在内的经济杠杆等使全球经济空间碎片化的举措无助于加强国际合作，对国际经济关系体系产生了越来越多的非建设性影响。

面对世界政治和经济中的挑战，中俄主张在解决全球性问题方面加强协调，本着开放、团结、合作共赢的精神，根据《联合国宪章》宗旨和原则及其他国际法基本准则，推动国际政治和经济秩序朝着更加公正合理方向发展，发展文明间建设性对话和伙伴关系，巩固不同文化和宗教间的和睦和相互借鉴。双方强调必须尊重各国人民对本国未来的自主选择，必须在平等和安全不可分割原则的基础上，严格在法律框架内相互考虑彼此利益，通过政治和外交途径和平解决争议。双方支持由联合国大会通过关于不允许干涉和干预各国内政决议的倡议，反对通过非法的外部干预对任何国家实施政权更迭，反对在本国领土外使用国内法措施破坏国际法的行为。中俄一致认为，实施超出联合国安理会商定框架的单边制裁不符合国际法准则，损害了《联合国宪章》规定的安理会职权，降低了安理会现行制裁制度的效率，使受制裁国家受到不相称的损害，在本国领土外实施制裁也对第三国和国际经贸关系产生消极影响。

中俄作为第二次世界大战主要战胜国、联合国创始成员国和安理会常任理事国，将坚定捍卫二战成果，反对否定、歪曲和伪造二战历史的企图，维护联合国权威，坚决谴责为法西斯主义、军国主义及其帮凶开脱罪行和抹黑解放者的行为，尽一切努力防止世界大战悲剧重演。

中俄基于两国建立和发展以合作共赢为核心的新型国家间关系的成功经验，呼吁各国加强联合国在国际事务中的中心作用，以及安理会在维护国际和平与安全方面的特有权利。因此，联合国安理会改革应旨在加强联合国和安理会内部的团结和协作，为促进全人类和平、安全和发展带来实实在在的好处。为实现该目标，必须通过平等的政府间谈判，在意见广泛一致的基础上制定决策。必须继续开展辛勤工作，不人为设定时限，从而为改革制定成熟的、成员国达成最广泛共识的方案。

中俄坚决谴责一切形式的恐怖主义。任何恐怖行动都不能因意识形态、宗教、政治、种族、民族或其他动机而被原谅。双方指出，当前局势令人担忧的原因不仅在于中东北非国家内部的政治和社会经济问题，也在于肆意干涉他国内政的行为，包括以“推动民主”为借口的干涉行为。

中俄决心继续加强反恐合作，双方认为国际社会在这一多层次工作中取得成功的关键是在联合国发挥中心协调作用下，基于《联合国宪章》及国际法宗旨和原则，摒弃政治化和“双重标准”，不设前提条件地建立打击恐怖和极端主义的“统一战线”。

双方指出，中俄在维护国际安全领域开展了有效协作，积极抵御使用生化武器的恐怖袭击威胁，主张在日内瓦裁军谈判会议上启动制定《防止化学和生物恐怖主义公约》的谈判进程。

中俄坚信，为提高多方努力的成效，需要综合施策，包括打击恐怖和极端思想传播，各国及其主管部门在互换信息方面开展有效协作，共同制止恐怖主义活动，以及建立可靠屏障防止对恐怖主义的资助和物质技术支持。双方认为，有效执行联合国安理会相关决议和反洗钱金融行动特别工作组建议，加强查明和切断资助恐怖团伙渠道的制度极为重要。

双方认为，一个安全稳定繁荣的信息网络空间，对两国乃至世界具有重大意义。中俄作为网络大国，有责任致力于维护网络安全，推动构建全球信息网络空间新秩序，促进信息技术创新，推进数字经济发展，打造网上文化交流共享平台，维护世界和平稳定，共同倡导建设和平、安全、开放、合作的信息网络空间，构建网络空间命运共同体，让互联网更好造福两国人民和世界人民。

《联合国宪章》确定的不使用武力、尊重国家主权和基本人权及自由、不干涉他国内政原则，也适用于信息网络空间。网络主权是国家主权在信息网络空间的延伸和拓展，要恪守尊重网络主权的原则，支持各国维护自身安全和发展的合理诉求，反对通过信息网络空间干涉他国内政。

两国在维护国际网络安全和互联网治理问

题上秉持一致战略立场。整个国际社会的努力应旨在预防信息网络空间的冲突和不允许使用信息通信技术从事破坏和平稳定的行为。

双方认为互联网治理的国际化是一项战略任务，必须保证所有国家参与互联网治理、公平分配互联网基础资源的平等权利，充分发挥联合国和各国政府、企业、国际组织的重要作用，探索制定普遍接受的负责任行为国际准则，推动建立多边、民主、透明的互联网治理体系。

中俄满意地指出，两国在信息网络空间的双边合作得到深化和拓展。双方将继续在该领域积极开展合作，加强协作，推动旨在预防和打击使用互联网实施有害行为、网络犯罪和恐怖主义活动的联合倡议。加强对未成年人的网络保护，不让互联网伤害人类的未来。

双方确认在维护金融稳定，促进强劲、可持续、平衡增长，考虑国际关系所有成员利益方面继续开展合作的坚定决心，将致力于构建以公平竞争为特点的开放型世界经济。

中俄两国确认，多边贸易体制是现代国际贸易的基石。因此，双方强调，世界贸易组织应在协调全球经贸体系的普遍原则和准则方面发挥核心作用。

双方指出，成功推动多边贸易谈判是国际贸易可持续性和包容性发展的最重要条件之一。区域贸易协定应是多边贸易体制的有机补充，而不是替代其原则和宗旨。双方坚信，必须对区域一体化共识进行协调，并且确保其对非参与方保持透明。

中俄欢迎2015年9月联合国发展峰会通过2030年可持续发展议程。该议程体现了可持续发展的三个方面，即经济、社会和环境的平衡和融合。双方确认将致力于实现2030年可持续发展议程，呼吁在各个层面加大努力，同时考虑各国不同的国情、能力和发展水平，尊重各国的发展战略和优先领域。中俄主张在联合国发展体系组织框架下继续开展建设性的互利合作。

双方强调，落实2015年7月联合国第三次发展筹资问题国际会议成果文件《亚的斯亚贝巴行动议程》中的具体战略和措施，有助于重振全球发展伙伴关系，实现2030年可持续发展议程。在承认各国对自身经济和社会发展负有主要责任的前提下，中俄两国主张国际社会采取积极措施，调动和更有效地利用金融资源，建立和巩固国家潜力，首先在生产领域，以及在彼此商定的条件下向各国提供生态安全技术。双方指出，必须为世界经济创造良好环境，完善全球经济治理机制，以支持各国在发展领域的努力。

中俄高度评价2015年11月30日至12月13日举行的《联合国气候变化框架公约》第21次缔约方会议达成的《巴黎协定》。双方确认将开展积极和建设性工作，落实《联合国气候变化框架公约》第21次缔约方会议决议，推动《巴黎协定》的生效和实施。

双方指出广泛使用天然气这一环保燃料的重要性，即有助于确保平稳、有经济效率地向“清洁”能源过渡，有利于控制二氧化碳（温室）气体排放和实现《巴黎协定》目标。

中俄两国推动不同文明间的建设性协作，主张这些不同文明相互补充，尊重多样性和文化差异，欢迎两国公民社会在开展文化和文明对话方面的共同倡议。中国宋庆龄基金会和大型国际非政府组织—俄罗斯“文明对话”世界公众论坛2016年5月在北京签署的合作备忘录，以及中俄两国非官方机构和其他国家相关组织共同倡议将丝绸之路作为连接沿线国家和人民传统的文化桥梁，这些都有助于促进社会组织在上述领域的合作，并在2016年4月在阿塞拜疆首都巴库召开的第七届联合国不同文明联盟全球论坛通过的决议中得到了体现。

中俄继续在人权领域开展合作，旨在确保平等重视公民、政治、经济、社会、文化和发展权利；在促进人权的同时尊重文化和文明多样性，尊重传统价值观和不同发展模式；鼓励协作和建设性对话；反对将国际人权议程政治化和以人权为借口干涉他国内政。

中俄指出，上海合作组织经过15年发展，已经在国际和地区有影响力的权威组织中占据应有位置，成为现代国际关系体系中维护安全、稳定和可持续发展的有效因素。

双方认为，在上合组织框架内就应对新威胁新挑战，首先是打击恐怖主义、分裂主义和极端主义、非法贩运毒品和武器、其他有组织和跨境犯罪开展合作，以及巩固经济和人文关系，具有重要意义。

双方确认恪守上合组织的开放性原则，相信印度和巴基斯坦的完全加入，以及积极研究伊朗等国加入上合组织的申请，必将提升上合组织的政治和经济合作潜力，提高上合组织的国际权威。

俄方积极支持中方主办2016年二十国集团峰会，愿共同推动杭州峰会取得成功。双方将同其他成员一道，支持二十国集团作为国际经济合作主要论坛的作用，加强宏观经济政策协调合作，努力通过结构性改革、创新等方式提升中长期增长潜力，推动完善全球经济金融和能源治理，促进国际贸易和投资，落实2030年可持续发展议程，为全球包容、可持续发展作出贡献。

中俄对俄罗斯联邦于2016年2月顺利完成金砖国家轮值主席国职责表示祝贺。双方指出，在金砖成员国的共同努力下，本着开放、团结、平等、相互理解、包容、共赢的原则，金砖国家合作已提升至战略协作新水平。作为世界政治经济中具有影响力的因素，金砖国家合作已成为应对和平安全领域的挑战和威胁，通过加强合作解决金融和经济问题，促进稳定发展，消除贫困、不平等和失业问题的重要机制。

双方强调，金砖国家合作在多样化、制度化的道路上大步向前迈进。金砖国家通过了《金砖国家经济伙伴战略》，启动了应急储备安排和新开发银行，决定对第一批项目进行融资，建立了各领域相互协作的新形式。

中俄对印度担任金砖国家轮值主席国，致力于在金砖国家合作框架内保持和提高各领域合作水平表示支持。

双方认为，中俄印外长会晤是对当今世界关键性问题进行外交协调的重要机制，有利于巩固三方的信任、相互理解、友好及战略合作。中俄将积极致力于在上述框架内继续扩大务实合作，包括就亚太问题开展对话、对接区域经济倡议、加强安全领域相互协作、在主要多边机制框架内协调立场。

中俄一致认为，亚太地区作为推动世界增长力量的作用不断加强。双方强调，在亚太地区建立开放、包容、全面、透明的国家间关系体系具有迫切性，这种体系应建立在以下基础上：严格遵守国际法准则及平等、安全不可分割的原则，和平解决争议，不使用或威胁使用武力，在考虑地区所有国家合法利益的前提下共同寻找应对现有挑战和威胁的办法。双方愿在东亚峰会框架内推动就上述问题采取协调一致的立场。

中俄主张根据1982年《联合国海洋法公约》等规定，在国际法原则基础上维护海洋法律制度。所有相关争议应由当事方基于友好谈判协商和平解决，反对国际化和进行外部干涉。双方呼吁，应充分尊重《联合国海洋法公约》的所有条款，及《南海各方行为宣言》和落实该宣言的指导原则。

中俄指出，有必要在包括亚欧会议、亚洲相互协作与信任措施会议、亚洲合作对话在内的区域多边机制框架内加强协调和务实合作。

双方愿继续就深化同东盟合作加强协调，共同推动反恐和打击跨国犯罪等方面合作，同时继续在东亚峰会、东盟地区论坛和东盟防长扩大会议框架内保持合作，强化其作为维护亚太地区和平稳定的主要协作机制和构建区域架构重要组成部分的角色。

中俄强调亚太经合组织作为亚太地区最具代表性的区域经济合作论坛和贸易投资对话平台的重要性，将继续在该平台上紧密协作，深入推进区域经济一体化，采取切实行动，在考虑地区各经济体利益基础上推动实现亚太自贸区，共同促进亚太地区开放、增长与繁荣。

双方强调，落实中俄2015年5月8日《联合声明》中确定的丝绸之路经济带建设与欧亚经济联盟建设对接合作的共识具有重大意义。中俄主张在开放、透明和考虑彼此利益的基础上建立欧亚全面伙伴关系，包括可能吸纳欧亚经济联盟、上海合作组织和东盟成员国加入。鉴此，两国元首责成两国政府相关部门积极研究提出落实该倡议的举措，以推动深化地区一体化进程。

中俄均希望朝鲜民主主义人民共和国繁荣、成功发展，成为国际事务积极、建设性的参与者，包括和平利用核能和和平开发外空。同时，双方一贯坚持实现半岛无核化目标，不接受朝鲜的核导战略。朝鲜只有在全面执行联合国安理会所有相关要求的前提下，才能切实行使和平利用核能和外空的主权权利。

中俄强调，应通过政治外交途径解决朝鲜半岛问题。希望有关各方均能够意识到，企图以单纯军事优势来保障自身安全是非建设性的。有关各方应坚持通过对话协商解决问题，切实履行2005年9月19日六方会谈《共同声明》和联合国安理会有关决议，努力尽快重启六方会谈，推动朝鲜半岛无核化进程，缓和半岛紧张局势，维护本地区和平稳定。

中俄反对域外势力在东北亚地区加强军事存在，反对以应对朝鲜核导计划为借口，在东北亚地区部署作为美国全球反导系统太平洋地区组成部分的新的反导据点。政治军事对抗和地区军备竞赛升级不可接受。

中俄呼吁东北亚地区国家开展实质性工作，缓解地区政治军事紧张，降低军事活动水平，推动双边关系正常化，开展互利合作，为建立东北亚和平与安全机制创造条件；据此着手在平等和非歧视基础上建立相互信任和安全的多边机制。

双方声明，支持阿拉伯叙利亚共和国的主权、独立、统一和领土完整，呼吁通过政治外交途径，通过不设前提条件和没有外部干涉的叙内部各派广泛对话，尽早消除恐怖主义威胁，停止叙内部武装冲突。

中俄指出，必须继续巩固叙武装行动停火机制，在联合国安理会发挥关键作用下，共同努力打击叙国际恐怖主义，继续推进叙国际支持小组在促进叙危机和平解决方面的工作。

双方指出，在联合国主导下，在日内瓦启动的叙政府和反对派谈判有助于由叙人民自主决定叙国家未来，具有重要意义。双方愿推动谈判成为真正包容、可持续和富有成果的进程。

中俄对叙人道局势发展深表关切，强调必须保证对叙受难民众提供不受阻碍的人道主义准入，对叙难民和流离失所者提供帮助，停止损害叙经济的单边制裁。

双方确信，乌克兰危机没有军事解决方案，必须在2015年2月12日签署的新明斯克协议基础上，通过政治外交途径解决。

中俄注意到中亚周边地区的局势发展，对地区安全面临的风险和威胁表示担忧。这些风险和威胁首先来自阿富汗，其中最主要的是恐怖主义、极端主义、非法贩运毒品和有组织犯罪。

双方战略立场相近，将继续为保障中亚安全和发展开展协调行动，加强在中亚反恐和执法安全合作，并同该地区国家领导人密切协作，巩固该地区国家与中俄之间的传统友好关系，支持该地区国家实现和平稳定和经济发展。

双方对“伊斯兰国”等恐怖极端势力急剧活跃导致阿富汗境内安全局势恶化表示忧虑。中俄将协助推动阿富汗“阿人主导，阿人所有”的民族和解进程。

双方确认将继续给予阿富汗政府多方面协助，支持阿富汗的和平、稳定和独立，支持阿国家安全力量，改善阿国内的社会经济形势。

中俄对联合国安理会第2231号决议核可的伊朗核问题《联合全面行动计划》的顺利落实表示欢迎。得益于中俄两国真诚的伙伴精神和密切的建设性协作，《联合全面行动计划》和联合国安理会第2231号决议得以公正、平衡地协商一致，所有相关机制工作得以及时开展。

为了保障《联合全面行动计划》整个执行阶段的平稳性和尽快确认伊朗核计划的和平性质，所有参与方的行动不能只停留在纸面上，而应符合《联合全面行动计划》精神，并全面支持其落实。

中华人民共和国主席　俄罗斯联邦总统

习近平　弗·弗·普京

二〇一六年六月二十五日于北京

（参见 http://www.xinhuanet.com/politics/2016－06/26/c_1119111908.htm）

中华人民共和国主席和俄罗斯联邦总统关于加强全球战略稳定的联合声明

我们，中华人民共和国主席和俄罗斯联邦总统，高度重视维护国际和地区的战略平衡与稳定，声明如下。

当前，影响全球战略稳定的消极因素正在世界各地增加，我们对此感到担忧。这一趋势的危险性首先在于，个别国家和军事—政治同盟谋求在军事和军技领域获得决定性优势，以便在国际事务中毫无阻碍地通过使用或威胁使用武力来实现自身利益。他们公然无视各国安全不受减损的安全基本原则，企图以牺牲他国安全换取自身安全。这一政策导致军力增长失控，动摇了全球战略稳定体系，与在有效国际监督下实现普遍、全面裁军的理念背道而驰。

一些谋求获得军事优势地位的国家和联盟顽固拒绝讨论削减和限制保障其拥有决定性军事优势的武器，这正是全球战略平衡与稳定遭到破坏的重要根源。

反导领域的形势发展尤其令人担忧。单方面发展并在世界各地部署战略反导系统的非建设性行为，对国际和地区战略平衡与安全稳定带来消极影响，也破坏了制定和通过多边政治—外交手段应对导弹及导弹技术扩散的基础。

值得注意的是，域外力量往往以臆想的理由为借口，在欧洲部署“岸基宙斯盾系统”，在亚太地区部署或计划在东北亚部署“萨德”系统。这与导弹扩散领域面临的实际挑战和威胁毫不相干，与其宣称的目的也明显不符，并将严重损害包括中、俄在内的域内国家战略安全利益，中俄两国对此强烈反对。

某些国家研制的“全球即时打击系统”等远程精确打击武器，可能会严重破坏战略平衡与稳定，引发新一轮军备竞赛。

外空武器化和将外空变为军事对抗区域的威胁正在上升。这一趋势的发展将破坏战略稳定，进而威胁国际安全。在此背景下，在中俄《防止在外空放置武器、对外空物体使用或威胁使用武力条约》草案（2014 年 6 月 10 日提交日内瓦裁军谈判会议更新草案）基础上，启动谈判进程，制定确保外空非武器化的具有法律约束力的国际协定，具有重大现实意义。同时，推动关于“不首先在外空部署武器”的国际倡议和政治义务具有重要意义。这与中俄共提的《防止在外空放置武器、对外空物体使用或威胁使用武力条约》草案宗旨相一致，有利于实现防止外空武器化目标。

军备控制是加强国际安全与稳定的重要手段。该领域的任何措施都应遵循 1978 年联合国大会第一次裁军特别会议签署的最终文件所确定的基本原则。这些原则完全具有现实意义。特别是裁军和军备控制应当是公正和平衡的，应有利于巩固每个国家的安全。

非国家行为体为实施恐怖活动和暴力极端活动获取化学和生物武器的危险性不断上升，令人高度关切。“伊斯兰国”武装分子在伊拉克和叙利亚多次使用化学武器的事件就是例证。应对这种威胁的途径之一是完善相应的国际法基础。因此，在日内瓦裁军谈判会议上制定《防止化学和生物恐怖主义公约》具有重要现实意义。

国际社会惯于将“战略稳定”视为核武器领域的纯军事概念。这不能反映当代战略问题所具有的广度和多面性。为实现捍卫和平和安全的目标，应当从更宽、更广的视角，将战略稳定看作国际关系的状态，其主要特点是：

——在政治领域，所有国家和国家集团应恪守国际法和联合国宪章关于使用武力和强制措施的宗旨和原则，尊重所有国家和人民在解决国际和地区热点问题时的合法权益，反对干涉他国政治生活。

——在军事领域，所有国家应将军事能力维持在保证国家安全需要的最低水平；不实施任何有可能被国际社会其他成员视为威胁其国家安全、迫使其为恢复被破坏的平衡而采取反制措施等类似的军事建设及建立和扩大军事—政治同盟的行为；应通过积极和建设性对话解决分歧，增进彼此互信与合作。

中国和俄罗斯呼吁国际社会所有成员将这些旨在巩固世界和平、安全和稳定的原则作为行动的基础，并愿在此基础上与国际社会加强对话、合作与交流。

中华人民共和国主席　俄罗斯联邦总统
习近平　弗·弗·普京
二〇一六年六月二十五日于北京

（参见 http://www.xinhuanet.com/politics/2016－06/26/c_1119111895.htm）

中华人民共和国主席和俄罗斯联邦总统关于协作推进信息网络空间发展的联合声明

中华人民共和国和俄罗斯联邦元首指出，随着信息基础设施和信息通信技术的长足进步，信息网络空间深刻改变了人类的生产生活，有力推动着社会发展。一个安全稳定繁荣的信息网络空间，对两国乃至世界和平发展都具有重大的意义。两国将共同致力于推进信息网络空间发展，更好地造福两国人民乃至世界人民。

我们认为，信息网络空间正面临着日益严峻的安全挑战，信息技术滥用情况严重，包括中俄在内的各国都拥有重要的共同利益与合作空间，理应在相互尊重和相互信任的基础上，就保障信息网络空间安全、推进信息网络空间发展的议题，全面开展实质性对话与合作。

我们一贯恪守尊重信息网络空间国家主权的原则，支持各国维护自身安全和发展的合理诉求，倡导构建和平、安全、开放、合作的信息网络空间新秩序，探索在联合国框架内制定普遍接受的负责任行为国际准则。

我们主张各国均有权平等参与互联网治理，有权根据本国法律和制度实际，维护本国网络安全。我们倡议建立多边、民主、透明的互联网治理体系，支持联合国在建立互联网国际治理机制方面发挥重要作用。

我们认为，在中俄全面战略协作伙伴关系的框架下，两国进一步开展信息网络空间协作，对维护中俄两国以及更广范围的国际利益十分必要。我们忆及2015年5月两国签署的《中华人民共和国和俄罗斯联邦关于深化全面战略协作伙伴关系、倡导合作共赢的联合声明》，愿进一步增强两国信息网络空间互信，推动建立公正平等的信息网络空间发展和安全体系，达成以下共识：

一、共同倡导推动尊重各国网络主权，反对侵犯他国网络主权的行为。

二、共同倡导推动尊重各国文化传统和社会习惯；反对通过信息网络空间干涉他国内政，破坏公共秩序，煽动民族间、种族间、教派间敌对情绪，破坏国家治理的行为。

三、加强信息网络空间领域的科技合作，联合开展信息通信技术研究开发，加大双方信息交流与人才培训。

四、加强信息网络空间领域的经济合作，促进两国产业间交往并推动多边合作，向发展中国家提供技术协助，弥合数字鸿沟。

五、切实维护两国公民在互联网的合法权利，共同致力于构建和平、安全、开放、合作的信息网络空间新秩序。

六、加大工作力度，预防和打击利用网络进行恐怖及犯罪活动，倡议在联合国框架下研究建立应对合作机制，包括研究制定全球性法律文书。

七、开展网络安全应急合作与网络安全威胁信息共享，加强跨境网络安全威胁治理。

为落实上述任务，我们指定中华人民共和国国家互联网信息办公室主任和负责信息技术应用的俄罗斯联邦总统助理作为两国高级代表，负责定期举行会晤，就共同关心的问题进行磋商，确定信息网络空间互利合作的新方向，提出倡议并统筹协调相关部门间合作。双方外交、执法、通信等主管部门将继续加强已有合作的对口磋商，制定各自领域的实施路线图。

中华人民共和国主席　俄罗斯联邦总统
习近平　弗·弗·普京
二〇一六年六月二十五日于北京

（参见 http://www.xinhuanet.com/politics/2016－06/26/c_1119111901.htm）

金砖国家领导人杭州非正式会晤媒体声明

金砖国家领导人于2016年9月4日在二十国集团杭州峰会期间举行会晤。

领导人就共同关心的全球政治、安全、经济及全球治理等重要问题广泛交换意见。

领导人认识到，全球增长和金砖国家各自经济发展均面临新的挑战，但金砖国家经济增长的前景和动力依旧，将继续作为全球经济增长的重要引擎。

领导人强调金砖国家应在开放、团结、平等、相互理解、包容、互利合作等原则指引下，进一步加强战略伙伴关系。

领导人强调在国际法基础上构建平等公正的国际秩序的重要性。

领导人祝贺并支持中国担任2016年二十国集团主席国，对杭州峰会取得丰硕成果充满信心，赞赏中国作为主席国对发展议程的重视，鼓励二十国集团成员加强宏观经济政策协调，推动创新，促进强劲和可持续的贸易投资增长。

领导人围绕杭州峰会议程进行了广泛讨论，同意在二十国集团框架下就金砖国家共同关心的全球问题加强协调。他们重申致力于加强同其他新兴市场国家和发展中国家的对话与合作。他们强调构建创新、活力、联动、包容的世界经济，开创全球经济增长和可持续发展的新时代，期待二十国集团以杭州峰会为起点，开启强劲、可持续、平衡和包容经济增长的新征程。

领导人一致认为，当前全球经济复苏仍不平衡，面临严峻的下行风险，强调二十国集团成员应加强宏观政策协调，避免负面外溢效应，实现强劲、可持续、平衡增长。

领导人认为二十国集团成员应集中精力实施国内增长战略。他们决心同二十国集团成员一道，继续为强劲、可持续、平衡、包容增长作出贡献。

领导人认同创新是中长期增长和可持续发展的重要动力，欢迎《二十国集团创新增长蓝图》。

领导人强调世界贸易组织作为以规则为基础、开放、透明、非歧视、包容的多边贸易体制基石的中心地位，强调应继续将发展作为世贸组织工作的核心。他们重申将致力于加强世界贸易组织的作用和磋商职能，对全球贸易下滑背景下保护主义抬头表示担忧，一致同意加强市场联通，构建包容、以规则为基础、开放的世界经济。

领导人强调加快落实巴厘和内罗毕贸易部长会成果，呼吁世界贸易组织成员为《贸易便利化协定》的尽早批准和生效作出贡献。

领导人强调，有效的全球经济金融治理架构对实现抗风险的增长至关重要，将继续在此方面作出努力。他们强调国际货币基金组织份额没有反映当前的全球经济状况，希望二十国集团成员与国际货币基金组织共同努力，增加国际货币基金组织的份额资源，对份额和投票权进行评估，确保其公平反映新兴市场国家和发展中国家的地位。他们呼吁在2017年国际货币基金组织年会前完成第15轮份额总检查，包括形成一个新的份额公式。

领导人强调腐败、非法跨境资金流动、藏匿于外国辖区的非法所得对各国政府能力和效率造成负面影响，呼吁二十国集团成员加强合作并采取有效措施。

领导人支持将可持续发展置于二十国集团峰会议程的突出位置，重申将坚定支持2030年可持续发展议程、亚的斯亚贝巴发展筹资行动议程和气候变化《巴黎协定》。

领导人重申将致力于落实2030年可持续发展议程，包括加强金砖国家在这一领域的合作。为此，他们欢迎《二十国集团落实2030年可持续发展议程行动计划》和《二十国集团支持非洲和最不发达国家工业化倡议》。

领导人认识到可持续发展、能源可及性、能源安全对人类共同繁荣和地球的未来至关重要，认为应确保所有人获得负担得起、清洁、可再生的能源。

领导人赞赏印度作为金砖国家主席国所做工作，以及落实和拓展金砖合作取得的进展。他们表示全力支持印度作为金砖国家主席国，于2016年10月15日至16日在果阿成功举办第八届领导人会晤。

领导人就进一步拉紧金砖国家的贸易、商业、旅游纽带交换意见，欢迎落实《金砖国家经济伙伴战略》取得的进展，强调制定《2020年前金砖国家贸易、经济和投资合作路线图》的重要性。

领导人赞赏印度担任金砖国家主席国期间推动进一步加强金砖国家人文交流，并在印度各邦市开展相关活动。

领导人欢迎新开发银行在运营方面取得的进展，对银行批准向成员提供可再生和绿色能源领域首批贷款，以及成功发行首批人民币绿色债券表示满意。他们强调，新开发银行在弥补基础设施项目融资缺口上深具潜力。

领导人强烈谴责持续破坏全球和平安全、削弱人民对社会经济信心的恐怖主义恶行，对恐怖主义行为的无辜受害者表示深切同情和支持，谴责近期在世界不同城市发生的恐怖袭击。

领导人重申坚决打击各种形式的恐怖主义，呼吁联合国发挥中心作用，强调无论出于意识形态、宗教、政治、种族、民族或是其他任何理由，恐怖主义罪行都是无法开脱的。他们强调国际社会应根据联合国宪章等国际法准则和原则，共同努力打击恐怖主义。

领导人重申加强国际反恐合作的重要性，表示将致力于加强金砖国家之间及同其他国家的反恐合作。

（参见 http://www.gov.cn/xinwen/2016－09/04/content_5105275.htm）

二十国集团领导人杭州峰会公报

序　言

1. 我们，二十国集团领导人，于2016年9月4日至5日在中国杭州相聚。

2. 我们相聚在全球经济继续复苏、部分经济体抗风险能力加强、增长新动能开始出现的时刻。但经济增长仍弱于预期。金融市场潜在动荡、大宗商品价格波动、贸易和投资低迷、一些国家生产力及就业增长缓慢等下行风险犹存。地缘政治走向、难民增加以及恐怖主义冲突等挑战导致全球经济前景复杂化。

3. 我们相聚在世界经济版图持续变化和全球增长动力大转型的重要时刻。这一转变带来挑战和不确定性，同时也蕴含机遇。值此时刻，我们所作出的决定事关能否有效应对当今世界诸多挑战，也关乎如何塑造世界经济未来。

4. 我们坚信，二十国集团建立更紧密伙伴关系，携手行动，将为世界经济增长传递信心，提供动力，增进合作，促进普遍繁荣，造福各国人民。

5. 我们决心构建创新、活力、联动、包容的世界经济，并结合2030年可持续发展议程、亚的斯亚贝巴行动议程和《巴黎协定》，开创全球经济增长和可持续发展的新时代。

6. 为此，二十国集团作为国际经济合作主要论坛，同意根据以下原则，就推动世界经济强劲、可持续、平衡和包容增长的一揽子政策和措施形成“杭州共识”：

——放眼长远。我们将完善二十国集团增长议程，发掘增长新动力，开辟新增长点，以创新和可持续的方式推动经济转型，更好地维护当代和子孙后代共同利益。

——综合施策。我们将创新经济增长理念和政策，财政、货币和结构性改革政策相互配合，经济、劳动、就业和社会政策保持一致，需求管理和供给侧改革并重，短期政策与中长期政策结合，经济社会发展与环境保护共进。

——扩大开放。我们将继续努力建设开放型世界经济，反对保护主义，促进全球贸易和投资，加强多边贸易体制，确保全球化背景下的经济增长提供惠及更多人的机遇、得到公众普遍支持。

——包容发展。我们将确保经济增长的成果普惠共享，满足各国和全体人民尤其是妇女、青年和弱势群体的需要，创造更多高质量就业，消除贫困，解决经济发展中的不平等现象，不让任何国家、任何人掉队。

加强政策协调

7. 实现经济增长，必须加强政策设计和协调。我们决心将各自以及共同使用所有政策工具，包括货币、财政和结构性改革政策，以实现我们强劲、可持续、平衡和包容性增长的目标。货币政策将继续支持经济活动，保持价格稳定，与中央银行的职责保持一致，但仅靠货币政策不能实现平衡增长。在强调结构性改革发挥关键作用的同时，我们还强调财政战略对于促进实现共同增长目标同样重要。我们正在灵活实施财政政策，并实施更为增长友好型的税收政策和公共支出，包括优先支持高质量投资，同时增强经济韧性并确保债务占国内生产总值的比重保持在可持续水平。此外，我们将继续研究二十国集团在必要时可采取的适合各国国情的政策措施，以支持增长和应对潜在风险，包括应对资产负债表的脆弱性。我们重申，汇率的过度波动和无序调整会影响经济金融稳定。我们的有关部门将就外汇市场密切讨论沟通。我们重申此前的汇率承诺，包括将避免竞争性贬值和不以竞争性目的来盯住汇率。我们将仔细制定、清晰沟通我们在宏观经济和结构性改革方面的政策措施，以减少政策的不确定性，将负面溢出效应降至最低，并增加透明度。

8. 我们在落实增长战略方面取得了新进展，但仍有大量工作需要推进。迅速和全面落实增长战略对于支持经济增长和实现布里斯班峰会制定的共同增长雄心仍然十分关键，我们正在明确落实增长战略措施的优先顺序。为此，我们制订了《杭州行动计划》并更新增长战略，包括新的和调整的宏观经济及结构性政策措施，发挥二者相互支持以共同促进增长的作用。我们还将致力于减少过度失衡，并在追求经济增长的过程中提升包容性和减少不平等。

创新增长方式

9. 实现有活力的增长并创造更多就业，必须挖掘增长新动力。我们重申提振全球需求以支持短期增长的重要性，同时认为必须消除供给侧制约，以持续提升劳动生产率，拓展生产的边界，释放中长期增长潜力。

10. 我们认识到，无论对各国而言，还是对全球而言，创新都是经济长期增长的重要动力之一。我们致力于以创新为重要抓手，挖掘各国和世界经济增长新引擎，以解决近期疲弱增长的根本原因。这将有利于创造新的、更好的就业，建设更清洁的环境，提高生产率，应对全球性挑战，改善人民生活水平，构建活力、合作和包容的创新生态系统。我们据此核准《二十国集团创新增长蓝图》。该《蓝图》包含创新、新工业革命和数字经济等领域的政策和措施。在此方面，我们还确认结构性改革的重要性。我们将以“发挥引领作用、秉持伙伴关系、保持开放精神、体现包容风格、践行创意理念、发挥协同效应、展现灵活态度”为愿景，根据《蓝图》的建议和本国国情采取行动。

11. 我们承诺采取跨领域行动，加强多层面伙伴关系，支持发展中国家能力建设，改进技能和人力资本。我们将设立一个专题工作组。该工作组将在经合组织和其他相关国际组织支持下，进一步推动二十国集团创新、新工业革命和数字经济议程，确保相关工作与现有成果的延续性和一致性，与二十国集团其他工作机制形成合力，并符合未来二十国集团主席国的优先工作方向。

12. 为实现创新驱动增长，营造创新生态系统，我们支持就以科技创新为核心、涵盖广泛领域的创新议题开展对话和合作。我们制定《2016 年二十国集团创新行动计划》，承诺采取促进创新的战略和政策，支持科技创新投资，支持科技创新技能培训（包括为更多妇女进入上述领域提供支持），促进科技创新人才流动。我们支持根据彼此同意的条件促进自愿的知识分享和技术转让。本着这一方式，我们支持采取适当措施促进开放科学，推动在可找寻、可访问、可交互、可再用的原则下，提高获取公共财政资助的研究成果的便利性。为推进上述立场，我们强调开放的贸易和投资机制在通过保护知识产权促进创新以及在科技方面改善与公众沟通的重要性。我们同意在现有的创新政策平台框架内，建立二十国集团创新政策实践在线交流社区，发布 2016 年二十国集团创新报告，并通过这些措施加强知识和经验交流。

13. 为抓住新工业革命为工业特别是制造业和相关服务业带来的机遇，我们制定《二十国集团新工业革命行动计划》。我们致力于按照行动计划做出的承诺，加强新工业革命领域的沟通、协调及相关研究，促进中小企业从新工业革命中获益，应对就业和劳动力技能领域的挑战，鼓励在标准、根据各方加入的多边协议实现知识产权的充分有效保护以及新工业基础设施等领域开展更多合作，并支持工业化发展。我们也支持发展中国家特别是非洲和最不发达国家工业化。我们决心在整个转型过程中支持劳动人口，确保新工业革命惠及所有人，包括妇女、青年和弱势群体。我们呼吁开展合作，使预期的科技和工业转型带来的收益最大化，并减少其负面影响。在所有这些倡议中，二十国集团将考虑发展中国家和发达国家面临的不同机遇和挑战。

14. 为释放数字经济潜力，我们在安塔利亚峰会工作的基础上，制定了《二十国集团数字经济发展与合作倡议》。我们将着眼于为发展数字经济和应对数字鸿沟创造更有利条件，包括更多更好和负担得起的网络准入、促进经济增长及信任和安全的信息流动，同时确保尊重隐私和个人数据保护、促进信息通信技术领域投资、支持创业和数字化转型、加强电子商务合作、提高数字包容性和支持中小微企业发展。为此，我们重申安塔利亚峰会公报第 26 段，承诺将为构建开放、安全的数字经济发展环境提供政策支持，并认识到充分、有效的知识产权保护和执法在发展数字经济方面的作用。我们欢迎经合组织、国际货币基金组织及其他国家和国际组织在数字经济测度方面所作的努力，认为需要进一步开展相关研究和交流。

15. 我们重申结构性改革对提高二十国集团成员国生产率、潜在产出以及促进创新增长的关键作用。我们通过了《二十国集团深化结构性改革议程》，同时注意到结构性改革的选择和设计应符合各国经济情况。我们核准该议程确定的 9 个改革优先领域及一系列指导原则。这些将为各成员提供有用的高级别指导，同时允许各国照顾到本国具体国情。我们也支持由一套指标体系组成并将继续逐步完善的量化框架，以帮助监测和评估我们在结构性改革方面所作努力、取得的进展和面临的挑战。我们正制定一个覆盖短期、中期和长期措施的整合的增长战略。我们将确保“深化结构性改革议程”和“创新增长蓝图”中的相关要素得到清楚阐释。

建设更高效的全球经济金融治理

16. 实现抗风险的增长，必须建设有效的全球经济金融治理架构。我们将继续在此方面作出努力。

17. 我们核准了《二十国集团迈向更稳定、更有韧性的国际金融架构的议程》。我们将继续改善关于资本流动的分析、监测和对资本流动过度波动带来风险的管理。我们期待国际货币基金组织在年底前完成关于应对资本流动的国别经验和新问题的审议。我们注意到正在进行的对经合组织资本流动通则的审议工作。我们支持进一步加强以强劲的、以份额为基础的、资源充足的国际货币基金组织为核心的全球金融安全网，提高国际货币基金组织贷款工具的有效性、并在尊重各自职责的基础上进一步加强国际货币基金组织与区域金融安全网之间的有效合作。为此，我们欢迎国际货币基金组织与清迈倡议多边化将要进行的联合演练。本着保持国际货币基金组织现有贷款能力的目标，我们支持延续成员国与国际货币基金组织的双边和多边借款协议，并呼吁国际货币基金组织成员国广泛参与，包括通过签订新的协议。我们欢迎国际货币基金组织 2010 年份额和治理改革的落实并致力于在 2017 年年会前完成第 15 次份额总检查，包括形成新的份额公式。我们重申，份额调整应提高有活力经济体的份额占比，以反映其在世界经济中的相对地位，因此可能的结果是新兴市场和发展中国家的份额占比整体提高。我们承诺保护最贫困国家的发言权及代表性。我们支持世界银行按照达成一致的路线图、时间表及原则实施股份审议，目标是逐渐实现平等投票权。我们强调促进有效且可持续的融资实践的重要性，并将继续改善债务重组进程。我们支持将加强的合同条款纳入主权债券中的持续努力。我们支持巴黎俱乐部作为主要的国际官方双边债务重组平台，讨论一系列主权债问题，并持续吸纳更多新兴债权国。我们欢迎韩国加入巴黎俱乐部以及巴西做出加入巴黎俱乐部的决定。我们欢迎中国继续常态性参加巴黎俱乐部会议，以及中方发挥更具建设性作用的意愿，包括进一步讨论潜在的成员身份问题。根据国际货币基金组织的决定，我们欢迎人民币于10月1日被纳入特别提款权货币篮子。我们支持正在进行的在扩大特别提款权使用方面的研究，如更广泛地发布以特别提款权为报告货币的财务和统计数据，以及发行特别提款权计价债券，从而增强韧性。在此方面，我们注意到世界银行近期在中国银行间市场发行了特别提款权债券。我们欢迎国际组织进一步开展工作以支持本币债券市场的发展，包括加强对低收入国家的支持。

18. 构建一个开放且具有抗风险能力的金融体系对支持可持续增长和发展至关重要。为此，我们继续承诺完成监管框架中剩余的核心工作，以及及时、全面和一致地落实已议定的金融部门改革议程，包括巴塞尔协议Ⅲ和总损失吸收能力标准，以及有效的跨境处置机制。我们重申支持巴塞尔银行监管委员会在2016年底前完成巴塞尔协议Ⅲ框架，在推动公平竞争的环境的同时，避免进一步大幅度提高整个银行业的总体资本金要求。我们欢迎金融稳定理事会关于金融监管改革执行与效果的第二份年报，并将继续加强监测改革落实情况及其效果，以确保其符合我们的总体目标，包括应对任何未预见到的重大后果。我们将继续应对保险业系统性风险的问题。我们欢迎针对国际活跃保险机构制定保险资本标准的工作。我们致力于充分且及时地落实已议定的场外衍生品改革，我们将消除向交易库报告场外衍生品交易以及当局合理获得数据所面临的法律和监管障碍。我们鼓励成员消除在实施《金融市场基础设施原则》方面的差距，欢迎支付与市场基础设施委员会、国际证监会组织和金融稳定理事会关于加强中央对手抗风险能力、恢复计划和可处置性的报告。鉴于有效的宏观审慎政策在限制系统性风险方面发挥着重要作用，我们欢迎国际货币基金组织、金融稳定理事会和国际清算银行联合进行的总结宏观审慎框架和工具国际经验的工作，以帮助促进实施有效的宏观审慎政策。我们欢迎金融稳定理事会就应对资产管理业务结构脆弱性的政策建议征求意见。我们将继续密切监测并在必要时应对金融体系中的新风险和脆弱性，包括与影子银行、资产管理和其他市场化融资有关的风险。我们将继续通过由金融稳定理事会协调的四项行动计划应对代理行业务减少问题，以支持侨汇、普惠金融、贸易和开放。我们期待进一步合理明确监管预期的相关工作，包括10月份金融行动特别工作组将审议代理行指引。我们呼吁二十国集团成员、国际货币基金组织和世界银行加大对各国能力建设的支持力度，从而帮助其改善全球反洗钱和反恐融资以及审慎标准的合规工作。我们核准二十国集团数字普惠金融高级原则、二十国集团普惠金融指标体系升级版以及二十国集团中小企业融资行动计划落实框架。我们鼓励各国在制定更广泛的普惠金融计划时考虑这些原则，特别是在数字普惠金融领域，并采取切实行动加快工作进度，让金融服务惠及所有人。

19. 我们将继续支持国际税收合作以建立一个全球公平和现代化的国际税收体系并促进增长，包括推进正开展的税基侵蚀和利润转移合作、税收情报交换、发展中国家税收能力建设和税收政策等，以促进增长，提高税收确定性。我们欢迎建立二十国集团/经合组织税基侵蚀和利润转移包容性框架，以及在日本京都召开的第一次会议，支持及时、持续、广泛落实税基侵蚀和利润转移一揽子项目，并呼吁所有感兴趣但尚未就税基侵蚀和利润转移项目作出承诺的国家和税收辖区作出承诺，并平等参与该框架。我们也欢迎在有效和广泛落实国际公认的税收透明度标准方面取得的进展，呼吁所有尚未承诺采纳税收情报自动交换标准的相关国家，包括所有金融中心和辖区，尽快作出承诺，最迟在2018年前实施自动情报交换标准，签署并批准多边税收征管互助公约。我们核可经合组织与二十国集团成员共同提出的关于识别在税收透明度方面不合作辖区的客观标准建议。我们要求在2017年6月前向我们报告各辖区在税收透明度上取得的进展，以及税收透明度与情报交换全球论坛将如何管理国别审议进程，应对各国提出的补充审议要求，以便经合组织在2017年7月二十国集团领导人峰会前准备一份尚未在落实国际税收透明度标准上取得满意进展的辖区名单。对列入名单的辖区将考虑制定防御性措施。我们鼓励各国和国际组织帮助发展中国家进行税收能力建设，并对国际货币基金组织、经合组织、联合国和世界银行共同成立的新的税收合作平台表示认可。我们支持亚的斯税收倡议的原则。我们认识到非法资金流动对各国经济都会产生巨大负面影响，并将继续推进二十国集团在这方面的工作。我们强调税收政策工具在开展供给侧结构性改革、促进创新驱动和包容性增长方面的有效性，以及税收确定性对于促进投资和贸易的益处，并要求经合组织和国际货币基金组织继续就促进增长的税收政策和税收确定性开展工作。为此，中方愿作出自身贡献，成立一个旨在开展国际税收政策设计和研究的国际税收政策研究中心。

20. 金融透明度和所有国家对透明度标准的有效落实，特别是落实法人和法律安排的受益所有权方面的透明度标准，对保护国际金融体系的完整性，防止将这些实体用于腐败、逃税、恐怖主义融资和洗钱活动至关重要。我们要求金融行动特别工作组和全球税收论坛在今年10月二十国集团财长和央行行长会议之前，就如何改进国际透明度标准的实施，包括获取法人和法律安排的受益所有权信息并开展跨国信息交换提出初步建议。

21. 我们认识到，为支持在环境可持续前提下的全球发展，有必要扩大绿色投融资。绿色金融的发展面临许多挑战，包括环境外部性内部化所面临的困难、期限错配、缺乏对绿色的清晰定义、信息不对称和分析能力缺失等，但我们可以与私人部门一起提出许多应对这类挑战的措施。我们欢迎绿色金融研究小组提交的《二十国集团绿色金融综合报告》和由其倡议的自愿可选措施，以增强金融体系动员私人资本开展绿色投资的能力。我们相信可通过以下努力来发展绿色金融：提供清晰的战略性政策信号与框架，推动绿色金融的自愿原则，扩大能力建设的学习网络，支持本地绿色债券市场发展，开展国际合作以推动跨境绿色债券投资，鼓励并推动在环境与金融风险领域的知识共享，改善对绿色金融活动及其影响的评估方法。

22. 腐败和非法资金流动损害公共资源的公平分配，妨碍经济可持续增长，破坏全球金融体系的廉洁与法治。我们决定加强二十国集团反腐败国际合作，同时在此方面充分尊重国际法、人权、法治和各国主权。我们核准《二十国集团反腐败追逃追赃高级原则》，欢迎中国关于在华设立二十国集团反腐败追逃追赃研究中心的倡议，该中心的运行将符合国际规范。我们承诺继续建设二十国集团拒绝腐败分子入境执法合作网络。我们将根据本国法律开展执法部门、反腐败和司法机关的跨境合作和信息分享。我们呼吁二十国集团成员批准《联合国反腐败公约》，欢迎开展第二轮履约审议。我们将致力于有效落实该公约和其他可适用的国际条约中关于引渡、刑事司法协助和资产追回的规定。我们核准《二十国集团2017—2018年反腐败行动计划》，改善公共和私营部门廉洁和透明度，通过行动落实我们在反腐领域零容忍、在内部反腐机制零漏洞和在反腐行动上零障碍的立场。我们要求反腐败工作组以更高的关注度和紧迫感，在2016年底前制定对上述行动计划的落实方案，作为下步开展反腐合作的灵活框架。我们欢迎2016年5月伦敦反腐败峰会以及2016年3月经合组织部长级会议取得的成果。

23. 根据《二十国集团能源合作原则》，我们重申致力于构建运转良好、开放、竞争、高效、稳定和透明的能源市场，建设能更好地反映世界能源版图变化、更有效、更包容的全球能源治理架构，塑造一个负担得起、可靠、低温室气体排放和可持续的能源未来，同时利用好能源资源和技术。我们强调，持续投资于能源和更好的地区互联互通项目尤其是可持续能源项目，对确保未来能源安全、防范能源价格飙升影响经济稳定至关重要。我们将同撒哈拉沙漠以南非洲国家和亚太国家一道，提高负担得起、可靠、清洁、可持续、现代化的能源服务的普遍可及性，特别是减少普及电力的障碍。我们鼓励各成员在自身需要和国情基础上显著提高能效，以及调整生活方式以促进节约能源。我们将探索创新合作安排，推动国际能效合作。我们核准二十国集团能源部长发布的能源可及性自愿合作行动计划、可再生能源自愿行动计划和能效引领计划，要求他们定期会晤以跟踪上述计划的落实情况。

24. 我们重申能源合作对构建更清洁的能源未来和确保可持续能源安全、从而推动经济增长具有重要作用。我们欢迎在6个能效关键领域自愿开展的国际合作取得的进展，其中包括重型卡车及改善其能效，同时考虑《二十国集团能效引领计划》中的有关政策措施并确保符合各国国情。我们重申承诺在中期内规范并逐步取消低效的、鼓励浪费的化石燃料补贴，同时向贫困人群提供支持。我们欢迎二十国集团国家在落实其承诺方面取得的进展并期待未来取得进一步进展。我们特别鼓励二十国集团国家考虑参与自愿同行审议。考虑到天然气是一种低排放的化石燃料，我们将通过加强合作寻求解决方案，以推动在天然气开采、运输和加工方面最大程度减少环境影响。我们强调能源来源和通道多样化的重要性。

促进更强劲的全球贸易和投资

25. 实现强劲增长，必须促进包容、强劲和可持续的贸易和投资增长。我们对全球贸易和投资增长缓慢表示关切，承诺推动贸易投资自由化和便利化，加强开放型世界经济。我们认识到发展中国家通过经济多样性和工业升级以从更加开放的全球市场中受益的重要性。我们核可7月9日至10日在上海成功举办二十国集团贸易部长会议的成果，欢迎设立贸易投资工作组。我们承诺进一步加强二十国集团贸易投资合作。

26. 我们重申在当今全球贸易中维护以世贸组织为核心、以规则为基础、透明、非歧视、开放和包容的多边贸易体制。我们重申承诺开展以发展为核心的“后内罗毕”工作，承诺优先推进多哈回合剩余议题谈判，包括农业谈判的所有三大支柱（市场准入、国内支持、出口竞争）、非农市场准入、服务、发展、与贸易有关的知识产权、规则。我们还注意到一系列议题也许在当前全球经济中符合共同利益并具有重要性，因此可成为世贸组织讨论的合理议题，包括在区域贸易协定和二十国集团工商界提出的问题。我们将增强紧迫感，团结一致，与世贸组织成员一道推动在世贸组织第十一次部长级会议及此后取得积极成果。我们将共同加强世贸组织的作用。

27. 我们承诺在2016年底前批准《贸易便利化协定》，呼吁其他世贸组织成员采取同样行动。我们注意到双边和区域贸易协定在贸易自由化和贸易规则发展方面的重要作用，认识到需要确保其同世贸组织规则保持一致。我们承诺致力于确保双边和区域贸易协定对多边贸易体制形成补充，保持开放、透明、包容并与世贸组织规则相一致。与世贸组织规则相一致、广泛参与的诸边贸易协定能对全球自由化倡议发挥重要补充作用。二十国集团《环境产品协定》谈判参与方欢迎世贸组织《环境产品协定》谈判达成的“着陆区”，重申其目标是加倍努力弥合现存分歧，在找到解决参与方核心关切的有效途径后，于2016年底前达成一个富于雄心、面向未来的《环境产品协定》，在广泛范围内削减环境产品关税。

28. 我们重申反对任何形式的贸易和投资保护主义。我们将减少及不采取新的贸易保护主义措施的承诺延长至2018年底并重申决心实现这一承诺，支持世贸组织、联合国贸发会议和经合组织予以监督。我们强调，必须更有效地与更广大公众沟通贸易和市场开放带来的好处，同时辅以合适的国内政策，确保各方广泛受益。

29. 我们核准《二十国集团全球贸易增长战略》，将据此在降低贸易成本、促进贸易和投资政策协调、推动服务贸易、加强贸易融资、促进电子商务发展，以及处理贸易和发展问题方面作出表率。我们欢迎世贸组织发布全球贸易景气指数，作为指导全球贸易的关键指标。我们核准《二十国集团全球投资指导原则》。该指导原则有助于营造开放、透明和有利的全球投资政策环境。

30. 我们支持采取有关政策，确保企业特别是妇女和青年企业家、女性领导的企业和中小企业，无论规模大小，都能从全球价值链中受益，并鼓励发展中国家，特别是低收入国家在更高水平、更多附加值上参与全球价值链并向高端移动。我们欢迎二十国集团工商峰会对加强数字贸易和其他工作的兴趣，注意到其关于构建全球电子商务平台的倡议。

31. 我们认识到全球经济复苏缓慢和市场需求低迷使得包括一些行业产能过剩在内的结构性问题更加严重，这些问题对贸易和工人产生了负面影响。我们认识到，钢铁和其他行业的产能过剩是一个全球性问题，需要集体应对。我们也认识到，政府或政府支持的机构提供的补贴和其他类型的支持可能导致市场扭曲并造成全球产能过剩，因此需要予以关注。我们承诺加强沟通与合作，致力于采取有效措施应对上述挑战，以增强市场功能和鼓励调整。为此，我们呼吁通过组建一个关于钢铁产能过剩的全球论坛，加强信息分享与合作。该论坛可由经合组织提供协助，并由二十国集团成员和感兴趣的经合组织成员积极参加。我们期待关于全球论坛所做努力的进展报告于2017年向二十国集团相关部长提交。

推动包容和联动式发展

32. 实现强劲、可持续、平衡增长，必须坚持包容性增长。我们承诺将确保经济增长的益处惠及所有人并最大程度释放发展中国家和低收入国家的增长潜力。鉴此，我们将可持续发展作为二十国集团重要议题。

33. 我们承诺将加强可持续发展政策协调，重申将根据自身国情并充分发挥二十国集团比较优势，将自身合作与全球落实2030年可持续发展议程、亚的斯亚贝巴发展筹资行动议程结合起来，同时承认联合国在全球落实和审议2030年可持续发展议程方面的领导作用。我们将通过在广泛领域大胆变革的集体和自愿的国别行动，为各国落实该发展议程作出表率。我们核准《二十国集团落实2030年可持续发展议程行动计划》，其中包含了二十国集团一些高级别原则。我们藉此重申对实现2030年议程雄心的承诺。我们注意到亚的斯税收倡议，欢迎成立技术促进机制，再次强调通过扩大技术合作实现可持续发展的重要性。

34. 我们欢迎《二十国集团发展领域承诺落实情况全面系统评估杭州峰会报告》，这反映了二十国集团在2014年至2016年发展领域取得的进展。

35. 我们发起《二十国集团支持非洲和最不发达国家工业化倡议》，通过自愿政策选项，强化包容增长，提升发展潜力，包括：促进包容和可持续的结构转型；支持可持续农业、农商业和涉农产业发展；深化、扩大、更新本地知识和生产基础；促进在可再生能源和能效在内的可持续和安全能源领域的投资；探索就工业生产力和职业培训开展合作，同时促进在可持续和富有韧性的基础设施和产业的投资；通过符合世贸组织规则的贸易支持工业化；关注妇女和青年，撬动国内和外部资金，支持平等获取资金的机会；将科技和创新作为实现工业化关键手段等。

36. 恶意的贸易错开发票等非法活动导致的跨境资金流动影响各国筹集国内发展资源。我们将继续在此方面开展工作，并欢迎各方在杭州峰会后同世界海关组织就该组织有关研究报告沟通协调。

37. 包容性商业在促进发展方面发挥着重要作用。我们欢迎成立二十国集团全球包容性商业平台及其拟采取的举措，欢迎向杭州峰会提交的二十国集团包容性商业报告。

38. 我们将履行共同承诺，以成功实现国际开发协会第 18 次增资和非洲开发基金第 14 次增资。

39. 我们重申促进基础设施投资，坚持数量和质量并重。我们欢迎 11 个多边开发银行提出的《支持基础设施投资行动的联合愿景声明》，包括在各机构的职责范围内宣布的高质量基础设施项目量化指标，及其为最大限度地提高基础设施项目质量、加强项目储备、增进新老多边开发银行的合作、提升发展中国家基础设施投资的有利环境和动员私人投资所做努力。我们强调，高质量基础设施投资非常重要，其旨在综合考虑生命周期成本、安全性、抗自然灾害的韧性、创造就业机会、能力建设以及根据共同同意的条件转移知识和专业技能的基础上，确保经济效率，同时处理好项目的社会和环境影响，并与经济和发展战略相一致。我们欢迎《多边开发银行对落实二十国集团优化资产负债表行动计划进展报告》，并号召进一步落实该行动计划。我们注意到基础设施互联互通是实现可持续发展和共同繁荣的关键。我们核准今年启动的“全球基础设施互联互通联盟倡议”，以加强基础设施互联互通项目的整体协调与合作。我们要求世界银行作为联盟秘书处，并与全球基础设施中心、经合组织、其他多边开发银行和有兴趣的二十国集团成员一起开展工作支持联盟的活动。我们核准《二十国集团/经合组织关于基础设施和中小企业融资工具多元化政策指南文件》，并欢迎全球基础设施中心完成《政府与社会资本合作风险分担解析报告》，以帮助发展中国家更好地评估基础设施风险。我们支持二十国集团/经合组织公司治理原则和中小企业融资高级原则的有效实施，期待根据金融稳定理事会对公司治理进行的同行审议，对《二十国集团/经合组织公司治理原则》的评估方法进行修订。

40. 创造高质量就业对可持续发展不可或缺，也是二十国集团成员在国内及全球层面的核心议程。我们将确保经济增长、全球化和技术创新的益处普惠共享，创造更多和更好的工作，减少不平等，促进包容的劳动力参与。我们核准二十国集团劳工就业部长会议研提的战略、行动计划和倡议，通过开展有效行动支持创业和就业能力以扩展二十国集团增长和发展议程，其中包括采取措施应对技能需求方面的挑战，支持创业和就业，创造体面工作，确保在全球供应链框架内建设更安全的工作场所，加强社会保障体系。我们核准可持续的工资政策原则。我们认为创业是创造就业机会、推动经济增长的重要动力，将强化《二十国集团创业行动计划》中的政策措施，欢迎中国通过设立二十国集团创业研究中心为此作出贡献。我们核准《二十国集团促进高质量学徒制倡议》，将提高学徒数量、质量、多元化作为优先政策。我们将在 2017 年进一步完善二十国集团就业计划，以落实上述承诺，并以系统和透明的方式监测落实二十国集团目标特别是促进青年和女性就业目标的进展。我们认为加强就业市场机制和政策能够提高生产力，促进体面就业，以此支持更多和可持续的工资增长，特别是低收入工人工资的增长。我们认为应对劳动移民为劳动力市场带来的机遇和挑战十分重要，因为管理好移民问题能对经济带来潜在益处。

41. 二十国集团将继续优先关注粮食安全、营养、可持续农业增长以及农村发展，为落实2030年可持续发展议程作出重要贡献。我们核准农业部长会议的成果，鼓励农业部长们定期会晤并共同促进可持续农业发展和粮食价值链，包括通过技术、机制和社会创新、贸易和负责任投资等方式维护粮食安全、促进农村发展、消除贫困。我们支持农业科学部门和私营部门就此作出更多努力，欢迎召开第一次农业企业家论坛。我们认识到家庭农场和小农农业对发展的重要作用，欢迎“家庭农场和小农农业良好实践”倡议。该倡议包含一系列对二十国集团成员及其他国家有用的政策、项目和工具。我们欢迎包括全球农业和粮食安全计划在内的有关项目和倡议为促进可持续农业发展作出的贡献。

影响世界经济的其他重大全球性挑战

42. 英国脱欧公投结果为世界经济增加了不确定性。二十国集团成员已充分准备好积极应对脱欧公投可能带来的经济和金融后果。我们希望看到英国未来成为欧盟的紧密伙伴。

43. 我们重申致力于通过可持续发展，以及强力和有效的支持和行动应对气候变化。我们承诺一旦国内程序允许，将尽快完成加入《巴黎协定》的各自国内程序。我们欢迎部分二十国集团成员加入《协定》，以及推动《协定》在2016年底前生效的努力，期待《协定》及时全面落实。我们确认发达国家根据气候变化巴黎大会成果，履行其在《联合国气候变化框架公约》下所做的为发展中国家采取减缓和适应行动提供包括资金在内的实施手段的承诺的重要性。我们重申绿色气候基金提供支持的重要性。我们欢迎二十国集团气候资金研究小组关于“以有效和透明的方式提供和动员气候资金以强化减缓和适应行动”的报告。我们期待在包括《蒙特利尔议定书》和国际民航组织在内的有关多边场合取得成功并富有成果。

44. 二战以来前所未有的世界范围的大规模被迫流离失所，特别是由于暴力冲突导致的迁徙，已引起全球关注。我们继续重申在安塔利亚峰会上的呼吁，即国际社会应根据国际法共同行动应对难民危机的影响、保护需求和根源，分摊相关负担。我们呼吁加强对难民及难民安置的人道主义援助，邀请所有国家根据自身能力加大对有关国际组织的协助，提升其帮助受影响国家的能力，努力寻找持久解决方案，特别是应对难民形势长期化问题，并在此方面增强对难民接受地发展援助的作用。我们支持应对当前危机的国际努力，期待即将在联合国大会期间召开的高级别会议取得成功。我们注意到世界银行将与其他国际组织及其股东国一道，为建立一个全球危机应对平台以支持中低收入国家的难民及其接受社区而做出的努力。2017年，二十国集团将继续应对被迫流离失所和移民问题，并着眼于研拟具体行动。二十国集团还将在2017年研究移民问题。

45. 我们强烈谴责任何形式的恐怖主义，其对国际和平与安全构成严重挑战，危害我们加强全球经济、确保可持续增长与发展的努力。我们重申团结一致打击一切形式的恐怖主义，无论发生在何地。我们将阻截恐怖主义融资的所有来源、技术和渠道，包括勒索、税收、走私自然资源、抢劫银行、抢劫文化财产、外部捐赠、绑架赎金。为应对恐怖主义，我们继续承诺有效交换信息，冻结恐怖分子资产，将恐怖主义融资入刑。我们呼吁在世界范围内快速、有效和普遍落实金融行动特别工作组标准和联合国安理会2253号决议条款。我们欢迎金融行动特别工作组在实施其打击恐怖主义融资新综合战略方面取得的进展，并呼吁有效落实其行动计划。我们呼吁金融行动特别工作组在2017年3月前研究如何在增强其引导力、加强金融行动特别工作组网络以及与其类似的区域机构的有效性方面取得进展。

46. 抗生素耐药性严重威胁公共健康、经济增长和全球经济稳定。我们确认有必要从体现二十国集团自身优势的角度，采取包容的方式应对抗生素耐药性问题，以实证方法预防和减少抗生素耐药性，同时推动研发新的和现有的抗生素。我们呼吁世界卫生组织、联合国粮农组织、世界动物卫生组织、经合组织于2017年提交联合报告，就应对这一问题及其经济影响提出政策选项。鉴此，我们将推动谨慎使用抗生素，并考虑在抗生素可负担和可获得性方面的巨大挑战及其对公共卫生的影响。我们强烈支持世界卫生组织、联合国粮农组织、世界动物卫生组织的工作，期待在联合国大会期间成功举办抗生素耐药性问题高级别会议。我们期待在下任主席国任内就如何应对这些问题开展讨论。

47. 我们重申，二十国集团创始精神是主要经济体平等合作并共同采取行动。凡所承诺，定将落实。

48. 我们感谢中国成功主办杭州峰会并对二十国集团进程作出贡献，期待2017年在德国、2018年在阿根廷再会。

附件一：二十国集团创新增长蓝图（略）

附件二：二十国集团落实2030年可持续发展议程行动计划（略）

附件三：二十国集团深化结构性改革议程（略）

（参见 http://www.xinhuanet.com/world/2016-09/06/c_1119515149.htm）

金砖国家领导人第八次会晤果阿宣言

1. 我们，巴西联邦共和国、俄罗斯联邦、印度共和国、中华人民共和国和南非共和国领导人于2016年10月15日至16日在印度果阿举行金砖国家领导人第八次会晤，主题为“打造有效、包容、共同的解决方案”。

2. 忆及此前的会晤宣言，我们强调基于共同利益和关键优先领域，进一步加强金砖国家团结合作，以及秉持开放、团结、平等、相互理解、包容、合作、共赢精神，进一步增强金砖国家战略伙伴关系的重要性。我们同意，全球和平和安全以及实现可持续发展面临的挑战日益凸显，需要我们进一步加强共同努力。

3. 我们同意，通过开展让我们人民直接受益的务实合作，金砖国家在全球舞台上发出具有影响力的声音。我们满意地注意到，新开发银行和应急储备安排投入运行，这为促进全球经济发展和加强国际金融架构作出重要贡献。我们欢迎新开发银行行长提交的运营首年的工作报告，注意到新开发银行非洲区域中心筹建进展，将全力支持相关工作。我们期待未来几年金砖国家在更为广阔的合作领域提出新倡议。

4. 我们赞赏新开发银行批准首批贷款，为金砖国家可再生能源项目提供支持，并对新开发银行发行首批人民币绿色债券表示满意。我们同时注意到，金砖国家应急储备安排投入运行增强了全球金融安全网。

5. 为进一步增强同新兴市场和发展中国家的联系，增进了解和互动，我们将举办金砖国家领导人同环孟加拉湾多领域经济技术合作组织（BIMSTEC，成员国包括孟加拉国、不丹、印度、缅甸、尼泊尔、斯里兰卡和泰国）成员国领导人对话会。对话会将为我们深化同BIMSTEC成员国的友好关系，探讨拓展金砖国家同BIMSTEC成员国经贸关系和投资合作的可能，携手推进和平、发展、民主和繁荣的共同目标提供契机。

6. 我们一致认为，当今世界正在经历深刻变革，并向着以联合国发挥中心作用、尊重国际法为基础，更加公平、民主、多极化的国际秩序转变。我们重申，金砖国家有必要秉持团结、相互理解和信任的精神，加强全球事务的协调和务实合作。我们强调共同应对国际问题，以及通过政治和外交途径和平解决争端的重要性，并重申我们对《联合国宪章》原则的承诺。

7. 我们注意到，当前国际社会面临全球性的安全挑战和威胁。我们重申，国际社会共同努力应对上述挑战、实现可持续和平以及向更加公正、平等、民主、多极化的国际秩序转变，需要采取全面、协调、坚决的方式，秉持团结、互信、互利、平等、合作的精神，坚持对国际法的有力承诺，并坚定支持联合国被赋予维护国际和平与安全、推进全球发展、促进和保护人权职责的具有普遍性的多边组织发挥中心作用。我们强调在这方面进一步加强协调的重要性。

8. 我们重申致力于维护基于《联合国宪章》宗旨和原则的公平、公正国际秩序，包括通过一贯和普遍地尊重和遵守国际法原则与规则的相互关联和完整性，以及各国履行国际法律义务。我们坚决反对继续企图歪曲第二次世界大战结果的图谋。我们进一步忆及，发展与安全是密切相关、相辅相成的，是实现可持续和平的关键。

9. 我们坚信，需要共同努力，通过政治和外交手段和平解决争端来应对国际问题。落实忠实履行、主权平等、不干涉内政和合作原则，要求不采取不符合国际法的单边强制措施。我们谴责违反国际法和普遍认可国际关系准则的单边军事干预和经济制裁。鉴此，我们强调安全不可分割的独特重要性，任何国家都不应以牺牲别国安全为代价加强其自身安全。

10. 我们回顾2005年世界首脑会议成果文件。我们重申需要对联合国包括安理会进行全面改革，使之更有代表性、效力和效率，增强发展中国家代表性，以应对全球挑战。中国和俄罗斯重申重视巴西、印度和南非在国际事务中的地位和作用，支持其希望在联合国发挥更大作用的愿望。

11. 我们欢迎联合国会员国为使联合国秘书长的遴选和任命进程更加透明和包容所采取的实际举措。

12. 我们感谢联合国秘书长潘基文在过去十年对联合国的贡献。我们对安东尼奥·古特雷斯先生被任命为联合国秘书长表示祝贺，并愿支持他的工作，同他密切合作。

13. 我们认识到金砖国家对联合国维和行动的重要贡献，以及联合国维和行动为维护国际和平与安全发挥的重要作用，认为联合国维和行动面临挑战，强调需进一步增强其作用、能力、效力、问责和效率，同时坚持维和基本原则。我们强调，联合国维和行动应在严格按照各自授权、尊重当事国首要责任的前提下履行保护平民的职责。

14. 我们对中东和北非地区局势深表关切。我们支持根据国际法和尊重本地区国家独立、领土完整和主权的原则，寻找解决地区危机出路的所有努力。在叙利亚问题上，我们呼吁叙利亚冲突各方，从叙利亚人民合理诉求出发，通过包容性全国对话以及以2012年6月30日日内瓦会议公报和全面执行联合国安理会第2254、2268号决议为基础的叙利亚人主导的政治进程，寻求全面、和平的冲突解决方案，同时继续对“伊斯兰国”、“征服阵线”以及其他联合国安理会认定的恐怖组织实施打击。

15. 我们重申必须根据联合国安理会相关决议、马德里原则、中东和平倡议以及此前双方达成的协议为基础，通过对话实现结束巴勒斯坦—以色列冲突的“两国方案”的必要性，旨在建立以1967年边界为基础，以东耶路撒冷为首都，符合联合国相关决议设想的，独立、稳定和领土完整，拥有安全、双方同意、得到国际认可的边界，并同以色列和平共处的巴勒斯坦国。

16. 我们对阿富汗持续面临的安全挑战和显著增长的恐怖活动深表忧虑，重申支持阿富汗政府推进“阿人主导、阿人所有”的民族和解进程和打击恐怖主义的努力，愿同阿富汗开展建设性合作，提升其安全环境，推动其政治、经济自主进程，摆脱恐怖主义与毒品的危害。我们认为，一支能够有效履行使命的阿富汗安全部队是稳定阿富汗局势的关键，地区国家和整个国际社会，包括北约领导的、接替阿富汗国际安全援助部队履行职责的“坚定支持任务部队”，在支持阿富汗安全部队能力建设方面应该发挥关键作用。我们强调主要通过阿富汗邻国和其他地区国家组成的组织，例如上海合作组织、集体安全条约组织和伊斯坦布尔进程等就阿富汗问题开展地区性多边互动的重要性。

17. 我们欢迎非洲联盟关于非洲发展的远景、愿望、目标和优先事项，并将其载入非洲2063年议程。这是对2030年可持续发展议程的补充。我们重申支持非洲落实有关各项方案，以实现其关于和平与社会经济发展的非洲议程。我们将继续参与有关共同努力，通过支持区域一体化和可持续发展的措施，加强非洲的团结和力量。我们欢迎最近在非洲举行的选举，及其和平的举行方式。

18. 我们支持非盟同联合国和非洲区域组织合作，在其和平和安全架构下解决冲突，实现非洲持久和可持续和平和安全。

19. 我们欢迎非盟首脑会议关于启动非盟和平基金运营的决定，这将有利于非盟和平和安全行动获得资金。我们支持旨在实现非洲常备军全面运作的努力，并注意到这方面取得的进展，包括非洲危机应对快速反应部队所作的贡献。

20. 我们对恐怖主义和极端主义加剧一些国家政治和安全的持续动荡表示关切，呼吁国际社会通过联合国、非盟及其他区域和国际合作伙伴，继续为非洲应对这些挑战，包括在冲突后重建和发展等方面的努力提供支持。

21. 我们欢迎在2015年9月25日举行的联合国可持续发展峰会上通过的具有里程碑意义的《2030年可持续发展议程》及其可持续发展目标，以及第三次发展筹资问题国际会议通过的《亚的斯亚贝巴行动议程》。我们欢迎2030年议程提出的以人为本、综合施策的实现可持续发展路径，以及对平等、公平和为所有人创造品质生活的重视。我们重申包括共同但有区别的责任原则在内的落实2030年议程指导原则。

22. 2030年议程以消除贫困为首要重点，平衡推进经济、社会和环境三大领域的可持续发展。我们呼吁发达国家履行将国民总收入的0.7%用于官方援助的承诺，这对落实可持续发展目标至关重要。我们欢迎建立联合国技术促进机制，促进落实可持续发展目标方面的技术交流。

23. 我们承诺将结合本国国情和发展政策，在落实2030年可持续发展议程方面发挥表率作用。欢迎二十国集团（G20）领导人杭州峰会通过《G20落实2030年可持续发展议程行动计划》，将致力于推进国别和集体务实行动，并采取大胆的变革举措予以落实。

24. 我们在全球经济继续复苏、抗风险能力加强、增长新动能开始显现的时刻举行会晤。但经济增长仍弱于预期，全球经济下行风险犹存。这体现在一系列挑战中，包括大宗商品价格波动，贸易低迷，私人和公共债务高企，不平等，以及经济增长缺乏包容性。同时，经济增长成果应该实现包容、广泛的共享。地缘冲突、恐怖主义、难民问题、非法资金流动以及英国公投结果进一步增加了全球经济的不确定性。

25. 我们决心将各自以及共同使用所有政策工具，包括货币、财政和结构性改革政策，以实现强劲、可持续、平衡、包容增长的目标。货币政策将继续支持经济活动，保持物价稳定，与中央银行的职责保持一致。但仅依靠货币政策并不足以实现平衡和可持续增长。为此，在强调结构性改革发挥关键作用的同时，我们也强调财政政策对实现共同增长目标同样重要。我们注意到，部分有系统重要性发达经济体的某些政策产生外溢效应，会对新兴经济体增长前景产生不利影响。

26. 我们认为创新是经济中长期增长和可持续发展的重要推动力，强调工业化和促进工业发展举措的重要性，这是结构性改革的核心支柱。

27. 我们强调，在财政空间允许的情况下，需要实施更有利于增长的税收和公共支出政策，加强包容性，同时保持经济韧性并确保债务占国内生产总值的比重保持在可持续水平。

28. 我们注意到全球特别是亚洲、非洲和南美洲充满活力的一体化进程，认为应在平等、开放、包容原则的基础上推进区域一体化，这有利于促进经济增长，加强贸易、商务和投资联系。

29. 我们强调，对基础设施包括互联互通的公共和私人投资对促进经济长期增长有重要作用，呼吁通过包括进一步加强多边开发银行参与等方式，弥补基础设施建设资金缺口。

30. 我们重申，支持一个强劲、以份额为基础、资源充足的国际货币基金组织（IMF）。IMF借款资源应是暂时性的。我们将继续坚定支持新兴经济体采取协调一致的行动，以确保按时完成第15次份额总检查，包括形成一个新的份额公式，增加新兴市场和发展中经济体的发言权，反映他们对世界经济的贡献，同时保护最不发达国家、贫困国家和地区的发言权。

31. 我们欢迎人民币于2016年10月1日被纳入特别提款权（SDR）货币篮子。

32. 我们呼吁欧洲发达经济体履行让出2个IMF执行董事会席位的承诺。IMF改革应该增强撒哈拉以南非洲等最贫困成员的发言权和代表性。

33. 我们对主权债务重组面临的挑战表示关切，认为及时、成功的重组是确保高债务水平国家进入国际资本市场、促进经济增长的关键。我们欢迎当前关于改进债务重组程序和修订后的集体行动条款的讨论。

34. 我们重申，支持多边贸易体制和世界贸易组织（WTO）作为基于规则、开放、透明、非歧视性和包容性的多边贸易体制基石的中心作用。发展是WTO的核心议题。我们注意到越来越多的双边、地区和多边贸易协定，重申这些协定应是对多边贸易体制的补充，鼓励各方根据透明、包容以及和WTO规则兼容的原则，协调相关工作以巩固WTO框架下的多边贸易体制。

35. 我们强调落实巴厘和内罗毕部长级会议有关决定的重要性，强调要优先推进多哈回合剩余议题谈判。我们呼吁世贸组织成员共同努力，确保第十一届部长级会议及此后取得有力的以发展为导向的成果。

36. 我们赞赏落实《金砖国家经济伙伴战略》取得的进展，强调制定《2020年前金砖国家贸易、经济、投资合作路线图》的重要性。我们相信，金砖国家各领域合作机制、经贸联络组、工商理事会、新开发银行以及银行间合作机制的紧密合作对加强金砖国家经贸伙伴关系至关重要。我们欢迎主要金砖经贸合作倡议的不断落实，包括加强在电子商务、“单一窗口”、知识产权、贸易促进、中小微企业等方面的合作。我们认为，非关税措施、服务业、标准化和符合性评定可作为未来开展合作的领域。我们注意到2016年10月13日在新德里召开的金砖国家经贸部长会，对会议成果表示欢迎。

37. 为落实《金砖国家经济伙伴战略》，我们鼓励采取措施，支持我们的企业在更多附加值上参与全球价值链并向高端移动，包括预留政策空间促进工业发展。

38. 我们欢迎印度在新德里举办首届金砖商品展的倡议。这是落实《金砖国家经济伙伴战略》的重要举措，将进一步巩固金砖国家经贸伙伴关系。

39. 我们注意到金砖国家工商理事会的年度报告，包括其工作组提出的各项倡议。我们指示理事会在互利基础上加快开发和实施联合项目，为实现金砖国家的经济目标作出贡献。

40. 我们认为，中小微企业以相对低的资金成本提供大量就业岗位，并且在农村和不发达地区创造自主创业机会，进而促进在国家及全球层面公平分配财富。我们赞赏在印度举办的第二届金砖国家中小微企业圆桌会议，重点讨论了技术和商业联盟。我们同意促进中小微企业进一步融入区域和全球价值链。

41. 我们赞赏中国在杭州成功主办二十国集团（G20）领导人第十一次峰会，并重点关注作为经济中长期增长动力的创新、结构性改革、发展等议题。我们认为G20是世界经济和金融合作的主要论坛，强调落实杭州峰会成果的重要性，相信峰会将促进经济强劲、可持续、平衡和包容性增长，并为完善全球经济治理、增强发展中国家的作用作出贡献。

42. 我们强调构建创新、活力、联动、包容的世界经济的重要性。我们将就G20议程，尤其是就涉及金砖国家共同利益问题加强磋商和协调，包括提高对新兴市场和发展中经济体具有重要意义议题在G20议程中的重要性。我们将继续同G20成员紧密合作，加强宏观经济政策协调，促进创新、强劲和可持续贸易和投资，推动全球经济增长，完善全球经济治理，增强发展中国家的作用，加强国际金融架构，支持非洲和最不发达国家工业化，同时加强在能源可及性和效率方面合作。我们强调，需要加强国际合作，应对跨境非法资金流动和逃税问题。

43. 金砖国家及其在经济金融领域的集体努力正在取得积极成果。我们强调金砖国家合作对于促进全球经济稳定和复苏的重要性。

44. 为进一步加强全球治理架构，我们欢迎专家探讨设立一个市场主导、独立的金砖国家评级机构的可能性。

45. 金砖国家智库理事会和学术论坛已成为各国专家交流观点的重要平台，我们欢迎其出具的报告。他们提交了关于加强金砖国家合作有价值的建议，包括促进金砖国家和发展中国家经济和市场研究以及探索促进这一进程的可能性。我们相信，金砖国家相关机制建设对于实现我们共同的愿望，即推动国际金融架构向一个基于公平和公正原则的国际金融架构转变。

46. 我们强调包括通过举行金砖国家工业部长会加强产能合作的重要性，这将有助于实现经济快速和可持续增长，增强全方位的工业合作关系，推动创新，创造就业，并提升金砖国家人民的生活质量。

47. 我们祝贺联合国工业发展组织成立50周年，并忆及该组织促进和加快包容和可持续工业发展的独特职责及其对促进非洲工业化所作的贡献。我们注意到工发组织—金砖国家技术平台成立以来已取得的进展。

48. 我们赞赏各国海关部门建立金砖国家海关合作委员会，并将探索未来进一步加强合作的方式，包括为海关合作建立法律基础，便利海关监管程序等。我们注意到《金砖国家海关合作委员会章程》的签署，这有利于落实《金砖国家经济伙伴战略》和加强海关部门间的互动。

49. 我们忆及，金砖国家领导人《福塔莱萨宣言》中提及认识到金砖国家保险和再保险市场的合作潜力巨大，并指示有关机构探讨在该领域加强合作。我们希望加快这项工作。

50. 我们重申致力于在全球范围内实现公平、现代化的税收体系，欢迎在有效和广泛执行国际认可标准方面所取得的进展。我们支持在尊重各国实际情况的前提下，开展税基侵蚀和利润转移项目。我们欢迎国家和国际组织帮助发展中国家加强税收能力建设。

51. 我们注意到，激进的税收计划和措施将有损平等发展和经济增长。税基侵蚀和利润转移问题必须得到有效应对。我们强调，应在经济活动的发生地和价值的创造地对利润征税，重申支持这方面的国际合作，包括税收情报自动交换普遍报告标准。

52. 我们注意到目前关于国际税收问题的讨论，忆及《亚的斯亚贝巴行动议程》及其强调各国税收当局开展包容合作和对话，增强发展中国家参与，反映适当的公平地域分配，并代表不同税收体系。

53. 我们支持包括通过金砖国家反腐败工作组机制加强国际反腐败合作和追逃追赃工作。我们认识到，非法资金流动、藏匿在国外的非法所得等腐败活动是全球性挑战，将对经济增长和可持续发展造成负面影响。我们将努力加强这方面的协调行动，鼓励依据《联合国反腐败公约》和其他有关国际法，在预防和打击腐败方面作出更有力的全球性承诺。

54. 我们认识到，核能利用将在部分金砖国家落实2015年气候变化《巴黎协定》承诺和长期减少全球性温室气体排放方面发挥重要作用。我们强调，引进用以扩大民用核能能力的技术和资金的可预测性十分重要，这有利于金砖国家实现可持续发展。

55. 我们重申，外空应由各国根据国际法并在平等基础上，自由地进行和平开发和利用。重申外空不应出现任何武器或使用武力，我们强调缔结一项或多项旨在防止外空军备竞赛的国际协定，是裁军谈判会议的一项优先任务，并支持以中国和俄罗斯提交的“防止在外空放置武器、对外空物体使用或威胁使用武力条约”更新草案等为基础，开始实质性工作。我们同时注意到关于不首先在外空部署武器政治义务的国际倡议。

56. 确保外空活动的长期可持续性以及探索为子孙后代保护外空的方式和方法应该是我们的优先工作。我们注意到，这也是联合国和平利用外空委员会（UNCOPUOS）议程中的重要目标。我们欢迎最近刚刚结束的、关于UNCOPUOS科技委员会外空长期可持续性工作组首批指导原则的谈判，呼吁各方在2018年前就前言和剩余指导原则达成共识，以纪念联合国探索及和平利用外空大会召开50周年。

57. 我们强烈谴责最近针对包括印度在内部分金砖国家的数起袭击事件。我们强烈谴责一切形式和表现的恐怖主义，强调无论是意识形态、宗教、政治、种族、民族或是其他任何原因，都不能作为为恐怖主义正名的理由。我们同意在双边层面与多边平台加强合作，打击国际恐怖主义。

58. 为应对化学和生物恐怖主义威胁，我们支持并强调需要在包括裁军谈判会议等场合启动关于制止化学和生物恐怖主义行为的国际公约的多边谈判。在此背景下，我们欢迎印度提出在2018年举办会议，旨在加强应对大规模杀伤性武器与恐怖主义的交织挑战的国际决心。

59. 我们呼吁所有国家综合施策打击恐怖主义，包括打击助长恐怖主义、极端化、包括外国恐怖作战人员在内的恐怖分子的招募与流动的暴力极端主义，切断恐怖主义融资渠道，包括通过洗钱、贩毒、刑事犯罪等方式的有组织犯罪；摧毁恐怖组织基地；以及打击恐怖组织滥用包括社交媒体在内的前沿信息通信技术。成功打击恐怖主义需要全面施策。所有反恐举措必须坚持国际法并尊重人权。

60. 我们注意到最近举行的金砖国家安全事务高级代表会议，欢迎金砖国家反恐工作组的建立并于2016年9月14日在新德里举行首次会议。我们相信这将进一步推进金砖国家间在反恐问题上的对话与理解，以及协调应对恐怖主义灾祸的努力。

61. 我们承认，国际恐怖主义，特别是“伊拉克和黎凡特伊斯兰国”（“伊斯兰国”，也称“达阿什”）及其附属恐怖组织及个人，对国际和平和安全构成全球性和前所未有的威胁。在强调联合国在协调反恐多边合作核心作用的同时，我们敦促所有国家有效落实联合国安理会相关决议，并重申我们致力于提高联合国反恐框架的有效性。我们呼吁所有国家共同努力，加快在联合国大会上通过《全面反恐公约》，不予拖延。我们忆及所有国家都有在本国领土内防止恐怖行为的责任。

62. 我们重申对反洗钱金融行动特别工作组关于打击洗钱以及恐怖主义和扩散融资的国际标准的承诺，呼吁迅速、有效和普遍执行反洗钱金融行动特别工作组打击恐怖融资的综合战略，包括有效执行其操作计划。我们力求加强同反洗钱金融行动特别工作组和类似区域机构的合作。

63. 我们欢迎2016年4月19日至21日在纽约举行的联合国大会世界毒品问题特别会议成果文件。我们呼吁加强国际和区域合作和协调，应对非法生产和贩运毒品，特别是鸦片制剂对国际社会造成的威胁。我们注意到，贩毒和恐怖主义、洗钱、有组织犯罪之间的关联日益紧密，并对此深表担忧。赞赏金砖国家禁毒部门间的合作，并欢迎2016年7月8日在新德里举行的金砖国家第二次禁毒工作组会议的讨论。

64. 我们重申，信息通信技术的广泛应用是实现可持续发展、维护国际和平与安全、保障人权的关键推动力。我们同意共同努力，增强信息通信技术的使用安全，打击利用信息通信技术从事犯罪和恐怖活动，增进信息通信技术、执法、研发与创新，以及机构能力建设的合作。我们认识到应采取多维度、包容性措施，坚定致力于消除发达国家和发展中国家之间的数字和技术鸿沟。这些措施应包括增进对接入的理解，提高接入质量。

65. 我们重申，在公认的包括《联合国宪章》在内的国际法原则的基础上，通过国际和地区合作，使用和开发信息通信技术。这些原则包括政治独立、领土完整、国家主权平等、以和平手段解决争端、不干涉别国内政、尊重人权和基本自由和隐私等。这对于维护和平、安全与开放的网络空间至关重要。

66. 滥用信息通信技术从事恐怖活动日益猖獗，对国际和平与安全构成威胁。我们强调，必须加强国际合作，打击利用信息通信技术实施恐怖和犯罪活动，重申在德班、福塔莱萨与乌法宣言中所阐明的总体方针。我们重申，联合国在处理信息通信技术的安全使用相关问题中发挥的关键作用，将继续合作，通过联合国信息安全政府专家组进程等，制定负责任国家行为规则、规范和原则。我们认识到，各国在确保信息通信技术使用的稳定性和安全性方面发挥领导作用。

67. 我们主张建立一个公开、统一和安全的互联网，重申互联网是全球性资源，各国应平等参与全球网络的演进和运行，并考虑相关利益攸关方根据其各自作用和职责参与其中的必要性。

68. 我们认识到，节能增效对确保经济可持续发展的重要性，欢迎有关谅解备忘录的签署。

69. 我们认识到扩大发电能力和高效分配电力面临的挑战，以及扩大低碳燃料和其他清洁能源解决方案的必要性，并认识到可再生能源所需的投资规模。我们相信，在这一领域的国际合作应聚焦于获取清洁能源技术和融资。我们注意到可持续发展、能源可及性和能源安全对全球共同繁荣和未来至关重要，强调所有人都应该有能力消费清洁和可再生能源。

70. 我们支持更广泛地使用天然气作为更为经济和清洁的燃料，以促进可持续发展，并根据气候变化《巴黎协定》减少温室气体排放。

71. 我们认为金砖国家面临艾滋病和结核病等传染病的挑战，注意到金砖国家卫生部长们为在2020年实现艾滋病防治“3个90%”目标所作的努力，强调必须推进金砖国家在艾滋病和结核病防治方面的合作和行动，包括生产保证质量的药物和病情诊断。

72. 我们注意到2016年6月举行的联合国关于终止艾滋病问题高级别会议和即将于2017年在莫斯科举行的世界卫生组织结核病全球会议。

73. 面对全球卫生挑战，我们强调金砖国家在促进药物和诊断工具研究和开发方面开展合作的重要性，以消灭传染病，让人民获得安全、有效、保证质量和负担得起的必需药品。

74. 我们欢迎在第71届联合国大会期间举行的抗生素耐药性问题高级别会议，会议旨在应对抗生素耐药性对公共健康、经济增长和全球经济稳定造成严重威胁。我们将探讨卫生和（或）规制机构间开展合作的可能性，分享最佳实践，讨论面临的挑战，并确定潜在合作领域。

75. 我们重申致力于促进长期平衡的人口发展，将根据《2015—2020年金砖国家人口问题合作议程》，继续开展人口领域的合作。

76. 我们欢迎分别于2016年6月9日在日内瓦和9月27日至28日在新德里举行的金砖国家劳工就业部长会成果，注意到金砖国家间签署双边社保协议的可能性，以及将采取行动建立劳工研究和培训机构网络的成果，鼓励金砖国家间开展能力建设、交流信息和分享最佳实践。我们认为，优质就业，包括体面工作议程，保证社会保障和加强工作中的权利是包容和可持续发展的核心。

77. 我们欢迎2016年9月30日在新德里举行的第四届金砖国家教育部长会成果，包括《新德里教育宣言》。我们强调教育和技能对经济发展的重要性，重申普及高质量教育的必要性。我们对金砖国家网络大学和大学联盟的进展表示满意，上述两项机制均将于2017年启动合作项目，这将促进金砖国家间在高等教育领域的合作和伙伴关系。

78. 我们赞赏2016年9月3日至6日在加尔各答举行的金砖国家青年外交官论坛，欢迎金砖国家外交学院签署有关谅解备忘录，促进知识和经验交流。

79. 我们欢迎2016年10月8日举行的第四届金砖国家科技部长会成果，包括《斋浦尔宣言》和更新的《2015—2018年工作计划》。上述会议旨在加强金砖国家科技和创新合作，特别是借助年轻科学人才解决社会问题；为金砖国家青年科学家创造交流平台；共同创造新的知识创新产品、服务和工艺流程；并通过经验共享和互补，应对共同的全球和地区的社会经济挑战。

80. 我们强调落实金砖国家有关研究和创新倡议的重要性，欢迎在印度举办第一次金砖国家青年科学家论坛，建立金砖国家青年科学家创新奖，以及金砖五国科技部门和有关机构资助的，在科技合作框架下10个主题领域首次征集项目建议。我们欢迎成立金砖国家研究基础设施和大科学项目工作组，以加强金砖国家全球先进研究基础设施研究网络。

81. 我们欢迎2016年9月23日举行的金砖国家农业部长会《联合声明》等成果，强调通过提高农业生产和生产力、促进自然资源可持续管理以及金砖国家间农业贸易，确保粮食安全、解决营养不良、消除饥饿、不平等、贫困。作为世界领先的农产品生产商并拥有大规模人口，我们认为金砖国家农业合作十分重要，认识到将科学和信息通信技术应用到农业领域的重要性。

82. 为进一步加强金砖国家在农业研究政策、科技、创新和能力建设，包括金砖国家小农耕作技术等方面的合作，我们欢迎《关于建立金砖国家农业研究平台谅解备忘录》的签署。

83. 考虑到农业对水的依赖性，我们呼吁发展灌溉基础设施，帮助农民提高对旱情的抵抗力，欢迎在该领域的经验和专业知识交流。

84. 我们强调在电子政务、普惠金融、定向福利、电子商务、政务公开、数字产品和服务等领域分享信息通信技术应用专业知识和经验，弥合数字鸿沟的价值，支持推进旨在有效参与电子商务贸易、确保共享利益的能力建设努力。

85. 我们欢迎即将举行的金砖国家通信部长会，这将进一步加强我们在技术趋势、标准制定、技能培训和政策框架等方面的合作。

86. 我们相信需要共同努力以实现世界软件和信息技术设备市场的多样化，呼吁金砖国家在信息通信技术合作工作组框架下发展和加强有关合作。

87. 我们欢迎于2016年4月19日至20日在圣彼得堡和2016年8月22日在乌代布尔举行的两次金砖国家灾害管理部长会成果，包括第二次会议通过的《乌代布尔宣言》，赞赏成立金砖国家灾害风险管理联合工作组。

88. 我们对在“马修”飓风中遇难的海地和加勒比人民表示最深切的哀悼，支持联合国和人道主义伙伴应对灾害的努力。

89. 我们欢迎2016年9月15日至16日在果阿举行的金砖国家环保部长会成果，包括《果阿环境宣言》，欢迎在减少和控制空气和水污染、有效管理废物和可持续管理生物多样性等领域的专业技术分享。我们认识到金砖国家开展有关环境合作倡议，包括建立一个环境友好型技术分享平台的重要性。

90. 我们欢迎2016年9月24日至10月4日在南非约翰内斯堡举行的第17届《濒危野生动植物种国际贸易公约》缔约国大会取得的成果。这是推进国际濒危野生动植物贸易立法的里程碑事件。

91. 我们欢迎在《联合国气候变化框架公约》（UNFCCC）下通过《巴黎协定》，并欢迎多国在2016年4月22日签署该协定。我们强调，《巴黎协定》是一项全面、平衡且富有雄心的协定，重申了 UNFCCC 公平、共同但有区别的责任以及各自能力原则，并尊重各国国情。

92. 我们欢迎气候变化《巴黎协定》于 2016 年 11 月 4 日生效，呼吁发达国家履行其提供必要资金、转让技术和能力建设支持的承诺，支持发展中国家增强减缓和适应气候变化的能力并执行气候变化《巴黎协定》。

93. 我们重申对 2030 年可持续发展议程中所包含的性别平等和妇女及女童赋权的承诺。我们认识到妇女发挥着发展推动者的重要作用，承认她们平等和包容的参与和贡献对可持续发展目标和具体目标取得进展至关重要。我们强调对落实上述承诺加强问责的重要性。

94. 我们认识到，各国青年人口的潜力和多样性，以及他们的需要和愿望，欢迎在古瓦哈提举行的金砖国家青年峰会成果，包括《古瓦哈提 2016 年金砖国家青年峰会行动倡议》，及其强调的教育、就业、创业和技能培训对于增强他们社会和经济权利的重要性。

95. 我们欢迎 2016 年 9 月 1 日至 2 日在印度中央邦克久拉霍举行的金砖国家旅游大会，这是促进金砖国家旅游合作的有效方式。

96. 鉴于金砖国家拥有 43% 的世界人口，同时也都是城镇化发展最快的国家，我们认识到城镇化面临的多方面挑战和机遇。我们承诺将参与于 2016 年 10 月 17 日至 20 日在基多举行的第三届联合国住房和可持续城市发展大会进程，及制定“新城市议程”。我们欢迎 2016 年 9 月 14 日至 16 日在维沙卡帕特南举行的金砖国家城市化论坛和 2016 年 4 月 14 日至 16 日在孟买举行的金砖国家友城论坛。这促进了我们城市和利益攸关方间的交流。我们呼吁在城市治理、促进城市安全和包容、改善城市交通、城市基础设施建设融资、建设可持续发展城市等方面加强合作。

97. 我们注意到印度倡议举办金砖地方机构会议，在地方预算编制等领域交流专业知识和最佳实践。

98. 我们注意到有序、安全、正常和负责的移民和人口流动的重要性，欢迎于 2015 年 10 月 8 日在俄罗斯联邦索契举行的首届金砖国家移民部长会成果。

99. 我们注意到文化在可持续发展以及增进人民相互理解和紧密合作中的重要作用，鼓励扩大金砖国家人民间的文化交流，赞赏印度于 2016 年 9 月 2 日至 6 日在新德里举办首届金砖国家电影节。

100. 我们欢迎将于 2016 年 10 月 23 日在日内瓦举行的第二届金砖国家议会论坛，论坛主题为“金砖国家落实可持续发展目标的议会合作”。

101. 我们赞赏 2016 年 8 月 20 日至 21 日在斋浦尔举行的金砖国家女性议员论坛的讨论，及其通过的《斋浦尔宣言》。宣言围绕可持续发展目标，强调将致力于加强议会间战略伙伴关系，促进可持续发展、性别平等和妇女赋权。

102. 我们注意到关于金砖国家铁路研究网络的讨论，该网络旨在促进铁路研究和发展，以提高成本效益和可持续的方式促进经济增长。

103. 我们祝贺印度于 10 月 5 日至 15 日在果阿举办首届金砖国家十七岁以下少年足球赛。我们注意到有关建立金砖国家体育理事会、促进各国间体育交流的倡议。

104. 认识到金砖国家间经贸和投资活动日益增多，以及金砖国家银行间合作机制在其中发挥的重要作用，我们欢迎印度进出口银行关于设立金砖国家经济研究奖的倡议，这将促进对金砖国家经济相关问题的深入研究。

105. 我们重申致力于加强金砖国家伙伴关系，实现共同发展。鉴此，我们批准《果阿行动计划》。

106. 中国、南非、巴西和俄罗斯赞赏印度作为金砖国家主席国所做工作，以及金砖国家合作议程所取得的积极进展。

107. 我们强调对金砖国家领导人会晤成果及共识落实情况进行评估的重要性，并指示各国协调人推进相关工作。

108. 中国、南非、巴西和俄罗斯对印度政府和人民在果阿主办金砖国家领导人第八次会晤致以诚挚谢意。

109. 印度、南非、巴西和俄罗斯赞赏中国将于2017年举办金砖国家领导人第九次会晤，将全力给予支持。

（参见 http://www.xinhuanet.com/world/2016-10/17/c_1119727552.htm）

上海合作组织成员国政府首脑（总理）理事会第十五次会议联合公报

2016年11月2日至3日，上海合作组织（以下称上合组织或本组织）成员国政府首脑（总理）理事会第十五次会议在比什凯克举行。哈萨克斯坦共和国总理萨金塔耶夫、中华人民共和国国务院总理李克强、吉尔吉斯共和国代总理热恩别科夫、俄罗斯联邦政府总理梅德韦杰夫、塔吉克斯坦共和国总理拉苏尔佐达、乌兹别克斯坦共和国第一副总理阿齐莫夫出席会议。

吉尔吉斯共和国代总理热恩别科夫主持会议。

上合组织秘书长阿利莫夫、上合组织地区反恐怖机构执行委员会主任瑟索耶夫、上合组织实业家委员会理事会主席沙伊霍夫和上合组织银行联合体理事会授权代表拉希莫夫出席会议。

上合组织观察员国代表阿富汗伊斯兰共和国首席执行官阿卜杜拉、白俄罗斯共和国总理科比亚科夫、印度共和国外交国务部长阿克巴尔、伊朗伊斯兰共和国外交部副部长拉希姆普尔、蒙古国驻吉尔吉斯共和国特命全权大使苏海、巴基斯坦伊斯兰共和国总理外事顾问阿齐兹，以及联合国秘书长特别代表、中亚地区预防性外交中心主任德拉加诺夫、独联体执行委员会主席列别捷夫、亚洲相互协作与信任措施会议秘书处执行主任宫建伟与会。

各代表团团长就国际和地区经济发展的广泛议题交换意见，讨论了深化上合组织合作、进一步巩固成员国人民相互理解与友谊的前景与措施，并达成共识如下：

一、总理们指出，上合组织成立15年来，经贸往来和投资合作不断发展完善，潜力巨大。总理们认为，上合组织国家扩大和深化合作符合本地区经济可持续发展的整体利益。

为此，上合组织成员国将积极落实2016年6月24日在塔什干举行的成员国元首理事会会议成果以及2015年12月15日在郑州通过的《上合组织成员国政府首脑（总理）关于区域经济合作的声明》，采取协调措施，进一步推动互利经贸合作，强化务实合作机制。

总理们强调，提高人民福祉和生活水平，进一步加强在贸易、产能、互联互通、能源、财金、投资、农业、海关、通信及其他符合共同利益领域的合作是首要任务。

成员国高度重视在制订和落实国家发展战略和规划，促进经济增长，应用创新技术，创造便利的投资和营商环境，基础设施建设及其他共同感兴趣的领域开展经验交流。

二、总理们一致认为，世界经济仍处于风险区域，复苏进程尚不够稳定和持续。恐怖主义、自然灾害及恶性传染病传播等风险也给全球经济前景蒙上阴影。为应对当前威胁和挑战，应通过大规模结构性改革推动产业多元化，提高经济长期竞争力和谋求创新发展，以实现世界经济的深刻变革。

总理们强调，应继续开展广泛国际合作，为全球经济复苏提供动力，保障经济和金融稳定，支持强劲、可持续、平衡和包容性增长。

总理们认为，国际经济关系的所有参与者应该拥有平等机会，在公平的基础上参与全球经贸活动。

三、总理们强调，上合组织成员国关于为发展地区经济合作创造良好条件的相关倡议，包括中华人民共和国提出的丝绸之路经济带倡议，作为“一带一路”倡议的组成部分，有利于寻求开展国际合作的新模式，加强各国间伙伴关系，扩大投资规模，增加居民就业。

四、总理们指出，利用上合组织框架内现有各领域会议机制、工作组以及其他合作机制，发展上合组织地区经贸和投资合作，实现区域经济融合及构建伙伴关系，具有重要意义。

总理们强调，在现有牢固伙伴关系和紧密经贸联系基础上，进一步扩大相互贸易和投资，促进贸易和投资便利化，逐步实现《上海合作组织宪章》所规定的商品、资本、服务和技术自由流动目标，具有巨大潜力。

总理们认为，应遵循《上合组织成员国多边经贸合作纲要》，集中力量切实落实共同感兴趣的具体项目，特别是加强贸易和投资领域合作。

总理们肯定了2016年10月12日在比什凯克举行的上合组织成员国经贸部长会议成果。总理们特别指出，应高效落实业经批准的《2017—2021年上合组织进一步推动项目合作的措施清单》。

五、总理们强调，继续在能源包括可再生和可替代能源利用领域开展全方位互利合作具有重要意义，支持更广泛地使用各种经济高效、清洁环保能源，以实现可持续发展。

为此，总理们支持进一步完善多边合作模式和方法。

总理们欢迎上合组织参加将于2017年6月10日至9月10日举行的阿斯塔纳“未来能源”世博会。

六、总理们指出，应推动交通领域多边合作，促进构建国际运输走廊，打造连接亚洲和欧洲的枢纽，实施联合基础设施项目，扩大具有经济可行性的互联互通项目潜能，释放地区过境运输潜力。

总理们强调，需落实2015年5月15日在乌法举行的上合组织成员国交通部长第七次会议共识，支持2014年9月12日在杜尚别签署的《上合组织成员国政府间国际道路运输便利化协定》尽快生效并予以落实，加紧制订《上合组织公路协调发展规划》草案。

七、总理们支持深化宏观经济和财金领域合作，为发展贸易和投资合作创造便利条件。总理们认为，充分发挥银行间合作潜力和利用上合组织地区现有及在建的金融机制十分重要。

总理们注意到2016年9月29日至30日在比什凯克举行的上合组织成员国财政部长和央行行长第三次会议成果，会上研究了建立上合组织开发银行和发展基金（专门账户）问题。总理们责成继续在专家层面磋商，寻求共同解决方案。

八、总理们欢迎旨在深化区域经济合作的务实活动，包括2016年6月在塔什干举行的上合组织实业家委员会和银联体框架内的活动。

九、总理们积极评价2007年11月2日在塔什干签署的《上合组织成员国政府海关合作与互助协定》落实工作。

总理们责成继续制订《上合组织成员国海关关于商品估价和审价信息交换的议定书》草案及其他旨在进一步发展海关合作的文件。

十、总理们赞同进一步扩大同观察员国和对话伙伴的互利合作，以提高上合组织合作潜力。为此，充分利用上合组织实业家委员会和银联体具有重要意义。

十一、总理们强调，在文化、教育、科技、环保、卫生、体育、旅游领域开展双多边合作，加强上合组织地区包括丝绸之路沿线地区文化和自然遗产研究及保护领域合作，具有重要意义。

十二、总理们积极评价2016年6月22日在塔什干举行的上合组织成员国文化部长会议成果，此次会议旨在切实落实2007年8月16

日在比什凯克签署的《上合组织成员国政府间文化合作协定》。

总理们欢迎上合组织成员国参加 2016 年 9 月 3 日至 8 日在吉尔吉斯斯坦伊塞克湖州举行的第二届世界游牧民族运动会。总理们认为，积极参加在成员国境内举办的旨在巩固人民传统友谊、弘扬各国文化和推广民族体育的活动十分重要。

十三、总理们积极评价 2016 年 10 月 20 日在杜尚别举行的上合组织成员国教育部长会议成果，此次会议旨在进一步加强和扩大上合组织地区教育领域互利合作。

十四、总理们认为，完善成员国间科技合作具有重要意义，高度评价 2016 年 9 月 4 日在吉尔吉斯斯坦伊塞克湖州举行的上合组织成员国科技部长会议成果。

为进一步落实 2013 年 9 月 13 日在比什凯克签署的《上合组织成员国政府间科技合作协定》，总理们批准了该协定 2016—2020 年落实措施计划和《上合组织科技伙伴计划》。

总理们强调，上合组织成员国有关部门、团体和企业在信息通信领域开展合作，包括就推广和运用国家管理自动化技术交流经验十分重要。

十五、总理们高度评价 2016 年 6 月 24 日在塔什干签署的《上合组织成员国旅游合作发展纲要》，认为应继续就构建上合组织地区统一旅游空间开展工作。

十六、总理们认为，应共同努力采取措施保护自然环境，支持加强上合组织框架内环保合作，尽快商定《上合组织成员国环保合作构想》。

十七、总理们指出，传染性疾病对上合组织地区造成威胁，应继续在防控和应对传染病领域开展合作，并在上合组织成员国卫生防疫部门领导人会议机制框架内交流经验，切实落实 2013 年 11 月 29 日在塔什干签署的《上合组织成员国传染病疫情通报方案》。

十八、总理们指出，应继续切实落实 2005 年 10 月 26 日在莫斯科签署的《上合组织成员国政府间救灾互助协定》，以及 2016—2017 年落实行动计划，共同减轻灾害损失。

十九、总理们指出，2016 年 9 月 23 日在杜尚别举行的上合组织成员国最高法院院长会议成果十分重要，会议旨在进一步发展成员国审判机关在加强上合组织地区法制和公正领域的协作。

二十、总理们认为，落实 2015 年 8 月 18 日在杜尚别签署的《上合组织成员国司法部门间合作协议》，有助于进一步加强该文件规定的各领域法律合作。

总理们肯定了 2016 年 10 月 28 日在阿拉木图举行的上合组织成员国司法部长会议成果，包括关于进一步加强民事和刑事司法协助合作的共识。

二十一、总理们通过了《上合组织秘书处关于〈上合组织成员国多边经贸合作纲要〉落实情况的报告》。

总理们批准了上合组织 2017 年预算，并就上合组织常设机构的一系列财务和组织问题通过了决议。

总理们肯定了上合组织成员国政府首脑（总理）理事会会议高水平的组织工作，对吉方的热情接待表示感谢。

上合组织成员国政府首脑（总理）理事会下次会议将于 2017 年在俄罗斯联邦举行。

哈萨克斯坦共和国总理　萨金塔耶夫
中华人民共和国国务院总理　李克强
吉尔吉斯共和国代总理　热恩别科夫
俄罗斯联邦政府总理　梅德韦杰夫
塔吉克斯坦共和国总理　拉苏尔佐达
乌兹别克斯坦共和国第一副总理　阿齐莫夫

（参见 http://www.xinhuanet.com/world/2016-11/04/c_129350167.htm）

中俄总理第二十一次定期会晤联合公报

应俄罗斯联邦政府总理德·阿·梅德韦杰夫邀请，中华人民共和国国务院总理李克强于2016年11月6日至8日对俄罗斯联邦进行正式访问，并于11月7日在圣彼得堡举行中俄总理第二十一次定期会晤。李克强总理还在莫斯科会见俄罗斯联邦总统弗·弗·普京。

一

两国总理（以下简称“双方”）满意地指出中俄全面战略协作伙伴关系进入新阶段以来各主要领域合作取得的积极进展，强调愿继续致力于推动中俄合作向前发展，以保障两国人民的根本利益，提升两国综合国力，维护地区和世界的安全与稳定。

今年是《中华人民共和国和俄罗斯联邦睦邻友好合作条约》签署15周年。两国将继续在维护国家主权、领土完整及安全等涉及两国核心利益问题上相互坚定支持，积极开展经贸合作，扩大人文交流，加强在国际和地区事务中的协调。上述合作有利于落实《〈中俄睦邻友好合作条约〉实施纲要》。

双方高度评价中俄总理定期会晤机制运作，强调该机制在深化两国务实合作，促进双方经贸、投资、能源、人文等重要领域对话方面发挥的主导作用。双方愿进一步完善总理定期会晤机制，扩大和深化中俄全面战略协作伙伴关系。

二

双方指出，在经历2015年双边贸易额下滑后，在双方共同努力下，2016年中俄双边贸易企稳。

双方认为，新兴市场国家和发展中国家国际地位的加强是现阶段世界经济发展的特点之一。在国际经济关系和全球化持续发展的背景下，各国对世界经济的影响力正在发生变化，发展中国家代表性和话语权有所增加。汇率和大宗商品市场剧烈波动等全球金融危机的后果对世界局势产生重大影响。其他不利因素还包括构建封闭贸易联盟、实施单方面制裁、使用各种限制机制以及其他导致全球经济碎片化的行径。

双方支持建立开放的世界经济，促进国际贸易和投资，维护金融稳定，确保世界经济强劲、可持续、平衡、包容增长。

双方强调，在宏观经济政策以及推动世界经济创新、增长和结构性改革方面加强协调十分重要。要继续致力于促进创新，推动新产业、新经济的发展，提高劳动生产率，改革国际金融体系，提高新兴市场国家和发展中国家在全球经济治理体系中的代表性和话语权。

双方认为，要持续、均衡、协调地应对区域经济一体化进程加速，国际贸易竞争加剧等多边贸易领域新趋势。双方支持以世贸组织为核心的多边贸易体制，反对贸易保护主义，致力于加强世贸组织在现代国际贸易中的谈判功能，以保障第十一届世贸组织部长级会议达成积极成果。

双方认为，在当前国际贸易形势下，加快地区经济一体化进程对于推动两国各自经济顺利发展发挥着特殊作用。

双方认为，在牢固的伙伴关系和紧密的经贸联系基础上扩大相互贸易和投资合作潜力巨大，双方愿通过在欧亚大陆构建互利的经济伙伴关系等方式深化经济一体化。

双方愿继续共同努力，挖掘合作潜力，推动两国经贸合作持续快速发展。为此，双方商定：

——采取有效措施促进贸易结构持续改善和多样化，逐步提升高科技和创新类产品比重，降低外部经济因素对贸易额的负面影响；

——推动实施经济合作项目，扩大双边投资合作，保护投资者合法权益，积极开展产能合作。充分发挥中俄投资合作委员会的统筹协调作用，不断完善工作机制，创新工作模式，丰富合作内涵，营造良好的外部环境，着力推动中俄投资合作委员会第三次会议确定的重点项目；

——共同努力推动中俄边境口岸基础设施建设，提升口岸通行能力；

——继续推进中俄黑瞎子岛—大乌苏里斯克边境口岸合作；

——为落实符拉迪沃斯托克（海参崴）自由港项目，提升两国位于黑龙江省、吉林省和符拉迪沃斯托克（海参崴）自由港的边境口岸货运量，并着眼其长远发展，双方将就逐步调整口岸工作时间继续开展工作；

——在“一带一路”建设与欧亚经济联盟建设对接合作框架下继续推动交通、跨境基础设施、物流及其他双方重点关注领域的项目合作；

——推动落实《建设中蒙俄经济走廊规划纲要》；

——在俄罗斯联邦政府实施的进口替代政策框架下加强贸易合作，研究编制优先商品和项目清单等指导性文件；

——加强银行间合作以及两国金融机构在贸易和项目融资、保险等领域的务实合作，采取措施扩大本币结算业务的宣传，鼓励双边贸易和投资参与者更多地使用本币进行结算，中方欢迎俄方在俄罗斯市场发行人民币债券；

——全力支持在华开设及运营俄罗斯贸易中心，推动中俄实业家委员会和中俄机电商会工作，鼓励其他实业界组织加强联系和深化务实合作；

——加强商业对话机制，推动企业积极参与在中俄境内举办重要交易会、展览会和国际性会议，全面推广共同举办中俄博览会的有益经验，鼓励两国企业更积极地参与博览会；

——积极评价中国商务部和俄罗斯经济发展部签署中小企业领域合作文件，支持两国有关部门和机构共同采取措施，协助两国中小企业加强交流对接，开展互利合作；

——推动中俄电子商务企业合作，促进双边跨境电子商务发展；

——推动两国在生物技术、信息技术、软件技术、航空航天技术、卫星导航以及“绿色技术”领域的务实合作；

——共同努力挖掘金融、租赁、咨询、工程建设、物流、外包、旅游等在内的服务贸易潜力；

——推动落实“绿色通道”项目，优化海关通关流程，实现海关特定商品监管结果互认，加强多边框架下的协作，促进丝绸之路经济带建设和欧亚经济联盟建设对接合作框架下的货物过境运输便利化；

——扩大国家标准、技术规范标准信息交流领域的合作，为提升双边贸易水平创造有利条件；

——密切关注双边贸易发展，加强在贸易政策、对外经济活动立法等领域信息交流合作，继续共同努力致力于减少贸易壁垒，深化双边贸易联系；

——共同推动《中华人民共和国与欧亚经济联盟经贸合作协议》谈判工作，提高贸易便利化水平，促进贸易投资发展；

——鼓励双方主管部门扩大和深化在知识产权保护领域的合作，包括在国际层面就知识产权保护问题协调立场；

——采取必要措施加强农产品贸易合作，推动动植物产品在确保安全条件下相互进入对方市场；

——对中俄航天领域合作现状表示满意，认为在航天领域的合作发展，对增强高技术领域的双边协作具有重要意义，符合两国现代化及社会经济发展的任务。双方商定基于《2013—2017年中俄航天合作大纲》的实施，拓展并深化两国在航天领域的长期互利合作，包括运载火箭及发动机、航天电子元器件、对地观测、卫星导航、月球与深空探测等领域大型合作项目的实施，以符合中俄两国高技术产业及科技进一步发展的利益；

——在工业合作分委会框架内积极开展协作，推动高技术领域合作；

——加强相关部门和企业间协调，及时有效落实两国关于联合实施远程宽体飞机研制、生产、营销和售后服务项目合作的政府间协议和研制民用先进重型直升机项目的政府间协议；

——继续在航空技术认证领域开展合作，包括RRJ－95B、MA－60和MI－171机型适航取证；

——扩大冶金工业领域互利合作和信息交流；

——搭建机械、汽车、船舶等装备工业领域交流平台，共同推动双方合作发展装备制造业；

——积极评价两国学术机构就构建欧亚伙伴关系概念取得的研究成果，包括可能吸纳欧亚经济联盟、上海合作组织和东盟成员国加入。责成两国专家共同就此开展可行性研究。

三

中俄能源合作涵盖能源各领域，具有战略性和全面性。两国总理高度评价中俄能源合作取得的成果，愿继续巩固和发展能源领域的战略伙伴关系。

两国均高度重视适时履行现有政府间关于推进和深化能源合作的义务，将继续落实能源领域双边合作协议。

双方表示愿扩大石油领域全面合作，继续推动自俄对华供气合作。深化电力、煤炭、可再生能源以及能源装备和技术、工程服务等领域合作。

基于两国在核能领域积累的合作经验和潜力，双方商定将本着利益均衡和互利原则在和平利用核能领域继续开展战略合作。

两国将继续深化科技合作，借鉴中国科学院和俄罗斯联合核子研究所实施重离子超导同步加速器（NICA）项目的合作经验，开展大科学项目合作。

双方商定将推动两国科研和教育机构建立和发展联系，为其在中俄优先科学领域开展联合研究工作创造良好条件。

双方表示愿在DONA国际事务中相互支持，共同实施信息通信领域战略性合作项目，利用中方在装备制造方面的优势，结合俄方在IT产品和软件研发方面的经验开展互利合作，包括移动操作系统与智能手机产业合作、车载信息服务技术合作、信息化应用技术推广、网络安全威胁监测预警技术合作、落实电子政务领域的国际项目等。两国将在无线宽带通信、光纤网络、互联网应用、数据中心、智慧城市建设等领域开展协作，继续努力促进亚欧陆缆传输的路由多样性，提升亚欧地区转接能力，降低两国间国际漫游资费。

四

两国总理对中俄地方合作蓬勃发展表示满意，认为地方合作在推动两国关系整体发展方面潜力巨大。

双方高度评价中国长江中上游地区和俄罗

斯伏尔加河沿岸联邦区地方合作理事会在投资和人文领域开展的积极工作，将认真探讨在上述地区共同建设中俄产业园。

考虑到两国都有意愿吸引更多中国公司参与实施俄罗斯远东地区［包括跨越式经济社会发展区和符拉迪沃斯托克（海参崴）自由港］投资项目，双方决定在中俄总理定期会晤机制框架下，建立中国东北地区和俄罗斯远东及贝加尔地区政府间合作委员会。继续积极努力推动黑瞎子岛中俄两侧开发，并在保护黑瞎子岛环境方面开展合作，为此研究成立部门间工作机制的可能性。

支持在交通基础设施领域的重大项目上开展合作，包括制定两国关于发展“滨海 1 号”和“滨海 2 号”国际交通走廊的合作文件，对联合开发北方海航道运输潜力的前景进行研究，加快推进双方在莫斯科至喀山高铁项目上的合作。

双方将继续落实《中华人民共和国东北地区和俄罗斯联邦远东及东西伯利亚地区合作规划纲要（2009—2018）》。

五

两国总理强调，人文合作是两国关系最重要的组成部分，深化该领域合作并落实《中俄人文合作行动计划》十分重要。

双方高度评价 2016 年至 2017 年举办中俄媒体交流年，支持为扩大广播、电影、电视、平面媒体、文学出版、新媒体等领域交流合作而采取的措施。

双方指出两国教育合作取得丰硕成果。中俄将致力于在 2020 年前将两国留学交流人员规模扩大到 10 万人。双方商定将继续推动并确保北京理工大学和莫斯科国立大学在深圳合办的中俄联合大学早日建成，加大对汉语和俄语学习的支持力度，筹备好将汉语纳入俄罗斯中学国家统一考试科目。

双方强调，两国青少年对彼此国家的历史、文化、语言和民族传统的兴趣在不断上升，支持继续开展百名青年代表互访，组织青年政治家、地方青少年机构、青少年文化活动交流，支持发展中俄大学生创业孵化器。

双方积极评价两国旅游领域合作成果，决定共同提升旅游服务的品质和安全性，商定将鼓励两国地方开展跨境旅游合作。

双方认为，跨文化交流有利于进一步加强两国人民的相互了解与友谊，商定将通过举办文化节、中俄文化大集、吸引更多艺术团体和艺术家参与两国艺术节及艺术类比赛、扩大文化领域人才交流、落实《中国文化部与俄罗斯文化部 2017 年—2019 年合作计划》、促进两国地方间直接文化合作等方式，全面推动两国文化领域交流。

双方满意地指出，两国民众对舞台艺术的兴趣与日俱增，双方将推动两国剧院、图书馆、博物馆间加强直接交流与合作，鼓励戏剧工作者参加双方举办的艺术节，共同组织戏剧排演。

双方重申必须支持两国文化中心工作并一致认为，2016 年在莫斯科中国文化中心分支机构内建成的中国共产党第六次全国代表大会会址常设展览馆是两国人文合作的重要项目，这将扩大包括“红色旅游”（“军事历史旅游”）在内的旅游合作。

双方商定将在举办电影艺术节方面继续开展合作，鼓励影片引进、租赁和展映，支持共同拍摄影片和参与两国举办的国际电影节，加强两国电影院校之间的教育交流及人才培养，开展青年电影工作者交流，深化两国电影基金会合作，推动电影素材交流。

双方高度评价两国体育领域合作成果并愿深化体育领域的合作，交流体育科学领域的经验和信息，支持两国地方间体育机构建立直接交流。

双方商定将于 2016 年在中国举办第一届中俄冬季青少年运动会，于 2017 年在中国举办第七届中俄青少年运动会。

双方商定将就筹备 2022 年冬奥会以及在两

国冬季单项体育协会间开展合作。

双方高度评价两国在卫生防疫安全等医疗卫生领域合作的前景。鉴于各种新旧传染性疾病的威胁依然存在，两国将在境内卫生防疫、防止传染病跨境传播方面加强交流。双方相信，共同培养灾害医学专家有利于促进双方在灾后医疗救援方面的技术交流，商定将在现代化生物医学应用领域开展合作。

双方将继续推动档案领域的合作，支持共同研究两国历史及两国关系史、举办展览、共同编辑出版档案文献。

六

双方积极评价环保合作取得的成果，商定将在保护生物多样性、跨界自然保护区、利用和保护跨界水等领域继续深化环保合作。

双方高度评价在利用和保护跨界水方面取得的积极成果，将进一步深化在跨界水体水质监测、跨界水资源保护和管理方面的合作。

双方高度评价双方减灾领域合作，将重点在边境地区防灾领域加强合作。

双方认为，两国执法机构在双边和联合国、上海合作组织、金砖国家等多边机制框架内，就打击跨境有组织犯罪活动开展协作十分重要。

七

两国总理一致认为，国际格局加快演变，由发展不平衡等引发的全球矛盾激化，全球战略稳定形势出现恶化态势，地区冲突频发，恐怖主义威胁日趋严峻。在此背景下，进一步加强中俄全面战略协作伙伴关系对保障两国利益、维护世界和平与发展具有重要意义。

双方强调，应尊重历史传承和文化传统，尊重各国人民自主选择未来的权利，严格遵守以《联合国宪章》为基础的国际法和国际关系准则且相互照顾彼此利益，在平等与安全不可分割原则的基础上，通过政治和外交手段和平解决争端。

两国谴责一切形式的恐怖主义，决心不断巩固合作以打击这一全球性威胁。摒弃政治化和“双重标准”以及预设条件，发挥联合国的中心协调作用并以《联合国宪章》和国际法准则为基础，构建打击恐怖主义和极端主义的“统一战线”，是国际社会在这项复杂工作中取得胜利的关键因素。

两国在众多国际问题上持相同或相近立场，将在联合国、二十国集团、金砖国家、上海合作组织、亚太经合组织等多边机制中就重大国际和地区问题加强协调和协作。

八

中俄总理第二十一次定期会晤期间，双方发表了《中俄政府首脑关于深化和平利用核能领域战略合作的联合声明》、《中华人民共和国政府和俄罗斯联邦政府关于中俄国界第一次联合检查成果的联合声明》，中俄双方还签署了以下文件：

——《中俄投资合作委员会第三次会议纪要》；

——《中俄能源合作委员会第十三次会议纪要》；

——《中俄人文合作委员会第十七次会议纪要》；

——《中俄总理定期会晤委员会第二十次会议纪要》；

——《一九九七年六月二十七日〈中华人民共和国政府和俄罗斯联邦政府关于建立中俄总理定期会晤机制及其组织原则的协定〉的议定书》；

——《中华人民共和国政府和俄罗斯联邦政府关于中俄国界第一次联合检查成果的议定书》；

——《关于对〈关于一九九七年六月二十七日《中华人民共和国政府和俄罗斯联邦政府关于建立中俄总理定期会晤机制及其组织原则

的协定》的补充议定书〉进行修改的议定书》；

——《中华人民共和国教育部与俄罗斯联邦教育科学部关于支持举办“渭南师范学院莫斯科艺术学院”的谅解备忘录》；

——《关于修订2007年11月6日〈中华人民共和国商务部和俄罗斯联邦经济发展与贸易部关于中小企业合作的谅解备忘录〉的议定书》；

——《中华人民共和国商务部、中华人民共和国黑龙江省人民政府与俄罗斯联邦经济发展部、俄罗斯联邦工业贸易部关于举办第四届中国—俄罗斯博览会的谅解备忘录》；

——《中华人民共和国海关总署和俄罗斯联邦海关署关于打击违反海关法行为的合作备忘录》。

会晤期间，中俄两国企业还签署了一系列合作文件。

双方商定，中俄总理第二十二次定期会晤将于2017年在中国举行，具体时间将通过外交途径另行商定。

中华人民共和国国务院总理　俄罗斯联邦政府总理

李克强　德·阿·梅德韦杰夫

2016年11月7日于圣彼得堡

（参见 http://www.xinhuanet.com/world/2016-11/08/c_1119870609.htm）

中华人民共和国政府和俄罗斯联邦政府关于中俄国界第一次联合检查成果的联合声明

2016年11月7日，中俄总理第二十一次定期会晤期间，两国政府就国界联合检查发表联合声明。全文如下：

中华人民共和国政府和俄罗斯联邦政府关于中俄国界第一次联合检查成果的联合声明

（2016年11月7日 圣彼得堡）

中华人民共和国政府和俄罗斯联邦政府（以下简称双方），根据2006年11月9日签订的《中华人民共和国政府和俄罗斯联邦政府关于中俄国界管理制度的协定》的有关规定，于2011年至2016年开展了中俄国界第一次联合检查（以下简称联检）。

一、双方在相互尊重主权和领土完整以及保持国界线不变原则的基础上，对中俄国界进行了第一次联合检查。中俄国界是依据1991年5月16日签订的《中华人民共和国和苏维埃社会主义共和国联盟关于中苏国界东段的协定》、1994年9月3日签订的《中华人民共和国和俄罗斯联邦关于中俄国界西段的协定》，以及1999年12月9日签订的《中华人民共和国政府和俄罗斯联邦政府关于中俄国界线东段的叙述议定书》、《中华人民共和国政府和俄罗斯联邦政府关于中俄国界线西段的叙述议定书》和2002年6月20日签订的《中华人民共和国政府和俄罗斯联邦政府关于中俄国界线东段的补充叙述议定书》确定和标示的。

二、双方成立了中俄国界第一次联合检查委员会及其下属机构，包括联合测图组、联合水文组、联合专家组以及十一个开展野外工作的联检组和两个水文测量组。双方相互支持、密切配合，制定了涉及联检工作标准、操作细则及工作程序的规范性文件，并采用了新的测绘技术和测量设备，为联检工作的顺利开展奠定了坚实的基础。

三、双方开展了大规模的大地测量、地形测量和水文测量，并完成了航空摄影测量、工作用图编制、国界线及界标的叙述编写工作。在上述工作成果基础上，双方完成了《中华人民共和国政府和俄罗斯联邦政府关于中俄国界第一次联合检查成果的议定书》的起草及其附图的制作，以及包括《岛屿、沙洲归属一览表》、《界标登记表》等在内的其他联检文件的编写制作。上述文件反映了1999年勘界后两国边界地区所发生的地形变化，以及双方为详细标示国界线位置达成的协议。

四、双方声明，在长达4300多公里的中俄国界线上开展的第一次联合检查圆满完成。双方指出，中俄边界地区自然环境复杂多变，地形地貌千差万别。双方密切配合，克服了2013至2014年在黑龙江流域发生的严重洪涝灾害，保证了联检工作的顺利完成。双方完成的大量工作为今后联检打下了良好基础。

五、本次联检议定书及其附图生效后即成为勘界文件的补充文件，将与1999年12月9日签订的《中华人民共和国政府和俄罗斯联邦政府关于中俄国界线东段的叙述议定书》及其附图、《中华人民共和国政府和俄罗斯联邦政府关于中俄国界线西段的叙述议定书》及其附图和 2002 年 6 月 20 日签订的《中华人民共和国政府和俄罗斯联邦政府关于中俄国界线东段的补充叙述议定书》一并使用。

六、双方将根据 2006 年 11 月 9 日签订的《中华人民共和国政府和俄罗斯联邦政府关于中俄国界管理制度的协定》，对 2004 年 10 月 14 日签订的《中华人民共和国和俄罗斯联邦关于中俄国界东段的补充协定》和 2008 年 7 月 21 日签订的《中华人民共和国政府和俄罗斯联邦政府关于中俄国界线东段的补充叙述议定书》所确定和标示的两段国界开展联合检查。

七、双方指出，国界联检工作是在两国中央和地方主管部门、以及边境地区民众的密切配合下完成的。双方联检工作者表现出了良好的专业技能、高度的责任感和相互协作精神。

双方将继续致力于维护两国国界的清晰稳定与和平安宁，推动边境地区的友好交流和互利合作。

八、双方一致认为，两国边境地区的繁荣发展和全方位互利合作反映了中俄全面战略协作伙伴关系的高水平，完全符合两国人民的实际利益，实质性地促进了两国的长期稳定和繁荣发展，有利于整个东北亚地区的和平安宁。

双方将恪守有关国际法原则和基本准则，继续共同致力于协调促进两国边境地区的发展，把两国国界建设成为和平合作、稳定安宁、友好繁荣的纽带。

（参见 http://www.xinhuanet.com/politics/2016－11/08/c_1119869665.htm;//www.xinhuanet.com/politics/2016－11/08/c_ 1119869665.htm）

东北亚国家政界、学界观点

国家政要发言

中华人民共和国主席习近平在亚信第五次外长会议开幕式上的讲话（节选）

当今世界正处在前所未有的历史性变革之中。和平、发展、合作、共赢的时代潮流不可阻挡，同时，我们所处的星球并不太平，维护世界和平、促进共同发展仍然任重道远。

在世界和平与发展进程中，亚洲具有独特而重要的地位。今天的亚洲，和平稳定是大势所趋，发展繁荣是民心所向。亚洲经济领跑全球，区域合作和一体化进程方兴未艾，亚洲在全球发展全局中的战略地位不断上升。同时，亚洲局部动荡冲突等传统安全问题仍然存在，恐怖主义等非传统安全威胁日益突出，区域安全合作亟待加强。

在2014年亚信上海峰会上，我倡议树立共同、综合、合作、可持续的亚洲安全观，走出一条共建共享共赢的亚洲安全之路。两年来，国际和地区形势发展变化表明，维护地区安全需要大家共同努力。我们要坚持和践行亚洲安全观，凝聚共识，促进对话，加强协作，推动构建具有亚洲特色的安全治理模式，共创亚洲和平与繁荣的美好未来。

当今世界，合作潮流浩浩荡荡，包容理念深入人心。亚洲国家和人民有能力更有需要通过对话和合作维护亚洲安全和发展环境。亚洲一贯具有开放包容的传统，也拥有登高望远的智慧。我们欢迎域外国家为亚洲和平与发展贡献正能量，同亚洲国家一起促进亚洲安全稳定和发展繁荣。亚洲稳定了、发展了，对世界有利；亚洲混乱了、衰落了，对世界不利。这是近代以来亚洲历史告诉人们的一个深刻道理。

中国奉行和平外交政策，提出并带头践行共同、综合、合作、可持续的亚洲安全观，始终是国际和地区安全的维护者、建设者、贡献者。中国坚定不移走和平发展道路，坚定不移维护以联合国宪章宗旨和原则为核心的国际秩序，坚定不移推动构建以合作共赢为核心的新型国际关系，致力于打造人类命运共同体。长期以来，中国同国际社会一道，共同应对国际和地区安全风险、挑战、危机，作出了积极贡献。

世界关注亚洲，亚洲影响世界。当前，涉及亚洲安全形势的一些热点问题受到国际社会高度关注，中国为推动这些问题解决作出了积极努力。

今年年初以来，朝鲜半岛局势持续紧张。中国为管控形势、推动各方对话谈判付出巨大努力。我们坚持朝鲜半岛无核化，坚持维护半岛和平稳定，坚持通过对话协商解决问题。作为联合国安理会常任理事国，中国全面完整执行联合国安理会有关决议。作为半岛近邻，我们决不允许半岛生战生乱，一旦发生这样的情况对谁都没有好处。希望各方保持克制，不要相互刺激和激化矛盾，而是要共同努力，把半岛核问题早日拉回到对话谈判解决的轨道，推动实现东北亚长治久安。

阿富汗正处于关键转型期，面临多方面挑战，需要国际社会大力支持。中国积极参与阿富汗问题伊斯坦布尔进程，支持阿富汗和平重建，支持“阿人主导，阿人所有”的包容性政治和解进程。中国真诚希望阿富汗早日实现和平、稳定、发展，愿同国际社会一道，继续为阿富汗和平重建、政治和解、顺利转型提供支持和帮助。

叙利亚、巴以等问题早日解决既符合当事各方利益，也是国际社会共同期盼。中国历来主张通过政治谈判推动有关问题和平解决，一直以各种方式积极劝和促谈，并将会继续为此作出努力。中国为伊朗核问题全面协议的达成发挥了建设性作用，愿同各方一道，继续推动全面协议的后续执行。

一段时间以来，各方都很关心南海问题。我想强调，中国一贯致力于维护南海地区和平稳定，坚定维护自身在南海的主权和相关权利，坚持通过同直接当事国友好协商谈判和平解决争议。中方愿同东盟国家一道努力，将南海建设成为和平之海、友谊之海、合作之海。

（2016 年 4 月 28 日，中国北京，参见 http://www.xinhuanet.com/world/2016－04/28/c_1118761158.htm）

中华人民共和国主席习近平在第八轮中美战略与经济对话和第七轮中美人文交流高层磋商联合开幕式上的讲话

三年前的这个时节，我同奥巴马总统在安纳伯格庄园举行会晤，双方同意加强战略沟通，拓展务实合作，妥善管控分歧，努力构建中美新型大国关系。

一分耕耘，一分收获。三年耕耘，我们有了不少收获。在双方努力下，中美两国在双边、地区、全球层面众多领域开展合作，推动两国关系发展取得新成果。两国贸易额和双向投资达到历史新高，人文和地方交流更加密切，网络、执法等领域合作和两军交往取得新进展。两国发表了三个气候变化联合声明，同国际社会一道推动达成具有历史意义的《巴黎协定》。两国在朝鲜半岛核、伊朗核、阿富汗、叙利亚等热点问题上也保持了有效沟通和协调。这些合作给中美双方带来了实实在在的利益，也有力促进了亚太地区及世界和平、稳定、发展。

三年的成果来之不易，也给了我们很多启示，最根本的一条就是双方要坚持不冲突不对抗、相互尊重、合作共赢的原则，坚定不移推进中美新型大国关系建设。这个选择符合中美两国人民根本利益，也是各国人民普遍愿望。无论国际风云如何变幻，我们都应该坚持这个大方向，毫不动摇为之努力。

现在，我们正处在一个快速发展变化的世界里。世界多极化、经济全球化、社会信息化深入推进，各种挑战层出不穷，各国利益紧密相连。零和博弈、冲突对抗早已不合时宜，同舟共济、合作共赢成为时代要求。作为世界上最大的发展中国家、最大的发达国家和前两大经济体，中美两国更应该从两国人民和各国人民根本利益出发，勇于担当，朝着构建中美新型大国关系的方向奋力前行。

——我们要增强两国互信。中国人历来讲究“信”。2000 多年前，孔子就说：“人而无信，不知其可也。”信任是人与人关系的基础、国与国交往的前提。我们要防止浮云遮眼，避免战略误判，就要通过经常性沟通，积累战略互信。这个问题解决好了，中美合作基础就会更加坚实，动力就会更加强劲。

——我们要积极拓展两国互利合作。建交 37 年来，中美合作内涵和外延不断扩大，两国人民从中受益。要秉持共赢理念，不断提高合作水平。当前，要着力加强宏观经济政策协调，同有关各方一道推动二十国集团领导人杭州峰会取得积极成果，向国际社会传递信心，为世界经济注入动力。要全力争取早日达成互利共赢的中美投资协定，打造经贸合作新亮点。要深化两国在气候变化、发展、网络、反恐、防扩散、两军、执法等领域交流合作，加强双方在重大国际和地区以及全球性问题上的沟通和协调，给两国人民带来更多实际利益，为世界和平、稳定、繁荣提供更多公共产品。

——我们要妥善管控分歧和敏感问题。中

美两国各具特色，历史、文化、社会制度、民众诉求等不尽相同，双方存在一些分歧是难以避免的。世界是多样的，没有分歧就没有世界。一个家庭里还经常有这样那样的分歧。有了分歧并不可怕，关键是不要把分歧当成采取对抗态度的理由。有些分歧是可以通过努力解决的，双方应该加把劲，把它们解决掉。有些分歧可能一时解决不了，双方应该多从对方的具体处境着想，以务实和建设性的态度加以管控。只要双方遵循相互尊重、平等相待原则，坚持求同存异、聚同化异，就没有过不去的坎，中美两国关系就能避免受到大的干扰。

——我们要就亚太事务加强沟通和合作。宽广的太平洋不应该成为各国博弈的竞技场，而应该成为大家包容合作的大平台。中国奉行亲诚惠容的周边外交理念，始终致力于促进亚太和平、稳定、发展。中美在亚太地区拥有广泛共同利益，应该保持经常性对话，开展更多合作，应对各种挑战，努力培育两国共同而非排他的“朋友圈”，都做地区繁荣稳定的建设者和守护者。

——我们要厚植两国人民友谊。人民友好交往是国与国关系的源头活水。中美关系发展的基础是两国人民相互了解和友谊。我多次到访美国，无论是艾奥瓦州的老朋友，还是塔科马市林肯中学可爱的孩子们，对中国人民都抱有友好情谊，让我深受感动。我高兴地看到，2015 年两国人员往来近 500 万人次。双方要为两国各界交往搭建更多平台、提供更多便利，让中美友好薪火相传、生生不息。

2016 年是中国实施“十三五”规划开局之年。中国将贯彻全面建成小康社会、全面深化改革、全面依法治国、全面从严治党的战略布局，落实创新、协调、绿色、开放、共享的发展理念，着力推进供给侧结构性改革，推动转方式调结构，继续完善对外开放布局。我们对实现中国经济社会发展既定目标充满信心。中国将会为世界提供更多发展机遇，将会同包括美国在内的世界各国开展更密切的合作。

中国坚定不移走和平发展道路，倡导各国共同走和平发展道路，推动构建以合作共赢为核心的新型国际关系，打造人类命运共同体。我们愿同世界各国加强合作，共同维护以联合国宪章宗旨和原则为核心的国际秩序和国际体系，推动国际秩序朝着更加公正合理的方向发展，让我们生活的这个星球更加美好。

中美战略与经济对话和人文交流高层磋商机制为增进两国战略互信、拓展互利合作、加深两国人民友谊发挥了重要作用。我向双方工作团队，向所有关心、支持对话和磋商的两国各界人士，表示衷心的感谢！希望双方团队不负重托、再接再厉，在接下来的两天里深入沟通、积累共识，取得更多实际成果。

中国宋代诗人辛弃疾有一句名句，叫作“青山遮不住，毕竟东流去”。意思是天下的大江大河千回百转，历经多少曲折，最终都会奔流到海。只要我们坚定方向、锲而不舍，就一定能推动中美新型大国关系建设得到更大发展，更好造福两国人民和各国人民。

（2016 年 6 月 6 日，中国北京，参见 http://www.xinhuanet.com/world/2016-06/06/c_1118997076.htm）

中华人民共和国主席习近平在上海合作组织成员国元首理事会第十六次会议上的讲话

上海合作组织成立 15 年来，在成员国共同努力下，取得了令人瞩目的发展成就。

一是深刻总结国际关系实践，顺应时代潮流，开创性倡导和践行互信、互利、平等、协商、尊重多样文明、谋求共同发展的“上海精神”。“知者行之始，行者知之成。”实践证明，“上海精神”催生了强大凝聚力，激发了积极的合作意愿，是上海合作组织成功发展的重要思想基础和指导原则。同时，“上海精神”具有超越时代和地域的生命力和价值，为所有致力于睦邻友好和共同繁荣的国家提供了有益借鉴，也为国际社会构建以合作共赢为核心的新型国际关系实践注入了强大动力。

二是积累政治互信，相互坚定支持自主选择的发展道路。面对国际和地区风云变幻，成员国彼此支持维护各自核心利益的努力，共同妥善应对域内外各种挑战，有力维护了地区安全稳定，打造了休戚与共、安危共担的命运共同体。

三是坚持互利共赢和共同发展，积极挖掘互补优势，协力做大合作蛋糕，全面推进经贸、金融、能源、交通等各领域合作深入发展。2015 年，中国同其他成员国贸易总额，是上海合作组织成立之初的 7 倍。上海合作组织不断加强利益融合，形成了你中有我、我中有你的利益共同体。

四是签订《上海合作组织成员国长期睦邻友好合作条约》，以法律形式将世代友好理念固定下来。通过扩大民间交往和人文交流，深耕厚植友好感情。坚持不同文明包容互鉴、相互尊重、和谐共处，共创文化繁荣。

五是奉行开放原则，努力拓展对外交往，朋友圈日益扩大。2015 年乌法峰会启动首次扩员进程，并吸收了新的观察员国和对话伙伴。上海合作组织成员国、观察员国领土总面积占全球陆地面积 1/4，人口接近世界一半，国际影响力进一步提升。

当前，世界经济复苏进程艰难曲折，国际和地区热点问题频发，传统和非传统安全威胁相互交织。本地区面临更多综合性挑战，需要各国协力应对，上海合作组织肩负实现和平与发展的责任更加重大。站在上海合作组织发展新的历史起点上，我们要坚定遵循本组织的宗旨和原则，牢牢把握发展大方向。同时，我们要紧跟时代步伐，动态调整各领域合作方略，确保本组织永葆生机活力。为此，我提出以下建议。

第一，弘扬“上海精神”，坚持本组织发展之本。高举“上海精神”旗帜，以平等互信为基础，以互利共赢为原则，以对话协商为手段，以共同发展为目标，全面推进上海合作组织各领域合作发展。坚持开放透明，不针对第三方，同所有志同道合的国际伙伴开展广泛合作，做国际秩序健康发展的建设性力量。

第二，坚持安全为先，巩固本组织发展之基。“利莫大于治，害莫大于乱。”维护地区安全稳定是上海合作组织合作的优先方向。当前，国际恐怖主义威胁日趋常态化，宗教极端思想借助网络手段加速蔓延，建议加紧商签《上海合作组织反极端主义公约》，完善上海合作组织合作法律基础。针对毒品制贩难以遏制，“恐毒合流”现象突出，中方建议赋予地区反恐怖机构禁毒职能，各方也提出加强禁毒合作机制建设的具体建议，希望各国主管部门加紧协商并尽早确定统一立场。

第三，扩大务实合作，拓展本组织发展之路。为促进本地区经济整体发展，中方大力推动“一带一路”建设同各国发展战略对接，希望上海合作组织为此发挥积极作用并创造更多合作机遇。中方也愿同有关成员国继续推进产能合作，希望更多国家参与其中。

第四，夯实人文基础，建设本组织发展之桥。人文合作不断发展，为各国民众加强相互了解和友谊搭建了重要桥梁。成员国境内的历史古迹是人类共有的文明财富，中方愿为各国开展古迹修复和考古合作提供支持。中方还将于 2017 年在华举办上海合作组织非物质文化遗产论坛。

第五，坚持开放包容，壮大本组织合作队伍。2015 年乌法峰会启动上海合作组织扩员进程，为本组织发展注入新的动力。一年来，成员国积极推进印度、巴基斯坦加入上海合作组织后续工作，决定这次峰会签署印度、巴基斯坦加入本组织义务的备忘录。中方愿以此为契机，同各方一道完善组织机制建设，扩展和深化组织各领域合作。

伊朗、阿富汗等观察员国申请成为本组织成员国，不少国家也希望成为本组织观察员国和对话伙伴，这体现出上海合作组织不断增强的吸引力和影响力。中方愿同其他成员国按照本组织有关法律规定，积极研究相关申请。中方对签署关于给予阿塞拜疆、亚美尼亚、柬埔寨、尼泊尔上海合作组织对话伙伴地位备忘录表示欢迎，同时建议本组织深化同观察员国和对话伙伴合作，共享本组织发展带来的机遇和福祉。

（2016 年 6 月 24 日，乌兹别克斯坦塔什干，参见 http://www.xinhuanet.com//politics/2016-06/24/c_1119108815.htm）

中华人民共和国主席习近平在《中俄睦邻友好合作条约》签署15周年纪念大会上的讲话

15 年前，中俄双方在全面总结两国关系历史发展经验和成果的基础上，签署了《睦邻友好合作条约》，将两国不结盟、不对抗、不针对第三方的新型国家关系和世代友好的理念用法律形式固定下来，为两国关系在 21 世纪长远发展奠定了坚实法律基础。在条约宗旨和原则指导下，我们很快彻底解决了历史遗留的剩余边界问题，进而建立起平等信任、相互支持、共同繁荣、世代友好的全面战略协作伙伴关系，给两国人民带来了实实在在的利益，也为地区和世界和平、安全、稳定作出了积极贡献。

15 年来，在条约精神指引下，中俄全面战略协作伙伴关系在高水平上快速向前发展，各领域合作取得丰硕成果。

——双方都把对方作为本国外交优先方向，和睦相处、平等相待，在涉及彼此核心利益问题上相互坚定支持，相互尊重并坚定支持对方走符合本国国情的发展道路，建立起高度政治互信。

——双方都把对方发展视为本国发展的机遇，相互坚定支持对方办好自己的事，相互坚定支持对方发展强大，相互给力借力，致力于共同发展，实现共同繁荣。

——双方建立起完备的高层交往机制，及时就彼此关切的重大问题密切沟通、深入磋商、坦诚交流，化解合作中出现的困难和问题，确保双边关系高水平运行。

——双方基于共赢原则开展互利互惠经济合作，双边贸易额 15 年间增长了 10 倍多，合作领域从单纯贸易扩展到投资、融资、能源、航空航天、高技术、高铁、农业、地方等各个领域，合作方式从单纯买卖关系扩展到联合研发、联合生产，合作层次从边境贸易发展到战略性大项目，经济利益深度交融。

——双方人文交流蓬勃开展，国家年、语言年、旅游年、青年友好交流年相继成功举办，媒体交流年活动正在如火如荼开展，两国民众相互好感增多，传统友谊日益巩固。

——双方在国际和地区事务中密切协调和配合，在联合国、上海合作组织、亚信、金砖国家、中俄印、二十国集团等国际和地区组织中相互支持协作，共同推动国际和地区热点问题政治解决进程，完善全球治理体系，成为促进国际和平稳定的关键因素和建设性力量。

15 年来的实践充分证明，《中俄睦邻友好合作条约》确立的宗旨和原则符合中俄两国和两国人民根本利益，契合和平与发展的时代主题，能够经得住任何国际风云变幻的考验，具有强大生命力，这也正是中俄全面战略协作伙伴关系持续健康稳定发展的根本保证和取之不竭的动力。

15 年后的今天，我们两国人民对两国关系发展提出了新的要求。我同普京总统顺应两国人民愿望，顺应形势发展需要，基于条约确立的世代友好理念，为中俄全面战略协作伙伴关系深入发展作出新的规划。

——我们要以共同庆祝条约签署 15 周年为契机，保持密切高层交往，持续巩固政治和战略互信，加大相互支持，彼此构筑牢固的战略支撑。

——我们要保持两国 4300 多公里共同边界和平安宁，还要积极开展边境地区合作，致力于把两国共同边界建成友谊和合作的牢固纽带。

——我们要在业已取得的经济合作成果基础上，深入推进两国发展战略对接和“一带一路”建设同欧亚经济联盟建设对接合作，进而在欧亚大陆发展更高水平、更深层次的经济合作关系，使中俄关系发展带来的福祉不仅惠及两国人民，还要惠及整个地区国家人民。

——我们要大力开展人文交流，特别是要发挥中俄友好、和平与发展委员会的主渠道作用，加强民间交往，广泛弘扬条约确立的和平理念，推动两国社会各界相识相知，使中俄世代友好代代相传。

——我们要坚持维护联合国宪章宗旨和原则及国际关系基本准则，加强国际战略协作，推动国际秩序朝着更加公正合理的方向发展，共同推动热点问题政治解决进程，维护好世界和平、安全、稳定。

《中俄睦邻友好合作条约》作为我们两国关系中的一个创举，在国际上产生了积极效应。我们有理由相信，随着国际形势深刻复杂变化，《中俄睦邻友好合作条约》的示范效应和强大生命力还将进一步显现。

历史潮流浩浩荡荡，时代的呼唤不可违，世界人民愿望不可逆，和平与发展大势不可挡。让我们继续携手并肩，坚定沿着《中俄睦邻友好合作条约》确定的方向，积极进取，开拓创新，共创中俄关系更加美好的明天，让我们的子孙后代永远生活在和平、友谊、阳光之中！

（2016 年 6 月 25 日，中国北京，参见 http://www.xinhuanet.com/politics/2016－06/25/c_1119111894.htm）

中华人民共和国主席习近平在亚太经合组织第二十四次领导人非正式会议第一阶段会议上的发言

当前，世界经济仍然在深度调整，复苏动力不足，增长分化加剧。经济全球化遇到波折，国际贸易和投资低迷，保护主义抬头。9 月举行的二十国集团领导人杭州峰会描绘了强劲、可持续、平衡、包容的世界经济增长蓝图，体现了共迎挑战的伙伴关系精神，展现了谋求共同发展的决心。亚太是世界经济的重要阵地，孕育着无限希望，也承载着重大责任。亚太经合组织是亚太和全球经济合作的先行者、引领者、开拓者，对促进亚太区域和全球经济发展具有重要作用。面对新形势新挑战，我们要采取有力举措，发挥亚太引擎作用，推动发展创新、活力、联动、包容的世界经济。

第一，坚定不移引领经济全球化进程。经济全球化进入阶段性调整期，质疑者有之，徘徊者有之。应该看到，经济全球化符合生产力发展要求，符合各方利益，是大势所趋。我们不能因为一时困难停下脚步，要在参与经济全球化进程中，注重同各自发展实践相结合，注重解决公平公正问题，引领经济全球化向更加包容普惠的方向发展。我们要用行动向世界宣示，亚太对经济全球化决心不变、信心不减。

历史表明，搞保护主义是没有出路的。八年前，在应对国际金融危机的紧要关头，亚太经合组织领导人在利马发出反对保护主义的一致声音。两年前，我们在北京庄严重申，不采取新的保护主义措施。在当前亚太发展的关键当口，我们要携手合作、促进共赢，反对一切形式的保护主义，为经济全球化注入正能量。

第二，坚定不移提升亚太开放型经济水平。开放是亚太经济增长的动力。我们要支持多边贸易体制，把促进贸易和投资自由化便利化放在更加突出的位置，重振贸易和投资活力。要有效应对区域贸易协定碎片化现象，倡导开放包容，防止封闭排他。

两年前，我们在北京启动亚太自由贸易区进程。在各方共同努力下，2016 年集体战略研究顺利完成，标志着亚太自由贸易区建设步入新阶段。建成亚太自由贸易区并非易事，需要长期努力。我们要以一张蓝图干到底的精神，采取更加有力的行动，早日建成亚太自由贸易区，把开放型亚太经济水平推向新高度。

第三，坚定不移破解区域互联互通瓶颈。中医讲，“通则不痛，痛则不通”。互联互通让亚太经济血脉更加通畅。我们要深入落实北京会议通过的 10 年期互联互通蓝图，采取更多集体和自主行动，促进基础设施、规章制度、人员交流互联互通。我们要构建全方位、复合型互联互通网络，让亚太成为携手比邻的家园。

中方积极推进“一带一路”倡议，通过同区域伙伴共商、共建、共享，为亚太互联互通事业作贡献。中方愿加强同有关各方发展战略及合作倡议对接，实现协同效应。

第四，坚定不移打造改革创新格局。改革创新是通往长久繁荣的必由之路。要把改革创新摆在突出位置，推进经济结构改革，为亚太引领世界经济创造动力。要抓住关键问题，精准发力，要实施《服务业竞争力路线图》，深化服务业合作，补齐这一长期短板。要抓住新一轮科技和产业革命的机遇，打造互联网和数字经济、蓝色经济、绿色经济等新增长点。

在各成员大力支持下，亚太经合组织首届城镇化高层论坛于2016年6月在中国宁波成功举行，通过了《宁波倡议》，为亚太新型城镇化道路指明了方向。

中国加入亚太经合组织25年来，坚持把亚太作为开放的优先方向。随着2020年茂物目标期限临近，我们应该增强合作前瞻性，凝聚共识，加紧规划更加长远的合作愿景。中国愿同各方一道，以发展为主题，扩大开放，促进区域经济一体化、互联互通，推进改革创新，共同绘制亚太合作的宏伟画卷。

（2016年11月20日，秘鲁利马，参见http://www.xinhuanet.com/world/2016-11/21/c_1119953815.htm）

中华人民共和国国务院总理李克强在第十届夏季达沃斯论坛开幕式上的致辞

这次论坛以“第四次工业革命——转型的力量”为主题，可以说也为人们寻求发展转型提供了新视角，具有现实意义。在此我愿提几点想法和大家交流。

第一，推动世界经济稳定复苏，需要积极实施结构性改革。解决世界经济深层次的矛盾和问题，既要加强需求管理，又要着力推进结构性改革，以消除“病灶”。各国情况不尽相同，总的方向是针对经济失衡，重点推进财政金融改革，放松管制，促进竞争，支持创新，扩大开放，协力促进世界经济强劲、可持续、平衡增长。

第二，推动世界经济稳定复苏，必须加快经济转型升级。全球经济摆脱困境，最终要靠转变发展方式，加快新旧动能转换。世界新一轮科技革命和产业革命孕育兴起，为此提供了历史性机遇。这会有力推动着新经济成长和传统产业升级。各方应因势利导，把政策的着力点放在支持经济转型升级上，增强经济发展的新动力。

第三，推动世界经济稳定复苏，离不开高效有序的全球治理。面对共同的挑战，唯有同舟共济，立己达人，才是正道通途。各国应采取更多增长友好型政策，加强宏观政策协调，坚定不移推进贸易和投资自由化、便利化，致力构建更加公平、公正、开放的国际经济体系。世界主要经济体在制定宏观经济政策时，不仅要考虑自身增长，也要考虑外溢性影响。

中国经济正处于新旧动能接续转换、经济转型升级的关键时期。我们将坚持发展第一要务，坚持稳中求进工作总基调，落实创新、协调、绿色、开放、共享的发展理念，在适度扩大总需求的同时，坚定不移地推进供给侧结构性改革，抓好去产能、去库存、去杠杆、降成本、补短板，推动发展从过度依赖自然资源转向更多依靠人力资源和创新驱动，使中国经济持续保持中高速增长，迈向中高端水平。

我们将以创新引领经济转型升级。创新是发展的第一动力，是供给侧结构性改革的重要内容。我们要深入实施创新驱动发展战略，加快建设创新型国家，要运用好创新的理念，就需要发展新经济，培育新动能，就需要推进“大众创业、万众创新”。要进一步推进“互联网+”行动，广泛运用物联网、大数据、云计算等新一代信息技术，促进不同领域融合发展，催生更多的新产业、新业态、新模式，推出更加符合市场需要的新产品和新服务，打造众创、众包、众扶、众筹的平台，会聚各方面力量加速创新的进程，培育新的经济增长点。

我们将全面深化改革推动经济转型升级。改革依然是我们发展的强大动力，积极推进供给侧结构性改革是我们当前的重要任务。中国经济发展面临结构性的矛盾，供给和需求两侧都有，主要在供给侧，我们要用改革的办法推进结构调整，减少无效和低端的供给，扩大有效和中高端的供给，这既有利于经济转型，也有利于促进经济增长。

我们还要进一步推进简政放权、放管结合、优化服务改革，转变政府职能，来营造公平竞争的市场环境，坚决把政府该放的权放出去，能放给市场的直接放给市场，同时加强事中事后监管，而且还要探索包容有效的审慎监管方式，引导和支持新业态、新模式健康发展，对有些符合发展方向，但出现了这样或那样的一些问题，及时予以引导或加以纠正，消除风险隐患，但并不因噎废食，而是使之有合理发展空间；但对那些以创新之名侵犯知识产权行诈骗欺诈之实的，要予以严惩。我们还要开放政府公共服务的平台，最大限度地推进政府数据为社会共享，便利群众和企业办事创业，提高政府效率。

同时，我们将进一步推进对企业的大规模减税，推进金融改革，支持实体经济发展；推进国有企业改革，使其瘦身健体；放宽对民营企业的市场准入，进一步消除民营企业发展的各种障碍。

我们还要以开放助推经济转型升级，中国无论发展到什么阶段，都需要和世界各国取长补短，互学互鉴，对外开放的大门会越开越大，我们将进一步提高开放型经济的水平，扩大服务业和一般制造业的开放，为外商提供更多投资机会，营造更加公平、透明、可预期的投资环境，只要是在中国注册的企业，无论是中资还是外资，无论是合资还是独资，我们都将一视同仁。

面对当前国际金融市场扑朔迷离的波动，我们将坚持以市场供求为基础，参考一篮子货币进行调节，有管理的浮动汇率制度。中国经济的基本面决定了人民币不存在长期贬值的基础，我们有能力保持人民币在合理均衡水平上的基本稳定。中国还将坚定不移地走和平发展道路，坚持互利共赢的开放战略，愿与各国一道共同推动包容平衡增长、绿色可持续发展。

（2016 年 6 月 27 日，中国天津，参见 http://cpc.people.com.cn/n1/2016/0627/c64094－28481811.html）

中华人民共和国国务院总理李克强在第十一届亚欧首脑会议上的发言（节选）

2016 年是亚欧会议成立 20 周年。20 年前，亚洲和欧洲领导人以远见卓识，联手缔造了亚欧会议机制，开创了亚欧平等对话、全面合作、共同应对挑战的新时代。20 年来，通过共同努力，亚欧各方政治互信不断增强，经贸和人文合作更加密切，在维护地区和平稳定、促进经济发展繁荣、加强文明交流互鉴方面都取得长足进展。比如，中欧已是彼此的最大贸易伙伴，2015 年贸易额接近 7000 亿美元。现在的亚欧，各领域合作达到前所未有的高度。

拥有 40 多亿人口的亚欧大陆，国内生产总值（GDP）总量超过世界一半，贸易总量接近全球七成。这里既有成熟的发达经济圈，也有快速崛起的新兴经济体，自然资源丰富，市场潜力巨大，产业关联性、互补性强，发展与合作前景十分广阔。亚欧也是维护世界和平稳定的中坚力量，在国际舞台上举足轻重。这是一个充满无限希望的大陆，是一个应该也完全可以在世界上有更大作为的大陆。

同时要看到，近来亚欧地区也面临一系列突出挑战，经济复苏和转型需要克服诸多难题，英国公投脱欧的后续影响有待观察。恐怖主义、难民问题成为本地区的棘手问题。刚刚在尼斯发生的恐怖袭击再次表明，恐怖主义已成为我们面临的极为严峻的威胁。

当前，世界形势正处于复杂变化之中，全球经济深度调整，国际格局和国际秩序加速演变，亚欧地区既面临重大机遇，也有不少严峻挑战，谋合作、促发展的事业依然任重道远。本届首脑会议以“亚欧伙伴二十载，互联互通创未来”为主题，体现了成员国的共同心声。在亚欧会议开启第三个十年之际，各方应牢记构建新型全面伙伴关系的使命，秉持相互尊重、友好协商等亚欧会议的共识，积极探索新形势下推进亚欧全面合作、提升合作水平的新途径。

第一，创新亚欧合作理念。各方应树立命运共同体意识，推进亚欧友好合作全面深入发展。几十年来，亚欧大陆的力量分布更加均衡，各国利益交会越来越多，日益形成“你中有我、我中有你”的局面，平等享受政治尊严、发展成果和安全保障的内在需求持续增强。各方应当顺应潮流，推动地区伙伴关系向着更加立体、深入的方向发展，开启同舟共济、荣辱与共的亚欧合作新航程。

第二，增添亚欧合作动力。经贸合作是国与国关系发展的“推进器”和“压舱石”。我们认为，尽管亚欧会议是一个非正式对话机制，但有必要把合作引到更加务实的方向，特别是加强经贸合作。当前全球经济复苏乏力，亚欧各国普遍面临着稳定增长、调整结构、增加就业的重大课题，这更需要密切经贸合作。我在两年前的米兰会议上倡议，重启亚欧经贸合作进程。我们高兴地看到，各方已就此进行了深入探讨，取得积极进展，我们期待中断十年的亚欧经济部长会议于2017年恢复召开。

第三，夯实亚欧合作人文基础。互联互通关键是人心相通。密切亚欧全方位合作，需要加强人文交流，促进不同文明的对话和理解，塑造开放包容的软环境。多年来，亚欧各方为此做出了很大努力。比如亚欧基金，在教育、文化、社会等领域已开展700多项活动，受到普遍欢迎，值得肯定和加强。中国积极开展与亚欧各国的人文交流，加强智库、工商界、媒体间的对话沟通，推动残疾人合作纳入亚欧合作进程，取得积极成效。亚欧各方应进一步简化签证、通关等程序，扩大教育、科技、文化、卫生、就业、旅游、青年及创业等领域的开放交流，让民众享受更多合作红利。

（2016年7月15日，蒙古国乌兰巴托，参见 http://www.xinhuanet.com/world/2016-07/16/c_1119228194.htm）

中华人民共和国国务院总理李克强在第十九次东盟与中日韩（10+3）领导人会议上的讲话

10+3合作发端于亚洲国家联合自强、共同应对金融危机之际，即将步入第20个年头。10+3合作历经国际金融危机的洗礼，已成为亚洲地区机制最完善、成果最显著的合作机制之一，给地区人民带来实实在在的利益，也推动东亚成为世界经济复苏与增长的重要引擎。

当前，世界经济复苏艰难曲折，国际金融市场动荡不稳，全球贸易持续低迷，保护主义明显抬头，经济全球化阻力上升；国际安全形势不容乐观，局部冲突和地区热点问题交织，恐怖主义、难民危机等非传统安全威胁凸显，成为国际社会共同面临的挑战。

10+3合作走过19个春秋，成为推进东亚合作的重要平台，在亚洲乃至世界政治经济舞台上发挥了重要作用。2015年以来，10+3各领域务实合作又取得新进展。相关国家认真落实《2013—2017年10+3合作工作计划》和《第二东亚展望小组报告》，开展了大量合作项目。亚洲基础设施投资银行正式开业并投入运营，清迈倡议多边化进程陆续有进展，10+3宏观经济研究办公室正式升级为国际组织，10+3大米紧急储备机制建设、区域全面经济伙伴关系协定（RCEP）谈判稳步推进。在互联互通、社会人文、非传统安全等领域合作也迈出新步伐。作为东亚合作的重要组成部分，中日韩合作亦有进展，第八次中日韩外长会2016年

8月下旬在日本举行，各领域务实合作不断推进，为10+3合作提供了有益助力。

2017年将迎来10+3合作20周年，建议各方以此为新起点，加大投入，巩固10+3在区域经济一体化进程中的主渠道作用，谱写东亚合作新篇章。中方2017年将主办第15届东亚论坛并举行纪念活动，与各方共同探讨制定“东亚经济共同体蓝图”。我愿就下阶段10+3合作提出以下几点建议：

第一，加强金融安全合作。进一步加强清迈倡议多边化有效性，做好相关协议的阶段性评估。推动10+3宏观经济研究办公室加强机制建设，支持其与博鳌亚洲论坛等地区机制加强联系，打造地区宏观经济研究评估的权威发声平台，提高10+3国家宏观经济监测能力。中方支持筹建亚洲金融合作协会，促进地区金融机构经验分享和业务交流，共同维护区域经济金融稳定。

第二，深化贸易投资合作。2015年10+3内部贸易额1.3万亿美元，占10+3对外贸易总额的比重只有15%，区域内贸易还有很大发展潜力。中方支持东盟在RCEP谈判中发挥主导作用，希望各方加快谈判进程，争取尽快结束谈判，推动10+3内部贸易投资自由化、便利化。中方愿与各方探讨成立10+3中小企业服务联盟，帮助中小企业从区域一体化中获得更多实利。

第三，推动农业和减贫合作。中方支持加强10+3大米紧急储备机制建设。中方倡建的现代农业合作示范基地和东亚畜牧产品交易平台，都将于近期挂牌成立。中方将继续办好10+3粮食安全合作圆桌会议、现代农业研修班、10+3村官交流等项目，欢迎各方积极参与。中方正积极落实“东亚减贫合作倡议”，有望于年内进入具体实施阶段。中国与老挝共同提出本次会议发表“10+3关于促进可持续发展合作声明”，以促进地区国家落实联合国2030年可持续发展议程，实现东亚地区可持续发展。中日韩还可发挥各自优势，探讨在东盟开展可持续发展领域的三方合作。

第四，促进互联互通建设。中方支持东盟制定《东盟互联互通总体规划2025》，愿加强“一带一路”倡议与这一规划对接，在此基础上推进东亚整体范围的互联互通。中方愿与各方共同出力，充分利用亚洲基础设施投资银行、丝路基金等融资平台，为亚洲特别是东盟国家互联互通项目争取更多资金支持。中方将继续推进东亚海洋合作平台建设，办好10+3互联互通伙伴关系研讨会。

第五，创新产能合作模式。中日韩在装备制造、基础设施建设、资金和人才等方面各具优势，可探讨同东盟国家开展产能合作。中方年内将举行10+3国际产能合作研讨会，欢迎地区各国官产学研各界人士积极参与，献计献策。中方还愿同日韩合作，在物流、供应链建设等方面对东盟国家提供帮助，推动东亚经济一体化进程。

第六，增进社会人文交流。10+3合作基金自2008年启动以来，在社会文化等领域开展了丰富多彩的活动。中方支持基金开展更多人文交流项目。各方应落实好2016年初签署的《10+3旅游合作谅解备忘录》，加强“东亚文化之都”和“东盟文化城市”交流互动。2016年中方将主办10+3“了解中国”和“亚洲主流媒体看中国”项目，欢迎各方积极参与。中方支持泰国提出的《10+3关于积极老龄化的声明》，愿与地区国家分享应对老龄化的经验。

亚洲的繁荣发展离不开和平稳定的地区环境。当前亚洲形势总体稳定，我们应当珍惜这来之不易的局面。在世界一些地区热点冲突不断的背景下，东亚应该成为和平之地，才能把握住发展和繁荣的机遇。中方倡导共同、综合、合作、可持续的亚洲安全观，认为各国安危与共，应汇聚共识，不断增强本地区安全架构的兼容性，减少排斥性，避免对抗性，妥善处理历史等各类敏感问题，运用和平方式和外交手段加以解决，走出一条符合地区实际的安全发展之路。

(2016年9月7日，老挝万象，参见 http://www.xinhuanet.com/world/2016-09/08/c_1119532200.htm)

中华人民共和国国务院副总理张高丽在第十三届中国—东盟博览会和中国—东盟商务与投资峰会开幕大会上的致辞

2016年是中国—东盟建立对话关系25周年。前几天，李克强总理出席了双方在老挝万象举行的25周年纪念峰会。25年来，中国与东盟友好合作全面深入发展，中国—东盟关系已成为联系最广泛、成果最丰富、交往最密切的对话伙伴关系，为地区乃至全球和平稳定与发展繁荣作出了重要贡献。

中方愿与东盟从战略高度和长远角度审视双方关系，扩大共识与合作，共建21世纪海上丝绸之路，共筑更紧密的中国—东盟命运共同体。在此，我提出以下建议。

第一，加强发展战略对接，共同推动包容性发展。中方愿与东盟各国一道，将建设21世纪海上丝绸之路的倡议同东盟各国及东盟整体的发展战略进行对接，落实好“2+7合作框架”，实施好双方战略伙伴关系第三份五年行动计划，以更加务实的合作实现更高水平的共赢。中方将大力支持澜沧江—湄公河合作、东盟东部增长区等次区域合作，帮助东盟缩小内部发展差距，推进共同体建设。政治互信是友好关系持久发展的根本保障。中方愿与东盟保持高层交往，深化政治互信，推进商签“中国—东盟国家睦邻友好合作条约”，将双方发展友好关系的政治意愿以法律形式固定下来。

第二，加强国际产能合作，打造经济互补发展的重要引擎。东盟国家正在积极推进工业化和城镇化，对外来资金、设备、技术有迫切需求，中国在产能领域具有资金、技术、施工、管理经验等多方面优势。几天前举行的中国—东盟领导人会议，发表了《中国—东盟产能合作联合声明》。中方愿在自愿、平等、互利基础上，根据东盟国家不同需求，采用直接投资、工程承包、技术合作和装备进出口等多种合作方式，积极推进中国—东盟产能合作。中方将继续支持中马“两国双园”，中泰、中柬、中越、中老、中印尼等产业合作园区建设，带动东盟国家产业升级和工业化水平提升。

第三，加强经济经贸合作，推动中国—东盟自贸区升级尽快取得成果。经济经贸合作是中国—东盟关系的重要基石。双方要积极落实中国—东盟自贸区升级相关议定书，推进货物贸易和投资便利化，进一步开放服务市场，提升经济技术合作水平。中方将在广西设立国际进口贸易促进创新示范区，建设跨境电子商务平台，进口更多的东盟商品。建设好中老、中越、中缅跨境经济合作区，探索推广“两国一检”通关新模式，推动标准互认推广，降低非关税壁垒。中方愿与东盟一道，共同推进区域全面经济伙伴关系协议（RCEP）谈判进程，促进区域经济一体化发展。

第四，加强互联互通建设，让双方民众获得更多实惠。东盟正在修订《东盟互联互通总体规划》，中方倡议制定东亚和亚洲互联互通规划，推动区域互联互通水平迈上新台阶。要加强陆上互联互通，继续推进中老铁路、印尼雅万铁路、中泰铁路等项目，共同推进国际骨干通道建设；加快构建以南宁为重要节点，向南贯通中南半岛，向北连接欧亚大陆桥，有机衔接“一带一路”的南北陆路新通道。加强海上互联互通，共建北部湾区域性国际航运中心、中国—东盟港口城市合作网络。加强民用航空合作，推进空中互联互通。建设好中国—东盟信息港，携手共筑信息丝绸之路。以基础设施互联互通为依托，实施泛北部湾合作路线图，积极推进澜沧江—湄公河合作、孟中印缅经济走廊建设、中越“两廊一圈”合作。

第五，加强金融领域合作，为经济合作提供有力支撑。中方愿与东盟各国一起，充分发挥亚洲基础设施投资银行、丝路基金等作用，为本地区基础设施互联互通、国际产能合作提供融资支持。加大货币互换合作力度，推动人民币与东盟各国货币之间多种形式的货币交易。推动建立征信合作，加强信用信息采集、披露、共享和违约惩戒等方面的协调配合。加大对跨境银行卡犯罪、洗钱和恐怖融资活动的打击力度。以沿边金融综合改革试验区为载体，推动跨境电子商务交易平台建设，建立大宗商品现货和期货交易途径，建设人民币同东盟国家货币的市场交易中心。

第六，加强人文交流合作，不断丰富双方友好关系的内涵。国之交在于民相亲。中方愿与东盟共同办好今年“中国—东盟教育交流年”各项活动，逐步扩大互派留学生规模，实现2025年双方互派留学生达到30万人次的目标。2017年是“中国—东盟旅游合作年”，我们愿与东盟国家加强跨境旅游合作，实现2020年双方人员往来达到3000万人次的目标。双方还应落实《中国—东盟文化合作行动计划》，用好中国—东盟企业家联合会等平台，进一步发挥中国—东盟青年联谊会等机制作用，携手推动共同发展。

（2016年9月11日，广西南宁，参见 http://www.gov.cn/guowuyuan/2016-09/12/content_5107499.htm）

外交部副部长刘振民在博鳌亚洲论坛2016年年会“21世纪海上丝绸之路岛屿经济分论坛”上的致辞

习近平主席2013年提出共同建设丝绸之路经济带和21世纪海上丝绸之路的倡议以来，得到沿线60多个国家的认同和积极参与。“一带一路”倡议秉持共商、共建、共享的原则，弘扬开放包容、合作共赢的精神，上承不同文明间千百年来的友好交往传统，下启沿线国家共同发展繁荣的美好未来，为各国深化合作搭建了有效的平台。21世纪海上丝绸之路经过南海向西到地中海，向南到南太平洋。沿线岛屿星罗棋布，扼守要冲，既是联结国际商贸与人员往来的关键节点，也是“海丝之路”合作推进的重要方向。

在经济全球化浪潮的助推下，一些岛屿国家和地区利用自身区位、产业和文化的独特优势，在较短时间内实现了岛屿经济的跨越性发展，成为光彩熠熠、闻名遐迩的“海上明珠”。其中既有中国香港、新加坡等金融贸易中心，又有印尼巴厘岛、马尔代夫、斐济、马耳他等旅游胜地，它们丰富多样的发展模式为其他岛屿经济体提供了启示和借鉴。这些经验包括：紧扣外部机遇制定发展战略，完善基础设施建设，促进经济要素自由流动，大力发展旅游文化产业等。

建设21世纪海上丝绸之路需要沿线国家发挥资源禀赋优势，促进政策沟通、设施联通、贸易畅通、资金融通、民心相通，为岛屿经济体发展提供了更为广阔的机遇，描绘了更为光明的前景。

一是发展战略对接机遇。岛屿经济体坐拥海洋资源宝库，但受自身幅员、人口规模所限，需要依托外部市场发掘经济增长动力。“一带一路”倡导沿线国家对接经济发展战略，共同制定区域合作规划和措施。按照这一思路，中国已与沿线20多个国家签订了“一带一路”备忘录或政府间协议，并推动21世纪海上丝绸之路与印尼“全球海洋支点发展规划”、马来西亚“经济转型计划”对接。我们愿同更多的沿线岛屿经济体加强沟通，实现对接，使各方更加精准地把握中国发展与区域合作机遇，最大限度发挥自身潜力，实现跨越性发展。

二是基础设施联通机遇。岛屿经济体只有建设良好的基础设施，借助海上运输通道，才能提升自身地缘经济价值，将大海的馈赠化作不竭财源。在21世纪海上丝绸之路带动下，中国同印尼、马来西亚、缅甸、斯里兰卡、巴基斯坦等国开展港口基础设施合作和发展配套产业取得重要进展。我们期待更多岛屿经济体加入进来，共同建设互联互通的海上大通道，实现包容联动发展。

三是贸易投资便利化机遇。促进商品和资

本自由流动，是岛屿经济体提升经济活力、促进产业发展的关键所在。作为21世纪海上丝绸之路的一环，中国已与新加坡、新西兰、东盟等沿线国家和区域组织签署自贸协定，与印尼、马来西亚、文莱等国深化产能合作，帮助当地发展多元化产业，优化产业结构。中国愿本着互惠互利的精神，与沿线岛屿经济体建立更加紧密的贸易与投资安排，共同打造体系完整、门类丰富的海洋产业链、价值链，把务实合作的“蛋糕”做好做大。

四是投融资渠道拓展机遇。一些岛屿经济体外部依赖性强，基础设施建设资金缺口大，出口收入和海外融资成本深受国际金融市场波动影响。“一带一路”致力于打造区域投融资体系，亚洲基础设施投资银行的57个会员国中超过1/6是岛屿经济体。中国支持亚投行向岛屿经济体投资。中国还将继续推动人民币国际化进程，逐步扩大与“一带一路”沿线国家本币互换与结算规模，支持沿线国家发行人民币债券，为岛屿经济体拓宽融资渠道、分散金融风险搭建新平台。

五是旅游产业增长机遇。打造旅游支柱产业，丰富文化内涵，是许多岛屿经济体的首要发展战略。“一带一路”倡导开展文化交流，加强旅游合作。中国2015年出境旅游人数突破1.4亿人次，“一带一路”沿线岛屿经济体成为热门目的地，连南太岛国帕劳的外国游客都有一半来自中国大陆。中方还将推动21世纪海上丝绸之路邮轮旅游合作，促进沿线岛屿旅游产业“强强联合”，共享发展机遇。

（2016年3月25日，中国海南，参见 https://www.fmprc.gov.cn/web/wjbxw_673019/t1350847.shtml）

俄罗斯总统普京接受新华社社长独家专访的讲话

20年前，我们（中俄两国）宣布构建一种新型关系，即战略协作伙伴关系；15年前，我们签署了友好合作条约。在此期间，大量工作得以完成，使我们之间的互信达到了前所未有的高度，这种互信构成了我们双边合作的基础。

由于我们之间的关系在过去大概从未企及这样的水平，所以我们的专家甚至难以对我们今天所从事的共同事业的现状给出评判。其实，简单地称之为战略协作甚至已经不够了。因此，我们开始说它是全面战略协作伙伴关系。“全面”意味着我们几乎要在所有至关重要的领域开展工作，而“战略”则表明我们正赋予它对两国而言极其重要的意义。

您提及了我与习近平主席之间的协作。的确如此。我跟他之间的工作，我们这一层面的工作，当然是两国关系发展毋庸置疑的驱动器，起着促进作用。我们在自身层面上讨论相互协作战略中的基础性问题。习近平主席本人非常重视俄中关系的发展。他是很好的朋友、非常可靠的伙伴。

然而要想实现俄中关系的顺利发展，仅凭我们的努力是不够的。为此，当然需要进一步完善俄罗斯联邦与中华人民共和国政府之间的工作机制。两国政府首脑定期举行会晤。20多个分委会、政府间委员会组建起来，我记得有26个分委会，在这些机构当中，所有同人非常高效而紧张地工作着。我们远非总是能够就复杂的问题迅速达成一致，但所有问题，无论多么复杂，我们都能让它们服务于共同的目标，即推动彼此之间的合作，所以我们总能找到解决之策。

世界经济面临众所周知的难关，这也体现到我们的协作当中，两国商品贸易总额有所下降。但我们相信，这是暂时现象，与个别商品当前的行情和汇率差异有关。与此同时，我们得以着手解决主要问题。在改善双边贸易结构方面，我们采取了实质性的举措。

习近平主席提出了“丝绸之路经济带”的倡议。我们认为，他的倡议非常及时，令人感兴趣，并拥有广阔前景，其目的是扩大同世界各国的合作。当然，首先是同邻国的合作，因为无论这条路通向何处，首先都要途经邻国。

我们正在进行两方面的谈判：一方面是俄中双边谈判，另一方面是涉及中国和欧亚经济联盟的谈判。就在不久前，我们欧亚经济联盟五国在阿斯塔纳讨论过。大家都赞成在习近平主席提出的“丝绸之路经济带”框架内发展我们同中国的合作。

我对您绝对坦诚：我们当然要考虑本国商品生产者的利益。但一致的看法是，世界经济发展和我们与中国合作的根本道路应该是为开放的共同事业逐步消除各种障碍。这样，可以在第一阶段建立自贸区。

我们是现实主义者。我们明白，第一阶段不可能没有任何例外和特殊情况，但是我们应该指明前进方向。为了达到这个目的，考虑到本地区越来越多的国家对我们的合作感兴趣，我们会为今天我称之为欧亚合作的概念创造先决条件。为此，我们会努力避免建立封闭的经贸集团。

上海合作组织在成立之初，为自己提出了相当低调的目标。我想说，这些目标很重要，却也注重实利，那就是要解决种种或难或易的边境合作问题，但毕竟只是边境合作问题。不过我们也知道，如果缺乏诚意，这些边境问题可能数十年都悬而不决；而如果有诚意，这些问题便迎刃而解。这在很大程度上取决于一个国家的内部情势以及它在国际舞台上的处世哲学。

俄罗斯、中国以及上海合作组织的其他成员正是基于这种最大的诚意，实现了我们在这一领域为自己设立的所有目标。显然，我们不能放弃这一机制，要珍惜所取得的成果，珍惜我们各成员国之间相互关系的发展水平。事实上，我们已经开始利用现有机制来解决其他问题，首先是开展多领域合作。这里既包括政治上的合作，也包括基础设施建设方面的合作。我们已经开始讨论安全问题、应对毒品威胁等。

在2015年举行的上海合作组织乌法峰会上，我们决定启动接收印度和巴基斯坦加入上合组织的程序。在塔什干峰会上，我们将落实这一决定。我们还将讨论其他国家希望参与上合组织工作的问题。

上海合作组织职能范围的扩大、成员数量的增加，特别是上述重要国家的加入，使这一组织成为一个不仅在本地区，而且在世界范围内都具有权威性的、受欢迎的国际组织。

国际形势复杂多样。一些国家在这样或那样的国际问题上立场和观点不尽相同。他们加入我们的组织虽然无法解决问题本身，但是会为问题的解决创造条件。我们对此充满期待。

俄罗斯和中国目前在国际舞台上进行协作这件事本身就是国际事务中的稳定因素。让我们来回顾一下习近平主席在出席联合国成立70周年纪念活动时的讲话吧。请重温。这一讲话旨在以国际法为准绳、通过和平手段解决所有争议问题。与此同时，习近平主席还表示愿意帮助贫穷国家，甚至还针对这些建议提出具体措施。他是为数不多的致力于国际减贫的国家领导人之一。在国际事务中把我们团结在一起的正是这些立场，而不仅仅是我们两国地理位置上相近。

除了在上海合作组织内进行合作，我们也在金砖国家框架内开展合作，金砖国家机制实际上也是我们共同创立的。我们还在联合国这个平台上积极合作。

我想回顾一下，正是我国，当时的苏联，竭尽全力使中华人民共和国在联合国安理会常任理事国中取得了值得尊敬的位置。我们一直认为，这就是中华人民共和国的位置。直到今天，我们一直很高兴发生这件事，因为我们对国际事务所持的观点，用外交语言来说，非常相似或完全一致。这种观点的吻合在技术层面上得以充实。我们保持经常性接触，并就全球和地区问题进行磋商。我们彼此视对方为亲密盟友，因此理所当然始终倾听伙伴的声音，我指的是照顾彼此利益。

（2016年6月17日，俄罗斯圣彼得堡，参见 http://www.xinhuanet.com/world/2016-06/23/c_1119099713.htm）

日本首相安倍晋三在面向2016年G7伊势志摩峰会的世界人口发展议员会议开幕式上的基调演讲

2015年9月，国际社会通过了具有历史意义的发展议程，即《2030年可持续发展议程》。为使人类社会得以持续发展，无论是支援方还是被支援方，所有国家都应站在同一立场上进行参与。世界各国已拉开了共同开创未来新时代的序幕。"一个都不能掉队"（leaving no one left behind）。这就是我们高举的理念，彻底消除存在于各地的各类贫困现象，确保所有年龄层的健康生活。《2030年可持续发展议程》宣布，任何政策都必须以所有人为实施对象，否则就无法实现社会的可持续发展。我希望在基于国际协调主义的"积极和平主义"之下，对世界和平与繁荣做出进一步的贡献。根据注重每一个个人的人类安全保障想法，决心为解决以保健为首的全球性问题做出贡献。

《2030年可持续发展议程》中，明确写入了日本的这一想法，也就是以所有人为对象的"全民健康覆盖"（UHC）。为实现"全民健康覆盖"设定了目标，就是我们取得的巨大成果。在本次为期两天的会议中，将围绕女性及年轻人的发展、人口问题与建设可持续发展的社会等诸多议题开展讨论，而其前提就是所有人健康生活。消除饥饿与贫困，是与医疗保健水平提高同时实现的。不确保保健医疗，就无法消除差距和不平等。如今的保健问题，已不局限于一个国家，而是需全球性的携手合作。提高整个世界的保健医疗水平，既有利于促进本国的经济社会发展，也有利于社会的和平与稳定。

我们需要共同面对的是国际保健问题。其中主要有两个内容：一个是为提高保健医疗水平，确保提供终身保健服务；另一个是为解决跨境传染病问题，加强针对公共卫生危机的应对措施。各国所要应对的问题多种多样。有些国家亟须提高整个社会的卫生水平，有些国家需将重点放在预防生活习惯病等个人保健方面。在现今人口移动已是全球性规模的情况下，21世纪需要面对埃博拉出血热、兹卡热等跨境传染病的威胁。我们不仅要解决我国问题，还要关注其他国家所面临的问题。

这70年来，日本致力于提高保健卫生水平，婴幼儿死亡率、平均寿命等各类指标均达到了世界最优秀的水平。而且，所有人都能在可负担的范围内支付医疗费的全民保险，已经运作了50年。我希望能将这一经验与各国分享，并共同面对出现的新问题。我国正通过保健领域的政府开发援助（ODA）等方式，为提高世界保健医疗水平做贡献。通过"抗击艾滋病、结核病和疟疾全球基金""联合国人口基金"等保健领域的国际机构提供协助，并且通过双边ODA，在保健领域每年都提供了1000亿日元的合作资金。例如，2013年起我国向肯尼亚派遣专家，为实现"全民健康覆盖"开展政策立案支援。在菲律宾的吕宋岛，我国为当地的紧急产科医疗整备提供支援，主要促进孕妇、产妇加入国民健康保险，推动改善使其能享有医疗服务的举措。我国在塞内加尔支援改善厕所等基础卫生设施。此外，2016年2月，我国向世界卫生组织（WHO）的应急基金提供了资金，其中部分资金也已经用于应对兹卡热。为使所有人都能获得恰当的保健卫生服务，并确保能享有医疗服务，至今在我国实行的"全民健康覆盖"的成功，将成为各国在全面应对保健领域问题上的重要基础。今后，我国也要继续为国际保健领域方面的问题做出相应的贡献。

信息发布与传播也非常重要。我曾于2013年和2015年两次为《柳叶刀》杂志撰稿，谈了我国的工作与今后的展望。我还通过2015年9月召开的联合国大会会外活动、12月举办的全民健康覆盖国际会议等多种机会，表达我们重视国际保健的立场。下个月，日本将在具有悠久历史传统的伊势志摩召开七国集团（G7）峰会。回首往事，我国至今一直抓住在日本召开峰会的机会主导国际保健方面的讨论。在2000年召开的九州·冲绳峰会上，为完成联合国对于艾滋病、结核病、疟疾所设定的目标，八国集团（G8）决定各国需担负责任、采取行动，加强与国际机构等的合作。在2008年召开的北海道洞爷湖峰会上，今天也在场的福田前总理就是那时的总理，提出了应在强化保健体系、母子保健等五个方面采取行动。在即将召开的伊势志摩峰会上，国际保健也将成为讨论的议题。此外，还有首次在非洲召开的第六届非洲开发会议（TICAD Ⅵ）、9月在神户召开的G7卫生部长会议。我希望通过这一系列的机会积极贡献，以回应世界对于保健医疗方面先驱日本的期待。

这次在东京会聚一堂的各位，身为政治家，人们期待诸位作为各国的领袖发挥各自的领导作用。同时，应通过与世界各国的横向交流，为共同实现目标，身先士卒解决饥饿、贫困、差距与不平等。衷心希望本次会议能成为一个巨大的契机，各参加国互相分享信息与经验，为解决全球性问题开展进一步的工作。

（2016年4月26日，日本东京，参见http://www.kantei.go.jp/cn/97_abe/statement/201604/0426gcppd.html）

日本首相安倍晋三在日俄商务对话上的讲话

想必后人在回顾2016年时，会赋予这一年以特殊意义，因为这是日俄两国关系飞跃发展、进入正轨的一年。5月在索契、9月在符拉迪沃斯托克（海参崴）、11月在秘鲁，我与普京总统举行了多次首脑会谈，增进了相互信赖。日俄两国在政治、经济、文化等广泛领域结出诸多硕果之际，普京总统的本次访日，可谓将日俄关系提升到了一个历史新高度。

昨天，在我的故乡山口县长门市，我们就包括和平条约的缔结问题在内，敞开胸襟举行了会谈。今天，能在东京与普京总统就展望日俄关系的未来进行对话，我感到非常高兴。普京总统在此前发表的2016年度国情咨文中强调，俄罗斯的东方政策是在展望长期国家利益以及地区发展趋势的基础上制定的。我认为这表现了俄罗斯与亚太地区共同发展的决心。普京总统，亚太地区的大门对俄罗斯是敞开的。我支持你的决心，由衷地欢迎俄罗斯。俄罗斯所拥有的丰富资源、高超技术、优秀人才将会成为推动地区发展的强劲引擎，并会对地区的稳定做出贡献。日本也希望能与俄罗斯一同走上更加繁荣的道路。有关这一想法的方案都集中于我在索契提出的八项“合作计划”之中。

今天有许多代表日本经济界的企业人士到场，其中不少已经与俄罗斯在商务上有所往来。根据“合作计划”开展的不少项目正在日俄商务第一线夜以继日地向前推进。其中我们可以看到，从5月索契到现在，在这短短的半年多时间里就有60多个项目结出硕果，这正说明了“合作计划”的强劲力量以及日俄合作的强大潜力。

在延长健康寿命方面，我们将对开设远东地区外来康复中心、儿童医疗、防治心脏病和癌症等提供合作，并把符拉迪沃斯托克（海参崴）和沃罗涅日作为试点城市，为创造充满活力的生活环境、搞活地区经济，在城市建设方面提供合作。正如为全世界所用的“Kaizen”（改善）一词所象征的那样，与日本企业开展深入的交往，是俄罗斯走向制造业大国的捷径。通过研讨会、访问团、饮食相关的联合活动，不断扩大中小企业间的合作与交流。为实现俄罗斯的产业多元化，我们将对12家俄罗斯工厂进行生产率诊断、协助培养约百名企业人才。2017年，日本将作为合作国参加叶卡捷琳堡的“俄罗斯创新工业展”（INNOPROM），希望能与各位共同努力使之举办成功。

在能源领域，萨哈林以及西伯利亚东部的石油和天然气上游开发以及液化天然气（LNG）项目正在稳步推进。今后，我们在对远东等地区的石油和天然气进行共同勘探和开发的同时，还会为LNG项目的扩展提供合作。

此外，在开展与福岛第一核电站废炉相关的日俄合作的同时，还将推动引进风力发电、热电联产等广泛领域的项目发展。在远东地区，日本企业在哈巴罗夫斯克和雅库茨克扩大植物工厂的生产、完善煤炭装运港建设方面的项目正在进行之中。此外，今后还将推动核能、ICT和邮政、农林水产业等广泛领域的尖端技术合作，从而掀起创新热潮。

为使人员交流更加活跃，日本决定放宽签证，开设了日本国家旅游局（JNTO）莫斯科办事处。作为向下一代日俄友好的投资，决定将青年交流和大学之间的交流增加一倍，体育交流增加两倍。这次，我们就开展租税协议修改的正式谈判达成了一致。今后，还将继续倾听日俄企业的心声，努力完善商务环境，同时推动八项“合作计划”的发展。

普京总统、各位俄罗斯企业人士，日本的优势、日本企业的优势，就在于无论在哪个国家，日本企业都不会忘记为该地区做贡献、与该地区同发展。既有致力于保护东北虎的有关木材加工的企业，也有致力于保护海鸟生存的远东海域的企业。位于俄罗斯六个城市的“日本培训中心”不断开展“Kaizen”讲座、访日进修、商务配对等活动。今后，还将进一步加强这方面的工作，聘用当地人才、注重人才培养、保护当地环境。这种与当地社会相融合、共发展的姿态，正是我国值得骄傲的传统美德。这已超越单一的商务关系，成为两国相互信赖的基础。

弗拉基米尔，我的目标是要在互惠原则的基础上，构建“共同发展”的日俄关系。你在此前发表的年度国情咨文中也对日俄关系取得“实际性的进展”给予了殷切期待。我的想法与你完全相同。让我们为日俄关系在广泛领域获得长足进步、增进两国国民之间的信赖，在保持牢固的合作关系的基础上，共同建设繁荣昌盛的亚太地区，并为本地区的稳定做出贡献。据我所知，今天的会议根据“合作计划”的主题分成八个小组，展望今后的日俄关系，开展了有意义的讨论。衷心期待本次会议能对推动日俄经济关系，以及日俄关系的进一步发展做出巨大贡献。

（2016 年 12 月 16 日，日本东京，参见 http://www. kantei. go. jp/cn/97_ abe/statement/201612/1220659_ 11167. html）

中国地方领导发言

黑龙江省委书记王宪魁在全省科技创新大会上的讲话

黑龙江的开发创业史，就是一部科技创新史。黑龙江省各个时期取得的重大科技成就，是几代科技工作者不懈奋斗、矢志奉献的结果，凝结着全省广大科技工作者的智慧汗水。这是黑龙江辉煌历史的底蕴所在，更是黑龙江面向未来的底气所在，我们必须挺起"黑龙江科技自信""黑龙江创新自信"，向着全面振兴的奋斗目标阔步迈进。

科技创新是落实新发展理念的根本引领、新常态下转变发展方式的核心驱动和推进供给侧结构性改革的重要举措。当前，黑龙江正处于发展动能转换的关键期，科技创新在振兴发展中的战略地位和作用更为重要，任务也比以往任何时候都更为紧迫。我们要深刻认识科技创新对振兴发展的重大意义，充分释放科技创新的澎湃动力，推动黑龙江振兴发展"动车组"全速前进。

要着力提高科技供给能力，用更多高端、多元、实用的科技成果助力黑龙江振兴发展。加快重点领域科研攻关，聚集振兴发展面临的重大课题、难点问题，在多年积累有优势、加快发展最急需、面向未来有潜力的关键核心技术上，加大研发力度，力求尽快突破。完善提升科技创新平台，舍得给资金、给资源、给空间、给政策，为技术合作、产品研发、项目生成、产业发展提供专业"摇篮"。推进军民科技深度融合，支持黑龙江省高校、科研机构广泛开展军民研发合作，尽可能多地催生新产品、新项目、新产业。

要加快推进科技成果产业化，形成新的经济增长点，打造振兴发展新引擎。强化产学研用创新联动，高校和科研院所要密切与企业界、产业界联系，为现有成果转化找出路，给新的研究课题定方向；企业要深化与高校、科研院所合作，积极参与成果运用，主动承接成果转化。打通科技成果转化通道，落实省委、省政府《关于大力促进高新技术成果产业化的意见》，培育生成一批科技型企业；落实股权、期权、分红等激励措施，让成果与市场更好进行对接；组织开展高新技术成果转化的应用示范，强化创新链和资金链对接，加快发展"互联网＋创新"。强化企业技术创新主体地位，鼓励有实力的企业建立研发机构；政策要向中小企业倾斜，生成一大批充满活力、富有潜力的高科技中小企业。

要构建充满活力的科技创新体制机制，让创新要素自由流动，让创新力量充分涌流。要让人才价值得到充分体现，在人才政策方面要进一步放开，引进培养一批善于凝聚力量、统筹协调的科技领军人才和一批勇于创新、善于创新的企业家和高技能人才。要加快科技管理体制改革步伐，赋予科研主体足够自主权、领衔科技专家充分自主权，把专业的事交给专业的人管。要让科研管理符合自身规律，建立以科技创新质量、贡献、绩效为导向的分类评价体系，为科技人员潜心研究、安心创业吃上"定心丸"，激励科技人员把科技成果应用在实现现代化的伟大事业中。

（2016 年 8 月 23 日，黑龙江哈尔滨）

黑龙江省委书记王宪魁在黑龙江省委经济工作会议上的讲话

2016 年以来，我们以习近平总书记对黑龙江省两次重要讲话精神为根本遵循，坚持稳中求进工作总基调，坚持新发展理念，创新实施"五大规划"，大力发展十大重点产业，加快建设"龙江丝路带"，经济运行企稳回升，结构调整步伐加快，改革开放深入推进，基础设施建设取得重大突破，人民生活持续改善，经济社会保持平稳健康发展，实现了"十三五"良好开局。成绩来之不易，得益于习近平总书记对黑龙江振兴发展的方向指引和关心关怀，得益于全省广大干部群众的共同努力。

要充分认识经济转型重构带来的重大变化，更加坚定振兴发展信心。党的十八大以来，黑龙江省在全球经济深度调整、我国经济发展进入新常态的大背景下，始终坚持稳中求进工作总基调，全省经济稳中有进、稳中向好、稳中求新。稳有基础，就是经济发展具有坚实的基础支撑，体现在经济运行保持在合理区间、产业项目建设成效持续显现、基础设施支撑作用持续增强、人民生活持续改善。进有动能，就是新旧动能转换开始集聚发力，传统产业焕发出生机，创新驱动逐步成为新的引擎。新有活力，就是体制机制创新激发出强大活力，改革开放不断深入，一些体制机制羁绊逐步化解。好有质变，就是产业结构调整优化成效凸显，一产三产对经济增长贡献率不断提高，工业内部结构调整也出现积极变化。总体上，黑龙江经济趋稳向好的基本面已经形成，但外部环境依然复杂严峻，困难期还没有过去，需要更加客观、更加科学辩证看待，下大气力加以解决。

2017 年是实施"十三五"规划的重要一年，我们要全面贯彻党的十八大和十八届三中、四中、五中、六中全会以及中央经济工作会议精神，深入贯彻习近平总书记系列重要讲话精神，特别是持续贯彻落实对黑龙江省两次重要讲话精神，统筹推进"五位一体"总体布局和协调推进"四个全面"战略布局，牢固树立新发展理念，适应把握引领经济发展新常态，坚持稳中求进工作总基调，坚持以提高发展质量和效益为中心，坚持以推进供给侧结构性改革为主线，坚持以振兴实体经济为基石，深化创新驱动，培育壮大新动能，激发内生动力，扎实做好"三篇大文章"，创新实施"五大规划"，加快发展十大重点产业，深入推进"龙江丝路带"建设，做好稳增长、促改革、调结构、惠民生、防风险各项工作，促进经济平稳健康发展和社会和谐稳定，在奋力推动黑龙江振兴发展上再创新业绩，以优异成绩迎接党的十九大和省第十二次党代会胜利召开。

要深入推进供给侧结构性改革，持续提高发展质量和支撑能力。持续落实"三去一降一补"重点任务，以满足需求为最终目的，以提高供给质量为主攻方向，以深化改革为根本途径，努力实现供求关系新的动态平衡。持续推进农业供给侧结构性改革，把增加绿色优质农产品供给放在突出位置，以市场为导向把农业结构调好调顺调优，推动农村各项改革举措落地。持续加快重大基础设施和保障房建设，扎实推进铁路、公路、机场、水利和"三供三治"等基础设施项目。

要扎实做好"三篇大文章"，加快振兴实体经济。继续抓好产业项目建设，发展实体产业，培育壮大新动能。创新升级传统优势产业，把存量企业、项目和园区转化为新的增量，推动县域传统优势产业不断升级、形成规模。创新升级产业链价值链，以"五头五尾"为抓手，延伸产业链条，提高资源精深加工比重。创新升级战略性新兴产业，推进航空航天、燃气轮机、高精尖焊接、机器人、传统高端汽车、石墨和钼等新兴产业发展，抢占经济和科技制高点。创新升级现代服务业，围绕基础在绿、潜力在水、希望在山，念好山水经、冰雪经，加快催生一批实体产业，把黑龙江省打造成

"两座金山银山"主战场，还要大力发展金融、物流、科技服务、信息、电子商务等产业，推动生产性服务业向专业化和价值链高端延伸，推动生活性服务业向精细化和高品质转变。

要深化改革扩大开放，激发市场活力和社会创造力。着力深化重要领域改革，推进以龙煤、农垦、森工为重点的国企国资改革，抓好混合所有制改革，推动民营经济实现小上规、扩总量、增活力、快成长，加大事业单位分类改革力度。着力推进关键环节改革，抓好"放管服"、人才体制、财税和投融资体制等改革，使改革措施真正落地见效。着力抓好"龙江丝路带"建设，承接产业转移，构筑合作平台，加强交流合作，构建以国内区域合作为基础，以对俄开放为重点，面向欧美、日韩、澳新及港澳台地区的全方位对外开放新格局。

要持续保障和改善民生。越是在发展困难时期，越要注重节省财政开支重点保民生。坚持精准扶贫、精准脱贫，压紧压实责任，加大产业、教育、健康扶贫力度，力戒形式主义，坚决防止搞"数字脱贫"，立下军令状就要"军中无戏言"，做到真扶贫、真脱贫，打赢脱贫攻坚战。切实托住保障和改善民生这个底，保住基本重点是做好就业工作，兜住底线关键是确保社保资金按时足额发放，保障困难群众基本生活，统筹抓好教育、医疗、文化等公共服务，维护社会和谐稳定。

要加强和改善党的领导，为振兴发展提供坚强保障。进一步营造良好政治生态，强化各级领导干部政治责任，不断增强"四个意识"特别是核心意识、看齐意识，落实好省委下发的学习贯彻总书记对黑龙江省两次重要讲话精神《决定》和《实施方案》，把从严治党要求体现在党领导经济工作中。进一步优化发展环境，严厉查处破坏发展环境行为，集中开展打击经济领域违法犯罪专项活动，支持企业家专心创新创业，营造法治、公平、透明的营商环境。进一步提升干事创业本领和精气神，用好"三长三短"重要法宝，抓住想干事、敢干事这两个关键点，提高抓经济工作专业化水平，促进干部创造性开展工作，切实做到真干事、干成事。

（2016 年 12 月 27 日，黑龙江哈尔滨）

黑龙江省长陆昊在2016中国黑龙江国际友好城市交流大会上的讲话

习近平主席强调，要丰富和平发展战略思想，建立以合作共赢为核心的新型国际关系，并提出亲诚惠容的周边外交理念。正是秉承这样的友好交往理念，我们积极推动中外城市及地方政府缔结友好城市关系，推动务实合作，服务双方经济社会发展。本次大会的主题确定为"深化友城交流・扩大务实合作"，体现了我们对巩固扩大友城间合作成果的共同期盼。当前，黑龙江正在按照习近平主席前不久到黑龙江考察调研时提出的要求，主动对接国家"一带一路"建设，积极参与"中蒙俄经济走廊"建设，注重同俄罗斯远东地区开展战略对接。同时，我们还积极扩大与日韩、欧美、澳大利亚、新西兰等有关领域合作，加快形成对外开放新格局。

自 1979 年哈尔滨市与日本新潟市缔结友好城市关系以来，黑龙江省已同世界 32 个国家建立了 83 对友好城市关系。友城数量不断增多，政府间交往日益频繁，经贸合作成果丰硕，友好交流不断升温，各领域交往不断扩大。感谢各友城地区对黑龙江发展给予的重要支持。

在既有国内国际总需求增长空间，黑龙江又有鲜明供给优势的产业领域的发展机会。一是现代农业发展诱导出的优质高效农业、高品质食品、乳制品、畜牧业、食品加工业；二是多年积累的传统老工业基地拥有的技术基础和基于大量高校、科研院所形成的高新技术成果产业化；三是整体生态化条件下的旅游、养老、健康、林业产业以及旅游与文化、时尚产业融合发展；四是矿产资源开发和精深加工领域。这些优势领域为友城间交流合作提供了广阔空间，欢迎友城政府和企业界关注，寻找合作机会。

对进一步深化友城合作，一要加强充分的信息沟通，特别是及时准确向市场主体传递合作信息；二是政府间的合作要与企业间合作共同融合推动；三是要注重在经贸合作的基础上，推动双边在教育、科技、文化、旅游等领域的全方位合作，增进友城人民之间的相互了解、友谊和信任。

（2016 年 6 月 16 日，黑龙江哈尔滨）

黑龙江省长陆昊在全省对俄技术与工业合作工作会议上的讲话

在两国战略协作关系更加紧密的重大背景下，在“一带一路”建设和欧亚经济联盟战略对接的背景下，在俄罗斯的技术发展状况的背景下，在黑龙江省与俄罗斯合作有历史氛围、有空间，又有大量的已经形成合作因素和合作成果的考虑下，要把加强对俄的技术合作作为提升黑龙江省企业现有技术能力的一个重要的切入点来做强强联合，而不仅仅是互补性合作。

当前，黑龙江省与俄罗斯方面合作有良好的背景。2016 年是《中俄睦邻友好合作条约》签署 15 周年和中俄战略协作伙伴关系建立 20 周年。6 月 25 日，习近平主席与普京总统会谈时强调：“双方要通过深化务实合作和利益交融，特别是推进两国发展战略对接和‘一带一路’建设同欧亚经济联盟建设对接合作，推进更广泛的区域经济合作。”普京也表示：“俄中全方位关系发展迅速，俄方赞同加强双方在贸易、能源、高技术、安全、人文等领域的合作，支持欧亚经济联盟同丝绸之路经济带建设对接合作。”9 月 4 日，习近平主席与普京会见时再次强调：“中俄双方要更加紧密地加强全方位战略合作，坚定支持对方维护国家主权、安全、发展利益的努力，要积极推动两国发展战略对接和‘一带一路’建设同欧亚经济联盟建设有效对接，推进基础设施建设、能源、航空、航天、高新技术等领域务实合作，加强军事交流和安全合作。”普京也表示：“俄方对两国关系在高水平上运行感到高兴，俄方愿同中方一道，将两国政治互信和人民友好转化为经济合作的更大动力，扩大贸易、投资、金融、能源、科技等领域合作，给两国人民带来更多实实在在的利益。”这是两国关系的大背景。

从对俄合作的考虑出发，黑龙江省近两年对俄合作提出要注意两个新的领域和转变。一方面是由过去的经贸合作向全方位合作转变。黑龙江对俄合作有历史基础、良好氛围、广阔空间，已经形成大量合作成果。“一五”时期苏联援建我国的 156 个项目中 22 项落户黑龙江；黑龙江省与俄罗斯科学院西伯利亚分院、乌拉尔分院等 100 余家俄罗斯及独联体国家科研单位、大专院校、企业建立了合作关系，双方专家互访年均近千人次。在人文合作上这些年有新的进步，哈工大牵头成立的中俄工科大学联盟、哈医大牵头成立的中俄医科大学联盟已机制化开展交流活动，哈工大与圣彼得堡大学建立了 3 个联合研究中心。目前全省已有 12 个国际科技合作基地重点开展对俄合作，已有上百项对俄技术合作成果进入研发或产业化阶段，一批企业通过对俄合作实现了技术突破、产业升级，比如哈工大十多个重要的工程类学科，实际上是有大量的跟俄罗斯的合作元素。鹤岗的石墨烯既有工程大学材料学院的技术，还有俄罗斯联邦科学院西伯利亚分院重要科学家的技术。我们还与圣彼得堡音乐学院合作建立了哈尔滨音乐学院，与苏里科夫美院开展教学合作。这些年无论是中俄博览会，还是哈尔滨搞的活动包括哈尔滨中俄文化艺术交流周、哈洽会、哈尔滨之夏，都有大量的俄罗斯元素。俄罗斯在人文领域的实力还是非常强的。另一方面是由过去的边贸特别是与俄远东地区的合作向俄中部和欧洲部分拓展。这次中俄博览会是在叶卡捷琳堡举行的，叶卡捷琳堡是黑龙江很多企业家对俄合作的一个重要节点。还有哈尔滨与斯维尔德洛夫斯克州友好关系迎来 25 周年，所以与那里的关系是非常特殊的。这是我们对俄合作关系的背景。我要特别强调的：一是我们对俄合作是有历史基础的；二是有很好的氛围；三是我们与俄罗斯在技术领域的合作是有很广阔空间的；四是俄罗斯目前的技术合作总体方面的技术成果、人力资源、性价比是比较好的。

习近平总书记来黑龙江考察时也特别强调黑龙江主要还是对俄合作。所以在两国关系的战略合作的大背景下，我们有历史、有氛围、有空间、性价比好，还有一系列重要的企业和技术成果已经含有与俄罗斯合作的一系列的重要因素。习近平总书记讲：“虽有智慧，不如乘势。”我们在这冥思苦想要全方位开放，想与欧洲、美国、日本、韩国合作，当然合作肯定是需要的，但要顺势而为。我们与俄合作四个方面都有条件，又有两国关系的背景，所以说我们要乘势而为，进一步推动黑龙江的工业与俄罗斯的技术和工业合作，作为提升黑龙江工业企业技术水准的一个重要的切入点。

我想黑龙江的工业还要保持我们应有的地位。黑龙江有生成工业技术的基础，一是传统装备制造业；二是有很好的学校，工程类的大学可以帮助我们生成。现在不是没有潜力，一年半的时间里，黑龙江省新注册企业有3600多家。我们还要再进一步出台孵化器的管理规定，把更多公共的资源给创业者来用，然后不断生成企业。还要进一步抓创新创业，让人才更多地留在黑龙江，多生成小企业，下一轮次这些小企业就有可能成为中型企业。

我们建立在理性基础上的信心要靠正确的路径，要靠正确的做法，要靠我们的实干、干成。黑龙江的工业现在遇到了巨大挑战，主要来自产业结构，但是我们同时要防止机制的问题、技术创新问题和营销问题。今天我们主要讲的是技术提升当中的一个方面，而不是全部。黑龙江省召开中国制造2025推进会议的时候，讲得很明确，要高举技术创新和体制机制创新两面旗帜，不是一面旗帜。今天还是在讨论技术创新是否可能具有更高效率的途径，政府要多谋划这些事情为企业创造更好的发展条件，提供可能的发展路径。

让我们一起努力，争取在对俄技术与工业合作领域有新的进展和突破，能够为黑龙江企业提升技术水平提供有力的帮助。谢谢大家！

（2016年9月8日，黑龙江哈尔滨）

黑龙江省长陆昊在2016俄罗斯滨海边区“黑龙江日”开幕式上的讲话

在习近平主席和普京总统的直接推动下，中俄全面战略协作伙伴关系进入历史最好时期，为地方间友好合作指明了方向，提供了广阔空间。习近平主席2016年6月在《中俄睦邻友好合作条约》签署15周年纪念大会上指出，要积极开展边境地区合作，把两国共同边界建成友谊和合作的牢固纽带，深入推进两国发展战略对接和“一带一路”建设同欧亚经济联盟建设对接合作，大力开展人文交流。这次“黑龙江日”活动是两省区1995年建立友好关系以来黑龙江省在滨海边区举办的规模最大的全方位交流活动，是我们贯彻两国元首达成的重要共识、增进两地区人民相互信任和友谊、促进两地区进一步发展、提高两地区人民福祉的重要举措。

由于地理位置和历史传统，黑龙江省在中俄合作中占有重要地位，中国中央政府确定哈尔滨市为对俄合作中心城市。2016年5月习近平主席在黑龙江省视察时，明确要求黑龙江省主动对接国家“一带一路”建设，突出对俄合作。近年来，我们在对俄投资、对俄贸易及推动对俄全方位合作方面都取得了新的重要进展。滨海边区以其优越的地理位置、美丽的自然风光、在远东具有优势的第三产业、不断加强的交通基础设施及依托远东联邦大学的丰富人力资源，在俄远东开发开放中扮演着不可替代的重要角色。同时，俄联邦大力推动的跨越式发展区、符拉迪沃斯托克（海参崴）自由港、滨海国际通道建设，也为滨海边区发展注入新的动力。滨海边区是黑龙江省十分重要的合作伙伴，黑龙江省在俄建设的16个跨境经济合作区有七个在滨海边区；截至2015年底，全省在滨海边区投资项目金额占全部对俄投资额的24%，2016年前9个月达8.7亿美元，占对俄投资额的53%。

我们都有通过经贸合作促进两地区进一步发展的重要目标，但长期、稳定、高效的经贸合作不仅取决于双方资源禀赋和产业结构，也需要双方进一步增进了解、信任和友谊，不断增强对彼此文化、历史、社会生活更加充分的了解和观察，在此基础上形成更多的经贸合作，这也是我们举办“黑龙江日”活动，开展经贸、教育、文化、体育、医疗、旅游等多领域交流活动的主要考虑。

［2016年11月14日，俄罗斯符拉迪沃斯托克（海参崴）］

吉林省委书记巴音朝鲁在2016年首届全球吉商大会上的讲话

千百年来，吉林这片广袤富饶的黑土地，不仅孕育了灿烂的农耕文明和现代工业文明，也滋养出了具有吉林气质的独特商业文明。从祖上闯关东到新时代吉林商人，一代代吉商，传承着吉商精神，书写着吉商传奇，激励着所有吉林籍和到吉林投资兴业的吉商薪火相传、奋勇前行。“重德重义、敢闯敢为、善融善创、思源思报”的吉商精神，是吉林人民弥足珍贵的宝贵财富，是历代吉商血脉传承的风骨和品格，是全面振兴的重要动力源泉。我们传承、发扬吉商精神，就是要不断赋予新的时代内涵，把各方面的力量凝聚起来，智慧集中起来，热情激发出来，砥砺我们不忘初心、继续前进，不断开创吉林更加灿烂美好的未来。

改革开放特别是中央实施振兴东北战略以来，吉林各项事业快速发展，老工业基地焕发出前所未有的蓬勃生机和旺盛活力。2015年7月和4月，习近平总书记和李克强总理分别来吉林考察指导工作，充分体现了党中央、国务院对吉林的关心和厚爱。特别是习近平总书记的考察讲话，从全局和战略的高度，把脉问诊，量体裁衣，为吉林全面振兴增添了无穷动力。希望广大吉商牢记习近平总书记的殷切嘱托，把目光聚焦吉林，积极献身振兴发展大业；把创新创业作为永恒追求，不断开创事业新辉煌；把“亲”“清”要求作为根本坚守，做守法诚信经营的践行者；把乡愁乡恋牢记心间，始终与家乡血脉相连。各级党委政府要牢固树立重商、亲商、爱商理念，竭诚为吉商提供最优的营商环境、最好的服务保障，与大家共同把吉林建设好、发展好，创造出无愧于时代、无愧于家乡人民的新业绩。

（2016年7月18日，吉林长春）

吉林省委书记巴音朝鲁在全省宗教工作会议上的讲话

党中央统筹国际国内两个大局，科学研判形势，直面突出问题，就做好宗教工作做出重要部署，特别是习近平总书记在全国宗教工作会议上发表的重要讲话，从党和国家事业发展全局的战略高度，科学分析了宗教工作面临的总体形势，明确提出了中国特色社会主义宗教理论，对加强和改进新形势下宗教工作做出了全面部署，具有鲜明的时代特征和非常强的理论性、指导性、实践性，是做好新形势下宗教工作的纲领性文献。全省各级各部门特别是统战、宗教工作部门和宗教界人士要深入学习贯彻习近平总书记重要讲话精神，深刻理解、准确把握其内涵实质和精髓要义，切实把思想和行动统一到中央关于宗教工作的认识判断和决策部署上来，扎实做好新形势下全省宗教工作。

要全面客观认识吉林省宗教工作面临的形势，扎实有效地做好新形势下吉林省宗教工作。要突出解决好宗教领域的突出问题，以法律为准绳、以政策为依据，牵住“牛鼻子”，抓好着力点，切实加以研究解决，促进宗教关系和谐。要注重加强宗教界人才队伍建设，大力支持和帮助宗教团体开展工作，发挥宗教团体在宗教内部事务中的作用，推动他们加强自我管理、民主管理。要充分发挥宗教界人士在扶贫济困、对外交往、文化传承、维护和谐等方面的独特优势和作用，造福广大人民群众，助推吉林振兴发展。要健全宗教法规，坚持依法行政，开展法治教育，强化依法治理，不断提高吉林省宗教工作法治化水平。

要切实加强和改进党对宗教工作的领导。坚持从政治上把握和看待宗教问题，从大局上谋划和推进宗教工作，落实各级党委和政府宗教工作主体责任，加强党的宗教理论政策的宣传教育，不断夯实基层基础工作，建立健全宗教工作体制机制，全面提升全省宗教工作水平。

（2016年9月28日，吉林长春）

吉林省省长蒋超良在省政府专题会议上的讲话

在东北老工业基地全面振兴的关键时期，党中央、国务院出台了关于全面振兴东北地区等老工业基地的若干意见，深入分析了振兴发展面临的形势，深刻阐述了重大意义，明确了振兴发展的总体思路、发展目标和重点任务，彰显了东北地区在国家发展全局和现代化建设中举足轻重的重要地位，充分体现了党中央、国务院对东北老工业基地全面振兴的高度重视和亲切关怀，为吉林新一轮振兴发展指明了方向，极大鼓舞和激励了广大干部群众齐心思进、谋划发展、共图振兴的信心和斗志。巴音朝鲁书记的意见要求，表明了吉林坚决贯彻党中央、国务院重大决策部署的决心，为吉林省谋划和推动老工业基地全面振兴提供了遵循。

要围绕贯彻落实《中共中央国务院关于全面振兴东北地区等老工业基地的若干意见》，按照省委和巴音朝鲁书记意见要求，抓紧研究提出吉林省实施意见。要结合国家确定的东北地区要成为全国重要的经济支撑带，具有国际竞争力的先进装备制造业基地和重大技术装备战略基地，国家新型原材料基地、现代农业生产基地和重要技术创新与研发基地的目标，立足吉林实际，找准方位和坐标，确定吉林省发展目标，努力走出一条质量更高、效益更好、结构更优、优势充分释放的发展新路。要与落实省委“三个五”战略、区域布局、产业布局、“十三五”规划实施等紧密结合，把握关键时间节点，坚持变中求新、变中求进、变中突破，明确吉林省当前和今后一个时期新一轮振兴发展的总体思路和重点任务。要保持战略定力，增强发展自信，经过不懈努力，着力在重要领域和关键环节改革上取得重大成果，转变经济发展方式和结构性改革取得重大进展，经济保持中高速增长，同步实现全面建成小康社会目标，不断提升吉林老工业基地的发展活力、内生动力和整体竞争力。

要牢牢抓住国家新一轮振兴东北老工业基地的重要机遇，围绕着力完善体制机制、着力推进结构调整、着力鼓励创新创业、着力保障和改善民生，分领域、分战线、分部门提出具体措施和实施细则，确保党中央、国务院重大决策部署在吉林落地生根。相关部门要加强调查研究，搞好分析论证，突出吉林特色优势，抓紧研究制定落实意见，形成完善的政策支撑和保障体系，为吉林新一轮振兴发展注入新的活力。

（2016年2月26日，吉林长春）

吉林省省长蒋超良在长春新区成立大会暨重大项目签约仪式上的讲话

国家批准建立长春新区，充分体现了党中央、国务院对吉林工作的重视和关怀，对于推动吉林全面振兴乃至东北区域经济发展，具有十分重要的意义。建设长春新区是主动融入国家“一带一路”倡议、参与国际合作竞争的重要平台，深入实施长吉图开发开放先导区战略、提升东北亚区域国际合作开发层次的现实选择，落实哈长城市群战略、促进东北老工业基地振兴的重要举措，构建科技和产业创新平台、打造体制机制改革创新示范区的必然要求。要全面深化改革、扩大开放，推进产业优化升级，加快构建现代产业体系，积极推动产城融合和新型城镇化建设，为吉林省实现高水平推进对外开放、实施创新驱动战略、打造新的经济增长极、全面振兴吉林老工业基地提供坚强保障。

当前，吉林正处在新一轮振兴发展的关键时期。学习贯彻习近平总书记系列重要讲话特别是视察吉林时的重要讲话精神，落实“五大发展”理念，实施省委“三个五”等战略部署，推进供给侧结构性改革，培育新的发展动能，迫切需要我们打造新平台、新机制。长春新区要抓住机遇，乘势而上，发挥作用。要突出规划先行，注重战略性、前瞻性、先导性，确保新区实现科学发展、可持续发展。突出先行先试，注重创新管理体制和运行机制，当好全省改革开放的排头兵、创新发展的先行者。突出科技引领，着力构建以企业为主体、市场为导向的技术创新体系，尽快建成一批在全国具有影响力的创新创业示范基地，增强内生发展动力。突出产业支撑，抓好签约项目建设，加快构建创新型现代产业体系，带动全省产业结构优化升级。突出开放合作，推动长吉图区域腹地与前沿、窗口的互联互通，不断拓展吉林省对外合作的领域和空间。突出以人为本，落实以人民为中心的发展思想，把民生作为“指南针”，促进城乡基本公共服务均等化，增强广大群众的获得感。吉林省委、省政府将积极创造有利条件，支持长春新区加快发展。希望长春新区广大干部不辱使命，勇于担当，大干快上，创出“新区速度”，试出“新区经验”，走出“新区新路”，成为吉林创新发展、协调发展、开放发展的一张亮丽名片，为吉林新一轮振兴发展做出新的更大贡献。

（2016年4月26日，吉林长春）

辽宁省委书记李希在辽宁省城市工作会议上的讲话

习近平总书记在中央城市工作会议上的重要讲话，为我们做好新形势下的城市工作指明了方向、提供了根本遵循。全省各地区、各部门要认真学习、深刻领会、全面贯彻总书记重要讲话精神，牢固树立和贯彻五大发展理念，落实“四个着力”要求，抓住新一轮全面振兴重要机遇，以改革创新为根本动力，认识、尊重、顺应城市发展规律，在统筹上下功夫，在重点上求突破，在方式上多创新，全面提升城市规划建设管理水平，努力建设和谐宜居、绿色生态、富有活力、各具特色的现代化城市，让人民群众生活更美好。

要深刻把握城市在经济社会发展中的重要地位和支撑作用，转变理念、积极探索，着力解决突出问题，以城市发展方式转变推进辽宁新一轮振兴发展。一是坚持规划先行与建管并重相结合，注重发挥城市规划的战略引领作用。规划既要增强战略性、全局性和前瞻性，又要增强针对性、适用性和可操作性，做到一张好的蓝图绘到底。二是坚持统筹布局与分类指导相结合，形成以城市群为核心、以特色镇为依托的大中小城市协调发展新格局。城市与城市之间，重点优化提升城市群，实现紧凑集约、高效绿色发展。城市与县镇之间，重点抓好农业转移人口市民化，提高新型城镇化水平。城市与产业之间，重点搞好产业融合，以产兴城、以城促产。三是坚持改革创新与传承保护相结合，增强城市持续发展能力。以户籍制度改革为突破口，统筹推进土地、财政、教育、就业、医疗、养老、住房等领域的配套改革。结合自身的区域文化、时代要求，打造自己的城市精神，不断提高综合竞争力。四是坚持完善功能与宜居宜业相结合，顺应百姓需求，完善基础设施，着力治理交通拥堵、大气污染等“城市病”，促进人与城市和谐发展。五是坚持集约高效与安全便利相结合，提高城市公共服务水平，实现城市发展由外延式扩张向内涵式提升转变。六是健全党委统一领导、党政齐抓共管的工作格局，加快培养一批懂城市、会管理的干部。

（2016年2月28日，辽宁沈阳）

辽宁省委书记李希在省委经济工作会议上的讲话

做好明年经济工作，要抓好六项重点任务。

第一，深化供给侧结构性改革。要深入推进“三去一降一补”。继续抓好抓实煤炭行业化解过剩产能工作，重点解决三、四线城市房地产库存过多问题，降低企业杠杆率，降低企业各类交易成本特别是制度性交易成本，在补齐制约振兴发展的短板上下功夫。要深入推进农业供给侧结构性改革。狠抓农产品标准化生产、品牌创建、质量安全监管，抓好农村电商、休闲农业、乡村旅游等新产业新业态，培育新型农业经营主体和服务主体，深化农村产权制度改革，积极壮大县域经济，加快美丽宜居乡村建设。要促进房地产市场平稳健康发展。加快研究建立符合省情、适应市场规律的基础性制度和长效机制。培育和规范房屋租赁市场，加强住房市场监管和整顿。推进以人为核心的新型城镇化，促进农民工市民化。

第二，着力振兴实体经济。要着力构建现代产业体系。大力发展先进装备制造业，加快发展新能源、新材料、新一代信息技术等战略性新兴产业，加快服务业转型升级。要积极推进重大项目建设。全面落实中央支持东北振兴系列政策举措，积极对接一批项目、开工建设一批项目、谋划储备一批项目。要全力推动创新驱动发展。鼓励企业加大研发投入，重视人才培养，支持产学研紧密结合，加强关键核心技术研发，促进科技成果转化。要全面提高产品和服务质量。提高质量标准，加强品牌建设，增强产品竞争力。

第三，强力推进软环境建设。要着力营造公平正义的投资营商环境。加快推进法治社会、信用社会和服务型政府建设，积极构建“亲”“清”新型政商关系。要完善软环境建设长效机制。各地区要研究部署软环境建设的重点任务，各有关部门要研究制定更具针对性、操作性的措施办法，努力形成一批制度性成果。要加强督查和宣传引导。把软环境整治工作作为干部实绩考核的重要内容，对影响或破坏营商环境的典型案例进行曝光，严肃问责。

第四，加快推进关键性改革。要加快转变政府职能。继续推进“放管服”改革，进一步减少审批、简化流程、提高效率。要深化国企国资改革。发展混合所有制经济，加强国企党建，强化与央企合作，推进军民融合深度发展，坚定不移做强做优做大国有企业。要毫不动摇鼓励支持引导民营经济发展。进一步放宽民间资本准入行业和领域，支持民营企业和社会资本参与国企改制重组，健全融资担保体系，加快推广 PPP 模式。要稳妥推进财税和金融体制改革。加大财政对保障民生的支持力度，继续推进消费税改革，畅通实体经济融资渠道。

第五，全方位提升对外开放水平。要深度融入国家三大战略，拓展发展新空间。积极参与“一带一路”建设，推进国际产能和装备制造合作。积极构建京津冀产业转移承接基地、农副产品供应基地和生态安全屏障。推动装备制造业等优势产业融入长江经济带建设，积极承接长三角地区产业转移。要以辽宁自由贸易试验区建设为突破口，打造对外开放新高地。扎实推进沈阳、大连、营口辽宁自由贸易试验区建设，在投资、贸易、金融、创新创业、事中事后监管等方面先行先试。要完善对外开放区域布局，打造对外开放新优势。扎实推进辽宁与江苏、沈阳与北京、大连与上海对口合作。支持沈阳建设东北亚地区重要国际中心城市、引领东北振兴发展中心城市，推进中德（沈阳）高端装备制造产业园建设，加快大连东北亚国际航运中心、国际物流中心、国际贸易中心、区域性金融中心建设，支持大连金普新区构建开放型经济新体制。

第六，全力做好民生保障和防控风险工作。要持续稳定和扩大就业，突出抓好高校毕业生、去产能分流职工、军转干部和退役军人就业创业工作。要切实提高城乡居民收入水平，健全城乡居民收入增长和经济发展同步、劳动报酬提高和劳动生产率提高同步增长的长效机制。要完善城乡社会保障体系，加强社会保险扩面和基金征缴，健全社会救助体系，加大保障性住房建设和供给。要坚决打赢脱贫攻坚战，集中力量攻克薄弱环节，切实解决贫困群众实际问题，推动精准扶贫、精准脱贫各项政策措施落到实处。要大力发展教育、卫生、文化事业，全面提高教育质量和水平，加快健康辽宁建设，不断丰富城乡居民文化生活。要加大生态环境保护力度，继续实施碧水、蓝天、青山、沃土工程，切实抓好重点领域污染治理。要高度重视并做好防范和化解各类风险工作，全力做好安全生产、食品药品安全、公共安全和综治维稳等工作，确保全省社会大局稳定。

全省各级党委要切实加强和改善对经济工作的领导。牢固树立“四个意识”特别是核心意识、看齐意识，坚决执行党中央关于经济工作的决策部署。要深入调查研究，自觉补充知识，不断增强适应把握引领经济发展新常态的能力。要进一步转变作风，崇尚实干，奋发有为，以钉钉子精神抓好工作落实。要强化激励和问责，切实解决好想干事、敢干事问题，促进干部创造性开展工作。

（2016 年 12 月 30 日，辽宁沈阳）

辽宁省省长陈求发在全省贯彻落实中央7号文件精神　全面振兴辽宁老工业基地推进大会上的讲话

推进辽宁老工业基地新一轮全面振兴，必须坚持不懈地把“四个着力”要求落实到振兴发展全过程。一是在着力完善体制机制上持续加大力度。坚持问题导向，抓住重点领域和关键环节，勇于涉险滩、啃硬骨头，坚决破除体制机制障碍，加快形成同市场完全对接、充满内在活力的新体制和新机制。二是在着力推进结构调整上持续加大力度。坚持“加减乘除”一起做，全面推进产业结构、经济结构优化升级。特别要下大力气促进产业迈向中高端。三是在着力鼓励创新创业上持续加大力度。把软环境建设放在更加突出的重要位置，积极营造务实高效的政务环境、健康有序的市场环境、公平公正的营商环境、充满活力的人才环境，充分激发“双创”热情，加快形成以创新为主要引领和支撑的经济体系和发展模式。四是在着力保障改善民生上持续加大力度。解决好就业、城乡居民收入、社会保障等重点民生问题，坚决防止经济下行压力传导到民生上面，让人民群众有更多获得感。及时有效防控化解各类风险，确保社会大局和谐稳定。

抓落实是一切工作的“生命线”。全省各级党委、政府要强化责任担当、注重协调联动、严格督查问责，抢抓机遇抓落实、认真较真抓落实、攻坚克难抓落实、拼搏进取抓落实、时不我待抓落实，确保中央决策部署在吉林省落地生根、取得实效。

2016 年以来，吉林省委、省政府围绕落实《若干意见》出台了 113 条具体任务的实施方案，提出了以“六个重大”为载体的工作推进措施，编制了三年滚动计划，各地区、各部门要突出重点，狠抓落实，努力实现新一轮振兴新突破。一要以贯彻《若干意见》和《国务院关于近期支持东北振兴若干重大政策举措的意见》为契机，优先抓好国家投资力度大、对吉林省发展具有带动作用、经济效益好的一批重大项目，积极用好产业（创业）投资引导基金，广泛吸引更多的社会资本参与项目建设。二要深化行政体制改革，全面落实减轻企业税费负担的各项政策规定，牢固树立尊商、重商、亲商、爱商意识，把加强软环境建设作为“两学一做”学习教育的重要内容，切实帮助企业解决实际困难。三要深入推进国资国企改革，围绕盘活国有存量资产，创新发展一批、重组整合一批国有企业，抓紧实施国企股权多元化改革，扎实推进国有股权减持，抓好国有企业剥离办社会职能，进一步激发国有企业发展活力。四要坚持多策并举推进结构调整，抓好工业转型升级，加快推进《中国制造2025 辽宁行动纲要》，打造中德装备园等一批具有国际竞争力的产业基地和区域特色产业集群，不断提升原材料产业精深加工水平，大力推进科技创新，支持引导一批本科高校向应用型大学转变，促进科教机构与区域发展紧密结合，加快发展现代服务业和现代农业，加快补齐县域经济短板，全面扩大对外开放，加快培育外贸竞争新优势。五要采取有力措施，从财政预算安排上平衡养老金缺口，强化养老金的征缴管理，坚决打击骗取养老金的问题，加强和规范政府债务管理，严控政府债务规模，统筹安排好民生保障，把基本民生保住、把底线兜住。

（2016 年 5 月 6 日，辽宁沈阳）

内蒙古自治区党委书记王君在全区科技创新大会上的讲话

全国科技创新大会、两院院士大会、中国科协第九次全国代表大会，是党中央、国务院在全面建成小康社会决胜阶段召开的一次重要会议，是我国科技发展史上的一座新的里程碑。习近平总书记的重要讲话，明确提出了建设世界科技强国的总体要求、主要目标、重点任务，是建设创新型国家的纲领性文件。我们一定要深入学习、认真领会全国科技创新大会精神，特别是习近平、李克强等中央领导同志的重要讲话精神，站在协调推进“四个全面”战略布局、实现“两个一百年”奋斗目标的高度，站在贯彻落实“五大发展理念”的高度，深刻认识科技创新的重要战略地位和作用，自觉把思想和行动统一到中央关于做好新形势下科技创新工作的大政方针和决策部署上来，进一步坚定创新自信，加快各领域科技创新，推动自治区经济社会持续健康发展。

要紧紧围绕建设创新型内蒙古，坚定不移地走中国特色自主创新道路，坚持科学技术是第一生产力、人才是第一资源、创新是第一动力，深入实施创新驱动发展战略。要着眼建设“五大基地”、“两个屏障”和“一个桥头堡”，强化重点领域和关键环节科技创新，更好地服务经济社会发展。要充分发挥企业的创新主体作用、高校的创新引领作用、高新技术园区的创新骨干作用、各类平台载体的创新支撑作用，形成协同高效的创新格局。要完善符合科技创新规律的资源配置方式，强化科技创新对外合作，促进科技成果向现实生产力转化，加快形成充满活力的科技管理和运行机制。要大力培养人才、广泛集聚人才，用活用好人才，加快完善鼓励创新的政策环境、法治环境、市场环境和文化环境，最大限度地激发全社会创新创业活力，为经济社会发展注入强大动力。

各级党委要切实肩负起领导和组织创新发展的重大责任，充分发挥总揽全局、协调各方的作用，自觉按照“第一动力”、“第一生产力”和“第一资源”的要求来谋划工作格局、摆布工作内容、确定工作次序，及时研究解决创新驱动发展中的重大问题，切实把工作重心放到创新驱动发展上来。要认真做好创新发展科学规划设计，稳定增加财政投入，引导和带动社会资本投入创新，不断强化创新的资金保障。要搞好统筹协调，正确处理创新发展中的重大关系，强化各领域各部门的工作衔接和协调配合，把各类人才的积极性充分发挥出来，会聚起经济社会发展的强大新动能，把祖国北部边疆这道风景线打造得更加亮丽。

（2016 年 6 月 28 日，内蒙古呼和浩特）

内蒙古自治区代主席布小林在全区金融工作座谈会上的讲话

金融是现代经济的核心，在很大程度上影响甚至决定着经济的健康发展。2016 年以来，全区金融业继续保持了平稳较快的发展势头，有力支持了自治区经济社会发展。当前和今后一个时期，要继续推动金融与实体经济联动发展，充分发挥金融引导资源配置的作用，通过信贷、理财和投资等手段引导资金流向，推动供给侧结构性改革取得实效。要推动融资项目与金融政策的深度融合，各级政府部门和企业要按照新发展理念做好产业规划、产业培育，拿出好的项目；金融机构要多从金融的视角就培育地区优势产业提出建议，并根据融资项目的不同阶段，提高金融服务的水平和效率。

当前自治区经济发展的基本面是好的，未来发展的潜力依然十分巨大，包括金融在内的许多产业有着广阔的市场。各级政府、各部门要主动与金融机构联系沟通，积极争取金融机构的政策和资金支持。各金融部门和金融机构要用足用好各项金融政策和金融工具，从战略层面积极争取给予内蒙古更多优惠政策和金融资源的支持。要进一步拓宽融资渠道，降低融资成本，加快多层次金融体系建设，扩大金融供给；金融机构要按照分类指导、有扶有控的原则，继续加大信贷投放、优化资金配置；要切实采取有力措施，做好企业上市融资、债券融资等工作，把资本市场融资不足的短板补齐；金融机构要根据企业发展的不同阶段，提供金融服务；要在继续提升保险业规模的同时，发挥保险资金的投资功能。

要高度重视金融风险防控，协调联动、多管齐下，建立完善监测预警和应急处置机制，重点关注金融风险比较突出的地区和行业，确保不发生系统性、区域性金融风险。要加强金融生态环境建设，尤其要以各政府部门的信用自觉带动全社会增强法治意识、诚信意识，共同培育社会信用环境。各级政府要进一步完善支持金融业发展的政策和激励机制，像支持其他企业一样为金融企业做好服务，营造良好的服务环境。

要加强宣传和培训，不断提高各级干部和企业经营者学习金融、运用金融的能力。要树立现代金融意识，虚心向金融界的同志学习金融知识。政府相关部门和金融机构要加大对金融政策和金融工具的宣传力度，让全社会了解金融、认识金融、熟悉金融、运用金融。要做好金融人才的培养、引进和使用工作。希望金融部门的同志主动当好地方党委、政府的参谋，不仅为自治区发展提供资金支持，还要提供智力支持。自治区政府将逐项认真研究大家提出的意见和建议，与金融部门保持密切联系，共同促进自治区经济社会持续健康发展。

（2016 年 6 月 12 日，内蒙古呼和浩特）

著名专家观点

清华大学经济管理学院教授李稻葵在2016年夏季达沃斯论坛上的发言

中国依然是全球经济增量的1/3的来源国，短时间内这个格局不会改变。未来的增速，取决于今天的调整。从长远来看，经济增速稍微慢一点，未来对全球经济做出更大贡献。中国改革开放30多年，到了新旧更替的阶段，旧的产业很难支持下一轮中国经济增长，应该发展更多高附加值、高技术含量的新的产业。黄益平说，产业转型要顺利实现，就需要去产能、去库存、去杠杆。简单来说，就是旧产业退出，新产业形成，让中国经济稳步增长，甚至增速略有回升。

从全球来看，除欧洲大陆核心国家外，对工业4.0最感兴趣的便是中国，中国感受了工业升级的痛处，也具有产业升级的最好条件。

事实上，新能源、新经济已经在中国快速崛起。仅以太阳能光伏行业为例，晶科能源控股公司副总裁钱晶告诉记者，由欧洲光伏发电相关的产学官组成的Solar Power Europe（前欧洲光伏产业协会）6月21日公布的数据显示，从2015年各国新增装机容量来看，中国在政府的支持下同比增长46%，达到1515万千瓦。中国不仅实现了新增装机量最大，也是累计装机容量最大的国家，已经超过德国。与其他国家相比，中国的光伏产业制造方面具有明显优势，光伏产品的效率、成本、性能、稳定性，均具有核心竞争力。中国科技企业在核心技术和核心元器件方面与世界领先企业的确存在一定差距，但是经过30多年的发展，差距已经逐渐缩小，在部分领域甚至实现了从追赶者到引领者的角色转变。包括国企改革、户籍改革、企业市场化的进入和退出机制等，这些基础市场制度的改革若能够在“十三五”时期顺利落地，更为中国经济改革、产业转型升级提供更大动力。

从民营企业的角度出发，做加法就是创造新供给，进行产业深耕和结构调整，保证长期可持续发展；做减法就是践行国家“一带一路”倡议，进行国际产能合作，促进中国与沿线国家产业上的优势互补，将我国的优势产能进行合理输出，实现多赢。作为民营企业聚合平台，中民投正在从产业研究、技术创新、生产制造和终端应用等多个方面着手，布局与第四次工业革命相关的新兴产业领域。

在“供给侧结构性改革”的过程中，原有的民营企业单打独斗的模式也应升级，只有形成民企抱团的新模式，用“1+1>2”的聚合效应，才可以进一步帮助民营企业完成转型升级。本着产能需求互补、国家互惠互利的原则，中国推动“一带一路”建设，有望为沿线国家的经济发展带来新的助推力，同时促进了中国与沿线国家实现产业上的优势互补。

（2016年6月28日，中国天津，参见http://finance.people.com.cn/n1/2016/0626/c1004-28479134.html）

北京大学国家发展研究院副院长黄益平在2016年夏季达沃斯论坛上的发言

中国经济下行一方面有周期性因素，另一

方面有结构性因素。中国的经济减速是从过去的经济奇迹走向未来的常规增长，这是必然要经历的过程。调整过程中，对全球贡献有所减少，但中国依然是对全球经济贡献最大的国家。中国制造业正处在转型升级、爬坡过坎的关键时期，用两句话来概括制造业的问题，一是有效需求不足，表现在一些行业的产能过剩；二是有效供给不足，供给对消费的适应性还不强，比如中国老百姓海外“扫货”。要解决这两个问题，根本出路还是创新驱动。从全球历史来看，基本上创新周期与经济发展周期是逆向分布，也就是说经济不景气时恰恰是创新比较活跃的时期。

经过几年的探索，新一代信息技术和互联网技术与制造业的深度融合已经成为共识。它所带来的，一是生产效率的大幅度提高，前几次工业革命特别是蒸汽机、电气化所解放的是人类的体力，这一次所解放的是人类的脑力。二是生产组织方式的变革，由大规模生产转向规模化定制。三是资源配置方式的革命，可以基于互联网获得全球最优秀的创新资源和制造资源。四是产业组织方式的变革，企业的网络化、扁平化成为新趋势。五是新的产业形态不断出现，比如共享经济和移动经济。

中国制造业的转型带有相当大的复杂性。中国用几十年时间走过了其他国家上百年的历程，在这个工业化的压缩过程中呈现多样性。面对这样的多样性，从现在的数据来看，高技术制造业出现了加快发展势头，但它在制造业中的比例也只有12%左右，所以主体还是传统产业如何转型升级。传统产业的转型升级要根据行业特点来推进。例如，在纺织服装方面我们也发现了很多成功案例，比如说个性化的定制。当然，这还没有形成一个主流，如果能够把这样一些好的经验推广形成主流，那么传统产业的转型升级将会取得非常好的效果。

我国并没有把 GDP 当成唯一的指标，当前中央政府已经将去产能作为一个重要指标，包括河北在内，已经将去产能纳入工作目标，成为 GDP 之外的另一个衡量地方经济发展的重要指标。虽然中国目前经济增速有所放缓，但需要强调的是，中国仍然贡献了全球 1/3 的经济增长，在未来相当长时间内，这一格局不会改变。从长远来看，中国经济今天增长速度稍微慢一点，借此机会调整到位，未来能够对世界经济做出更大的贡献。供给侧结构性改革是我国基本经济制度改革的重要组成部分。目前改革已经进入“深水区”，越是“深水区”的改革，对地方政府而言，越需要“示范”和典型案例。

（2016 年 6 月 28 日，中国天津，参见 http://finance.people.com.cn/n1/2016/0626/c1004-28479134.html）

清华大学新型城镇化研究院院长胡祖才在2016年中国新型城镇化理论论坛上的发言

中国城镇化规模之大、速度之快、影响之广，世所罕见，面临的困难和问题也特别多、特别复杂，因此既需要立足基本国情，将政策、实践和理论研究相互贯通，推动理论创新，破解发展难题，也需要站在全球发展视野，汲取世界经验，吸引各国资源，推动中国城镇化健康发展。对于研究院的发展，一是组织开展一批前瞻性、基础性研究；二是抓紧建设新型城镇化大数据库；三是研以致用、知行合一；四是建成交流合作的大平台。在相关各方的共同努力下，中国新型城镇化研究院能够引领理论创新、服务政策实践，成长为有国际影响力的一流智库平台。

清华大学在新型城镇化领域有着优良的研究传统，在政产学研结合方面经验丰富，新型城镇化研究院的成立，是对经验的扎实总结、资源的优势整合，具有积极深远的示范意义。研究院要紧跟时代步伐、展现清华担当，加强自身建设、完善研究体系，不断加强国际合作、争创世界一流，研究院要集中各方面智慧、凝聚最广泛力量，服务国家战略需求、助推社会发展。

城镇化是现代化的必由之路，是我国最大内需潜力和发展动能所在，也是一项重要的民生工程。中国的城镇化是人类社会前所未有之进程，面临的挑战既包括理论体系构建，政策制定和实施，也包括具体的实践落地问题。当前我国新型城镇化正站在新的起点上，迫切需要凝聚起政府、企业、研究机构和社会等多方面力量，有序有力推进。清华大学中国新型城镇化研究院将坚持凝聚政府、高校和科研机构、企业、社会及国际等多方力量的发展导向，发挥国家发改委的政策协调作用和清华大学的综合科研实践优势，围绕新型城镇化的重大理论、政策和实践问题开展研究，逐步建设成为新型城镇化领域的国家级专业智库、高端人才培养基地和国际交流中心，为中国特色新型城镇化建设提供理论保障、智力支持和技术支撑。

（2016 年 10 月 18 日，中国北京，参见 http://www.thholding.com.cn/news/show/contentid/1032.html）

工信部信息化和软件服务业司副司长安筱鹏博士在2016中国信息化和工业化融合发展高峰论坛上的发言

作为一年一度的盛会，中国信息化和工业化融合发展高峰论坛自 2012 年起已成功在京举办四届。此前，该高峰论坛的前身——中国制造业 CIO 年会暨中国制造业信息化岁末盘点颁奖典礼，自 2004 年起已连续在京举行了九届，引起了业界的广大关注，并取得了不俗的反响。在 2016 年的峰会上也将继续对两化融合有杰出贡献的 CEO、制造企业杰出 CIO、信息化应用最佳实践等进行盘点表彰，届时国内知名企业代表也将莅临共襄盛举。

目前中国工业增长减速，制造企业需要进一步提升消费品品质、促进制造业升级、加快现代服务业发展，通过自身转型升级完成从价值链的低端向高端跃迁和攀升。工业 4.0 就是高效定制化生产，而 C2B 就是采用定制化生产模式。C2B 的核心在于如何快速响应每一个客户的需求，这需要组织上的变革，而“互联网平台＋自组织”正在成为我们这个时代一种全新的组织景观。对企业而言，个性化定制和大规模定制非常复杂，制造过程每一个环节的不确定性大幅度提高，只有通过数据的自由流动才能有效解决定制化生产的成本、质量、效率等一系列问题。从经济理论角度去观察 C2B，传统制造模式到 C2B 转型过程，是资产的通用性对资产专用性替代的过程，而数据资产是企业中通用性最强的，所以企业数据资产是决定 C2B 转型的关键，数据资产越丰富的企业，越容易开展 C2B 业务。

国务院发布《中国制造 2025》以来，全国上下大力推进制造强国战略，过去一年中国制造业的发展呈现了一些显著的趋势并涌现出一些热点应用，2015～2016 年中国制造业及两化融合十大热点旨在总结和盘点过去一年中国制造业以及两化融合领域的热点事件。在产能过剩亟待转型升级的背景下，造船企业需要推行精确设计、提升高端产能，同时深化精益生产以增强避险实力，扩大精准物流以减少资金占用，推行精细管理以促进价值创造，并通过应用精良工具以实现企业的协同创新。

（2016 年 3 月 18 日，中国北京，参见 http://news.e－works.net.cn/category146/news66141.htm）

LBE 科技首席执行官张勇2016年中国互联网经济论坛—创新互联网高峰论坛上的发言

LBE 成立于 2001 年，成立之初的定位就是解决用户需求，并引领行业发展。成立之初，面对的是国内非常严峻的安全形势，比如恶意吸费等情况。当时，LBE 提出安全管理模型，并成为全球范围内首家实现这一模型的公司，它就是——LBE安全大师。

它作为安全管理软件，满足了当时强烈的用户需求，所以产品发布之后，就有小米、魅族、易家、美图厂商与我们开展合作。我们的软件被预设在手机厂商中，并通过一年的时间累积了2.2亿的用户。而随着行业的发展，更多人意识到权限管理在安全领域的重要性，360、腾讯也纷纷加入。2013年，工信部第一次明确发出文件，要求从2013年11月起，所有在中国入网的手机必须搭载权限管理运营能力。2016年Google发布6.0，也发布了权限管理能力。那么，我们在2012年提出这个概念，应该说是引领了技术潮流，也算是技术创新。2015年我们的目标开始从国内转向全球市场。经过用户调研，选择了“双开”这一领域，并且推出了全球第一个虚拟化系统应用引擎。2016年，Parallel Space正式上线，从此开始了出海之路。

有些人会质疑“双开”这一需求非常小，但是客户调研显示这一需求有很大的用户需求背景。例如，重度社交用户通常需要多个社交账号满足不同身份的切换，游戏用户需要多个游戏账号提升自己的等级。而受到宗教的因素影响，一些国家的很多人希望将自己的一部分应用和数据隐藏在手机中不被发现。另外，双开的需求可应用在安全领域。现在已经有企业用户在尝试利用引擎创造安全隔离环境，在一个受控的安全执行环境中进行企业应用。这些都是小小双开所引发的需求，这个需求相当庞大。我们经历了一年的发展，也取得了一些成绩。截止到2016年2月，达到6000万的用户量，日活量超过1000万人次，73%的用户每天使用超过6个小时，同时拥有多国语言。

在国内，随着更多的宣传工作，包括自己的产品的发布，双开这一功能需求逐渐被用户、厂商认知。从2016年起，国内很多新上市的手机、新发布的功能都把双开作为亮点进行宣传。这同样是我们在技术领域对潮流的引领。目前，互联网领域有一支浩浩荡荡的出海大军，正在向全球市场进发。在大家所熟知的每一个区域市场，不论是东南亚、印度、南美、中东，甚至非洲这种新兴市场，还是像日韩、欧美、澳洲这样发达国家，在每一个区域市场里面都有中国公司的身影。这张榜单显示了几个主要代表型区域的榜单，几乎被国内公司占据。这是一个挺震撼的数据，为什么会有这么一个情况？因为中国所有的出海公司背靠的是全球最大的移动互联网市场。中国拥有全球最大的移动互联网单一的群体，创造了市值最高的互联网公司，中国的创业和投资氛围非常浓厚，在独角兽领域仅次于美国，位居世界第二。当这些公司决定向海外市场进军的时候，具有非常强大的优势。我认为这是中国公司出海来源所在。

中国有大批公司在海外经营发展，大家可能认为这是一个盛世，是一个难得的机遇。但是，其中不乏问题。中国移动互联网目前出海问题之前，我先以手机制造行业为例。手机制造行业在工业时代有一段时间占非常大的市场份额，当时中国有非常成熟的代工体系。中国依靠代工生产出来的山寨手机，白牌手机应该在手机市场里面所向披靡。但是这显然有弊端：没有技术门槛，对成本高度敏感，代工行业生命周期又相对比较短。

（2016年12月16日，中国北京，参见http://m.sohu.com/a/120411436_465911）

中国国际出版集团总裁周明伟在第十二届“北京—东京论坛”上的发言

本届论坛以“面向亚洲及世界和平与发展的中日合作”为主题，为推动中日两国在新的历史时期共担地区与全球和平发展重任，为促进中日关系稳定改善贡献新思维、新视角、新路径、新办法。中方这次绝大多数的参会者都是抱着这个想法，以热切的心情来同日本同行、朋友或者“利益相关者”交换想法、研究问题、寻求办法、贡献建议的。虽然这次中方有70多位各界精英前来参会，但还有一些长期参与、支持论坛的人士因各种原因无法前来参会，有个别已确认前来参会，但因突发性事件不得不取消行程。中日关系的改善与发展，需要一大批两国的各界精英，以百折不挠、锲而不舍的精神，携手共同努力，以各种力所能及的方式来改善关系、密切沟通、求同存异；需要中日两国越来越多的人，能以两国关系稳定、健康发展的大局为重，尊重历史、放眼未来、求同存异、互利共赢。

第一，一衣带水的地理位置决定了中日两国世世代代的邻居关系。不论双方是不是喜欢，中日两国毗邻而居的局面无法改变。2000多年的中日交往历史告诉我们，两国只有互为善邻，才能国家繁荣、人民安康。如何处理好中日之间的大国关系、邻居关系，不仅事关两个国家及其人民，也关系两个国家在地区和全球和平与发展事务中所发挥的作用和担当，这是中日两国需要共同面对的永久性课题。

如今，中日作为世界第二、第三大经济体，在亚洲乃至世界的作用举足轻重，这是历史上从未出现过的局面。如果中日两国能够强强联手，在维护地区稳定，促进全球经济振兴等国际性事务上贡献正能量，不仅是两国人民的福祉，也是亚洲与世界的福祉。这既是中日两国难逢的历史机遇，更是中日两国不可推卸的时代责任。

第二，要处理好邻居关系，做好邻居，双方不仅要有好的意愿，而且要以共识的方式，形成做好邻居的规矩和规则，以保证两个邻居之间的合作、互信、共赢，同时管控、处理好邻里之间的矛盾和麻烦。

我认为，中日两国的四个政治文件和四点原则共识，就是处理好两国邻里关系的规则和规矩，是管好老问题、防止新问题、减少“绊脚石”的法宝，是改善当前中日关系的根本途径，也是建立政治互信，推动在金融、贸易、环保和人文之间的交流，实现互利共赢的动力。

我相信，虽然当前中日关系错综复杂，但只要我们双方充分发挥民间的力量、集思广益、相向而行，就一定能推动两国关系顺利度过“爬坡过坎”的关键时期，也会为我们在促进中日政治互信、完善安全保障、发展经贸互利、开展媒体合作、提升国民感情等方面开创新模式、开辟新领域、寻求新动力增强了信心，增加了勇气。

（2016年9月27日，日本东京，参见http://www.xinhuanet.com//politics/2016－09/28/c_129302480.htm）

中国网总编辑王晓辉在第十二届“北京—东京论坛”上的发言

虽然舆论调查中显示，两国国民对对方国家的好感度在低位徘徊，但是也需要注意到，中日两国民众在对“双方和平友好共同发展”的期待以及对“中日两国在亚洲事务合作”的期待上，数据均比2015年有明显的提升。这说明认同两国关系重要性的民意占主导地位，在当前中日关系曲折复杂的背景下，呈现迈向积极友好的趋势，是难能可贵的。

此外，还有两个数据引人注目。有超三成的中国受访民众认为媒体间交流的重要性在民间交流中至关重要，而认为中国媒体对改善中日关系“有正面贡献”的比例达到73%，这进一步佐证了媒体及媒体间的交流在促进两国民间交流、促进国民感情中所发挥的重要作用。

这也给双方媒体界人士今后应该如何去做，提出了新的要求，双方媒体应当在报道内容和报道手段两方面进行大胆创新、积极尝试。

首先，在报道内容方面，双方媒体都应当在报道内容的结构上掌握平衡，除了重大话题的报道内容之外，还要多去关注和讲述普通人的故事、老百姓的故事，以此来增进国民感情。

比如，日本老百姓是怎么生活的，中国老百姓是怎么看待某个问题的，还有包括两国老百姓在旅游、留学、工作等渠道中，是如何感受和体验对方的文化等。这些话题看似细微，却颇具生命力和感染力，最容易打动人心，都应当成为媒体重点关注和报道的领域。

在报道手段方面，需要充分借助新媒体的手段，发挥新媒体的力量。新媒体的崛起，在中国已经占了半壁江山，目前国内更多年轻用户获取信息的渠道，已经从传统媒体转移到互联网和移动终端。如果在新媒体方面多加强一些工作，无疑可以更好地促进中日民间交流。

中日友好的基础在民间，中国的年轻人和日本的年轻人就是中日友好的未来民意基础。作为媒体人，我们必须从战略的高度认识到这一点，也要担负起这个责任，两国媒体可以在新媒体方面多投入关注，开展合作，多下功夫制作双方年轻人感兴趣的内容。这样就可以将传播的渠道和触角更多地伸向两国的年轻人，从而增进两国年轻人的认同感，对未来的中日关系将大有裨益。

（2016 年 9 月 27 日，日本东京，参见 http://www.xinhuanet.com//politics/2016-09/28/c_129302480.htm）

中国人民解放军军事科学院中美防务研究中心原主任姚云竹在第十二届“北京—东京论坛”上的发言

安保是中日关系最困难的领域，但是两国嘉宾在“北京—东京论坛”坦诚而理性的对话，认真而积极的探讨，每次都会给她留下深刻印象。改善中日安全关系首先要从管理危机入手，建立有效联络机制，防止误判。其次，中日防务部门应努力拓展双方的合作领域，为地区和世界联手提供公共产品。最后，中日双方防止新的安保问题产生。中日两国做了几千年的邻居，只要双方共同努力，就没有爬不上去的坡，更没有迈不过去的坎。

中国将是推动未来世界快速变化的重要力量。面对崛起中的中国，最好的战略不是延缓它的崛起，而是想办法搭上中国发展的顺风车。日本作为世界第三大经济体，又是中国的邻居，应该最有机会分享中国的改革成果。中日企业在工业制造、金融服务、节能环保等领域有非常大的合作空间。不仅愿意看到更多的日本产品进入中国市场，而且愿意帮助日本企业同中国企业开展合作。中日媒体在促进两国民众彼此理解方面有帮助引导、改善认知的义务，让两国人民就如何改善中日关系做出理性的判断，这不仅需要双方媒体同人的不懈努力，还需要大家提供多种角度的思考。希望双方媒体能够在今后做到互相尊敬、互相启发、建立互惠机制、互相提携，形成互相竞赛、取长补短的局面。

（2016 年 9 月 27 日，日本东京，参见 http://www.xinhuanet.com//politics/2016-09/28/c_129302480.htm）

韩国延世大学政治外交系教授、韩半岛和平论坛共同代表文正仁在2016年中日韩合作国际论坛上的发言

东北亚国家通过合作实现一体化，可以说是我们终极的目标。我们应建立一个良好的安保体系，正如习近平主席所讲的可持续的安保体系；通过 FTA 的建立来形成一个经济的共同体。同时今天我们讲到，建立一个文化共同体，这是再好不过的。这样一个共同体的建立，不仅是我们的希望，而且是一定要实现的，或者是一定要走的路。因为我们有共同的文化遗产，我们有互惠互利紧密的经济合作关系，同时我们的年轻一代，未来他们作为我们社会、我们国家的主人公，他们更需要合作，更需要维护

这样一个共同体。

在这里存在一些壁垒，比如说一些历史问题，像海洋的冲突，还有核安全的问题，这些问题是一定要消除的，这些问题是任何一个国家所不允许的。安倍的这种国防政策或者一些问题，这些都是在我们三国关系当中不需要过于敏感的，我觉得任何一个问题完全可以通过对话和平解决，而不是各自加强自己的武装或者是国防。

还有就是排他性的或者狭隘的民族主义在抬头，这也是不可取的。当然任何一个国家都有民族感，弘扬自己的民族传统，或者民族的一些情绪，这是没错的。但是我们不应该排他性地弘扬自己的民族，这是不对的。我觉得民族排他性，这是一个在过去历史当中国家与国家、民族与民族之间冲突的根源。我们人类要走向共同体，应该克服这些问题。

还有第三个，是国内的政治，国内的政治就是外交策略，往往都基于一国国内的政治，就是说外交的政策会受国内政治的局限。有人曾经讲过，政治可把不能变为实现叫政治。我们中日韩三国是相反，反而把一些可能变成不可能了。尤其是东北亚合作，本来是可能的，受阻于国内的一些阻碍，有些势力去反对它，否认它，甚至去破坏它，往往都是来自国内政治的一些影响。所以我觉得我们三国应该克服一些来自国内政治的阻碍。怎么去克服民族主义，怎么去让国内的政治能推动我们三国的国际合作，我觉得这些是非常重要的。

与此相关的，我本人非常尊重金大中总统，我现在担任金大中图书馆的馆长。他讲到三点，第一是先易后难，先做容易做大的事情。第二是先付出后取得，就是为了两国或者统一先付出，也就是跟中国的“和而不同”这样一个传统思想是一致的。通过相互的容忍、相互的理解来走向这种和。第三就是求同存异，就是相互承认存在差异，但是我们能达成更多的共识。这些是金大中总统所倡导的。我们在东北亚走向共荣的过程也是和而不同、求同存异，希望能作为我们东亚共事的一个原则。

（2016 年 4 月 29 日，中国北京，参见 http://world.huanqiu.com/special/CJK04/jb/type－3248.html? agt＝15438）

中国外交部外交政策咨询委员会委员吴建民在2016年中日韩合作国际论坛上的发言

对朝核问题应该是多样化的，现在多数的思维就是加压力，再加压力，再加压力。这样朝鲜就能停止核试验。但是压力加到今天，它一步也没有后退，单纯加压力到今天来说没有生效。所以原因是复杂的，我们的思维应该更全面。假设继续加压力，会不会出现一些我们不愿意看到的情况。假如它比较任性继续做试验，或者扩大核试验的当量，甚至于有局部的战争发生怎么处理？

尤其是认为中国在维持它，中国在设法保持一个和美国的缓冲地带，这种想法也比较单纯。现在欧洲的难民，叙利亚、阿富汗难民这么多，我就担心朝鲜北方的难民是成千上万、成百万地涌入中国。鸭绿江很窄，比地中海窄多了，那是很容易的。中国不能放着机关枪对待他们，只能以人道主义对待他们。因为韩国说要人道主义把他们送到韩国，或者其他地方来，那韩国准备接受几百万名难民吗？这都要想好。

所以刚才文正仁先生的话在哲学上是很深刻的，他那个思路我觉得大家可以继续发挥和延长，也就是说，要在保持压力的同时，有压力以外的新的思路。这是我的想法。这也正是我们这种公共外交论坛能够做出的重大贡献，而单纯政府外交是做不了这个贡献的，所以我就呼吁，我们的中日韩公共外交要继续做下去，必须集中讨论我们最关切的问题，来推动政府甚至推动美国重新思考。

美国在处理国际问题的时候不那么英明，它在阿富汗、在叙利亚、在伊拉克都证明他们的思维太简单、太单纯、太粗暴，没有亚洲人那么周密。

（2016 年 4 月 29 日，中国北京，参见 http://world.huanqiu.com/special/CJK04/jb/type-3248.html? agt=15438）

韩国东西大学客座教授，中国研究中心所长辛正承在2016年中日韩合作国际论坛上的发言

中日韩在“4+3”会议以后，从 2008 年以来，曾经有过八次左右的这种高峰会见，在不同的场合有多次这样的交流。在安保这样一个领域当中，主要是围绕一些非传统的安保领域进行一些沟通和交流。为了实现共同繁荣的愿景，韩国的政府也是提出了东北亚和平合作，在这方面提出了一些建议。

2015 年 11 月在首尔举办三国领导人会议，三国领导人对此做出高度的评价。在传统的安保领域，中日韩三国在 2010 年，在三国合作愿景 2020 这个平台下加强安保，尤其在国防军事领域需要促进这个交流，在这方面达成了协议。

但是前面各位发言人讲到，我们三国之间，存在一些历史问题，还有领土等遗留下来的问题，这些分歧和矛盾，还有安保政策上也是各执不同的政策，所以在安保领域的合作是不尽如人意的。

关于朝鲜的核问题，我们在之前都达成了一致的意见。尽管国际社会对朝鲜进行了制裁，但是它又进行了一次核试验，最近又有第五次核试验的可能性，对东亚局势带来了更多危险。所以我们中日韩三国应更加紧密合作，为东亚的安保做出应有的贡献。这个核危机有可能会破坏东北亚所建立这样和平的环境。我们不久前撤回了朝鲜开城工业区的企业，实际上也付出了很大的代价。联合国通过对朝鲜的制裁，韩国在这方面起到了积极的作用。

我们东北亚和国际社会的和平和稳定，是我们共同的目标。为实现我们共同的目标，我们在制裁朝鲜方面能做出更多的努力。尤其是中国政府对朝鲜表现了明确的态度，也是明确反对朝鲜所带来的核危机，这也不符合中国的利益。这一点中国的变化也是东北亚人民所愿意看到的，符合我们所向往的和平。通过我们的努力，引导朝鲜弃核，相信这是包括我在内在座的所有人所期望的。为此我们三国需要建立一个更加紧密合作的机制，在这个方面希望我们三国始终能保持一致意见。

除此之外，我们三国之间存在一些民族主义问题，或者排他性的一些问题，我觉得我们三国通过这合作来逐步消除这种相互的不信任和相互的不和谐。但是因为时间关系，在这个方面以后有机会再探讨。

（2016 年 4 月 29 日，中国北京，参见 http://world.huanqiu.com/special/CJK04/jb/type-3248.html? agt=15438）

国务院新闻办公室原主任赵启正在2016年中日韩合作国际论坛上的发言

我学到了很多东西，中日韩三方怎么样准确把握对方的意图，包括战略意图方面都是非常重要的。我想时间的关系，我会非常简要。朝核问题根源在于朝鲜，如果要解决，要有一个综合解决的思路才可以。因为 1975 年美国提出来朝鲜半岛南北共同承认交叉承认这样一个方案。1990 年和 1992 年，苏联、中国先后与韩朝鲜建交，但是迄今为止，朝鲜没有和美日实现邦交正常化。这个问题上，日本和美国是有责任的。

至少在 1990 年和 2003 年日朝相关改善的协议，是由于日方没有兑现承诺而泡汤的。所以中国长期以来致力于朝鲜半岛的和平稳定，包括无核化目标，对于朝韩关系，一直致力于劝和促谈，对这个把握还要精确一点，不能把地缘的关注，统统扣上冷战思维的帽子。冷战

思维或者冷战意识、民族主义在我们所在地区都有，中国也不能幸免，但在这个问题上不是，我希望相关的代表要准确把握中国的战略意图，这是前提。

再有一点，中国没有推卸自己的责任，但是中国需要协助。我大胆提问一个问题，我做一个设问，韩方现在在讨论在跟日方签署军事互访协定，其中一部分是针对朝鲜的。如果要中国承担这样的责任发挥这样的作用，是不是韩方已经准备好和中国签订这样的军事互访协定？第二个是韩国国内政策、对朝政策，前不久韩国进行了选举，在野党时隔16年掌握了局面，这个对下一步的政局有什么样的影响？

（2016年4月29日，中国北京，参见http://world.huanqiu.com/special/CJK04/jb/type－3248.html？agt＝15438）

日本国际论坛评议员、东亚共同体评议会主席石垣泰司在2016年中日韩合作国际论坛上的发言

本次论坛的召开，如果从日中韩三国的情况来看，我认为是正合时宜的一件事。在数年前，特别值得关注的事，就是地区局势发生非常积极的变化，其中最重要的一点就是日中韩三国召开了最高领导人之间的峰会。2015年11月，时隔三年半，终于举办了第六次日中韩首脑会谈，达成了56项共识，同时发表了东北亚和平与合作共同宣言，具有非常强的影响力。同时达成共识，就是第七届日中韩首脑会谈2016年将在日本召开。在这样的共识的基础上，我们在环境、经济、贸易、海关、农业、教育等各个领域的合作的强化，将会促进日中韩国三国政府间高层次的对话。

我们一直以来持续的合作，也就是日中韩三国政府之间一些特定的领域，比如说核安全、再生能源、防灾等方面的合作，也将会得到进一步的发展。

刚才所说这样一个非常大的三国关系的进展，是由三国最高领导人政治决断力所带来的，作为我们来说，绝不能让已经好转的三国关系再走回头路，我们应该有这样的坚定决心。还有一个新的动向，就是三国领导人会议之后，日韩两国之间在很长时间存在一个非常困难的问题，也就是慰安妇问题，在双方的共同努力下，终于达成了共识、解决的共识，这对地区政治状况的改善也有很大的作用。

但是在本地区其他方面，日中韩三国政府的政策、见解以及立场还有很大的不同，我们也有一些纠纷，这点毋庸置疑，而且以后依然存在，这是我们的政治现实。但是我们承认纠纷的存在，要在此基础上为改善关系而共同努力。也就说这种各方面的差异会一直存在，但是我们要克服差异、坚持对话，这应该是我们坚定不移的一个姿态。

同时三国以外及地区外国家的行为也会对本地区的形势产成很大的影响。前段时间朝鲜的核试验、导弹试验等都属于这样的事情。2016年3月，联合国安理会上通过了要采取坚定措施的一个决议。对此日中韩三国一直表示支持，并且在各个方面都采取了合作的态度。

今天东亚地区的形势是非常复杂的，而且是含有危险因素的，同时存在擦枪走火的危险性。但重要的是，正因为在这样的情况下，我们各国才不可以采取单方面改变现状的这种挑衅性的行动，对此有严格的管控。我们一定要在《联合国宪章》的指导下，依据国际法解决领土、领海等问题，一定要和平解决这些问题。为此做出努力是非常重要的。另外，东亚整个地区合作的框架、10＋3、东亚峰会等，日中韩三国至今都是非常重要的成员之一，而且做出了很大的贡献。

另外在安保方面的一个新的框架，就是“10＋8”国防部长大会，2010年成立之后，才只开了三次会议，在2015年马来西亚召开的第三次会议上，已经决定要把以前的这个三年开一次，要缩短间隔，改成隔年开一次，做出这

样的一个决议。这样东亚的政治、经济、安全方面的环境，今后也会逐步得到改善，

（2016 年 4 月 29 日，中国北京，参见 http://world.huanqiu.com/special/CJK04/jb/type-3248.html? agt=15438）

中国社会科学院日本研究所副所长杨伯江在2016年中日韩合作国际论坛上的发言

第一点，如前面嘉宾发言中所提到的，这次的首届论坛是对时隔三年多于 2015 年 11 月重新召开的中日韩领导会谈精神的一个重要的落实，是中日韩继往开来的一个重要的标志。那么在这样的一个时点上，我们要面向未来，还要反思和总结，就是在三年多宝贵的时间里边，我们的这段空白，应该是给我们留下了更多的反思和应该汲取的经验或者是教训。

本来已经约定好的每年一次的领导人会谈，为何不得不中断，这是值得我们总结和反思的，不然以后也搞不好。我觉得至少有两点是应当汲取的。关于发展双边关系推动三边合作，中日韩三国合作的精神早已经定下来，早已经谈好了，关键能否信守承诺，忠诚地执行。

中日韩实务的合作不能不关系大环境的影响，在我所关注的国际关系领域，这几年出现新的提法，是非常给人启发的。比如说，在研究国际关系的时候，越来越重视所谓前现代世界历史，也包括地区历史，对当前、当代国际关系，包括地区性国家关系的影响。我们继承历史的宝贵遗产，同时要面对过去。所以总结、回顾、反思，仍然是非常重要的。这是我强调的第一点。特别是目前，我认为无论是日中关系也好，还是日韩关系也好，关系改善的势头出现了，但是这种势头仍然不够稳定与巩固，需要我们认真地回顾和总结。

第二点，中日韩务实合作，包括公共外交领域的合作，面临利的机遇，在时隔三年多以后，2015 年 11 月中日韩领导人会晤再次举行，这是我们今天开这个会应该意识到一个大的背景。从大的外围环境来说，无论是中方还是日方还是韩方都有这样的契机。

我个人并不认为发展经济和民生是安倍首相本人的兴趣所在，但确实是日本的主流民意所在。从多边来看，还有双边，包括中韩自由贸易协定，日本参与其中的 TPP，如何使双边多边的贸易安排，与其他的架构相互共享，是包括中日韩三方在内的重要任务。除经济领域外，中日韩不断深化合作主题，拓展合作范围。比如说作为非传统合作项目和安全的问题是日益迫近的问题，刚才在二阶俊博先生的主旨发言中，提到五年前日本福岛核电站事故。如何实现核污染信息的共享，我想这是在此领域进行合作的一个重要的课题。

再比如说，在我们所在的东亚乃至整个亚太地区的安全架构问题，以美国为中心的同盟体系，在传统上主导地区安全，但是此地区迄今没能成功构建起囊括整个的区域的沟通机制和对话平台。中日韩作为本地区的重要国家，理应就此展开讨论。从我所在的专业及相关领域出发，中日韩三方应该大力展开文化和文明的对话，这个文化和文明的对话不是空的，而是实实在在的，我们要多一些理性，多一些科学精神，踏踏实实做下来，共同深入探讨一些看似基础却非常关键的问题。比如说汉字概念问题。我注意到在我多年的相关研究当中，就从我们同属儒家文化的中日韩三国来说，我们在相互沟通当中存在不少似是而非、鸡同鸭讲的情况。这样一些共用的汉字词，基础概念理解各不相同，我们应该加紧进行研究，而且普及民众。

第三点，我想强调中日韩三国应该意识到我们的历史责任，应当肩负起文明的使命。从中日韩三国所占的地区乃至世界的分量来看，三国关系的良性互动，无疑将对地区产生重要的示范效果，展望整个地区，包括东亚包括亚太都处在重要的过渡转型期，实力对比变化，利益关系调整，关系错综复杂，彼此以自信、

包容的心态相互对待。应当更多地从地缘经济而非地缘政治的角度思考问题，更多从推进对话而不是挑起对抗的角度思考问题，从促进地区和谐而不是制造新的矛盾的角度思考问题。

如果我们回顾一下世界历史、国际关系的历史，欧洲工业革命以来的几百年，世界的基本潮流基本是西风东渐，现在面临重要的历史机遇，大家都在议论世界经济与政治的重心向东方的转移，而这个东方无疑首先指的是我们所在的亚洲。如果把东北亚和东南亚做一个比较，东北亚的分量，特别是中日韩三国的分量是不言自明的。所以我们对此所谓东方文化、亚洲文明的再度兴起负有庄严的责任，这个西风东渐的潮流能否发生变化，这是我们能意识到的历史责任和文明担当。

（2016 年 4 月 29 日，中国北京，参见 http://world.huanqiu.com/special/CJK04/jb/type－3248.html？agt＝15438）

专题报告与专题论文和摘要

“一带一盟”对接与中俄地区合作

李永全

一　“一带一盟”对接文件表达的是政治共识

合作理念对接是关键。2015 年 5 月 8 日中俄在莫斯科签署的《中华人民共和国与俄罗斯联邦关于丝绸之路经济带建设和欧亚经济联盟建设对接合作的联合声明》（以下简称《联合声明》）是一个重要文件。“一带一盟”对接的文件是中俄在“丝绸之路经济带”建设和欧亚经济联盟建设问题上从误解走向共识的结果。这个文件为中俄在双边和多边框架下合作打下良好的政治基础。但从这个文件本身到具体项目合作还有很大距离，还要做很多工作。

对接过程中最重要的是合作理念、发展战略的对接，因此不可能有大项目产生。项目对接一定是在合作伙伴相互了解、利益一致并具备一定的政策支持和投资环境的情况下才会实现。这方面最重要的是合作理念的对接，互信、共赢是基本保障。

二　黑龙江优势明显

用创新思路把优势转化为现实黑龙江具有对俄合作的独特优势，“一带一盟”对接给黑龙江带来巨大机遇，不仅包括俄罗斯，还包括蒙古国，中俄蒙三方合作都已经提上日程。在国内，习近平总书记视察黑龙江，为黑龙江发展指点江山，国务院设哈尔滨新区，政策支持及时到位，黑龙江可谓天时地利都占尽。

在新形势、新机遇面前，需要新思路。只有以创新的精神和手段才能够把自身潜在优势变为现实发展成果。关于“丝绸之路经济带”与欧亚经济联盟对接的文件提出了一系列具体建议或措施，如扩大投资贸易合作，优化贸易结构，为经济增长和扩大就业培育新的增长点；促进相互投资便利化和产能合作，实施大型投资合作项目，共同打造产业园区和跨境经济合作区；在物流、交通基础设施、多式联运等领域加强互联互通，实施基础设施共同开发项目，以扩大并优化区域生产网络。尤其值得指出的是，《联合声明》还提出了“研究推动建立中国与欧亚经济联盟自贸区这一长期目标”。这个表述相对多年来俄罗斯的立场前进了一大步。多年来，俄罗斯专家和学者是避讳谈中俄之间甚至中国与上海合作组织之间建立自贸区的话题的，哪怕是作为长期目标。因此，《联合声明》包含一系列崭新的思想，值得关注，值得称道。

但是，无论怎样估计俄罗斯和与俄罗斯的合作在黑龙江发展中的作用，它都不过是外部因素，发展的决定性因素在国内、在省内。中俄之间的合作，尤其是大项目合作，需要理念和战略的对接，俄罗斯向东看已经取得巨大成绩，即通过与中国的合作成功地开辟中国能源市场，实现能源出口多元化，减少了对欧洲市场的依赖。这是战略性的、具有历史意义的成绩。这样的项目之所以成功，主要是双方实现了合作理念和发展战略的对接。其他项目要取得成功，同样需要这样的条件。远东地区的发展，对俄罗斯中央政府来说，首先考虑的是安全，而后才是经济，因此，虽然中俄战略协作伙伴关系已经发展到高水平，但是对远东开发和与中国东北合作而言，最需要的还是互信。在某种意义上，互信水平有多高，合作规模就有多大。在这个问题上，不能急于求成。

三　正确对待“引进来，走出去”的关系

“一带一路”的提出标志着中国改革开放事业进入新阶段，从前 35 年的以“引进来”为主逐步过渡到以“走出去”为主。但是，对某个具体地区而言，这个原则不能一概而论。关于黑龙江省与俄罗斯远东地区合作，笔者谈几点不成熟的想法。

第一，应该同样重视“走出去”和“引进来”。在“走出去”缺乏条件的情况下，“引进来”同样是机遇，关键是做好市场和项目调研。中国是一个巨大的市场，给世界制造业提供了巨大的发展机遇，我们自己也应该利用好自己的市场。以哈尔滨新区新政为契机，引进一批技术，提高东北传统的制造业水平，应该是可行的思路。

第二，目光不能只盯着俄罗斯远东地区，实际上，远东地区的发展和国际合作在很大程度上受俄罗斯中央政府的限制和规划，而由于远东地区独特的地理关系，这种限制比其他地区更大。对俄罗斯中央来说，远东地区首先是安全问题，其次才是发展问题。黑龙江不妨把多年的努力延伸到俄罗斯内地其他地区，寻求更广泛的合作伙伴。

第三，不能把合作仅限于俄罗斯，应该扩展到整个苏联地区，即所谓俄语地区。苏联是一个统一的经济体，经济技术分布在全国，现在很难形成统一的生产链，只要做好调研，相信有些技术和产品在中国是有市场的。

黑龙江有优势，黑龙江有资源、有人才、有前途。新形势对传统智库工作提出了新任务，传统的工作方法和研究手段已经不能适应新形势的要求。中国社会科学院俄罗斯东欧中亚研究所愿意与黑龙江的同人和朋友一道为加强中俄务实合作发挥研究工作和智库工作的作用。

【作者简介】

李永全，中国社会科学院俄罗斯东欧中亚研究所所长。

俄罗斯远东经济发展与中日合作

田畑伸一郎

长期以来，俄罗斯远东及西伯利亚的开发基本上是由日俄或中俄等双边合作机制进行运作。2016 年 5 月，日本首相安倍晋三在访问俄罗斯时，提出了八项合作计划，其中包括“远东的产业振兴与出口基地化”项目。从俄罗斯方面看，早期出台的远东等地的“超前经济发展区”规划期望引进日本等外国投资。然而，包括日本企业等在考虑具体做些什么项目时，最大的瓶颈是对所考虑项目最终结果的经济需求。

目前，俄罗斯面临的是如何摆脱对石油、煤气等能源及矿物资源过度依赖的问题。笔者认为，从发展方向上看，摆脱对石油、煤气等能源及矿物资源过度的依赖无疑是正确的选择，但在短期内实现的可能性不大。以近期或中期为目标来考量的话，俄罗斯最值得期待的，也是最现实的经济发展战略，应该是充分运用最具优势的能源及矿物资源来搞活经济促进发展，即向逐渐提高附加值、增加出口的方向进行调整。在远东等地提出建设“超前经济发展区”的初衷也可能是以出口为导向，盘活资源，提高石油、煤气等能源及矿物资源的加工比率。

然而，为了提高出口商品的附加值，需要发达国家的技术，更需要外国资本。笔者认为，日本具有所需要的技术储备。但是，最大的瓶颈是生产出的商品在哪里销售，或者说出口到哪里，大多情况下日本需求的制品并不多。从需求方面来说，能否将中国拉入至关重要，即以向中国出口为前提，日本和俄罗斯能否在资源开发及加工上合作。长期以来，关于俄罗斯的西伯利亚及远东的开发，人们经常提起的是利用俄罗斯的资源、日本的技术、中国的劳动力的合作架构。那么，未来是否需要构建俄罗斯的资源、日本的技术、中国的需求这个合作框架呢？

笔者之所以提出如此建议，主要背景是国际原油价格下跌并在低位徘徊，卢布大幅贬值，俄罗斯的人均 GDP 也从 2013 年最高时的 15000 美元的水平下跌至 2015 年的 9000 美元。如此一来，俄罗斯出口在价格方面变得很有竞争力。另外，随着中国人的收入及生活水平的显著提高，需求也在迅速增长，即对商品要求呈快速增加态势。基于上述考虑，利用日本技术对俄罗斯的资源进行深加工的产品，在中国一定具有较大的市场发展空间。从长期看，鉴于原油价格不可能快速恢复的状况，对俄罗斯的出口将构成长期利好，这种情况至少能持续五年。

对俄罗斯来说，上述设想具有明显利益存在，合作领域包括石油、煤气等的矿产品、农产品、水产品及木材等。对日本来说利益也是显而易见的，不但能够通过向俄罗斯出口加工技术获得技术出口的利益，还能够将这种技术出口不断地移向中国。日本的生产技术不仅体现在所生产的产品是环保产品，还体现在生产、加工的整个流程也符合环保要求。环境保护对日本来说也是非常重要的问题，俄罗斯的西伯利亚及远东地区环境以及中国环境对日本环境有直接影响。

举例说明，笔者2015年9月考察了俄罗斯Yamaru半岛山脚下一个叫Payuta的驯鹿肉加工厂。这是一家引入芬兰技术，从原住民手里购买驯鹿进行驯鹿肉加工的工厂，因生产的产品能够达到欧盟标准，产品已出口至芬兰和德国等国家。这是典型的引进发达国家的技术、培养出口产业的例子。工人们通过赴芬兰的学习掌握了技术。这里特别值得一提的是该项目给包括原住民在内的地区居民的生活、保护环境等方面带来诸多益处。

从最终结果来说，日本和中国在俄罗斯远东地区进行有效合作的项目最有名的就是东西伯利亚－太平洋石油管道项目。想当初，围绕俄罗斯自东西伯利亚开始的管道走向问题，日本和中国的竞争曾相当激烈。但现在回头看，按现在的结果考量，恐怕不仅日本单独参与没法实现，而且中国单独参与也是没法实现的。从目前看，该项目结果是俄罗斯、日本和中国都能得到各自最大利益。笔者认为，从项目开始运作时，如果俄日中三个国家将其作为共同事业来推进的话不是更好吗？目前，在萨哈林的石油、煤气的开发和出口项目、通往符拉迪沃斯托克（海参崴）的煤气管道建设项目以及符拉迪沃斯托克LNG工厂的建设项目等具有代表性的大项目中，日本和中国的合作几乎没有任何协议，考虑到对环境的影响等，日中的合作应该是最好选择。

前些年中国农民在俄罗斯远东地区进行农业的生产经营。另外，现在以北海道为首的日本企业已经开始出口农业技术的工作。但与农业生产、日本的技术相比，更应强调的是环境保护等方面的事情。问题是在俄罗斯远东地区生产的农产品客观存在需求，假如所生产的农产品能向中国出口，对俄日中三国来说都会有各自的利益。如此一来，对于农业方面的合作，三国间也会构建发展框架。基于同样的考虑，三国在鄂霍次克海等海域的水产业也有很好的合作未来。

也许有人会认为，在俄罗斯远东地区的经济发展中，日本和中国合作是荒诞无稽之谈，但笔者认为，现在日、中已经完全具备了上述项目合作的经济条件，期待早日实现，扩大各方利益。

【作者简介】

田畑伸一郎，北海道大学斯拉夫·欧亚研究中心主任。

东北亚25年经济指标变化之回顾*

新井洋史

推进东北亚地区经济合作的构想在1990年前后逐步为人所知。黑龙江省每年召开的哈尔滨国际经贸洽谈会之源流也可以追溯到那个年代。在当前推动建设的"龙江经济带"战略中，东北亚地区的经济交流仍然是其重要支柱。本文旨在通过分析东北亚地区经济或社会指标的变化，回顾近1/4个世纪以来东北亚地区发生的巨变。具体而言，笔者从"经济增长""社会与经济结构变化""贸易""地方层面的变化""政策性含义"等方面入手对相关数据进行整理和分析。[①] 在部分条目中，本文不仅引用了国家层面的相关数据，还尝试导入地方层面的相关数据加以分析。

一　经济增长

自1989年起的25年间，全世界GDP增长了近4倍。在此期间，1989年柏林墙倒塌，1991年苏联解体，1997年又爆发了亚洲金融风暴。此后，2001年随着中国加盟WTO，全球经济又恢复了高增长。然而好景不长，2008年全球金融危机来袭，其负面影响已超过了亚洲金融风暴。

在全球经济规模不断扩大的背景下，东北亚地区占全球经济的比重已从1990年的19%上升至2014年的23%。这意味着本地区（东北亚）的经济增长速度高于同期世界经济增速的平均水平。

25年间东北亚地区各国的GDP所占比重也发生了深刻的变化（见图1）。过去日本是东北亚地区绝对的经济大国，然而时过境迁，中国的经济总量已跃居本地区第一并牢牢占据世界第二的位置。

此外，各国的经济增速也不尽相同。中国依然是本地区增速最快的国家，但已出现明显放缓的趋势。增长放缓并非突如其来，从整个过程来看，中国经济是从2010年起逐步减速的。俄罗斯、蒙古国则在25年间一度陷入经济负增长的窘境，并且在经济增长过程中的起伏较大。

从人均国民收入的数据中可以看出东北亚地区的经济发展水平正在提升。除去数据不详的朝鲜，各国都达到了超过1万美元的水平（购买力评价标准）。值得注意的是，各国间的差距有逐步缩小的趋势。1990年日本和中国之间尚有20倍的差距，而到了2014年排在最末尾的蒙古国和日本之间的差距已经缩小至3.5倍。

---

* 本文是笔者基于2016年1月29日在日本新潟市召开的"2016年东北亚经济发展国际会议 in 新潟"上所做发言整理而成的。

① 由于篇幅限制，文中没有列出全部图表。有兴趣者可通过 http://www.erina.or.jp/en/wp-content/uploads/2015/12/Co-ARAI.pdf 检索到更详细的图表。

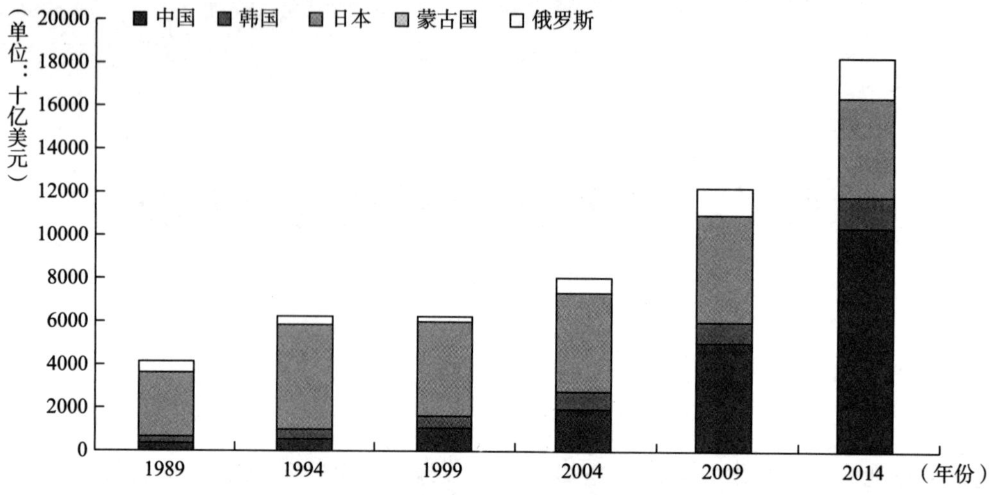

图 1 东北亚各国 GDP 的变化

资料来源：世界银行 *World Development Indicators*。

二 社会与经济结构变化

人口构成是社会结构中最为基本的指标，探究其长期变化较短期变化更具意义。笔者对 1989 年、2015 年东北亚各国的人口结构金字塔进行了比较分析。

日本是少子老龄化现象最严重的国家，40 岁以下人口的比例在急剧萎缩。韩国也面临少子化的难题。韩国老年人的人口比例低于日本，但其少子化速度有超越日本之势。朝鲜近来也有少子化的趋势。中国由于受到计划生育政策等（1980～2015 年）的影响，10 岁、20 岁年龄段的人口偏少。俄罗斯的人口构成相对复杂，但总体也呈现少子老龄化的趋势。最近几年俄罗斯的人口出生率在逐步回升，但这一势头能否长期保持尚存疑问。蒙古国可以说是东北亚地区唯一“年轻”国家了。20 世纪 90 年代的经济负增长时期虽出现过出生人口减少的情况，但如今新一代的人口增速已超过上一代。

人口年龄结构影响人口增长率。在东北亚各国中，只有蒙古国一国呈现人口高增长，2009 年之后一直维持着每年 15% 以上的人口增长率。俄罗斯自 20 世纪 90 年代以来的人口减少现象止于 2008 年，之后呈现小幅增长趋势。日本自 2009 年之后则出现小幅减少趋势。中国、韩国和朝鲜依然保持着 4% ～5% 的增长率。

笔者认为可以用一句话概括人口变化的特点，即东北亚地区的人口在 25 年间总体呈现老龄化加剧、人口增速放缓的趋势。

少子化对经济的影响最终归为劳动力供给的减少。简单设想一下，向劳动市场供给的劳动力减少，供求平衡被打破，劳动者的工资必然上涨。如表 1 所示，相较于 1995 年，2013 年各国的最低工资[①]都已上涨。更值得关注的是，各国间最低工资水平的差距在逐步缩小。过去由于劳动力成本低廉，中国常被认为具有生产劳动密集型产品的优势。然而随着劳动者工资差距的缩小，可以说这样的特点或优势已逐渐消失。

① 最低工资上涨与经济水平的总体提升与收入再分配政策的调整息息相关，仅把上涨原因归结于劳动市场供应紧张是不合适的。此处仅作为论证过程中的一个例证。

表1　东北亚各国的最低工资

单位：美元

	中国	日本	蒙古国	韩国	俄罗斯
1995年	28.7	1132.5	—	343.0	13.4
(俄罗斯=100)	(214.8)	(8464.1)	—	(2563.3)	(100.0)
2013年	226.0	1358.8	125.8	928.4	163.7
(俄罗斯=100)	(138.1)	(830.3)	(76.9)	(567.3)	(100.0)

资料来源：国际劳工组织 *ILOStat*。

除了劳动力，同样作为生产要素的资本也值得关注。然而仅从目前各国的资本收支变化来看，很难得出有关整体走势的结论。各国都有自己的特点，比如日本就一直是资本的对外供给国。

再把视线转向能源方面。仅从能源对外依存度来看，25年间不少国家经历了翻天覆地的变化（见表2）。中国从纯出口国转变为纯进口国，而蒙古国和朝鲜从纯进口国转变为纯出口国。最近蒙古国的能源出口量已达本国消耗量的2～3倍。

表2　能源进口依存度

单位：%

年份	中国	朝鲜	日本	蒙古国	韩国	俄罗斯
1990	-1.17	12.97	82.90	19.59	75.65	-47.08
1995	-1.92	8.91	80.09	16.63	85.39	-51.98
2000	2.72	4.71	79.65	18.69	81.69	-57.93
2005	4.18	-3.30	80.73	-32.44	79.56	-84.63
2010	10.50	-10.22	80.10	-341.58	82.03	-83.79
2011	11.48	-43.88	88.87	-451.52	81.96	-78.05
2012	12.75	-43.88	93.74	-364.77	82.46	-76.00

资料来源：世界银行 *World Development Indicators*。

2015年12月《巴黎协定》虽已达成，从环境方面考虑，能源的有效利用依然是各国的重大课题。得益于各国政府的大力投入，目前各国的指标逐步得以改善，各国间的差距也正在迅速缩小，中国的改善成效显著。1990年中国消耗1千克石油仅能生成GDP 1.98美元，而到了2012年已能够生成5.14美元，一举超过了同一时段从3.26美元增值到4.41美元的俄罗斯。

从上述东北亚的人口、劳动市场、资本移动以及能源情况来看，笔者认为东北亚各国间存在的差距已在过去的近1/4个世纪中大幅缩小，这也是笔者到东北亚各地出差时的切身感受。

三　贸易

1990年整个东北亚地区的贸易额只占全球总贸易额的12%，到了2013年这个数据已是之前的1.5倍，增长到18%，各国的贸易额都有相应增加。

从东北亚各国对地区内其他各国的出口来看，比较一下1992年和2013年的数据就不难发现，地区内各国对中国的出口量都大幅增加（见表3）。很多国家对韩国的出口量也在增加。从整体来看，东北亚各国对地区内国家的出口额增速惊人，对地区内的出口额已经超过了对地区外各国的出口额。这也就意味着东北亚地区内的贸易关系在过去的1/4个世纪中越发变得紧密。

表3　东北亚各国地区内出口比重

单位：%

1992年

	中国	朝鲜	日本	蒙古国	韩国	俄罗斯
中国		13.11	4.63	17.89	3.46	0.99
朝鲜	0.64		0.07	NA	0.01	NA
日本	13.75	21.60		4.82	15.14	1.72
蒙古国	0.16	NA	0.00		0.01	NA
韩国	2.83	13.70	5.09	0.41		0.25
俄罗斯	2.75	5.46	0.49	56.62	0.15	

2013年

	中国	朝鲜	日本	蒙古国	韩国	俄罗斯
中国		77.90	18.09	86.82	25.96	6.76
朝鲜	0.16		0.00	NA	0.20	0.00
日本	6.80	0.00		0.25	5.75	3.73
蒙古国	0.11	NA	0.04		0.06	0.30
韩国	4.13	16.45	7.90	0.30		2.82
俄罗斯	2.24	0.21	1.53	1.45	1.81	

资料来源：ERINA《东北亚经济白皮书》1992年、2013年。

四　地方层面的变化

以上几点都是从国家层面观察其变化及走向的，接下来笔者有意探讨地方层面的变化。在东北亚地区，不只是国家间的经济合作，各国地方层面的开发也是一项重要的政策课题。下文中将列举一些值得关注的事项。

首先，中俄间铁路运输的动向值得关注。从中俄边境火车站货物吞吐量的数据来看，进入21世纪以来，经由绥芬河站和满洲里站从俄罗斯运输到中国的货物量大幅增加（见图2）。

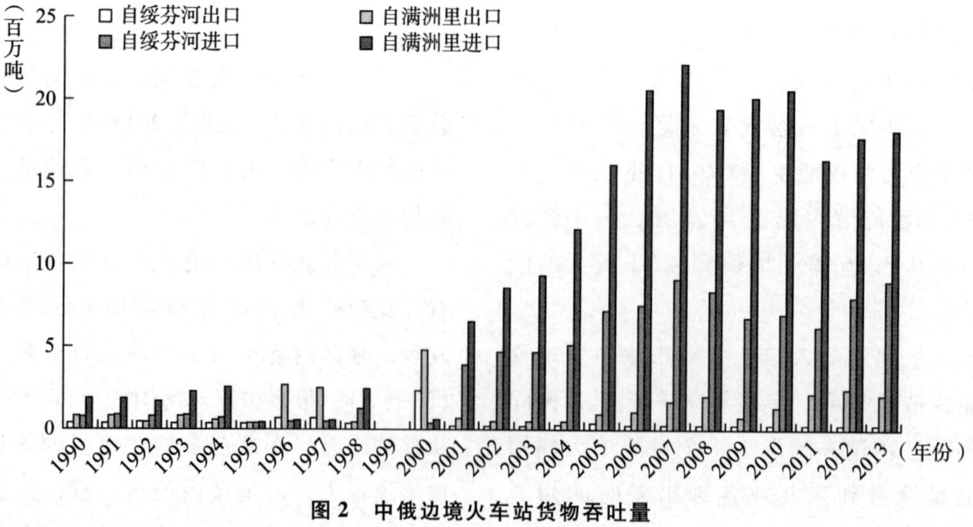

图2　中俄边境火车站货物吞吐量

资料来源：《中国交通年鉴》（历年版）。

其次，笔者希望依次介绍一下中国、俄罗斯、日本在地方层面参与东北亚贸易的情况。首先要说的是中国的东北三省。黑、吉、辽同东北亚各国的贸易额都在上升。其中黑龙江省主要提升了同俄的贸易额，辽宁省和吉林省主要提升了同日本、韩国和朝鲜的贸易量。另外，俄罗斯远东地区同日本、中国、韩国的贸易也大幅提升。与此形成鲜明对比的是美国。过去美国一直是俄罗斯远东地区的主要贸易国，如今已经远不及日本、中国、韩国。此外，日本的日本海沿岸地区也增加了同东北亚各国的贸易。

东北亚地区贸易的扩大使本州岛日本海沿岸的各个港口焕发新活力。包括新潟港在内，本州岛日本海沿岸承接国际集装箱货物的港口达到 10 个。这 10 个港口的集装箱吞吐总量在过去的 1/4 个世纪中提升了 20 倍以上。虽然绝对量依然很小，但如此高的增长率对日本海沿岸的港口而言可谓意义非凡。集装箱吞吐量和靠港的定期集装箱航线数互为表里，不难发现各个港口的集装箱运输航线数量都已增加。

五　政策性含义

1990 年新潟召开了有关环日本海交流圈的论坛。自那之后的 25 年间，基本上每年都会召开有关东北亚议题的会议。1990 年设立这一会议的学者们主要考虑的是建立“环日本海经济圈”。当时“生产资源互补性”一词被广泛使用。主要是因为考虑到日本、韩国在技术和资金方面有优势，中国和朝鲜有丰富的劳动力资源，俄罗斯和蒙古国的天然资源丰富，希望通过整合各国生产资源的优势促进地区发展。会议召开伊始，诸如在图们江下流建设国际化城市的构想等个别项目曾作为中心议题得到各方关注。其中并不是所有构想都得以实现，有的始于梦也终于梦了。另外不可否认的是，日本的日本海沿岸地区、中国的东北地区、俄罗斯的远东地区等狭义上的东北亚地区的发展远不及其他一些地区那般迅猛。

然而东北亚地区的发展并不是处处碰壁。如上所述，东北亚地区内的经济增长是显而易见的，地区内的贸易量也在扩大。细细观察不难发现有些城市和地区的发展还超过了预期。比如，1992 年开设的“东方水上丝绸之路”，是一条从黑龙江省出发，经由松花江、额木尔河直至日本的货物运输航线。该航线虽然几经变迁，却一直运营到 2009 年。我们应当珍惜像这样的成功经验并从中获益，以应对当下的新形势，这样才能有利于我们解决众多难题从而不断前进。

笔者认为今后在制定、实施促进东北亚地区内合作的政策时，需要着重注意以下两点。

第一，是文中一直强调的，随着经济社会结构的变化，东北亚地区各国间的差异正在不断缩小。在不设限制条件的情况下，单纯的“生产资源互补性”已很难成立。东北亚各国一同致力于共同的课题、形成水平型合作的情况将会不断增加。

第二，需要有意识地关注地区内的空间结构。从地图上看直线距离很近，但在人员、物资往来时却不得不绕远路，这种情况其实并不合理。究其原因无非是基础设施不完备所带来的物理性障碍以及办理过境手续时所产生的制度性障碍。出路在于解决这两大障碍。解决这两大障碍，就能够开启活用地理邻近性之路。

真心希望再过 25 年，东北亚地区各个“邻居”间的关系能够“亲上加亲”。

【作者简介】

新井洋史，ERINA 调查研究部部长、主任研究员。

新区和哈长城市群建设与东北老工业基地振兴

盛　毅

黑龙江省作为老工业基地的典型代表之一，要在新一轮东北振兴中走出困境，需要寻求新的思路和途径，从根本上改变循环累积因果理论描述的现象，城市群和新区建设可能是关键性的突破口之一。

一　老工业基地陷于困境的主要原因

对于东北老工业基地为何陷入困境，已经有许多研究，归纳起来有以下方面原因。

1. 工业技术装备老化

虽然近年来，企业通过技术改造，装备的技术水平已经得到明显提升，一些企业在智能化制造、高精尖制造上，已经得到了迅速提升，基本摆脱了60%以上装备技术落后于国际先进水平20年以上、部分工艺装备落后30~40年的状况。但与世界上同类先进企业比较，设备老化、落后、技术陈旧的现象普遍存在，达到国际先进水平的装备占比低，20世纪八九十年代生产的装备，仍然占据主体地位。

2. 经济结构不合理

一是在三次产业中，工业所占比重远高于全国平均水平，第三产业占比明显偏低。二是重工业所占比重高，传统的重化工业要占80%左右，其中主要以能源和原材料生产装备、工作母机生产为主，工业结构比较单一，传统产品占大头，“原”字号、“初”字号产品居多，能源工业占比超过50%，新兴产业比重低、成长慢。三是大型企业数量多，中小企业数量少，企业之间的分工和协作配套水平不高。四是国有经济比重达到50%，规模以上的国有企业比重接近70%，不仅远高于全国平均水平，而且在东北也处于最高水平。尤其是在工业领域，国有经济占比高的地区达70%以上，许多地区都超过50%，哈尔滨、齐齐哈尔等集中了一批负担较重的大型国企，民营经济发展明显不足。五是资源型城市多，黑龙江省有13个地级市，1个油城、4个煤城、2个林城，以资源型产业为主的城市超过一半。

3. 各种历史包袱重

首先是企业债务包袱重。近年来虽然在剥离企业各种社会职能方面取得了很大进展，“企业办社会”问题得到缓解，但遗留的人员、设施，甚至机构、厂办大集体、离退休人员社会化管理等，以及各种非生产性支出问题，仍然没有处置完备。其次是许多职能交给地方后，政府不仅在接手时就倾注了大量财力来解决历史欠账，而且背上了债务、日常运行费用等累赘。三是国有企业下岗职工安置数量大，退休人员的社会保障费用支出多，破产企业财政补贴资金多，“生态欠账”投入力度大，这方面的指标明显高于全国水平。

4. 体制机制不适应

计划经济体制烙印深，开放程度低，路径依赖严重，政府与市场的关系没法厘清，政府管得多、管得严，使深层次的体制机制性矛盾难破题，新体制和新机制建立面临很大阻力。除国企体制问题非常突出外，政府管理体制、市场环境、思想意识等方面，也普遍存在与市场经济运行不适应甚至不相容的问题。尤其是官本位思想导致的市场意识和氛围不浓，严重排斥市场在资源配置中发挥作用。

5. 人口和人才流失

人口持续净流出，2010 年全国第六次人口普查数据显示，东北三省人口每年净流出 180 万。东北三省的老年人口占比高于全国平均水平。人才流失严重，2015 年 5 月，标准排名（中国）研究院发布的一项全国大学生毕业统计表明，辽宁两所“高薪大学”有四成学生流向北上广，其中大连理工大学有 36% 的毕业生到北京、上海、广州等一线城市就业，大连海事大学则有 38% 的毕业生外流。人才外流导致科研实力减弱，如老工业基地每万人发明专利拥有量就明显远低于全国平均水平。

6. 地理位置相对不利

从与国内各省市区的联系看，东北三省位于关外，处于相对不利地位，承接沿海城市转移的经济和技术难度大。从与国外联系看，除辽宁外没有出海口，再加上与东北三省接壤的俄罗斯远东和朝鲜经济发展都比较落后，与相邻国家发展外资、外贸和外经等，其规模和水平受到了很大制约。

二 从城市群和新区建设破题

针对上述问题，自 2003 年开始，国家实施了振兴东北老工业基地的战略，明确从优化经济结构、加快企业技术进步、加强基础设施建设、积极推进资源型城市转型、切实保护好生态环境、深化省区协作、深化改革开放等方面，对老工业基地进行大力调整改造，使其焕发青春。应当说，第一轮的振兴东北老工业基地战略，抓住了这一区域存在的主要矛盾，确定的指导方针和出台的政策措施针对性较强，再加上中国正好进入基本建设投资迅猛增长的周期，为振兴战略的实施起到了强劲助力作用。经过十年努力，许多国有大中型企业效益好转，不少老工业城市显露生机，新兴产业的发展步伐加快。然而，随着中国经济发展进入新常态，尤其是固定资产投资增速的迅速下降，过于依赖重化工业，过于依赖能源、原材料和大型装备生产的东北地区，再次陷入困难境地。《中共中央、国务院关于全面振兴东北地区等老工业基地的若干意见》将当前存在的问题归纳为市场化程度不高、国有企业活力仍然不足、民营经济发展不充分、科技与经济发展融合不够、产业结构不合理、思想观念不够解放等，这些问题与第一轮政策出台面临的问题似乎相似。不过，本轮政策在需要解决的问题上，突出了全面深化改革的要求，将着力完善体制机制放在首位，以此为前提推进结构调整、鼓励创新创业、保障和改善民生，争取再用十年左右时间，实现东北地区全面振兴。

贯彻落实好国家关于振兴东北的任务，关键是找到新的途径或着力点，力争取得大的突破。虽然目前各方面已经达成共识，破解东北振兴难题，关键是构建适应社会主义市场经济发展的体制机制，只有以深化体制机制改革为前提和核心任务，才能在经济转型、新动力培育上取得根本突破，才能够改善民生和生态环境。习近平于 2015 年 7 月在长春召开部分省区党委主要负责同志座谈会强调，坚决破除体制机制障碍，形成一个同市场完全对接、充满内在活力的体制机制，是推动东北老工业基地振兴的治本之策。本轮出台的东北振兴意见，将着力完善体制机制放在“四个着力”首位，足以看到中央对推进东北地区深化改革的决心。然而，在容易改革的领域任务已经基本完成的情况下，深化改革面临的都是攻坚战，在这一区域集诸多问题于一身，需要解决的基本上是深层次问题的情况下，采取全面推进策略难度很大。近两年东北重陷困局，可能就是在深层次问题面前举步维艰导致的。英国伯明翰、曼彻斯特，美国东北部锈带地区，德国鲁尔，法国洛林等地区在改造中，都经历过较长时间的努力，才成功实现了转型。如德国鲁尔地区经过20年的“经济结构转型”，才基本上从一个以煤炭和钢铁为基础的旧工业区转变为以高新技术产业为主、服务业及文化产业协调发展的新型经济区，任务至今没有彻底完成。曼彻斯特从一个以传统制造业为主的工业城市转型为一个以服务业经济见长的后工业城市，经历了近30年。而我国的老工业基地转型，不仅需要实现从粗放型向科技创新型转变，还要实现从传统的计划经济体制向社会主义市场经济体制转变，比国外的老工业基地转型任务更为艰巨。为此，可否考虑在近几年中，重点依托部分区域深化改革，构建新的体制机制，进而带动整个东北的改革深化。哈长城市群建设、哈尔滨新区建设，为这一设想提供了有利条件。

实际上，在第一轮振兴东北的政策中，国家已经注意到，如果要系统地解决该区域的问题，需要推动“辽宁沿海经济带、沈阳经济区、哈大齐工业走廊、长吉图经济区”加快发展，形成一批具有核心竞争力的先导产业和产业集群。同时鼓励东北地区实行跨省（区）经济合作，促进生产要素合理流动，提高一体化发展水平。并且将建立东北地区四省（区）行政首长协商机制，作为振兴的重要任务。但从其着力追求的目标和落脚点看，核心还是围绕促进产业发展进行，没有着眼全面深化改革。本轮出台的意见，提出推进“中蒙俄经济走廊建设、中韩国际合作示范区建设”推动对欧美等国家（地区）相关合作机制和平台建设、推进沿边重点开发开放试验区建设等，就是想利用这类平台探索改革开放的新路子。特别提到以哈（尔滨）长（春）沈（阳）大（连）为主轴，培育形成东北地区城市群，积极推进建设大连金普新区、哈尔滨新区、长春新区，努力打造转变政府职能和创新管理体制的先行区。这些设想，已经指明了改革的路径。如果黑龙江能够以“哈长城市群和哈尔滨新区”作为深化改革的先行区，在形成可复制可推广的经验后推广到全省，也许是一个好的突破口。

三　新区和城市群建设对老工业基地的影响

国家级新区是我国改革开放的试验区，是创新的先行区，只有率先构建新的体制机制，才能在改革开放和创新上取得大的突破。

首先，新区总体上定位于“国家自主创新中心”，并将打造国家自主创新示范区、世界一流科技园区、创新型城市等作为主攻方向。与此相适应，必须把重点放在提高科技创新能力，放在优化科技资源配置上，着力构建以企业为主体、以市场为导向、产学研相结合的技术创新体系。必须探索建立国际通用的人才引进、培养、使用、评价、激励机制，集聚一批领军人才。必须搭建人才创新发展平台，加快创新创业服务体系建设，鼓励优秀人才在新区创业。必须建立更多的国家重点（工程）实验室、工程（技术）研究中心等各类科技创新平台，建立产业化示范基地和科技成果转化服务示范基地。创新是国家级新区的灵魂，推进新区建设，必须坚持以创新为动力，产生强烈的创新溢出效应。

其次，新区的体制机制创新被寄予厚望。在《关于促进国家级新区健康发展的指导意见》一文中，进一步明确了建立高效运转的行政管理机制，构建现代社会治理体系，营造良好营商环境。各新区按照精简高效原则，普遍建立扁平化行政运行体系，如在上海浦东，两区合并后，区级机构坚持“大部门”制，区政府设工作部门19个，相当于其他区县的2/3；万人行政编制数4.9人，不到全市平均数1/2。建立鼓励改革创新的机制，在符合中央全面深化改革部署要求的前提下，鼓励先行先试，创造可复制、可推广的经验，赋予新区更大自主发展权、自主改革权、自主创新权等要求。如舟山新区则强化政府职能转变，把不该由政府管理的事项转移出去，把该由政府管理的事项切实管好。市委、市政府工作部门整合精简

25%以上，两区、两县部门则精简30%左右。尽管新区被赋予了行政管理体制、土地利用制度、投融资体制等率先改革的权力，在基础设施建设、产业项目布局、生态环境保护等方面给予的支持力度也要大得多，推进发展的条件相对有利，但要真正实现跨越发展和科学发展，闯出一条具有特色的新路，会遇到传统发展思维与模式，已形成惯性的体制机制，短缺的人才、科技和资金、创新的经验和方法不足等的掣肘，难度是非常大的。而各个新区为推进科学发展所进行的创新，尤其是在优化配置资源，促进集聚集约发展，促进人口、资源、环境协调、创新发展的体制机制方面的探索，要提供许多有益经验和鲜活案例，在各方面产生示范效应。

再次，新区作为“先行先试”的试验区，是面向国家“深化沿海开放、扩大内陆开放、加快沿边开放”区域开发战略的重要举措，它要求在行政壁垒形成的分割体系中实现突围，必须在行政管理体制和区域协调机制方面进行大胆创新，尤其是通过整合不同市域、县域经济打造的新区，探索建立“同城化、一体化”的区域统一大市场，促进生产要素无障碍流动，实现更大空间范围内的资本、人才、科技、信息诸要素的市场优化配置，大幅度提高生产要素的集聚规模和报酬递增效益。而这些方面的探索和实践，将突破当前经济区共建的困境。创新招商方式，通过搭建各类招商引资平台，积极开展富有实效的招商活动，统筹整合招商资源，实行招商引资信息共享。通过园区招商、以商招商，创新招商选资、引智模式，积极吸引社会投资，也是新区建设的艰巨任务。此外，如何借鉴中国（上海）自由贸易示范区的成功经验，按照国际通行标准推动体制机制改革创新和对外开放，实现投资和优质要素进出便利化，推动新区建立贸易自由、投资便利、金融服务完善、产业高度集聚、法制运行规范、监管透明高效、辐射带动效应明显的综合改革创新区，也是当前改革的重点。

最后，将试验要求落到具有可操作性的政策措施上。从率先建设的新区看，所做的主要工作有以下几个方面。加强政策法规建设。制定和完善新区管理条例、新区总体规划方案、新区开发开放意见、新区土地管理规定、新区鼓励投资意见等，以规范各级政府、功能区管委的工作职责及协调方式和方法，为新区发展提供法律基础和法律保障；加快经济发展的政策性文件，理顺园区管理体系，明确园区的发展定位，在园区职责、人事管理、财政体制、规划建设、土地利用、招商引资、社会事务管理等方面做出详细界定，为园区的管理和运行提供依据。

理顺各种利益关系。科学划分各行政区政府、园区管委会的财权和事权，加强新区各行政区政府、园区管委间的交流合作。以事权为基础合理地划分各行政区政府、园区管委会的财政支出范围和经济管理权限，对各行政区政府、园区管委会的事权范围明确地加以界定，并将其作为政府间财政支出范围划分的依据，为地方财政支出的方向和规模给予正确的引导。

完善绩效考核体系。一是设计出一套科学、合理、可量化的政绩考核指标体系。二是明确官员政绩考核的主体及其考核对象。三是形成合理且明确的奖惩机制。四是建立与市级相关主管部门协调联系的工作机制。

强化区域间的合作发展。建立协调产业发展、分工协作机制，共同提升地区经济的整体实力；建立协调基础设施建设机制，构建包括高速公路、公路、铁路等多种运输方式的综合交通网络，逐步实现区域交通一体化；建立协调区域社会事业的发展机制。积极探索土地开发利用模式的创新。一是统筹新区国土资源，搭建统一工作平台。二是建立重大项目规划选址和用地的统筹协调机制。三是争取土地行政审批权尽快下放。四是农村经济留用地开发利用策略。五是建立城乡统一的户籍管理制度，推动农业转移人口市民化。哈长城市群建设，则在探索规划共编、产业共联、基础共建、市场共治、服务共享、环境共保等方面，形成一系列新的体制机制，从而打破区域之间的封闭，促进生产要素在更大区域进行优化整合。

显然，无论是新区建设还是城市群建设，其重点要进行的探索，正是老工业基地振兴急需进行的改革，将其成功的经验推广到整个老工业基地，可为老工业基地振兴找到新路子。

【作者简介】

盛毅，四川省社会科学院研究员。

现阶段俄罗斯运输和物流服务市场的特点

杜纳耶夫 O. H.

物流服务市场的主要参数——数量、结构、动态，以及一系列影响因素，主要涉及规模和经济部门结构、贸易发展、运输和物流基础设施建设、运输和物流服务的价格水平及动态。

俄罗斯经济结构特点仍是采矿业在产业结构中所占的比重较高，2015 年这一部门对 GDP 的贡献上升至 10.0%，2014 年为 9.0% ［批发、零售贸易对 GDP 的贡献在下降，由 18.2%（2012 年）下降到 16.0%（2015 年），运输和通信服务的比重也由 10.4%（2012 年）下降到 7.0%（2015 年）。对比美国：贸易占美国 GDP 的比重为 28%，运输和物流服务占 7.7%］。其中，石油和天然气，原料商品运输服务所占的比例较高（占运输和物流服务市场营业额的 80%）。

基本物流服务质量较差，主要表现在运输、终端和仓库的基础设施等方面，由此导致绝大多数运输、储存、库存管理和供应链等服务要由实际操作的公司自己来完成（68%）。[①]

最大的零售连锁折扣店 Magnit 指望着自身运输和物流部门的发展：公司目前拥有 33 个配送中心，并计划再建 8 个配送中心。物流综合体建于 2015 年，其中不仅包括可以存储各类物品的仓库，还有回收处理部门、汽车运输企业、燃油修理综合体。[②]

最大的农业控股公司 Мираторг 正在开发自己的销售和物流网络，以及运输队伍。

市场的结构以第二方服务提供商为主（第三方服务提供商份额不超过 8%）；合同物流是主要的表现形式，即国际物流运营商与 2008 年经济危机后存活下来的大型俄罗斯企业之间确立的合同关系。现今物流企业的客户多是外国公司，它们将物流服务外包出去，同时它们知道如何与物流企业打交道。如果这是一家俄罗斯公司，那么它要么是生产厂家分布在俄罗斯境外，要么就是其制造商分布在全俄各地。

然而，正如我们前面提到的，[③] 运输和物流公司的整合模式占据主导地位的（如俄罗斯铁路及其附属公司），大部分物流企业规模不够；运输和物流服务市场分化严重，市场参与者之间的互动受到一定的限制：大型物流企业—大企业（国有企业和公司）；国际物流公司—国际公司/俄罗斯大型公司。俄罗斯和国际各大物流公司不能为中小型企业提供高品质的物流服务。同样，大中小型物流公司之间缺乏网络互动（在分包原则基础上），在其金字塔内部（其级别之间）缺乏技术、专业分工、操

① Вклад оптовой и розничной торговли в ВВП сократился с 18.2 % （2012 г.） до 16.0% （2015 г.），доля услуг транспорта и связи также сократилась с 10.4 % （2012 г.） до 7.0% （2015 г.）. Для сравнения：в США удельный вес торговли в производстве ВВП составляет 28 %，организаций транспорта и логистики – 7.7 %.

② Экперт，2016. № 1 – 2. С. 5.

③ Логистика в России：новые пути раскрытия потенциала. Совместный доклад The Boston Consulting Group и Комитета по логистике ТПП РФ. 2014. С. 8 – 15.

作标准等信息的互动，由此无法获得长足发展。

运输和物流服务的成本仍然处于一个很高的水平，即占 GDP 的 20%，而美国占 8.2%，欧洲占 9.2%，东南亚占 13.5%，中国占 18%，世界经济平均水平为 11.7%（2014 年）。[①]

在过去的三年中一直伴随国内市场需求下降，出口需要新的销售市场，其中伊朗、伊拉克、中东国家最有可能成为新的市场。然而，要想在出口市场上与外国公司展开竞争，需要额外的支持措施，包括物流成本补贴。

俄罗斯运煤船将煤炭运往数千公里以外的港口（煤炭出口比重占其开采总量的 43%，2014 年）。尽管卢布贬值，但是煤炭厂商面临关税的持续增长，导致俄罗斯煤炭在出口市场中依然缺少竞争力。

对于钢铁企业，它们都是积极的出口商，2015 年运输成本所占的比重从 10% 上升至 15%。2014 年，对钢铁产品实施了铁路运输费用出口附加费（13.4%）。目前，俄通过了将其废止的决定。[②]

目前，俄罗斯运输和物流服务市场仍然处于危机状态下。基本的宏观经济指标恶化——产量、消费和投资需求减少，进口下降，出口收入压缩，资本外流，卢布急剧贬值，通货膨胀——这些都是支撑俄罗斯运输和物流服务市场的重要参数。

不同运输方式运输商品货物的动态数据（见图 1）表明空运和海运量（2015 年）的增长；2014 年时海运货物运量曾急剧下跌（－8.4%）。

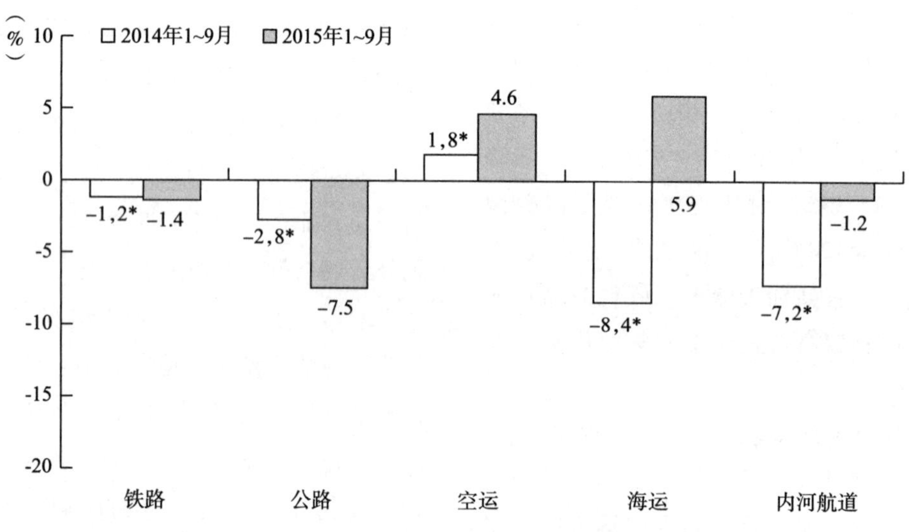

图 1　按运输方式划分货物运量变化

＊数据不含克里米亚联邦区。

资料来源：《俄罗斯运输信息与统计公报》（1～9 月），2015。

2014～2015 年铁路、内河航道和公路运量都在减少。2015 年公路运量衰退最为严重。

经济危机突出的表现在与构建货运基地和物流行业需求相关的领域和部门：建筑（－7.5%），汽车制造业（－27.0%），纺织产品（－12.8%），机械和设备（－12.3%），运输设备（－13.7%），批发（－9.2%）和零售业（－10.0%），进口（－37.7%），出口（－32.2%）。

在普遍经济衰退的情况下，一些工业部门

① Armstrong & Associates http://www.3plogistics.com/3PLmarketGlobal.htm。

② Эксперт. 2016. № 8（976）. С. 20－21.

的持续增长，化工、石油制品、不含燃油和能源资源的矿产开采，支撑了运输服务的需求，但不是物流服务。

农产品、食品、药品、化妆品和日用化工产品产量的增长，是因为这些部门的企业都受到产品附加值、生产定位和进口替代等因素的影响。

俄罗斯市场上进口产品竞争力的弱化促使俄罗斯大型农业控股公司和食品公司收入的增长。据 RAEX 机构（RA 鉴定人）统计，俄罗斯 600 家最大的公司中 13 个农业生产经营企业的总收入在 2014 年创纪录地增长了 32.1%，21 家食品企业增长 13.8%，而工业整体增长才 12.7%。2015 年同样观察到了类似的趋势，如，“俄罗斯农业”集团（俄罗斯农业生产经营者中销售量排第三）2015 年前 9 个月与 2014 年同期相比，收入增长了 21%。这一结果与一些俄罗斯领先的农工产品产销联营公司被纳入国际增加值链条中，并入全球最大的跨国公司系统。2014 年，7 个“дочка”跨国公司销量突破 160 亿美元，相当于 10 家俄罗斯最大的食品公司销售总额的 77%。俄罗斯“дочка”跨国公司已经成为“головной”跨国公司明显的一个链环。例如，2014 年，俄罗斯子公司提供了百事公司全球收入的 7% ~12%（包括欧盟以外的 30%）。①

卢布贬值为普通化工（尤其是化肥）、冶金、木材、粮食等出口商品产量的增长创造了有利条件。这些领域的企业支撑着对运输和物流服务的需求。

目前，经济危机、地缘政治因素为俄罗斯运输和物流服务市场的发展提供了新趋势。

（1）资源的过度积累、过剩和结构失衡与信贷资源恶化以及资产的现代化交织在一起

2008 ~2009 年的经济危机后，运输和物流企业开始积极积累资产。在某些领域，如航空运输对经济代理人需求的增长实现了预期。在其他过度积累的行业，凭借此前存在的供求差额，实现了供不应求。根据仓库市场上的供求差额，启动了许多新的建设项目。现在，根据估计空置的存储空间达到 10 ~20，占仓储面积的 40%。商业场所供求差额刺激了新购物中心的建设，到目前为止，有很多商业场所空置。

（2）在铁路市场中车厢利润与新的亏空并存

在国际公路运输市场上出现了很多带着自己车队的新经济代理商，因此从 2011 年开始，该市场一直处于供大于求的状态。目前，公路运输市场大约有 7500 家运营商，拥有约 5.6 万台机动车辆。

整体来说，运输企业获得信贷的条件已经恶化，成本增加了，而且增加的水平对卢布汇率的变化反应强烈，特别是对那些需要将贷款兑换成外币、依赖进口零部件的企业来说情况最为严重。

由于货运基地的减少使运输和物流服务的主要消费者的需求压缩。货运基地的减少对市场产生了特别强烈影响。

第一，危机中心的表现：建筑业的建材下跌 17%，水泥下跌超过 6%，金属构件下跌 14%，汽车工业的机械和设备制造跌幅超过 24%。

第二，依赖商品进口。

第三，直接关系居民的购买力：批发零售贸易。非食品货物运输市场中不同种类商品的跌幅范围在 10% ~20% 和 25% 之间。电子商务市值缩水 22%，实物减少了 24.3%（2015 年）。

在各区域内消费积极性的下降，导致了国内货物运输量的减少。2015 年第一季度与 2014 年同期相比，家电和电子产品的区域零售商损失了 40% 的营业额。它们受到市场整体下滑的影响，市值最多损失 16.4%，实物损失几乎接

① Фрумкин Б. Агропромышленный комплекс России в условиях《войны санкций》// Вопросы экономики. 2015. № 12. С. 151/.

近50%。零售贸易中大中型企业的优势发生了改变，由此对物流企业产生重要的影响：拒绝开设新仓储点、拒绝开辟新地区，减少现有仓储点。开展食品及伴生商品贸易的公司（FMCG）分析表明，联邦和专门网络正在迅速增长，区域网络陷入停滞，而传统贸易在缩减，并依靠非法生产酒精在维持。[①]

（3）加大不同运输方式之间的竞争

铁路运输正经历着与其他运输方式的激烈竞争，首先是来自公路运输的竞争，因为公路运输有很好的灵活性，包括价格政策。

由于供过于需求，出现了降价倾销的现象，特别是在公路运输部门，对部分线路的运价下调了10%～20%。

由于石油产品运输的高关税，迫使通过铁路运输的石油和天然气公司开始寻找更为廉价的运输方式。另一个间接的证明是，2015年1～2月通过铁路运输的石油产品货运量降低了0.3%，而通过俄罗斯港口运输的液态货物运量同期增长了14.2%。[②] 2014年，铁路运输的石油类货物量下降10%，未来这一下降趋势将加剧。

2016年铁路运输费率的指数化将达到9%。依靠新的降价手段在竞争中获得额外收入。主要目的就是提高装载和货物周转量，得到额外的收入。预计降价将首先针对国内运输石油和石油产品、金属、建材、木材、粮食等货物的线路，即在1500～3000公里的范围内提供运输服务。这样一来，该降价手段将迫使公路运输在更低的价格范围内提供服务。

国际公路运输市场的竞争对手是来自波罗的海国家、白俄罗斯、摩尔多瓦和乌克兰的运输车队。竞争中的赢家多拥有欧5和欧6标准的运输车辆。白俄罗斯卡车运输队具有明显的竞争力。2015年欧亚经济联盟建立，在其框架内应逐步建立共同的运输服务市场和公共交通空间——这对俄罗斯运输公司是一个挑战。

在组织进出口货物运输中地缘政治的变化和复杂性。

在进口减少和出口货物运输竞争加剧的困境中，地缘政治和体制因素被放大数倍。

首先，由于外部原因使与乌克兰在运输方面的正常沟通中断，组织进出口货物运输变得复杂起来。

2014年前俄罗斯主要贸易伙伴之一是乌克兰，目前与乌克兰的货物运输业务量下降了1/2以上（60%以上）。

2015年12月22日俄罗斯国家杜马通过一项法案，中止了与乌克兰的自由贸易区（3CT），此前俄联邦总统签署了从2016年1月1日起暂时中止与乌克兰自由贸易协议的命令。从1月10日起，乌克兰对一系列俄罗斯的货物实行禁运。禁运主要针对食品和2016年8月5日解除禁运之前直接进口到俄罗斯关税地区的乌克兰货物。在俄罗斯，最引人注目的损失来自面食和糖果产品的供应商，但这些产品很可能被迅速转移到国内市场。[③]

其次，俄联邦运输网在国际公路运输网络中的作用发挥受到了限制，俄罗斯过境运输系统的吸引力下降了，结果很多货物运输绕过了俄罗斯。

2013年前阿塞拜疆和欧洲之间的货物运输量有90%是通过俄罗斯实现过境的，而运量的10%是通过“欧洲—高加索—亚洲”运输走廊实现过境的。由于国际公路运输手册（2014年）的限制，情况发生了翻天覆地的变化：90%的货物是通过“欧洲—高加索—亚洲”运输走廊输送到欧洲的，只有10%的货物通过俄

① Инвестиционная деятельность крупнейших сетей FMCG по итогам 9 месяцев 2015 года// Эксперт. 2016. № 1－2. С. 34.

② Эксперт, 2015. №13（939）. С. 57.

③ http://expert.ru/2016/01/11/ukraina-vvela-embargo-na-rossijskie-tovaryi/.

罗斯境内的。[①] 俄罗斯西部和南部地区的公司特别感受到了这一消极现象带来的影响。据预计，在东部（乌拉尔、西伯利亚、远东地区）面向中国和中亚国家的国际公路运输线上运量将略有增加。

（4）物流企业的实践条件恶化

针对不同行业企业之间进行的一项社会调查（2015 年）结果表明，60% 的企业货物量在下降，约 20% 的公司货物量从 41% 减少到 60%，[②] 大多数企业（60% 以上）丧失了 1/5 的货物量。货物量增加的公司占 40%，其中有 1/5 的公司货物量增长在 41% ~60% 的范围内。由此，60% 的企业减少了自己的活动，但只有 49% 的企业指出要减少物流部门的人员配置；51% 的公司决定增加物流部门岗位配置，并且有 37% 的公司物流部门岗位增加的比重达到 41% ~ 60%。从图 2 提供的数据可以看出，2015 年公司在物流领域都解决了哪些主要问题：24% 的被调查者表示“引进管理系统”；42% 的被调查者表示用其他方法解决了问题。值得注意的是，2016 年占第一位的是提高物流服务水平（46% 的受访者），加强对消费者的竞争力；被同等重视的是引进管理系统和成本优化（21% 的受访者），打算开发自己的物流基础设施的公司数量减少了（7% 的受访者，2015 年为 10%），反映了经济危机和投资减少的情况。

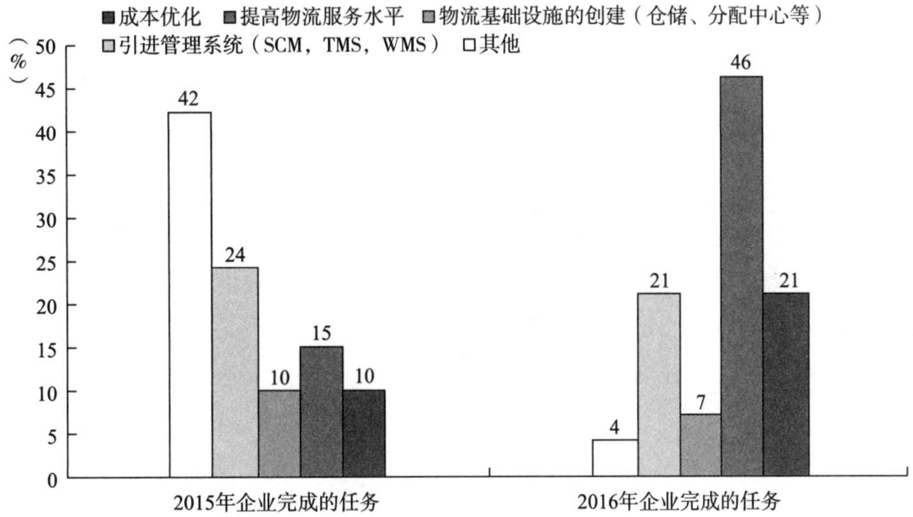

图 2 受访者回答所提出的问题

资料来源：《俄罗斯物流发展：现状、前景、面临的主要挑战以及公司的优势》（物流协调委员会和俄联邦工商会物流委员会报告），莫斯科汽车公路学院，2016。

在对物流发展的主要趋势和影响物流服务水平及质量因素的调查中，受访者们给出了自己的看法。

调查显示，俄罗斯公司对现代趋势的理解（与全球趋势相比较）有一定偏差。反应在数据上，只有 29% 的受访者认为占第一位的是“供应链成本的优化”（根据毕马威会计师事务所的调查显示，有 46% 的被调查者认为这个问题应是物流行业优先考虑的问题）。只有 12% 的受访者认为，以客户为导向应是现代一个不

① Интервью с Д. Чельцовым, главой постоянного представительства Международного Союза Автомобильного Транспорта（IRU）в Евразии（РЖД-Партнер, с. 136.）.

② Здесь и далее приводятся результаты исследования “Развитие логистики в России: современная ситуация, прогноз, ключевые задачи и приоритеты компаний” /Доклад Координационного Совета по логистике совместно с Комитетом ТПП РФ по логистике. Москва. МАДИ. 2016.

可改变的特征。调查中没有提到“参与全球价值链”“横向和纵向一体化进程”“多方式保障”等问题。

在对物流成本进行评价时，48% 的受访者认为 2015 年出现了物流成本的降低；32% 的受访者认为，物流成本与货物量的增长按比例增加；只有 8% 的受访者认为，在没有改变活动范围的情况下成本增加了；12% 的受访者认为没有出现上述情况。正像调查显示的那样，基本的物流成本集中在运输保障的费用上（45% 的受访者）；占第二位的是仓库维护成本（37%）；第三位是与库存管理相关的费用（32%）。受访者指出，提供的海关手续成本最低（35% 的受访）。

值得注意的是，76% 的受访者认为，2016 年他们将扩大其业务规模。55% 的受访者提出对物流服务有需求：有 9% 的受访者首次计划需要物流服务，46% 的受访者打算增加服务量。不打算使用物流服务的受访者比例依旧很高（45%）。这组数据完全与物流服务的低水平相关联，这是在研究过程中得出的结论。因此，根据调查结果，物流公司所面临的主要挑战就是在向客户提供服务的过程中让客户对服务质量进行评价。

（5）用价格竞争、新产品和新战略来应对经济危机

减少货运基地，产能过剩导致价格竞争加剧：降低使用机动车辆的租金和仓库存储租金①；由于公路运输企业服务供应的相对过剩，在部分线路上要降低 10% ~20% 的运能。

全面修订租约条款是今年贸易不动产市场上最关键的进程。首先，非泛美元化市场的产生。在大商场，那里一直可以根据汇率使用外币进行结算。部分市场已经完全转换成用卢布进行租金结算。其次，房屋租赁价格平均下降 10% ~15%。最后，开始从固定税率向零售商按营业额比例支付税率转变——按照这一标准缴税的零售商在俄罗斯不超过 1/3。最糟糕的情况出现在建成的购物中心。在那里经常在搞倾销。

在卢布贬值和各类资源成本上涨的情况下，降低运输和物流服务的价格或费率，无疑将加剧运输行业的财务困难，利润被吃掉不说，而且要面临破产的威胁。当前，运输和通信部门破产公司的数量已经超过 2009 年的峰值水平。

在这种糟糕的情况下，企业在市场上面临以下问题。

——在 2008 ~2009 年经济危机后积极增强仓储和运输能力；

——承担用贷款兑换外币和支付贷款利息所造成的损失；

——有一个不允许寻求灵活定价政策的合作伙伴；

——企业代理人和收发公司不包含在价值链中，并且不提供增值服务。

由此，破产是合理的，并且有可能延续。企业要么退出市场，要么接受合并或并购。

企业在应对经济危机时不仅要选择低价倾销，而且要积极寻找更高效的战略。

——为了留住客户必须过渡到新的商业模式：与客户密切合作；扩大服务范围；多样化经营；“门对门”直达服务，包括转运和收发港口货运、海运、汽运以及俄罗斯境内外铁路运输货物；②

——注重节俭，降低成本不仅是物流企业，也是货物公司生存的主要条件（折扣制度，“单一窗口”原则，拒绝中介）；

——提供新的服务（减少单个供应商的订

① В 2014 году ставки triplenet（без учета НДС, операционных расходов и коммунальных платежей）составляли для складов класса А около 4, 8 – 4, 9 тыс. руб. за 1 кв. м в год. В 2015 году за аналогичные площади взимали 3, 5 – 4, 5 тыс. руб.（по данным компании Knight Frank）. // Белобжецкий В. Как Россия попала в логистический тупик. – Ежедневная деловая газета РБК. – 20. 02. 2016. – № 031.

② РЖД-Партнер, № 1 – 2（293 – 294）, январь, 2015. С. 103 – 104.

货规模，增加直达运输货物的份额，包括一辆车多个卸货点；无附加条件的支持联合配送）；

——设计有新供应链成员参与的物流计划（重新定位运往远东和国家南部地区的运输量和物流量），特别是在中国—欧洲—中国之间经营定期集装箱业务、西班牙—中国（义乌—马德里）新的集装箱服务；将横滨至莫斯科运输日韩货物的“贝加尔班列”纳入“七昼夜西伯利亚运输线”项目框架；①

——绕过中介与运输物流服务供应商直接签订合同。

俄罗斯运输和物流服务市场的特征及因素见表1。

表1　现阶段俄罗斯运输和物流服务市场的特点

影响俄罗斯运输和物流服务市场的因素	俄罗斯运输和物流服务市场的特点
工业生产衰退 货运基地建设 批发零售贸易减少 欧洲贸易减少	在数量和结构上供给和需求失调 产能过剩（运能、贸易场所、仓库）
卢布贬值，进口崩溃	国际运输减少 区域内和区域间运输减少
金融/信贷资源条件恶化 价格/通货膨胀增长	成本与卢布汇率按比例增长 财务业绩恶化 资产现代化机会恶化 破产的威胁
各种运输方式之间竞争激烈	低价倾销（降低车辆的租费，仓库租赁费，公路运输税费） 在市场上保持稳定和竞争力的新战略 企业的合并、伙伴和联盟
地缘政治风险，在组织进出口货物运输中的困难	交通线路的新布局、成本的增长

由此，俄罗斯运输和物流服务市场在其自身发展过程中仍处于起步阶段。

——运输和物流企业的整合模式占主宰地位；开拓新市场、新产品；

——主导地位的垂直排列商业模式与水平组织互动相对比；

——俄罗斯物流供应商的规模相对较小（与西方公司相比），不应让他们与外国公司展开竞争；

——几乎不注重合作、整合、网络建设和效应累积。

物流市场发展的下一阶段——分割市场、降低成本、增加第三方物流运营商，加强现有经济服务部门的横向整合，改善国内物流企业竞争力缺乏和物流基础设施落后的现状；它们需要在信任关系发展的基础上开展透明/开放的实践活动，这对网络互动来说是非常重要的原则。

经济危机正迫使我们过渡到新的以客户为中心的商业模式。然而，创造消费价值使其满足消费者，在这个单一业务流程中贯穿跨职能的各个服务部门，外国公司就是这样运作的。俄罗斯物流服务市场的参与者——俄罗斯物流企业没有这种理念。针对一个单一客户/客户端的业务流程中缺少跨职能部门的联合。

为采用非标准的业务解决方案需要掌握新的能力：纳入（整合）国际/全球供应链，参与网络互动的公司需要掌握沟通技巧；物流方

① РЖД. Партнер. 2015. №22（314）. С. 6.

案应更具灵活性、适应性和创新性；在供应链管理（和监督）中运用信息技术；在统一的业务流程中掌握管理物流整合技术（最终应用/覆盖所有参与者整合的客户）。

【作者简介】

杜纳耶夫 O. H.，俄罗斯工商会物流委员会主席。

蒙古国与中国东北三省的经济合作

那·图木尔

蒙古国与中华人民共和国经贸合作密切，不断向前发展。蒙中两国的经济贸易合作在平等互利的原则基础上稳定发展，经济合作更加巩固了两国已经达到高峰的政治关系。在加深蒙古国与中华人民共和国各方面关系稳定的基础上，发展中高层次的互相访问具有重大意义。

应蒙古国总统查·额勒贝格道尔吉邀请，中华人民共和国主席习近平于2014年8月对蒙古国进行了国事访问。访问期间两国元首签署联合宣言，宣布将两国关系提升为全面战略伙伴关系。《蒙古国和中华人民共和国关于建立和发展全面战略伙伴关系的联合宣言》中指出，双方商定，积极展开经济合作，造福两国和两国人民。中方强调，将继续本着互利共赢原则开展对蒙合作，愿同蒙古国分享发展成果，实现共同发展。蒙方强调，扩大同中国的经贸合作符合蒙古国的利益。双方将继续本着矿产资源开发、基础设施建设、金融合作“三位一体，统筹推进”原则开展全方位互利合作。

应中华人民共和国主席习近平的邀请，蒙古国总统查·额勒贝格道尔吉于2015年11月对中华人民共和国进行了国事访问。访问期间，中华人民共和国主席习近平同额勒贝格道尔吉总统举行会谈。两国就深化发展蒙中全面战略伙伴关系发表声明。声明中指出，扩大贸易、投资、经济互利合作是深化发展两国全面战略伙伴关系的主要支柱。双方认为，中方“一带一路”倡议和蒙方“草原之路”发展战略对接将创造新的合作机遇。双方将加快推进倡议全面对接，积极探讨商签两国政府间关于发展战略对接的协议。双方支持在落实“一带一路”倡议框架下，蒙方同亚洲基础设施投资银行、丝路基金等金融机构就本地区基础设施建设大型项目融资开展合作。

中国是蒙古国友好邻邦、重要邻国，近年来蒙中两国各领域关系发展顺利，特别是2014年两国建立全面战略伙伴关系，标志着蒙中关系发展迈入新时期。双方把蒙古国“草原之路”同中国“一带一路”进行对接达成重要共识，为进一步深化两国各领域合作开辟了广阔空间。蒙古国现在处于大发展、大建设时期，中资企业积极参与。中国铁路四局股份有限公司近日获得了乌兰巴托新机场高速公路项目建设权，于2016年5月6日举行奠基仪式。蒙古国总理赛汗比列格、中国商务部部长高虎城等高级官员出席了仪式。乌兰巴托新机场高速公路系使用中国政府优惠贷款、由中铁四局承建的项目，距首都乌兰巴托约50公里，道路总长约30公里。该条公路为蒙古国首条高速公路，设计为双向6车道高等级公路，速度为最低80公里/小时。2016年5月31日蒙中能源合作项目——布罗巨特煤电一体化项目购售电协议、投资协议签约仪式在乌兰巴托举行。蒙古国总理赛汗比列格、蒙古国能源部部长卓里格特、中国驻蒙古国大使邢海明、中国电建海外投资公司总经理盛玉明等出席签约仪式。布罗巨特煤矿将建设装机容量为600兆瓦的热电站、长达70公里的输电线路和年产300万吨煤炭的煤矿。该煤矿距离首都乌兰巴托120公里。近年来，蒙中经贸关系发展迅速。两国能源等领域务实合作不断取得新的发展，双方能源等领域合作面临美好合作前景。在两国共同努力下，蒙中能源合作一定会越来越好，取得更大成绩。

蒙古国地广人稀，道路交通欠发达，这些因素增加了资源开发的难度和成本。对蒙古国来说，确立开发的重点，聚集资源优势，选择资源匹配良好的经济中心设立特区，在靠近邻国的边境城市建立自由贸易区，实行自由贸易，以强化对外竞争能力，是谋求更大规模和更深层次的国际合作必不可少的条件。为了经济发展，蒙古国政府决定在位于东戈壁省的重要口岸城市扎门乌德建立自由经济区，并于2005年举行了奠基仪式。扎门乌德同中国口岸城市二连浩特毗邻，是蒙中铁路货运和客运的必经之地。扎门乌德南接二连浩特、北京、天津，北连赛音山达、乌兰巴托、达尔汗、伊尔库茨克、莫斯科，是欧亚铁路的交通枢纽。

蒙古国是个幅员辽阔、自然资源丰富的国家。蒙古国的牧场在世界上也很有名气。现在已查明的矿藏有80余种，其中包括黑色金属、有色金属、贵金属、磷、萤石、煤炭、石油等。煤炭、石油储藏量尤为可观，与中国接壤的东部、南部、西部地区就有较大的石油田，而且储量大、油质好。在蒙古国投资开发矿产资源，中国有其得天独厚的综合优势，即山水相连的地缘优势，特别是经济发展上的互补互利和中国开发矿产资源的技术、设备、管理经验以及世界上最丰富的劳动力资源等都是其他国家不具备的。蒙中合作开发蒙古国矿产资源是双方的需要，其利益的共同性和需求的互补性决定其具有长远的发展前景，必将成为21世纪蒙中经贸合作关系的主旋律。中国是对蒙古国直接投资最多的国家。中国投资的主要项目是矿山业、食品加工业、畜产品加工业、小电器设备制造业、木制家具制造业、日用品制造业、卫生保健与化妆品制造业、餐饮服务业等。

自然环境保护方面的合作是蒙中两国经济合作的重要组成部分。人类的健康在很大程度上取决于没有污染的自然环境和没有污染的食品等因素。因此，当今蒙中两国经济合作的另一个非常重要的组成部分是自然环境的保护。例如，蒙古国在治理荒漠化和防治沙尘暴方面需要与中国进行合作。沙尘暴可称得上是现今最重大的气象和环境灾害之一。因为大风加上浓密的沙尘，其危害非同小可。它除了一般大风破坏，大面积迅速刮蚀农田肥土，吹失种子和吹死幼苗，打落瓜果和经济作物花朵之外，还大面积沙埋牧场、农田。幸存植物（牧草）的叶片蒙尘之后，其光合作用和呼吸作用大大减弱，严重影响植物（牧草）的生长。发生强沙尘暴时交通事故大量增加，飞机、火车、汽车常被迫停运。沙尘暴对人体的伤害也很大，特别对呼吸器官、眼睛和皮肤。每年进入春季蒙古国的一些地方会连续出现几次沙尘天气，有些地区还会发生强烈的沙尘暴。中国的内蒙古自治区、甘肃省等地区也是一样在春季经常发生沙尘暴。近年来肆虐的沙尘暴给蒙古国、中国的一些地区带来了巨大的危害，破坏了生态环境，不利于该地区人民的身体健康。蒙古国的森林面积由于种种原因近年来不断减少，草原荒漠化速度也在加快。由于干旱和荒漠化，地表水资源也不断下降。这一切都成为沙尘暴频发的主要因素。蒙古国近年来一直在采取措施防治荒漠化。治理荒漠化对蒙古国来说是一个迫切需要解决的问题。蒙古国在治理荒漠化问题上应该向中国学习。蒙中两国应该在两国边境地区共同开展防沙治沙工作。蒙中两国有4600多公里的边界线，边界两侧多是沙地，两国都受到沙尘暴的危害，需要联合起来防治沙尘暴。蒙古国需要在这方面与中国开展合作，特别是需要中国的专家前来指导造林工程。中国在防沙治沙、退牧还草等方面积累了丰富的经验，有先进的治沙技术。这对蒙古国来说非常重要。

畜牧业在蒙古国国民经济中占有非常重要的地位，它不仅是蒙古国的传统基础产业，也是保证国家经济安全的战略产业。蒙古国的草原畜牧业是完全保留了游牧文化的世界少数地区之一。未受工业污染的草地森林、湖泊、河流是生产完全天然的肉类食品的有利条件。这些绿色产品无疑对人民的身体健康是有益的。蒙中两国除了在发展牧业方面进行合作外，中国可以投资或蒙中合资建立肉类食品（冷冻鲜肉、肉类罐头等），乳制品（鲜牛奶、鲜马奶酒、奶油、奶粉、奶酪等）等畜产品加工厂，其产品除了在蒙古国国内销售外，还可以出口到中国、东北亚各国。这些产品受到中国及东北亚各国家消费者的欢迎是无疑的，因为这些产品对他们的健康有益。

蒙古国与中国在种植业方面也有合作的广阔前景。蒙古国有适合于种植业的（没有被工业污染且不需要化肥）肥沃土壤，这些土壤里含6% ~12%、厚度为40 ~70 厘米的腐殖质。在这些土壤里可以种植各种农作物，不需要人工灌溉，而且雨水充沛的年份还可以获得丰收。以上有利条件是发展种植业，特别是对人体健康所需要的没有污染、不用化肥的蔬菜种植业的主要因素。中国可以在该地区投资或合资建立蔬菜种植场，进行对人身体健康有益的且目前在蒙古国还没有开始种植的高级蔬菜的生产。中国的蔬菜种植专家可以帮助培训种植蔬菜的技术人员。这些无化学肥料、无农药的新鲜蔬菜除了满足蒙古国国内市场的需求，还可以向中国和东北亚各国出口。.

蒙中两国通过跨境旅游合作，加深两国人民友谊，为两国经贸合作发展提供良好机遇。蒙中两国相邻，旅游资源独特而丰富，市场潜力巨大，联合发展旅游业可优势互补，共同促进旅游业发展。蒙中两国开展跨境旅游合作，这有利于蒙古国的经济发展是无疑的。

随着蒙中两国经贸合作规模的扩大和层次的提高，蒙古国不仅与毗邻的中国省、自治区建立了密切经贸合作关系，而且与中国其他省份也不断加强经贸合作。最近几年，蒙古国与中国东北三省的经济合作关系得到加强与发展。蒙古国与中国黑龙江省在经贸合作、资源开发、电力建设、建筑领域的合作取得成果。大庆塔木察格有限公司是中国在蒙古国投资较大企业之一。蒙古国政府与大庆塔木察格有限公司签署产品分成合同，根据合同大庆塔木察格有限公司从2005年开始在塔木察格盆地进行石油勘探和开采。大庆塔木察格有限公司的投资与生产不仅为蒙古国的经济发展做出贡献，也为蒙古国提供了大量的就业岗位。中国黑龙江省可以投资或合资在蒙古国建立炼油厂。蒙古国需要本国自己生产的石油产品。蒙古国所需要的大米、植物油和砂糖目前几乎全部依靠进口。因此，蒙古国东部各省同中国黑龙江省在以上产品原料的生产也就是在种植业方面可以进行全面合作。在这方面黑龙江省有其得天独厚的综合优势，即黑龙江省的日照、气候、土质与蒙古国东部各省相似。黑龙江省生产的五常大米很受蒙古国消费者的欢迎。种植业方面的合作当然不只是种植稻米，也可以包括油菜、甜菜等其他经济作物的种植。黑龙江省可以输出农业技术和技术指导人员。地质构造、气候等相似的因素为中国黑龙江省同蒙古国东部各省在基础设施建设如公路、桥梁、楼房建筑等方面合作创造了有利条件。由哈尔滨电气国际工程有限公司承建的蒙古国额尔登尼特铜矿电厂扩建项目于2016年5月7日正式开工，项目将为蒙古国矿业发展注入新活力。该项目包括安装4台12兆瓦特汽轮发电机组，金额为4183万美元。额尔登尼特矿业集团表示，扩建后的电厂不仅会为额尔登尼特铜矿的开发提供充足电力，还将降低开采和加工成本，提升企业竞争力和经济效益。

蒙古国和中国吉林省地理位置靠近，经济互补性强，开展经贸合作条件优越，在农牧业、矿产资源开发、工程建设、旅游等领域发展合作关系潜力很大。近年来，蒙古国与吉林省的经济贸易关系不断发展。吉林省经贸代表团于2007年成功访问了蒙古国。访问期间，该代表团同蒙古国交通部、工贸部、食品农牧业部等部门的官员进行了会谈，参观了蒙古国肉制品加工厂、地毯厂，中华人民共和国驻蒙古国大使馆举办了“中国吉林省—蒙古国经贸合作推介会”，推介会上举行了签约仪式和经贸洽谈活动，访问取得圆满成功。2005 年开始在吉林省长春市举行的每年一届的中国吉林·东北亚投资贸易博览会已经成为东北亚地区传统经贸活动。该博览会举办以来，蒙古国高度重视，每次都派政要出席。蒙古国副总理米·恩赫包勒德应邀参加了于 2009 年举行的第五届中国吉林·东北亚投资贸易博览会。在博览会上恩赫包勒德副总理致辞：“蒙古国政府一直坚信，每年组织这一活动，会成为包括东北亚地区各国国际贸易合作的常设机制。相信参与博览会的各国政府会支持这一行动。”2008 年在吉林省长春市举行第四届中国吉林·东北亚投资贸易博览会。博览会期间举办了“蒙古国商务日”活动，来自蒙古国各地的 50 多名企业家、商务界人士和来自中国吉林省的 60 余名企业家、投资者参加了商务日活动。在活动中，蒙古国工商会与吉林省科学技术厅签订了相关合作协议。目前，中国吉林省与蒙古国有经济贸易关系的企业主要有以下 9 家：长春市富士特流体设备制造有限公司、图们市阿里郎经贸有限公司、吉林铁合金股份有限公司、中国第一汽车集团金属矿产有限公司、吉林省正达五金矿产有限公司、吉林吉美食品有限公司、长岭集团有限公司、长春长生生物科技股份有限公司、吉林高速公路建设有限公司。吉林省有 6 家公司企业在蒙古国投资办厂，主要分布在矿产开发、钢铁冶炼等领域。例如，吉林省正达五金矿产有限公司投资 110 万美元，经营范围是萤石；长春市东惠物资贸经有限责任公司投资 145 万美元，行业为钢铁冶炼制品。近年来，蒙古国与中国吉林省经贸往来频繁。从中国吉林省蒙古国主要进口汽车及其零配件、柴油货车、铁合金、纺织品、医药等。蒙古国对中国吉林省主要出口鲜干坚果等。蒙古国与中国吉林省在农业产品深加工、轻纺产品及食品生产加工、化工、机电、矿产资源、工程承包、基础设施建设、旅游业等方面合作前景良好。蒙古国东部各省有游客们喜欢的美丽风景区，一望无际的大草原，水量丰沛的河流湖泊，马鹿、熊、野猪、旱獭、狐狸等享有盛名的飞禽走兽等。2010 年 4 月蒙古国总统查·额勒贝格道尔吉访问了吉林省。访问期间，吉林省委书记孙政才、省长王儒林、省政协主席王国发会见了蒙古国总统查·额勒贝格道尔吉一行。蒙古国总统查·额勒贝格道尔吉说，蒙古国与中国有很多交流与合作的成功经验，希望在扩大政治交往的同时，进一步增进双方了解，推动双方在农业、牧业等领域的交流与合作。蒙古国十分重视东北亚地区的区域合作，也很重视同中国吉林省的合作，欢迎吉林省企业到蒙古国投资创业，也希望吉林省继续支持双方企业的发展，提供更加优良的投资环境。访问期间，蒙古国达尔汗乌勒省与中国吉林省签署了两省缔结友好交流与合作关系的协议。

【作者简介】

那·图木尔，蒙古国科学院国际关系研究所首席研究员。

扩大黑龙江省对俄石化产业合作促进老工业基地振兴

董伟俊

2016年5月23～25日，习近平总书记对黑龙江省进行考察调研，并做出“要着力优化产业结构”“以油头化尾为抓手推动油城发展转型”重要指示。

石化产业是黑龙江省四大支柱产业之一，产业基础雄厚，为黑龙江省打造全国最大石油化工基地提供了得天独厚的优势条件。随着经济不断发展和国际环境的日趋复杂，石化产品的供需矛盾越来越突出。在当前经济发展“新常态”下，黑龙江省石化产业应抓住“一带一路”和“新一轮东北老工业基地振兴”机遇，以“油头化尾”为发展路径，实现发展方式转变和经济结构调整，缓解经济下行压力，再续辉煌。

近年来，国际油价大幅下跌和漠大线原油运输管道投入使用，为中俄两国能源合作尤其是石化产业方面的合作提供了难得的机遇。在新一轮全面振兴东北老工业基地计划和《国务院关于全面振兴东北地区等老工业基地的若干意见》背景下，黑龙江省应加快对俄石化产业合作，促进老工业基地振兴。

一　积极向国家争取，寻求强有力的政策支持

以漠大线投入使用和东线天然气管道开工建设为契机，加大力度向国家争取政策支持。

一是争取俄油气留成。建议黑龙江省政府加大力度向国家争取俄管道进口原油留成，弥补大庆油田减产导致的不足且在黑龙江省内落地加工；争取东线天然气管道投入使用后留成并在黑龙江省落地加工。同时，向国家争取减少大庆原油和天然气的调出量，增加黑龙江省内加工量，提升黑龙江省石化产业经济效益，确保全省经济稳步增长。

二是争取在黑龙江省建立石油储备基地。建立石油储备基地必须靠近进口油源、靠近炼化基地、靠近输油管道、靠近交通设施、靠近消费中心等五个条件，大庆市完全满足上述条件，且黑龙江省距离俄罗斯较近，运距短、成本低，方便储备。在国家石油战略储备建设体系下，积极争取在大庆建立石油储备基地，既是对国家石油储备体系补充和完善，也是黑龙江省石化产业发展的需要，对全省经济发展、转型、稳定具有积极的促进作用。

三是争取建设大庆国家级石化产业基地。以大庆高新区国家级创新型科技园区和大庆石油石化装备产业园为依托，以中俄石油管道和东线天然气管道为基础，积极向国家争取在大庆市建设国家级石化产业基地。国家级石化产业基地的建立，能够有效推动黑龙江省石化产业向精细化工、合成材料等新材料产业发展，延伸石油化工产业链，形成“油头化尾”的大石化产业发展格局，增强黑龙江省内石化企业

综合实力，助推大庆资源性城市转型，对促进新一轮振兴东北老工业基地具有重要意义。

四是争取放宽对石化产品经营主体的限制。目前，黑龙江省与俄罗斯开展能源合作的企业多数为国有企业，而且是国有大型企业，民营石化企业受进出口经营权等条件的限制，即使有实力、有资金、有条件、有合作方的民营企业也无法直接参与对俄石化产业合作。黑龙江省政府应积极向国家争取，放宽参与境外能源合作经营主体的范围，给予部分有实力的民营企业从俄罗斯进口原油及石化产品经营权；放宽民营企业投资俄罗斯原油勘探开采权限，鼓励其开拓境外市场，为确保国家能源安全做出贡献。

二　充分利用现有政策，加快对俄合作步伐

目前，国家已经制定黑龙江省进口原油可就地加工的有关政策，黑龙江省应抓紧梳理省内石化企业，加快对俄合作步伐。

一是重组石化企业，打造对俄合作航母。为贯彻落实中央经济工作会议供给侧结构性改革的决策部署，黑龙江省政府应以精准发力、精准处置为原则，分析黑龙江省内石化企业的基本情况，鼓励石化企业采用股份制、合作制等方式，兼并重组，打造黑龙江省石化产业龙头，提高石化产品的加工能力和市场竞争力，延长产业链条，为黑龙江省石化产业承接加工进口俄油做好充分准备。

二是转变观念，探索合作新模式。目前，黑龙江省与俄罗斯合作以油气开采和进口初级加工石化产品为主，附加值和经济效益偏低，而且黑龙江省进口的原油及石化产品绝大多数被直接运送到外省加工，这种初级合作模式使黑龙江省没有获得更多的经济效益，对地方经济发展没起到应有的促进作用。因此，应加强与俄方沟通，共同探索更高层次的合作模式，增加原油和天然气进口量和加工量，增加低端石化产品的进口量，使双方获得更多的经济效益，实现互利共赢。

三是认清合作形势，推动石化企业“走出去”。黑龙江省有关部门应充分了解俄远东及贝加尔地区的资源储备、有关州区关于能源合作意愿、当地相关法律及对外合作政策，并将俄罗斯的相关信息和中国鼓励企业开展对俄能源合作的政策提供给黑龙江省内石化企业，使企业及时了解合作信息，把握政策取向，在双方合作中占据主动地位，有效推动企业“走出去”。

三　加强与央企合作，打造石化产业基地

黑龙江省应以国家新一轮全面振兴东北老工业基地为契机，加强与央企合作，打造国内外知名的石化产业基地。

一是研究合作新路径。建议黑龙江省政府加强与央企沟通，研究适合黑龙江省石化产业发展的新路子。招引中石油、中石化等大型石化企业在黑龙江省建立分公司，生产市场需求量大、技术含量高的石化产品，增强黑龙江省石化产品加工能力和供给能力，延伸产业链，使不同渠道进口的原油均能实现落地加工，提高石化产品附加值和黑龙江省内石化产业经济效益。

二是打造石化跨境产业链。利用央企资金雄厚、人力资源丰富、技术和设备一流的有利条件，依托黑龙江省在俄的人脉资源，搭建与俄罗斯石油公司、东方石化公司、俄罗斯天然气工业股份有限公司、俄罗斯卢克石油公司等大型石化企业合作的桥梁，促进央企在俄罗斯建设跨国石化加工企业，形成在俄境内开采、进行初级加工，在黑龙江省深加工的跨境产业链，提升黑龙江省石化产业的规模和档次。同时，鼓励国内大型石化企业通过开展境外油田区块承包等多种形式建立境外原油基地，实施集成化、一体化营销策略，带动石油装备对俄出口，扩大黑龙江省机械设备的出口规模，促

进黑龙江省出口产品结构的调整。

三是大力发展石化装备产业。积极吸引跨国公司和大型民营企业到黑龙江省从事石油装备的研发和生产，制造高端先进的石油装备，推进“中国制造2025”战略的实施。支持上述企业发挥在装备运营、维修等方面的优势，探索石化装备销售及服务新模式，通过培训和设备租赁等方式，拓展后续服务市场，培育黑龙江省石化装备制造业从研发到生产再到服务的全产业链，为扩大对俄石化产业合作奠定基础。

四是积极谋划大项目。中俄东线天然气管道已于2015年6月29日正式开工建设，为保证按时保质完成建设工作，落实好《俄罗斯通过东线管道向中国供应天然气的框架协议》，省政府应与中国石油天然气股份公司沟通协作，切实解决建设中遇到的问题，为东线管道建设如期完成创造条件；与中石油共同谋划东线天然气管道衍生项目在黑龙江省落地，提高与央企合作的层次，扩大合作领域。同时，抓住调结构的有利时机，抓紧落实大庆石化千万吨炼油装置扩能改造项目和550万吨重油催化热裂解项目，布局2000万吨级的超级石油化工装置，并将所有项目落在石化产业基地内，实现上下游产业配套，形成产业集聚。

四　提升油气加工水平，促进石化产业供给侧结构性改革

塑料新产品是石油的衍生品，也是世界众多先进国家都竞相发展的新技术领域，市场前景广阔。但是中国在这方面无论是研发还是产品档次，相比于技术先进国家来说都处于落后水平，所以黑龙江省应引进新技术和设备，发展新材料，以新产品的国产化替代进口产品，闯出一条黑龙江省老工业基础振兴的新路子，实现石化产业供给侧结构性改革。

一是调整结构，促进石化产业集群化发展。黑龙江省应充分利用大庆油气加工基础，争取利用俄罗斯天然气资源，发展天然气化工。加快油田化学品和催化剂、助剂、添加剂的国产化进程；发展有机硅材料、纳米材料、高性能纤维及复合材料、功能膜等产品，尤其在工程塑料的研发上要下大力气，建设具有世界先进水平的功能高分子材料生产基地，加快石化产业结构调整步伐，促进石化产业集群化发展。

二是转变方式，选择重点领域实现产业化。目前，塑料新材料在国际上处于高端技术产品，如导电塑料、导热塑料、绿色可降解塑料、液晶塑料等，而在中国仍处于起步阶段。黑龙江省应充分发挥资源、产业优势和与俄毗邻的地缘优势，选择相关领域作为重点，吸引人才，加大投入，进行塑料新材料的研发，逐步实施产业化，改变黑龙江省石化产业原、初、粗的发展方式，实现石化产业的提档升级。

三是加强与俄技术合作，实现新材料领域的重大突破。中俄两国对石化新材料的需求日益增加，也迫切需要掌握新材料生产技术。俄罗斯虽然技术、人才优势明显，但是资金短缺制约其在新材料研发领域的投入。黑龙江省应拿出资金并吸引外资用于对俄合作研发新材料。此外，充分利用全省油田化工、装备制造等领域的基础，加强与俄科研机构的学术交流，发挥各自优势和特点，争取在国际新材料研发领域占领高地。

【作者简介】

董伟俊，黑龙江省人民政府发展研究中心主任。

对丝绸之路经济带与欧亚经济联盟对接路径的几点思考

冯玉军

2015年5月，习近平主席访问俄罗斯之际，中俄双方签署了《中华人民共和国与俄罗斯联邦关于丝绸之路经济带建设和欧亚经济联盟建设对接合作的联合声明》（以下简称《联合声明》），确定了未来双方合作的八个优先方向。这一声明表达了双方在“一带一盟”之间进行合作的意愿，但未就如何在两者之间进行对接做出明确规划。因此，需要就此问题进行深入的思考和研讨。

首先需要明确的是，丝路带与欧亚经济联盟是两类不同性质的经济合作模式，存在明显的落差：“丝路带”试图通过设施联通、贸易畅通和资金融通打造广泛的区域经济合作，其中既有制度安排，包括贸易投资的便利化与自由化，也有具体领域与项目的合作。“丝路带”没有固定标准与合作机制，采用多样化的松散合作形式，不设门槛和时间表；而欧亚经济联盟是典型的区域经济一体化项目，以联盟形式将各成员国的对外经济政策统一起来，建立全面经济合作机制，是高水平的区域经济一体化组织。

与欧亚经济联盟的对接不能解决丝路带与欧亚国家深化合作面临的所有问题。首先，从地理范围上看，欧亚经济联盟的成员是有限的，并没有囊括欧亚地区的所有国家。在可预见的未来，乌兹别克斯坦、土库曼斯坦、乌克兰、格鲁吉亚等国家不可能加入。其次，从功能上看，欧亚经济联盟的重要目标是对内推动商品、资金、服务和人员的自由流动，而对盟外经济体则提出较高的合作要求，某种程度上甚至是树立起贸易和投资壁垒。最后，从实际效果上看，由于成员之间经济结构的高度趋同以及运行规则的某些欠缺，欧亚经济联盟运行以来，产生的更多的是贸易转移效应，而非贸易创造效应，特别是随着新一轮经济危机的到来，联盟内部贸易额以及盟外经济体的贸易额大幅度下降。

实现“一带一盟”对接，既要关注世界经济一体化的新变化和新趋势，更多参考国际经济合作的通行规范，也要根据各自发展阶段的特点，确定具体合作方向，避免急躁情绪，努力渐进落实。

实现“一带一盟”对接的主要原则，应是习主席提出的“政策沟通、设施联通、贸易畅通、资金融通、民心相通”，其中政策、规则等方面的“软对接”要比基础设施方面的“硬对接”更为重要。因此，要注重制度（规则）及项目（领域）的对接，要做到由局部向整体推进对接，要力争以多边合作为立足点开展对接。考虑到当前及未来一段的经济形势，“一带一盟”对接应尽量具体、可操作，由小到大，由简到难，逐步推进，避免制定包罗万象、难以实施的庞大合作框架，同时对已达成的协议应积极落实、务求实效。

个人认为，未来“一带一盟”对接的路径应包括以下几点。

首先，要按照 WTO 的规则规范双方的贸易，进一步打破显性和隐性的贸易壁垒。特别是考虑到俄、哈、吉都已加入 WTO，要逐渐降低欧亚经济联盟的总体关税水平。要推进贸易投资便利化与自由化的制度安排，可考虑以世界贸易组织 2014 年《贸易便利化协定》为基本依据，按照国际规则推进对接，促进区域内的贸易便利化发展。按照该协定的相关条款，各国应对现行口岸行政管理制度进行改革，改革海关、边防、商检、检疫、海事等多部门管理，建立“单一窗口”制，以简化海关及口岸通关程序、提高跨境贸易效率，加速口岸通关现代化，营造便捷高效的通关环境，使企业进出口货物更为便利。

其次，着眼未来发展，应研究推动建立中国与欧亚经济联盟自贸区这一长期目标，《联合声明》中也强调了这一点。目前欧亚经济联盟正在积极构建以其为核心的自由贸易区网络，推动与越南、以色列、伊朗等国商谈自由贸易协定。中方推进丝绸之路经济带的发展目标之一是构建高水平的自由贸易区网络，双方在此有较大契合点，欧亚经济联盟与中国的自由贸易协定谈判也应列入日程。双方可根据各自的承受能力，在可以接受的范围内消除贸易壁垒。根据我国开展自由贸易协定谈判的经验，目前双方可以适时启动开展自由贸易协定谈判的前期可行性研究工作。

再次，推进具体合作领域与项目的对接。首先是扩大货物贸易规模。未来应进一步挖掘贸易潜力，拓展双方在能源领域的合作，落实已签署的能源产品（石油天然气）供应协议、电力供应协议；扩大相互间在农产品、海产品等领域的贸易，实现优势互补。拓展高新技术产品的贸易，促进各国经济转型升级。发展以跨境电商为代表的新型贸易方式，降低贸易成本，探讨跨境电商的有效管理方式，推动其健康发展。其次是大力发展服务贸易，包括跨境运输、仓储物流、旅游、金融、教育、医疗、咨询服务等。目前服务贸易领域是双方合作的短板，在一定程度上制约了货物贸易及投资规模的扩大，因此加强这些领域的合作具有长远意义。

最后，推进工业产能对接。2015 年 9 月，欧亚经济联盟跨国委员会通过了《欧亚经济联盟成员国工业合作的基本方向》文件，这是欧亚经济联盟迄今第一个有关工业合作的政策文件。该文件指出，未来五年欧亚经济联盟成员国之间将重点发展运输工具、电力设备、仪表和电子产品、化工产品、金属及冶金制品等产业的联合生产。根据这些方向，中方可以将“一带一路”框架下的产能合作与其对接，确定未来的合作项目清单。但为此双方必须加强相关行业技术标准的协调，为开展生产合作奠定必要技术基础。

具体举措可以包括以下八个方面。

（1）加强跨境运输合作。《联合声明》指出：“在物流、交通基础设施、多式联运等领域加强互联互通，实施基础设施共同开发项目，以扩大并优化区域生产网络。”加强跨境运输许可、标准等问题磋商，创造公平的服务贸易环境。按照世界贸易组织及国际海关组织的标准，完善过境运输查验程序，降低运输成本。

（2）金融领域合作。《联合声明》指出：“促进扩大贸易、直接投资和贷款领域的本币结算，实现货币互换，深化在出口信贷、保险、项目和贸易融资、银行卡领域的合作。通过丝路基金、亚洲基础设施投资银行、上海合作组织银联体等金融机构，加强金融合作。”加强在银行卡网络建设、构建金融风险防范体系，推进人民币债券发行等方面的合作。进一步改善银行服务，为企业的投资、生产、贸易等提供便捷的金融支持。

（3）投资领域合作。随着中国对相关国家投资的迅猛增长，要加快签署或重新签署中国与欧亚经济联盟成员国以及与欧亚经济联盟的投资保护协定，以明确、透明、互惠、对等的原则对相互投资实现充分保护。

（4）通信领域合作。打造网上丝绸之路，建设信息高速公路，加速跨境光缆建设，为降低通信服务成本，提高服务质量创造条件。

（5）按照国际通用的工程、技术、商品与服务标准促进两者之间的对接。比如将国际标准化组织的 ISO9000 体系规范作为统一的规范，以此减少贸易和投资成本、提升经济合作效益。而类似高铁的高科技合作项目，则要优先考虑技术领先和投资主体方的技术标准。

（6）世界经济发展的经验表明，中小企业是深化经济合作和促进创新发展的最积极因素，而目前中国与欧亚经济联盟成员国的合作主体更多的是国有大中型企业，因此要借鉴 APEC 经验，以中小企业工作组、工商咨询理事会、工商论坛、服务联盟、技术交流展览会等方式发挥中小企业合作的积极性，发挥它们的创新潜力。

（7）便利人员往来。响应 2015 年《丝绸之路旅游部长会议西安倡议》的精神，扩大人员交流规模，推动实施更加便利的签证政策，简化通关手续，提升旅游便利化水平；开展联合推广，推进“畅游丝绸之路”活动深化区域内合作，提升旅游交流品质，为各国旅游发展与合作创造良好的环境。众所周知，没有商务人士便利的跨国旅行，是不可能开展有效的经济合作的。因此，要参照 APEC 商务旅行卡的方式，促进中国与欧亚经济联盟成员国中高端商务人士的便捷往来。要考虑到，中美之间的签证现在已经可以达到 10 年，中英之间可以两年多次。

（8）教育领域合作。拓展教育合作规模，开发多种合作形式。加强高等教育、短期进修、游学、各种人员培训，促进能力建设，互认学历，培养复合型人才，为推进全面合作提供人才储备。

【作者简介】

冯玉军，中国现代国际关系研究院俄罗斯研究所所长、研究员。

深化黑龙江省对俄全面合作的对策与路径

宋　魁　宋晓松

2016年5月23~25日，习近平在黑龙江考察调研时强调，老工业基地要抢抓机遇、奋发有为，贯彻新发展理念，深化改革开放，优化发展环境，激发创新活力，闯出一条新形势下振兴发展的新路，在考察黑瞎子岛时强调，要注重对该岛的生态保护，同时，希望黑龙江响应国家“一带一路”倡议，参与“中蒙俄经济走廊”建设，积极扩大对外开放。这对黑龙江如何对外开放指明了方向，明确了路径。要深入贯彻“一带一路”倡议，加快建设“中蒙俄经济走廊”黑龙江陆海丝绸之路经济带，充分发挥黑龙江省和俄罗斯远东地区毗邻的地缘优势，大力发展以俄罗斯为重点的全方位对外开放。利用国内国际两种资源、两个市场，以哈尔滨为中心，建设连接亚欧的国际货物运输大通道，吸引生产要素向通道沿线聚集，发展境内外对俄产业园区，打造跨境产业链，构建发达的外向型产业体系，构筑区域经济新的增长级，为我国扩大与俄欧、东北亚合作提供重要平台，为“一带一路”建设提供重要支撑。

一　转变对俄贸易方式，实现对俄商贸线上线下的体系创新和转型升级

国务院明确了未来三年以及十年的“互联网+”发展目标，部署了“互联网+”创业创新、协同制造、现代农业、智慧能源、普惠金融、益民服务、高效物流、电子商务、便捷交通、绿色生态、人工智能11项重点行动。“互联网+”是信息化与工业、商业、金融业等服务业的全面融合，其核心是创新。通过“互联网+”思维，整合现有中俄交易渠道和市场，推动资源共享，促进商流、物流、信息流和资金流集聚，形成强大的规模优势，使中俄跨境电子商务平台能够成为在东北亚地区具有重要影响力的大宗商品交易、定价、结算和信息等服务平台，推动中俄商品交易大发展，提升黑龙江省乃至全国对俄经贸合作的水平。

与经济发达地区相比，黑龙江省互联网用户和电子商务交易额都相差悬殊，大多从事电子商情、电子贸易、电子合同、国内物流等较低层次的电子商务，缺乏从洽谈、订货、在线付（收）款、开具电子发票到电子报关、电子纳税等完整的电子交易过程，更缺乏银行或金融机构、政府机构、认证机构、配送中心等机构的加入。如果不能在国内外电子商务高速发展黄金期抢抓机遇，发掘黑龙江省固有的内生动力，找到电子商务快速发展的捷径，将难以突破对俄经贸合作转型升级和经济发展的瓶颈。

黑龙江省要加强对俄全面合作，首先要加强对俄商贸合作，把哈尔滨打造成对俄商贸中心，建立对俄进出口商品展示中心和销售中心。把哈尔滨建设成为具备辐射国内和俄罗斯的大宗商品集散地，以此加快推进哈尔滨对俄商贸中心城市建设。建议在哈尔滨建立木材交易中心等大宗商品交易所（中心），逐步获取大宗商品的话语权和定价权。以“OTO”方式（网上展示和实体展示相结合，网上销售与实体店

销售相结合）对俄贸易为重点，买全球卖全球，形成以“OTO”为主线的对俄商贸中心城市。根据国际市场需求推动贸易结构转型升级，坚持以质取胜，打造名牌产品，培育出口竞争新优势。在莫斯科、叶卡捷琳娜堡和远东地区建立中国商品展示中心（海外仓），实现对俄商贸线上线下的体系创新和转型升级。为此，特提出以下几点建议。

1. 建议成立黑龙江省“互联网＋”对俄跨境电子商务推进落实工作领导小组。

2. 建议与俄罗斯相关部门合作建立中俄电子商务平台。

3. 建议成立中俄电子商务总公司，公司遵循“政府主导、企业主体、市场化运作”的原则，在黑龙江省政府的领导下，以中俄电子商务企业为主体，开展合资合作，扎实推进项目推进工作。

4. 大力鼓励体制创新和技术创新。

5. 加强对“互联网＋”的宣传教育与人才培训。

二　以建设“中蒙俄经济走廊”黑龙江陆海丝绸之路经济带为契机，实现对俄物流合作的大发展

按照“政策沟通、设施联通、贸易畅通、资金融通、民心相通”的总体要求，充分发挥黑龙江省和俄罗斯远东地区毗邻的地缘优势，利用国内国际两种资源、两个市场，以哈尔滨为中心，以大（连）哈（尔滨）佳（木斯）同（江）、绥满、哈黑、沿边铁路四条干线和俄罗斯西伯利亚、贝阿铁路形成的“黑龙江通道”为依托，建设连接亚欧的国际货物运输大通道。以哈尔滨为中心，建设辐射俄罗斯主要城市的航空通道；打造以铁路集装箱编组站为基础的铁路大通道；谋划建设陆海联运大通道；加快完善内陆港建设。加大物流集散地建设力度，建设对俄商贸物流服务中心。为此，特提出以下几点建议。

1. 以建设哈尔滨新区为契机积极发展临空经济区，建设功能更加齐全新型的哈尔滨内陆港，以哈尔滨铁路集装箱中心站、哈尔滨综合保税区，以东北亚国际内陆中转港、枢纽港为目标，建设哈尔滨国际陆港。

2. 中俄双方应该建立边境地区物流发展协调机制，两国物流合作在基础设施、政策、管理等方面还有待进一步“对接”。必须积极与俄罗斯联邦政府和地方政府沟通协调，推动中俄双方签署陆海联运大通道协定。

3. 建设哈尔滨—绥芬河—波格拉尼奇内—符拉迪沃斯托克（海参崴）跨境免税通道，打造黑龙江省的出海口。

三　以哈尔滨科技创新城为基础，打造对俄科技合作高地

以支撑产业升级、提升竞争力为目标，注重高端技术的引进、消化、吸收和再创新，大力拓展对外科技合作领域和创新合作方式，搭建辐射全国的对俄科技合作平台，使对以俄罗斯为主的对外科技合作工作取得健康、稳步和快速发展。

建设科技创新服务体系、组建高新技术发展欧亚市场战略联盟和搭建国际创新创业平台。确立新的合作理念：通过生产要素的跨国优化组合，实现国际科技合作的合力效应，提高各国在世界市场的科技竞争力，应对世界经济一体化挑战。构建新的合作机制：在组织、立法、管理几个层面落实引进技术人才的高效务实的机制。

搭建对外科技合作的新平台，推进与俄罗斯在技术研发、成果转化方面的合作。通过建立中俄航空工业研发中心、国际新材料研发中心、医用激光工程研发和推广中心、国际农业与食品工业研发中心、国际机器人研发与示范中心等，建立中俄联合研究平台。以对俄合作中心和国际合作基地为纽带，以哈尔滨科技成果展交会为高端技术转化平台，以信息、专利、

产权交易等服务为保障，形成支撑哈尔滨市、服务全国，具有较强优势、独具特色的对俄科技合作创新服务体系。

黑龙江省应推进以俄罗斯为重点的对外高技术合作，建立对外科技创新服务体系、高科技产业欧亚市场战略联盟和国际创新创业平台，打造对外科技合作升级版。

四　以国内外市场为导向发展外向型产业，打造中俄产业园

以建设对俄合作境内外园区为载体，带动黑龙江省与俄罗斯地区产业合作发展，打造中俄地方产业合作的升级版。黑龙江将在以下方面与俄方加强产业合作：一是在基础设施互联互通上深化合作，只有打开大通道才能开展大合作，应通过双方共同努力，加快同江铁路大桥建设，扎实做好黑河黑龙江公路大桥前期工作，加快推进黑瞎子岛设立陆路口岸和跨境经济合作区，不断完善双方口岸基础设施建设。二是在互办经济实体上深化合作，立足市场需求，注重利益共享，推动大企业、大项目合作，鼓励双方互办合资合作企业，加强跨境产业园区建设，境内外两头发展实体经济。三是在延伸产业链条上深化合作，坚持出口抓加工、进口抓落地，加快生成一批资源综合利用和精深加工产业项目，打造跨境产业链条。四是在发展绿色食品产业上深化合作，适应双方市场需求不断扩大趋势，充分发挥生态优势和农产品互补优势，大力发展果蔬、肉类、水产品贸易，加强双方在农业、畜牧业等领域的合作。五是在扩大人文和媒体交流上深化合作，深化旅游、科技、教育、文化、艺术等领域合作，完善中俄边境地区媒体定期交流机制，巩固扩大中俄友好社会基础。

建设中俄合作跨境产业链，带动黑龙江省与俄罗斯地区产业合作的升级。通过在哈尔滨建立中俄产业园，促进新兴产业国际合作的大发展。以俄罗斯等国内外市场为导向发展外向型产业，建成一批区域性出口加工基地，培植以下行业发展：（1）航空航天装备；（2）电力装备；（3）机器人；（4）数控专用机床和精密机床；（5）“增材制造”；（6）新能源汽车动力电池；（7）传感器；（8）新材料；（9）生物医药及高性能医疗器械。打造上述行业出口产品产业群，把哈尔滨建设成对俄产业合作中心城市。

五　建立中俄文化产业园，实现对俄文化旅游合作的大发展

应以推动以对俄经贸合作的同时，努力构建与俄开展教育、科技、文化、体育、旅游等全方位交流合作的工作格局，以全方位交流合作促进并突出对俄经贸合作的深入开展。加强对俄文化交流与合作不但符合国家重视发展第三产业的政策，更可拉动黑龙江省旅游业、文化产业的发展，带动餐饮、住宿、交通等周边行业效益，有利于调整产业结构，缓解就业压力。同时，相关项目更是一个吸引国内外知名企业聚集的产业平台，并通过企业的号召力、影响力，带动项目发展，形成独具魅力的圈层效应。

充分发挥黑龙江省的地理毗邻优势，大力开展中俄地方文化交流与合作。结合中国文化“走出去”发展战略，加大中国文化的传播力度，更广泛地开展中俄友好交流和文化产品贸易活动，加快中国文化和文化产品走进俄罗斯步伐。加强与俄边境地区的文化交流，增进两国民意基础。

通过交流了解对方文化，促进文化相互接受，增强文化认同感。同时，促进中方企业对俄罗斯文化有足够的了解，懂得和掌握俄罗斯等国家的文化精髓，进而以人文合作带动贸易投资合作。

1. 建议黑龙江省政府、各地市政府与俄罗斯滨海边疆区、哈巴罗夫斯克州、阿穆尔州、萨哈共和国、斯维尔的洛夫斯克州、萨哈林州

等州区和城市签署文化交流与合作协定，交流文化旅游信息和经验，推进对俄地方文化交流与合作的大发展。

2. 建议在哈尔滨建立中俄文化中心（中俄文化产业园）、松花江避暑城设立中俄友谊岛，使其成为中俄文化旅游交流与合作的新载体。

把哈尔滨定位在东北亚文化名城，在此基础上，将其打造成国际文化（重点是中俄文化）之都。在哈尔滨建立中俄文化产业园将会进一步带动中俄文化交流与合作，促进文化产业发展，将进一步彰显哈尔滨的独特文化魅力，加快哈尔滨的文化繁荣和经济发展。

3. 建议开展多领域交流活动，增加对俄合作的软实力。通过举办中俄电影节、中俄旅游节、中俄文化节、国际雕塑展、油画展、集邮展、体育友谊赛事等多种形式的文化交流活动，带动哈尔滨市乃至全国影视、旅游、珠宝玉石、时装、皮草、名表、箱包等时尚产业发展；电影节、旅游节期间举办艺术比赛、中俄电影展的系列活动。活动可邀请中俄，甚至韩国、朝鲜、蒙古国、日本等国有关政府领导、专家学者、导演、演员、旅游企业参加，进行中俄影视合作、旅游合作项目研讨、招商和各种对接洽谈活动。

六　以建立中俄本币结算中心为重点，打造对俄金融合作中心

完善金融市场体系，提高金融创新和综合服务能力，打造立足黑龙江、辐射东北亚、以对俄金融服务为特色的开放型区域金融中心。以对俄金融服务通道建设为重点，加快金融业对外开放，做大跨境贸易人民币结算业务，申请跨境贸易人民币结算试点，推进卢布现钞交易市场建设，建设对俄金融结算服务平台。巩固壮大银行、证券、信托、期货、保险等传统金融行业。大力发展新兴金融业，积极发展投资银行业和融资租赁业，引进和培育股权投资基金、新型农村金融机构等新兴金融服务机构，建设哈尔滨金融服务港和哈尔滨科技金融港，设立科技发展银行和货币经纪公司，推动设立哈尔滨市碳排放权交易所。

中俄金融合作中心包括接受服务、基金服务、项目服务、智库服务四大功能，为各地各类资本、项目提供多元化、网络化、一站式、信息化的服务平台。

中俄两国银行项目融资合作潜力巨大，特别是在资源性项目融资合作方面具有极大的互补性。建立中俄（卢布、人民币）结算中心。要抓住哈尔滨市列入国家电子商务示范城市的机遇，积极推动对俄电子商务支付结算中心建设，协调相关管理部门、电商平台、银行、支付机构共同推进中俄跨境电子商务及支付结算平台建设，争取跨境电子商务外汇支付业务全国试点城市。

（1）制定用地、税收、用工等方面优惠政策，提供宽松融资结算环境，吸引国内对俄贸易投资主体在哈尔滨设立总部或设立结算中心，通过电子渠道在哈尔滨办理融资、结算业务。

（2）建立哈尔滨对俄金融产业发展基金，对涉俄产业融资、中俄本币结算等涉俄金融服务进行补贴，支持对俄金融产业发展。

（3）建立涉俄产业融资风险补偿基金，鼓励相关保险机构和担保机构对银行的涉俄融资进行风险参与，通过政府引导和信用增进等保障机制，缓释涉俄产业融资风险，降低融资门槛，解决融资难问题。

（4）抓住哈尔滨市列入国家电子商务示范城市的机遇，积极推动对俄电子商务支付结算中心建设，协调相关管理部门、电商平台、银行、支付机构共同推进中俄跨境电子商务及支付结算平台建设，争取跨境电子商务外汇支付业务全国试点城市。

（5）依靠哈尔滨银行，积极推进“中俄跨境金融合作联盟”建设，将哈尔滨市打造成境内中小商业银行卢布清算中心和俄罗斯中小商业银行人民币清算中心。

（6）做大做强中俄博览会（哈洽会）、科

博会等展会，打造对俄合作会展中心会展经济已经被我国许多大城市列入重点发展的行业，并日益向国际化、专业化、规模化和品牌化方向迈进。会展业是有着广阔发展前景的朝阳产业，在国际上，会展业早已进入商业化阶段，通过举办大型会议、展览（尤其是国际性的），带动当地经济发展，带动旅游业以及相关的交通、餐饮、宾馆、商贸、娱乐、通信等行业的发展。会展旅游具有组团规模大、消费档次高、客人停留时间长、涉及服务行业多和成本低、利润丰、见效快等特点，其巨大的市场潜能和高额回报，使得越来越多国家的政府部门和民间组织加入国际会展的竞争行列。

七　整合资源,打造国家级对俄合作信息咨询中心

黑龙江省应下决心对原有的信息网进行整合，建立新的国家级对俄合作信息中心。运用网络是实现项目商品供需双方有效对接的快捷途径和重要媒体之一，是推进对俄合作具有前瞻性的重要战略举措。建议组建高层次、高效率、专业化的对俄合作国家级信息中心，采集相关政策、市场、商品、科技、文化等信息。建议进一步发挥对俄合作研究机构的合力效应，发挥创新型智库的咨询策划作用，为黑龙江省对俄合作的全面发展出谋划策。

八　与俄罗斯联合办学，实现中俄文化教育合作的新突破

借鉴国际优秀的教育经验，引进俄罗斯的教育管理体制，结合中国具体国情，融合中华优良的文化传统，创新国际教育，开创中国高等教育新特区——中俄大学，为中俄两国培养具有国际视野和竞争力的高级技术和管理人才；积极为两国文化、经济和社会发展提供科技和管理服务。学院开设本科班和短训班，包括以影视拍摄、油画、音乐为代表的文化艺术专业、打造跨国旅游产品的旅游专业、以国际金融、会计等为代表的金融专业、以新材料研发为主的工学专业以及农业食品工业和地质矿产专业。

开办短训班，为加强我国哈尔滨市与俄罗斯各领域往来发展，普及两国语言，提升青少年、旅游爱好者以及赴俄公出、经商人员的语言水平和专业知识，让更多人了解两国的文化、饮食、旅游等信息，为两国培养实用型、复合型人才。加强高等教育领域交流与合作，鼓励联合办学，支持两国大学联合培养两地人才。

【作者简介】

宋魁，当代中俄区域经济研究院院长；

宋晓松，黑龙江省社会科学院助理研究员。

东北三省对外直接投资现状、原因及对策分析

刘　红　张克强

改革开放后，中国经济经历了30余年的近10%的高速增长，以2012年为分水岭，开始进入中高速增长的经济“新常态”。2012年中国GDP经济增长率为7.8%，2013年为7.7%，2014年为7.4%，2015年进一步下降至6.9%。在中国经济总体增速趋缓的大背景下，东北地区经济增速也出现了不同程度的下降。2013～2016年四个季度，辽宁省地区生产总值增速分别为8.7%、5.8%、3%和-1.3%，吉林省地区生产总值增速分别为8.3%、6.5%、6.5%和6.2%，黑龙江省地区生产总值增速分别为8%、5.6%、5.7%和5.1%，其中辽宁省甚至出现了罕见的经济负增长。导致东北三省经济下滑的因素有很多，包括体制机制上的阻碍，市场化程度不高，国企活力不足，民营经济发展不充分，思想观念不够解放等，但其中对外直接投资发展的相对落后也成为一个重要影响因素。本文对东北三省对外直接投资现状进行梳理，在此基础上分析其经济下滑原因并提出相应的对策建议。

一　东北三省对外直接投资的现状

随着中国企业“走出去”战略的实施，东北三省的对外直接投资规模呈现快速增长之势。但总体而言，东北三省具有的对外直接投资增长的相对后进性、对外直接投资与吸引外资的失衡性、三省间对外直接投资的较大差异性、投资目的地的相对集中性等特征。

（一）东北三省对外直接投资增长的相对后进性

东北三省的对外直接投资起步晚，发展较为迅速，但在全国总体上处于相对落后状态。从对外投资存量看，2003年东北三省对外直接投资累计额为1.75亿美元，而2014年末东北三省对外直接投资累计额达157亿美元，增长了89.7倍。

从对外投资流量来看，2005年东北三省的对外直接投资流量仅为2.1亿美元，2008年以后开始稳步增长，2012年达到最高值37.83亿美元，其后呈下降趋势（见图1）。2014年东北三省非金融类对外直接投资额为24.67亿美元，[①] 仅占同时期中国对外投资总额的2%。同其他兄弟省份相比，东北三省的对外直接投资更是落后。2013年广东省对外直接投资额59.4亿美元，居于全国地方投资流量首位，同比增长12.3%。而同期辽宁省对外直接投资额为12.95亿美元，位居全国第七，而吉林和黑龙江两省并未进入前十位。东北三省对外直接投资总额不仅占比低，而且增速急剧下滑。2014年中国对外直接投资同比增长14.17%，而东北三省的对外直接投资却出现了同比12.77%的下降。

① 商务部、国家统计局、外汇管理局：《2014年度中国对外直接投资统计公报》，中国统计出版社，2015。

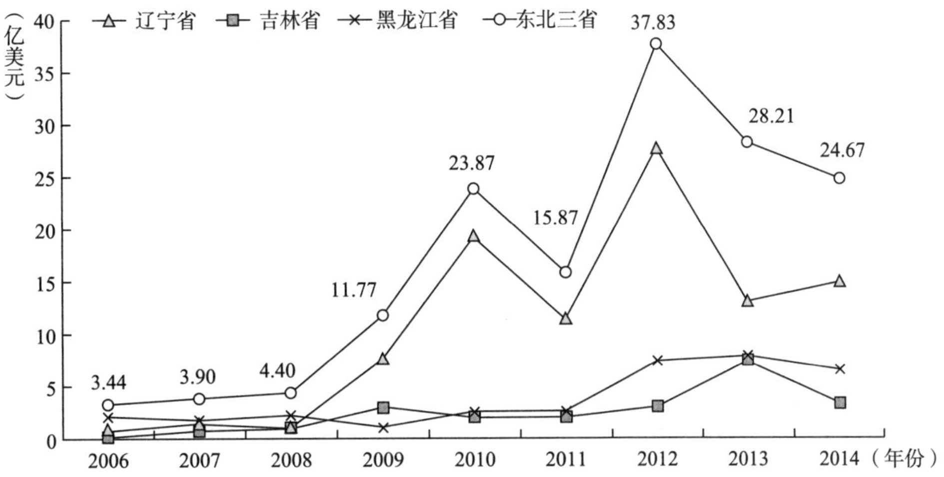

图 1　东北三省对外直接投资流量情况

资料来源：《2014 年度中国对外直接投资统计公报》。

从对外直接投资企业的数量变化看，东北三省对外直接投资企业的数量在全国占比较低，也低于其他兄弟省份。东北三省中对外直接投资居首位的辽宁省，2011 年至 2014 年前三季度，新设企业数量分别仅占全国的 4.3%、3.25%、3%和2.9%（见图2），在全国的占比呈不断下滑之势。此外，从与兄弟省市设立境外直接投资企业的数量比较看（见图 3），截至 2014 年末，广东省对外直接投资企业累计达 5293 家，辽宁省为 1028 家，黑龙江省为 607 家，东北三省加起来的数目不到广东省的 40%，差距显而易见。

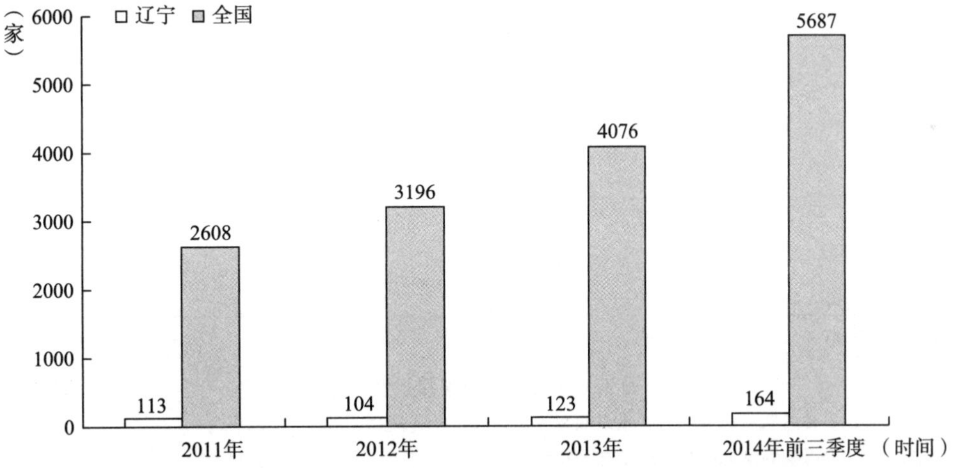

图 2　2011 年至 2014 前三季度辽宁新核准对外直接投资企业数量变化

资料来源：曹晓峰等：《辽宁省推进全方位对外开放战略状况分析》，载曹晓峰等主编《2015 年辽宁经济社会形势分析与预测》，社会科学文献出版社，2015。

（二）东北三省对外直接投资与吸引外资的失衡性

在东北的经济增长与结构转型中，利用外资和对外投资均具有不可替代的重要作用。然而总体上，东北三省吸引外国直接投资总额远远大于其对外直接投资总额，且其净吸收外国直接投资额呈逐年上升之势。特别是辽宁省的净吸收外国直接投资额增速最快，吉林省和黑龙江省相对趋于平缓。与东北三省净吸收外国直接投资的增长趋势相反，2011 年以后中国的净吸收对外直接投资整体呈下降趋势，逐步趋向于利用外资和对外投资的动态平衡（见图 4）。

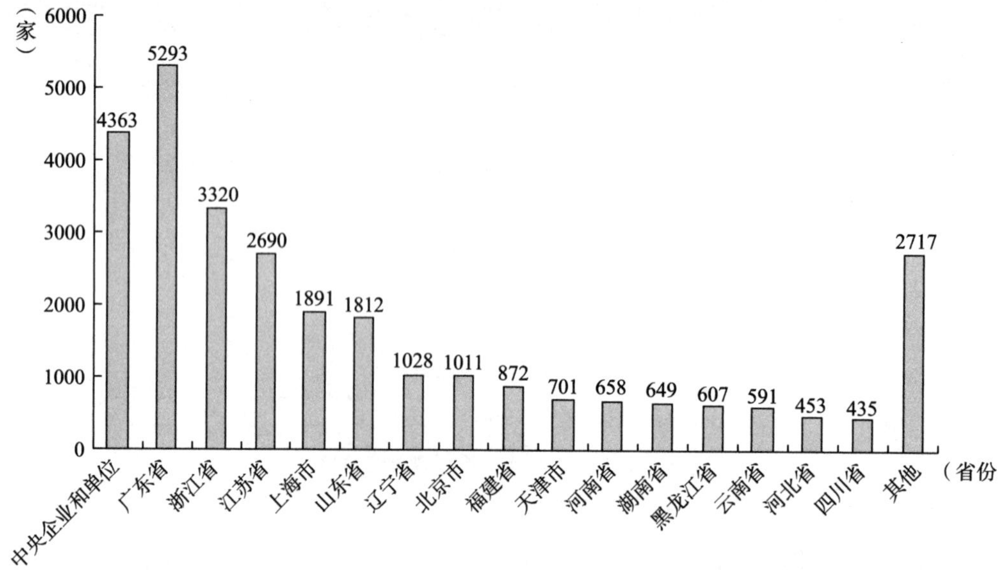

图 3　2014 年末中国主要省市设立境外直接投资企业数量

资料来源：《2014 年度中国对外直接投资统计公报》。

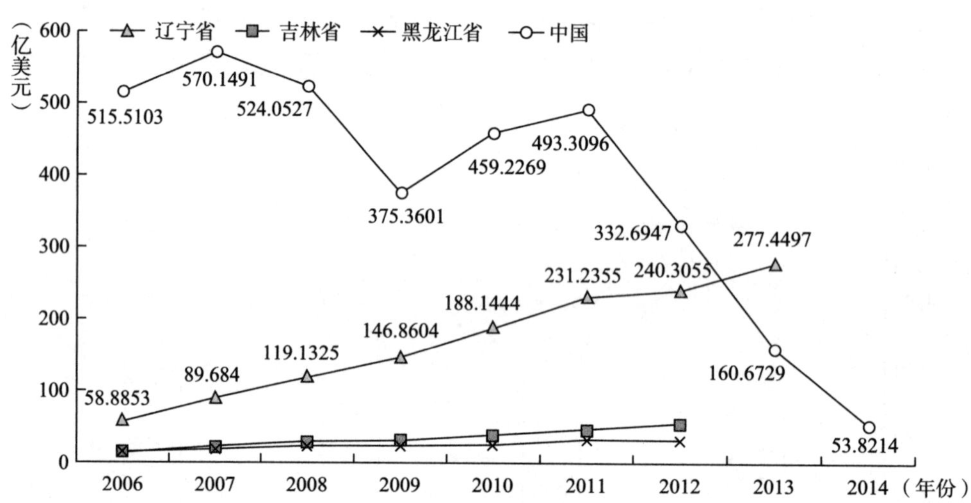

图 4　净吸收外国直接投资余额

注：净吸收外国直接投资等于外国直接投资额减去对外直接投资额。

资料来源：《2014 年度中国对外直接投资统计公报》。

（三）东北三省间对外直接投资增长的较大差异性

与辽宁省对外直接投资的快速增长相比，黑龙江省和吉林省的对外直接投资增长较为缓慢，且三方的占比差异性较大。在东三省对外直接投资增长最高年份的 2012 年，东三省对外直接投资总额达到 37.83 亿美元，其中辽宁省对外直接投资占东北三省总投资额的 73%，黑龙江省占 19%，吉林省仅占 8%。

（四）东北三省投资目的地的相对集中性

东北三省对外直接投资的目的地较为集中，其对外直接投资主要流向英国、中国香港、美国、开曼群岛、加拿大、俄罗斯等国家和地区，而对于东北三省具有相对地缘优势的东北亚各国的投资比重并不是很高。以辽宁省为例，截至2014年第三季度，辽宁省新核准对外直接投资企业中，投资目的地为亚洲的占47.6%，美洲占29.3%，欧洲占14%，大洋洲占4.9%，非洲占4.2%，[①] 总体上以对亚洲、美洲的投资居多。其中，2014年投资于中国香港、美国等的注册企业数占比达到45.2%；投资于俄罗斯和澳大利亚的注册企业数占比分别为20.5%和8.3%。[②] 而黑龙江省对外投资目的地主要集中在俄罗斯和蒙古国，其中对俄罗斯的投资占比最大。截至2009年末，黑龙江省境外投资合计23亿美元，其中对俄投资16.49亿美元，涉及项目275个[③]。

二 东北三省对外投资现状的形成原因

如前所述，东北三省的对外直接投资起步较晚，总体投资水平不高，其增长主要存在相对后进性、对外投资与利用外资的失衡性以及投资目的地的相对集中性等问题。产生这些问题的原因可以归结为以下几个方面。

第一，体制机制的落后是东北三省的共性问题。自2003年东北老工业基地振兴以来，东北三省的经济出现了显著增长，2003～2013年东北地区生产总值增速是12.7%，高于全国10.7%的增长率，但是长期困扰东北三省的体制性、机制性矛盾一直并没有得到根本性解决，导致东北地区的市场化程度低，高技术产业和现代服务业比重较低，经济发展活力不足，对外直接投资的比较优势并不显著。此外，背负沉重体制负担的东北企业也很难向广东等轻装前进的企业那样进行对外直接投资，这使东北地区的对外投资规模要远远低于全国的其他兄弟省份。

第二，高技术产业发展滞后，企业创新能力不足。东北三省的高技术产业发展速度虽然明显加快，但与东部发达地区相比，东北三省的高技术产业无论是在产业规模上，还是在政策支持环境和技术创新上，都呈现落后态势。[④] 由于高新技术发展上比较优势的不足，东北地区的对外直接投资以资源获取型对外投资居多，而对发达国家的直接投资则相对比较少。资源型、获取型的对外直接投资较难有效利用发达国家的先进生产技术、管理技术提升本国企业的竞争优势，因此对推动本国产业结构的优化影响有限。此外，从科技水平看，东北地区自主创新能力不强，高新技术企业规模不大，在科技创新、产品创新、产业创新、商业模式创新等方面没有比较优势，产业技术水平处于中游水平，缺少核心技术。[⑤] 东北地区的原创性发明不多，关键核心技术的对外依存度达50%以上。目前，辽宁和吉林每10万人申请专利的数量分别为86.2件和43.4件，而全国为172.6件，均不到国家平均水平的一半。[⑥]

第三，政策体系支持不到位。从中国整体来看，目前的一些境外直接投资管理政策多为规范性和引导性的，而扶持性的政策并不到位。尽管商务部于2013年2月和3月分别颁布了《对外投资合作环境保护指南》和《规范对外投资合作领域竞争行为的规定》，并于2013年

---

① 曹晓峰等：《辽宁省推进全方位对外开放战略状况分析》，载《2015年辽宁经济社会形势分析与预测》，2015。

② 姜瑞春、姜岩、曹颖杰：《东北三省高技术产业竞争力评价》，载马克、黄文艺主编《中国东北地区发展报告（2014）》，社会科学文献出版社，2014。

③ 笪志刚、任晓菲：《黑龙江省深化东北亚合作的对策建议》，载《黑龙江经济发展报告（2011）》，社会科学文献出版社，2011。

④ 姜瑞春、姜岩、曹颖杰：《东北三省高技术产业竞争力评价》，载曲伟主编《中国东北地区发展报告（2014）》，社会科学文献出版社，2014。

⑤ 丁晓燕：《“新东北现象”产生的根源及对策研究》，载马克、黄文艺主编《中国东北地区发展报告（2015）》，社会科学文献出版社，2015，第333页。

⑥ 丁晓燕：《“新东北现象”产生的根源及对策研究》，载朱宇、张新颖主编《中国东北地区发展报告（2015）》，社会科学文献出版社，2015，第333页。

12月，商务部和国家开发银行共同建立了合作区项目协调和信息共享等联合工作机制，为符合条件的合作区实施企业提供投融资等方面的政策支持，但是审批流程过长等因素制约了政策的支持效应。[①] 此外，财政税收政策、人民币资本项目可兑换程度不高等因素使东北企业在对外直接投资过程中并没有获得更多的优惠。

第四，东北三省金融体系不够完善、对外投资金融服务系统落后。在东北三省企业的对外直接投资中，其融资约束主要源于东北三省的金融业还不够发达，信用制度不健全，担保体系不完善，企业银行贷款审批程序复杂，门槛高，担保条件严格，等等。在融资约束制约下，那些具有更高生产率、更有竞争力的民营企业很可能被关在对外直接投资机遇的大门外，对提高中国资本利用效率非常不利。[②] 根据中国统计年鉴计算的金融业增加值占工业增加值的指标中，辽宁省为11.7%、吉林省为7.2%、黑龙江省为14.7%，全国占比为20.6%，东北三省的金融增加值占工业增加值比重均远远低于全国水平。金融体系的不完善严重制约了东北三省对外直接投资，阻碍了东北三省企业“走出去”的进程。

第五，缺乏集群式“走出去”的发展战略。东北三省企业的对外直接投资多以单打独斗的方式“走出去”，这种单一的“作战”模式，在国际市场竞争日趋激烈的背景下，其抗风险能力不强的弊端日渐显现。如果能够以重大项目为依托，联合东北三省的其他企业以抱团出海的方式投资境外，将大大增强东北企业在海外市场的投资竞争力，提高抵御风险的能力。

第六，在东北经济发展中，民营经济不发达，这使民营企业在对外直接投资中所发挥的作用比较有限。在全国500强民企中，东北三省加起来只有10家，其中辽宁6家，黑龙江3家，吉林1家。而仅浙江省就有138家，甚至杭州市多达55家。东北不仅民营经济发展滞后，而且大多数民营企业缺乏境外投资经验，既不了解投资对象国与投资经营、进出口业务、用工等相关的法律和政策，又不了解投资对象国的文化民俗，[③] 加之缺乏跨国经营人才，严重制约了东北三省企业境外投资规模的扩大。在中国对外直接投资中民营企业异军突起的背景下，东北三省如果不推进投资主体的多样化，特别是促进民营企业的对外投资，则民营企业将很难在国际投资竞争中获得资金、管理能力或技术方面的提升，从长期看不仅不利于东北三省整体竞争力的提高，也不利于中国对外直接投资的持续发展。

三　促进东北三省对外直接投资发展的对策建议

中国的对外投资已成为经济发展新的支撑力量，在经济发展新常态下，更应重视对外直接投资对我国经济增长的拉动作用。在此视角下，以促进东北企业的对外直接投资来实现东北经济的振兴就显得尤为重要。

第一，抓住“一带一路”建设为东北企业对外直接投资提供的新机遇。目前东北的对外直接投资仍处在单向资源获取阶段，尚未转向效率提升阶段，更较少考虑如何通过国内优势产能与投资当地基础产能有效结合，在更广的区域范围内合理配置资源。[④] 而“一带一路”的提出，无疑为东北地区加快对外产业转移的速度，消化制造业的过剩产能，推动东北三省

① 张小溪：《中国对外投资的现状和发展方向分析》，载李扬主编《中国经济增长报告（2013～2014）》，社会科学文献出版社，2014，第101页。

② 王碧珺、谭语嫣等：《融资约束是否抑制了中国民营企业对外直接投资》，《世界经济》2015年第12期。

③ 笪志刚、任晓菲：《黑龙江省深化东北亚合作的对策建议》，载曲伟主编《黑龙江经济发展报告（2011）》，社会科学文献出版社，2011，第74页。

④ “一带一路”倡议与中国对外直接投资新格局。

产业结构的转型升级提供了难得的历史性新机遇。积极推进东北三省企业对“一带一路”沿线各国的直接投资，既可有效化解东北的过剩产能，又可在境外投资中增强东北企业的国际竞争力。但是，在对外直接投资过程中，也要加强对投资目标国投资环境的调研，充分了解当地的政治局势、法律环境、市场动态等各种风险，对投资大、周期长的项目，要加强东北三省的合作，积极发挥各自的比较优势，以“抱团出海”的方式进行投资的联合论证和开发。例如，辽宁省在推动抚顺罕王集团在印度尼西亚“年产6万吨金属镍冶炼项目暨罕王—富域产业园”项目和沈阳远大集团在哈萨克斯坦建立远大工业园项目等重大项目时，就重视以重大项目带动省内其他企业抱团到国外发展，形成了园区产业聚集、合理配套、协调发展的良好态势①。

第二，调整投资结构，充分利用地缘优势，加强对东北亚国家的直接投资。相比发达国家的跨国公司，东北三省的企业在国际竞争中显然不占绝对优势，因此在对外投资区域的选择上，必须从自身情况出发，准确定位目标市场，应立足东北亚国家来增强对外投资。日本经济高度发达，技术水平高，基础设施完善，对日本投资电气机械及器材、仪器仪表、通信设备、汽车产业，可带来技术外溢效应。特别是第二届安倍内阁执政后，进行了包括建立国家战略特区、法人税改革与规制改革在内的一系列引资政策的调整。这些引资政策的调整有助于创造良好的营商环境，增强投资日本的魅力，无疑也给处于起步阶段的东北企业对日直接投资提供了难得的机遇。东北企业应密切关注和研究日本政府关于招商引资的优惠政策调整，未来可在房地产、旅游服务业等方面加大对日本的直接投资，通过对日投资提升东北企业的技术实力。此外，东北三省应继续加强对俄罗斯远东地区和蒙古国的对外直接投资。东北三省应紧紧抓住俄罗斯实施远东和贝加尔地区发展规划的重要契机，结合国家新一轮东北老工业基地振兴战略，推动建材、冶金、物流、制造业、基础设施和旅游等优势产业到俄罗斯远东地区进行投资合作。同时，充分利用蒙古国建设出海通道的机会，加强与蒙古国在境外经贸区建设、矿业开发等领域的投资合作，建立资源开发和矿产品深加工产业集群。②

第三，进一步完善有利于企业“走出去”的政策支持。首先，要给予有实力“走出去”的企业良好的制度环境，解决企业融资难，审批程序过多的难题，同时注重企业“走出去”信息平台的建设，为企业走出提供可靠的信息服务，信息平台的建立将减少企业对外直接投资的风险，增加对外投资的机会。其次，大多数企业对于国外的制度、法律、会计标准等都不是很了解，因此应积极培育东北三省境内对外事务的律师事务所、会计师事务所、咨询机构等，以降低东北企业对外直接投资的相关成本。

【作者简介】

刘红，辽宁大学国际关系学院教授；

张克强，辽宁大学国际关系学院2015级硕士研究生。

① 商务部：《中国对外投资合作发展报告（2014）》，第139页。

② 商务部：《中国对外投资合作发展报告（2014）》，第139页。

东北老工业基地振兴对接“一带一路”的路径选择

李　芳　朴光姬

自“一带一路”倡议提出以来，全国各省都积极筹备对接“一带一路”的各项规划。全国范围内正掀起“一带一路”建设的热潮。然而，由于缺乏协调，各省出台的规划重叠性较高，如若展开实施，必将导致重复建设和资源浪费。“一带一路”作为一项全局性的战略规划，必须有全局性的实施方案。这也要求各省在对“一带一路”建设进行规划时，既要有特色意识，也要有全局意识，制定长久可行的承接方案。东北三省作为全国老工业基地振兴的典型，同时处于东北亚的中心区域，东北老工业基地振兴对接“一带一路”建设，不仅有助于东北地区的全面振兴，也将推动东北亚区域合作，同时有助于为全国老工业基地把握“一带一路”倡议提供示范。

一　东北老工业基地在“一带一路”建设中的定位

金融危机爆发以来，世界经济景气度持续走低，中国经济发展也进入了转型升级的中高速增长阶段。东北地区经济下行压力增大，老工业基地的经济发展暴露出诸多问题。为保持老工业基地持续振兴的动力，国务院自2009年开始，陆续出台一系列进一步振兴东北地区等老工业基地的意见和规划。2016年4月26日，国务院发布《中共中央国务院关于全面振兴东北地区等老工业基地的若干意见》，提出全面振兴东北老工业基地的总体思路：“东北老工业基地振兴要做好与‘一带一路’建设、京津冀协同发展、长江经济带发展‘三大战略’的互动衔接。”2015年3月28日，国家发改委、外交部、商务部联合发布《推动共建丝绸之路经济带和21世纪海上丝绸之路的愿景与行动》，明确了东北老工业基地在“一带一路”建设中的定位，即“发挥内蒙古联通俄蒙的区位优势，完善黑龙江对俄铁路通道和区域铁路网，以及黑龙江、吉林、辽宁与俄远东地区陆海联运合作，推进构建北京—莫斯科欧亚高速运输走廊，建设向北开放的重要窗口”。这一定位拓展了东北老工业基地对外合作的空间。老工业基地振兴需要借助“一带一路”扩大开放所带来的发展机遇，也离不开老工业基地转型升级所带来的持久动力。因此，要积极探索东北老工业基地振兴对接“一带一路”的有效路径。

二　东北老工业基地对接“一带一路”建设的优势与不足

东北地区在对接“一带一路”建设方面，既存在优势，也存在不足。因此，在对接过程中，应当立足于自身的优势，寻找对接“一带一路”的结合点，并利用振兴与开放之际，加速补齐自身短板，寻求促进经济增长的长效机制。

（一）对接中存在的优势

首先是要素禀赋优势。东北地区拥有丰富的自然资源，森林、矿产、水资源等门类齐全，且藏量丰富。以农林牧渔为代表的第一产业发达，水肥物美，有中国的粮仓之称。特别是在当前东北地区农业现代化建设、林下经济发展的推动下，未来将为国内外提供物种多样、品质优良的农副产品，也能弥补俄罗斯、蒙古国、朝鲜、韩国、日本农业资源相对紧缺的问题。同时，东北三省第二产业门类齐全，有完整且较为先进的重化工业体系，集聚效应明显，具备对外转移产能、带动区域经济发展的能力。这为工业体系尚未健全的蒙古国、亟待开发的俄罗斯远东地区，以及朝鲜的工业升级提供了合作潜力。此外，相对于蒙古国、俄罗斯远东地区以及朝鲜，东北三省拥有更为丰富、较高素质的劳动力资源。其次是地理位置优势。东北三省地处东北亚的中心地带，沿边优势使黑、吉、辽三省对俄罗斯、朝鲜、韩国等国拥有长期的经贸往来关系，并且边民互市已经成为当地民生的重要方面。要素禀赋优势和地理位置优势结合，使得东北老工业基地融入“一带一路”建设水到渠成。

（二）对接中存在的不足

然而也应看到，在中国经济进入“新常态”以及世界经济增长乏力的形势下，东北老工业基地多年积累的痼疾也严重拖累了其迈入现代化的脚步。最突出的表现是，东北老工业区域经济缺乏功能完善、配置高效、结构合理的增长机制。这一缺陷具体表现在基础设施联通、市场制度体系和产业技术关联三个方面。

首先，老工业基地的基础设施有待升级完善。在东北三省中，辽宁省基础设施情况最好，其陆海空运输线路发达，经贸合作的软硬件设施也较为先进。相比，黑龙江省和吉林省较为落后。尤其是黑龙江省内的基础设施尤其落后。以黑龙江省的铁路运输为例，虽然跨省铁路已经进入高铁运营阶段，但省内铁路客运段目前仍以K字头火车为主（时速不超过120公里）。黑龙江省铁路的运力还处于20世纪七八十年代的水平。交通不便直接影响着经贸往来的效率和范围，一些东北地区的优势农产品（易腐烂物品）可贸易性大大降低。因此，老工业基地对接“一带一路”须进行基础设施建设。

其次，市场制度体系不够健全，且市场化程度远远滞后于中国东南部省份。一方面，由于新中国成立初东北地区重工业体系主要依靠一批国企支撑建立，尽管在工业化初期有利于充分发挥凝聚资源的能力。然而，随着工业体系不断完善和全国的市场化改革，其垄断因素逐渐阻碍了资源配置效率。虽然经过前十年的振兴，老工业基地已经在众多领域引入了非公有制成分，但力度依然不足，竞争仍不够充分。另一方面，国企众多、厂办大集体以及政府改革的力度不够等问题，导致整个东北地区的市场化改革相对滞后。全面振兴老工业基地，对东北地区体制机制改革，特别是国企改制面临挑战。

最后，东北老工业基地虽然产业集聚程度高，但是产业技术关联度不够，难以维持的增长动力。以省域为单位建立的老工业体系虽然各有特色，但是省域之间相对独立，关联度不高，难以实现合理分工和专业化生产高效结合。因此，老工业基地振兴和承接“一带一路”建设，必须实现跨省、跨境产业合作和专业化分工，释放创新的空间。

三　东北老工业基地对接“一带一路”建设的路径分析

东北老工业基地对接“一带一路”须以“五通”为主要内容，结合自身的优势，坚持因地制宜、分工与协调并重的原则。打造突出各省特色，相互衔接对接路径，形成对接“一带一路”建设的合力。

（一）依托对俄边境口岸，打造黑龙江省全方位对俄开放窗口

黑龙江省应构建以对俄合作为重点的全方位对外开放格局，发挥“向北开放的重要窗口”以及“向南开放的腹地”作用。

1. 率先推进基础设施互联互通，提升窗口的开放能力

基础设施互联互通是提升对外开放水平的基础条件。黑龙江省应在软硬件基础设施方面，全面提升黑龙江省的国内外通行、通航、通信、通关能力。首先，应该加强境内外陆路、水路、油气管网的通行、通航能力。利用与俄罗斯沿边沿江的优势，全力推进“三桥一岛一道一港”建设，实施低标准铁路扩能改造工程，改善路网结构，提升老旧铁路速度和运力；加大对东北高寒地区和交通末端干线公路建设支持力度。推动“哈俄欧”铁路通道和哈、俄、日、韩陆海联运和经黑龙江下游出海的江海联运。新建、扩建牡丹江、佳木斯、大庆、黑河等一批干支线机场，鼓励中外航空公司开辟至东北地区的国际航线，支持哈尔滨建设面向东北亚地区的航空枢纽。加快中俄原油管道二线和东线天然气管道建设。其次，积极与俄方沟通协调，扩容完善抚远—哈巴罗夫斯克、黑河—布拉戈维申斯克跨境光缆线路。最后，对现有的对俄口岸基础设施进行升级改造，全面实施单一窗口和通关一体化，提升黑龙江省的通关效率。

2. 打造多样化合作平台，改善中俄合作的服务环境

在提升中俄联通设施的同时，黑龙江省应当注重为中俄企业开展合作搭建多样化的服务平台，增强合作信息的透明度，提升合作的效率。根据施行的难易程度，可以逐步推进不同层次的平台建设。首先，可以借助中俄博览会等大型展会，构筑中俄经贸合作平台；同时开展多种形式的人文交流，借助高校、旅游等途径，扩大民间交流，增进中俄合作的民间基础。其次，借打造哈尔滨新区之际，优先构建对俄金融服务中心，探索实行卢布、人民币现钞结算，并逐步发展离岸金融业务，搭建跨境电子商务支付平台。最后，应当完善对俄开放合作园区体系，提升外向型产业承载能力。积极推进绥芬河—东宁重点开发开放试验区、抚远（黑瞎子岛）中俄沿边开放示范区建设，策划建设黑河、绥芬河、黑瞎子岛、同江、东宁跨境经济合作区和穆棱边境经济合作区，促进中俄互市贸易双向开通；同时为中国企业赴俄开办合作园区提供政策支持和融资便利，助推“走出去”项目合作。

3. 开展跨省合作，发挥黑龙江省开放窗口与腹地作用

首先，作为对俄开放的重要窗口，黑龙江省应当主动加强与吉林省、辽宁省的合作，带动两省的优势资源输出，同时，借助黑吉辽入关的运输通道，将经济腹地扩展至京津冀区域。其次，黑龙江省作为辽宁省对外开放的腹地，也应当积极争取对韩日合作的机会。最后，黑龙江省应该通过内蒙古东部地区，积极拓展与蒙古国的外贸合作。同时，推动黑龙江省对俄合作由毗邻地区向俄罗斯中部及欧洲部分延伸、由经贸合作向全方位交流合作转变进而提升经贸合作层级。

（二）升级内陆联运设施，打通吉林省对外开放的横纵交通脉络

吉林省东部与俄罗斯、朝鲜接壤，西邻内蒙古自治区，北邻黑龙江省，南接辽宁省，处于东北地区的中心地带，这为吉林省借港出海、借道出关提供了便利。

1. 以珲春为中心打造环日本经济圈——借港出海

珲春位于吉林省东部图们江下游地区，地处中朝俄三国交界地带，是东北地区唯一的三国接壤的口岸。珲春市东北部与俄罗斯接壤，东南部与朝鲜罗津—先锋自由经济贸易区隔图

们江相邻，南部临近日本海。借此区位优势，依托中国图们江区域（珲春）国际合作示范区，吉林省应着力打造以珲春为中心的环日本经济圈。同时，在中俄两国在东北亚地区开发政策高度契合之际，加快促成俄方扎鲁比诺港扩建升级项目落地实施，并加快推进扎鲁比诺港珲春物流中心项目的建设。

2. 以长春为中心打造综合交通枢纽——借道出关

长春市作为吉林省省会，也是交通枢纽中心，有始于珲春、横贯吉林省、最终通往内蒙古自治区通辽市公路线。因此，长春市应当继续拓展交通优势，大力发展物流转运设施建设，为将来承接东西南北向的物流中转做准备；同时还可以借道黑龙江、内蒙古自治区、辽宁省实现对俄罗斯、蒙古国以及朝、韩、日等国的经贸往来。相比珲春借扎鲁比诺港出海，长春市借国内口岸或港口出海的安全性更高。

（三）凭借港口和腹地优势，将辽宁省打造成丝路东端陆海空联运起点

与黑龙江省和吉林省相比，辽宁省经济发展和开放程度较高，并且在东北地区拥有得天独厚的港口优势。同时，辽宁省地处黄渤海经济圈，拥有东北以及华北地区的腹地优势。

1. 打造环渤黄海经济圈，搭建丝路东端陆海空联运的起点

辽宁省应当依托其港口群及其腹地，打造环渤黄海经济圈，搭建丝路东端陆海空联运的起点。(1) 以大连港为起点，向南经东海、南海至东南亚地区，并入海上丝路航线；向北经白令海峡，探索开辟到欧洲的北极航道航线。(2) 建设以锦州港、丹东港为起点，至蒙古国乔巴山的铁路出海通道，融入“中蒙俄经济走廊”建设。(3) 以大连、营口港为起点，未来可借大连—烟台海底隧道及现有海运航线，联通辽鲁腹地，以港口带动腹地，带动跨省、跨国经贸合作的发展。(4) 积极参与“京津冀一体化”产业对接，扩大辽宁省经济腹地范围。应利用东北关口的区位优势，率先与“京津冀一体化”进行产业衔接。从“京津冀一体化”和“一带一路”中寻求融合与发展，助推东北老工业基地振兴。

2. 以大连为龙头，引领东北地区加快口岸通关和融资便利化

利用大连市先期积累的通关经验，携手黑龙江省、吉林省、内蒙古自治区，深化东北地区海关区域通关一体化，实现跨区域海关互联、互通、互认。在此基础上，建立与“一带一路”建设相适应的通关管理机制。加强与“一带一路”沿线国家，特别是东北亚丝路沿线国家的口岸执法机构的机制化合作，推进信息互换、监管互认、执法互助以及检验检疫、认证认可、标准计量、统计信息等方面的双边或多双边合作，以畅通国际物流通道，降低人员、商品、资金、信息跨境流动的时间和成本。同时，应利用大连的金融服务相对领先优势，牵头东北三省及内蒙古地区联合对外协调，借助亚投行和丝路基金，创建东北亚地区融资服务平台。

（四）黑、吉、辽、蒙联合打造东北亚合作中心枢纽

1. 东北三省积极融入“中蒙俄经济走廊”建设

“中蒙俄经济走廊”是“一带一路”建设的重要组成部分，也是目前“一带一路”沿线国内外经济形势最好的地段。第一，俄罗斯当前与欧美关系处于僵持和相互掣肘之势，对中国合作意愿空前高涨，俄罗斯的“欧亚经济联盟”“跨欧亚大铁路”计划已经实现与中国“一带一路”的对接。第二，蒙古国作为内陆国，其全部出口均需借助俄中两国港口，因此，对于以基础设施互联为主要内容的“一带一路”倡议，蒙方表现积极，并提出对接“一带一路”的“草原之路”倡议。第三，黑、吉、辽三省的农业、工业对俄蒙两国，尤其是蒙古

国有较强的互补性，容易实现互利合作。第四，对“一带一路”做出积极反应的经济体中，一些中亚、中东、非洲国家反应积极，但与其合作成本与风险远远高于蒙俄两国。在“中蒙俄经济走廊”建设下，内蒙古自治区与蒙古国和俄罗斯两国接壤，且拥有对蒙古国开展合作的语言、文化等优势。因此，黑、吉、辽三省除了开展与俄罗斯的区域合作之外，应积极与内蒙古自治区联合，推进“中蒙俄经济走廊”建设，打造向北开放的重要窗口。

2. 黑、吉、辽、蒙联合打造东北亚合作的枢纽地带

黑、吉、辽、蒙要以“中蒙俄经济走廊”依托，开展东北亚合作枢纽建设的尝试。从这一角度来看，“中蒙俄经济走廊”建设对东北亚区域合作具有地缘战略意义。从合作的主要内容来看，蒙俄丰富的矿产资源，尤其是具有战略意义的能源资源将是“中蒙俄经济走廊”建设的重要内容；从合作区域层次来看，“中蒙俄经济走廊”是东北亚区域次区域合作的范畴，如果合作顺利，中蒙俄油气管网、海陆联运设施的升级和扩展将疏通要素流动瓶颈，形成巨大的市场潜力，也可吸引朝韩加入“一带一路”建设提供潜在动力，隔海相望的日本也将最终回归东北亚合作中。因此，中国东北地区将因先天地理位置的优势，以及先期基础设施完善的优势，成为沟通东北亚区域合作的枢纽地带。

探索东北老工业基地振兴，对接“一带一路”的路径，必须立足“一带一路”建设的总体布局，寻求“一带一路”建设与老工业基地振兴的结合点，打造促进经济增长的长效机制。因此，黑、吉、辽三省既要结合自身优势，找准自身定位，也要从区域协调的层面对接“一带一路”建设，实现对接路径的兼容并蓄，形成对接“一带一路”的合力。

【作者简介】

李芳，中国社会科学院研究生院；

朴光姬：中国社会科学院亚太与全球战略研究院。

论新东北振兴与俄罗斯远东开发开放战略的互动发展

焦方义　任嘉嵩

一　对已有研究成果的述评

（一）国内相关研究成果的梳理及研究动态

新东北振兴战略是指2015年12月30日召开的中共中央政治局会议审议通过的《关于全面振兴东北地区等老工业基地的若干意见》（以下简称《意见》），《意见》指出："当前和今后一个时期是推进东北老工业基地全面振兴的关键时期，要牢固树立并贯彻创新、协调、绿色、开放、共享的发展理念，适应和把握我国经济进入新常态的趋势性特征，以提高经济发展质量和效益为中心，加大供给侧结构性改革，保持战略定力，增强发展信心，坚持变中求新、变中求进、变中突破，努力提升东北老工业基地的发展活力、内生动力和整体竞争力。"会议提出，到2020年，东北地区要在重要领域和关键环节改革上取得重大成果，转变经济发展方式和结构改革取得重大进展，经济保持中高速增长，同步实现全面建成小康社会目标。产业迈上中高端水平；新型工业化、信息化、城镇化、农业现代化协调发展新格局基本形成；城乡居民收入增长和经济发展同步；资源枯竭、产业衰退地区发展取得显著成效。会议明确了抓好新一轮东北振兴的四大着力点：一是着力完善体制机制；二是着力推进结构改革；三是着力鼓励创新创业；四是着力保障和改善民生。新东北振兴战略针对"新东北现象"，体现了鲜明的问题导向和协调发展的目标导向。国务院将根据《意见》精神制定具体实施方案，国家发改委真正制定东北振兴"十三五"规划。

新东北振兴战略与俄罗斯远东开发开放互动发展的基础是2009年9月23日中俄双方政府正式批准的《中国东北地区同俄罗斯远东及西伯利亚地区合作纲要（2009—2018）》（以下简称《纲要》），标志着中俄两国地区性合作已经进入一个新的实质性操作阶段，为两国地区性合作提供了具体的、方向性遵循和纲领性文件。《纲要》涉及口岸及边境基础设施建设和改造、地区运输合作、铁路公路的互联互通、能源原材料的合作等100多个合作领域以及200个重点合作项目。《纲要》的制定具有目标明确、指向性强，区域分工明晰、辐射面广，项目众多、任务量大等特点。

2003年我国实施振兴东北老工业基地战略，依据是《中共中央国务院关于实施东北地区等老工业基地振兴战略的若干意见》，2007年国家发改委和国务院东北办联合编制发布东北地区振兴规划，经过三期国债项目的重点支持，东北国有企业的技术改造取得重要进展，技术装备水平得到大幅度提升，经济总量增长，地区面貌焕然一新。但是东北老工业基地长期存在的体制性、结构性等深层次矛盾尚未解决，业已取得的成果有待进一步巩固，区域蕴藏的巨大潜力有待进一步发挥。因此，2009 年 9 月 11 日，国务院出台了《关于进一步实施东北等老工业基地振兴战略的若干意见》，对东北地区振兴做出了新一轮部署。如推进长吉图开发开放先导区建设，促进我国与东北亚国家资源互补合作，挖掘对外开放合作的潜力，使东北形成具有发展活力的新的增长区域，提高这一区域的整体经济实力，促进东北老工业基地全面振兴。2012 年 3 月 4 日，国务院批复《东北振兴“十二五”规划》，从优化结构、技术创新、现代农业、基础设施、城市转型、保护生态、区域经济等方面指导“十二五”期间东北振兴工作。2014 年 8 月 8 日，国务院印发《关于近期支持东北振兴若干重大政策举措的意见》。该意见分着力激发市场活力、进一步深化国有企业改革、紧紧依靠创新驱动发展、全面提升产业竞争力、增强农业可持续发展能力、推动城市转型发展、加快推进重大基础设施建设、切实保障和改善民生、加强生态环境保护、全方位扩大开放合作等内容。该意见明确指出“加强东北振兴与俄远东开放战略的衔接，启动中俄远东开发合作机制，推动在能源、矿产资源、制造业等领域实施一大批合作项目，按照国务院批复方案加快筹备中俄地区合作发展（投资）基金，支持哈尔滨打造对俄合作中心城市。发挥地缘和人文优势，务实推进对韩、蒙、日、朝合作，支持大连设立中日韩循环经济示范基地”。两个意见的出台进一步推动了东北振兴战略实施，有利于对接好中俄两国签署的《纲要》的实施和战略互动发展。

（二）国外相关研究成果的梳理及研究动态

俄罗斯对开发开放远东地区、加强同中国的合作抱有强烈愿望。时任总理普京 2009 年 9 月表示，开发开放远东和西伯利亚地区是个非常大的战略思想，后来普京当总统时又提出“向东看”战略思想，认为远东能够使俄罗斯成为东西方之间联系的桥梁纽带。时任俄罗斯总统的梅德韦杰夫也特别强调“对俄罗斯来说，发展远东和西伯利亚地区是国家最优先的发展方针。该地区落后的主要原因是劳动力缺乏、基础设施落后、生产力欠发达。但俄罗斯有发展这一地区的庞大计划，我们要与邻国一起合作来完成这一计划”。同年，梅德韦杰夫在哈巴罗夫斯克召开的边境合作会议上对远东各州的地方官员说：“必须更加积极地吸引中国对远东地区的投资，中国不仅是俄罗斯工业产品的大市场，同时拥有大量的金融资源可以投入到俄罗斯经济当中。在这方面，俄罗斯应当确立与中国合作的优先方向。”

（三）国内外相关研究述评

中国提出的“一带一路”倡议为新东北振兴与俄远东开发开放战略互动发展提供了新的巨大的推动力。中蒙俄经济走廊规划是中国的“一带一路”、蒙古国的“草原之路”和俄罗斯的“跨欧亚大通道”三大倡议对接和落实的载体，也是新东北振兴战略与俄罗斯远东开发开放战略互动的重要载体之一，为三方充分利用各自的比较优势和经济结构的互补性，打造跨区域经济合作的范例，推进落实三国共同利益诉求和发展愿景提供了重要平台。黑龙江省“陆海丝绸之路经济带”战略、吉林“长吉图开发开放先导区”战略均已列入中蒙俄经济走廊规划。

二　新东北振兴与俄罗斯远东开发开放的战略关系

东北地区是我国重要的装备制造业基地、原材料基地、现代农业基地和科技创新基地，是东北亚重要生态屏障。东北地区的全面振兴事关全局、意义重大、影响深远。进一步实施东北振兴战略既是东北人民的期盼，也是协调发展理念的体现。国家新一轮东北振兴战略是针对当前东北经济社会发展面临的突出问题，即“新东北现象”提出来的，东北振兴战略是国家区域发展战略的重要组成部分，新东北振兴战略是实施十多年的东北振兴战略与时俱进的调整完善。2014 年以来，东北的经济社会发展突然减速，辽宁、吉林、黑龙江三省的 GDP 增速列全国后五位，一时间，“新东北现象”引起国内外高度关注、海内外瞩目。2014 年，习近平总书记、李克强总理到东北视察，为解决新东北经济问题指明方向，近期习总书记视察黑龙江，更是亲自为黑龙江经济的转型发展把脉。

如何看待“新东北现象”，东北发展面临哪些突出问题？新一轮东北振兴战略的主要目标、具体措施，东北三省及内蒙古东部地区在新东北振兴战略中面临哪些机遇与挑战？新东北振兴战略与原东北振兴战略存在哪些区别与联系？当前，解决上述问题的前提是把“新东北振兴战略”放在东北亚区域经济合作和“中蒙俄经济走廊”，特别是“一带一路”倡议及亚洲经济共同体框架下进行思考和设计。利用东北地区的地缘优势，紧紧抓住我国新东北振兴与俄罗斯远东开发开放的历史契机，充分整合黑龙江“陆海丝绸之路经济带”与长吉图“开发开放先导区”，发挥东北及蒙东对俄合作综合优势，与俄罗斯远东开发开放战略形成高水平活动发展之势，充分利用两个市场、两种资源，特别是俄罗斯远东的自然资源及港口资源，为东北区域经济持续输送动力与活力，真正实现中国新东北振兴战略与俄罗斯远东开发开放战略优势互补和互动发展，从而有效对接融入“一带一路”倡议。

三　新东北振兴与俄罗斯远东开发开放战略互动发展的关键问题

2003 年中央决定实施东北地区等老工业基地振兴战略以来，东北地区的经济社会发展、改革开放、结构调整所取得的成绩，包括经济实力迈上新台阶，装备制造等优势产业技术水平显著提高，农业现代化、社会保障体系建设、资源型城市转型、“三棚一草”等取得重要进展，为全国积累了经验，东北振兴战略的实施取得了重要的阶段性成果，首先需要肯定的是不能因今天的“新东北现象”质疑原有东北振兴战略的成效。

同时应看到，新形势下的东北问题已经呈现全新的时代特点。2013 年以来，在周期性因素和结构性因素双重影响下，东北地区经济增速持续回落，总体下行压力较大。当前的问题与十几年前的问题是不一样的，当前东北三省人均地区生产总值已经由 2003 年的不足 3000 美元提高到 2014 年的超过 8000 美元，当前的问题是发展中的问题，与十多年前面临的职工下岗、大量企业破产是不同的。

适逢俄罗斯远东开发开放战略的具体实施是“新东北振兴战略”区别于原东北振兴战略的重要标志和机遇，必须从时间、空间以及政策等多维度充分认识二者的战略关系，深挖两大战略的合作潜能，客观设计新东北振兴及其与俄罗斯远东开发开放战略互动发展目标，有效破解东北振兴难题，不断为东北经济的持续健康发展注入活力。

通过新东北振兴与俄罗斯远东开发开放战略互动发展的相关研究，进一步揭示两大战略在时间、空间以及政策等多维度的辩证关系，深入分析当前制约东北与俄远东合作的瓶颈，分析当前俄罗斯面临西方国家制裁及中国经济下行引发的影响合作的新因素，不断探寻与实践二者互动发展的理论基础，为东北经济振兴提供新视角与新思路。在此基础上，充分利用地缘优势有效破解当前东北经济社会发展面临的新问题，如体制机制不活、经济结构不合理、经济缺乏活力、思想观念僵化、应对经济下行缺乏新举措等突出症结，提供不同以往的发展理念与解决方案，为长期存在的经济外向度低、国际化水平低以及市场化程度低打开新的窗口。

以国家“一带一路”倡议为引领，有效整合东北三省及蒙东当前战略规划，从时间、空间以及政策等全维度实现新东北与俄罗斯远东地区的优势互补，从而在东北亚区域经济合作视阈以及 RCEP 框架内真正实现新东北振兴与俄远东开发开放战略的互动发展。

综上，当前所进行的“一带一路”、“中蒙俄经济走廊”、亚投行成功设立、哈尔滨对俄合作中心城市和哈尔滨国家级新区战略背景下新东北振兴战略与俄远东开发开放战略互动发展的具体内容和措施等的一系列研究工作，应当作为东北亚区域经济合作的重要内容和抓手体现出来，是在新形势之下所进行的战略研究。

当前，中俄两国全面战略协作伙伴关系达到了历史上最高水平，新东北振兴与俄远东开发开放战略互动发展是这一关系的具体体现和重要组成部分。一般认为两个地区同是各自国家的落后地区，难以形成真正的战略互动发展效应，以前的合作也是规模不大、困难重重。但是，好风凭借力，以前难干的事情在新的形势和条件下可能会顺利实施，提前进行战略谋划和充分准备就可以抓住机遇。

【作者简介】

焦方义，黑龙江大学经济与工商管理学院院长，教授，博士生导师，黑龙江大学生产力研究中心主任；

任嘉嵩，黑龙江大学经济与工商管理学院金融系主任，副教授，硕士生导师。

准确理解核心要义 深度融合国家战略 实现黑龙江全面振兴

笪志刚

2016 年 3 ~ 5 月，黑龙江省迎来全面发展重大机遇，可谓是政策暖风频吹、发展利好不断的黄金季。2016 年 3 月 7 日，习近平总书记在“两会”期间参加了黑龙江代表团审议，做出了老工业基地振兴“要扬长避短、扬长克短、扬长补短，走出龙江全面振兴的新路子”的指示。5 月 17 日，习近平主席在哲学社会科学座谈会上的讲话，不仅从人类文明、党和国家事业发展大局、中华民族伟大复兴的高度，深刻诠释了中国特色的哲学社会科学体系必须坚持的方向、原则与目标，还从打造具有黑龙江气派的国际问题研究新阵地，占领学科、学术领域国际研究话语权的制高点，开拓对俄及东北亚国际研究的新高地的视角为龙江社会科学研究更好地服务改革开放指明了新的努力方向和发展路径。5 月 23 ~25 日在视察黑龙江省工作时，习近平总书记高屋建瓴，从顶层设计和省级双向认同的高度，明确要求黑龙江省要响应国家战略，参与“中蒙俄经济走廊”国家战略，着力优化对外开放格局，对接俄远东开发。这些都为“龙江丝路带”对接“一带一路”及黑龙江全面振兴带来难得机遇，为黑龙江省克服发展难题、实现全面振兴指明了方向、提振了信心，具有科学纲领和行动指南的现实指导意义。准确理解总书记系列讲话精神的核心要义，促进深度融合和对接“一带一路”尤其是“中蒙俄经济走廊”倡议，摸索黑龙江全面振兴新路再次迎来破茧成蝶、涅槃重生的新契机。

一 准确理解并落实核心要义，全面提振黑龙江发展信心

2016 年全国“两会”期间，习近平总书记在参加黑龙江代表团审议时，针对黑龙江应对经济增长新常态，克服经济下行压力，做出了扬长避短、扬长克短、扬长补短，奋力走出龙江振兴新路子等新指示。5 月 23 ~25 日，习近平总书记访问了黑龙江省“林都”伊春、三江黑土地的佳木斯、“中国东极”抚远、省会哈尔滨，通过对黑龙江省生态林业、绿色农业、高科技产业、少数民族生活、中俄地方合作等的考察，对新形势下黑龙江省如何进一步融入国家战略、发挥优势、扩大开放、创新创业、转型发展、突出绿色、保障民生等做出了引领性的指示。尤其是对黑龙江省深入对接“一带一路”建设，有所作为、积极参与等提出了明确要求，希望黑龙江省以更宽广的视野和胸怀，充分把握“一带一路”建设重大机遇，将自身发展与“一带一路”建设有机结合起来，进一步放大和提升黑龙江省在东北乃至东北亚区域的独特优势。综观习近平主席在“两会”期间和视察黑龙江省的讲话，可以说道出了黑龙江省今后迎难而上、可持续发展的诸多真谛。一是抓住发展主线不动摇。进一步在推动体制机

制创新，深化结构调整和改革、放大市场要素配置上下功夫。二是响应国家战略不含糊。黑龙江省破解经济暂时困难既要努力激活内生动力，但也要依托激发外来动力，为改革创造条件和积聚动能，尽量减少阵痛的冲击和后遗症影响。三是守住环境底线不能碰。习近平总书记发出的“冰天雪地也是金山银山”“绿水青山也是金山银山”的最强音，为黑龙江省发展生态农业、旅游、健康养老等指明了发展路径。四是倾斜民生保底是根本。从践行“五大发展理念”的角度，发展民生、服务民生、保障民生都是经济社会发展的最终目标，改革向民生倾斜和人民利益高于一切将是为人民服务的基本体现。五是科技创新引领是关键。黑龙江省具有人力和科技创新的基础与积累，如何将科技创新的现实条件和基础转化为市场化的要素配置，将考验黑龙江省人才兴省的实效。六是解放思想真抓实干是前提。解放思想、转变观念是制约黑龙江省机制和体制创新的“老生常谈”，通过准确理解核心要义，切实朝向目标前进将是黑龙江省能否落实习近平总书记讲话精神的试金石。七是智库智助发展应担当。黑龙江省的智库发展迎来国家和省双向重视的契机，但还面临体制机制滞后、成果有效性欠佳、国内外智库竞争激烈等的挑战，如何智助黑龙江新一轮振兴发展，需要深化包括人才、管理、财务等方面的改革。从这个角度，习近平总书记的三次讲话精神对哲学社会科学尤其是黑龙江省发展的中长期问题判断很准确，黑龙江需要提振信心，找准差距，对症下药，奋力前行。

二　深度融合“一带一路”实现中蒙俄经济合作突破

2013 年的秋天，习近平主席分别在哈萨克斯坦和印度尼西亚提出共建“丝绸之路经济带”和“21 世纪海上丝绸之路”的倡议，得到国际社会的广泛关注和积极响应。“一带一路”倡议，顺应了当今世界和平与发展的时代要求，符合各国加快发展的内在愿望，有助于促进沿线经济建设和全球经济繁荣，有利于加强人文交流、维护亚太乃至世界和平。2015 年 3 月，中国国务院授权国家发改委等部门发布了《推动共建丝绸之路经济带和 21 世纪海上丝绸之路的愿景与行动》，明确了共建原则、框架思路、合作重点及合作机制，“一带一路”倡议也由规划逐渐向务实合作大踏步迈进。经过一年来的发展，中国与沿线国家政治、外交等交流空前热络，达成了一系列共识，签署了 30 多个共建“一带一路”的合作协议；亚洲基础设施投资银行、丝路基金等一系列多边和双边合作基金为“一带一路”建设持续提供资金支持，人民币跨境交易规模不断扩大；在“五通”理念引导下，装备制造、汽车、电子等十多个重点领域国际产能合作有序推进，中国企业对沿线国家的多种合作不断展开。这些发展均证明，“一带一路”倡议深得人心，惠及沿线民生福祉，符合相关国家多种利益诉求，共商、共建、共享的前景十分广阔。

从深化对蒙俄合作的角度，中国正在抓紧编制“一带一路”倡议中的六大走廊之一的“中蒙俄经济走廊”的规划，积极推动中蒙俄项目对接与落地。中俄两国达成“一带一路”与“欧亚经济联盟”对接共识，蒙古国提出“一带一路”与其“草原之路”战略融合。这些为黑龙江省深化“一带一路”和“中蒙俄经济走廊”视域下的对蒙俄合作带来难得契机，黑龙江省巩固现有贸易和投资基础，扩大对蒙俄合作的优势不断凸显，潜力有望释放。具体来看，一是随着《“中蒙俄经济走廊”龙江陆海丝绸之路经济带规划》融入以“一带一路”六大经济走廊之一的“中蒙俄经济走廊”国家战略，黑龙江华丽转身成为“一带一路”建设中向北开放的重要窗口和前沿，黑龙江多年潜心谋划的黑龙江省开放发展的内在需求和国家对外开放的战略布局高度吻合。二是国家战略中明确了要完善黑龙江对俄铁路通道和区域铁路网，以及黑龙江、吉林、辽宁与俄远东地区陆海联运合作，使黑龙江省多年积淀形成的铁路、公路、水运、航空、管道、电网、光缆等多种贸易通道组成的综合立体联通体系优势凸显，连接俄欧和亚太的“黑龙江通道”成为“一带一路”的重要平台和中国对接东北亚区域合作的有力支撑。三是依托“龙江丝路带”的国际贸易通道和主要交通干线，以中心城市和交通商贸重镇为节点，以沿线重点产业园区为支撑，依托哈长城市群、哈尔滨新区、哈尔滨综合保税区、绥宁国家重点开发开放试验区等重点区域，黑龙江省打造承接国内外产业转移聚集区，发展跨境产业链，形成以“一核”（哈尔滨都市圈）、“四带”（哈大齐满、哈牡绥东、哈佳双同、哈绥北黑产业聚集带）、“一环”（沿边环形产业聚集带）、“一外”（境外产业园区）为主要承载的产业发展空间布局，成为黑龙江省立足自身基础和优势，破解自身发展瓶颈和难题、谋划转型发展的突破口、动力源和增长点。四是黑龙江省的“龙江丝路带”建设地处东北亚经济圈的核心区域，贯通东北亚区域内各主要国家，在推动对蒙俄及东北亚的务实合作中，发挥着重要的桥梁和纽带作用。“一带一路”建设与“龙江丝路带”的对接，让黑龙江省离俄欧、亚太、北美市场更近，更能节约物流成本，不仅为黑龙江省承接产业转移带来综合成本优势，还使黑龙江省统筹国际国内两个市场、国际国内两种资源的潜力得到释放，参与蒙俄日韩等区域合作的能力将得到极大提升。五是黑龙江省委、省政府积极贯彻落实习近平总书记视察黑龙江省时做出的“响应国家战略，参与‘中蒙俄经济走廊’建设，深化对俄合作”等最新指示精神，黑龙江大地出现了学习、理解、领会、感悟、贯彻的热潮，“龙江丝路带”建设对接国家战略再扬风帆、启程在即。

三 以“龙江丝路带”为牵动 实现黑龙江走向全面振兴

近来，随着中国政府公布《中共中央国务院关于全面振兴东北地区等老工业基地的若干意见》，标志着新一轮东北振兴全面启动。国家发改委和有关部门先后对外公布了“哈长城市群战略”、《东北振兴“十三五”规划》，宣布了新一轮东北振兴三年滚动计划，提出了总额1.6万亿元，涉及基础设施、水利设施建设等130多个重大项目，积极支持东北地区应对经济下行压力，着力破解深层次矛盾和问题，这些为东北地区经济转型、社会转型、产业转型、城市转型和生态转型再次提供了难得的支撑和发展机遇。

在上述新一轮深化东北振兴，推动经济“创新、协调、绿色、开放、共享”发展的进程中，国家高度重视黑龙江省的繁荣稳定和在国家沿边开放格局中的独特作用，对黑龙江省在国家经济建设历程中的特殊贡献给予高度评价，对计划经济及体制机制等结构性改革高度关注，支持黑龙江省改造既有的传统产业，开发和壮大新型战略产业，支持黑龙江省巩固对俄合作的优势，拓展面向日韩等国际经贸联系，鼓励黑龙江省进一步融入国家战略，加强与内地和港澳台的交流合作。为此，依托“龙江丝路带”建设的龙江走向全面振兴，首先，要发挥和用好龙江区位和后发等独特优势，加快“龙江丝路带”建设。从全国沿边开放格局看，黑龙江省的区位特点突出。黑龙江省同俄罗斯五个州区毗邻，拥有2981公里边境线、25个国家一类口岸、15个对俄边境口岸，利用江海联运和陆海联运跨境通道可以抵达日本等亚太地区，对俄及东北亚合作一直是黑龙江省的传统优势。近年黑龙江省依托国家密集出台系列战略，努力构筑国家开放格局中的重要门户和向北开放的重要窗口，连接俄罗斯、欧洲和东北亚的重要枢纽和主通道。黑龙江对接俄远东及辐射日韩的区位和地缘优势，使“龙江丝路带”建设对接“一带一路”并形成“共振”效应成为可能。为实现上述目标，黑龙江省要加大互联互通建设力度，夯实“黑龙江通道”支撑“一带一路”跨境通道的国际物流枢纽地位。道路联通是贸易畅通的前提，也是黑龙江省构筑面向俄罗斯、欧亚外向型物流和产业体系的先决条件，黑龙江省积极推动对俄的“三桥一岛一道一港”，对日韩的“陆海联运”和“江海联运”等借港出海通道，面向欧亚、北美的航空港等水陆空门户枢纽建设，鼓励混合资本和多元化投资模式投资上述平台，全面提升基础设施通达水平，为“龙江丝路带”对接“一带一路”建设提供集铁路、公路、水运、航空、管道和网络等综合通道支撑。与此同时，黑龙江开放的后发优势也较为明显。改革开放以来，黑龙江省已经与世界160多个国家保持经贸往来，尤其是连续多年保持对俄贸易第一大省、对口边境口岸第一大省、自俄进口资源第一大省等优势地位。虽然与东南沿海相比，黑龙江省开发开放相对滞后，但近年随着“龙江丝路带”建设深度对接“一带一路”“五大规划”的不断实施，地处远东核心位置对俄经贸合作优势，面向日韩东北亚国家的合作潜力的不断释放，黑龙江省构建发达的外向型产业体系、扩大对俄欧及东北亚合作的平台作用凸显，黑龙江省打造面向东北亚、辐射亚欧扇形放射、多点向外的自由贸易区格局的后发优势与潜力为抢抓“一带一路”新机遇、谋划新发展奠定了良好基础。其次，作为全国的农业大省和绿色产业发展潜力最为突出的省份，黑龙江省要贯彻落实习近平总书记关于发展生态农业的相关指示精神，努力挖掘黑龙江省由农业大省走向强省的有效路径，拓展现代农业发展新路。众所周知，黑龙江省不仅有较为完备的工业体系，拥有装备制造、能源石化、机械加工等现实基础，还是中国重要的粮食生产区，2015年粮食产量700多亿千克，居全国第一，也是商品粮产销第一大省。近年来，黑龙江省积极培育绿色生态环境，发展绿色食品产业，已成为中国绿色种植面积第一大省，食品产业产值超千亿元，不仅体现了黑龙江省绿色食品产业的优良品质和巨大潜力，也使黑龙江省依托生态农业，向健康、旅游、养老等产业延伸，构筑多元和跨界产业链条，参与“一带一路”生态建设成为可能。

最后，建议在推进“龙江丝路带”建设中，构建文化、教育、科技、人文等软实力“走出去”布局，提升黑龙江省企业对俄及东北亚国家“走出去”战略中的亲和力、感染力和影响力。尤其是注重以“他山之石，可以攻玉”的态度，多借鉴日韩等他国在人文交流“走出去”上的先进做法。例如，学习日本在人文交流上的草根交流做法，致力于在细微之处和民生之处下功夫。日本政府利用开发援助的“草根交流”无偿援助项目，援助所在国涉及基层民生、偏远地区教育、基础设施欠发达地区道路、净化水源、捐建小学和中学、改善农村医疗、落后地区人才培训等，韩国在对外援助中注重慈善和文化传播，利用韩流实现文化的传播，构筑国家及民族软实力。这些项目接地气、得民心，具有“润物细无声”的人文和长远影响，是日本政府力推且持续最长久的项目，值得我们用心研究、实践借用。同时要鼓励和给年轻人提供深入“一带一路”沿线国家和“龙江丝路带”周边地区相应机构学习和进修的机会，从外语、民俗、风情、法律、视野等角度融入当地社会和民众，为“一带一路”和“龙江丝路带”对接这个长期工程培养熟悉所在国情况、具有当地人脉、懂得当地法律和风俗等的双语人才，服务黑龙江省改革开放和“龙江丝路带”建设的长远需要。

【作者简介】

笪志刚，黑龙江省社会科学院东北亚研究所所长、研究员。

东北东部区域开发融入“一带一路”倡议的条件与路径

满海峰

东北东部边境地区是指北自黑龙江省的抚远市、经吉林省的延吉南至辽宁省东港市的东北三省邻近俄、朝的沿边狭长地带，共有11个市（州），其中包括43个县（市），面积逾23万平方公里，人口逾1920万人。经济结构以资源开发为主，资源型城市居多，是东北地区和我国典型的经济发展严重滞后于城镇化发展的资源型地域，也是我国东北部重要的生态屏障。其中与朝鲜半岛接壤的图们江流域、鸭绿江流域作为中国东北东部边境地区的主体部分，位于东北地区的前沿和东北亚经济圈的关键地带，是欧亚地区通往太平洋的重要“大陆桥”之一，也是中国国家规划开发建设的战略重点和热点，其经济发展水平对于东北亚国家和地区的发展将起到较大辐射作用。伴随着“一带一路”建设，需要提升东北东部区域开发水平，主动对接“一带一路”，加快与朝韩俄日等国家多元文化合作步伐，拓展新的沿边开放与对外合作空间，努力实现制度创新、结构优化、要素升级新目标，深化全面开放，促进东北东部区域走向全面振兴。

一 东北东部区域开发融入“一带一路”经济基础条件成熟

（一）东北东部区域开发的经济区位特色鲜明

东北东部区域的东部通过黑龙江、乌苏里江与俄罗斯远东地区相接，与远东地区的边境线长达7300多公里。东南部靠近日本和韩国、朝鲜。辽宁、吉林两省都与东北亚中部的朝鲜半岛接壤，辽宁与朝鲜半岛有着300多公里的大陆边界，拥有沟通中国及欧亚大陆与朝鲜的大型口岸。吉林省的延边、通化、白山等地市、州同朝鲜北方相连，图们也是中国内陆的第二大口岸。朝鲜也为中国提供了利用清津港的条件，使“图们—清津—日本海”交通枢纽得以形成。东北边境开放城市——珲春市则坐落在俄罗斯、朝鲜两国之间，是中国与俄罗斯、朝鲜、日本等国海上经济往来相距最近的点。

从2010年东北东部边境11个市（州）社会经济发展基本情况可以看出，与朝鲜半岛接壤的鸭绿江流域及图们江流域无论是经济比重还是人口面积都占了东北东部边境很重要的一部分，东北东部边境与朝韩的合作也主要集中在鸭绿江及图们江流域。辽宁沿海经济带开放战略的实施使大连和丹东这两大出海口通过与东北东部铁路、高速公路相连接，深入东北综合经济区腹地。丹东港和大连港作为联系东北地区与华北地区、华东地区、华南地区及海外国家和地区的水上交通枢纽，延伸于东北东部铁路线，整合为海陆大通道，并经鸭绿江大桥与朝鲜半岛铁路相通，有利于国际联运业务的大规模展开，能够进一步扩大沿边、沿江、沿海开发开放的区域优势，并且作为东北地区发展外向型经济、走向世界的窗口和桥梁，更将成为东北地区对俄日韩合作的前沿地带。

（二）东北东部区域开发的经济要素特色鲜明

1. 资源要素优势突出

东北东部区域资源密集型产业仍然是其主要的优势产业。鸭绿江流域由于森林资源开发时间较晚，森林覆盖率高；延边境内有丰富的煤炭资源；白山、通化等均有丰富的林区特产。因此，从东北地区着眼，东北东部边境地区可作为其资源开发与加工基地。其中，吉林东部边境地区应以林产品加工基地为主；而考虑辽宁东部边境地区资源储存及海陆交通条件，应谋划综合加工基地，特别是附加值较高的产品基地建设。

东北东部边境城市多位于东北东部铁路沿线，这条沿中俄、中朝边境走向，连接着东部地区的铁路上分布着我国重要的粮食、煤炭、木材及钢铁生产基地。目前，本区正在建设四条通道包括由丹东港直接出海，由珲春经俄罗斯扎鲁比诺港和经朝鲜罗先港，由绥芬河经符拉迪沃斯托克港出海。物流大通道建设，将使东北东部彻底打破封闭状态。

虽然东北东部边境地区偏离世界主要物流方向，但与其他类型的交通经济带不同，由于特殊的地缘政治与地缘经济环境，东北东部交通经济带北与滨州—滨绥干线相连，中部与长白—长珲相交，这两条东西向的干线具有明显的跨国境特点，向东南又有经丹东进入朝鲜半岛的支线。依托东北亚地区资源禀赋的互补性以及东北东部交通经济带的这种外向型特点，可以充分利用“两个市场、两种资源”优势，在东北亚甚至世界的劳动地域分工中占据一定的位置。中国东北物流方向集中于南下方向，通过大连、营口、丹东、锦州等组成的南部沿海港口群，与太平洋航线相连，一部分出口日韩，其余部分通过中国上海、香港等枢纽转向其他国家和地区。使东北东部交通经济带形成物流走廊，并在此基础上建立物流工业园区，从而形成物流中心城市。目前，图们江开发新战略为东北亚经济合作装上新引擎，珲春市正成为面向东北亚开放的重要门户，而丹东正在建设成为东北亚区域物流中心。

2. 口岸要素种类齐全

东北东部区域是我国与俄罗斯、朝鲜等邻国接壤的特殊重要的区域，在共同边境线上，共分布着31个边境口岸；其中12个对朝口岸，全部分布在鸭绿江流域及图们江流域。我国与俄、朝两国间绝大部分经贸客货交流量由边境口岸承担，其成为东北地区南联北开的重要渠道以及东北亚地区双边和多边经贸往来的主要渠道和重要桥梁。东北东部区域与邻国边境地区地缘的便利性以及产业结构和资源结构、需求结构等方面的互补性，为双方的经贸合作奠定了坚实的基础。近年来，各自国内需求的迅速扩大趋势不断增强以及中俄战略协作伙伴关系的确立，使中国与邻国的双边贸易规模不断扩大，双方合作的巨大潜力正前所未有地释放出来，边境地区的建设发展及合作交流也在不断加强。东北东部目前与之形成跨边界次区域经济合作的主要区域主要有中国和朝鲜间的次区域经济合作，以中国辽宁省为参与主体。以“图们江跨国自由贸易区”为核心的中国、俄罗斯、朝鲜次区域经济合作，其中中国的吉林省是参与主体。

二　东北东部区域开发融入“一带一路”的对外经济合作背景

（一）东北东部区域开发与对朝经济合作

东北东部边境地区的鸭绿江流域、图们江流域凭借着良好的地缘优势和口岸优势，承担着中国对朝贸易的主要任务，成为中朝贸易的主力军。近年来，随着中朝经贸合作空间的不断扩大以及朝鲜国内经济政策的不断调整，东北东部边境地区与朝鲜的双边贸易发展迅速。

中国已成为朝鲜第一大贸易对象国，并且已成为朝鲜最重要的生产数据和消费数据的供应国。双方合作呈现以下特点。

1. 对朝贸易形式趋于多样化

边境贸易作为边境地区的经济增长点，有不同的具体表现方式，并根据需要形成了许多创新方式。鸭绿江流域与图们江流域地区与朝鲜的贸易主要以边境互市贸易、边境小额贸易等为主要贸易形式。从辽宁省来看，丹东地区的边境小额贸易占对朝贸易的2/3以上。而从吉林省来看，更多的是以边境小额贸易和边民互市贸易为主。

2. 进出口商品的种类呈现多元化

目前朝鲜市场上近80%的商品来自中国。相对而言，中国东北东部鸭绿江流域及图们江流域的经济发展水平远超过朝鲜，工业农业及其他行业商品已经形成供大于求的买方市场，亟须扩大市场销售渠道；而朝鲜目前物资相对匮乏，随着国内的一系列改革，市场需求空间增大。边境地区对朝进出口商品结构已经由单一、低层次向高附加值转变，进出口商品种类也日趋多样。

3. 朝鲜对中国贸易依存度不断上升

中国一直是朝鲜最大的贸易伙伴，是朝鲜最重要的生产数据和消费数据供应国，这意味着在朝鲜的生产和居民消费生活中，中国的影响巨大。随着朝鲜国际环境的恶化，在今后较长的一个时期内，朝鲜无论是在对外贸易还是在外来援助方面，对中国的贸易依存度都将继续提升。

（二）东北东部区域开发与对韩经济合作

韩国是典型的外向型经济，对外贸易依存度一直在80%以上。但东北地区却不是外向型经济，而东北东部作为东北三省的边境地区，其外向型特征更不明显。韩国经济下滑、外贸收入减少限制了其对东北地区商品、劳务的需求和对东北地区的投资，使得东北地区和韩国的相互投资也急剧缩小。辽宁与吉林两省对韩贸易占东北三省的90%。

从以上数据可以看出东北地区对韩贸易有以下几个特点。

1. 对韩贸易规模不大

从东北三省对韩贸易的比重来看，每省对韩贸易所占本省的比重都不大，仅在10%左右，可知东北东部地区对韩贸易更是处在低于10%的规模水平。

2. 东北三省对韩贸易额一直处于走低的趋势

随着各省进出口贸易规模的不断扩大，对韩贸易的比重却在逐渐降低，尤其是自2006年以后，各省对韩贸易的比重逐年降低，东部地区对韩贸易的比重也基本处于低增长的一个态势。

3. 东北三省对韩贸易在中国对韩贸易中所占比重不大

这说明中国与韩国的贸易并非主要发生在东北地区，也说明东北东部地区并没有很好地发挥其地缘优势，没有打造与邻近国家尤其是发达国家的外向型合作的经济发展模式，出口规模相对较小，对外依存度较低，也没有充分利用周边发达国家的经济优势。

4. 东北东部地区对韩进出口商品附加值差异较大

从东北东部地区对韩商品结构来看，进出口商品结构差异较大。对韩产品出口主要以低附加值的初级产品、农副产品、初加工产品为主。从韩进口商品以高附加值的产品为主，重化工业产品占据了主导地位，这既说明双方经济发展水平的差距，也是双方产业互补性的体现。说明东北东部地区产业结构仍以传统产业为主，产业结构升级缓慢，与韩国仍然保持垂直分工的产业结构和贸易结构。

5. 韩国在东北东部投资以小型低附加值加工企业为主

从目前韩国在东北东部区域投资情况看，中小企业投资比较集中，项目的平均投资额较小，投资规模不大，技术水平不高，投资结构不合理。投资主要是劳动密集型产业，主要集中在制造加工业。

（三）东北东部区域开发与对俄经济合作

俄罗斯远东地区和东北东部区域都是两国的边陲偏远地区，都开发较晚，科技、经济、文化、交通等发展水平远远落后于两国的中心发达地区。从双边合作发展情况来看，总体合作水平不是很高，相互投资较少，经济技术合作层次低，合作领域窄、级别低。中国东北东部区域与俄罗斯的经贸合作主要发生在黑龙江东部边境地区，如绥芬河、同江、东宁、抚远等口岸，吉林对俄经贸合作则以珲春口岸为主。对俄经济合作呈现以下特点。

贸易额呈下降趋势。从黑龙江省对俄贸易额的变化可以看出，2009 年，对俄贸易大幅下滑，进出口额同比下降 49.7%，而 2010 年后又呈现快速增长的趋势，并且贸易逆差比较大。

贸易结构。目前东北东部区域对俄的商品结构呈现附加值较低、地方产品为主的现象。

贸易主体。东北东部地区与俄罗斯贸易主要是以私营企业为主体，据 2012 年统计，黑龙江省对俄贸易主体中，私营企业占 83.7%，国有企业占 16.3%；吉林省对俄贸易的私营企业也占到 80% 以上。由于对俄贸易主体弱小，企业规模小，实力弱，发展后劲不足，专业化程度低，市场开拓能力差，难以提升贸易规模。

贸易方式。东北东部地区对俄贸易方式主要以边境小额贸易为主，同时伴有一般贸易、加工贸易、旅游贸易及互市贸易，贸易形式多样，但占比不高。

能源合作。能源是中俄两国双边关系的战略领域，对东北东部区域合作开发尤其是俄罗斯远东开发、资本融资合作、基础设施建设具有重大意义。

三　东北东部区域开发应积极寻求、主动融入“一带一路”

东北东部区域作为东北三省区域经济发展的重要一极，很多地区还是一片尚待开发的处女地，在资源和劳动力供给方面与周边国家有着天然的合作优势。在中国“一带一路”建设推进过程中，《中共中央国务院关于全面振兴东北地区等老工业基地的若干意见》对外发布。东北东部区域落实该意见精神，提速经济发展必须实行“走出去，引进来”的政策，积极发展外向型经济，通过区域合作开发，提高边境地区的畅通性，吸引各类生产要素在区域内聚集和互动，从根本上改变边境区域的经济滞后状态，变经济边缘为区域经济中心，强化边境区域的竞争优势，形成全方位、宽领域、多层次的对外开放合作格局。这也是振兴东北老工业基地的重要途径之一。

统一规划，协调管理，必须得到中俄两国政府的支持和重视。

加强省区合作，提高区域合作竞争力，搞好通道建设。东北三省要加强省际沟通合作，突出地方特色，突破行政区划限制，共同设计和实施对外经贸战略，打造产业集群、跨国企业和品牌产品。

进一步改善贸易结构，进一步扩大合作规模。将高新技术合作、产业合作作为今后合作的重点，开展体现优势互补的加工贸易、技术贸易、技术开发和引进、直接投资、产业合作等。合作形式从单一的易货贸易扩大到资源开发、工程承包等经济技术和投资合作，并逐步建立起跨境生产加工基地、科技成果产业化园区，直至建立自由贸易区。

在国家全面实施“一带一路”、扩大沿边开放的新形势下，必须抓住机遇、应对挑战、创新思路、突破瓶颈，把东北打造成面向东北亚开放的重要枢纽，而地处边境的东北东部地区，应成为东北开放的先导区和桥头堡，开创东北东部区域与俄、朝、韩合作的新局面。

【作者简介】

满海峰，辽东学院朝鲜半岛研究所所长，教授。

《黑龙江和内蒙古东北部地区沿边开发开放规划》实施对策建议

姜振军

黑龙江省和内蒙古东北部地区包括黑龙江省全部行政区域和内蒙古自治区呼伦贝尔市，面积70.7万平方公里，是我国对俄罗斯及东北亚开放的重要区域，在全国沿边开放格局中具有重要战略地位。改革开放特别是实施东北地区等老工业基地振兴战略以来，这一地区对外开放取得显著成就，具有在新形势下进一步推进开发开放的良好条件。

《黑龙江和内蒙古东北部地区沿边开发开放规划》（以下简称《规划》）上升为国家战略，为黑龙江省步入新的历史发展时期带来了前所未有的历史机遇，对于该省明确沿边地区发展战略和目标定位、区域发展与总体协调发展、产业布局与开放型产业体系建设、基础设施建设与开放保障能力提高、沿边城镇发展与城乡一体化、合作平台建设与开放水平提升、生态建设与环境治理等将产生重要的推动力。为此，需要各有关方面群策群力、密切协作、创新发展思路、改变工作方法，共谋发展大计。

一　吃透用好国家给予的相关支持政策

20世纪90年代初，中国启动了第一轮沿边开放，而党的十七大再次提出了提升沿边开放水平，由此中国启动第二轮沿边开放的新局面，形成了我国全方位“三沿”（沿海、沿江和沿边）开放战略格局。沿边开放成为我国进一步扩大对外开放，更好地利用国内外“两个市场、两种资源”，加速推进现代化建设的重要战略举措。

按照“大国是关键，周边是首要，发展中国家是基础，多边是重要舞台”的外交总布局，我国全面实施沿边开放战略，构筑沿边经济带是加快推进北部沿边开发、加快民族区域经济发展的重要举措和必然要求，实施“富民、兴边、强国、睦邻”的“兴边富民工程”，具有重大的经济社会和国际影响。提升沿边开放水平，就是要按照科学发展观的要求，以市场为导向，发挥沿边地区的地缘、自然资源、人力资源、资金和技术等比较优势，实现对外贸易由追求单纯的数量规模型向质量效应型内涵式增长战略的转变。

二　着力推进沿边开发开放战略定位的实现

《规划》明确了黑龙江省和内蒙古东北部地区作为我国沿边开放的新高地、我国面向俄罗斯及东北亚开放的重要“枢纽站”和“桥头堡”、我国沿边重要经济增长区域和我国东北地区重要生态安全屏障的战略定位。

（一）打造沿边开放的新高地，成为重要的“枢纽站”和“桥头堡”

黑龙江省和内蒙古东北部地区一直是我国对俄开放的前沿，在国家政策的扶持下将成为我国沿边开放的新高地。从对俄贸易来看，黑龙江省发挥着“大通道”的作用，为全国各地产品向俄出口创造了良好条件。截至2012年上半年，黑龙江省经国家工商总局依法认定的中国驰名商标数量已达54件，是2005年的18倍。在中国几百项最具价值品牌中所占比例很低，远远不能释放出黑龙江商品的品牌效应。在发挥“大通道”和“枢纽站”作用的同时，黑龙江省急需打造自己的知名地方品牌，增加地产品在出口中的比重。

1. 优势条件

黑龙江省具备成为我国对俄贸易“桥头堡”的诸多良好条件，除了天然的地缘优势外，还有快捷的物流通道、展会平台（东北亚区域合作的重要平台——哈洽会，即现在的中俄博览会）、区域经贸合作平台（哈牡绥东对俄经济带）、经贸科技合作和人文往来基础，以及国家沿边开发开放倾斜政策等优势，这些有利因素将助推黑龙江省对俄经贸合作实现战略升级。

2. 优化贸易结构

多年来，中俄间的贸易商品结构不尽合理、经贸合作领域较窄、层次不高。中国对俄罗斯出口的主要是劳动密集型的服装、鞋帽、家电等轻工产品，而自俄罗斯进口的主要是资源密集型的能源原材料及其制品，如石油及其制品、木材及其制品、黑色和有色金属、矿产品等。国际金融危机过后，中俄贸易商品结构发生了一定的变化，我国对俄罗斯机电产品的出口增长较快。仅以2012年为例，我国对俄罗斯出口机电产品达220.9亿美元，增长17.3%，占我国对俄罗斯出口总值的50.1%。我国从俄罗斯进口的家具玩具、玻璃、陶瓷和金属制品等增长速度较快，但原油和成品油仍居进口值的前两位，分别进口204.9亿美元和61.3亿美元，分别增长255%和29.3%，两者进口合计占比高达60.3%。今后，需要双方共同努力，增加高附加值产品在进出口中的比重，逐步优化双边贸易商品结构。

中俄经贸合作多局限于能源、木材、劳务合作等领域，未来一个时期，发展中俄关系的主要任务就是全面扩大各领域的务实合作。正如国家主席习近平所指出的，未来应推动两国合作从能源资源向投资、基础设施建设、高技术、金融等领域拓展，从商品进出口向联合研发、联合生产转变，不断提高两国务实合作层次和水平。俄罗斯与中国开展经贸合作的最主要目标是，在引进中国投资的同时向俄罗斯转让现代化技术。

3. 丰富贸易方式，搭建贸易平台

中俄之间长期以来多以一般商品贸易为主，服务贸易和投资合作的比重较低。中俄东部毗邻地区振兴与开发契合点多，合作互动领域丰富。通过开展丰富多样的贸易合作，为国内对外贸易单位创造与俄罗斯开展经贸合作的机会，搭建起贸易平台。

俄罗斯总统普京表示，加速西伯利亚和远东地区的社会经济发展，对中俄两国都有利。他说：“西伯利亚和远东地区的社会经济发展是俄罗斯21世纪的重要国家优先任务之一。现在正在实施的很多项目都同这两个地区的运输、能源和社会基础设施完善和现代化相关，重点是建造一个超前经济发展区，形成吸引投资的有利环境，保障出口导向型的非原料生产企业的竞争条件。”对在经济社会超前发展区的新企业规定了一系列优惠条件，包括各种税收优惠政策、降低保险费、简化海关手续、特殊的土地和基础设施使用权等。

俄罗斯欢迎中国企业前去投资。目前俄罗斯远东地区共有300多家中国独资或与俄方合资的企业，在矿产资源、农业、建筑业、旅游业、建材生产、电力等行业有许多大型项目。俄罗斯远东滨海边疆区投资局副局长叶琳娜表示，"俄罗斯远东地区十分欢迎中国企业前来投资，而以符拉迪沃斯托克（海参崴）为中心的滨海边疆区作为远东地区的核心地带，将在对外投资招商方面继续发挥先锋作用"。在2014年5月16日的亚太经合组织论坛贸易部长会议上，俄中双方还签订了俄中协定书，决定成立俄中投资委员会，加强中国与俄罗斯远东地区间的合作，并规定中国公司拥有在远东地区工作和管理特别经济区、优先发展区的机遇。预计一系列项目的实施将使中国对俄投资在2020年前增长6倍。①

（二）培育成沿边重要经济增长区域

发挥区域劳动力、资金和技术等比较优势，促进科技进步和增强自主创新能力，做大做强优势特色产业，形成产业集群，建成重大装备制造和能源资源保障供应基地；加强国际国内产业分工与合作，构筑外向型产业体系，建立跨境产业园区；建成全国重要的商品粮生产、绿色食品生产和加工及集散基地。最终，培育成我国沿边重要的新的经济增长区域。

（三）筑起东北地区重要的生态安全屏障

完善相关法律法规，加大保护环境的宣传力度，提高全民环境保护意识。加强森林、草原、河湖、湿地生态系统建设和保护，加大重点流域和重点区域的环境整治力度，加快界河治理和黑土地整治，大力发展循环经济，保障东北地区的生态安全，从而筑起我国东北地区重要的生态安全屏障。

三　适度调整预期发展目标

《规划》确定了黑龙江省和内蒙古东北部地区沿边开发开放的经济、社会和对俄贸易投资目标：人均地区生产总值达到84500元，城镇化率达到65%以上，城镇居民人均可支配收入和农牧民人均纯收入分别达到43000元和19200元。对俄罗斯进出口总额达到700亿美元，对俄罗斯投资年均增长20%以上。

在国际金融危机背景下，世界经济发展依然低迷，黑龙江省经济发展亦尚未摆脱影响。例如，2013年，黑龙江省地区生产总值14454亿元，比上年增长5.58%。全省人均地区生产总值为37509.27元，低于全国平均水平。从人均地区生产总值来看，大庆市人均地区生产总值最高，达到149171.97元。哈尔滨和牡丹江人均地区生产总值分列第二位和第三位，分别为48340.54元和43452.32元。绥化人均地区生产总值最低，为22339.56元（见表1）。

表1　2011～2013年黑龙江省各级市地区生产总值情况

2013年GDP排名	地级市	2012年地区生产总值（亿元）	2013年地区生产总值（亿元）	2011年常住人口（万人）	2013年人均地区生产总值（元）	2013年人均地区生产总值（美元）	2013年人均地区生产总值排名
1	哈尔滨	4550.1	5141.5	1063.6	48340.54	7805.42	2
2	大庆	4000.5	4332.7	290.45	149171.97	24086.41	1
3	齐齐哈尔	1153.8	1245	536.7	23197.32	3745.61	12
4	牡丹江	1092.7	1216.1	279.87	43452.32	7016.13	3
5	绥化	1070.5	1210	541.64	22339.56	3607.11	13
6	佳木斯	707.6	747.2	255.21	29277.85	4727.42	8

① 《300多中国企业投资俄罗斯远东地区》，http://www.chinairn.com/print/3691891.html。

续表

2013年GDP排名	地级市	2012年地区生产总值（亿元）	2013年地区生产总值（亿元）	2011年常住人口（万人）	2013年人均地区生产总值（元）	2013年人均地区生产总值（美元）	2013年人均地区生产总值排名
7	鸡西	582.3	610	186.22	32756.95	5289.18	7
8	双鸭山	565.4	570	146.26	38971.69	6292.66	4
9	鹤岗	357.6	396	105.87	37404.36	6039.59	5
10	黑河	366.2	390.8	167.39	23346.68	3769.73	11
11	伊春	260.05	286	114.81	24910.72	4022.27	10
12	七台河	298.9	241	92.04	26184.27	4227.91	9
13	大兴安岭	146.91	168	51.16	32838.15	5302.29	6

资料来源：2013年黑龙江省地市GDP和人均GDP排名，http://www.sina.com.cn2014/04/15。

2014年第一季度黑龙江省实现地区生产总值2650亿元，同比增长4.1%，列全国末位。固定资产投资负增长25.9%，社会消费品零售总额同比增长12%，居民消费价格同比上涨1.2%，城镇居民人均可支配收入同比增长10.3%，农村居民人均现金收入同比增长15.5%，公共财政收入同比增长3%，城镇登记失业率为4.33%。

在这种情况下，理性地调整预期发展目标是科学合理的，可以减少盲目性，避免脱离实际，使预期目标接近现实发展。

四　增强“先导带”的联通功能

“先导带”位于开发开放前沿，具有外联内通的功能，在黑龙江省对外联系方面发挥着重要的桥梁作用。

（一）物流通道的连通功能

“先导带”是跨境陆路、水路、铁路、航空和管道的枢纽地带，发挥着重要的物流通道的连通功能。因而，需要着力加大资金投入，完善交通运输基础设施，打破跨境物流“瓶颈”，大力发展跨境物流通道，成为物流集散中心和国际物流枢纽。

（二）外向型产业双向加工功能

以境内外“两种资源”为指引，面向境内外“两个市场”，有重点地发展原材料供应可持续的外向型产业，发挥其双向加工功能。例如，建设现代农业示范区，进行绿色食品的生产和加工，开展木材初加工和深加工等。

（三）开放合作平台的辐射功能

加快境内合作平台建设。提升现有边境经济合作区、综合保税区、跨境经济合作区、互市贸易区和高新技术产业开发区、经济技术开发区的功能，打造面向俄罗斯及东北亚开放合作的重要平台。加强黑河、绥芬河、满洲里边境经济合作区建设，支持在条件成熟的地区设立综合保税区和自由贸易区。

推进境外合作园区建设。根据俄罗斯产业发展方向，充分发挥比较优势，建成境内外产业联动、上下游产业衔接的境外投资合作基地。支持乌苏里斯克经济贸易合作区发展。加快境外经济贸易合作区、工业园区、农业园区、木材加工园区和科技园区、物流园区建设。

不断优化开放合作平台的功能，发挥其辐射带动功能，与俄罗斯产业形成互动，实现互利发展和共同繁荣。

（四）旅游休闲的认知功能

不断完善旅游休闲度假基础设施，丰富和提高配套服务的内涵和质量。通过开展丰富多彩的跨境文化休闲旅游，增强两国人民之间的相互了解、相互认知，从而加深友谊，为巩固中俄全面战略协作伙伴关系、密切民间往来和世代友好奠定坚实的人文基础。

五 提升“支撑带”的保障功能

依托绥满铁路、绥满高速公路和哈大齐工业走廊，大力发展总部经济，重点发展高端装备制造、能源化工、食品医药、电子信息、冶金建材等制造业，积极发展金融服务、研发设计、信息咨询、现代物流、服务外包、文化创意等现代服务业，建设高端产业集聚区、开放合作综合服务平台和综合交通枢纽，为改善对俄罗斯和东北亚地区的商品贸易结构和贸易合作方式提供有力的支撑和保障。

六 发挥“带动区”的生态功能

在沿边开发开放带动区统筹推进城乡一体化，加快城镇化进程，推进资源型城市的可持续发展，大力发展现代农牧业，重点发展农畜和林产品加工、煤炭采掘和精深加工、新能源、建筑材料、装备和石化配套产业，建设全国重要的粮食生产、绿色农畜产品生产加工和承接产业转移基地。以“带动区”的生态环境为依托，着力打造绿色健康食品品牌。

作者简介

姜振军，黑龙江大学俄罗斯研究院副院长，教授。

黑龙江省与“一带一路”国家经贸合作现状及“龙江丝路带”融入“一带一路”的战略思考

索伶俐　王玉主

2013 年 9 月、10 月，国家主席习近平在出访哈萨克斯坦和东盟成员国期间先后提出共建“丝绸之路经济带”和“21 世纪海上丝绸之路”的倡议和构想。黑龙江省委抢抓国家战略机遇，积极谋划黑龙江陆海丝绸之路经济带融入国家“一带一路”。2014 年 4 月，黑龙江省委书记王宪魁提出发挥黑龙江省地缘优势，充分利用通道条件，加快打造连接亚欧的东部陆海丝绸之路经济带的总体构想，成为国家“一带一路”的重要组成部分。这一战略的实施对于黑龙江抢抓国家新一轮扩大开放机遇，破解发展难题，构建全方位对外开放新格局，推动全省外向型经济升级打开了全新路径。

一　“黑龙江陆海丝绸之路经济带”建设取得重要进展

1. 顶层设计顺利完成

2014 年 12 月，黑龙江省委、省政府制定了《“中蒙俄经济走廊”黑龙江陆海丝绸之路经济带建设规划》。2015 年 2 月黑龙江省政府印发《推进陆海丝绸之路经济带建设工作方案》，从构建哈满俄欧铁路跨境运输体系，加快基础设施互联互通，加强配套服务设施建设，加大能源资源合作与开发力度，加强跨境产业园区、产业链建设，广泛开展人文科技交流合作等六个方面，明确了黑龙江省东部陆海丝绸之路经济带建设规划工作目标。

2. 跨境运输体系框架基本形成

黑龙江作为欧亚大陆桥的运输枢纽和主通道，西连欧洲，东到太平洋地区、东北亚乃至北美。从 2015 年 6 月至 2016 年 4 月，在不到一年的时间里，在黑龙江省委省政府的推动下，“哈欧班列”、“哈俄班列”和中俄韩“哈绥符釜”陆海联运三大通道相继开通，标志着龙江丝路带跨境运输体系框架基本形成。

3. 省内基础设施互联互通建设加快推进

哈佳铁路、哈牡客专、滨洲电化改造等项目相继开工建设。哈齐客专、同江铁路大桥、哈尔滨铁路集装箱中心站、建三江至黑瞎子岛高速公路、哈尔滨机场扩建等项目正在加快推进。五大连池、建三江、绥芬河机场和中俄原油管道二线、中俄东线天然气管道前期工作进展顺利。

4. 与欧洲沿线国家经贸人文交流取得进展

为共享“一带一路”建设机遇、促进互利共赢发展，在欧洲发达国家广泛宣传黑龙江老工业基地新形象和对外合作重点，特别是“龙江丝路带”建设情况。2015 年 2 月，黑龙江省委书记王宪魁率黑龙江省委代表团成功出访荷兰、瑞士、德国，扩大了黑龙江的国际影响，促进了黑龙江省同“一带一路”沿线欧洲国家的经贸人文交流，为黑龙江省与三国多领域、全方位合作架设了桥梁和纽带。

5. 与“一带一路”国家投资合作发展态势良好

2013～2015年，黑龙江省共计向“一带一路”沿线14个国家实际投资10.52亿美元，占三年全省对外直接投资总额的61.09%。2015年，黑龙江省对“一带一路”11个国家投资，比2013年增加3个；备案企业122家，是2013年的2倍多；中方协议投资额62.46亿美元，是2013年的近13倍。

2015年，黑龙江省与“一带一路”国家新签承包工程合同额22亿美元，完成营业额20亿美元（占合同总额的91.4%），分别是2013年的5.8倍和4.3倍；2015年向“一带一路”国家派出劳务7781人，是2013年的2.7倍，期末在外劳务9872人，是2013年的3.24倍。

二 黑龙江省与“一带一路”沿线国家贸易现状

（一）贸易规模

2013～2015年黑龙江省与“一带一路”沿线66个国家都有进出口贸易往来。其中与53个国家和地区有进口贸易，与66个国家和地区开展出口贸易。三年间，实现进出口总额717.40亿美元，其中出口288.29亿美元，进口429.11亿美元，占同期全省外贸总额及出口、进口总额的比重分别为72.62%、69.29%和75.04%。受全球外贸形势，特别是原油等大宗商品价格下降因素影响，年均降幅分别为27.33%、30.94%和25.19%（见表1）。如果扣除原油降价因素，2015年，与沿线国家进口总额为169.73亿美元，同比增长8.73%。

表1 2013～2015年黑龙江省与“一带一路”沿线国家贸易情况

单位：万美元

地区		国家	进出口	出口	进口
亚洲	东亚	蒙古国	34643.39	26552.57	8090.82
	西亚	约旦	5156.59	5156.59	-
		以色列	10391.89	8231.49	2160.40
		伊朗	15894.81	15334.61	560.20
		伊拉克	145045.99	27742.78	117303.21
		也门共和国	13918.74	2541.27	11377.47
		亚美尼亚	129.51	105.69	23.82
		叙利亚	2495.98	2495.98	-
		土耳其	58230.44	57258.16	972.28
		沙特阿拉伯	181451.71	33954.41	147497.30
		塞浦路斯	1322.71	1322.71	-
		黎巴嫩	6925.79	6925.79	-
		科威特	34603.09	4226.87	30376.22
		卡塔尔	4341.50	4290.29	51.21
		格鲁吉亚	544.90	542.98	1.91
		巴林	4144.24	4144.23	0.01
		巴勒斯坦	287.27	287.27	-

续表

地区		国家	进出口	出口	进口
亚洲	西亚	阿塞拜疆	2197.98	544.75	1653.23
		阿曼	70353.64	6507.13	63846.50
		阿联酋	67096.99	46543.67	20553.32
		阿富汗	101.73	101.73	–
	中亚	乌兹别克斯坦	11732.45	11732.33	0.12
		土库曼斯坦	3541.19	1806.11	1735.08
		塔吉克斯坦	134.64	134.64	–
		吉尔吉斯斯坦	506.45	501.53	4.92
		哈萨克斯坦	23338.29	20126.56	3211.73
	东南亚	越南	66150.64	65048.66	1101.98
		印度尼西亚	124676.82	116486.66	8190.16
		新加坡	114256.11	104855.77	9400.34
		文莱	10270.04	10270.04	–
		泰国	55167.37	48369.81	6797.56
		缅甸	12922.57	7884.15	5038.42
		马来西亚	150335.85	143531.24	6804.61
		老挝	857.32	857.32	–
		柬埔寨	2821.70	2510.07	311.63
		菲律宾	18174.42	16491.99	1682.43
		东帝汶	15.02	15.02	–
	南亚	印度	152262.30	150501.25	1761.05
		斯里兰卡	4813.97	4813.60	0.37
		尼泊尔	50.88	41.70	9.18
		孟加拉国	15805.57	15799.60	5.97
		马尔代夫	232.21	232.21	–
		不丹	50.69	50.69	–
		巴基斯坦	17960.34	17871.50	88.84
欧洲	东欧	乌克兰	6340.89	5011.87	1329.02
		摩尔多瓦	183.71	31.74	151.97
		立陶宛	3278.41	3174.13	104.28
		拉脱维亚	1424.60	1384.61	39.99
		俄罗斯	5649603.94	1826531.28	3823072.66
		白俄罗斯	18788.40	13403.49	5384.91
		爱沙尼亚	366.52	317.51	49.01
	中欧	匈牙利	1694.86	473.12	1221.74
		斯洛伐克	718.60	376.56	342.04
		捷克	2491.83	865.75	1626.08
		波兰	17658.21	12611.66	5046.55
	南欧	希腊	3742.99	3734.27	8.72
		斯洛文尼亚	2675.52	2595.68	79.84

续表

地区		国家	进出口	出口	进口
欧洲	南欧	塞尔维亚	132.57	122.00	10.57
		北马其顿	1.57	1.13	0.44
		罗马尼亚	4031.43	2059.50	1971.93
		克罗地亚	1008.12	994.50	13.62
		黑山	134.37	134.37	-
		波斯尼亚和黑塞哥维那	6.64	2.59	4.05
		保加利亚	1996.35	1954.27	42.08
		阿尔巴尼亚	267.14	266.58	0.56
非洲	北非	埃及	12125.18	12104.53	20.65

（二）主要贸易商品

1. 出口主要商品

2013～2015年黑龙江省对“一带一路”沿线国家主要出口商品共计136类，合计出口208.25亿美元，占对沿线国家全部出口商品总额的72.24%。前十大出口商品包括：服装及衣着附件，纺织纱线、织物及制品，鞋类，灯具、照明装置及类似品，箱包及类似容器，家具及其零件，塑料制品，蔬菜，肥料，钢材。其中，纺织服装类商品出口额92.93亿美元，占十大出口商品总额的55.48%。

2. 进口主要商品

2013～2015年黑龙江省自沿线53个国家进口主要商品共计76类，合计进口额422.94亿美元，占自沿线国家全部进口商品总额的98.56%。十大进口商品为：原油、木材、铁矿砂及其精矿、肥料、煤、纸浆、合成橡胶、初级形状的塑料、纸及纸板、自动数据处理设备及其部件，合计进口额411.40亿美元，占自沿线国家全部进口商品总额的95.87%。其中原油进口额347.44亿美元，占十大商品进口总额的84.45%。

3. 原油进口情况

2013年国际市场原油价格为每桶108美元，到2015年已降到每桶55美元。2013～2015年，黑龙江省自“一带一路”沿线国家俄罗斯及沙特、伊拉克、阿曼、科威特、阿联酋、也门和黎巴嫩西亚七国进口原油。其中2013年进口原油共计1804.01万吨，金额143.76亿美元。2015年，自上述七国进口原油1828.16万吨，进口额为73.89亿美元，进口量增加24.15万吨，进口额绝对值却减少69.87亿美元，呈量增价跌局面。如果扣除价格因素，2015年黑龙江省原油进口额应为145.66亿美元，由此推算，2015年黑龙江省自“一带一路”沿线国家进口总额应为169.73亿美元，同比增长8.73%。可见，原油等国际大宗产品价格下跌是黑龙江省贸易额下降的主要原因。

（三）贸易市场

1. 分洲别市场

欧洲。黑龙江省与“一带一路”国家进出口贸易绝大部分在欧洲。三年间黑龙江省与欧洲沿线21个国家实现贸易额合计571.65亿美元，其中出口187.60亿美元，进口384.05亿美元，占全省与整个欧洲国家贸易额的比重分别为91.87%、87.28%和94.30%，占全省与“一带一路”沿线国家贸易额的比重分别为79.68%、65.08%和89.50%。其中，向欧洲21国出口商品121类，主要为服装及衣着附件等轻纺产品；自欧洲20国进口主要商品66类，以原油、原木等能源资源类商品为主。

俄罗斯是黑龙江省与“一带一路”欧洲沿

线国家最重要的贸易伙伴。三年间黑龙江省对俄贸易总额564.96亿美元，其中对俄出口182.65亿美元，自俄进口382.31亿美元，占三年全省进出口总额、出口总额和进口总额的比重分别为78.75%、63.36%和89.09%，占全省与“一带一路”欧洲国家贸易总额的98.83%。2013年和2014年与俄罗斯进出口总额和出口额均保持增长，但进口额呈下降趋势，2015年，整体贸易情况下行，贸易额同比下降53.41%，出口额同比下降达73.87%，进口额同比下降40.50%，主要受原油价格大幅下降影响。

亚洲。2013～2015年黑龙江省与“一带一路”沿线44个亚洲国家贸易额共计144.53亿美元，其中出口99.47亿美元，进口45.06亿美元，占全省与整个亚洲国家贸易额的比重分别为78.20%、75.85%和83.96%，占与“一带一路”沿线国家比重分别为20.15%、34.51%和10.50%。其中，与东盟十国贸易额为55.56亿美元，出口51.63亿美元，进口3.93亿美元。对亚洲44个国家和地区出口商品123类，主要为纺织服装等轻工产品，同时兼有汽车等部分机电产品。

蒙古国是黑龙江省与“一带一路”相连接的唯一的东北亚国家（俄罗斯除外）。2013～2015年黑龙江省与蒙古国贸易额合计3.46亿美元，其中对蒙出口2.66亿美元，出口商品共计68类，主要有钢材、汽车（含整套散件）、通断及保护电路装置、水泥、变压器、电线和电缆、成品油等，其中出口机电产品1.66亿美元，占对蒙出口总额的62.41%。自蒙进口0.8亿美元，主要进口铁矿砂及其精矿（6415.85万美元）、煤（1649.6万美元）、纺织纱线、织品及制品及少量农副产品。

非洲。三年间与埃及贸易额共计1.21亿美元，占黑龙江省与非洲国家贸易总额的2.38%。

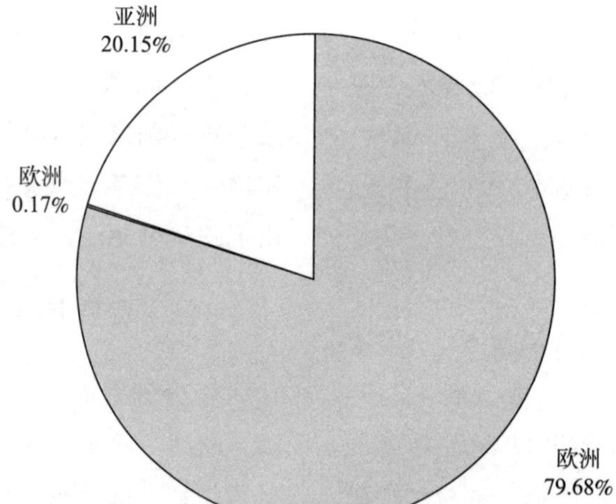

图1　2013～2015年黑龙江省与“一带一路”沿线三大洲贸易比重

2. 十大贸易伙伴

（1）进出口额排名前十位的是：俄罗斯、沙特、印度、马来西亚、伊拉克、印尼、新加坡、阿曼、阿联酋和越南，三年合计进出口额672.12亿美元，占黑龙江省对“一带一路”沿线国家贸易总额的93.69%；合计出口额252.17亿美元，占87.47%；合计进口额419.95亿美元，占97.87%。

（2）出口额排名前十位的是：俄罗斯、印度、马来西亚、印尼、新加坡、越南、土耳其、泰国、阿联酋和沙特。三年合计出口额259.31亿美元，占对沿线国家出口总额的89.95%。

（3）进口额排名前十位的是：俄罗斯、沙特、伊拉克、阿曼、科威特、阿联酋、也门共和国、新加坡、印尼和蒙古国。三年合计进口额423.97亿美元，占自沿线国家进口总额的98.8%。

（四）运输方式

2013～2015年黑龙江省与“一带一路”沿线国家通过海运实现贸易额178.94亿美元，空运5.54亿美元，汽车运输128.55亿美元，铁路运输72.43亿美元，其他运输方式（输油管道、输电网等）313.56亿美元，占比分别为25.60%、0.79%、18.39%、10.36%和44.86%，邮运仅为101.92万美元。

三 黑龙江省与“一带一路”沿线国家投资合作现状

（一）对外直接投资

2013～2015年，黑龙江省共向亚欧“一带一路”沿线14个国家投资10.52亿美元（见表1），占全省对外直接投资总额的61.09%。由于受全球经济增长乏力影响，三年实际投资额分别为6.01亿美元、2.55亿美元和1.96亿美元，年均下降42.96%。但投资沿线国家数量稳步增长，由2013年的8个国家增至2015年的11个，年均增长17.26%。2015年，全省对沿线国家投资备案企业122家，是2013年的2倍多；中方协议投资额62.46亿美元，是2013年的近13倍。

1. 投资国别

2013～2015年，黑龙江省共向欧洲沿线3个国家合计投资8.81亿美元，占全省对沿线国家投资总额的83.76%，投资国主要是俄罗斯。对亚洲沿线11个国家投资1.72亿美元，占16.35%。投资主要集中在印度尼西亚、哈萨克斯坦、吉尔吉斯斯坦等国家。三年实际投资额排名前五位的国家为：俄罗斯、印度尼西亚、哈萨克斯坦、白俄罗斯和吉尔吉斯斯坦（见图2）。

表2 2013～2015年黑龙江省对“一带一路”国家实际投资额排名

单位：万美元

排名	沿线国家	2013年	2014年	2015年	合计
1	俄罗斯联邦	56040.10	14593.61	14603.00	85236.71
2	印度尼西亚	2894.00	6876	0	9770.00
3	哈萨克斯坦	10.00	3092.00	0	3102.00
4	白俄罗斯	0	0	2794.85	2794.85
5	吉尔吉斯斯坦	709.00	536.74	351.26	1597.00
6	蒙古国	45.00	48.77	748.66	842.43
7	印度	0	326.79	418.00	744.79
8	老挝	414.59	20.00	36.80	471.39
9	新加坡	17.45	20.00	318.26	355.71
10	乌兹别克斯坦	0	0	233.93	233.93
11	马来西亚	0	0	42.75	42.75
12	乌克兰	5.00	23.00	0	28.00
13	阿联酋	0	0	12.50	12.50
14	阿曼	0	0	7.14	7.14
合计		60135.14	25536.91	19567.15	105239.20

资料来源：黑龙江省商务厅。

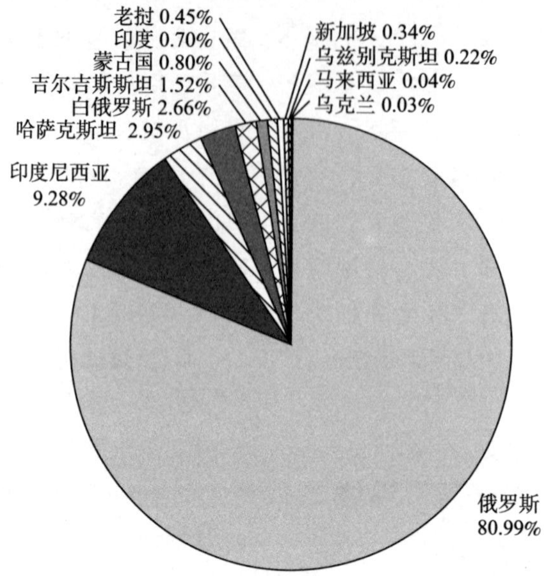

图 2　黑龙江省对“一带一路”沿线国家实际投资额占比情况

2. 投资主体和投资领域

从地区看，投资主体以哈尔滨、牡丹江（绥芬河）和大庆为主，各主要地市均有投资业绩。从企业看，投资主体以民营企业为主，投资额 500 万美元以下的企业占 80% 以上，国际竞争力明显不足。

2013～2015 年，黑龙江省对沿线国家投资主要集中在能源资源类合作领域。其中对俄投资主要领域为林业、农业、能源矿产业、加工业和园区建设，投资项目主要分布在俄远东滨海边区、哈巴边区、犹太自治州、阿穆尔州和外贝加尔边疆区。

3. 主要投资项目

黑龙江省对外投资项目主要集中在俄罗斯。中俄同江铁路大桥建设项目正式开工建设；投资总额 12.5 亿美元的阿穆尔－黑河边境油品储运与炼化综合体跨境建设项目已完成全部核准程序；天鹅通用航空有限公司引进俄罗斯水路两栖飞机项目进展良好，已经签署购买俄 23 架 Be－103 水路两栖飞机协议和购买 SA－20P 单引擎水路两栖飞机全部知识产权合同。此外，阿玛扎尔林浆一体化项目、中俄林业合作二期规划项下三个木业园区项目、天狼星集团特罗伊茨克 2×660MW 电站动力岛项目、图瓦铅锌多金属矿开发项目、犹太自治州南兴安锰矿开发项目、滨海边区康斯坦丁煤矿开发项目等在建重点标志性项目进展顺利。

（二）对外承包工程

1. 各项指标上升趋势明显

2013～2015 年，黑龙江省共在“一带一路”沿线 16 个国家承揽工程项目，其中新签合同 129 份，占三年全省新签合同总数的 72.07%；新签合同额 31.28 亿美元，占全省同期新签合同额的 92.92%；完成营业额 32.36 亿美元，占同期的 79.76%。三年工程项下共派出劳务 15729 人，占同期外派劳务总数的 96.33%；期末在外劳务 17847 人，占同期的 94.51%。

2015 年，黑龙江省与“一带一路”国家新签承包工程合同额 22.06 亿美元，完成营业额 20.17 亿美元（占合同额的 91.4%），分别是 2013 年的 5.8 倍和 4.3 倍，年均增速分别高达 140.92% 和 107%（见图 3）。可见，黑龙江省对外承包工程项目主要集中在“一带一路”国家，以上五个指标所占比重均在七成以上，上升趋势明显。

2. 合作项目主要集中在亚洲国家

一是从总体情况看。黑龙江省对“一带一

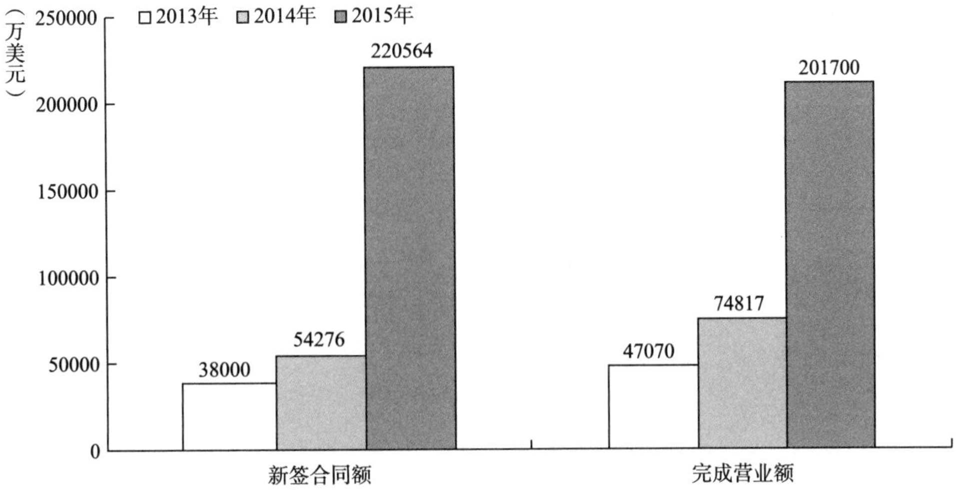

图 3　2013～2015 年黑龙江省对“一带一路”沿线国家承包工程情况

路”沿线国家开展工程承包主要集中在亚洲，其中新签合同数、新签合同额、完成营业额、派出人数和期末在外人数分别占沿线国家总数（额）的 98.45%、98.48%、85.81%、77.66%和 50.27%。

二是从在各国完成营业额情况看。排名前六位的依次为蒙古国、伊拉克、俄罗斯、土耳其、印尼和沙特，完成营业额分别为：8.62 亿美元（占同期全省总额的 26.65%）、6.58 亿美元（占 14.14%）、4.57 亿美元、4.16 亿美元、3.65 亿美元和 1.88 亿美元，以上合计 29.46 亿美元，占全省同期对外承包工程总额的 91.05%（见表 3）。

表 3　2015 年黑龙江省对“一带一路”沿线国家承包工程情况（按完成营业额排序）

排序	国家	新签合同份数（份）	新签合同额（万美元）	完成营业额（万美元）	派出人数（人）	期末在外人数（人）
1	蒙古国	40	90402	86232	5555	750
2	伊拉克	61	61329	65790	1327	601
3	俄罗斯	2	4758	45739	3514	8876
4	土耳其	1	10800	41604	2230	4446
5	印度尼西亚	8	8229	36472	1042	1016
6	沙特阿拉伯	1	13500	18795	81	62
7	巴基斯坦	2	110186	8280	136	133
8	乌兹别克斯坦	0	0	7120	756	756
9	印度	2	3220	3848	70	145
10	菲律宾	9	5133	2366	578	539
11	土库曼斯坦	2	2619	2236	142	323
12	哈萨克斯坦	1	2665	2181	214	101
13	孟加拉国	0	0	1710	84	99
14	越南	0	0	1037	0	0
15	亚美尼亚	0	0	126	0	0

续表

排序	国家	新签合同份数（份）	新签合同额（万美元）	完成营业额（万美元）	派出人数（人）	期末在外人数（人）
16	阿塞拜疆	0	0	50	0	0
合计		129	312841	323586	15729	17847

资料来源：黑龙江省商务厅。

3. 承包工程项目以石油工程技术服务领域为主

三年间，黑龙江省在“一带一路”国家承包工程业务主要集中在电站、路桥、石油勘探和房屋建筑行业，体现了黑龙江省的产业和技术优势。2013～2014年，大庆油田企业积极布局海外市场，在沙特、伊拉克、印尼和蒙古国等国取得了7个石油工程服务项目，其中超亿元项目4个，超千万元项目5个。2014年，大庆石油国际工程公司分别与蒙古国和沙特签订石油工程技术服务项目合同，合同总额4.43亿美元。

对外承包工程实施主体主要为国有企业。包括哈尔滨电气国际工程公司、黑龙江省火电第三工程公司、龙建路桥股份有限公司、中国黑龙江国际经济技术合作公司、黑龙江省建工集团有限责任公司、大庆石油国际工程公司、黑龙江省水文地质工程勘察院、哈电站设备成套设计研究所和黑龙江省火电第一工程公司。

（三）对外劳务合作

2013～2015年，黑龙江省在工程项下以外对“一带一路”国家输出劳务只有俄罗斯和新加坡两国。三年共输出劳务5076人，占全省同期外派劳务总数的64.73%；期末在外劳务15693人，占同期的74.56%。新签劳务人员合同工资总额3962万美元，占三年全省新签劳务人员合同工资总额的40.18%；劳务人员实际收入3916万美元，占全省劳务人员实际收入的39.44%。从以上五个指标看均呈上升趋势。

四　“龙江丝路带”融入“一带一路”的战略思考

“一带一路”是中国崛起进入关键时期所提出的重要倡议，其建设原则和目标已经在习主席的多次谈话中得到清晰阐述，即本着“共商、共建、共享”的原则，与有关国家实现“政策沟通、设施联通、贸易畅通、资金融通和民心相通”的合作格局。作为一个内外互动的战略，“一带一路”的推进既需要沿线各国的支持与合作，更需要国内各行业、各地方的全面参与。其中，地方政府结合本地区特点和优势制定和推动参与战略，创造性地参与“一带一路”建设，是“一带一路”目标实现的关键。

“龙江丝路带”是黑龙江省委省政府充分把握国家“一带一路”意图，积极发挥地方政府能动性、借助地缘优势、结合地方发展需求、对接国家提出的发展规划。实现“龙江丝路带”与“一带一路”的对接和融合，既是“一带一路”顺利推进的要求，也是“龙江丝路带”实现其设计目标的重要前提。

（一）黑龙江参与“一带一路”建设的指导思想

1. 服务国家总体规划

黑龙江省参与“一带一路”建设，首先要考虑的是如何发挥自身优势，服务国家“一带一路”倡议的总体利益。“龙江丝路带”规划的提出，体现了黑龙江省委、省政府对国家“一带一路”意图的把握，是服务中央对外战略的重要举措，承载着通过与蒙古国、俄罗斯以及半岛国家开展经贸合作，提升国家战略资源保障水平、扩大对东北亚地区开放，确立在东北亚地区地缘经济地位的使命。

2. 推动地方经济发展

通过“龙江丝路带”主动融入国家“一带一路”建设，搭上国家新一轮扩大开放班车，将黑龙江打造成为我国向北开放的重要窗口，为黑龙江经济发展摆脱当前困境，实现结构转型发展创造有利条件。

3. 构建和谐周边

东北亚地区在后冷战时代仍然是大国角力的战场。以合作为导向的“一带一路”建设致力于构建利益双赢或多赢的合作格局，在东北亚地区形成以合作、和平为主流的国际关系架构。“龙江丝路带”位于“中蒙俄经济走廊”关键节点，是东北亚国家开展经贸活动的重要枢纽，发挥着重要的桥梁与纽带作用。因此，黑龙江参与“一带一路”建设应注意发挥联系东北亚各国的优势，参与和谐周边的塑造。

（二）黑龙江参与“一带一路”建设的行动战略

从“一带一路”的布局看，黑龙江要成功实现“龙江丝路带”与“一带一路”的对接，需借助一个走廊，做实三个领域，即借助“中蒙俄经济走廊”实现对接，做好与周边国家的互联互通、产业合作，特别是能源领域的合作。

1. 以“中蒙俄经济走廊”为接口参与“一带一路”建设

2014 年 9 月 11 日，国家主席习近平在出席中蒙俄三国元首会晤时指出，中方提出的共建“丝绸之路经济带”的倡议，获得了俄方和蒙方的积极响应，三国决定将“丝绸之路经济带”同俄罗斯“跨欧亚大铁路”和蒙古国“草原之路”倡议进行对接，共同打造“中蒙俄经济走廊”。中蒙俄三国通过建设经济走廊，有助于实现基础设施互联互通，构建统一市场，形成资金保障、能源矿产开发、产品销售的区域生产网络。

“龙江丝路带”的建设不仅有助于我国沿边地区开发开放，也符合俄蒙两国经济战略发展方向，有利于将三方利益诉求有机结合在一起，将原本处于中蒙俄三国经济边缘地带的边境地区发展劣势转化为跨境毗邻经济区合作的优势，为中俄蒙三国在东北亚地区的合作找到了利益契合点。

2. 促进基础设施互联互通

黑龙江应利用其区位优势加强与俄罗斯互动对接，共同推动跨境基础设施多点对接、互联互通，加快国际大通道建设，加快完善跨境基础设施。提升“哈俄欧”通道和“哈俄日韩”陆海联运通道功能。适时加密哈欧货运班次。全力推进“三桥一岛一道一港”建设，建成同江跨境铁路大桥，推进黑河跨境公路大桥和东宁跨境公路大桥建设，辟建黑瞎子岛陆路口岸，探索黑龙江参与建设、投资、经营俄罗斯滨海 1 号国际通道和符拉迪沃斯托克（海参崴）各港口的途径和方式。

3. 推动产业合作

鼓励合作建设跨境经济合作区，以投资带动贸易发展。支持企业赴俄蒙创办经济实体，组建产业合作联盟。加强跨境投资合作，积极建设中俄双向贸易和加工基地，形成跨境产业良性循环。坚持“出口抓加工、进口抓落地”，吸引生产要素向通道沿线转移，构建以跨境通道为依托和以通道沿线重点境内境外园区为载体的产业聚集带，建设开放型经济体系。

4. 打造承接国内外产业转移聚集区

依托“龙江丝路带”国际货运通道和域内主要交通干线，以中心城市和交通商贸重镇为节点，以沿线城市重点产业园区为支撑，依托哈长城市群等重点区域，打造承接国内外产业转移聚集区，形成以“一核四带一环一外”为主要内容的产业发展空间布局。大力推进同“龙江丝路带”有关国家和地区开放合作，着力构建对外开放新体制，推动对外交流合作向宽领域、深层次、高水平发展，打造全国向北开放重要窗口。

5. 强化与发达经济体经贸合作

重点推进与德国工业4.0、荷兰食品产业和瑞士科技中小企业群的对接。加强与日韩在信息、物流、电子、节能环保、食品等产业领域的合作。推进与澳大利亚、新西兰、以色列农牧业合作。开发美国、加拿大和东南亚市场，进一步密切与港澳台合作。

6. 加强能源合作、保障能源安全

促进黑龙江省国有大型企业和央企开发利用俄罗斯远东地区能源、矿产资源，通过多种方式进入资源勘探开发和深加工领域，建立资源转化体系，形成利益共享机制。加大石油、天然气、电力、煤炭、铁矿石、有色金属等能源、矿产资源进口力度。扩大中俄电力合作，鼓励企业开发俄罗斯远东地区水力和煤炭资源，建设电站。

7. 深化与“一带一路”国家经贸合作，打造外贸竞争新优势

一是提升产业对外开放水平。不断提升农业对外开放水平，倾力打造农牧跨国龙头企业，加快发展农业生产全产业链出口经济；积极运用“互联网＋农业”模式，大力发展农产品跨境电子商务，扩大龙江绿色品牌产品对沿线国家出口规模。积极开展国际产能合作，大力推动龙江重大装备和优势产能“走出去”，打造龙江外贸竞争新优势。大力发展现代服务业，有序扩大服务贸易对外开放。要依托地缘优势，积极打造面向俄罗斯及东北亚的国际物流、金融、旅游和贸易中心，扩大服务贸易规模，为外贸增长提供新动力。

二是优化外贸结构。要优化外贸商品结构，实现“优进”“优出”。优化外贸方式，大力发展加工贸易和边境贸易。优化外贸市场结构。2013～2015年黑龙江省与“一带一路”国家贸易额的79.68%在欧洲完成，其中俄罗斯占78.75%；与44个亚洲国家贸易额仅占20.15%。可见贸易伙伴过于集中，尚未形成多元化格局。因此，优化市场结构，开拓多元化市场问题应提上日程。

三是发展新型贸易模式，增强外贸发展内生动力。加快发展跨境电子商务，大力培育外贸综合服务企业，打造外贸综合服务平台，为外贸企业提供一站式全方位的优质服务。大力培育出口品牌，完善自主品牌出口促进机制、保护机制，促进外贸提质增效。

四是优化外贸发展环境。建立健全外贸企业诚信体系和违法失信惩戒机制，营造公平竞争的市场环境。优化政策环境，切实落实国家和省出台的支持外贸增长的政策措施，为企业减负助力。减少行政审批，清理规范进出口环节各种收费，加快解决中小外贸企业融资难、融资贵问题。加快电子口岸建设，加大贸易便利化，降低企业贸易成本。

作者简介

索伶俐，黑龙江省对外贸易经济合作研究所所长，《对外经贸》杂志主编；

王玉主，中国社科院亚太与全球战略研究院研究员。

基于沿边开发开放新战略视域的哈尔滨对俄罗斯旅游策略调整

王　晶

我国实施的内陆沿边开发开放新战略，给哈尔滨对俄罗斯旅游带来了前所未有的机遇，同时引发了新一轮的竞争。因此有效推进哈尔滨对俄罗斯旅游发展就要顺势而为，迎难而上，竞合发展，积极进行策略调整，即加快实施建立哈尔滨对俄旅游示范区的政策引导策略，在国内外相关城市实施联盟构建策略，以软硬件建设并重的服务提升策略，购物型和康乐型产品优先提供策略，俄罗斯来哈的入境游客数量提升策略，以新媒体营销为突破的组合营销策略等，最终把哈尔滨打造成黑龙江对俄罗斯旅游的交通枢纽、客源集散地和东北亚地区旅游目的地。

一　沿边开发开放新战略为哈尔滨对俄旅游发展带来的机遇

1. 内陆沿边开发开放新战略为沿边省份旅游发展增添发展动力

基于对经济全球化，区域经济一体化大势的高度认知，为顺应国际关系的新变化，优化开放空间布局，促进区域协调发展、打造东西呼应、海陆并进的空间开放格局，我国继沿海开放、中西部开发开放之后又制定了实施内陆沿边开发开放的战略，使对外开放出现了沿海内陆沿边共塑“三位一体”区域发展新格局，其战略意义十分重大。《中共中央关于全面深化改革若干重大问题的决定》指出，创新开放模式，促进沿海内陆沿边开放优势互补，形成引领国际经济合作和竞争的开放区域。要加快沿边开放步伐，允许沿边重点口岸、边境城市、经济合作区在人员往来、加工物流、旅游等方面实行特殊方式和政策。要放宽投资准入，加快自由贸易区建设，扩大内陆沿边开放。可见战略的实施和政策的落实无疑将给身处边疆的黑龙江省及其省会城市哈尔滨市对俄经济合作、旅游交往带来巨大的机会，增添新的发展动力。

2.《黑龙江和内蒙古东北部地区沿边开发开放规划》为旅游发展提供了巨大的机遇

《黑龙江和内蒙古东北部地区沿边开发开放规划》将黑龙江省开发开放战略上升为国家战略。该规划将黑龙江省定位为我国对俄罗斯和东北亚区域开放的“桥头堡”“枢纽站”。在重大实施事项中，支持现代农业、现代绿色食品加工业，支持以旅游业为重点的现代服务业。在产业布局产业体系建设方面，强调加快发展现代服务业。重点是旅游业，突出冰雪、生态、民族、边境、红色旅游特色，整合开发旅游资源，加强旅游基础设施建设，建设国内外知名的旅游胜地。无疑作为省会城市的哈尔滨也必将在政策上获得更多的优惠和红利，从而拉动对俄旅游快速发展。对于哈尔滨对俄旅游来讲还存在更多的机遇。首先是中国哈尔滨国际经济贸易洽谈会今年升级为中国—俄罗斯博览会，已成功举办24届的哈洽会正式升级为国家级博览会，将会使哈尔滨知名度和影响力得到进一步扩展；其次，哈尔滨正在向国家积极申请综合保税区和自由贸易区的政策支持，在旅游方面积极申请对俄旅游示范区的特殊政策等，这些无疑都给提升对俄旅游的战略地位和服务功能提供了重要保障和发展良机。

3. 中俄两国均把发展旅游提升为国家战略，为旅游深度合作提供了巨大空间

中国国务院在2010年下发了41号文件，提出要“把旅游业确立为国民经济的战略性支柱产业和人民群众更加满意的现代服务业加以培育”。2013年10月1日《中华人民共和国旅游法》开始实施，意味着旅游将被纳入法制化和规范化管理的轨道。中俄两国元首签署的《中华人民共和国东北地区与俄联邦远东及东西伯利亚地区合作规划纲要（2009—2018年）》，标志着中俄区域合作已经上升为双方的国家发展战略，并已经由单纯的经贸合作加速向全面合作拓展。俄联邦政府还批准了《俄罗斯联邦远东和贝加尔地区社会经济发展国家规划》及《俄罗斯2011－2016年发展旅游业（境内游和出境游）联邦专项纲要构想（草案）》，这些规划和纲领性的专项文件表明俄罗斯加快远东和后贝加尔地区发展的布局，以及加快旅游业的发展，并以此拉动经济的增长的决心和意图。与此同时，俄罗斯正在全面综合开发滨海边疆区的俄罗斯岛，并将在俄罗斯岛建设旅游型经济特区。可见上述一切将为俄罗斯与毗邻国家的旅游合作带来新机遇。

二　哈尔滨对俄罗斯旅游发展现状

哈尔滨对俄旅游起源于20世纪80年代，是与哈尔滨对俄边境贸易相伴而生的，具有典型的购物游特点。最初来哈游客基本是以购物游客为主。经过几十年的发展，如今以度假旅游、修学游、商务游、中医医疗旅游等为主要目的的人数比例大幅增加。来哈旅游主要以边境游游客延伸和直接乘飞机来哈为主。目前对俄旅游已经发展成为哈尔滨国际旅游的重要组成部分。

哈尔滨对俄交通枢纽建设得到了强化。凭借同俄罗斯往来便捷的区位地理优势、依托哈尔滨省会城市和东北亚中心城市的优势，一直以来对俄空中交通受到市政府的高度关注，得到了积极的推动。哈尔滨机场被国家定位为我国对俄远东地区门户机场。目前已开通哈尔滨至俄罗斯哈巴罗夫斯克在内的9个城市航线，每周班次13班，是中国通航俄罗斯正班航线最多的机场。可喜的是，2013年底哈尔滨开通国内首条对俄货运航线。另外铁路方面，哈尔滨与黑龙江省重要的边境城市黑河、绥芬河均已开通夕开朝至列车，十分便捷；公路方面长途汽车数量也很充裕，可见交通网络已经形成，且较为发达。

近年来，受中俄旅游年拉动，哈尔滨对俄罗斯旅游也顺势而上，策划组织了一系列节庆活动和开发了相应的产品来吸引潜在游客，发展注意力经济。2012年哈尔滨国际冰雪节开幕式与中国俄罗斯年启动仪式同时进行，使哈尔滨国际冰雪节知名度和美誉度在更大的范围内扩展；2013年俄罗斯记者团访问哈尔滨，对“迷人的哈尔滨之夏”文化旅游活动集中采访，成功组织了一次境外营销宣传，收到了良好效果；在“2013中国·哈尔滨国际啤酒节”举办期间，针对俄罗斯客源市场特点，专项推出了“哈尔滨—俄罗斯狂欢夜”活动，同时还推出俄罗斯美食节、中医治疗中国文化体验日等系列活动，使对俄旅游发展形成一定的市场影响力和规模。对俄旅游发展初见成效。

吸引俄罗斯游客一直是哈尔滨优先考虑的重点。2011年以来，俄罗斯客源数量一直稳居哈尔滨国际客源三甲的位置。来哈尔滨的俄游客数量，2011年达到39640人次，2012年达到29919人次，2013年1～8月达到11488人次。而2011年和2012年，日本、俄罗斯和美国等三个国家占据入境客源总量的43%和36%。俄罗斯市场一直是哈尔滨市国际一级客源市场。可见，俄罗斯市场对于哈尔滨国际旅游十分重要。

三　哈尔滨对俄罗斯旅游存在的主要问题

目前哈尔滨同俄罗斯旅游发展尚处在成长阶段，存在很多发展中的问题及制约因素。

1. 俄罗斯客源一级市场的地位与政府和社会的重视程度不平衡

多年来哈尔滨政府重视程度不够，与俄罗斯的客源一级市场不相匹配。一是哈尔滨政府投入不足问题很突出。分析近年俄罗斯入境旅游市场客源持续下降的原因认为，有经济危机、人民币升值、外交关系等国际政治经济形势的影响因素，但更重要的是哈尔滨多年来市场开发投入力量不足的问题。对基础设施和境外营销投入没有得到大力度的支持和倾斜。二是政府对俄罗斯市场开发研究和规划力度不够。主要表现在对俄罗斯市场开发没有相应的专项规划，没有整体布局和区域发展大项目策划，因此发展分散，层次较低，不成系统。三是省会城市的旅游资源没有得到有效整合和挖掘，城市综合集散和枢纽功能没有得到充分发挥。社会资金没有参与到资源、产品和产业的投资中来。

2. 俄罗斯来哈客源数量不稳定，且呈下降态势

不仅来哈尔滨的入境俄罗斯客源数量不稳定，而且呈下降趋势，同时下降的幅度较大。2012 年入境哈尔滨的俄罗斯游客同比下降 25%；同期俄罗斯旅华人数下降 4.3%；2013 年 1～8 月来哈尔滨的入境俄游客同比下降 46%；同期俄罗斯旅华人数仅下降 8.95%（见表 1）。

表 1　2011 年至 2013 年 8 月入境俄罗斯游客数量变动情况

单位：人次，%

	入境哈尔滨俄罗斯游客总人次	增长率	入境哈尔滨过夜外国人总人次	俄罗斯游客占当年总人次比例
2011 年 1～12 月	39640		277215	14.30
2012 年 1～12 月	29919	-25	183839	16.27
2013 年 1～8 月	11488	-46	97645	11.77

3. 产品供应和国际化服务能力弱

一方面，产品供应能力弱。哈尔滨地区的度假旅游景区数量少、中医保健没有形成规模；商务会展市场发育不全。而相比较，东北地区的大连、长白山和五大连池因商务会展旅游、中医诊疗、温泉滑雪和矿泉疗养等休闲旅游产品的系统开发而成为俄罗斯游客的聚集地。另一方面，针对国际客源的旅游服务能力较差。不仅国际性的游客集散中心和娱乐、购物场所少，而且软性服务水准较低。入境游客满意度分析结果显示，旅游服务中对交通和导游的满意度最低。表现在优秀导游尤其是外语导游始终供不应求，另外散客搭乘出租车时遭到拒载、绕行、合乘、多计费等现象很普遍，俄罗斯游客餐食不合口味，购物品可选择性小等诸如此类的细微服务。尤其是俄文网站的信息不全面和更新不及时，可利用性差，造成很大不便。

4. 旅游产业和区域合作发育不全

一方面，主要表现在合作双方旅游企业间的接触较少，主体性不足。相对于政府的交流而言，企业的直接对接程度很低，合作较为空泛，因而无法保障客源的增长。另一方面，产业融合度低。哈尔滨文化产业、时尚产业和旅游业融合程度不高，因而旅游产品的文化力、创意力和注意力不足，导致产品对国际游客的吸引力大打折扣。

5. 境外营销手段传统单调，现代媒体营销应用能力弱

受经济水平的制约和营销理念的束缚，一直以来哈尔滨的境外营销还处在参加旅游博览会、境外旅游推介会、邀请旅行商考察、重要城市户外媒体形象宣传、电视等传统形式上，而互联网、微信、Facebook、Twitter 等社交网等现代媒体运用程度低。对哈尔滨入境客源特征分析结果表明，信息渠道因素中，由互联网获取旅游信息的市场份额年均下降 6.53%，表明哈尔滨在旅游客源市场的网络营销以及旅游电子商务开发方面尚处于落后的状况。

6. 城市竞争加剧，地缘和集散地优势被弱化

近年来，随着国内交通的大发展，高铁动车、高速公路缩短了游客行程；很多城市与俄罗斯开通直航包机，游客分流趋势大大加剧。自 2005 年开始国内的海南三亚、青岛、北京、上海、广州、杭州等主要旅游城市相继开通了与俄罗斯的直航包机航线。哈尔滨作为中国最东和最北的省会城市的地缘优势和旅游集散地优势减弱，许多原本至少停留一天的游客可以直接过境。入境旅游客源被长白山、大连、沈阳、秦皇岛甚至北京、天津等地分流加剧。在 2012 年的 15 个副省级城市对比中，哈尔滨的入境旅游居于末位。客源特征分析结果显示，信息渠道因素中，亲友推荐的市场份额年均下降 11.39%，表明在旅游目的地竞争优势总体比较上，哈尔滨处于劣势地位。

四　沿边开发开放新战略背景下哈尔滨对俄罗斯旅游合作的策略选择

立足国家扩大沿边开放战略的重要机遇，牢牢抓住《黑龙江和内蒙古东北部地区沿边开发开放规划》实施的难得良机，哈尔滨要扩大视野，创新思维，谋划策略，乘势而上。

1. 实施哈尔滨对俄旅游示范区的政策引导策略

参照海南国际旅游岛先行试验区发展政策和模式，积极落实《黑龙江和内蒙古东北部地区沿边开发开放规划》的优惠政策，结合哈尔滨作为黑龙江省省会城市和东北亚中心城市的优势和特点，积极申请实行哈尔滨对俄旅游示范区的特殊政策。该先行示范区是以建设哈尔滨对俄旅游合作的先导区和示范区为目标，以产业发展和城市建设为依据，以国际化、高端化、特色化为特征，着力构建以现代旅游服务业为主导，融免税购物、批发购物、温泉休闲、山地度假、中医医疗、体育娱乐、文博艺术、科技信息、现代金融等产业为一体的特色产业体系，打造充满活力、富有魅力的旅游休闲度假胜地和创新型国际文化城。示范区将以产业融合与集聚为重点，建设规模大、开放度高、东北亚一流的产业集聚区，用十年左右时间将示范区建设成国际旅游城建设先导区、边境省会城市对俄旅游示范区及东北亚地区一流的休闲度假胜地。该示范区的发展目标可定位为体制机制创新的试验区，成为哈尔滨扩大对外开放的重要窗口；塑造哈尔滨国际旅游城新形象；探索中国边疆省会城市城市建设的新路子；打造国家级重点文化产业集聚区，促进旅游产业与文化产业的融合发展；建设东北亚一流的宜居休闲胜地，成为与国际标准接轨的区域和基地。为此要成立哈尔滨对俄国际旅游示范区管委会，进行总体规划，加大招商引资力度，落实相关项目，力争以哈尔滨对俄国际旅游示范区的策略推动哈尔滨对俄旅游合作实现质的飞跃。

2. 在国内外相关城市实施联盟构建策略

作为黑龙江省会城市的哈尔滨，具有大城市所拥有的基础设施完备、人才聚集程度高、交通枢纽能量大、服务功能强等综合影响力和辐射力，但与此同时在发展对俄旅游合作中却存在着与边境地区相比交通不够便利的问题。因此需要加强地区间的互补合作，实现共赢。

哈尔滨要在对俄旅游合作中实现大作为，就必须树立区域旅游合作的眼光，积极争取与黑河、绥芬河、满洲里等国内边境城市的合作，同时也要与俄罗斯西伯利亚和远东地区，如符拉迪沃斯托克（海参崴）、哈巴罗夫斯克、布拉戈维申斯克、后贝加尔斯克、新西伯利亚、克拉斯诺亚尔斯克等有影响力的旅游城市建立密切的合作关系，积极推动以上述城市为主的哈尔滨与俄罗斯的旅游合作联盟。其好处在于通过联盟合作，促进市场信息和客源共享，保障双方人员往来的顺畅和游客人身安全，同时通过经常性的往来，促进联盟成员间的了解和认知，增加好感度和美誉度。

3. 以软硬件建设并重的服务提升策略

针对对俄旅游中硬件设施建设和软件服务水平均薄弱的问题，实施以软硬件建设并重的服务提升策略。为此需要一方面建设大通道交通网。根据《黑龙江和内蒙古东北部地区沿边开发开放规划》中打造全国面向俄罗斯及东北亚开放的重要枢纽站的定位，哈尔滨要在建设国际大通道建设中担当主力军角色。要加快构筑以哈尔滨为枢纽，绥芬河—满洲里铁路为主要通道，连接边境地区的扇形放射铁路网；以哈尔滨为轴心，连接边境口岸高速公路为主骨架，沿边高等级公路为弧线的扇形公路网；以哈尔滨国际机场为中心、区域中心城市和口岸城市为骨干，通勤机场和通用机场为补充的航空运输布局体系，构筑内外联系顺畅、功能完善、便捷高效的国际大通道。另一方面提升软件服务整体水平。一要提高旅游产品的创意策划含量，从而提高附加值，增加吸引力。二要开发“智慧旅游”及“旅游云”项目，提升旅游信息化服务。政府要针对俄罗斯人互联网使用较为普遍的特点，精心建设俄文网站，不仅传达旅游六大要素行业的精准信息，而且要有针对性地重点推介适合俄罗斯游客口味的旅游精品线路和旅游攻略。三要与大学联合培养懂俄语的有素养的导游，推行标准化和国际化建设。四要引导旅行社开展定制化的包价旅游套餐。充分考虑俄游客的心理和经济需求，提供性价比高的优质服务。

4. 购物型和康乐型产品优先提供策略

对俄罗斯游客钟情于泰国的重要原因进行分析后发现，其中一个重要的原因就是能买到十分划算的物品。这说明要吸引俄罗斯游客，仅仅有资源的吸引力是不够的，旅游目的地同时也是购物天堂同样重要。同样地，中国传统的中医医疗保健作为中国文化的独特组成部分，也强烈地吸引着俄罗斯人。国内包括大连、北京和海南，以及边境地区都在积极开发中医保健理疗（包括减肥、美体、按摩），目的在于使中医保健理疗成为许多俄罗斯游客来本地区旅游的一个新的重要动机。哈尔滨可利用香坊华南城建设和松北区义乌小商品城开发的有利契机，专项开辟俄罗斯购物城或街区；利用哈尔滨雄厚的中医医疗资源优势开发中医理疗旅游，借助哈尔滨近年来新开发的太平湖温泉度假区和宾县英杰温泉旅游产品，开发适合俄罗斯游客的旅游休闲度假区，从而使购物、中医保健和温泉等旅游产品成为俄罗斯游客选择哈尔滨的重要吸引物。

5. 俄罗斯来哈入境游客数量提升策略

针对俄罗斯游客人数逐年下降的严重问题，需要制定游客数量提升策略。实施以俄罗斯远东边境旅游客源为主，以俄罗斯欧洲地区客源为辅的客源招徕“双轮驱动”对策，有效增加俄罗斯人入境人数。从黑龙江和哈尔滨客源地区分布看，西伯利亚和远东地区客源仍占主体，因此客源招徕的重点地区应为西伯利亚和远东边境地区；同时，哈尔滨又不同于边境地区，拥有发达的航空交通系统，欧洲地区客源可不通过边境地区直接到达哈尔滨。因此俄罗斯欧洲地区也是一个重要的补充和组成部分。因此适宜采取客源招徕的以俄罗斯远东边境旅游客源为主，以俄罗斯欧洲地区客源为辅双轮驱动。与此同时，积极申请优惠和激励政策也是十分有效的渠道。例如争取简化旅游签证程序，争取开通直飞航线或增开国际航班，促进旅游企业与境外旅行商联合互通，奖励旅行社组团入境等。另外，最近的一些调查认为，影响中俄旅游的一个重要因素是俄中两国相互的认知度较低，迫切需要增加双方认知度和互信。要借助俄罗斯俄中友好协会、俄罗斯旅游行业组织，如俄罗斯国际旅游股份公司、国际旅行社控股公司等，以及在俄华人组织等机构，开展一些推介哈尔滨城市形象的文化及旅游活动，以及在哈尔滨介绍俄罗斯的活动。也要推动企业间的直接合作。如哈尔滨太阳岛风景区等企业与俄罗斯旅游景区进行合作，双方互换游客，相互推介，也是促销形式的优化和创新。可以借鉴韩国南怡岛和北京龙庆峡的合作模式。

6. 实施以社会化媒体促销为突破的组合营销策略

进入21世纪，互联网、移动互联网和大数据已经成为新特征。随着互联网时代的发展，尤其是国内电子商务的跨越式发展，旅游预订服务已全面进入信息化时代。社会化媒体的网络营销具有低成本、高收益、互动好的优势，成为目前旅游营销的新生力量和主要形式，受到政府和企业的追捧。同时它也代表了未来的发展趋势。因此旅游营销也要运用新媒体新手段来优化促销方式，调整营销策略，因此对俄旅游要实施以社会化媒体促销为突破的组合营销策略。为此，哈尔滨一方面要继续保留传统促销形式。在主要客源地，如莫斯科、圣彼得堡、符拉迪沃斯托克（海参崴）、哈巴罗夫斯克、布拉戈维申斯克、后贝加尔斯克、新西伯利亚、克拉斯诺亚尔斯克等城市中心区户外媒体播放哈尔滨风光片，在其主流媒体投放广告，参加其大型旅游会展活动等。另一方面，哈尔滨还要加快发展旅游电子商务与多种形式的网络营销，积极实施以社会化媒体促销为突破的营销策略。在各国主流社交网开通哈尔滨旅游账户，不仅提供旅游信息，而且还可以与游客互动、分享信息和感受，最终通过对获取的大数据进行分析，从而更精准地了解市场需求，并以此做出科学的决策。

作者简介

王晶，哈尔滨市社科院旅游发展研究所所长，研究员。

“龙江丝路带”与黑龙江省对外开放

张秀杰

习近平总书记参加黑龙江“两会”代表团审议及来黑龙江考察调研，一年之内两次关注黑龙江，并一再强调“积极扩大对外开放”。对黑龙江省而言，就是要融入“一带一路”，从多方面采取措施，加快建设中蒙俄经济走廊黑龙江陆海丝绸之路经济带，充分发挥黑龙江省向北开放窗口的地缘优势，形成以俄罗斯为重点的全方位对外开放新格局，加快发展开放型经济，实现黑龙江省全面振兴。

一 “龙江丝路带”助力黑龙江省开放型经济新发展

2014年，从构建“黑龙江陆海丝绸之路经济带”总体设想的提出，到“中蒙俄经济走廊”黑龙江陆海丝绸之路经济带规划蓝图的制定，黑龙江省积极融入“一带一路”终于通过2015年3月发布的《推动共建丝绸之路经济带和21世纪海上丝绸之路的愿景与行动》得以实现，黑龙江省被正式定位为“向北开放的重要窗口”。以通道建设为依托，着力打造国际商贸物流带、要素集聚产业带、互利共赢开放带的“龙江丝路带”，目前在基础设施互联互通建设，以及由此带动的物流业、产业集聚全面启动，开放型经济得到快速发展。

（一）通道建设已全面展开

“龙江丝路带”规划带动了黑龙江省基础设施互联互通建设。2014年底，积极谋划了“一轴一环多点沿边”铁路新格局，建设连接亚欧的国际货运大通道。2015年以来，哈齐高铁投入运营，哈牡客专、哈佳铁路将陆续建成，滨洲线电气化改造、哈佳线电气化改造等项目将全面展开，快速铁路网格局逐步形成。2016年黑龙江省铁路计划投资260亿元，在建项目15个，预计到2020年，全省铁路营业里程达到7500公里以上，县级城市通达率达到75%，复线率和电气化率达到50%以上。目前黑龙江省已经有11个机场辐射国内外，哈尔滨机场扩建等项目正在加快推进，完成哈尔滨枢纽机场提档升级。五大连池、建三江、绥芬河机场前期工作顺利开展。这种四通八达的跨境综合交通网络的形成，意味着“中蒙俄经济走廊”龙江陆海丝绸之路经济带建设迈出了坚实一步。

（二）国际贸易物流路径初步形成

黑龙江省已经形成集铁路、公路、水路、航空、管道、电网、通信光缆于一体的物流通道布局，已能辐射到东北和市场需求旺盛的长三角、珠三角、京津冀地区，跨境江海联运、陆海联运通道基本建成。“借港出海”实现常态化运营，不仅实现了中—俄—外的跨国联运模式，还开创了中—俄—中的内贸跨境运输模式，地处内陆的黑龙江由此打通物流出海通道。2015年以来，已常态化开通了中欧班列（哈尔滨至叶卡捷琳堡）、中欧班列（哈尔滨至汉堡），以及中亚班列（哈尔滨至釜山）等陆海联运集装箱运输线路，标志着“龙江丝路带”

横跨亚欧、连接陆海的国际物流通道全线贯通。哈尔滨机场对俄航线已经达到10条，对俄业务量占东北地区的85%。2015年，黑龙江共吸引41家国内外航空公司在省内开展运营，开通国内、国际航线219条，通航城市达到96个。通过新开通的对俄航空包机货运专线，“俄速通”在哈尔滨、绥芬河设立了航空通道边境仓，俄罗斯消费者完成网上交易后，最快5小时就能运货到俄罗斯境内。“龙江丝路带”空中走廊的进一步完善，推动了黑龙江省开放型经济进一步发展。

（三）产业聚集初具规模

“中蒙俄经济走廊”黑龙江陆海丝绸之路经济带通道沿线，无论是哈尔滨、齐齐哈尔、牡丹江、佳木斯这样的中心城市，还是绥芬河、东宁、同江、黑河等边境口岸，都在依托各自在生态、能源资源、产业基础等优势，通过招商引企，优势互补，在装备制造、绿色食品加工、生物制药、高新材料等多个领域的园区建设已初具规模，实现了“全产业链”发展。沿绥满铁路，建设了哈尔滨高端装备制造产业园、哈尔滨利民生物医药产业园、肇东绿色食品产业园、安达高新化工新材料产业园等12个重点园区，已入驻企业4126户；沿哈黑铁路，建设了绥化轻工现代物流产业园等3个重点园区，已入驻企业322户；沿哈同铁路，建设了富锦绿色食品产业园等3个重点园区，已入驻企业76户；沿边铁路沿线，建设了鸡西鸡冠产业园、鹤岗煤电化产业园等5个重点园区，已入驻企业108户。依托物流通道，黑龙江力争打造以装备制造、新能源产业、进口木材、商贸等为核心的产业聚集带。

（四）外向型经济发展步伐加快

黑龙江陆海丝绸之路经济带，不仅是物流带、产业带，也是一条开放带。通过通道建设带动黑龙江省沿线节点城市和辐射地区产业发展，已形成一批出口加工产业集群，企业外向度、出口创汇能力及水平均有所提高，进出口额超亿美元企业已达50多家。在外向型经济发展中，黑龙江省对外贸易市场已拓展到200多个国家和地区，已经成为黑龙江省深化外向型经济增长的重要支撑。目前，黑龙江省与“一带一路”沿线59个国家中的31个国家开展投资合作和劳务合作。2015年，全省对59个“一带一路”国家贸易除对俄贸易外，进出口实现40.9亿美元，占进出口总额比重达19.5%，占比比上年同期提高6.2个百分点。近年来，黑龙江省以转型升级为导向，全面深化对俄经贸合作，贸易、投资稳步推进。2015年全省对俄进出口完成108.5亿美元，出现了明显下滑，但双边贸易量并没有下降。2015年，全省对俄备案投资41.7亿美元，同比增长1.8倍。对俄经贸合作正在成为引领和牵动黑龙江省开放型经济发展的重要力量。

二　黑龙江省构建开放型经济的“长”与“短”

在东北振兴13年后，随着经济进入新常态，黑龙江省发展却陷入困境，开放程度不够也已成为阻碍经济深化发展的制约因素之一。针对东北老工业基地振兴，习总书记前后两次提到“扬长避短、扬长克短、扬长补短”，对黑龙江来说，对外开放的“长”是什么，“短”又在哪儿，需要我们重新审视，把准脉搏，以更好地发挥优势，在深化改革开放中，立足相对优势，用自身优势克服劣势，以优代劣，补齐影响开放发展的短板，闯出一条全面发展新路子。

（一）黑龙江省对外开放的优势

对俄合作具有重要优势。黑龙江省与俄罗斯有2981公里边境线，占全国对俄边境线的74%，居全国第一位；拥有25个国家级口岸，占全国口岸总数的1/10；15个边境口岸有7个常年开通。经过30多年的发展，黑龙江省与俄罗斯贸易额以年均近30%的速度递增，形成了全方位、宽领域、多层次的对俄开放格局，一直保持全国对俄经贸合作第一大省的地位，对俄经贸合作水平不断提升。从商品输出到资本输出，由贸易合作上升为产业合作、打造跨境产业链等经贸合作模式不断创新。2015年，哈尔滨机场实行对俄72小时过境免签，开通东北首条第五航权航线，对俄通航城市增加到10个，哈尔滨对俄合作中心城市的作用愈加明显。

成为向北开放的重要窗口。地处东北亚区域中心位置的黑龙江省是我国对外开放区域布局的重要组成部分。在《推动共建丝绸之路经济带和21世纪海上丝绸之路的愿景与行动》中，圈定了包括黑龙江省在内的18个重点涉及省份，明确了各省在“一带一路”中的定位及对外合作重点方向。这份“一带一路”标志性文件提出，中国将充分发挥国内各地区比较优势，实行更加积极主动的开放战略，加强东中西互动合作，全面提升开放型经济水平。在东北地区，中国发挥内蒙古联通俄蒙的区位优势，完善黑龙江对俄铁路通道和区域铁路网，以及黑龙江、吉林、辽宁与俄远东地区陆海联运合作，推进构建北京—莫斯科欧亚高速运输走廊，建设向北开放的重要窗口。借助国家战略政策，以及独有的地缘优势，“龙江丝路带”已经成为“中蒙俄经济走廊”的重要组成部分和核心区，弥补了黑龙江省的区位劣势，使黑龙江由全国经济循环的“末梢”，转身变成沿边开发的“前沿”，正在由对俄交流的重要节点转变为中国面向东北亚全方位对外开放的经贸枢纽。

国家政策支持的优势。作为东北老工业基地，黑龙江省得到国家系列振兴政策的有力支持。从2003年标志着东北老工业基地振兴战略正式实施的《关于实施东北地区等老工业基地振兴战略的若干意见》，2009年《关于进一步实施东北地区等老工业基地振兴战略的若干意见》，2014年《国务院关于近期支持东北振兴若干重大政策举措的意见》，到2016年4月26日，最新发布的《中共中央国务院关于全面振兴东北地区等老工业基地的若干意见》，使黑龙江省在开放型经济建设中有了方向和保障。此外，“黑龙江和内蒙古东北部地区延边开发开放规划”“中蒙俄经济走廊”黑龙江陆海丝绸之路经济带规划上升为国家战略，《国务院关于支持沿边重点地区开发开放若干政策措施的意见》提出支持绥芬河、黑河地区研究设立跨境旅游合作区。以及《哈长城市群发展规划》、哈尔滨新区、哈尔滨综合保税区、牡丹江保税物流中心相继批准设立。这些政策措施的出台，说明沿边开放步伐将进一步加快，黑龙江省的沿边重点地区对推进“一带一路”建设的支撑作用将进一步增强。

（二）黑龙江省对外开放的劣势

开放意识不强，发展理念落后。我国自1978年改革开放以来已经有30多年了，一直强调转变发展理念，推动改革开放的进一步发展。但是黑龙江省开放发展观念陈旧，没有形成全新的适合东北地区发展的协调理念。包括一些官员在内，开放意识不够强烈，视野不够宽阔。黑龙江省远在东北边疆，虽然毗邻俄罗斯，但离内地市场较远，从总体上看较为封闭，与其他省份进行贸易往来也有所不便，参与国内大循环不够，参与国际大循环更弱。导致人们思想观念比较保守的原因，是黑龙江省人大多习惯了计划经济时期大国企自给自足的生活方式，不愿意跳出去，也不愿和不敢创业。加之黑龙江较为富足的环境，也弱化了“走出去”的动力。此外，黑龙江省又是农业大省，农村人口众多，发展理念转变困难，新的发展理念在推行过程中阻碍较大。

对俄优势没有充分发挥。虽然对俄贸易一直位居全国前列，但中俄通过边境口岸开展的经贸合作规模依然较小，进出口商品结构不合理，合作层次较低，缺乏支柱性产业，两国之间的边境口岸更多的只是起到商品运输“通道”的作用。特别是地产品比重低，通关过货能力并不高，沿边优势没有利用好。由于边境口岸城市与中心城市产业关联度不高等原因，目前边境口岸对外贸易以一般贸易、边境小额贸易为主，贸易方式过于单一，制约了黑俄双边贸易规模的扩大和经贸合作的转型升级。同时，对俄边境口岸基础设施建设滞后，已难以满足对俄贸易日益增长的需求。已有的地理区位优势并没有完全转化成促进黑龙江省对俄罗斯边境口岸转型升级的发展优势。

经济外向化程度不高。“十一五”时期，黑龙江省外贸依存度平均值为16.9%，低于全国平均水平（56.8%）39.9个百分点，不足全国水平的1/3。其中，出口依存度平均为11.4%，为全国平均水平的1/3；进口依存度为5.5%，仅为全国平均水平的1/5 。与外贸发达省份广东省相比则低90.9个百分点，比邻近省份辽宁低9个百分点。“十一五”时期黑龙江省对俄贸易依存度年均值仅为7.7%。总体上看，全口径外贸依存度偏低，对俄贸易依存度提升缓慢，直接影响黑龙江省对俄贸易对全省经济增长的拉动作用。近年来，黑龙江省对俄出口商品中地产品比重始终没有超过30%，并且出口的地产品仍以农副产品等劳动密集型低附加值产品为主，对全省经济增长的拉动作用较小。另外，从外商直接投资对黑龙江省对外贸易促进作用、利用外资规模不断扩大来看，发展态势良好。但是从全国来看，黑龙江省利用FDI排名靠后。2013年，黑龙江省利用FDI在全国排第25位，大约是排名第一的江苏省引进外资金额的3.44%，与发达省市相比仍差距较大。

经济的市场化水平低。长期以来，黑龙江省严重受到计划经济体制的制约，国有企业改革进展缓慢，非公有制经济发展相对落后，科技成果转化渠道不畅通，全省知名大企业数量偏低导致黑龙江省对外开放和市场化水平较低。以国有企业为主导的重工业，在经济发展新常态下，出现产能过剩、盈利能力相对下降的困难局面，而民营经济与江浙一带相比也存在较大短板，2015年黑龙江省非公经济增加值9695.62亿元，比上年增长10.1%，占地区生产总值的比重为53.4%，占据全省半壁江山。但是同发达省份相比仍处于较低水平，江浙等省份非公经济占比高达80%以上。

三　构建黑龙江省开放型经济的对策措施

（一）创新工作思路，加快释放开发开放优势与潜力

牢固树立并切实贯彻创新、协调、绿色、开放、共享的发展理念，推进全方位对外开放，黑龙江省必须适应经济全球化以及区域一体化的新形势新要求，用全球化的视野来谋划和推进，把黑龙江省扩大开放和全面深化改革同步考虑，同步规划，让“龙江丝路带”建设引领黑龙江省的改革开放，以全面深化改革促进并保障“一带一路”建设和开放的不断扩大。政府部门在思想观念上要有创新。在领会、贯彻中央政策的前提下，要敢于突破现存的不尽合理的条条框框，理顺市场和政府的关系，实现简政放权，对外经贸企业要放松管制和强化服务。鼓励企业自主创新，大力扶持创新型项目，帮助企业克服等、靠、要的传统思维方式，打造“龙江丝路带”，建设开放型经济工作要做细做实，“干一件，成一件”。

（二）提升对外开放程度，培育开放型经济发展新优势

改革开放是提高黑龙江省参与国际合作能力，实现黑龙江全面振兴的必由之路。对俄经贸合作是黑龙江省扩大沿边开放的重要载体，也是加快构建全方位对外开放体系的重要组成部分。加强对俄全方位交流，借助俄罗斯远东大开发等规划，对俄合作向纵深发展，进一步加强同俄罗斯主导的欧亚经济联盟战略对接。

同时要立足国内，以哈尔滨新区、哈长城市群等区域为重点，加强与京津冀、长三角、珠三角、环渤海等区域合作。要把“龙江丝路带”建设作为黑龙江省产业集聚和转型发展的突破口、动力源和增长点，推动对外交流合作向宽领域、深层次、高水平发展，使黑龙江成为真正意义上向北开放的重要窗口和前沿。借助“中蒙俄经济走廊”建设，加快对内对外开放步伐，加大招商引资力度，向引进外来战略投资者要发展。吸引国内外企业参与到龙江发展物流企业和进出口加工企业，促进哈大齐满、哈牡绥东、哈佳双同、哈绥北黑产业带建设，打造跨境产业链和产业聚集带，建设开放型经济体系，努力实现老工业基地对外开放新突破。积极扩大与沿线国家的边境贸易，创新边贸方式，实现边境贸易与东北腹地优势产业发展的互动，促进黑龙江省进出口贸易水平不断提高。支持有实力的企业、优势产业、骨干产品“走出去”，重点推进国际产能和装备制造合作。充分发挥黑龙江省科技、人才、产业基础、资源等比较优势，以科技创新和成果转化为支点，着力推进外向型传统产业高端化、高新技术产业化、新兴产业规模化，加快推进产业结构转型升级，提高核心竞争力。将传统产业改造提升为对俄合作优势产业，促进制造业由一般加工向高端制造转变、产品竞争向品牌竞争转变、黑龙江制造向黑龙江创造转变，推动装备制造、原材料、汽车、农副产品深加工等优势产业升级，培育黑龙江省参与和引领国际经济合作与竞争，以及开放型经济发展新优势。

（三）实现战略对接，加快形成对外开放新格局

“以对俄合作为重点的全方位对外开放格局基本形成”，被黑龙江省列为“十三五”时期经济和社会发展主要目标，对接“一带一路”、对接俄远东开发战略、对接蒙古国“草原之路”，要拓展与沿线国家经贸投资合作，吸引产业聚集，加快形成以对俄开放为重点，面向欧美、东北亚、东南亚等全方位对外开放新格局，成为未来黑龙江省对外开放与合作的新思路与新任务。以“龙江丝路带”形成的贯通欧亚的国际经贸大通道为依托，依据黑龙江省的产业优势与俄蒙国家的特点，在选择合作方式上要强调能源资源与农业等其他领域合作并重、境内外产业园区建设和外向型产业体系并举、经贸合作与人文领域合作同时推进的原则。对俄罗斯投资合作是黑龙江省一直以来的经贸工作重点，但也不能忽视与东北亚其他国家的投资合作，特别是近年来对蒙古国投资机会增多，在资源开发、农牧业领域的合作可行性与可操作性均较强。应抢抓俄蒙合作意愿强烈的有利时机，集中各方力量找准投资合作增长点，同时推进对俄蒙资源能源、农牧业领域合作、交通基础设施建设等大项目合作，并力争把项目落到实处。

【作者简介】

张秀杰，黑龙江省社会科学院东北亚研究所研究员。

《黑龙江和内蒙古东北部地区沿边开发开放规划》上升为国家战略的效用分析

张贵海

一　沿边开放开发规划评述

2013 年国务院批复了《黑龙江和内蒙古东北部地区沿边开发开放规划》（以下简称《规划》），将黑龙江和内蒙古东北部地区沿边开发开放上升为国家战略，这对黑龙江省而言，无疑是难得的发展机遇，整合资源，展现优势，系统开发，弥补不足，凝聚合力，提升动力，将会推动黑龙江省的开发开放水平实现跨越式发展。

《规划》是立足省情，兼顾区域，融合国家发展战略的要求，跨省域、跨国界、泛边境线的全方位、多维度、具有系统论思想的大格局规划。规划包括开放基础与发展背景、战略定位与发展目标、总体布局与区域协调发展、合作平台建设与开放水平提升、沿边城镇发展与城乡一体化、产业布局与开放型产业体系建设、基础设施建设与开放保障能力提高、社会事业发展与边疆民生改善、生态建设与环境治理、支持政策与保障措施等十个方面。

站在国际角度分析，这个规划应该称为泛黑龙江流域的发展规划。俄罗斯远东地区具有巨大的发展空间，2013 年 4 月初，《远东和贝加尔地区社会经济发展国家计划》生效，意味着酝酿已久的俄罗斯远东地区发展战略进入实施阶段。一规一划，遥相呼应，国境两侧，协同互动。从国际经济发展的轨迹分析，泛黑龙江流域的开发将成为世界经济的关注点。特别是俄罗斯的国际环境和国内经济形势要求，在一定的时段内，俄罗斯将会“离欧向亚”，大力发展国内经济，平衡国际收支。规划期为 2013 ~ 2020 年，展望到 2025 年，正符合中俄乃至于东北亚国家的现实要求和发展期望。

二　《规划》界定的区位现状评述

黑龙江和内蒙古东北部地区包括黑龙江省全部行政区域和内蒙古自治区呼伦贝尔市，面积 70.7 万平方公里，是我国对俄罗斯及东北亚开放的重要区域，在全国沿边开放格局中具有重要战略地位。我国和俄罗斯接壤边境长达 4463 公里，隔蒙古国，分为东、西两段。其中黑龙江和内蒙古两省区东段国境线长 4423 公里，有口岸 20 多处，其中国家一类口岸 4 处。良好的交通条件和口岸设施，决定了黑蒙两省区在对俄贸易合作方面，具有优势和发展潜能。

在规划区域内，现居住人口约 4200 万。人口流动频繁，每年以商贸、投资、旅游、探亲访友等名义进出该区域人口超过 3 亿人次，资金、物资、信息交换活跃，是东北亚人口活动集中区。2013 年该区域国内生产总值超过 1.6 万亿元，特别是对俄贸易和投资合作，该区域占国内的半壁江山。据黑龙江省商务厅资料统计，2013年，黑龙江省对俄贸易额223亿美元，占同期中国对俄贸易总额的25.1%，投资额约200亿美元，占全国投资额的30%以上。另据内蒙古统计资料，呼伦贝尔市对俄贸易额20多万美元，占自治区比重近20%，是内蒙古自治区对俄贸易的火车头，具有引领作用和示范意义。

区域内公共基础设施相对完善，公路、铁路、航空、水路发达，黑龙江省已建成支线机场11处，边境口岸绥芬河机场正在争取建设中。邻近的内蒙古东部地区，满洲里和海拉尔是内蒙古东部经济贸易的重点区域，基础设施的完整度和利用率居全区之首。特别是海拉尔享有民族优惠政策，其机场规模和航线可以和北京、上海直接互联互通，进出程度很高。绥满公路和铁路是国家交通网络的重要节点和通道，外接欧亚，内连京津，临空、临路、临站物资储备和集散功能初具规模，既可以成为国内出口的桥头堡，也是东北亚物流的枢纽站。

区域内工业基础坚实，具有完备的产业发展功能，特别是以哈尔滨为首的水电能源设备和汽车制造等重工业，齐齐哈尔的装备制造业，以大庆为核心的轻、重化工业，以佳木斯为首的农业机械制造业，以牡丹江为首的林木机械制造业，鸡西的采矿和煤炭深加工技术和设备制造业，等等，不仅在国内有相当的市场占有率和影响力，在国际上，特别是东北亚区域已经形成了品牌效应。随着内引外联，企业“走出去”发展，我们的工业产品在国外建立了良好的口碑，受到俄罗斯远东、西伯利亚地区的欢迎和认知。

内蒙古东部地区面积广阔、资源丰富，林业、畜牧业、矿产业发达，人口密度偏低。由于与黑龙江省邻近，产业和市场对接度和互补性非常高。虽然地区行政隶属不同，但是，长期的经济发展过程自然形成了区域市场一体化。东部地区畜牧加工，肉制品和乳制品加工业发达。加工的产品适宜蒙古国和俄罗斯远东的消费习惯，可以成为远东重要食品基地。

黑龙江省是中国重工业的先导地区，在20世纪初中俄合作的年代，黑龙江省承接俄罗斯援助项目22项，为中国的经济发展打下了坚实的基础。近30多年，随着中国改革开放的深入，经济总量得到快速发展。国家在整体产业布局中更加注重粮食安全和生态环境的保护，对黑龙江省的农业和林业给予更优惠的支持，确定了林业功能区和三江源草原草甸湿地生态功能区。由于国家对黑龙江大小兴安岭的生态功能定位，林业资源已经停止工业性采伐。黑龙江森工生产力和生产要素面临过剩和转型，有的林业局正在探索境外设点的可能性。伊春林业局和大兴安岭林业局分别在俄罗斯的哈巴罗夫斯克边疆州和赤塔后贝加尔区域采伐林业资源，进口到国内，首先为国内的木材深加工提供原材料，其次盘活了闲置的设备，再次解决了林区工人的就业，增加了居民收入，为我国的生态恢复，休养生息供了物质保障和时间延展，一举多得。

黑龙江农垦总局是国家重要的商品粮基地，在维护国家粮食安全方面，一直承担着保证社会安定的政治任务。随着机械化的普及和农业劳动生产率的提高，一部分农场工人已经摆脱了土地的约束。牡丹江农管局在虎林口岸对面，租借大片土地，创办新友谊农场，与俄罗斯当地公司进行农业种植业、饲养业的合作项目。经过几年的磨合与运作，已经得到俄罗斯属地居民和政府的认可，在农作物种植、劳动力就业方面给俄罗斯政府创造了非常好的模式。用资金换土地，用人力和技术换粮食，既解决了国内农场工人和设备的闲置问题，又为国内提供了大量的优质粮食。土地资源、劳动力、资金等各种生产要素的比较优势在双方的合作中得到最优组合，产生了“1+1>2”的效果。

俄罗斯远东地区是以乌拉尔山脉为分界线的俄罗斯最大的经济区，面积约620万平方公里，约占俄国总面积的36%，由十个联邦主体组成，即滨海边疆区、哈巴罗夫斯克边疆区、犹太自治州、阿穆尔州、萨哈林州、马加丹州、堪察加州，克里亚克自治区、楚科奇自治区和萨哈共和国。人口约 1000 万，资源种类繁多。煤炭、石油、天然气储量丰富，森林覆盖率高，木材蓄积量大，南部土地肥沃，东部海岸线漫长，渔业资源富集，气候适宜。由于远离欧洲经济中心，是俄罗斯的后发展区域，居民消费水平低于莫斯科中西部地区，明显高于亚太地区。远东地区人口稀少，可谓地大物博。

俄罗斯的产业结构由于历史原因，到现在仍然未调整到位。其出口产品结构仍然拘泥于三个方面，一是能源，二是原材料，三是高科技设备产品（军工）。轻工产品大多靠进口补充。由于中俄两国产业基础和结构的差异性，贸易互补有市场需求，资本互补有投资渠道，项目互补有合作条件、区域融合与产业协作，将单方面比较劣势变成双方面的绝对优势，促进区域整体发展和经济提升。

三 黑龙江在《规划》成为国家战略后的机遇评估

20 世纪 90 年代开始的中俄贸易模式也发生了根本改变。特别是俄罗斯加入 WTO 后，中俄贸易更加规范化和国际化。根据海关总署的统计，2013 年中俄的贸易额已经达到 892 亿美元。中国成为俄罗斯第一大贸易伙伴，俄罗斯是中国的第十大贸易伙伴。据推测，到 2020 年双方贸易额可突破 2000 亿美元大关，中俄贸易空间很大，潜力有待挖掘。这里有一组数据，真实反映了黑龙江省对俄贸易状况，2012 年，黑龙江省国际贸易额 274.7 亿美元，其中，对俄贸易 213.1 亿美元，占黑龙江省贸易额的 2/3，占国家对俄贸易总额超过 1/4。在投资合作领域，黑龙江省企业在俄投资规模较大的项目有约 400 个，占我国对俄投资额的 1/3 以上。特别是全球金融危机后，在黑龙江省与其他国家国际贸易额减少的情况下，2013 年，对俄贸易却逆势上升，成为黑龙江省对外贸易的亮点。

沿边开发开放规划上升为国家战略是个系统工程，是继《大小兴安岭林区生态保护与经济转型规划》及《现代农业综合配套改革试验》获国务院批准后，黑龙江省又一上升至国家战略层面的战略。对黑龙江省各级政府而言，这是一次区域经济提速、档次提升的好时机，三管齐下，内外双修，正是加快产业转移、经济结构大调整、融入国际大循环的机会。

黑龙江省在计划经济体制下的产业布局和开发，为国家发展做出重要贡献。在市场经济的浪潮冲击中，明显失血过多、力不从心。虽然也争取过国家的支持和借助东北老工业基地振兴的普惠政策做过一些调整，但是很显然并未到位，没有从根本上扭转黑龙江省的经济发展局面，致使黑龙江省的经济发展一直处于全国的中下游水平。规划上升为国家战略后，从开放格局上已经为省域经济做好了两个对接区块，即国内纵深区块和国际延展区块，携内蒙古东部和东北亚、西伯利亚、远东地区成为经济共同体，由边境线，拓宽为泛黑龙江边境带，进而扩展为国际合作区，产品、资源、技术、资金、人才的流动有了空间半径，为区域内闲置的生产要素、过剩的产能找到衔接点和落脚点。按照生产要素流动理论分析，黑龙江省的产业转型转移、转向和提升不是个别企业的行为，而是行业整体的行动，是兵团作战，不是游击战。所以不是一城一池的得失，而应是整个战略的部署。

黑龙江省在历史上一直是内生资源型产业模式，从事煤炭、石油、木材等工业原材料的加工和生产。现在，我们的资源已经枯竭，比如大庆、鸡西等，还有国家政策鼓励转型的城市，比如“林都”伊春，各城市原来的产业基础相对完备，基本是准工业化城市。现在面临转型的压力很大，一是安置就业，二是增加政府财政收入，改造和更新城市基础设施。为此，政府和企业都有产业提升的愿望和动力，正可以借助规划的战略空间，争取更好的政策，先行先试，闯出一条新路。

黑龙江省的企业类型，大多属于内需型企业，外向型企业数量有限。这既是好事，也是坏事。好在国际金融危机对黑龙江省经济产生的震荡有限，坏在企业的国际化意识薄弱，国际市场竞争力不强。我们有漫长的国境线，但是我们的出口产品属地生产的比较少，特别是轻工业品的加工，大多依赖南方省市。我们不是市场交易区，仅是一个物流通道区。对企业而言，我们仅仅是进出口的中间环节，是“过路财神”。在沿边开放开发的国家战略下，我们企业要抓住机会，做好产品转型、企业转向的战略调整，由一维空间向多维空间转移。

我国的产业格局正在发生根本性改变，由制造大国向创造大国升级。原来东南沿海的企业由于土地的限制，人力成本的增加，正在“北上西进”，由沿海向沿边渗透。黑龙江省企业应该抓住战略转型期，南引北接，承接东南省区产业溢出项目，再造我们的原有企业。由外延式扩张向内涵式增长转变，提高产品的科技含量、资本含量，增加附加值。可持续地拓展俄罗斯远东市场，把自身打造成边境线上的前店后厂，缩短市场营销距离，减少成本支出，吸引资金，吸引人才驻地发展，提升黑龙江省企业的国际声场竞争力和产品知名度，拥有更多的市场份额。

市场经济的内涵在于市场容量，市场不仅是一个空间概念，更是一个产业概念，任何产业的兴旺都离不开市场的认可和支撑。规划以战略的高度从数字上确定了620万加72万平方公里的面积，涵盖了4200万加700万人口的需要。从远东辐射到欧洲，从黑龙江延展向长江，从鄂霍次克海波及日本海，形成以黑龙江为中轴线的跨界、跨河、跨湖、跨江、跨海、跨山岭的泛黑龙江流域开发开放新格局。在新的格局形成中，市场有空间扩展度，投资有产业纵深度，需求有消费多维度，合作有选择自由度。

四 黑龙江在《规划》上升为国家战略后的角色定位

《规划》上升为国家发展战略，从国家产业安全和发展的高度，为黑龙江省进行了功能定位，匹配森林生态区和农业示范区的建设，在沿边开发开放中，要发挥枢纽站和桥头堡的功能和作用。要求枢纽站要成为生产要素的国际中转站、储存站和集散站。既要运得进，更要运得出，还要存得住、储得久；既要分拨，又要分拣，能消化的就地消化，能加工的属地加工。把黑龙江省的产业综合优势发挥出来，中心城市和口岸城镇对接，一线城市和三线城市互动，体现省域经济的“大模块”效应。

在国际的大经济格局中，无论哪个区位成为国际枢纽，在物流方面，首先是完备的交通运输条件，在金融方面具备优良的金融体系和便捷的国际支付通道。在信息方面，具有强大的信息集散和扩散能力、高度的信息透明化和便捷的载体通信能力。在科技方面，具备创新和转化科技成果的良好市场环境和社会氛围。在人才方面，具备包容和竞争的社会条件、开放兼容的文化软环境。由此，我们相信黑龙江省会在城市功能分工和建设方面，加快推进和打造。结合黑龙江省经济发展的规划，把枢纽功能建设融合在社会经济全面发展的体系之中。

打造国际海上丝绸之路，形成水陆并进的开发格局，上海已在探索中。黑龙江省卡在海上丝绸之路的红线内，海陆相连，陆路相通，正是丝绸之路海陆对接的桥头堡。所以这个角色的确认，是一种对俄乃至东北亚、欧洲和北美的经济桥、贸易桥、物流桥、信息桥、金融桥的综合体。赋予桥头堡功能，首先是黑龙江省的区位优势非常重要；其次是产业和经济的引领辐射能力特别强，不仅可以带动东三省和内蒙古，还可以疏解长三角、珠三角的产品外销、产业外挂问题。

桥头堡的角色既是中国贸易之门的“守护

神”，也是财富之神，在国家经济安全、产业安全、生态安全等方面举足轻重。守要塞、扼门户，凭借得天独厚的地缘优势，把桥头堡的俯视区域建设好。黑龙江省不仅具备桥头堡的位置，更要拟订桥头堡战略，敢想敢做，先行先做。特别是在行政创新方面成为一个新样板，成为富民强省、城镇化科学推进的先行者。

五 国家战略对区域效用评估

从微观经济角度看待《规划》上升为国家战略，最基本的落脚点还在于对区域经济和厂商的利好。因此，对由于战略实施而产生的边际效用无疑是企业家和政府管理者最为关注的。这次战略升级，其利好表现在如下几个方面，使黑龙江省可能成为最大的受益者。

第一，政策利好。黑龙江省成为沿边开放开发的主阵地，呼伦贝尔作为辅助区域配合，黑龙江省在政策面享有主导权，在空间上享有地域、空域双结构空间，政策制定和创新方面权重大，在国内外的影响力会极大地提高。

第二，辐射范围广，受益人口多。这个规划包含黑龙江省全境，把沿边开放向腹地推进。无论是空域、水域还是陆域，黑龙江省都占尽地利人众之便。鉴于规划的国家战略高度，会使黑龙江省成为第三拨改革的排头兵。先行先试的保证、捷足先登的优势、先入为主的格局，会奠定黑龙江省在全国经济产业布局的地位和层级。

第三，把黑龙江省区位优势和产业优势进一步整合，促进产业全面改造升级。为此，黑龙江省可以结合哈尔滨、齐齐哈尔、牡丹江、佳木斯、大庆等的城市产业定位，促进资源枯竭城市焕发新的生机。同时，把三线城市、口岸城市与城镇化推进结合在一起，功能叠加，形成全方位的开放格局，促进开发的深化和扩展。

第四，随着规划战略的实施，基础设施的改造和建设会提到首位，若干年的基础设施欠账有可能由此化解。项目的国际化程度高、规模大，为黑龙江省的大中型企业创造了更多竞争的机会。《规划》和黑龙江省基础产业的融合，会促使产业国际竞争力的形成。

第五，随着国家对农业和林业的特殊政策，黑龙江省农林剩余生产要素有所释放，原来闲置的资产得到盘活和再利用。特别是对俄罗斯产业合作的深化，抚慰了黑龙江省暂时性“生态恢复期”的社会焦虑症。

第六，推动东北老工业基地振兴一直是社会的共识，当前期政策利好随着时间边际递减的时候，实施沿边开发开放战略无疑为老工业的转型升级提供了一次凤凰涅槃的机会，战略实施的溢出效益会渗透社会方方面面。

第七，从宏观经济层面分析，省域之间、国家局部区域的合作，会产生市场放大效应，促进市场规模最大化，加速生产要素的区域内流动，又会促使资源效用最佳化。由于区域的宽泛和跨界，符合生产要素的流动规律，对落后地区有明显的带动作用，加快社会经济均衡化。局部和全部的对接会扩大市场的空间范畴，无形之中会加快区域发展国际化进程。

作者简介

张贵海，博士，高级经济师，就职黑龙江省经济管理干部学院、黑龙江职业学院，黑龙江冰雪产业研究所所长。

做经济新常态下东北三省优秀苏商　为振兴东北经济发展而群策群力

王爱中

一　认清经济新常态，适应经济新常态

当前中国发展进入新常态，习总书记从投资的关键作用、消费的基础作用、出口的支撑作用、新兴产业和小微企业凸显作用、创新的引领作用等方面，阐述了新常态下我国经济发展的阶段性特征。经济新常态，必然带来政治、社会、文化等方面的新常态。

在当前振兴东北老工业基地、开发东北的改革大潮中，东北地区占有优越的自然条件，具备较明显的区域优势，正处于厚积薄发、加速发展的黄金时期。东北地理优势明显，陆路、铁路交通便捷发达，自然资源禀赋独特，随着国家东北战略的实施，与俄罗斯、朝鲜、蒙古国都有着天然的联系，东北地区在我国国民经济中占有十分重要的地位；拥有巨大的存量资产；拥有一批优势产业和举足轻重的骨干企业，拥有丰富的自然资源；拥有明显的科教优势和众多的技术人才，为推动我国工业化和城市化进程做出了历史性的重大贡献。2015 年以来，由于周期性和结构性因素的影响，东北地区发展遇到了一些困难和挑战，经济增速回落，部分行业和企业生产经营困难，财政收支矛盾突出，引起社会各方面的广泛关注。但也要看到，一些积极的因素和发展动力正在积聚。作为由聚集在东北兴业投资的企业所构建的商会，除了为会员搭建平台、互通有无、排忧解难外，商会作为一个相对实际和实用的交流平台，应该建立新型的商会运行模式，充分发挥商会宏观与微观的沟通作用，这就需要加快政府职能的转变，赋予商会必要的服务职能，逐步培育和强化民间商会的服务职能和调控手段，充分发挥异地商会连接政府和企业的桥梁纽带作用，集聚会员企业积极参与两地交流合作，开展以商招商、以情招商、产业招商活动，形成政府推动、商会联动、企业主动的良好局面，为东北区发展建设，添光增彩，为东三省建立更加紧密的经济和文化交流的合作关系，为美好的明天做出更大贡献。

二　了解东北当前经济状态及成因

当前，东北三省经济的主要特征表现在以下两个方面。

第一，经济增速下降，且明显高于全国下降幅度。我国经济进入新常态的一个重要表现就是经济增长速度从过去的高速增长转向中高速增长，从 2014 年开始，东北三省的经济增速出现了明显下降，显著低于全国平均水平。2015 年上半年，吉林地区生产总值增速为 6.1%，黑龙江为 5.1%，辽宁为 2.6%，分别为倒数第四位、第二位和第一位。

第二，经济效益下滑。东北三省不仅经济

增速下降，经济效益也出现明显下降，全国的工业和制造业的结构正在发生根本性的改变，东北绝大多数重工业的需求峰值已由波峰转为波谷下行，东北三省很多行业出现整体性盈利水平下降的情况，与此有直接的关系。

当前东北三省经济状况落后的原因主要有以下四个方面。

一是结构问题。改革开放以来东北经济之所以落后，原因是战争时期对资源掠夺及解放初期所遗留下来的缺乏市场竞争能力的产业、产品、技术结构。

二是体制问题。东北问题的根源在体制，因为东北的计划经济最完善，体能最庞大，惯性也最大，调整也最难。

三是国企比重过大。在国企问题上，过去东三省被称为“共和国的长子”，排到老大，就是靠这些大中型国有企业。现在东北经济出现问题也在很大程度上因为它们。

四是经营管理观念落后。传统的国有企业机制与相应的观念直接影响东北人，传统的管理思维方式制约了东北经济发展。

三　掌握新政策，把握新机遇，结合自身优势，找准切入点

第一，以国家政策为切入点。党的十八大做出“促进工业化、信息化、城镇化、农业现代化同步发展”的战略决策，特别是国家推进新型城镇化政策，会带来城市基础设施、公共服务设施和住宅建设等巨大投资需求，在黑龙江的江苏企业中，地产开发及建筑行业是江苏商会的重要组成部分，充分结合自身行业内信誉及技术领先的优势助推东北城镇化的进程。

第二，以国家推行东北老工业基地改造为切入点。东北老工业基地，多数以国企装备制造为支柱产业，由于技术发展的影响，装备工业技术实行改制，以招商引资为特色的捆绑模式、苏州新加坡工业园相继出现，并从上海等地引进专业化人才，产品创新、技术升级、产业转型、结构优化，不断更新，从而推动江苏经济大幅发展。东北三省江苏企业应借鉴“娘家”城市发展经验，积极协调帮助政府招商引资，努力帮助工业产业会员企业参与其中，将江苏地区先进的技术产业及技术人才引进东北，依托东北国企装备制造的根基及人力资源、产品价格优势，分工合作，推动东北与沿海城市联合发展，互助共赢。

第三，以百姓消费方式变化为切入点。“模仿型蜂拥式”消费阶段基本结束，“个性多样化”消费渐成主流，整体消费正在加速从生存型消费转向享受型、信息型消费。信息型消费比重正在大幅上升，服务型及小微企业的苏企应抓住消费方向变化，充分把握国家推动“互联网＋”的政策，借助“互联网＋”将自身的品牌宣传出去，将自身的产品销售出去。争取每个企业都有自己的宣传网站，都有自己的App线上平台，有网络的地方就有企业的形象及产品。商会利用“互联网＋”对整体会员企业形象进行宣传推广。

第四，传统企业自身观念更新，以“互联网＋”为切入点。当前经济大环境的影响下，部分黑龙江省的苏籍企业发展也遇到了瓶颈。外部形势是不以我们的意志为转移的，不转型是没有出路的，当小米在做小米论坛，Ipod只是用来听听音乐，谷歌还在做搜索引擎的时候，如日中天的诺基亚、摩托罗拉也绝不会自我去挑战自己的面朝大海、春暖花开的好日子。然而等到察觉就晚了。因为传统企业的懈怠，“互联网＋”为一群新竞争者敞开了大门。没有发现这些新生趋势的传统企业，只能输掉比赛，过于固守或者聚焦企业本身，而不随着市场的变化而变化，或者彻底忽视了即将对核心业务产生重大威胁的新趋势。传统企业必须跳出思维惯性，走出路径依赖，走出传统企业窘境，放宽视野、极目远眺，敏锐地捕捉社会发展信息，未雨绸缪。通过“互联网＋”，打开解放思想的总开关，拓宽转型升级的阳光道。待转型企业需以更大的勇气和智慧，毫不动摇

地坚持解放思想，坚定不移地推进转型升级，切实转变发展理念、调整发展思路，让传统企业的转型之路、发展之路越走越宽、越走越好。

作者简介

王爱中，黑龙江省东北亚研究会常务理事，东北三省江苏商会联合会执行会长兼秘书长，黑龙江省江苏商会执行会长兼秘书长。

“一带一路”视角下的东北三省与日韩俄合作

张凤林

习近平总书记在黑龙江省调研时指出，黑龙江省应积极参与“一带一路”建设，积极扩大对外开放。这不仅是对黑龙江省的希望，也是对东北三省提出的要求。在东北三省对外贸易格局中，日韩俄具有重要的地位，“一带一路”的构建将给东北三省与日韩俄经贸合作带来更多的潜力。

一　东北三省与日韩俄经贸合作的主要特点

（一）日韩俄在中国及东北三省的贸易地位

在东北亚区域内，日本、韩国和俄罗斯是中国重要的经贸伙伴。中国是仅次于美国的日本第二大出口贸易市场和第一大进口来源地（2012 年之前，中国连续 5 年是日本第一大贸易伙伴，2013 ~ 2015 年居美国之后列第二）；2015 年中国是俄罗斯第一大贸易伙伴和重要的外资来源，俄罗斯也是中国进口能源、机电以及高级技术产品的主要来源地之一；韩国为中国第三大贸易伙伴国、第一大进口来源国，中国也是韩国最大的贸易伙伴、最大的出口市场、最大的进口来源国、最大的海外投资对象国，韩中贸易占韩国对外贸易的 20% 以上。

对东北三省来说，日本、韩国和俄罗斯可以说是对外经贸的“三驾马车”，重要程度无法取代。首先，东北三省与日韩俄的进出口贸易额的增长速度大于国家的增长速度。以 2006 年到 2014 年为例，根据相关统计，2006 年中国与三国的贸易额为 3546 亿美元，2014 年为 6312 亿美元，增长 78%，而同期东北三省与日韩俄的进出口贸易额从 273 亿美元增加至 553 亿美元，增长 102%。其次，从投资来看，东北三省的外商直接投资主要来自日韩两国，黑龙江又是全国对俄投资和吸引俄资最多的省份。上述数据说明东北三省与东北亚各国贸易关系密切，是我国参与东北亚区域贸易合作的重要前沿和枢纽地带。

（二）黑龙江省对日韩俄经贸合作的主要特点

如表 1 所示，在东北三省与日本的经贸合作中，黑龙江省与日本的贸易呈规模小、下滑快，利用日资呈投资小、大项目少等特点。双边贸易额从 2011 年最高的 6.89 亿美元下降至 2015 年的 3.26 亿美元，占黑龙江省对外贸易的份额也从 2002 年的 8.57% 下降至 2015 年的 1.6%，日本已从位列该省前三的贸易伙伴下降至 10 名以外。截至 2014 年，黑龙江省累计实际利用日资 5.34 亿美元，比吉林省少 2.2 亿美元。黑龙江省对韩国的经贸合作呈起步晚、发展快的特点。在 1992 年的中韩建交前，双边贸易及投资均较少，但建交后发展较快，近年来贸易额已超过日本。多年来，俄罗斯始终是黑龙江省第一大贸易伙伴，占黑龙江省对外贸易总额的一半以上，占全国对俄贸易的 1/4；黑龙江省对俄投资列中国对俄投资第一位，境外合作15个园区已经成为对俄贸易有效平台，但双边贸易结构单一问题亟待解决。

表1　2009～2015年黑龙江省对日韩俄贸易额比较

单位：亿美元

年份	日本			韩国			俄罗斯		
	进出口	进口	出口	进出口	进口	出口	进出口	进口	出口
2009	6.05	2.89	3.16	5.21	1.02	4.19	55.77	23.09	32.68
2010	6.68	2.78	3.90	7.51	0.95	6.56	74.74	31.89	42.85
2011	6.89	2.40	4.49	8.56	0.81	7.75	189.86	146.39	43.47
2012	5.71	1.99	3.72	7.54	0.83	6.91	213.18	161.49	51.69
2013	4.38	1.55	2.83	4.37	1.10	3.27	236.64	154.55	69.09
2014	3.71	1.46	2.25	4.38	1.58	2.80	232.82	142.79	90.03
2015	3.26	—	—	3.54	—	—	108.46	—	—

资料来源：黑龙江省商务厅。

（三）吉林省对日韩俄经贸合作的主要特点

如表2所示，日本是吉林最重要的贸易伙伴之一，近年来双边贸易额基本占吉林省贸易额的10%以上，对日贸易以进口汽车及零部件及高新技术产品为主，逆差较多。从利用日资来看，比黑龙江省多，比辽宁省少。截至2015年底，日本在吉林省累计投资7.54亿美元，在吉林省投资的63个国家和地区中排在第六位。吉林省对韩国贸易以出口为主，顺差较大。吸引韩资相对较多，截至2014年底，韩国在吉林投资企业累计743户，在来吉林省投资的63个国家和地区中排名首位，直接投资13.7亿美元，排名第4位；俄罗斯是吉林最大贸易伙伴之一，也是吉林省主要出口市场之一，2012年对俄贸易创新高，达到8.22亿美元。

表2　2010～2014年吉林省对日韩俄贸易额比较

单位：亿美元，%

年份	全省	日本				韩国			俄罗斯		
		进出口总额	占比	进口	出口	进出口	进口	出口	进出口	进口	出口
2010	168.5	28.9	17.2	24.3	4.6	7.51	0.95	6.56	6.24	0.84	5.4
2011	220.5	31.3	14.2	25.4	5.9	8.56	0.81	7.75	7.06	0.66	6.40
2012	245.7	28.1	11.4	20.8	7.3	7.74	0.83	6.91	7.89	1.11	6.78
2013	258.5	30.0	11.6	23.0	7.0	4.37	1.10	3.27	7.00	0.93	6.07
2014	263.8	30.5	11.6	24.0	6.5	7.19	2.71	4.48	5.75	1.27	4.48

资料来源：吉林省商务厅。

（四）辽宁省对日韩俄经贸合作现状及主要特点

如表3所示，辽宁省是东北三省对外贸易量最大的省份，与日本、韩国的贸易额大大高于黑龙江省和吉林省，对俄罗斯也处于快速增长状态。呈现以下特点。一是机电产品、钢材、石化、农副产品是出口支柱产业。2014年和

2015 年，机电产品出口分别是 219.9 亿美元和 197 亿美元，分别占外贸出口总额的 37.4% 和 38.5%。二是外商投资企业进出口比重较大。2014 年和 2015 年，外商投资企业出口金额分别是 485.8 亿美元和 421.67 亿美元，占全部进出口的 42.6% 和 36.9%，大大高于黑龙江省和吉林省比例。三是加工贸易比例较大。如 2014 年加工贸易进出口总额 367.1 亿美元，占进出口总额的 32.2%，表明工业产品出口对外资的依赖程度较高。从吸引外资来看，日本和韩国都是辽宁省最大的投资国之一，其中，日本多年来稳居辽宁省外资来源前五位；韩国对辽宁的投资从 2007 年实际利用韩资金额 9.84 亿美元上升至 2013 年的 20.12 亿美元，在对辽宁省投资的所有国家地区中排名第三，增长幅度最大。

表 3　2011～2014 年辽宁省对日韩俄贸易额比较

单位：亿美元，%

年份	全省额	日本				韩国				俄罗斯		
		进出口	占全省百分比	进口	出口	进出口	占全省百分比	进口	出口	进出口	进口	出口
2011	959.6	172.12	17.9	62.33	109.79	86.50	9.0	37.7	48.8	—	—	—
2012	1039.9	155.86	15.0	54.6	101.26	90.16	8.6	34.42	55.74	—	—	—
2013	1142.8	155.97	13.6	54.8	101.17	94.49	8.3	40.46	54.03	—	—	—
2014	1139.6	148.77	13.1	52.92	95.85	95.66	8.4	41.80	53.86	24.3	12.5	11.8

资料来源：辽宁省商务厅网站及相关政府公报。

二　东北三省扩大与东北亚区域合作的潜力

（一）地理优势带来的潜力

与国内其他地区相比，中国东北地区地处东北亚中心，濒临日、韩，接壤俄、蒙、朝三国，各有优势：辽宁省位于东北地区的最南端，是东北亚经济圈的关键地带，其北部濒临俄罗斯和内蒙古东部地区，东部同日本隔海相望，南部与韩国和朝鲜相邻，充当着东北亚各国之间产业链和经贸合作的中间环节，具有大连港、丹东、营口等港口。吉林省地处中国东北地区中间地带，西接内蒙古，东部接壤俄罗斯，其珲春市与日本海相距 15 公里，与俄罗斯的波谢特湾仅 4 公里，长春市在东北亚区域十字交通线交会处。黑龙江省与俄罗斯有 2891 公里的边境线，对俄一类口岸达 15 个，占中国沿边口岸的 10%，对俄口岸的 70%。省内有一条铁路和两条公路直通俄罗斯远东地区，辐射区域可达 600 多公里。西面经内蒙古与蒙古国相通，东面可直接与俄、日、朝、韩等亚太地区相连。

（二）交通优势带来的潜力

当前，在“一带一路”倡议下，东北地区形成了兼具东北特点的“丝绸之路”。一是铁路口岸居全国之首，铁路网四通八达。根据资料，全国共有 10 个铁路口岸，而东北就占据其中的 6 个。二是直达俄罗斯及欧洲的班列开行若干。目前，哈尔滨站已开通哈欧、哈俄欧、哈俄等班列运输以及中俄韩“哈（哈尔滨）绥（绥芬河）符［符拉迪沃斯托克（海参崴）］釜（釜山）”的陆海联运集装箱班列；吉林省已开通珲春—长岭子口岸—俄罗斯克拉斯基诺—斯拉夫扬卡的中俄公路通道及连接俄、日、韩陆海联运通道的珲马铁路；辽宁省已开通从大连港及营口港直达俄罗斯、中欧的多条集装箱货运班列。此外，2018 年底前完成的哈牡高铁及哈站的改扩建、在建的京沈高铁和已建成的吉图珲高铁、丹大快速铁路、哈齐、哈佳快速铁路贯通东北地区以及对俄的同江铁路大桥等都将为东北地区打造与俄、韩、朝、日等国互通互联的东北版“丝绸之路”。

截至目前，东北地区有 14 条公路、铁路连接俄罗斯、朝鲜和蒙古国，并与 70 多个国家实现了通航。这些铁路、公路及港铁联运进一步拓宽了东北亚地区的经贸大通道，为东北地区经济发展乃至国际货物交流都提供了有力支持。

（三）政策支持的后发优势促进区域合作

从国家层面看，振兴东北老工业基地一直是中央政府非常重视的课题，有关支持政策从未停止过。一是对内支持政策将持续产生后发优势。自 2003 年国家出台《关于实施东北地区等老工业基地振兴战略的若干意见》开始，国家陆续出台了对东北老工业基地振兴的若干支持的政策。主要有 2007 年的《东北地区振兴规划》，2009 年的《关于进一步实施东北地区等老工业基地振兴战略的若干意见》，2013 年的《全国老工业基地调整改造规划（2013—2022年)》，2014 年的《国务院关于近期支持东北振兴若干重大政策举措的意见》，2016 年 3 月的《哈长城市群发展规划》和 4 月 12 日下达的《关于推进东北地区民营经济发展改革的指导意见》及 4 月 26 日下发的《中共中央国务院关于全面振兴东北地区等老工业基地的若干意见》等，这些支持政策将对未来东北经济产生积极的叠加效应。二是开发开放的政策有助于改善对外经营环境。2013 年 8 月《黑龙江和内蒙古东北部地区沿边开发开放规划》获批，黑龙江和内蒙古东部沿边开发开放上升为国家战略。2013 年以来推出的“一带一路”倡议，亚洲基础设施投资银行（亚投行)、丝路基金等发展战略，并将“中蒙俄经济走廊 · 龙江陆海丝绸经济带”上升为国家战略。2015 年 12 月《哈尔滨新区总体方案》获批，目标是打造成为对俄合作中心城市重要承载区和引领东北老工业基地振兴的新增长极，使哈尔滨新区与大连金普新区和长春新区形成一条哈大铁路连接三地。2016 年 3 月，国家批复同意设立哈尔滨综合保税区（预计年内即可建成运营)，该保税区以东北亚区域的现代化物流中心为平台，将极大促进黑龙江以及整个东北亚的经贸往来，也为中国东北地区老工业基地的转型提供动力和参考。2016 年 4 月，国务院同意设立黑龙江绥芬河—东宁重点开发开放试验区，作为东北地区唯一的重点开发开放试验区，将对优化东北地区对外开放格局，深化东北亚经济贸易合作，产生积极影响。从地方层面看，近年来，东北三省陆续出台了适合本省的战略规划和实施细则，与国家级政策整合，相互之间互动互补，形成叠加效应。如黑龙江省委省政府的“五大规划”① 战略等。

总之，国家给予东北振兴政策将使目前东北更加凸显的经济增速换挡期、调整结构阵痛期、刺激政策消化期的“三期叠加”逐步好转，东北地区逐步完善的对外经营环境将与国家给予东北的政策形成合力。

（四）东北亚地区发展水平不同产生的合作需求

东北亚区域内各国在经济发展的水平、层次和规模上的差异性都比较明显。其中既有发达国家，又有发展中国家，还有新兴工业化国家。具体来说，日韩以资金和技术密集型为主；中国产业结构虽有所调整，但依旧以劳动密集型为主；俄罗斯以资源能源为主；蒙古国主要是出口原材料和初级产品；朝鲜则处于经济转型中。因此，中国东北地区与日韩等国形成了

① “五大规划”是指《黑龙江省“两大平原”现代农业综合配套改革试验总体方案》《大小兴安岭林区生态保护与经济转型规划》《黑龙江和内蒙古东北部地区沿边开发开放规划》《全国老工业基地调整改造规划》《全国资源型城市可持续发展规划》。

产业结构的垂直分工，与俄、蒙、朝保持着密切的水平分工关系，这种独特的混合式产业分工关系将会促进东北亚地区的合作。换句话说，东北地区能够承接来自日韩等国的产业和技术转移，进一步推进产业结构的优化和升级。同样，也可以将一些自身缺乏比较优势的传统产业逐步转移至其他东北亚区域内国家，形成互动态势。

三　对区域合作的思考

（一）弱化区域内的不和谐因素，强化共同利益

东北亚区域内的领土纷争、政治互信缺失、意识形态差异等方面的问题和矛盾制约着区域内成员国之间的团结与合作。同时，域外大国对区域内事务的参与和干涉，导致了区域内成员国之间矛盾扩大化，难以形成类似欧盟的区域经济一体化。但地缘上的邻近性、经济关系的互补性、人员往来的便利性、资源供求关系的性价比高等天然条件，使区域合作更具吸引力。正是有了上述基础和条件，东北亚国家需要在强化共同利益方面做出努力。即以国民利益为考量，兼顾国家间的互利共赢。中日俄韩等各国在节能环保、旅游、金融、高科技等领域的共同利益的存在，构成区域内全方位合作的基础，也为区域内各项合作的推进和发展提供不竭动力。

（二）加强东北亚次区域合作，带动区域整体合作

鉴于当前东北亚的政治形势，推动东北亚所有国家共同建立合作平台的条件尚不具备，但开展次区域合作的时机和条件还是存在的。国家层面，中日韩签署 FTA 对三国各自具有巨大的利益，应加快推进自由贸易区建设谈判，争取尽早达成协议。从前景看，2015 年 11 月，时隔三年半之后的第六次中日韩领导人会议发表了《关于东北亚和平与合作的联合宣言》，对三国自贸区谈判的描述是："我们重申将进一步努力加速三国自贸区谈判，最终缔结全面、高水平和互惠的自贸协定。"目前，在中韩已签署自贸区协定、日本已签署 TPP 协议的情况下，考虑到中日韩三国的经济互补性以及旅游等优质消费的推动力，日本参与三国的 FTA 的积极性将大幅提高，前景值得期待。从地区层面看，多年来国家出台了一系列区域开发规划，重点部署东北亚次区域开发合作的重点任务和重点项目，如《中国图们江区域合作开发规划纲要——以长吉图为开发开放先导区》《中国东北地区面向东北亚区域开放规划纲要（2012—2020 年）》等。

目前，"一带一路"建设正在如火如荼进行，连接中、俄、蒙、朝的东北亚国际大通道已基本畅通，特别是俄罗斯发展远东地区开发规划等使东北亚次区域合作遇到了前所未有的机会。

（三）发挥优势，推动建立东北三省统一对外平台

东北三省参与东北亚区域合作的进程中，辽宁省主要是对沿海经济带的开发建设，吉林省通过图们江次区域开展与周边国家和地区的合作，黑龙江省的沿边地区是与俄罗斯和蒙古国等国经贸合作的主要通道。但目前来看，各省的主要经济区域似乎都在各自为政，独自运营，并没有形成东北地区一体化发展平台。具体表现为：沿海经济带与腹地经济缺乏紧密的衔接，三省之间的分工协作与优势互补无法体现，区域间的产业梯度转移困难重重，对外缺乏统一的协调机制，没有形成统一对外的产业集群。一是建立东北地区互动发展协调机制。目前，东北各省之间在开放开发过程中相对独立，各自为政，缺乏统一的省际协调机制，各省的对外开放的各自优势难以发挥。如辽宁沿海经济带是东北地区对外开放的"龙头"，沈阳经济区是沿海经济带的直接腹地，长吉图、

哈大齐、牡绥蒙东地区是其延伸腹地，沿海经济带与其腹地经济的互动发展和全面合作是推动东北地区对外开放，进一步开展东北亚区域各国的友好合作的必要条件。二是推进东北地区产业分工与转移。东北地区与东北亚各国之间的产业分工与转移可以从两个方面进行，一方面，辽宁沿海经济带即沈阳经济区可以承接来自日本和韩国的产业转移，从而带动自身产业结构的优化；另一方面，吉林省的图们江次区域和黑龙江省的沿边经济带可以加强与俄、蒙等国的贸易合作。

（四）中日俄韩联手，加强东北亚的物流合作

应该说，开辟东北亚陆海联运通道的意义作用毋庸置疑。东北亚物流合作早在2005年就开始运作，到现在已十年有余。总体来说，运营在断断续续中取得了一些进展，但效果并不令人满意。主要制约因素主要有：一是货源（来回程）难以保证；二是企业多年形成的原有物流渠道概念根深蒂固；三是运营体制问题。建议：一是成立国家级股份公司，政府给予资金（运营初期不可缺）、政策支持，公司由有货源的国家控股；二是必须吸纳常年货运量较大的货源企业参加；三是建立以利益共同体为理念的经营机制。另外，可考虑以下航路为经营范围：一是已开通的中国珲春—俄罗斯扎鲁比诺—韩国束草—日本新潟的陆海联运航线；二是利用（黑龙江、松花江）—俄罗斯尼古拉耶夫斯克庙街—符拉迪沃斯托克（海参崴）—日本/韩国航线；三是俄罗斯远东港口—（日/韩港口）—中国南部航线；四是中国东南沿海—（日本/韩国）—符拉迪沃斯托克（海参崴）—西伯利亚大铁路线路；五是合作探讨北极航路问题。

【作者简介】

张凤林，黑龙江省社会科学院东北亚所副所长，研究员。

“一带一路”建设背景下的东北亚合作思路

禹颖子

“一带一路”建设是新时期国家进一步扩大对外开放、构建全方位开放格局的重大战略构想。受冷战思维的影响，东北亚地区的和平与合作一直停留在较低水平，历史遗留问题、领土领海和海洋权益争端、朝鲜半岛核问题等因素，干扰、阻挠该地区合作进程。尽管“一带一路”建设计划中涉及东北亚的内容较少，但却给东北亚合作发展指明了方向，提供了可供借鉴的模式和内容。依据东北亚国家的特点，在共建“一带一路”工程中的重点及涉及多边的合作领域包括能源领域的合作、铁路联通、旅游合作、金融货币合作和建立自贸区等。

一 推动东北亚合作的现实意义

东北亚和平与合作的水平远远落后于世界其他经济较为发达的地区。2015 年 10 月 5 日，跨太平洋伙伴关系协定（TPP）在美国亚特兰大召开的部长级会议上达成基本协议。该协定涉及 12 国，[①] 约占全球经济的 2/5，是迄今为止最大的区域贸易协定。相比之下，虽然中韩两国签署了双边自贸协定，但中、日、韩 FTA 依旧遥遥无期。

东北亚合作对世界经济发展具有重要意义。自 2007 年美国金融危机爆发以来，世界经济长期处于低迷状态。在世界范围内，只有亚洲的经济增长处于较高水平。而东北亚地区尤其是中、日、韩三国合作取得实质性进展，将会对世界经济的发展起到巨大的推动作用。中国是世界最大的发展中国家，日本是西方世界以外第一个实现现代化的国家，韩国是冷战结束以来在经济社会发展方面取得最显著成就的国家，三国经济规模分别列世界第二、第三和第 14 位。中、日、韩三国在世界经济版图和国际经贸合作中占据重要位置。截至 2014 年底，三国人口总量占世界总人口的 21.3%，经济总量占全球经济总量的 21%，贸易额占全球贸易额的 20%。其中三国经济总量占亚洲的 70%，东北亚的 90%。中国已连续多年成为日本、韩国最大贸易伙伴。中国将在 2020 年全面建成小康社会，人均 GDP 超过 1 万美元；韩国时任总统朴槿惠也在 2014 年提出了“进入（人均 GDP）4 万美元时代”的发展目标。如果三国能够实现更为紧密的经济合作，充分发挥经济互补性，扩大相互贸易规模，挖掘投资合作潜力，将对亚洲经济发展和世界经济复苏起到巨大推动作用。

东北亚合作对于增进世界和平具有重大意义。东北亚是今日世界主要大国利益冲突的交汇地和相互较力的主场地之一，该地区的矛盾与紧张是冷战留给今日世界的最后一笔遗产。于其中，中美关系在很大程度上决定了当今国际关系的性质和面貌；中美关系对中日关系构成直接影响和制约，又在一定程度上受中日关

① 美国、日本、澳大利亚、新西兰、加拿大、墨西哥、智利、秘鲁、文莱、马来西亚、新加坡、越南。

系状况的掣肘；中日关系在很大程度上又决定了东北亚地区局势的现状与走向。朝鲜半岛的核问题，深刻影响东北亚的稳定与安全，也使该地区成为世界上存在发生冲突甚至战争可能性的地区之一。东北亚稳定与安全问题，是人类社会全面走向和平发展合作共赢的历史进程中必须加以解决的一项重大课题。

二 影响东北亚合作的阻碍因素

在新的历史条件下，美国和日本依旧顽固地坚持冷战思维，在亚洲寻求对立、对抗而非合作、和平，是造成东北亚地区合作陷入低谷、举步维艰的根本原因。

1. 美国因素

中国改革开放以后，综合国力和国际影响力快速提升，于 2010 年取代日本，GDP 跃居世界第二。中国的成功发展，不仅使日本丧失了亚洲第一的经济地位，威胁到了美国的世界霸权地位，而且还对以美国为代表的资本主义价值观和资本主义政治、经济、社会制度构成挑战。

为了遏制中国的崛起，美国在制造不同版本"中国威胁论"的同时，还采取各种政策措施扰乱中国的周边环境，包括实施"亚太再平衡"战略、推进建设跨太平洋伙伴关系(TPP)、强化延续自冷战时期的亚太地区同盟体系。[①] 这些举措，严重阻碍了东北亚合作进程。

2. 日本因素

日本在美国的支持下，企图改变二战后形成的亚洲秩序，使自身重新成为亚洲地区的军事政治强国。2012 年，日本政府声称将钓鱼岛"国有化"，使中日关系近乎处于破裂的边缘。[②] 正如日本《每日新闻》在 2014 年 9 月发表的社论所言，日本政府宣布钓鱼岛"国有化"已经两年，收获的只是"日中对立无法化解，周边海域和空中的紧张状况持续"[③]。

3. 朝鲜半岛因素

自 20 世纪 90 年代以来，朝鲜的核试验便成为地区政治冲突的热点问题。伴随美日中俄等周边大国的介入，朝鲜半岛正日益成为东北亚地区的"火药桶"，而旨在彻底解决朝核问题的"六方会谈"，随着美国刻意加强与日本、韩国之间的同盟关系也逐渐增添了"两大阵营"博弈的色彩。这一系列影响因素使本就棘手的朝核问题更加复杂化与深刻化，不仅直接导致相关国家在参加东北亚地区合作时离心离德，也影响了投资者对东北亚地区的投资信心。

三 "一带一路"建设背景下东北亚合作方向

尽管受各种因素的影响，东北亚国家之间大多缺少信任，地区局势出现了一些容易引发动荡不安的因素，但东北亚国家也一直没有放弃在区域经济合作方面的努力。其中，中日韩自由贸易区（FTA）谈判最具有典型意义。2012 年 5 月，中日韩领导人在北京举行的第五次三国领导人会议上达成共识，决定年内正式启动中日韩自贸区谈判。同年 11 月，在柬埔寨金边举行的东盟峰会期间，中、日、韩三国正式宣布启动谈判，并决定在 2013 年初进行第一轮谈判。此后，中日韩自贸区协定进入实质性谈判阶段，至今已经展开了九轮谈判。

虽然"一带一路"建设是在东北亚合作难以获得实质性进展的背景下问世的，"一带一

① 李文、王语懿：《政治因素对东北亚地区合作的影响》，《东北亚论坛》2015 年第 1 期，第 53 页。

② 《钓鱼岛主权争端问题形成的历史根源、根本症结与现实困境分别是什么?》，http://wenku.baidu.com/view/fd0cfef5c8d376eeaeaa3144.html。

③ 周聪、翔宇：《钓鱼岛争端中方优势显现》，《中国国防报》2014 年 9 月 18 日，http://www.81.cn/rd/2014-09/18/content_6143352.html。

路”建设规划涉及东北亚的内容并不是很多，但“一带一路”建设的精神与原则无一不适用于东北亚，“一带一路”提倡的合作方式、内容也都能够在东北亚合作的实践中得以运用。“和平合作、开放包容、互学互鉴、互利共赢”的丝绸之路精神，“一带一路”建设所坚持的“共商、共建、共享”原则，为深受冷战思维困扰的东北亚发展提供了新思路。未来东北亚的发展应该立足于和平而非战争，立足于合作而非对抗，立足于开放而非封闭，立足于包容而非排斥。在面临复杂深刻的问题和挑战时，东北亚各国应该一方面保持足够的理性与克制，管控分歧；另一方面，则以“一带一路”建设为楷模，在力所能及的范围内，积极开展具有开放性、包容性、灵活多样的双边和多边合作。

依据东北亚国家的特点，在共建“一带一路”工程中重点及涉及多边的合作主要有以下几个领域。

（一）能源领域

能源的开发生产，可以开展双边合作，也可以开展多边合作，但运输和输送能源往往需要多边合作。在东北亚地区由于山水相连，尤其需要开展多边合作，甚至缺乏多边合作会使能源合作难以开展。在“一带一路”建设进程中，东北亚国家多边能源运输和输送合作将获得新的发展。

目前，已经运营的从俄罗斯输往东北亚国家的石油管线主要有两条。一条是俄罗斯经哈萨克斯坦至中国的石油管道，另一条是以俄罗斯东西伯利亚的泰舍特为起点，直通远东港口纳霍德卡的石油管道，通常简称为“泰纳线”。另外，从这条管道的科沃罗季诺铺设了至我国漠河对我国出口石油的支线。北部，目前中国主要是从中亚国家进口天然气。俄罗斯尚没有通往中国和通往其他东北亚国家的天然气管道，但是已经为此做了大量前期准备工作。中俄在2006年就开始设计从东、西两线建设天然气管道，并签订了合作备忘录。西线管道将运送西西伯利亚开采的天然气，进入中国新疆。东线管道则经俄远东地区输送到中国东北地区。东线管道已于2014年开工建设，预计2018年正式向中国境内送气。2015年5月9日中俄签署西线管道输气基本条件协议，预计2020年后该管线向中国输气。

2011年俄罗斯、韩国、朝鲜曾确定三国输气管道方案，起点为俄罗斯的萨哈林，经俄罗斯哈桑过境朝鲜到达韩国。但由于朝韩关系紧张，该方案一直停留在纸面上。

另外，蒙古国希望中俄西线天然气管道过境蒙古国。2014年11月俄罗斯总统普京访蒙期间，蒙古国总统额勒贝格道尔吉向普京提出了“草原之路”的建议，并描述了铺设从俄罗斯到中国的天然气管道经过蒙古国境内的优势。考虑到俄罗斯将大幅增加对亚太地区的油气能源出口、中俄可能增加铺设油气管道，更主要的是中、俄、蒙、朝四国合作的深入发展等因素，俄韩两国的油气管道和俄罗斯新增输往太平洋国家的油气管道有可能过境中国。

除通过铺设管道加强油气合作之外，东北亚国家还可以借助“一带一路”建设，加强输电线路联通，促进电力合作。自1992年起，中俄开始开展电力合作，目前俄罗斯对华输电已有一定规模。今后建设俄罗斯和蒙古国向中国输电通道，是中国与周边国家实现输电线路联网的三大重点之一。[①] 国家电网公司正在积极研究开发利用俄罗斯能源资源，建设大型火电、水电基地向中国输送电力。[②]

① 《俄罗斯远东地区将向中国华北送电》，和讯网，2014年11月11日，http://news.hexun.com/2014-11-11/170248543.html。

② 《电力支撑，融通中俄丝绸之路》，中国电力网，2015年5月27日，http://www.chinapower.com.cn/newsarticle/1234/new1234828.asp。

（二）铁路联通

除日本外，东北亚其余五国相互接壤，适宜发展铁路运输。实现中俄蒙铁路互联互通，有利于我国东北地区向北开放。

目前，我国经蒙古国到俄罗斯的铁路仅有二连浩特（内蒙古）—乌兰巴托（蒙）—乌兰乌德（俄）铁路。我国尚没有从东北地区经蒙古国到俄罗斯的铁路。

2014 年 8 月 21 日，中蒙两国元首签署联合宣言，宣布加快推动中蒙铁路等基础设施合作。消息一出，有关“两山”（中国阿尔山—蒙古国乔巴山）铁路建设推进东北亚经贸通道建设的话题引发国内关注和热议。其实，“两山铁路”开通后，往南不只上述一个走向，其进入长春后便加入了我国四通八达的东北铁路网并抵达辽宁省的许多重要港口，与“海上丝绸之路”相衔接，其中包括与日本发展陆海联运。阿尔山—乔巴山铁路往北可以直接到达俄罗斯的赤塔，成为俄罗斯西伯利亚大铁路的一个重要支线。这样，我国将新增加一条欧亚大陆桥。

在《推动共建丝绸之路经济带和 21 世纪海上丝绸之路的愿景与行动》这一文件中，所说的铁路通道和区域铁路网、陆海联运、欧亚高速运输走廊等，未提到朝鲜和韩国。我们完全可以利用俄朝、俄蒙、朝蒙的友好关系，把朝鲜、韩国纳入其中，实现中、俄、蒙、朝、韩五国铁路互联互通。

目前，上述五国的铁路联通已有一定基础并且前景看好：沈阳—丹东高铁、沈阳—北京高铁正在施工建设之中；俄罗斯将帮助朝鲜改造现有铁路，计划在 12 年内实现朝鲜铁路主干线现代化；韩国计划开通釜山—首尔—平壤—新义州（朝鲜）铁路线，远至中国，将木浦、首尔和罗津（朝鲜）连接起来，更远可达俄罗斯西伯利亚大铁路；蒙古国铁路官员认为穿过蒙古境内的路线是欧洲向亚洲的最短运输路线，他们准备同有关各方一起完善道路基础设施；[①] 中俄建设北京—莫斯科—喀山高铁项目已经确定，并开始讨论远至西欧的线路；等等。

东北亚国家铁路互联互通将为改善韩国物流提供新的契机。2013 年韩国总统朴槿惠曾提出“欧亚计划”，构建连接韩国釜山、朝鲜、俄罗斯、中国及中亚、欧洲的丝绸之路快速铁路，在欧亚构建电力、天然气和输油管线等能源网络。[②]“一带一路”建设助力上述新欧亚大陆桥的迅速推进，韩国因此多了几个通往欧洲的新选择，无疑是利好。

另外，从我国满洲里出境连接俄罗斯西伯利亚大铁路的欧亚大陆桥，仍是东北亚国家铁路互联互通的重要组成部分。通过该铁路我国东北部四省区的商品和朝鲜半岛两国的商品可以源源不断运往俄罗斯、欧洲诸国，欧洲各国和俄罗斯的商品可以运往东北亚国家。

（三）发展旅游合作

跨国旅游，不仅能够让各国人民共享人类文明和大自然的恩赐，提高生活质量，而且还将增进各国人民的人文交流与文明互鉴，促进国家经济和友好关系的发展。近年来，随着经济繁荣发展，生活水平的提高，东北亚国家人民跨国旅游越来越成为一种时尚，旅游人数剧增。2014 年中日韩三国游客互访人数达到 2047 万人次，是十年前的 2 倍，三国计划到 2020 年使游客互访人数达到 3000 万人次。[③] 2014 年中国赴俄旅游人数逾 110 万人次，超过德国成为俄罗斯入境游的最大客源国。

① 《俄铁欲穿越蒙古向中国增加货运量线路最短》，证券时报网，2015 年 3 月 6 日，http://stock.stcn.com/common/finalpage/edNews/2015/20150306/478965816811.shtml。

② 陈尚文：《“一带一路”建设带给韩国机遇》，《人民日报》2015 年 6 月 4 日。

③ 《中日韩就共同吸引欧美游客“游历东方”达成共识》，人民网，2015 年 4 月 13 日，http://world.people.com.cn/n/2015/0413/c157278-26832978.html。

东北亚国家重视本地区旅游事业的发展，近年来建立了旅游合作机制，组织了一些大型旅游项目。例如，中俄两国建立了中俄人文合作委员会旅游分委会，中韩建立了旅游工作会议机制，中日韩建立了三国旅游部长会议机制，中蒙两国政府签署了中国旅游团队赴蒙古国旅游实施方案的谅解备忘录，等等。组织的大型旅游项目有：2012～2013年的“中俄旅游年”，2015～2016年的“中韩旅游年”。2015年4月11～12日，第七届中日韩旅游部长会议发表联合声明，认为2018年韩国平昌冬奥会和2020年东京奥运会是吸引欧美等地游客来东亚旅行的良机，将设立周游三国的旅行团，开展“游历东方”宣传活动，并为此共同积极宣传，以吸引欧美等地游客。[①]

共建“一带一路”，为东北亚国家强化旅游合作提供了新的契机。“一带一路”建设“以政策沟通、设施联通、贸易畅通、资金融通、民心相通为主要内容”。“一带一路”倡议的这五项内容，都将促进东北亚国家旅游合作的发展。而且，该文件把加强旅游合作，扩大旅游规模，列入了“民心相通”之中。东北亚国家应充分利用共建“一带一路”带来的机遇，进一步扩大旅游规模，更多地举办各类大型的，特别是与本地区国际体育赛事、国际性展览结合的旅游活动，联合打造具有丝绸之路经济带特色和本地区特色的国际精品旅游线路和旅游产品，提高区内外各国旅客出入境便利化水平。

（四）金融货币合作

资金融通是“一带一路”建设的重要支撑。深化金融货币合作，无疑是东北亚国家在“一带一路”建设的重要领域。

首先，利用好丝路基金。2014年11月8日，中国国家主席习近平在APEC会议“加强互联互通伙伴关系”对话会上宣布，中国将出资400亿美元成立丝路基金，为“一带一路”沿线国家基础设施、资源开发、产业合作和金融合作等与互联互通有关的项目提供投融资支持。2014年12月29日，丝路基金有限责任公司在北京注册成立。丝路基金由中国金融机构出资，但需要中国有关部门和沿线国家利用好这一基金。

第二，在亚洲基础设施投资银行（亚投行）框架内合作。亚投行是一个政府间性质的亚洲区域多边开发机构，2015年12月25日正式成立，重点支持能源、交通、农村发展、城市发展和物流。东北亚地区的中、韩、俄、蒙都是创始成员国。

第三，扩大双边本币互换、结算的范围和规模。中国与俄罗斯、日本和韩国都签署了货币互换协议，并在部分贸易往来中用本币结算，中国的人民币在朝鲜和俄罗斯有一定的流通。我国与东北亚五国经济联系紧密，是它们的第一大贸易国和重要的相互投资国，借助“一带一路”建设在东北亚地区推进人民币国际化，对中国和东北亚国家都大有裨益。

（五）建立自贸区

“一带一路”建设是一项系统工程，有着广泛的内容。它将促进我国同东北亚国家建立自贸区和丰富自贸区内涵。目前，我国与东北亚国家已经完成谈判、正在谈判、意向中的有中韩、中俄、中日韩、中蒙四个自贸区。另外，在可预见的未来，不排除中蒙俄建立自贸区。目前，三国已有良好的双边合作基础并开始发展三边合作。“一带一路”建设并非“独奏”而是“合唱”，其他东北亚国家之间也在“一带一路”上积极建立自贸区。2015年2月10日，日本首相安倍晋三和蒙古国总理赛汗比勒

① 《中日韩就共同吸引欧美游客“游历东方”达成共识》，人民网，2015年4月13日，http://world.people.com.cn/n/2015/0413/c157278-26832978.html。

格签署了经济伙伴关系协定。[①] 朝鲜表现出对欧亚联盟的强烈兴趣，并"有可能在适当的时候加入这一联盟"。[②] 未来也不排除韩国或与俄罗斯、与蒙古国就建立自贸区事宜进行接触。"一带一路"建设促进了东北亚国家自贸区的蓬勃发展，反过来，自贸区建设又成为"一带一路"的战略支点。二者相辅相成，相互促进，是东北亚地区经济繁荣发展的重要引擎。

总之，"一带一路"建设充分考虑到沿线国家差异性和多样性，坚持开放性与包容性，主张让共建成果惠及更广泛的区域。共建"一带一路"的国家不限于古代丝绸之路的范围，各国和国际、地区组织均可参与。同理，东北亚合作亦应尊重各国发展道路和模式的选择，求同存异、兼容并蓄、和平共处、互利共赢；合作应兼顾各方利益和关切，寻求利益契合点和合作最大公约数，体现各方智慧和创意，各施所长，各尽所能，使各方优势和潜力在最大限度上获得发挥；合作应遵循市场规律和国际通行规则，充分发挥市场在资源配置中的决定性作用和各类企业的主体作用。

东北亚合作应秉持共商共建共享原则，不是建立具有封闭、排他性质的制度性框架，而是对现有合作机制的延续和升级；既向朝鲜半岛开放，也向日本开放，其实施过程是一个能惠及所有参与国，让所有国家搭中国的便车与快车的过程。

"一带一路"建设将借助既有的区域合作平台和双边、多边合作机制，它不仅不会与亚洲开发银行、APEC、"东盟+3"等区域合作机制产生重叠或竞争，还会为这些机制注入新的内涵和活力。[③]

【作者简介】

禹颖子，辽宁社会科学院外事工作办公室主任，副研究员。

① 《日本与蒙古国签署自贸协定，促进两国经济政治关系》，中国新闻网，2015年2月11日，http://www.chinanews.com/gj/2015/02-11/7055657.shtml。

② 汪嘉波：《欧亚联盟并非"重返苏联"》，《光明日报》2015年1月5日。

③ 孔根红：《推进"一带一路"宜处理好若干关系》，《中国投资》2014年第10期。

老龄化视角下黑龙江省养老产业发展对策研究

——基于日本的经验

杜　颖

面对日益加剧的人口老龄化趋势，近年来，国家出台了一系列提供老龄化产品、服务的高龄化产业，满足老年群众多方面需求的老龄化政策。日前，习近平总书记在中共中央政治局就我国人口老龄化的形势和对策举行第32次集体学习中，再次强调，“我国是世界上人口老龄化程度比较高的国家之一，老年人口数量最多，老龄化速度最快，应对人口老龄化任务最重”。体现了党和国家对老龄化问题的高度重视。妥善解决人口老龄化带来的社会问题，事关国家发展全局，事关百姓福祉和社会稳定。在此背景下，各地方针对各自情况采取积极有效的应对。日本是进入老龄化社会较早的国家，在养老产业发展中积累了丰富的经验。借鉴日本在制度建立、养老产业培育及社会化方面的成功经验，探索黑龙江省养老产业发展的新路径，对我们解决当前及今后一个时期的养老服务问题，落实“一带一路”倡议，提升黑龙江省的经济社会发展水平具有重要的现实意义。

一　黑龙江省人口老龄化及养老产业发展现状

近年来，人口老龄化发展趋势逐渐加快，养老问题日益突出。截至2015年底，全国60周岁以上老年人口2.2亿人，占总人口16.1%；黑龙江省60周岁以上常住老年人口646万人，占16.9%。

2015年底，黑龙江省养老机构床位数达18万张，占老年人总数的3%。初步形成依托老年公寓、以文化娱乐为主要内容的“文化休闲型”“老年乐园型”养老服务模式，以专业护理院为依托，以失能护理为主要内容的“失能保健型”养老服务模式，以及以医疗服务为主的“医疗康复型”养老服务模式。但总体看，养老服务产业发展远远落后于老龄化的实际需求。目前，绝大多数选择比较经济实惠的居家养老形式。但日益增长的养老服务需求与传统家庭养老存在诸多矛盾。随着独生子女人口总数增多，独生子女结婚形成的“4－2－1”或“4－2－2”家庭结构，难以承担家庭养老的任务。此外，民办养老机构和公办养老机构存在发展不平衡的问题。公办养老机构在资金和享受国家政策方面占据优先地位。而民办养老机构数量、床位数的发展速度超过公办养老机构，但在投资水平、机构规模和服务专业化水平等方面，与公办养老机构存在显著差距。主要是在政治资本和体制资源上较为匮乏，在竞争中处于劣势。

近年来，黑龙江省养老保险、医疗保险又出现收入增幅低于支出增幅的局面。2014年城镇企业职工养老保险基金透支105亿元，数额居32个统计单位之首。据预测，到2020年全省60周岁以上老年人口将达到778.8万人，占全省人口总数的比重将达到18.5%。伴随着人口老龄化速度加快以及退休金逐年上涨等因素，未来黑龙江省养老金支出将继续扩大。今后几年中如何补充资金缺口问题将日益凸显。

二　日本养老产业发展的经验及启示

1. 政府在养老产业中发挥指导作用

20世纪七八十年代日本进入老龄化社会，日本政府就设立专门的部门负责养老产业指导，主要包括扶持养老产业的形成和发展。将政府的老年福利事业定位为“以低收入阶层为主要对象，提供民间企业不愿涉足、市场机制无法充分供给的必要的服务”，老年人的大部分需求由市场机制来解决。以此建立市场规范和行业标准，保障老年人的权益，同时推动老年福利的社会化和产业化。80年代后期，厚生省成立了“养老产业室”，政府和企业开始关注老年人的商品开发和老年市场的发展，通产省还着手制定了“老龄商务伦理纲领”，政府在养老产业中发挥的是指导作用。

2. 以立法和制度建设推动养老产业的培育

早在20世纪50年代，日本政府就开始关注和致力于养老问题和完善养老制度，1959年颁布了《国民年金法》，以保证年老之后有一定的退休金，1963年颁布《老人福利法》，开始推行社会化养老，1982年颁布《老人保健法》，为老人减免一定的医疗费用，1989年颁布《推进老年人保健福利十年战略》，紧急建设了一批养老设施，1994年又推出《新推进老年人保健福利十年战略》，进一步丰富居家介护的服务内容，1997年在参考德国养老保险制度的基础上，出台了具有划时代意义的《介护保险法》，2000年正式开始实行，每年修订一次。

3. 建立健全多层次的养老产业模式

日本的养老金制度主要由公共年金制度、企业补充年金制度及个人储蓄养老金制度三大支柱组成。特别是2000年实施的保险制度，措施完备，覆盖面广。该保险制度规定，40岁以上人员必须缴纳介护保险，根据年龄将缴纳对象分为第一类参保人和第二类参保人，65岁及以上为第一类参保人，40~64岁为第二类参保人。第一类参保人在需要介护服务的时候，经过介护认定之后都可以享受保险服务，但对于第二类参保人，在患者患有晚期癌症等16种疾病的时候，才可以享受介护保险服务。资金来源主要采取“税收+保费”的形式，以此来保证介护保险财源的长期性和稳定性。即国家负担50%，个人负担50%。介护保险服务根据自身状况分两大类和7个等级。两大类为需要援助和需要介护。7个等级则是根据需要程度不同进行的进一步划分，如需要介护1、需要介护2等。《介护保险法》出台以后，大量医疗机构和民间企业看到商机不断参与进来，因为介护服务机构向老人提供《介护保险法》规定的介护服务项目，可以向当地政府申请服务费中的90%，而接受介护服务的老年人只需要支付全部费用的10%。

4. “居家养老”和机构养老相结合

日本养老将居家养老和社会养老有机结合。按照介护保险有关规定，居家介护的主要项目为上门帮助老人洗浴、上门帮助进行康复训练、上门进行疗养指导等，2005年修订的《介护保险法》，又加入了社区型介护内容，即以老年人生活的社区为中心，提供夜间上门介护，定期巡回上门介护、老年痴呆对应型短期服务等。养老机构介护，主要包括特别养护老人院、康复型养老院、疗养型养老院、日托服务中心、有料老年公寓等，日本在建设和运营养老设施时，充分考虑老年人的需求和方便，如在居家设计、卫浴的设计、座椅的设计、餐饮的配备设计等方面都有专业的公司来操作。服务机构覆盖面广，凸显了日本养老的精细化和专业化。

三　促进黑龙江省养老产业发展的对策建议

1. 统筹布局，总体规划，完善各项政策、制度和法律

首先，转变观念，提高认识。加强政府和企业对“发展养老服务业既是民生工作也是经济建设”“养老服务业与健康旅游产业要结合推进”“养老服务事业与产业要统筹发展”等思路的认识。同时，向社会积极宣传和引导，改变中国家庭中还存在的“进养老院是不孝”的观念。

其次，政府主导，社会广泛参与。2014 年 10 月 27 日，黑龙江省政府成功举办首届养老服务业招商引资推介活动。这是黑龙江省深入贯彻落实党中央、国务院提出的“稳增长、促改革、调结构、惠民生”战略部署和《国务院关于加快发展养老服务业的若干意见》，应对经济下行压力，积极调整产业结构，加快经济转型步伐，着力推进养老、旅游与健康服务业协调发展而实施的重大行动。同时应考虑黑龙江省将养老服务业列为“十三五”规划的重点发展领域，并制定专项规划。

最后，制定完备的立法和政策。为落实中央的有关部署，黑龙江省相继出台了《黑龙江省人民政府关于加快发展养老服务业的实施意见》、《关于加快推进社会养老服务体系建设规划》以及《关于支持民办养老产业发展的具体行动方案》，养老发展的政策和制度环境大为改观。机构养老模式初步形成，今后，应加大养老服务业资金投入力度，特别是加大对养老服务业的公共投入力度。

2. 注重养老产业体系构建与黑龙江省各项战略的对接

黑龙江省正处在“中蒙俄经济走廊－龙江陆海丝绸之路经济带”战略、“振兴东北老工业基地振兴战略”及“十三五”规划制定出台等政策叠加的最好时期。值此之际，制定黑龙江省的养老产业政策、推进养老产业发展，应充分考虑与上述政策及落实的有效对接，唯有如此，才能与各项政策交相辉映，相得益彰，实现各自的大发展，避免重复建设造成的浪费，最大化发挥养老产业发展对地区经济发展的促进作用。为应对老龄化加速发展对养老产业的需求，要组织相关研究力量加强研究、规划和部署，在管理科学化、人才专业化和土地、资金、劳动力供给等方面进行顶层设计，明确近期及长远发展目标，实现黑龙江省经济社会的协调、可持续发展。

3. 将传统养老产业与特色服务产业有机结合

习近平主席的“绿水青山就是金山、银山，冰天雪地也是金山银山”的重要讲话，为黑龙江省形成生态发展、“绿色”发展指明了方向。黑龙江有 22 万平方公里的森林资源、5 万多平方公里的湿地资源，生态环境优良，因此，要依托黑龙江省优良的生态环境，打造黑龙江省候鸟式养老服务产业体系。目前，除了做好省内老年人群体养老服务外，要发挥黑龙江省生态化优势吸引外来老年人群，广泛宣传。黑龙江省委副书记、省长陆昊在 7 日举行的黑龙江省养老服务业发展推进工作电视电话会议上曾指出，“要充分发挥黑龙江省良好的生态化优势，大力发展候鸟式养老服务产业，在为全国提供有效供给的候鸟式养老服务的同时，也让生态化为龙江人民创造财富”。

4. 加强对日养老产业合作对接

目前，虽然黑龙江省老龄化程度没有像北上广一些地区那样突出，但是黑龙江省的生态和人文环境已经引起日本有关方面的关注。日本政府机构和民间企业曾多次来黑龙江省考察，学界也高度重视借鉴日本经验推进黑龙江省养老产业发展。黑龙江省依山傍水建立疗养区、休闲度假地的环境是其他许多地区所没有的。在养老产品推出、养老机构建设及运营管理、护理专业人才培养方面，黑日合作具有广阔的空间。在此方面，应借鉴国内发达省份的成功做法，即通过加强交流、举办论坛等形式，探讨合作的可能性。2015 年 6 月，广东省广州市举办了“日中高龄者产业交流会”，主要内容包括论坛、企业洽谈和面向老龄化设施的考察。同日本的 20 家企业进行了商务洽谈。探讨了日本式护理咨询服务、尿布等高龄用品等领域合作的可能性。随着中央和地方支持政策、优惠政策的出台，国内企业参与的机会会增加，可能对日本企业的优势带来冲击，但随着法律制度环境的健全、人们意识的改变，存在着商务机会扩大的可能性。

5. 激发社会力量，提高养老服务业市场化水平

随着人口老龄化的加速发展，建立养老配套设施和提供满足需求的服务已经时不我待。因此，应调动社会各方力量，广泛参与。一是大力强化居家养老服务平台建设。加快建设覆盖城乡的居家养老服务照料中心；对于新建小区，确保将一定比例居家养老用房作为项目审批的前置条件。二是在养老模式上推动医养资源深度融合。鼓励更多医疗卫生、护理康复、社会工作等专业机构进入养老服务领域。打通医疗机构老年病床、养老机构床位和居家养老之间的衔接通道。三是推行政府职能转移项目和购买服务清单公布制。四是积极培育养老服务业的新兴业态。制定养老产业规划，分层分类进行引导，在有条件的地方谋划成立养老服务产业园区。

【作者简介】

杜颖，黑龙江省社会科学院东北亚所副研究员。

日本电子商务发展经验及启示

邱春光

在当今社会经济信息化浪潮下，越来越多的企业将通过电子商务实现经营的转型和战略发展，这是社会经济发展的一种必然趋势。电子商务是指利用电子网络技术所进行的商务活动，其主要功能包括网上的广告、订货、付款、货物递交和客户服务等售货服务以及通过网上商品市场调查分析、财务合计及生产安排等多项较为完善、方便、安全的交易经营活动。可以认为电子商务是“现代电子信息技术”和“商务”两个范畴的交集。他山之石，可以攻玉，对日本电子商务产业发展进行梳理与研判，对我们如何做大做强（跨境）电子商务这一新兴产业具有重要意义。

一　日本电子商务发展进程与战略特点

1999 年被广泛地称为“电子商务元年”，日本电子商务项目也是从那年开始进入应用领域，并蓬勃发展起来。如今，在全世界范围内电子商务活动已经进入所谓黄金发展期。日本的电子商务发展对其社会经济的稳步增长具有重要的意义。

（一）日本电子商务发展的历程

日本在亚洲范围内是最早引入 EDI（特定大企业间内部电子商务）的国家。早在 1996 年，日本就成立了“电子商务促进会”，相继提出了创建虚拟商城、高速 EDI 等多种项目理念。1999 年日本电子商务交易额为 600 亿日元，虽然与美国相比不足其一半，但是很多日本企业开始进入电子商务阶段，与之相关的行业供应链也获得很大的发展。2000 年，美国开始认识到传统企业才是整个电子商务活动的主体，并不断挤破虚拟网络经济泡沫，这种情况也使日本开始注重电子商务基础设施建设。2000 年 11 月，日本国会通过了《信息技术基本法》，为信息技术的传播铺平了前进道路。2001 年 1 月制定的《IT 基本法》（《高度信息通信网络社会形成基本法》）则成为推动日本信息化社会发展的政策大纲，随之成立了 IT 战略本部。随后又为了促进电子商务交易发展，制订了“e－Japan 计划”，旨在推动日本成为世界最先进的 IT 国家，出台了利用 IT 改造商务流程、利用 IT 创造新的商务模式、整顿电子商务环境等多项政策。2004 年，日本 IT 战略本部提出了“u－Japan”战略，旨在实现一种创新性的信息技术革命，计划到 2010 年将在日本打造出一个方便民众上网的全新环境。日本 2007 年电商市场规模为 3292.5 亿日元，2010 年为 6542.1 亿日元，年均增长率超过 25%，相对实现了一种快速增长。同阶段，美国的 Apple、AMD、HP、Dell、沃尔玛、IBM 等实体企业都已经基本实现了电子商务化，从而建立了较为完善的网上采购、销售系统，而 Yahoo、Amazon、Google 等多家电子企业也在不断引领全球电商发展趋势，助推美国电子商务在全世界范围内处于领先地位。2009 年 7 月，日本为了在 2015 年前构建一个“以人为本”的全新数字化社会，由IT战略本部推出了一项“I－Japan”战略，旨在全社会整合数字化基础设施建设，达到电子政务标准，从而培育出新产业，优化社会生产结构，实现自主创新，催生新的社会经济发展活力。2012年日本电子商务市场规模达到了8648.5亿元，2014年超过10000亿日元。

（二）日本电子商务发展的战略特点

1. 出台法规政策促进电子商务的发展

政府所起到的作用就是进行总体规划，并结合企业所拥有的管理经验和先进技术，不断地发挥企业的积极性，解决电子商务发展进程中出现的各种矛盾与问题。日本政府为了给企业做出表率，在宣布进出口声明、发放执照和布告、专利申请和税款缴纳、对公共基础设施项目建设的招投标等多项工作程序上，健全了电子政务平台建设，实现了电子政务的公开化、透明化。上文提到的日本“电子商务促进会”（ECOM）就是由日本经济贸易工业部于1996年1月建立，用以在日本监督B2B和B2C业务的发展状况。1998年3月，日本电子商务促进会发布了一项“电子商务在私人业务中对个人数据相关保护的方针”，加强了对民众个人在相关领域的保护。日本还在2002年8月推出了《反垃圾信息法》，从法律法规的角度引入了硬性的处罚措施。另外，在电子商务发展进程中，实现电子签名及认证是一项必要的前提条件。日本出台的《电子签名与认证服务法》等系列法律不但构建了电子商务良性发展的平台，还充分保证了消费者的权益和企业的利益安全。

2. 利用系列经济措施促进电子商务发展

（1）开放金融业

相继出现的网上投资市场和在线银行促进了电子商务支付体系和网商的发展，金融业的开放为日本电子商务发展创造了巨大效益。2006年8月，日本四大网络银行——日本网银（Japan Net Bank）、索尼银行（Sony Bank）、eBank和七行（Seven Bank）与相关证券公司协作为投资者提供在线交易平台，从而实现良性运营。加上日本民众所使用的信用卡、便利店、电子钱包和银行转账等网络购物采用的支付方式，金融业的开放使日本电商发展获得了巨大效益。

（2）税收改革和规范

日本政府于1999年实施了《特定信息通信设备即时折旧制度》，降低企业在信息化方面的投入成本，并从实行税收优惠方面支持企业的信息化投资。2000年，日本再次修改了折旧制度，大大缩短了信息通信设备的法定折旧年限，也为日本企业带来了总数超过500亿日元的减税效果。

（3）行业电子商务率高

日本在二战后用“日本模式”创新重点技术并吸引人才，同时培养了一大批经济效益好、市场规模大的制造企业，这成为日本制定电商发展相关战略的基础条件。2009年，在日本B2B市场份额中，电机电子信息产品、纤维日用品化学、运输机械业在电商业中的比重为40%，而整个制造业则占52.9%的高比例。

3. 制定适合社会民众的发展战略

在日本，民众更倾向于使用本国电子商务。日本身处东亚却与西方国家保持了较为密切的关系。但是受到本国语言环境、社会文化和民俗习惯等诸多影响，日本对外贸易的电子商务比重较低，日本跨境电子商务利用率仅为17.8%（中国为48.1%，韩国为29.4%，美国为25.4%）。虽然美国亚马逊已经成功挤进日本市场，但是在B2C领域，乐天仍然拥有最大的市场份额。中日间仍然保持巨大的贸易额，阿里巴巴在日本B2B领域也占有一定的地位，这些都不足以改变日本消费者对海外网购兴趣不大的倾向。究其原因，日本各大企业之间使用国内电商并能为普通消费者提供较高的服务水平是当今的主流。

推出针对社会老龄化的相关服务举措。日本当前人口为1.28亿人，自2010年就进入老龄化社会，老年人比例不断升高，未来30年将达到40%。劳动力人口减少、社会老龄化已经成为日本社会发展的一种负担，老人购物难也成为一种较为严重的社会问题。为此，多家运营商如DoCoMo推出了D－shopping业务，使老人可以通过手机购买、用信用卡支付，从而享受到大米、卫生纸等大件物品的送货上门服务。

4. 用技术保障电子商务的不断发展

（1）良好的电子商务基础设施

日本先后出台《亚洲宽带网计划》和《全国宽带构想计划》，这些计划的相继实施为日本电子商务发展提供了网络基础条件。在不断调整非重要性宽带技术的过程中，日本使用于个人电脑的电子商务也逐渐发展起来。

（2）宽带和互联网得到普及

高速低价已经成为日本宽带服务的特性，并使得2011年日本互联网网民数量超过1亿人，互联网普及率达到了79.1%，宽带普及率达到了70.7%，高于美国的78.3%和67.8%。这两项指标大大高于同时期中国的38.3%和34.6%。

（3）移动电子商务发展迅猛

早在2007年日本移动用户已经过亿，占日本总人口的80%以上。而3G等无线技术的不断发展又为移动商务的兴起奠定了坚实的基础。2012年，日本相继开始了由3G向4G的转换，日本手机持有者中约有60%的人使用移动电话上网。2012年末日本移动电子商务产值达到244亿美元，正以每年超过20%的速度迅猛增长，日本移动电子商务与其他国家相比起步早、效益好，发展程度位居世界前列。

（4）灵活的配送体系促成物流业发达

信息化、专业化、自动化是日本物流行业的最大特点。日本国土面积小是其物流业发达的客观基础，日本电商企业配送服务一般情况下都可实现当日、次日送达，并且时间上精确到小时。另外，利用便利店实现就近配送、邮寄包裹都已经成为在线零售商乐于使用的有效手段。在遍布大街小巷的便利店中还配备了能够满足消费需求、可以提供24小时服务的网络终端，这也成为日本物流业的又一大特色。

（三）日本电子商务发展中存在的问题

1. 经济发展缓慢是限制电子商务发展的重要因素

日本经济自20世纪90年代以来一直处于“失落的二十年”阶段中，发展缓慢。原本是传统优势行业的电子、汽车业也逐渐被韩国赶超，数次的金融危机及日本“3·11”大地震与核泄漏事故都使低迷的日本经济发展雪上加霜。即使2012年不断出台经济政策，实行超宽松货币政策并不断扩大公共财政投入，所取得的效果并不令人满意。日本迫于压力加入《跨太平洋伙伴关系协定》（TPP），使日本再次面临很多宏观意义上的结构性改革，这又与日本长期存在的通货紧缩形成了不可调和的矛盾。随着产业空心化的不断加剧，日本年金和医疗福利方面的问题频出，对民生产生了一定的冲击，这些都在很大程度上限制了日本电商的发展。

2. 电子商务战略高度有待提高

二战后日本经济能够高速增长的原因在于能够快速引进重点技术并获得盟友美国的大力支持，使日本在很多传统行业领域能够赶超欧美。只重视技术而在战略上模仿美国这一特点使日本企业在电子商务领域的创新能力不断弱化。亚洲金融危机后，日本没有马上将电子商务业作为经济发展的支柱产业，这样就造成了只是跟随美国的步伐，反而被中国超越的局面。

二　日本电子商务发展对我们的启示

通过对日本电子商务发展的经济社会背景和战略进行分析与研判，可以为哈尔滨电子商务发展提供一些借鉴，从而促进哈尔滨社会经济稳定健康发展。

（一）哈尔滨电子商务发展的情况

2014年中国电子商务市场规模已扩大至约

2400亿美元，网购人群已经超过3亿人，市场规模超越日本跃居全世界第二位，近两年来中国电子商务市场仍以约65%的速度迅猛增长。阿里巴巴集团运营“天猫”在中国独创的“双十一”购物节也引发了全民的购物狂潮；迅速壮大的“京东商城”以家电销售为中心、“唯品会”销售服装鞋帽和化妆品、“1号店”在销售饮料食品方面具有优势，众多优秀电商企业正在不断崛起。

哈尔滨市为促进自身（跨境）电子商务的发展，相继出台了《哈尔滨市电子商务“十二五”规划》《哈尔滨市电子商务发展行动计划》《哈尔滨市创建国家电子商务示范城市工作方案》《哈尔滨市对俄经贸合作战略实施方案》等支持电子商务发展的方针政策。2015年，哈尔滨市电子商务交易额达到1000亿元，其相关经营主体2万家，解决了10万个新增就业岗位。重点实施电子商务“1141”工程，即设立一个电子商务特区，打造一个电商巨头东北运营中心，在农业、医药、旅游、特色服务等四个领域实现电子商务产业新突破，建设一个对俄贸易电子商务运营中心。在对俄跨境电商发展中，实现了对俄跨境电子商务结算平台、交易平台、物流平台和公共服务平台的建设。2014年，哈尔滨市已经成为全国对俄出口电商包裹数量最多和对俄跨境电子商务零售出口额最高的城市。同时，哈尔滨还应解决政策扶持力度较小、电子商务产业集聚区建设相对滞后、电子商务产业发展人才缺乏等问题。

（二）日本电子商务发展给我们的几点启示

1. 结合自身具体情况，制定适宜电子商务发展的政策

日本结合自身电子商务发展的情况，并以欧美为参照，提出了适合本国国情的建议。而哈尔滨市目前正在积极推进国家级电子商务示范城市建设，电子商务产业发展可以成为区域内产业创新的旗帜，对推动区域经济大发展具有战略意义。我们应以“电商兴市”的战略高度加大政策扶持力度，应该把促进电子商务产业发展提高到对哈尔滨城市区域经济转型具有重大作用的认识高度上来。具体到实际操作措施，应不断优化电商发展环境，完善扶持政策，做好长久规划并在实践操作中有效地加以落实。建议建立电子商务产业发展基金，并且每年应有一定的增长幅度。加强哈尔滨银行电子商务结算平台、入驻哈尔滨和本地创业电商企业交易平台、综合保税区等各大物流园区物流平台的综合服务平台建设。做强网商协会，并加大对其扶持力度，从而对整个电商行业发展质量进行监管，用企业生产标准体系和诚信体系打造良好的品牌形象，引导行业规范向前发展。还应发挥电子商务领导小组的统筹作用，在相关职能部门与企业、消费者间进行持续健康的良性互动，以期探索出更为符合市场经济发展规律的管理、服务模式，从而能够应对、解决各种矛盾与问题。

2. 大力拓展发展空间，加快电子商务产业集聚区建设

日本虽然没有提出“电商产业聚集区”这一概念，但他们是在大集团大企业之间、在各商务CBD发展的实际中，按照“产业聚集”这一理念具体操作的。而对于哈尔滨而言，应把建设电商产业集聚区、创造集群发展作为城市电子商务发展的助推力。整合电商、物流、仓储以及金融、税会等于一体，形成一种集群化发展的大平台。发挥我们对俄经贸地缘优势和跨境电子商务备货模式运作优势，把哈尔滨打造成全国乃至东北亚区域内对俄跨境电子商务高地。注重海外与国内市场变化，对外整合海外仓储资源，使跨境电商出口成为哈尔滨外贸出口新的增长点；在国内密切关注阿里巴巴和京东等这些大型电商旗舰企业新的产业布局调整，引其入园发挥巨大辐射作用。构建电子商务创业创新

中心、金融支持中心、孵化中心，让服务体系完善成为我们产业聚集园区最醒目的宣传名片。

3. 做好电商人才引培工作、为产业发展提供智力保障

日本在电商人才培养过程中，曾经打破固有的传统模式，无论是从欧美还是中韩等国都引进了大量中高端人才，在本国高校内特别注重对青少年的专业培养。我们应该把做好人才特别是中高端人才的引进和培养工作作为发展电商行业的核心。让这些熟悉电商发展前沿、精通国际国内商务贸易、具有丰富运管经验的团队和人才在电商行业大发展中起到引领作用。在对人才培养上，也要适应电商这一新兴产业的发展趋势，注重发挥高等学府和社会培训机构的作用，特别提倡加强与哈工大、哈工程、黑大、商大这样的教育机构进行战略合作，在哈尔滨学院、职业技术学院等本地教育机构中全面培养、培训专业电商人才，开创一种全新的高级电商职业经理人制度，为哈尔滨电子商务产业发展提供切实的人才保障。

4. 结合产业优势，加快推进在传统领域的应用

日本很大一个特征就是依托本国发达的制造业基础推进电商的发展进程。而我们也应在新形势下，把握"互联网＋对俄经贸""互联网＋农业""互联网＋旅游"等大的发展趋势，依托实体经济发展，把发展电子商务与哈尔滨在绿色食品、药品、冰雪旅游等产业优势相结合，使电商企业专注于某一领域某种风格的专业产品开展网络营销，保持住鲜明的产业特征，确保在同行业内的品牌号召力与核心竞争力。另外，哈尔滨现在仍具有"大工业、大农业"的城市特征，这就要求我们加大推进"电商进农村"的工作力度，不断加快村级电子商务服务网点的建设，为广大农民提供"网络代购"和"农产品销售"的专业服务，在实现"网货下乡"和"网货进城"的双向流通中，增加农民收入，缩小城乡差距。

【作者简介】

郄春光，哈尔滨市社会科学院东北亚研究所副研究员。

“一带一路”与东北亚区域互联互通展望

任晓菲

“一带一路”倡议提出至今，不仅使中国与沿线近70个国家和地区的双边乃至多边的多元化合作取得突出进展，也使位于带线东向前沿的东北亚区域合作再次迎来新的发展契机。在“政策沟通、设施联通、贸易畅通、资金融通、民心相通”的“五通”理念下，东北亚互联通从硬件的联通到软件的构建，从贸易规模的扩大到产业项目的落地，从货币结算的日益多元化到人文交流的不断扩大，正在从单一或双边的有限交流，走向具有区域一体化和区域归属感意识的区域共同体交流，未来互联互通的前景也日益明朗，东北亚区域各国尤其是中国东北经济区的沿边省份也再次感受到区域合作带来的重大发展契机。

一 “一带一路”为东北亚区域互联互通带来重大机遇

1. “一带一路”倡议的提出与深化东北亚互联互通

随着2013年中国国家主席习近平分别在哈萨克斯坦和印度尼西亚提出“丝绸之路经济带”和“21世纪海上丝绸之路”倡议，这个依托中国与沿线60余个国家既有的双边和多边机制形成的国际区域合作平台，克服诸多猜忌和重重阻力，通过阐述“政策沟通、设施联通、贸易畅通、资金融通、民心相通”的“五通”理念，出台由国家发改委、外交部、商务部联合发布的《推动共建丝绸之路经济带和21世纪海上丝绸之路的愿景与行动》，发起成立或独自建立丝路基金、亚洲基础设施投资银行（以下简称“亚投行”）、金砖国家新开发银行（以下简称“金砖国家银行”）等政府间、私募性、区域性金融机构，扩大与沿线国家的经贸合作和战略对接、人文交流和文明互鉴，使中国的倡议得到多数区域内国家的积极响应，得到域外国家的高度评价，“一带一路”倡议也因此成为引导中国经济创新、协调、绿色、开放和共享发展，激活可持续发展的内生动力，创造转变经济增长模式的外生动力的有力支撑。由于“一带一路”的陆海结合特色和东向面向东北亚合作指向，其为中国深化与东北亚区域各国合作提供了诸多遐想，尤其是将东北经济区确定为对俄及东北亚合作的前沿、高地和枢纽站的定位，大量基础设施和交通项目的推进，使“一带一路”促进东北亚区域互联互通成为今后中长期的必然。

2. “一带一路”合作成果深化东北亚互联互通合作

近三年来，随着国家持续加强对“一带一路”倡议的政策支持和机制构建，“一带一路”倡议在双边和多边层面合作的不断推进，相应的合作成效也日渐显现，潜力不断得到释放。截至2015年末，中国与“一带一路”沿线相关国家贸易额已经占全国进出口总额的1/4，全年对沿线49个国家进行了直接投资，投资额度同比增长18.2%，在沿线国家建设了50多个境外经贸合作区，承包工程项目突破3000个，全年承接“一带一路”相关国家服务外包合同金额178.3亿美元，实际金额达121.5亿美元，同比分别增长42.6%和23.4%。上述“一带一路”合作成果的相当一部分集中在贸易便利、跨境通道、道路桥梁、民心工程等领域，使“一带一路”合作成果深化东北亚区域互联互通也取得巨大进展，尤其是中蒙、中俄之间在同江跨境大桥、边境公路、铁路等基础设施项目建设上的进展，直接助推了以东北亚区域“五通”理念为标志的互联互通合作走向深入。

3. 深化“一带一路”倡议与东北亚互联互通格局新定位

“一带一路”倡议针对沿边九省区的沿边开放和东南沿海深化海上丝绸之路合作，提出了发挥板块联动作用，强化长三角、珠三角和环渤海等经济区开放程度高、经济实力强、辐射带动作用大等优势的区域战略定位。尤其是针对经济低迷的东北地区，在2015年3月28日发布的《推动共建丝绸之路经济带和21世纪海上丝绸之路的愿景与行动》中，东北三省被定位为中国向北开放的重要窗口。“完善黑龙江对俄铁路通道和区域铁路网，以及黑龙江、吉林、辽宁与俄远东地区陆海联运合作，推进构建北京—莫斯科欧亚高速运输走廊”及“扩大日韩等东北亚国家合作”的描述将东北三省依托比较优势，加快推动供给侧结构性改革，实施国际产能合作，实现以优势换资源，以合作换资本，以开放换市场，形成“一带一路”视阈下辽宁沿海经济带、沈阳经济区、长吉图开发开放先导区、黑龙江和内蒙古沿边开放带、中蒙俄经济走廊、“龙江丝路带”等国家战略和区域战略叠加效应的重点区域，加快融入俄罗斯的“欧亚经济联盟”与“一带一路”对接、蒙古国的“草原之路”、韩国的“欧亚倡议”等东北亚互联互通建设格局，不仅使该地区显著提升开放水平，扭转经济颓势，倒逼经济转型发展成为可能，也使“一带一路”牵动下的东北亚互联互通定位形成被“一带一路”放大的新格局。

二 “一带一路”凸显东北亚互联互通巨大优势

1. 拉动新旧欧亚大陆桥互联互通多元建设

所谓的大陆桥是指，由横贯大陆的铁路把两侧的海上运输线联结起来的便捷运输通道，其主要功能是便于开展海陆联运，缩短运输里程，节约运输成本。新与旧的区别在于运行的早晚，现在的欧亚大陆桥已运行五条线路。第一欧亚大陆桥，也称西伯利亚大陆桥，以俄罗斯东部地区的符拉迪沃斯托克（海参崴）为起点横穿西伯利亚大铁路然后通向莫斯科及欧洲各国，整个大陆桥共经过俄罗斯、哈萨克斯坦、波兰等六个国家，全长13000公里。第二欧亚大陆桥指由中国的连云港经由陇海铁路、兰新铁路与哈萨克斯坦铁路接轨后进入俄罗斯等国，最后进入荷兰鹿特丹的欧亚大陆桥，全长10800公里，又被称为新欧亚大陆桥，是欧亚大陆桥东西最为便捷的通道。第三欧亚大陆桥，则从重庆始发，经由阿拉山口进入哈萨克斯坦和俄罗斯等国，至德国的杜伊斯堡，全程11179公里。第四欧亚大陆桥则处于规划之中，该铁路以深圳为起始点，终点为荷兰的鹿特丹，拟由中国、尼泊尔和欧盟合作修建。第五欧亚大陆桥也处在规划待批状态，指从第四欧亚大陆桥的满洲里分出支线，可以连接兴安盟、通辽市、赤峰和北京，还可通过复线建设长白铁路接轨长图铁路与朝鲜铁路线连接。从“一带一路”的长远规划和近期成效看，其拉动上述欧亚大陆桥运行的效果显著，哈满俄欧定期班列和哈绥俄亚定期班列的开通就是“一带一路”和“龙江丝路带”等战略牵动的结果。

2. 促进“一带一路”与“欧亚经济联盟”战略对接

2015年5月8日，中国国家主席习近平在访俄参加俄罗斯卫国战争胜利70周年庆典期间，与俄罗斯总统普京商定，将中方丝绸之路经济带建设同俄方欧亚经济联盟建设对接。挖掘合作潜力和优势，扩大两国能源、农业、高铁、航空、航天、金融投资、基础设施建设、远东开发等方面合作，扩大两国教育、文化、卫生、旅游等人文领域合作，继续办好青年友好交流年、媒体交流年活动，积极加强两军交流。会谈后双方元首签署了《关于丝绸之路经济带建设与欧亚经济联盟建设对接合作的联合声明》，“一带一路”对接“欧亚经济联盟”不仅深化了两国在上述区域的政治稳定和经济发展，也使中俄关系进入新起点，由于该区域覆盖范围巨大，加上中俄两国各自战略与东北亚其他国家密不可分，实际上等于促进了“一带一路”、欧亚经济联盟与东北亚区域在交通运输、工业制造和基础设施等方面的互动对接，将直接提升东北亚区域的互联互通水平。

3. 撬动韩国“欧亚倡议”与“一带一路”有效对接

早在2013年10月18日，朴槿惠在首尔举行的“欧亚时代的国际合作大会”上就已提出了“欧亚倡议”，2014年7月4日，朴槿惠在出席“韩中经济通商合作论坛”时发表演说，提出了考虑将韩国的“欧亚倡议”和中国的“新丝绸之路经济带”构想结合起来的思路。在朴槿惠看来，中国将是韩国衔接俄罗斯远东、亚洲北部、中亚、中东以及欧洲的桥梁，两国战略对接将使韩中两国的竞争力得到提高。事实也证明，“欧亚倡议”是朴槿惠上任不久，针对扩大韩国的对外贸易，带动朝鲜渐次开放，消除半岛紧张局势而提出的经济外交构想，其战略指向是通过欧亚地区国家之间的经济合作提升韩国经贸的整体竞争力和规模。2015年10月31日，中国国务院总理李克强在访问韩国出席中日韩领导人会议时，再次确认了中韩两大战略对接的重要意义。[①]

从深化东北亚互联互通的角度，由于韩国的“欧亚倡议”涵盖的重点地区包括中国的东北三省、朝鲜和俄罗斯，与中国“一带一路”东向重点区域高度重合，将会出现横贯欧亚大陆的三条主干线，完整覆盖整个欧亚大陆，将极大地促进东北亚互联互通辐射整个欧亚经济圈。从中韩双边互联互通看，从韩国到中国再到欧洲的互联互通、从韩国到中国山东威海的中韩海底隧道等，将密切双方人员和贸易往来，加强中韩两国面向第三国的各种合作。从信息高速公路角度，对接还将加强中韩两国在IT、通信领域的合作，实现中韩两国信息及网络（ICT）的互联互通。最重要的是，对接建设涉及基础设施、互联互通、工业产能、产业园区、生态环保、海洋经济、电子商务等多领域的项目，可以最大限度实现中韩的优势互补、利益共享。

三　东北亚区域互联互通，双边和多边建设进展加快

1. 东北亚区域陆海空口岸互联互通区位独特

地理范畴的东北亚区域濒临太平洋，陆路与俄罗斯、蒙古国相通，可连接中东欧，还可东向连接北美洲。与广义范围的中俄日韩朝蒙构成的东北亚区域相比，狭义角度的东北亚地区则包括俄罗斯远东及西伯利亚、中国的东北地区、日本、朝鲜半岛、蒙古国，人口约3亿人，面积1728.2万平方公里，其中陆地面积800多万平方公里，占世界陆域面积的12.7%。

从大的范围来看，东北亚地区的陆海空口岸众多，尤其是日韩、中国东北和东部、俄罗斯远东地区的跨境和濒海港口群是世界屈指可数的口岸和港口相对集中的地区。以此为中心，

① 《朴槿惠：韩欧亚倡议应与中国新丝绸之路构想结合》，环球网，2014年7月4日。

形成了东北亚东北部港口群、东部港口群和南部港口群。其中东北部港口和口岸群在集装箱吞吐等方面形成具有世界竞争力的竞争圈，十余个港口的集装箱吞吐量位列世界前50。其中，中国大连、天津、青岛、上海等五个港口的集装箱吞吐量就占中国港口总吞吐量的90%以上，釜山一港约占韩国总吞吐量的78%，日本东京、横滨、名古屋、大阪、神户五港约占日本总吞吐量的80%。虽然俄罗斯远东地区以符拉迪沃斯托克（海参崴）为中心的港口群和朝鲜东海岸的清津、罗津和元山等港口群也是东北亚地区的重要组成部分，但集装箱吞吐量辐射能力有限，需要与区域内中心城市开通更多的空运航线扩大影响力。从互联互通的角度看，中日韩已成为利用西伯利亚大陆桥的主要国家，形成了全球最大规模的陆路集装箱运输新通道。中国的大连、哈尔滨、长春、沈阳与日本的新潟、大阪、东京、札幌、韩国的首尔、釜山之间的空运网络不断扩大，哈尔滨等机场旅客吞吐量已突破千万人大关。未来连接和经由朝鲜半岛的多条走廊一旦开通，将使以东北亚地区的港口和口岸为节点的互联互通进入“你中有我、我中有你”的新格局。

在东北亚区域的口岸构成中，随着中国深化沿边开发开放及“一带一路”建设的推进，东北地区尤其是长吉图开发战略和龙江丝路带战略牵动的吉林省和黑龙江省沿边开放形成的口岸群和“借港出海”的潜力凸显，该地区对俄口岸占中国对俄口岸数量的70%以上，对朝和对蒙口岸的大部分也集中在该区域。长吉图地区的珲春口岸距离日本海仅为15公里，绥芬河口岸距离俄远东大城市符拉迪沃斯托克（海参崴）和哈巴罗夫斯克分别只有几小时车程。哈长城市群战略的正式获批使哈尔滨、长春等城市的机场扩容及临空经济发展潜力凸显，加上周边布局了跨境合作区、对俄对蒙等产业园区等，东北地区将以中国深度对接东北亚区域合作的“枢纽站”定位，发挥独特的区位优势，合作潜力日渐凸显。

2. 东北亚区域跨境互联互通取得显著进展

东北亚区域合作历经30余年的发展，已经形成了十余条连接各国边境地带的跨境物流通道和贸易大通道，在互联互通上实现了初级的网络化格局，如中日韩利用俄西伯利亚大通道发往俄罗斯西部腹地和欧洲的第一大陆桥通道、中国绥芬河经由俄远东运往亚太和上海等东南沿海的陆海联运大通道、“一带一路”布局下的中蒙俄经济走廊及“黑龙江通道”、沈阳、哈尔滨、长春等区域内龙头城市和中心城市的临空经济布局等，东北亚地区跨境通道日益向跨境化、网络化和多元化发展。这一点从中国东北地区面向东北亚形成的四大国际化通道可见端倪。以满洲里为枢纽和节点的“中蒙国际贸易通道”，以珲春、绥芬河、东宁和黑河为节点的“中俄交通走廊”，以图们、珲春为中心的“中朝交通走廊”，以珲春、扎鲁比诺、新潟、束草为点线的“环日本海航线”。这些航线的定期或不定期开通，不仅加快了中国东北地区从物理空间角度对接东北亚区域合作，形成陆海结合的腹地物流综合系统，也直接拉动了东北地区的深度开放。面向未来，随着跨境旅游的增加、高铁铺设里程的延伸、航空枢纽布局的不断形成，作为东北亚区域互联互通发展重要标志的航空枢纽的作用将日益凸显。

作为东北亚地区跨境互联互通取得进展的显著标志，2014年5月上海亚信峰会期间，吉林省与俄罗斯最大的港口运营商苏玛集团签订的合作建设扎鲁比诺万能海港的框架协议将使东北亚跨境互联互通迈上一个新台阶。扎鲁比诺港是俄远东地区的天然不冻港，有铁路、公路与俄腹地和吉林省珲春市连接，现在主要转运来自吉林省、黑龙江省的粮食、煤炭、木材和杂货。现在，珲春—扎鲁比诺—釜山铁海联运定期航线已正式开通，成为推动图们江流域多国合作和融入“一带一路”的重要组成部分。按照该计划，双方拟在现有4个码头的基础上，规划新建12~15个码头，将扎鲁比诺港口年吞吐能力提高到6000万吨，形成以集装箱运输为主的重要国际货运港口，预计项目总投资约30亿美元。该项目的落成，不仅能解决长期困扰吉林和黑龙江的出海口问题，形成东北地区的第二条出江入海通道，还能有力地推动以东北亚地区交通基础设施建设为中心的互联互通，形成密切区域贸易联系的北方海上丝绸之路。

3. 东北亚区域陆海互联互通综合地位得到提升

从历史上看，东北亚地区就是陆海运输和贸易往来的重要地区，也形成多条陆海交通道路。从宁波连接韩国和日本的明州道，到扬州和连云港连接韩国的海州道，从烟台连接朝鲜和日本的登州道，到大连和丹东连接朝鲜半岛西海岸及日本的通道，再到图们江连接俄罗斯滨海地区和朝鲜及日本的图们江通道，以沿线的港口为节点、以通道为基轴，形成了古代东北亚地区的陆海交通网——“东北亚海上丝绸之路”，以道路连通为基础的贸易畅通、政策沟通、人心畅通也催生了历史上东北亚多元合作的繁荣时期。上述陆海通道的形成、发展和繁荣，对促进东北亚地区往来和密切贸易合作等起到了重要的作用，也是今天东北亚地区增进相互理解和深化合作的宝贵财富。可以说，东北亚地区的陆海综合优势历史悠久、底蕴深厚。

从现实角度看，东北亚地区互联互通的综合优势得到区域内经贸合作及人文交流的有力支撑。从区域内国家GDP、贸易、投资看，东北亚各国GDP总值已占全球的20%、亚洲的70%，对外贸易占全球的20%，相互间贸易依存度接近20%。从双边和多边通商谈判看，在亚太经合组织致力于全球贸易和投资自由化、便利化趋势中和区域合作伙伴关系推进背景下，该区域的全面战略协作伙伴关系、战略合作伙伴关系、建设性伙伴关系、睦邻友好伙伴关系、战略互惠关系等双边关系不断升级。中韩FTA已经于2015年6月1日正式签署，中日韩FTA也刚刚结束第十轮谈判。从跨境旅游看，中国已成为俄日韩蒙等国的第一大客源市场，韩日俄蒙也分别成为中国第一、第二、第三和第八大客源市场。中日韩相互访问已超过1500万人次，中国公民赴俄日韩蒙的游客也已接近1500万人次。从金融合作看，随着中国倡议成立亚投行，俄罗斯、蒙古国和韩国都成为意向创始成员国。中俄本币结算规模不断扩大，俄央行还将发行人民币债券，绥芬河市成为中国首个同时流通人民币和卢布的城市。从跨境通道等规划看，中蒙之间的乔巴山—锦州、达蒙扎德格德—包头、乔巴山—珲春国际铁路建设计划，中俄之间的珲卡铁路恢复开通，扎鲁比诺与珲春之间发展海陆航线，抚远市扩大江海联运换装港，绥芬河打造陆海联运枢纽站等，使东北亚作为连接陆上丝绸之路与海上丝绸之路的纽带作用进一步增强，互联互通综合地位得到提升。

四　东北亚口岸基础设施建设等互联互通发展前景

1. 东北亚地区互联互通潜在优势逐渐释放

东北亚地区的中、蒙、俄、朝、韩接壤国家陆路运输网络发达，口岸体系也很健全，俄罗斯东南部扎鲁比诺港是俄罗斯对外开放的三级港口，有铁路、公路连接远东和中国珲春，波谢特港为煤港，设有专用运煤铁路。位于朝鲜罗先自由经济贸易区中心位置的罗津港和罗津港南部的清津港均为不冻港。

东北亚跨境陆海联运大通道始于俄罗斯境内欧亚腹地，经蒙古国首都乌兰巴托延伸到乔巴山，到达中国内蒙古的阿尔山，继而进入中国吉林省直至东北亚出海口，最终到达俄罗斯境滨海边疆区东南部港口和朝鲜东北部港口，成为沟通大西洋和太平洋的陆路通道。该通道若建成将成为连接欧亚大陆的新大陆桥，其中俄罗斯从欧亚腹地赤塔至东部港口符拉迪沃斯托克（海参崴）的运距将是其国内铁路运距的43%，少绕行1700公里；蒙古东部地区将拥有

第二条入海通道；朝鲜将增加与中国东北和俄罗斯远东地区的运输网络；中国东北经俄罗斯、朝鲜相关港口到韩国东海岸港口和日本西部港口要比取道中国大连港运距更近；日本、韩国经该大通道运往俄罗斯西部地区的运距将比绕行大西洋航线或借道其他欧亚大陆桥要短。

2. 资源互补现状与口岸需求新趋势

东北亚地区既有经济发达国家，也有新兴的工业化国家，还有发展中国家，各国发展水平、经济结构梯次明显，资源条件也各具特点，互补性强，合作空间大。中国的优势在于劳动密集型制造业，市场潜力巨大；日本的优势在于技术密集型产业集中；韩国的优势在于汽车、造船等传统产业发展快；俄罗斯、蒙古国资源丰富。从具体产品看，俄罗斯的化肥、机械、木材、军工品、矿产品等有一定的优势；中国的剩余劳动力、蔬菜、轻纺、日用工业品、食品、医药等具有优势；朝鲜的海产品具有优势；日本的电子、水产品、家电、汽车、化工、实用技术和管理技术比较先进；韩国的水产品、轻纺、电子具有优势；蒙古国的畜产品、矿产品优势明显。

东北亚跨境陆海联运大通道若建成，东北亚区域内各口岸的运量将大幅上升，据《东北亚区域经济一体化战略研究》一书预测，大通道建设完成后近期运量可达100万～300万吨/年，随着中蒙国际运输通道的建成，该通道中远期运量可达1000万～3000万吨/年。

3. 产业转移现状与口岸经济新模式

东北亚地区各国经济水平层次性强，日本经济高度发达，产业多属于资本密集型、技术密集型，已完成产业的新技术化，在经历了金融危机、东日本大地震后，有一部分产业亟待转移，而又需要一部分高技术产业，补充产业空洞；韩国处于中间层次，主要有以掌握熟练技术员工为主导的劳动密集型产业和传统的资本密集型产业，正步入技术密集型产业发展的新阶段。中国、俄罗斯、朝鲜属于低层次的，以传统劳动密集型轻工和高能耗的传统资本密集型重工业为主；蒙古国则处于以农矿业、畜牧业为主的最低层次。随着经济的发展，日本、韩国的资本密集型、技术密集型产品及产业必将向周边国家转移。

以日本为例，日本对中国的产业转移由20世纪90年代的以制造业为主，到2000年后以电子、汽车、电器、机械、化学等资金技术密集型产业为主。2011年发生东日本大地震，日本加快向中国的产业转移，这一年日本对华直接投资为63.48亿美元，较上年增长49.7%，日本对华投资仅次于中国香港、中国台湾列居第三位。2012年日本继续加大了对华投资，达到73.8亿美元，日本已跃居第二位，仅次于中国香港。日本对华直接投资一直是以中国东部沿海地区为中心。虽然日本企业对中国中西部地区和东北地区的投资有所增加，但以东部沿海地区为中心的投资格局并未发生根本性的变化。再以韩国对华投资区域变化来看，1992年建交初期主要集中在山东和东北三省，占16.3%（2012年统计），对华东及东南沿海投资由8.2%增至25.1%（2012年统计），对中西部投资整体比例不高。现在以韩国三星为首的韩国十大财团等大中企业回归东北地区趋势明显，但韩国中小企业开始向中西部转移趋势明显。

近年随着全球经济重心由大西洋向太平洋转移，亚洲的经济增长速度一直领跑全球。2015年亚洲地区经济增长对全球的贡献率达到44%，即使在全球经济危机期间，亚洲经济也是一枝独秀，创造了全球最大的贸易份额、最多的投资领域，提供了最多的就业机会。在亚洲经济整体板块表现不俗的背景下，东北亚区域的经济增长也取得了长足的进步，中日韩经济规模已占全球的20%、亚洲的70%、东北亚的90%。经济发展为亚洲各国基础设施改造提供了巨大的可能，区域一体化进程加快为各国间的互联互通奠定了基础。尤其是2013年中国提出“一带一路”倡议和随后出台的多个区域性互联互通规划后，亚太尤其是东北亚互联互通理念深入人心。2014 年 11 月 8 日“加强互联互通伙伴关系对话会”后发布的《联合新闻公报》，高度认可亚洲国家实行互联互通的必要性与现实意义，再次确认了解决互联互通过程中存在的问题和困难的意义。在整个亚太地区互联互通进程中，东北亚地区的互联互通克服了朝鲜半岛形势反复发作、相关国家存在历史遗留问题和现实恩怨、域外国家插手域内事务概率增大、地缘安全等风险上升等不利因素，在互联互通建设上起到了示范作用。中国提出的“一带一路”、中蒙俄经济走廊、韩国的“欧亚倡议”、蒙古国的“草原之路”等，各国战略规划下的各种基础设施建设、物流和产业项目、旨在促进贸易和投资便利化的举措，使东北亚区域互联互通的合作基础日益稳固，发展潜力不断释放，未来前景更加光明。尤其是中国东北地区在互联互通建设上发挥了中国对俄及东北亚合作枢纽站的作用，在通道建设、贸易便利、政策沟通、货币流通、民心相通上走在了前头，为东北亚地区整体的互联互通做出了贡献。展望未来，随着互联互通理念的深入人心，“五通”带给周边国家的实质利好，“一带一路”与周边国家各种战略和倡议的不断对接，东北亚区域面临的外部环境的改善，东北亚区域各国的资源禀赋、经济规模、科技研发、教育水平、交通格局的互补优势迸发，区域内的互联互通建设等，不仅将造福于区域内的民生和福祉，也一定会为亚太地区的合作与发展、和平与稳定做出更大的贡献。①

【作者简介】

任晓菲，黑龙江省社会科学院东北亚研究所科研秘书、助理研究员。

① 金英姬：《东北亚国家的互联互通》，《中国远洋航务》2015 年第 3 期。

“一带一路”倡议下打造中蒙俄经济走廊推动黑龙江省对俄、蒙经贸发展

李　宁

打造中蒙俄经济走廊，就是将中国提出的“一带一路”倡议从原来主要依靠亚欧大陆桥发展中国与中亚的合作向东北拓展到中国与俄、蒙的合作。中蒙俄三方经济合作面临转型升级问题，中蒙俄三方彼此间特别是中俄、中蒙之间在贸易结构、贸易秩序方面仍存在短期内还难以解决的问题。黑龙江省作为对俄贸易大省，在中蒙俄经贸合作中占有重要地位。中蒙俄经济走廊建设对推进黑龙江省与俄、蒙贸易发展方式的转变具有重要意义。

一　打造中蒙俄经济走廊的意义与现实基础

“一带一路”倡议的首要目标就是对中蒙俄经济走廊的再建设。在地理位置上，俄罗斯和蒙古国是中国重要的两个邻国，这其中，蒙古国也是中蒙俄经济走廊的核心地带，所以中蒙俄经济贸易合作的关键内涵就是加强区域政治及经济合作，在维护东北亚地区经济安全的同时将“一带一路”的倡议目标由虚变实。

1. 打造中蒙俄经济走廊符合三国共同利益

中蒙俄经济走廊建设之所以能获得俄、蒙两方积极响应，是因为符合俄、蒙两国经济战略发展方向。以2012年举办APEC为标志，俄罗斯开始把国家经济发展战略转向亚太地区，乌克兰危机招致的美国等西方国家对俄罗斯的经济制裁，更加坚定俄罗斯实行“向东看”的远东开发战略的决心。中国是蒙古国最大的贸易伙伴，2013年双边贸易额占蒙古国外贸总额的51%。俄罗斯则一直在蒙古国许多关键性行业占据霸主地位。中蒙俄经济走廊能把三方利益诉求有机结合在一起，加强铁路、公路等互联互通建设，推进通关和运输便利化，促进过境运输合作，打破三国扩大资源等经贸合作的运输瓶颈，将原本处于中蒙俄三国经济边缘地带的边境地区的发展劣势转化为跨境毗邻经济区的发展优势，为三国自身发展带来极大机遇。中蒙俄三国均以经济发展为主要任务，三方国内经济发展战略在国家顶层设计上存在契合点。俄罗斯《远东和贝加尔地区社会经济发展国家计划》与中国东北振兴规划对接，促进区域合作发展。蒙古国“新铁路计划”“草原之路计划”的实施，将俄罗斯与中国过境运输通道连接到一起。中国政府2009年将长吉图开发开放先导区规划上升为国家战略，2012年出台《中国东北地区面向东北亚区域开放规划纲要(2012—2020)》，2013年国务院正式批复《黑龙江和内蒙古东北部地区沿边开发开放规划》，2014年8月国务院印发《关于近期支持东北振兴若干重大政策举措的意见》，无一不是为发挥东北地区地缘和人文优势，务实推进对东北地区面向东北亚区域开放等方面做出的规划部署，为三方合作提供了政策支撑和外部条件。

2. 打造中蒙俄经济走廊的现实基础

中蒙俄三国都曾经是社会主义计划经济转型国家，有相同的发展经历、同处于发展中阶段，在许多领域关系密切，经济互相依赖，政治层面的立场接近，这为三方经济走廊的建设提供了保障。中、蒙、俄三国边境地区稳定安全，可继续发挥三国"地利"优势，积极推动互联互通、多边贸易，合作开发矿产和能源资源，促进三国双边关系长期健康发展。中国分别与俄罗斯、蒙古国建立了全面战略伙伴关系。经过20多年的探索与发展，中俄关系已有了广泛的政治、经济和社会基础，建立了多层级的密切交流机制，两国已开启战略性大项目合作的新阶段。2014年8月中蒙关系提升为全面战略伙伴关系。目前，双边关系均处于历史最好时期，成为推动合作发展的积极因素，也使三边合作有长期维持的可能。三国经济互补，各有优长，俄、蒙的能源资源和中国的技术、资金能够满足彼此的利益需求。中蒙俄三国均为WTO、APEC成员国，无论是双边还是各国国内都出台了许多有关开展区域合作的发展规划，具有良好的政策环境。中国分别是俄、蒙的最大贸易伙伴以及蒙古国的第一大投资合作伙伴，而俄罗斯是蒙古国仅次于中国的第二大贸易伙伴。中、蒙、俄三国都处于国内经济发展的重要阶段，三国发展互为机遇。

二 黑龙江省与俄、蒙经贸现状及中蒙俄经济走廊建设对黑龙江省的影响

1. 黑龙江省与俄罗斯、蒙古国经贸合作现状

（1）黑俄、黑蒙贸易额保持良好增长态势

黑龙江省对俄贸易额在苏联解体后20多年时间里实现了快速增长，自2007年首次突破100亿美元大关后持续攀高。2014年前三季度再创历史新高，达173.7亿美元，同比增长9.17%。黑、俄双边贸易额占黑龙江省对外贸易总额的62.5%。同期，黑龙江省与蒙古国贸易额达1.15亿美元，同比增长60.95%，其中，对蒙古国出口总额0.87亿美元，同比增长23.09%；自蒙古国进口总额0.28亿美元，涨幅高达3138.15%。黑龙江省与蒙古国双边贸易额占黑龙江省对外贸易总额的0.41%。在同期黑龙江省与其他主要贸易伙伴进出口额均呈降势的情况下，黑俄、黑蒙贸易逆势攀高，增长态势良好。俄罗斯仍保持黑龙江省第一大贸易伙伴的地位，黑、俄贸易继续支撑黑龙江省外贸规模。20多年来，黑龙江省对俄贸易额所占全省贸易额的比例始终保持在50%以上。黑蒙贸易尽管在全省对外贸易中比重较小，增长形势却比较乐观。

（2）黑龙江省与俄、蒙贸易互补性较强

2014年前三季度，黑龙江省对俄出口贸易出现大幅增长，出口商品中占较大比重的是服装、鞋类和农副产品，三项商品出口总额为35.62亿美元，占出口总额的57.18%。其中服装和鞋类同比增长53.33%和25.61%，农副产品则同比下降8.63%。黑龙江自俄进口总额为111.41亿美元，同比下降1.77%。进口商品占较大比重的是原油、原木和铁矿砂，三项商品进口总额为101.23亿美元，占进口总额的90.86%。其中原油和原木同比增长1.77%和12.11%，铁矿砂同比下降33.16%。2014年同期，黑龙江省对蒙古国出口的主要商品为机电产品、钢材和汽车，三项商品出口总额为0.84亿美元，占出口总额的97%；黑龙江省自蒙古国进口主要商品为铁矿砂和煤，两项商品几乎占进口总额的100%。可以看出，黑龙江省与俄罗斯、蒙古国双边贸易中劳动密集型产品和工业制成品出口居多，以能源资源性产品进口为主，双边贸易互补性较强。

2. 中蒙俄经济走廊建设对黑龙江省的影响

中俄蒙多边关系的良好发展对东北亚区域合作的发展具有重要战略意义。黑龙江省作为中国对俄贸易第一大省，对俄贸易额自2007年首次突破100亿美元大关后持续攀高。2014年前三季度再创历史新高，达173.7亿美元，同比增长9.17%。黑龙江省与俄罗斯双边贸易额

占黑龙江省对外贸易总额的62.5%。同期，黑龙江省与蒙古国贸易额达1.15亿美元，同比增长60.95%。在同期黑龙江省与其他主要贸易伙伴进出口额均呈降势的情况下，黑俄、黑蒙贸易逆势攀高，增长态势良好。黑龙江自俄进口商品占较大比重的是原油、原木和铁矿砂；自蒙古国进口主要商品为铁矿砂和煤。资源合作是中国与俄罗斯、蒙古国合作的重要领域，中蒙俄在经济上的互补性十分明显。中、蒙、俄三方经济合作面临转型升级问题，中、蒙、俄三方彼此间特别是中俄、中蒙之间在贸易结构、贸易秩序方面仍存在短期内还难以解决的问题。在对俄、蒙贸易结构中，主要以传统商品交易为主，并且进口资源等粗加工的原材料占较大比重，蒙古国所产铜精粉的95%出口至中国，对蒙投资的70%集中于矿业投资，且大部分矿产品未进行任何加工直接出口到中国。俄、蒙两国基础设施不发达，两国交接的口岸设施落后，公路与铁路运输能力低下、仓储规模与能力严重不足、因特网使用与信息管理滞后，制约了经济走廊建设的快速发展，也凸显了经贸合作必须转型升级的重要性。

三　中蒙俄经济走廊建设对推动黑龙江省与俄、蒙贸易发展方式转变的思考

黑龙江省对俄、蒙贸易发展方式的转变应从区域经济一体化、区域内经济发展的自然条件、社会经济条件和技术经济政策等方面综合考虑，通过交通、货物运输等互联互通，打通三国经济合作走廊建设，开辟三方统一市场，形成资金提供、能源矿产开发、销售等市场一体化。

1. 加强沟通，增加互信，在政策和法律上为加快中蒙俄经济走廊建设保驾护航

政治领域的互信是中蒙俄战略伙伴关系的重要目标，也是三国关系健康发展的基点和开展各领域深层合作的基本前提。中蒙俄三国要充分利用已有的如中蒙俄三国外交部司局级磋商定期会晤机制，加强沟通，并适当提升领导人会晤级别，继续在涉及彼此主权、安全和发展等核心利益和重大关切问题上相互给予坚定支持。可以就经济发展战略和对策进行充分交流，本着求同存异原则，协商制定推进区域合作的规划和措施，在此三边合作机制相对成熟的基础上，构建起东北亚区域一体化合作机制。

2. 加快通道建设，拓展物流合作，将黑龙江省打造成能源贸易枢纽

黑龙江省每年自俄、蒙两国进口大量的能源、矿产等战略资源，中蒙俄经济走廊建设为黑龙江省成为三国能源贸易枢纽提供了机遇。黑龙江省是全国对俄贸易最重要的省份，中蒙俄经济走廊建设无疑对黑龙江省提升对俄经贸合作具有重要的作用。打造中蒙俄经济走廊，构建跨欧亚大陆的经济区，实现互联互通，首要的是统筹三国交通物流网络建设，以构筑贯通国际运输大通道为重点，把加强交通基础设施建设与培育产业经济带结合起来。要统合规划，打破地方分割，树立互利共赢观念，协调行动，合作互助，对落后的设施改造，制定便利化交通规则。经济走廊的交通应该是立体的，包括铁路、公路、机场、输油管线等，但这需要相关国家进行统筹设计。中俄联合加快落实蒙古国铁路、公路、输油气管道等基础设施建设项目，打通中蒙俄国际大通道，从而真正实现东北亚区域经济的互联互通。

3. 利用区位优势，提升经贸合作水平，构建中蒙俄自贸区

从目前经济合作的现实和可能出发，利用区位优势，发挥经济走廊桥梁的积极作用，营造良好的贸易投资环境，推动边境贸易的发展。中蒙俄三国加强政治互信的同时，应不断改变中国与俄、蒙经贸合作的方式、方法，调整贸易结构，促进双方经贸关系的不断发展。扩大区域内投资合作，稳定国家之间的贸易人员往来。为避免国家直接投资而产生的误解与干扰，应鼓励区内企业直接参与投资，一方面促进中蒙俄经济走廊产业结构升级，推进产

业自由贸易，另一方面为深化东北亚区域经济合作奠定良好基础。可以在东北亚区域经济一体化进程中，从中蒙俄开始先行、先试。以中蒙俄次区域合作为将来的区域经济一体化先期积累一些经验，可首先建立中蒙俄自由贸易协定关系，逐步滚动式发展，最后实现区域一体化。

4. 加强交流，增进理解，推进人文领域合作新亮点

“国之交在于民相亲，民相亲在于心相通”，打造中蒙俄经济走廊，开展全方位、多领域的合作，必须得到相关国家人民支持，必须加强人民友好往来，增进相互了解和传统友谊，为开展区域合作奠定坚实的民意基础和社会基础。人文领域的交流与合作是中蒙俄战略协作伙伴关系建立的重要基础，对三国加强相互交流合作、增进理解、巩固发展战略协作伙伴关系具有重要意义。为促进中蒙俄交流合作营造良好的文化气氛，中蒙俄各方应为三国民众密切交流、友好交往提供更多支持，在中俄、中蒙互办友好交流年的基础上，建立三方交流合作机制，使友好交流活动常态化，交流合作项目更加务实。中蒙俄三国的主流媒体也应加强交流、消除误解，扩大正面积极的宣传报道，进而增强中蒙俄之间的友谊和睦邻友好关系。中蒙俄三国在人文领域的合作除了教育以外，最易推进的当数旅游合作。随着三国经济持续发展、国民收入的不断增长以及过境铁路等基础设施的不断完善，跨境旅游将会成为三国合作的新亮点。

【作者简介】

李宁，黑龙江省社会科学院东北亚所助理研究员。

从“东北振兴”到“东北全面振兴”的变迁背景及侧重点浅析（2003～2016年）

宋琳琳

从2003年的《关于实施东北地区等老工业基地振兴战略的若干意见》的公布到2016年的《关于全面振兴东北地区等老工业基地的若干意见》的下发，“东北振兴”工作的概念内涵和外延一直发生着积极变化。本文将结合五个东北老工业基地振兴工作的指导性文件（以下简称“东北振兴”系列《意见》），分析党和国家在不同时间段对“东北振兴”问题的动态思考和积极举措。本文还对党的十八大以来习近平总书记对东北三省振兴发展工作提出的具体意见要求进行了梳理和解读。

一 “东北振兴”系列《意见》出台时代背景的演进

随着改革开放的不断深入，以东北地区为代表的老工业基地的体制性、结构性矛盾日益显现，经济增长乏力，进一步发展面临诸多困难和问题。采取有力措施，支持东北地区等老工业基地加快调整和改造，支持以资源开采为主的城市和地区发展接续产业在2003年国务院《政府工作报告》中被明确提出。2003年10月，国家发改委下发实施《关于实施东北地区等老工业基地振兴战略的若干意见》，正式拉响了东北振兴工作的汽笛。

2009年，国际金融危机还在蔓延，仍未见底；受国际金融危机影响，国内经济增速有所减缓，已成为影响全局的主要矛盾；长期制约我国经济健康发展的体制性、结构性矛盾依然存在，有的还很突出。其中，“东北振兴”的工作也触碰到了许多深层次的体制性、结构性矛盾，为了加速推进东北振兴工作，国务院下发了《关于进一步实施东北地区等老工业基地振兴战略的若干意见》，提出一系列有针对性的意见，有力保障了东北振兴发展“黄金十年”的实现。

2013年以来，国内经济发展转入“新常态”，经济发展速度从高速增长转为中高速增长，经济结构亟待优化升级，发展动力转向创新驱动。东北三省的经济发展状况表现得更加明显，2011～2013年，GDP增速全部由超过20%的增长转为个位数字增长。有学者表示：“东北经济衰退的内因在于‘两个集中，三个衰退’，‘两个集中’是东北尚未解决的体制性机制性矛盾的集中爆发，长期积累的经济结构问题的集中显现；‘三个衰退’包括资源性衰退、结构性衰退、体制性衰退。”2014年8月，国务院印发了《关于近期支持东北振兴若干重大政策举措的意见》。东北振兴工作的重点明确转入深化体制机制改革和促进东北经济提质增效升级的新阶段。

2015年6月，为解决东北创新创业发展中的突出问题，并将其作为现阶段推进东北振兴工作的重要切入点，国家发改委下发了《关于促进东北老工业基地创新创业发展打造竞争新优势的实施意见》，提出了支持东北地区创新创业的具体政策措施。2016年3月，面对东北地区经济下行压力增大、部分行业和企业生产经营困难、体制机制深层次问题和经济增长动力不足问题突出的情况，中共中央、国务院专门出台《关于全面振兴东北地区等老工业基地的若干意见》，助力东北地区加速走出困境。此次意见第一次提出“全面振兴”，表明党和国家对东北地区振兴发展有坚定的决心。

2003～2016年，“东北振兴”系列《意见》频繁出台、一脉相承。从国家东北振兴战略的正式提出，到进一步补充实施意见，再到重大政策举措出台，加上“创新、创业”切入点和“全面振兴”目标的确定，这既是党和国家在东北振兴工作推进中遇到具体问题、发现关键症结后的主动调整，更是助推东北经济逐步走出困境、实现全面振兴的信心展现。

二　“东北振兴”系列《意见》中的核心点与创新点

第一，《关于实施东北地区等老工业基地振兴战略的若干意见》（2003年）的核心关注点。该意见明确要求，“各地区各部门要充分认识实施东北地区等老工业基地振兴战略的重要性和紧迫性，要像当年建设沿海经济特区、开发浦东新区和实施西部大开发战略那样，齐心协力，扎实推进，确保这一战略的顺利实施”。其核心是加快体制创新和机制创新、全面推进工业结构优化升级、大力发展现代农业、积极发展第三产业、推进资源型城市经济转型、加强基础设施建设、进一步扩大对外对内开放、加快发展科技教育文化事业。概而论之，2003年的《意见》是党和国家面对全面建设小康社会的奋斗目标做出的重大决策，是全面发展的战略规划。

第二，《关于进一步实施东北地区等老工业基地振兴战略的若干意见》（2009年）的核心关注点。实施东北地区等老工业基地振兴战略五年多后，振兴东北地区等老工业基地工作取得了重要的阶段性成果。但该意见特别提出，“东北地区仍然大量面临体制性、结构性矛盾；而且，对于如何巩固已取得成果，加速发展、发挥潜力等问题需要与之相适应的解决方案”。这一时期政府工作的关注点是建立现代产业体系，提升自主创新能力，加快现代农业发展，加强基础设施建设，推进资源型城市转型，大力发展绿色经济，加快社会事业发展，推动区域经济一体化等。其中，现代产业体系、绿色经济和区域经济一体化是新提出的概念。

第三，《关于近期支持东北振兴若干重大政策举措的意见》（2014年）的核心关注点。这一意见的出台“既是针对已经实施十年的‘东北振兴’工作一个升级性调整，也是面对2013年以来经济增速持续回落，部分行业生产经营困难，一些深层次体制机制和结构性矛盾凸显的实际问题提出的解决方案。目的在于巩固扩大东北地区振兴发展成果、努力破解发展难题、依靠内生发展推动东北经济提质增效升级”。相较于十年前，文件照顾到了新的层面和角度：以简政放权为突破口，深化东北地区国有企业和国有资产管理体制改革；依靠创新驱动发展，推动经济转型升级；发展现代服务业；保障和改善民生；推进绿色循环低碳发展。其中，简政放权、现代服务业和保障民生是该意见中新的关注点。

第四，《关于促进东北老工业基地创新创业发展打造竞争新优势的实施意见》（2015年）的核心关注点。该文件提出，“实施东北地区等老工业基地振兴战略以来，东北地区制约科技与经济结合的体制机制障碍依然突出，创业活动、新兴产业发展、科教成果转化都还受到相当程度的制约”。为应对东北经济不断下行的压力，文件提出“推动东北老工业基地发展方式应更多地依靠创新驱动转变，打造区域竞争优势”。这一文件聚焦“促进创新创业发展”，要求通过“互联网＋现代农业”、传统制造业提质增效和发展新产业和新业态来实现整体上产业的竞争优势。文件具体涵盖了简政放权、产权保护、创新资金分配、社会信用体系建设、国企民企改革创新等一系列举措。明确了技术创新应以企业为主体，促进科研成果转化和创新平台建设，加强对外创新合作，同时提出促进大众创业。其中，围绕“创新创业”提出的一系列举措是此次文件的核心词，并与5月颁布的《国务院关于大力推进大众创业万众创新若干政策措施的意见》遥相呼应。

第五，《关于全面振兴东北地区等老工业基地的若干意见》（2016年）的核心关注点。党中央和国务院提出，“要贯彻五大发展理念，适应和把握我国经济进入新常态的趋势性特征，以提高经济发展质量和效益为中心，加大供给侧结构性改革力度，保持战略定力，增强发展自信，努力提升东北老工业基地的发展活力、内生动力和整体竞争力”。该意见体现了两步走思路。第一步：到2020年，东北地区转变经济发展方式和结构性改革取得重大进展，经济保持中高速增长，同步实现全面建成小康社会目标；重点行业和重点企业具备较强国际竞争力；新型工业化、信息化、城镇化、农业现代化协调发展新格局基本形成。第二步：争取再用十年时间建成具有国际竞争力的先进装备制造业基地、重大技术装备战略基地、国家新型原材料基地、现代农业生产基地、重要技术创新与研发基地。其中，“全面振兴”是此次文件的最核心关注点，文件为东北全面振兴画出了时间表和路线图，“加大供给侧结构性改革”是此次文件中的新概念。

三　习近平总书记对当前东北振兴工作的意见和要求

2013年以来，习近平总书记分别在十二届人大一次、三次、四次会议期间参加了辽宁、吉林、黑龙江的代表团的审议，又在当年到相应省份调研考察，并就“东北老工业基地振兴”问题发表了一系列重要讲话。这一系列规律性的安排和做法表明以习近平同志为核心的党中央极为关注东北三省的经济社会发展，特别重视东北地区全面振兴工作。

2013年3月，习近平参加十二届全国人大一次会议辽宁代表团审议时指出，要攻坚克难、艰苦创业，振兴东北地区等老工业基地。具体地讲，就是要进一步做好攻坚克难、艰苦创业的思想准备和工作准备，大力实施振兴东北地区等老工业基地战略，加快建设社会主义新农村，全面增强工业核心竞争力，促进资源型城市可持续发展，建设向东北亚开放的重要枢纽。要大力做好保障和改善民生工作，注重关心生活困难群众，让群众得到看得见、摸得着的实惠。

2013年8月，习近平亲赴辽宁调研考察，强调振兴老工业基地要敢打市场牌、改革牌、创新牌。全面振兴东北地区等老工业基地是国家既定战略，要总结经验、完善政策，深入实施创新驱动发展战略，增强工业核心竞争力，形成战略性新兴产业和传统制造业并驾齐驱、现代服务业和传统服务业相互促进、信息化和工业化深度融合的产业发展新格局，为全面振兴老工业基地增添新动力。很多成功实践说明，无论是区域、产业还是企业，要想创造优势、化危为机，必须敢打市场牌、敢打改革牌、敢打创新牌。要抓住新一轮世界科技革命带来的战略机遇，发挥企业主体作用，支持和引导创新要素向企业集聚，不断增强企业创新动力、创新活力、创新实力。

2015年3月，习近平参加十二届全国人大三次会议吉林代表团审议时指出，老工业基地振兴发展不能再唱“二人转”。东北等老工业基地振兴发展，不能再唱“工业一柱擎天，结构单一”的“二人转”，要做好“加减乘除”。加法——投资、需求、创新，减法——淘汰落后产能，乘法——创新驱动，除法——市场化程度。现在加法多、其他少，亟待补课。老工业基地支柱产业要通过创新实现优化升级、脱胎换骨，进行深入改革创新，实现适应经济新常态的战略性调整。归根结底要靠深化改革，坚决破除体制性障碍，把老工业基地蕴藏的活力激发出来、释放出来。

2015年7月，习近平在吉林调研时强调，振兴东北老工业基地已到了滚石上山、爬坡过坎的关键阶段。国家要加大支持力度，东北地区要增强内生发展活力和动力，精准发力，扎实工作，加快老工业基地振兴发展。要适应经济发展新常态，深入推进东北老工业基地振兴，抓住创新驱动发展和产业优化升级，努力形成特色新兴产业集群，形成具有持续竞争力和支撑力的产业体系，加强同周边国家和地区交流合作，通过深化改革坚决破除体制性障碍，全面提高对外开放水平，把老工业基地蕴藏的巨大活力激发出来、释放出来。

2016年3月，习近平参加十二届全国人大四次会议黑龙江代表团审议时指出，要扬长避短、扬长克短、扬长补短，走出新路。具体地讲，要瞄准方向、保持定力、一以贯之、久久为功。要向高新技术成果产业化要发展，向选好用好各方面人才要发展。发展不能守株待兔、故步自封，要在市场环境下、竞争中求发展。要扬长避短、扬长克短、扬长补短，向经济建设这个中心聚焦发力，打好发展组合拳，奋力走出全面振兴新路子。国有企业发展既要“借东风”，也要激发内生动力。对国有企业发展，政府的作用更多体现在支持、扶持、杠杆作用。要抓好东北老工业基地振兴各项政策的落实。

2016年5月，习近平同志在黑龙江调研考察时强调，优化产业结构要升级“老字号”，深度开发“原字号”，培育壮大“新字号”。他强调，振兴东北地区等老工业基地是国家的重大战略，老工业基地要抢抓机遇、奋发有为，扬长避短、扬长克短、扬长补短，闯出一条新形势下老工业基地振兴发展之路。他提出，在优化产业结构的问题上，要改造升级“老字号”，深度开发“原字号”，培育壮大“新字号”；要加强创新能力建设，强化创新链与产业链、服务链和资金链的对接，把振兴发展的基点放在创新上；要苦干实干，横下一条心、扎扎实实推进供给侧结构性改革，才能提升产业结构和生产力水平。

梳理可见，无论习近平视察的是东北地区的哪个省，提出的意见和措施都是针对东北地区发展全局的，需要统筹学习领会：“滚石上山、爬坡过坎”揭示出振兴工作面对“新常态”的艰巨性；“攻坚克难、艰苦创业”和“决心不能动摇，工作不能松劲”是从工作精神状态对振兴工作提出的要求；“敢打市场牌、改革牌、创新牌”是为振兴指明的道路；“振兴发展不能再唱‘二人转’”和“扬长避短、扬长克短、扬长补短”，以及“升级‘老字号’，开发‘原字号’，壮大‘新字号’”指的是振兴工作要统筹全面。

结论

本文梳理和浅析了党和国家对于东北振兴工作提出的重要思路。掌握解读好党和国家相关政策要求，是贯彻开展相关工作的基本前提。从2003年的《关于实施东北地区等老工业基地振兴战略的若干意见》的公布到2016年的《关于全面振兴东北地区等老工业基地的若干意见》的下发，“东北振兴”已经转为“全面振兴东北”，其工作概念内涵和外延都发生了巨大、积极的变化。掌握好这些变化和要求对于开展好各领域的相关工作有积极意义。

【作者简介】

宋琳琳，黑龙江省社会科学院东北亚研究所助理研究员。

TPP的走势、影响以及“一带一路”的应对

张司晨

2015年10月5日《跨太平洋伙伴关系协定》（TPP）在美国亚特兰大举行的部长会议上达成基本协议，标志着亚太区域经济合作进入新阶段，TPP非传统议题所强调的“下一代”贸易新规则对中国经济的长期影响不可轻视。在TPP正式生效仍需通过各成员国国内立法批准程序，尤其是美国面临2016年大选，政治局势错综复杂的情况下，中国应妥善利用TPP正式生效前这一宝贵的时间窗口，制定积极的应对措施和区域经济合作战略，加快推进亚太区域经济一体化进程。

2015年，谈判过程一波三折TPP终于取得实质性突破：美国、日本、澳大利亚、新西兰、马来西亚等12个谈判成员国于10月5日在美国亚特兰大举行的部长会议上就贸易、投资、劳工和环保等议题达成基本协议，标志着从2010年3月正式启动开始持续了近六年的TPP谈判告一段落。2016年2月4日，12个成员国于新西兰奥克兰正式签署协定文本。而TPP正式生效仍需通过各成员国国内立法批准程序，不少成员国需要多个步骤才能走完法律程序，尤其是美国面临2016年大选，政治局势错综复杂，为TPP协议付诸实施平添拖延的风险，也为中国制定积极的应对措施和区域经济合作战略、加快推进亚太区域经济一体化进程赢得更多时间。

一　TPP的基本特征与未来走势分析

1. TPP的基本特征及谈判进程复杂曲折的客观因素

对比现有的各类FTA谈判，TPP的显著特征可以归结为两点：一是广覆盖，二是高标准。从谈判参与国来看，现有的12国GDP总量约占全球经济总量的36.3%，人口约占世界人口的11.3%，横跨太平洋，遍及美洲、东亚、南亚和大洋洲。而将来如果TPP能涵盖所有APEC成员，将会成为一个约占全球经济总量57%的世界最大的巨型自由贸易区。从TPP所涉及的协议条款来看，其范围之宽超过现有任何区域贸易协定，既包括货物贸易、原产地规则、投资等传统FTA议题，也包括知识产权、环境、劳工等其他FTA较少涉及的非传统议题。而TPP的“高标准”一方面反映了全球化进一步深度发展的客观要求，另一方面在很大程度上体现了鲜明的美国式自由贸易理念及利益诉求：在货物贸易方面，TPP最终目标是实现全部农产品和工业品零关税；在服务贸易方面，采用“负面清单”模式；在知识产权领域，TPP推行明显高于WTO水平的严格的知识产权保护条款；在环境保护、劳工、电信、电子商务和国有企业等非传统议题方面都制定了国际通行规则。

在TPP长达五年半的谈判过程中，曾经多次发布计划结束谈判的时间表，而谈判进程却

一拖再拖，也数度引发 TPP 谈判将要宣告失败的传言。即使在 TPP 协议签订以后，部分针对特别敏感的议题的附件谈判仍在继续，而且因无法通过各成员国国会而不能正式生效的不确定性仍然存在。导致 TPP 谈判漫长曲折的原因，既包括成员国之间经济发展水平和开放程度差距过大等客观因素，也与个别谈判国出于各自利益考量而有意拖延有关。根据一般经验，经济发展水平和文化相近的经济体之间比较容易缔结自由贸易协定。TPP 的 12 个成员国中，既包括世界经济总量第一和第三的美国和日本这样的发达国家，又包括经济较为落后的秘鲁和越南这样的发展中国家；既有资本主义国家，又有社会主义国家；既有基督教国家，也有佛教国家。由国际货币基金组织 2016 年 4 月发布的最新的《世界经济展望》可知，TPP 谈判成员国的人均 GDP 差异巨大，2015 年美国人均 GDP 为 55805 美元，世界排名第六位；而越南当年的人均 GDP 仅为 2088 美元，几乎是美国的 1/30，世界排名也仅为第 135 名。在经济水平和开放度如此悬殊的情况下，各成员国的首要关注点各异：美、日、加等发达国家更关注规制融合方面的谈判，而马来西亚和越南等发展中国家则更关注市场准入壁垒的减让方面的谈判。可以想见，TPP 谈判国之间最终达成并实现高水平的贸易自由化必将经历漫长而艰苦的博弈。

2. 大选年美国国内政治力量博弈对 TPP 最终生效的影响

根据 TPP 协定最终签署的文本规定：如果全部 12 个成员国在两年之内得到国内立法机构批准，TPP 将在 60 天后生效；如果两年内未通过所有成员国国内程序，则在 12 个成员国之中至少 6 个国家（必须占全部成员国 GDP 总量的 85% 或以上）的国会通过的情况下，TPP 将于 60 天后正式生效。美国 GDP 占全部 TPP 成员国总量的 50% 以上，这意味着，美国国会的批准情况和时间对 TPP 最终生效具有决定性意义，如果 TPP 在美国无法完成国内程序，则不能生效。而进入美国大选周期以来，TPP 及其所代表的自由贸易遭遇了几乎一面倒的反对声音，国会批准贸易协定的政治环境不利，两党主要候选人均发表声明强烈反对 TPP。一方面，民主党候选人希拉里·克林顿在奥巴马政府中担任国务卿时曾是 TPP 的主要推动者，根据美国有线新闻网统计，2010 ~ 2013 年，希拉里积极推销 TPP 多达 45 次。参选后她转而变成 TPP 的坚决反对者，不但多次对 TPP 协定提出异议，称 TPP 水平很低，没有达到之前自己所确定的目标，更是宣言不管选前还是选后，反对 TPP 的立场不变。另一方面，作为贸易保护主义的坚定拥护者，共和党候选人特朗普则称 TPP 是“最糟糕的贸易协定之一”，并强调 TPP 一旦生效将造成美国国内失业率上升这一后果。在这种不利情势下，即使奥巴马总统一再申明 TPP 生效将为美国带来的利好，并对 TPP 在 11 月总统选举之后快速获得国会批准寄予厚望，美日两国媒体却对 TPP 能够在奥巴马任内获得国会批准的可能性持消极态度，美国参议院多数党领袖麦康奈尔更表示，可能考虑将投票日程推迟到 2017 年。

3. 对 TPP 未来走势的基本判断

基于以上分析，不管大选最终结果如何，可以对 TPP 的未来走势做出如下判断。第一，TPP 将会最终通过美国国会审议并正式实施。政客们的竞选言论和策略并不必然等同于正式成为总统后的执政方式和施政方针，TPP 事关美国全球战略和国家利益，不会因为大选有改变。不管是希拉里还是特朗普，竞选成功上台后彻底扭转 TPP 方向的可能性都微乎其微。在中国崛起并在亚太区域拥有更大影响力和话语权的背景下，TPP 可以进一步帮助美国稳固其在亚太乃至全球范围内的经贸规则主导权的重要作用已经得到美国国内政治精英的认可。在美国坚持“亚太再平衡”战略长期性的情况下，作为“亚太再平衡”的战略核心，我们基本可以判定 TPP 最终通过国会审议没有太大悬念。第二，TPP 最终生效时间可能比奥巴马所设想的有所推迟，并且，鉴于希拉里和特朗普都对TPP表达了不满，不管新总统来自民主党还是共和党，在上台后都可能对TPP条款进行修改。第三，TPP生效后的扩容进程将较为缓慢。尽管现阶段，韩国、菲律宾和泰国都已经明确表示加入TPP的意愿，但因为TPP扩容问题只有在协定通过各缔约国国内程序并正式生效之后才会被提上议程，而未来任何一个国家申请加入都将面临现有成员，特别是美国的严格标准考量，因此预计扩容最早开始时间不会早于2018年，并且速度不会十分迅速。

二　TPP初步达成对中国经济的影响

作为被刻意排除在外的非成员国，中国将要受到的负面影响主要体现在以下两个方面。

1. TPP对中国的中短期影响比较有限

从货物贸易的角度来看，TPP短期内必然会对我国造成贸易转移效应。成员国之间降低关税是WTO这样的多边世界贸易组织和各双边和区域FTA的基本内容。TPP的目标是成员国之间关税最终降为零，成员国因此更倾向于从同为自贸区内的其他成员国进口货物，因此对包括中国在内的非成员国会产生一定的贸易投资转移效应，一部分外资和产业将转移至TPP成员国中的越南、马来西亚、墨西哥等发展中国家，这些国家很多产品和中国存在竞争，中国经济将会受到一定程度的冲击。根据美国学者Peter A. Petri的分阶段研究表明，在TPP的影响下，中国的进口将下降0.2%～1.1%（2015～2025年），出口下降0.1%～1.1%（2015～2025年），GDP下降0.2%左右。可见，TPP对中国经济的影响是比较有限的，虽然TPP对某些特定产业部门，如纺织、服装、制鞋等劳动密集型产业的冲击比较大，但长期来看，TPP的负面影响由于我国“一带一路”和自贸区建设的持续推进，将是可控的。

2. TPP非传统议题所强调的“下一代”贸易新规则对中国经济长期影响不可轻视

从美国贸易谈判代表办公室（USTR）发表的TPP共计30个章节的内容概要来看，TPP不仅包括传统的货物贸易、服务贸易、原产地规则、投资、海关管理和贸易救济等内容，还包括知识产权、劳工、环境、国有企业、政府采购、电子商务、中小企业、电信和反腐败等非传统议题。中国在非传统议题方面和TPP的差异大于传统货物贸易条款，因此长期看来，非传统条款对中国经济的冲击更大，将导致中国企业面临更大的开放压力、更严格的对外投资环境和成本的增加。在广受关注的TPP谈判知识产权议题方面，美国通过力推涵盖专利、版权、商标权、工业设计等的严格、高标准的知识产权保护条款，基本实现了将国内标准上升为TPP标准的目标。如果TPP知识产权保护方面的规则被更广泛应用于其他多边贸易谈判中，将对中国制药行业、高新技术企业和知识产权保护等方面产生较大的潜在冲击。在国有企业和竞争政策等条款方面，强调公平竞争的国有企业条款有可能在短期内削弱包括国有企业在内的中资企业的国际竞争力。条款要求不能提供任何政策支持和优惠待遇等“非商业性”的补贴和优惠，而给他国利益造成不利影响，这就使诸如钢铁、化工、通信等行业竞争力得到较大程度的削弱。TPP所设置的非传统议题固然有符合全球化未来发展新领域需求的积极因素，但更重要的是体现了美国这一TPP首要谈判推动者的利益诉求和价值体系特征。而TPP之后，美国会继续推动TTIP的谈判并寻求TPP扩容，进一步助力美国将区域规则推广为多边贸易规则，从而形成由美国主导的国际经贸新规则，这无疑将对中国经济造成较大的压力和挑战，其长期影响不可轻视。

三　中国的应对策略

综合以上分析，虽然TPP从中短期对中国

货物贸易的实际影响处于有限的范围内，但是一旦TPP协定最终生效，其强调的“下一代”贸易新规则对中国经济长期影响将不可轻视。TPP从签字到生效再到落地会比较漫长，而这恰恰提供了一个宝贵的时间窗口，为免落入被动局面，中国必须直面挑战，积极调整对内和对外两方面的战略，主动参与国际经贸新规则的构建，争取在新一轮全球贸易体系的重构的一系列博弈中取得优势地位。通过进一步推动“一带一路”倡议的落地实施，争取更多实质性成果。具体可以从以下几方面展开。

1. 深入研究TPP条款内容，避免落入战略被动

现阶段，TPP协定已经对亚太区域经济政治环境造成深远影响，中国必须坚持密切跟踪TPP发展态势，深入开展对TPP条款内容的分析及其未来可能的影响的全面系统的预测研究，避免因不熟悉TPP所代表的下一代贸易规则而导致的战略被动和利益损失。

2. 加快推进FTAAP建设进程，主动构造亚太经贸新规则

为应对TPP谈判带来的挑战，改变亚太区域经济合作机制纷繁重叠的乱象，在2014年11月北京APEC会议上，中国提出重新启动“亚太自贸区”（FTAAP），得到广泛关注。推动FTAAP建设不但有助于提高本区域内贸易自由化水平，也有利于提升中国参与地区经济合作的能力，从而更好掌控区域经济合作的主导权，更可以平衡TPP对中国的影响力。目前，亚太自贸区仍处于构想阶段，在亚太区域错综复杂的自贸谈判格局下，如何推进FTAAP谈判还将面临诸多困难，如何处理FTAAP与TPP和RCEP这两个巨型自贸区谈判之间的关系，如何制定谈判议题才能兼具高标准和适度性，使FTAAP谈判能真正有助于亚太区域经济体共同繁荣，都是未来推动FTAAP建设进程中将要面临和解决的重要问题。

3. 加强与美国的沟通对话，实现同美国更高层次的经济合作

作为世界最大的两个经济体，中美两国之间虽然存在一些分歧，但也存在较强的经济互补性。未来，两国应该摒弃互相猜忌的冷战思维模式，妥善处理新型大国关系，加强沟通协作，不断增强战略互信，从而共同维护全球经济的稳定增长。可以从以下几点入手拓展中美经贸合作的深度和广度。第一，继续推进现有的如“中美战略与经济对话”“中美商贸联委会”“中美人文交流高层磋商”等高层对话。第二，加快推进中美双边投资协定（BIT）谈判。短期内，BIT可以充当解决中美双边经贸问题，应对TPP负面影响的工具；长期内，BIT将成为中美合作推动亚太自贸区的基础。中美BIT越早谈成，将越早对中美两国的经济发展产生积极影响，也将尽早成为亚太自贸区的基本模板。

4. 积极推动中国经济内部改革，使外部开放的压力转化为内部改革的动力

应对TPP的策略还包括加快推进国内经济改革，注重练好“内功”，为我们更好地适应和参与塑造国际经贸新规则创造有利的国内条件。目前，我国的经济发展水平和开放程度都难以适应以TPP为代表的新一轮全球贸易体系重构的新要求，因此，中国需要全面深化重点领域的改革，加快完善现代市场体系，建立开放透明的市场规则，转变政府职能，并且继续深化国有企业改革，大力促进体制机制创新，加快推动国内经贸规则和国际规则的接轨，使TPP谈判给中国经济发展带来的倒逼效应转化为全面深化改革的动力。

5. 大力推进“一带一路”，推动基础设施合作进一步降低贸易成本

我国政府提出的“一带一路”倡议和美国主导的TPP是两种不同类型的区域经济合作机制：TPP是规则先行的区域贸易协定，而“一带一路”首先以互联互通为先导。坚持“合作共赢、开放包容”的丝路精神，秉持“亲诚惠容”的周边外交理念，“一带一路”倡议表明中国愿意且有能力参与全球基础设施建设。亚太地区乃至全球范围内对基础设施建设需求旺盛，相关研究表明，基础设施建设最终可以影响商品需求和国际贸易水平，以基础设施建设为前提的互联互通可以大幅度提高亚太地区贸易水平，而TPP、RCEP等贸易安排却仅涉及关税、非关税壁垒等部分问题，相较而言“一带一路”倡议积极参与全球范围内的基础设施建设，为亚太和全球提供了极为重要的公共产品。“一带一路”倡议的进一步推动将极大地解放沿线落后国家的贸易参与能力，将带动这些国家进一步参与区域经济一体化并最终带动亚太区域整体经济发展。在过去的几年里，“一带一路”倡议已取得阶段性重大进展：2015年，中国与“一带一路”相关国家双边贸易总额达到9955亿美元，占全国贸易总额的25.1%；中国企业对相关国家直接投资148.2亿美元，相关国家对华投资84.6亿美元，同比分别增长18.2%和23.8%；新签对外承包工程合同额926亿美元，增长7.4%。此外，中国还与相关国家建设了50多个境外经贸合作区。长期来看，如果中美双方能够以中美BIT为基础，在TPP和“一带一路”倡议之间构建更具包容性的合作机制，合力推动亚太自由贸易区的建设，那么亚太地区乃至全球经济将有望形成更大的发展动力。

【作者简介】

张司晨，黑龙江省社会科学院东北亚研究所助理研究员。

中蒙俄经济走廊推进东北亚区域经济合作

李 新

2014 年 9 月，习近平主席在杜尚别同俄罗斯总统普京、蒙古国总统额勒贝格道尔吉举行第一次中俄蒙元首会晤。习近平指出，中俄蒙三国是好邻居、好伙伴，需要增进三方互信，促进互利共赢合作，实现优势互补、共同发展，推动东北亚区域合作进程。中方提出的共建丝绸之路经济带倡议获得俄方和蒙方积极响应，可以把丝绸之路经济带同俄罗斯跨欧亚大铁路、蒙古国草原之路倡议进行对接，打造中蒙俄经济走廊，加强铁路、公路等互联互通建设，推进通关和运输便利化，促进过境运输合作，还可以通过三方合作，共同维护地区安全，实现共同发展。

一 推进中蒙俄经济走廊建设的必要性

（一）世界经济结构调整和区域经济一体化步伐加快

国际金融危机爆发至今，世界经济仍未完全摆脱阴霾，多种力量碰撞交错，各经济体复苏态势分化加剧。美国货币政策的变化牵动着全球市场的神经。美元汇率波动、资产泡沫膨胀、资本大出大进、大宗商品价格起落，给不少发展中经济体带来挑战。发达经济体表现出复苏迹象，但增长趋势出现分化，多数新兴经济体却呈现增速下滑趋势。在美国退出量化宽松和宣布“再工业化”政策之际，全球资本流动方向发生大逆转，对新兴经济体乃至全球的宏观经济稳定构成了新的威胁。俄罗斯面临西方经济制裁和国内经济衰退压力，中国经济进入“新常态”，从高速增长转为中高速增长。

全球价值链重构带来市场竞争和动荡，促使各国争相加入或发起新的自由贸易安排，在寻求稳定和长期市场空间的同时培育区域间组合比较优势。全球金融危机之后，美国将区域经济一体化建设提上了重要议事日程，战略呈现全面推进的态势。短短几年内，美国已推动、促成并主导了多项区域经济一体化谈判，并预定在近年达成协议。《跨太平洋伙伴关系协定》（TPP）构成了美国的亚太区域战略，《跨大西洋贸易和投资伙伴关系协定》（TTIP）反映了美国的欧洲区域战略，诸边服务业协议（PSA）构建了美国在服务贸易领域的战略。美国面向新世纪的区域一体化新格局已日趋凸显。美国的区域一体化新格局体现了美国的诉求：一方面，希望通过全面而多层次的区域一体化促进美国的对外贸易，带动经济增长和就业增加，推动全球贸易自由化和经济一体化；另一方面，希望主导构建有利于美国的国际贸易新规则和新秩序，并进而推广成全球规则，迫使发展中国家按照美国的规则做出让步和扩大开放，维护和扩大美国的经济利益。这一发展趋势可能在发达经济体之间形成紧密联系，制约发展中国家的市场拓展。

（二）中俄蒙毗邻地区迫切需要加快发展

东北老工业基地曾是新中国工业的摇篮，国家在东部地区集中投资建设大批以能源、原材料、装备制造为主的战略产业和骨干企业。世纪之交，东北原油产量占全国的40%，木材产量占全国的一半，汽车产量占全国的25%，船舶产量占全国的30%。20世纪90年代，随着经济改革不断走向深入，国有经济进入战略调整阶段。东北地区体制性和结构性矛盾日趋显现，进一步发展面临许多困难和问题，如市场化程度低，经济发展活力不足；所有制结构单一，国有经济比重偏高；产业结构调整缓慢，企业设备和技术老化，历史包袱沉重，竞争力下降，就业矛盾突出，资源型城市主导产业衰退，经济发展步伐放缓，与沿海发达地区的差距逐渐拉大。2003年，时任国务院总理温家宝多次前往黑龙江、吉林、辽宁三省进行考察，中共中央和国务院联合发布《关于实施东北地区老工业基地振兴战略的若干意见》，先后实施了《东北振兴“十一五”规划》《东北振兴“十二五”规划》，2014年发布了《国务院关于近期支持东北振兴若干重大政策举措的意见》，目前正在酝酿出台《东北振兴十年规划》，明确东北“再振兴”基本战略。

俄罗斯东西伯利亚和远东地区总面积1030万平方公里，占国土总面积的60%。这里集中了大量石油、天然气、煤炭、水电等能源资源以及其他矿产资源和淡水资源。但是由于人力资源匮乏，这里丰富的自然资源得不到有效开发和利用。截至2014年1月，该地区人口仅占俄罗斯人口总数的5.3%，而且人口自然减少的趋势没有得到有效遏制。2013年该地区人均月收入21236.5卢布，不仅低于俄罗斯平均水平，而且仅相当于中央联邦区的63.5%。该地区所获得的投资也仅占俄罗斯投资总额的10.7%，比上年同期减少10.7%，其中远东联邦区减少近20%。2012年东西伯利亚和远东地区实现地区总产值5.1万亿卢布，在俄罗斯GDP中的占比仅为10.2%，其中远东联邦区占5.6%。在俄GDP增长3.1%的情况下，远东联邦区出现1.4%的负增长。远东联邦区在全国制造业中所占比重甚至仅为1.6%。苏联解体后，俄罗斯经济经历了转型初期的严重衰退后逐渐趋于稳定，为加快开发东西伯利亚和远东，政府于1996年通过了《1996～2005年远东和外贝加尔地区经济与社会发展联邦专项纲要》，2003年重新修订为《1996～2005年和2010年前远东和外贝加尔地区经济与社会发展联邦专项纲要》，同时发布《西伯利亚经济发展战略》。2007年成立总理挂帅的远东和外贝加尔地区发展委员会，实施《2013年前远东和外贝加尔地区经济社会发展联邦专项纲要》和《符拉迪沃斯托克亚太地区国际合作中心子规划》。2009年政府批准了《2025年前远东和贝加尔地区经济社会发展战略》，2010年批准了新的《西伯利亚社会经济发展战略》，2012年设立独立于俄联邦地区发展部的俄联邦远东发展部。

蒙古国矿产资源丰富，大规模勘探开发尚未全面展开。目前，已探明的有80多种矿产和6000多个矿点，其中煤炭蕴藏量约1520亿吨、铜2.4亿吨、铁20亿吨、磷2亿吨、黄金3100吨、石油80亿桶。矿产业是蒙古国经济发展的重要支柱产业之一。2013年矿产开采及加工业产值占工业生产总值的比重接近60%，矿产品在出口商品结构中的比重超过80%。蒙古国在向市场经济转型的同时确立了矿业兴国的战略，国民经济在矿业开发带动下实现了快速发展。但是，由于蒙古国是典型的内陆国家，且只有两个邻国——中国和俄罗斯，所以其经济合作伙伴主要是中国和俄罗斯。它出口的山羊绒占世界的30%，70%的绵羊毛出口到中国，30%的肉类出口到俄罗斯。2013年蒙古国对外贸易总额为106.3亿美元，出口的主要产品是矿产品、纺织品、宝石、贵金属、动物毛皮等。产品主要出口到亚洲国家，其中中国占比达98.6%，俄罗斯占1.8%，韩国占0.3%，日本占0.1%。中国连续多年保持蒙古国第一大贸易伙伴和第一大投资国地位，2013年两国贸易额达60亿美元，占蒙古国对外贸易总额的一半以上。蒙古国渴望寻找出海口，将自己的畜牧产品和矿产品出口到世界其他国家。

（三）中俄蒙三国及三国毗邻地区经济发展面临下行压力

随着整个新兴经济体下行压力增大，中国、俄罗斯和蒙古国经济增长幅度呈现逐步缩小的趋势。中国GDP增长率从2010年的10.5%缩减至2014年的7.4%，2015年不足7%。中国经济进入“新常态”。俄罗斯在全球金融危机爆发之前的2007年经济增长率曾达8.5%，2009年衰退至7.8%，在政府经济刺激政策的作用下，2011年迅速回升至4.3%。但随着刺激效应的衰减，以及2014年西方对俄罗斯实施的制裁不断升级，增长率回落到2014年的0.6%。2015年俄罗斯经济陷入衰退。2011年蒙古国经济增长率曾达17.5%，随后几年一路下滑至2014年的7.8%。

20世纪90年代，中国东北地区处于工业企业改革的前沿，释放出数千万名工人。2003年开始的重振这个老工业基地核心区的尝试没有达到预期效果。东北地区严重依赖能源、原材料和重工业，受全球市场变化和国内需求不足的影响更大。2014年中国东北三省地区总产值增长率比2010年下降了一半还多，黑龙江省在全国垫底。2015年第一季度辽宁省同比仅增长了不足2%。2015年4月10日，李克强总理在长春主持召开东北三省经济工作座谈会，分析当前东北经济面临的新情况和突出问题。他强调，必须有效顶住下行压力，否则就业、收入等民生问题会受到较大影响，经济提质增效升级也难以实现。各部门各地区必须增强紧迫感、责任感，把稳增长、保就业、提效益作为紧要之务，推出更多利当前、惠长远的措施，以促改革调结构促进经济稳定运行，努力实现东北老工业基地全面振兴。

就在李克强总理考察中国东北三省前6天的4月4日，俄总理梅德韦杰夫抵达远东哈巴罗夫斯克召开会议，讨论远东联邦主体落实《保持2015年经济持续发展和社会稳定的地区计划》（反危机计划）的情况。他强调俄罗斯经济所遇到的困难不能干扰远东开发计划，肯定了远东联邦区在落实大型基础设施项目、根据新的法律建设超前发展区所取得的初步成果。与全国经济发展趋势相一致，东西伯利亚和远东地区经济增长率从2010年的近5%跌落到2012年的-0.2%。2013年和2014年集中实施了一批远东开发的基础设施项目，工业增长率达到5.7%。其中2013年东西伯利亚增长率达到6.7%，2014年远东联邦区达8.1%。2015年第一季度严冬影响了施工进度，所以表现出了一定程度的负增长。

二　中俄蒙国家发展战略高度契合

进入21世纪，中、俄、蒙三国相继出台了高度契合的新世纪前20年的国家发展战略。2012年中共十八大报告提出了在2020年前后实现“两个一百年”奋斗目标。2008年，俄罗斯政府批准《2020年前俄联邦社会经济长期发展构想》。同年，蒙古国发布《基于千年发展目标的国家综合发展战略（2008～2021年）》。2003年，中共中央和国务院联合发布《关于实施东北地区老工业基地振兴战略的若干意见》，标志着东北振兴战略的启动，至今已经实施了两个五年“振兴规划”。2012年，普京进入第三个总统任期，将开发西伯利亚和远东确定为俄罗斯面临的重大战略性任务之一，并强调是最重要的地缘政治任务。同年9月，APEC峰会在符拉迪沃斯托克（海参崴）举行，标志着俄罗斯远东开发战略的正式启动。

（一）中国实施东北振兴战略

中共十六大第一次提出“支持东北地区等老工业基地加快调整和改造，支持资源开采型城市发展接续产业”。2003 年《政府工作报告》提出了支持东北地区等老工业基地加快调整和改造的思路。2003 年，中共中央和国务院联合发布《关于实施东北地区老工业基地振兴战略的若干意见》，标志着东北振兴战略的启动。该意见要求加快体制创新和机制创新，进一步转变政府职能，加快国有经济战略性调整，走新兴工业化道路，全面推进工业结构优化升级，大力发展现代农业，积极发展第三产业，推进资源型城市实现经济转型，加强基础设施建设，进一步扩大对外开放。将东北地区老工业基地振兴提升到全国区域经济社会协同发展的战略层面，并专门为此成立了总理挂帅的国务院老工业基地调整改造领导小组。2007 年，国家发改委和国务院联合发布《东北地区振兴规划》，计划经过 10～15 年将东北地区建设成为综合经济发展水平较高的重要经济增长区域，形成具有国际竞争力的装备制造业基地、国家新型原材料和能源保障基地、国家重要商品粮基地和农牧业生产基地、国家重要的技术研发与创新基地、国家生态安全的重要保障区，实现东北地区的全面振兴。

2009 年，国务院发布《关于进一步实施东北地区等老工业基地振兴战略的若干意见》，要求优化经济结构，建立现代产业体系；加快企业技术进步，全面提升自主创新能力；加快发展现代农业，巩固农业基础地位；加强基础设施建设，为全面振兴创造条件；积极推进资源型城市转型，促进可持续发展；切实保护好生态环境，大力发展绿色经济；着力解决民生问题，加快推进社会事业发展；深化省区协作，推进区域经济一体化发展；继续深化改革开放，增强经济社会发展活力。通过第一轮振兴措施的实施，“十一五”期间东北地区人均 GDP 增长 117%，年均增长 13.5%。2012 年，国家发改委印发国务院批准的《东北振兴“十二五”规划》，要求经济发展再上新台阶，产业转型升级达到新水平，资源型城市可持续发展开创新局面，生态建设和环境保护迈出新步伐，民生改善取得新成效，改革开放实现新突破。

2014 年，国务院再次发布《关于近期支持东北振兴若干重大政策举措的意见》，要求着力激发市场活力，进一步深化国有企业改革，紧紧依靠创新驱动发展，全面提升产业竞争力，增强农业可持续发展能力，推动城市转型发展，加快推进重大基础设施建设，切实保障和改善民生，加强生态环境保护，全方位扩大开放合作。2015 年 4 月李克强总理考察东北经济形势后，明确东北“再振兴”基本战略。

（二）俄罗斯实施东西伯利亚和远东开发战略与“跨欧亚发展带”

世纪之交，普京接掌俄罗斯政权，随着世界经济进入膨胀周期，原材料和能源价格飞速上涨，俄罗斯经济进入快车道。开发西伯利亚和远东提上议事日程。为了加强对西伯利亚和远东开发的指导，2007 年成立了总理挂帅的远东和外贝加尔地区发展委员会，并开始实施第二个《2013 年前远东和外贝加尔地区经济社会发展联邦专项纲要》。2008 年，俄罗斯发布了《2020 年前俄联邦社会经济长期发展构想》等一系列部门和地区发展战略以及专项纲要，试图将原料和能源依赖型的经济发展模式转向依靠高新技术的创新发展模式，其中包括综合开发西伯利亚和远东地区。2009 年，俄总理普京签署了西伯利亚和远东开发的长远规划，即《2025 年前远东和贝加尔地区经济社会发展战略》，设立远东和贝加尔地区发展基金，扶持远东基础设施建设。

普京在 2012 年 4 月 11 日向国家杜马所做的总理述职报告中将开发西伯利亚和远东确定为俄罗斯面临的重大战略性任务之一，并强调是最重要的地缘政治任务。他要求西伯利亚和远东的地区国民生产总值增长速度要高于全国，这种趋势要保持 10～15 年，并遏制该地区人口外流的趋势，实现地区人口稳定增加，并为此成立了俄罗斯联邦远东发展部。

2013 年 12 月，普京在总统咨文中再次强调，促进西伯利亚和远东地区发展是俄罗斯21世纪国家优先发展方向。正式提出要在远东和西伯利亚建立超前发展区，实施优惠税率和其他优惠措施。授予超前发展区部分联邦主体的权利，实行联邦预算单列，可以免除增值税、所得税和财产税。普京在2014年的总统咨文中建议将符拉迪沃斯托克（海参崴）设为自由港，简化海关程序，促进俄罗斯太平洋沿岸地区经济的发展。

2014年，俄罗斯政府批准了《关于远东和贝加尔地区社会经济发展（2014～2025年）国家纲要》。要求通过发展该地区交通和物流来加速远东和贝加尔地区的发展。2014～2020年拨款总额3461亿卢布，利用一切资源提高投资水平，到2025年对该地区投资要比2011年增加1.2倍，地区总产值增长40%。通过社会经济跨越式发展，消除地区间的发展失衡问题，发挥与亚太地区国家经济关系的潜力，发挥传统产业优势，在采掘业和制造业领域发挥高新技术的作用，改善医疗、教育、住房条件，大幅提高人力资本质量，力争2025年该地区人口增加到1075万人。为此，该地区2018年经济和社会发展专项纲要提出的目标是，筹集6969亿卢布发展该地区交通和能源基础设施，改善投资环境。

2014年12月，俄国家杜马通过了一揽子在远东设立超前发展区的法案，致力于为投资者创造最大限度的优越条件。其中包括《关于俄联邦社会经济超前发展区法》和为此对俄联邦相关法律文件的修正案。计划这样的发展区要设立14个，为期70年，由联邦预算和地方预算共同出资完善基础设施建设。设立具有广泛权力的管理公司负责解决所有行政和经济问题，其中包括运输服务、道路建设、水电煤供应等，实行“一个窗口”原则，履行国家和地方职责多功能服务中心的职能。2015年2月召开的俄政府远东投资项目实施会议正式确定了首批3个超前发展区：哈巴罗夫斯克优先发展工业、物流和食品业，共青城优先发展工业，纳杰日京斯卡娅优先发展运输、轻工和食品业。同时确定了6个投资项目，涉及煤炭、金属开采和加工以及运输等领域。俄总理梅德韦杰夫表示，2015年内将批准20个超前发展区和40个投资项目。

2013年，俄科学院社会政治研究所所长Г.奥希波夫、莫斯科国立大学校长В.萨多夫尼奇和俄铁路总公司总裁В.雅库宁共同撰写了《作为国家优先发展方向的互联互通的欧亚基础设施体系》的报告。俄科学院主席团会议于2014年3月批准了这一报告。这一报告的具体实施项目叫作“跨欧亚发展带”，试图以大中城市、石油和天然气生产和加工基地、新西伯利亚科学城等为依托，以西伯利亚大铁路、石油和天然气运输管道为主干，吸引欧洲和亚洲国家参与，形成一系列高新技术产业集群，建成从大西洋经欧洲、西伯利亚到太平洋，进而穿越白令海峡进入阿拉斯加，连接北美的交通、能源、电信一体化的发展带，使俄成为西欧、北美、东南亚三大利益区的核心，目标是在俄的亚洲部分形成现代科学工业区和欧亚、欧美货物运输通道。雅库宁表示，通过“跨欧亚发展带”建设，西伯利亚和远东将得到最大限度的开发。他建议“跨欧亚发展带”对接“丝绸之路经济带”。

（三）蒙古国综合发展战略与“草原之路”

在总结20世纪90年代蒙古国向市场经济转型经验基础上，蒙古国政府2003年发布的《支持经济增长和减贫战略》肯定了在社会和政治领域实行的结构重组和改革是保障经济增长的最重要资源，私有经济占主导地位是保障经济加速增长的重要源泉。政府提出的通过经济增长来实现减贫目标，就是依靠私有部门的积极参与和出口导向的贸易政策，通过革新技术实现原料加工现代化，发展加工工业，为发展创造良好的条件。具体措施包括：深化改革，保障宏观经济稳定，加快结构改革步伐；健全和完善银行和金融体系；恢复和发展国家工业体系，通过扶持出口导向部门的发展来实现经济增长；扶持地方和农业发展，积极发展基础设施；为人的发展营造公平的环境，提高教育、医疗、住房服务水平；降低失业和贫困，提高居民生活水平。

2008 年蒙古国实施的《基于千年发展目标的国家综合发展战略》规定了六个方面的发展方向：实现联合国千年发展目标，实现蒙古国人民的全面发展；坚持私有部门占主导地位，大力发展出口导向部门、科技含量高的制造业和服务业，重点发展信息和通信部门，促进生物和纳米技术发展，发展过境运输和物流、金融服务，深化农产品加工，发展可持续的知识经济；矿产采掘业具有重要的战略意义，创造和积累财富，确保经济高速增长，发展现代加工业；确保地区发展，发展基础设施，降低城乡发展差距；创造可持续发展的环境，增强适应气候变化的能力，保护国家生态系统，遏制生态失衡；进一步巩固政治民主，建立透明、负责、公正的管理体制，反对腐败和形式主义。该战略强调指出，为了提升经济增长，蒙古国应当选择出口导向型制造业和私人部门主导的服务业。通过加大对战略性矿产资源的开采力度等手段提升国家实力和在世界权力结构中的地位，计划到 2021 年保持 12% 的经济增长率，人均 GDP 达到 1.2 万美元，具备中等收入国家的经济实力。通过不断提高劳动生产率和投资效率实现经济高速增长，发展矿产采掘业和加工业，最终摆脱对矿产资源的严重依赖。该战略确定在第一阶段建设满足矿产品出口运输需求的道路基础设施，建成同中俄两个邻国相连的欧亚跨境运输线路；租用其他国家港口开展海上运输。在第二阶段，继续拓展国内公路、铁路运输网；积极发展航运和海上运输。

但是，蒙古国仅有一条铁路，即连接莫斯科和北京的乌兰巴托铁路。这条铁路由于年深日久，技术和设备已老化，中蒙边境因轨距不同而增加的换装环节，提高了运输成本，增加了运输时间，制约了蒙古国矿产品出口的发展。为此，2008 年蒙古国制定了《蒙古国交通运输发展国家纲要》，并在 2011 年正式通过了这一纲要。但由于对轨距的争论（宽轨还是标准轨）僵持不下，铁路建设久拖未决。直到 2014 年 10 月，大呼拉尔通过决议，将在与中国邻近的两段铁路采用与中国相同的标准轨，以提高其第二大出口商品煤炭运输至其最大消费国的便利性。此外，蒙古国正在积极努力希望在天津建立专属经济区，同时打通乌兰巴托到天津港的出海通道。2014 年 9 月，蒙古国政府提出了“草原之路”构想，希望与俄罗斯的西伯利亚大铁路和中国提出的“丝绸之路经济带”对接。

三 中蒙俄经济走廊：“丝绸之路经济带”、“跨欧亚发展带”和“草原之路”相互对接

（一）中俄是蒙古国的主要经济合作伙伴

蒙古国的地理位置决定了它只有两个主要经济合作伙伴，即中国和俄罗斯。1993 年，俄蒙两国签署了《友好关系与合作条约》。但 1990 年两国签署《关于贸易采用可自由兑换货币结算的政府间协定》之后，整个 90 年代两国贸易规模大幅度缩减，从 1992 年的 12.6 亿美元减少到 1996 年的 2.8 亿美元。1996 年俄蒙贸易额在蒙古国对外贸易总额中的占比从 20 世纪 80 年代的 85% ~90% 缩减到 27.5% 。蒙古国在独联体之外的主要贸易伙伴是中国（占 16.1%）、日本（占 13.1%）、瑞士（占 13%）、韩国（占 6%）、意大利（占 3.9%）。进入 21 世纪，俄蒙经贸关系仍然没有得到恢复。2001 年蒙古国对外贸易总额为 9.4 亿美元，其中俄蒙贸易额 2.4 亿美元，占 25.7% ；中蒙贸易额 3.8 亿美元，占比升至 40.4% 。2000 年代中期开始，俄蒙经济合作进入快车道，从 2006 年的 5.9 亿美元增加到 2008 年的 13 亿美元。但是，俄在蒙古国对外贸易总额中的占比进一步下降

至21.3%，而中国的占比达到47%。在俄蒙贸易中，进出口结构严重失衡，90%的贸易额体现在俄对蒙古国的出口，主要出口产品仍然是石油制品和电力。俄在蒙古国出口总额中只占3%。2010~2013年俄在蒙古国对外贸易中的占比进一步下降到15%~18%，而中国则达到50%。2012年俄在蒙古国进口总额中占27.4%，在出口中仅占1.8%；而中国则分别达到92.6%和27.6%。俄对蒙古国投资数额也不大，截至2008年底只有200万美元。而中国在1990~2010年的20年间对蒙古国的投资达到18亿美元，占蒙古国吸引外国直接投资总额的53%。在蒙古国的中资企业达到5300家，占蒙古国外资企业总数的50%；而同期俄资企业数量为769家，在直接投资总规模中的占比不足2%。

（二）中俄共建蒙古国“草原之路”

1994年，中国和蒙古国重新签署了《中蒙友好合作关系条约》，为两国关系健康稳定发展奠定了政治和法律基础。1998年，蒙古国总统巴嘎班迪访华期间发表的联合声明确定建立面向21世纪长期稳定、健康互信的睦邻友好合作关系。2003年，时任国家主席胡锦涛访问蒙古国，双方宣布建立睦邻互信伙伴关系。2011年，蒙古国总理巴特包勒德访华，双方宣布建立战略伙伴关系，中蒙两国关系发展开始提速。2013年，两国政府签署了《中蒙战略伙伴关系中长期发展纲要》。1999年中国就取代俄罗斯成为蒙古国的第一大贸易伙伴国，双边贸易额从2001年的3.8亿美元增加到2013年的60亿美元，占蒙古国对外贸易总额的一半以上。截至2013年10月，中国无论是占外资企业总数的比例还是占外国直接投资总额的比例均超过50%，中国对蒙古国累计直接投资总额超过25亿美元，成为第一大投资来源国。中国对蒙古国的投资并没有局限于资源领域，而是涵盖了贸易、餐饮、服务、建筑工程与建材生产、畜产品加工和食品生产等行业。

2014年8月，习近平主席访问蒙古国，将两国关系进一步提升为全面战略伙伴关系，双方签署了26项合作协议，其中多数涉及经贸、金融、能源和基础设施建设。双方达成协议扩大铁路运输规模，把双边贸易额提高到100亿美元，将货币互换额度从100亿元人民币增加到150亿元，蒙古国通过欧亚铁路向欧盟运输的货物量将增加到每年1亿吨，中国向蒙古国提供的出海口将达到8个。习近平主席为中蒙经济合作的方向确定了矿产资源开发、基础设施建设和金融合作“三位一体，统筹推进”的原则，以互联互通建设为优先方向，以建设“丝绸之路经济带”为契机，拓展两国合作，鼓励有实力的中国企业赴蒙投资兴业。习近平在蒙古国大呼拉尔发表演讲时表示，“中方愿同蒙方加强在‘丝绸之路经济带’倡议下合作，对蒙方提出的‘草原之路’倡议持积极和开放态度。双方可以在亚洲基础设施投资银行等新的平台加强合作，共同发展，共同受益”。

蒙古国确定实施“草原之路”计划，充分发挥作为欧亚桥梁的地理优势，通过运输贸易振兴本国经济。“草原之路”战略规划了五个庞大项目：连接中国和俄罗斯、贯穿蒙古国的997公里高速公路，1100公里铁路的电气化改造和复线建设，高压输电线路和石油、天然气管道。总投资需要500亿美元。蒙古国政府期望该计划的实施能为本国带来更多投资并带动产业升级，提升本国的能源和矿产开采与加工能力。

自从2012年俄对外政策开始向东转，特别是西方对俄进行制裁，迫使其加强与亚洲国家的关系。俄在蒙古国的利益具有战略性意义，是其对外政策东方部分的重要内容。为了加强与蒙古国的关系，2014年9月普京对蒙古国进行了工作访问，蒙古国总统建议普京走上“草原之路”。对经过蒙古国领土的过境运输铁路线进行现代化改造，增加运能，提高速度，实现苏赫巴托—赛音山达—扎门乌德（1100公里）线路电气化和建设复线，俄铁路总公司和蒙古国道路和运输部已经签署了这一合作文件。两国元首还签署了互免签证、俄向蒙古国提供无偿军事技术援助等一系列合作文件。两国政府正在制定发展和深化合作路线图。蒙古国希望成为俄天然气输送到中国的过境国。俄取消了蒙古国动物制品的限制。近年来，中俄蒙三国就建立生物安全统一标准问题开展了积极的工作。2013 年 12 月，中俄蒙三国铁路部门代表在乌兰巴托举行第一次会议，讨论了过境转运问题，其中包括作为欧亚天然大陆桥的“北方”国际交通走廊。三方确认开展铁路跨境运输合作，提升现有铁路运能，成立三方运输物流联合公司，均衡发展并提升乌兰乌德—纳乌什基—苏赫巴托—扎门乌德—二连浩特—集宁铁路线各区段的铁路运输能力，发展铁路教育机构合作并支持人才培养和科研合作。

2014 年 9 月，中俄蒙三国元首在杜尚别实现首次会晤。习近平表示，“中方提出共建“丝绸之路经济带”倡议，获得俄方和蒙方积极响应。可以把“丝绸之路经济带”同俄罗斯“跨欧亚大铁路”、蒙古国‘草原之路’倡议进行对接，打造中蒙俄经济走廊”。俄总统普京认为，中方共建“丝绸之路经济带”的倡议为三国合作提供了新的重要机遇。额勒贝格道尔吉表示，蒙古国从战略高度重视同中俄发展更加紧密的睦邻友好合作关系。习近平主席和普京总统对蒙古国的访问推动了蒙中、蒙俄关系发展，蒙方希望加强同中、俄的合作来拉动交通基础设施互联互通和跨境运输。三方决定建立副外长级磋商机制，统筹推进三国合作。2015 年 7 月，三国元首在俄罗斯乌法举行第二次会晤，制定了三国合作路线图和中蒙俄经济走廊建设纲要，成立了三国跨境联合运输公司。

（三）中国东北振兴对接俄罗斯远东开发

近年来中俄贸易额迅速攀升，据俄海关统计，从全球金融危机最严重的 2009 年的 381.4 亿美元强劲回升到 2010 年的 570.5 亿美元，2011 年和 2012 年超过 700 亿美元，2013 年经过小幅下调之后，2014 年达到 884 亿美元。按照中国海关统计，2014 年两国贸易额已达 952.8 亿美元。

必须紧紧抓住俄开发开放西伯利亚和远东的机遇，努力实现与中国振兴东北地区战略的对接。中国振兴东北老工业基地需要与俄的技术合作，俄开发西伯利亚和远东需要中国的投资、技术和劳动力。东北老工业基地的振兴，能够在一定程度上承接国际制造业的战略转移和辐射功能，有助于满足俄远东开发对加工制造业发展的需求。因此，中国振兴东北战略与俄远东开发战略的协同推进和对接，必将进一步提升两国毗邻地区经济合作水平。为实现两国毗邻地区开发战略的对接，2009 年中俄两国元首签署了《中国东北地区与俄罗斯远东及东西伯利亚地区合作规划纲要（2009—2018 年）》。2013 年习近平主席访俄期间与普京总统共同签署的《中俄联合声明》强调，“充分发挥中俄地方领导人定期会晤的作用，加大《中国东北地区与俄罗斯远东及东西伯利亚地区合作规划纲要》的实施力度，扩大地区合作范围，提高地方合作效率”。俄开发西伯利亚和远东战略与中国振兴东北政策相互对接，一方面将充实和促进亚太地区的经济合作，推动东北亚安全合作机制的诞生，使该地区国际力量更加均衡化，地区合作机制得到优化和整合；另一方面还将拓展中俄合作领域，促进合作模式转型。

在基础设施互联互通方面，从俄斯科沃罗季诺到中国大庆的中俄石油运输管道于 2010 年 9 月竣工，两国元首出席了第一个基础设施互联互通的重大项目的竣工仪式。2011 年 1 月该管道正式投入运营，20 年内将向中国输送 3 亿吨石油。作为《中国东北地区与俄罗斯远东及东西伯利亚地区合作规划纲要》重点项目之一的同江—下列宁斯科耶大桥建设协定议定书分别在 2011 年和 2012 年得到中俄两国政府的正式批准，2014 年大桥建设正式奠基，预计 2017 年竣工。这是跨中俄两国界河黑龙江的第一座铁路大桥。2014 年两国元首签署的《中俄联合声明》中在加快发展跨境交通基础设施方面还提到，建设“黑河—布拉戈维申斯克界河桥，改善中方货物经俄铁路网络、远东港口及北方航道过境运输条件”。2014 年，中俄两国签署为期 30 年价值 4000 亿美元的天然气供应协议，每年输送 380 亿立方米的天然气。2014 年 9 月，跨越黑龙江界河的中俄东线天然气管道俄境内“西伯利亚力量”管道的开工仪式举行。西线管道也在谈判中。2015 年 5 月，中俄两国就中国参与莫斯科—喀山高铁建设达成协议，成为中国高铁第一份海外订单。2013 年以来，中俄两国已经签署近 100 份合作文件，内容涉及石油、天然气、煤炭、核能等能源领域，以及航空、航天、造船、互联网等高新技术部门和金融、贸易便利化、交通等基础设施、农业、环境保护等各个方面。

为对接俄远东开发，加快中国东北地区沿边开发开放，须从以下几方面着手。（1）实现贸易方式创新，从产业间贸易转向产业内贸易，从以一般贸易为主转向以加工贸易为主，在发展货物贸易的同时提高服务贸易的比重，实现进出口商品结构升级，提高投资品、高新技术产品等高附加值产品的比重。（2）加大两国相互投资力度。中央部门有必要扶持黑龙江等省提高投资能力，在林业和木材加工、农业和农产品加工、能源和能源产品加工等领域加强对俄投资，就基础设施建设开展合作，通过大型项目带动沿边地区实体经济的发展。以投资带动贸易，通过俄远东将市场向亚太和欧洲、中亚地区扩展。为此，须切实贯彻实施《中国东北地区与俄罗斯远东及东西伯利亚地区合作规划纲要》。（3）在周边地区实现互联互通的网络化建设框架内，有必要支持沿边地区国际大通道建设，通过跨境经济合作区、综合保税区等开发开放的形式，实现跨境经济的融合与经济一体化的推进。同时，必须重点支持沿边口岸的港口、道路、园区等基础设施建设。（4）努力维护中俄重大合作项目的可持续性，采取措施调动俄方合作的积极性。在深化能源和新技术研究领域合作的基础上，合理重视和平衡双方利益，防止激发资源民族主义。适度考虑引进第三方机制，既可减少俄对中国的疑虑，又可加强亚太多边合作。

四　中蒙俄经济走廊推动东北亚区域合作

经国务院授权，国家发改委、外交部和商务部于 2015 年 3 月发布的《推进共建丝绸之路经济带和 21 世纪海上丝绸之路的愿景与行动》在中蒙俄经济走廊建设方面指出：“发挥内蒙古联通俄蒙的区位优势，完善黑龙江对俄铁路通道和区域铁路网，以及黑龙江、吉林、辽宁与俄远东地区陆海联运合作，推进构建北京—莫斯科欧亚高速运输走廊，建设向北开放的重要窗口。”建设中蒙俄经济走廊和“黑龙江陆海丝绸之路经济带”已经正式纳入国际级战略版图。

打造中蒙俄经济走廊，首先要加强国际交通基础设施建设，实现中俄蒙互联互通。这里应充分发挥三条大通道的作用。

一是中国华北京津冀—内蒙古二连浩特—蒙古国乌兰巴托—俄罗斯乌兰乌德。蒙古国境内段，已经规划为“草原之路”并与中、俄两国进行合作，进行铁路电气化改造，修建高速公路，铺设石油和天然气管道，架设高压输电线路。俄境内也在对西伯利亚大铁路和贝阿铁路进行现代化改造。2014 年中国境内的二连浩特—集宁段也已开工 330 公里的扩能改造项目。

二是俄赤塔—中国内蒙古满洲里—哈尔滨—绥芬河—俄符拉迪沃斯托克（海参崴），这一通道将黑龙江省与欧洲联系起来，同时黑龙江省在太平洋确立了出海口。《黑龙江省与内蒙古东部沿边开发开放规划》和《中国东北地区面向东北亚区域开放规划纲要》已将这条通道建设作为重要战略之一。中国铁路总公司和俄铁路部门已经就打通这条中欧陆路跨境运输建立了密切协调机制，现已开通“津满欧”“苏满欧”“粤满欧”“沈满欧”等“中俄欧”铁路国际货物班列，并基本实现常态化运营。东北地区通过大连—沈阳—长春—哈尔滨高铁与该通道无缝对接，与北京形成高速运输通道。

三是蒙古国乌兰巴托—乔巴山—霍特—中国内蒙古阿尔山—吉林白城—长春—珲春—俄扎鲁比诺港。2009 年 8 月，国务院批复了《中国图们江区域合作开发规划纲要——以长吉图为开发开放先导区》，对中、蒙、俄、朝国际合作及这条中俄蒙国际大通道做出了详细规划。根据吉林省政府发布的《〈关于国务院近期支持东北振兴若干重大政策举措〉的落实意见》，吉林省将积极开辟珲春—俄扎鲁比诺港—日本新潟、珲春—扎鲁比诺港—韩国釜山陆海联运航线，加快推进中蒙“两山”铁路前期工作。2013 年 8 月中国珲春—俄马哈林诺国际联运铁路列车重启。2015 年 5 月，中国吉林珲春—俄马哈林诺—扎鲁比诺—韩国釜山国际陆海联运航线开通。

这三条大通道贯穿京津冀协同发展、环渤海经济合作和东北振兴以及俄远东及东西伯利亚开发和蒙古国矿业兴国战略。交通基础设施的互联互通将促进整个东北亚地区的区域经济合作，小图们江区域合作将华丽转身为大图们江区域合作，东北亚区域经济合作离不开朝鲜、韩国和日本的合作。中韩自由贸易谈判已在2014 年底结束实质性谈判，中日韩自由贸易谈判也在紧张进行当中。这两个自贸区的建设将助推东北亚区域经济合作进一步提速。考虑到俄东西伯利亚和远东开发是面向整个亚太地区，寄希望于日本和韩国的资金和技术，计划与亚太经合组织各经济体韩国、日本、东盟、印度等启动一系列自由贸易协商谈判，与中国的自贸区谈判尚未列入议事日程。中国东北地区老工业基地也面临技术的升级改造，希望与美国、日本、韩国加强技术合作。蒙古国更是将寻求“第三邻国”作为其外交政策的核心，将自己的矿产资源出口到中俄以外的第三国如日本、韩国和东南亚国家。日本和韩国也迫切需要俄罗斯和蒙古国的能源和矿产原料。因此，有必要吸引日本和韩国乃至美国和朝鲜加入中蒙俄经济走廊建设，共同推进东北亚区域经济合作。中韩自贸区和中日韩自贸区的建设有助于吸引俄加入自贸区谈判，共同将东北亚区域经济合作推向东北亚自由贸易区。其与中国—东盟自贸区升级版、日本—东盟自贸区、韩国—东盟自贸区以及中国—澳大利亚自贸区、中国—新西兰自贸区和区域全面经济伙伴关系（RCEP）共同构成2014 年中国举办 APEC 峰会期间提出的亚太自贸区（FTAAP）的基本框架。

必须正视中蒙俄经贸合作面临的挑战和问题。首先，随着三方经济发展水平的不断提高，贸易方式面临创新。中俄蒙贸易 20 多年来“原材料换消费品”的贸易模式并没有得到实质性改善。俄蒙正在实施经济现代化战略，必将改变原料出口的发展模式，吸引投资，发展加工业，鼓励深加工。以投资带动产业内贸易将成为国际贸易发展的必然趋势。其次，目前中、日、韩在与俄远东商品贸易中呈现三分天下的局面，中国略占优势。然而在向俄远东地区出口商品结构中，中国以消费品为主，附加值低，而日、韩则以投资品为主，附加值高，且具有技术方面的优势。中、日、韩之间既存在竞争也具有合作的可能性。最后，俄蒙对中国崛起的负面情绪影响双边合作的长期运行。此外，俄蒙较为严重的腐败和不利的投资环境也制约着中国对其投资。

中蒙俄经济走廊建设可以促进欧亚经济一体化，建设欧亚共同经济空间，共同引领来自亚太和欧洲的国家参与欧亚大陆经济整合的新格局，从而对当前世界经济版图产生重要影响，促进新的全球政治经济秩序的形成。

五　经济走廊建设的制约因素

尽管中、俄、蒙三国都迫切需要进一步加强经济合作，三国的国家发展战略也高度契合，又都有加强合作的意愿，但是也应看到，还存在一系列制约中蒙俄经济走廊建设的因素。对此，各方须高度重视，努力化解制约因素和困难、风险，将中蒙俄经济走廊建设成为推进东北亚区域经济合作的康庄大道。

第一，“一带一路”建设的“政策沟通、设施联通、贸易畅通、资金融通和民心相通”的内容中，“民心相通”是基础。中蒙俄之间合作的主要障碍就是相互之间缺乏必要的信任。俄罗斯本能地具有欧洲中心主义和亲欧情结，既要与中国加强合作，又担心对中国形成依赖，担心中国向西伯利亚和远东扩张，担心“丝绸之路经济带”对其主导的欧亚经济联盟形成冲击。蒙古国对中俄两国也不完全信任，积极寻求所谓的“第三邻国”。此外，中国的迅速崛起必然引起包括俄罗斯和蒙古国在内的周边国家的恐惧和不安。

第二，东北亚地区存在一系列历史遗留问题。由于俄日之间存在南千岛群岛（日称“北方四岛”）领土争端，至今没有签署和平协议。在朝鲜半岛上，朝、韩仍然处于尖锐的军事对峙状态。日韩之间也存在独岛（竹岛）等领土争议。由于钓鱼岛和日本军国主义复活以及日本当局否认或美化侵略等历史问题，中日关系趋于恶化。中日韩自贸区谈判也正是在这种背景下艰难启动的，进展缓慢。

第三，美国以美日韩同盟为推手实施旨在遏制中国的亚太战略再平衡。随着中国的强势崛起，美国感到自己的全球霸权地位受到挑战和威胁，在2011年开始其所谓的“亚太战略再平衡”，通过构建TPP，强化美日同盟，扩大西太平洋武力部署，挑起日中钓鱼岛和南海岛屿主权争端，加剧地区紧张局势，试图遏制中国的崛起。

第四，经济发展水平和经济结构差距大，经济体制各不相同。据世界银行资料，2013年中国经济规模达9.24万亿美元，占世界第二位，但人均GDP仅为6807美元；日本4.92万亿美元，仅为中国的一半，但人均高达38633美元；俄罗斯2.10万亿美元，人均14612美元；韩国1.31万亿美元，人均25977美元；蒙古国只有115.2亿美元，人均4056美元；朝鲜没有确切的数据，但基本属于贫困国家。如此悬殊的经济规模和不同的发展阶段，导致各国经济政策不能相互衔接。

第五，中俄蒙三国政治、经济、人文合作与交流发展不平衡，归根结底取决于三国宗教基础、国家认同、历史认同与文化认同的结构性差异认知，形成不同的社会和政治制度，缺乏共同价值观，进而缺乏合作的社会基础。

（作者系上海国际问题研究院俄罗斯问题研究中心教授，博士生导师。该文原载《西伯利亚研究》2016年第1期）

中俄经贸合作前景及其思考

陆南泉

2015 年俄罗斯经济出现更为复杂的局面，GDP 下降 3.7%，对外贸易额下降幅度达 30%。这一年中俄贸易额为 680.6 亿美元，比上年下降 28.6%。在今后一个时期内，俄罗斯经济形势仍是复杂与严峻的。在上述情况下，如何认识中俄经贸合作前景，应是一个值得研究的问题，这需要对影响今后中俄经贸合作诸因素加以分析。

一　在当今国际大格局背景下，把握中俄两国战略依托关系

近几年，对中俄两国来说，不论是从国际环境还是从国内情势来看，都出现不少新的情况，两国地缘政治环境与国内经济进程所面临的挑战具有很大的相似性，两国在一些重要战略领域的共识日益增强，这为进一步发展中俄双边关系提供了一个重要前提，从而也为两国经贸关系发展创造了新的机遇与新的有利因素。

这几年来，国际关系特别是大国关系发生了深刻而又复杂的变化。在大国关系发生重大变化过程中，从美对中俄的共同政策来看，由于中俄两国与美国战略利益不同，因此在一些重大国际问题上矛盾与分歧难以消除，地缘战略的争夺、挤压与反挤压、遏制与反遏制等方面的斗争将会加剧和长期存在。特别在乌克兰与南海问题出现之后，美国对中俄两国的遏制进一步强化。中俄两国都是美国遏制的对象，这是中、俄、美三国关系的突出特点。在上述背景下，中俄对业已建立的战略协作伙伴关系在俄总战略格局中的重要性有更清醒的认识，清楚地意识到美遏制俄的政策在短期内难以改变，两国仍将是主要战略对手，从而进一步认定，中俄在战略利益上较为接近，两国战略依托度将强化，在一些重大国际问题上的共识增多，如共同推动世界多极化，反对单边主义，建立公正、民主的国际新秩序，等等。这些因素使中俄更加认识到两国间存在长期、共同的战略依托，在大国关系中双方都把对方视为取得有利地位的主要对象。在国内外复杂的情势下，两国都需要强化业已建立起来的全面战略协作伙伴关系，以便改善自己的政治与经济环境。而在这方面起重要作用的是提高经贸合作水平。正如时任中国国务院副总理李克强于 2012 年 4 月对俄罗斯访问期间，在出席中俄贸易和投资促进会议的讲演中，谈到中俄经贸合作战略意义时指出的："经贸合作是中俄战略协作伙伴关系的重要基石，是支撑中俄关系向前发展的重要动力。"

二　俄对中国"一带一路"倡议从担心影响其利益转向认同与支持

一开始，当中国提出"一带一路"构想时，俄罗斯不少人有疑虑，担心会影响俄在中亚的地位，俄会被边缘化。后来经过研究与两国间的沟通，特别是在 2015 年 5 月 8 日中俄两国元首签署《中华人民共和国与俄罗斯联邦关

于丝绸之路经济带建设和欧亚经济联盟建设对接合作的联合声明》后，俄方表示支持“一带一路”倡议，愿与中方密切合作，推动落实该倡议。中方表示支持俄方积极推进欧亚经济联盟框架内一体化进程，并将启动与欧亚经济联盟经贸合作方面的协议谈判。

实际上，中国 2013 年提出“一带一路”倡议，从国际背景来看，是与经济全球化、强化区域与周边国家经济合作的客观要求密切相关。这几年来，与中、俄相关联的周边国家在区域经济合作方面已提出很多战略设想，如美国提出的跨太平洋战略伙伴协定（TPP）、希拉里 2011 年 9 月提出的绕开中国与力图孤立中国的“新丝绸之路战略”，俄罗斯倡导的“欧亚经济联盟”“跨欧亚发展带”“北方海上之路”，蒙古国提出的“草原丝绸之路”，等等。另外，还看到亚太地区的自贸区与各种形式的经济圈等区域经济合作组织都在发展。在上述情况下，中国要加强与世界各国特别是与亚太国家经济合作必须提出新的构想，要有新的思路。所以，我们说“一带一路”倡议的提出是十分有必要的，也是十分及时的。从国内背景来看，“一带一路”建设，是我国形成全方位开放新格局的一项重大政策。其重要意义表现在两方面。第一，适应对外开放格局调整趋势的要求。中国在继续扩大沿海地区开放的同时，随着中国实施西部大开发战略和振兴东北战略，西部地区和东北地区的开放步伐需要加快。“一带一路”建设有利于“深化沿海开放，加快内地开放，提高沿边开放，实行对内对外开放相互促进”方针的实现。第二，从沿边战略来看亚太地区的重要性。中国东北三省，在实行沿边发展战略、加速对外开放过程中，可以充分利用其自身优势，积极加强与亚太地区各国合作。这样，既可加速沿边地区经济发展，又可对推动亚太地区发展起重要作用。

十分明显，“一带一路”建设，对中国在适应国内外经济合作新变化条件下实现全方位开放战略具有创新意义。

“一带一路”建设，丝绸之路经济带建设要先行。实际上“一带”建设已有一定基础，不少合作项目已经开始或正在酝酿中。“一带”的境外建设，俄罗斯、中亚是重点地区。很显然，“一带”的实施对推进中俄经贸合作是个有利因素。正如俄学者 C. 比留科夫指出的：丝绸之路经济带与欧亚经济联盟结合起来，具有非常重要的意义和现实性，不仅会带动中亚经济社会发展，也会推动俄罗斯西西伯利亚和东西伯利亚地区的发展。

俄卫星新闻网 2016 年 4 月 10 日报道称，据社会舆论基金会消息，俄罗斯人认为最友好的国家是白俄罗斯（68%）、中国（56%）与哈萨克斯坦（50%），2014 年 4 月以来，俄罗斯人就一直持这一观点。俄罗斯人视中国为第二个最为友好国家的重要原因之一是中国是俄重要的贸易伙伴。

三　不利的政治经济环境促使俄战略重心向亚太地区转移

乌克兰危机后俄受到西方制裁，俄与美、欧盟的关系短期内难以改善，这促使俄罗斯战略重心向亚太地区转移。俄认识到，亚太地区是当今世界上最重要与最活跃的地区，该地区经济的重要性在不断上升，21 世纪将是亚太世纪，世界经济与贸易重点已日趋转向亚太地区，俄罗斯必须做好准备，使其东部地区适应这一发展趋势。当前亚太地区占世界 GDP 的 57.5%、世界贸易总额的 48%，40% 以上的外国直接投资都已经落在 APEC 成员国家。据专家估计，这些指标在近年内可能还会增长。目前在俄罗斯对外贸易中，亚太经济合作组织的比重为 24%。特别须指出的是，随着美国战略重心向亚太地区转移，俄罗斯战略东移亚太，一方面通过强化与亚太地区经贸关系来改善国内经济状况，另一方面利用亚太地区目前复杂的局面，尽可能获得更多的战略利益，从而提高其在亚太地区的政治地位。

俄罗斯战略东移亚太，也是为了调整能源合作战略的需要。在今后相当一个时期里，俄东部地区与亚太地区经济合作的主要领域是能源，特别是石油与天然气。但当前这方面的合作尚有限，而对俄罗斯来说，能源出口战略东移日益迫切，这是因为乌克兰危机使欧盟不得不痛下决心降低对俄油气的依赖。为此，欧盟可能采取的对策有：一是通过可再生能源与传统的核电与火电代替天然气；二是通过优化基础设施，创造条件让更多地区向欧盟输入天然气；三是提高欧盟自身天然气产量；四是除开源外，节能也是减少对俄罗斯天然气依赖的一个重要途径；五是从较长一个时期分析，美国将向欧盟出口液化天然气；六是欧盟在积极努力把能源问题列入打造欧盟—美国自贸区的谈判内容，以便借助这一组织形式增强能源来源保证。

上述情况，使俄更下决心推进能源出口多元化，加快发展对亚洲地区的能源合作，准备把天然气工业公司对亚洲出口量提高到占其总出口量的 20% ~30%。所以，俄能源出口战略东移不是权宜之计。

四　为了摆脱国内外困境，俄下更大决心加速开发开放东部地区

俄罗斯经济能否尽快回升，保证经济稳定发展，在相当大程度上取决于东部地区的发展。由于东部地区特别是远东地区经济发展落后，人民生活一直低于全俄平均水平。据统计，远东人均医疗投入仅为全俄平均水平的 1/25，社会保障投入仅为全俄平均水平的 1/10，生活水平和人均寿命更是低于全俄平均数值，从而导致人口大量外流。目前远东地区人口仅有 600 多万人，比 1991 年减少近 190 万人，降幅达 23%。这里须特别指出的是，俄东部地区基础设施特别是交通运输较为落后。《俄罗斯联邦远东和外贝加尔 1996—2005 年及 2010 年前社会经济发展专项纲要》指出：“远东和外贝加尔占俄疆土的 40%，交通运输网欠发达。这是制约其经济发展的重要原因之一。”“与全国平均数相比，按 1 万平方公里计算，该地区公共使用的铁路经营长度比全国少 2/3，硬面公路比全国少 4/5。”

就全俄来讲，交通基础设施也大大落后于俄经济发展的要求。对此，2016 年 1 月 13 日《俄罗斯商业咨询日报》发表的 B. 伊诺泽姆采夫《普京十六年的总结》一文，批评普京在这一领域的失误时指出，16 年来，俄没有铺一公里的现代化高速铁路，2014 ~ 2015 年修公路 1200 公里，相当于 2000 年的 1/4，20 世纪 90 年代就开工的莫斯科至圣彼得堡公路，至 2016 年还未完成。居民天然气覆盖率一年内提升 0.1%，达到 65.4%，按此速度，国家实现完全的天然气化要等到 22 世纪初了。16 年来俄港口吞吐量的增长相当于上海一个港口的 50%。2014 年通过北方海上航道运输的物资仅有 13 万吨，较 1999 年 46 万吨更少。基础设施建设跟不上，长期处于落后状态，必然阻遏经济的发展。

俄罗斯强化战略东移亚太的一个重要目的是加速开发开放东部地区，俄依赖东部的能源。通过对亚太地区能源合作，获得开发俄东部地区所需要的大量资金、技术与设备。俄罗斯加速开发开放东部地区主要面向亚太地区，并视东部为连接的重要接口。俄参与“丝绸之路经济带”建设与加入亚投行，对其改善全俄特别是东部地区交通基础设施是极为有利的。

五　全面认识当今与今后一个时期俄面临的国内困境对中俄经贸合作的影响

（一）导致2015年俄出现严峻经济形势深层因素

2015 年俄罗斯经济之所以陷入严重困境，不单单受制于 2015 年国际市场油价大幅度下跌与西方经济制裁这两个因素，而是有其更复杂

与深层的原因。如果只从油价下跌与西方制裁去分析形成俄2015年经济困局的原因，那么就无法解释2013年在油价年均超过每桶100美元与没有西方制裁的情况下，其GDP增速已降至1.3%。俄罗斯经济2015年出现萎缩，主要是俄国内各种因素作用的结果。笔者在过去发表的拙文中曾多次指出，这几年来俄罗斯出现的严重经济衰退乃至危机是结构性的。这种结构性问题长期得不到解决，与俄罗斯经济转型25年过程中存在的以下政策失误有关。

1. 过度依赖能源

经济转型过程中，不仅没有调整过度依赖能源的结构政策，而且在经济发展进程中“三化”更加明显。一是经济原材料化，即经济发展依赖能源等原材料部门。二是出口原材料化。俄罗斯出口产品按所占比重排序，能源等原材料产品占首位，一般要占出口总额的80%。三是投资原材料化，即俄投资相当大部分用于采掘工业。应该说，俄早就意识到过度依赖能源的经济结构所带来的消极后果，但缘何长期难以解决这个问题，笔者认为，它是受到多种因素的影响。

其一，惯性地迷恋资源红利。作为苏联继承国的俄罗斯，在世界上是资源极为丰富的国家，占全世界自然资源的40%。俄罗斯与苏联一样，充分利用这一条件，在资源配置上重视能源生产与出口，尽力巩固其在国际上的原料供应基地的地位。拿2015年来讲，尽管整个经济大幅度下行，但石油生产量还是比上年增长1%（5.34亿吨），尽管对外贸易额下降1/3，但石油出口却增长7.5%。这说明，资源禀赋决定了俄罗斯的比较优势与发展模式的选择。还应看到近几年来世界再生能源有大的发展，但今后相当长一个时期起主导作用的仍是化石燃料，这也决定了俄在短期内不会放弃在国际分工中扮演的能源供应国的角色。从政治上来讲，俄罗斯一直利用油气资源出口这张牌，除获取最大经济利益外，还可获取最大外交利益。大量出口油气，对提升其国际地位，巩固发展与别国特别是欧盟的关系，都起着十分重要的作用。

其二，追求增长速度，热衷“赶超”战略。从沙皇俄国到当今的俄罗斯，片面追求经济发展速度，热衷“赶超”战略，是一直存在的通病。普京执政后，针对叶利钦时期经济出现严重的转型危机，就在1999年12月30日发表的《千年之交的俄罗斯》一文中强调说：“经济必须尽快快速发展”，“达到应有的增长速度，不仅是一个经济问题，也是一个政治问题”。2009年俄公布的《到2030年前俄罗斯能源战略》文件中规定，俄2016～2020年GDP年均增长率的三种方案为6.4%、6.9%与6.2%。不管哪种方案，增速都超过6%。为了保证增长速度，不得不支持能源部门的发展，通过大量出口油气获得外汇收入，用来增加投资和提高居民收入水平，从而扩大内需。这样，势必弱化调整经济结构的力度。

其三，通过创新建立能对经济发展起主要作用的新兴产业乏力。前面我们已谈及，俄罗斯早就提出要通过资源型经济过渡到创新型经济，创建新兴产业，促进经济结构调整。普京在2008年卸任总统前就提出，要大力发展航天航空、造船和能源动力、信息与医疗等新技术领域。梅德韦杰夫任总统后，为了实现俄罗斯经济现代化，明确提出在高效节能技术、核子技术、航天技术、医学技术与战略信息技术五个战略方向展开工作，并在莫斯近郊科尔科沃建立类似“美国硅谷”那样的高科技园区。但这些设想，由于俄企业创新积极性差（只有10%的企业具有创新积极性，5%的企业属于创新企业），加上创新领域的投资不足等因素，力图通过创新发展新兴产业来调整经济结构的设想，未取得明显效果。目前，俄高新技术产品出口额在全世界同类产品出口总额中所占比重还不到0.2%。

其四，通过全面实施进口替代政策，发展本国制造业与加工业，以此来调整经济结构，这不是短期能见效的。西方制裁后，俄罗斯把实施进口替代政策作为经济工作的优先方向，并在2015年8月4日成立联邦政府进口替代委员会，俄总理梅德韦杰夫任主席，下设民用经济委员会与国防工业委员会。俄借西方制裁之际，下决心实施进口替代政策，计划到2018年，出口产品中深加工产品将增加1.5倍，将陆续出台扶持农业、轻工业、制造业的进口替代政策，形成一个庞大的涉及各个行业的制造业集群。俄石油公司计划在未来3～4年使公司的国产设备使用率提高到75%以上。如果上述政策能顺利实施，对俄调整经济结构会产生大的影响，也可能成为俄再工业化与经济现代化的步骤。问题是，这个政策的实施会遇到不少困难，在相当长一个时期内缺乏资金是一个重要的制约因素，再加上创新能力差、缺乏技术力量等因素，都使进口替代政策对经济结构调整作用短期内难以体现，须有个较长的过程。再说，俄罗斯有个顽疾，一旦能源价格上升了，就会忘记过度依赖能源对经济造成的后果。

其五，还有一个不能被忽视的因素是，在当今世界，石油等能源的作用正被重新定位，它不仅具有重要经济意义，并且其政治意义越来越明显，在国际上成为重要的外交资本。近几年来，俄罗斯一直在追求成为国际上能源出口大国。在这种背景下，俄罗斯不可能放松能源部门的发展。

以上因素客观上迫使俄实行有利于能源部门发展与出口的宏观经济政策。

特别要指出的是，俄过度依赖能源的情况在普京执政16年期间呈进一步发展态势，1999年俄原油、石油产品与天然气出口所占比例为39.7%，而2014年上升到69.5%。对此，2008年时任总统梅德韦杰夫在其《前进，俄罗斯!》一文指出，“20年来激烈的改革也没有让我们的国家从熟悉的原料依赖中摆脱出来”，“简单地依靠原料出口来换取成品的习惯导致经济长期的落后”。

2. 制造业与加工工业严重衰退

在苏联解体前的1990年，在整个工业中能源与原材料工业占33.5%，制造业占66.5%；而到2014年，这两者比例倒过来了，前者占67.2%，后者降至32.8%，导致这一领域进出口结构的重大变化。在苏联时期的70年代，机器设备与运输工具占出口总额的24.81%，2014年下降到5%。当今，俄工业部门的绝大部分产品依赖进口：机床制造业超过90%，重型机器制造业达60%～80%，轻工业70%～80%，无线电工业80%～90%，制药和医疗行业70%～80%。由于加工工业的落后，俄一方面大量出口粮食（2014年出口2980万吨），而另一方面大量进口食品与食品原料。俄罗斯科学院经济研究所第一副所长索罗金指出，问题还在于“俄罗斯主要工业设施严重老化，到目前至少落后发达国家20年，生产出的产品在国际上不具有竞争力。机器制造业投资比重为2%～3%。同发达国家相比明显存在技术差距。原料出口国对原料产业先进设备供应国的依赖令人担忧”。另外，还应看到，目前俄罗斯工业企业中生产设备不足的占18%。很多企业需要投资更新设备。消费品工业的设备老化更为严重，如轻工业部门固定资产更新率仅为0.5%，设备更新非常缓慢，从而导致俄罗斯消费产品质量与档次都处于低位，在国内外市场都缺乏竞争力。有学者指出，普京在这方面的失误是，在发展能源部门的同时没有进行工业产业的恢复性建设。产生上述失误有三个原因：一是普京认为能源产业能最快恢复俄罗斯经济，恢复工业产业则见效会比较慢；二是普京需要在能源快速恢复和工业恢复建设方面做出选择，因为工业产业的建设也需要投入资源，这会影响能源产业的扩张；三是普京没有预料到国际能源价格会出现这么大的跌幅。

以上情况说明，当今俄罗斯不是一个工业体，而是资源经济体。一个大国没有了强大的制造业和加工工业，很难保证经济稳定、可持续发展，难以应对国际市场的变化。

3. 没有着力调整企业规模结构严重不合理、中小企业发展缓慢问题

从世界各国的情况来看，中小企业的发展，

不仅对经济发展和变革所有制结构有重要作用，而且在技术创新实现经济现代化上也有不可忽视的意义。中小企业的产值一般占 GDP 的50%以上，但目前俄罗斯中小企业的产值只占 GDP 的21%，这远远低于西方发达国家。中小企业发展缓慢的主要原因有：对转型过程中有关支持中小企业的一些机制法规在实际操作过程中往往不能执行，即各种制度起不到制约作用；中小企业一直存在融资难的问题；官僚主义的行政审批手续烦琐，经营环境不佳，从而提高了企业开业成本。2008 年俄罗斯的企业经营环境排在世界的第 120 位；俄罗斯经济垄断程度高，中小企业很难进入重要经济领域如能源、矿产、交通基础设施等。

4. 未能改变落后、低效的经济增长方式

苏联时期一直是实行粗放型经济增长方式。俄罗斯在向市场经济转型过程中，并没有同时改变经济增长方式，粗放型经济增长方式并未发生实质性变化。俄罗斯仍在实行一种落后、低效的经济增长方式。上面提到的梅德韦杰夫文章中指出：“我们大部分企业的能源有效利用率和劳动生产率低得可耻。这还不是很糟糕。最糟糕的是，企业经理、工程师和官员们对这些问题漠不关心。”“低效的经济，半苏联式的社会环境……所有这些对于像俄罗斯这样的国家来说，都是很大的问题。”2010 年 1 月 13 日，俄罗斯联邦工商会会长叶夫根尼·普里马科夫在一次会上讲：“俄罗斯每生产一吨钢，要比比利时、法国、意大利多消耗两倍的电力，每生产一吨化肥要比阿拉伯国家多耗费五倍的电力。”俄罗斯自苏联时期起就在各项社会经济指标上与世界先进国家有差距，如今这一差距正越来越大。普京在《我们的经济任务》一文中说：“俄罗斯的劳动生产率也就是发达国家的1/3 或 1/4。”俄学者对经济效率的评价更低，拉季科夫认为：“俄罗斯的能源效率是日本的1/18，各经济领域的劳动生产率是先进国家的1/20 ~ 1/4。农业出产率则比遍地石头且缺少阳光的芬兰还要低一半。”

十分明显，不论是当今还是未来，俄罗斯不可能靠大量投入劳力与物力来保证经济稳定与可持续发展。落后、低效的经济增长方式，必将成为俄罗斯经济陷入低速增长期的一个重要因素。

（二）俄罗斯经济发展前景

2016 年与今后中短期内，俄罗斯经济形势仍是复杂与严峻的。2015 年底普京总统签署的 2016 年预算中的基准油价为 50 美元/桶，如果油价能达到这个水平，俄预测 2016 年 GDP 增长 0.7%。但从 2016 年头几个月的情况来看，国际市场油价走势并不乐观，俄财长已决定把 2016 年预算中的基准油价下降为 40 美元，有人估计，很快将会以 30 美元为基准油价。在上述情况下，国际货币基金组织在 2016 年 1 月下旬，将俄罗斯 2016 年 GDP 预期从萎缩 0.6% 下调至萎缩 1%。2016 年 3 月 7 日，国际信用评级机构惠誉预测 2016 年俄经济负增长 1.5%。2016 年 1 月俄央行“风险预测”报告认为，国际油价可能进入 40 美元/桶时代，在此情况下 2016 年俄经济可能下降 5%。

2016 年与今后中短期内，俄经济会继续衰退与萎缩，除了我们前面提到的导致 2015 年俄经济下降原因在 2016 年既不可能发生重大变化，也难以在短期内对经济起积极推动作用外，还有一些阻碍俄经济回升、复苏的因素值得关注。

1. 从国际大环境来看，对俄不利因素并没有减少

这可以从三方面来考察。一是从国际政治环境来看，西方制裁并没有终止，俄与西方特别是与美国的关系短期内难以改善，俄仍处于孤立境地，这极大地影响外资引进。二是从世界经济状况来看，仍是复苏乏力，不容乐观。2016 年按照 PPP 的计算，世界经济增长约为 3%，按照市场汇率计算增长约为 2.5%。世界经济不景气，必然影响俄能源出口。三是这几年来，国际经济政策日趋政治化，突出表现是贸易保护主义、竞争性货币政策与汇率政策在发展。另外，排他性区域经济协作也在发展，它同样会在新建经济合作规则过程中形成新的壁垒。

2. 俄能源生产和国际市场价格面临日趋严重的压力

从油气产量来看，俄出于保持国际市场份额的考虑，尽可能多生产与多出口，获得更多收入。加上在前几年高油价条件下，俄增加了对油气发展的投资，使俄最近几年油气产量一直保持较高水平，2014 年石油产量为 5.267 亿吨，2015 年为 5.33 亿吨；天然气产量 2015 年为 6330 亿立方米，比 2014 年减少 90 亿立方米。根据俄自然资源和环境部部长东斯科伊分析，2016 年俄石油产量仍可保持现有水平，但从 2017 年起，无法保持现有产量，主要原因是从 2015 年开始，由于经济困难，对油气勘探的投资比 2014 年有所减少，其中预算投资从 350 亿卢布减至 280 亿卢布，石油公司的投资已从 3700 亿卢布减至 3250 亿卢布。由于国际油价大跌，在调整投资政策时，首先就是减少油气部门的投资。目前俄石油探明储量为 290 亿吨，其中可采量仅为 140 亿吨，按每年 5 亿吨开采量计算，到 2044 年俄石油资源将再难开采。东斯科伊部长认为，总体来看，俄石油难开采量份额不断增加，如果开采效率与开采技术没有创新，传统石油储量开采速度将在 2020 年开始下滑。从国际市场油价情况看，2016 年或今后一个时期，很难再出现较大幅度的回升。石油市场出现两个明显特点：一是油价转入更加波动期，波动的趋势是下滑；二是恢复供需平衡的时间要比以前长。产生这两特点的基本原因是，国际石油市场已出现的供过于求不仅继续存在，而且比预期大。这是因为：（1）虽然 2016 年 2 月石油出口大国俄罗斯、沙特阿拉伯、委内瑞拉和卡塔尔就冻结石油产量达成共识，同意将石油产量冻结在 2016 年 1 月的水平，但这一协议能否被执行，还取决于其他主要产油国能否认同。国际普遍认为仅少数产油国冻结产能，不能改变全球石油市场供过于求的状况。不少产油国都不想由于减产而影响出口，从而降低在国际石油市场上的份额。（2）西方对伊朗解除制裁后，伊朗重返国际石油市场。伊朗石油部部长赞内加表示，今后将立即增加日均 50 万桶原油出口量。（3）英国石油公司首席执行官达德利表示，2016 年上半年结束时，全球原油储罐将被完全存满。高盛发布报告，也持相同看法，认为一旦原油库存量饱和，油价将大幅度下跌。

3. 资金短缺更趋严重

原因是多方面的。一是由于西方持续对俄制裁，一方面掐断了融资的资金链，另一方面通胀居高不下，投资环境恶化，资本外流将继续。二是国际市场油价下跌，导致出口收入减少，从而使财政收入减少。普京签署的 2016 年预算在按石油基准价为 50 美元/桶的情况下，还确定出现 2.36 万亿卢布的赤字，这相当于 GDP 的 5%。但如果油价不断下行，俄不断下调基准油价，在这一情势下，俄财政赤字将会大幅度增加。正是在上述背景下，在为了与美国抗争亟须扩充军备的时节，2016 年俄国防开支不得不比上年减少 5%（980 亿美元），但 2016 年 3 月 13 日俄技术公司总裁谢尔盖·切梅佐夫对《华尔街日报》说，俄 2016 年国防开支将比上年减少 10%。三是企业利润大幅度下降，从一向利润率高的银行业来看，由于受整个经济衰退、卢布贬值与坏账增加的影响，2015 年利润大幅度缩小 67%。这种趋势在 2016 年还将继续。至于能源企业，由于国际市场价格大跌，早已出现亏损。四是俄黄金外汇储备在减少，现为 3640 亿美元，比峰值时期减少 1000 亿美元。据分析，如果 2016 年西方不停止对俄制裁，现有的黄金外汇储备只能支撑俄罗斯到 2018 年。上述状况势必使投资急剧下降，这是阻遏俄经济回升的一个重要因素。

另外，据俄政府高层消息人士透露，俄在叙利亚积极参与反恐的军事行动。平均每天开销达 230 万～400 万美元。据英国 HIS 商氏信息集团的数据，截至2015年12月初，俄在叙的行动已花费了8000万～1.15亿美元。在当今俄罗斯经济形势下，这无疑加大了财政压力。以上因素也遏制了俄罗斯投资的增长。

俄罗斯经济进入了结构性衰退期。这期间经济处于低速增长，并可能出现像2015年那样的负增长。应该说，当今与今后一个时期，俄罗斯经济形势是严峻的，但还不至于发生经济崩溃与大的社会动荡。从财政金融领域来看，财政赤字不大，处于可控范围，财政不会破产。2015年底，俄罗斯债务总规模只有5135亿美元，占GDP的比重不到30%，其中主权债务为307亿美元，相当于GDP的2.48%，相比美国的104.9%、日本的245.9%、巴西的69.9%、乌克兰的94.4%，可以说微不足道。由于俄罗斯央行实行较为审慎的货币政策，并加大了金融监管和金融系统改革力度，金融市场较为稳定，风险得以控制。另外，俄农业状况良好，每年可出口2500万～3000万吨粮食。2015年黄金外汇储备虽有减少，但仍保持近4000亿美元的水平。克里米亚并入俄版图，在叙利亚反恐军事行动取得很大成功，使俄罗斯国内带有浓厚民族主义色彩的爱国主义情绪高涨，对普京的支持率大大上升。这些因素表明，俄罗斯尚可以应对目前的经济困难。

（三）对中俄两国经贸合作的影响

俄当今与今后一个时期经济结构性衰退，势必对中俄两国经贸合作产生一定的不利影响，如2015年中俄贸易额大幅度下滑。笔者认为，虽然这与俄经济恶化与卢布大幅度贬值导致需求乏力而影响了进出口能力有关，但更重要的是受原油等大宗商品价格走低等外部因素影响。2015年中俄贸易下滑主要反映在以价值体现的贸易额上，从实物量来看，俄对华出口的不少产品特别是能源等原材料产品是增长的。中俄经贸合作的基础性因素没有变，正如商务部新闻发言人沈丹阳2016年1月6日在商务部新闻发布会上说的，中俄经贸合作在五方面存在亮点：（1）中国仍保持俄罗斯第一大贸易伙伴地位，在俄对外贸易中的比重从2014年的11.3%升至12%；（2）原油、铁矿石等主要大宗商品从俄进口规模保持两位数的增长，机电与高新技术产品进口逆势上升；（3）投资合作规模有增无减，中国累积对俄投资额已超过340亿美元；（4）能源、核能、航空、航天、高铁、基础设施建设的战略性大项目全面推进；（5）两国金融合作显著加强。也就是说，中俄两国经贸合作基础性条件没有变。应该说，2015年中俄贸易规模与质量并没有下降，反而是提升的，不仅俄向中国出口的原油增加，机电产品与高新技术产品也分别增长32.4%与34.2%。

特别要指出的是，俄罗斯经济结构性衰退，虽对中国服装等日用消费品向俄出口有不利影响，但中俄在交通基础设施、能源、投资、金融、科技、农业与军工等一些重要领域可能扩大合作。油气合作一些大项目达成协议的背景可说明这一点。就拿对中俄能源合作具有重大意义的原油管道来说，从俄方1994年11月率先提出后，从论证、谈判、建设到2011年正式投入运营经历了17个年头。中俄输油管道取得实质性进展是在2009年2月17日，由中国石油天然气集团公司、中国国家开发银行分别与俄罗斯石油公司、俄罗斯管道运输公司签署了包括石油贸易、管道修建等内容的多份商业协议。根据协议，国家开发银行将向俄罗斯石油公司与俄罗斯管道运输公司分别提供150亿美元与100亿美元的20年长期贷款。俄罗斯石油公司将在今后20年里每年通过管道向中国输送1500万吨石油。该协议签订后，同年4月27日管道建设就开工了，短短两个多月时间里，拖了许多年的输油管道问题解决了。这就是被称为“贷款换石油”模式。缘何在2009年采取这一模式能取得实质突破，一个最主要和最直接的原因是，当时俄罗斯在全球性金融危机影响下其经济出现严重困难，尤其是在国际市场上油气价格大幅度下跌影响下，作为俄罗斯重要产业的能源部门，油气公司资金极度紧张。到2008年底，俄罗斯一些大石油公司联名致函普京，请求政府提供贷款，以按期偿还西方银行贷款，加上一些石油公司处于严重负债状态，资金紧张，无法对石油工业进行投资，这有可能导致石油工业减产。以上情况为中俄石油管道在2009年正式开工建设提供了机缘。此后，俄向中方出口原油大幅增加，2014年为3310万吨，比上年增长36%，2015年为4243万吨，比上年增长28%。再拿天然气管道项目来说，2014年5月21日谈判已逾十年的《中俄东线供气购销合同》才得以签署。双方商定，从2018年起，俄罗斯开始通过中俄天然气管道东线向中国供气，输气量逐年增长，最终达到每年380亿立方米，累计30年。协议总价值4000亿美元。俄罗斯将会投资550亿美元用于天然气开采和管道建设，但是作为供气协议的一部分，中国会预付约200亿美元资金。缘何在此时才签署该项合同，这与2009年签署石油协议的背景类似。因为2014年俄罗斯经济已十分困难，GDP增长率已下降为0.6%，西方已开始对俄制裁，欧盟设法减少从俄进口天然气，俄需要新的市场。中俄合作修建莫斯科—喀山高铁项目和《勘察设计合同》也是在2015年6月签署的。

今后，在俄消除战略疑虑，积极参与"一带一路"与欧亚经济联盟建设对接合作情况下，进一步拓展两国经贸合作有很大的潜力。

近几年来出现的战略共识增强的新形势有利于推进中俄经贸合作，但也要看到，在中俄经贸合作中尚存在一些阻碍因素与尚难把握的变数。从当今国际环境来看，世界正处于一个动荡、前景不很明朗的变化状态，在这一期间，将会出现国际力量重新组合与调整，这为把握中俄关系发展增加了难度。另外，虽然俄方对丝绸之路经济带建设和欧亚经济联盟建设对接合作认同的声音占主导地位，但仍存在疑虑乃至反对的声音。俄学者卡拉加诺夫指出，目前丝绸之路经济带建设与欧亚经济联盟建设在对接合作过程中存在问题，比如对接协议签署一年以来尚无显著进展。其中，存在诸多具体的阻碍性因素。他从俄方角度分析认为，这些因素不仅包括俄罗斯"转向东方"的政治经济诚意不足，还有目前俄罗斯西部和南部所面临的新的安全形势。从思想根源来看，俄罗斯还无法摆脱数百年来根深蒂固的欧洲中心主义和西方中心主义思想。还应看到，这几年来俄罗斯投资环境虽有改善，但还很难令人满意，这是导致中方向俄投资难以日益增加的原因之一。因此，我们应该重视在新形势下两国存在的利益差异，加强调研工作，及时把握出现的新情况与新问题。

（作者系中国社会科学院研究员，博士生导师，荣誉学部委员。该文原载《西伯利亚研究》2016年第4期）

俄远东超前发展区给中俄合作带来的机遇和挑战

关雪凌　祝明侠

俄罗斯传统的外交方向和后危机时代国际格局的重大变化，尤其是中国的崛起，使俄连接东西方的地缘优势得以扩大。为实现俄重新崛起的强国梦，普京主导形成构筑欧亚联盟、融入欧洲和东进亚太的三大战略布局。从俄罗斯的外交政策排序看，欧美国家一直先于亚太地区，但俄越是希望和欧洲—大西洋国家建立紧密联系，就越需要在亚洲—太平洋地区拓展利益空间。远东超前发展区规划就是俄罗斯借力中国加速远东开发、寻求俄经济可持续发展进而拓展亚太利益空间的战略举措。远东超前发展区规划的实施对中俄合作而言有新的机遇，但由于情况的复杂和太多的不确定性，也充满了挑战。

一　给中俄合作带来的新机遇

2009年底，俄总理普京签署第2094号俄联邦政府令，批准俄联邦《2025年前远东和贝加尔地区经济社会发展战略》（以下简称《战略》），将远东和贝加尔地区纳入国家长期发展战略，这是俄罗斯远东开发战略进入最终实施阶段的标志。《战略》提出后，几年的时间过去了，实施效果并不理想。2014年底，普京签署《俄联邦社会经济超前发展区联邦法》（以下简称《超前发展区法》），计划在远东建设14个超前发展区，其中包括3个海港、2个物流枢纽、3个农工集群、2个化工集群、1个飞机制造中心、1个建材生产基地、1个钻石首饰制造基地、1个科研教育中心。以立法的形式推动《战略》的实施，说明俄罗斯再也不能等待下去，远东发展的成功与否关系国家的前途命运。根据《超前发展区法》规定，该法实施的前三年只能在远东地区设立超前发展区，第三年后，该法将适用于俄其他联邦主体，这意味着远东开发对全俄具有试验和引领的作用。

俄罗斯加快建设远东超前发展区给中俄双方带来重要的合作新机遇，主要缘于双方发展战略在目标上有交集、在时间上吻合、在方向上相向而行、在需求上完全互补。

（一）俄远东发展战略和中国“一带一路”倡议高度相容

俄远东发展总体战略目标是在2011～2025年，远东和贝加尔地区通过实施“加速战略”，该地区各联邦主体的GDP增长速度超过全俄平均增速0.5个百分点，以推动相关联邦主体创造经济较为发达、生活条件比较舒适的发展环境；该地区经济社会发展达到全俄平均水平，并使收入低于最低生活保障线的居民比重从24.5%降至9.6%，从而实现稳定人口数量的地缘政治发展任务；远东和贝加尔地区深度融入世界经济，巩固俄在世界经济中的地位。这个战略目标暗含着要使俄远东地区乃至俄全国保持在世界上的竞争力，这是一种战略思维的重大转变。

与这一战略相配套的是，2014 年 3 月普京支持的《作为国家优先发展方向的互联互通的欧亚基础设施体系》报告中提出的“跨欧亚发展带”战略构想，这一构想的核心内容是大规模兴建贯通欧亚的大通道，特别是进行远东地区的交通等基础设施建设。2015 年初，俄罗斯主导与白俄罗斯、哈萨克斯坦、亚美尼亚、塔吉克斯坦和吉尔吉斯斯坦五个独联体国家启动欧亚经济联盟，以加深相互之间的经济、政治合作。

与俄远东超前发展区战略几乎同时，2013 年 9 月和 10 月中国国家主席习近平相继提出“一带”和“一路”倡议，随后在 2014 年启动服务于“一带一路”倡议的亚投行建设。这一倡议的总体目标是实现沿线各国以政策沟通、设施联通、贸易畅通、资金融通、民心相通为主要内容的互联互通；促进沿线各国经济要素有序自由流动、资源高效配置和市场深度融合；实现经济政策协调，开展更大范围、更高水平、更深层次的区域合作；共同打造开放、包容、均衡、普惠的区域经济合作架构，打造命运共同体。尤其是2014 年8 月国务院又发布了《关于近期支持东北振兴若干重大政策举措的意见》，要求抓紧实施一批重大政策举措，巩固扩大东北地区振兴发展成果、努力破解发展难题、依靠内生发展推动东北经济提质增效升级。

可见，中俄两国发展策略在推出时间和目标上有明显交集，既强调广泛而深入的对外区域合作，又强调包括基础设施、贸易、资金、物流的互联互通；在方向上也是相向而行，中国规划的“丝绸之路经济带”的北线是珲春—吉林—长春—满洲里—俄罗斯—欧洲，正好与俄罗斯的“跨欧亚发展带”对接，中国东北和俄罗斯远东既是各自国家战略方向的目标区，也是双方重点合作区域，“丝绸之路经济带”的中线则与欧亚经济联盟对接，重点区域是中亚和俄欧洲部分。这种在时间维度上吻合、在空间维度上有交集的政策，为中俄利益的契合找到了多个支撑点，给构建全方位、多层次、复合型的中俄战略合作关系带来历史性新机遇。

（二）中俄发展领域和需求完全互补

中俄在能源领域的供需结构、资源禀赋、产业发展环境等方面均形成了互补性极强的地缘经济环境，对合作产生深刻影响。根据《战略》，俄在远东超前发展区的重点建设领域和项目是推广节能技术，新建基础设施项目，兴建大型能源项目，完成主干交通网建设，增加原材料深加工产品项目。而中国在工业化方面取得较大成就，一大批在工程设备、电力、冶金、建材、资源、能源加工等方面的优质产能企业正在“走出去”，寻求新的市场。这为两国产能合作提供了难得机遇。

俄是军工强国，也是资源富有国；中国的资金实力、加工能力很强，科技水平也在不断提升。双方加强合作都能从对方获得自身发展急需的经济条件，通过双边务实合作，实现自身快速发展。例如，中国可以在修建高速铁路、公路、桥梁以及和平利用核能等方面发挥自身优势；俄可以在共同研发远程宽体客机上发挥其发动机的优势；两国可以共同提升两国石油管道和天然气管道建设，在航空航天领域联合研发生产，共享知识产权。

在具体项目上，正在启动的俄罗斯贝阿铁路和西伯利亚大铁路的现代化改造，开发北极和东西伯利亚新油气田，建设东线天然气管道和东西伯利亚—太平洋石油运输管道，兴建远东石油天然气产业集群，建设阿穆尔州别洛戈尔斯克庞大的天然气加工产业等，不仅可以获得即将运营的亚投行的资金支持，也给中资企业全面参与提供了机遇。

在农业方面，中国的农业开发技术和人力资源都是俄远东超前发展区所急需的，中国每年从国外进口大量粮食、牛羊肉、蔬菜，随着俄远东土地大规模开发和农业发展，中国可获得俄农产品的稳定供应，实现真正意义上的互利双赢。现今中国企业已着手租赁俄远东地区的土地开展农业项目经营，俄远东地区为中俄之间的大项目合作开启绿灯，包括土地出租和经营，并准备给投资商提供最大限度的优惠条件。

（三）中俄深度合作的政治条件大大改善

长期以来，中俄关系是“政热经冷”。尽管中俄高层互动频繁，中俄国际战略相互协调，但两国在经贸合作方面依旧存在较大分歧，实质性的合作较少。双方的完全政治互信和深度务实合作的重要转折点是2012年，以两国签署《中俄关于进一步深化平等互信的中俄全面战略协作伙伴关系的联合声明》为标志。2013年3月以来，短短两年半的时间内，普京和习近平已经会面多达12次。2015年9月3日的第12次会面中，两人同时强调，坚定不移发展中俄全面战略协作伙伴关系和扩大全方位务实合作，双方要扩大金融、投资、能源、航天、科技、制造业等领域以及地方的务实合作，要制定好丝绸之路经济带建设和欧亚经济联盟建设对接合作的长期规划纲要，落实好合作项目，加强双方在联合国等国际和地区组织中的协调配合。

在此背景下，2014年5月21日中俄两国签署了总额约4000亿美元、期限长达30年的供气协议，结束了两国历时10年之久的天然气供应谈判。此外，中俄两国领导人在2014年北京APEC会议期间签署了中俄西线天然气项目的合作框架。也是在2014年，两国签署了卫星导航合作谅解备忘录，决定联合研制远程宽体客机；合作构建北京—莫斯科的欧亚高速运输走廊，优先实施全长770公里的莫斯科—喀山高铁项目；双方签署了1500亿元人民币额度的双边本币互换协议。2015年5月2日，普京批准通过了中俄东线天然气输气管道向中国供应天然气。

中俄之间“以合作取代对抗，以共赢取代零和，以负责任的大国担当履行应尽的国际义务”，建立起“不对抗，不冲突，相互尊重，合作共赢”的新型大国关系，打造互利共赢的命运共同体，不仅有力助推了两国经济发展振兴，也促进了亚太地区及世界的和平、安全与稳定。

二　中俄深化合作面临的主要困难

中俄深化合作的新机遇不等于合作的成功，更不等于自动实现互利共赢，要把乐观预期变成现实，须有效解决一系列障碍和制约因素。

（一）务工人员和管理人才问题

远东的开发和发展，离不开人才，人才是第一位的。尽管超前发展区颁布了幅度较大的税收优惠措施，但从全局来看，减税并不是主要的，重要的是能不能吸引来管理人才和大量的务工人员。从1991年起，远东和贝加尔地区的人口大量向外迁徙，人口数量持续减少，下降速度超过全俄平均下降速度。1991～2007年，远东联邦区人口减少150万人，贝加尔地区流失人口超过60万人。一些在苏联时期繁荣兴旺的村庄如今已经人去村空，满目荒凉。城市人口也在减少，城市与城市之间的距离越来越大，广袤而肥沃的黑土地抛荒闲置。显然，目前要真正进行规模开发需要大量外来劳工，中国投资和中国移民是解决远东地区人口危机的途径，但是远东地区的中国人口迅速增长又是俄政府和民间难以逾越的一道心理障碍。

（二）劳动生产率和单位GDP能耗问题

远东和贝加尔地区劳动生产率偏低和能耗指标偏高问题较为严重。人均劳动生产率仅相当于日本的1/4、美国的1/6、韩国的2/5、澳大利亚的1/5，同时低于全俄平均水平。该地区单位GDP初级能耗是全俄平均水平的2.5倍，单位GDP电能消耗是全俄平均水平的1.8倍，而单位GDP石油消耗则是全俄平均水平的2倍。这些问题亟须在开发和发展过程中通过提升人员素质和工业能力来解决，时间太长必然严重影响投资者的利润和信心。

（三）交通网络和运输服务问题

虽然远东和贝加尔地区的面积占俄国土总面积的45%，但是铁路运营里程仅占全俄的13.8%，公路里程占9.5%，内河通航里程占28.7%，每万平方公里铁路运营网密度相当于全俄平均水平的5/18，公路运营网密度仅为5/28。与此同时，道路、交通设施和机车车辆陈旧，磨损率达50%～70%，造成道路运输安全隐患，多式联运发展水平低下，难以形成有效的物流系统，影响俄连接亚太国家和欧洲的过境运输能力。这些影响合作的不利因素，亟须在合作中加以解决。

此外，克服比较严重的官僚问题、远东地区的行政效率不高问题、歧视生意人问题等，对深化中俄合作来说都是刻不容缓的。

三　中俄深化合作的几个条件

中俄合作重点在经贸领域。现阶段，中俄经贸合作的质量与水平同两国战略协作伙伴关系发展的要求还不相适应，与两国经济实力和水平极不相称，中俄两国经贸合作的潜力还远远没有发挥出来。要充分挖掘合作潜力，使经济合作的可能变为现实，还须打造和完善以下几方面条件。

（一）互利共赢是国家间经济合作的物质基础

互利共赢是发展国与国之间经贸合作的基础，也是经贸合作实现协调和可持续发展的条件。随着中俄双方经贸合作规模的扩大和领域的拓宽，这点显得更为重要。20多年来，中俄在政治、外交方面确立了平等的合作关系，但经贸领域的合作则进展不大。世界上任何国家尤其是大国之间的合作都是在博弈过程中彼此妥协的结果。双方只有在互有得失的情况下才容易达成合作协议，如果单纯强调某方的利益，合作就难以成功。中俄经贸关系要发展，也必须遵循互利双赢的原则，力求找到更多的利益交会点。例如，在众所关心的资源领域合作，必须看到俄罗斯与中国开展资源领域的合作并不是只满足中国的战略需要，中国只是其开拓国际能源市场战略中的重要一步，出于对自身经济安全的考虑，在大型资源合作项目上俄将选择不同的合作伙伴。因此在资源合作项目上，应首先找到双方利益的结合点，然后在此基础上制定发展规划，再一步一步落实，才能取得实效。

（二）政府推动是国家间经济合作的体制保障

中俄经济贸易关系长期滞后于政治关系的原因有很多，其中一个原因就是中俄都处在市场经济体制的建设过程中，都认为应该用市场经济规则来推进中俄经贸合作，但同时忽略了一点，正是由于处在向市场经济转轨过程中，市场经济体制是不发达、不完善的，因此更需要政府发挥作用。区域经济合作的国际经验表明，即使是发达国家间的经济合作，在使用市场规则的同时，也要有政府的推动。应该说，与20世纪90年代相比，21世纪初的世界经济和国际政治环境发生了巨大变化，这使中俄两国政府开始重新在政府层面来认识中俄经贸关系。中俄双方应继续共同努力，按照诚信、互利、共赢的原则，相互尊重对方利益，创造公平的法制环境，为对方商品、投资和服务进入本国市场提供有力支持。同时应完善双边协调机制，保持磋商渠道畅通，及时解决经贸交往中出现的问题，确保两国经贸合作健康发展。

（三）企业自律是国家间经济合作的重要基石

在中俄双边贸易增长迅速的情况下，我们仍须清醒地看到两国经济合作中存在的问题。其中最具代表性且两国都认识到的问题就是中俄两国双向投资规模小，缺乏大项目的支撑，经济合作没有可持续性，贸易额达到一定程度也就不会再有什么突破。这些年，中俄两国领导人每次会晤几乎都要提到促进投资问题，而投资的主体正是经济活动的微观主体——企业。从中俄经贸合作现状及未来发展趋势看，扩大相互投资尤其是推动中国企业“走出去”，是今后拉动中俄贸易快速增长的“火车头”，也是对俄产生吸引力、加强两国经济纽带的最重要条件。中国振兴东北老工业基地与俄罗斯加速开发远东和西伯利亚，为中俄企业家提供了发展的重要机遇，同时对企业和企业家提出了更高要求。对中国企业和企业家来说，当前的首要任务不是应对欧美日韩等国的竞争，而是尽快适应贸易秩序规范化的要求，加快经营体制创新，提高营销水平，树立法制观念。要吸取历史教训，防止重蹈覆辙。

（作者关雪凌系中国人民大学经济学院教授，经济学博士，博士生导师，中国特色社会主义经济建设协同创新中心研究员；祝明侠系世界经济专业博士研究生。该文原载《西伯利亚研究》2016 年第 1 期）

中俄发展规划对接的可能性和问题

——从边界倡议到欧亚规划

B. 拉林 著　周洪涛 译

最近 20 年，中俄两国做了大量尝试（至少在理论层面，有国家元首和政府首脑的政治声明、中俄各州（省）领导的发言以及学者的科学研究与实际建议），以使两国毗邻地区的发展规划结合起来或协调一致，在大项目（俄罗斯远东、外贝加尔和中国东北发展纲要的协调、"图们江"计划）和国际化水平不高的项目（波格拉尼奇内—绥芬河边境经济贸易区、"一国两城"构想）框架内实现毗邻地区发展规划的融合。虽然两国中央和地方政府对此持积极态度，但"中国东北和俄罗斯远东地区之间实际投资环境和经济疲软成为协同发展的主要制约因素"。

中俄两个大国在地理位置上相邻，边境线漫长，理论上两国联合起来或者哪怕是更有效地共同利用自然、人口、金融、生产等资源的经济利益显而易见。所有这些因素理所当然地推动双方寻求新的协同发展方式。今天，人们试图把中国国家主席习近平 2013 年提出的"一带一路"倡议变成这种方式。

在俄罗斯首都宣传习近平倡议的中国政治家的院外活动，以及部分认同这一倡议的有影响力的俄罗斯学者的积极态度，使建立一般性结构平台成为可能。2015 年 5 月 8 日两国元首发表的联合声明确定双方打算跨入更高水平的一体化：为保证欧亚空间经济的稳定增长，继续"探索欧亚经济联盟和丝绸之路经济带框架下区域经济一体化进程的对接点"。"对接"话题列入中俄各种科学实践和商务论坛的日程有其合理性。

两国领导人对协调两个规划的设想表示政治支持。忽视继续深化中俄关系的公开呼吁是缺乏远见之举，特别是这种政治支持不仅毫无疑问会转变为政策和税收优惠，而且显然会带来大规模的财政影响力。

我们看一下亚洲的实际情况。对我们而言，更重要的是了解这一"对接"能在多大程度上给俄罗斯和中国东北地区带来益处，"对接"能否促进中俄边界地区间联系的现代化。这些联系早就需要新的发展动力和现代形式。这需要若干重要条件，其中主要的是莫斯科和北京的规划、两国大企业向中国东北和俄罗斯太平洋沿岸地区经济投资的意愿，以及构建两大地区平行发展的思想体系。中国东北和俄罗斯太平洋地区传统上属于边远地区，现在两地希望切实提高自己的作用、地位、重要性和地区生活的舒适度。

在 2015 年 7 月上海合作组织、金砖国家乌法峰会期间及同年 9 月符拉迪沃斯托克（海参崴）第一届东方经济论坛上，俄罗斯总统普京非常详细地阐述了俄中"共同努力"落实丝绸之路经济带设想与俄建设欧亚经济联盟计划的必要性，建议在这方面考虑俄罗斯西伯利亚大铁路和贝阿铁路的发展计划。

那么，两项发展规划在东部的实际对接需

要什么条件呢?

第一，两项规划更加准确地定位于地缘经济和地缘政治联系。必须把两项规划对接的设想变成独立版本的欧亚大陆东北部地区协同发展的国际大规划。欧亚大陆东北部地区从地理意义上覆盖南起新疆、朝鲜半岛，北至北冰洋、白令海峡并通往北太平洋的广大地区。这个地理空间不仅为开展经济活动提供了巨大潜力，而且为保障整个地区的安全提供了可能性。

第二，对于构建欧亚大陆统一的基础设施的全新的、视野更广阔的前瞻性态度。旨在建立亚洲—美洲跨大陆桥的国际大项目、有效开发欧亚大陆东北部地区的资源、开发北极地区、修建通往美洲大陆的南—北子午线铁路干线可以成为欧亚经济联盟和丝绸之路经济带的延续。通往欧洲和非洲的丝绸之路应当与建设亚洲通往美洲的陆路交通的由来已久的设想相结合。在符拉迪沃斯托克（海参崴）东方经济论坛上，俄罗斯总统普京表示，希望把“北方海路发展成具有竞争力的全球性运输走廊”，将符拉迪沃斯托克（海参崴）“打造成大吞吐量的运输枢纽，未来更将打造成满足远东乃至整个亚太地区需要的工业中心”。为什么不考虑把符拉迪沃斯托克（海参崴）自由港变成北方海路与习近平主席倡导的海上丝绸之路的对接枢纽的可能性呢?

第三，莫斯科应当制定和通过新的俄罗斯东部地区开发模式，这个模式能够而且应当认真地考虑中国的参与。世界经济形势的变化，首先是卢布汇率下跌和中国生产成本上涨使在俄罗斯建立生产工厂，尤其是原材料加工厂变得更为有利可图。构建南北交通网络将有利于欧亚大陆东北部地区、北极地区的资源开发。俄罗斯政府已经为中国向西伯利亚和远东投资开了绿灯。谈到远东项目融资的潜在来源时，俄政府副总理、俄总统驻远东联邦区全权代表Ю. 特鲁特涅夫非常坦率地表示：“谁来投资——中国基金或俄罗斯储蓄银行基金，本质上有什么区别吗?”

第四，不仅必须把“对接”设想视为对旨在达到共同目标——建立统一欧亚经济空间的两个经济计划的协调，而且必须将其视为大的地缘政治规划。一方面，它能够为中亚和西南亚的发展带来稳定因素；另一方面，将为中俄战略协作伙伴关系注入新的活力。

显然，专注于中俄发展构想和欧亚发展模式的同时，必须考虑欧亚大陆西部——欧盟日益增长的需求，以及欧亚大陆太平洋沿岸地区——中国东北和俄罗斯远东不断累积的期待。这些地区的发展动力自然地定位于东部而非西部，定位于在北太平洋沿岸地区建立具有可靠安全保障的统一经济和人文空间。最艰巨的任务在于，如何将太平洋沿岸的地区性规划提升到国家间高度，并获得专注于西部发展计划的中央政府的支持。

（作者 B. 拉林系俄罗斯科学院远东分院历史考古与民族研究所所长，俄罗斯滨海边疆区俄中友协主席；黑龙江省社会科学院俄罗斯研究所周洪涛翻译。该文原载《西伯利亚研究》2016 年第 1 期）

“丝绸之路经济带”框架下中国东北与俄远东经贸规划对接研究

A. B. 奥斯特洛夫斯基 著　程洪泽 译

2013年秋，中国国家主席习近平与哈萨克斯坦总统纳扎尔巴耶夫会晤时提出了“丝绸之路经济带”的构想。该构想包含两部分，即经哈萨克斯坦和俄罗斯通往欧洲的陆路经济带，海路则途经东南亚各国延伸至欧洲。2015年3月，俄罗斯做出参与对接“丝绸之路经济带”的决定。俄副总理伊戈尔·舒瓦洛夫在亚洲经济论坛上表示，资本和商品在欧亚经济联盟框架内的自由流动促使欧亚经济体的联系更加紧密，同时是对中国领导层提出“丝绸之路经济带”倡议的呼应。我们相信，在欧亚伙伴关系和“丝绸之路经济带”领域的合作将为欧亚经济联盟和中国的发展创造更多机遇。

在“丝绸之路经济带”形成过程中，必须协调每个参与国的经济发展规划，考虑到各国经济、政治和法律的实际情况进行发展战略整合。“丝绸之路经济带”沿线的过境运输基础设施建设、发展和完善是该战略规划的基础，这促成了北京—莫斯科高铁项目的签订，工程预计2030年完工。虽然北京—莫斯科高铁线路绕开了俄东西伯利亚、远东及中国东北地区，但是这条沿丝绸之路的高铁线路却不能不影到中国东北发展及其同亚太地区（该地区是当前世界发展最快的地区）的经贸联系。在我们看来，该战略规划必将对俄远东地区尤其是靠近中国边境的区域发展产生影响。

在俄罗斯实施西伯利亚及远东地区发展战略方面，中国不仅是首选，而且是最佳的国际合作伙伴。首先，远东地区自然资源开发不仅周期长，而且需要大量投资，只有处于高速发展期的中国市场才能够对其进行高性价比开发。其次，西伯利亚及远东地区的崛起符合中国利益，有助于中国东北地区老工业基地的振兴，改善中国经济在该领域的资源保障情况。最后，俄罗斯与中国贸易的显著增长会产生示范效应，将有助于俄罗斯加强与日韩的经贸关系。

在中国对外经贸战略中，俄罗斯被赋予极为重要的角色，不仅是大型的能源及原材料供应商，而且是中国商品销售市场，产品包括精密机械产品和电子产品。俄罗斯被中国视为原油和天然气供应的优先合作伙伴。目前中国石油及天然气进口多来自阿拉伯国家和一些非洲国家（以安哥拉为主），途经东南亚狭长的马六甲海峡，在非常时期很容易受到封锁。因此，中国希望开辟通过俄罗斯和中亚的陆路运输线，以及经太平洋连通拉丁美洲的能源供应线。为确保来自委内瑞拉的能源供应，中国斥巨资投资尼加拉瓜连接大西洋与太平洋的航线。出于同样目的，中国对巴基斯坦的瓜达尔港实施开发，陆路途经中国的红其拉甫山口，每年至少有半年的时间可以运输各种商品，包括罐储石油和天然气产品。

在林业资源加工方面，目前从俄罗斯进口的木材占中国国内需求的50%以上，在限制森林采伐的情况下，中国木材进口量还将增加。通过在俄罗斯境内建立生产基地，农业领域的合作发展将有助于逐步缓解中国可用耕地和水资源短缺问题。中俄边境地区气候条件大体类似，这使中国劳动力和农业机械利用俄罗斯土地生产农产品成为可能，特别是在阿穆尔州、阿尔泰边疆区和滨海边疆区可以种植大豆并返销到中国。此外，俄罗斯鼓励中国企业赴俄开发铁矿石、有色金属、钾、磷、铝和稀土等资源；在俄罗斯境内成立轻工类合资企业，在高科技领先领域（宇航、核能等）由中国出资、俄罗斯提供专家组建研发中心都具有广阔前景。毫无疑问，这些建议的实施将扩大中俄双边经贸合作规模以及创新合作方式。

俄远东联邦区领土占俄联邦国土面积的36%，居民不到全俄的5%，地下蕴藏着全俄30%的煤炭、20%的碳氢化合物、25%的木材，还储备着大量的稀土和有色金属。但是，远东和西伯利亚地区的基础设施非常不发达，迄今为止，只有一条从伊尔库茨克通往符拉迪沃斯托克（海参崴）的公路干线，仅有两条铁路干线——西伯利亚大铁路和贝阿铁路。在现有矿产资源丰富和直接通往深水港苏维埃港（自然条件超过美国圣弗朗西斯科港）的条件下，由于地区经济欠发达，沿北方航线的轮船运输不够发达，只能保障所谓“北部运输”的部分货物运输；电力供应、通信、银行系统发展缓慢，缺少油田投产所需的石油和天然气管线。换句话说，远东实质上已经与俄罗斯欧洲部分严重脱节，运输成本费用高昂，这些都拉大了远东地区同俄罗斯欧洲部分在经济社会发展方面的差距。

在当前条件下，远东振兴是俄罗斯地区发展规划中最具挑战性的战略任务之一。毫无疑问，要发展远东地区，打造经济“增长极”，稳定和增加人口，就必须积极与亚太地区国家合作，创建更多合资企业，提高合资企业产品在区域生产总值中的比重，提高人均区域生产总值，在此基础上提高居民购买力，发展零售贸易和服务业。我们有理由认为，在全球化和亚太地区影响力提高的背景下，这项战略规划在很大程度上同俄罗斯积极发展区域经济合作以及融入亚太经济一体化进程密切相关。

我们认为，对接“丝绸之路经济带”规划是远东和西伯利亚地区参与亚太国际合作体系的重要形式。从某些角度看似乎有些不现实，因为该战略规划的三条路线均通过西部地区：第一条线路经哈萨克斯坦和俄罗斯欧洲部分；第二条线路经过哈萨克斯坦、高加索地区、里海和土耳其；第三条线路则是通过伊朗和土耳其。然而关于这个问题的诸多中国研究成果表明丝绸之路有很多种定义，从“丝绸之路经济带”（丝绸之路）和“海上丝绸之路”（海丝路）本身延伸到各种横跨欧亚大陆的陆海线路。特别须提到中国出版的“一带一路”手册中所刊登的“丝绸之路经济带”线路图。在这个方案中，已知的三条路线穿越俄罗斯欧洲部分、哈萨克斯坦、土耳其、伊朗、格鲁吉亚和阿塞拜疆，东西伯利亚、西西伯利亚和远东地区也被列入线路规划地图。该文件指出，将兴建两座欧亚大陆桥（南线、北线），叶卡捷琳堡—新西伯利亚—克拉斯诺亚尔斯克—伊尔库茨克—赤塔—哈巴罗夫斯克—符拉迪沃斯托克（海参崴）将成为北部大陆桥的重要组成部分。

早在15年前，在伊尔库茨克举办的贝加尔经济论坛上就曾提出俄远东地区必须融入世界经济体系。换言之，俄罗斯远东和西伯利亚充分融入世界经济体系是整个国家经济社会合理发展、经济潜力稳定增长以及俄罗斯巩固其在世界经济中地位的基本条件。亚太理应成为俄远东地区与世界经济合作战略中的主要因素和条件。在贝加尔经济论坛（2000年）上，俄联邦会议联邦委员会的分析报告《21世纪俄罗斯在亚太地区的发展战略》特别指出，建设以西伯利亚、远东及其毗邻地区为基础的东北亚国际交通运输基础设施体系及燃料能源系统具有重要意义。这个报告分四个方面阐述了俄罗斯与东北亚的一体化：（1）开发俄远东和西伯利亚的石油和天然气资源，在东北亚建设石油和天然气供应网和电能输送线，这是未来经济一体化的基础；（2）利用俄罗斯位于欧亚大陆桥的地缘优势；（3）吸引外国劳动力开发西伯利亚和远东地区；（4）依托俄罗斯的科技潜力、毗邻国家资本以及对俄技术需求来建设科技园区。

我们认为，大型基础设施建设项目是俄远东地区发展的根本性选择。这需要大量的投资，资金可以通过国家预算，也可以通过俄罗斯参与大规模一体化过程获得，可以说同亚太地区国家积极合作是综合发展地区经济的根本手段。

虽然在俄罗斯的中国贸易区域空间分布不是总能精确实时跟踪与统计，但其整体脉络还是相当清晰。中国作为俄罗斯的优先贸易伙伴，近年来，中俄贸易对远东联邦区来说显得至关重要。部分俄罗斯联邦主体对中国贸易的依存度达到临界点，特别是在外贝加尔边疆区、阿穆尔州和犹太自治州的对外贸易中，中国所占比重已超过90%。在哈巴罗夫斯克边疆区和滨海边疆区，这种依存度没那么明显，不仅因为这里有其他强力贸易伙伴（日本、韩国）同中国进行贸易竞争，而且因为这些地区拥有出海口。西伯利亚联邦区的阿尔泰边疆区和新西伯利亚州也在逐步发展壮大同中国的贸易规模。在未来几年，这些地区有机会大幅提高与中国特别是与新疆的贸易，但这需要一个前提条件，即中俄在该地区通过卡纳斯山口的石油及天气管道等基础设施建设进展顺利。

中俄之间的区域经贸合作在滨海边疆区、哈巴罗夫斯克边疆区、犹太自治州、阿穆尔州以及外贝加尔边疆区和伊尔库茨克州表现得极为突出。可以说，这种合作集中展示了中俄双边合作中的利弊、成功与问题。中国对俄经贸合作在不同程度上涉及俄联邦的多数主体，从这个意义上来讲，上述地区的合作经验具有普遍借鉴价值。

中俄之间具体的区域一级贸易合作是边境贸易合作。在中国对“边境地区”（内陆边境20公里的区域）概念加以清晰定义后，这部分贸易在两国经贸关系中的分量有所下降。然而在我们看来，中俄边境贸易继续履行一些重要职能。中俄边境地区诸多客货海关检查站的运行取决于中俄货物的交付节奏。作为边境贸易体系，它可以满足新的、具有前景的中俄双边合作形式的需要，尤其是在布拉戈维申斯克—黑河、外贝加尔斯克—满洲里，格罗捷科沃—绥芬河地段，中俄货币进行直接结算，界河、界岛经济共同开发。此外，边境地区两国公民间的交往程度受互相了解和民族宽容程度的直接影响。

根据中国方面的估算，边境贸易在中俄经贸中的份额不高，大约为20%。俄罗斯方面对边境贸易没有单独分类统计，对具体区域和过境相关数据也不进行累计和公开。部分俄罗斯专家指出，俄罗斯对边境贸易区和边贸企业缺少相关法律定义，造成相关企业与被赋予类似地位的中国伙伴合作时出现明显不对等性。尽管中国企业及媒体对中俄边境贸易中遇到的各种困难有诸多抱怨，但近年来中俄边境贸易额在稳步增长，积极参与其中的绥芬河、黑河、满洲里等中国城市从十几年前的偏远小镇变成了现代化购物中心。而相邻的俄罗斯城镇——布拉戈维申斯克、外贝加尔斯克、格罗捷科沃却由于某些原因没有得到同样的发展，与周边中国城市没有可比性。

两国投资合作的前景主要取决于中俄一系列大型油气供应项目的实施，以及为应对双边运输量和国际中转量增加而进一步发展交通网络。为满足国民经济不断增长需要，中国高度重视石油及天然气进口数量，同时其来源也更趋多元化，这是为确保国家能源安全所采取的有效手段。中俄之间交通基础设施建设发展超越了“石油因素”，并具有更广泛的意义，交通基础设施项目（俄罗斯国内项目、跨国项目）的实施是两国相互配套投资增长的另一因素。

近年来，中国和俄罗斯之间的贸易与投资合作发展有助于促进两国银行间的合作，此前的合作远远落后于互惠贸易成交额的需求。目前中国四大银行——中国工商银行、中国建设银行、中国农业银行和中国银行均在俄罗斯设有办事处，并展开工作。非常遗憾的是，除俄罗斯对外贸易银行在中国设有办事处外，绝大多数俄罗斯银行由于缺乏足够法定资本和借入资本，没有设立分支机构，这极大阻碍了投资合作和双边贸易的发展。

中俄经贸合作将多方位地对东北亚经济一体化进程产生根本性影响。随着中国经济进一步增长和中俄经贸合作全面发展，不会出现以俄罗斯自然资源为代价片面强化中国经济的情况，中俄经贸合作也是对俄罗斯远东和西伯利亚地区经济发展的强化，大批基础设施项目实施有助于这种合作的发展。目前中俄合作最有前途的领域有节能、运输、投资和银行业。应当指出，当前中俄经贸合作贸易额主要依赖两国之间的货物贸易，其他形式的合作还处于起步阶段，这严重阻碍了两国贸易额的进一步增长，这些成为中俄贸易额在2015年下降的主要原因。问题的解决取决于中俄在上述四个领域中的合作发展，这也是东北亚经济一体化进程的关键环节所在，合作也有助于挖掘俄罗斯亚洲地区的经济潜力，缩小该地区同俄欧洲部分的差距。

目前俄罗斯石油及天然气出口价格下跌超过70%，所有这些产品几乎都是经西部输出，因为西西伯利亚几乎所有的石油和天然气管道都是向西铺设的。这种生产力的不合理配置在很大程度上导致俄欧洲地区经济发展繁荣，俄东部地区发展滞后。其结果是，由于西伯利亚和远东地区缺乏必要的能源运输基础设施，俄罗斯失去了东北亚的能源市场。而在东北亚地区，中日韩等国均缺少能源资源。在这种情况下，中俄签署协议从恰扬达天然气田修建天然气管道至中国境内、东西伯利亚—太平洋石油管道的投产都成为突破口。管道投产将改善中国的能源供给形势，并有助于远东经济的发展。可以说，俄罗斯领导人在中俄能源合作发展方面做出了绝对正确的决定，从而激活了俄罗斯的东方能源战略。

俄罗斯能够帮助中国解决能源安全问题，这在很大程度上有助于在互惠互利基础上深化中俄在经济复苏方面、西伯利亚和远东地区社会发展方面的合作。中俄在石油天然气领域的合作开发可以根据协议在石油天然气勘探开发方面对中国提供帮助，解决从俄进口石油和天然气的问题。在这方面，对俄实施能源东移战略、构建亚洲部分的能源和交通基础设施来说，修建石油管道沿东部走廊至大庆或沿西部走廊经喀纳斯到克拉玛依具有重要意义。俄罗斯的亚洲能源市场有赖于中国和中俄能源合作项目的实施。

俄罗斯远东地区经济发展的一个主要问题是缺乏投资，不论是外国投资还是国内投资，与之相关的是该地区基础设施薄弱。在此情况下，我们认为纳霍德卡、符拉迪沃斯托克（海参崴）、瓦尼诺等港口基础设施的发展，西伯利亚和雅库特至中国东北和西北地区的石油天然气管道建设，从西伯利亚穿过阿尔泰至中国西北地区的交通走廊建设，西伯利亚和远东国际旅游和疗养中心（如在贝加尔湖、南部滨海地区、阿尔泰、堪察加和萨哈林地区）的建设，贝阿铁路的完善及西伯利亚干线的改造，将激活其运营网络，保障该地区大量企业复苏经济，创造大量新的劳动岗位。这些基础设施规划的实施能满足日益增长的反经济危机需求，这不仅关系远东和西伯利亚，也不可避免地影响全俄的经济状况。此外，这将使俄罗斯亚洲部分经济基础设施在整体上得到极大提高，并能为外企提供一个比较有利的投资环境。我们认为，整个基础设施规划的实施，交通、能源、银行状况的改善，不但能给西伯利亚和远东地区经济发展以推动，而且能够提供外资供应保障，加快俄罗斯与亚太经济的一体化进程。

在确定中国是俄罗斯在东北亚的优先伙伴时，交通领域的合作具有重要意义，因为俄联邦和中国的大部分边界都是陆上边界。当前俄罗斯交通干线和过境通道状况将阻碍俄中经贸关系的进一步发展。就像我们从统计数据中所看到的，俄中经贸规模已经明显落后于中国与许多亚太国家的经贸规模。显而易见，没有俄中边界交通干线运输能力的进一步扩大，恐怕两国经贸规模不能得到很大提升。在俄罗斯远东地区，横跨阿穆尔河和乌苏里江的桥梁建设和交通基础设施发展不仅有助于解决俄境内的社会经济发展问题，也有助于与之毗邻的中国东北地区经济发展。同中国沿海及其他地区相比，东北地区经济问题之一就是相对封闭，特别是黑龙江和吉林两省。修建珲春—符拉迪沃斯托克（海参崴）铁路线，开辟出海口，联通吉林省至符拉迪沃斯托克（海参崴）港的运输线并非偶然，因为符拉迪沃斯托克（海参崴）港的货物换装能力要比靠近吉林省的扎鲁比诺港高很多。

然而直到现在，远东和外贝加尔地区交通网发展规划还远远没有完成。道路建设和改造进展缓慢，边境口岸的建立仅仅是为了增加俄方海关的人员职位，而不是为了交通干线的发展。道路运输的低效性，不仅大大阻碍了跨国、跨区域合作的发展，还阻碍了同中国及该地区其他国家经贸关系的发展。

显而易见，没有俄中边界交通干线运输能力的进一步扩大，恐怕两国经贸规模不能得到一个大的提升。最具体的例子就是没有跨阿穆尔河和乌苏里江的桥梁。布拉戈维申斯克—黑河、下列宁斯科耶—同江、列索扎沃茨克—虎林等跨阿穆尔河和乌苏里江大桥建设方案已经存在了好多年，但是由于各种官僚主义的拖延，这些方案距离落实还很遥远。

在我们看来，交通基础设施和能源基础设施的发展将会刺激俄远东和西伯利亚地区的经济发展，创造新的就业机会和吸引新的投资（从俄罗斯欧洲部分、国外），鼓励远东地区、外贝加尔边疆区、阿尔泰边疆区从人口密集的俄罗斯欧洲部分吸引大量劳动力。

俄远东地区与丝绸之路经济带对接的重要一步是实现跨西伯利亚的欧亚集装箱大陆桥项目。对中国来说，西伯利亚干线在扩大同俄欧洲部分和东西伯利亚贸易方面、促进同东欧国家贸易方面具有重要意义。中方有哈尔滨—北安—黑河铁路和公路，它们将黑河和原中东铁路及满洲里—哈尔滨—长春公路联系起来；而俄方有布拉戈维申斯克—别洛戈尔斯克铁路支线和公路，它们将布拉戈维申斯克与西伯利亚干线以及正在修建的赤塔—别洛戈尔斯克—哈巴罗夫斯克公路联系起来。对俄罗斯来说，修建跨阿穆尔河的下列宁斯科耶—同江铁路公路大桥和布拉戈维申斯克—黑河公路大桥，将在最大限度上发挥俄作为欧亚大陆桥的地缘优势。

我们认为，与能源发展同步的交通基础设施的发展将使俄远东和西伯利亚地区推进经济发展、创造新的劳动岗位、吸引来自俄欧洲部分及国外的新的投资，并促进大量劳动力从欧洲部分的人口密集区向俄远东、外贝加尔和阿尔泰边疆区转移。归根结底，俄境内交通基础设施的发展及其与中国东北交通基础设施的密切关联，将促进俄中两国经贸关系更加活跃，俄中积极参与与亚太地区的经贸联系也可使“丝绸之路经济带”保持较高的效益。

（作者 A. B. 奥斯特洛夫斯基系俄罗斯科学院远东研究所教授；黑龙江省社会科学院俄罗斯研究所程洪泽翻译。该文原载《西伯利亚研究》2016 年第 3 期）

推动“一带”与“一盟”对接合作的着力方向

王海运

自2015年12月中俄两国元首发表“一带”与“一盟”对接合作联合声明以来，经过有关各方积极磋商、共同谋划，目前这一对接合作已经进入具体实施阶段，相关合作机制陆续建立、相关合作项目陆续展开，总体形势令人鼓舞。同时，各方对对接合作战略价值的认识有待深化，多种障碍性因素有待消除，多项基础性工作有待展开。例如，如何确立对接合作的理念与原则，如何构建对接合作的机制平台，如何推进对接合作项目谈判，如何营造对接合作舆论氛围。总之，须以积极进取的姿态、合作共赢的精神，尽快将对接合作落到实处、见到效益，并且确保其可持续发展、达成更为深远的战略目标。为此，建议各方从以下几个方面做出努力。

一　对接合作的战略意义

“一带”与“一盟”对接合作，对于丝绸之路经济带战略的实施、欧亚经济联盟的发展，对于中俄关系、中俄与中亚国家关系以及上合组织的未来，对于亚欧地区地缘战略格局的调整及新型国际秩序的构建，均具有十分重大的战略价值。可以说，“一带”与“一盟”对接合作对于亚欧国家乃至整个国际关系都是一件大事。

具体说来，“一带”与“一盟”对接合作的战略意义主要在于：有利于消除许多人所担忧的、不友好势力所期望的“一带”与“一盟”相互竞争、相互干扰局面的出现；有利于将丝绸之路经济带几大经济走廊建设落到实处，并且对其他互联互通大项目合作产生示范效应；有利于缓解欧亚经济联盟大项目合作的资金、技术困难，加速其经济合作规划的实施，增强其活力和凝聚力；有利于上合组织各领域合作的深化特别是“上海精神”的弘扬、各种合作机制的强化，从而推动上合组织发展进入新的阶段、迈上新的台阶；有利于为中国与欧亚经济联盟各成员国实现优势互补、协同发展搭建新的平台，推动有关国家经济发展形成新的增长点；有利于为中俄战略协作和务实合作、中国与中亚国家各领域合作的深化开辟新的领域、提供新的空间，进而形成利益共同体、命运共同体；有利于打造亚欧大陆中部经济加速崛起带、大亚欧共同体，进而形成从太平洋到大西洋的广大经济合作空间；有利于新兴力量的集结、新型国际经济秩序的构建，新兴国家的共同发展、共同安全，进而改变世界经济格局和地缘战略格局。

二　消除对接合作的障碍性因素

必须努力增强战略互信、消除战略互疑。中俄应进一步展现推动“一带”与“一盟”各国实现合作共赢、共同发展的诚意和决心，消除不合时代潮流的“势力范围”思维及“本国利益最大化”追求。其他中小国家则应努力消除对大国、邻国的不当戒备心理，以更加开放的姿态拥抱“一带”与“一盟”对接合作，特别要抑制域外大国“平衡”中俄的有害冲动。

必须高度重视宏观环境因素的影响，改变就项目谈项目、两眼仅盯着商业技术问题的做法，要站得更高、看得更远，确保对接合作具有抗干扰性、可持续性。宏观环境因素包括国际战略环境因素及合作对象国国内宏观环境因素。国际战略环境是影响“一带”与“一盟”对接合作最为突出的宏观环境因素。其中，既有的国际合作机制、合作规则可为“一带”与“一盟”对接合作提供依托和参考，大国在亚欧地区的博弈可能带来不良竞争、牵制掣肘，宗教极端势力在毗邻地区的泛起则可能对亚欧地区的安全稳定产生破坏性影响。合作对象国国内宏观环境方面，特别要关注其政治环境、经济环境、法律环境、社会环境、人文环境、安全环境、舆论环境，努力推动各方优化其国内宏观环境，为对接合作项目的实施创造有利条件。

三　坚持“三共”原则，发挥互补优势

要切实贯彻合作共赢理念，践行共商、共建、共享原则，努力实现共同安全、共同发展。要搞大合唱，不搞独唱或者二重唱。中俄发挥大国优势，其他各国发挥各自优势。

国家有大小、实力有强弱，但是大小国家一律平等，不存在主导与被主导关系。大家的事大家商量着办，各尽其力、各显其能；能出钱的出钱，能出力的出力，能提供技术的提供技术，能提供空间的提供空间。不仅要共同商量、协力共建，而且要相互照顾对方的利益与感受，做到各有所获、各有所享。大国尤其要理解和照顾中小国家对主权平等的敏感、对安全利益与发展利益的关切。

要切实发挥互补优势，相互弥补短板。例如，中国拥有资金和产能富裕的优势，基础设施建设能力强大、制造业和信息产业较为发达的优势，人力资源素质较高的优势；俄罗斯不仅拥有资源优势、教育与科研基础发达优势，而且是欧亚经济联盟的“领头羊”，具有较强的号召力和组织协调能力；欧亚经济联盟其他成员国则拥有能源资源和土地资源优势，过境条件优势，劳动力充裕优势以及工业后发、需求广泛优势。

一方的优势往往是另一方的短板，充分发挥各自优势，对于调动各方对接合作的积极性、推进对接合作项目的实施，具有十分重要的意义。为了发挥这些优势，须对各自优势进行认真盘点，找准对接点、选准合作项目。

四　打造平台，推出示范项目

既要以积极进取姿态扩展合作思路、推进合作项目，又要避免好高骛远、急于求成，切实做到一步一个脚印。为此，必须把对接机制建设置于优先位置。

要制定实事求是而又积极进取的对接合作规划及各方共同遵守的合作规则。特别要尽快构建有利于对接合作的关税制度、人员往来签证制度、劳动力配额制度，努力优化投资环境、增大投资合作的吸引力。

要充分利用上合组织与欧亚经济联盟的既有合作机制，发挥上合组织在“一带”与“一路”对接合作中的基础性平台作用。还要利用好亚投行、丝路基金、金砖国家开发银行等融资平台的投资潜力。

要充分发挥智库作用，设立对接合作智库论坛，举办各种专题研讨，为对接合作提供强有力的智力支持。

要充分发挥媒体作用、加强舆论引导，避免“上热下冷中梗塞”，争取形成高层共识、政府推动、企业主动、民意支撑、舆论支持同

时推进的良好局面。

建议尽快召开参与“一带”与“一盟”对接合作各国国家元首和政府总理专题会议，成立对接合作政府间混合委员会，建立议会、政党对接合作对话机制。

要选准起步项目，起步项目进展如何，对后续项目的推进具有很强的示范作用。这些项目应是互补性最强、各方或者双方最为期待、实施条件最为充分，并且有利于为后续合作奠定基础的项目。例如，基础设施、物流中心、工业园区、高新技术研发中心、能源互联互通网络等。

对起步项目一定要进行周密谋划，切实做到共商、共建，切实规避宏观环境风险和商业技术风险，务求早日产生经济效益、社会效益，务求为参与企业及广大民众所认可，务求使起步项目实施中形成的合作模式、合作规则能够为后续项目所借鉴。

中俄作为实力最为雄厚的两个大国，应当承担更多的大国责任、做出更为突出的大国贡献。

中俄要将“一带”与“一盟”对接合作视为两国战略协作的新领域，务求取得成功。这不仅能有力地推动两国经济社会的快速发展、硬软实力的大幅提升，而且能切实造福于地区各国、促进地区国家的发展与稳定。

中俄要发挥“领头雁”作用，既包括合作的谋划、规则的制定，也包括力量的投入、与各方的协调。特别要在践行合作共赢原则问题上为其他国家树立榜样。

中国和俄罗斯要有大国胸怀，切实践行新型义利观，对中小国家多予少取、先予后取。要更多地着眼国际关系、国际格局、国际秩序的大局，更多地关注战略利益、战略得失，而不为些许小利相互扯皮。

相信在各方的共同努力下，“一带”与“一盟”对接合作一定能够很快取得进展，一定能够对有关各方的经济社会发展产生积极推动作用，一定能够为新型国家关系、新型合作模式、新型国际秩序的构建做出重大贡献。

（作者王海运系中国国际战略学会高级顾问。该文原载《西伯利亚研究》2016 年第 4 期）

新形势下哈尔滨对俄东部地区投资风险防范对策研究

夏焕新

一　俄罗斯东部地区投资环境及产业政策导向

国际投资方式的特点和功能不同决定了所要求的投资环境和条件不尽相同，国际投资环境的优劣直接决定了一国对外资吸引力的大小。而投资者对差异性较大的投资环境能否全面了解并很快适应，将直接影响其投资效益。苏联解体后，俄罗斯的投资环境可分为下滑、恢复、快速发展几个阶段。2012 年普京重握总统大权，俄罗斯经济进入现代化发展阶段。随着俄罗斯投资环境逐步改善，各国投资将重新转向俄罗斯，中国的投资者也把目光集中在俄罗斯的许多领域。因此，人们对俄罗斯投资环境的综合评估更加重视，对俄产业政策导向更加关注。

（一）投资环境

俄罗斯属于资本短缺型国家。在政府制定的中长期发展战略中，俄需要 2 万亿 ~ 2.5 万亿美元的国内及国外投资。为此，俄政府把利用外资作为重要的政策选择，并把从根本上改善投资环境作为近十年的关键性任务。

1. 法律环境是投资环境的“晴雨表”

众所周知，法律制度保障是深化投资合作的必要条件。俄罗斯十分重视对外资立法，希望通过加强立法，为投资者创造符合国际标准的法律投资环境和条件，目的是以法律手段建立良好的投资环境以吸引外资，加快俄经济发展步伐。

早在普京第一任期内，俄就完成了联邦《税法典》《国家土地法典》《劳动法典》《海关法典》《中央银行法》等基础性法律的修订和制定工作。通过了联邦《投资活动法》，修改和补充了《地下资源法》《产品分割协议法》《股份公司法》。近年又修改了《农用土地流通法》《俄罗斯联邦仲裁法庭法》《法人国家登记法》《对不动产和不动产交易权利国家登记法》《不动产抵押法》《银行和银行活动法》《有价证券市场法》《股份公司法》《自然人在俄罗斯银行存款保险法》《土地和地段级别转换法》《经济特区法》《租让协议法》。又相继通过了《外国投资法》《环境保护法》《在俄罗斯进行对俄国家安全具有战略意义的商业组织直接投资秩序法》《公路付费法》《组织市场和交易所贸易法》《对不动产形成、投资和进行国家清点核算法》《自然垄断法》《森林法典》等。上述法律的出台均以吸引外资为基本原则，旨在为外国投资者在投资、企业经营活动条件和收入利润等方面提供基本保障，给予其国民待遇，保证国内外投资者在相同的条件下竞争。

2. 政策环境是投资环境的“指示器”

为吸引外资，俄罗斯颁布了许多法律。随着经济环境、国际环境的变化，许多法律条文已不适合形势的需求，于是，一系列总统令和地方政府的政策应运而生，形成俄罗斯特色的法律政策多变现象。对中国生意人来说，最具代表性的是 2006 年 2 月 26 日俄联邦政府通过的《关于修改俄联邦自然人携带自用商品过关入境缴纳统一关税和商品税税率条例》。这一政府令规定：把原来俄公民 7 天一次、每次携带 50 公斤自用商品入境免税的优惠政策，改为 30 天一次、每次携带 35 公斤。此项规定导致黑龙江省所有对俄口岸的旅游贸易和边民互市贸易同比下降 40% ~45% 。其次是 2006 年 11 月 15 日俄总理弗拉德科夫签署的《关于规定 2007 年俄罗斯联邦境内零售贸易中外籍劳工许可比例》（第 683 号）政府令。这个被俗称为“禁商令”的政府令规定，到 2007 年末在俄露天市场从事零售贸易的外国人减少到零。也就是说，俄罗斯的零售商品贸易市场已完全禁止外国人销售，这一限制措施无疑给俄罗斯市场上的中国零售商一个沉重打击。20 年来中国商品在俄罗斯市场主要是由中国人零售，而这一法令的实施使约 10 万名在俄华商被迫返乡。

3. 金融环境是投资环境的“风向标”

良好的金融环境是吸引外资的重要条件和保证。金融体制改革是俄罗斯经济体制改革的重要组成部分。从金融改革的内涵看，其基本趋向是一个“放”字，即金融市场化。金融市场化是一个动态的、多层面的深化过程，它不仅是金融结构的变化，同时是金融市场机制的建立与健全。俄罗斯金融市场化的任务主要有三项：银行商业化、利率市场化、货币自由兑换。然而在金融市场化改革过程中，俄经历了 1998 年和 2008 年两次国际性金融危机的重创，致使俄财政金融体系、支付体系和宏观经济雪上加霜。特别是银行体系亏损面扩大，亏损额大幅提高，“问题银行”数量明显增加，居民存款和银行信贷规模大幅下降，银行资产质量明显恶化。近期，由于受到西方制裁，卢布大幅贬值，俄市场出现通货膨胀现象。为稳定金融危机和制裁危机后出现的复杂局面，防止银行业和整个金融体系的崩溃，俄政府和中央银行采取了一系列紧急应对措施，但收效甚微。

（二）产业政策导向

俄罗斯东、西两大部分的经济发展水平相差很大。虽然欧洲部分工业基础雄厚、门类齐全、产值占全俄的 3/4 以上，但其资源有限，经济进一步发展受到很大限制；而亚洲部分虽然拥有极为丰富的自然资源，但工业基础薄弱、部门单一，资源远未得到充分利用。为改变这种生产力布局不合理状况，俄政府实行了“工业东移政策”，被称为“纲领性政策”。目前，俄罗斯经济对东部地区的依赖日益增强，特别是随着“亚太时代”的到来，俄更为重视东部的发展。

1. 产业特点

工业在俄罗斯经济中起着重要作用。其特点是重工业始终占优先地位；随着社会分工的发展和科学技术的进步，新兴工业部门逐渐涌现；工业生产集中度很高；工业部门分工很细，现共有 12 个行业、300 多个不同的部门。

2. 优势产业

（1）电力工业。包括火力、水力、核能发电三大部门。

（2）燃料工业。主要包括石油、天然气和煤炭工业。

（3）机器制造业和金属加工工业。这是俄罗斯的工业核心，是工业科技进步的基础。

（4）建筑材料工业。是俄罗斯传统工业部门之一。

（5）轻工业。是俄罗斯最重要的传统工业部门之一。

（6）食品工业。在俄罗斯工业中占有重要地位。食品工业由 24 个分部门构成，肉类及罐头加工业、奶制品、捕鱼业、制糖业、饮料和面食制品业都是其主要部门。长期以来，由于投资不足和农业生产不稳定，食品工业发展一直比较缓慢，市场供应紧张短期内很难改善。

3. 产业导向发展思路

（1）根据国情协调发展三大产业，基本保持现有格局：第一产业将恢复增长；第二产业将加速发展；第三产业基本保持现有比重，到2015年服务性产值占GDP比重达到54%。

（2）提高高新技术产业的增长速度和对GDP的贡献率。

（3）实施科技创新战略，提高经济竞争力。

（4）大力发展人力资本。俄政府清楚地知道，人力资本是经济增长的“发动机”。

4. 未来十年产业定位和发展方向

俄2025年前发展构想要点为：以技术创新为基础实现经济结构多元化，巩固和增强俄在传统领域（能源、交通、农业、自然资源加工业）的全球竞争优势，巩固和增强俄罗斯的对外经济地位，提高其参与国际分工的效率，构建俄东部地区经济发展新模式。

发展构想将产业发展定位为八大领域：科技创新、高技术、基础工业、自然垄断、运输基础设施、能源基础设施、自然资源利用和农业（包括渔业）。其发展方向可概括为以下几个方面。

（1）发展科学、国家创新体系和工艺。

（2）发展高技术产业。

（3）发展基础工业部门。

（4）自然垄断领域要解决两大任务：第一，缩小基础设施垄断化规模，分离自然垄断和潜在竞争部门；第二，保证所有经济主体能够平等和透明地进入自然垄断项目。

（5）发展运输基础设施的竞争优势。

（6）发展能源基础设施，提高能源使用效率。

（7）发展自然资源利用领域的竞争优势。

（8）发展农业和渔业综合体。

二　俄罗斯东部地区存在的投资风险因素

投资者在决定自己的资本投向哪个国家时，首先考虑的是该国投资环境的稳定性和持久性，追求的是安全性、收益性和流动性，投资的目的在于获得承担了投资风险所带来的可靠收益。俄罗斯东部地区的投资环境是一个复杂的综合体系，主要包括非人为因素（自然资源、市场规模、劳工数量等）和人为因素（宏观经济环境、基础设施、外资管理方式等）两方面的内容。俄罗斯东部地区在吸引外资方面具备一些得天独厚的自然优势，但是由于其正处在体制转轨进程中，其投资环境中不免存在一些风险因素。

（一）政治风险因素

1. 政策不稳定

对投资者来说，政策的稳定性和连续性比政治环境的稳定更加重要，尤其是一些规模比较大的长期投资项目，对政策的依赖性更强。俄罗斯1991年颁布了第一部《外国投资法》以后，俄政府就一直对外资流入持积极态度，但由于在外资关注的投资环境上缺乏实质性改观，其投资吸引力并未增大多少。时至今日，俄历届政府又陆续出台了很多与吸引外资相关的法令。《俄联邦外国投资法》于1999年重新修订，2003年12月又再次修订。然而这些法令随意性很大，对外资的态度摇摆不定，很多规定矛盾重重而且朝令夕改。出于增加政府财政收入的考虑，俄罗斯的外资企业法定税率水平也较其他转轨国家高，优惠政策实施条件也较为苛刻，这大大动摇了外国投资者的信心。

2. 对中国投资的戒备心理仍然存在

尽管中俄两国关系不断升温，但有关中国的“领土要求论”、“非法移民论”、“经济入侵论”、“商品倾销论”和“黄种人天下论”在俄罗斯仍然存在。在中国劳动力较集中的远东地区，这些不和谐之音更是“此起彼伏”，在一定程度上挫伤了中国投资者的信心和积极性。俄罗斯人的心理十分矛盾，一方面，俄东部地区缺乏资金、缺少劳动力，吸引外资、引进劳动力是发展俄东部地区经济的必由之路，中国是具备条件的国家之一；另一方面，由于俄东部地区地广人稀，俄罗斯人担心中国劳动力大量进入将使该地区“中国化”。从安全角度看，一些俄罗斯人也容不得邻国强大，认为邻国强大会对自己构成威胁。在这种安全观的驱使下，他们往往会把单纯的商业行为和国家安全扯到一起。在这种心理的支配下，俄罗斯东部地区的一些民众、个别政客和学者认为中国投资对本国民族产业独立发展会造成消极影响，甚至一部分杜马成员也对中国投资者持不信任态度，这无形中削弱了俄政府吸引中国投资的积极性。

（二）经济风险因素

1. 税率过高，税种复杂，乱收费

俄罗斯独立之初税收体制不健全，税制繁、税种多、税率高曾一度困扰本国企业家和外来投资者。从 1994 年起，为简化税制结构，解决上述问题，俄政府陆续出台了一些改革措施。1999 年 1 月开始正式生效的《俄联邦税法典》第一部分详细规定了 16 种联邦税、7 种联邦主体税、5 种地方税，将总税赋降到国内生产总值的32.4%。2001～2011 年，这部《俄联邦税法典》经历数次修订，但目前俄罗斯税赋仍然很高，约占企业利润的70%。个别地区还存在私自提高税率、巧立名目乱收费的现象。

2. 投资竞争十分激烈

俄东部地区以其丰富的自然资源吸引着众多国际投资者。美国、日本、韩国等具有一定经济实力的国家都认识到，俄东部地区是目前世界上鲜有的资源未开发地，并且该地区市场空间广阔、内需拉动经济的力量强大，投资环境在不断改善，宏观经济政策更为宽松，尤其是该地区具有独特的地缘政治优势。因此，各国都想在俄开发东部地区的浪潮中分一杯羹。到俄东部地区投资的企业越来越多，竞争也就越来越激烈，形势不容乐观。俄输油管线项目从安大线到安纳线，再到最后的泰纳线的一波三折，就说明了各国在远东的利益之争已接近白热化。

3. 投资成本价格波动大

俄罗斯自推行价格自由化以后，其价格体系一直不完善，物价竞相攀升。尽管到目前自由调控的价格体系已经初步建立，但是很多价格关系仍未理顺，能源、生产资料以及交通运输费用价格波动非常大，直接影响产品的生产成本。这些部门均属俄罗斯的垄断部门，掌握着价格升降的决定权。它们往往为本部门利益擅自抬高价格，获取垄断利润。这对在俄投资建厂的外资极为不利，成本随时可能上升，导致产品价格上涨、利润率下降，销量受到影响。

（三）金融风险因素

1. 金融工业集团的干扰

俄罗斯经济的一大特点就是金融工业集团对经济的巨大控制力，在叶利钦时代就形成的金融工业集团有雄厚的经济基础，不仅操纵着关系国家经济动脉的产业和领域，还潜移默化地影响政府决策。工业主导型金融工业集团主要由国家控制，银行主导型金融工业集团基本由私人控制。金融工业集团控制着重要的经济部门，掌握了俄罗斯 50% 的经济。目前，又出现官僚寡头取代金融寡头主宰经济的趋向。普京上台后逐步实施了对原有金融工业集团的打压政策，但由于其由来已久，且力量强大，短期不能达到完全排挤的效果。金融工业集团对俄罗斯经济发展道路的影响还将持续。

2. 金融体制不健全

俄罗斯金融法制、法规不健全是有历史沿袭性的，金融市场上存在大量违法、违章现象。金融市场的混乱削弱了中央银行通过公开市场业务对商业银行业务经营活动的干预，而金融工具的短缺也使中央银行缺乏调控商业银行经

营活动的手段。目前，在俄罗斯像法定存款准备金率、再贴现率、利率等基本金融工具还无法发挥其应有的作用，只能借助于原有的信贷规模控制、工资管制等手段来调节金融活动。而经济环境恶化也使利率等调节手段不能达到预期效果，近期俄央行对卢布大幅贬值所采取的应对措施未能奏效也说明了这一点。金融体制不完善、金融市场波动势必对国际投资产生消极影响。

（四）社会风险因素

1. 恐怖主义活动

伴随着分离主义倾向的加剧，俄国内恐怖主义活动日渐猖獗。近年来，包括极端宗教恐怖组织、极端右翼恐怖组织、以推翻政府为目的的极端左翼恐怖组织及极端民族主义恐怖组织在内的恐怖组织制造了多起骇人听闻的恐怖事件，这让准备投资俄罗斯的外商望而却步。

2. 社会治安

在俄罗斯，光头党已成为社会的沉疴。十多年来，各地光头党组织不断发展壮大，他们以“俄罗斯保卫者”自居，频频制造袭击事件，让在俄外国公民谈虎色变，也让俄政府头疼不已。俄黑社会组织势力膨胀，试图通过各种手段在政治和经济上求得合法化及公开化，甚至一些政府机构的腐败官员还为其提供服务。黑手党分子的人数几乎相当于国家内务部队的编制。许多材料表明，公权力和黑势力或明或暗地相互利用，共同谋利。黑社会组织的存在导致社会治安状况不佳、犯罪率居高不下。资料表明，全俄每年发生的杀人案件和杀人未遂案件达三万起，但破案率极低。

3. 腐败现象

俄罗斯公权力商品化现象严重，各级权力机关普遍存在以权谋私、权钱交易、贪污受贿等一系列腐败现象。俄罗斯总检察院的秘密报告称，近三年来，仅受贿案件就立案 1.4 万起，其中 1 /3 涉及各级政权机构。受贿的形式和手段多种多样，主要涉及国家资产管理委员会、中央银行、医药卫生部门、农业部、国防部系统以及海关、税务局甚至内务部等司法部门。有关材料表明，一些企业用于收买各级官员的费用达到企业利润的一半以上。媒体不断披露市长、部长以及代理总检察长等高级官员的贪污受贿事实，然而被立案或最终被绳之以法的却寥寥无几。

俄罗斯的政府经济管理机构包括一些涉外部门的工作作风和办事效率低下，外国投资者和外资企业人员到有关部门办事总要经过一套烦琐的程序，延误很多时间。如中国一公司在伊尔库茨克建立纸浆厂项目已立项十年之久，至今仍没有生产出纸浆，有关协议在多个政府机构间“公文旅行”，中方企业“欲哭无泪”。俄政府工作人员的服务意识淡薄，官僚作风严重，办事拖沓，对政策法规的解释和执行也带有很大的随意性，行政性收费标准过高，更有一些执法人员如警察、海关工作人员腐败成风，对入境外国人索贿敲诈。

三　对策建议

近年来，俄罗斯东部地区投资环境有了明显改善，投资吸引力有所加强，但仍属于投资高风险地区。从哈尔滨市近 30 年对俄经贸合作的情况来看，该市对俄出口的地产品少，对俄贸易不是其“强项”。根据国务院《支持东北振兴若干重大政策举措的意见》中将哈尔滨打造成对俄合作中心城市的具体目标，结合该市的区位优势、科技优势、产业优势、人才优势，进一步加强对俄全面合作，将是其目前及中长期的发展目标。面对俄罗斯投资环境的现状，如何在对俄罗斯东部地区进行广泛合作中正确规避和防范风险，使风险可能带给企业的损失得以避免或减少到最低限度，这是我们必须认真研究和思考的问题。根据多年对中方企业在俄开展多领域合作的调研情况，笔者提出以下七条建议。

（一）应建立中俄地方政府间常态合作机制

应认真研究和借鉴中国—东盟自贸区的经验，积极向国家申请，力争将中俄两国全面合作与地方区域合作的常设办事机构（秘书处或合作委员会）设在哈尔滨。积极促进两国中央和地方政府间常态化合作机制的建立，诚邀中俄两国地方政府在哈尔滨设立代表处、办事处或联络处。同时，积极争取尽快在哈尔滨设立俄罗斯领事馆。

随着双方合作的不断深入，建议哈尔滨市利用自身的独特地位，建立双方不同层级政府首长定期会晤制度、双方相关政府部门定期例会制度、批准互设商务联络处或代表处等，使双方的联络、会晤、磋商和信息通报制度常态化、制度化，及时通报双方各自国家和地区合作政策法规的变化、合作计划和项目的确定等，为双方企业合作提供便利和支持。

（二）应尽快成立对俄全面合作协调机构（驻俄办事处）

哈尔滨市对俄经贸合作的发展历史，就是企业各自为战的历史、商人单打独斗的历史、贸易起伏震荡的历史、利润听天由命的历史。时至今日，那些在俄罗斯从事经贸合作的中小企业还是胜败凭运气、前景心没底。根本原因之一是没有政府的统一指挥和全局部署。在俄企业多数是粗放经营、过分依赖政策，只要俄罗斯政策有变化，遭受经济损失的都是中国企业。近年来，俄罗斯大力实施远东经济发展战略，国家发展重心开始向东部地区转移，积极同独联体及周边国家开展务实合作。面对机遇，哈尔滨市要汲取以往企业各自为战的教训，由政府牵头成立对俄全面合作协调机构，全面掌握对俄合作企业情况，对每一个合作项目都要进行协调和指导。政府协调机构的工作主要包括以下几个方面。第一，建立有专业人士参加的跨部门领导协调机制，制定全市对俄投资的整体战略，全面指导对俄投资工作。第二，通过协调、宣传和经济交流等各种渠道消除俄方对中方企业“走出去”的误导，为企业对俄投资创造良好的外部环境。第三，建立和完善投资促进体系，解决投资中的难点问题。第四，适当进行宏观调控，避免同类企业进入同一市场时进行内部竞争，损失总体市场份额。总之，政府协调机构要为企业提供指导、协调性服务，特别是要全市一盘棋，对俄合作企业要统一思想，有全局观念，相互协作，共同发展。

（三）中资企业“走出去”要做好资金和人才的准备

迄今为止，中方对俄投资企业成功的少，失败的多。失败的原因非常复杂，在很多情况下是因为没有做好“走出去”的准备工作，尤其是对俄罗斯的法律制度、市场环境、文化环境、消费者的偏好和消费习惯没有深刻的了解。实际上这不只是中国企业常犯的错误，与俄罗斯文化背景相近的欧美跨国公司也不例外。根据对华富集团、TCL、中兴通讯等在俄投资较为成功的中资企业的调查可知，对俄投资首先要做好资金、人才的准备。开发市场首先要具备实力，要有一定的前期进入准备金和战略资源储备，对项目开发要有持续的投入。一般而言，能适应并在俄罗斯立足的都是大公司。其次要有好的人才储备，企业国际化最大的障碍是缺乏国际化人才以及对国际市场经营规划的了解。从所调查的情况看，懂语言、熟悉当地情况、精通专业、懂市场运作的复合型人才的匮乏几乎是所有中国公司面临的迫切问题，亟待政府和企业两方面共同努力予以解决。

（四）选择好进入俄市场的方式和经营模式

从实践经验看，并不存在千篇一律的统一模式。对于俄罗斯的一些成熟先进的业态形式和管理模式，哈尔滨市许多企业并不熟悉或不适应，在进入俄罗斯市场时习惯于简单拷贝以往国内或其他国家成功的经营模式。从一些成功企业的经验看，对俄投资必须考虑的战略问题就是“该做什么，不该做什么”。必须有长期的战略眼光，在不同的时期和阶段要有不同的经营战略。中方企业对俄投资起步较晚，一些回报率较高的领域和行业已经被西方公司主导，所剩机会不多。这要求中国企业必须选择好自己的市场定位和进入方式，要借鉴竞争对手的经验教训，摸索出适合自己的经营模式。

（五）处理好在俄企业的跨文化管理问题

跨文化管理实际上靠的是人才本土化，要用好当地人才。这不仅符合当地的法律要求，而且能在俄当地树立一个良好的企业形象，以赢得当地利益相关者的支持，这是企业国际化发展的必由之路。在俄欧美跨国公司由俄罗斯人做代理并不鲜见，目前 TCL、华富集团和中兴通讯在员工构成方面也实现了本土化（中俄员工比为 50∶50，未来俄籍员工比例将提高到 70%），一些俄籍员工已经进入公司中高层，在内部管理和对外交往中发挥着重要作用。

（六）与俄罗斯的主流运营商建立战略合作伙伴关系

从跨国公司开拓俄市场成功的做法看，一个企业要想在俄市场立足，首先要选择好合作伙伴，把本企业的海外发展战略与合作伙伴的发展战略结合起来，搭上主流运营商的顺风船。只有做主流市场，企业发展才会有后劲。西方跨国公司和我国中兴通讯公司在这方面都有成功的经验。

（七）要改变中国公司和中国产品形象

中国对俄合作和投资要获得长足发展，中国企业要在俄市场站住脚，必须改变中国商品“便宜货”的形象。由于多种原因，现阶段俄罗斯人还没有完全摆脱对中国企业和商品的不信任甚至歧视态度。很多中国企业只能在低端市场进行微利甚至无利的营销，处于极为脆弱的经营状况。中国的彩电和汽车在俄罗斯只能进入低端市场，并不是我们没有高端产品，而是由于俄方对中国高端产品的认知和接受程度低。这也是很多中国企业在俄难以立足、中国商品在俄难以打开局面的重要原因之一。从发展的眼光看，具备一定规模的在俄中国企业，不应追求短期效益，在低端市场拼价格、争微利，而要扎扎实实在提高员工素质、提高服务质量、树立公司形象、推广自有品牌上下功夫。

（作者夏焕新系哈尔滨市社会科学院东北亚研究所研究员。该文原载《西伯利亚研究》2016 年第 1 期）

我国东北与俄罗斯远东次区域经济一体化中的中俄农业经贸合作问题研究

邵立民　邵晨阳

一　引言

改革开放30多年来，国内众多专家学者对中俄经济战略合作问题进行了大量研究，但多侧重于一般贸易及边境贸易问题。1996年，中俄发表了《中俄联合声明》，确立了面向21世纪平等互信的战略协作伙伴关系，至今已经20年，中俄合作环境发生了很大变化。2001年7月，中俄缔结《睦邻友好合作条约》。2009年6月，中俄两国元首批准了《中俄投资合作规划纲要》。2009年，中俄两国领导人签署了《中国东北地区与俄罗斯联邦远东及东西伯利亚地区合作规划纲要（2009～2018年）》，俄罗斯《远东和贝加尔地区2025年前经济社会发展战略》和中国东北振兴计划相继出台。2012年，国务院批复《中国东北地区面向东北亚区域开放规划纲要（2012～2020年）》。2012年8月，俄罗斯正式成为世贸组织成员，给中俄农业及食品加工合作带来更多机遇。2012年9月，在俄罗斯符拉迪沃斯托克（海参崴）召开的亚太经合组织（APEC）峰会又给东北亚经济一体化增加了推动力。2013年4月，《远东和贝加尔地区社会经济发展国家计划》已经生效，俄罗斯已经启动10万亿卢布远东开发计划。而东北三省一区作为中国对俄合作的先导区，国务院于2009年批准了辽宁沿海开放带、吉林长吉图开发开放提升为国家战略，2013年8月又批准了《黑龙江和内蒙古东北部地区沿边开发开放规划》上升为国家战略。2013年，习近平总书记提出构建“丝绸之路经济带”和21世纪“海上丝绸之路”（简称“一带一路”）倡议。十八届三中全会提出，加快自由贸易区建设，坚持世界贸易体制规则，坚持双边、多边、区域次区域开放合作，扩大同各国各地区利益汇合点，以周边为基础加快实施自由贸易区战略。2014年，黑龙江省提出了建设东部陆海丝绸之路的战略构想。因此，将黑龙江及吉林、辽宁和内蒙古（东五盟）建成我国面向东北亚开放的重要枢纽站排头兵，加快东北地区沿海、沿边开放协调发展及东部陆海丝绸之路建设具有极其重要的战略意义。

二　中俄远东区域经济一体化及农业合作研究综述

我国学者对于国际区域经济一体化的研究始于20世纪70年代，而对我国与俄罗斯经济合作及贸易的研究从20世纪八九十年代开始增多。概括起来主要有以下观点。

一是认为我国与俄罗斯远东经济一体化及农业合作与贸易非常重要，应升级为国家级战略。于国政（1997）认为，中国与邻国存在结构性互补优势，使边境地区经济一体化更具有现实意义。中国与邻国在经济结构、产业结构、资源结构、技术结构、进出口商品结构等方面差异较大，因而与邻国存在不同程度的互补性。宋魁（1997）认为，中俄双边战略协作伙伴关系不仅是两国的事，它将对东北亚、亚太乃至全球经济的发展产生积极影响。中俄生产要素的互补性决定了中俄合作开发俄远东和西伯利亚自然资源的必要性和可行性。于晓东（2001）认为，中俄作为东亚地区的两个大国，理应顺应世界经济全球化的历史潮流，在东亚经济一体化进程中发挥核心作用。而要实现这一目标，客观上要求我们必须推进中俄区域经济一体化进程，实现中俄经贸合作战略升级。陆南泉（2004）认为，应将俄西伯利亚与远东作为地区合作的重点，这里资源丰富，必将成为今后国际合作开发的新热点地区，具有重要的战略地位，对我国安全有直接影响。聂松竹（2008）认为，次区域经济合作，一方面，由于参与的地区少，容易协调地区间的利益需求，这些地区具有地缘优势，有合作的基础与愿望，因而容易启动；另一方面，次区域经济合作容易产生示范效应，能够带动整个东北亚区域的经济合作。近年来，中国东北地区和俄罗斯远东及西伯利亚地区的经济合作正走向完善与成熟。

二是认为应加快与俄远东区域经济一体化，首先是中俄贸易自由化和投资便利化，并提出了建立中俄自由贸易区的设想。宿丰林（2004）和王之光（2002）等人提出了中俄边境自由贸易区的不同模式，通过搞好试点逐步扩大到远东腹地。顾仲恺（2005）认为，中、日、韩共同组成自由贸易区是东北亚区域经济合作的理想模式。陈柳钦（2008）、朱瑛瑛（2007）和张庆艳（2010）等提出了逐步建立不同的中俄自由贸易区模式。胡鞍钢（2001）认为，要建立一个公平的可预见的自由贸易市场环境，包括商品贸易自由化、服务贸易自由化、投资自由化、资本自由化和广泛的经济、技术、教育、文化国际合作。李金波（2005）认为，辟建绥芬河—波格拉尼奇内自由贸易区是一项复杂的系统工程，将成为中俄经济发展史上的创举。栾晓波（2006）认为，黑—布地区基础条件好，特别是地缘、原材料、生产基地、交通运输、基础设施及对应城市规模等方面的条件尤为独特和优越，是中俄建立边境自由贸易区的最佳区域，能够促进中国东北与俄西伯利亚和远东区域经济合作。赵传君（2007，2010）认为，中俄贸易要扩大规模和实现战略升级的最佳路径选择就是实现中俄贸易自由化和投资便利化，并提出了建立中俄自由贸易区的构想。笪志刚（2013）认为，利用国家将启动新一轮为期十年的老工业基地振兴，并将出台相关扶持政策和项目的机遇，尽快向国家争取成立哈尔滨、牡丹江综合保税区的政策。索伶俐（2015）认为，建设中国东北与俄罗斯远东自由贸易区，有利于巩固提升中俄全面战略协作伙伴关系，深化两国地区全方位经济合作，带动东北亚合作深入发展。

三是认为中俄远东经济合作的基本原则应是平等互利、讲求实效、形式多样、共同发展。并且有组织、有步骤、有顺序、有目标地与俄远东合作。盖莉萍（2010）认为，中国对外经济合作的基本原则和基本立场应是“平等互利、讲求实效、形式多样、共同发展”。郭连成（2007）认为，中俄两国地区间区域经贸合作的快速发展是由两国地区间的经济互补性，特别是在能源、科技、轻工产品、劳动力资源等领域的互补性决定的。姜振军（2012）认为，中俄都面临不同程度的粮食安全问题，双方在农业产业化合作方面拥有良好条件，一方面具有地缘优势，另一方面拥有要素禀赋互补优势。因而，中俄加强农业产业化合作，从而共同确保粮食安全是必要的，也是切实可行的。刘爽（2011）认为，通过中国东北振兴与俄罗斯东部开发的有机对接，推进区域经济社会的跨越式发展，切实加快中俄建立自由贸易区和东北亚区域经济一体化的步伐，实现中俄毗邻地区的共同发展繁荣。

四是认为在俄罗斯远东从事农业开发合作大有可为，互补性很强，应以科技为先导。郭力（2008）提出了中国东北与俄罗斯东部地区合作的“伞”形新模式，指出了中国东北与俄罗斯东部地区应该以开展技术贸易为先导，推动双方的产业合作，进而形成新的经济增长极。李靖宇等（2009）认为，中国振兴东北战略和俄罗斯远东开发战略的协调推进，无疑会进一步提高中俄两国毗邻地区的区域经济合作水平。葛新蓉（2005）认为，目前中俄科技合作的深度和广度尚不能满足中国市场对高新技术的需求，中国应充分利用俄罗斯科技发展战略调整机遇。

五是认为中俄远东农业合作与贸易机会很大，但也存在问题。邹秀婷（2002）认为，不论是从面向21世纪战略协作伙伴关系的角度考虑，还是从中俄生产要素的互补性看，我国与俄罗斯加强农业合作不仅有利于双边贸易额的扩大，而且互利互惠，有利于两国经济的发展。冯育民（2002）认为，目前中俄农业合作还处于低水平的贸易阶段（出口农副产品和输出劳动力），其主要原因是中俄经贸发展长期缺乏国家的宏观指导，至今没有一个中俄经贸发展的长期发展战略。加强中俄省州合作是中俄农业和食品合作的最佳切入点。今后应加强农业生产、农业科技方面的合作，充分利用省州领导人的定期会晤机制，确立符合对方实际需要的农业合作项目。戚文海（2008）认为，中俄经贸关系的发展实践表明，中俄之间贸易较多，但是合作不够，科技合作更显不足。李传勋（2008）认为，俄罗斯的投资软硬环境仍然很差，投资风险较大，企业在俄罗斯的投资活动还需要政府“护航”。中俄合作中的主要问题就是合作领域窄、规模小、科技含量低、发展速度不快，对经济拉动有限。侯冬梅等（2008）认为，中俄农业贸易存在贸易水平和层次不高、贸易方式和贸易结构单一、贸易秩序不规范，农产品互相准入还没有放开等问题。项义军（2016）认为，俄罗斯“中国威胁论”者担心俄罗斯远东成为中国“移民国家（地区）”，认为必须加以防范。

三 对策建议

1. 全面实施中国东北地区与俄罗斯远东区域经济一体化战略构想

落实《中华人民共和国东北地区与俄罗斯联邦远东及东西伯利亚地区合作规划纲要（2009～2018年）》及《黑龙江和内蒙古东北部地区沿边开发开放规划》，加快实施中国东北地区与俄罗斯远东次区域经济一体化的国家战略部署。建议国家成立中俄远东经济发展协调委员会或远东外联部，并与俄罗斯政府及远东联邦政府成立经济一体化领导小组，建立健全中俄毗邻地区政府、民间多层次农业合作机制。把中国东北与俄罗斯远东区域经济一体化战略纳入国家对外经济战略规划。在哈尔滨设立俄罗斯领事馆或俄罗斯远东商务代表处，把黑龙江、吉林、辽宁和内蒙古（东五盟）四省区建成我国面向东北亚开放的重要枢纽站。

2. 加快建设东部丝路带或东北亚丝路带，落实黑龙江省《推进东部陆海丝绸之路经济带建设工作方案》

建设东部丝路带首先是中国东北与俄罗斯远东经济一体化及经济贸易合作，进而发展到与韩国、日本、朝鲜、蒙古国等国家的东北亚一体化。建设“丝绸之路经济带”和“21世纪海上丝绸之路”是习近平总书记于2013年提出的倡议。东北地区正处于东部丝绸之路的重要位置，是东北亚经济贸易中心，欧亚大陆桥的东北部的枢纽，是东部丝绸之路的关键节点，因此意义重大。抓好这个关键节点，就抓住了建设东部丝路带的核心。

3. 新常态下全面振兴东北地区等老工业基地，实施东北区域经济一体化

2016年4月26日《中共中央国务院关于全面振兴东北地区等老工业基地的若干意见》对外公布，为经济发展新常态下东北地区全面振兴指明了方向。抓住新一轮振兴东北的重大机遇，实施东北区域经济一体化。要全面振兴东北地区，应该首先实施东北区域经济一体化，建议由国务院牵头组织建立东北区域经济一体化协作委员会或东北一体化局，以东北四省区行政首长协商机制为平台，建立东北四省区对俄远东联合开发办公室，建立健全我国东北与俄罗斯远东经济一体化及我国东北与俄罗斯远东农业合作的各种机制。

4. 国家应加大对东北地区与俄远东地区农业合作及贸易的金融财税优惠政策扶持力度

对与俄远东合作的企业减免税收，尤其是对于在俄罗斯远东作业的农业机械及农业物资放宽口岸限制，给予优惠减免税收政策；对于进出口农业产品给予减免税收等优惠政策。

5. 积极探索建立基于中国东北与俄罗斯远东经济一体化及农业合作的各种模式及路径

中国东北各地区与俄罗斯远东经济一体化及农业合作形式可以是“1＋1”“4＋6”“4＋10”等各种农业合作模式；建设哈大齐黑、佳双同、牡绥东等沿边开放先导区和保税区；建设绥满沿边经济开放带等；把大黑河岛、黑瞎子岛、中俄绥芬河—波格拉尼奇内贸易综合体等建成中俄边境自由贸易区或保税区；把黑河市、绥芬河（东宁）市、同江县、抚远县（今抚远市）升格为黑龙江省与哈巴罗夫斯克等州区合作的东北亚跨国国际物流中心；在哈尔滨、沈阳、长春、齐齐哈尔、牡丹江、佳木斯、绥芬河市（东宁）、黑河市和同江、抚远、内蒙古满洲里、吉林珲春等大城市及口岸与俄远东地区成立多个自由贸易区或保税区。

6. 建立健全中俄经济贸易信息网络系统

在俄建立境外农业信息站点，逐步形成对俄重点合作地区的信息网络。建立中俄经贸电台和经贸网站。发展跨境电子商务。引入国内先进电子商务运营企业与俄罗斯远东地区发展电子商务，建设哈尔滨、齐齐哈尔、佳木斯、牡丹江、绥芬河跨境贸易电子商务试点城市，创建开放的跨境电子商务综合服务平台，打造跨境电子商务物流基地。

7. 加快建设我国东北地区与欧亚大陆桥的铁路连接

可以通过黑龙江省哈尔滨至佳木斯至同江铁路，连接俄罗斯的下列宁斯科耶市到哈巴罗夫斯克，并与西伯利亚铁路相连。现在中俄同江—下列宁斯科耶铁路界河桥工程于2014年2月奠基，中方已经开始建设，这标志着横跨中俄两国界河—黑龙江的铁路大桥进入正式建设阶段。大桥设计年过货能力2100万吨，建成后将形成一条新的国际铁路大通道。还可以通过黑龙江黑河大桥（计划建设）与布拉戈维申斯克连接西伯利亚大铁路连接，还有中俄边境饶河乌苏里江大桥申报立项，扩大与俄罗斯远东和欧洲各国的经济与贸易合作。

8. 建立健全东北至俄罗斯远东陆海空国际物流大通道

目前两国之间的贸易大通道与物流网络发展缓慢，正在构建“哈满俄欧”跨境运输体系。发展哈尔滨、齐齐哈尔、牡丹江、长春、沈阳空港，发展中欧黑龙江通道跨境货物运输产品优势，组织国内外货源。建设东北与东南沿海、日韩、东南亚等江海联运和陆海联运新通道，畅通绥芬河—俄罗斯符拉迪沃斯托克（海参崴）、松花江—黑龙江—俄罗斯尼古拉耶夫斯克（庙街）通道，同江至俄罗斯下列宁斯科耶连接哈巴罗夫斯克，并且与西伯利亚大铁路接轨。建设黑河大桥，争取早日开通布拉戈维申斯克与西伯利亚铁路。

9. 深化与俄罗斯的农业合作，加快推动我国农业“走出去”步伐

在东北哈尔滨、长春、沈阳及俄远东地区建立中俄农业高新技术合作示范区和产业园区，建立国际化农业和食品工业体系。为解决国内农业“两难”和粮食安全问题，应加快建立中俄农业科技创新合作机制。

10. 完善我国东北与俄罗斯远东人文合作机制

加强东北地区俄语言教学推广工作。在黑

龙江大学、哈尔滨工业大学、黑河学院、佳木斯大学、齐齐哈尔大学等多所院校建立俄语系或对俄贸易专业。鼓励中俄毗邻地区高校合作办学，支持东北重点大学与俄方高校联合培养本科生、硕士生和博士生；建立联合实验室、互派访问学者、联合培养研究生，加强优势学科的交流与合作，提高地区科技人才的综合素质。

11. 构建外向型现代农业产业体系

建立各种中俄联合农业合作企业。以黑龙江农垦、吉林农垦等大型企业为龙头，组织成立对俄农业开发公司，组织个体、私企创办各种合作社，成立中俄联合公司、股份制公司、股份合作社等。黑龙江省应主动向国家争取“粮食产地直接出口权”，直接组织向俄罗斯、朝鲜、韩国和日本等国家出口，打造东北第二粮仓。

12. 有计划地组织赴俄远东农业劳务

由各级市县政府成立赴俄劳务办公室，统一组织各乡村剩余劳动力，登记造册，分类编组，统一出行。并且有领导、有秩序地统一与俄罗斯政府部门交涉审批、护照、劳务许可证和农产品销售等问题。

13. 建立东北与俄远东区域旅游共同体，发展旅游一体化，实现免签证旅游

首先，统筹开发东北区域旅游市场，建议联合开展旅游促销活动；其次，打造东北大旅游的交通优势，充分利用东北四省区高铁及众多的支线机场；再次，提升旅行服务业的整体服务水平，引导和扶持大型旅行社加快发展；最后，尽快建立游客服务中心网络，按照统一标准、合理布局、规范服务的原则，实行东北一条龙旅游服务模式，并且与俄罗斯远东地区实现旅游一体化。

（作者邵立民系中共黑龙江省委党校教授，国家级专家，博士。该文原载《对外经贸》2016年第6期）

致各位转载文章作者：因为各种原因，编委会未能与作者取得联系，请作者看到信息后与《中国－东北亚国家年鉴》编委会联系，以便我们支付相应的费用。电话：0451－86497742。

论文摘要

《中国国际关系新理念与中日关系》 武寅（中国社会科学院研究员，博士生导师）撰，发表于《日本学刊》2016年第4期。文章指出，中国关于国际关系的新理念概括了中国选择的发展道路、发展模式及具体实现途径和方法，给纷繁复杂、被难题困扰的国际社会提供了一条崭新的思路。中国国际关系新理念有两个中心词，即“和平”和“合作”，其“新”意体现于内含的时代性、实践性、自律性。这一新理念完全适用于中日关系。习近平担任党和国家领导人以来，多次发表重要讲话，阐明了对日政策的基本立场、基本原则和基本态度。这既是国际关系新理念在中国对日外交上的具体体现，又鲜明地展现出中日关系本身所具有的特殊性。学习研究中国国际关系新理念及其实践，对于凝聚共识，提高研究质量和资政水平，把日本研究不断引向深入，将起到非常有益的作用。

《“安倍路线”下的日本与中日关系——兼论构建中日新型国家关系》 吴怀中（中国社会科学院日本研究所研究员）撰，发表于《日本学刊》2016年第3期。“安倍路线”下的日本发展前景及战略走向、当今日本对华认知及政策思路、现阶段中日关系的大势和特点以及中日关系健康发展之道，是研究当今日本走向及中国对日关系的有机组成部分。“安倍路线”推动的“正常国家化”成果显著，但囿于内外条件，日本国力发展的突破性跃升及战略走向的颠覆性裂变尚难发生。其对华认知及政策兼具“周边普遍性”与“日本特殊性”，日趋消极但又体现国家理性，不完全排斥构筑和平与互利的低阶中日关系。当今中日关系的大势与位相，从大历史看是恢复到相对的“中强日弱”常态但有新特性，从复交后历史来看是战略关系的变质及固化。这种复合状态决定两国关系的“极端好坏”不易发生，但磕碰与博弈是常态，且历时较长。构建一定共识之上的中日新型国家关系，不仅是新时期两国之需，也有实现可能性。为此，中国需要明晰目标、统筹规划、引导塑造。

《多视角下的中日关系》 张蕴岭（中国社会科学院学部委员，国际研究学部主任，教授）撰，发表于《日本学刊》2016年第2期。文章指出，看待今天的中日关系，需要在多个视角之下。中日之间力量对比的反转和多元结构特征，成为中日关系定位、认知与处理存在复杂性的重要成因。从安全重构的角度来看，中日在安全目标上存在巨大差异。中日之间的竞争性驱动会持续相当长的时间，这种竞争性驱动可能不会引发两国战争，但会影响两国关系的发展。从认知错位的视角认识中日关系，日本应该重新回到欢迎和支持中国发展的轨道，中国应该理解和支持日本不以中国“威胁”为目标的“正常国家”的努力进程。

《东北亚地区在“一带一路”倡议中的地位——应否从边缘区提升为重点合作区?》 吴昊（吉林大学东北亚研究院教授）、李征（吉林大学东北亚研究院博士研究生）撰，发表于《东北亚论坛 》2016年第2期 。文章指出，《推动共建丝绸之路经济带和21世纪海上丝绸之路的愿景与行动》是中国政府正式发布的关于“一带一路”建设的指南性文件。从其内容来看，东北亚地区尚未纳入建设“一带一路”的重点合作区域。无论是从“一带一路”构想的目标来看，还是从东北亚的实际情况来看，都存在将东北亚地区纳入“一带一路”重点合作区域的必要性和可行性。在东北亚地区推动共建“一带一路”的优先课题主要包括扎实推进中国与韩国相关战略对接工作，加快推进中日韩自由贸易协定谈判进程，加快提升和完善大图们倡议区域合作机制，以及在其他地区共同参与“一带一路”建设。

《东北亚区域内的中俄地缘经济外交》 许威（哈尔滨师范大学政法学院硕士研究生）、陈宪良（教授，硕士生导师）撰，发表于《西伯利亚研究》2016年第6期。文章指出，无论是从国家发展战略角度出发，还是从地缘政治因素考量，东北亚地区都是中俄两国极为关注的地区。俄罗斯将国家发展的战略重点由原先的“重视西方”转向“东西并重”，这更多是由国家利益与现实状况决定的；中国长期以来始终重视东北亚地区的经济合作，这不只涉及经济利益的考量，更涉及地缘政治与安全等因素。东北亚地区内部结构复杂，政治安全等影响因素相互交织。中俄两国都是东北亚地区的大国，两国在东北亚地区开展的地缘经济合作以及所采取的合作方式都将对中俄以及地区产生重大影响。

《“萨德入韩”与东北亚的“安全困境”：基于新现实主义的分析》 李相万（韩国庆南大学远东问题研究所教授）撰，发表于《东北亚论坛》2016年第6期。文章指出，当前东北亚地区扑朔迷离的形势可视为朝鲜核试验、“萨德”入韩以及美国的“亚洲回归”政策交互作用的结果。美国的“亚洲回归”以及转而实施“亚太再平衡”政策旨在应对中国的崛起，对中国进行“战略封锁”。在此背景下，朝鲜核试验（第四、第五次）、朝鲜频繁的导弹试射、韩国部署“萨德”系统等破坏了东北亚既存的和平共处和战略均衡局面，大有使韩美日和朝中俄回归到“冷战式对立”之势，东北亚可能再现“新冷战”格局，地区“安全困境”也将日趋严峻。文章认为，美国积极推进“萨德入韩”的根本动因在于：一方面向日益紧密的中韩关系打入楔子，另一方面要实现对中俄的战略遏制。韩国同意部署“萨德”本身，一方面是没有充分认识到它的负面影响，另一方面则是明显的战略误判。“萨德入韩”使半岛局势急转直下的同时，也使半岛成为东北亚各国回归传统战略博弈的主战场。中国之所以对韩国同意部署“萨德”的行为产生怀疑和敏感的反应，原因在于“萨德”系统不能有效应对朝鲜的攻击，而是为了弥补美国应对中国的导弹防御系统（MD）的缺口。从这种意义上说，部署“萨德”的负面影响将日益凸显：一是它并不能减少朝鲜的安全威胁，反而有可能刺激朝鲜而使韩国更加不安全；二是中韩关系将因此严重受损，两国政治、经济、人文交流与合作必将受到冲击；三是东北亚地区将可能再次回归到两极对立状态，朝鲜半岛的安全困境将日益深化。

《朝鲜半岛局势与东北亚可持续安全》 刘江永（清华大学国际关系研究院教授）撰，发表于《东北亚论坛》2016年第3期。文章指出，2016年伊始，朝鲜进行了第四次核试验，美韩联合军演规模扩大，朝鲜半岛局势再度出现“痉挛性紧张”，东北亚安全蒙上一层阴影。联合国安理会通过2270号决议能否促使朝鲜重返“六方会谈”难以预料，而美国欲在韩国部署“萨德”导弹系统则遭到中俄坚决反对，东北亚安全与地缘政治格局增加了新的复杂性与变数。朝核问题的关键是美朝双方都坚信只有拥有足以毁灭对方的军事威慑力量才能获取本国的安全。然而，这种相同思维逻辑事实上已导致朝鲜半岛无核化与和平稳定的努力屡受挫折，一旦发生战争将是整个朝鲜民族的一场浩劫。在历史的重要关头，有关各国应该树立可持续安全观，寻求新的努力方向。在东北亚构筑共同安全、综合安全、合作安全与可持续安全的安全共同体，或许才是朝鲜半岛无核化与和平稳定的未来出路。

《东北亚区域能源互联网建设研究》 李天籽（吉林大学东北亚研究院区域经济所教授，博士生导师）、王迪（吉林大学东北亚研究院区域经济所博士研究生）撰，发表于《东北亚论坛》2016年第6期。文章指出，能源互联网是国际能源市场发展的重要方向，东北亚地区是目前全球能源互联网建设中最具潜力的区域之一。东北亚能源互联网建设能够保障区域能源安全，提高区域能源效率和保护环境，东北亚地区具有建设能源互联网的基础和必要性，具有非常广阔的发展前景。但同时在技术和相关基础设施建设、合作机制、国际环境、东北亚各国态度和相关政策等方面面临很多问题和障碍因素。该文在对以上问题进行研究的基础上，提出在能源互联网建设过程中我国政府和企业如何发挥主导者和引领者的作用。

《关于将图们江区域合作开发纳入“一带一路”战略的思考》 郭文君（延边大学副校长、博士）撰，发表于《东疆学刊》2016年第2期。文章指出，以长吉图开发开放先导区建设为主的图们江区域合作开发战略是东北亚经贸合作、互利共赢的重要引擎，是大图们江开发开放先导区和东北老工业基地振兴战略等各种战略的叠加区，地缘政治特殊，发展基础良好，发展潜力巨大，因此应尽快把“长吉图”开发开放先导区纳入“一带一路”倡议，形成横跨东西、兼顾海陆、联通内外的开放格局。若能够把图们江区域合作开发纳入“一带一路”倡议，并形成有机整体，不仅有利于我国沿边少数民族地区经济的发展，推动沿边地区跨境次区域合作，更有利于我国全方位、多领域、多层次开放格局的形成，促进环日本海各国经济的长足发展。

《未来十年东北亚地缘政治结构的变化及其影响》 祁怀高（复旦大学国际问题研究院副教授，博士）、李开盛（上海社会科学院国际问题研究所研究员，博士）、潘亚玲（复旦大学国际问题研究院副教授，博士）、吴其胜（上海社会科学院国际问题研究所助理研究员，博士）撰，发表于《世界经济与政治》2016年第8期。文章指出，东北亚地缘政治结构的变化可从权力结构、制度进程、战略观念的三元变化进行分析。1990～2015年，东北亚地缘政治结构在权力、制度、观念上呈现三元变化特征，即权力结构单极弱化、区域制度缓慢构建、战略观念互疑上升。2025年东北亚地缘政治基本结构不太可能陷入壁垒分明的两极对抗格局，而很可能呈现两超（中美）竞合、多强（中美日俄韩）博弈、弱国（朝鲜）逞强的复杂态势。2025年东北亚地区制度的建构不容乐观，尤其是在安全制度的构建方面急需包容性的解决方案。东北亚各国的历史记忆纷争和意识形态干扰仍将持续存在。如果无法降低这两个因素的负面影响，东北亚各国不易形成统一的集体身份，更难建立彼此亲近与战略互信的关系。在东北亚地区权力结构的线性发展趋势很难改变的背景下，区域制度缺失和战略观念互疑将成为未来十年东北亚地缘政治结构改善的“短板”。因此，相关国家必须重视地区制度的构建和战略互信的塑造，从而为2025年的东北亚构筑稳定与和平的地缘政治环境。

《中日韩FTA建设与东北亚区域合作——基于中日韩三国自贸区战略的分析》 王皓（吉林大学经济学院讲师，博士后）、许佳（吉林大学东北亚研究院编辑）撰，发表于《亚太经济》2016年第4期。文章指出，中日韩自贸区建设是东北亚区域经济一体化的核心，实质上是对各国自贸区战略进行整合的过程，使中日韩自贸区战略目标能被纳入三方自贸区战略框架。尽管三国经贸合作密切，但是经济结构的差异以及地缘政治的压力致使三方的谈判进展缓慢。当前，在促进经济一体化与区域安全良性互动的基础上，应进行东北亚FTA的整合，签署中日韩自由贸易协定，释放东北亚经济活力，符合各方利益诉求。

《“一带一路”战略视野中的朝鲜因素评估与政策应对》 梁立昌（淮北师范大学政法学院国际政治系讲师，博士）撰，发表于《济南大学学报》（社会科学版）2016 年第 2 期。文章指出，为实现中华民族的伟大复兴，中国政府提出了“一带一路”倡议，在构建东北亚地区经济新秩序的过程中，朝鲜因素是一个重要变量，有必要从朝鲜政治、经济、安全以及外交和统一诸多领域客观评估朝鲜因素及其地缘影响。由于朝鲜因素的不确定性，需要采取有力措施引导朝鲜实施战略转换，从基本内容、基本保障和基本手段三个方面调动朝鲜因素的积极性，提高中朝关系的生产性和效率性，重建两国实质性战略合作推动中国和平发展战略的实施。

《东北亚均衡者：韩国的区域战略选择》 郭锐（吉林大学行政学院国际政治系教授，博士生导师）撰，发表于《人民论坛 · 学术前沿》2016 年第 10 期。文章指出，伴随近年来韩国亚太地区外交的“风生水起”，韩国版的“亚太均衡”战略逐渐浮出水面。这一战略源于韩国对地缘政治格局、国家综合实力、核心利益诉求等方面的认知调整，集中反映了韩国的亚太观及区域战略选择。这其中，对“中等国家”身份的再确认成为推动韩国“亚太观”变迁的主要因素之一。或者说，韩国的“亚太观”主要是受制于“中等国家”的身份定位。李明博时期的“新亚洲倡议”计划、朴槿惠时期的“东北亚和平合作构想”等，表明了韩国在地区范围、合作领域、制度建构等层面对“中等国家”身份的再确认，以期实现韩国在亚太地缘政治格局中的政治“主导”、经济“中心”、安全“自主”的新的战略转向。

《韩国部署“萨德”必将陷入新的困境》 金强一（延边大学国际政治研究所所长，教授）撰，发表于《延边大学学报》（社会科学版）2016 年第 5 期 。文章指出，韩国宣布部署“萨德”以来，东北亚格局又出现一次震荡，首先感受到美国全方位压制的是中国。“萨德”本身能不能防卫韩国，这不重要，重要的是美国借此形成全方位的防卫体系来挤压中国。从这个意义来说，“萨德”的性质是相当严重的。关于目前的中韩关系问题，笔者曾经主张过良好的中韩关系是东北亚稳定之轴，如果中韩关系受到影响，可能引起东北亚震荡。

《俄罗斯能源政策的范式转变与东北亚能源关系》 富景筠（中国社会科学院亚太与全球战略研究院副研究员）撰，发表于《俄罗斯研究》2016 年第 6 期。文章指出，有关俄罗斯与东北亚能源关系演变的研究，不仅涉及俄罗斯国内政治层面的国家和企业关系演进，而且包括由全球能源体系变革和地缘政治冲击引发的俄罗斯在不同地区能源市场维度上的角色互动。作者试图构建俄罗斯与东北亚能源关系演变的“双层博弈”框架，即在强调俄罗斯国内政治行为对地区能源关系影响的同时，考察东北亚能源市场上各方利益博弈对俄罗斯能源政策实施的作用。其中，全球能源体系变革和地缘政治危机对传统油气出口国的外部冲击，将被纳入对东北亚能源关系演变的动态分析。考虑到世界能源市场正在经历从卖方市场向买方市场的转变，俄罗斯对东北亚能源合作的需求程度将越来越大于后者对前者的进口依赖。俄罗斯从资源民族主义转向实施更加开放包容的能源政策，将实质性地推进其与东北亚能源关系的提升与深化。

《萨德入韩经纬与中韩关系》 李宗勋（延边大学社会科学学报编辑部主编，教授）撰，发表于《延边大学学报》（社会科学版）2016 年第 5 期。文章指出，“萨德”入韩是美国对中国挤压和包围政策的重要环节。“萨德”入韩，说到底是一场由美国主导的把戏，对美国来说，“萨德”入韩可谓一举三得：第一，可保障驻韩美军的安全；第二，是管控中国军事力量的绝佳机会；第三，不但通过北约东扩牵制俄罗斯在欧洲的军事力量，而且此举又能从远东遏制俄罗斯在亚太方面的实力。长期以来，美国通过回归亚太、TPP、干涉南海局势等策略全面挤压中国，以谋求其世界唯一霸权。

《东北亚区域互联互通合作展望》 任晓菲（黑龙江省社会科学院东北亚研究所助理研究员）、笪志刚（黑龙江省社会科学院东北亚研究所研究员）撰，发表于《边疆经济与文化》2016 年第 12 期。文章指出，东北亚区域互联互通合作在“一带一路”建设中，陆海空口岸互联互通区位具有独特优势，并在建设中取得显著进展，陆海互联互通综合地位得到提升。随着“一带一路”建设的推进，东北亚地区互联互通潜在优势将逐渐获得释放，资源互补与口岸需求将呈上升趋势，产业转移与口岸经济成为合作新模式。

《“一带一路”倡议下的东北亚经济合作分析》 施锦芳（东北财经大学国际经济贸易学院教授）、刘娟（东北财经大学国际经济贸易学院研究生）撰，发表于《日本研究》2016 年第 4 期。文章指出，尽管在东北亚地区形成了国家间密切的经济联系，但区域经济合作进展迟缓。“一带一路”的推进，将促进东北亚地区的经济合作。文章主要探讨“一带一路”倡议下的东北亚经济合作，通过东北亚经济合作与“一带一路”区域国家间合作的案例比较，阐释中国与东北亚国家间经济合作的重要意义，分析深化东北亚经济关系未来发展的新路径。

《试论东北亚地区的区域整合》 梁云祥（北京大学国际关系学院教授）、郭雨南（香港《大公报》记者）撰，发表于《东北亚学刊》2016 年第 6 期。文章指出，东北亚现在已不仅是地理概念，更多的是包括地理、经济、政治安全等要素的综合性概念。随着经济全球化和区域经济一体化趋势的出现，东北亚地区也出现了地区整合的需要，即在主权国家利益的基础之上又增加了更多地区性共同利益及其诉求，其目标即推动包括大部分国家在内的多边全方位合作，以实现共同和平与安全、发展与繁荣。因此，就需要在强化经济合作和相互依存关系的同时，强调和培育地区意识。在一个包括所有大国在内的多边安全合作框架内，在消除现有危机的基础上，建立包括所有国家在内的永久性的多边安全合作机制。不过，由于这一地区几个大国之间的历史和政治纠葛，以及多样化的地区特点和大国之间潜在的竞争与冲突，东北亚地区区域整合的前景并不乐观，实现最终的目标仍然任重而道远。

《东北亚区域经济合作对东北产业结构升级的影响研究》 付云鹏（辽宁大学经济学院副教授，博士）、宋宝燕（辽宁大学信息学院教授，博士）撰，发表于《辽宁大学学报》（哲学社会科学版）2016 年第 1 期 。文章在对东北老工业基地与东北亚地区的区域经济合作现状和东北老工业基地产业结构现状进行分析的基础上，结合 2001～2012 年东北地区与东北亚地区的对外贸易数据，研究了东北亚区域经济合作对东北老工业基地产业结构优化的影响，最后根据文章结论提出相应的政策建议。

《“一带一路”建设与中蒙俄能源合作——基于地区安全视角》 朴光姬（中国社会科学院亚太与全球战略研究院研究员）、李芳（中国社会科学院研究生院博士研究生）撰，发表于《亚太经济》2016 年第 5 期。文章指出，从中蒙俄地区安全形势出发，立足“一带一路”建设框架，从双边和多边层次分析了中蒙俄能源合作的基础、机遇、现状与挑战。基本结论如下：地理毗邻和能源互补性为中蒙俄能源合作奠定了基础；复杂多变的地区安全形势以及中蒙俄实现战略对接，促成了三国能源合作的机遇期，中蒙俄能源合作已然开启“蜜月之旅”。中国须从合作机制、基础设施、互信、东北亚有序竞争的角度发力，加快推进中蒙俄能源合作，为“一带一路”建设打造示范工程。

《东北沿边地区参与东北亚次区域合作问题研究》 霍文慧（哈尔滨商业大学经济学院硕士研究生）、李红星（哈尔滨商业大学经济学院教授）撰，发表于《学理论》2016 年第 4 期。文章指出，东北沿边地区参与东北亚次区域合作是我国扩大对外开放的重要战略支点，但其目前开放程度仍处于较低水平，未能充分释放对外合作活力。随着我国经济发展和跨境合作需求不断增加，次区域合作逐渐加入现有对外合作模式。基于东北沿边地区区位优势，分析现有次区域合作存在的问题，提出建设现代交通运输体系、引进专业人才和先进技术、建立经济增长带、调整贸易结构及完善跨境区域交流合作机制的对策，以期促进东北沿边地区次区域合作发展，从而促进东北地区区域经济一体化形成。

《东北亚丝绸之路与中国“一带一路”战略的拓展》 窦博（中国海洋大学国家海洋智库）撰，发表于《人民论坛》2016 年第 29 期。文章指出，北极航运商业化在即，日本海沿岸的图们江是我国前往北极最近的海域，中国应整合以图们江为基地的“东北亚丝绸之路”，以“东北亚丝绸之路”为基础，开发“北极丝绸之路”，提前谋划北太平洋自贸区，在中俄历史最佳合作期，尽早彻底解决图们江出日本海，建设“北极海上丝绸之路”问题。

《韩国中等强国外交战略及其对中国的影响》 戴维来（安徽大学社会与政治学院讲师）撰，发表于《当代亚太》2016 年第 2 期。文章指出，作为东北亚地区的重要国家之一，韩国近年凭借经济上的崛起，有力地拓展了外交上的雄心抱负。一方面，以美韩同盟为核心，不断巩固韩国的国家安全基础，使之成为其整体外交的根基；另一方面，将中等强国外交作为韩国外交的重要一环，在国际和地区事务中发挥了举足轻重的作用。韩国中等强国外交战略对中国完善周边外交布局、改善周边地缘政治环境、运筹大国竞争都有明显的影响。当前如何处理好与韩国的双边关系，既考验中国外交的智慧，也将对中国周边外交工作发挥重要的作用。

《中国公共外交与对日方略》 门洪华（同济大学中国战略研究院院长，政治与国际关系学院院长，教授，博士生导师）撰，发表于《日本学刊》2016 年第 6 期。文章指出，中国公共外交处于起步阶段，在消除“中国威胁论”的负面影响等方面尚有较大的施展空间，在提升国家形象方面仍有较大潜力可挖。中国对日公共外交的实施，有助于推动民间交往，促进双边关系的解冻，可视为消除“中国威胁论”的有效方式。中日关系是世界上最复杂的双边关系。当前中日关系面临严重局面，日本民众对中国看法处于恶化状态，这是中国对日公共外交最为棘手的挑战。应开展更有效的对日公共外交：秉持两个大局的思想，奉行全局性战略；秉持战略耐心；加强人员往来，注重精英战略；秉持客观立场，做好解释和宣传；充分发挥华侨华人的作用；大力开展第二轨道交流，积极开辟战略对话渠道等。

《习近平国际战略思想与对日外交实践》 杨伯江、金嬴（中国社会科学院日本研究所研究员），何晓松、常思纯（中国社会科学院日本研究所副研究员）撰，发表于《日本学刊》2016 年第 5 期。文章指出，习近平关于国际战略的重要表述内涵丰富，外交实践富于创新，科学看待当今时代、推动实现和平与发展，精准定位中国角色、让中国与世界互为机遇，全面发展对外关系、坚决维护国家核心利益，构成其核心内容。习近平外交思想系统性继承、创建性发展了中国历代领导人有关国际战略与中国外交的重要理论和方针政策，并在中国对日外交实践中得以充分展现：高度重视发展对日关系，从世界和平稳定与中国外交战略全局定位中日关系；坚持“两分论”，团结争取广大日本民众；坚持发展中日关系的政治基础，原则问题绝不让步。时代背景、世界潮流特别是中国自身根本利益，决定了朝着以合作共赢为核心的“新型国家关系”方向引领推动中日关系发展的总体导向，而中日关系的特殊复杂性又决定了实现这一目标的路径选择与方案设计需要“量身打造”。

《日俄和约交涉的新动向及其对中日关系的影响》 刘建平（中国传媒大学国际传播研

究中心教授）撰，发表于《日本学刊》2016年第5期。文章指出，与韩国解决“慰安妇问题”之后，日本迅速以“不固执于领土问题”的妥协姿态与俄罗斯厘定和平条约交涉“新思路”，并启动了谈判。从战后处理的历史过程和日俄交涉最新进展来看，双方极尽博弈的最大相互利益，将是日本承认第二次世界大战造成日俄间领土改变“结果”与俄罗斯承认战后美日间“冲绳返还”的“历史事实”的平衡。这意味着，日本不再纠缠南千岛群岛返还，俄罗斯确认向日本移交两岛，但目前维持现状，即还要谈判移交条件，甚至美国不从冲绳撤军则俄不实际或不完全移交，而在确认战后“琉球再冲绳化”为合法的意义上强化了日本把钓鱼岛作为冲绳一部分的立场，陷中国的钓鱼岛权益于危险境地。日韩、日俄相继和解，将使中国对日外交面临更复杂的形势。

《冷战后日本国家战略转变中经济与安全关系分析》 崔健（吉林大学东北亚研究院教授，博士生导师）撰，发表于《日本学刊》2016年第4期。从理论和实践来看，国家战略中经济与安全相互融合的关系越来越得到重视。在日本国家战略转变过程中，以往受到重视的经济与安全的关系似乎在发生变化。依靠军事力量成为国际政治大国的方式，成为近年来日本国家战略调整的主流方向。从经济手段与军事手段相互补充、经济力与军事力相互转化的关系来看，日本国家战略转变中继续对“吉田路线”和综合安全路径进行改进及拓展，以及抛弃“吉田路线”而选择军事安全路线的两种具体表现，看似矛盾却存在内在同一性。日本国家战略转变中的经济与安全关系的变化，既有国际秩序变化等共性的原因，也有政策制定者对战略环境的判断以及国际经济竞争中地位下降等日本自身的原因。

《亚洲开发合作转型中的中国与日本——基于日本ODA、中国“一带一路”构想的视角》 崔岩（辽宁大学日本研究所教授）撰，发表于《日本学刊》2016年第2期。21世纪以来，受国际开发合作领域新的发展潮流影响，特别是亚洲自身发展阶段的转变，亚洲地区开发合作进入重要的转型期。后起发展中国家存在的基础性开发任务和新兴国家面临的可持续发展等问题，构成了亚洲多层次的开发局面和相应的开发合作格局。日本作为传统的援助国积极应对这种变化，谋求从开发援助到开发合作、从援助数量大国到高质量援助大国的转变。中国作为新兴国家，在新的对外合作战略下，将迎来开发合作的高潮期。在对亚开发合作中，中日两国存在的利益冲突导致双方战略竞争加剧，中国作为新加入者应采取有效的应对措施。

大事记

2016年3～12月大事记

3月

1日　俄罗斯出台2016年社会经济稳定发展行动计划，即反危机计划。该计划涵盖约120项措施，包括支持居民就业和社会保障等多个方面，涉及金额达8800亿卢布（1美元约合74卢布）。

△韩国各地纷纷举行“三一运动”纪念活动。韩国总统朴槿惠依照惯例参加了在首尔世宗文化会馆举行的“三一运动”97周年纪念仪式。她在纪念仪式上的讲话中再次敦促朝鲜尽早弃核，否则韩国将同国际社会一起持续向其施压。

△美国商业杂志《福布斯》公布了最新一期全球富豪榜单，2016年韩国共有31人上榜，比2015年多一人。韩国首富、三星电子会长李健熙以96亿美元的身家位列全球第112，较2015年降2位。爱茉莉太平洋集团会长徐庆培的个人财富为77亿美元，位列全球第148，同比上升37位。随后依次是三星电子副会长李在镕（第201位）、现代汽车集团会长郑梦九（第351位）、游戏开发商Smilegate总裁权赫彬（第421位）、SK集团会长崔泰源和现代汽车副会长郑义宣（并列第569位）。值得一提的是，李健熙家族共有5人上榜（李健熙及其夫人洪罗喜和一子二女）。

2日　联合国安理会一致通过决议，决定实施一系列制裁措施遏制朝鲜的核、导开发计划，并呼吁恢复六方会谈。中国常驻联合国代表刘结一在联合国安理会通过涉朝决议后对媒体表示，当天安理会通过的涉朝鲜决议应成为政治解决朝鲜半岛核问题的新起点和“铺路石”。

△中国外交部部长王毅与俄罗斯外长拉夫罗夫通电话。王毅表示，中俄在重大国际和地区问题上保持着密切合作。这段时间，中俄就安理会通过对朝新决议进行了有效沟通，就阻止朝鲜进一步发展核导计划、避免半岛生战生乱、维护中俄正当权益形成重要共识，体现了中俄战略协作的高水平。解决半岛核问题的最终出路还是要回到对话谈判的轨道上来。为此，中方提出了半岛无核化和停和机制转换双轨并进思路，愿与俄方就此加强合作。拉夫罗夫表示，俄方高度评价俄中就安理会新涉朝决议进行的密切协调，愿与中方继续保持沟通，维护核不扩散体系权威，保持半岛和平稳定。

△韩国《中央日报》报道，世界贸易组织（WTO）数据显示，2015年全球贸易量同比下降11.8%，此为2009年以后首次出现萎缩现象。此外，韩国关税厅14日发布的数据显示，2015年2月1～10日，韩国出口额同比下滑27.1%，为87.52亿美元。韩国出口额连续滑坡14个月，刷新开始统计的1970年以来的最长纪录。根据韩国央行2016年1月底发布的数据，韩国2015年国内生产总值（GDP）增速为2.6%，创下三年来新低，政府设定的保三目标未能实现。2016年以来，韩国出口呈现疲软态势，1月韩国出口额同比下滑18.5%，创下2009年8月以来的最大降幅。

3日 韩国乐天酒店、乐天免税店、惊险乐天世界在位于韩国首尔小公洞的乐天酒店与中国中铁明珠投资集团签署了关于在中国合作开设酒店、免税店、主题公园的框架协议。乐天酒店代表理事宋容悳表示，为打造全球领先的国际酒店，乐天酒店积极进军海外市场。乐天将在沈阳参与开发建设大型室内主题乐园和酒店，并在烟台和成都兴建乐天酒店。乐天集团旅游业三大公司将通过与中铁明珠投资集团签署的框架协议，在中国推出更有吸引力的项目，发挥协同效应。

3～14日 中国人民政治协商会议第十二届全国委员会第四次会议在北京举行。会议通过了政协第十二届全国委员会第四次会议关于常务委员会工作报告的决议、政协第十二届全国委员会提案委员会关于政协十二届四次会议提案审查情况的报告、政协第十二届全国委员会第四次会议政治决议。俞正声做全国政协常委会工作报告。

4日 中国国家主席习近平看望参加全国政协十二届四次会议的民建、工商联委员并参加联组会，强调非公有制经济在我国经济社会发展中的地位和作用没有变，鼓励、支持、引导非公有制经济发展的方针政策没有变，致力于为非公有制经济发展营造良好环境和提供更多机会的方针政策没有变。同时，强调要着力构建“亲”“清”新型政商关系。

△第二次中俄东北亚安全磋商在俄罗斯首都莫斯科举行。中国外交部部长助理孔铉佑和俄罗斯外交部副部长莫尔古洛夫共同主持，两国外交、国防、安全等部门官员出席。双方一致认为，中俄作为全面战略协作伙伴，在重大国际和地区问题上保持着密切合作。当前东北亚地区安全热点难点问题突出，地区安全局势进一步复杂敏感，中俄应加强沟通协调，切实维护两国的战略安全利益。关于当前朝鲜半岛形势，双方一致认为，应坚持维护半岛和平稳定，坚持推动半岛无核化，坚持致力于通过对话协商解决问题。安理会对朝相关决议应得到认真执行，以有效阻遏朝鲜核导开发计划。双方呼吁有关各方保持克制，避免采取任何可能导致半岛紧张升级的行动，把朝鲜半岛问题重新纳入对话解决的轨道。双方对美韩推动在韩国部署“萨德”反导系统均表示严重关切，一致认为美韩此举将加剧地区紧张，破坏地区战略平衡，直接损害中俄战略安全，中俄双方对此坚决反对。

5日 中国驻蒙古国大使邢海明一行访问蒙古国中戈壁省并会见中戈壁省省长奥德额尔德尼，就开展务实合作等交换意见。李薇参赞、李雁军参赞等使馆外交官一行参加上述活动。奥德额尔德尼欢迎邢大使一行来访并表示感激中国朋友积极帮助蒙古国发展，为蒙方量身定做了出海口、矿产品深加工等特殊优惠政策。中戈壁省是乌兰巴托通往蒙古国南部的交通枢纽，旅游业、畜牧业发达，矿产资源丰富，与中国的二连浩特等城市有良好合作关系。中戈壁省欢迎更多中资企业来中戈壁投资设厂，希望与中方有关城市深化合作关系。邢大使表示，当前，中蒙政治互信、务实合作、人文交流正如三驾马车，伴着草原长调，引领中蒙关系快速发展。中方将秉持亲诚惠容的理念，落实好习主席访蒙各项成果，继续帮助和支持蒙古国发展。中戈壁省资源丰富，交通便利，具有得天独厚的发展条件。中国大使馆愿意成为联结中戈壁省与中国的桥梁。

5～6日 中国驻蒙古国特命全权大使邢海明率使馆外交官一行访问蒙古国南戈壁省并同蒙古国副总理奥云巴特尔等共同出席中蒙友谊·千峰骆驼球大赛开幕仪式。邢大使发表贺词称赞此次活动既是中蒙人文交流的一个新的亮点，也是中蒙友谊的一次完美体现。来自中国内蒙古自治区的25支球队，将同蒙古国朋友赛出友谊、赛出水平，为大家带来一场精彩的运动盛会。邢大使说，中蒙关系正在各个领域飞速发展，中方愿同蒙方一道，不断推进双方友好合作关系取得新的发展。蒙古国副总理奥云巴特尔在致辞中表示，千峰骆驼球大赛既是展现蒙古国骆驼文化的一场盛会，也是增进蒙中友谊的一次交流。蒙方愿同中方一道，继续开展丰富多样的人文交流活动，进一步加深两国人民友好感情。邢大使还会见了南戈壁省省长巴达拉。会见结束后，驻蒙古国使馆政务参赞李雁军代表使馆同省长签署合作协议。驻蒙古国使馆文化参赞李薇、政务参赞李雁军等使馆主要外交官一行全程参加上述活动。

5 ~ 16 日 第十二届全国人民代表大会第四次会议在北京举行。会议表决并通过了李克强做的《政府工作报告》及张德江做的全国人大常委会工作报告。会议还表决通过了关于国民经济和社会发展第十三个五年规划纲要的决议。会议表决通过了关于 2015 年国民经济和社会发展计划执行情况与 2016 年国民经济和社会发展计划的决议，决定批准关于 2015 年国民经济和社会与 2016 年国民经济和社会发展计划草案的报告，批准 2016 年国民经济和社会发展计划；表决通过于 2015 年中央和地方预算执行情况与 2016 年中央和地方预算的决议，决定批准关于 2015 年中央和地方预算执行情况与 2016 年中央和地方预算草案的报告，批准 2016 年中央预算。会议经表决，通过了慈善法，自 2016 年 9 月 1 日起施行。会议经表决，通过了关于最高人民法院工作报告的决议、关于最高人民检察院工作报告的决议，决定批准这两个报告。会议还表决通过了关于确认全国人大常委会接受黄润秋辞去第十二届全国人大常委会委员职务的请求的决定。

6 ~ 7 日 中国驻蒙古国大使邢海明赴蒙古国塔温陶勒盖煤矿（TT 矿）、奥尤陶勒盖铜矿（OT 矿）及南向铁路施工现场考察调研。蒙方有关负责人、国际投资者及中方有关企业代表陪同考察。邢海明大使分别来到 TT 矿地面开采现场和 OT 矿地下深井，详细听取了项目运行、远景规划及与中方合作等情况，随后同相关负责人举行座谈。他表示，中蒙两国地理相邻，开展合作十分便利。双方应按照两国领导人达成的共识，坚持“矿产资源开发、基础设施建设、金融合作”三位一体、统筹推进原则，不断深化两国务实合作，积极推进“丝绸之路经济带”倡议与“草原之路”倡议对接，更好地惠及两国人民。中方支持有实力、有信誉中资企业本着互利共赢原则，积极参与有关合作。

7 日 中国人民银行公布的数据显示，2 月，中国外汇储备余额为 32023.21 亿美元，较 1 月末的 32308.93 亿美元，减少了 285.72 亿美元，但这一降幅与此前相比明显放缓。

△中国外交部发言人洪磊在回应韩美联合军演问题时表示，中方在朝鲜半岛保持稳定方面拥有重大关切，中方坚决反对任何在半岛挑事惹事之举。

△中国驻蒙古国大使邢海明赴中蒙边境的甘其毛都——嘎舒苏海图口岸进行考察，详细听取了两侧口岸有关负责人关于口岸建设运行、规划定位等情况，并表示希望双方进一步加强沟通配合，不断提高口岸通过能力和服务水平，将其打造成丝绸之路经济带同草原之路战略对接的重要通道，为中蒙经贸务实合作发展做出更大贡献。考察结束后，邢大使一行来到内蒙古自治区乌拉特中旗海流图镇，同巴彦淖尔市委书记何永林等有关地方单位领导举行座谈，双方就中蒙地方交流与合作、口岸合作等深入交换了意见。内蒙古自治区向北开放工作领导小组副组长包广林、中国驻扎门乌德总领馆总领事柴文睿、驻蒙古国使馆政务参赞李雁军等出席座谈会。

8 日 中国驻蒙古国大使邢海明在内蒙古自治区包头市市长杜学军、自治区向北开放小组常务副组长包广林等一行陪同下赴中蒙边境口岸满都拉口岸进行考察。邢大使参观了满都拉口岸界碑广场、国际物流园区、“五进五出”货运通道及口岸联检大楼、人员出入关场所等，详细了解了该口岸建设、运行、规划及同蒙方一侧口岸合作等情况。他表示，满都拉口岸是内蒙古自治区同蒙方进行经济、贸易、人文等各领域交流的主要窗口之一，在促进双方地方交流与合作中发挥着重要作用。希望今后继续利用好自身区位优势，进一步同蒙方一侧口岸部门加强合作，不断推进口岸通关便利化，提高口岸通行能力和货运量，将其打造成内蒙古自治区向北开放新的增长极。考察结束后，邢大使同包头市市长杜学军、市商务局、交通局、外事办、口岸办、边防等部门领导班子成员举行座谈。邢大使希望包头市抓住这一良好机遇，积极参与对蒙合作和“一带一路”建设，进一步扩大对外开放，不断深化双方人文等领域交流，进而为推动中蒙关系发展做出应有贡献。中国驻蒙古国大使馆也将积极配合和支持。

8～9日 中国驻蒙古国大使邢海明在中国内蒙古二连浩特市委书记么永波、自治区向北开放小组常务副组长包广林等陪同下赴二连浩特市考察，并为全市处级以上领导干部做形势报告。么书记热烈欢迎邢大使一行赴二连浩特考察，并与邢大使就二连浩特继续深化对蒙合作等交换意见。邢大使介绍了其对国际形势的看法，分析了中蒙关系发展面临的机遇。鼓励二连浩特市的同志们心怀祖国、放眼世界，为推动中蒙经贸、人文等领域交流不断做出新的贡献。与会的同志们纷纷表示，邢大使的报告紧跟当前国际形势，进一步开拓了自身视野，增强了二连浩特全市领导干部的大局意识、责任意识。下一步，二连浩特市将进一步加强谋划，主动作为，扎实工作，继续推进对蒙各领域交流合作，积极参与“一带一路”建设，为推进中蒙关系取得新的发展做出应有贡献。中国驻扎门乌德总领馆总领事柴文睿、中国驻蒙古国大使馆政务参赞李雁军等参加上述活动。

9日 中国驻蒙古国大使邢海明与驻扎门乌德总领馆进行座谈交流，并调研中资及援蒙项目。柴文睿总领事、李雁军参赞等出席。邢海明与总领馆馆员座谈时表示，扎门乌德是“丝绸之路经济带”倡议与“草原之路”倡议对接的重要地区，也是中蒙俄经济走廊建设的重要方向，在发展对蒙关系中具有重要地位。相信总领馆在柴文睿总领事的领导下，牢固树立大局意识、责任意识、规矩意识，搞好内部建设，为中蒙关系发展积极工作，为推动两国地方友好交流合作不懈努力，为中蒙跨境经济区建设服好务。柴文睿表示，扎门乌德是蒙古国的南大门，也是中蒙贸易的重要枢纽，驻扎门乌德总领馆也是中国在陆上邻国中唯一设在边境上的总领馆，这充分体现了党中央和外交部对驻蒙工作的高度重视。总领馆将积极做好内外工作，推动跨境经济合作区建设，促进地方友好交往，并为领区内的中蒙两国人民提供优质、周到的服务。邢大使一行还考察了由中国政府向蒙提供的优买贷款实施的扎门乌德基础设施改造项目，该项目包括供热系统、供排水系统、供电系统、道路及通信设施，并在扎门乌德海关关长陪同下，参观了中方向蒙援助的海关X光检查设备。

△韩国九段棋手李世石与人工智能“阿尔法围棋”在韩国首尔举行人机大战。最终，“阿尔法围棋”4:1胜李世石。

10日 中国驻俄罗斯大使馆科技处王靖华一秘和阳显仁一秘陪同北京枫华艾蒂克集团公司董事长魏新民一行2人访问了莫斯科师范大学，就“一带一路”框架下莫斯科师范大学与中国有关科研院所及高校深化科研合作、人才培训、专家交流的可能性进行了工作交流。莫斯科师范大学主管国际合作的副校长康斯坦丁·多岑科介绍了该校140多年历史和在此任教的名人，并表示，多项评价指标显示莫师大经过多年的发展已成为俄罗斯最主要的师范大学之一。多岑科副校长介绍，在莫师大1500名外国留学生中，中国学生有600余名，该校与北师大、复旦大学、华东师大、上海大学、内蒙古师大、渭南师大、石家庄外语学院等30所高校建立了合作关系，主要以学生培养合作办学为主。现在该校已与南京天文台等科研机构开展了科研合作，愿意发挥该校下属13个教—研中心和8家科—教中心、科研所和实验室的优势加强与中国在纳米技术、信息通信、生命科学、自然资源合理利用、运输和宇航等科技领域开展合作。科技处同志对莫师大历年来对华合作所做的大量工作表示感谢，除联合办学外，希望该校拓展在科研、人才培训和专家交流方面对华务实合作，进一步发展成为国家外专局注册的境外人才培训基地，使馆科技处愿为后续的合作提供必要帮助。

△亚洲合作对话（ACD）第十四次外长会在泰国首都曼谷举行，34 个成员国的外长或外长代表应邀出席，中国外交部副部长刘振民代表王毅外长出席，泰国总理巴育主持了开幕式并致辞。刘振民在会上表示，亚洲合作对话是目前唯一面向全亚洲的政府间对话与合作机制，旨在促进泛亚交流与合作。亚洲合作对话成立 14 年来不断发展壮大，为增进亚洲各国间了解、合作与友谊发挥了积极作用。中方高度重视并积极参与 ACD 合作与对话进程，支持全面加强 ACD 机制能力建设，进一步推动 ACD 务实合作，更好地服务于亚洲地区发展和一体化进程。尼泊尔在本次会议上成为亚洲合作对话第 34 个成员国，中方对此表示欢迎。本次会议重点讨论了 ACD 机制建设、重点领域合作和愿景规划等议题，通过了主席声明并决定将成果文件《亚洲合作对话：前行之路》提交 ACD 第二届领导人会议审议。

△韩联社报道，拥有巨大资本的中国网络游戏公司争相踏上韩国市场，不仅与韩方企业开展战略合作，还大笔收购韩国公司股份。NHN 娱乐 8 日公布，其持有的网游公司 Webzen 全部股权转让给中国掌趣全资子公司泛游（香港）有限公司。NHN 娱乐持有 Webzen 总股份的 19.2%，金额达 2000 亿韩元（约合人民币 10.77 亿元）。由此，掌趣成为 Webzen 第二大股东。中国游戏开发商早已开始收购韩国企业股份，其中中国最大网络游戏开发商腾讯捷足先登。腾讯曾投资网石游戏、四时三十三分、Patigames，投资额分别为 5300 亿韩元、1300 亿韩元和 200 亿韩元。腾讯对聊天软件 Kakao 也投资 720 亿韩元，成为 Kakao 公司的第二大股东。

△韩联社报道，三星电子在韩国首尔新罗酒店举行“Galaxy S7 和 S7 Edge 媒体发布会”。三星电子移动事业部总裁高东真在发布会上表现出凭借两款新品夺回中国市场的信心。高东真表示，三星电子在过去一年里确实遇到不小的困难，在准备推出 Galaxy S7 的过程中，我们接触了中国三大电信运营商和经销商负责人，听取了他们的意见和建议。这样的经验让我们对新产品在中国市场能有好表现充满信心。从 2011 年起，三星电子在中国智能手机市场的销售份额稳居冠军。然而 2014 年第三季度，小米超过三星电子夺第一宝座。2015 年，三星电子销售份额未能进入前五。三星电子 3 月 11 日在韩国等全球 50 个国家正式推出高端智能手机 Galaxy S7 和 Galaxy S7 Edge。

11 日 全国人大代表 、中国驻俄罗斯大使李辉在国内出席“两会”期间接受了中央台记者专访，就当前中俄关系、双边务实合作及国际战略协作等问题回答了记者提问。李大使表示，中俄关系已成为当今世界上最稳定、最健康、最成熟的国家关系典范。2015 年，习近平主席和普京总统会晤了五次，中俄两国均把同对方关系作为自己外交的优先方向。每次两国元首会晤，均对下一步双边关系发展规划出明确方向。李大使表示，2016 年两国元首仍将延续高频率会晤。李大使强调，尽管中俄双边贸易额下降，但我们的贸易品种和贸易的数量并没有下降，而且在某些方面还有所增加。李大使指出，目前中俄两国间的大项目合作正在积极有序推进，东线天然气管道已开工建设，产能和装备制造、农业、财经等领域合作也在提速。中俄两国作为安理会常任理事国，同时作为负责任的大国，双方今后还将在一些重大问题上继续保持密切协作。

△ 俄罗斯总统普京在莫斯科克里姆林宫会见正在俄罗斯进行访问的中国外交部部长王毅。普京高度评价俄中关系的高水平发展，并表示两国在政治、经济、人文以及国际事务中密切合作，全面战略协作伙伴关系不断深化。两国

务实合作有良好基础和广阔前景，双方应加快重大项目合作，加强在能源、机电产品等领域合作。俄方重视两国举办“媒体交流年”活动，愿与中方加强在国际事务中的沟通协调，共同维护国际关系的基本准则。王毅表示，2016年是《中俄睦邻友好合作条约》签署15周年，中方愿以此为契机，进一步全方位深化和发展中俄全面战略协作伙伴关系。俄罗斯是中国开展对外合作的优先方向，两国经贸规模和质量逆势提升，反映出双边务实合作的巨大潜力和空间。中方对俄发展前景充满信心，愿进一步提高务实合作水平。中俄都是维护世界和平稳定和公平正义的重要力量，应继续加强战略协作。

△正在俄罗斯进行访问的中国外交部部长王毅在莫斯科与俄罗斯外长拉夫罗夫举行会谈。王毅表示，中俄两国互为最重要、最优先的全面战略伙伴。两国发展全面战略协作不是权宜之计，而是战略之举。无论国际和地区形势怎么变，双方巩固深化中俄全面战略协作伙伴关系的方针不会变，致力于共同发展振兴的目标不会变，捍卫国际公平正义和世界和平稳定的决心不会变。双方正在共同设计和筹备一系列高层交往，确保这些交往取得丰硕成果。进一步推进两国发展战略以及丝绸之路经济带建设同欧亚经济联盟建设对接，力争取得早期收获。积极推进天然气管道、高铁、航空航天、远东开发等战略性大型合作项目。拉夫罗夫表示，发展对华合作是俄外交政策的重点方向。全面加强俄中合作符合两国根本利益。俄方愿与中方保持高层交往，加强双边能源、高新技术、航空航天、交通运输、金融等领域合作，扩大人文和地方交往。双方还就共同关心的叙利亚、朝鲜半岛等国际和地区问题深入交换了看法，达成了广泛共识。双方表示，两国应进一步在二十国集团、上合组织、金砖组织等多边框架下密切合作。会谈前，王毅向无名烈士墓敬献了花圈。

△中国外交部部长王毅在莫斯科与俄罗斯外长拉夫罗夫会谈后共同会见记者时用四个“充满信心”展望中俄关系发展前景。中方对俄罗斯的发展充满信心；中方对中俄全面战略协作伙伴关系发展前景充满信心；中方对中俄务实合作前景充满信心；中方对“一带一盟”建设对接合作前景充满信心。关于半岛问题，王毅表示，双方就当前朝鲜半岛局势深入交换意见，达成了广泛共识。中俄都坚持半岛无核化目标，不承认朝鲜的拥核地位；都支持重启六方会谈，愿为此做出新的努力。美国在韩国首先部署“萨德”系统远远超出朝鲜半岛实际防御需要，直接损害中俄的战略安全利益，也将破坏地区战略平衡，引发军事竞赛。我们理解韩方有合理的国防需要，但我们不理解，也不接受为什么做出超出需要的部署。拉夫罗夫外长表达了相同立场。

12日 中国国家统计局发布的数据显示，2016年1～2月，全国固定资产投资（不含农户）38008亿元，同比增长10.2%，增速比2015年全年提高0.2个百分点，比2015年四季度提高0.7个百分点，改变了2015年以来投资增速不断下降的态势，打下了良好开局。

13日 中央政治局常委、全国政协主席俞正声主持召开了全国政协第四十二次主席会议。会议听取了政协第十二届全国委员会第四次会议全体会议和分组会议情况的综合汇报，审议了各项报告和决议（草案）。

14日 政协第十二届全国委员会常务委员会第十五次会议在北京举行。全国政协主席俞正声主持会议。会议通过了政协第十二届全国委员会第四次会议关于常务委员会工作报告的决议（草案）、政协第十二届全国委员会提案委员会关于政协十二届四次会议提案审查情况的报告（草案）、政协第十二届全国委员会第四次会议政治决议（草案）。

△中国外交部部长王毅应约与日本外相岸田文雄通电话，就如何改善中日关系交换意见。王毅强调，希望日方切实为两国关系改善做出建设性努力。双方讨论了当前朝鲜半岛核问题，

同意安理会第 2270 号决议应得到全面、完整落实，并在落实决议过程中，探讨恢复通过谈判解决半岛核问题的途径。

△《日本经济新闻》援引日本政府相关人士消息透露称，日本政府已开始就起用驻土耳其大使横井裕担任下任驻华大使进行协调。报道称，横井出身于日本外务省“知华派”，在中国的人脉及信息收集能力获得较高评价。据共同社介绍，横井 1979 年进入日本外务省，历任驻上海总领事及驻华特命全权公使等，于 2013 年 8 月就任驻土耳其大使。

△韩国银行（央行）发布的统计数据显示，受国际油价回升等因素影响，2 月韩国进出口商品价格指数环比双双上升。其中，进口商品物价指数为 76.16（以 2010 年为基数 100），环比时隔 8 个月再现上升走势，涨幅为 1.6%。出口商品物价指数为 81.99，时隔 3 个月再度回升，涨幅为 0.8%。其中，农副产品出口物价环比上升 3.9%，工业品以煤炭和石油制品为主上升 0.8%。与 2015 年同期相比，2 月进口商品物价指数下降 7.4% ，出口商品物价指数下降 2.0%。

△韩国贸易协会旗下的国际贸易研究院 14 日发布的《中国并购现状和启示点》报告显示，2015 年，中国企业对韩企的并购（M&A）项目达 33 项，同比增长了三倍；交易金额达 19.3 亿美元，同比增长 128%。中方收购项目主要对象从制造业转向文化产业等服务业。2006～2014 年，中企收购韩企并购项目中制造业占比为 52%；2015 年，保险业、造星及娱乐产业等服务业占比达 73%。

△韩联社报道，韩国国土交通部和仁川国际空港公社公布了《加强仁川机场竞争力方案》。方案包括：计划将仁川机场发展成“东北亚机场枢纽”；仁川机场将加紧开拓中国等主要市场，从 2016 年上半年起逐步推进韩中航空自由化，谋求两国人员、物资交流的增加等。

15 日　日本银行（央行）结束为期两天的货币政策会议，决定维持现行货币宽松政策。会议认为未来一段时间有必要关注“负利率”政策对国内经济和物价造成的影响。会上把对国内经济形势的评估从之前的“保持温和复苏基本态势”下调为“总体上持续缓慢复苏”。这是 2014 年 4 月日本提高消费税以来，日本银行首次下调经济形势评估。

16 日　十二届全国人大四次会议闭幕后，中国国务院总理李克强在人民大会堂会见采访十二届全国人大四次会议的中外记者并回答记者提出的问题时表示，中俄不仅政治关系好，经济合作也在升温。

△世界知识产权组织在日内瓦总部发布公报说，2015 年向该组织提交的国际专利申请数量创下新纪录，共达 21.8 万件。美国仍是申请量最高的国家，而中国增长最快，华为技术有限公司则在企业界蝉联首位。该公报显示，在企业专利申请排名方面，华为以 3898 件连续第二年位居榜首，美国高通公司和中国的中兴通信分别以 2442 件和 2155 件位列其后。

△中国驻俄罗斯大使馆公使衔文化参赞兼莫斯科中国文化中心主任张中华应邀在“时尚之家”会见俄罗斯著名时装设计大师、俄罗斯联邦人民艺术家瓦连京·尤达什金。

△第三十五届“莫斯科时装周”将在莫斯科 Gostiny Dvor 展览中心举办。按照惯例，时装周首秀将展示瓦连京·尤达什金最新设计作品。在时装周框架内还将举办由中国驻俄罗斯大使馆主办的“丝路·梦”中国时尚之夜，这是中国时尚设计师首次亮相莫斯科时装周。张中华与瓦连京·尤达什金就在时装周框架内开展合作以及中俄在时尚领域开展深度合作等事宜交换了意见。

△中国驻朝鲜大使李进军会见英国新任驻朝鲜大使摩根，双方就共同关心的问题交换了意见。摩根表示，2015 年中国国家主席习近平成功访英，开启了英中关系的“黄金时代”。英方高度重视发展英中关系，愿同中方就包括朝鲜半岛问题在内的国际事务加强交流合作。

△韩国海洋水产部消息，中韩两国将于 3

月18～24日在两国暂定措施水域开展联合巡逻。这是两国2016年第一次开展的联合巡逻。执行此次联合巡逻的船只为韩国西海渔业管理团所属的“无穷花24号”（1647吨级）和中国海警局北海分局所属的“1104号”（1680吨级）。双方将在打击本国非法捕捞渔船后向对方国家通报结果。

△韩国统计厅发布的《2016年2月就业动向》资料显示，2月韩国就业人口为2541.8万人，同比增加22.3万人，就业率为58.7%，同比下滑0.1个百分点；失业率为4.9%，同比上升0.3个百分点，创6年来最高涨幅。按经合组织（OECD）标准统计的15～64岁人口就业率为65%，较2015年同期上升0.1个百分点；青年（15～29岁）就业率为41.4%，较2015年同期上升0.3个百分点。青年失业率则首度突破12%，刷新1999年6月以来的最高纪录，达12.5%。从行业看，2月制造业新增就业人口同比增加10.8万人，连续22个月保持10万人以上的增幅；项目设施管理及项目支援服务业增加6.6万人，而批发零售业、农林渔业则出现明显减少，分别减少11.8万人和6.1万人。

17日 中国财政部公布的数据显示，1～2月累计，全国一般公共预算收入27385亿元，同比增长6.3%。其中，中央一般公共收入11765亿元，同比增长1.6%；地方一般公共预算本级收入15620亿元，同比增长10%。全国公共预算收入中的税收收入23867亿元，同比增长6.7%。1～2月累计，全国一般公共预算支出21170亿元，同比增长12%。

△中共中央对外联络部部长宋涛在北京会见了蒙古国民主党中央执行委员会委员、政府办公厅主任巴雅尔朝格特率领的跨党派政治家代表团。宋涛说，蒙古国是中国友好邻邦。近年来两国元首多次会晤，达成重要共识，为中蒙关系发展不断注入动力。中国尊重蒙古国独立、主权和领土完整，视蒙古国为好邻居、好朋友、好伙伴，相信蒙方对中国也亦如此。中国共产党与民主党、人民党等蒙古国各主要政党都保持着友好合作关系。我们愿进一步加强与蒙方治国理政经验交流和政党干部交往，推动两国关系深入发展。巴雅尔朝格特说，中国是蒙古国最重要的邻国之一，是蒙重要经贸合作伙伴。蒙政府和各政党均对华友好，一贯积极推动与中国和中国共产党的交流合作，希望向中方学习借鉴治党治国经验，推进各领域合作，造福两国人民。

△韩国金融监督院发布的数据显示，截至2016年2月底，中国投资者持有的韩国上市债券规模为17.5万亿韩元（约合人民币956亿元），占外国人持有韩国债券总额的18.1%，规模首次位列第一。2月美国投资者套现3.66万亿韩元（约合人民币200亿元）的债券，中国投资者则购入740亿韩元（约合人民币4亿元）的债券，排名出现逆转。

△第四届东盟—中日韩（10+3）新闻部长会议在菲律宾宿务举行。国务院新闻办公室副主任郭卫民率中国代表团出席。各国部长围绕东盟与对话伙伴在新闻和媒体领域合作取得的进展分享了看法，就《通过新闻和媒体加强东盟+3合作工作计划（2015～2017）》进行了探讨。

△韩国亚洲经济报道，国际货币基金组织（IMF）以金融深度、金融可达性及金融效率性三项要素为基础，计算出世界183个国家和地区的金融发展指数（综合评价金融发展水平的指数）。排在前十位的是瑞士、澳大利亚、英国、美国、西班牙、韩国、加拿大、日本、中国香港、意大利。中国排名第33位。

18日 中国财政部、中国国家税务总局公布的数据显示，截至2015年底，营改增已累计实现减税6412亿元，其中，试点纳税人因税制转换减税3133亿元，值税纳税人因增加抵扣减税3279亿元。全国营改增试点纳税人达到592万户，其中一般纳税人113万户，小规模纳税人479万户。

△俄罗斯央行举行货币政策会议，决定将

基准利率维持在 11% 不变，同时预计到 2017 年底将实现 4% 的通胀目标。

△韩国外交部发表声明，对日本再次审定通过包含主张独岛（日本称“竹岛”）主权和回避慰安妇问题责任的高中教科书表示强烈愤慨，要求日本方面立即纠正。

△韩国银行（央行）发布的初步统计数据显示，韩国 2 月生产者价格指数（PPI）为 98.47，环比持平，同比下滑 3.4%。分部门看，农副产品价格环比上涨 3.7%，工业品价格下滑 0.4%，煤和石油制品的价格环比下滑 3.2%，初级金属和化工品价格分别下跌 1.0% 和 0.4%。电机及电子设备价格下降 0.2%，服务业价格上涨 0.2%。

△中国驻俄罗斯大使馆科技处郑世民公参、李哲二秘赴俄罗斯经济发展部就中俄创新领域合作事与该部社会发展与创新司副司长斯维斯图诺夫、创新基础设施处处长罗曼诺夫进行了会谈。郑公参首先向俄方介绍了中方关于启动“中俄科技创新合作平台”建设的基本构想，通报了中方拟派代表团访问俄经济发展部的计划，并转达了中方拟加快《中华人民共和国科学技术部与俄罗斯联邦经济发展部关于在创新领域开展合作的谅解备忘录》草案文本协商及签署进程的意见。俄方重申了与中方加强科技创新合作的强烈愿望，对中方提出建立“中俄科技创新合作平台”的总体建议表示支持，并欢迎中方代表团访问经济发展部，就中俄创新合作事宜进行进一步讨论。会谈中，双方还就建立中俄创新对话机制，成立中俄创新合作工作组，吸收两国政府部门、科技企业、创新发展机构、科技园区广泛参与等问题交换了意见。

△朝鲜向朝鲜半岛东部海域发射弹道导弹，韩国军方判断可能是“芦洞”导弹。美国白宫发言人欧内斯特就此表示，美方密切关注朝鲜半岛局势，朝鲜利用弹道导弹技术从事发射活动明显违反联合国安理会多个决议，呼吁朝鲜对“进一步加剧地区紧张”的行为保持克制，采取具体行动履行其国际承诺和义务。中国外交部发言人陆慷在例行记者会上表示，中方敦促朝方遵守安理会相关决议，停止采取可能导致半岛局势紧张升级的行动。

20 日 中国首个开展空间引力波探测的重大基础科研项目“天琴计划”在中山大学珠海校区奠基，正式启动了其基础设施工程建设。

△据英国造船海运业分析机构 Clarkson 消息，韩国现代重工和大宇造船海洋集团 2 月底的订单余量分别为 882.5 万 CGT（标准货船换算吨数）及 844 万 CGT，分列世界第 1、第 2 位。日本今治造船集团则以 696.4 万 CGT 力压排名第四位的三星重工（508.1 万 CGT），跻身三强。除日本外，韩国还面临着中国造船企业的猛烈追击。以订单余量为标准，2 月底中国扬子江船业（控股）有限公司为 331.1 万 CGT，排名世界第五位；上海外高桥造船厂为 283.9 万 CGT，排名第七位；沪东中华造船厂为 260.8 万 CGT，排名第九位。

21 日 中国驻俄罗斯大使馆科技处郑世民公参和赵围二秘陪同中国香港工程师学会青年会员事务委员会一行 16 人访问了俄罗斯及国际科学与工程师社团联盟（以下简称“科工联”）。与科工联副主席德鲁卡连科、可再生能源利用委员会主席别兹鲁基赫和各部门负责人，以及来自莫斯科鲍曼国立技术大学能源机械科研院副院长巴格罗夫等九位俄方代表进行了会谈。郑世民公参在发言中指出，俄罗斯和中国香港之间在基础研究、应用研究以及创新合作等领域大有可为。双方代表进行了内容广泛的交流。别兹鲁基赫先生介绍了俄罗斯在可再生能源领域的发展情况，并对未来的合作方向阐述了自己的观点。巴格罗夫副院长介绍了鲍曼大学的历史以及在能源领域的研发重点。香港工程师学会青年会员事务委员会主席张均荣先生和代表团领队冯文睿女士介绍了“委员会”运作情况，代表团秘书伦卓天先生介绍了香港的能源生产情况。双方还就共同感兴趣的问题进行了深入讨论。

22 日 中共中央政治局常委、国务院副总理张高丽在中南海紫光阁会见俄罗斯天然气工业公司总裁米勒。张高丽说，能源合作具有战略性、长期性，双方要运营好已经建成的中俄原油管道、增供油等大项目，建设好中俄东线天然气管道、亚马尔液化气项目，加快商谈西线天然气管道等项目，还要积极探讨新的合作项目。在合作模式方面，双方要创新合作思路，按照利益共享、风险共担原则，拓展上下游一体化、油气装备制造、加工技术服务、工程建设、油品销售服务等新领域合作，保持中俄能源合作持续稳定发展势头。米勒表示，俄方高度重视对华能源合作，正在按计划顺利推进东线天然气管道建设，愿与中方一道，积极商谈西线天然气管道项目，提升双方能源各领域战略合作水平。

△中国外交部发言人华春莹在例行记者会上表示，日本在教科书中粉饰删减，反映出日方不愿意正视历史的危险动向。23 日，华春莹在例行记者会上就日本将实施新安保法做出回应。华春莹说，希望日方切实汲取历史教训，重视亚洲邻国安全关切。

△日本政府内阁会议决定自 3 月 29 日起正式实施新安保法。届时，被历代日本政府禁止的行使集体自卫权将成为可能，自卫队的活动范围及任务内容也将扩大。

△日本众议院通过《自杀对策基本法》修正案，提出“争取实现没有人被迫自杀的社会”。修正案要求所有都道府县和市町村都要制定对策，以促使各地分析总结自杀者所面临问题，并根据实际情况进行应对。

△韩国亚洲经济报道，韩国政府将在传统市场设立“政策卖场”，销售当地特产及外国游客喜欢的商品（香水及化妆品、服饰、食品、韩药材等），同时运营即时退税免税店。韩国全国已有 12000 余家卖场进行即时退税，但以农产品及水产品等为主要商品的传统市场中的店铺仅有极少数引进了即时退税制度。

△韩日两国在日本外务省大楼举行局长级会谈，就早日落实韩日政府间慰安妇问题协议的方案等共同关切的问题进行了协商。韩国外交部东北亚局局长郑炳元和日本外务省亚洲大洋洲局局长石兼公博率团出席会议。这是韩日继 2015 年 12 月 28 日在首尔进行慰安妇问题谈判后，首次举行局长级会谈讨论慰安妇问题。双方决定在成立慰安妇支援财团和日本政府为该财团提供 10 亿日元（约合人民币 5572 万元）等方面共同努力。会后，郑炳元在接受记者采访时表示，财团设立相关问题仍未最终定调，韩方已向日方说明了相关情况。双方就尽快恢复受害者名誉和开展治愈其心理创伤工作等达成一致。双方认为，有必要切实履行协议，并为此保持密切合作。韩日双方还就应对朝鲜的方案进行了探讨。

22～25 日 博鳌亚洲论坛 2016 年年会举行。年会主题为“亚洲新未来：新活力与新愿景”24 日，中国国务院总理李克强出席开幕式并发表题为《共绘充满活力的亚洲新愿景》的主旨演讲。来自亚洲、欧洲、大洋洲等 62 个国家的 2100 多位政界、工商界的代表和智库学者参加开幕式。

23 日 俄罗斯总检察长柴卡在俄总检察院扩大会议上表示，检察部门要加大打击腐败力度，将采取进一步措施追回贪官隐匿在境外的资产。

△韩联社报道，韩国大韩贸易投资振兴公社（KOTRA）将积极利用阿里巴巴、亚马逊等中美著名网络电子商务平台，全力助推韩国中小型化妆品企业进军中美市场。KOTRA 计划于 24 日邀请 40 余家韩国中小型化妆品企业和亚马逊相关人士举行推介会“K-Beauty Summit”。为了推动更多韩国企业利用电子商务平台进军中美市场，KOTRA 将为其出口的每个环节提供帮助，包括账户开设、促销活动和咨询服务等。2016 年上半年，KOTRA 计划携手淘宝举行韩国美容产品促销活动，并同京东等中国其他电商企业进行合作，以促进韩国企业与当地流通企业进行交流，帮助其开拓电商新销路。

△朝鲜祖国和平统一委员会发布重大报道，

对 3 月 21 日韩国空军对朝鲜核心军事设施进行精密打击的演练进行了强烈谴责，称："韩美的严重军事挑衅已经超出了朝鲜的忍耐限度。这是对朝鲜最高尊严的挑衅，决不能容忍。"报道称："从这一刻起，朝鲜人民军正规部队将同劳动赤卫军、红色青年团近卫军等革命势力一道，为消除韩国傀儡势力进行正义的报复战。""我们的报复战是神圣的守卫战，也是对敌人的歼灭战。报复战可能会从青瓦台里面打响，也可能会在青瓦台附近打响。我们炮兵的大口径火箭炮将使青瓦台瞬间成为火海，让傀儡势力化为灰烬。"

24 日　中共中央政治局常委会会议审议并原则同意关于北京城市副中心和疏解北京非首都功能集中承载地有关情况的汇报，确定集中承载地选址。

△财政部、海关总署、国家税务总局发布通知，经国务院批准，自 2016 年 4 月 8 日起，我国将实施跨境电子商务零售进口税收政策，并同步调整行邮税政策。

△朝鲜中央通讯社报道，这次试验旨在测试朝鲜新近自主设计的火箭发动机的结构稳定性及推力，并测试热分离系统和其他辅助系统的工作特性。试验结果表明，测试值与预测值一致，所有科技指标完全达标。金正恩对试验结果表示满意。他说，此次试验的成功确保了朝鲜 2016 年制定的国防科技目标必定能够实现，进一步增强了打击敌人弹道火箭的威力，显著提高了军事实力。他期待并确信，国防科技工作者将连续取得更多能给朝鲜军民带来信心和乐观、让敌人恐惧的国防科技成果。

△针对朝方最新举动，韩国国防部发言人文尚均在例行记者会上说，研发固体火箭可能会让朝方的发射活动变得更为频繁。同日，韩国青瓦台首席新闻秘书金声宇说，面对朝方一连串举动，韩国总统朴槿惠已经下令军方在韩国全境加强安全戒备，"她指示军队做好充分准备，以积极应对朝鲜的鲁莽挑衅"。

△韩国亚洲经济报道，1 月中国游客在韩国免税店的人均购买额为 193 美元（约合人民币 1255 元），比 2015 年同期减少了 15.5%。分析认为，中国游客消费减少主要是由于中产阶层游客的比重增加，且再次赴韩的游客比重扩大；其消费模式正在从过去"血拼扫货"模式向仔细甄选、货比三家的"高性价比"模式转变。业界人士认为，中国游客正在快速转向"智能购物"，通过网络获得的景点和商品信息越来越多，海外消费的价格敏感度越来越高。

△韩国每日经济报道，在中国大陆和台湾地区企业的猛烈攻势下，全球大型 LCD 面板市场上韩国 LG Display、三星 Display"两强独大"局面瓦解。市场调查机构 IHS 资料显示，2016 年 1 月三星 Display 大型 LCD 面板出货量 702 万片，市场占有率仅有 14.1%，排名下滑到第五位。LG Display 以 22.7% 的占有率位居第一，群创光电（中国台湾地区）（16.6%）、京东方（中国大陆）（16.4%）、友达光电（中国台湾地区）（14.1%）分列第 2～4 位。业界人士认为，生产线改造是三星出货量下降的主要原因，但中国两岸企业的追赶速度非常惊人。尤其是京东方在中国政府的大力支持下，市场占有率由 2015 年的 12.1% 跃升至 16.4%，排名从第 5 位上升至第 3 位。

25 日　中国国家主席习近平在人民大会堂会见俄罗斯总统办公厅主任伊万诺夫。习近平指出，中俄互为最重要的战略合作伙伴，发展中俄全面战略协作伙伴关系是两国共同战略选择，也是各自外交优先方向。希望双方以 2016 年共同庆祝《中俄睦邻友好合作条约》签署 15 周年为契机，大力弘扬和传承中俄友好合作，更好造福两国人民。双方要保持密切的高层交往。要围绕中俄发展战略对接，深入推进双方重点领域务实合作。中俄战略协作是维护世界及地区和平稳定的关键因素。双方要加强在国际和地区事务中的沟通协调，共同推动重大热点问题政治解决进程。习近平强调，我和普京总统都支持中共中央办公厅和俄罗斯联邦总统办公厅以及双方相关部门开展交流合作，相互学习借鉴治国理政经验。这是两国高度互信的重要体现。伊万诺夫表示，俄中密切的高层交往对两国全面战略协作伙伴关系发展发挥着重要引领作用。当前，我们两国各领域合作迅速发展，在国际事务中紧密沟通协调。俄罗斯联邦总统办公厅愿同中共中央办公厅共同努力，落实好两国元首达成的共识，为俄中关系发展做出贡献。中共中央政治局委员、中央书记处书记、中央办公厅主任栗战书，国务委员杨洁篪等参加会见。

△中共中央政治局常委、中央纪委书记王岐山在北京会见俄罗斯总统办公厅主任伊万诺夫。王岐山指出，当前中俄关系持续健康稳定发展，两国全面战略协作伙伴关系不断深化和提升。解决好执政党的作风和党员领导干部的腐败问题关乎人心向背。以习近平同志为核心的党中央以强烈的忧患意识和使命担当，从深入推进党风廉政建设和反腐败斗争入手，坚决遏制腐败蔓延势头，由浅入深、坚持深化，推进全面从严治党，取得了人民群众满意的成效。我们清醒地认识到，全面从严治党永远在路上，要全面深化改革，加强制度建设，铲除腐败滋生的温床和土壤。只要把党管好治好建设好，中国特色社会主义事业就会顺利发展。伊万诺夫表示，俄方重视同中国的反腐败交流合作，愿为深化俄中全面战略协作伙伴关系做出贡献。

△第二届中俄媒体论坛在中国北京开幕。中共中央政治局委员、中央书记处书记、中宣部部长刘奇葆和俄罗斯总统办公厅主任伊万诺夫出席开幕式并做主旨演讲。此次论坛以"'一带一盟'对接与中俄媒体交流合作"为主题。刘奇葆在题为《深化媒体合作互信　助推"一带一盟"对接》的主旨演讲中指出，习近平主席和普京总统共同签署丝绸之路经济带建设和欧亚经济联盟建设对接合作的联合声明，把中俄两大发展战略历史性地对接起来，为两国政治互信充实了新的内涵，为两国经贸合作注入了新的活力，为两国文化交流搭建了新的平台。刘奇葆指出，合作互信是媒体关系健康发展的基石。在推动"一带一盟"对接中，中俄两国媒体要发挥更加积极作用，必须深化合作互信理念，以媒体的良好合作助推"一带一盟"建设取得新的更大成就。要把握中俄友好的前进方向，坚持互利共赢的原则要求，树立面向国际的宽广视野，构建务实合作的渠道平台，推动两国媒体做"亲密伙伴"、两国人民做"知心朋友"，推动中俄关系走得更稳更好更远。伊万诺夫也做了主旨演讲。开幕式前，刘奇葆会见了伊万诺夫，并在开幕式后共同出席了中俄媒体合作签约仪式。

△中国驻蒙古国扎门乌德总领馆为新任总领事柴文睿举行到任招待会。领馆所在地扎门乌德市议长额尔登巴特、市长巴音蒙赫，以及扎门乌德口岸海关、技术监督局（检验检疫）、移民局和铁路等部门代表共60余人出席。柴文睿在致辞中表示，在中蒙关系顺利发展到全面战略伙伴关系新高度的新形势下，有幸出任第二任总领事，既感到使命光荣，又深感责任重大。总领馆及其本人将不辱使命，积极落实习近平主席访蒙达成的主要共识和成果，为促进中方"一带一路"和蒙方草原之路发展战略对接，特别是为促进中蒙跨境经合区和中蒙俄经济走廊建设做出不懈努力。同时将积极致力于促进两国，特别是领区与国内相关地方的友好交流和互利合作。

△据日本《朝日新闻》报道，2015年12名中国人欲赴日本参加历史问题研讨会，但未能获得日本签证。本月24日，3名未能前往日本的中国人和论坛主办方以"侵犯集会自由"为由，向东京地方法院提出诉讼，要求日本政府赔偿660万日元。根据诉状，2015年11月，一个名为"要求废除战争法，正视侵略与殖民地统治历史共创亚洲和平之集会"的研讨会在东京召开。12名日军细菌战受害者家属受到邀请，并准备在研讨会上发言，但因没有获得签证，未能成行。在3名中国原告中，2人曾在之前去日本时获得签证。因此，原告认为，集会与日本安倍政权意见相左是他们未能获得签

证的原因，日本政府妨碍了他们赴日交流，因此应该做出赔偿。

27 日 《人民日报》报道：中国财政部公布的数据显示，2016 年 1～2 月，全国国有及国有控股企业经济运行依然面临较大下行压力，收入、利润同比继续下降。

△由日本民主党与维新党合并后成立的民进党在东京召开建党大会，宣布正式成立。民进党在参众两院占有 156 个议席，成为日本最大在野党。

28 日 《人民日报》报道：记者从国家国防科技工业局获悉：我国首座微型中子源反应堆圆满完成低浓化改造，实现首次满功率运行。

△中国绿地集团 2015 年 12 月底宣布进入日本市场，与日本连锁免税店 Laox（乐购仕）株式会社联合收购了位于日本千叶县千叶市的千叶海港城综合商业设施。28 日，绿地集团和 Laox 在千叶海港城举办项目启动庆典，为双方共同设立的项目运营主体“绿地乐购仕千叶合同会社”揭幕。中国驻日本大使馆经济商务处参赞景春海、千叶副市长神谷俊一、绿地集团董事长张玉良、Laox 株式会社社长罗怡文、日本贸易振兴机构理事前田茂树等人出席了 28 日的启动庆典。罗怡文在庆典上致辞时称，千叶海港城位于东京和成田机场之间，地理位置良好，Laox 将与绿地集团合作把千叶海港城建设成为日本规模最大的面向海外游客的综合商业设施。设施内将提供购物、住宿、餐饮、娱乐等多种服务。届时 Laox 将在设施内开设一个面向外国游客的奥特莱斯购物中心。张玉良在致辞中称，中日经贸和人员交流不断向好的方向发展，本次与 Laox 的合作是一种优势互补的合作，能够给双方带来更多的机会，同时给千叶市带来就业、税收等方面的利好，并强化千叶市与中国的经贸人员往来。神谷俊一在致辞中则表示欢迎绿地集团和 Laox 在千叶市开展投资。神谷俊一称，将努力把千叶市建设成为广受各国游客欢迎的城市。

△日本防卫省在与那国岛成立陆上自卫队驻地、组建沿岸监视部队，并举行队旗授予仪式。自卫队西部方面总监小川清史在仪式上称：“构建西南地区的强固防御显示出我国的防卫意志。”中国国防部发表声明，“坚决反对日方针对中国领土的任何挑衅行为”。声明重申，钓鱼岛是“中国固有领土”，中国船艇、飞机在有关水域、空域活动“完全正当与合法”，国际社会应高度警惕日本的军事扩张。

28～30 日 中共中央政治局常委、全国政协主席俞正声在吉林省调研。在吉林省委书记巴音朝鲁、省长蒋超良分别陪同下，俞正声先后到吉林延边朝鲜族自治州、长春市，深入企业车间、基层社区、民族村镇、学校医院，并召开座谈会，同各族干部群众共谋“十三五”发展良策。俞正声在吉林省调研时强调，要认真学习贯彻全国“两会”精神，牢固树立和贯彻落实创新、协调、绿色、开放、共享的发展理念，毫不动摇坚持我国基本经济制度，坚定不移促进民族团结进步，努力实现“十三五”时期经济社会发展良好开局。调研期间，俞正声还看望了吉林省政协机关干部。全国政协民族和宗教委员会主任朱维群，全国工商联党组书记、常务副主席全哲洙，国家民委副主任陈改户陪同调研。吉林省和长春市领导张安顺、庄严、王君正、胡家福、姜有为，吉林省政府秘书长刘喜杰等参加调研或有关活动。

29 日 中共中央政治局常委、中央书记处书记刘云山在中国北京会见了蒙古国人民党主席、国家大呼拉尔副主席米·恩赫包勒德率领的蒙古国人民党代表团。刘云山说，中蒙关系近年来保持良好发展势头，两国政治互信、经贸合作和人文交流不断深化。不久前闭幕的中国全国“两会”以新发展理念为引领，对未来五年中国经济社会发展做出规划和部署。中国始终坚持开放、合作、共赢的发展，为世界各国发展带来良好机遇。中国共产党愿与蒙人民党一道，以两党建党 95 周年为契机，加强高层交往，深化治党经验交流，促进各领域务实合作，推动中蒙关系不断向前发展。恩赫包勒德说，中国共产党与蒙人民党始终保持良好关系，中共执政理念对蒙人民党有重要启示。中国的“十三五”规划为蒙中合作带来了机遇，希望双方加强党际交流，深化蒙中各领域合作。

△中国驻蒙古国扎门乌德总领事柴文睿赴蒙古国东戈壁省省会赛音山达市，拜会该省省长冈呼亚格。柴文睿表示，很荣幸在中蒙关系顺利发展的新形势下出任驻扎门乌德总领事，将在任内与蒙方积极配合，努力落实习近平主席访蒙成果，推进两国全面战略伙伴关系的发展，特别是领区与中国的友好交流与互利合作，其中包括中国二连市与扎门乌德市跨境经济合作区建设。冈对柴履新表示祝贺，称东戈壁省政府将一如既往支持总领馆开展工作。愿努力推进跨境经合区建设。此前，柴总领事还分别拜会了扎门乌德市议长、市长、派驻扎门乌德口岸移民局、技术监督局、海关、警察局等单位负责人。

△据韩国关税厅消息，中韩 FTA 生效以来为帮助韩国出口企业最大效率地使用 FTA 相关优惠政策，近日韩国关税厅出版了《韩中 FTA 使用介绍 20 选》手册，针对企业咨询比较集中的中韩 FTA 原产地证颁发问题、货物直航问题、协定关税适用问题等一一做了详细解答和指标解释。该手册被发放到全国 160 个 FTA 咨询机构中，并可以在关税厅网站上查询。

△韩国“移民制度”以来共吸引 139 例外国人投资，投资额达 640 亿韩元（约合 3.57 亿元人民币），投资者中，中国大陆居民占比接近 90%。公益事业投资移民制度是指韩国政府向对其公益基金投资 3 亿～5 亿韩元（约合 168 万～279 万人民币）的外国人赋予居住资格和永久居留权的制度。按投资者来源看，中国大陆占比最高，达到 88.5%，为 123 例；中国香港地区和伊朗分别为 3 例；日本和中国台湾地区分别为 2 例；美国、俄罗斯、泰国、叙利亚分别为 1 例。韩国法务部通过与韩国产业银行签署业务协议，将上述公益基金以低于商业银行贷款利率向国内中小企业提供低息贷款（3.4%）。截至 2016 年 3 月，共有 125 家中小企业受惠。

△中国经济网讯，亚洲首个人民币国际化研究中心在北京举行启动仪式。该中心由中国人民银行中国金融培训中心与新加坡南洋理工大学南洋商学院联合成立，旨在对人民币国际化进程及其对世界经济、贸易的影响进行研究，并将通过公共界面向社会公众分享科研内容，设立财经数据库，为国内外的从业者提供培训。他表示，新加坡是目前世界上唯一提供 24 小时人民币清算服务的金融中心，这也是将研究中心设立在此的原因之一。据统计，自中国人民银行 2013 年 2 月指定中国工商银行新加坡分行担任人民币清算行至今，人民币清算量总量已突破 110 万亿元。针对近期境外人民币市场利率、汇率出现的短期波动，工行新加坡分行总经理张伟武表示，人民币国际化进程是波浪形前进的，市场趋于稳定后，人民币国际化步伐会继续加快推进，跨境人民币业务的巨大潜力没有改变。

30 日　2016 全球能源互联网大会在北京举行，主题为“以清洁和绿色方式满足全球电力需求”。

△韩联社报道，韩国企划财政部第一次官（副部长）崔相睦当天在中国社会科学院组织的“中国经济论坛”中发表了《新常态下韩中经济合作方向》的主题演讲。他提出，韩中 FTA 给中韩两国企业提供了新的机会和市场。为此，不光要降低关税，消除非关税壁垒也很重要。两国在技术壁垒、检验检疫等方面许多问题的探讨已经取得了很大进展，还需要不断探讨解决方案。

△韩媒称，2008 年世界金融危机爆发后，韩国经济之所以能够在一系列恶劣环境中坚挺下来，主要得益于三大品牌的力量。首先是在全球市场份额不断扩大的智能手机“Galaxy”和汽车品牌“Hyundai”。第三大品牌便是“中国游客”。

△韩联社报道，韩国国家报勋处于 2015 年

11 月对 1000 名 15 岁以上的韩国人进行“2015 爱国意识指数”调查。结果显示，72.1% 的人表示如果战争爆发，愿意为国而战。调查显示，50 ~59 岁年龄段人群的保家卫国意愿最高，多达 83.5% 的人表示战时愿意参军，紧随其后的就是 60 ~69 岁人群（81.5%）。而韩国年轻人的参军意愿明显没有老一代高，30 ~39 岁人群中，只有 59.6% 的人表示愿意参军，20 ~29 岁人群为 50.7%。当被问到“国家面临危机时，愿意参与进来一同攻克难关吗”，80% 的人表示“愿意”，而从事个体行业的 50 ~70 岁人群的积极性是最高的。

△韩国总统朴槿惠在美国参加核安全峰会，与美、中、日领导人举行 4 场双边及多边会谈，集中商讨对朝制裁问题。在本届核安全峰会期间，朴槿惠分别会晤美国总统奥巴马、中国国家主席习近平和日本首相安倍晋三，就对朝制裁合作方案进行商讨，韩美日三国还举行了领导人会议。

31 日 中国驻俄罗斯大使馆公使衔文化参赞兼莫斯科中国文化中心主任张中华与俄罗斯文化部国家扶持文化和民间创作司司长马雷舍夫举行会谈。俄联邦音乐和艺术节组委会总经理茹科娃、俄文化部国际合作司欧亚非美处副处长库兹涅佐夫、国家扶持文化和民间创作司工作人员戈里巴诺娃、驻俄使馆文化处一秘李文南参加会见。张中华表示，根据中俄两国文化部 2014 ~2016 年合作计划，双方定期轮流在对方国家举办“文化节”“电影周”等大型文化活动。2015 年“俄罗斯文化节”在华成功举办，2016 年中国文化部在俄举办“中国文化节”，以进一步保持中俄在文化领域的高水平合作，加深中俄两国人民之间的相互了解和友谊。马雷舍夫表示，俄方高度重视开展中俄文化领域合作，将与中方通力合作办好 2016 年“中国文化节”。张中华与俄方讨论了开幕式等问题。会谈期间，张中华还就在华举办上海合作组织合唱夏令营、召开中俄电影合作分委会会议、首届丝绸之路（敦煌）国际文化博览会等事宜与俄方深入交换了意见。

△中国驻俄罗斯大使馆李辉大使出席中国著名钢琴家李云迪在莫斯科举行的“肖邦传奇”钢琴独奏音乐会，并与李云迪进行了热情交谈，预祝其巡演成功。当晚，李云迪演奏了肖邦的四首叙事曲和 24 首前奏曲，作为肖邦国际钢琴大赛最年轻的冠军得主和评委的李云迪对肖邦作品的演绎臻于化境，演出获得巨大成功，在全场观众热烈的掌声中，李云迪多次谢幕，并为俄罗斯观众加演了一首中国乐曲《彩云追月》。此次音乐会是李云迪“肖邦传奇”世界巡演的第九场。

△韩国统计厅发布的数据显示，2 月韩国规模以上工业增加值止跌回升，环比上升 3.3%，增幅创下 2009 年 9 月（3.7%）以来最高值。按产品看，2 月电子零部件（-1.9%）和电气设备（-2.4%）产值减少，半导体（19.6%）和金属加工（12.5%）产值则大幅增加。服务业产值环比增加 0.3%。从消费投资看，零售业环比减少 1.8%，设备投资环比减少 6.8%。反映经济现状的景气同步指数和预测经济趋势的景气先行指数的周期浮动值各下滑 0.1 点。分析认为，因大企业纷纷推出新款手机产品，且半导体出口量增加，所以 2 月规模以上工业增加值实现小幅回升。

△朝鲜外务省发言人警告美国不要侵犯朝鲜主权。如果主权遭到侵犯，朝鲜将动用包括核武力在内的手段予以还击。朝中社当天援引外务省发言人的谈话报道说，朝鲜拥有核武器以及不得不采取先发制人应对手段的原因在于美国。美国一直对朝鲜进行核威慑，近期又举行规模和挑衅性质空前的联合军演。美国还利用联合国制裁对朝鲜进行政治经济压迫。美国的核恐吓、联合军演以及对朝制裁才是朝鲜半岛局势处于以核制核、一触即发极端状态的根源。发言人说，朝鲜军民将堂堂正正地行使自卫权，应对以美国为首的敌对势力的核战争挑衅和制裁压迫。

4月

1日　《人民日报》报道：中国国家外汇局首次发布中国银行业对外金融资产负债数据，2015年12月末，中国银行业对外金融资产7216亿美元，对外负债9437亿美元，对外净负债2221亿美元，其中，人民币净负债3783亿美元，外币净资产1562亿美元。

4日　《人民日报》报道，截至“十二五”末，中国累计光伏装机量达到4318万千瓦，首次超过德国，跃居世界第一。

△中国驻朝鲜大使李进军率使馆全体馆员和在朝华侨、中资机构、媒体、留学生代表及在朝志愿军烈士纪念设施修缮工程工作组近200人参谒友谊塔，向长眠于朝鲜大地的中国人民志愿军烈士致敬。李大使一行向友谊塔敬献花篮，向志愿军先烈鞠躬致敬，并参观友谊塔塔室，瞻仰志愿军烈士名册，回顾志愿军先烈丰功伟绩。随后，李大使一行驱车前往平壤市郊，祭扫兄弟山志愿军烈士陵园，向志愿军烈士墓祭酒、献花，表达对志愿军先烈们的深切缅怀之情。清明节期间，中国驻清津总领馆也祭扫了领区内中国人民志愿军烈士陵园。

△据韩联社报道，韩国陆军一野第八军等东部战线三支边防军的炮兵部队以在距离陆地40多公里的半岛东部海域，韩军监视系统捕捉到朝军舰艇为假想情况，韩军开始实施演习。K－9自行火炮、K55A1自行火炮、130毫米口径多管火箭炮“九龙”、无人侦察机（UAV）、反炮兵雷达、巡逻舰、导弹巡逻艇等陆海军武器装备参加演习。韩国陆军方面表示，通过此次实施的陆海军联合演习，韩方再次确认了最佳战斗准备状态，以随时应对朝方发起的任何挑衅。

5日　中华人民共和国主席习近平在参加首都义务植树活动时强调，中华民族伟大复兴要靠全体中华儿女共同奋斗。“十三五”时期既是全面建成小康社会的决胜阶段，也是生态文明建设的重要时期。发展林业是全面建成小康社会的重要内容，是生态文明建设的重要举措。各级领导干部要带头参加义务植树，身体力行在全社会宣传新发展理念，发扬前人栽树、后人乘凉精神，多种树、种好树、管好树，让大地山川绿起来，让人民群众生活环境美起来。

△中国驻日本使馆举办中国绿化交流表彰会，程永华大使向日本悼念南京大屠杀遇难者植树访华团、绿色地球网络、田主丸町绿化应援团、永旺环境财团、日本世界沙漠绿化协会、日中友好技术人才交流协会、日中友好21之会、内蒙古绿化之会、西日本新闻蜂鸟队、公益财团法人“爱思德”等10个日本民间团体颁发表彰证书并致辞。驻日本使馆郭燕公使及使馆有关部门负责人、有关民间团体代表约120人出席。程大使在致辞中对长期以来积极投身中国绿化植树事业的日本各界友人表示欢迎。他表示，不久前，中国“两会”审议通过的“十三五”规划，明确了“创新、协调、绿色、开放、共享”五大发展理念，其中绿色发展就是指节约能源资源、保护生态环境、发展循环经济。希望以今天的表彰活动为契机，进一步加强中国大使馆与日本各地在中国从事植树交流活动的团体和个人的交流，建立更加广泛密切的联系网络，共同探讨发展两国绿化事业和国民交流的好路径、好办法。日方各团体负责人在发言中分享了多年来赴华植树造林的点滴，对大使馆的邀请和表彰表示感谢。

△中国驻日本大使程永华出席第五届中日女科学家研讨会中国女科学家代表团欢迎会。中国科学院大学公共政策管理学院院长方新率团参会。日本众议长大岛理森、前副参议长山东昭子、自民党副总裁高村正彦、文部科学大臣驰浩、科技政策担当大臣岛尻安伊子、诺贝尔化学奖得主野依良治、著名物理学家有马朗人、日本科技振兴机构理事长滨口道成及出席研讨会的中日两国女科学家近百人出席欢迎会。程永华大使在致辞中表示，中国政府注重促进女性科技人才队伍建设，目前中国的女科技工

作者已逾 2400 万人，其数量和在科技人力资源中的比例都已位居世界前列，是推动中国科技创新发展的重要力量。本次中方代表团中也不乏杰出的女科学家，她们都在各自专业领域取得建树。希望方新院长一行与日本同行互相学习借鉴，加深了解与友谊，同时衷心期待中日两国女性科研人员以此次研讨会为契机，进一步加强交流合作，共同推进两国科技进步，丰富两国务实合作内涵，为推动中日关系持续改善并实现稳定健康发展做出贡献。方新院长在致辞中表示，近年中日双方科技、学术领域交流合作保持稳定发展并不断深化，取得丰硕成果，成为中日友好事业的重要组成部分。希望两国女科技工作者利用中日女科学家研讨会等平台，进一步增进互相理解与信任，为两国科技进步共同发挥积极作用。大岛理森、山东昭子、高村正彦、驰浩、岛尻安伊子等来宾表示，女性在中日两国社会中都占有重要地位，希望两国女科学家加强交流，深化合作，带动两国各领域务实合作向前发展，并为世界的发展繁荣做出贡献。

△俄罗斯杜布纳联合核子研究所在小城杜布纳举行成立 60 周年庆典活动。中国驻俄罗斯大使李辉应邀出席并致辞。李大使首先代表中国政府对联合核子研究所成立 60 周年表示热烈祝贺，并指出该所是世界范围内最优秀的核物理研究所，在核物理、粒子物理、超重元素合成等方面取得举世瞩目成就，为世界科技的发展做出了卓越贡献。多年来中国科研机构与该所保持着密切的交流与合作。2015 年，中俄双方就中国参与由联合核子研究所主导的重离子超导同步加速器（NICA）项目达成协议，标志着中方相关机构与贵所的合作关系提升到了新的水平。随后，李大使向该所马特维耶夫所长亲手转交了中华人民共和国科学技术部阴和俊副部长和侯建国副部长发来的贺信。马特维耶夫所长对李辉大使莅临研究所 60 周年庆典活动表示衷心感谢，高度评价中国作为该所创始国对研究所的进步和发展做出的贡献，对与中方在 NICA 大科学装置建设项目方面的合作寄予厚望。

△俄罗斯总统普京宣布，决定在内务部内卫部队基础上建立新的国家近卫军，以执行打击恐怖主义等任务。

△朝鲜正式宣布屏蔽 Facebook、YouTube、Twitter 美国之音和韩国媒体网站，表示将在“一段时间内”屏蔽这些网站。公告还表示，任何试图破解这些网站，以“不正当”的方式访问它们或传播来自它们的“反共和国数据”的人，都将根据朝鲜法律受到惩罚。目前，只有极少数朝鲜人能访问互联网。通常情况下，他们只能浏览一个与外界隔离、政府批准的内部网络。

6 日　中国在酒泉卫星发射中心用长征二号丁运载火箭成功将中国首颗微重力科学实验卫星—实践十号返回式科学实验卫星发射升空。卫星进入预定轨道，发射任务取得圆满成功。

7 日　中国商务部新闻发言人沈丹阳表示，2015 年，中国与“一带一路”相关国家双边贸易总额达 9955 亿美元，占全国贸易总额的 25.1%。

△2016 年二十国集团（G20）峰会第二次协调人会议在广州开幕。G20 成员、嘉宾国和国际组织协调人等中外代表与会。中方 G20 事务协调人、外交部副部长李保东主持会议。

10 日　七国集团外长会在日本广岛开幕之际，近百名日本民众举行集会游行，抗议日本国政府在核武器问题上言行不一，并反对新安保法。

11 日　外交部发言人陆慷就七国集团外长会发表海洋问题声明答记者问时表示，中方在东海和南海问题上的立场是一贯的、明确的。中方在中国南沙群岛部分岛礁上的建设活动完全是主权范围内的事，东海和南海的航行与飞越自由也不存在任何问题。中方坚决维护本国领土主权和海洋权益，同时始终致力于同直接有关的当事国在尊重历史事实的基础上，根据国际法，通过谈判协商解决有关争议，维护有关海域的和平稳定。中方不会接受和参与任何非法强加的仲裁案。陆慷表示，在当前世界经济复苏乏力的背景下，七国集团本应聚焦全球经济治理与合作，而不是炒作涉海问题，挑起地区矛盾。中方对七国集团有关做法表示强烈不满。我们敦促七国集团各成员国恪守在有关领土争议问题上不持立场的承诺，充分尊重本地区国家的努力，停止一切不负责任的言行，真正为地区和平稳定发挥建设性作用。

△《人民日报》报道，日本日立公司近日发布了型号为 EMIEW3 的服务类人形机器人。这款机器人高 90 厘米，重 15 千克，可应对多种语言，摔倒后可自行爬起，并可承担导购、接待等工作。

12 日 俄罗斯外长拉夫罗夫接受中国、蒙古国、日本三国记者联合采访时说："俄中关系正处于历史最好时期，并不断得到深化和发展。两国关系是战略协作和战略伙伴关系。这种关系正在造福两国和两国人民。"拉夫罗夫指出，俄中正在推进欧亚经济联盟与中国"一带一路"倡议对接，第一个实际步骤是草拟欧亚经济联盟和中国的经贸合作协定，同时绘制优先一体化项目的"路线图"。俄罗斯、中国和蒙古国三国领导人都赞成俄罗斯倡导的欧亚经济联盟和蒙古国的"草原之路"与中国的"一带一路"对接，建立一个独特的经济运输走廊。这将有助于扩大三国贸易，提升经济的竞争力。拉夫罗夫看好未来俄中经贸合作前景。他说，尽管受世界经济形势影响，两国贸易额有所减少，但这只是暂时现象，两国在能源、航空航天、电信等领域拥有广泛的合作潜力。此外，两国地区之间开展合作，如俄罗斯远东开发计划与中国振兴东北规划相对接、伏尔加河沿岸地区与长江中上游地区对口合作都具有重大意义。拉夫罗夫同时说，俄中承认朝鲜和平利用核能的权利，但不接受朝鲜核扩散野心，同时对美国在朝鲜半岛部署反导防御系统表示担忧。拉夫罗夫认为，这不是一个孤立的系统，而是美国全球反导防御系统部署在东北亚地区的一个环节。如果美国一味坚持这样做，就会破坏该地区的战略稳定，对相关国家安全构成现实威胁。俄中主张恢复朝核问题六方会谈，实现半岛无核化，建议恢复东北亚和平与安全机制对话。

13 日 中国驻朝鲜使馆为在朝中国留学生举行"使馆开放日"活动，来自朝鲜金日成综合大学、金亨稷师范大学的 50 余名留学生和部分在朝汉语教师参加。张承刚公使、沈晓刚文化参赞、教育组负责人辛立军一秘及部分有在朝留学经历的外交官出席活动并与留学生座谈。张公使勉励同学们珍惜宝贵时光，努力学习各方面知识，增长才干；培养良好生活习惯，保持身心健康；尊重朝鲜风俗习惯，遵守当地法律法规，同朝鲜人民友好相处，做中朝友好的青年使者。沈参赞、辛立军等使馆外交官与留学生深入交流在朝学习生活经验。师生们还在使馆工作人员引导下参观了使馆相关设施，听取了使馆有关业务及建馆历史介绍，并在馆内观看了近期热映的国产影片。

14 日 中国人力资源和社会保障部、财政部印发《关于 2016 年调整退休人员基本养老金的通知》，决定从 2016 年 1 月 1 日起，按 2015 年退休人员月人均基本养老金的 6.5% 左右的水平调整企业和机关事业单位退休人员基本养老金。这是国家首次统一部署、同步调整企业和机关事业单位退休人员基本养老金水平，也是中国连续第 12 年提高企业退休人员基本养老金水平。

△蒙古国家统计局发布 2016 年第一季度蒙古国国民经济运行整体情况显示，2016 年第一季度，蒙古国财政总收入为 10952 亿图，较 2015 年同期减少 10.8%；财政总支出为 17109 亿图，较 2015 年同期增加 24.6%；财政赤字 6157 亿图，是 2015 年同期的近 4.3 倍。2016 年第一季度，蒙古国与世界 115 个国家和地区贸易总额为 15.58 亿美元，同比减少 12.4%。其中，出口总额 9.59 亿美元，同比减少 11.0%；进口总额 5.99 亿美元，同比减少

14.6%；贸易顺差 3.599 亿美元。对华贸易情况：2016 年 1 ~3 月，蒙对华出口贸易总额 7.81 亿美元，较 2015 年同期减少 12.1%；自华进口贸易总额 1.91 亿美元，较 2015 年同期减少 13.3%。2016 年 1 ~3 月，蒙古国煤炭出口 327.07 万吨，较 2015 年同期增长 0.8%，共计 0.99 亿美元，较 2015 年同期减少 29.8%；铜精矿出口 41.28 万吨，较 2015 年同期增长 33.4%，共计 4.82 亿美元，较 2015 年同期减少 6.0%；铁矿石出口 99.17 万吨，较 2015 年同期减少 0.6%，共计 0.29 亿美元，较 2015 年同期减少 50.0%；原油出口 222.1 万桶，较 2015 年同期增长 15.6%，共计 0.73 亿美元，较 2015 年同期减少 20.2%；锌精矿粉出口 2.28 万吨，较 2015 年同期减少 19.1%，共计 0.23 亿美元，较 2015 年同期减少 35.7%；黄金出口 2.9 吨，较 2015 年同期增长 18.3%，共计 1.11 亿美元，较 2015 年同期增长 13.6%。

14 ~15 日　2016 年第二次二十国集团（G20）财长和央行行长会议在华盛顿举行。会议重申将使用货币、财政和结构性改革等多种政策工具来增强全球经济信心和促进增长。

15 日　在首个全民国家安全教育日，中国国家主席习近平做出重要指示。他强调，国泰民安是人民群众最基本、最普遍的愿望。实现中华民族伟大复兴的中国梦，保证人民安居乐业，国家安全是头等大事。要以设立全民国家安全教育日为契机，以总体国家安全观为指导，全面实施国家安全法，深入开展国家安全宣传教育，切实增强全民国家安全意识。要坚持国家安全一切为了人民、一切依靠人民，动员全党全社会共同努力，会聚起维护国家安全的强大力量，夯实国家安全的社会基础，防范化解各类安全风险，不断提高人民群众的安全感、幸福感。

△中国驻俄罗斯大使馆公使衔文化参赞兼莫斯科中国文化中心主任张中华应邀在莫斯科市园林局会见该局对外联络及广告部部长达莉亚·西莫年科，就驻俄使馆和莫斯科中国文化中心与莫斯科市园林局加强合作，并在今后与莫斯科各大公园联合举办活动等问题交换了意见。

△中国外交部发言人陆慷在例行记者会上介绍了 2016 年二十国集团（G20）峰会筹备工作吹风会的有关情况。陆慷说，峰会筹委会秘书处相关各组负责人通报了峰会筹备工作总体情况，介绍了峰会筹备机制分工、流程及峰会礼宾、会务、新闻、后勤等方面的安排，也回答了各方关心的有关问题。目前，杭州峰会筹备工作整体进展顺利，各项配套活动有序开展。各方普遍积极评价中方在杭州峰会筹备工作中取得的成绩，期望与中方保持密切沟通交流，共同推动杭州峰会取得圆满成功。

△中国人民银行公布的 2016 年一季度金融统计数据显示，3 月末，广义货币 M2 增速为 13.4%，较上月末回升 0.1 个百分点。狭义货币 M1 增速为 22.1%，较上月末回升 4.7 个百分点，一季度平均增速为 19.3%。中国人民银行调查统计司司长盛松成认为，2016 年一季度 M2 和 M1 都增长比较快，表明市场流动性总体宽裕，也在一定程度上反映了经济企稳趋势。

16 日　首届全球基础设施论坛在华盛顿举行，来自联合国、二十国集团的官员及全球主要多边开发银行负责人出席论坛，呼吁加强合作并推动私营部门资源更多参与全球基础设施建设。

17 日　朝鲜前驻印尼大使、平壤国际研究学会副总干事李正律在平壤接受美国有线电视新闻网采访。他指责美国共和党总统参选人特朗普近期提出“允许韩日核武装”的言论体现了美国的双重标准：一方面要求朝鲜放弃核计划并准备对朝鲜发动核攻击，另一方面又怂恿盟国拥有核武器。李正律还表示，美国的敌对行动只能让朝鲜半岛局势进一步恶化，而特朗普的言论将促使朝鲜加强开发核武器。

18 日　《人民日报》报道，近日，中共中央、国务院转发了《中央宣传部、司法部关于在公民中开展法治宣传教育的第七个五年规划

（2016—2020年）》，并发出通知，要求各地区各部门结合实际认真贯彻执行。

△中国首颗微重力科学实验卫星“实践十号”在顺利完成12天太空飞行后，其回收舱准确降落在内蒙古四子王旗预定着陆区域，回收舱着陆状态正常、外观良好，搜索回收任务顺利完成。这是中国成功发射回收的第24颗返回式卫星，也是首颗在内蒙古草原返回着陆的卫星。卫星回收任务圆满成功，进一步验证了中国返回式卫星控制回收技术，标志着中国在空间科学研究与应用领域迈出坚实步伐。

△中国国家主席习近平就日本熊本县发生强烈地震向日本天皇明仁致电表示慰问。

△针对日本发布新版《外交蓝皮书》炒作涉海问题，外交部发言人陆慷在例行记者会上表示，日方应停止发表不负责任的言论，防止给中日关系和地区形势带来新的干扰。

△中国外交部部长王毅、俄罗斯外长拉夫罗夫、印度外长斯瓦拉吉在俄罗斯莫斯科出席中俄印外长第14次会晤。三国外长就共同关心的国际和地区问题深入交换意见，一致同意加强政治层面磋商，探索防务安全合作，拓展经济金融合作，开展互联互通建设，扩大人文交流。支持推进乌克兰、叙利亚问题的政治解决进程；共同努力为中东和平发挥积极和建设性作用；进一步加强双多边反恐务实合作，共同维护国际和地区安全稳定；坚持朝鲜半岛无核化目标，维护半岛和平稳定，谋求对话协商解决问题；支持推进“阿人主导、阿人所有”的阿富汗和解进程；增强三国在联合国、二十国集团、上海合作组织、金砖国家、亚信等国际和地区组织内的合作，维护世界和平与共同发展。会后三国发表了联合公报。

△中国外交部部长王毅与俄罗斯外长拉夫罗夫举行会谈。王毅表示，中方愿与俄方精心筹备普京总统2016年对中国的访问，推动两国战略协作伙伴关系保持高水平运行。中俄还要加快丝绸之路经济带建设与欧亚经济联盟建设对接合作，使其早日取得成果。要共同推动朝鲜半岛无核化，维护半岛和平稳定，维护地区战略平衡。要支持乌兹别克斯坦筹备好2016年的上合组织塔什干峰会，推动上合组织稳步向前发展。要加强亚信成员国之间的协调配合，为亚信发挥好安全对话合作平台作用提供强劲动力。俄罗斯外长拉夫罗夫表示，在当前复杂多变国际形势下，俄中共同应对各种挑战，维护了世界和平，促进了联合国、二十国集团等国际组织的发展。俄方愿推动欧亚经济联盟建设和丝绸之路经济带建设对接。俄方反对南海问题国际化，支持有关当事国通过直接谈判协商解决争议。俄方愿与中方共同维护朝鲜半岛和平稳定，推进半岛无核化进程。共同推进中俄印合作，促进上合组织、亚信进程的发展。

△韩国国防部发言人文尚均在例行记者会上表示，朝鲜有可能进行地下核试验，但韩方无法确认朝鲜是否将进行核弹头试爆。随后，韩国总统朴槿惠也在青瓦台表示，最近捕捉到朝鲜为第五次核试验做准备的迹象。朴槿惠表示，韩国须从内部做好防范，军方应保持高度戒备，“以便应对朝鲜于任何时间、任何地点、以任何形式发动的一切挑衅”。韩国《亚细亚经济》称，朝鲜第五次核试很可能使用高浓缩铀进行加强型原子弹试验，以求达到核武器小型化。核试验的时间可能是5月召开劳动党第七次全国代表大会前，4月25日还将迎来朝鲜人民军建军节。

△金砖国家新开发银行特别理事会会议日前在华盛顿召开。会议听取了董事会批准首批项目的情况报告，并讨论了首个战略文件和扩员等问题。新开发银行中国理事、财政部部长楼继伟和副理事、财政部副部长史耀斌出席会议。

19日 中国国家主席习近平在京主持召开网络安全和信息化工作座谈会并发表重要讲话，强调按照创新、协调、绿色、开放、共享的发展理念推动中国经济社会发展，是当前和今后一个时期中国发展的总要求和大趋势，中国网信事业发展要适应这个大趋势，在践行新发展理念上先行一步，推进网络强国建设，推动中国网信事业发展，让互联网更好造福国家和人民。

19～21 日 俄罗斯石油天然气工业周暨国家石油天然气论坛在莫斯科展览中心举行。在论坛框架内举行了中俄石油天然气领域投资合作峰会及中俄“激光技术在油气系统中的应用”专题研讨会。研讨会由湖北武汉中国光谷激光协会与俄罗斯激光协会联合举办，来自武汉中国光谷激光协会、武汉中俄科技合作中心、武汉华工激光工程有限责任公司以及俄罗斯基洛夫市维亚特卡激光创新技术中心、俄石油输送集团“欧米茄”股份公司、圣彼得堡激光二极管微传感器科技有限公司等机构的代表分别介绍了激光技术在油气系统中的成功应用经验。双方还就在俄建设激光石油筛缝管切割加工站以及双方联合制定激光技术在油气系统中应用的技术标准等问题进行了探讨。

20 日 中央军委主席习近平视察军委联合作战指挥中心，强调要努力建设绝对忠诚、善谋打仗、指挥高效、敢打必胜的联合作战指挥机构，构建平战一体、常态运行、专司主营、精干高效的战略战役指挥体系，为实现中国梦强军梦提供坚强支撑。另据国家统计局发布的《2015 年全国 1% 人口抽样调查主要数据公报》显示，全国大陆 31 个省、自治区、直辖市和现役军人的人口为 137349 万人。

△国务院总理李克强就日本熊本县发生强烈地震向日本首相安倍晋三致电表示慰问。

△在俄罗斯科学与工程师联合会（以下简称科工联）成立 150 周年前夕，中国驻俄罗斯李辉大使专门致信向该组织表示祝贺。在贺信中，李大使代表中国驻俄使馆向俄罗斯科工联成立 150 周年表示热烈祝贺，并对该组织在中俄科技合作中发挥的作用给予了高度评价。他表示，在过去 150 年的光辉历程中，无论是俄国技术协会、当时的苏联科学与工程师协会，还是今天的俄罗斯科工联，都为国家科学、技术与工业的发展做出了重大贡献；在知识经济逐步成为主导的今天，俄罗斯科工联不但成为联系知识与商业的纽带，还是联系中俄两国创新机构的重要桥梁；由科工联精心组织的各类活动极大地推动了两国在科学技术和工程领域合作的发展，并在国际工程专业领域具有较高知名度。李大使表示相信，在俄罗斯科工联的推动下，中俄两国科技和创新机构之间的合作必将提到新的水平。

21 日 中国国家外汇管理局公布的数据显示，一季度，银行累计结汇 2.29 万亿元人民币（折合 3500 亿美元），售汇 3.10 万亿元人民币，结售汇逆差 8152 亿元人民币。从银行代客涉外收付款数据看，一季度，累计涉外收入 4.33 万亿元人民币，对外付款 5.06 万亿元人民币，涉外收付款逆差 7343 亿元人民币。

22 日 由中国社会科学院环境与发展研究中心等部门联合主办的 2016 世界地球日生态论坛在北京举行。论坛主题为“生态转型、绿色创新”，来自中国社会科学院、中国科学院、国务院发展研究中心、国家发展和改革委员会等部门的专家学者和环保人士参加了论坛。

△国新办关于中国航天发展情况的发布会消息，中国已经批准立项火星探测任务，中国火星探测器计划在 2020 年火星探测的最佳窗口时间发射实现对火星的环绕和着陆巡视探测。此外，中国重型运载火箭关键技术攻关和方案深化论证阶段的立项也已批复。

△中国驻俄罗斯大使馆科技处根据李辉大使的指示，派米桂雄一秘、阳显仁一秘和张田三秘出席了在莫斯科鲍曼技术大学举行的俄科工联成立 150 周年纪念大会。米桂雄一秘现场宣读了李辉大使的贺信。俄罗斯科工联主席、俄科院主席团成员古里亚耶夫院士对中国驻俄使馆多年来对俄科工联的支持表示感谢，并请科技处人员转达他本人对李辉大使的谢意。他表示，俄科工联将继续加强同中国科协等部门的合作，发挥好“中俄工程技术论坛”等平台的作用，为推动两国科学和工程合作做出更多的贡献。庆典当日，俄联邦教科部副部长奥加

罗多娃、工商部副部长尼基金、科学院副院长阿尔费罗夫等多位政府高官和科学泰斗、俄罗斯科工联各地方和行业分支机构负责人、多所俄罗斯著名工科大学主要领导，以及白俄罗斯、哈萨克斯坦等国科学院的代表共计100多人到场祝贺。

△根据2015年12月在韩国首尔举行的中韩海域划界政府谈判代表团首轮会谈共识，中韩海域划界谈判工作组首轮会谈在北京举行。双方就海域划界有关问题交换意见。中韩两国通过谈判协商公平合理解决海域划界问题，对于保障两国间海域的安宁和稳定、巩固和发展两国友好合作关系具有重要意义。这也充分体现出中方所一贯坚持的与直接当事国在尊重历史事实的基础上，根据国际法，通过谈判协商解决有关争议的立场和主张。

△《金砖国家科技与创新政策》国际研讨会在俄罗斯高等经济学院举行。来自不同国家的80多位代表出席了本次研讨会。俄罗斯教科部、印度驻俄使馆、巴西科技与创新战略研究与管理中心、南非技术大学经济研究与创新研究所、俄罗斯国际科技与教育计划分析中心的代表围绕本国科技与创新政策做了阐述。经合组织（OECD）代表做了《金砖国家创新政策》报告。中国驻俄罗斯大使馆郑世民公参代表李辉大使出席研讨会并做题为《中国科技与创新政策》的主旨发言。郑公参详细阐述了未来中国科技与创新政策实施的八大重点方向，即落实创新驱动发展战略纲要，发布实施国家“十三五”科技创新规划；营造创新创业生态，进一步激励大众创新创业；继续深化重点领域改革，加快形成促进创新的体制机制；加快部署实施重大研发任务，强化引领型发展的科技支撑；夯实科技创新基础能力，增强创新驱动源头供给；实施新一轮国家技术创新工程，提升企业创新能力；优化区域创新布局，提升区域创新发展水平；深化科技创新开放合作，融入全球创新网络。本次研讨会也成为驻俄使馆科技处规模层次较高的科技外宣平台，使金砖国家与会代表对中国的科技发展及未来科技与创新政策的走向有了更加深入的了解，收到了较好效果。科技处赵围二秘全程陪同出席了上述活动。

△俄罗斯莫斯科中国文化中心成功举办“图书馆之夜”活动。活动首先为“安娜·冬青国中国画作品展”拉开序幕。安娜·冬青国多年来从事中国画创作，曾于2014年获得中国政府奖学金并在中国美术学院进修一年。本次展览展出的40余幅作品涵盖中国画传统的花鸟和山水题材，大部分创作于画家在华进修期间，其中既有临摹自中国古代作品的山水画，也有画家自创的小品画。2016年俄罗斯“图书馆之夜”的主题是“阅读电影”，因此中心特别安排放映中国影片《孔子》，向观众展现了2500年前这位伟人波澜壮阔的人生。中心还举办了“尼山书屋”图书展览，为来宾展示了莫斯科中国文化中心“尼山书屋”2016年新增的图书品种。“图书馆之夜”是每年4月在俄罗斯境内举办的重要综合性活动，当天晚上图书馆、书店、文学博物馆和艺术区均会延长工作时间并增加服务项目。2016年是莫斯科中国文化中心首次正式加入这一盛事。

24日　首个“中国航天日”到来之际，习近平做出重要指示，向60年来为航天事业发展做出贡献的同志们表示崇高敬意，强调广大航天科技工作者要牢牢抓住战略机遇，坚持创新驱动发展，勇攀科技高峰，谱写中国航天事业新篇章，为服务国家发展大局和增进人类福祉做出更大贡献。

26日　中俄高技术和创新工作组第九次会议在俄罗斯莫斯科召开。中华人民共和国科学技术部国际合作司张健参赞和俄罗斯联邦教育科学部科技司波利亚科夫·安德烈·马尔季诺维奇副司长分别率团出席会议。双方围绕协同开展中俄共同科技项目遴选、加强在重离子超导同步加速器（NICA项目）框架下的合作、共同筹建技术产权交易中心、加强俄罗斯科学基金会与中方伙伴的合作等议题深入交换了意见，达成广泛共识。会后，中国科技部合作司代表团与俄经济发展部社会发展与创新司斯维斯图诺夫·帕维尔·瓦连京诺维奇副司长等进行了会晤，双方就加强中俄创新领域合作，建立中俄创新对话机制，成立中俄创新合作协调委员会，共同开展中俄青年创新创业大赛，加强双方科技园区合作等议题进行讨论。双方同意，争取在 6 月签署中华人民共和国科学技术部与俄罗斯联邦经济发展部《关于在创新领域开展合作的谅解备忘录》。代表团还应邀与俄教科部国际司托伊沃宁·尼古拉·鲁道福维奇司长就中俄双方共同实施投资促进科技成果转移转化等问题交换了意见。中国驻俄罗斯大使馆科技处郑世民公参、李哲二秘全程陪同参加了上述活动。

27 日　《中共中央国务院关于全面振兴东北地区等老工业基地的若干意见》印发实施，这是继 2003 年《中共中央国务院关于实施东北地区等老工业基地振兴战略的若干意见》出台实施后，党中央、国务院在新的历史条件和时代背景下对东北地区等老工业基地振兴战略的丰富、深化和发展。党中央、国务院高度重视东北地区等老工业基地振兴。习近平总书记强调，要加大支持力度，增强东北地区内生发展活力和动力，精准发力，扎实工作，加快老工业基地振兴发展，并明确提出了着力完善体制机制、着力推进结构调整、着力鼓励创新创业、着力保障和改善民生的任务要求。李克强总理指出，要尽快启动一批可以增强发展后劲的重大基础设施项目，着力扩大消费，加快棚户区改造等重大民生工程，积极促进东北经济平稳运行。《若干意见》明确了一系列新目标、新要求、新任务、新举措，是当前和今后一个时期巩固扩大振兴成果、破解制约东北地区等老工业基地发展的深层次矛盾和问题、加快老工业基地全面振兴的纲领性文件。

△中国国家统计局对外公布，2016 年 1 ~3 月，全国规模以上工业企业实现利润总额 13421.5 亿元，同比增长 7.4%，增速比 1 ~2 月提高 2.6 个百分点，连续两个月回升。其中，3 月，规模以上工业企业实现利润总额 5612.4 亿元，同比增长 11.1%，增幅比 1 ~2 月加快 6.3 个百分点。

△俄罗斯国防部主办的第五届莫斯科国际安全会议在莫斯科举行，来自全世界的约 500 名代表出席，国际恐怖主义问题是本届会议讨论的主要议题。会上俄罗斯联邦安全会议秘书帕特鲁舍夫宣读了普京致与会者的欢迎辞。普京在致辞中说，国际恐怖主义已达到前所未有的规模，事实上已向文明社会发起挑战。为有效打击这一全球威胁，需要整个国际社会协调有力地行动。俄罗斯倡议，在国际法基础上和联合国指导下，组建广泛的反恐阵线。俄罗斯国防部长绍伊古也在当天的会议上倡议国际社会在对抗恐怖主义和极端主义方面紧密合作。他指出，恐怖主义已成为国际社会的头号问题，俄罗斯客机在埃及西奈半岛坠毁、欧洲遭遇恐怖袭击、中东国家乱局等都是直接例证。

28 日　十二届全国人大常委会第二十次会议通过《中华人民共和国境外非政府组织境内活动管理法》。同日，国务院办公厅印发《关于健全生态保护补偿机制的意见》。人民出版社出版的《中共中央国务院关于全面振兴东北地区等老工业基地的若干意见》在全国新华书店发行。

△《人民日报》报道，财政部公布的数据显示，2016 年 1 ~3 月，全国国有及国有控股企业（简称“国有企业”）经济运行稳中有进，部分经济运行指标出现积极变化，其中国有企业收入、利润同比继续下降，但降幅分别比上月收窄 2.8 个和 0.4 个百分点。分行业看，石化、医药等行业实现利润同比增幅较大，建材、电子和烟草等行业实现利润同比降幅较大，石油、煤炭、钢铁和有色等行业亏损。

△亚洲相互协作与信任措施会议第五次外长会议在北京开幕。习近平出席开幕式并发表题为《凝聚共识促进对话共创亚洲和平与繁荣的美好未来》的重要讲话，强调要坚持和践行

共同、综合、合作、可持续的亚洲安全观，凝聚共识，促进对话，加强协作，推动构建具有亚洲特色的安全治理模式，共创亚洲和平与繁荣的美好未来。

△应中国外交部部长王毅邀请，俄罗斯联邦外交部长谢尔盖·维克托罗维奇·拉夫罗夫来华出席亚洲相互协作与信任措施会议第五次外长会议，并对中国进行正式访问。中国国家主席习近平在人民大会堂会见了拉夫罗夫。习近平请拉夫罗夫转达对普京总统的问候和祝愿。习近平强调，当前形势下，中俄双方要加强对发展中俄关系的顶层设计和战略引领，增进两国战略和政治互信，推动双方务实合作特别是大项目合作。双方在重大国际和地区问题上可以进一步加强沟通协调，共同推动有关问题政治解决进程，为维护世界及地区和平稳定贡献中俄智慧和中俄方案。双方要在亚信框架内加强合作，推动各方践行亚洲安全观，为亚洲地区持久和平、安全、发展做出应有贡献。双方要密切在上海合作组织框架内的合作，同其他成员国一道努力，推动上合组织合作持续健康稳定向前发展，提升上合组织在国际事务中的影响。拉夫罗夫向习近平转达了普京总统的问候。拉夫罗夫表示，在庆祝《俄中睦邻友好合作条约》签署15周年之际，俄方愿同中方一道深化俄中全面战略协作伙伴关系，进一步密切俄中高层交往，深化经济、人文等各领域合作，推进有关大项目实施，密切两国在国际地区事务和联合国、上合组织等多边机构中的协调合作。国务委员杨洁篪等参加会见。

△日媒称，中国政府希望引进外资高端医疗机构，而日本方面则希望以中国为立足点增加面向亚洲的医疗出口，两者的想法不谋而合。日本政府将与中国医疗器械生产企业合作，于2016年度在中国开设主要治疗生活习惯病的医院，拟在北京等大中城市开设10家中等规模的医院。除生产医疗器械和电解制水机的日本多宁公司将参与之外，三菱商事等日本大型企业也考虑加入。福岛县立医科大学教授中山昌明等从事生活习惯病相关研究的专业医疗团队也将加入。报道称，日本方面计划2017年初投入16亿日元，在北京建立拥有约200张床位的医院，配备50～100个用于透析的病床，预计每天接待400名门诊患者。今后双方将用5～7年时间，在上海、大连等大中城市一共开设9家医院。各家医院将对生活习惯病“预备人群”进行预防干预。10家医院可望共计实现500亿日元的销售额。在医院担任负责人的医师和护师将是日本人。

29日至5月1日 应中华人民共和国外交部部长王毅邀请，日本外相岸田文雄对中国进行正式访问。王毅与岸田外相就中日关系以及共同关心的国际和地区问题交换意见。岸田文雄主这次来访要是向中方表示，日本内阁在最近西方要举行的G7首脑会议以及前不久所举行的G7外长会议中，日方的一些基本考虑。一方面，他希望中日关系能够有所改善，另一方面，就中国在南海、东海两个方向引起的日本的安全关切，向中方表明日方的立场。双方就下半年李克强总理出席中日韩首脑会议进行具体的磋商。双方还讨论了2016年在杭州主办的G20峰会，商量日本首相出席G20峰会的相关事宜，讨论在这样的多边国际平台中如何进一步加强中日两国的沟通与对话。

29日 应俄罗斯教科部邀请，科技处郑世民公参、李哲二秘出席了在莫斯科召开的《金砖国家水论坛》国际学术实践会议组委会会议。会议由教科部副部长奥戈罗多娃主持，教科部国际司和科技司官员、俄罗斯科学院水问题研究所等俄方单位相关负责人及部分金砖国家驻俄使馆的代表参会。与会代表围绕《金砖国家水论坛》召开时间和承办单位、成立论坛组委会和项目委员会以及设立论坛网站等问题进行了讨论。

△为落实2015年在韩国首尔举行的第六次中日韩领导人会议成果，中国公共外交协会与中日韩三国合作秘书处在北京钓鱼台国宾馆共同举办“首届中日韩公共外交论坛暨2016年

中日韩合作国际论坛”。

△朝鲜最高法院以间谍罪等判处韩裔美国人金东哲（音译）10 年劳动教养。此前报道，韩裔美国人金东哲在朝鲜平壤人民文化宫鞠躬谢罪，当场承认曾为韩国情报机构提供朝鲜军事情报，从事间谍活动。

30 日　中国国务院总理李克强在中南海紫光阁会见来华访问的日本外相岸田文雄。当天，外交部部长王毅在北京与到访的日本外相岸田文雄会谈。王毅希望日方以实际行动推动两国关系改善发展。政治上应恪守《中日联合声明》等中日四个重要文件，真诚正视和反省历史，恪守一个中国政策。对华认知上切实把中日“互为合作伙伴、互不构成威胁”的共识落实到具体行动当中，以积极和健康心态看待中国的发展。经济交往上切实树立合作共赢理念，开展平等互利的务实合作。地区和国际事务上放弃对抗心态，与中方共同致力于地区和平、稳定与繁荣。

5月

1 日　中共中央、国务院、中央军委印发《关于经济建设和国防建设融合发展的意见》。

△中国全面实施营业税改征增值税试点，试点范围从交通运输业和部分现代服务业等扩大到建筑业、房地产业、金融业、生活服务业，并将所有企业新增不动产所含增值税纳入抵扣范围，确保所有行业税负只减不增。同步实行中央和地方增值税“五五分享”。

2 日　俄罗斯法律信息官网公布了由总统普京签署的《俄罗斯远东地区土地免费配发法案》，即媒体热议的“远东 1 公顷土地法”。该法案的推出意在鼓励人口向俄远东地区流动，促进地区经济发展。

△韩国统计厅发布的“第一季度网购动向”显示，海外消费者在韩国网络购物商城直接购买韩国商品的金额 2016 年第一季度达到 4787 亿韩元，同比骤增了 84.5%。而韩国国内消费者海淘海外商品的金额为 4463 亿韩元，只比一年前增加了 5.7%。逆向海淘金额超过韩国人海淘金额是自 2014 年开始出现相关统计之后首次。在海外消费者的逆向海淘网络销售实绩中，就国家来看中国（比重为 75.9%）居首位，就商品来看则是化妆品（66.1%）以压倒性的优势位居首位。韩国统计厅服务业动向课长孙银乐（音）表示，“中国国内的韩国化妆品和服装人气很高，甚至 2016 年第一季度通过‘逆向海淘’的化妆品销售额同比增加了 153.9%，服装、时尚用品增加了 65%”。孙银乐说明称，“访韩的中国游客人数正在持续增加，他们返回中国后在网上订购的现象也在持续增加。随着第一季度韩元贬值，韩国商品的价格竞争力也逐渐提升”。

2～5 日　亚洲开发银行（亚行）理事会第四十九届年会在法兰克福举行，会议讨论了亚太地区经济形势、亚洲国家推动结构性改革、进一步推动亚行改革等议题。

3 日　第十九届东盟与中日韩（10＋3）财长和央行行长会在德国法兰克福举行，重点讨论了全球和区域宏观经济形势以及 10＋3 财金合作等议题，并发表了《第十九届 10＋3 财长和央行行长会联合声明》。

△日媒报道，在 5 月 3 日宪法纪念日到来之前，日本朝日新闻社于 3 月中旬至 4 月下旬期间，通过邮寄的方式实施了关于宪法的全国舆论调查。结果显示，回答“没有必要修改”宪法的人数，从 2015 年调查中的 48% 增加至 55%；而认为“有必要修改”的回复则从 2015 年的 43% 降至 37%。关于日本宪法第 9 条，选择“不改为好”的人数从 2015 年的 63% 上升至 68%，远远超出 27% 认为“修改为好”（2015 年为 29%）的回复。针对在安倍任期内实现修改宪法一事，25% 表示“赞成”、58% 表示“反对”。

△韩媒报道，来韩国济州旅游的外国游客逐年增加，2015 年访问济州的外国游客数量逼近 300 万人，然而利用免签入境制度非法居留

者数也急剧增加。鉴于此，济州道政府计划加强对非法居留者进行取缔。韩国法务部最新统计显示，在韩国非法居留的外国人数呈现逐年增加的态势，从2011年的16.7780万人增加至2012年的17.7854万人，2013年和2014年分别增至18.3106万人和20.8778万人，2015年增加至21.4187万人。这相当于在日本非法居留的外国人数的3.4倍。特别是，济州道的非法居留者问题最为严重。道内非法居留外国人数呈现井喷式增长的态势，2011年仅为282人，2015年该数值达4353人。济州道地方检察厅一位负责人表示，为解决非法居留者问题，济州道政府将同有关机构进行合作，加大对道内非法居留者的取缔力度，对掮客和雇用非法居留者的雇主给予严厉的处罚。

4日 应俄罗斯外国留学生协会监事会主席、俄罗斯人民友谊大学校长菲利波夫邀请，中国驻俄罗斯大使李辉出席了在俄罗斯人民友谊大学大礼堂举办的俄罗斯外国留学生协会第六届全俄代表大会开幕式。参加开幕式活动的有来自俄罗斯30多个地区的外国和俄本国学生，非洲、拉丁美洲、亚洲、独联体国家使团代表及俄罗斯国家杜马、外交部、教科部、人文署、移民署等部门代表共500余人。外国留学生协会主席、各地区使团长及俄相关部门代表发表致辞，对活动开幕表示祝贺。开幕式前，李辉大使会见了俄罗斯外国留学生协会监事会主席、俄罗斯人民友谊大学校长菲利波夫。双方就中俄两国教育交流与合作等问题交换意见。驻俄使馆教育处赵国成公参陪同出席上述活动。

△俄罗斯国防部部长绍伊古表示，俄罗斯计划2016年底前新建三个师以应对北约东扩。绍伊古当天在国防部会议上说，俄国防部正在采取一系列措施，以对抗北约“紧挨俄罗斯边界”不断增强的兵力部署。年底前，俄将在西部军区新建2个师，在南部军区新建1个师。目前，新建部队驻地正在进行设备安装。2016年1月，绍伊古就曾透露为应对北约东扩将新建3个师，每个新建师的编制约为1万人。

△俄罗斯总统新闻秘书佩斯科夫表示，日本首相安倍晋三访俄期间俄日双方必将讨论领土问题，但俄方不认为这一问题会马上取得进展。

△据韩国《中央日报》报道，进入2016年后，“逆向海淘”销售额（海外消费者通过韩国购物网站海淘韩国商品）首次超过了韩国消费者的海淘购买额（韩国国内消费者通过海外购物网站购买海外商品）。这得益于中国消费者对韩国产化妆品的追捧。

△据韩联社引述韩国黄海经济自由区厅消息，将在韩国自由区玄德地区内组建由中国资本主导的“中国城”，已完成对中国城开发公司于2015年7月提出的京畿道平泽市玄德地区开发计划的审查工作，项目处于报批阶段。韩国黄海经济自由区玄德地区毗邻与鲁苏两省隔海相望的平泽港和唐津港，待建中国城占地232万平方米，其中公共设施占内地80.7万平方米，零售设施占地65.8万平方米，住宅占地48.8万平方米，旅游医疗设施占地11万平方米。据报道，中国城开发公司是韩中联合成立的特殊目的公司，中国力勤控股集团持股50%，韩方个人持股30%，中方个人（力勤负责人）持股20%。该厅已于3月底结束与79个机关及部门的协商和交通环境评估，中国城开发公司也召开居民说明会，组建补偿协商会，土地及障碍物估价在进行当中。中国城开发公司方面表示，平泽·唐津港从前是丝绸之路的起点，现在是对华贸易的交汇点。公司预计，到2025年中国城将每年接待5000万人次访客，到2035年将就亚洲旅游零售中心地位与香港澳门等地一决高下。

5日 中国国家主席习近平在北京人民大会堂会见了俄罗斯国家杜马主席纳雷什金。习近平首先请纳雷什金转达对普京总统的诚挚问候。他积极评价中俄议会合作委员会第二次会议取得的成果。他指出，立法机关代表民意，在两国关系发展中发挥着重要作用。希望双方继续发挥信息通畅、人才荟萃、联系广泛的优势，充分利用好定期交流机制这一平台，加强治国理政、立法监督等方面相互交流和学习借鉴，丰富两国关系的内涵，推动两国关系不断向前发展。纳雷什金转达了普京总统对习近平主席的良好祝愿。他说，俄方将发展对华关系视为对外交往的优先方向。当前，俄中关系处于历史最高水平，不仅成为国家关系发展的典范，也是维护世界和平稳定的重要因素。俄罗斯立法机关愿深化与中国全国人大的合作，办好交流机制的活动，为推动俄中关系发展做出新的贡献。全国人大常委会副委员长兼秘书长王晨参加会见。

△全国人大常委会委员长张德江在人民大会堂与俄罗斯国家杜马主席纳雷什金举行会谈，共同主持中俄议会合作委员会第二次会议。双方高度评价了 2015 年中俄议会合作委员会首次会议取得的成绩，并表示，应充分发挥这一交流机制作用，拓展合作领域，提升合作水平，为中俄关系发展做出更大贡献。双方表示，应以《中俄睦邻友好合作条约》签署 15 周年为契机，大力弘扬中俄关系平等信任、相互支持、共同繁荣、世代友好的核心价值，落实好合作委员会第二次会议达成的共识，加强两国战略对接、人文交流、教育合作。为两国关系营造更好的发展环境。全国人大常委会副委员长兼秘书长王晨参加会谈。

△日本《日刊体育》报道称，日本乒乓球队奥运名单确定，福原爱、石川佳纯出任女单，最近曾击败丁宁的伊藤美诚无缘出战女单比赛，将出任女子团体赛的第三单打。日本男队的里约阵容也确定，世界排名第 6 位的水谷隼、世界排名第 19 位的丹羽孝希，吉村真晴作为奥运团体第三人。

5～6 日 中国商务部部长高虎城率中国政府经贸代表团访问蒙古，与蒙外交部部长普日布苏伦共同主持召开中蒙经贸联委会第 14 次会议。访蒙期间，高虎城分别会见蒙古总统额勒贝格道尔吉、总理赛汗比列格、工业部部长额尔登巴特，转达了习近平主席的亲切问候和美好祝愿。表示，中方愿与蒙方一道，认真落实两国领导人达成的重要共识，加强“一带一路”合作倡议与蒙方提出的“草原之路”倡议的对接，拓宽合作领域，扩大合作规模，提升合作水平，推动中蒙经贸合作迈上新台阶，不断充实两国全面战略伙伴关系的内涵。同时，中方积极支持蒙方举办第十一届亚欧首脑会议。蒙方请高虎城转达对习近平主席、李克强总理的问候和祝福，高度评价两国关系发展尤其是经贸合作取得的积极成果，感谢中方长期以来为蒙发展经济、改善民生提供的无私帮助。表示将与中方进一步加强合作，加快中蒙自贸区和跨境经济合作区建设进程，加强矿产资源、能源和畜牧业合作，推进贸易便利化和过境运输合作，推动双边全方位、多层次、宽领域务实合作不断深化发展。在中蒙经贸联委会第 14 次会议上，双方围绕进一步落实两国领导人共识，就两国发展战略对接、产能合作、跨境经济合作区建设、中蒙自贸区、双边贸易和投资合作等共同关心的经贸问题深入交换意见，达成广泛共识。访问期间，双方签署了中蒙经贸联委会第 14 次会议纪要、中国商务部与蒙古工业部关于中蒙二连浩特——扎门乌德跨境经济区合作共同总体方案等经贸合作文件。高虎城部长还与赛汗比列格总理共同出席了蒙新机场高速公路开工仪式，与普日布苏外交部长共同出席援蒙古亚欧首脑会议物资交接仪式并分别致辞。中国驻蒙古国大使邢海明全程参加上述活动。

6 日 中国共产党中央委员会致电朝鲜劳动党第七次代表大会，祝贺大会取得圆满成功，中朝友谊代代相传。中朝友谊由双方老一辈领导人亲自缔造和精心培育，有着光荣的历史传统，是双方共同的宝贵财富。中国党和政府高度重视中朝关系，愿同朝方共同努力，把中朝关系维护好、巩固好、发展好，造福两国和两国人民，为维护地区乃至世界和平、稳定、发展做出积极贡献。

△日本首相安倍晋三在俄罗斯索契与俄罗

斯总统普京举行非正式会晤，并对俄进行工作访问。俄日领导人就双边合作、地区及国际局势及领土争端等问题进行了交谈，并对一些问题表达了共识。会谈结束后，俄外长拉夫罗夫就俄日两国元首的会谈成果在新闻发布会上做了简要概述。

6～7日　朝鲜最高领导人、劳动党第一书记金正恩连续两天在劳动党第七次全国代表大会上做党中央委员会工作总结。金正恩表示，朝鲜将履行防止核扩散义务，为实现世界无核化而努力。朝鲜将继续发展宇宙科技，制造并发射更多实用卫星。他还呼吁，朝韩之间应相互尊重，开展对话，共同为实现统一而努力。金正恩表示，自主、和平、友好是朝鲜劳动党一贯坚持的对外政策理念，为了地区和世界的和平与安全而斗争是朝鲜党和政府的一贯立场。此外，金正恩在工作总结中还提出要切实落实2016～2020年“国家经济发展五年规划战略”，尤其是要致力于解决电力供应问题。

8日　俄罗斯总统普京在索契与来访的日本首相安倍晋三举行会谈。安倍此行虽意在“以经济换政治”，想用经贸合作等手段增加两国争议领土谈判的砝码，但最后仍未能如愿。日俄关系在短期内或难以真正改善。由于俄在两国争议领土问题上态度强硬，安倍在会谈中表示，希望让两国在经贸等领域的合作方案随着和平条约谈判的进展逐步具体化，进而促进日俄关系进一步向前发展，更为普京迟迟未决的访日之行铺路。普京将日本称为“俄罗斯重要的伙伴”，将安倍访俄视为“研究双方利益相关问题的机会”，但会谈后双方并未签署任何文件，仅就敏感问题“相当有建设性地进行了讨论”，也没有谈及日本解除对俄制裁的问题。

△针对金正恩在劳动党七大上对韩朝关系的讲话，韩国统一部以发言人名义发表评论说，在朝鲜不断进行核开发与挑衅的情况下，金正恩提及的韩朝对话毫无诚意。评论称，金正恩有关和平统一与韩朝关系的说法重申的是朝鲜现有的立场。若真正愿意维护半岛和平、实现半岛统一、改善韩朝关系，朝鲜应停止针对韩国的威胁与挑衅，以具有诚意的态度走上无核化道路。韩联社援引韩国外交部一名官员的话说，韩国政府将与朝核问题六方会谈当事国以及国际社会进行合作，认真执行联合国安理会制裁朝鲜的新决议，继续向朝鲜施压，促使朝鲜以具有诚意的态度走上无核化道路。

9日　中共中央总书记习近平致电金正恩，祝贺他在朝鲜劳动党第七次代表大会上被推举为朝鲜劳动党委员长。习近平代表中国共产党中央委员会并以他个人名义对金正恩表示热烈祝贺，祝朝鲜人民在以金正恩委员长为首的朝鲜劳动党领导下，在建设社会主义事业中取得新的成就。习近平表示，中朝传统友谊由双方老一辈领导人亲自缔造和精心培育，是双方共同的宝贵财富。中国党和政府高度重视中朝关系。我们愿同朝方共同努力，从中朝关系大局出发，推动中朝友好合作不断发展，造福两国和两国人民，为本地区和平、稳定、发展做出贡献。

△朝鲜劳动党宣布，金正恩当选为朝鲜劳动党委员长。这是该党的一个全新职位。金正恩、金永南、黄炳誓、朴凤柱、崔龙海当选为新一届朝鲜劳动党政治局常委。另有19人当选为政治局委员，9人为候补委员。

△《人民日报》报道，国际货币基金组织驻华代表处近日举行新闻发布会，就该组织发的《亚洲和太平洋地区经济展望概要》报告内容同与会记者进行了深入探讨。国际货币基金组织驻华首席代表席睿德表示，亚洲仍然是全球增长的引擎，但是外部环境正变得更加困难。

△据《The UB Post》报道，力拓集团、蒙古国政府和绿松石山资源公司通过了奥尤陶勒盖铜金矿53亿美元扩张计划。预计到2027年，新开发的地下矿脉全负荷运转后，年铜产量将达到50万吨，而目前年产量为17.5万至20万吨。该计划通过后，奥尤陶勒盖铜金矿组织了一场名为“开启奥尤陶勒盖铜金矿地下矿开

发”的活动，蒙古国总理赛汗比列格出席活动时表示，“这项重要的投资证明了商业伙伴的信心，也证明了蒙古国在商业和投资领域的吸引力，这将成为推动蒙古国经济发展的催化剂”。据估计，该矿将创造3000个新的就业机会，将向蒙古国财政缴纳22亿美元。

△韩国国际广播电台报道，在韩国“儿童节”（5月5日）到周末的黄金连休期间，有包括8万中国游客在内的18万多名外国游客来韩旅游。韩法务部8日统计数据显示，如包括8日入境韩国的外国游客在内，黄金连休期间来韩旅游的外国游客可达18万多人，中国游客可能超过8万多人。据旅游界预测，5月到韩旅游的外国游客有望同比增长5%，达140万人。

10日 中国国家统计局发布的4月全国居民费价格指数（CPI）和工业生产者出厂价格指数（PPI）数据显示4月CPI环比下降0.2%，同比上涨2.3% PPI环比涨幅扩大，同比降幅继续收窄。

11日 《2016年联合国世界水发展报告》在北京发布。联合国教科文组织自然科学助理总干事史凤雅，联合国教科文组织驻中国、朝鲜、日本、蒙古国及韩国代表欧敏行，联合国粮农组织驻中国、朝鲜及蒙古国代表伯西·米希卡等出席发布会。

△继美国、加拿大、韩国等之后，日本也要向中国公民发放10年签证了。4月底，来华访问的日本外相岸田文雄在与中国外长王毅的会晤中，提出给予特定阶层中国人最长10年签证，还对中国教育部直属的75所院校学生放宽申请签证要求。

△韩联社报道，韩国统计厅即日发布的“2016年4月就业动向”资料显示，4月就业人口同比增加25.2万人，达2615.3万人。失业率同比持平，为3.9%。青年失业率达10.9%，创历史新高。2016年2月以来，韩国青年失业率同比增幅连续三个月都在10%以上，2月为12.5%、3月为11.8%、4月为10.9%。青年（15~29岁）就业率同比上升0.7个百分点，为41.8%。统计厅方面分析称，青年失业率和就业率呈现双双上升的态势。由于不少韩国青年计划参加将于2016年6月举行的公务员考试，青年失业率增长趋势可能会再持续一段时间。

△韩国《朝鲜日报》报道，中国造船企业2016年以来已经占据了世界造船市场的半壁江山。在2016年以来，全世界船只订单暴跌至2015年同期30%水平的情况下，中国造船业甩掉韩国和日本成为第一。同一时期，韩国造船企业的订单占有率仅为5%，订单量呈断崖式下跌。英国造船、海运分析机构克拉克森5月10日表示，“2016年初到4月底，全世界造船市场的114艘船的订单中59个订单被中国造船企业拿走”。根据修正总吨（CGT，考虑船舶建造难度的度量单位）来计算，中国造船企业的市场占有率为49.3%，2015年同期仅为21%。

△韩《亚洲经济》报道，近年来韩国股市因受到出口经济下滑的影响，债券收益率屡创新低，刺激了对海外投资的需求。由此，韩国证券公司与资产运营管理公司再次暗中加紧进入中国市场的步伐。韩媒评价称，中国股市仍是一片机会的热土。为此，金融业纷纷掀起一股“中国风”，通过实地考察学习以便接地气，或是推出中国相关理财产品以抢占市场先机。专家指出，中国在未来2~3年内涨幅将放缓，但在2021年迎来共产党成立100周年时，股市或出现大变化。另据韩中自贸协定（FTA）内容，韩国证券企业可以拓展中国的合格境内机构投资者合作领域，深度参与中国合格境内机构投资者发行的各类理财产品。

12日 首尔信用评价社发布的《国际国内信用等级差异报告书》显示，在韩国国内被评为最高信用等级（AAA）的三星电子、现代汽车、SKT、KT、新韩银行、国民银行、友利银行等企业在国际信用评级中平均下降5~8位。其中，三星电子国际信用等级最高，为A+级。新韩银行与国民银行均为A级、SKT等级为A-、现代汽车与KT均为BBB+。以上企业在国内虽被评为最高级，但海外评级的视角与国内有所不同，因此产生明显差异。首尔信用评价社认为产生差异的原因之一为国内外信用评级标准不同，另外国内的评价标准较国外而言还不够严谨。首尔信用评价社长金贤洙（音）表示，“在国内，即使财务成果较低也可能被给予高的等级，因此企业在改善财务结构时便会懈怠，如现在的海运、造船业一般日后可能引起一系列问题。韩国的评价标准有必要向国际看齐”。

△中国驻俄罗斯大使李辉应邀出席《全球能源互联网》一书俄文版首发式并致辞。该书由中国国家电网公司董事长、全球能源互联网发展合作组织主席刘振亚编著，俄文版由俄统国际组织编译，莫斯科动力学院出版。该书结合作者多年从业经历和中国国家电网公司近年来的技术创新和战略构想，系统阐述了构建全球能源互联网的总体思路、实施路径、现实基础、重大意义以及发展前景。李大使在致辞中表示，《全球能源互联网》俄文版发行，将有利于深入推广全球能源互联网发展理念，进一步促进中俄乃至世界能源电力领域的交流与合作，为推动世界能源全面、协调、可持续发展发挥重要作用。首发式由中国国家电网公司与俄罗斯电网公司主办。俄罗斯能源部副部长克拉夫琴科、亚诺夫斯基，莫斯科动力学院国家研究大学校长罗加廖夫，俄罗斯电网公司总经理布达尔金，中国国家电网公司副总经理王敏等出席并致辞。来自俄政府部门，俄罗斯电网公司、俄统国际公司等行业企业，莫斯科动力学院、俄罗斯科学院、全俄列宁电工研究院等科研机构，国际组织，俄新社、塔斯社、俄罗斯报等媒体代表共140余人出席会议。驻俄使馆经济组韩维参赞陪同出席活动。

13日　中国驻日本大使馆程永华大使出席日中友好七团体为横井裕、木寺昌人两位新老日本驻华大使举办的送迎会。日中友好七团体负责人、公明党代表山口那津男、外务事务次官斋木昭隆及日本各界人士共500余人参加。驻日本使馆公使刘少宾、大使夫人、友好交流处参赞汪婉及使馆相关部门负责人出席了本次活动。日中协会会长野田毅首先代表日中友好七团体致辞，对木寺前大使任期内所做工作表示积极评价，对横井新大使今后进一步推动两国关系发展寄予期待，并表示日中友好七团体将继续致力于为日中关系改善发展发挥应有作用。

△韩国央行召开金融货币委员会全体会议，决定维持基准利率1.5%不变，这是韩央行连续11个月冻结利率。韩国央行行长李柱烈表示，韩内需情况虽有改善，但对外经济环境仍未有改观。今后货币政策仍将注重经济复苏，在这一过程中，将密切注意企业结构调整的进展情况。李柱烈还表示，韩央行将密切注意企业结构调整过程中金融市场可能出现的波动，并制定有效的货币政策的具体方向。

△俄罗斯第十八届国际博物馆节在俄罗斯首都莫斯科的马涅日中央展览馆开幕，中国文物交流中心首次参展，为中国4500余家博物馆来与俄罗斯博物馆加强交流、寻求合作、加深友谊。开幕式前，俄罗斯文化部部长梅津斯基和中国驻俄罗斯大使馆公使衔参赞张中华来到中国展台，对中国文物交流中心参展表示欢迎，并预祝展览顺利。张中华表示，驻俄使馆和莫斯科中国文化中心将全力协调和推进中国文物交流中心与俄罗斯博物馆开展实质合作，并介绍俄罗斯博物馆协会、普希金造型艺术博物馆、圣彼得堡皇村博物馆负责人与文物交流中心现场接洽商谈。圣彼得堡皇村博物馆馆长奥丽卡希望通过中心到中国北京、上海等城市举办琥珀文物展，并愿与中方共同合作举办宫廷皇家文物交换展。

15日　我国在酒泉卫星发射中心用长征二号丁运载火箭将遥感卫星三十号发射升空。遥感卫星三十号将主要用于科学试验、国土资源普查、农作物估产及防灾减灾等领域。这次发射的卫星和运载火箭，分别由东方红卫星有限公司和上海航天技术研究院负责研制。这是长征系列运载火箭的第 227 次飞行。

16 日　为期两天的二十国集团（G20）“创新增长方式”专题会议在北京开幕。科技部、工业和信息化部、中央网络信息办公室和外交部将分别主持召开创新、新工业革命、数字经济议题阶段会议及联席会议。来自 G20 成员、嘉宾国及国际组织的 150 多名中外嘉宾出席会议。

△俄罗斯总统新闻秘书佩斯科夫表示，俄罗斯对八国集团兴趣已经减退，俄罗斯认为二十国集团模式更具有代表性。

17 日　习近平在京主持召开哲学社会科学工作座谈会并发表重要讲话。他强调，一个没有发达的自然科学的国家不可能走在世界前列，一个没有繁荣的哲学社会科学的国家也不可能走在世界前列。坚持和发展中国特色社会主义，哲学社会科学工作者具有不可替代的重要作用。必须高度重视哲学社会科学，结合中国特色社会主义伟大实践，加快构建中国特色哲学社会科学。

19 日　中华人民共和国总理李克强在人民大会堂出席首届世界旅游发展大会开幕式并致辞。李克强表示，旅游业发展既离不开和平与发展的国际环境，也是促进世界和平与发展的重要力量。中方倡议实施国际旅游合作计划，为世界经济复苏加油助力，希望各国进一步放宽签证政策，简化入境手续，更好保护消费者权益；加强南北和南南旅游对话与互利合作，促进落实可持续发展议程，在未来 5 年实施 50 个国际旅游合作项目；发挥旅游的和平桥梁作用，为促进各国人民友好交往、和睦相处、开放包容做出贡献大会通过成果文件《北京宣言》。宣言紧扣旅游促进发展与和平这一主题，以促进旅游业可持续发展、有效落实联合国《2030 年可持续发展议程》为主线，阐述各方共识和主张。

△俄罗斯外交部发言人扎哈罗娃说，无论谁担任台湾地区领导人，俄罗斯的立场都是不变的，俄方承认只有一个中国。

△日本市民团体在东京举行集会，通过在野党向国会提交 1200 万个要求废除安保法的市民签名。

△韩国总统朴槿惠在青瓦台和来访的蒙古国总统额勒贝格道尔吉举行会晤。双方在会后共签署了三项经济合作谅解备忘录（MOU），涉及航空、城市开发、经济开发合作基金（EDCF）等领域的合作。根据谅解备忘录，在蒙古国首都乌兰巴托新国际机场于 2018 年竣工之际，双方将积极讨论让多家航空公司开通往返韩国至蒙古国航线的事宜；双方将加强在城市开发、土地、住宅领域的合作，为韩企进军蒙古建筑市场提供条件；双方还将携手为发展中国家实现产业化和经济发展提供有偿援助。此外，两位领导人还商定加强在动植物检验检疫领域的合作，并签署有关方面的谅解备忘录。

△为纪念俄罗斯—东盟建立对话伙伴关系 20 周年，俄罗斯—东盟峰会在俄南部城市索契举行。与会领导人讨论国际和地区热点、俄与东盟 20 年合作成果和未来合作方向等问题。

△全球 400 多位工商界代表云集中国昆山，参加第五届世界工商领袖（昆山）大会。中国贸促会会长姜增伟，国务院发展研究中心副主任隆国强，原外经贸部副部长、原博鳌亚洲论坛秘书长龙永图，联合国欧洲经济委员会经贸合作司司长维吉尼亚·克兰马图斯等出席大会。江苏省副省长张雷出席大会并致辞。张雷表示，工商界是推动经济和贸易发展的主力军。本次大会邀请国际经济组织、世界知名商协会及工商界领袖和著名经济学家齐聚一堂，分享见解，凝聚共识，对于推动全球工商界紧密合作、促进世界经济共同繁荣，将产生积极作用。愿以此次大会为契机，进一步深化与各国工商界的沟通交流，携手共创更加美好的未来。会上，日本贸易振兴机构上海代表处所长小栗道明在所做的题为“新形势下的日中经贸关系”的演讲中表示，日本应当更多地了解现实的中国，并欣然接受中国的发展和壮大，同时，日企应把握好中国提出的“五大发展理念”，发掘其

中合作共赢的巨大商机。

21～22日 中国驻日本大使程永华访问北海道钏路市。在钏路期间，程大使会见了钏路市市长蝦名大也，考察了钏路煤矿株式会社，并与当地中小学生进行交流。驻日本使馆商务参赞景春海，农林水产大臣政务官佐藤英道、钏路市议会议长月田光明、商工会议所会头栗林定正、日中友好协会会长中村圭佐等陪同参加有关活动。

22～24日 中国国务委员、公安部部长郭声琨在内蒙古调研时强调，要深入学习贯彻习近平总书记系列重要讲话精神，按照全国政法队伍建设工作会议部署要求，扎实推进“两学一做”学习教育，推动全面从严治党、从严治警向基层延伸，充分发挥党员民警先锋模范作用，凝聚做好各项公安工作的强大力量，着力提高广大民警执法为民能力水平。

23日 据韩联社报道，韩国京畿道政府与上海幸福9号养老投资集团有限公司签署关于吸引会奖旅游团的合作协议。根据协议，由5万人组成的“老年会奖旅游团”将于2016年6月至12月访问京畿道。京畿道知事南景弼表示，京畿道拥有很多受到老年游客青睐的旅游胜地，为了满足中国老年游客的需求，道政府将提供集健康、长寿、传统和文化为一体的丰富旅游项目。京畿道政府预计，此次中国老年会奖旅游团来韩有望创造490亿韩元（约合人民币2.7亿元）的经济效益。

23～24日 由联合国倡议的首届世界人道主义峰会在土耳其伊斯坦布尔举行，会议涉及难民援助、自然灾害、气候变化、性别平等等全球性重要议题。来自美国、俄罗斯、中国、德国、法国等100多个国家的代表出席此次峰会，其中包括65个国家元首或政府首脑、相关国际组织及非政府组织的代表等，总参会人数达5000多人。

23～26日 第19届平壤春季国际商品展览会在朝鲜平壤三大革命展示馆举行。朝鲜内阁副总理卢斗哲、对外经济相李龙男、平壤市人民委员会副委员长金仁哲、朝有关经济部门负责人及参展国家和地区代表团成员、驻朝外交机构代表等出席开幕式。来自中国、俄罗斯、蒙古国、新西兰、德国及朝鲜等国家的220余家企业参展，展品涉及电子、机械、金属、建材、运输、食品、日用品等多个领域。平壤国际商品展览会由朝鲜对外经济省主办，朝鲜国际展览社承办，是朝鲜目前规模最大的国际性展会。

23～30日 中国国奥男篮代表团在中国篮球协会副秘书长肖红安和主教练吴庆龙率领下访问朝鲜，其间同朝鲜小白水男子篮球队举行了三场友谊赛。朝体育界人士、青年学生代表和部分平壤市民观看了比赛。友谊赛现场气氛热烈，高潮迭起。双方运动员顽强拼搏，相互学习，切磋了球技，增进了友谊。朝鲜最高领导人金正恩率朝党中央政治局常委崔龙海及有关部门领导干部于29日观看了比赛。访朝期间，中国国奥男篮代表团还参谒了友谊塔，参观了万景台故居、金日成广场和主体思想塔等。30日，代表团结束访问回国。

24日 中国科技部副部长阴和俊在北京会见了来访的俄罗斯国家纳米技术公司第一副总裁基谢廖夫一行。双方就深化中俄科技创新合作事宜深入交换意见并达成共识。

△中国外交部部长王毅与俄罗斯外长拉夫罗夫在乌兹别克斯坦塔什干举行会谈。王毅表示中俄要加快对接丝绸之路经济带和欧亚经济联盟建设，要共同捍卫联合国中心地位和国际关系基本准则推动国际和地区问题的政治解决进程。拉夫罗夫表示，俄方愿与中方筹备好普京总统访华，深入对接欧亚经济联盟和“一带一路”倡议。王毅和拉夫罗夫还就朝鲜半岛、叙利亚、阿富汗以及中亚局势等交换了意见，协调了立场。

△中国驻日本使馆刘少宾公使应邀赴京东方（BOE）日本有限公司交流考察。阮湘平公参、潘昊参赞、景春海参赞等陪同参加。刘公使一行听取该公司负责人关于京东方在日主营

业务、经营情况及下步战略规划的介绍，详细了解该公司在自主创新研发领域的最新成果，并参观体验了日本国内唯一 8K 影像沙龙。

24～25 日 中央军委主席习近平亲切看望慰问驻黑龙江部队，代表党中央和中央军委向广大官兵致以诚挚的问候。习近平强调，基层是部队建设和战斗力的基石，实现党在新形势下的强军目标，需要广大基层官兵共同努力，要适应新的形势和任务要求，推动基层建设全面进步、全面过硬。

△中国驻蒙古国扎门乌德总领事柴文睿赴领区南戈壁和中戈壁省考察。其间柴文睿分别拜会南戈壁省长巴达拉和中戈壁省长奥德额尔德尼。柴文睿表示，中方高度重视同蒙古的友好合作关系，十分重视两国边境地区的友好交流与合作。蒙戈壁省份是“一带一路”与“草原之路”倡议对接的重要区域，与中国有关省市开展合作潜力巨大。扎门乌德总领馆将为推动两国地方间友好交往与合作做出努力。两位省长表示，愿进一步加强与中国相邻省区的合作，将积极支持总领馆开展工作。考察期间，柴文睿总领事还分别与两省移民局和警察局负责人座谈，了解领区中国企业和公民情况，就领事保护与协助交换了意见，希望两省主管部门与总领馆密切合作，保护好中国企业和公民的合法权益。

25 日 韩联社报道，韩国法务部下属“IOM 移民政策研究院”发布的报告显示，近年来，到韩国就医旅游的外国游客日益增加，为韩国创造了巨大生产效益和大量工作岗位，是拉动旅游经济增长的重要动力，2015 年韩医疗旅游创造的效益达 6.8 万亿韩元。2022 年外国来韩医疗游客有望为韩国创造 20 万亿韩元的效益，预计约占 2022 年国内生产总值的 1.02%。

26 日 韩国银行发布的调查结果显示，受韩国产业结构调整等因素影响，韩国消费者心理指数三个月来首次出现下降，5 月韩国消费者心理指数（CCSI）为 99，比 4 月下降两个百分点，并跌至基准线以下。此外，当前景气判断指数也下滑至 70 点，比上月下降 4 个百分点，就业期望指数下降 8 个百分点，下滑至 74，是 2009 年金融危机以后最低值，数据显示韩国经济发展预期下调及政府推进造船、海运等领域的产业结构调整，对民众消费心理和就业预期产生了明显影响。

△韩国 CU 便利店发布数据显示，截至 4 月底，中国游客消费额同比剧增 50.8%，GS25 便利店的中国游客消费额也同比增长 41.7%。而同期韩国便利店销售增长仅为 10%。统计显示，中国人在便利店主要购买解酒饮料、酒类、饮料、方便食品等。

26～28 日 为全面贯彻执行朝鲜劳动党第七次全国代表大会提出的任务，朝鲜党、国家、经济和武力机关官员在朝鲜首都平壤召开联席会议，讨论了有关 2016～2020 年国家经济发展五年战略的问题。联席会议讨论了如何全面执行国家经济发展五年战略的科学、现实的方法，如何充分动员全体军民掀起“创造万里马速度”运动、实现建设社会主义强国的宏伟目标。大会随后进行了有关人民经济问题的分部门会议，讨论了各部门为实现党七大提出的目标而需要制定的具体政策。此外，联席会议还宣布开展“忠诚的 200 天战斗”运动，开启执行国家经济发展五年战略的行动。

27 日 中共中央政治局会议研究部署规划建设北京城市副中心和进一步推动京津冀协同发展有关工作，审议《关于规划建设北京城市副中心和研究设立河北雄安新区的有关情况的汇报》。

29 日 正在朝鲜访问的中国国奥男子篮球队和朝鲜小白水队在平壤柳京郑周永体育馆进行了第三场友谊赛。朝鲜最高领导人金正恩观看了该场比赛。朝鲜运动员、青年学生和平壤市民一同观看了比赛。

30 日 科技网站 PhoneArena 公布了 2016 年 4 月的中国智能手机市场报告，其中显示三星电子在上个月的中国市场份额只有 3.2%，位居第八。这是按照出货量来计算的统计报告。排在三星电子前面的都是清一色的中国国产手机厂商，数据显示，4月小米拿下26%的市场占有率，位居第一。紧随小米之后的是华为子品牌荣耀，其市场占有率为15.7%；第三位乐视，市场占有率为10.5%；第四位苹果，市场占有率为8.2%；第五位华为，市场占有率为8.0%。

△中国驻俄罗斯大使李辉应邀出席在索契举行的第二届中俄中小企业实业论坛首场分论坛“俄罗斯地区和企业投资潜力推介”并致辞。李大使在致辞中表示，中俄两国务实合作和相互投资具有广阔发展前景。中国经济发展形势良好，潜力巨大，中国政府正在加快深化改革，促进经济稳定、健康发展。中国驻俄大使馆时刻准备为两国中小企业及地方合作提供一切必要协助与支持。希望两国中小企业能通过此次论坛进一步提升互信、挖掘潜力、深化合作，为推进两国经贸关系发展注入新动力。衷心祝愿此次论坛取得圆满成功。出席分论坛前，李大使与俄罗斯总统企业家权利全权代表、俄中友好、和平与发展委员会俄方主席季托夫主席举行了会见，就深化两国务实合作、推动双方中小企业发展等深入交换意见。双方还共同出席了由新华社、中新社、《莫斯科—北京》杂志联合举办的“俄罗斯—中国：两国同心，互利共赢”图片展开幕剪彩仪式，参观了中俄中小企业展台。

30～31日　“俄罗斯—中国：双边关系迈向新高度”会议在俄罗斯莫斯科召开。会议由俄罗斯国际事务委员会组织，政治家、高级外交家、专家和企业家借此机会会聚一堂。中国外交部副部长戴秉国在开幕式上的致辞。俄罗斯外长拉夫罗在会上表示，普京总统访华将“有助于进一步开发两国关系的无限潜力”，能源合作在俄中伙伴关系中起凝聚作用。

30日至6月3日　全国科技创新大会、中国科学院第十八次院士大会和中国工程院第十三次院士大会、中国科学技术协会第九次全国代表大会举行。中共中央总书记、国家主席、中央军委主席习近平出席大会并发表重要讲话。他强调，科技兴则民族兴，科技强则国家强。必须坚持走中国特色自主创新道路，加快各领域科技创新，掌握全球科技竞争先机，建设世界科技强国。李克强主持会议，张德江、俞正声、刘云山、王岐山出席大会。在京中共中央政治局委员、中央书记处书记，全国人大常委会有关领导同志，国务委员，最高人民法院院长，最高人民检察院检察长，全国政协有关领导同志出席会议。中央和国家机关各部门、各人民团体、中央军委机关各部门、武警部队主要负责同志和大会代表，约4000人参加会议。

30日至6月7日　中国国务院副总理张高丽将与俄联邦政府副总理德沃尔科维奇共同主持中俄能源合作委员会第十三次会议，并出席第二届中俄中小企业实业论坛开幕式。中俄友好、和平与发展委员会俄方主席、俄总统保护企业家权益全权代表季托夫，俄经济发展部副部长、国务秘书福米乔夫，俄政府相关部门、联邦主体、中俄实业界及媒体代表约500人出席。在主持中俄能源合作委员会第十三次会议时，张高丽表示，双方要继续深化能源等各领域务实合作，为两国发展振兴进程提供重要保障。要坚定合作信心，进一步拓展合作领域，创新合作模式，合力构建中俄能源战略合作关系，不断推动能源合作取得更多实际成果，造福两国人民。德沃尔科维奇表示，当前，俄中全面战略协作伙伴关系发展已进入了新的阶段。两国在涉及主权、安全、领土完整等关键问题上相互支持，各领域务实合作进展顺利。这符合双方根本利益和各自发展需要，俄方对此感到满意。俄方愿与中方一道继续努力，推动能源等领域合作不断取得新成果。会议期间，双方就天然气、石油、电力、煤炭、核能、技术装备、可再生能源等领域合做深入交换意见并达成广泛共识。会后，张高丽与德沃尔科维奇签署了会议纪要。在出席第二届中俄中小企业实业论坛开幕式时，双方表示，要以欧亚经济联盟与丝绸之路经济带对接为契机，在能源、航天、通信、造船、高铁、运输、农业和毗邻地区合作等领域寻找新的增长点。为各国企业营造更加公平、透明、稳定、可预期的发展环境。张高丽还会见了俄罗斯天然气工业公司总裁米勒。

31日　中共中央对外联络部部长宋涛在北京同朝鲜劳动党中央政治局委员、中央副委员长、国际部部长李洙墉及其率领的朝鲜劳动党代表团举行会谈。朝方通报了朝鲜劳动党七大的情况。双方表示要珍视中朝传统友谊，加强两党之间的交流合作，为巩固和发展中朝关系、促进地区和平稳定做出努力。双方还就其他共同关心的问题交换了意见。

△韩国联合参谋本部消息，当天上午5时20分许，朝鲜在江原道元山地区试射一枚疑似“舞水端”中程弹道导弹，但发射以失败告终。韩国联合参谋本部方面表示，韩军正在对相关情况进行分析，密切关注相关动向，保持万无一失的戒备状态。

31日至6月6日　作为由中国国务院新闻办公室主办“外国人看中国”系列活动的一部分，蒙古国外交部新闻发言人J. 巴特赫西戈率领的蒙古国新闻社等主流媒体记者代表团一行47人，在华进行为期一周的参观采访。此次活动聚焦“十三五”规划五大发展理念的“绿色发展”这一主题，选择北京、天津和内蒙古三地的科研机构、产业示范区、生态园及环保企业等，重点介绍我国在环境保护、水土生态保护与修复、大气污染治理、清洁能源开发利用和绿色城市建设等方面的探索和实践。

6月

1日　中共中央总书记、国家主席习近平在北京会见朝鲜劳动党中央政治局委员、中央副委员长、国际部部长李洙墉率领的朝鲜劳动党代表团。习近平欢迎朝鲜劳动党派团来华通报七大情况。习近平说，这体现了中朝两党就重大问题进行战略沟通的传统，表明金正恩委员长、朝鲜劳动党中央对两党两国关系的重视。祝愿朝鲜人民在发展经济、改善民生、建设朝鲜社会主义事业中取得更大成就。李洙墉转达了金正恩委员长致习近平总书记的口信，并通报了朝鲜劳动党七大的情况。金正恩在口信中表示朝方希望与中方共同努力，加强和发展朝中传统友好关系，维护朝鲜半岛及东北亚地区和平稳定。习近平强调中方高度重视中朝友好合作关系，愿同朝方共同努力，维护好、巩固好、发展好中朝关系。习近平表示，中方在半岛问题上的立场是一贯的、明确的。希望有关各方保持冷静克制，加强沟通对话，维护地区和平稳定。

△中国驻日本使馆刘少宾公使应约会见日本大分县大分市长佐藤树一郎。何振良公参在座。刘公使首先就大分市在熊本地震中遭受人员伤亡和财产损失表示慰问，并听取了佐藤市长关于当地灾后重建情况的介绍。佐藤市长表示，大分市历来重视对华交往，早在1979年就与武汉市结为友城，近年来双方在经济、文化、科技等领域开展了一系列友好交流活动，极大增进了两国民众友好感情。大分市愿不断扩大同中国的交流与合作，为日中关系改善做出贡献。刘公使介绍了当前中日关系形势，强调中日加强开展地方和民间交流的重要意义，希望大分市进一步挖掘独特优势，为此发挥更加积极作用。

3日　二十国集团（G20）农业部长会议在陕西西安成功召开。农业部部长韩长赋转达了习近平主席对会议召开的祝贺，习近平主席欢迎各位代表来到中国西安，共商全球农业发展合作大计。二十国集团成员和嘉宾国的农业部长，联合国粮农组织、世界粮食计划署、国际农发基金等国际机构主要负责人出席会议。会议通过《G20农业部长会议公报》。中国代表团团长、农业部部长韩长赋主持会议并在开幕式上致辞。

3日　习近平《为建设世界科技强国而奋

斗——在中国科技创新大会、两院院士大会、中国科协第九次中国代表大会上的讲话》单行本，已由人民出版社出版，即日起在中国新华书店发行。

4日 中国驻俄罗斯大使李辉出席在莫斯科中央艺术家之家举办的“水墨聚焦”2016走进俄罗斯书画艺术展开幕式。俄罗斯美术家协会主席科瓦利丘克、诺瓦泰克公司主席米赫尔松、莫斯科苏里科夫艺术学院副院长拉古坚科娃、中国国际文化传播中心执行主席龙宇翔以及来自中国的数十位著名书画艺术家出席开幕式。李大使在致辞中表示，书画艺术是中国传统文化的瑰宝。本次“水墨聚焦”展览，汇集了中国当代20多位著名书画家的精品力作，通过书画艺术，生动反映中国的秀美山川、人文风情和社会风貌，充分展示了中华民族的悠久历史和灿烂文化，向俄罗斯民众展示中国传统文化的独特魅力，吸引了大批俄罗斯民众前来观赏。

5日 朝中社报道，美国财政部1日发表声明，宣布将朝鲜认定为“主要洗钱关注对象”，并采取措施进一步限制该国金融机构进入美国金融体系。朝鲜反洗钱、反资金支持恐怖主义国家协调委员会发言人强烈谴责美国将朝鲜列为“主要洗钱关注对象”，称这是侵犯朝鲜自主权和生存权的行为。发言人说，美国通过联合国安理会的制裁决议没有达到自己的目的，是违反联合国宪章和国际法实行单独制裁和追加制裁，企图实现对朝鲜的全面封锁。美国并不满足于给朝鲜贴上“核扩散国”“人权践踏国”的标签，这次又给朝鲜戴上“洗钱国”的帽子，这是美国惯用的伎俩，对此朝鲜并不感到惊讶。发言人还表示，反对洗钱和反对资金支持恐怖主义是朝鲜政府的一贯立场。朝鲜在反洗钱、反资金支恐领域同国际金融监管机构保持着良好的合作，并设立了金融监督局、金融信息局等国家体系，通过了《反洗钱、反资金支持恐怖主义法》，还加入了遏制对恐怖活动进行资金支持的国际协定，与相关机构保持着紧密合作关系。

6日 由中共中央文献研究室编辑的《习近平关于全面建成小康社会论述摘编》一书，由中央文献出版社出版，在中国发行。

△韩联社报道，据《华尔街日报》6日以经济学家为对象的调查显示，中国5月出口总额（以美元为基准）预计与2015年同期相比将减少4.6%，继4月减少1.8%之后态势进一步恶化。5月进口预计同比将减少6.6%，相比4月减少10.9%来说有所好转。5月贸易逆差总额预计将达到596.5亿美元，相比4月的455.6亿美元有所增加。

△日本外务省公布了2015年的签证统计情况。结果显示，2015年日本向外国人总共签发476.8286万份签证，是上一年的1.7倍，再次刷新历史纪录，其中将近80%发给了中国人。报道称，2015年日本在外公馆向中国人签发约378万份签证，其中83%的是旅游目的。而日本的驻上海总领事馆、驻华大使馆、驻广州总领事馆在所有在外公馆中，签发数量位居前三。在前10名签发数最多的公馆中，中国占了7个。日本政府观光局先前统计显示，2015年赴日外国游客数量为1973万人，为历年最高。其中499万是中国人，而在10年前的2005年，中国赴日游客数仅有约65万人。

7日 中国人民银行发布的数据显示，5月份，外汇储备余额3.19万亿美元，较上月下降279亿美元，结束此前两个月增长趋势。在未考虑汇率折算因素的情况下，余额创2012年以来的新低。

△俄罗斯托木斯克州专场推介会在中国驻俄使馆隆重举行。驻俄罗斯大使李辉、托木斯克州州长日瓦奇金出席并致辞，俄外交部代表、托木斯克州主要部门负责人，以及中俄企业家、媒体、使馆外交官100余人出席。李大使在致辞中表示，托木斯克州是俄重要联邦主体，有着自己独特优势。与中国辽宁省、江苏省、山东省、新疆维吾尔自治区等省区有广泛合作。中俄全面战略协作伙伴关系进入发展新阶段。

普京总统即将访华，相信此访一定会为中俄全面战略协作伙伴关系深入发展注入新的强大动力。希望通过今天的推介会，能让中国企业更深入了解托木斯克州的投资环境和发展潜力，能推动更多中国企业前往该州寻找商机，投资兴业，共同致富。衷心希望中国地方与该州的互利合作能不断走深、走实。中国大使馆愿一如既往地为此提供一切必要支持和协助。日瓦奇金州长详细介绍了该州在矿产开发、木材加工、制造业、农业等领域的投资和发展潜力。托木斯克州副州长科诺尔、中航林业驻俄代表彭国庆分别介绍了该州投资环境及中俄在该州林业合作开发进展情况。

△为庆祝《中俄睦邻友好合作条约》签署15周年，以“中俄战略协作与国际秩序构建”为主题的学术研讨会在中国北京举行。

△“合作创新·推进绿色发展”国际研讨会暨中日友好环境保护中心成立20年主题活动在北京举行。中国环境保护部部长陈吉宁、日本环境大臣丸川珠代出席研讨会开幕式并致辞。

△中方决定将原定于6月起实施的修订版《能源效率标识管理办法》推迟至10月实施，由此韩企有充分的时间为适应中方新版法规做好准备工作。中方通过修订版法案，更改原有的能源效率标识图案，并将二维信息码等引入能效标识。新版管理办法还明确将网络商品交易市场作为新主体，要求销售商在产品信息展示主页面的醒目位置展示相应的能效标识。修订版所涉及的家电产品达35种，韩国相关产品2015年对华出口额为25亿美元。出口企业只需根据新版法案更改标识图案，而未粘贴新图案的产品可能将无法通关，因此韩企需提前做好准备工作。国家技术标准院方面表示，5月31日通过韩国驻华大使馆同中国质检总局进行了商讨和咨询，中方表示将推迟修订法案的实施日期，若韩方出口企业在通关时出现难题，中方将积极予以协助。

△世界银行发布最新一期《全球经济展望》报告，将2016年全球经济增长预期从2016年1月预测的2.9%下调至2.4%。

7～10日 中国驻蒙古国扎门乌德总领事柴文睿赴领区东部考察，分别会见了东方省省长巴达木苏伦和苏赫巴托省省长顾问苏赫巴特尔，了解两省情况，就蒙古国东部省份与中国相邻地区在“一带一路”和中蒙俄三国合作框架下进一步加强合作等问题交换意见。柴文睿还分别会见了两省警察和移民部门负责人，了解中国企业和公民情况，希望有关部门保护中国企业和公民的合法权益。柴文睿分别看望了在上述两省的中国最大投资企业——大庆塔木察格石油公司和中国有色蒙古鑫都锌矿公司，了解生产经营情况，并就企业应急处突、安全风险防范和领事保护等问题进行交流和指导。

8日 上海合作组织成员国第13次国防部长会议在哈萨克斯坦阿斯塔纳举行，中国国务委员兼国防部长常万全率团出席会议并讲话。上合组织成员国哈萨克斯坦、俄罗斯、塔吉克斯坦国防部部长吉尔吉斯斯坦国防事务委员会主席、乌兹别克斯坦军队总长，上合组织秘书处、地区反恐机构领导参加会议。会议由哈国防部长塔斯马加姆别托夫主持。

10日 第12届亚欧财政部长会议在蒙古国首都乌兰巴托举行，会议就亚欧宏观经济发展与前景、全球与区域金融稳定以及亚欧互联互通等议题进行了交流和讨论。本次会议主题为“构建促进亚欧互联互通繁荣发展的伙伴关系”。来自亚欧43个成员国的财长或代表，东盟秘书处与欧盟委员会代表，以及国际货币基金组织（IMF）、世界银行、亚洲开发银行、经济合作与发展组织、欧洲中央银行、亚洲基础设施投资银行、东盟与中日韩宏观经济研究办公室等机构代表出席会议。中国财政部部长助理许宏才率中方代表团出席会议。会议认为，全球经济复苏缓慢且不均衡。在必要情况下，亚欧各国应单独或集体采取货币、财政和结构改革政策措施，增强市场信心，促进经济增长。与会代表强调，将继续推动结构改革，扩大投资特别是高质量的基础设施投资，以提高潜在增长率。会议肯定清迈倡议多边化与欧洲稳定机制等区域金融安排在维护区域金融稳定方面的重要性，强调区域金融安排之间开展对话的必要性，支持区域金融安排与 IMF 进一步加强合作。与会代表一致认为，亚欧互联互通是推动全球和区域经济增长的重要引擎，要发挥亚欧区域现有机制和倡议的作用，支持政府和社会资本合作（PPP）创新融资模式，强化亚欧投资与贸易关系，促进亚欧区域基础设施发展，加强区域互联互通。会议决定，第 13 届亚欧财长会议将于 2018 年在保加利亚举行。

10～11 日　全俄中国留学生代表大会在莫斯科伊兹麦伊洛沃伽马酒店举行。李辉大使出席开幕式并发表讲话。俄罗斯学生联合会主席阿尔乔姆·赫罗莫夫、俄罗斯外国留学生联合会主席阿杜·尼凯斯，来自全俄 91 所大学 200 名中国留俄学生代表，以及驻俄罗斯使馆、驻圣彼得堡总领馆、驻叶卡捷琳堡总领馆、驻伊尔库茨克总领馆、驻哈巴罗夫斯克总领馆、驻符拉迪沃斯托克（海参崴）总领馆负责教育的全体外交官出席了本次会议。开幕式上来自圣彼得堡建筑工程大学的徐伟和徐云两位同学获得了 2015 年度国家优秀自费留学生奖学金。大会还提交了《致中国在俄留学生的倡议书（草案）》《致戈洛杰茨副总理的公开信（草案）》《中国留俄学生突发情况应急预案》等三份文件在大会上讨论，会后这三份文件将按照代表们的讨论意见修改完善，作为本次大会的重要成果。本次全俄中国留学生代表大会旨在分析和总结当前中国在俄留学生群体的现状，为中国学生在俄更好地学习、生活和今后的发展提出建设性的指导意见，促进留俄学生的健康成长和留俄事业的长足发展，为到 2020 年中俄互换留学生规模达到 10 万人的目标努力。此次全俄中国留学生代表大会是在李辉大使的倡议下召开的，体现了国家和政府对留俄学生的关心和支持。

11 日　中国驻日本使馆郭燕公使出席东京都日中友好协会第二次通常总会祝贺会。东京都日中友好协会会长宇都宫德一郎、日中友好协会中国总部理事长冈崎温、众议院议员长岛昭久、日本科技振兴机构（JST）副主任广濑健吉以及东京都日中友协会员等 80 余人出席。郭公使致辞表示，当前两国关系虽步入改善轨道，但势头依然脆弱，仍存在复杂敏感因素。双方应珍惜和维护两国关系改善局面，继续本着中日四个政治文件和四点原则共识的精神，妥善处理矛盾、管控分歧，推动两国关系持续稳定改善。宇都宫会长表示，东京都日中友协将站在两国友好交流前列，为推动两国关系持续改善与发展发挥积极作用。长岛表示，双方应本着“以史为鉴、面向未来”的精神推动两国关系不断改善与发展。广濑副主任表示，今后 JST 将继续为推动两国青少年交流发挥积极作用。冈崎理事长表示，2017 年是日中邦交正常化 45 周年，日中友协中国总部将组织各地日中友协，开展更加广泛的友好交流活动，推动日中友好事业不断取得新的发展。

12 日　中央宣传部、中央网信办、中央文明办、教育部、全国总工会、共青团中央，中国妇联联合印发《通知》，强调要以纪念中国共产党成立 95 周年为契机，以社会主义核心价值观建设为根本，以理想信念教育为核心，以爱党爱国爱社会主义为主题，广泛组织开展群众性主题教育运动，在全社会唱响共产党好、社会主义好，改革开放好、伟大祖国好的时代主旋律。

12 日　朝鲜最高领导人金正恩向俄罗斯总统普京发去贺电，祝贺俄罗斯迎来国庆日。金正恩在贺电中表示：“在俄罗斯联邦国庆节到来之际，我向您和贵国人民表示热情的问候。朝鲜和俄罗斯有着悠久的友好合作关系，我坚信双方会通过秉持首脑间达成的共同文件精神和两国人民的利益，持续推进两国关系向前发展。”“希望在您的领导下，俄罗斯的利益得到维护，实现国家稳定发展和贵国人民的繁荣富强。”当天，俄罗斯驻朝鲜大使亚历山大·马采戈拉与俄罗斯使馆的相关人员来到位于平壤的解放塔和苏联军人烈士墓地进行拜谒。

15 日 商务部消息，1～5 月中国境内投资者共对全球 151 个国家和地区的 4136 家境外企业进行了非金融类直接投资，累计实现投资 4792.6 亿元人民币（折合 735.2 亿美元），同比增长 61.9%；对外承包工程业务新签合同额 4921 亿元人民币（折合 754.9 亿美元）同比增长 11.7%；截至 5 月末，中国在外各类劳务人员共计 98.7 万人。

△中国在酒泉卫星发射中心用长征二号丁运载火箭将遥感卫星 30 号发射升空。遥感卫星 30 号将主要用于科学试验、国土资源普查、农作物估产及防灾减灾等领域。这次发射的卫星和运载火箭，分别由东方红卫星有限公司和上海航天技术研究院负责研制。这是长征系列运载火箭的第 227 次飞行。

△网易考拉海购与日本最大的电子商务集团乐天株式会社签署战略合作协议，日本乐天市场官方旗舰店在网易考拉海购平台正式上线。此次双方合作引入的首批商品包括美食、保健、美妆、护肤、家电等多个品类，涉及 100 个单品。虽然商品数量不多，但乐天方面表示，这些商品在考拉所售价格将与日本乐天同步，且未来将不断扩展商品种类。

16 日 中国人民银行 16 日发布数据显示，5 月末，人民币贷款余额 100.10 万亿元，同比增长 14.4%，增速与上月末持平，比 2015 年同期高 0.4 个百分点。当月人民币贷款增加 9855 亿元，同比多增 847 亿元。

△日本央行在结束两天的货币政策会议后宣布，继续维持目前的货币宽松规模不变，并维持本国经济“持续温和复苏”的基本评估。

△据日本媒体报道，为纪念引进腾讯“微信支付”（WeChat Payment）的日本商家店铺突破 500 家，微信支付的在日代理商 NETSTARS 公司（总部位于东京都中央区）将从 6 月 16 日至 9 月 16 日推出购物拆红包活动。活动期间，使用“微信支付”最低消费 60 元（约 1000 日元）的用户，均可“购物红包”，红包额最高可达 1000 元（约 16000 日元）。活动期间每个微信号限领红包两次。腾讯拟在 2016 年内将日本国内支持微信支付的店铺增加至 1 万家，以提高访日中国游客的便利性。

16～17 日 中共中央政治局常委、国务院副总理张高丽在辽宁调研东北地区等老工业基地振兴情况。张高丽到沈阳市和平区政务审批服务局办事大厅，察看国地税窗口、证照发放窗口，调研辽宁加快转变政府职能、全面推开营改增实施情况；到沈阳机床公司察看智能机床和智能制造示范基地，调研推进国有企业改革、促进装备制造等优势产业提质增效等工作；到沈阳新松机器人自动化公司察看工业机器人数字化生产车间，调研推进结构调整、培育新产业新业态工作；到沈阳国际软件园，调研支持民营经济发展、鼓励创业创新工作情况。17 日，张高丽在沈阳主持召开辽宁、吉林、黑龙江、内蒙古四省区负责同志参加的全面振兴东北地区等老工业基地座谈会。张高丽表示，东北地区在国家发展全局中具有举足轻重的地位。张高丽强调，东北地区要大力实施创新驱动发展战略，着力调整经济结构，加快构建现代产业发展新格局。张高丽要求，东北地区和有关部门要认真开展“两学一做”学习教育，按照“三严三实”要求，把老工业基地振兴工作抓实抓好抓出成效。要加强领导班子建设，解放思想、振奋精神，勇于担当、苦干实干，团结带领广大干部群众，坚决打赢全面振兴这场硬仗。

16～18 日 中国外交部长助理孔铉佑访问蒙古国。孔铉佑部长助理分别会见了蒙古国总理赛汗比列格、外交部长普日布苏伦，同蒙古国外交部国务秘书冈呼雅格举行中蒙两国外交部门第二次战略对话，双方就双边关系及共同关心的国际地区问题等广泛深入交换了意见。驻蒙古国大使邢海明、驻扎门乌德总领事柴文睿等参加上述活动。蒙方表示，愿同中方保持两国高层交往势头，加强双边务实合作和人文交流，推动两国关系不断向前发展。孔铉佑表示，中方高度重视中蒙关系，愿同蒙方落实好两国领导人达成的重要共识，加强发展战略对接，进一步规划和推进各领域交流合作，充实中蒙全面战略伙伴关系内涵。孔铉佑还为驻蒙古国使馆全体馆员做了关于中国周边外交形势的报告。

17日 据《华尔街日报》引述知情人士称，软银集团正在考虑出售旗下芬兰移动游戏开发商Supercell股份，与中国网络巨头腾讯的谈判进入最终阶段。

17～21日 中共中央政治局委员、中央政法委书记孟建柱在内蒙古调研时强调，要深入学习贯彻习近平总书记系列重要讲话精神，紧紧依靠各族人民，坚持从实际出发，把中央精神与内蒙古实际结合起来，深化改革，大胆创新，不断提高执法司法水平，为祖国北疆经济发展社会和谐稳定做出新贡献。

20日 中国自主研制的第一台全部采用国产处理器构建的“神威·太湖之光”夺得世界超算冠军，成为全球运行速度最快的超级计算机。

△韩国农村经济研究院发布报告显示，2015年韩国农民人均收入达3721万韩元，同比增长6.5%，其收入由农业收入、农业外收入和农业补助三部分组成，其中农业补助金规模同比增长15.9%，成为拉动农民收入增长的重要因素。农村经济研究院表示，在韩农村地区高龄化不断发展的情况下，应继续发挥各类优惠政策的实施，同时创造更多就业岗位，扩大农村地区人口的劳动性收入。

△由中国日本商会举办的《中国经济与日本企业2016年白皮书》新闻发布会在北京长富宫饭店举行，中国日本商会会长古场文博、日本贸易振兴机构北京代表处所长兼白皮书调查委员会委员长田端祥久出席发布会并讲话。据古场文博介绍，2016年版白皮书是第7版。该白皮书针对中国日本商会及中国各地商工会的法人会员共8894家日资企业面临的问题进行了分析，并对旨在解决这些问题而提出的建议进行归纳整理。白皮书显示，2015年日本对华投资额为32亿美元，同比减少25.9%，连续三年呈下降趋势。

21日 韩关税厅发布数据显示，截至6月20日韩当月出口总额256.59亿美元，同比减少12.8%，韩出口额连续17个月出现下滑。分析认为，受全球经济增长乏力和低油价的共同影响，加之近来中国产集成电路大规模出口抢占韩出口市场导致韩出口减少。另，韩关税厅数据显示，2016年5月韩出口额为398亿美元，同比减少6%。

△韩投行业界人士称，韩国大型购物网站11Street的母公司SK Planet正与中国民生投资有限公司进行协商，有望吸引民生投资1.3万亿韩元（约合73亿美元）投资。业界认为，SK Planet此举意在通过吸引中国投资提高竞争力，以应对Coupang等韩国内大型网购网站竞争。

22日 TCL、海信、创维等中国电视企业依靠平民路线在短短五六年攻占韩国市场，成为韩国和日本企业强劲的竞争对手，中国电视在韩国人气日盛。分析认为，近些年中国彩电业发展迅速，各大品牌不断加强技术研究与开发，通过一系列的新品为中国彩电行业的异军突起做出了积极贡献。尤其进入2016年以来，中国彩电品牌更是集中发力，凭借较高的性价比获得越来越多韩消费者的认可。

△日本防卫相中谷元在防卫省向媒体透露，朝鲜当天发射的两枚疑似新型中程弹道导弹“舞水端”（射程为2500～4000公里）中，第二枚高度达到了大气层1000公里以外。中谷称这显示了作为中程弹道导弹的一定功能。他指出充分存在抵达日本的可能性，“是影响中国安全的严重忧虑问题”。这很有可能是朝鲜“舞水端”发射试验首次在一定程度上取得了成功。

22日至8月12日 我国“探索一号”科考船在马里亚纳海域开展首次综合性万米深渊科考活动。其中，“海斗号”无人潜水器最大潜深达10767米，我国成为第三个研制出万米级无人潜水器的国家。

23 日 中国国家主席习近平在塔什干同俄罗斯总统普京、蒙古国总统额勒贝格道尔吉举行中俄蒙元首第三次会晤。习近平主持会晤。习近平肯定了三方合作的成果，指出中方对三方合作势头感到满意。希望积极推进三方全面合作。习近平强调，三方要落实好《建设中蒙俄经济走廊规划纲要》，推进交通基础设施互联互通、口岸建设、产能、投资、经贸、人文、生态环保等领域合作，协力实施重点项目，推动中蒙俄经济走廊建设尽快取得阶段性成果。三国元首均表示要积极探讨开展三国跨境经济合作区建设，加强产业对接；要扩大在上海合作组织框架内合作，共同落实《上海合作组织至 2025 年发展战略》关于“开放和伙伴关系政策”等合作事项，深化过境运输、粮食安全、防灾减灾、能源等重点领域合作。会晤后，三国元首见证了《建设中蒙俄经济走廊规划纲要》和《中华人民共和国海关总署、蒙古国海关与税务总局和俄罗斯联邦海关署关于特定商品海关监管结果互认的协定》等合作文件的签署。王沪宁、栗战书、杨洁篪等参加会晤。

△核供应国集团年会在韩国首尔召开。韩国外交部副部长崔钟文在接受采访时，积极评价中方为年会顺利召开发挥的建设性作用，并高度评价《不扩散核武器条约》对于核供应国集团防扩机制的重要作用。

24 日 上海合作组织成员国元首理事会第十六次会议在乌兹别克斯坦塔什干举行。中国国家主席习近平同俄罗斯总统普京等出席会议。习近平在会上发表重要讲话，强调要坚定遵循上海合作组织根本宗旨和原则，牢牢把握发展大方向，动态调整各领域合作方略，确保本组织生机活力。

△中国国务院副总理、中俄投资合作委员会中方主席张高丽在北京与俄罗斯第一副总理、俄方主席舒瓦洛夫举行中俄投资合作委员会第三次会议。会议主要任务是为中俄元首即将会晤进行投资合作方面的重要准备。双方全面总结了中俄投资合作委员会第二次会议以来各领域投资合作取得的成果；确定了新一批重大投资合作项目；商定加快推进“一带一路”建设和欧亚经济联盟建设对接，发挥双方在资源、市场、技术、资金、人才等方面的互补优势，坚持更加开放的理念，营造更加规范便利的环境，共同开辟第三方市场，实现两国投资合作不断向纵深推进。

△中共中央政治局常委、国务院副总理张高丽在北京会见俄罗斯天然气工业公司总裁米勒。张高丽说，包括天然气在内的能源合作是中俄务实合作中成果最突出的领域之一，对充实中俄关系内涵发挥了关键作用。双方要继续将能源合作作为两国务实合作的优先方向，坚持稳中求进，在确保东线天然气、亚马尔液化气等能源领域重大合作项目顺利实施的同时，积极推进西线天然气项目合作，拓展能源技术装备、可再生能源合作，确保两国能源合作不断迈向更高水平。米勒表示，俄方高度重视对华能源合作，将深化天然气合作视为优先方向。俄天然气工业公司将按照两国领导人达成的共识，继续与中方对口公司认真落实好达成的项目，积极探讨新的合作。

△中共中央政治局常委、国务院副总理张高丽在北京会见出席金砖国家最高审计机关领导人第一次会议的俄罗斯联邦审计院审计委员玛努洛娃等代表。张高丽表示，金砖国家是新兴市场国家和发展中国家合作的重要平台。中方期待与各方一道，继续秉承“开放、包容、合作、共赢”的金砖国家精神，共同建设更紧密伙伴关系，深化各领域务实合作，推进有利于新兴市场国家和发展中国家的国际经济治理改革，推动金砖国家合作不断取得新成果。中国政府支持审计署与金砖各国最高审计机关一道携手并肩，开展政府审计领域的合作交流，为有关机制注入新的内涵和活力。

25 日 应中国国家主席习近平邀请，俄罗斯联邦总统普京对中国进行国事访问。两国元首在北京人民大会堂举行会谈。就共同关心的国际和地区热点问题深入交换了意见。一致同意，坚持战略协作精神和世代友好理念，加大相互支持，增进政治和战略互信，坚定不移致力于深化中俄全面战略协作伙伴关系，要加强在重大国际和地区热点问题上的协调和配合。两国元首会谈后，中俄双方签署了30多项合作文件，涉及经贸、基础设施、技术创新、农业、金融、能源、媒体、网络、体育等多个领域。中共中央政治局常委、国务院副总理张高丽出席。

△中国国务院总理李克强在中国北京人民大会堂会见来华进行国事访问的俄罗斯总统普京。双方表示愿本着互惠互利原则，积极推进产能合作，深化油气、核能、煤炭、电力、航天、航空、交通基础设施等领域合作，开展第三方市场合作，支持两国地方间扩大经贸合作，共同推动俄中经贸合作质与量的双提升。国务院副总理张高丽、国务院副总理刘延东、国务院副总理汪洋参加会见。

△全国人大常委会委员长张德江在人民大会堂会见了俄罗斯总统普京。张德江表示，要按照两国元首的战略引领，落实好双边各项合作，传承世代友好和平理念，推动中俄全面战略协作伙伴关系不断向前发展。中俄立法机关交流合作富有成果，双方相互学习借鉴立法经验，积极推动经贸、地方合作，在多边议会组织中保持协调配合。两国立法机关应继续保持良好沟通，为双方各领域合作提供法律保障。普京表示，俄方高度重视发展同中国的关系。议会间交往是俄中全面战略协作伙伴关系的重要组成部分，希望双方立法机关继续加强交流合作。王晨参加会见。

△中国国家主席习近平在人民大会堂同俄罗斯总统普京共同出席《中俄睦邻友好合作条约》签署15周年纪念大会并发表题为《共创中俄关系更加美好的明天》的重要讲话，强调中俄要继续携手并肩，坚定沿着条约确定的方向，积极进取，开拓创新，共创中俄关系更加美好的明天。让我们的子孙后代永远生活在和平、友谊、阳光之中。普京在致辞中表示，15年前《俄中睦邻友好合作条约》的签署，是两国关系中一件大事。俄中友谊源远流长，俄中全面战略协作伙伴关系建立在友好、相互尊重和充分照顾彼此利益和关切基础之上。这一关系不仅符合两国人民利益、契合两国各自长期发展目标，也有利于全球及地区稳定与安全。俄方愿继续加强同中方在政府、议会、地方、民间各层级交流，密切在外交、经济、安全、人文等领域合作。刘延东、汪洋、栗战书、杨洁篪、陈元等出席。中俄各界友好人士约400人参加。纪念大会开始前，习近平同普京还共同出席了2016年中俄主流媒体联合采访活动启动仪式。

△中国载人航天工程为发射货运飞船而全新研制的长征七号运载火箭在海南文昌航天发射场点火升空约603秒后，载荷组合体与火箭成功分离，进入近地点200公里、远地点394公里的椭圆轨道，长征七号运载火箭首次发射圆满成功。

26日 经中共中央批准，中央党史研究室编写的《中国共产党的九十年》出版发行。

△由中国长征七号运载火箭搭载升空的多用途飞船缩比返回舱，中国在东风着陆场西南戈壁区安全着陆。

26～29日 中国科学技术部副部长阴和俊率领代表团访问俄罗斯，在莫斯科分别拜会了俄罗斯经济发展部和教育科学部。在与俄经济发展部国务秘书、副部长福米乔夫会谈中，双方同意建立中俄创新合作对话机制，共同组织中俄创新合作论坛、中俄青年创新创业大赛，加强中俄科技产业园区间合作，促进双方创新政策交流以及创新企业合作。会后，双方签署了《中华人民共和国科学技术部与俄罗斯联邦经济发展部关于在创新领域开展合作的谅解备忘录》。在与俄教育科学部副部长奥戈罗多娃会谈中，双方就中俄科技分委会第20次例会的会议议题、准备情况和年度合作重点等深入交换了意见，双方同意进一步加强双边科技合作的统筹，将部门间科技领域合作纳入科技合作分委会机制，并在中俄科技合作大项目遴选、共同举行科技学术会议等方面加强合作。阴副部长还赴俄罗斯国家科学中心“库尔恰托夫研究院”，参观该院建设的托克马克 T－10、同步加速辐射光源等大科学装置，并与科瓦利丘克院长进行了座谈，就加强中俄大科学工程合作进行了深入交流。驻俄罗斯使馆科技处米桂雄一秘、赵围二秘及李哲二秘陪同参加了上述活动。

27 日 中国国务院总理李克强在天津梅江会展中心出席 2016 年夏季达沃斯论坛开幕式并发表特别致辞。李克强指出，中国经济正处于新旧动能转换和转型升级的关键时期。我们将坚持发展第一要务，落实创新、协调、绿色、开放、共享发展理念，在适度扩大总需求的同时，坚定不移推进结构性改革尤其是供给侧结构性改革，抓好去产能、去库存、去杠杆、降成本、补短板，使发展从过度依赖自然资源转向更多依靠人力人才资源，保持经济中高速增长、迈向中高端水平。李克强强调，我们愿同各国紧紧抓住世界新一轮科技革命和产业变革的机遇，推动世界经济在转型升级中实现稳定复苏，创造更加美好的明天。世界经济论坛主席施瓦布、吉尔吉斯斯坦总理热恩别科夫、韩国国务总理黄教安、土耳其副总理西姆谢克及 90 多个国家和地区的各界代表 2000 余人与会。

△中日韩自贸区第十轮谈判首席谈判代表会议在韩国首尔举行。中国商务部副部长王受文与日本外务省外务审议官片上庆一、韩国产业通商资源部部长助理金学道分别率代表团出席。在为期一天半的谈判中，三方就货物贸易、服务贸易、投资协定领域范围等议题深入交换意见。

△韩元对人民币直接交易市场在上海中国外汇交易中心正式启动。14 家做市商开展韩元和人民币直接交易，这是韩元首次在海外实现与外币的直接交易。这次开设韩元人民币直接交易市场后，韩元可在中国广泛用于资本交易结算。开市后，人民币对韩元汇率中间价报 176.31。

27 日至 7 月 1 日 中国国家外国专家局党组成员、副局长尹成基率团访问了俄罗斯。在俄期间，代表团一行先后访问了莫斯科鲍曼国立技术大学、俄联邦总统国民经济和公务员学院、俄罗斯高校联合会、圣彼得堡理工大学和俄科院圣彼得堡科学中心，就进一步深化中俄高层次人才交流及选派中国技术人员赴俄培训进行了务实会谈，并达成了具体合作意向。尹成基副局长还代表国家外专局与圣彼得堡理工大学签署了关于加强“一带一路”科技人才合作的备忘录。

28 日 中国国务院总理李克强同来华访问并出席 2016 年夏季达沃斯坛的韩国国务总理黄教安举行会谈。双方商定，为应对“英国脱欧”密切合作，下月在二十国集团财长会议上讨论具体应对方案。为落实韩国的“亚欧构想”和中国的“一带一路”、韩国“创造经济”和中国双创、韩国“制造业革新 3.0”和“中国制造 2025”，开拓第三国市场而紧密合作。两国总理就两国经济合作、朝核问题等深入交换意见。

△李克强在天津梅江会展中心同出席 2016 年夏季达沃斯论坛的 300 多名各国企业家代表举行对话会。

△十二届全国人大常委会第二十一次全会议对《中华人民共和国民法总则（草案）》进行了分组讨论，肯定了制定民法总则的意义，并对相关问题展开深入讨论。

29 日 蒙古国举行第七次国家大呼拉尔（议会）和地方议会选举。根据选举总委员会公布的大选结果，人民党以压倒性优势获得议会多数席位，国家大呼拉尔 76 个席位中人民党获得 65 席，民主党 9 席，人民革命党 1 席，独立参选人 1 席。共有 12 个政党、3 个联盟、69 名独立候选人共 498 人参加竞选。

29 日 2016 年二十国集团能源部部长会议在北京开幕。中共中央政治局常委、国务院副总理张高丽出席开幕式并致辞。

△韩国亚洲经济消息，位于韩国江原道东海市的韩中大学已与中国广信科教集团有限公司下属的武昌理工学院签署认购意向书，并向韩国教育部申报，这或将成为韩国首个向中国企业出售大学经营权的案例。

30日 中华人民共和国国家外国专家局代表团与中国驻俄罗斯圣彼得堡总领馆联合举办仪式，向诺奖获得者、北京邮电大学名誉教授阿尔费罗夫院士补授2015年中国政府友谊奖，塔斯社等俄罗斯知名媒体机构派人全程参与活动并进行了报道。访俄期间，代表团还拜访了中国驻俄罗斯使馆和驻圣彼得堡总领馆，与苏方遒公使、张树友副总领事就中央关于引才引智的新精神、新举措，以及对俄引智新形势等深入交换了意见，并听取了科技处关于引智工作的汇报。使馆科技处阳显仁一秘和张田三秘全程陪同并出席了上述活动

7月

1日 庆祝中国共产党成立95周年大会在北京举行。习近平回顾中国共产党95年来团结带领全国各族人民不懈奋斗走过的光辉历程和做出的伟大历史贡献，阐明近代以来中国社会发展的规律性认识，阐明中国共产党的执政理念、执政方略和对重大国内外问题的原则立场，强调面向未来，面对挑战，全党同志一定要不忘初心、继续前进，并提出8个方面的要求。李克强、张德江、俞正声、刘云山、王岐山、张高丽出席大会。李克强主持大会。刘云山宣读《中共中央关于表彰全国优秀共产党员、优秀党务工作者和先进基层党组织的决定》。习近平、李克强、张德江、俞正声、刘云山、王岐山、张高丽等为全国优秀共产党员、优秀党务工作者和先进基层党组织代表颁奖。

△韩国统计厅发布的统计数据显示，韩国6月CPI同比上涨0.8%，涨幅连续2个月低于1%。统计厅分析，石油类产品等下滑拉低物价总水平，具体来看：石油类产品价格同比下滑9.6%，服务价格上涨2.2%，扣除农产品和石油类产品价格的核心消费者价格指数同比上涨1.7%，扣除食品和能源价格的核心消费者价格指数同比上涨2.0%。生活价格指数上涨0.1%。

2日 十二届全国人大常委会第二十一次会议通过《中华人民共和国资产评估法》和修订后的《中华人民共和国野生动物保护法》。

3日 中俄人文合作委员会卫生分委会第16次会议在俄罗斯莫斯科国立第一医科大学召开。中国国家卫生与计划生育委员会副主任崔丽率中方代表团出席，俄方代表团团长由俄联邦卫生部第一副部长卡格拉曼扬担任。双方回顾了一年来中俄卫生领域开展双、多边合作的成果和进展，并就传染病联防联控、灾害医学领域合作、中俄医科大学联盟建设、传统医学领域合作、医药卫生产品监管和医疗机构间合作等议题展开讨论并达成共识。双方商定，分委会第十七次会议将于2017年在中国举行。4日，在刘延东副总理和俄罗斯副总理戈洛杰茨的见证下，崔丽副主任与卡格拉曼扬副部长签署了卫生分委会第十六次会议纪要。来自中国卫生计生委、中国中医药管理局、哈尔滨医科大学和俄联邦卫生部、消费者权益保护监督局、莫斯科国立第一医科大学等代表参加了本次分委会。驻俄使馆科技处赵围二秘作为中方正式代表参加了本次会议。

4日 中国共产党第六次全国代表大会会址常设展览馆建成仪式在俄罗斯莫斯科举行。中共中央总书记、国家主席、中央军委主席习近平和俄罗斯总统普京分别就中共六大会址常设展览馆建成致贺词，中共中央政治局委员、国务院副总理刘延东和俄罗斯副总理戈洛杰茨分别宣读贺词并共同为展览馆揭幕。习近平在贺词中指出，这是中共历史上唯一在境外召开的全国代表大会，对中国革命发展具有特殊的历史意义。中国共产党、中国政府、中国人民十分珍视中共六大这个历史事件，也十分珍惜中俄两国人民相互支持的宝贵历史。修复中共

六大会址，建成中共六大会址常设展览馆，就是要铭记历史，传承发扬中俄传统友谊，坚持两国人民世代友好。2016 年是《中俄睦邻友好合作条约》签署 15 周年，也是中俄两国建立战略协作伙伴关系 20 周年。中共六大会址常设展览馆的建成和开放，为中俄两国人民架起了一座增进理解、深化友谊的新桥梁。既是中俄全面战略协作伙伴关系发展的又一重要成果，也是中俄友好合作深化的又一个象征。普京在贺词中表示，中共六大会址常设展览馆是为了纪念俄中共同历史中的重要事件。这是俄中专家历时数年共同努力完成的结果。保护历史遗产对巩固俄中两国人民传统友谊、相互尊重与合作具有重要意义，也必将进一步推动包括人文合作在内的俄中全面战略协作伙伴关系蓬勃发展。

△俄罗斯总理梅德韦杰夫在莫斯科会见中国国务院副总理刘延东。刘延东表示，此次来俄举行中俄人文合作委员会第十七次会议，既是为落实两国元首北京会晤达成的人文领域合作共识，也是为两国总理下半年举行第 21 次定期会晤做准备。刘延东感谢俄方领导人对中共六大会址常设展览馆项目的高度关注和亲自推动，并表示，中方愿同俄方继续努力，以《中俄睦邻友好合作条约》签署 15 周年和中俄战略协作伙伴关系建立 20 周年为契机，推动两国人文合作不断深入发展，促进两国民心相通，为中俄世代友好奠定坚实的社会和民意基础。梅德韦杰夫表示，近年来，两国人文合作内容丰富，取得很多成果，体现了两国关系的高水平。中共六大会址常设展览馆建成，相当于在俄首都建立了一个“中国文化岛”，是两国人民尊重历史、真诚友好的又一见证。双方应保持高层互访势头，加强在贸易、投资、创新等领域务实合作，持续深化人文交流与合作。

△中国国务院副总理刘延东在俄罗斯莫斯科与俄罗斯副总理戈洛杰茨共同主持中俄人文合作委员会第十七次会议。会议听取了中俄人文合作各领域代表汇报工作。刘延东表示，中俄人文合作委员会建立 16 年来，双方在教育、文化、卫生、体育、旅游、媒体、电影、档案、青年等九个领域开展务实合作，内容丰富，亮点纷呈。双方应以庆祝《中俄睦邻友好合作条约》签署 15 周年和中俄战略协作伙伴关系建立 20 周年为契机，服务两国发展战略对接，拓展合作新空间；办好媒体交流年，唱响中俄友好主旋律；扎实落实推进各领域交流，促进人文合作继续向广度和深度发展，为中俄关系持续高水平发展做出新贡献。戈洛杰茨高度评价双方合作，并表示俄中在各层级、各领域合作机制完善，基础牢固，规模空前。双方应进一步密切和深化在俄中人文合作委员会框架下的各领域交流合作，把俄中关系提升到新的更高水平。刘延东和戈洛杰茨共同见证签署两国教育、文化、卫生、体育、媒体、青年等领域合作文件，并共同会见记者。

△《日本经济新闻》发布的最新调查结果显示，2015 年国际市场新增风力发电机的一半需求来自中国，中国金风科技股份有限公司的市场占有率增加了 3.8 个百分点，达 12.8%，一举夺得首位。海尔集团夺得冰箱和洗衣机的国际市场占有率双料冠军，联想集团个人电脑的市场占有率世界第一，海康威视的监控摄像头、天合光能有限公司的光伏电池、格力电器的家用空调等国际市场占有率也居榜首。按国别来看，中国的全球市场份额领先企业与韩国并列第三，都为 8 家，仅次于美国的 18 家和日本的 11 家。各项产品市场占有率进入前三位的中国企业达 20 家，也与韩国齐平，排在前两位的分别是美国和日本，企业数量分别为 58 家和 34 家。新进入市场占有率榜单排名第四和第五的中国企业数量也在增加，特别是在韩国企业传统强势领域，中国企业正不断刷新存在感。比如，中国京东方科技集团的大型和中小型液晶面板的占有率都排在第五位，海信和创维的平板电视占有率增长明显，联想和华为的智能手机和平板电脑占有率也不断提高。

△据日本媒体报道，中国华为技术的日本

公司将于15日起在日本国内发售可用作平板设备的二合一笔记本“HUAWEI MateBook”，预计售价为75384日元起。MateBook的基本操作系统为微软的“Windows10”，搭载12英寸屏幕，机身厚度为6.9厘米，长度和宽度约为27.8厘米和19.4厘米，金属机身重量约为640克，卖点是轻和薄。

5日 中国国务院副总理刘延东在俄罗斯副总理戈洛杰茨陪同下，出席在俄罗斯莫斯科国立大学举行的中俄大学校长峰会，并发表题为《深化大学合作共创美好未来》的演讲。刘延东表示，本次中俄大学校长峰会会聚两国200多所大学校长，共同探讨“中俄教育科学合作战略”，很有意义。大学始终在中俄人文交流中勇立潮头。中俄大学联盟不断拓展，学生双向流动持续升温，合作办学深入推进，为中俄务实合作注入了感情色彩、夯实了民意基础。当前，中俄两国都处在改革发展的关键时期，都面临转方式、调结构的艰巨任务。俄罗斯在科技、教育、文化等方面保持世界先进水平。中国坚持教育优先发展，正在深化教育综合改革，着力提升高校创新能力。中俄两国高等教育各具特色、各有优长，合作基础好、潜力大。刘延东对中俄大学合作提出四点期望。

△蒙古国新一届国家大呼拉尔（议会）86.6%的议员投票选举由人民党提名的米耶贡布·恩赫包勒德为蒙古国国家大呼拉尔主席（议长）。米耶贡布·恩赫包勒德当选议长后表示，人民党将以选举纲领为基础，做有道德、负责任、诚实、有活力的议会大多数，新一届议会将为蒙古国经济复苏、提升民众的生活水平而努力。

△根据日本网站SankeiBiz的报道，日本并购咨询公司乐富国（RECOF）的统计显示，2016年上半年海外企业对日本企业实施的并购金额多达1.735万亿日元，较2015年同期增加3.6倍。这其中，来自中国等亚洲国家的企业实施的并购案金额同比增加10倍。2016年上半年海外企业并购日本企业的件数较2015年同期相比增长10.3%，达107件。由于大型并购案较多，并购金额同比增加3.6倍，达1.735万亿日元，创9年来的新高。其中，亚洲企业对日本企业实施的并购案金额较2015年同期增至10倍，达到1.3472万亿日元，约占总金额的78%。6月，腾讯与日本软银集团达成协议，将以770亿日元的价格收购其旗下的智能手机游戏公司Supercell；中国台湾鸿海精密工业（富士康）拟以3888亿日元收购日本夏普66%股权；6月末，美的集团以500亿日元成功收购东芝白色家电业务。

6日 中国国务院副总理刘延东在俄罗斯伊尔库茨克会见伊尔库茨克州长列夫琴科。刘延东首先对日前伊尔库茨克州一架伊尔—76运输机在参加森林灭火时失事造成多名机组人员遇难表示慰问。双方就继续加强两国区域发展规划对接，扩大合作规模、提高合作层级，加强旅游、教育、文化、青年等人文合作等进行了深入务实的交谈。刘延东在列夫琴科和俄罗斯教育科学部第一副部长特列季亚克陪同下观看了中国爱乐乐团、中央少年广播合唱团与伊尔库茨克州交响乐团为庆祝《中俄睦邻友好合作条约》签署15周年和中俄战略协作伙伴关系建立20周年举行的联合演出。

△美国财政部宣布将朝鲜领导人金正恩及10名高级官员、5个朝鲜团体列入制裁名单。韩联社指出，这也是美国首次将朝鲜最高领导人列入制裁黑名单。

7日 纪念全民族抗战爆发79周年仪式在中国人民抗日战争纪念馆举行。在军乐团的伴奏下，全场齐唱中华人民共和国国歌。仪式上，首都学生代表朗诵了《左权家书》《赵一曼家书》《吉鸿昌家书》等抗战家书。中国人民抗日战争纪念馆志愿者合唱团演唱了《大刀进行曲》和《没有共产党就没有新中国》。纪念仪式尾声，各界代表步入中国人民抗日战争纪念馆序厅，向在中国人民抗日战争中牺牲的英烈献花，寄托哀思，表达深切怀念和崇高敬意。

△朝鲜外交部发表声明表示，美国的行径

构成“最严重的敌对行动”，无异是对朝鲜“公开宣战”。美国方面则敦促朝鲜不要发表声明和做出行动，使该地区的紧张局势升级。

8 日　蒙古国新一届国家大呼拉尔（议会）以 97.1% 的议员投票通过人民党提名的扎尔格勒图勒嘎·额尔登巴特为蒙古国新任总理。额尔登巴特就任总理后表示，新政府将致力于吸引外资来促进经济增长，使蒙古国摆脱当前社会和经济困境。

△被任命为韩国驻日大使的李俊揆抵达东京羽田机场。关于 2015 年底日韩就慰安妇问题达成的共识，他向媒体称“最重要的是真诚地履行”。李俊揆同时表示，“希望今后在更广泛的领域朝着富有建设性的方向展开合作”，欲以履行共识为契机推动两国关系取得飞跃发展。另外，关于日本政府向韩国政府提议在本月中旬于蒙古国出席亚欧会议（ASEM）峰会之际举行日韩首脑会谈一事，李俊揆表示“目前什么都没有决定”。

8～9 日　由北京杜氏藏商贸有限公司主办的“第二届清酒嘉年华”在二十一世纪饭店举行。来自日本 18 家酒窖参与了本次展会，给中国消费者带来了地域特色浓厚的清酒品鉴试饮机会。活动分两天举行，8 日面向业内专业人士，9 日向一般消费者开放。

9 日　中国外交部长王毅在科伦坡接受记者采访时表示，关于美国准备在韩国部署萨德导弹系统事，中方已阐明了严正立场。我们认为，部署“萨德”系统远远超出半岛的防卫需求。对此，任何的辩解都是苍白的。我们完全有理由、有权利质疑这一举动背后的真正图谋。我们要求美方不要把自己的安全建立在别国不安全基础上，更不能以所谓安全威胁为借口损害其他国家的正当安全利益。我们也希望韩国的朋友们冷静思考，部署“萨德”系统是否真正有利于韩国的安全，是否真正有利于实现半岛的和平稳定，是否真正有助于解决半岛的核问题。有关方面务必慎重行事，避免铸成大错。

△俄罗斯航天集团发布消息称，俄罗斯“联盟 Ms”载人飞船当日上午 7 时 6 分与国际空间站实现对接，成功将 3 名宇航员送入国际空间站。

11～14 日　经中俄两国政府批准，由中国商务部、黑龙江省人民政府和俄罗斯联邦经济发展部、俄罗斯联邦工业贸易部共同主办的第三届中俄博览会在俄罗斯叶卡捷琳堡市举行。本届博览会共有来自 95 个国家的 700 多家企业参与，其中包括 190 家俄罗斯企业和 244 家中国企业。博览会分为装备制造和科技创新、日用消费、资源开发、农林、工程技术和投资、医药、金融文化旅游等 7 个主题板块，覆盖了中俄经济合作的各项重点。中国驻俄罗斯使馆科技处米桂雄一秘与李哲二秘出席了本次博览会框架内的“中俄科技合作及技术转移圆桌会议”、“中俄制造业重点企业总工程师交流会”和“黑龙江周、哈尔滨日开幕式暨中俄经贸合作交流会”三场重要活动。展会框架下还举办了海关合作研讨会、计量合作研讨会、远东投资推介会等交流活动，博览会取得丰硕成果，进一步推动了中俄务实合作发展。

12～14 日　中国国务院副总理、中俄总理定期会晤委员会中方主席汪洋赴俄罗斯叶卡捷琳堡出席第三届中俄博览会相关活动，并同中俄总理定期会晤委员会俄方主席罗戈津副总理举行中俄总理定期会晤委员会双方主席会晤。双方就推进核能、民用航空制造、航天、卫星导航、农业等重点领域合作进行了深入探讨。双方共同巡馆，并与两国有关地方及企业的代表进行了交流。

12 日　中华人民共和国国务院总理李克强向蒙古国新任总理扎尔格勒图勒嘎·额尔登巴特致贺电。李克强祝贺额尔登巴特就任总理，表示中蒙两国是友好近邻。当前，中蒙全面战略伙伴关系持续发展，各领域务实合作不断深化。中方高度重视中蒙关系，愿同蒙方共同努力，推动两国关系不断发展，为两国和两国人民创造更多福祉。

13 日　中国外交部发言人陆慷表示，中方坚决反对美韩在韩国部署“萨德”系统，强烈敦促美韩停止有关进程。美韩部署“萨德”系统严重破坏地区战略平衡，严重损害包括中国在内的本地区国家战略安全利益，与维护半岛和平稳定努力背道而驰，中方将坚决采取必要措施维护自身利益。

△据韩国贸易协会北京代表处消息2016年1～5月韩国对华投资额为22亿美元，同比增长12.2%。上半年中国对韩直接投资额为7.1亿美元，同比增长79.5%。2015年韩国对华投资额为40.4亿美元，首次超过日本对华投资规模。若按此趋势发展，预计2016年对华投资额将近53亿美元。2015年底韩中FTA生效后，韩国对华投资增长势头强劲。

13～14日 应蒙古国新任总理扎尔格勒图勒嘎·额尔登巴特邀请，中国国务院总理李克强应邀对蒙古国进行正式访问。会谈前，额尔登巴特在成吉思汗广场为李克强举行隆重欢迎仪式。双方就推动中方“一带一路”倡议与蒙古国“草原之路”倡议的战略对接作了重点交流。会谈后，两国总理共同见证了贸易、经济技术、基础设施建设、广播电视等领域15个双边合作文件的签署。在蒙古国期间，李克强总理还出席了在乌兰巴托举行的第11届亚欧首脑会议。

14日 中国国务院总理李克强在乌兰巴托会见蒙古国总统额勒贝格道尔吉、蒙古国国家大呼拉尔主席恩赫包勒德。

△韩总统朴槿惠访问蒙古并出席15～16日在蒙古国首都乌兰巴托举行的第11届亚欧会议出席亚欧会议和亚欧会议成立20周年纪念活动。有109家公司组成的经济使节团随同朴槿惠总统出访蒙古国，是历来访问蒙古国的韩国经济使节团中规模最大的一次。

15日 中国国家统计局公布，上半年国内生产总值（GDP）为340637亿元，同比增长6.7%。分季度看，一季度同比增长6.7%，二季度同比增长6.7%。财政部公布的数据显示，1～6月累计，全国一般公共预算收入85514亿元，同比增长7.1%。其中，中央一般公共预算收入37164亿元，同比增长3.3%；地方一般公共预算本级收入48350亿元，同比增长10.1%。全国一般公共预算收入中的税收收入72236亿元，同比增长8.6%。商务部日前发布数据显示，1～6月，中国实际使用外资金额4417.6亿元人民币，同比增长5.1%（未含银行、证券、保险领域数据），全国吸收外资总体保持增长。

△中国国务院总理李克强在乌兰巴托会见俄罗斯总理梅德韦杰夫。李克强表示，2016年是《中俄睦邻友好合作条约》签署15周年。中方愿同俄方巩固政治互信，深化各领域务实合作，密切在国际和地区事务中沟通协调，在亚欧会议和上合组织等框架下开展协作，维护共同利益，促进两国、亚欧大陆乃至世界的和平与发展。李克强指出，中俄经贸合作互补性强，前景广阔。近期中俄双边贸易呈现企稳向好势头，战略性大项目合作取得重要进展。双方要进一步坚定信心，扩大双向投资，改善贸易结构，完善金融服务。梅德韦杰夫表示，俄中政治互信前所未有，高层交往频繁，就深化两国经济和人文合作密切沟通，充分体现了两国全面战略协作伙伴关系的高水平。双方表示要本着共担风险、互利共赢的原则对接欧亚经济联盟与“一带一路”倡议，加强管道项目合作，积极探讨产能合作和三方合作，实现更高水平的互利共赢。双方一致同意2016年下半年在俄罗斯举行中俄总理第21次定期会晤。

15～16日 第11届亚欧首脑会议在蒙古国首都乌兰巴托举行。应蒙古国总统查希亚·额勒贝格道尔吉邀请，李克强总理出席会议。并发表题为《亚欧伙伴命运与共 合作升级再谱新篇》的引导性发言。李克强总理还在乌兰巴托出席第11届亚欧首脑会议非正式会议，就国际和地区问题同与会领导人交换意见。

15日 中国国务院总理李克强在乌兰巴托应约会见日本首相安倍晋三。李克强表示，近几年，中日关系开启走向改善的进程，但进展缓慢，不时受到一些复杂因素的干扰。双方应以高度的责任感，立足客观现实，着眼战略长远，稳妥推进下阶段中日关系的改善进程。一是把握两国关系正确方向。二是妥善管控矛盾分歧。三是保持对话合作势头。四是加强国际地区事务协调。安倍晋三表示，日方赞赏中方在世界经济发展前景不确定的背景下，推动经济结构转型调整的积极举措。希望双方重启两国高层经济对话，促进双边财政金融、节能环保等领域合作。日方愿同中方开展反恐磋商，与国际社会一道努力应对全球恐怖主义威胁。

17 日 俄罗斯在哈萨克斯坦境内的拜科努尔发射场用“联盟 - U”运载火箭发射俄新型“进步 MS - 03”货运飞船，向国际空间站运送补给物资。包括水、燃料、压缩氧气、实验设备等 2.4 吨货物。

△韩国总统朴槿惠与蒙古国总统额勒贝格道尔吉在乌兰巴托政府大楼举行首脑会谈，一致同意开始对签署韩蒙经济伙伴协定（EPA）进行联合研究。韩蒙两国决定联合研究结束后马上进入 EPA 协商。青瓦台有关人士表示 EPA 有利于韩国进入蒙古国市场，而蒙古国是世界排名第 10 位的资源富国，拥有铜（世界第 2 位）、煤炭（世界第 4 位）等丰富矿物资源。韩蒙两国决定在 14 个经济合作项目中，推动规模为 44 亿 9000 万美元的基础设施建设。韩蒙两国签署了 20 个谅解备忘录。朴槿惠表示，以朝鲜无核化的坚定立场为基础，为朝鲜半岛的稳定而共同努力。以后也将与蒙古国紧密合作以应对朝鲜核开发等问题。额勒贝格道尔吉则表示，为了朝鲜半岛的和平安全，也将在国际舞台上与韩国保持合作关系。

17 ~ 20 日 中共中央政治局委员、中央政法委书记孟建柱在吉林调研时强调，要深入学习贯彻习近平总书记系列重要讲话精神，提升工作理念，创新体制机制，不断提高打击违法犯罪、服务人民群众的能力水平，为经济社会持续健康发展创造良好环境。在吉林省公安厅，孟建柱考察了公安信息化建设和应用情况，与反电信诈骗犯罪中心工作人员交流，听取公安机关合成作战工作介绍。在吉林省公安厅指挥中心，孟建柱通过视频指挥系统向全省广大公安民警表示慰问，并听取吉林省公安工作汇报，对近年来吉林公安工作取得的成绩给予充分肯定。孟建柱还到中国石油吉林石化公司等单位考察社会风险防范化解工作。他强调，要牢固树立风险意识，加强对潜在风险的排查和评估，发现问题及时解决。郭声琨参加调研。

18 ~ 19 日 全国司法体制改革推进会在吉林长春召开。中共中央政治局委员、中央政法委书记孟建柱在会上强调，要以习近平总书记系列重要讲话精神为指南，进一步把思想和行动统一到党中央精神上来，切实增强改革的信心与决心，知难而进，坚定不移推动司法责任制改革全面开展。

19 日 全国政协 19 日在京召开“东北三省工业转型升级问题”专题协商会。中共中央政治局常委、全国政协主席俞正声主持会议并讲话。中共中央政治局常委、国务院副总理张高丽到会听取建议并讲话。25 位委员和地方代表、专家学者在会上发言，对东北三省工业转型升级问题提出意见建议。国家发改委副主任何立峰介绍有关情况。科技部、工信部、人社部、国资委、银监会等部门负责同志与委员互动交流。中共中央、国务院有关部门和单位的负责同志到会听取意见建议。委员们建议，国企改革要重点解决好五个问题：一是必须解决好企业出资人的责任问题；二是必须下力气推进法人治理结构改革；三是必须健全社会保障；四是解决企业办社会问题；五是解决厂办大集体问题。中共中央书记处书记、全国政协副主席杜青林主持上午的会议。全国政协副主席陈元、王钦敏在会上发言。全国政协副主席张庆黎、李海峰、王正伟、马飚出席会议。

△中国商务部新闻发言人沈丹阳表示，2016 年上半年，中国非金融类对外直接投资达 5802.8 亿元人民币，同比增长 58.7%。2016 年前 5 个月，中国服务进出口总额达 20782.8

亿元人民币，同比增长22.7%，服务出口结构继续优化。

△中国国务委员杨洁篪在俄罗斯乌里扬诺夫斯克同俄罗斯总统驻伏尔加河沿岸联邦区全权代表巴比奇举行会晤并共同出席中国长江中上游地区和俄罗斯伏尔加河沿岸联邦区地方合作理事会首次会议。双方表示，中俄全面战略协作伙伴关系在习近平主席和普京总统战略引领下正保持高水平运行。地方合作是中俄务实合作的关键领域。双方要积极运用两国元首确认的“长江—伏尔加河”模式经验，在地方合作层面不断拓展内容、丰富内涵。双方决定将两地区地方领导人座谈会机制提升为两地区地方合作理事会，标志着两地区合作进入全新发展阶段。双方愿继续深化双方在经贸、科技、产能、旅游、文化、教育、青年等领域交流合作。杨洁篪同巴比奇共同签署《中国长江中上游地区和俄罗斯伏尔加河沿岸联邦区地方合作理事会条例》和会议纪要，见证两地区多项合作文件的签署。双方还共同参观了“魅力安徽”图片展。

△韩国执政党和在野党在国会召开针对韩美部署末段高空区域防御系统（“萨德”反导系统）紧急专题质询会。在野党围绕“萨德”反导系统的军事效用以及仓促决策过程等问题对政府展开激烈批评。

△朝鲜于当天5时45分至6时40分许，先后从黄海北道黄州一带向朝鲜半岛东部海域发射3枚弹道导弹。导弹飞行距离为500～600公里。韩国联合参谋本部人士称，韩军正在密切追踪监视相关情况，维持万全的应对态势。

20日　第14次全国检察工作会议在吉林省长春市召开，最高人民检察院党组书记、检察长曹建明出席会议并讲话。曹建明首先传达了中共中央政治局委员、中央政法委书记孟建柱同志就这次会议做出的重要批示，做了题为《紧紧围绕“四个全面”战略布局在新的起点上推动人民检察事业创新发展》的报告。曹建明强调，做好“十三五”时期检察工作，总依据是“五位一体”总体布局和“四个全面”战略布局以及“十三五”时期检察工作总任务、总布局、总要求和“六个目标”。吉林省委副书记马俊清出席会议并致辞。最高检副检察长孙谦、姜建初、李如林，中央纪委驻最高检纪检组组长许卫国，政治部主任王少峰，检委会专职委员张德利、陈连福，检委会专职委员兼反贪污贿赂总局局长卢希出席会议。各省、自治区、直辖市检察院，军事检察院，新疆生产建设兵团检察院检察长；各省会市、自治区首府市检察院，各直辖市检察院分院，计划单列市检察院检察长；解放军各战区、总直属检察院检察长；最高检机关各内设机构、各直属事业单位主要负责人参加会议。部分全国人大代表、全国政协委员，最高检专家咨询委员、特约检察员，以及中央国家机关有关部门负责同志、中央有关新闻单位的同志应邀参加会议。

△中华人民共和国总理李克强主持召开国务院常务会议，通过“十三五”国家科技创新专项规划，以创新型国家建设引领和支撑升级发展；部署推进“互联网＋物流”，降低企业成本便利群众生活；通过《国务院及其各部门任命的国家工作人员宪法宣誓组织办法》。

20～21日　金砖国家新开发银行首届理事会年会在上海举行。中共中央政治局常委、国务院副总理张高丽出席开幕式并致辞。新开发银行各成员国理事、代表以及有关国际组织代表出席理事会年会。年会聚焦金砖国家新开发银行运行一年以来取得的进展，对新兴市场国家经济发展起到的重要作用，同时指出了该行面临的挑战。年会讨论并通过了俄罗斯的贷款项目，这个项目中国企业也参与了投资。金砖国家新开发银行俄罗斯临时副理事、俄罗斯财政部副部长斯托切克表示，这个项目符合金砖国家新开发银行绿色的投资方向及加强成员国间经济一体化程度的宗旨，“俄罗斯的ORD—HYDRO（北方水电）项目首先是一个清洁能源项目，这一项目的实施能够节约大量的碳氢化合物原料。此外，这一项目非常好地体现了新开发银行加强成员国间经济一体化程度的宗旨，因为这个项目由中俄两国公司共同实施”。

21 日 中国驻俄罗斯大使李辉出席由莫斯科中国文化中心与中国外文局新世界出版社、安徽省皖新传媒集团在莫斯科中国文化中心共同举办的向中国文化中心和俄罗斯科学院远东研究所赠送中俄文图书仪式。俄中友协第一副主席库利科娃、新世界出版社总编辑张海鸥、安徽省新华发行集团总经理吴文胜、俄东方文学出版社社长阿尼盖耶娃等出席该活动。李大使在对工作于俄科学院远东研究所、东方文学出版社的俄罗斯汉学家朋友长期以来致力于研究中国历史、文化、语言、中俄关系等给予高度评价，对他们为促进中俄文化交流所付出的辛勤努力表示感谢。张海鸥总编辑在致辞中表示，新世界出版社将对俄合作视为其国际合作的优先方向，希望本次赠送给中国文化中心和俄科学院远东研究所的优质图书能为中俄文化交流做出积极贡献。使馆公使衔文化参赞、莫斯科中国文化中心主任张中华代表文化中心接收新世界出版社和皖新传媒集团赠送的时政、历史、文化类及介绍安徽省的精品图书。库利科娃代表俄科学院远东研究所接收这两家出版社赠送给远东研究所的 50 种精选图书。作为此次文化交流活动的重要组成部分，王艳平女士的“开门见囍”收藏展和“囍”文化讲座受到俄罗斯观众的热烈欢迎，引起了在场观众的极大兴趣。

22 日 中华人民共和国国务院总理李克强在北京同世界银行行长金墉、国际货币基金组织总裁拉加德、世界贸易组织总干事阿泽维多、国际劳工组织总干事莱德、经济合作与发展组织秘书长古里亚、金融稳定理事会主席卡尼举行“1+6”圆桌对话会。各方围绕“全球经济形势和挑战”与“中国经济转型中的增长新动能”两个议题进行充分讨论，一致认为应合力推进结构性改革、稳定金融、引导预期、促进中国和全球经济强劲、可持续、平衡增长。

△由中国国家旅游局局长李金早率领的中华人民共和国旅游代表团、由俄罗斯联邦旅游署署长萨福诺夫率领的俄罗斯联邦旅游代表团和由蒙古国驻华大使苏赫巴特尔率领的蒙古国旅游代表团在中国内蒙古呼和浩特市举行了首届中俄蒙三国旅游部长会议。三方围绕深化旅游务实合作，提升旅游规模，助力“一带一路”等三国发展战略对接等共同关心的问题展开深入讨论，达成诸多重要共识，共同发布《首届中俄蒙三国旅游部长会议联合宣言》。中国国家旅游局副局长杜江主持会议。三方一致同意，建立中俄蒙三国旅游部长会议机制，每年召开一次会议，由三国轮流举办。三方决定制定三国旅游中长期合作规划及年度合作计划，推动旅游基础设施建设，共同开发旅游市场，建设旅游品牌，解决三国旅游工作层面存在的问题，推动三国旅游可持续发展。三方支持成立中俄蒙“万里茶道”国际旅游联盟，将“万里茶道”品牌建设作为三国旅游合作的重要内容，共同推出茶路之旅特色旅游线路，并不断丰富，打造出更具历史文化内涵的旅游产品。三方将在旅游研究、旅游规划、旅游投资、智慧旅游、品牌打造、旅游展会、宣传推广、资料制作、资源互换、信息互通、旅游培训等旅游领域加强合作，共同开展跨境旅游合作，包括旅游专列、旅游自驾车、青少年旅游交流等专项活动。鼓励各自地方旅游机构及旅游业界积极开展区域间和行业间的旅游交流与合作。

△2016 年 1～5 月，韩对华汽车整车出口额为 2679 万美元，同比下降 93.7%；自华进口额为 2854 万美元，同比增长 9.9%。贸易逆差达 200 万美元，自 1992 年韩中建交以来首次出现逆差现象。

22 日 “中华文化大乐园”横滨夏令营在横滨山手中华学校开营，中国驻日本使馆郭燕公使、陈三虎参赞、北京市侨务办公室政策法规处处长李光耀、国内选派教师以及华人社团、侨校代表、参加夏令营的学生和家长等 500 余人出席。“中华文化大乐园”是中国国务院侨务办公室推出的一项文化品牌活动，旨在增进海外华裔青少年了解和传播优秀中华文化，目前已遍布世界近40个国家，此次系首次走进日本，由山手中华学校和北京市侨办共同承办。郭燕公使在致辞中表示，国务院侨办打造“中华文化大乐园”这一文化品牌，派国内优秀教师赴海外举办夏令营，通过寓教于乐的方式，让海外华裔青少年深入领略中华文化的风采，培养对中华文化的浓厚兴趣。相信通过举办中华文化大乐园夏令营，将加深同学们对祖国传统文化的了解和认知，增进对学习中国语言和文化的兴趣，提升中华文化在日本的影响力，促进中日文化交流和民间友好。

25日　中国外交部部长王毅在老挝万象出席东亚合作系列外长会期间会见俄罗斯外长拉夫罗夫。王毅表示，普京总统前不久对中国进行的国事访问取得圆满成功。习近平主席和普京总统共同签署了关于加强全球战略稳定等三个联合声明，有力充实了中俄全面战略协作伙伴关系内涵，扩大了中俄战略关系的国际影响，对推动国际形势健康稳定发展具有历史性意义。双方就二十国集团杭州峰会、亚太经合组织领导人会议以及朝鲜半岛问题、东亚和南海局势等深入交换了意见，一致认为，应警惕外部势力臆造各种借口挑起地区紧张，把双边争议问题国际化。王毅表示，中方愿意看到俄罗斯在东亚乃至整个亚太地区发挥更加积极的建设性作用。

△中国驻朝鲜大使李进军率使馆部分外交官访问朝鲜东平壤第一中学，看望该校“毛泽东班”师生。朝鲜对外文化联络委员会亚洲局局长赵澈龙、东平壤第一中学校长康相福等陪同。康相福校长详细介绍了该校有关情况，以及该校“毛泽东班”与北京市第五中学“金日成班”之间的友好交往历史。李进军大使表示，东平壤第一中学是朝鲜优秀的基础教育学府，为朝社会主义建设培养了大量人才。“毛泽东班”与“金日成班”是中朝两国友谊的重要象征。在“毛泽东班”教室里，李大使与同学们亲切交谈，鼓励他们不忘初心、继续前进、好好学习、天天向上，将来建设好自己的祖国，当好中朝友谊的接班人。李进军大使一行还参观了学校历史沿革室、电教室、计算机室和音乐教室，观看了东平壤一中同学们的文艺表演。并与“毛泽东班”全体师生合影留念。

△在老挝万象出席东亚合作系列外长会议的中国外交部部长王毅会见朝鲜外相李勇浩。这是李2016年任现职后两国外长首次会见。

△韩国银行（央行）发布的快报数据显示，6月韩出口货物量指数同比增长3.9%，连续2个月保持了增长态势。其中，化学品同比增长15.8%，电子电器类产品增长9.4%，精密仪器增长5.8%，一次加工金属产品增长3.9%；而运输设备、普通机械、煤炭石油产品出口则分别下降8.3%、7.2%和2.5%。6月出口额指数同比下降6.4%，其中煤炭石油产品急降27.2%，一次金属产品下降8.3%，普通机械和运输设备下降8.0%。央行相关人士表示，6月在半导体、化妆品等产品拉动下出口量有所增长，但出口额受低油价影响持续下降。据统计，2016年上半年韩出口总量同比增长1.1%，出口额同比下降10.0%，预计8月韩出口总体情况将进一步好转。

26日　人民日报社在中国北京举办2016“一带一路”媒体合作论坛，高端政要、商界领袖、权威专家和全球200多家主流媒体齐聚北京，加强交流对话，推动互利合作，以“一带一路”为绢帛、以创新合作为笔墨、以共谋发展为气韵，共绘合作共赢新画卷。中国国家主席习近平发贺信，向论坛的召开致以热烈祝贺。

△韩《朝鲜日报》报道，根据韩国钢铁协会统计资料，2016年6月韩钢材进口234.1万吨，同比增长31.4%。其中，自华进口154.3万吨，同比增长40.5%；自日进口63.2万吨，同比增长15.2%。从钢材品种看，由于韩建筑市场景气恢复，钢筋进口量激增，6月自华进口12.6万吨，同比增长106.6%，自日进口1.3万吨，同比增长700.1%；热轧钢板自华进

口 28.4 万吨，同比增长 41.7%，自日进口 24.3 万吨，同比增长 17.3%。业界人士认为，这与本月韩国各钢厂进入高炉保修期有关，同时，中国产钢材价格进一步走低导致进口增加。

△据韩国贸易协会北京代表处消息，2016 年上半年韩国企业对中国投资额同比增长 17.8%，为 28.4 亿美元，对华投资自 2011 年以来连续五年保持增势。若下半年照此趋势发展，全年对华投资额有望超过 50 亿美元，创 2004 年以来的最高纪录。

△日本北海道札幌市政府发布的统计结果显示，2015 年度访问札幌的观光客中，住宿外国游客与 2014 年度相比增长了 35.5% 至 191.8 万人，创历史新高。其中按地区来分，来自中国大陆的游客人数最多，同比大增 77.1%，约达 55.74 万人。

26～28 日　中共中央政治局委员、中央统战部部长孙春兰在内蒙古自治区党委书记、人大常委会主任王君，自治区党委副书记、自治区主席布小林分别陪同下，先后到呼和浩特市、兴安盟调研指导，强调要认真学习习近平总书记在庆祝中国共产党成立 95 周年大会上的重要讲话精神，深入推进党中央关于统一战线一系列重大决策部署的贯彻落实，突出重点、创新思路、夯实基础，不断深化民族团结进步创建活动，维护民族团结、宗教和顺、社会和谐的良好局面。

27 日　中共中央政治局常委、中央书记处书记刘云山在中国北京会见参加 2016“一带一路”媒体合作论坛外方代表。刘云山说，“一带一路”建设顺应经济全球化发展趋势，是开放包容、合作共赢之路，是促进世界和平与发展之路，也是文化交流、文明互鉴之路，追求的是百花齐放，不是一枝独秀，中国愿与沿线国家共享发展机遇和成果。希望各国媒体聚焦“一带一路”主题，弘扬丝路精神，通过加强人员往来、共享新闻产品等，深化交流合作，促进民心相通，增进各国人民之间的了解和互信，为携手打造绿色、健康、智力、和平丝绸之路营造良好舆论环境。

△中国国务院总理李克强在天津出席 2016 年夏季达沃斯论坛开幕式并发表特别致辞。李克强介绍了中国经济运行情况。指出中国经济正处于新旧动能转换和转型升级的关键时期。强调，我们愿同各国紧紧抓住世界新一轮科技革命和产业变革的机遇，推动世界经济在转型升级中实现稳定复苏，创造更加美好的明天。李克强还就中国经济应对下行压力和支持新的产业变革等答问。世界经济论坛主席施瓦布、吉尔吉斯斯坦总理热恩别科夫、韩国国务总理黄教安、土耳其副总理希姆谢克及 90 多个国家和地区的各界代表 2000 余人与会。

△中国国家统计局发布的工业企业财务数据显示，1～6 月，规模以上工业企业利润同比增长 6.2%，增速比 1～5 月回落 0.2 个百分点，主要受 3 月较高增长的影响。其中，6 月利润同比增长 5.1%，增速比 5 月加快 1.4 个百分点。

△韩联社报道，为应对各国日益高涨的非关税贸易壁垒，韩政府出台了一系列应对措施。一是在各相关政府部门设置“非关税贸易壁垒责任官”（PM）岗位，随时跟踪非关税壁垒的处理情况，同时与各相关企业联络了解情况并参与对象国协商谈判。二是扩大相关信息传播范围和内容。在综合贸易信息网站（TradeNAVI.or.kr）上公布国别名称、商品种类名称等非关税壁垒基础信息，并计划在网站上提示预警商品的各阶段对应措施。三是鉴于消费品认证过程的复杂性，对该领域将采取特殊政策予以支持。四是加强民营企业非关税壁垒应对能力，政府将在合规产品研发、提供认证及知识产权咨询等方面给予支持。

27～29 日　2016 年二十国集团青年会议（Y20）在上海开幕。此次会议主题为“推动青年创新，实现共同愿景”。来自二十国集团（G20）成员国、嘉宾国和国际组织的青年代表 100 余人参会。会议代表均为 18～30 岁青年。代表围绕“消除贫困和共同发展”“新思维和创业实践”“社会公正和权利平等”“绿色生活和可持续发展”以及“伙伴关系和全球经济治理”等议题进行深入探讨。形成了《二十国集团青年会议公报》提交2016年二十国集团（G20）峰会筹委会。

28日 中共中央办公厅、国务院办公厅印发《国家信息化发展战略纲要》。该纲要指出，目前，中国网民数量、网络零售交易额、电子信息产品制造规模已居全球第一，一批信息技术企业和互联网企业进入世界前列，形成了较为完善的信息产业体系。

△中共中央政治局委员、中央统战部部长孙春兰在自治区主席布小林的陪同下，深入兴安盟科右前旗科尔沁镇兴科社区进城牧民胡吉雅家中了解生活情况。

△第四次中俄东北亚安全磋商在莫斯科举行。中国外交部部长助理孔铉佑和俄罗斯外交部副部长莫尔古洛夫共同主持，两国外交等相关部门代表和专家出席。双方在朝鲜半岛及东北亚安全局势、美国和韩国推动在韩国部署“萨德”反导系统等问题达成一致看法。双方表示，美国和韩国推动在韩国部署“萨德”，将严重损害包括中俄在内的域内国家战略安全利益。中俄坚决反对美韩有关计划，将针对局势发展出现的负面因素，积极考虑加强双方协作的措施。双方呼吁半岛南北双方尽早重启对话，一致认为这是实现南北和解、营造半岛良好环境的有效途径。双方充分肯定继续开展中俄东北亚安全磋商的重要意义，认为这一机制有助于共同维护地区战略稳定和安全、捍卫中俄在该地区的国家安全利益。双方在磋商中还讨论了共同关心的其他地区问题。商定下一轮中俄东北亚安全磋商将在华举行。

△俄罗斯总统普京签署命令，将南部联邦区和克里米亚联邦区合并改组为新的南部联邦区。

△日媒称，中国政府已与联合国外层空间事务厅（UNOOSA，总部位于维也纳）达成协议，同意今后向联合国成员国提供使用力争2022年前后建成的中国载人空间站的机会

△中国驻朝鲜大使馆在馆内举行招待会，热烈庆祝中国人民解放军建军89周年。朝鲜人民武力省军事对外事业局副局长余成哲等朝军干部、驻朝使节、武官团成员等50余人应邀出席。招待会前，李进军大使与余成哲副局长进行简短会见。招待会开始后，中国驻朝鲜大使馆张平国防武官和余成哲副局长先后致辞。双方回顾了中国人民解放军89年的战斗和发展历程，颂扬中朝两国和军队间的传统友谊，表示将着眼新世纪形势发展需要，继续为推动中朝两国、两军友好合作关系发展，维护地区和平与稳定做出积极贡献。

△韩国政府出台的2016年税法修订草案推出了吸引外国游客的多项举措。今后外国游客在各市区退税商店购物后，可就近享受的增值税退税服务限额由单张发票金额200万韩元上调至500万韩元（约合人民币2.96万元）。并且，今后还将允许在各市区办理高额美容整形费用退税，提高入境游客的购物体验，刺激境内消费。外国游客享受美容整形医疗服务离境退税截止时间将由第二年3月延迟至第二年年底。政府认为2016年4月起实施的增值税退税制度取得了抑制整容黑中介、维护市场秩序、医疗机构税费征收阳光化等效果。

△据《日本经济新闻》报道，腾讯控股将向日本企业提供面向中国游客的广告服务。腾讯将在日本设立专门团队，为日本企业在微信等平台上投放广告提供支援。日本企业可向预定访日的中国人推销产品和服务，以吸引更多游客。此团队负责广告设计和战略咨询，并解析微信每月7.6亿名用户对话中的关键词和操作历史，为企业向目标客户投放广告提出建议。同时，腾讯也将在微信、QQ音乐和手机QQ等多种平台上投放横幅广告和视频广告。据预计广告费的最低价格将为100万～500万日元（约合人民币6.3万～31.7万元），酒店、零售商、化妆品生产商等预计将成为目标客户。

△日本贸易振兴机构（JETRO）在中国北京举办“扩大的中国消费市场与日企的商机”

发布会。据 JETRO 北京代表处处长田端祥久介绍，在日本的对华出口中，消费品、食品出现大幅增长。其中，日本纸尿裤依然势头强劲，2015 年对华出口额约为 10.77 亿美元，同比增长 89.5%。与此同时，护肤用品、洗发水、摩托车和箱包等领域的对华出口量也呈现增长态势。2015 年日本食品对华出口总额达 5.12 亿美元，同比增长 21.3%，清凉饮料、苹果、啤酒、矿泉水以及奶粉等婴幼儿冲调食品领域表现突出。JETRO 研究发现，“轻奢”“放心安全消费”“品牌价值消费”是近年中国社会的消费特点。中国日本商会 2016 年 6 月发布的《中国经济与日本企业 2016 年白皮书》显示，日本对华投资“三连降”，2015 年日本对华投资额为 32 亿美元，同比减少 25.9%。在这种情况下，日企也在积极寻找中国新商机。

30 日　中国国务院副总理、国家防汛抗旱总指挥部总指挥汪洋在辽宁考察指导辽河流域防汛抗洪救灾工作时强调，要认真贯彻落实习近平总书记关于做好当前防汛抗洪抢险救灾工作的重要讲话和李克强总理在防汛专题会议上的重要讲话精神，进一步强化灾前预防、细化方案措施，提高防汛抗洪抢险救灾成效，确保人民群众生命安全，确保重要基础设施重大工程的安全。

△蒙古国国家大呼拉尔（议会）通过了对 4 名政府部长的任命，加上此前任命的总理、副总理、政府办公厅主任和 9 名部长，新政府组建完毕。蒙古国新政府由原来的 15 个部门减少到 13 个，成员全部来自人民党，总理和副总理分别由额尔登巴特和呼日勒苏赫担任。

31 日　中华人民共和国国防部在人民大会堂举行招待会，热烈庆祝中国人民解放军建军 89 周年。

8月

1 日　中国驻俄罗斯大使李辉会见了即将访华的俄主流媒体记者团，并就当前中俄关系、两国务实合作、2016 年杭州 G20 峰会、南海问题、国际反恐合作等回答了记者提问。李辉说，普京总统 6 月下旬对中国进行了国事访问，为推动中俄双边关系发展和深化两国务实合作注入强劲动力。两国元首一致认为，双方要继续坚持战略协作精神和世代友好理念，加大相互支持力度，提升政治和战略互信水平，坚定不移地致力于深化中俄全面战略协作伙伴关系，坚定不移地推动两国发展战略实现对接，坚定不移地构建公正合理的国际新秩序，为维护世界和平、稳定与发展做出应有贡献。访华期间，两国元首共同签署了《中华人民共和国和俄罗斯联邦联合声明》《中华人民共和国主席和俄罗斯联邦总统关于加强全球战略稳定的联合声明》《中华人民共和国主席和俄罗斯联邦总统关于协作推进信息网络空间发展的联合声明》，并见证了经贸、金融、能源、基础设施、技术创新、农业、媒体、网络、体育等领域 30 多项合作文件的签署。谈到美国在韩国部署“萨德”系统时，李辉说，美国的行为同样引起了热爱和平人们的不安，这不仅无助于半岛和平稳定，无助于解决半岛核问题，而且对包括中国在内本地区国家的战略安全利益和地区战略平衡造成了严重损害，中方对此给予强烈谴责，并会采取相应措施维护自身利益。

△《人民日报》报道，俄罗斯联邦“罗马申”国家科学中心近日宣布研制出一种新材料，可使人造卫星的散热器减重 25%。这可以减轻运载火箭的负担，还有助延长卫星在轨寿命。

△日媒报道，7 月中旬在日本东京都中央批发市场中国产大蒜的平均批发价为每千克 366 日元（约合人民币 23.3 元），同比上涨 20%。日媒分析指出，因为主要产地山东省在冬季遭受了低温灾害，进口公司 LY 产业称，“收成减少”给价格带来影响。贸易统计显示，日本 2016 年 5 月大蒜的平均进口价格为每千克 241 日元（约合人民币 15.3 元），同比上涨 20%，进口量减少 5%。日本国内大蒜消费量

的大约一半依靠进口。其中，中国产大蒜多用于餐饮业。而东京都内超市里中国产大蒜的零售价格为每6个100日元（约合人民币6.4元），同比未发生明显变化。日本主要大蒜产地青森县的批发价格为每千克2000日元左右（约合人民币127.3元），同比未发生明显变化。由于进口和日本国产大蒜在品质和价格存在差异，暂时尚未发现餐饮业转向使用日本国产大蒜的动向。

2日 针对日本防卫省发表2016年版《防卫白皮书》，中国国防部新闻发言人吴谦指出，日本2016版《防卫白皮书》“满篇充斥着对中国军队的恶意，对中国与邻国关系的挑拨，和对国际社会的欺骗”。日方的所作所为，根本目的是为其大幅调整军事安全政策、大力扩充军备，甚至修改和平宪法制造借口，这种动向值得国际社会高度关注与警惕。

△日本政府公布28万亿日元（2730亿美元）刺激计划的具体内容，以提振日元走强和消费疲软的经济状况。日本首相安倍晋三在上周的演讲中提到了刺激计划的规模，表示需要更多投资来推动这个全球第三大经济体增长。他说刺激计划将用于为游船提供更好的码头设施，并加速一条高速磁悬浮铁路线的建设。

△韩国外交部以发言人赵俊赫的名义发表声明，对日本政府连续12年在《防卫白皮书》中宣称对独岛（日称“竹岛”）拥有主权表示强烈抗议，敦促日方立即撤回这一错误主张。声明还指出，日本政府应正视历史事实，并努力构筑基于互信面向未来的韩日关系。

△中国驻朝鲜大使李进军赴朝鲜江原道元山市慰问华侨，先后走访了张书江、马春赞和王新胜等华侨家庭。中国驻朝鲜大使馆领事参赞才延东和朝鲜华侨联合会江原道委员长金晨曦等陪同。李进军大使感谢华侨长期以来为增进中朝友好所做努力，详细了解华侨在当地工作和生活情况。希望大家继续发挥优良传统，为维护好、巩固好、发展好中朝友好合作关系做出新的贡献。李大使表示，中国驻朝鲜大使馆永远是华侨们的家，欢迎大家常回家看看。华侨们感谢李大使专程前来探望，感谢祖国和人民多年来对旅朝华侨的关心与厚爱，表示将更加努力工作，在中朝两国人民之间发挥好“桥梁和纽带”作用，为推动中朝友好合作关系不断向前发展贡献力量。

△朝鲜人民军发言人发表声明，谴责美国根据美韩对抗生化威胁计划在朝鲜半岛训练生化部队。朝鲜军方发言人表示，美帝国主义侵略部队对抗生化威胁计划的目的是在侵略朝鲜战争时期开展生化军事行动。该发言人表示，决不允许美国在韩国建立研究有毒物质的实验室。他还警告称，美帝国主义的行动只会大大激发中国军民对其予以回击的意志……中国军队已准备好对抗美帝国主义的任何军队。

△据韩国“纽西斯通讯社”报道，韩国国防部就日本新发布的《防卫白皮书》中提出的“独岛（日本称‘竹岛’）是日本领土”的主张表示强烈抗议，并召见日本驻韩国防武官进行抗议。

3日 中国外交部发言人华春莹就日本政府通过新版防卫白皮书答记者问。

△俄罗斯紧急情况部发布消息称，将在暴发炭疽疫情的西伯利亚亚马尔—涅涅茨自治区周边地区建造8处安置点，用于安置从疫区疏散的牧民。俄卫生部长斯科沃尔佐娃2日赴炭疽疫情暴发地区视察后宣布在疫区周边设“安全地带”和“纯净区”，用于安置200多名牧民防化专家等。帐篷、粮食等生活必需品和专用设备已经陆续紧急调往疫区。俄政府已拨款9000万卢布为牧民新建帐篷。

△中国驻朝鲜大使馆李进军大使率部分馆员、在朝志愿军烈士纪念设施修缮工程工作组、驻朝媒体和元山华侨代表前往江原道元山市新城洞，祭扫中国人民志愿军烈士墓，深切缅怀长眠于此的志愿军烈士。

△日本防卫相中谷元3日向记者表示，朝鲜当天早晨发射的弹道导弹“疑似在飞行约一千公里后落至秋田县男鹿半岛以西250公里处

的专属经济区（EEZ）”报道称，这是朝鲜导弹首次落至日本海专属经济区。

4 日　韩国国防部发言人文尚均称，韩方可以根据美韩日情报共享协定与日本共享“萨德”反导系统（末段高空区域防御系统）雷达探测到的情报。日本共同社报道，文尚均是在当天例行新闻发布会回答提问时“松口”的。而这一说法与韩国政府先前立场矛盾，韩国国防部长官韩民求上月还声称，即便把“萨德”雷达情报提供给日方，也“毫无用处”。

△朝鲜航天部门一位高级官员说，国际制裁无法阻止平壤在 2020 年之前发射更多卫星，他希望能在十年内看到朝鲜国旗插上月球。朝鲜国家宇宙开发局科研部门负责人 7 月 28 日在接受采访时说，朝鲜还拥有载人太空飞行和探索其他星球的长期计划。朝鲜在不久的将来进行一次最基本的无人探月飞行，也许并不像看上去那么遥不可及。

△据韩国《每日经济》报道，韩国关税厅和流通业界表示，关税厅近日向韩国各大免税店提出了严格限制消费者购买化妆品、手表和背包的数量等相关政策。具体内容包括：每人在免税店购买背包和手表的总数不能超过 10 件，化妆品和香水等同一品牌产品限购 50 件。

5 日　中国外交部部长王毅应约同美国国务卿克里通电话。双方表示，习近平主席与奥巴马总统即将在杭州举行的会晤是下阶段中美关系的最重要日程。双方愿共同努力，聚焦合作，管控分歧，确保会晤取得积极成果，并确保二十国集团杭州峰会取得圆满成功。双方还就当前朝鲜半岛局势交换了意见。

5 ~ 21 日　中国体育代表团在巴西里约热内卢举行的第 31 届奥运会上获得 26 枚金牌、18 枚银牌、26 枚铜牌，居奖牌榜第二位。

6 日　中国在西昌卫星发射中心用长征三号二运载火箭，成功发射了中国首颗移动通信卫星——天通一号 01 星。该卫星由航天科技集团公司五院负责研制，也被誉为“中国版的海事卫星”，其成功发射标志着中国进入卫星移动通信的手机时代，填补了国内空白，具有重要的里程碑意义。可确保灾后应急通信，实现通信无缝覆盖。天通一号在设计上引入三维数字化设计技术，采用了单机集成设计、混合集成电路等技术，集成多种信息处理功能，用一台单机就可以实现过去多台单机完成的任务，有效提高了卫星效能。

△日本广岛市在和平纪念公园举行原子弹爆炸 71 周年纪念活动。当天有约 1000 名日本各地民众在附近集会游行，反对首相安倍晋三出席纪念仪式，抗议安倍政府推动新安保法等政策。

7 日　中国人民银行公布的数据显示，7 月末，中国外汇储备余额为 32010.57 亿美元，与 6 月规模基本持平，仅略微下降 41.05 亿美元，降幅为 0.1%

△韩国总统府首席新闻秘书金声宇 7 日称，部署“萨德”系统是韩国政府为保护国民生命与安全而做出的“不可避免”的决定，部署“萨德”系统的根本原因是朝鲜核与导弹的挑衅。

9 日　中央军委联合参谋部副参谋长孙建国在乌兰巴托与蒙古国国防部国务秘书巴特赛汗共同主持中蒙国防部第九次防务安全磋商。双方就两国两军关系、两军务实合作、地区安全形势以及其他共同关心的问题深入交换了意见。双方一致认为，中蒙防务安全磋商机制对双方加强战略沟通、筹划两军务实合作发挥了重要作用，双方应继续利用好这一重要平台，为推动两军关系不断发展，维护地区乃至世界和平做出积极贡献。中国驻蒙古国大使邢海明等参加了上述活动。

△蒙古国国防部部长巴特额尔登、武装力量总参谋长达瓦在乌兰巴托分别会见访蒙的中央军委联合参谋部副参谋长孙建国。巴特额尔登说，蒙中两国是传统友好邻邦。建交以来，两国政治、经济、文化、教育等各领域关系不断向前发展。蒙中建立全面战略合作伙伴关系以来，各领域合作进一步深化，双边关系正处

在历史最好时期，希望两军进一步加强务实交流合作。达瓦表示，近年来两军在高层交往、战略磋商、联演联训、人员培训、国际维和等领域合作富有成效，蒙方愿与中方一道，深化两军各领域合作，推动蒙中全面战略伙伴关系进一步发展。孙建国表示，2014 年，习近平主席与额勒贝格道尔吉总统共同将中蒙关系提升为全面战略伙伴关系，推动两国关系进入新的历史时期，为中蒙关系的未来发展指明了方向。中方致力于积极落实两国领导人达成的一系列重要共识，推动中蒙全面战略伙伴关系长期稳定发展。中国军队愿与蒙军一道，继续加强各领域务实交流合作，把两军友好合作推向更高水平，为两国全面战略伙伴关系发展和地区和平稳定做出积极贡献。中国驻蒙古国大使邢海明等参加了上述活动。

△经中华人民共和国国务院总理李克强签批，国务院近日印发《“十三五”国家科技创新规划》，明确提出了未来五年国家科技创新的指导思想、总体要求、战略任务和改革举措。

△日本长崎市在长崎和平公园举行原子弹爆炸 71 周年纪念仪式。当地核爆受害者在仪式上要求安倍政府废除违宪的新安保法，并呼吁日本勿忘在战争中的“加害历史”。

10 日　6 时 55 分，中国在太原卫星发射中心用长征四号丙运载火箭成功发射高分三号卫星。高分三号卫星是中国首颗分辨率达到 1 米的 C 频段多极化合成孔径雷达（SAR）卫星，将显著提升中国对地遥感观测能力，是高分专项工程实现时空协调、全天候、全天时对地观测目标的重要基础。

△朝鲜劳动党机关报《劳动新闻》发表文章，批评韩国政府打压国内反对部署“萨德”反导系统的抗议活动，并呼吁韩国人民团结斗争，粉碎“萨德”部署行为。

11 日　2016 年香港食品博览会上，超过 300 家日本企业和团体参展。展会上，日本展商现场介绍当地少见的薄片肉食用方法、用日本牛烹饪的中国菜等，旨在进一步挖掘消费新需求。香港食品博览会是亚洲最大规模的食品展销会，而香港是日本农产品最大的出口地，日本展商大力进军香港市场，意欲借助该展会拓宽农产品海外销路。日本金融组织农林中央金库、日本合作社农业协同组合等大米、畜产品出口团体在展会上向国外买家推销日本特产，农林水产大臣山本有二也出席了开幕式，并呼吁大家多购买日本食品。超过 300 家日本企业和团体参展。

△据日本《每日新闻》报道，盂兰盆休假期间的出国高峰期从 10 日开始，据关西机场的运营方预计，10～21 日的国际线旅客数量可达 71.47 万人。每日平均值比同期增长 12%。据关西机场方面的调查，在此次出行高峰期间，日本人选择国际出行的目的地中，中国大陆排第一，之后依次是韩国及中国台湾地区。

△韩国《首尔新闻》报道，韩国土交通部和首尔市政府统计显示，自有针对中国人的统计出台的 2013 年以来，中国人对首尔不动产投资以每年 40% 的速度快速增长，2015 年末，中方投资首尔土地实际交易价格为 1.5 万亿～2 万亿韩元，其公告地价为 7885 亿韩元。截至 2016 年一季度中国人持有的首尔土地达 3516 宗（约 15.93 万平方米），比上年末增长 10.2%。此前，中国投资者对韩不动产的投资集中于适用投资移民制的济州岛和釜山，近年来大幅转向首尔地区，主要目的为商用、投资保值等。有韩方专家担心中方投资在推动交易活跃之外，会带来推高地价的副作用。

13 日　应俄罗斯科斯特罗马州西特尼科夫州长夫妇的邀请，中国驻俄罗斯大使夫人史晓玲女士一行三人赴科斯特罗马出席科州建州 72 周年及科斯特罗马建城 864 周年庆祝活动。俄罗斯国家杜马副主席瓦西里耶夫、苏联第一位女宇航员捷列什科娃、俄各联邦主体代表以及国际友好人士共 300 余人参加了相关系列庆祝活动。西特尼科夫州长夫妇在州政府会见了史晓玲女士。西特尼科夫州长对李辉大使夫妇就推动中国与科州的合作交流所做的不懈努力表示高度赞赏和衷心感谢。祝贺中国军事代表团在科州“2016 国际军事比赛”中取得了优异成绩。感谢中国驻俄罗斯大使馆协助科州与中国很多省市开展了卓有成效的合作，期待双方合作领域及深度不断扩展。作为中国大使馆的代表，大使夫人史晓玲女士来到科州架起了俄中地方交往的桥梁，欢迎更多的中国朋友到科州来。史晓玲女士向西特尼科夫州长夫妇表示节日祝贺，并转达李辉大使对州长夫妇的亲切问候。表示中国大使馆将一如既往地积极推动科州同中国地方间的互利合作，将积极努力为科州与中国地方省市文化教育方面的交流与合作做一些具体实事。

13 日　据中国载人航天工程办公室消息，神舟十一号载人飞船，按流程完成了出厂前所有研制工作。飞船从北京空运至酒泉卫星发射中心，开展发射场区总装和测试工作。

△韩国 YTN 新闻报道，克拉克森最新数据显示，7 月，日本新接船舶订单 11 艘，接单量 44 万修正总吨（CGT），而韩国仅新接订单 1 艘，接单量 2 万 CGT。截至 7 月底，韩造船订单余量仅 2387 万 CGT，创 12 年零 8 个月以来的最低。相反，日本订单余量升至 2213 万 CGT，韩日间在该项指标的差距缩至 174 万 CGT，创 2003 年 3 月以后的最低。韩业内预测，按此趋势，2016 年内韩该项指标或被日本赶超。

14 日　中华人民共和国财政部公布的数据显示，7 月，全国一般公共预算收入 14770 亿元，同比增长 3.3%。其中，全国一般公共预算收入中的税收收入 12721 亿元，同比增长 3.5%，明显低于前几个月增速，表明营改增减税效应进一步显现。

△中国人民银行发布 7 月金融统计数据报告，7 月末，广义货币（M2）余额 149.16 万亿元，同比增长 10.2%，增速分别比上月末和 2015 年同期低 1.6 个和 3.1 个百分点；狭义货币（M1）余额 44.29 万亿元，同比增长 25.4%，增速分别比上月和 2015 年同期高 0.8 个和 18.8 个百分点；流通中货币（M0）余额 6.33 万亿元，同比增长 7.2%。

15 日　6 时 10 分，G8041 次列车驶出大连北站，沿着哈尔滨至大连高速铁路开往沈阳站。这是中国自行设计研制、拥有全面自主知识产权的中国标准动车组首次载客运行。

△中国外交部发言人陆慷就日本部分内阁成员参拜靖国神社答记者问。陆慷说，日本一些内阁成员参拜供奉有二战甲级战犯、美化侵略战争的靖国神社，再次反映出日本政府对待历史问题的错误态度。中方对此坚决反对。中方再次严肃敦促日方切实正视和深刻反省过去那段侵略历史，以负责任态度妥善处理有关问题，以实际行动取信于亚洲邻国和国际社会。

△日本内阁府公布的数据显示，2016 年二季度日本实际国内生产总值（GDP）年增长率为 0.2% 安倍经济学再遭质疑。

△俄罗斯水文气象中心表示，莫斯科当天上午降水量达到 48 毫米，打破 130 年前同时段的降水纪录。水文气象中心已向市民发出橙色警报。

△2016 年的 8 月 15 日，是第二次世界大战日本战败投降 71 周年纪念日。2016 年 6 月 1 日，日本三菱综合材料公司在北京向掳日中国劳工谢罪，双方达成和解，中国民间对日索赔行动取得里程碑式的重大胜利。值此，中国对日民间索赔联合会决定将三菱公司与中国受害劳工签署的《和解协议书》全文公布，以供读者了解此次和解协议的细节及其历史意义。

15 ~ 16 日　中国与东盟国家在内蒙古满洲里市举行了落实《南海各方行为宣言》第 13 次高官会和第 18 次联合工作组会。

16 日　中国在酒泉卫星发射中心用长征二号丁运载火箭成功将世界首颗量子科学实验卫星“墨子号”发射升空。随着此次发射任务的圆满成功，人类将首次完成卫星和地面之间的量子通信，标志着中国空间科学研究又迈出重要一步。中共中央政治局委员、国务院副总理刘延东在北京航天飞行指挥控制中心通过视频全程观看发射活动，并向量子科学实验卫星的全体参研人员致以热烈祝贺和亲切慰问。她强调，要认真贯彻落实全国科技创新大会精神，瞄准世界量子科学发展前沿，努力攻克核心关键技术，加快量子通信技术发展应用，为中国进入创新型国家行列、建设世界科技强国做贡献。

△日本研究人员宣布，成功利用锶原子光晶格钟测定了相距约15公里的两个地点的海拔差，今后这一技术有望应用于监视火山活动、观测潮汐变化等。

17日 习近平出席在北京举行中国推进"一带一路"建设工作座谈会并发表讲话强调，总结经验、坚定信心、扎实推进、聚焦政策沟通、设施联通、贸易畅通、资金融通、民心相通，聚焦构建互利合作网络、新型合作模式、多元合作平台，聚焦携手打造绿色丝绸之路、健康丝绸之路、智力丝绸之路、和平丝绸之路，以钉钉子精神抓下去，一步一步把"一带一路"建设推向前进，让"一带一路"建设造福沿线各国人民。

△11时56分24秒，中国科学院遥感与数字地球研究所所属中国遥感卫星地面站密云站在第23圈次成功跟踪、接收到量子卫星"墨子号"首轨数据，并将所接收的卫星数据实时传送至中科院国家空间科学中心。"墨子号"首轨任务时长约7分钟，接收数据量约202MB。经验证，卫星数据质量良好。

△俄罗斯对外经济银行日前发布报告预测，俄经济2016年第三季度将恢复增长，有望比上一季度环比增长0.2%～0.3%。这主要是基于俄粮食产量创丰收纪录，农业产值大幅增加。

△俄罗斯中部军区新闻处消息称，俄中部军区当天在乌拉尔地区开启空军和防空部队联合演习。

△据日本共同社报道，日本各地百货店为吸引中国消费者，纷纷引进"微信支付"等中国人熟悉的智能手机支付服务。如今"爆买"势头减弱，各商家欲通过提高购物便捷性来留住顾客。从7月开始，高岛屋在横滨、京都、大阪等5家店铺的化妆品卖场可以使用"微信支付"。大丸百货店也于2015年秋季在札幌、京都、神户等6家店铺引进了"微信支付"。大阪梅田店正在实施给用该服务付款的顾客返现的优惠活动，到2016年9月截止。此外还在努力通过社交网站进行口碑宣传。近铁百货店引进了中国电商龙头阿里巴巴集团的"支付宝"结算服务。高岛屋也从2月开始有5家店铺可用"支付宝"付款消费。

△韩联社报道，韩国贸易协会17日公布的报告显示，7月，韩国对华出口101.29亿美元，同比减少9.4%。这已是韩对华出口连续13个月减少，自中国进口70.06亿美元，同比减少8.1%，实现贸易顺差31.23亿美元。半导体、平板显示器等对华主要出口商品均大幅减少，其中半导体减少14.3%，平板显示器减少19.4%、无线通信器材减少9.8%。

△韩国国民年金管理公团（韩养老金管理机构）基金运营本部长姜勉旭（音译）接受彭博社采访时表示，韩国国民年金明年将扩大对中国和印度，特别是中国的国债投资。姜表示，中国、印度是亚洲国家中国债收益率最高的国家，是国民年金最为关注的两大新兴经济体，尤其是中国国债不仅收益率高且发行量大，适于投资。韩国民年金计划2017年向海外债券市场投资2.4万亿韩元，将海外债券持有额提高到24.3万亿韩元，预计相当部分将集中于中国和印度。报道称，国民年金扩大海外投资是改善收益率的需要，国民年金未来5年年均收益率定在5%，而韩国国债利率偏低，10年期国债利率仅1.4%，无投资价值，而中国10年期国债利率2.64%，是韩国债近2倍。

18日 经中华人民共和国国务院总理李克强签批国务院日前印发《"十三五"加快残疾人小康进程规划纲要》对增进残疾人民生福祉、促进残疾人全面发展、帮助残疾人和全国人民一道共建共享全面小康社会做出部署。

△俄罗斯总检察院发表声明，决定将两个

美国非政府组织“国际共和研究院”和“媒体发展投资基金会”列入不受欢迎的外国组织名单，理由是这两家机构对俄联邦宪法制度基本原则和国家安全构成威胁。至此已有 7 个美国非政府组织被列入该名单。

△俄罗斯总理梅德韦杰夫日前签署命令，通过新修订的远东开发纲要，将扩大向远东地区投资。

19 日　中国全国政协主席俞正声在北京人民大会堂会见日本众议院运营委员长河村建夫。俞正声表示，中方重视中日关系，一贯主张本着以史为鉴、面向未来的精神，在中日四个政治文件基础上，发展中日睦邻友好合作关系。过去几年，中日关系总体走向改善，但势头仍然脆弱，存在诸多复杂敏感因素，需要双方高度重视和妥善应对。双方应相向而行，牢牢把握中日关系的正确方向，排除干扰，努力推动两国关系实现持续稳定改善。河村表示，日本政府对日中战略互惠关系的重要性有充分认识，希望通过努力推动日中友好合作向前发展。

19～20 日　全国卫生与健康大会举行。习近平强调，要把人民健康放在优先发展的战略地位，加快推进健康中国建设，努力全方位、全周期保障人民健康。

20 日　中国驻俄罗斯伊尔库茨克总领馆举办中俄科学家联谊活动。活动由中国驻伊尔库茨克总领事曹云龙主持，中科院国家空间科学中心、国家天文台、大气物理研究所、地质与地球物理研究所、北京大学、中国科技大学、俄罗斯科学院西伯利亚分院日地物理学研究所科研人员、领馆全体外交官等 60 余人出席。曹云龙总领事致辞，对中俄空间天气领域科学家到领馆做客表示热烈欢迎，对他们为中俄科技合作与交流以及为中俄友谊所做的不懈努力和重要贡献致以诚挚的谢意。曹总领事指出，科技合作是中俄两国建立和发展战略协作伙伴关系的重要组成部分，中国驻伊尔库茨克总领馆将大力支持和鼓励中俄地区间科技合作与交流。俄罗斯日地物理学研究所所长亚历山大·潘捷欣和俄罗斯科学院院士赫里·日列布佐夫高度赞扬中国近年来的科技发展所取得的令世人瞩目的成就，并表示俄方愿意进一步积极扩大和加强同中方的科技合作与交流。

21 日　朝鲜祖国和平统一委员会发言人要求美国停止演习，放弃对朝敌视政策，同时警告韩国要正视朝鲜日益提升的政治军事地位以及因此发生变化的朝鲜半岛战略格局，不要轻举妄动。

22 日　中国国家发展改革委网站公布消息称，《推进东北地区等老工业基地振兴三年滚动实施方案（2016—2018 年）》已于近日印发。该实施方案分年度明确了 137 项重点工作以及重大项目共 127 项。

△《人民日报》报道，中国科幻作家郝景芳凭借作品《北京折叠》获得科幻界最高奖项雨果奖。她是继刘慈欣后第二位荣获该奖项的中国作家。

△由中国国务院新闻办公室组织指导、内蒙古自治区政府新闻办公室和蒙古国记者协会共同主办的第七届中蒙新闻论坛在蒙古国肯特省成吉思市举行。论坛的主题为“深化媒体合作　共创美好未来”。蒙古国总统额勒贝格道尔吉向论坛发来贺信。中宣部副部长、国务院新闻办公室副主任崔玉英，内蒙古自治区党委常委、宣传部部长乌兰，蒙古国记者协会主席嘎拉日德，蒙古国肯特省省长钢宾巴等出席论坛开幕式。崔玉英在致辞中说，中蒙两国高层接触频繁、经贸合作紧密、人文交流密切，中蒙友好合作关系正处于历史上最好的时期。本届论坛将进一步为中蒙两国新闻媒体合作拓展新的空间。她建议出席论坛的中蒙媒体在三个方面做好交流合作：一是把握好中蒙关系发展的前进方向；二是讲述好中蒙两国合作发展的精彩故事；三是深化中蒙新闻媒体间的务实合作。嘎拉日德在致辞中表示，本届论坛将在提升两国媒体合作水平上继续发挥重要作用。来自《人民日报》、新华社、中国国际广播电台、蒙通社和蒙古国国家公共广播电视台等近 30 家

中蒙主流媒体的90余名代表参加了本届论坛，与会媒体代表一致认为，本届论坛正值习近平主席访蒙两周年之际，随着两国各领域合作不断深入，友好往来不断增多，两国新闻界的务实合作将有广阔的发展前景，两国媒体同人将共同努力为推动中蒙友好传播更多的正能量。本届中蒙新闻论坛，也是国务院新闻办牵头组织的“感知中国·蒙古行”活动的一部分，旨在帮助蒙古国人民更好地了解中国。

△朝鲜人民军总参谋部发言人发表声明，再次谴责美韩举行史上最大规模的“乙支自由卫士”联合军演。这名发言人说，事态的严重性在于，此次军演是在对朝制裁无效的状态下，美韩发动的对朝最终军事压迫。称朝鲜人民军第一打击联合部队将维持长期决战态势，能够对投入军演的所有敌人攻击手段进行先发制人报复性打击。一旦发现敌人有丝毫入侵朝鲜领土、领海、领空的迹象，朝方将发动朝鲜式的核先发制人打击。

23日　《人民日报》报道，近日，中共中央办公厅、国务院办公厅印发了《关于设立统一规范的国家生态文明试验区的意见》及《国家生态文明试验区（福建）实施方案》，并发出通知，要求各地区各部门结合实际认真贯彻落实。

△俄罗斯航天测控机构日前启用一套新型卫星精准定位仪，可使定位精度比原先提高40%～60%，从而有效避免在同一条近地轨道内的卫星发生相撞。

24日　经中日韩三方商定，第八次中日韩外长会在日本东京举行。中国外交部部长王毅应邀出席会议。三国外长回顾中日韩合作进展情况，就三国合作未来发展方向及共同关心的地区和国际问题等交换意见。

△日本首相安倍晋三集体会见出席第八次中日韩三国外长会的中国外长王毅、日本外相岸田文雄和韩国外长尹炳世。安倍表示，日中韩三国的经济总量占世界的1/5，肩负着维护地区和平稳定的重要责任，三国保持合作尤为必要。希望三国落实好此次外长会成果，为年内举行领导人会议做出积极准备，进而改善双边关系，促进地区发展。日方愿从长远角度出发，与中方沿着建立战略互惠关系的方向，增进信任，加强对话，管控分歧，为构建面向未来的日中关系而努力。即将召开的二十国集团杭州峰会对世界经济可持续发展意义重大，期待届时赴华出席峰会，日方祝愿峰会成功并愿为此提供尽可能的协助。王毅表示，中日韩三国在彼此关系存在困难的情况下召开此次外长会，保持了三国合作的基调与势头。中方为此提出了促进政治、经贸、人文、可持续发展的“四轮驱动”合作主张。中方乐见日方作为二十国集团成员为峰会成功发挥积极和建设性作用。2016年还将有一系列中日韩三方共同参与的重要多边会议，希望中日韩三方本着“正视历史、面向未来”精神加强合作，为地区和平发展以及彼此关系的改善做出努力。

△日本政府宣布，当天清晨，朝鲜疑似向日本海发射一枚弹道导弹。朝鲜的导弹向半岛东部飞行，进入日本防空识别区约80公里，最后落在海面上。日本首相安倍晋三上午就朝鲜发射导弹行为表示，朝鲜发射的潜射弹道导弹首次落在日本防空识别区内。这对于日本安全保障形成重大威胁，严重损害了地区的和平及安定，是“鲁莽”且不可原谅的暴力行为。《读卖新闻》报道称，日本政府已经通过驻华大使馆向朝鲜政府提出严重抗议，未来日本将进一步强化与美国，韩国在情报搜集方面的合作。

△韩国联合参谋本部消息称，当地时间24日上午5时30分许，朝鲜在咸镜南道新浦近海向半岛东部海域发射一枚潜射弹道导弹（SLBM）。该导弹飞行约500公里后落入日本防空识别区。韩联参方面表示，在韩美联合军演“乙支自由卫士”（UFG）全面启动的背景下，朝鲜或以发射导弹进行武力示威。青瓦台当天紧急召开会议，讨论相关应对措施。

△日本政府通过了向韩国“慰安妇”基金

支出 10 亿日元（约合人民币 6500 万元）的内阁决议后，外务省当天公开了 10 亿日元“治愈金”具体细节。日本通过在韩国设立的“和解与治愈基金会”，以现金形式向韩国幸存“慰安妇”支付每人最高 1000 万日元，并向已故“慰安妇”支付每人最高 200 万日元。该基金还将覆盖对受害“慰安妇”的医疗和看护费用。“治愈金”支付对象为韩国 245 名“慰安妇”（包括已故者和代理人）。日本政府一再强调称，该支出并非“赔偿金”。

△日韩外长举行会谈，围绕此前达成的“最终且不可逆的解决”慰安妇问题这一日韩共识，双方再度互相确认履行方针，重申构建“面向未来的日韩关系”。日本外相岸田文雄会谈时告知韩国外长尹炳世日本政府在内阁会议上正式批准向援助原慰安妇的韩国财团提供 10 亿日元（约合人民币 6500 万元）资金的决定，该经费将从 2016 年度预算的“预备费”中拨款。

△约 8000 名韩国民众在韩国庆尚北道金泉市举行大规模集会，反对部署“萨德”系统。

25 日 中共中央总书记、国家主席、中央军委主席习近平 25 日下午在北京人民大会堂会见第 31 届奥林匹克运动会中国体育代表团全体成员，欢迎中国体育健儿凯旋，代表党中央、国务院向中国体育代表团全体运动员、教练员、工作人员致以诚挚的慰问和热烈的祝贺，向全国体育战线的同志们表示亲切的问候。习近平强调，我国体育健儿在里约奥运会上的出色表现，生动诠释了奥林匹克精神和中华体育精神，为祖国争了光，为民族争了气，为奥运增了辉，为人生添了彩，激发了全国人民的爱国热情和全世界中华儿女的民族自豪感，增强了中华民族的凝聚力、向心力、自信心，是中国精神的一个重要体现。中共中央政治局常委李克强、张德江、俞正声、刘云山、王岐山、张高丽参加会见。

△中国国务院总理李克强在人民大会堂会见来华举行第三次中日高级别政治对话的日本国家安全保障局局长谷内正太郎。李克强表示，当前中日关系虽有改善势头，但仍然十分脆弱。双方应始终着眼两国关系的战略大局，坚持中日间四个政治文件，本着“以史为鉴、面向未来”的精神，积累积极因素，减少消极因素，努力推动中日关系重回正常发展轨道。2017～2018 年是中日邦交正常化 45 周年和《中日和平友好条约》缔结 40 周年。希望双方抓住机遇，妥善处理两国间的各种新老问题，稳步推进交流合作，维护两国关系稳定和改善势头。战略上执行积极友善的政策，希望日方真正确立对华正确认知，落实把中国发展当作机遇的表态；行动上妥善管控矛盾分歧，尤其是涉海问题，维护周边海域和平稳定。谷内正太郎首先宣读了日本首相安倍晋三致李克强总理的信。安倍在信中表示，日方愿本着建立日中战略互惠关系的思路，与中方共同构建惠及双方的稳定日中关系。日方预祝二十国集团杭州峰会成功举办，并愿就此同中方加强合作。谷内表示，日方希望加强两国高层交往和机制性沟通，管控东海矛盾分歧，维护海上和平稳定，并愿以明后两年纪念日中建交、缔约为契机，进一步深化双边交往。中国国务委员杨洁篪参加会见。

△朝中社报道，朝鲜最高领导人金正恩日前指导潜射导弹发射试验，发射试验获得成功。金正恩在哨所下达了发射命令。该试验是在最大发射深度进行的高角度发射试验。通过试验，朝鲜再次确认了弹道导弹冷发射系统的安全性、大功率固体发动机的启动性能等，确认了阶段性热分离系统的可靠性等核心技术指标完全达到作战要求。报道未说明发射试验的具体时间和地点。金正恩对发射试验结果表示满意。他说，美国对朝鲜的核威慑只会导致朝鲜核攻击能力进一步得到增强。不论美国如何否定，美国本土和太平洋作战地带都已在朝鲜人民军打击范围内。金正恩提及正在进行的美韩“乙支自由卫士”联合军演，警告美国及其追随势力不要损害朝鲜尊严和安全，保持自制。

△中国驻俄罗斯大使李辉会见俄天然气工

业公司总裁米勒。双方就深化中俄能源合作、特别是天然气领域合作问题深入交换意见。

△俄罗斯国防部部长绍伊古宣布，当天开始对俄南部军区、西部军区、中央军区和北方舰队等军事单位进行突击战备检查，空天军总司令部和空降兵司令部也将参与相关演练。战备检查将持续到8月31日。与此同时，南部军区还在积极准备“高加索—2016”战略军事演习。战备检查期间，将评估南部军区在短时间内调集、部署军队的能力，并将检验西部和中央军区在西南战略方向加强战备的情况。同时，俄武装力量还将和联邦政府、地方政府机构一道演练跨部门规划、组织协作和对工业企业进行实际动员。

26日　据中国外交部网站的消息，王毅在会见韩国外长尹炳世时表示，当前中韩关系面临困难和挑战。中方坚决反对美国在韩部署“萨德”系统，不接受任何损害中国战略安全利益的行径。希望韩方冷静权衡利弊得失，同中方相向而行，而非分道扬镳，共同寻找双方都能接受的妥善解决办法。韩国外交部发布新闻稿称，双方就部署“萨德”问题上的基本立场交换意见，并就继续进行相关沟通达成共识，韩国外长强调，两国关系发展的大局不应因某一问题而受损。

28日　朝鲜首都平壤举行大规模青年火炬表演，庆祝“青年节”和正在召开的金日成社会主义青年同盟第九次全国代表大会。朝鲜最高领导人金正恩观看火炬表演。

30日　中国卫生信息学会健康医疗大数据产业发展与信息安全专业委员会（中国健康医疗大数据产业联盟）成立。这是中国首个聚焦大数据产业与信息安全的全国性专业委员会。

31日　中国科技部党组成员、科技日报社社长李平率团访问“今日俄罗斯”国际新闻通讯社，与通讯社第一副总编科切特科夫进行会谈并签署合作协议。会谈中，双方就今后加强两国在科技政策领域的信息交流，研究全媒体时代新型传媒技术等问题达成共识。李平和科切特科夫分别代表中国科技网与“今日俄罗斯”通讯社旗下的俄罗斯卫星网签署了合作协议。根据协议，双方将开展长期和多样化合作，如相互提供本国及国外科技信息，相互邀请记者采访，联合举办科技新闻业务研讨会等，以促进中俄科技媒体间的交流及务实合作。这是《科技日报》首次与国外媒体签署合作协议，将为其在全球范围内建立媒体间合作关系树立良好典范。会见结束后，李平社长还应邀参观了“今日俄罗斯”通讯社，对其人才队伍培养、基础设施建设等进行调研。李平社长一行还与驻俄使馆科技处进行了工作座谈。科技处郑世民公参、李哲二秘全程陪同参加了上述活动。

△《日本经济新闻》报道称，日本三井物产将与国际协力银行（JBIC）向俄罗斯国营电力企业俄罗斯水电集团（Rushydro）投资217亿卢布，获得该公司已发行股份（库存股）的5%。日本政府将对俄罗斯的远东经济特区的运营提供支援，促进日本企业参与远东地区的天然气开发。报道称，俄罗斯政府相关人士透露，像俄罗斯水电集团这样关系俄罗斯安全保障的“战略性企业”，俄政府允许外国企业进行投资十分罕见。俄罗斯水电集团向外国企业出售库存股也将是首次。

△日媒称，使用智能手机付款的电子结算服务正在中国迅速扩大，也给日本企业带来新的商机。2016年中国手机付款的市场规模较上年增加30%以上，达12.5万亿元。已达到全球最大规模中国的“手机支付经济圈”伴随着访日游客的增加还扩大到了日本。日本经济新闻报道，这种便捷的支付方式即使是较小规模的商店也能轻松使用，如能在日本普及，或将促进日本手机支付多样化。

△日本原子能规制委员会召开会议，出台关于核反应堆废弃物填埋的处置标准草案，主要涉及将核反应堆报废后部分高放射性废弃物深埋到地下等问题。

△2016年8月韩外贸总额为749亿美元，

同比增长 1.4%。其中，进口 348 亿美元，同比增长 0.1%，出口 401 亿美元，同比增长 2.6%。贸易收支 53 亿美元，连续 55 个月保持顺差。1～8 月，韩累计外贸额为 5836 亿美元，同比减少 10.1%。其中，进口 2609 亿美元，同比减少 11.8%，出口 3227 亿美元，同比减少 8.7%。贸易收支为 618 亿美元顺差。8 月，韩国进口 348 亿美元，同比增长 0.1%。从商品类别看，消费品同比增长 7.8%，生产资料增长 5.9%，原材料减少 5.2%。8 月，韩国出口 410 亿美元，同比减少 2.6%。从商品类别看，出口增幅较大的是船舶（93.8%）、钢铁产品（6.2%）、汽车零件（3.1%）和半导体(2.4%)；减幅较大的依次是石油制品（-26.4%）、液晶设备（-20.7%）、汽车（-14.6%）。8 月，韩国贸易收支 51 亿美元，连续 55 个月保持顺差。对主要国家和地区的贸易顺差分别为：东南亚 47.8 亿美元、中国 29.3 亿美元、美国 11.8 亿美元、中南美 6.8 亿美元；对主要国家和地区的贸易逆差分别为：中东 27.2 亿美元、日本 21.5 亿美元、欧盟 14.3 亿美元和澳大利亚 7.2 亿美元。8 月，中韩双边贸易额为 176.76 亿美元，同比减少 2%，其中，韩国从中国进口 73.72 亿美元，同比增长 3%，对华出口 103.04 亿美元，同比减少 5.3%。中韩双边贸易额占韩外贸总额的比重为 23.6%。韩对华贸易顺差 29.32 亿美元，同比减少 21.3%。1～8 月，中韩贸易总额为 1346.92 亿美元，同比下降 10.74%。其中，韩自华进口 559.75 亿美元，同比减少 5.4%，对华出口 787.17 亿美元，同比减少 12.5%，对华贸易顺差 227.42 亿美元，同比减少 26.2%。

9月

1 日　日本安倍内阁新设置了“俄罗斯经济领域合作担当相”，任命经济产业相世耕弘成兼任。日本内阁官房长官菅义伟在记者会上指出，“日俄首脑会谈将以经济问题为主，也包括签署和平条约这一非常重要的外交课题”。他说明了举日本政府之力推进与俄罗斯一揽子经济合作的意图，同时表示“俄罗斯方面或将认识到重要性”。

△对于日本新设俄罗斯经济领域合作担当相，俄罗斯远东发展部部长亚历山大·加鲁什卡表示欢迎，称“此举体现出日本加强与俄罗斯经济关系的希望”。

2 日　俄罗斯总统网站公布了普京日前在俄远东城市符拉迪沃斯托克（海参崴）接受彭博社采访的全文。普京在采访中说，俄中之间是全面战略协作伙伴关系，俄中关系从层面上和质量上都处于史无前例的高水平。西方制裁与俄中两国发展关系没有任何联系。关于俄中两国经贸关系，普京表示，两国最初确定的双边年贸易额达到 1000 亿美元的目标已基本实现，完全可能在 2020 年前实现两国年贸易额 2000 亿美元的目标。普京指出，当前俄中两国的经贸关系正变得越来越优化，除了能源等传统商品交易外，两国还在开发太空、生产重型直升机和远程宽体客机、机械制造、高速铁路交通、木材加工和原子能开发等领域开展合作，两国合作已迈上一个新台阶。

△日本首相安倍晋三在俄罗斯符拉迪沃斯托克（海参崴）同俄罗斯总统普京举行会谈。在上次的索契会谈中，日方提议在远东地区与俄方合作推进 8 个能源开发及产业发展项目，安倍在本次会谈上与普京磋商项目的具体落实方案。另外，他还就涉及北方领土问题的日俄和平条约谈判的推进方式等与普京深入交换意见。日本首相安倍晋三 12 月将邀请俄罗斯总统普京访问自己的故乡——日本南部的山口县。有关报道称，二人计划在山口县的旅馆（日本传统住宿设施）逗留两天一夜，就南千岛群岛问题和扩大经济合作等俄日间悬而未决的议题进行讨论。

△日本经济产业省通过作为独立行政法人的日本石油天然气金属矿产资源机构，以最多 1 万亿日元收购俄罗斯石油公司已发行股票 10% 左右的方案浮出水面。

2～3日 中共中央政治局常委、中央书记处书记刘云山在黑龙江省调研。刘云山深入抚远市、佳木斯市、富锦市等地农村、社区、企业和农场，就落实全面从严治党要求、加强基层党建工作进行调研。刘云山对黑龙江经济社会发展和党建工作成绩给予肯定，希望各项事业不断取得新的进步。刘云山还召开基层党建工作座谈会，与会同志就强化领导责任、加强队伍建设、完善工作保障等谈体会、谈建议。刘云山说，党建工作千头万绪，说到底是个责任问题，要扭住落实主体责任这个关键，实现考责问责的制度化规范化，推动党组织书记把责任扛在肩上。要坚持全覆盖、常态化、重创新、求实效，紧密联系实际深化“两学一做”学习教育，用解决一个个具体问题的成效来说话，让群众切实感受到党员干部的新变化、新风貌。

△第二届东方经济论坛在俄罗斯符拉迪沃斯托克（海参崴）市远东联邦大学举行，共有包括全国人大常委会副委员长陈昌智率领的中国在内的26个代表团参加此次会议。中国外交部新闻发言人华春莹表示，东方经济论坛是中俄远东开发合作的一个新的重要平台，中方高度重视。中方愿积极参与俄罗斯远东开发进程，在互利共赢基础上同俄方加强合作，发挥互补优势，深挖合作潜力，促进两国毗邻地区共同发展在本届论坛上，中俄双方在能源开发、农业投资以及金融领域等方面均达成了合作意向或协议。对于中俄在远东地区的合作，中俄双方专家均给予了高度评价。日本首相安倍晋三、韩国总统朴槿惠均出席了此次论坛。安倍在论坛上呼吁，希望尽快签署两国和平条约，“结束持续了70年的不正常情况，打造日俄关系新纪元”。朴槿惠则希望包括俄罗斯在内的国际社会对朝鲜施压，促使朝鲜放弃核计划，尽早回到谈判桌前。俄罗斯分别回应日韩称，愿意就和平条约一事进行讨论，并将于“年底访日时揭晓最终结果”；俄反对大规模杀伤性武器扩散，并呼吁朝鲜遵守联合国决议，“但在对待朝鲜问题上应小心，不应挑衅平壤”。俄方更希望加强与日韩两国的经贸往来，提出了与日韩就天然气加工厂、远东港口基础设施、煤炭码头以及对俄银行贷款等方面进行合作的意愿。普京提出建议，希望日本和韩国考虑与俄罗斯共同建立投资平台，为工业和高科技领域项目融资。

3日 十二届全国人大常委会第二十二次会议表决通过《中华人民共和国国防交通法》，这是中共十八大以来全国人大常委会审议通过的第一部国防军事方面的法律，也是党和国家将军民融合发展上升为国家战略后的第一部深入贯彻军民融合发展战略的重要法律。共9章、60条，对国防交通管理体制、国防交通规划、国防交通工程设施建设、交通工程设施建设和民用运载工具建造贯彻国防要求、国防运输、国防交通保障、国防交通物资储备等方面做出了明确规定，为加强国防交通建设，提升战略投送能力，促进交通领域军民融合，保障国防活动顺利进行提供了强有力法律支撑。自2017年1月1日起施行。

△中国国家主席习近平出席2016年二十国集团工商峰会开幕式，并发表题为《中国发展新起点 全球增长新蓝图》的主旨演讲，强调中方希望同各方一道，建设创新、开放、联动、包容型世界经济，推动世界经济走上强劲、可持续、平衡、包容增长之路。

△“2016·中国二连浩特中蒙俄经贸合作洽谈会”在二连浩特市国际会展中心举行。中国驻蒙古国大使邢海明、贸促会副会长王锦珍、蒙古国副外长巴特策策格以及俄方代表、中蒙俄各界人士等上千人出席。洽谈会期间，举办了中蒙俄工商界高峰论坛、跨境经济合作区中蒙俄圆桌会议、中蒙俄跨境电子商务暨国际物流论坛、中蒙俄金融创新与务实合作论坛、中蒙沿边沿线毗邻地区行政长官恳谈会等7个分论坛。同时，还举办中蒙俄投资环境说明会暨项目签约仪式和成果发布会，锡林郭勒中蒙俄国际区域产能合作论坛、中蒙国际传统赛马大

会暨 2016・阿巴嘎旗民族商品交易会开幕式和马业论坛、蒙俄油画展、文艺交流晚会等活动。邢大使表示，内蒙古自治区同蒙古国、俄罗斯毗邻，在对蒙、对俄合作中有着独特的区位优势。其中，二连浩特市作为中蒙间最大的陆路口岸和中蒙俄之间重要的运输通道，为促进三国合作发展做出了实实在在的贡献。相信通过此次洽谈会，中蒙俄三国有关部门、地方和企业等一定会更加深入沟通、合作，为推动三国合作不断取得新的进展做出重要贡献。

△中国驻蒙古国大使邢海明同蒙古国东戈壁省选出的蒙古国家大呼拉尔委员德勒格尔赛汗举行会晤。驻蒙古使馆政务参赞李雁军，蒙古东戈壁省省长恩赫图布辛等在座。德勒格尔赛汗表示，东戈壁省高度重视开展对华合作，希望同中方进一步加强铁路等基础设施建设领域合作。同时，不断深化双方人文领域交流与合作。希望中方在汉语人才培训方面向东戈壁省提供帮助和支持，并共同实施边境游，进一步扩大双方人员交流与往来。邢大使希望中蒙双方保持密切沟通配合，通过合作开展边境游等形式，不断扩大两国人文交流与往来，进一步增进相互了解和友好感情。

4 日　金砖国家领导人非正式会晤在杭州举行，中国国家主席习近平、印度总理莫迪、南非总统祖马、巴西总统特梅尔、俄罗斯总统普京出席。五国领导人就金砖国家深化合作、共同应对当前挑战深入交换意见。习近平提出共同创新增长方式；共同完善全球治理；共同维护国际公平正义，构建和平稳定的发展环境；共同促进国际发展合作，走可持续发展道路等四点加强金砖合作的建议。习近平强调，只要我们秉持开放、包容、合作、共赢的金砖精神，不为风雨所动，不为杂音所扰，不为困难所阻，不断强化伙伴关系，金砖国家必将实现更大发展。与会领导人就共同关心的世界经济、安全及全球治理等重要问题广泛交换意见。与会领导人认为，金砖国家经济增长的前景和动力依旧，将继续作为全球经济增长重要引擎。金砖国家应该在开放、团结、平等、相互理解、包容、互利合作等原则指导下，进一步加强战略伙伴关系，推动在国际法基础上构建平等公正的国际秩序。王沪宁、汪洋、栗战书、杨洁篪等参加会晤。

△中国国家主席习近平在杭州会见俄罗斯总统普京。习近平欢迎普京来华出席二十国集团领导人杭州峰会。习近平指出，中俄双方要加强全方位战略合作，坚定支持对方维护国家主权、安全、发展利益的努力。要积极推动两国发展战略对接和“一带一路”建设同欧亚经济联盟建设有效对接，推进基础设施建设、能源、航空、航天、高新技术等领域务实合作，加强军事交流和安全合作。要密切在国际和地区事务中的协调和配合，坚决维护联合国宪章宗旨和原则及国际关系基本准则，维护国际公平正义，促进世界和平、稳定、繁荣。杭州峰会的成功契合世界经济发展需要，也符合包括中俄在内各方的共同利益。俄罗斯是二十国集团重要成员，相信在包括俄方在内的各方支持下，杭州峰会一定会取得成功。普京表示，俄方愿同中方一道，将两国政治互信和人民友好转化为经济合作的更大动力，扩大贸易、投资、金融、能源、科技等领域合作，给两国人民带来更多实实在在的利益。俄方支持中方为二十国集团领导人杭州峰会确定的主题和议题，预祝杭州峰会圆满成功。习近平和普京还就共同关心的国际和地区问题深入交换意见。王沪宁、汪洋、栗战书、杨洁篪等参加会见。

△中国驻蒙古国大使邢海明分别会见了锡林郭勒盟委书记罗虎在、常务副盟长么永波以及二连浩特市委书记罗青、市长田永、副市长孙洪量等，就进一步加强中蒙地方交流与合作等深入交换了意见。

△中国驻蒙古国大使邢海明会见了出席 2016・中国二连浩特中蒙俄经贸合作洽谈会的蒙古国副外长巴特策策格，双方就落实李克强总理访蒙成果、加强两国外交部门间合作、推动中蒙关系不断发展等交换了意见。

4～5日 二十国集团领导人第十一次峰会在浙江杭州举行。峰会主题为“构建创新、活力、联动、包容的世界经济”。二十国集团成员和嘉宾国领导人及有关国际组织负责人应邀与会。中国国家主席习近平主持并致开幕词、闭幕词，习近平强调二十国集团要与时俱进、知行合一、共建共享、同舟共济，推动世界经济强劲、可持续、平衡、包容增长。会议通过《二十国集团杭州峰会公报》。

5日 二十国集团领导人第11次峰会闭幕，中国国家主席习近平在杭州会见法国总统奥朗德、韩国总统朴槿惠、西班牙首相拉霍伊、德国总理默克尔、英国首相特雷莎·梅、日本首相安倍晋三。

△《朝鲜日报》报道，中韩领导人在杭州举行了韩国决定部署“萨德”之后的首次会谈。韩国总统朴槿惠强调部署“萨德”的必要性，中国国家主席习近平则表示反对美国在韩国部署“萨德”，强调这个问题处理不好，不利于地区战略稳定。但两位领导人都提到“求同存异”，一致同意应该防止韩中关系因萨德陷入最糟糕的境地。

△中国驻蒙古国大使邢海明一行到蒙古国东胜油田考察，并听取项目负责人孙永权情况汇报。邢大使对东胜油田在蒙取得的成绩予以肯定，并希望东胜油田继续在中蒙友好合作关系大背景下，依法经营，逐步扩大产量，为中蒙务实合作添砖加瓦。邢大使一行还访问了戈壁松贝尔省，该省省长巴特苏立介绍了戈壁松贝尔省有关情况及同中方合作情况，表示新一届地方政府高度重视对华合作，欢迎更多的中资企业到此投资兴业。邢大使说，戈壁松贝尔省在中蒙合作中占据着重要位置，希望双方保持密切配合。中方愿进一步加强文化、教育等人文领域交流，不断丰富两国全面战略伙伴关系内涵，也愿在运输、物流等方面同戈壁松贝尔省加强合作。

6～9日 应东盟轮值主席国老挝总理通伦邀请，中华人民共和国国务院总理李克强出席在老挝万象举行的第19次中国—东盟（10+1）领导人会议暨中国—东盟建立对话关系25周年纪念峰会、第19次东盟与中日韩（10+3）领导人会议和第11届东亚峰会，并对老挝进行正式访问。

7日 中华人民共和国国务院总理李克强在老挝万象国家会议中心出席第19次东盟与中日韩（10+3）领导人会议，东盟十国领导人以及日本首相安倍晋三、韩国总统朴槿惠共同出席。老挝总理通伦主持会议。

△俄罗斯外贸银行董事会第一副总裁尤里·索洛维约夫在俄罗斯第二届东方经济论坛期间接受新华社记者专访时表示，“中俄两国在经贸方面保持着长期的合作伙伴关系，金融合作在其中发挥着重要作用”。索洛维约夫表示，俄外贸银行非常重视与中国的业务往来，多年前就将中国市场列为其优先发展目标，为中俄两国经济往来提供金融服务与支持，已有相当一部分中国大型企业成为俄外贸银行的客户，双方在多个领域保持密切合作。索洛维约夫欢迎中国企业参与俄罗斯境内的基础设施项目，也希望进一步放开俄企业和金融机构参与中国债券市场的投资。索洛维约夫说，中国的贵金属市场对俄外贸银行在亚洲市场的发展战略具有重要意义。

7～18日 中国体育代表团在巴西里约热内卢第15届残奥会上获得107枚金牌、81枚银牌、51枚铜牌，居金牌榜和奖牌榜第一位。

8日 中国国务院总理李克强在万象国家会议中心出席第11届东亚峰会。东盟十国领导人、韩国总统朴槿惠、美国总统奥巴马、俄罗斯总理梅德韦杰夫、日本首相安倍晋三、印度总理莫迪、澳大利亚总理特恩布尔、新西兰总理约翰·基和联合国秘书长潘基文出席。老挝总理通伦主持会议。

△中国国务院总理李克强在万象国家会议中心同俄罗斯总理梅德韦杰夫举行会见。两国总理一致同意继续推进中俄全面战略协作伙伴关系取得新发展，并就共同关心的双边以及国

际地区问题交换意见。

9 日 日本共同网报道，为团结应对持续进行核与导弹开发的朝鲜，日美韩三国拟于 9 月下旬在美国纽约召开联合国大会之际举行外长会谈。日美韩三方已开始为此展开协调，加强制裁的方略预计将成为议题之一。日本外相岸田文雄认为，朝鲜在 8 ~ 9 月接连发射的弹道导弹落入日本专属经济区（EEZ）是安全保障方面的重大危机，日本将联同联合国安理会充分利用日美韩框架，全力形成对朝包围网。岸田、美国国务卿克里及韩国外长尹炳世打算以朝鲜发射弹道导弹之举违反过去的安理会决议为由，要求其保持克制。三方还将呼吁各国彻底履行安理会 3 月通过的对朝制裁决议。如果朝鲜继续进行核试验、发射弹道导弹，日美韩三国将就有必要采取包括强化安理会制裁在内的“追加措施”达成共识。七国集团轮值主席国日本打算在 9 月纽约举行 G7 外长会议时谋求针对朝鲜的紧密合作，加大国际压力。

△朝鲜在核试验场进行了以研判新研发的核弹头威力为目的的核爆炸试验。韩国军方分析说，这是迄今朝鲜进行的规模最大的一次核试验。当天是朝鲜的国庆节，大批军人、学生、民众和外国游客前往位于万寿台山岗的领袖铜像前献花。铜像前摆放着以朝鲜最高领导人金正恩名义敬献的花篮。

△联合国秘书长潘基文和第 70 届联大主席吕克托夫特分别谴责朝鲜再次进行核试验，敦促朝鲜停止核计划。潘基文说，朝鲜进行核试验严重违反了安理会相关决议，危及地区和平与安全。他呼吁朝鲜顺应国际社会一致要求，逆转方向，致力于走无核化道路。吕克托夫特发表声明，对朝鲜进行核试验表示震惊并予以最强烈的谴责。他说，这一“不负责任、无法令人接受”的行为给国际和平与安全带来严重威胁，明显违反了安理会相关决议。他呼吁朝鲜放弃核武器和导弹计划，履行其国际义务。

10 日 中共中央政治局委员、中央书记处书记、中宣部部长刘奇葆在长春电影集团调研，强调要以习近平总书记在文艺工作座谈会上的重要讲话精神为指导，继续抓好全国电影工作座谈会精神的落实，坚持以社会主义核心价值观为引领，坚持以人民为中心的创作导向，坚持把创作生产优秀作品作为中心环节，锐意改革创新，努力担当作为，奋力推动电影事业进一步繁荣发展。刘奇葆了解了长影集团近年来现实题材电影创作的情况，考察了长影交响乐团，并与长影集团干部职工座谈交流。刘奇葆强调，长影集团是新中国电影的摇篮，要在中国电影繁荣发展的大格局中占据重要一席。要突出电影创作生产这个主业，重点抓好现实题材创作，重视农村题材创作，推出一批讴歌党、讴歌祖国、讴歌人民、讴歌英雄的标志性作品。要加强创作能力建设，把剧本创作放在首要位置，增强原创能力，提升价值内涵。要用好项目、好环境、好机制吸引人才、凝聚人才，打造高素质的电影工作团队，更好地弘扬主旋律、传播正能量，努力走出具有长影特色的发展之路。

10 ~ 14 日 由中国外交部亚洲司参赞姚文率领的中国青年外交官代表团一行对蒙古国进行了友好访问。访问期间，蒙古国副外长巴特策策格会见代表团。邢海明大使与代表团进行了工作交流，中蒙双方还举行了两部青年外交官座谈会。此外，代表团还赴蒙古国前杭爱省哈拉和林、额尔德尼昭寺、突厥碑博物馆、额吉湖、沙海等地参观，了解蒙古国的历史和自然风情，并赴当地牧民家做客。巴特策策格副外长在会见代表团时表示，蒙方始终把发展对华关系作为外交政策首要方针。作为外交官，我们都肩负着增进蒙中友好的责任。相信通过此次交流，中国青年外交官朋友们一定会更加了解蒙古国，并在今后的工作中为蒙中关系发展贡献积极力量。姚文说，中方愿同蒙方一道努力，共同落实好两国领导人达成的各项共识，不断致力于两国关系的健康稳定发展和两国人民的世代友好。希望通过此次青年外交官交流进一步增进两国青年相互了解，并在今后岗位上继续为两国关系发挥积极作用。

12日 中国外交部部长王毅与俄罗斯外长拉夫罗夫通电话。王毅表示，中方欢迎俄美近日再次就叙利亚停火达成协议，希望停火得以落实并为政治解决叙利亚问题创造条件。中方愿与俄方就重大国际和地区问题加强合作。双方重点就朝鲜进行核试验交换意见。王毅表示，半岛再度显现复杂严峻局面，中方强烈敦促朝方及有关各方冷静克制，都不再采取任何激化紧张局势的新行动，而是应切实遵守和落实安理会决议，努力恢复和重启对话进程，切实管控好当前半岛局势。拉夫罗夫表示，俄方赞同中方在朝鲜半岛问题上的立场，愿同中方保持密切沟通协调，共同应对形势发生的新变化，维护半岛的和平稳定。

△中国国务委员杨洁篪在北京同俄罗斯联邦安全会议秘书帕特鲁舍夫共同主持中俄第十二轮战略安全磋商。杨洁篪强调，当今世界和地区形势正在经历复杂深刻变化。中俄同为安理会常任理事国和主要新兴市场国家，在维护地区及世界和平稳定方面拥有广泛的共同利益，肩负着重要责任。双方要保持密切沟通，落实好两国元首达成的重要共识，不断加强战略安全领域的沟通、磋商和协作，加大相互支持，进一步深化国际事务中的协调配合，将高水平的中俄关系转化为更多实实在在的合作成果。帕特鲁舍夫表示，俄中全面战略协作正处于历史最高水平。值此俄中建立战略协作伙伴关系20周年和《俄中睦邻友好合作条约》签署15周年之际，俄方愿同中方一道，全面落实两国元首达成的重要共识，继续加强战略沟通协作，共同维护基于国际法和国家主权原则的世界秩序，促进地区和世界的和平、稳定与繁荣。双方还就朝鲜半岛局势、中亚地区形势、金砖国家合作和有关地区热点问题深入磋商交流，达成广泛共识。双方一致认为，朝鲜核试验不利于半岛和平与稳定，当前要努力防止半岛局势轮番升级甚至失控，把朝鲜半岛核问题重新拉回对话协商轨道。中俄坚决反对美国在韩国部署“萨德”反导系统。双方将继续加强沟通协调，共同维护朝鲜半岛和本地区和平稳定。双方同意，继续用好中俄战略安全磋商机制，推动中俄战略安全合作不断深化发展。

△韩国全国经济人联合会当日发布的数据显示，韩国对外直接投资总额中中国占比不断下滑，从2005年的39.3%降至2015年的10.5%。韩国对华直接投资额2007年达到最高峰值，为54.4亿美元，2015年减少到28.5亿美元。其原因主要有中国经济下行，外资企业优惠减少，加工贸易受限制，生产要素价格上涨，劳动成本上升压力加大等。日美对华直接投资也呈减少趋势，对华外国人直接投资（FDI）增幅从2014年的7.8%降到2015年的6.8%。

13日 中央军委联勤保障部队成立大会举行。习近平向武汉联勤保障基地和无锡、桂林、西宁、沈阳、郑州联勤保障中心授予军旗并致训词，强调要牢记使命、勇挑重担、以党在新形势下的强军目标为引领，深入贯彻新形势下军事战略方针，推进政治建军，改革强军、依法治军，按照联合作战、联合训练、联合保障的要求加快部队建设，努力建设一支强大的现代化联勤保障部队。

△十二届全国人大常委会第二十三次会议通过关于辽宁省人大选举产生的部分十二届全国人大代表当选无效的报告、关于成立辽宁省十二届人大七次会议筹备组的决定，依法确定45名拉票贿选的全国人大代表当选无效。此前，中央先后通报了查处的湖南衡阳破坏选举案、四川南充拉票贿选案、辽宁拉票贿选案，其中辽宁拉票贿选案是新中国成立以来查处的第一起发生在省级层面严重违反党纪国法、严重违反政治纪律和政治规矩、严重违反组织纪律和换届纪律、严重破坏党内选举制度和人大选举制度的重大案件。

△中国商务部发布的数据显示，1～8月，我国实际使用外资金额5488.3亿元人民币（折858.8亿美元），同比增长4.5%。

△外交部部长王毅应约同韩国外长尹炳世通电话，就朝鲜半岛局势等交换看法。王毅表示，中方已就朝鲜核试表明了反对立场。中方赞同联合国安理会对朝核试做出必要反应，同时要求各方冷静克制，避免采取进一步加剧局势紧张的行动。半岛核问题的解决最终还是要回到对话谈判的轨道上来。王毅重申了中方反对美国在韩部署“萨德”系统的立场，敦促韩方尊重中方关切，务必慎重行事。

△据朝鲜《劳动新闻》报道，朝鲜北部地区日前普降暴雨导致洪灾。在劳动党的号召下，朝鲜纺织工业管理局、编织工业管理局、鞋工业管理局下属的生产单位开展了增产运动，支援灾区人民。朝鲜劳动党号召大家团结一心，争取在北部灾区重建工作中取得胜利。金正恩说：“在党的号召下，齐心协力不断创造移山填海般的奇迹，是我国人民的斗争传统和优良品质。”

14 日　中国国家主席习近平在北京会见来华出席中俄执法安全合作机制会议和中俄战略安全磋商的俄罗斯联邦安全会议秘书帕特鲁舍夫。习近平指出，无论国际形势和外部环境如何复杂变化，双方都要努力实现两国共同发展振兴的目标，维护好世界和平稳定和国际公平正义。习近平强调，当前形势下，开展好中俄安全领域合作更加迫切，也更为重要。希望双方发挥现有合作机制作用，不断深化各领域各层级安全磋商和交流。帕特鲁舍夫表示，在普京总统与习近平主席引领下，俄中全面战略协作伙伴关系提升至历史最高水平，双方各领域交往密切，合作成果丰硕。俄中两国在重大国际和地区安全问题上、在联合国等多边机构中密切沟通，成为国际事务中重要稳定因素。俄方重视“一带一路”倡议，愿同中方进一步密切在广泛领域的战略协调和互利合作。中共中央政治局委员、中央政法委书记孟建柱，国务委员杨洁篪参加会见。

14 日　中国国家主席习近平在北京人民大会堂接受蒙古国驻华大使冈呼雅格等 11 国新任驻华大使递交国书。习近平欢迎各国使节来华履新，表示中国政府将为各国使节履行职务提供便利和支持，希望各位使节为推动中国同各国关系发展做出积极贡献。

15 日　9 月 15 日、10 月 17 日天宫二号空间实验室和搭载着景海鹏、陈冬两位航天员的神舟十一号载人飞船先后成功发射。在轨飞行期间，首次实现我国航天员中期在轨驻留，并开展一批体现国际科学前沿和高新技术发展方向的空间科学与应用任务。

△“中俄创新投资论坛”在俄罗斯莫斯科举行。论坛由俄罗斯风险投资公司、中俄友好和平与发展委员会科学与创新理事会、中国科技金融促进会风险投资专业委员会共同主办。来自中俄两国政府、风投机构、媒体的百余位代表参加了论坛开幕式及分组讨论。俄联邦经济发展部国务秘书、副部长奥列格・福米乔夫出席开幕式并代表俄政府致辞。中国驻俄罗斯联邦大使馆郑世民公参应邀出席论坛开幕式并宣读了中国科技部副部长阴和俊的贺信。俄罗斯风险投资公司、“实业俄罗斯”、中国航天科工集团、中国高新技术产业发展欧亚市场战略合作联盟的代表在论坛开幕式上先后发言。与会者就俄罗斯风险投资/私募股权投资市场概况、中国投资环境、俄罗斯支持创新的国家政策、俄罗斯风险投资市场、科技型企业进入中俄两国市场的成功案例及前景预测、中国的风险投资市场（跨境合作下中国风险投资和私募股权市场）及中俄境内投资方面的法律问题等多个议题进行了分组讨论。中国驻俄罗斯联邦大使馆科技处赵围二秘全程陪同出席了上述活动。

△日本最大在野党民进党在东京举行临时大会选举党首，代理党首莲舫当选新任党首，其任期至 2019 年 9 月。这是民进党及其前身民主党首次由女性当选党首。

16 日　在中国北京航天飞行控制中心精确控制下，天宫二号成功实施了两次轨道控制，顺利进入运行轨道。

△据蒙古国国家统计办公室统计，2016年前8个月，蒙古国煤炭出口量达到1370万吨，较2015年同期增长42%，达到过去七年的新高。煤炭出口额达到4.21亿美元，占蒙古国出口额的14%。蒙古国国家统计办公室指出，过去3个月间，煤炭价格的增长使煤炭出口额大幅提高。2016年前5个月，蒙古国出口了720万吨煤炭，最近三个月（6～8月）这一数字达到650万吨。2016年前8个月，蒙古国对外贸易总额较2015年同期减少了6.32亿美元，下降11%。其中出口额近30亿美元，减少8%；进口额近22亿美元，减少了14%。铜精矿、煤炭、金、石油、铁矿石是蒙古国五种主要的矿产品，占出口总额的78.2%。2016年前8个月，铜精矿出口量增长17.5%，达到193万吨；金出口量增长37.1%，达到9.6吨；石油出口量上升了5%，达到547万桶；铁矿石出口量增长21.3%，达到370万吨。

18日　第15届夏季残疾人奥运会在巴西里约热内卢马拉卡纳体育场闭幕。中国体育代表团首次在单届残奥会上金牌突破100枚，赢得107枚金牌、81枚银牌、51枚铜牌，打破51项世界纪录，连续4届残奥会位居金牌榜和奖牌榜第一位。

△据韩国贸易协会国际贸易研究院消息，2015年韩国十三大出口产品在全球市场所占比重为5.3%，较2011年的5.7%低0.4个百分点。所谓十三大出口产品是产业通商资源部为分析韩国贸易所选定的半导体、一般机械、汽车、船舶、石油化学、无线通信设备、石油制品、钢铁、平板显示器、汽车零件、纤维类、家电及电脑等。与韩国相反，中国以上几类产品的竞争力大幅提高。2011年中国产品市场占有率为15.2%，2015年则升至18.3%。2011年，日本与美国产品的市场占有率分别为6.8%与8.3%，而2015年分别降至5.2%以及8.1%。就具体产品种类看，平板显示器（23.23%→18.50%）与船舶（24.55%→21.21%）的降幅最大。半导体（8.33%→8.84%）、一般机械（3.19%→3.27%）、电脑（2.23%→2.25%）等产品占有率小幅提升。

△韩亚银行（KEB）在允许农协银行退出的条件下，牵头七家银行决定采取各自相应增加授信额度的方式，给予韩国现代重工业公司一揽子新船订金返还担保（RG），缓解了其8月9日开始无法与希腊船东签署新订单的危机。

△韩联社报道，2016年在韩留学的外国人数首次突破10万人大关，《亚细亚经济》介绍称，在10.42万名留学生中，攻读学位课程的留学生为6.31万人。其中，中国留学生占比最高，约为61.7%（3.9万人）。其余国家的留学生依次为越南3466人（5.5%）、蒙古国2279人（3.6%）、美国1591人（2.5%）、日本1568人（2.5%）。韩国自身也是留学生输出大国。韩国纽西斯通讯社援引联合国教科文组织发布的数据报道称，韩国人口总数在世界排名第28位（4900万人），却是全世界第四大留学生输出国，仅排在中国、印度、德国之后。

19日　中国和蒙古国首个跨境经济合作区项目，二连浩特—扎门乌德中蒙跨境经济合作区中方一侧基础建设开工。这是中蒙俄经济走廊建设的重要项目之一。中蒙跨境经济合作区中方一侧基础设施项目总投资9亿元，主要实施20公里主干道、13.5公里次干道，以及综合管廊、给排水、供热、电力、通信等基础设施建设，建设年限为2016～2018年。项目2016年计划投资2亿元，完成部分基础设施建设。根据规划，跨境经济合作区建成后将成为集国际贸易、物流仓储、进出口加工、电子商务、旅游娱乐及国际金融服务等多功能于一体的综合开放平台。

△19日是日本的“敬老日”。日本总务省发表的人口推测数据显示，截至9月15日，日本全国65岁以上的老年人约为3461万人，其中男性约为1499万人，女性约为1962万人，较2015年分别增加了35万人和38万人，均刷新了历史最高纪录。据报道，日本老年人在该国总人口中所占的比例较2015年增加了0.6个

百分点，达到 27.3%，也刷新了历史纪录。日本的总人口不断减少，但老年人的比例不断增加，尤其是女性人口。女性人口中，老年人所占比例达到 30.1%，首次突破 30%。

20 日 《胡锦涛文选》第一卷、第二卷、第三卷出版发行。23 日，中共中央印发《关于学习〈胡锦涛文选〉的决定》。29 日，中共中央举行学习《胡锦涛文选》报告会。习近平讲话，对学习《胡锦涛文选》提出明确要求。

△中国外交部部长王毅在美国纽约主持召开金砖国家联大外长会晤。印度外交国务部长阿克巴尔、南非外长马沙巴内、俄罗斯外长拉夫罗夫、巴西外长塞拉出席会晤。王毅表示，在复杂的国际形势面前，我们要保持信心和定力，共同应对挑战，相互坚定支持，开拓创新合作，使金砖合作迸发出更强生命力。

△中国商务部发言人沈丹阳介绍，2016 年 1～7 月，中国服务贸易保持快速发展，服务进出口总额达 30129.6 亿元（人民币，下同），同比增长 24.6%。其中，我国服务进口 19652.5 亿元，同比增长 33.5%；服务出口 10477.1 亿元，同比增长 10.8%。

△俄罗斯总统普京签署总统令，宣布从 2016 年 10 月 1 日起俄内务部下辖的 16.3 万人的内卫部队将改编为国民近卫军。

△据日媒报道，有关日军慰安妇问题，依据日韩共识援助慰安妇而在韩国成立的“和解治愈财团”向日本政府提出要求，希望以日本首相安倍晋三的名义发出致受害女性的“道歉信”。该财团计划由日本根据共识出资的 10 亿日元（约合人民币 6500 万元）中向现仍健在的每名原慰安妇支付约 1000 万日元，通过再加上安倍的道歉信来谋求韩方对共识的理解，并期待更多的受害女性接受共识。

△中俄蒙铁路运输合作三方磋商第三次会议在蒙古国首都乌兰巴托举行。蒙古国道路运输发展部部长顾问芒来巴亚尔表示，中国的“一带一路”将有助于建立连接蒙古国和俄罗斯的经济走廊，让蒙古国有机会推动新的项目，包括拓展蒙古国南北纵贯的铁路，以及建立向东面发展的新路线。蒙古国正在向亚投行等机构寻求融资多个铁路项目，包括兴建 550 公里、连接中国与欧洲的铁路线。

20～24 日 以日中经济协会为首的经济团体高层访问北京。该团以日本 70 家企业的高管为中心，约 230 人参加，成为日本经济界最大规模的访华团。

21 日 《人民日报》报道，中国物流与采购联合会发布，1～8 月全国社会物流总额为 145.7 万亿元，按可比价格计算，同比增长 6.1%，增速比上年同期提高 0.2 个百分点，与 1～7 月基本持平，保持基本稳定的发展态势。

△中国国务院总理李克强在纽约联合国总部出席第 71 届联合国大会以“可持续发展目标：共同努力改造我们的世界”为主题的一般性辩论并发表题为《携手建设和平稳定可持续发展的世界》的重要讲话。当天，国务院总理李克强在纽约会见联合国秘书长潘基文。

△中共中央政治局常委、国务院副总理张高丽在人民大会堂会见日本经济团体联合会会长榊原定征、日本日中经济协会会长宗冈正二、日本商工会议所会长三村明夫率领的日本经济界代表团并同他们座谈。张高丽表示，二十国集团杭州峰会期间，两国领导人就改善和发展中日关系达成了重要共识，指明了努力方向。双方应切实遵守中日四个政治文件和四点原则共识，本着以史为鉴、面向未来的精神，牢牢把握中日关系和平、友好、合作的大方向，妥善处理敏感问题，稳步推进交流合作，共同推动中日关系向前发展。日本经济界一直积极倡导和推进中日友好合作，是中日关系改善发展和两国各领域交流合作的维护者和促进者，希望今后继续努力，相向而行，优势互补，合作共赢，为深化两国经贸关系和推动两国关系改善发展做出更大贡献。与会日本经济界三团体负责人表示，希望两国保持良好稳定的关系，日本经济界愿与中国企业界加强技术创新、智能制造、医疗保健、节能环保等领域合作，为

促进两国经贸合作，推动两国关系改善发展贡献力量。

△中国驻日本大使程永华出席在驻日使馆经商处举行的“2016 中企协贺中秋迎国庆招待会”，刘亚军公使、薛剑公参、明晓东公参、在日中国企业协会会长彭卜钢以及在日中国企业代表等 120 余人出席了活动。程永华大使在致辞中介绍了中国发展形势、二十国集团杭州峰会情况和当前中日关系，表示中日经贸合作是中日关系的稳定基石，在日中国企业是促进中日经贸合作的重要力量。希望在日中国企业协会和中国企业能够着眼未来，不断扩大在日经营的规模，努力成为中日合作交流的桥梁，并为增进两国国民友好交流做出贡献。在日中国企业协会会长彭卜钢在致辞中表示，协会将在驻日使馆的指导下，加强安全和责任意识，一如既往为在日中国企业做好服务协调工作，努力促进中日经贸合作健康发展。

21 日　中国外交部发言人陆慷在例行记者会上表示，中蒙俄经济走廊是“一带一路”框架下首条正式开建的多边经济走廊，是多边开放合作的典范，中国愿与蒙古国等国一道，继续推进基础设施互联互通等领域的务实合作。

22 日　在纽约出席联大会议的中国外交部部长王毅会见了蒙古国外长蒙赫奥尔吉勒，就两国在基础设施领域合作对接等问题进行了交流。王毅表示，两国将落实对接中国“一带一路”倡议与蒙古国“草原之路”战略，在保持传统能矿合作的同时，进一步拓展两国在住房建设、农牧业等新领域的合作。蒙赫奥尔吉勒则表示，蒙古将在对接好中方“一带一路”倡议基础上，推进两国在基础设施等领域的务实合作，保持对华合作的延续性。

△俄罗斯海军航空兵司令伊戈尔·科任称，俄库兹涅佐夫号航空母舰将携带其所有舰载机和其他全部武器装备前往地中海东部执行任务。

△日本外相岸田文雄与俄罗斯外长拉夫罗夫在美国纽约会谈，为推进包括南千岛群岛（日称“北方四岛”）问题在内的和平条约进行交涉。会谈确认将加速推进普京访日准备。此外，俄罗斯第一副总理舒瓦洛夫拟在 11 月访问日本，届时将就促进两国经济合作的《贸易经济政府间委员会》的举办，以及外交当局次官级“战略对话”磋商的日程进行调整。双方一致同意在 12 月普京访日前在俄罗斯再次举行两国外长会谈。

△韩国外长尹炳世在联大会议上指责朝鲜在不到 8 个月的时间内进行两次核试验，2016 年已经试射了包括弹道导弹在内的 22 枚导弹，称朝鲜核武器研究已进入最终阶段，联合国有必要实施更为严厉的对朝制裁方案。尹炳世呼吁各国考虑中断朝鲜联合国成员的资格。

23 日　据韩国贸易协会消息，2016 年 8 月份韩国对中国出口总额为 103.04 亿美元，较 2015 年同期减少 5.3%。韩国对中国出口额 14 个月以来持续下降，但自 2016 年以来每月降幅有所缩小。降幅最高纪录为 2015 年 1 月（－21.5%），此后降幅逐渐缩小（6 月－10.3%，7 月－9.3%）。

25 日　具有中国自主知识产权的世界最大单口径巨型射电望远镜——500 米口径球面射电望远镜（FAST）在贵州平塘落成启用。这个中国最大的天文工程，直径 500 米，高差 173 米，拥有国际一流的灵敏度和综合性，能够接收到 137 亿光年以外的电磁信号，获取并分析各种宇宙信息，挖掘隐藏在星空深处的无穷奥秘。

△中国北京航天飞行控制中心成功对天宫二号进行两次轨道控制，将天宫二号调整至距地面 393 公里的轨道上，使其正式进入交会对接准备阶段。

26 日　日本首相安倍晋三在日本国会临时会议上发表施政演说，内容涉及经济、外交和安保多个方面。在野党对安倍演说内容提出批评，认为毫无重点，非常虚伪。

27 日　第十二届北京—东京论坛在日本东京开幕。在经济分会场上，来自中日两国的经济专家和企业代表共同探讨了目前全球经济形势，并就中日两国在全球背景下的经贸合作和新机遇展开讨论。中方代表、中国石油化工集团公司董事长傅成玉，日方代表、日本三菱东京 UFJ 银行顾问守村卓分别发表主旨演讲。中国国家发改委学术委员会秘书长张燕生、中国外交学院副院长江瑞平、日本三井物产株式会社顾问枪田松莹、日本三井住友金融集团董事长奥正之分别在会上谈了自己对中日新经济领域合作的想法 。

△ 日本外相岸田文雄与蒙古国外长蒙赫奥尔吉勒在日本外务省举行会谈，双方确认为阻止朝鲜核及导弹开发将进行紧密合作。日本共同社报道称，此举意在促进联合国安理会通过新决议以加强对朝制裁。双方还商定为尽快解决绑架日本人问题展开合作。岸田就朝鲜多次发射导弹及强行实施核试验问题表示希望蒙古给予合作。蒙赫奥尔吉勒也对加强对朝施压表示赞同。双方还就加强经济关系达成了一致。蒙古国因资源价格下滑经济低迷，正在加紧与中国和日本进行经济合作

28 日　中国驻清津总领事李杰也在朝鲜清津市天马山宾馆举行国庆 67 周年招待会，朝鲜咸镜北道和清津市有关部门负责人、俄罗斯驻清津总领事及领区华侨代表等出席。

29 日　中国驻朝鲜大使李进军在平壤羊角岛饭店隆重举行国庆 67 周年招待会。朝鲜最高人民会议常任委员会副委员长金英大、外务省副相李吉成、国家教育委员会副委员长朴顺德、外交团事业总局局长沈国龙，驻朝各国外交使节、武官和国际机构代表及夫人，中国驻朝鲜大使馆外交官、在朝志愿军烈士纪念设施修缮工程工作组及驻朝媒体记者共 200 余人出席，共同庆祝中华人民共和国 67 周年华诞。金副委员长感谢中方对朝鲜咸镜北道北部地区遭遇严重水灾提供援助，强调朝中友谊是金日成同志和金正日同志留下的光辉业绩和宝贵遗产，朝方愿同中方一道，共同努力推动朝中关系不断发展。招待会布置了“中国故事”主题图片展，展示了中国悠久历史、灿烂文化、壮美自然风光和经济社会发展成就。

△日本冈山理科大学宣布，在位于蒙古国的戈壁沙漠东南部挖掘出长 106 厘米的恐龙足迹化石。该化石是由日本冈山理科大学与蒙古国科学院古生物学地质学研究所组成的联合调查队于 2016 年 8 月 21 日挖掘而出。

29～30 日　由俄联邦教科部组织的“金砖国家水论坛”国际科学实践研讨会在莫斯科高等经济学院举行，来自金砖五国水资源管理与利用领域的专家、学者和官方代表以及联合国欧洲经济委员会、白俄罗斯、德国、哈萨克斯坦等国的代表 100 余人参加了会议。中国驻俄罗斯联邦大使馆郑世民公参出席论坛开幕式和《金砖国家水资源领域国家政策与国际合作》全体会议，以及论坛项下《水资源利用领域科技创新项目投资计划和工具》圆桌会议并致辞。本次论坛的主题是探讨水资源可持续利用及所面临的问题。主办方希望通过研讨会的举办，建立一个由中国、俄罗斯、印度、巴西和南非水资源专家组成的组织，对金砖国家水资源及相关领域进行联合研究，共同制定技术转化解决方案。论坛下设 8 个分论坛、4 个圆桌会议以及 1 个宣传展示会。中国武汉大学水安全研究院的夏军博士以及来自河海大学、重庆大学等单位的专家也分别做了发言。

30 日　朝鲜对外文化联络委员会和朝中友好协会在平壤玉流馆共同举行招待会，庆祝中华人民共和国成立 67 周年。朝鲜党政军有关部门人士、中国驻朝大使馆外交官等共约 100 人参加了招待会。朝鲜保健相兼朝中友协委员长姜河国在致辞中祝愿中国人民在实现中国梦的征程中取得新的更大成就。李进军说，在新时期新形势下，中方愿继续与朝方一道，不忘初心，本着“继承传统、面向未来、睦邻友好、加强合作”的精神，维护好、巩固好、发展好中朝关系，加强沟通协调，深化互利合作，推动两国关系持续健康稳定发展，造福两国与两国人民，为维护半岛和地区和平稳定做出积极贡献。

30日 日本知名门户网站雅虎日前实施的一项舆论调查结果显示，有一半的日本网民支持该国首相安倍晋三延长首相任期。据报道，此次网络调查是从2016年9月20日开始实施，到当地时间30日上午8时50分止，共有9.735万人参加了投票，男性占84%，女性占16%。投票结果显示，认为安倍任期应该遵循现行日本自民党党章的规定、在2018年9月如期结束的比例为47.4%。认为任期可以延长到3届9年至2021年的为24.0%；认为安倍如果干得好的话，可以无限期当首相的比例，为25.8%。上述结果显示，有49.8%的人支持安倍延长首相任期，反对的为47.4%，两者基本处于势均力敌的状况。

10月

1~2日 应蒙古国人民党主席、国家大呼拉尔主席恩赫包勒德邀请，中共中央政治局常委、中央书记处书记刘云山对蒙古国进行正式友好访问，在乌兰巴托分别会见蒙古国总统额勒贝格道尔吉，蒙古国人民党主席、国家大呼拉尔主席恩赫包勒德，政府总理额尔登巴特。会见额勒贝格道尔吉时，刘云山转达了习近平主席的亲切问候。表示中方赞赏蒙方长期以来在涉及中方核心利益问题上坚持正确立场。额勒贝格道尔吉请刘云山转达对习近平主席的亲切问候，他说，推进与中国的全面战略伙伴关系，是蒙古国外交政策的优先方向。蒙方将坚定奉行对华友好政策，继续深化两国政治互信和各领域务实合作。会见恩赫包勒德时，双方表示，愿从战略高度和长远角度把握好两国关系大方向，加快推进“一带一路”倡议与“草原之路”倡议等的战略对接，促进经贸利益互惠、人文交往融通、人民相知相亲，推动中蒙全面战略伙伴关系发展取得更多成果，加强党际交往，深化治党治国经验交流，引领中蒙关系更好向前发展。会见额尔登巴特时，双方表示，愿密切各级别交往，坚持互利共赢，加强务实合作，打造合作亮点，不断拓展和充实合作领域和内涵，为蒙中全面战略伙伴关系发展注入新动力。访问期间，刘云山还走访了普通牧民家庭，出席中蒙文化合作暨“电视中国剧场”启动、中蒙人文交流图片展、我援蒙幼儿园启用等仪式，并见证双方签署媒体和民生合作协议。

3日 首个中国主题图书翻译出版中心在蒙古国乌兰巴托成立。该中心由中国人民大学出版社和蒙古国立师范大学共同成立。中心旨在加强中蒙新闻出版合作，搭建中蒙两国新闻出版领域唯一的政府间合作交流平台。中国人民大学出版社社长李永强与蒙古国立师范大学校长孟和吉日嘎拉代表两校签署了成立协议。中国国家新闻出版广电总局与蒙古国教育文化科学体育部对中心的成立给予高度肯定。蒙古国教育文化科学体育部部长扎·巴特索日专程接见了到访的中国人民大学出版社代表团。他表示非常重视和赞赏中心的设立，认为这是蒙中两国文化交流的重要成果，指出要把中心建成蒙中新闻出版交流的唯一官方平台和重要文化窗口，推动蒙中两国图书翻译出版工作取得更大进展。中国国家新闻出版广电总局进口管理司司长蒋茂凝鼓励中蒙两国合作单位要认真谋划、积极推进，发挥中心在推动中蒙两国新闻出版交流和人文合作中的重要作用。

△韩联社报道，韩国产业通商资源部近日组织开通了专门门户网站，用于帮助企业解决韩中自贸协定技术性贸易壁垒有关问题，该网站将及时提供中国新出台的贸易措施和韩企受损情况，为韩出口企业进军中国市场提供便利，企业可在网站提出因贸易壁垒而遇到的各种困难，韩产业技术试验院和相关部门专家将为其提供解决方案。

△蒙古国2016年国家大呼拉尔（议会）秋季会议在乌兰巴托开幕，会议将重点讨论了蒙古国2017年预算、修改投资法、外交政策以及政府施政纲领等议题。蒙古国国家大呼拉尔主席恩赫包勒德在秋季会议开幕讲话中表示，

当前，蒙古国失业率已达两位数，民众购买力下降，通过实施大型项目来提振经济的时刻到了。议会在做出决议时应避免民粹主义等因素影响，扭转投资者对蒙古国投资环境的失望情绪。除议员外，蒙古国总统额勒贝格道尔吉及各国驻蒙大使也出席了开幕式。

5日 韩国庆尚北道金泉市1000余名民众在首尔举行抗议集会，反对韩国政府将星州高尔夫球场定为“萨德”反导系统的最终部署地。

5～6日 为落实国家“一带一路”倡议，推动国家网络安全与信息化建设研究及国际合作，中国工程院副院长陈左宁院士率团访问了莫斯科。代表团先后访问了莫斯科大学信息安全问题学院和俄罗斯科学院信息传输问题研究所，考察了卡巴斯基实验室。主要访问成果包括：与莫大信息安全问题学院就网络主权问题达成共识，相约在国际社会共同发声，维护本国网络安全；与俄科院信息传输问题研究所就共同培养信息科学专业的研究和博士生事宜达成初步意向；了解了卡巴斯基与中国信息科技企业的合作情况，观摩了卡巴斯基的工作室和数据中心等，并就在网络安全技术层面开展合作交流达成一致。郑世民公参、陈强二秘全程陪同参加了上述活动。

6日 2016年第四次二十国集团（G20）财长和央行行长会议在华盛顿举行。中国财政部部长楼继伟和中国人民银行行长周小川共同主持会议。此次会议是中国担任G20主席国期间的最后一次财长和央行行长会议，主要讨论了当前全球经济形势以及税收、受益所有权和反洗钱议题，并听取了2017年G20主席国德国对2017年G20财金渠道议程的介绍。

6～7日 中国国务院副总理汪洋在吉林省调研农业农村工作。他强调，推进农业供给侧结构性改革，是提高农业综合效益和竞争力的重大举措。要认真贯彻党中央、国务院决策部署，稳步推进粮食价格形成机制和收储制度改革，以市场需求为引领，加快调整农业生产结构、产品结构、产业结构，促进农业稳定发展和农民持续增收。东北粮食主产区要认真落实责任，完善工作举措，积极引导市场预期，搭建粮食产销协作平台，鼓励多元市场主体入市，妥善安排收购资金，维护好收购市场秩序。要尽快兑现政策，保障农民种粮收益。

7日 中国国家旅游局发布的数据显示，国庆期间，全国共接待游客5.93亿人次，同比增长12.8%，累计旅游收入4822亿元，同比增长14.4%。

8日 中国物流与采购联合会发布数据显示，9月中国物流业景气指数为59%较上月回升4.7个百分点；中国仓储指数为50.6%，较上月回落2.4个百分点；中国公路物流运价指数为99.5%，比上月回升2.7个百分点。

△韩联社报道，韩国经济副总理兼企划财政部长官柳一镐在华盛顿会见世界银行行长金墉，双方签署了“韩国与世界银行合作基金筹资协议”。根据协议，韩国从2016年起三年内向世界银行提供9000万美元资金。主要用于资助发展中国家开发项目、传授韩国信息项目。双方还就世界银行扩招韩籍雇员、国际开发协会筹资、推进联合国绿色气候基金发展（GCF，秘书处位于韩国仁川）等交换了意见。

△韩联社报道，韩政府发布的数据显示，2016年1～8月访韩外国游客共计1148万人次，同比增长21.7%。其中，中国游客为561万人次，增长36.1%。韩文化部将联合韩观光公社等部门继续扩大宣传营销力度，面向非洲和中东游客推出30大高附加值旅游产品，针对中国散客开展韩流、美容方面营销活动，邀请中国网红进行在线宣传，11月还将在中国台湾和香港举办韩国文化旅游展览会，力争全年吸引1650万名外国游客和800万名中国游客。

△韩媒《中央日报》报道，世界电池产业正刮起一阵强劲的风潮。据调查，现在急速增长的电动汽车电池市场规模预计将会从2015年的6.4万亿韩元增至2020年的18.8万亿韩元。世界电池市场可以说是“中日韩三国鼎立”。

2015年在电动汽车电池领域居首位的是日本日产和NEC合资的AESC，占世界市场的23.5%。其次是LG化学（16.6%）、比亚迪、松下、三星SDI。在安装在智能手机等设备上的小型电池领域，三星SDI的占有率为25%，居首位，LG化学为16%，居第二位。其次是松下、ATL（中国）、索尼。韩国政府表示将通过产学研研究大幅提高韩国电池性能。产业通商资源部9月21日称，将投入政府研发预算270亿韩元、民间资金160亿韩元，争取在2020年时将电池能源密度提高至300瓦时/千克。若该项目取得成功，韩国国产电动汽车充一次电就可一次性在首尔—釜山区间行驶400公里以上。

△日本媒体报道，日本首相安倍晋三在对俄罗斯经济合作8项方案41个方面上，投资规模估计超过1万亿日元（648亿元人民币），涉及俄罗斯远东和西伯利亚地区基础设施建设、资源开发和生活条件改善等。安倍政府希望，通过实施基于俄罗斯需求的投资，推动包括南千岛群岛（日称“北方四岛”）领土问题在内的和平条约缔结谈判。部分投资将用于改善俄罗斯三个远东港口符拉迪沃斯托克（海参崴）、扎鲁比诺和东方港条件。在俄罗斯关注的医疗方面，日方将协助建设“日式最先进医院”，提供高质量医疗，耗资预计250亿日元（16亿元人民币）。在能源开发上，日方将投资在符拉迪沃斯托克（海参崴）近郊建设一处石油化工厂，预计耗资6000亿日元（389亿元人民币）。另外，双方将合作推进在萨哈林、西伯利亚和北冰洋沿岸的石油与天然气开发。在远东产业振兴方面，日方将参与哈巴罗夫斯克国际机场运营、建设通过控制光线与温度来种植蔬菜的室内植物工厂。人员交流上，安倍政府希望创设部长级交流促进会议，并放宽签证发放条件等。

9日　韩国大韩贸易投资振兴公社（KOTRA）发表的《对华出口结构变化及出口潜力产品》报告显示，高附加值产品近五年对华出口年一直保持着强劲的增长势头。报告显示，在设备类产品中，榨汁机、食品搅拌机、烹饪器具、家电等耐用消费品的对华出口同比增幅较大。在食品领域，精加工、奶制品及营养产品等品出口成绩瞩目。此外，人造纤维服装、休闲服饰、运动服装等高附加值产品的出口呈逐年上升趋势。报告强调，韩政府应大力加强品牌宣传、扩大电商等新流通渠道，大力挖掘对华出口的潜力品种，积极支援中小企业进军大中华市场。

△据日媒报道，日本观光厅10月7日发布的数据显示，2016年8月访日外国游客住宿人数为593万人次，较上年同月减少1.8%。

10日　中国北京举行的三北防护林体系建设工作会议透露，中国于2011年启动的三北防护林体系建设五期工程取得显著进展。五年来，累计完成投资228.6亿元，造林育林5098.65万亩，工程建设区森林覆盖率由“十一五”期末的12.4%提高到13.02%，活立木总蓄积由13.9亿立方米增加到20.98亿立方米。

△中国科学技术大学俞书宏教授课题组在人工合成珍珠母方面取得突破性进展，首次通过模拟天然珍珠母生长过程制备了人工仿生结构材料。

△韩国总统朴槿惠会见日本经济团体联合会访韩代表团，希望韩日企业扩大贸易及人才方面的交流，共同开拓国际市场和第三国市场，积极开展新成长产业合作等，希望日本企业能扩大对韩国青年人才的雇用，解决韩国失业问题和日本用工荒难题，并表示希望日本企业继续加大对韩投资，韩方将继续完善管理政策，并在税收、租金等方面给予大力支持。

△韩国产业通商资源部长官周亨焕会见日本经济团体联合会（经团连），鼓励日本扩大对韩投资。周亨焕表示，与韩国签署FTA的国家的GDP总和占全球GDP的75%，日本大企业来韩投资不仅将获得韩国自由贸易协定网络的有利条件，还将有效利用韩国优秀的通信、交通等基础设施。周亨焕表示近期两国贸易形势显现复苏势头，韩政府还将对外商投资采取

更多鼓励措施，并希望日本经团连发挥积极作用。

△“第 26 届韩日经济界会议”在首尔召开。会议由韩国全国经济人联合会（全经联）和日本经济团体联合会（经团联）主办，韩国产业通商资源部长官周亨焕、日本经团联会长榊原定征等韩日政府及经济界人士参加了会议。会议议题有：韩日经济界在亚洲区域经济一体化（韩中日 FTA、RCEP 等）中的作用及合作方案；对于全球性课题（环境、BEPS 等）的合作及贡献；双方加强合作开拓第三国市场方案；在确保增长动力方面加强合作（科学技术创新、人才培养）等。周长官指出，近年韩日贸易额不断萎缩，2015 年双边贸易额仅 715 亿美元，2016 年 8 月韩对日出口略有回升，希望两国经济界保持上述回暖趋势，并欢迎日本企业利用韩国遍布全球的自贸区网络加大对韩投资。据韩联社援引日本媒体消息报道，韩产资部长官周亨焕在接见日本经团联代表团时表示，“韩国将在近期正式决定参加 TPP，希望得到日本经济界及政府的协助。”日本媒体指出，这是韩国高层首次提及韩国加入 TPP 决定。

10～14 日　中国农业部总畜牧师王智才率代表团访问蒙古国。分别与蒙食品农业与轻工业部部长色尔格楞、兽医繁殖局局长娜仁图雅等进行了会见，与蒙肉制品协会、食品协会、牲畜繁殖协会等相关机构举行座谈，就继续加强中蒙两国在畜牧业、动物疫病防控等领域合作开展广泛交流。中国驻蒙古国使馆临时代办杨庆东陪同参加了部分主要活动。访问期间，代表团还考察了蒙兽医检验检疫站、兽医卫生中央实验室、当地牧民家庭、部分肉制品屠宰厂和加工企业，实地了解蒙畜牧规模养殖和牧民散养的基本情况，对蒙养殖、加工全产业链技术水平开展了详细调研。

11 日　中华人民共和国国务院总理李克强于在澳门举行的中国－葡语国家经贸合作论坛开幕式演讲时表示，2016 年中国经济总体好于预期，有信心达成社会、经济发展目标，中国有能力维持经济中高速增长。李克强特别强调 2016 年三季度中国经济不仅维持了上半年增长基调，还出现了一些积极变化，产业成长、企业收益、民间投资持续恢复，截至 9 月新增就业 1000 万个，31 个地区失业率时隔数年重新降至 5% 以下。此外，李克强还表示，今后三年将对亚洲和非洲地区的葡语国家提供 40 亿元人民币的援助和特别融资支持。

△俄罗斯联邦航空运输署发布消息，要求搭乘飞机的旅客在机场和飞行期间都要关闭最近多次发生起火问题的三星盖乐世 Note7 手机。

△韩国双龙汽车与中国陕汽集团在陕西省西安市签署合作意向书，双方计划共同成立合资公司，在西安市经济技术开发区内建设包含发动机工厂在内的整车生产线。这是双龙汽车在海外建设的首个生产基地。目前，汽车未列入中韩自贸协定降税目录，双龙汽车向中国出口需缴纳 22.5% 的关税。

△日本科学技术振兴机构（JST）举行“中国科技部—日本 JST 城市环境及能源领域大型联合研究项目启动会议”。会议由研究主干、东京理科大学校长藤岛昭主持，邀请各领域顾问，以及本年度启动的“海绵城市建设可再生混凝土等多种技术开发与应用”“大型公交车燃料电池水管理与低温起动性研究”“高性能紫外线激光二极管应用于有害物质分解系统的研究”等十个项目的研究组成员进行报告、答辩与研讨交流。中国驻日本使馆科技处阮湘平公参应邀出席并致辞。阮公参祝贺新一批合作项目启动，表示中方高度重视国际科技合作，专门设定了国际科技合作专项。希望有更多的日方科技机构和人员参与到中日科技合作中来。

12 日　中国科学技术大学和北京大学联合团队在国际上首次理论提出并实验实现超冷原子二维自旋轨道耦合的人工合成，测定了由自旋轨道耦合导致的新奇拓扑量子物性。研究成果发表在最新一期国际权威期刊《科学》上。这一关键突破将推动拓扑超流、拓扑超导等新奇拓扑量子物态的研究，进而给人们对物质世界的深入理解带来重大影响。《科学》杂志评论认为，该工作，“对研究超越传统凝聚态物理的奇异现象具有重大潜力”。

12～14日 中俄总理定期会晤委员会环保分委会第11次会议在俄罗斯索契召开。分委会中方主席、中国环境保护部部长陈吉宁和俄方主席、俄罗斯自然资源与生态部部长东斯科伊分别率团出席会议。双方分别介绍了两国政府一年来的重大环保举措，共同回顾了中俄环保合作进展，肯定了分委会的重要作用，并探讨了分委会第二个十年的总体合作方向。为进一步深化和加强合作，陈吉宁就分委会未来工作提出了具体建议：一是丰富分委会交流议题，就双方共同感兴趣的议题，互学互鉴、分享经验；二是继续在上海合作组织、金砖国家、亚太经合组织、联合国环境署等多边机制下进一步加强协调配合，发挥分委会在地区和全球环境事务中的积极作用。会议听取并审议了污染防治和环境灾害应急联络、跨界水体水质监测与保护、跨界自然保护区和生物多样性保护工作组的工作报告，对过去一年中俄环保合作成果给予积极评价，审议并批准了三个工作组2016～2017年度的工作计划。此外，会议还交流了两国废弃物管理方面的经验做法，同意在该领域加强合作。中方介绍了松花江流域水污染防治的进展情况，以及严控环境风险、确保生态安全的诸多举措。俄方介绍了俄联邦政府部门和哈巴罗夫斯克边疆区政府在黑龙江（阿穆尔河）流域开展的环保工作。会后，陈吉宁和东斯科伊签署了会议纪要。驻俄使馆科技处陈强二秘陪同中方代表团参加了会议。

13日 中华人民共和国国土资源部和国家发改委联合印发了《关于落实“十三五”单位国内生产总值建设用地使用面积下降目标的指导意见》。提出，“十三五”时期节约集约用地的主要目标是，到2020年末，各省（区、市）单位国内生产总值建设用地使用面积比2015年末下降不低于20%，年度下降率不低于4.36%。通过五年的工作推进，充分释放土地资源利用的空间和潜力，实现以较少的资源消耗支撑更大规模的经济增长。

△中国科学院消息，全球首颗量子科学实验卫星“墨子号”正在开展为期三个月的在轨测试，目前状态良好，预计11月中旬完成全部在轨测试工作，随后卫星将交付使用，正式开始科学实验。

△蒙古国国家大呼拉尔主席（议长）恩赫包勒德在当天举行的“游牧旅游和城市可持续发展”丝绸之路国际论坛上表示，根据蒙古国稳定发展规划，将蒙古国打造为国际游牧旅游中心是该国未来旅游业发展的目标，蒙古国将采取措施落实这一目标。论坛旨在推介蒙古国旅游业、通过促进旅游业增加就业并增加外汇收入。数据显示，蒙古国旅游业提供5万多个就业岗位。每年约40万外国游客入境，带来的收入约占国内生产总值的3%。蒙古国政府的目标是，到2020年将入境外国游客数提升至100万人。

14日 中日笹川医学奖学金制度设立30周年纪念仪式在日本东京举行。中国驻日本大使程永华、国家卫生计生委副主任马晓伟、日本厚生劳动副大臣古屋范子、日本财团会长笹川阳平、日中医学协会理事长小川秀兴等出席，中日双方医学界人士400余人参加仪式。程永华大使在致辞中表示，30年来，中日双方依托奖学金制度开展了卓有成效的合作，大力推进实施中国医学人才培养，为中国医疗事业的发展做出了重要贡献。中日医学合作作为中日务实合作的重要组成部分，为增进两国相互了解和认知、促进信任发挥了重要作用。随着中日关系改善和发展，中日医学合作事业将大有可为，希望中日医学交流合作不断取得新的发展。马晓伟副主任对未来项目发展提出三点倡议。一是开拓进取，推进两国医学前沿领域的合作；二是团结合作，不断提高项目水平，扩大影响；三是相互尊重，不断加深两国医学工作者之间的友谊。古屋范子副大臣表示，日中两国医疗卫生领域交流起步很早，不仅开展了政府间交流合作，专业领域的合作也非常广泛，希望今后深入研讨，进一步加强双方医疗卫生领域合作。笹川阳平会长表示，日本财团将继续支持笹川医学奖学金制度，期待历届笹川奖学金进修生们为中国的发展做出更大贡献。

△由中国驻日使馆商务处、德勤日本以及德勤中国联合主办的“中国企业对日投资研讨会暨《中国企业对日投资指南》（修订版）发布会”在中国驻日使馆商务处举行。中国驻日使馆商务处刘亚军公使在致辞中强调，对外投资合作是中国与世界各国经济深度融合，实现互利共赢的桥梁。中国提出“一带一路”倡议，发起设立“亚洲基础设施投资银行”，为中国企业走出国门、走向海外提供了历史性机遇。期待通过此次研讨会，促进中国企业对日投资，助力中国企业在日投资与发展。德勤全球中国服务部主席杨莹在致辞中强调，中国企业对日投资，无论是从绝对金额还是相对比重来看仍然较少，与中日贸易量相比，存在巨大的提升空间。希望通过此次研讨会，帮助中国企业提升对日投资和在日经营的经验和应对能力。研讨会上，并购、税务、法律等方面的专业人士，介绍了日本投资环境、中国企业在日投资程序，以及管理运营日本公司、并购日本公司等方面的经验。此次研讨会得到日中投资促进机构、JETRO、日本中华总商会、日中经济协会、中国贸促会驻日本代表处等机构的支持和参与，30 余家来自制造、贸易、科技、银行、保险、综合等领域的在日中资企业负责人参会。会上发布的《中国企业对日投资指南》（中日文对照修订版），获得与会企业人士的好评。

△大韩民国中国城开发公司表示，公司已筹资 500 亿韩元（约合人民币 2.96 亿元），计划于 12 月着手土地补偿工作，正式在京畿道平泽市启动中华圈友好城市建设项目。大韩民国中国城开发公司由韩国未来资产证券公司、浦项建设及中国力勤集团等共同出资成立，计划在京畿道平泽市浦升面黄海经济自由区玄德地区建设中华圈友好城市。玄德地区总面积达到 232 万平方米，中华圈友好城市规模将大于全球 55 处唐人街面积之和。中国城开发公司将依次在该地区建设公共设施、流通设施、住房、商业办公设施、旅游和医疗设施等。公司还计划吸引韩国及中国物流、流通、房地产、建设公司资本，争取在 2022 年完成建设中华圈友好城市。据预测，该新城建成后，将有 3 万多人口入住，可创造 4 万多个工作岗位。中国城开发公司负责人表示，平泽港和唐津港是丝绸之路起点，也是对华贸易基地，因此建设中华圈友好城市具有重大意义。

15 日　中国国家主席习近平在印度果阿会见俄罗斯总统普京。习近平强调，中俄两国同为联合国安理会常任理事国和主要新兴市场国家，要密切在联合国、上海合作组织、金砖国家等多边框架内的协调和配合，共同推动国际秩序朝着更加公正合理的方向发展，维护好新兴市场国家和发展中国家利益。上个月，我们在二十国集团领导人杭州峰会期间举行了富有成果的会晤，就推动中俄全面战略协作伙伴关系高水平发展达成重要共识。双方要加紧推动落实有关成果。习近平指出，二十国集团领导人杭州峰会期间，金砖国家领导人成功举行非正式会晤，就推进金砖国家合作深入交换意见，达成很多重要共识。中方期待金砖国家领导人第八次会晤取得积极成果，为金砖国家合作发展注入新动力。中方将于 2017 年担任金砖国家主席国，愿同包括俄方在内的各方一道，办好金砖国家领导人第九次会晤。普京表示，很高兴俄中高层和各领域保持密切沟通，这对推动俄中全面战略协作伙伴关系发展十分重要。俄罗斯致力于加强同中国在多边框架内合作，支持中国 2017 年成功举办第九次金砖国家领导人会晤。中国是俄罗斯重要的经济伙伴，俄方愿同中方一道，深化双方在能源、交通基础设施、航空制造、航天等领域合作。俄方支持欧亚经济联盟同丝绸之路经济带倡议对接合作。习近平和普京还就朝鲜半岛局势等共同关心的国际和地区问题深入交换意见。双方同意保持密切沟通和协作，共同维护东北亚地区和平稳定及双方共同利益。

16日 中国载人航天工程新闻发言人、载人航天工程办公室副主任武平宣布，经空间实验室飞行任务总指挥部研究决定，瞄准10月17时30分发射神舟十一号载人飞船，飞行乘组由航天员景海鹏和陈冬组成，景海鹏担任指令长。

△金砖国家领导人第八次会晤在印度果阿举行。中国国家主席习近平、印度总理莫迪、俄罗斯总统普京、南非总统祖马、巴西总统特梅尔出席。五国领导人围绕“打造有效、包容、共同的解决方案”主题就金砖国家合作及其他共同关心的国际和地区问题深入交换看法，达成广泛共识。

△金砖国家领导人同“环孟加拉湾多领域经济技术合作倡议”成员国领导人对话会在印度果阿举行。国家主席习近平同印度总理莫迪、南非总统祖马、巴西总统特梅尔、俄罗斯总统普京以及斯里兰卡总统西里塞纳、孟加拉国总理哈西娜、不丹首相托杰、尼泊尔总理普拉昌达、缅甸国务资政昂山素季、泰国政府代表等共同出席。

△韩联社报道，国际结算银行（BIS）消息，2016年8月末的韩元实际有效汇率指数为118.53（2010年100基准），较6月末（113.87）上升4.1%；2016年7~8月韩元升值幅度居27国之首。韩元升值令韩国产品的价格竞争力不断下降，上个月韩国出口再次呈现颓势。韩币升值将削减出口企业的价格竞争力，对于低迷不振的出口企业来说无疑是雪上加霜。7月韩国出口额同比减少10.2%，连续19个月同比减少。据美国财务部14日消息，韩国政府为防止韩元过度升值，2016年7~8月购买93亿美元的外汇资产。分析认为，韩币升值主要是受外部因素影响。美联储或延迟升息，三大国际信用评级机构之一的标准普尔（S&P）日前将韩国主权信用评级从AA－上调至AA，促使外资流入韩国。

17日 由中国北京恒和医院出资，与蒙古国第一中心医院合作建立的国际远程医疗会诊中心揭牌仪式在蒙古国第一中心医院举行。中国驻蒙古国大使馆临时代办杨庆东、蒙古国卫生部部长朝格策策格在仪式上致辞祝贺。蒙古国家大呼拉尔委员朝格卓勒玛、比列格特，北京恒和医院董事长李剑、院长迟诚及有关专家，蒙古国第一中心医院院长宾巴道尔吉及医护人员等近百人出席活动。蒙古十余家主流媒体对活动进行报道。此次揭牌的远程医疗会诊中心，是蒙古国第一个国际性远程医疗会诊中心，在当地医疗界具有很好的示范作用。中心启用后，将在北京恒和医院和蒙古国第一中心医院间架起便捷畅通的信息化桥梁，双方医疗专家可利用信息化手段和互联网数字平台及时开展交流，共享优质医疗资源，把一流的国际医疗资源带到蒙古国患者面前，同时带动蒙优秀医疗人才培养。杨代办在致辞中对两所医院密切配合、在短期内高效建成国际远程医疗会诊中心表示祝贺。希望两所医院严格遵守中蒙两国医疗法规，充分用好会诊中心平台，不断深化互利合作，为蒙古患者提供优质有效的医疗服务。启动仪式后还举行了北京恒和医院与蒙古国第一中心医院首次视频会议及远程诊疗演示。

△据日媒报道，作为日本与俄罗斯南千岛群岛（日称“北方四岛”）问题的解决方案，日本政府正在讨论日俄两国共同统治方案。日方认为，采取在最终归属问题而存在对立的国后和择捉两岛等地共同行使主权的方式，有可能维持双方此前主张的情况下相互妥协。日本将提出以北方四岛哪些岛屿为对象以及在多大程度上给予哪个国家施政权等多个方案，希望启动与俄罗斯的全面磋商。这是日本首相安倍晋三5月在索契进行日俄首脑会谈时向普京提出的基于“新思路”的谈判的一环，安倍希望在预定12月15日在日本山口县举行的日俄首脑会谈中启动磋商。

△韩联社10月17日报道，最近年轻游客

明显增加，从韩国各大免税店的销售数据来看，访韩中国游客的年轻化趋势凸显。新罗酒店17日发布的数据显示，2016年1~9月新罗免税店奖忠洞店面向中国人的销售额中，20~29岁和30~39岁的销售额占比分别达35.7%和40.8%。2009年，面向20~39岁中国游客的销售额比重只占34.1%，2011年升至53.4%，2013年达60.0%，2015年激增到73.5%。其他免税店也出现同样的现象。据韩国观光公社（韩国旅游发展局）的统计数据，2015年访问韩国的中国游客中20~39岁占比突破50%大关，为50.4%。据分析，这是中国出国游人口增加、韩流热潮等多种因素相作用的结果，尤其是“90后”和散客增加起到了决定性作用。

△日本央行公布的地区经济报告（又称樱花报告）集中关注访日外国游客动向，汇总了访问地与观光内容多样化的现状。其中，动物观察、手擀荞麦面等体验型观光人气渐增。报告称，普遍意见认为到2020年东京奥运会，外国游客数将持续上升势头，要求在外语应对等方面加以完善。据报道，日本央行总行与分行对企业实施的意见征询收到大量反馈称，2016年春中国实施关税新政以来，“免税商品的销售额较上年下滑40%以上”，认为中国游客的大手笔消费有所减少。日本央行还指出，外国游客旅行消费额整体并未下滑，并强调增强接纳态势以及在旅游资源上更精益求精至关重要。

18日　俄罗斯中部军区部署在西西伯利亚和南西伯利亚地区的部队开始接受战备检查。

△日本秋季例行祭祀首日，安倍晋三向靖国神社供奉名为“真榊”的祭品。此外，日本跨党派国会议员团体“大家一起参拜靖国神社”朝野议员集体参拜了靖国神社。对此，韩政府以外交部发言人赵俊赫的名义发表评论，深表忧虑和遗憾。韩国政府指出，日本政府及国会领导再次参拜靖国神社并向其供奉祭品。韩国政府敦促日本政治人士树立正确的历史观，在此基础上以实际行动展现对侵略历史的反省，以赢得邻国及国际社会信赖，共同走向未来。

△据日媒报道，日本学生支援机构（JASSO）日前进行的一项统计显示，2015年5月在日本学习的外国留学生达20.8379万人，同比增长13%。从学生生源地分析，亚洲留学生超过19万人。其中，来自中国大陆的留学生达9.41万人，占据最高比例。2015年，中国留学生人数同比稍有减少，但占全部留学生的比例仍然达45.2%。

18~20日　韩国外交部长官尹炳世和国防部长官韩民求在美国访问。尹炳世和韩民求18日抵达美国首都华盛顿，19日与美国国务卿约翰·克里、国防部部长阿什顿·卡特举行“2+2”会议。20日韩民求出席第48届韩美安保会议。韩方表示，“2+2”会议着重磋商“延伸威慑”具体合作方向和切实加强“延伸威慑”执行力的方案。尹炳世18日与韩民求出席联合新闻发布会时说，韩方与美方讨论应对朝鲜威胁的全面战略措施，包括强化对朝制裁和加强“延伸威慑”，后者“是美国对韩安全承诺的关键组成部分”。韩民求表示，朝鲜核能力不断升级且朝鲜持续发出核武威胁，在这一背景下韩美“2+2”会议和韩美安保会议尤显重要。会议讨论强化包括核保护伞在内的美国协防多种措施。

19日　中国国家主席习近平在北京参观第二届军民融合发展高技术成果展。他强调，军民融合是国家战略，关乎国家安全和发展全局，既是兴国之举，又是强军之策。军民融合不断取得阶段性成果，呈现加快发展良好态势。要继续推动体制机制改革创新，从需求侧、供给侧同步发力，从组织管理、工作运行、政策制度方面系统推进，继续把军民融合发展这篇大文章做实，加快形成军民深度融合发展格局，切实打造军民融合的龙头工程、精品工程，为实现中国梦强军梦做出新的更大的贡献。李克强、张德江、俞正声、刘云山、王岐山、张高丽分别参观展览。

△神舟十一号载人飞船与天宫二号空间实验室成功实现自动交会对接，这是天宫二号自

9月15日发射入轨以来，与神舟飞船的首次交会对接。6时32分，景海鹏、陈冬以飘浮姿态先后进入天宫二号空间实验室，顺利实现入驻。20日，在北京航天飞行控制中心的精确控制下，天宫二号与神舟十一号进行了组合体飞行期间的首次轨道维持，降低了轨道高度，为后续任务做好准备。变轨成功后，北京飞控中心再次控制天宫二号和神舟十一号组合体调整姿态，由原先的到飞状态转为正飞，这也是组合体标准的飞行状态。

△韩联社报道，中国驻韩国大使邱国洪在韩国中坚企业联合会举办的早餐演讲会上表示，韩中两国企业应加强合作，有效应对全球经济不景气，两国企业界的合作将成为引领东亚经济发展的核心原动力。中坚企业联合会会长姜镐甲表示，韩国对华出口额占出口总额的25%，必须注视中国市场变化，联合会将帮助韩国中型骨干企业制定应变方案并与中国企业建立合作关系。

20日　中国国家统计局初步核算，2016年前三季度国内生产总值529971亿元，按可比价格计算，同比增长6.7%。

△中国驻俄罗斯使馆与俄罗斯国际事务委员会共同举办“现实与前景：‘一带一路’与欧亚经济联盟对接、欧亚伙伴关系构建”座谈会。驻俄罗斯大使李辉、俄罗斯国际事务委员会主席、前外长伊万诺夫、欧亚经济委员会一体化发展司司长舒赫诺、俄科学院远东研究所所长卢佳宁等出席并致辞，俄国际事务委员会、俄科学院远东研究所、莫斯科卡内基中心、莫斯科国际关系学院、莫斯科大学等学术研究机构和高校的知名学者、使馆外交官等40余人参会，座谈会由俄国际事务委员会主任科尔图诺夫主持。李辉大使在致辞中表示，“一带一路”倡议是一项共同发展、共同繁荣的方案。2015年5月，习近平主席同普京总统共同发表联合声明，启动丝绸之路经济带建设和欧亚经济联盟建设对接，体现了中俄关系“互相提供重要发展机遇、互为主要优先合作伙伴”、造福两国、造福地区、造福国际社会的鲜明特点。2016年6月，普京总统访华时提出构建“欧亚伙伴关系”的新倡议。这一倡议传递了俄方加强多边合作、建立欧亚大陆互利共赢平台的主张，给中俄和地区国家深化彼此关系描绘了美好前景。中方愿同俄方一道，脚踏实地，把对接合作推向更高水平、更广空间。伊万诺夫主席在致辞中表示，无论是欧亚经济联盟与“一带一路”的战略对接，还是构建“欧亚伙伴关系”，俄中都是重要驱动力量。与会学者围绕“一带一路”与欧亚经济联盟对接思路、方向以及对构建“欧亚伙伴关系”的理解和实施方式等问题进行了积极讨论。

△据韩方统计，2016年6月韩外贸总额为791亿美元，同比减少4.93%。其中，进口338亿美元，同比减少7.7%，出口453亿美元，同比减少2.7%。贸易收支115亿美元，连续53个月保持顺差。1～6月，韩累计外贸额为4343亿美元，同比减少11.51%。其中，进口1925亿美元，同比减少13.4%，出口2418亿美元，同比减少9.9%。贸易收支为493亿美元顺差。6月，韩国贸易收支115亿美元，连续53个月保持顺差。对主要国家和地区的贸易顺差分别为：东南亚52.3亿美元、中国30.7亿美元、美国22.1亿美元、中南美12.5亿美元。对主要国家和地区的贸易逆差分别为：中东22.5亿美元、日本17.4亿美元、欧盟8.1亿美元和澳大利亚4.2亿美元。6月，中韩双边贸易额为174.96亿美元，同比减少6.7%，其中，韩自华进口72.12亿美元，同比减少2.5%，对华出口102.84亿美元，同比减少9.4%。中韩双边贸易额占韩外贸总额的比重为22.12%。韩对华贸易顺差30.72亿美元，同比减少22.23%。1～6月，中韩贸易总额为1002亿美元，同比下降10.99%。其中，韩自华进口416亿美元，同比减少6.3%，对华出口586亿美元，同比减少13.9%，对华贸易顺差74亿美元，同比减少30.3%。

△中国驻朝鲜大使李进军率部分馆员前往

位于平壤近郊的中朝友好宅庵合作农场，开展秋收支农活动。朝鲜对外文化联络委员会亚洲局局长赵澈龙、宅庵农场管理委员会委员长郑明哲等陪同。劳作间隙和劳动结束后，李大使详细询问了农场生产建设情况，对农场 2016 年喜获丰收表示祝贺。中国驻朝鲜大使馆高度重视同农场的友好合作关系，愿与农场方面加强沟通协调，不断提高合作水平，共同努力将农场建设得更好。郑委员长感谢中国大使馆长期以来对农场的关心和支持，强调农场取得的发展进步与中国同志的支持和帮助是分不开的。下一步，农场希望继续强化同中国大使馆的合作，积极开展各项生产建设，努力向朝鲜一流农场迈进，为发展朝中友谊做出新的贡献。

△朝鲜第五次核试验后，美国向韩国派遣了 B－1B 战略轰炸机对朝示威。对此，日本媒体报道称，美国当时曾提议韩美日三国军机联合编队飞行，以展示同盟团结，但因韩方为难而作罢。韩联社 19 日援引韩方消息人士的话报道，韩美两国并未就美国向韩出动战略武器时日本军机进入韩国防空识别区的问题进行正式协商。

20～22 日 “一带一路”学术访问团访问蒙古国，访问团由中国外交部亚洲司参赞刘志杰率领，成员包括外交学院国际关系研究所副所长曲博、国务院发展研究中心副研究员冯文猛、中国国际问题研究院副研究员宋均营等。访蒙期间，访问团赴蒙对外关系部、奥特根腾格尔大学、蒙古国科学院国际关系研究所、蒙古国新闻网等座谈交流，就中国“一带一路”倡议，中国同有关沿线国家合作等与蒙古国政界、学界、媒体人士广泛、深入交换意见。访问团还应驻蒙古国使馆青年读书会邀请，与使馆青年同志交流，并赴在蒙中资企业举办的“中银大讲堂”举办讲座。中蒙双方一致认为，“一带一路”倡议为沿线国家带来巨大发展机遇。中蒙地理相邻，经济互补，双方要根据两国领导人达成的重要共识，加快推动“一带一路”倡议同“草原之路”倡议的战略对接，携手实现共同发展。

21 日 中国国家统计局公布 2016 年三季度中国规模以上工业增加值增速达 6.1%，与二季度相同，比一季度增加 0.3 个百分点。与上半年比较，工业“缓中趋稳、稳中有进、稳中向好”态势更加明显，稳的力量在增加，好的迹象在增多，趋稳向好态势正在确立。前三季度中国跨境资本流出压力总体呈缓解态势。从银行结售汇数据看，前三季度银行累计结汇 7.13 万亿元人民币，售汇 8.73 万亿元人民币，结售汇逆差 1.6 万亿元人民币；从银行代客涉外收付款数据看，前三季度累计涉外收入 13.6 万亿元人民币，对外付款 15.27 万亿元人民币，涉外收付款逆差 1.67 万亿元人民币。

△中国纪念红军长征胜利 80 周年大会在北京人民大会堂隆重举行。习近平在会上发表重要讲话时强调，历史是不断向前的，要达到理想的彼岸，就要沿着我们确定的道路不断前进。每一代人有每一代人的长征路，每一代人都要走好自己的长征路。今天，我们这一代人的长征，就是要实现“两个一百年”奋斗目标、实现中华民族伟大复兴的中国梦。长征永远在路上。不论我们的事业发展到哪一步，不论我们取得了多大成就，我们都要大力弘扬伟大长征精神，在新的长征路上继续奋勇前进。李克强、张德江、俞正声、刘云山、王岐山等出席大会。

△经中国国务院总理李克强签批，国务院印发《全国农业现代化规划（2016—2020 年）》，对“十三五”期间全国农业现代化的基本目标、主要任务、政策措施等做出全面部署安排。

△驻日本大使夫人汪婉参赞应邀出席日本科学技术振兴机构和东京都日中友协联合举办的演讲会，发表题为“中日各领域交流不乏成果但互信缺失的原因”的演讲。日本社会各界人士 300 余人出席。汪婉参赞在演讲中剖析了中日双方政治互信缺失的症结所在。汪婉参赞指出，日本国内少数人仍抱着以意识形态画线的冷战思维看待中国，视中国为国际秩序的

“挑战者”，拉帮结派试图牵制围堵中国，这干扰了两国关系稳定健康发展。汪婉参赞强调，中国是国际秩序的维护者、建设者和贡献者，中日两国的共同利益远大于分歧，中国的发展对日本不是威胁而是机遇。作为世界第二、第三大经济体和重要近邻，中日两国在全球化的时代潮流中和则两利，斗则俱损。希望日方全面客观看待中国的发展，本着合作共赢的精神同中方加强在环境、能源、社会保障、对外援助等领域的合作，推动中日关系不断改善。演讲结束后，汪婉参赞还与东京都日中友协青年委员会代表就中日青少年交流等进行了讨论。

△韩国《中央日报》报道，韩国男性的平均退休年龄为72.9岁，女性为70.6岁。这比经济合作与发展组织（OECD）成员国的平均值（男性64.6岁，女性63.2岁）多了7～8年。更严峻的是，50岁左右退休后，仍要辗转20多年从事临时工、散工等单纯体力劳动。据OECD调查，55～64岁的壮年阶层中，从事临时工作的韩国人达到33.9%。而OECD成员国的平均值为8.4%。而且，持续聘用率仅为23%，远未达到OECD成员国的平均值（44%）。更令人惊讶的是，拥有众多高学历的韩国劳动者，随着年龄的增长，能力却在急速下降。韩国劳动者在青年期的能力超过OECD平均值，但到了壮年期却远低于OECD成员国。有说法称，韩国忽略了对能力和能力开发的投资。这样看来，提前退休后再就业的人群在退休后找不到工作，大多都从事个体户和临时工工作。工资水平与以前相比也大幅下降。

△韩国农水产食品流通公社为引领韩国食品打入中国市场，创办了专卖韩国食品的微店“韩食王”。随着中国政府放开二孩政策，每年将多有300万名婴儿诞生。这对进军中国婴幼儿食品市场的韩国企业来说可谓全新的挑战。农水公社于近日在上海华亭酒店举办中国幼儿用品博览会，并与中国主要城市的婴幼儿食品零售店和批发中心签约，携手助推韩国食品出口。在今后的1个月内，中国85个地区的婴儿用品专卖店和14个婴幼儿用品批发中心将设韩国用品专门柜台和流动商店，为叩开高门槛的中国婴幼儿用品市场大门迈出重要一步。

△韩国《亚洲经济》发表评论称，中韩两国地缘相近、文缘相通、心缘相亲、经济相融，在诸多方面都有许多共同利益。可以说韩国是中国经济高速发展的最大受惠者，近年来韩国经济对中国市场的依赖越来越强，若中韩两国外交关系紧张，必将给韩国经济带来重创，因此有专家认为韩国应该积极探索寻求新的突破口。一方面，中国经济的硬着陆可能性以及对韩国产品的各种限制使韩国主力产品的对华出口大幅减少。另一方面，大量中国产廉价产品涌入韩国市场也给本就脆弱的韩国经济重重的一击。2015年中国对韩出口额为1014亿美元，占中国对外出口的4.4%。韩国是中国的第四大出口对象国。中韩自由贸易协定生效以后，中国廉价产品的对韩出口或持续增加。另外，廉价的中国钢铁制品流入韩国，也使韩国钢铁业感到危机重重

22～27日 中国共产党第十八届中央委员会第三次全体会议在北京举行，全会审议通过《关于新形势下党内政治生活的若干准则》和《中国共产党内监督条例》，在广大党员干部群众中引起热议。大家一致认为全会聚焦全面从严治党，实现党内政政治和党内监督制度化、规范化、程序化，为推进党的建设新的伟大工程注入新的动力；纷纷表示要全面深入贯彻全会精神，继续推进全面从严治党，共同营造风清气正的政治生态，为实现中华民族伟大复兴的中国梦而不懈奋斗。

23日 随天宫二号空间实验室发射入轨的伴随卫星成功释放。在释放过程中，航天员景海鹏和陈冬利用手持摄像机从舱内拍摄到了伴随卫星从天宫二号下方百米外掠过的视频。

△中蒙文化教育基金会发起并主办，中国驻蒙古国大使馆、蒙古国郭勒穆特银行支持的在蒙中资企业篮球联赛闭幕式在中国驻蒙古国使馆隆重举行。中国驻蒙古国使馆临时代办杨

庆东、政务参赞郭心桥、中蒙文化教育基金会理事长代兴军、蒙古国郭勒穆特银行代表、运动员、基金会会员单位代表等数十人出席了闭幕式。本次联赛由蒙古国郭勒穆特银行冠名赞助，中蒙文化教育基金会数十家会员单位参与，历时一年有余，是基金会举办的规模最大、跨度最长的会员活动。联赛的成功举行，促进了中资企业与蒙古本地企业的交流与合作，进一步增进了中蒙两国文化交流和传统友谊。

23～29 日 韩国光州市举办“中国文化周”活动，让在光州的中国人和光州市民互相体验对方的文化。中国驻光州总领事孙显宇、光州市行政副市长朴炳浩（音）以及光州市民、在光州的中国人等 500 余人参加了 22 日举行的开幕式。光州市民在开幕式上观看了光州市立少年合唱团的表演和中国变脸表演，还体验了中国传统服饰和游戏等多种文化活动。活动期间，有文艺表演、美术展览、文化体验等各种活动。

25 日 对于日本官员日前涉及“慰安妇”问题的言论，中国外交部发言人陆慷表示，日方应正视和反省日本军国主义对外侵略战争中犯下的严重罪行，以实际行动取信于亚洲邻国和国际社会。

△中国工商银行东京分行（以下简称“工行东京分行”）在日本成功发行 5 亿元人民币债券，成为在日本首家发行上市人民币债券的中资银行。此笔债券将于 11 月 1 日在东京证券交易所上市。据工行东京分行公布的消息，本次债券发行规模总计 5 亿元人民币，期限 3 年，息票 3.8%。本次发行得到了包括日本投资家在内的广大国际市场投资家的积极认购，最终获得 5 倍超额认购。据工行东京分行方面透露，本次人民币债券的成功发行是工行东京分行推动在日人民币业务的创新性尝试。

25～26 日 中朝边界联合委员会第三次会议在平壤举行。联委会双方首席代表、中国外交部副部长刘振民与朝鲜外务省副相朴明国分别率团出席。两国公安、环保、交通、水利、国防、口岸等部门以及相关地方政府代表参加。

26 日 中朝在朝鲜平壤友谊塔举行纪念中国人民志愿军入朝作战 66 周年活动。朝鲜最高人民会议常任委员会秘书长洪善玉、保健相兼朝中友协委员长姜河国、劳动党中央国际部副部长李昌根、外务省副相申洪哲、人民武力省副相尹东贤、人民保安省副相金松范、对外经济省副相具本泰、文化省副相金仁范、对外文委副委员长朴京日、平壤市人民委员会副委员长文哲等朝鲜党政军有关部门领导干部及平壤市民代表，中国驻朝鲜大使李进军率全体馆员和家属，以中国外交部副部长刘振民为团长的中朝边界联委会第三次会议中方代表团，来自民政部、吉林省、丹东市和中华英烈褒扬事业促进会的志愿军烈士祭扫代表团，以及在朝志愿军烈士纪念设施修缮工程工作组、旅朝华侨、在朝中资机构、媒体、留学生代表等共 360 余人参加活动。朝鲜劳动党中央委员会、最高人民会议常任委员会、内阁联名敬献花圈，缎带上题写着“光荣属于中国人民志愿军烈士”字样。中国驻朝鲜大使馆敬献的花圈缎带上题写着“中国人民志愿军烈士永垂不朽”字样。朝鲜人民军军乐队奏响中朝两国国歌，平壤市群众代表纷纷向友谊塔敬献花束，表达对志愿军烈士的崇敬之情。仪式结束后，双方出席人员共同瞻仰友谊塔塔室，翻阅中国人民志愿军烈士名录，观看室内志愿军战士入朝作战主题壁画，听取朝方讲解志愿军战士与朝鲜军民并肩浴血奋战、抗美援朝、保家卫国、历尽艰辛并最终赢得胜利的光辉历史。同日，中朝双方还向平壤市兄弟山中国人民志愿军烈士陵园敬献花圈。中国驻清津总领馆赴咸境北道稳城郡南阳邑祭扫志愿军烈士陵园。

27 日 《人民日报》报道，经李克强总理签批，国务院日前印发《关于开展第二次全国污染源普查的通知》，决定于 2017 年开展第二次全国污染源普查。

△中共中央办公厅发出《关于认真学习宣传党的十八届六中全会精神的通知》强调学习

宣传贯彻党的十八届六中全会精神，是当前和今后一个时期全党全国的重要的政治任务。各地区各部门要以高度的政治责任感和使命感，认真组织党的十八届六中全会精神的学习宣传。

△中华人民共和国财政部公布数据 1～9 月，全国国有企业经济运行趋稳向好，收入同比继续保持增长，增幅略有上升，钢铁行业实现扭亏为盈。数据显示，1～9 月国有企业营业总收入 327015.8 亿元，同比增长 0.8%；国有企业利润总额 17206.8 亿元，同比下降 1.6%。

28 日　中共十二届全国人大常委会党组召开会议，传达学习贯彻党的十八届六中全会精神。张德江主持会议并讲话。会议强调，学习贯彻党的十八届六中全会精神，是当前和今后一个时期全党全国一项重要政治任务。全国人大常委会党组和全国人大各级党组织、全体党员干部，要认真学习、深刻领会全会精神，切实把思想和行动统一到以习近平同志为核心的党中央关于全面从严治党的重大决策部署上来，不断把党的建设新的伟大工程推向前进。

29 日　韩国民众在首尔市中心举行大规模烛火示威集会，要求总统朴槿惠下台。

30 日　迫于“亲信干政”事件压力，韩国总统朴槿惠接受了总统府秘书室长、民政首席秘书、宣传首席秘书等八名核心幕僚的辞呈，紧急对总统府进行改组。

31 日　俄罗斯总统普京签署联邦法律，暂停俄美政府间《钚管理和处置协定》效力。该法当日起生效。

11月

1 日　中国自主研制的新一代隐身战斗机歼－20 首次公开亮相。

△俄罗斯符拉迪沃斯托克（海参崴）自由港监理会批准了总投资金额超过 940 亿卢布的 35 个投资项目，这一名单中的五个项目将不在滨海边疆区境内实施，分别处于哈巴罗夫斯克边疆区、萨哈林州和堪察加边疆区。

△俄罗斯远东发展部部长加鲁什卡表示，目前该部正在同国家杜马、外交部等相关部门开展工作，以便有关外国公民 8 日电子签证机制的法案能够通过，并于 2017 年开始运行。俄罗斯从未实施过此类机制，法案通过后需要大约 6 个月的时间调试和运行系统。

△据韩联社 11 月 1 日报道，韩国外交部发言人赵俊赫 1 日在例行记者会上就总统“亲信干政门”丑闻引发外界忧虑一事表示，外长尹炳世日前向驻外外交机构发送公文，要求各馆向各国政府强调韩国主要政策在如常推进。尹炳世在公文中说，韩国政府将坚定不移推进朝核问题等主要外交、安全领域政策。分析认为，“亲信干政门”持续发酵后，外界和部分国家担忧韩国外交、安全领域政策将失去动力，尹炳世上述举措是为抵消这些忧虑。

△中国黑河市与俄罗斯布拉戈维申斯克市口岸国际航线气垫船旅客运输正式开通，黑河港务局五艘气垫船全部投入运营。黑河海事部门严格执行“一日一船一证”“见证放行”的监管要求，做好进出港许可证的发放工作，规范口岸船舶管理。口岸大厅联合黑河市场监管局口岸创优消费环境办开展口岸商店食品销售专项检查和法律宣传，保障出入境口岸食品卫生安全和公众健康。

△俄罗斯哈巴罗夫斯克紧急情况总局和中国佳木斯海事局就预防和消除突发事件和信息交流方面的合作进行了国际谈判，并签署了进一步合作协议。双方商定在阿穆尔河和乌苏里江遇到紧急情况时相互协作，对通信和数据进行交换，及时提供信息以预测和评估发生紧急情况可能性。双方必须采取统一方法应对可能发生的事故，在消除边境河流紧急情况后果、确保生态安全、中俄人民互助、发生跨国紧急情况时完善两国人员和设备等进一步合作。

△据日本媒体报道，日本首相安倍晋三在官邸与俄罗斯联邦委员会主席马特维延科举行会谈，为使 12 月 15 日与俄总统普京在山口县举行的日俄首脑会谈获得成功，双方就加速双

边磋商达成一致。安倍强调："日俄都是拥有很大潜力的国家。"马特维延科回应称："两国关系在积极前进中。"马特维延科向媒体表示"（我们）就配合普京访日的准备工作交换了意见"。同时在与安倍的会谈中确认了安倍提议的 8 项经济合作具体化及议员交流的重要性。

马特维延科还在东京召开记者会，就日本希望归还的日俄争议岛屿表示俄罗斯不能交出主权。她在表示欢迎日本方面参与日俄争议岛屿的共同经济活动的同时，称活动"必须以俄罗斯主权与法律之下展开"，强调俄罗斯实际控制的日俄争议岛屿主权将不会移交给日本方面。

马特维延科还与日本参院议长伊达忠一、公明党党首山口那津男分别进行了会谈。山口就日俄首脑会谈表示："期待双方为发展关系达成新的共识与协定"，山口同时就南千岛群岛（日称"北方四岛"）问题称，"希望（为进展）提供支持"。

2 日　《人民日报》报道，在 2016 年世界生命科学大会召开之际，中华人民共和国国务院总理李克强指出，生命科学是 21 世纪重要的综合性学科领域，关系人类的生存、健康和可持续发展。希望中国科学家、企业家与各国同行一起，围绕本次世界生命科学大会的主题，瞄准生命科学重大需求，进一步加强交流与合作，相互借鉴，以更多科学突破和创新积极应对人类生存发展面临的共同挑战，形成新的生产力，推动世界经济社会可持续发展，共创人类美好的未来。

△俄罗斯经济发展部副部长齐布里斯基近日对记者表示，该部将支持财会部门的提议，将此前计划用于发展符拉迪沃斯托克（海参崴）工业生产经济特区的 31 亿卢布，重新分配给其他的经济特区。

△俄罗斯萨哈林州政府将同亚太银行一起，为该地区的中小型企业开设最低利率下的信贷规划，萨哈林州发展公司消息表示。据了解，目前州政府下属的部门间委员会已经批准依靠州预算资金来实施这一项目。

△据路透社报道，韩国任命金秉准（Kim Byong-joon）为新总理，严钟勇（Yim Jong-yong）为新财政部部长兼副总理。金秉准曾为卢武铉政府担任政策顾问，而严钟勇此前曾担任金融服务委员会主席一职。

△据韩媒报道，韩国陆军在南汉江一带举行大规模渡河演习，以最大限度提高韩军北上的行军能力。韩国陆军共出动工兵、防化、防空部队的 200 余名官兵，并动用装甲车、K－9 自行火炮等 150 余个渡河装备参加演习。报道称，此次演习确认了韩军在浮桥遭破坏时具备搭建临时浮桥、迅速攻击的能力。

△日本共同社消息，在加强经济合作框架内，日本政府要求旅游业鼓励日本人赴俄罗斯远东旅游。11 月，日本政府将派代表前往符拉迪沃斯托克（海参崴）和哈巴罗夫斯克进行考察，分析当地的旅游资源及需求等。同样，为吸引更多游客，日本政府正在考虑放宽俄罗斯签证制度，日本国家旅游局还计划 2017 年在莫斯科开设代表处。

△日本国际协力银行发表声明，称将收紧对俄罗斯公司和金融机构提供独立资金的限制。

△中国外交部发言人华春莹在回答记者提问"关于韩美六方会谈团长会晤，重申应进一步加强对朝制裁和施压，希望安理会新决议对朝煤炭出口实行强制限制"的中方态度时表示，一味制裁施压无法从根本上解决朝鲜半岛相关问题，希望各方全面、完整执行安理会有关决议，包括在重启六方会谈、不采取导致紧张局势行动等方面扮演积极的角色。

3 日　国防科工局、国家航天局消息，我国最大推力新一代运载火箭长征五号在中国文昌航天发射场首次发射成功。标志着我国运载火箭实现升级换代，运载能力进入国际先进行列，是由航天大国迈向航天强国的关键一步。

△俄罗斯哈巴罗夫斯克市首条电车线路提速项目预计投入 4.2 亿卢布。据专家预测，道路和交通工具的优化，未来能多吸引 6% 的乘

客，并能使企业利润增至6300万卢布。

△俄罗斯哈巴罗夫斯克边疆区“共青城”社会经济超前发展区计划建铝深加工厂。哈巴罗夫斯克边疆区州长和铝制品生产商、供应商和消费者联盟代表团进行了会见，并讨论了实施该项目的可行性。

△俄罗斯远东铁路干线的单日货物运输量又达到了一个新的历史纪录，10月31日，这一数据超过了7.26亿吨公里，此前的纪录也是于2016年8月创造的，当天的货物周转量超过了6.84亿吨公里。

△日本俄罗斯两国有关强化经济合作的部长级会议在莫斯科举行，双方协商了多个具体的经济合作项目。日本的俄罗斯经济领域合作担当大臣世耕弘出席会议并指出：“我们必须取得成果，以便两国首脑深入探讨双边关系今后的发展。为了完成这一任务，需要双方进一步付诸努力。”他表示，两国有必要进一步密切合作，加紧甄选具体的合作项目。俄罗斯经济发展部长乌柳卡耶夫在会上表示：“此次会议将为两国经济关系发展揭开新的一页。”在这一会议举行之前，还召开了两国能源领域合作会议，世耕弘与俄罗斯能源部部长诺瓦克出席会议，并就核能技术合作以及在开发可再生能源方面的具体合作方式交换了意见。

4日　二十国集团科技创新部长会议在北京举行，中共中央政治局委员、国务院副总理刘延东出席并致辞。刘延东指出，当前全球创新正在进入高度密集活跃期，成为突破经济增长局限、开启未来发展空间的“金钥匙”。中国将深入实施创新驱动发展战略，积极融入全球创新网络，深化国际科技合作，共同应对粮食安全、能源安全、环境污染、气候变化及公共卫生等全球性挑战。她倡议，各国要加快落实杭州峰会确定的《二十国集团创新增长蓝图》，构建多层面伙伴关系，围绕创新、新工业革命和数字经济等议程，分享最佳实践，深化结构性改革，加强创新协同，让科技创新的效益最大化；积极发挥二十国集团全球经济治理主平台作用，加强创新对话合作，共同推动建设创新型世界经济；加强各国创新规划对接和政策联动，推动科技联合攻关，扩大科研成果开放共享，深入推进“一带一路”科技创新共同体建设，实现合作共赢；着力优化创新创业环境，促进人才流动，发展普惠金融，厚植创意土壤，创造宽松便捷的创业准入环境和公平有序的商业环境，努力形成活力、联动、包容的创业创新生态。

6～7日　应俄罗斯联邦政府总理梅德韦杰夫邀请，中华人民共和国国务院总理李克强对俄罗斯进行正式访问。在俄期间，李克强会见了普京总统，同梅德韦杰夫总理举行了会晤，参加了向俄罗斯圣彼得堡皮斯卡廖夫公墓纪念碑献花圈等人文活动，并出席了在圣彼得堡举行的中俄总理第21次定期会晤。在参观世界最大、最古老的博物馆之一的艾尔米塔什博物馆时表示，这些来自不同国家和民族的艺术品，充分体现了人类文明璀璨的多样性，凝聚着人类对和平和真善美的坚定信念和不懈追求。当前世界各国应进一步倡导文化多元、包容并蓄，推动友好交往、互学互鉴，推动人类社会的持续进步和长久和平。

7日　李克强在圣彼得堡康斯坦丁宫同俄罗斯总理梅德韦杰夫共同主持中俄总理第二十一次定期会晤。两国总理听取了中俄人文合作委员会、总理定期会晤委员会、投资合作委员会和能源合作委员会四个双边合作机制的工作汇报，就未来合作规划深入交换意见。共同签署本次会晤联合公报，发表《中俄政府首脑关于深化和平利用核能领域战略合作的联合声明》，见证两国政府和企业间经贸、投资、金融、民用核能、高科技、国界联检、教育、文化等领域20余项合作文件的签署。中俄人文合作委员会中方主席、国务院副总理刘延东，中俄总理定期会晤委员会中方主席、国务院副总理汪洋，以及相关机制俄方负责人第一副总理舒瓦洛夫、副总理戈洛杰茨、德沃尔科维奇、罗戈津和特鲁特涅夫等出席会晤。

△2016年第三季度，俄罗斯外贸银行哈巴罗夫斯克分行信贷总存量同比增长14%，总额达823亿卢布。制造业的银行贷款占55%，能源占16%，贸易占10%。

同时，在第三季度，分行的外贸业务量也增长了14%，本季度总额达8.569亿美元。出口交易总额和数量有所增加，本季度增长了11%。远东传统出口产业也呈现增长趋势，其核心是木材业和渔业。此外，本地企业在煤炭、建材、燃料、工程、建筑、维修和货运代理服务方面也获得了出口收入。俄罗斯外贸银行哈巴罗夫斯克分行客户本季度出口结算额达4.053亿美元。该地区的进口交易额也有所增长，其中主要进口种类为设备、机械、建筑材料、消费品和燃料加油服务等。与2015年同期相比，同外国承包商之间的交易额总体呈上升趋势，同比增长略高于5%。

△俄罗斯远东发展部部长加鲁什卡在同日本经济贸易产业省省长等代表会面。加鲁什卡表示，俄罗斯远东地区的新发展工具能够为该地区从日本吸引大约10亿美元的直接投资，双方商讨了促进远东地区俄日经济联系的计划。日本经济贸易工业省省长表示，日方准备协助10～12家俄罗斯工业企业提升生产能力。俄日双方将共同选出10～12家企业作为生产能力诊断对象，日方专家将提出相关建议以提高企业的生产能力。

△2016年9月，韩国外贸总额为749亿美元，同比减少3.9%。其中，进口340亿美元，同比减少1.7%，出口409亿美元，同比减少5.9%。贸易收支69亿美元，连续56个月保持顺差。1～9月，韩累计外贸额为6582亿美元，同比减少9.5%。其中，进口2953亿美元，同比减少10.6%，出口3631亿美元，同比减少8.5%。贸易收支为678亿美元顺差。9月，韩国进口340亿美元，同比减少1.7%。从商品类别看，消费品同比增长2.5%，生产资料减少0.8%，原材料减少4.8%。9月，韩国出口409亿美元，同比减少5.9%。从商品类别看，出口增幅较大的是汽车零件（3.4%）；减幅较大的依次是无线通信设备（-33.8%）、汽车（-25.1%）、液晶设备（-17%）、船舶（-14.4%）、石油制品（-13.3%）、半导体（-2.7%）和钢铁制品（-1.3%）。其中，石油制品出口额23.8亿美元，同比减少13.3%；钢铁产品出口32.1亿美元，同比减少1.3%；家电产品出口9.5亿美元，同比减少16.9%；有线通信设备出口0.9亿美元，同比减少34.8%；无线通信设备出口19.9亿美元，同比减少33.8%；半导体出口57.3亿美元，同比减少2.7%；液晶设备出口14.2亿美元，同比减少17%；汽车出口21.9亿美元，同比减少25.1%；汽车零部件出口21.8亿美元，同比增加3.4%；船舶出口21.7亿美元，同比减少14.4%。9月，韩国贸易收支69亿美元，连续56个月保持顺差。对主要国家和地区的贸易顺差分别为：东南亚48.1亿美元、中国37.3亿美元、美国17.2亿美元、中南美9亿美元。对主要国家和地区的贸易逆差分别为：中东29亿美元、日本20.6亿美元、澳大利亚7.9亿美元和中国台湾3.4亿美元。9月，中韩双边贸易额为181.95亿美元，同比减少7.3%，其中，韩自华进口72.34亿美元，同比减少4.6%，对华出口109.61亿美元，同比减少9%。中韩双边贸易额占韩外贸总额的比重为24.3%。韩对华贸易顺差37.27亿美元，同比减少16.43%。1～9月，中韩贸易总额为1528.83亿美元，同比下降9.5%。其中，韩自华进口632.09亿美元，同比减少5.3%，对华出口896.74亿美元，同比减少12.1%，对华贸易顺差264.65亿美元，同比减少24.96%。

8日 中华人民共和国国务院总理李克强在莫斯科克里姆林宫会见俄罗斯总统普京。李克强转达中国国家主席习近平对普京总统的诚挚问候。李克强表示，中俄互为最大邻国和全面战略协作伙伴，两国关系与合作一直稳定向前发展，不断取得新成果。中俄合作不仅有利于双方，也有利于地区乃至世界的和平稳定与发展繁荣。中方愿同俄方深挖合作潜力，拓宽合作领域。巩固双边贸易企稳回升势头，推进石油、天然气、民用核能、航空航天等领域大项目合作，加强金融、基础设施建设合作，推动两国中小企业深化合作，在激发市场活力的同时，为双方大企业合作提供必要的配套和支持。提升人文交流水平，夯实两国关系的民意基础。双方要落实好两国元首达成的共识，推动中俄关系再上新台阶。普京表示，俄中两国元首、政府首脑交往密切，双方政府间合作机制运行顺畅。此次两国总理成功举行定期会晤，促进了双方务实合作的发展。当前俄中贸易企稳向好，在机电设备、农产品进出口等领域合作良好，能源领域合作积极发展，航空航天领域合作前景广阔。俄方愿同中方继续扩大双向投资，加强高铁、金融等领域合作，推动两国关系与合作不断深化。中国国务院副总理刘延东、汪洋，俄罗斯第一副总理舒瓦洛夫参加会见。

△俄罗斯远东地区人力资本发展局消息显示，至2021年，远东地区将创建8万个新工作岗位，其中约3.2万个工作岗位来自超前发展区内企业，以及超过2.6万个岗位来自符拉迪沃斯托克（海参崴）自由港。

△远东发展部消息表示，俄罗斯和中国签署了建立中国东北和俄罗斯远东合作发展问题政府间委员会的文件，相关文件是由中国国务院副总理汪洋和俄罗斯副总理特鲁特涅夫在圣彼得堡签署的。

△“阿穆尔—辛甘斯克”超前发展区的潜在入驻企业“阿穆尔工业”公司，签署了有关开发大豆深加工厂项目以及相关基础设施的合同，设计工作计划于2017年完成，工厂计划于2019年投入运行。

△阿穆尔州政府新闻服务部表示，农业生产合作社“温室”的新综合体，以及“Skifagro-DV”公司的养猪综合体被列入阿穆尔州重点投资项目名单，两个农业项目均属于2025年前该州发展战略所确定的经济活动重要类型。

8~10日 日本国家安全保障会议（NSC）国家安全保障局局长谷内正太郎在访问俄罗斯，访问着眼12月俄罗斯总统普京访日期间将与首相安倍晋三举行首脑会谈，谷内此行旨在为推动南千岛群岛（日称“北方四岛”）领土问题取得进展而铺路。谷内正太郎俄总统普京的亲信、联邦安全会议秘书帕特鲁舍夫举行会谈。双方围绕朝鲜半岛局势、俄罗斯与美欧激烈对立的叙利亚及乌克兰问题交换了意见。鉴于当前的亚太地区与国际形势，双方还就如何推进包括外长防长磋商（2+2磋商）在内的日俄安全领域的合作进行了讨论。

9日 世界银行预测，2016年俄罗斯国内生产总值将下降0.6%。该银行认为，俄罗斯经济形势在2016年下半年经过风险峰值后将开始复苏，2017年和2018年将分别上涨1.5%和1.7%。

△俄罗斯铁路公司预测，2016年该公司净利润将达到9亿卢布，这几乎是2015年数据的三倍。目前该公司理事会商讨了2017~2019年计划，2017~2020年，俄铁希望净利润能够达到每年百亿卢布水平。

△中国“新建筑材料贝加尔”公司将投资超过7000万元，按照俄罗斯央行的汇率约合6.5亿卢布，在滨海边疆区建有色金属轧材厂。

△日本媒体报道，为了缔结日韩两国可以共享安全领域机密情报的《军事情报保护协定》（GSOMIA），日本和韩国政府在韩国首尔进行了第二次磋商，并在结束后表示“周密讨论了协定的条文，就主要内容达成了一致意见。”日韩基本结束了对内容的讨论，计划近期缔结协定。但是，韩国三个在野党9日向国会提交了要求中断协定缔结磋商的决议案。

10日 俄罗斯伊尔库茨克州最大的旅游公司“Grand Baikal”旅游公司已经和中国的“中景信”公司签署了合作备忘录，在此框架内，将在贝加尔湖地区创建旅游项目。预计该项目投资总额约110亿美元。

11日 中国国家发改委副主任宁吉喆与俄

远东发展部副部长亚历山大·克鲁季科夫在北京进行了会见，双方就远东地区自然资源开采加工、农业、港口和物流基础设施发展领域进行了讨论。中方投资商计划在俄远东参与 13 个项目，9 家中方企业参与，投资总额超过 7500 亿卢布。

△中国科学院长春光机所承担的国家重大科研装备研制项目“大型高精度衍射光栅刻画系统的研制”通过验收，并制造出世界最大面积中阶梯光栅。这标志着我国大面积高精度光栅制造中的相关技术达到国际领先水平，结束了在高精度大尺寸光栅制造领域受制于人的局面。

△俄罗斯阿穆尔州政府新闻部消息，在实施建设跨阿穆尔河跨境索道建设项目的框架内，将设立一个新的旅客通过站“布拉戈维申斯克（俄罗斯）——黑河（中国）”，在 2016 年 6 月举办的两地省州长会面，以及 7 月和 9 月的两地工作组会面中均讨论了这一问题。

△俄罗斯雅库茨克区政府新闻部消息，“坎加拉瑟”超前发展区内的四家入驻企业，将于 2016 年末投运生产设施，包括全年实验温室项目、油漆制品生产厂项目等，另有三家企业的生产设施计划于 2017 年投入运行。

△俄罗斯滨海边疆区渔业和水生生物资源处消息表示，该地区企业 2016 年共捕捞近 68 万吨水生生物资源，与 2015 年同期相比增加 6.5 万吨。其中包括超过 45 万吨明太鱼，这种鱼类主要用于出口，内部市场更加倾向于鲱鱼、鲑鱼、比目鱼等。

△朝中社报道了朝鲜最高领导人金正恩前往朝鲜西部海域视察炮兵部队并观看炮兵部队进行炮击训练的消息。金正恩在靠近朝鲜西部海域南北分界线的黄海南道瓮津半岛的麻蛤岛，观看了朝鲜士兵的炮击训练。金正恩听取了防御部队火力打击计划的报告，具体了解了火炮布置和战斗动员准备状态，对指挥能力的提高、炮兵的新打法、日常的战斗动员准备等给予了指导，并嘱咐士兵们“如果发生战争，麻蛤岛防御部队的军人们要发挥坚实的作用”。金正恩还参观了防御部队的指挥部、医疗室、食堂等地，详细了解了军人们的生活，询问了军人们的后方供给状况和子女教育问题。

12 日 我国在酒泉卫星发射中心用长征二号丁运载火箭，成功将云海一号 01 星送入太空。云海一号 01 星主要用于大气海洋环境要素探测、空间环境探测、防灾减灾和科学 试验等领域。

13 日 据《日本经济新闻》报道，日本火箭开发新创企业 Interstellar Technologies 最早将在 2017 年 1 月发射能抵达太空的火箭。如果试验取得成功，将成为日本民营企业单独开发的首枚火箭。该公司将继续进行改良，力争到 2020 年能够发射小型人造卫星。

14 日 在 2016 年俄罗斯滨海边疆区“黑龙江日”活动期间，《黑龙江经济报》与俄罗斯滨海边疆区政府机关报《滨海报》签署合作协议，旨在两国媒体年框架内，创建媒体间跨区域合作关系。在互利互惠、合作共赢的良好意愿下，合作双方将积极促进中国东北地区和俄罗斯远东地区人民间的相互了解，开展相互友好关系和信息交流，以及及时向另一方推荐有价值的新闻稿件。由黑龙江省旅游发展委员会和 12 家旅游公司代表组成的代表团考察了滨海边区的多个新旅游项目，将会据此为中国游客制定新的旅游路线。

△日本和韩国两国政府就签署《军事情报保护协定》（GSOMIA）在东京举行外务及防卫部门课长级磋商，就协定内容达成了实质性共识。双方相关人员还草签了协定。韩国最大在野党共同民主党院内代表禹相虎称，如果韩国政府草签协议，“将要求罢免或弹劾国防部长”。包括该党在内的三大在野党对签署协定表示强烈反对。日本官房长官营义伟在记者会上强调称，日韩双方将进一步推动安保领域的合作。日本外务省东北亚课课长金井正彰和韩国外务、国防部门负责人等出席了磋商会。

△俄罗斯远东和贝加尔地区发展基金和俄

罗斯储蓄银行开始依照“中小型企业可得贷款”规划，在三个远东地区内发放贷款，首批共发放了三笔总额1.9亿卢布的贷款，其中7000万卢布来自发展基金。

15日 中国的黑龙江经济报社与俄罗斯远东滨海地产开发集团签署报企战略合作框架协议。协议宗旨为全面配合“一带一路”建设和“龙江丝路带”的发展导向，加快打造中俄国际化的报企合作体系，提升开门办报和开放办报的水平和力度，以推进中俄跨境合作深度报道宣传为核心目标，建立稳定的中俄跨境报企合作关系。通过报企合作，构建中俄跨境合作的服务平台与载体，可以有效整合中俄跨境多方资源。

△2016年俄罗斯滨海边疆区“黑龙江日”活动期间，俄罗斯滨海边疆区同黑龙江省签署了多项共同实施项目的协议，投资总额超过100亿卢布，主要涉及农业、林业加工、食品和石油产品供应方面。

△2016年前10个月，共有18.4万名中国游客到访俄罗斯滨海边疆区，2015年同期数据仅为11.5万人次。此外，俄罗斯滨海游客对中国相邻地区的旅游兴趣也有所增长，前10个月共有近13.7万名俄罗斯滨海游客赴中国旅游，2015年全年数据仅为10.55万人。

16日 俄罗斯远东发展部部长加鲁什卡近日表示，已经收到超过10000份对“远东公顷”土地的申请，其中9700份通过联邦信息系统提交，700份以纸质方式提交，1700块土地处于合同签订阶段，700块已经交付使用。

△俄罗斯远东发展部消息表示，远东投资吸引和出口支持局已经准备了总额38亿美元的22个投资项目，以便同日本投资者进行推介和实施。目前，该局与远东发展基金、日本国际合作银行正在创建一个平台，以向超前发展区和符拉迪沃斯托克（海参崴）自由港吸引日本投资者。

△俄罗斯萨哈林州州长奥列格·科热米亚科表示，该州政府计划在四年时间内，吸引140亿卢布预算和私人投资用于建设滑雪胜地“山间空气”的基础设施，将其建设为带有80公里道路、小别墅、酒店和餐厅的度假胜地。

△据日本共同社报道，日本原子能规制委员会召开例会，批准了运转将满40年法定寿命的关西电力公司美滨核电站3号机组延长运转。其成为继关电高滨核电站1、2号机组之后第二例延长运转的老旧核电机组。

△韩国国土交通部在江原道宁越郡开展无人机货运测试，测试范围涵盖用无人机运货、配送快递、开展搜救等，现代物流、CJ大韩通运等韩国知名物流企业参加活动，这标志着韩国将积极参加由亚马逊、DHL等全球著名物流集团主导的无人机货运市场，加速推进无人机商业化进程。

△韩国乐天集团已与韩军方协商一致，同意以土地置换方式将星州乐天高尔夫球场作为“萨德”反导系统基地。中国外交部发言人耿爽表示，美国在韩国部署“萨德”反导系统严重破坏地区战略平衡，严重损害包括中国在内的本地区有关国家战略安全利益，与维护朝鲜半岛和平稳定的努力背道而驰。“中方已多次就这一问题表达关切和明确反对立场。”耿爽说，“我们再次敦促有关方面正视中方合理关切，停止有关部署进程。中方将坚决采取必要措施维护自身安全利益”。

16～20日 应俄罗斯教科部邀请，中国黑龙江省哈尔滨市科技局组成的代表团30余人赴深圳参加中国国际高新技术成果交易会（高交会），与俄罗斯高校、科研院所及高新技术行业人士展开交流对接。其间，在“中国（深圳）——俄罗斯高新技术合作交流会”上，哈尔滨市国际技术转移服务中心、深圳中海信创新产业园、通信技术及仪器制造商国际联盟签订三方战略合作协议，共同建立中俄两国莫斯科、哈尔滨、深圳三地联合创新中心。

17日 中国神舟十一号飞船与天宫二号空间实验室成功实施分离，航天员景海鹏、陈冬即将踏上返回之旅。截至17日，他们在天宫二号空间实验室已工作生活了30天，创造了中国航天员太空驻留时间的新纪录。

△在俄罗斯符拉迪沃斯托克（海参崴）自由港监事委员会第六次会议上，35 个新投资项目获批，总投资额为 940 亿卢布，来自哈巴罗夫斯克边疆区瓦尼诺区的两个项目占 450 亿卢布，约占总投资一半。现在正进行符拉迪沃斯托克（海参崴）自由港入驻资格的审批程序。据估算，在这些新的区域应用新的优惠制度，将吸引至少 48 个投资项目，投资总额约 1430 亿卢布，将会创造出 4000 个新的工作岗位。

△2016 年俄罗斯滨海边疆区“黑龙江日”开幕式暨经贸合作交流会日前在远东联邦大学隆重举行。其间进行了中俄双方经贸合作企业签约仪式、中俄经贸合作企业对接会等内容。总计 160 家企业、271 人参加企业对接会。符拉迪沃斯托克（海参崴）总领馆总领事、商务代表等参加活动。此次签约仪式共有 23 项签约项目，总金额 5.83 亿美元。

△在日本东京进行的亚洲游泳锦标赛正式拉开游泳比赛的大幕，在首日进行的 10 个项目中，中国队泳将共摘取 6 金 4 银 3 铜，傅园慧赢得女子 50 米仰泳冠军。

△中国外交部发言人耿爽就日本防卫大臣有关言论答记者问时表示，中方敦促日本作为域外国家不要破坏本地区国家共同维护南海和平稳定的努力，更不要搬弄是非。

△韩国国会召开全体会议，通过了与“亲信干政”事件相关的特别检察法案及国会调查委员会相关调查计划。

18 日　13 时 59 分，神舟十一号飞船返回舱在内蒙古中部预定区域成功着陆，执行飞行任务的航天员景海鹏、陈冬身体状态良好，天宫二号与神舟十一号载人飞行任务取得圆满成功。中共中央、国务院、中央军委致电祝贺。张高丽在中国载人航天工程指挥中心观看飞船返回实况并宣读了贺电。

△俄罗斯斯维尔德洛夫斯克州区域一体化中心以州基金为基础，协助叶卡捷琳堡“格拉芬”有限责任公司与中国“Chilwee Group”公司开展合作。“格拉芬”公司创立者安德烈·叶尔申研发了新的铅碳复合材料受到外国公司关注，中国公司表示，将在斯维尔德洛夫斯克州合资兴建新型复合材料生产厂，为中国 60 多家工厂生产电源提供复合材料。

19 日　中国国家主席习近平在秘鲁利马会见俄罗斯总统普京。习近平强调，2016 年中俄双方全方位加强战略协作，既促进了两国共同发展繁荣，也壮大了世界和平正义力量。中方愿同俄方一道努力，在新的一年里保持密切高层交往势头，加大相互支持，巩固政治和战略互信，开展两国发展战略对接和“一带一路”建设同欧亚经济联盟建设对接合作，办好媒体交流年等重要人文交流活动，加强在国际事务中的协调和配合，促进世界和平稳定。双方要深化亚太经合组织框架内合作，落实好包括北京会议在内近年会议达成的重要共识，深入推进亚太自由贸易区进程，推动利马会议取得成功，推动亚太经合组织为亚太和全球经济增长做出更大贡献。普京表示，俄中高水平的关系对全球和平稳定十分重要，双方应该保持密切高层交往。当前，俄中双边经贸关系发展势头良好，高新技术等领域合作取得积极成果。俄方期待着同中方共同推进欧亚经济联盟建设同“一带一路”建设对接合作。俄中双方要加强在亚太经合组织等多边事务中协调合作。习近平和普京还就共同关心的国际和地区问题深入交换意见，一致同意要维护东北亚、中亚等两国共同周边地区的和平安全。王沪宁、栗战书、杨洁篪等参加会见。

△韩国国务总理黄教安访问秘鲁利马，出席亚太经合组织（APEC）领导人第二十四次非正式会议。这是 APEC 领导人会议 1993 年启动后，韩国总理首次出席该会议，黄教安在会议上提出在全球经济增长乏力、贸易保护主义抬头的情况下可采取的应对措施，具体包括实现结构调整和创新、提高服务产业竞争力、促进中小企业进军海外市场、推动亚太自贸区（FTAAP）进程等。

20 日 亚太经合组织第二十四次领导人非正式会议在秘鲁利马举行。国家主席习近平出席并发表题为《面向未来开拓进取　促进亚太发展繁荣》的重要讲话，强调要深化亚太伙伴关系，以开放谋共赢，以融合促繁荣，不断开拓进取，共创亚太发展的美好未来。本次亚太经合组织领导人非正式会议的主题是“高质量增长和人类发展”。

△日本棋院的围棋职业棋手“名誉名人”赵治勋与电脑软件“DeepZenGo”在第二届围棋电王战三番棋中第二局的对决在东京某宾馆举行。结果，DeepZenGo 在 179 手战胜赵治勋，前两局双方各胜 1 局，第三局将决定胜负。电脑软件在公开场合的正式比赛用棋盘无让子战胜职业棋手在日本尚属首次。

21 日 俄罗斯远东配电网络公司消息表示，目前该公司已经开始为建设滨海边疆区“米哈伊尔洛夫斯基”超前发展区内的电力网络基础设施购买设备，该公司和俄罗斯远东发展部签署了相关建设合同。

△俄罗斯阿穆尔州政府消息表示，“布拉戈维申斯克——黑河”中俄跨境大桥项目将提交国家检测，获得检测结果的大概时间是 12 月 20 日，在完成检测程序后将开始积极进行桥梁建设。

△俄罗斯远东发展部消息表示，中国投资者已经提出了在远东地区超前发展区和符拉迪沃斯托克（海参崴）自由港实施 20 多个项目的申请，总投资额大约 30 亿美元，项目主要涉及开采和加工自然资源、农业、发展港口和物流基础设施。

△俄罗斯滨海边疆区工商会代表同日方代表和中国延边朝鲜族自治州代表举行了会面。将着力发展同中国和日本之间的三方国际关系，拓展三方之间的经贸合作并整合资源。

△韩国防卫事业厅在华盛顿与美国商务部签署《关于韩美军工企业信息交流合作谅解备忘录》。韩国防卫厅厅长张明镇和美国商务部副部长布鲁斯·安德鲁斯代表双方签字。协议旨在为双方通过正规渠道共享两国军需物资供应商的相关信息构建合作体系。为了切实履行合同内容，双方将每年定期举行会议，共商深化合作事宜，逐渐扩大信息共享范围。

22 日 中国载人航天工程办公室和中国航天科技集团公司在北京举行神舟十一号飞船返回舱开舱仪式，与研制单位和搭载单位代表共同见证搭载物品出舱。其中，既有搭乘神舟十一号飞船飞行 33 天的物品，也有跟随天宫二号空间实验室飞行 66 天、由神舟十一号航天员带回的物品。

△中国在西昌卫星发射中心使用长征三号丙运载火箭成功将天链一号 04 星送入太空。天链一号 04 星是我国第四颗地球同步轨道数据中继卫星，将与天链一号 01 星、02 星、03 星实现全球组网运行，为我国神舟飞船、空间实验室、空间站提供数据中继与测控服务，支持空间交会对接任务，同时为我国中、低轨道资源卫星提供数据中继服务，为航天器发射提供测控支持。

△据《北京商报》报道，市场研究公司 Strategy Analytics 最新发布的报告显示，在全球手机利润排名中，三星首次名列第九，而此前，三星长期维持着全球第二的位置，苹果依然高居榜首，而华为则首次成为全球利润最高的 Android 智能机厂商。

△中国居民前往俄滨海边疆区各市、区旅游的人数大幅增加。2016 年前 10 个月，在俄罗斯联邦政府和中华人民共和国政府之间协议框架内，中国选择免签团队赴俄滨海边疆区的游客约 18.4 万人，而 2015 年同期只有 11.5 万人，全年共有 12.1 万名游客。此外，2016 年，滨海边疆区赴中国的客流量也有所增加。2016 年前 10 个月，约 13.7 万名滨海边疆区游客到访周边国家。

△俄罗斯官方法制信息网站公布的文件，总统普京当天签署联邦法律，批准《俄罗斯联邦和中华人民共和国关于打击恐怖主义、分裂主义和极端主义的合作协定》。有关批准该合作协定的法律于 11 月 11 日在俄国家杜马（议

会下院）获得通过，11 月 16 日得到俄联邦委员会（议会上院）赞同。俄国家杜马国际事务委员会成员热列兹尼亚克说："应对恐怖主义威胁无疑是俄中两国的优先任务。该协定为俄中开展双边反恐合作奠定了法制基础。"俄外交部主管反恐事务的副外长瑟罗莫洛托夫在国家杜马发表讲话时指出，中国是俄在反恐等国际事务中的亲密同道者。双边反恐合作近期活跃发展并非偶然，落实这份协定将为积极推动双边合作提供更多的法制条件和空间。

△日本 NHK 电视台报道，日本自卫队发现从俄军导弹驱逐舰起飞的一架俄军卡－27 反潜直升机在钓鱼岛海域的赤尾屿及黄尾屿附近飞行数个小时。日本航空自卫队的战机紧急升空，日方称没有侵犯"领空"，但在钓鱼岛附近发现该反潜机的情况尚属首次。

23 日 中国全国政协主席俞正声在北京会见来访的俄罗斯国防部部长绍伊古。俞正声欢迎绍伊古来华访问，他表示，2016 年是《中俄睦邻友好合作条约》签署 15 周年和中俄战略协作伙伴关系建立 20 周年，在两国元首的大力推动下，双边关系处在历史最好时期。中俄发展全面战略协作伙伴关系，不仅惠及两国和两国人民，而且是维护地区乃至世界和平、促进国际公平正义的需要。中方高度重视并支持两军深入开展友好与务实合作，愿与俄方一道，继续加强战略互信，推动各领域交流合作，实现各自发展振兴并共同促进世界和平、稳定和发展。绍伊古说，与中方加强全面战略协作伙伴关系是俄罗斯外交的优先方向。两国元首之间的密切交往是两国两军高水平合作的重要保证。俄方将按照两国元首共识，积极推进与中国军队在各领域的交流与合作。国务委员兼国防部部长常万全、全国政协副主席兼秘书长张庆黎会见时在座。

△韩日两国在韩国首尔市正式签署韩日《军事情报保护协定》。协定签署后，韩日双方不必经过美国便可迅速进行情报共享。对此，中国外交部发言人耿爽表示，有关国家固守冷战思维，加强情报军事合作，将加剧半岛对立对抗，给东北亚地区增添新的不安全不稳定因素，不符合和平发展的时代潮流，不符合地区各国共同利益。当前朝鲜半岛形势复杂敏感，有关国家在开展军事合作时应切实尊重地区国家的安全关切，多做有利于和平发展的事，而不是相反。

23 日 中国绥芬河站编组两个车次，装有 18 车板材和 22 车大豆的集装箱班列出境，经俄罗斯东方港，以铁海联运的形式，分别运往韩国釜山、中国上海，这标志着该站助力哈绥符釜班列陆海联运大通道高效运行已成为常态。哈绥符釜班列运送的主要货物品类，是哈尔滨地区生产的塑料颗粒、绥芬河当地生产的精加工板材、周边区域地产的大豆、玉米等。该班列的方式是跨境运输、铁海联运。国内方面，缩短了海运发往上海港和广州黄埔港的运距运时；国际方面，经绥芬河出境，比从大连港出境到达韩国釜山港缩短 224 公里运距，到达日本新潟缩短运距 1390 公里，每车运输成本节约近 2000 元。绥芬河站距俄罗斯远东铁路局最大编组站乌苏里斯克 120 公里，跨境货物运输到斯托克、纳霍德卡、东方港等海港，借港出海，可东接日韩、北美，西连欧洲腹地，运往国内港口也具有优势。

24 日 俄罗斯外交部发言人扎哈罗娃正式宣布外长拉夫罗夫将于 12 月 3 日在莫斯科会晤日本外相岸田文雄。扎哈罗娃介绍称"这将是总统普京访日前筹备的最后阶段"。扎哈罗娃强调，在南千岛群岛（日称"北方四岛"）的择捉岛与国后岛部署新型岸基反舰导弹 Bastion 与 Bal 是按计划展开的，旨在加强国家安全。她还主张南千岛群岛是俄罗斯领土的一部分。

△日本媒体报道，日本首相安倍晋三在出席参院跨太平洋伙伴关系协定（TPP）特别委员会会议时表示，在美国候任总统特朗普表明将退出 TPP 后，日本力争尽快使之获批的方针"也没有任何改变"。有关与特朗普的会谈内容，安倍表示"包括贸易政策等进行了总体沟

通”。安倍表示，特朗普表明退出使“TPP 本身面临严峻局面”，但“日本应该站在世界前列切实推动审议和批准”。

25 日 俄罗斯远东发展部在东方经济论坛组委会会议后表示，第三届东方经济论坛将于 2017 年 9 月 6 ~ 7 日在符拉迪沃斯托克（海参崴）市俄罗斯岛上的远东联邦大学校园内举办。

△俄罗斯远东发展部新闻服务部消息表示，俄罗斯将投入总额为 7710 亿卢布的资金用于融资五个国家规划内的远东地区项目，其中包括发展交通、保健、文化和旅游、船舶和飞机制造领域。

△俄罗斯 AVA TRADE 有限责任公司［符拉迪沃斯托克（海参崴）］和日本企业 Superfeyts 将在滨海边疆区建设废物二次加工厂，这家滨海边疆区企业将是日方技术在俄罗斯境内的独家经销商。

△日本防卫省公布消息称，为提升自卫队的情报通信能力，将于 2017 年 1 月 24 日发射该省首颗通信卫星。卫星将在印度洋上空的宇宙空间运作，也将供参加南苏丹联合国维和行动（PKO）以及参与索马里海域亚丁湾打击海盗的自卫队部队使用。

28 日 根据俄罗斯斯维尔德洛夫斯克州州长叶甫根尼·库伊瓦舍夫和黑龙江省长陆昊在 2018 年 7 月“第三届中俄博览会”上达成的协议，以及在斯维尔德洛夫斯克州和黑龙江省政府间合作协议，黑龙江省工业和信息化委员会副主任杜毅率工作组，与中国 150 家企业代表访问叶卡捷琳堡，同俄罗斯伙伴进行商务会谈。

△首列由中蒙最大陆路口岸中国内蒙古二连浩特始发、前往荷兰鹿特丹的中欧班列鸣笛启程，标志着内蒙古对外开放水平进一步提升，二连浩特口岸进出口货物集散能力明显增强。本次班列运载的货物为二连浩特市金古源粮油有限公司生产的 200 吨亚麻籽饼，这些亚麻籽饼采用的原料产自蒙古国和俄罗斯。中欧铁路的中通道由内蒙古二连浩特口岸出境，途经蒙古国与俄罗斯西伯利亚铁路相连，通达欧洲各国。这趟班列将用时 12 天左右到达目的地，相比海运节约 30 多天。

29 日 俄罗斯储蓄银行为阿穆尔州斯沃博德年斯基区的农业领域提供了总额为 1630 万卢布的贷款，用于更新农业机械和设备。据了解，贷款是在“中小型企业活动公司”的贷款计划框架内实施的，年利率为 10.6%。

△俄罗斯在“货运特快列车”运输服务框架内，莫斯科—哈巴罗夫斯克路线可以利用特快列车发送货物。根据一致的列车时刻表，提速后的时间是原来的两倍。

30 日 联国安理会一致通过涉朝鲜的第 2321 号决议，决议说，安理会以最强烈的言辞谴责朝鲜 2016 年 9 月 9 日进行核试验，重申朝鲜应停止所有与弹道导弹计划相关的活动、放弃核武器计划、立即停止所有相关活动。决议对朝鲜煤炭出口予以限制，禁止朝鲜出口铜、镍、银、锌，并对朝鲜外交使团的活动予以一定限制。中国常驻联合国代表刘结一说，当天安理会通过的决议表明国际社会反对朝鲜发展核、导计划，以及维护国际核不扩散体系的一致立场。决议重申维护半岛和东北亚和平与稳定，承诺以和平、外交和政治方式解决问题，支持恢复六方会谈和“9·19”声明承诺，强调有关各方降低半岛紧张局势的重要性。决议指出，有关措施无意对朝鲜人道、民生造成不利后果，无意对正常经贸活动产生负面影响。中方敦促有关各方切实全面执行安理会决议的有关规定。

12月

1 日 中华人民共和国国务院新闻办公室发表《发展权：中国的理念、实践与贡献》白皮书。内容包括与时俱进的发展权理念、日臻完备的发展权保障制度、有效实现经济发展、不断完善政治发展、努力促进文化发展、全面提升社会发展、加快落实绿色发展、推动实现共同发展。

△中国人民银行发布第三季度支付体系运行情况，数据显示，社会资金交易规模持续扩大，全国支付体系平稳运行，支付业务量稳步增长。移动支付业务方面，保持快速增长。第三季度，银行业金融机构共处理电子支付业务 364.88 亿笔，金额 51969 万亿元。其中，网上支付业务 116.07 亿笔，金额 43393 万亿元，同比分别增长 41.34% 和 0.26%；移动支付业务 66.29 亿笔，金额 35.33 万亿元，同比分别增长 45.97% 和 94.45%。

△继暗物质粒子探测卫星“悟空”、实践十号返回式科学实验卫星、量子科学实验卫星“墨子号”发射升空并取得初步科学成果后，中国“十三五”空间科学任务现已全面启动，争取 2020 年前后，发射爱因斯坦探针（EP）、先进天基太阳天文台（ASO - S）、全球水循环观测卫星（WCOM）、磁层一电离层/热层耦合小卫星星座探测计划（MIT）、大阳风 —— 磁层相互作用全景成像卫星（SMILE）等多颗科学卫星，实现我国空间科学卫星系列的持续健康发展。

△俄罗斯总统普京发表年度国情咨文时说，俄中全面战略协作伙伴关系是保障全球和地区稳定的关键因素之一，这种伙伴关系已成为国际合作的典范。

△俄罗斯乌苏里斯克市政府消息，坐落于滨海边疆区乌苏里斯克市的“ARMADA”有限责任公司和中国黑龙江省东宁华信经济贸易公司，签署了关于在滨海边疆区米哈伊洛夫斯基区建立粮食物流中心的一项计划，该项目建设将投入 2000 万美元。计划建立五座生产量为 2500 吨的烘干塔、三个大型粮食基地、物流中心和年贮存量为 20 万吨的谷仓。

△中国的投资者为在俄罗斯超前发展区和符拉迪沃斯托克（海参崴）自由港实施项目，已提出了 20 多个投资项目，投资总额约 30 亿美元。继续开发“滨海 1 号”和“滨海 2 号”国际交通走廊合作项目。

△日本旅游公司 HIS 和航空公司 ANA（全日空）宣布，将力争 2023 年 12 月实现宇宙旅行的商业飞行。为此，两家公司向名古屋市一家开发宇宙飞船的风险企业出资总计 5000 万日元，欲加速开发进程。ANA 航空公司将负责训练飞行员等飞行方面的事宜，而 HIS 旅游公司将负责策划、销售商品。宇宙飞船的开发和制造，将由 2007 年在名古屋市成立的风险企业“PD AeroSpace”负责。预计将建造 2 艘飞船，包括研发费用在内总共需要 170 亿日元。

2 日　中华人民共和国黑龙江检验检疫局多点发力开展“国门安全筑网行动”。该局立足黑龙江省外经贸发展实际，积极创新监管机制，从加强口岸能力建设、完善国境口岸公共卫生体系、健全国门生物安全查验机制、强化进出口商品质量安全监管、实施进出口食品安全监管和开展工作质量风险排查和能力提升 6 个方面，开展了 22 项专项推进行动。在黑龙江地区营造了全方位多点发力推动“国门安全筑网行动”有序开展的良好态势，取得了显著成效。

△中国黑龙江伊哈公路工程有限公司（属于中国龙江集团）将为俄罗斯“滨海 1 号”国际交通走廊建设道路和桥梁。“滨海 1 号”国际交通走廊连接中国口岸城市绥芬河——格罗捷科沃站——滨海边疆区的波格拉尼奇内区和滨海边疆区东方各港口。货物从中国省份沿着这条最短的路线经俄罗斯各港口运至亚太地区。

△俄罗斯总统普京在圣彼得堡会见到访的日本外相岸田文雄，接收了其转交的日本首相安倍晋三亲笔信，并委托其转交自己给安倍的亲笔信。普京说，俄日双方都在为安倍首相提出的加强双方对话而努力，俄罗斯乐于保持双方沟通。岸田文雄表示，注意到普京总统 1 日在俄罗斯联邦会议（议会）发表的国情咨文中提到期望俄日关系取得实质进展，日方对此表示欢迎。日本正积极筹备普京的访日接待工作。

△据日本共同社报道，日本政府决定针对 9 月强行实施第五次核试验的朝鲜加强日本单

独制裁。单独制裁主要内容包括：（1）将访朝的在日本朝鲜人总联合会（朝鲜总联）干部、在日本的外国核及导弹技术人员的再入境禁止对象扩大；（2）包括日本籍船舶在内，禁止在朝鲜停靠的所有船舶入港；（3）扩大参与核及导弹开发的团体及个人的资产冻结对象。日本首相安倍晋三在官邸举行的朝鲜绑架日本人问题相关阁僚会议上表示“为全面解决绑架、核、导弹等诸多问题，已基本决定与美国、韩国保持协调情况下采取进一步单独制裁措施”。今后将扩大人员及船只往来的管制以及资金冻结的对象，加大制裁力度。

2～3日 中共中央军委军队规模结构和力量编成改革工作会议举行。习近平强调，要推动我军由数量规模型向质量效能型、由人力密集型向科技密集型转变，部队编成向充实、合成、多能、灵活方向发展，构建能够打赢信息化战争、有效履行使命任务的中国特色现代军事力量体系。

3日 《人民日报》报道，习近平对生态文明建设做出重要指示强调，生态文明建设是“五位一体”总体布局和“四个全面”战略布局的重要内容。各地区各部门要切实贯彻新发展理念，树立“绿水青山就是金山银山”的强烈意识，努力走向社会主义生态文明新时代。

△中华人民共和国外交部部长王毅在北京出席了由中国国际问题研究院、中国国际问题研究基金会主办的2016年国际形势与中国外交政策研讨会并发表演讲。他说，一年来，中国外交在引领全球治理体系变革、维护周边稳定合作大局、保持同主要国家关系稳定、拓展发展中国家朋友圈、共建“一带一路”、维护南海主权权益、服务改革开放、完善外交理论体系等方面打造了一系列亮点，打赢了一场场硬仗。2017年是中国发展进程中的重要一年，中国将精心筹备“一带一路”国际合作高峰论坛，认真办好金砖国家领导人第九次会晤，着力巩固良好外部环境，深入参与全球治理，主动服务国内发展，持续打造“海外民生工程”。

△日本《产经新闻》报道，日本外相岸田文雄在俄罗斯首都莫斯科与俄罗斯外长谢尔盖·拉夫罗夫举行会谈，协调普京12月15日至16日访问日本事宜。拉夫罗夫表示，俄罗斯愿意解决俄日和平条约问题，但这“不是一件容易的事”，需要耐心细致和长期的不懈努力。

5日 中华人民共和国国务院日前印发了《“十三五”生态环境保护规划》，是落实统筹推进“五位一体”总体布局和协调推进“四个全面”战略布局的重大举措，是以“创新、协调、绿色、开放、共享”五大发展理念指导生态环保领域的战略安排，是实现生态文明领域改革、补齐全面小康环境短板的有效途径。

△《人民日报》报道，近日，中宣部、中央文明办、教育部、民政部、国家文物局和中国科协印发《关于公共文化设施开展学雷锋志愿服务的实施意见》，明确提出到2020年基本建成公共文化设施志愿服务组织体系、志愿服务项目体系和志愿服务管理体系。

△俄罗斯国家公园“豹之地”新闻服务部表示，中俄两国学者对远东豹和阿穆尔虎穿越国境线的行为进行了跟踪调查。在调查期间，有不少于15只远东豹和19只阿穆尔虎在两国境内均有记录出现，这些动物长期生活在国境线附近，其中一些穿越国境线的次数达到10次。

△俄罗斯滨海边疆区政府新闻部表示，日本工程公司JGC Corporation将投资大约400万美元用于在俄罗斯符拉迪沃斯托克（海参崴）市门诊医疗中心一期建设工程，项目计划在自由港制度框架内实施。

△俄罗斯TSMGroup公司计划建设节能涂料生产厂“TSMCERAMIC”，为此该公司执行经理沙托夫对“共青城”超前发展区内的两个场地进行了考察，投资总额估计为10亿卢布。工厂投产后，其产品将在远东地区市场上出售，也可能出口中国。

6日 中共中央在北京中南海召开党外人士座谈会，就2016年经济形势和2017年经济工作听取各民主党派中央、全国工商联负责人和无党派人士代表的意见和建议。习近平主持座谈会并发表重要讲话。习近平强调，稳增长、促改革、调结构、惠民生、防风险的任务依然十分繁重。越是情况复杂，越是任务艰巨，越要全国上下团结一心。希望同志们把思想和行动统一到中共中央决策部署上来，把智慧和力量凝聚到各项经济社会发展政策措施落实上来，强化创新、协调、绿色、开放、共享的发展理念，围绕统筹推进“五位一体”总体布局和协调推进“四个全面”战略布局，围绕国家经济社会改革发展重点任务，坚持问题导向，深入调查研究，提出意见和建议。

△在俄罗斯滨海边疆区“黑龙江日”框架内，在商务合作论坛上，滨海边疆区和黑龙江省签署了一系列合作协议，投资总额超 100 亿卢布。

△据日媒报道，日本共同社日前公布的一份统计显示，日本国会议员的资金管理团体和相关政党支部 2015 年筹集的政治资金实际收入额排行方面，前 11 位被执政的自民党议员独占。统计显示，在个人政治资金收入方面，日本首相安倍晋三位列第五，副首相麻生太郎位列第六，排在前三位的分别是自民党国会议员穴见阳一、甘利明和茂木敏充。另外，日本企业及团体向政党支部实施的捐款的 87% 以上也集中于自民党，“自民党一党独大”的格局十分突出。从政治资金收入金额排名前 20 的议员人数来看，自民党独占 17 人，民进党和日本维新会各有 2 人和 1 人。

△据日本媒体报道，日本政府将近日的内阁会议上决定 2017 年度预算案。其中防卫费（包括美军整编相关费用）预计达到创历史新高的约 5.1 万亿日元（约合人民币 3080 亿元）。这是连续五年出现较最初预算增加费用的情况。

△继《特殊秘密保护法》、新安保法、TPP 批准案、削减养老金法案后，“赌博法案”成为安倍政权又一部强行表决通过的法律。安倍将其视为“日本经济成长战略的亮点”，期待以此拉动“安倍经济学”未能带起的日本经济。不过，由于赌博的特殊性加上自民党的仓促举动，该法案在日本备受批判。6 日众议院投票中，公明党 11 名议员投反对票，另有 2 票弃权。此外，自民党高层、原日本防卫大臣中谷元在投票中弃权。

6 ~ 11 日　2016 第一届中俄冬季青少年运动会在中国黑龙江省哈尔滨市举行。本次赛会由中国国家体育总局、黑龙江省政府主办，黑龙江省体育局承办。这是中俄举办的首届青少年冬季项目的运动会。共有 167 名年龄在 13 岁 ~ 21 岁的运动员参加此次运动会，他们进行花样滑冰、速度滑冰、冰球、短道速滑、高山滑雪等 27 个项目的比赛。

7 日　针对日本首相安倍晋三将访问珍珠港一事，中华人民共和国外交部发言人陆慷在例行记者会上表示，如果日方想深刻反省、真诚道歉，无论是南京大屠杀遇难同胞纪念馆，还是“九一八”事变纪念馆，或是“七三一”部队遗址，中方有很多场所可供其凭吊。亚洲邻国也有很多这样的地方提醒日本乃至国际社会，二战期间加害国对受害国所犯罪行不容遗忘，历史不容篡改。

△据韩媒报道，韩国首都防卫司令部第一防空旅等九支防空部队在忠清南道大川射击场实施了“天马”中低空近程防空导弹的实弹射击演习。这是韩国军方时隔四年再次启动这一演习。为提升演习水平，新供应商制造了尺寸仅有实际军机 1/9 大小的靶机。演习中靶机以 300 公里的时速来袭，参演部队在靶机飞入 20 公里范围内时开始跟踪，并在射程范围内予以击落。

8 日　中共中央政治局常委、国务院副总理、中国环境与发展国际合作委员会主席张高丽在北京出席国合会 2016 年年会并讲话。本次年会以“生态文明：中国与世界”为主题。张高丽在讲话中说，中国高度重视生态文明建设。“十三五”时期，中国将深入落实创新、协调、绿色、开放、共享的发展理念，坚持绿水青山就是金山银山，深入持久推进生态文明建设，加快形成人与自然和谐发展的现代化建设新格局，确保2020年生态环境质量总体改善，为全球生态安全做出新贡献。

△由中国绥芬河综合保税区、中俄互市贸易区、绥芬河大学生联合会联手打造的大型俄罗斯商品网上交易综合服务平台“俄贸通”近期上线运营。平台深度整合行业资源，致力于缔造全新的俄罗斯商品交易模式，免费为采购商家与供货公司搭建集网上交易、商品展示、信息共享、行情咨询等于一体的桥梁。目前，平台上有120家在中俄互贸区和综合保税区注册的进出口公司和境外俄罗斯厂家入驻并直供商品。平台俄罗斯商品包含生鲜食品、酒水饮料、冲调茶饮、粮油副食、日化百货、工艺礼品、保健滋补等10个大类80多个小类，共有1500种。

△中俄跨阿穆尔州布拉戈维申斯克—黑河的桥梁设计方案完成并通过国家鉴定。在中俄双方各自实施国内的项目程序几乎完成。成立了中俄建桥公司布拉戈维申斯克分公司，正在办理所需土地的相关手续，为在俄罗斯进行建设工作的承包单位准备文件，签订信贷协定。

△据日本共同社报道，鉴于12月15～16日将举行日俄首脑会谈，日俄政府开始研究发表启动在南千岛群岛（日称“北方四岛”）开展“共同经济活动”的磋商联合声明。此举旨在争取制定共同的法律框架使两国开展活动成为可能。

10日　日本在鹿儿岛县种子岛宇宙中心用H2B火箭成功发射了一艘“鹳”号货运飞船，用于向国际空间站运送各类物资。

11日　中国在西昌卫星发射中心用长征三号乙运载火箭成功发射风云四号卫星。风云四号卫星是我国静止轨道气象卫星从第一代（风云二号）向第二代跨越的首发卫星，也是我国首颗地球同步轨道三轴稳定定量遥感卫星。

12日　中国哈尔滨医科大学与俄罗斯圣彼得堡国立大学“中俄生物医学联合研究中心”成立仪式在中国黑龙江省哈尔滨市哈医大北方转化医学研究合作中心举行，此举将俄罗斯顶尖高校的优质教育资源引入黑龙江，开启了黑龙江省高校与圣彼得堡国立大学在医药卫生领域全面合作。未来双方将致力于推动联合研究中心的可持续发展。

△据韩媒报道，代行总统权限的韩国国务总理黄教安在主持召开有关部门长官会议时表示，希望由经济副总理柳一镐率领的经济小组以身作则，率先垂范分析并解决国内外各种风险因素及悬而未决的经济问题。黄教安指出，由于金融和外汇市场存在诸多不确定因素，相关部门应在金融委员会委员长任钟龙的领导下密切关注市场走势，并及时采取有效应对措施。

△韩国《中央日报》报道称，韩国大型综合超市易买得统计数据显示，中国白酒11月在韩国市场的销量同比激增92.5%，高于清酒（88.8%）的增幅，但市场份额不及威士忌（10.6%）。另外，中国啤酒的销量也表现不俗。青岛啤酒在易买得11月进口啤酒中销量最好，力压福佳、喜力和朝日等进口啤酒。韩国流通业界认为，中国酒在韩国市场的高人气，羊肉功不可没。通过境外旅游或留学等途径接触到羊肉串或羊排的韩国人想要在韩国内吃到中式羊肉料理的需求有所增长，同时羊肉料理搭配中国酒的情况也有所增多。

13日　俄罗斯总统普京在出访日本前接受日本媒体专访时表示，俄日之间不存在领土问题。

△据韩联社报道，韩国代理总统黄教安13日出席国务会议时表示，从国防部服务器日前被黑事件中可以看出，朝鲜虎视眈眈企图对韩主要机构网络系统进行攻击，朝韩间虚拟战争已打响。政府各部门需要制定综合对策，积极应对来自朝鲜的网络袭击。

14～16日　中共中央经济工作会议举行。习近平总书记分析当前国内国际经济形势，总结2016年经济工作，阐明经济工作指导思想，部署 2017 年经济工作。国务院总理李克强对 2017 年经济工作做出具体部署并做总结讲话。会议指出，党的十八大以来，初步确立了适应经济发展新常态的经济政策框架。会议强调，要坚持以提高发展质量和效益为中心，坚持宏观政策要稳、产业政策要准、微观政策要活、改革政策要实、社会政策要托底的政策思路，坚持以推进供给侧结构性改革为主线，适度扩大总需求，加强预期引导，深化创新驱动，全面做好稳增长、促改革、调结构、惠民生、防风险各项工作，促进经济平稳健康发展和社会和谐稳定，以优异成绩迎接党的十九大胜利召开。

14 日　日本株式会社日立制作所在北京举行全球董事会，会上宣布了日立 2018 中国事业战略。这是该公司首次将全球董事会召开地点设定在中国。日立制作所执行役社长兼 CEO 东原敏昭赴北京，与全球各位董事共商日立 2018 年中国事业战略。东原敏昭介绍说，中国是日立制作所全球市场之重镇。日立制作所未来将利用集机器人、人工智能（AI）、大数据分析等尖端技术于一体的“Lumada”IoT 平台，契合中国“十三五”规划中提出的“健康中国”“美丽中国”“网络强国”等战略，为中国客户提供高效医疗、智能物流、智能制造等方面的解决方案。

△俄罗斯阿穆尔州政府新闻部表示，中国企业“中粮集团有限公司”对阿州的农业潜力非常感兴趣，计划从该州采购农产品，尤其是大豆。消息中表示，引起中方企业特别关注的是阿穆尔州的农产品中不含转基因。

△俄罗斯联邦旅游局负责人萨福诺夫近日表示，由于良好的地理位置、阿穆尔河线路的发展和独特的自然保护区域，哈巴罗夫斯克边疆区入境旅游业有着很大潜力。据了解，2016 年共有 3.6 万名外国游客到访哈巴边区，其中大部分来自中国、韩国、德国和美国。

16 日　俄罗斯公司集团“Dalreo”计划在哈巴罗夫斯克市近郊开设穿过中俄国境的河运检查站。公司负责人表示，该检查站将在 2017 年的航行期在旅游综合体“扎伊姆卡”内投运，地区政府在预算外融资的条件下对这一举措表示支持。

△据日本共同社报道称，普京在访日期间，与安倍晋三在安倍故乡山口县长门市以及东京进行了两次会晤，并共同出席记者会。双方会后发表的媒体声明表示，双方要求相关政府部门就“共同经济活动”开展的条件、形式、领域等各项问题启动讨论，并认为这将成为双方签署和平条约的重要一步。

17 日　中国国家发改委主任徐绍史在全国发展和改革工作会议上说，2017 年发展改革工作要做到“六个聚焦”：聚焦制度创新激发市场活力；聚焦振兴实体经济提升供给水平；聚焦创新驱动培育壮大新动能；聚焦扩大有效需求稳定宏观环境；聚焦重点领域重点区域有效防范化解风险；聚焦民生改善促进社会和谐。

△俄罗斯萨哈林州发展公司划拨了 10 亿卢布用于在阿尼夫斯基区实施畜牧养殖综合体建设项目，该综合体能够养殖奶牛 3800 头，并带有牛奶加工能力，项目多方总投资评估为 117 亿卢布，全部融资阶段计划在 2018 年年末完成。

△已故朝鲜最高领导人金正日逝世五周年纪念日，朝鲜在平壤锦绣山太阳宫举行中央追悼大会，深切悼念金正日。朝鲜最高领导人金正恩出席追悼大会，朝鲜劳动党中央委员会政治局常委金永南、黄炳誓、朴凤柱、崔龙海及其他党政军领导人、平壤市党中央指导机关成员等参加大会。驻朝外交使团和国际机构代表、武官团代表等也受邀参加了追悼大会。集体默哀后，崔龙海致追悼词。随后，朝鲜劳动党中央委员会政治局委员金己男、朝鲜人民军总政治局局长黄炳誓、金日成—金正日主义青年同盟中央委员会第一秘书全勇男分别代表朝鲜劳动党、朝鲜人民军和朝鲜青年发表宣誓演说。

△俄罗斯滨海边疆区东方港内最大的装卸公司“东方港”股份公司专业从事煤炭出口转

运，目前已经获得了符拉迪沃斯托克（海参崴）自由港入驻企业资格。公司计划实施煤炭转运综合体三期建设项目，在同远东发展公司所签署的协议框架内，投资总额达到172亿卢布。

△俄罗斯滨海边疆区副州长西多连科近日表示，控股公司“俄罗斯农业”下属公司开始着手在滨海边疆区建设远东地区最大的年处理能力达12万吨的粮食升降机谷仓以及饲料厂，项目将在“米哈伊尔洛夫斯基”超前发展区境内实施。

△投资者决定在俄罗斯“扎伊姆卡”旅游综合体境内建设中俄检查站将使每年到哈巴罗夫斯克边疆区旅游的中国游客数量提升五倍。据统计，2015年共有2.4万名中国游客到访俄罗斯哈巴罗夫斯克边疆区。

19日 满载着532吨大米的陆海联运集装箱班列驶离中国绥芬河铁路口岸，货物通过铁路运输经俄罗斯纳霍德卡换装海运，直达上海港，标志着2016年最后一批陆海联运货物顺利通关。经绥芬河口岸出境的陆海联运大通道，是黑龙江省新的“出海口”，建立起了一条“中—外—中”陆海联运新通道。

19～20日 中央农村工作会议在北京召开。会议全面贯彻落实党的十八大和十八届三中、四中、五中、六中全会以及中央经济工作会议精神，总结“十三五”开局之年“三农”工作，分析当前农业农村形势，部署2017年农业农村工作。

20日 中华人民共和国国家主席习近平在北京人民大会堂会见天宫二号和神舟十一号载人飞行任务航天员及参研参试人员代表。他强调，星空浩瀚无比，探索永无止境，只有不断创新，中华民族才能更好走向未来。我们正在实施创新驱动发展战略，这是决定我国发展未来的重大战略。航天科技是科技进步和创新的重要领域，航天科技成就是国家科技水平和科技能力的重要标志。航天科技取得的创新成果极大鼓舞了中国人民的创新信念和信心，为全社会创新创造提供了强大激励。

△《人民日报》报道，经中华人民共和国国务院总理李克强签批，国务院日前印发《“十三五”国家战略性新兴产业发展规划》，对“十三五”期间中国战略性新兴产业发展目标、重点任务、政策措施等做出全面部署安排。《规划》确定了八方面发展任务。推动信息技术产业跨越发展，拓展网络经济新空间；促进高端装备与新材料产业突破发展，引领中国制造新跨越；加快生物产业创新发展步伐，培育生物经济新动力；推动新能源汽车、新能源和节能环保产业快速壮大，构建可持续发展新模式；促进数字创意产业蓬勃发展，创造引领新消费；超前布局战略性产业，培育未来发展新优势；促进战略性新兴产业集聚发展，构建协调发展新格局；推进战略性新兴产业开放发展，拓展国际合作新路径。

△中华人民共和国外交部部长王毅就俄罗斯驻土耳其大使卡尔洛夫在安卡拉遭枪击身亡向俄罗斯外长拉夫罗夫致慰问电。王毅表示，中方对这种针对外交人员的野蛮恐怖行为表示强烈谴责，坚决反对一切形式的恐怖主义，愿与国际社会一道坚定支持俄方严厉打击恐怖主义的努力和行动，加强反恐合作。

△来自哈尔滨电机厂有限责任公司、哈尔滨哈飞航空工业有限责任公司、中车齐齐哈尔车辆有限公司、大庆沃尔沃汽车制造有限公司、大庆中石油国际事业有限公司、黑龙江大庄园肉业有限公司、黑龙江省对俄农业产业协会等11家大型进出口企业单位负责人齐聚哈尔滨海关畅谈“东北振兴”。哈尔滨海关领导及主要职能部门负责同志齐聚于此，为企业开拓国际市场、创新发展“把脉会诊”。

21～25日 中华人民共和国十二届全国人大常委会第二十五次会议召开第二次全体会议。全国人大常委会副秘书长信春鹰做关于十二届全国人大四次会议代表建议、批评和意见办理情况的报告。同日，十二届全国人大常委会第二十五次会议听取了住房和城乡建设部关于十二届全国人大四次会议代表建议、批评和意见办理情况的报告。住房和城乡建设部副部长易军在向常委会做报告时表示，2016年，住建部主办的代表建议主要集中在住房保障、房地产市场监管、城乡规划、城市基础设施建设、改善农村人居环境以及建筑市场监管等六个方面，住建部承办的代表建议共503件，均已按规定时间全部办结。

△据国际文传电讯社报道，俄罗斯远东发展部新闻部表示，远东和贝加尔地区投资项目实施问题政府分委会批准了建设第15个远东超前发展区“尼古拉耶夫斯克”的决议。新发展区将在哈巴罗夫斯克边疆区的尼古拉耶夫斯克市建设。同日，远东和贝加尔地区投资项目实施问题政府分委会还批准了向哈巴罗夫斯克边疆区境内年产能为7万头的养猪综合体建设项目提供国家基础设施补贴。该项目投资者“Skifagro－DV”公司计划投入19亿卢布资金。

△俄罗斯对外经济银行下属机构“远东和贝加尔地区发展基金”股份公司将向远东地区内三个重点项目投入87亿卢布，项目总价值535亿卢布，项目内容包括造船综合体职工住房建设、养猪综合体建设和远东区内航空客运网络发展。

△据日媒报道，日本农林水产省将从2017年1月开始向中国游客免费发放可用微波炉加热食用的米饭（包装米饭）。日本政府计划在上海和北京的旅行社的服务台、东京都内的电子产品卖场、成田机场和关西国际机场的免税店等合计准备10万份。此举意在宣传日本国产大米的“高品质”，从而增加大米的出口。

△蒙古国外长蒙赫奥尔吉勒日前接受媒体采访时表示，十四世达赖窜访蒙古国对蒙中关系发展产生了负面影响，蒙政府对此表示遗憾。蒙方坚定支持一个中国政策，今后不会邀请达赖窜访蒙古国。在本届政府任期内，达赖也不会通过宗教渠道再访问蒙古国。中华人民共和国外交部发言人华春莹说，中方重视蒙古国外长就达赖窜访蒙古国问题所做的明确表态。“希望蒙方真正从此次事件中汲取教训，切实尊重中方核心利益，信守有关承诺，为推动中蒙关系改善做出努力”。

△韩国农村振兴厅表示，据推算，2016年朝鲜粮食总产量为481万吨，同比增长7%，但仍有69万吨的粮食缺口。具体来看，朝鲜大米产量为222万吨，同比增加10%。玉米（产量为170万吨）、马铃薯（55万吨）、大麦（17万吨）等呈现4%～10%的同比增长率。但是大豆类与其他杂粮产量因局部受旱减产6%至17万吨。按照朝鲜1.1万吨的日均粮食消费量计算，如无粮援，2016年朝鲜缺乏相当于全体朝鲜居民2个月食用所需的粮食。

22日 中国在酒泉卫星发射中心用长征二号丁运载火箭成功将中国首颗全球二氧化碳监测科学实验卫星（以下简称“碳卫星”）发射升空。碳卫星的成功研制和后续在轨稳定运行，将使中国初步形成针对全球、中国及其他重点地区的大气二氧化碳浓度监测能力，填补了中国在温室气体监测方面的技术空白，其成果对中国掌握全球变暖的变化规律和全球碳排放分布、提高中国在应对全球气候变化的国际话语权等方面具有重要意义。

△中华人民共和国外交部发言人华春莹在举行的例行记者会上表示，美国在韩国部署“萨德”反导系统严重破坏地区战略平衡，严重损害包括中国在内的本地区有关国家战略安全利益，不利于维护朝鲜半岛的和平与稳定。我们再次敦促有关方面正视中方合理关切，停止有关部署进程。中方将坚决采取必要措施维护自身安全利益。

△日本政府通过内阁决议批准了2017财年政府财政预算案。其中防卫预算连续五年增长，并连续两年超过5万亿日元（100日元约合5.9元人民币）。日本海上保安厅的预算申请额较2015年增加约100亿日元，达到2106亿日元，创历史新高。其中强化离岛及远海等警备的费用达到578亿日元。

△日本共同社报道，日本首相安倍晋三在首相官邸会见了由南千岛群岛原岛民等组成的

“千岛齿舞诸岛居住者联盟”的理事长胁纪美夫等人，传达了于本月15日、16日举行的与俄罗斯总统普京的首脑会谈的内容。安倍表示出积极态度称：“虽然没能实现大家全部的愿望，但向前迈出了重要的一步。希望新的思路能够出成果，实现缔结和平条约。”

△俄罗斯特洛伊茨海湾港口有限责任公司对集装箱中转运输进行了测试，沿“滨海2号”国际交通走廊从中国珲春至韩国首尔经滨海边疆区马哈利诺铁路口岸。在滨海边疆区政府的支持下，在俄罗斯铁路开放式股份公司的协助下组织了此次运输。在运输测试框架内，从中国通过铁路向港口运输了6.096米（20英尺）集装箱，最终抵达韩国釜山。测试结果显示，“滨海2号”国际交通走廊集装箱货物运输具有一定的优越性。

△“LedStroy”公司成为远东地区超前发展区入驻企业之一，公司计划在“纳杰日金斯克”超前发展区内投资建设照明技术设备生产仓储综合体，项目投资总额为8.018亿卢布，投资者计划为项目吸引中国、独联体国家、印度等国的合作伙伴。

△中华人民共和国黑龙江省黑河市的黑河—布拉戈维申斯克黑龙江（阿穆尔河）大桥项目拟于24日同步开工。项目概算总投资24.7亿元人民币，计划2019年10月交工通车。大桥建成后将形成一条新的国际公路大通道，实现中俄两个地级市直接互通互联。

23日 为深化中俄文化交流，搭建“中蒙俄经济走廊”和“龙江丝路带”建设的中俄人文交流平台，由中共绥芬河市委宣传部、绥芬河市文化广电新闻出版体育局、绥芬河市文学艺术界联合会主办、绥芬河市群众艺术馆、绥芬河市摄影家协会承办的“2016中俄国际摄影展”在绥芬河市图书馆开幕，在新年到来之际，为中俄摄影爱好者呈现了一场文化视觉的艺术盛宴。

△俄罗斯总统普京举行年度记者会时再次高度评价俄中关系。他表示，俄中两国近年来建立的协作关系，超过了一般的“战略协作伙伴关系”。两国在很多国际问题上有共同立场，这是国际事务中非常重要的稳定性因素。

△跨中俄界河阿穆尔河的布拉戈维申斯克与黑河之间的浮桥于11月25日开通货运，开通第一周，来自中方的货运量是俄方的3.5倍。

△俄罗斯萨哈林州海关消息表示，2016年1～11月，该州共向亚太地区市场出口“萨哈林2号”项目液化天然气近940万吨，与2015年同期相比增长10.3%，出口天然气总价值近26亿美元，同比下降1.6倍。

△俄罗斯萨哈林州海关副关长在新闻发布会上表示，中国是萨哈林州出口量增长最快的市场，中国方面积极购买该州出产的天然气、煤炭和水生生物资源，2016年对中国的出口量增至上年的三倍。

△韩国国土交通部发布的数据显示，截至2016年上半年，外国人持有的韩国土地面积为2.3223亿平方米，较2015年底增加396万平方米，占整体国土面积的0.2%。韩联社介绍称，在韩国各地区中，京畿道土地最受外国人青睐，占比为16.5%，全罗南道（16.4%）、庆尚北道（15.0%）、江源道（10.1%）和济州（8.8%）分别排在其后。外国人在济州道持有的土地面积自2002年以来首次出现减少，这主要是因为中国人纷纷抛售济州道土地。统计显示，自2015年底以来，中国人抛售济州道约35万平方米土地。

24～25日 全国党内法规工作会议举行。会前习近平做出指示，强调加强党内法规制度建设是全面从严治党的长远之策、根本之策，必须坚持依法治国与制度治党、依规治党统筹推进、一体建设。刘云山出席并讲话。这是我们党历史上第一次召开全国党内法规工作会议。

25日 中华人民共和国第十二届全国人大常委会第二十五次会议在北京人民大会堂闭幕。会议表决通过了《中华人民共和国中医药法》《中华人民共和国环境保护税法》《中华人民共和国公共文化服务保障法》，决定任命杨晓渡为监察部部长，国家主席习近平分别签署第59、60、61、62号主席令予以公布。张德江主持会议。同日，十二届全国人大常委会第二十五次会议表决通过了关于召开第十二届全国人民代表大会第五次会议的决定。根据这一决定，十二届全国人大五次会议将于2017年3月5日召开。同日，全国人大常委会委员长张德江主持十二届全国人大常委会第二十五次会议闭幕会。在会议完成各项表决事项后，张德江发表讲话。

26日 俄罗斯远东发展部新闻服务部表示，堪察加边疆区境内自由港监理会共批准了8个新的投资项目，私人投资总额超过17亿卢布，其中包括小型的生活服务类项目、大型的冷藏和干货集装箱综合服务枢纽港建设项目等。

△据朝鲜《劳动新闻》报道，朝鲜第一次全党基层党委委员长大会闭幕，最高领导人金正恩做了题为《关于加强基层党委员会》的结论报告。他表示，行政官僚化与党的事业相背离，是旧社会利用权力压迫人民的思想残余。行政官僚化容易产生轻视群众的思想，并滋生腐败等问题。行政官僚化不利于调动人民群众的积极性和创造力，严重阻碍党的政策贯彻落实，并降低人民群众对党的信赖，甚至产生使党脱离人民群众的严重后果。金正恩表示，要根据现实发展要求，不断推进党的事业，为此要下决心根除行政官僚化。

△外交部发言人华春莹就俄罗斯总统普京对中俄关系的评价做出回应。她表示，当前中俄全面战略协作伙伴关系处于历史最好水平。中俄战略协作成为维护世界和平稳定的一块重要压舱石。

27日 针对有媒体报道日本首相安倍晋三希望通过访问珍珠港“完全清算二战历史”，华春莹说，没有中国等亚洲受害国的和解，日本历史这一页翻不过去。

△中华人民共和国国务院新闻办发表《2016中国的航天》白皮书。中国国家航天局副局长吴艳华在国新办新闻发布会上说，未来十年我国预计将发射约100颗卫星。这部白皮书总结了2011年以来中国航天的主要进展，并提出未来五年中国将加快航天强国建设步伐中国将发射2个月球探测器，为实现载人登月积累经验，同时决定通过中国版GPS来覆盖“现代丝绸之路”的相关国家，扩大影响力，力争2030年左右跻身世界航天强国行列。

△韩国执政党新国家党29名国会议员正式宣布退党，组建暂名为“改革保守新党”的新党，这是韩国宪政史上保守倾向政党首次走向分裂。

△《日本经济新闻》文章，中国政府12月27日发布了《2016中国的航天》白皮书，主要内容为2020年发射火星探测器等。中国将在航天开发领域巩固继美俄之后的“世界第三”地位。

△赞成改宪的60多名在野党议员在联合召开的讨论会上公开了改宪民调结果。结果显示，七成民众认为需要改宪，六成民众认为应在举行下任总统选举之前改宪。有议员指出，改宪讨论已进入成熟阶段，因此政治圈有必要实现改宪连带。在改宪的前提下，有必要缩短总统任期。

△韩国文化体育观光部表示，2016年访韩外国游客有望达到1720万人次，创历史新高。达到这一数字的主要原因是中国游客增加，以及日本游客回流。据韩国方面预测，访韩中国大陆游客到年底将达804万人次，同比增长34.4%，首次突破800万人次。中国香港游客将达65万人次，同比增长23.7%。中国台湾地区游客将达83万人次，同比增长60.4%。日本游客将达229万人次，同比增长24.8%。

28日 针对日本负责对中国台湾交流事务的民间机构更名一事，华春莹表示，坚决反对任何制作“两个中国”“一中一台”的企图，对日方在台湾问题上采取消极举措表示强烈不满。

△韩联社发表社论批评日本首相安倍晋三在访问美国夏威夷珍珠港时所做表态。称其言

论完全是倒退历史观。全然看不出对日本侵略历史有丝毫反省之心。

△1~11月，俄罗斯远东铁路局国际业务量比2015年同期增长了10.5%，达到930万吨。俄罗斯、中国和朝鲜三方铁路边境国际贸易中，中方的业务量增长了9%，朝方的业务量增长了20.5%。

△滨海边疆区政府期望，对前来符拉迪沃斯托克（海参崴）自由港区域的外国公民采取的简化签证措施能够提升2017年的旅游客流，据了解，2016年滨海共接待了大约50万名外国游客，其中约35万名为中国公民。

29日 中国产业海外发展协会计划建立总投资额1000亿元的中俄地区发展基金，首笔100亿元的资金将投资滨海边疆区各项目。

30日 截至11月末，绥芬河海关税收突破10亿元大关，达到10.45亿元，较2015年同期增长28.6%，创近年新高。

△中国最大的食品生产商和供应商中粮集团计划购买阿穆尔州大豆。该公司计划在阿穆尔州购买大豆、进行加工和供应，但不从事种植。

△《人民日报》报道，国务院新闻办公室发表《中国交通运输发展》白皮书，这是我国政府首次就中国交通运输建设发展发表的白皮书。白皮书指出，截至2015年底，我国铁路营业总里程达12.1万公里，居世界第二，高速铁路里程达1.9万公里，居世界第一；高速公路里程达12.4万公里，居世界第一，农村公路里程将近400万公里，通达99.9%的乡镇和99.8%的建制村；内河航道通航里程达12.7万公里、居世界第一。白皮书约1万字，以中、英、法、俄、德、西、日、阿等语种发表，中文版和英文版已分别由人民出版社和外文出版社出版发行。

31日 中华人民共和国国家主席习近平和俄罗斯总统普京互致新年贺电。习近平在贺电中代表中国政府和中国人民，向普京总统和俄罗斯人民致以诚挚的祝贺和美好的祝愿。习近平指出，中俄全面战略协作伙伴关系是促进地区及世界和平、发展、稳定的重要力量。新的一年里，中方愿继续同俄方携手努力，推动双方保持密切高层交往，巩固战略和政治互信，促进“一带一路”建设与欧亚经济联盟建设对接合作，深化务实合作，办好媒体交流年，密切在国际事务中的战略协作，保持中俄全面战略协作伙伴关系稳定、持续、高水平发展，造福两国和两国人民。普京在贺电中向习近平主席致以新年和春节祝贺，祝全体中国人民幸福安康。普京表示，在2016年，俄中两国一如既往地开展了有效协作。双方成功落实第三个《俄中睦邻友好合作条约》实施纲要，协调配合有效推动解决全球和地区重大问题。相信在即将到来的一年里，俄中全面战略协作伙伴关系将更加蓬勃发展，造福两国人民，为巩固国际安全与稳定做出贡献。

△中华人民共和国国务院总理李克强同俄罗斯总理梅德韦杰夫互致新年贺电。李克强向梅德韦杰夫致以新年祝贺，并表示在新的一年里，中方愿同俄方继续保持密切沟通，推动两国经贸、能源、航空航天、高铁、远东开发等领域合作取得新成果，积极挖掘中小企业、科技创新、农业等领域合作潜力，密切人文交流，造福两国和两国人民。梅德韦杰夫在贺电中表示，2016年俄中全面战略协作伙伴关系蓬勃发展，两国经贸和投资合作全面推进，能源、基础设施和工业领域一系列合作项目逐步落实，俄中媒体交流年活动顺利进行。欧亚经济联盟建设与丝绸之路经济带建设对接合作为两国扩大务实合作提供了新机遇，相信这一重要方向的合作将继续向前推进。

△中国国际电视台（中国环球电视网）正式开播。

附 录

附录一　东北亚各国经济社会发展重要指标

中国

表1　2016年中国国民经济主要指标

指标	2015年	2016年	同比增长率（%）
一、国民经济核算			
国民总收入（亿元）	686449.6	741140.4	6.7
国内生产总值（亿元）	689052.1	744127.2	6.7
第一产业	60862.1	63670.7	3.3
第二产业	282040.3	296236.0	6.1
第三产业	346149.7	384220.5	7.8
人均国内生产总值（亿元）	50251.0	53980.0	6.1
二、就业			
就业人员数（万人）	77451.0	77603.0	0.2
第一产业	21919.0	21496.0	-1.9
第二产业	22693.0	22350.0	-1.5
第三产业	32839.0	33757.0	2.8
城镇登记失业人数（万人）	966.0	982.0	1.7
三、人民生活			
全国居民人均可支配收入（元）	21966.0	23821.0	8.4
城镇居民人均消费支出	31195.0	33616.0	7.8
农村居民人均消费支出	11422.0	12363.0	8.2
四、财政			
一般公共预算收入（亿元）	152269.0	159605.0	4.8
一般公共预算支出（亿元）	175878.0	187755.0	6.8
五、农业			
农林牧渔业总产值（亿元）	107055.4	112091.3	3.9
粮食产量	62143.9	61625.0	-0.8
棉花产量	560.3	529.9	-5.4
油料产量	3537.0	3629.5	2.6
肉类产量	8625.2	8537.8	-1.0
水产品产量	6699.6	6901.3	3.0

续表

指标	2015 年	2016 年	同比增长率（%）
六、工业			
发电量（亿千瓦时）	58145.7	61424.9	5.6
原煤产量（亿吨）	37.5	34.1	-9.0
原油产量（万吨）	21455.6	19968.5	-6.9
汽车产量（万辆）	2450.4	2811.9	11.8
水泥产量（万吨）	235918.8	241031.0	2.2
粗钢产量（万吨）	80382.5	80760.9	0.5
七、建筑业总产值（亿元）	180757.0	193567.0	7.1
八、人民生活			
全国居民人均可支配收入（元）	21966.0	23821.0	8.4
城镇居民人均消费支出（元）	31195.0	33616.0	7.8
农村居民人均消费支出（元）	11422.0	12363.0	8.2
九、对外贸易			
进出口总额（亿元）	39530.3	36855.6	-6.8
进口额（亿元）	16795.6	15879.3	-5.5
出口额（亿元）	22734.7	20976.3	-7.7
十、外商直接投资			
实际使用外资金额（亿美元）	1210.0	1260.0	4.1
项目数（个）	26571.0	27900.0	5.0
十一、交通运输			
客运量（万人）	1943271.0	1900194.0	-2.2
货运量（万吨）	4175886.0	4386763.0	5.0
民用汽车拥有量（万辆）	16284.5	18574.5	14.1
十二、批发、零售和旅游业			
社会消费品零售总额（亿元）	300930.8	332316.3	10.4
外国入境旅客（万人次）	2596.5	2815.0	8.3
国内旅客（亿人次）	40.0	44.4	11.0
国际旅游收入（亿美元）	1136.5	1200.0	5.6
国内旅游总花费（亿元）	34195.1	39390.0	15.2

资料来源：中华人民共和国统计局。

表 2　2016 年中国对主要贸易伙伴进出口情况

单位：亿美元，%

国别（地区）	进出口额	出口额	进口额	差额	同比增长率			
					进出口	出口	进口	差额
总值	36849.3	20974.4	15874.8	5099.6	-6.8	-7.7	-5.5	-14.1
中国香港地区	3052.5	2883.7	168.8	2714.9	-11.1	-12.7	32.4	-14.5
日本	2748.0	1292.4	1455.6	-163.1	-1.3	-4.7	1.9	125.8
韩国	2524.3	935.4	1588.9	-653.6	-8.5	-7.7	-8.9	-10.6
中国台湾地区	1796.0	403.7	1392.3	-988.6	-4.5	-10.1	-2.8	0.5

续表

国别（地区）	进出口额	出口额	进口额	差额	同比增长率			
					进出口	出口	进口	差额
东盟	4518.0	2555.7	1962.2	593.5	-4.2	-7.8	0.9	-28.3
印度尼西亚	534.6	320.7	213.9	106.8	-1.4	-6.6	7.6	-26.1
马来西亚	867.2	375.1	492.1	-117.0	-10.8	-14.7	-7.6	26.0
菲律宾	471.6	297.9	173.7	124.2	3.3	11.7	-8.4	61.2
新加坡	703.9	444.5	259.4	185.1	-11.5	-14.4	-5.9	-24.0
泰国	757.6	370.9	386.8	-15.9	0.4	-3.1	4.1	-
越南	982.1	610.6	371.5	239.1	2.5	-7.5	24.5	-33.9
欧盟	5469.0	3389.6	2079.3	1310.3	-3.1	-4.7	-0.4	-10.8
英国	743.4	556.9	186.5	370.4	-5.3	-6.5	-1.5	-8.8
德国	1512.9	652.5	860.4	-207.9	-3.5	-5.6	-1.8	12.4
法国	471.2	246.4	224.8	21.7	-8.3	-7.9	-8.7	1.3
意大利	430.5	263.5	167.0	96.5	-3.6	-5.3	-0.7	-12.3
荷兰	672.2	574.3	97.9	476.4	-1.5	-3.4	11.5	-6.0
金砖国家	2426.3	1304.2	1122.1	182.1	-5.6	-4.3	-7.2	18.5
巴西	677.1	219.7	457.4	-237.7	-5.3	-19.9	3.7	42.5
俄罗斯	695.3	373.0	322.3	50.7	2.2	7.3	-3.1	237.9
印度	700.8	583.2	117.6	465.6	-2.1	0.2	-12.0	3.8
南非	353.2	128.4	224.8	-96.5	-23.2	-19.0	-25.4	-32.5
加拿大	456.3	273.2	183.1	90.2	-18.0	-7.1	-30.2	183.2
美国	5196.1	3852.0	1344.1	2507.9	-6.7	-5.9	-9.1	-4.1
澳大利亚	1078.3	371.6	706.7	-335.0	-5.3	-7.8	-3.9	0.8
新西兰	119.0	47.6	71.4	-23.8	3.4	-3.3	8.4	43.0

资料来源：中华人民共和国海关总署。

表 3　2016 年中国货物进出口总额及增长速度

指标	金额（亿元）	比上年增长（%）
货物进出口总额	243386	-0.9
货物出口额	138455	-1.9
其中：一般贸易	74601	-1.1
加工贸易	47237	-4.6
其中：机电产品	79820	-1.9
高新技术产品	39876	-2.1
货物进口额	104932	0.6
其中：一般贸易	59398	3.7
加工贸易	26223	-5.5
其中：机电产品	50985	1.9
高新技术产品	34618	1.8
货物进出口差额（出口减进口）	33523	—

资料来源：中华人民共和国商务部。

表4　2016年中国主要商品出口数量、金额及其增长速度

商品名称	数量	比上年增长（%）	金额（亿元）	比上年增长（%）
煤（包括褐煤）（万吨）	879	64.6	46	48.0
钢材（万吨）	10849	-3.5	3587	-7.8
纺织纱线、织物及制品	—	—	6925	1.9
服装及衣着附件	—	—	10413	-3.7
鞋类（万吨）	422	-5.6	3113	-6.2
家具及其零件	—	—	3151	-3.8
自动数据处理设备及其部件（万台）	159257	-7.1	9068	-4.1
手持或车载无线电话（万台）	127192	-5.3	7643	-0.9
集装箱（万个）	199	-26.7	279	-41.2
液晶显示板（万个）	190569	-16.9	1700	-11.6
汽车（万辆）	79	9.4	709	1.8

资料来源：《中华人民共和国2016年国民经济和社会发展统计公报》。

表5　2016年中国主要商品进口数量、金额及其增长速度

商品名称	数量	比上年增长（%）	金额（亿元）	比上年增长（%）
谷物及谷物粉（万吨）	2199	-32.8	375	-35.5
大豆（万吨）	8391	2.7	2247	4.1
食用植物油（万吨）	553	-18.3	276	-11.5
铁矿砂及其精矿（万吨）	102412	7.5	3809	7.0
氧化铝（万吨）	303	-35.0	58	-43.1
煤（包括褐煤）（万吨）	25551	25.2	938	25.1
原油（万吨）	38101	13.6	7698	-7.5
成品油（万吨）	2784	-6.5	735	-16.6
初级形状的塑料（万吨）	2570	-1.5	2731	-2.2
纸浆（万吨）	2106	6.2	808	2.1
钢材（万吨）	1321	3.4	869	-2.3
未锻轧铜及铜材（万吨）	495	2.9	1741	-3.3
汽车（万辆）	107	-2.4	2942	6.1

资料来源：《中华人民共和国2016年国民经济和社会发展统计公报》。

表6　2016年中国东北地区国民经济主要指标

指标	东三省总额	同比增长（%）
地区生产总值（亿元）	52409.79	-9.35
粮食总产量（万吨）	11876.34	-0.81
社会固定资产投资（亿元）	31263.80	-23.39
社会消费品零售总额（亿元）	29127.00	7.56
对外贸易进出口总额（亿美元）	1213.80	-9.81
实际利用外资（亿美元）	183.33	-5.07
电力消费量（亿千瓦时）	3601.65	2.73

资料来源：根据东北地区各省统计数据计算而成。

表 7　2016 年黑龙江省国民经济主要指标

指标	2015 年	2016 年	同比增长（%）
地区生产总值（亿元）	15083.67	15386.09	2.00
第一产业增加值（亿元）	2633.50	2670.46	1.40
第二产业增加值（亿元）	4798.08	4400.69	-8.28
第三产业增加值（亿元）	7652.09	8314.94	8.66
规模以上工业增加值（亿元）	2935.50	2994.20	2.00
年末常住人口（万人）	3812.00	3799.00	-0.34
电力消费量（亿千瓦时）	868.97	896.62	3.18
固定资产投资（亿元）	10182.95	10648.35	4.57
社会消费品零售总额（亿元）	7640.20	8402.50	9.98
进出口总值（亿美元）	210.20	165.40	-21.31
出口（亿美元）	80.30	50.40	-37.24
进口（亿美元）	129.70	114.90	-11.41
实际利用外资（亿美元）	55.50	59.00	6.31
地方财政一般预算收入（亿元）	1165.88	1148.41	-1.50
地方财政一般预算支出（亿元）	4020.66	4227.34	5.14
居民人均可支配收入（元）	18592.65	19838.50	6.70
城镇常住居民人均可支配收入（元）	24202.62	25736.43	6.34
农村常住居民人均可支配收入（元）	11095.22	11831.85	6.64
城镇登记失业率（%）	4.22	4.48	6.16

资料来源：黑龙江省统计局。

表 8　2016 年中国企业 50 强

单位：百万美元

国内排名	国际排名	企业名称	营业收入	利润
1	2	国家电网公司（STATE GRID）	329601.3	10201.4
2	3	中国石油天然气集团公司（CHINA NATIONAL PETROLEUM）	299270.6	7090.6
3	4	中国石油化工集团公司（SINOPEC GROUP）	294344.4	3594.8
4	15	中国工商银行（INDUSTRIAL & COMMERCIAL BANK OF CHINA）	167227.2	44098.2
5	22	中国建设银行（CHINA CONSTRUCTION BANK）	147910.2	36303.3
6	25	鸿海精密工业股份有限公司（HON HAI PRECISION INDUSTRY）	141213.1	4627.1
7	27	中国建筑工程总公司（CHINA STATE CONSTRUCTION ENGINEERING）	140158.8	2251.3
8	29	中国农业银行（AGRICULTURAL BANK OF CHINA）	133419.2	28734.9
9	35	中国银行（BANK OF CHINA）	122336.6	27185.5
10	41	中国平安保险（集团）股份有限公司（PING AN INSURANCE）	110307.9	8625.0
11	45	中国移动通信集团公司（CHINA MOBILE COMMUNICATIONS）	106760.6	10144.2
12	46	上海汽车集团股份有限公司（SAIC MOTOR）	106684.4	4740.9
13	54	中国人寿保险（集团）公司（CHINA LIFE INSURANCE）	101273.6	4170.3
14	57	中国铁路工程总公司（CHINA RAILAY ENGINEERING）	99434.7	983.1
15	62	中国铁道建筑总公司（CHINA RAILWAY CONSTRUCTION）	95651.6	1105.8

续表

国内排名	国际排名	企业名称	营业收入	利润
16	81	东风汽车集团（DONGFENG MOTOR GROUP）	82816.7	1479.8
17	91	中国华润总公司（CHINA RESOURCES NATIONAL）	76573.7	2489.2
18	95	中国南方电网有限责任公司（CHINA SOUTHERN POWER GRID）	74696.9	2222.5
19	99	太平洋建设集团（PACIFIC CONSTRUCTION GROUP）	73046.9	3205.2
20	102	中国南方工业集团公司（CHINA SOUTH INDUSTRIES GROUP）	70080.9	1487.9
21	105	中国邮政集团公司（CHINA POST GROUP）	69636.7	4194.3
22	109	中国海洋石油总公司（CHINA NATIONAL OFFSHORE OIL）	67799.4	4608.1
23	110	中国交通建设集团有限公司（CHINA COMMUNICATIONS CONSTRUCTION）	67764.0	1708.8
24	116	来宝集团（NOBLE GROUP）	66712.4	-1672.0
25	119	中国人民保险集团股份有限公司（PEOPLE'S INSURANCE CO. OF CHINA）	64606.1	3109.6
26	121	中粮集团有限公司（COFCO）	64515.5	265.5
27	122	天津物产集团有限公司（TEWOO GROUP）	64232.3	160.2
28	129	华为投资控股有限公司（HUAWEI INVESTMENT & HOLDING）	62855.4	5872.9
29	130	中国第一汽车集团公司（CHINA FAW GROUP）	62852.4	3252.6
30	132	中国电信集团公司（CHINA TELECOMMUNICATIONS）	61795.8	1715.7
31	134	中国兵器工业集团公司（CHINA NORTH INDUSTRIES GROUP）	61621.2	803.1
32	139	中国中化集团公司（SINOCHEM GROUP）	60655.8	-55.1
33	143	中国航空工业集团公司（AVIATION INDUSTRY CORP. OF CHINA）	60252.1	882.7
34	153	交通银行（BANK OF COMMUNICATIONS）	57068.2	10586.2
35	156	中国中信集团有限公司（CITIC GROUP）	55938.1	3763.5
36	160	北京汽车集团（BEIJING AUTOMOTIVE GROUP）	54932.9	1097.5
37	163	山东魏桥创业集团有限公司（SHANDONG WEIQIAO PIONEERING GROUP）	53026.1	1120.9
38	189	招商银行（CHINA MERCHANTS BANK）	48459.3	9180.8
39	190	正威国际集团（AMER INTERNATIONAL GROUP）	47795.1	1140.5
40	195	兴业银行（INDUSTRIAL BANK）	46446.4	7989.1
41	200	中国电力建设集团有限公司（POWER CHINA）	45606.8	1170.4
42	201	河钢集团有限公司（HESTEEL GROUP）	45265.7	-203.6
43	202	联想集团（LENOVO GROUP）	44912.1	-128.1
44	205	中国医药集团（SINOPHARM）	44324.9	443.4
45	207	中国联合网络通信股份有限公司（CHINA UNITED NETWORK COMMUNICATIONS）	44085.1	552.4
46	217	中国华能集团公司（CHINA HUANENG GROUP）	43223.9	774.5
47	221	中国民生银行（CHINA MINSHENG BANKING）	42449.0	7337.4
48	227	上海浦东发展银行股份有限公司（SHANGHAI PUDONG DEVELOPMENT BANK）	42030.0	8052.3
49	229	中国华信能源有限公司（CEFC CHINA ENERGY）	41845.0	603.2
50	234	中国化工集团公司（CHEMCHINA）	41412.4	-131.8

资料来源：《财富》2017年财富世界500强排行榜。

俄罗斯

表 1　俄罗斯社会经济主要指标

	2016 年
宏观经济基本指标	
国内生产总值（10 亿卢布）	83233.3
零售贸易额（10 亿卢布）	27526.7
居民有偿服务（10 亿卢布）	8050.8
消费价格指数（同比上年 12 月，%）	112.9
已建住宅总面积（百万平方米）	80.4
综合预算收入（10 亿卢布）	26922.0
综合预算支出（10 亿卢布）	29741.5
综合预算盈余赤字（10 亿卢布）	-2819.5
国家预算外资金支出（10 亿卢布）	12315.7
薪酬（包含隐性薪酬和混合收入，10 亿卢布）	38541
家庭可支配收入（10 亿卢布）	45042
财政补贴（10 亿卢布）	-
家庭实际终端消费（10 亿卢布）	49996
居民生活水平基本指标	
人口情况	
居民总数（截至年末，百万人）	146.5
出生率（每千人）	13.3
死亡率（每千人）	13.0
居民自然增长率（千人）	-0.3
婴儿死亡率（每千名新生儿）	6.5
结婚率（每千人）	7.9
离婚率（每千人）	4.2
居民经济活跃度	
年均劳动人数（百万人）	76.5
失业人数（千人）	426.4
国家居民就业机构登记失业人数（千人）	1001
居民收入与社会经济	
居民人均收入（卢布/月）	30775
基尼系数	0.412
单人平均月工资（卢布）	38600
平均退休金（卢布）	13000
人均生活最低消费（卢布/月）	9701
购买力（生活最低消费种类）人均收入购买力	3.67
每月平均工资购买力	3.81
平均退休金购买力	1.68

续表

	2016年
居民收入与社会经济	
低于最低生活消费居民数（百万人）	19.5
收入赤字（10亿卢布）	1950
薪酬最低额度（年均，卢布）	6204
营养状况	
家庭人均摄入食物热量（卡路里/天）	2693
家庭人均所需食物动物蛋白含量（克/天）	52
住房状况	
人均住房总面积（平方米）	24.4
住房需求家庭数占家庭总数（%）	6
健康状况	
每千人确诊患者所患疾病数（种）	795.3
自杀死亡率（每十万人死亡数）	19.8
医疗服务状况	
每千人医生数（人）	83.4
每万人病床数（张）	4.6
教育状况	
国家和地方教育机构数（除夜校和混合型教育机构）（所）	43228
教育机构学员人数（千人）	14092
专业技术人才培养教育机构数（所）	1201
每万人受专业技术教育大学生人数（人）	43
国家和地方中等专业教育机构数（所）	2645
每万人受中等专业教育大学生人数（人）	2583
国家和地方高等教育机构（所）	530
每万人受高等教育大学生人数（人）	376
文化状况	
每千人观看戏剧和电影人数（人）	261
每千人参观博物馆人数（人）	832
每年每人图书出版数（册）	4
每年每人杂志出版数（册）	13
旅游休闲状况	
接受休闲专门服务人数（千人）	11247
俄罗斯公民出境数（千）	37752
不动产状况	
公民私有住房比重（%）	87
违法状况	
每年登记犯罪数量（千件）	2389
伤害死亡率（每十万人死亡数）	9.1

资料来源：俄罗斯联邦国家统计局网站。

表 2　俄罗斯对主要贸易伙伴出口额（2016 年）

单位：百万美元，%

国家和地区	金额	同比	占比
总值	285491	-16.9	100.0
荷兰	29255	-28.4	10.3
中国	28021	-2.0	9.8
德国	21258	-16.1	7.5
白俄罗斯	14051	-8.5	4.9
土耳其	13698	-29.0	4.8
意大利	11931	-46.5	4.2
韩国	10027	-25.7	3.5
哈萨克斯坦	9427	-12.6	3.3
日本	9384	-35.2	3.3
美国	9354	-1.1	3.3
波兰	9099	-5.9	3.2
英国	6944	-7.1	2.4
芬兰	6535	-7.9	2.3
乌克兰	6280	-32.4	2.2
比利时	5741	-9.8	2.0

资料来源：国别报告网。

表 3　俄罗斯自主要贸易伙伴进口额（2016 年）

单位：百万美元，%

国家和地区	金额	同比	占比
总值	182262	-0.3	100.0
中国	38087	9.0	20.9
德国	19451	-4.8	10.7
美国	10923	-4.6	6.0
白俄罗斯	9406	6.1	5.2
法国	8489	43.4	4.7
意大利	7839	-5.8	4.3
日本	6680	-2.0	3.7
韩国	5113	12.1	2.8
波兰	3958	-3.4	2.2
乌克兰	3951	-30.4	2.2
哈萨克斯坦	3612	-24.5	2.0
英国	3432	-7.8	1.9
荷兰	3021	-2.4	1.7
捷克	2767	-2.8	1.5
巴西	2523	-13.4	1.4

资料来源：国别报告网。

表 4　俄罗斯主要出口商品构成（2016 年）

单位：百万美元，%

HS 编码	商品类别	2016 年	上年同期	同比	占比
章	总值	285491	343543	-16.9	100.0
27	矿物燃料、矿物油及其产品；沥青等	134703	174320	-22.7	47.2
72	钢铁	14122	15255	-7.4	5.0
71	珠宝、贵金属及制品；仿首饰；硬币	8906	7895	12.8	3.1
84	核反应堆、锅炉、机械器具及零件	6801	8695	-21.8	2.4
31	肥料	6637	8853	-25.0	2.3
44	木及木制品；木炭	6524	6318	3.3	2.3
76	铝及其制品	5980	6869	-12.9	2.1
10	谷物	5606	5651	-0.8	2.0
85	电机、电气、音像设备及其零附件	4050	3479	16.4	1.4
74	铜及其制品	3313	4469	-25.9	1.2
03	鱼及其他水生无脊椎动物	3015	2789	8.1	1.1
87	车辆及其零附件，但铁道车辆除外	2564	2734	-6.2	0.9
40	橡胶及其制品	2543	2501	1.7	0.9
29	有机化学品	2409	2967	-18.8	0.8
28	无机化学品；贵金属等的化合物	2385	3818	-37.5	0.8
73	钢铁制品	2264	2324	-2.6	0.8
39	塑料及其制品	2252	2328	-3.3	0.8
15	动、植物油、脂、蜡；精制食用油脂	2209	1875	17.8	0.8
75	镍及其制品	2019	2662	-24.2	0.7
26	矿砂、矿渣及矿灰	2015	1960	2.8	0.7
48	纸及纸板；纸浆、纸或纸板制品	1900	1836	3.5	0.7
90	光学、照相、医疗等设备及零附件	1429	1241	15.1	0.5
47	木浆等纤维状纤维素浆；废纸及纸板	1085	1149	-5.6	0.4
25	盐；硫黄；土及石料；石灰及水泥等	949	1102	-13.9	0.3
23	食品工业的残渣及废料；配制的饲料	945	974	-2.9	0.3
81	其他贱金属、金属陶瓷及其制品	719	741	-2.9	0.3
24	烟草、烟草及烟草代用品的制品	686	780	-12.1	0.2
30	药品	635	544	16.6	0.2
89	船舶及浮动结构体	635	617	2.9	0.2
70	玻璃及其制品	550	462	19.0	0.2
	以上合计	22947	27707	-17.1	80.5

资料来源：国别报告网。

表 5　俄罗斯主要进口商品构成（2016 年）

单位：百万美元，%

HS 编码	商品类别	2016 年	上年同期	同比	占比
章	总值	182262	182719	-0.3	100.0

续表

HS 编码	商品类别	2016 年	上年同期	同比	占比
84	核反应堆、锅炉、机械器具及零件	35361	34168	3.5	19.4
85	电机、电气、音像设备及其零附件	21504	21099	1.9	11.8
87	车辆及其零附件，但铁道车辆除外	15637	15315	2.1	8.6
30	药品	8908	8697	2.4	4.9
39	塑料及其制品	7542	7644	-1.3	4.1
90	光学、照相、医疗等设备及零附件	5163	5108	1.1	2.8
73	钢铁制品	4149	4090	1.4	2.3
08	食用水果及坚果；甜瓜等水果的果皮	3831	3965	-3.4	2.1
72	钢铁	3033	3300	-8.1	1.7
40	橡胶及其制品	2778	2708	2.6	1.5
38	杂项化学产品	2760	2610	5.8	1.5
29	有机化学品	2742	2646	3.6	1.5
62	非针织或非钩编的服装及衣着附件	2700	2683	0.7	1.5
33	精油及香膏；香料制品及化妆盥洗品	2600	2631	-1.2	1.4
28	无机化学品；贵金属等的化合物	2585	3245	-20.4	1.4
61	针织或钩编的服装及衣着附件	2561	2420	5.8	1.4
64	鞋靴、护腿和类似品及其零件	2353	2363	-0.4	1.3
02	肉及食用杂碎	2282	3120	-26.9	1.3
48	纸及纸板；纸浆、纸或纸板制品	2256	2310	-2.3	1.2
04	乳；蛋；蜂蜜；其他食用动物产品	2135	2058	3.7	1.2
89	船舶及浮动结构体	1995	1283	55.5	1.1
94	家具；寝具等；灯具；活动房	1995	2370	-15.8	1.1
22	饮料、酒及醋	1825	1792	1.8	1.0
12	油籽；子仁；工业或药用植物；饲料	1670	1522	9.8	0.9
32	鞣料；着色料；涂料；油灰；墨水等	1605	1643	-2.3	0.9
95	玩具、游戏或运动用品及其零附件	1536	1457	5.4	0.8
27	矿物燃料、矿物油及其产品；沥青等	1404	2828	-50.3	0.8
07	食用蔬菜、根及块茎	1396	1907	-26.8	0.8
03	鱼及其他水生无脊椎动物	1392	1356	2.7	0.8
82	贱金属器具、利口器、餐具及零件	1286	1334	-3.6	0.7
	以上合计	148983	149673	-0.5	81.8

资料来源：国别报告网。

表 6　俄罗斯外商直接投资（2016 年）

单位：百万美元

项目	金额
外资总额	393910
直接外资	41715
资本注入	19714
国外企业主提供的信贷	12800

续表

项目	金额
其他形式直接外资	2784
证券外资	2266
股票和股份	1440
有价债券	1149
其他外资	318539
贸易信贷	47588
其他形式信贷	212419
其他	979

资料来源：俄罗斯联邦统计署网站。

表7　俄罗斯自中国进口主要商品构成（2016年）

单位：百万美元，%

HS编码	商品类别	2016年	上年同期	同比	占比
章	总值	38087	34951	9.0	100.0
84	核反应堆、锅炉、机械器具及零件	11098	8217	35.1	29.1
85	电机、电气、音像设备及其零附件	9071	8806	3.0	23.8
39	塑料及其制品	1313	1192	10.2	3.5
62	非针织或非钩编的服装及衣着附件	1190	1250	-4.8	3.1
64	鞋靴、护腿和类似品及其零件	1168	1308	-10.7	3.1
87	车辆及其零附件，但铁道车辆除外	1160	1113	4.2	3.1
95	玩具、游戏或运动用品及其零附件	1073	1041	3.1	2.8
73	钢铁制品	982	938	4.7	2.6
61	针织或钩编的服装及衣着附件	948	969	-2.2	2.5
29	有机化学品	942	819	15.0	2.5
90	光学、照相、医疗等设备及零附件	739	678	9.0	1.9
94	家具；寝具等；灯具；活动房	621	739	-15.9	1.6
72	钢铁	502	451	11.3	1.3
07	食用蔬菜、根及块茎	381	441	-13.8	1.0
40	橡胶及其制品	370	391	-5.4	1.0
82	贱金属器具、利口器、餐具及零件	361	378	-4.4	1.0
08	食用水果及坚果；甜瓜等水果的果皮	346	288	20.4	0.9
83	贱金属杂项制品	294	291	1.3	0.8
42	皮革制品；旅行箱包；动物肠线制品	292	363	-19.5	0.8
96	杂项制品	291	260	11.8	0.8
28	无机化学品；贵金属等的化合物	273	292	-6.4	0.7
63	其他纺织制品；成套物品；旧纺织品	254	282	-10.0	0.7
38	杂项化学产品	245	204	20.1	0.6
68	矿物材料的制品	245	255	-3.9	0.6
76	铝及其制品	238	310	-23.2	0.6

续表

HS 编码	商品类别	2016 年	上年同期	同比	占比
20	蔬菜、水果等或植物其他部分的制品	234	216	8.3	0.6
48	纸及纸板；纸浆、纸或纸板制品	220	192	14.8	0.6
03	鱼及其他水生无脊椎动物	216	167	29.3	0.6
70	玻璃及其制品	197	197	0.1	0.5
69	陶瓷产品	172	199	-13.8	0.5
	以上合计	35435	32246	9.9	93.1

资料来源：国别报告网。

表 8　俄罗斯对中国出口主要商品构成（2016 年）

单位：百万美元，%

HS 编码	商品类别	2016 年	上年同期	同比	占比
章	总值	28021	28602	-2.0	100.0
27	矿物燃料、矿物油及其产品；沥青等	17862	18914	-5.6	63.8
44	木及木制品；木炭	2593	2217	17.0	9.3
84	核反应堆、锅炉、机械器具及零件	1201	1500	-19.9	4.3
03	鱼及其他水生无脊椎动物	1033	975	5.9	3.7
26	矿砂、矿渣及矿灰	769	752	2.3	2.7
31	肥料	748	826	-9.4	2.7
47	木浆等纤维状纤维素浆；废纸及纸板	708	706	0.3	2.5
90	光学、照相、医疗等设备及零附件	237	150	57.8	0.9
29	有机化学品	195	302	-35.5	0.7
85	电机、电气、音像设备及其零附件	184	64	188.2	0.7
39	塑料及其制品	178	247	-27.9	0.6
15	动、植物油、脂、蜡；精制食用油脂	173	91	89.6	0.6
40	橡胶及其制品	167	136	23.2	0.6
87	车辆及其零附件，但铁道车辆除外	164	77	112.3	0.6
12	油籽；子仁；工业或药用植物；饲料	145	125	15.8	0.5
73	钢铁制品	109	172	-36.5	0.4
71	珠宝、贵金属及制品；仿首饰；硬币	95	42	125.4	0.3
89	船舶及浮动结构体	82	3	2682.7	0.3
48	纸及纸板；纸浆、纸或纸板制品	81	75	7.8	0.3
18	可可及可可制品	66	24	174.3	0.2
25	盐；硫黄；土及石料；石灰及水泥等	66	63	3.4	0.2
86	铁道车辆；轨道装置；信号设备	52	1	4954.2	0.2
28	无机化学品；贵金属等的化合物	45	172	-74.0	0.2
23	食品工业的残渣及废料；配制的饲料	43	65	-33.9	0.2
19	谷物粉、淀粉等或乳的制品；糕饼	41	10	329.4	0.2
76	铝及其制品	33	38	-13.9	0.1
81	其他贱金属、金属陶瓷及其制品	26	24	11.0	0.1

续表

HS 编码	商品类别	2016 年	上年同期	同比	占比
72	钢铁	24	17	37.7	0.1
49	印刷品；手稿、打字稿及设计图纸	24	46	-47.5	0.1
38	杂项化学产品	21	17	21.9	0.1
	以上合计	27165	27850	-2.5	97.0

资料来源：国别报告网。

表 9　2016 年俄罗斯企业 50 强排名

排名	公司名称	行业	2016 年营业额（十亿卢布）	同比增长率（%）	总部所在地	员工总数（人）	网站
1	LUKOIL	石油、油气工业	5173.5	433.3	Moscow	106200	www.lukoil.com
2	Surgutneftegas	石油、油气工业	1002.6	112	Surgut	115218	www.surgutneftegas.ru
3	Magnit	零售业	950.6	187.1	Krasnodar	265982	www.magnit-info.ru
4	X5 Retail Group	零售业	808.8	174.9	Moscow	147498	www.x5.ru
5	Vimpelcom	电信业	590.2	-167.4	Amsterdam	59000	www.vimpelcom.com
6	Megapolis Group	批发零售业	580.1	73.1	Moscow Region	15422	www.groupmegapolis.ru
7	Tatneft	石油、油气工业	552.7	76.3	Tatarstan Almetyevsk	73000	www.tatneft.ru
8	Evraz	钢铁工业	537.6	33.4	Great Britain London	84500	www.evraz.com
9	UC Rusal	有色金属工业 有色金属工业	532.3	171.1	Moscow	60758	www.rusal.ru
10	TAIF - NK	石油、油气工业	524.2	392.2	Tatarstan Nizhnekamsk	43100	www.taifnk.ru
11	Norilsk Nickel	有色金属工业	506.1	50.1	Moscow	83624	www.nornik.ru
12	NLMK	钢铁工业	491.1	89.8	Lipetsk	56700	www.nlmk.com
13	Novatek	石油、油气工业	475.3	117.7	Moscow	7265	www.novatek.ru
14	MTS	电信业	431.2	20.4	Moscow	76795	www.mts.ru
15	Severstal	钢铁工业	386.7	70.9	Vologodskaya Obl. Cherepovets	50340	www.severstal.com
16	Sibur	化工和石油化工	379.9	18.9	Saint Petersburg	27509	www.sibur.com
17	Magnitogorsk Iron and Steel Works (MMK)	钢铁工业	354.1	51.3	Chelyabinsk Obl. Magnitogorsk	45034	www.mmk.ru
18	UMMK - Holding Corporation	有色金属工业	331.7	-75.3	Verkhnaya Pyshma	84330	www.ugmk.com
19	MegaFon	电信业	313.4	-1.4	Moscow	31576	www.megafon.ru
20	T Plus Group	电力工业	305.1	7.2	Moscow Obl.	48406	www.tplusgroup.ru

续表

排名	公司名称	行业	2016 年营业额（十亿卢布）	同比增长率（%）	总部所在地	员工总数（人）	网站
21	Stroygazmontazh	建筑业	279.5	54.5	Moscow	20000	www.ooosgm.com
22	EvroChem	化工和石油化工	278.4	82	Moscow	24000	www.eurochem.ru
23	Dixy	零售业	272.3	43.3	Moscow	62287	dixy.ru/en
24	Metalloinvest	钢铁工业	269.4	22.4	Moscow	42486	www.metalloinvest.com
25	SUEK	煤炭工业	253.4	0	Moscow	32124	www.suek.ru
26	Mechel	钢铁工业	253.1	5.8	Moscow	66000	www.mechel.com
27	Lenta	零售业	252.8	58.8	Saint Petersburg	38414	www.lenta.ru
28	TMK	钢铁工业	249.7	19.3	Moscow	41943	www.tmkgroup.ru
29	Katren	批发业	213.8	43.9	Novosibirsk		www.katren.ru
30	TNS energy Group of Companies	电力工业	207	35	Moscow	8123	www.tns-e.ru
31	Protek	批发业	195.3	35.4	Moscow	12573	www.protek.ru
32	PhosAgro	化工和石油化工	189.7	66.6	Moscow	17520	www.phosagro.com
33	Uralkali	化工和石油化工	189.2	52.7	Perm Krai Berezniki	21294	www.uralkali.com
35	Merlion	电子设备	167.1	-21.1	Moscow Obl. Krasnogorsk	7028	www.merlion.com
36	Tashir	建筑业、电力工业、房地产	165.1	30	Moscow	45000	tashir.ru
37	O'KEY	零售业	162.5	10.6	Moscow	26782	28000
38	M.video	零售业	161.7	-10.5	Moscow	15310	www.mvideo.ru
39	United Metallurgical Company（UMC）	钢铁工业	161	32	Moscow	24248	www.omk.ru
40	NefteGazIndustriya	石油、油气工业	158.9	2.9	Krasnodar		www.ngipetrol.ru
41	Nizhnekams-kneftekhim	化工和石油化工	155.8	18.8	Tatarstan Nizhnekamsk	16109	www.nknh.ru
42	SNS	批发业	154.3	4.5	Moscow	5860	www.sns.ru
43	Antipinsky Oil Refinery	石油、油气工业	154.2	29.2	Tyumen	2000	www.annpz.ru
44	ChelPipe	钢铁工业	148.4	20.4	Moscow	26644	www.chelpipe.ru
45	EuroSibEnergo	电力工业	143.7	33.7	Moscow	30000	www.eurosib.ru
46	Mostotrest	建筑业	143.2	-7.3	Moscow	29521	www.mostotrest.ru
46	ForteInvest	石油、油气工业	140	0	Moscow	3200	
48	RUSENERGOSBYT	电力工业	137.5	5.3	Moscow	742	www.ruses.ru
49	DNS	零售业	135	19.9	Vladivostok	15000	dns-shop.ru
50	Polyus Gold	有色金属工业	133.9	47.5	Great Britain London	18121	www.polyusgold.com

资料来源：Forbes Russia TOP 200 Russia Companies（2016）2016 年福布斯俄罗斯公司排行榜。

日本

表1　2015～2016年日本经济主要指标

指标	2015年	2016年	同比增长率（%）
一、年末总人口（千人）	127095	126933	－0.13
二、国内生产			
名义GDP（十亿日元）	533904.4	539254.3	1.17
实际GDP（十亿日元）	518337.2	524397.2	－0.15
居民消费总额（十亿日元）	300946.6	300493.6	0.22
政府支出总额（十亿日元）	105969.9	106205.6	0.22
三、人民生活			
居民消费价格指数（CPI）（以2015年为基期）	100.0	99.9	－0.10
劳动者月收入（日元）	525669	526973	0.25
劳动者月支出（日元）	315379	309591	－1.84
四、劳动力情况			
劳动力人口（万人）	6625	6673	0.72
就业人数（万人）	6401	6465	1.00
失业人数（万人）	222	208	－6.31
完全失业率（%）	3.4	3.1	－8.82
五、农业			
农户数量（经营农户）（千户）	1330	1263	－5.04
六、工业			
粗钢产量（千吨）	105134	104775	－0.34
汽车产量（千台）	7831	7874	0.55
七、金融			
日元对美元汇价（中间价）（日元）	120.42	117.11	－2.75
货币发行量（十亿日元）	98430	102461	4.10
M3货币存量（十亿日元）	1251066	1290889	3.18
外汇储备（百万美元）	1233214	1216903	－1.32
日经平均股价（日元）	19033.7	19114.4	0.42
八、对外贸易			
出口额（十亿日元）	75614	70036	－7.38
进口额（十亿日元）	78406	66042	－15.77
九、国际收支			
经常收支（十亿日元）	162351	203421	25.30
金融收支（十亿日元）	215920	286985	32.91
十、交通			
新车上牌数（千台）	3150	3245	3.02
汽车保有量（千台）	80901	81260	0.44

资料来源：日本总务省统计局《日本统计年鉴》。

表 2　2016 年日本对主要贸易伙伴进出口情况

单位：百万美元，%

出口额				进口额			
国家和地区	金额	同比	占比	国家和地区	金额	同比	占比
美国	130105	3.4	20.2	中国	156608	-2.5	25.8
中国	113894	4.3	17.7	美国	67335	1.1	11.1
韩国	46250	5.0	7.2	澳大利亚	30413	-12.7	5.0
中国台湾	39360	6.5	6.1	韩国	25023	-6.7	4.1
中国香港	33642	-3.9	5.2	中国台湾	22958	-1.4	3.8
泰国	27421	-2.0	4.3	德国	22041	8.7	3.6
新加坡	19809	-0.3	3.1	泰国	20150	-1.4	3.3
德国	17660	8.8	2.7	沙特阿拉伯	19586	-21.9	3.2
澳大利亚	14173	10.3	2.2	印度尼西亚	18189	-8.0	3.0
英国	13663	27.3	2.1	阿联酋	17302	-26.4	2.9
越南	13017	3.9	2.0	马来西亚	17297	-19.7	2.9
马来西亚	12138	1.1	1.9	越南	16269	7.5	2.7
荷兰	11813	1.8	1.8	俄罗斯	11270	-28.5	1.9
印度尼西亚	11337	-1.8	1.8	卡塔尔	10860	-33.6	1.8
墨西哥	10684	2.0	1.7	法国	9981	5.3	1.6
总值	645086	3.2	100	总值	607052	-6.3	100

资料来源：中华人民共和国商务部国别数据网。

表 3　2016 年日本对主要区域出口情况

单位：百万美元，%

国家和地区	出口额	同比	占比
亚太经合组织	500573	3	77.6
经合组织	294782	6.4	45.7
东盟 10+6	280327	3.3	43.5
北美自由贸易区	149325	3.3	23.2
东盟 10 国	95624	0.6	14.8
欧盟 28 国	73500	11.4	11.4
中东 15 国	26641	-6.0	4.1
石油输出国组织	18112	-14.2	2.8
拉美一体化协会	18050	-8.3	2.8
南方共同市场	17885	-7.4	2.8
总值	645086	3.2	100

资料来源：中华人民共和国商务部国别数据网。

表 4　2016 年日本对主要区域进口情况

单位：百万美元，%

国家和地区	出口额	同比	占比
总值	607052	-6.3	100

续表

国家和地区	出口额	同比	占比
亚太经合组织	433654	-4.4	71.4
东盟10+6	311498	-4.9	51.3
经合组织	232278	-0.6	38.3
东盟10国	92436	-5.6	15.2
北美自由贸易区	84246	2.4	13.9
欧盟28国	74896	5.2	12.3
中东15国	60398	-24.3	10.0
石油输出国组织	58233	-27.7	9.6
拉美一体化协会	21465	-5.0	3.5
南方共同市场	20960	-3.9	3.5

资料来源：中华人民共和国商务部国别数据网。

表5　2015～2016年日本货物进出口总额及增长速度

单位：10亿日元，%

指标	2015年	2016年	同比
货物进出口总额	154019.46	136077.74	-11.65
货物进口额	78405.54	66041.97	-15.77
食品贸易	7002.10	6362.88	-9.13
原料品	4853.07	4012.12	-17.33
矿物性燃料	18218.15	12052.01	-33.85
化学制品	7747.87	7110.82	-8.22
电器机器	12014.48	10791.94	-10.18
运送设备	3126.26	3094.04	-1.03
货物出口额	75613.93	70035.77	-7.38
食品贸易	598.61	607.26	1.44
原料品	1137.01	946.78	-16.73
矿物性燃料	1244.92	898.09	-27.86
化学制品	7759.36	7122.85	-8.20
电器机器	13288.66	12322.50	-7.27
运送设备	18140.73	17337.98	-4.43

资料来源：日本总务省统计局《日本统计年鉴》。

表6　2016年日本主要出口商品构成

单位：百万美元，%

HS编码	商品类别	2015年	2016年	同比	占比
章	总值	624889	645086	3.2	100
87	车辆及其零附件，但铁道车辆除外	134001	141860	5.9	22.0
84	核反应堆、锅炉、机械器具及零件	117650	124021	5.4	19.2
85	电机、电气、音像设备及其零附件	95606	98252	2.8	15.2
90	光学、照相、医疗等设备及零附件	35742	35875	0.4	5.6

续表

HS 编码	商品类别	2015 年	2016 年	同比	占比
72	钢铁	27517	24518	-10.9	3.8
39	塑料及其制品	22499	23299	3.6	3.6
29	有机化学品	17913	15886	-11.3	2.5
71	珠宝、贵金属及制品；仿首饰；硬币	10078	14027	39.2	2.2
89	船舶及浮动结构体	11429	12777	11.8	2.0
40	橡胶及其制品	10284	9798	-4.7	1.5
38	杂项化学产品	9154	9526	4.1	1.5
73	钢铁制品	10258	9438	-8.0	1.5
27	矿物燃料、矿物油及其产品；沥青等	11386	9376	-17.7	1.5
74	铜及其制品	6780	6444	-5.0	1.0
88	航空器、航天器及其零件	5171	5097	-1.4	0.8
32	鞣料；着色料；涂料；油灰；墨水等	3936	4287	8.9	0.7
37	照相及电影用品	3938	4272	8.5	0.7
30	药品	3408	4061	19.2	0.6
28	无机化学品；贵金属等的化合物	3511	3773	7.5	0.6
82	贱金属器具、利口器、餐具及零件	3698	3634	-1.7	0.6
96	杂项制品	3230	3281	1.6	0.5
70	玻璃及其制品	2887	3087	6.9	0.5
33	精油及香膏；香料制品及化妆盥洗品	1961	2757	40.6	0.4
48	纸及纸板；纸浆、纸或纸板制品	2294	2494	8.7	0.4
68	矿物材料的制品	2234	2337	4.6	0.4
34	洗涤剂、润滑剂、人造蜡、塑型膏等	2081	2325	11.7	0.4
76	铝及其制品	2250	2157	-4.1	0.3
54	化学纤维长丝	2029	2060	1.5	0.3
95	玩具、游戏或运动用品及其零附件	1483	1692	14.1	0.3
69	陶瓷产品	1512	1517	0.3	0.2
	以上合计	565920	583927	3.2	90.5

资料来源：中华人民共和国商务部国别数据网。

表 7　2015～2016 年日本主要进口商品构成

单位：百万美元，%

HS 编码	商品类别	2015 年	2016 年	同比	占比
章	总值	648084	607052	-6.3	100
27	矿物燃料、矿物油及其产品；沥青等	150793	110649	-26.6	18.2
85	电机、电气、音像设备及其零附件	90266	89918	-0.4	14.8
84	核反应堆、锅炉、机械器具及零件	59539	59421	-0.2	9.8
30	药品	23147	24407	5.4	4.0
90	光学、照相、医疗等设备及零附件	23272	24182	3.9	4.0
87	车辆及其零附件，但铁道车辆除外	19108	20913	9.4	3.5
26	矿砂、矿渣及矿灰	20422	17306	-15.3	2.9

续表

HS 编码	商品类别	2015 年	2016 年	同比%	占比%
29	有机化学品	14097	14421	2.3	2.4
39	塑料及其制品	13779	13897	0.9	2.3
62	非针织或非钩编的服装及衣着附件	13545	13367	-1.3	2.2
61	针织或钩编的服装及衣着附件	13323	12973	-2.6	2.1
3	鱼及其他水生无脊椎动物	10242	10799	5.4	1.8
44	木及木制品；木炭	10030	10087	0.6	1.7
71	珠宝、贵金属及制品；仿首饰；硬币	9373	10033	7.0	1.7
2	肉及食用杂碎	8596	9139	6.3	1.5
94	家具；寝具等；灯具；活动房	7505	7606	1.4	1.3
76	铝及其制品	7970	6930	-13.0	1.1
88	航空器、航天器及其零件	6173	6739	9.2	1.1
73	钢铁制品	6558	6526	-0.5	1.1
28	无机化学品；贵金属等的化合物	5952	5842	-1.9	1.0
72	钢铁	6136	5651	-7.9	0.9
16	肉、鱼及其他水生无脊椎动物的制品	5638	5624	-0.2	0.9
42	皮革制品；旅行箱包；动物肠线制品	5332	5579	4.6	0.9
64	鞋靴、护腿和类似品及其零件	5427	5405	-0.4	0.9
10	谷物	5955	5317	-10.7	0.9
95	玩具、游戏或运动用品及其零附件	5198	5253	1.1	0.9
38	杂项化学产品	5125	4984	-2.8	0.8
12	油籽；子仁；工业或药用植物；饲料	4907	4471	-8.9	0.7
24	烟草、烟草及烟草代用品的制品	3499	4059	16.0	0.7
40	橡胶及其制品	4248	3997	-5.9	0.7
	以上合计	565156	525496	-7.0	86.6

资料来源：中华人民共和国商务部国别数据网。

表 8　2015～2016 年日本分行业外商直接投资及增长速度

单位：亿日元，%

类别	2015 年	2016 年	同比
制造业	3612	8131	125.11
非制造业	393	4259	983.72
通信业	1319	1067	-19.11
批发零售业	-5161	-5583	8.18
金融保险业	1935	3848	98.86
服务业	406	1620	299.01

资料来源：日本总务省统计局《日本统计年鉴》。

表 9　日本对中国出口主要商品构成

单位：百万美元，%

HS 编码	商品类别	2015 年	2016 年	同比	占比
章	总值	109236	113894	4.3	100
85	电机、电气、音像设备及其零附件	23155	23709	2.4	20.8
84	核反应堆、锅炉、机械器具及零件	21010	23267	10.7	20.4
87	车辆及其零附件，但铁道车辆除外	9521	11253	18.2	9.9
90	光学、照相、医疗等设备及零附件	10296	9962	-3.2	8.7
39	塑料及其制品	6446	6907	7.2	6.1
29	有机化学品	6159	5477	-11.1	4.8
72	钢铁	5163	4688	-9.2	4.1
74	铜及其制品	2795	2605	-6.8	2.3
38	杂项化学产品	1501	1674	11.5	1.5
73	钢铁制品	1447	1590	9.9	1.4
96	杂项制品	1337	1266	-5.3	1.1
40	橡胶及其制品	1049	1115	6.3	1
27	矿物燃料、矿物油及其产品；沥青等	909	1089	19.8	1
32	鞣料；着色料；涂料；油灰；墨水等	756	910	20.4	0.8
34	洗涤剂、润滑剂、人造蜡、塑型膏等	754	865	14.7	0.8
70	玻璃及其制品	718	853	18.8	0.7
82	贱金属器具、利口器、餐具及零件	681	731	7.3	0.6
37	照相及电影用品	617	696	12.8	0.6
47	木浆等纤维状纤维素浆；废纸及纸板	715	687	-3.9	0.6
54	化学纤维长丝	619	617	-0.3	0.5
76	铝及其制品	620	616	-0.6	0.5
28	无机化学品；贵金属等的化合物	455	560	23.1	0.5
33	精油及香膏；香料制品及化妆盥洗品	354	558	57.6	0.5
68	矿物材料的制品	475	532	12	0.5
30	药品	481	526	9.4	0.5
48	纸及纸板；纸浆、纸或纸板制品	360	401	11.4	0.4
55	化学纤维短纤	513	371	-27.7	0.3
3	鱼及其他水生无脊椎动物	300	347	15.7	0.3
71	珠宝、贵金属及制品；仿首饰；硬币	476	345	-27.5	0.3
56	絮胎、毡呢及无纺织物；线绳制品等	244	290	18.9	0.3
	以上合计	99922	104507	4.6	91.8

资料来源：中华人民共和国商务部国别数据网。

表 10　日本自中国进口主要商品构成

单位：百万美元，%

HS 编码	商品类别	2015 年	2016 年	同比	占比
章	总值	160625	156608	-2.5	100
85	电机、电气、音像设备及其零附件	44785	44633	-0.3	28.5

续表

HS 编码	商品类别	2015 年	2016 年	同比	占比
84	核反应堆、锅炉、机械器具及零件	27247	26535	-2.6	16.9
61	针织或钩编的服装及衣着附件	9687	8912	-8.0	5.7
62	非针织或非钩编的服装及衣着附件	8584	8118	-5.4	5.2
39	塑料及其制品	4841	4851	0.2	3.1
94	家具；寝具等；灯具；活动房	4492	4541	1.1	2.9
90	光学、照相、医疗等设备及零附件	4384	4372	-0.3	2.8
95	玩具、游戏或运动用品及其零附件	4061	4016	-1.1	2.6
87	车辆及其零附件，但铁道车辆除外	3917	3985	1.7	2.6
73	钢铁制品	3660	3579	-2.2	2.3
29	有机化学品	3199	3114	-2.7	2.0
64	鞋靴、护腿和类似品及其零件	3221	2946	-8.5	1.9
42	皮革制品；旅行箱包；动物肠线制品	2684	2614	-2.6	1.7
63	其他纺织制品；成套物品；旧纺织品	2662	2611	-1.9	1.7
16	肉、鱼及其他水生无脊椎动物的制品	2350	2240	-4.7	1.4
28	无机化学品；贵金属等的化合物	1934	1712	-11.5	1.1
76	铝及其制品	1795	1593	-11.3	1.0
44	木及木制品；木炭	1486	1455	-2.1	0.9
7	食用蔬菜、根及块茎	1365	1404	2.9	0.9
20	蔬菜、水果等或植物其他部分的制品	1403	1358	-3.2	0.9
48	纸及纸板；纸浆、纸或纸板制品	1211	1236	2.1	0.8
3	鱼及其他水生无脊椎动物	992	1118	12.7	0.7
38	杂项化学产品	1008	942	-6.5	0.6
72	钢铁	1139	894	-21.5	0.6
91	钟表及其零件	957	881	-7.9	0.6
68	矿物材料的制品	929	845	-9.0	0.5
96	杂项制品	813	800	-1.6	0.5
27	矿物燃料、矿物油及其产品；沥青等	908	789	-13.1	0.5
70	玻璃及其制品	725	745	2.8	0.5
83	贱金属杂项制品	758	737	-2.8	0.5
	以上合计	147200	143574	-2.5	91.7

资料来源：中华人民共和国商务部国别数据网。

表 11　2016 年日本企业 50 强排名

单位：百万美元

国内排名	国际排名	企业名称	营业收入	利润
1	8	丰田汽车公司（TOYOTA MOTOR）	236591.6	19264.2
2	36	本田汽车（HONDA MOTOR）	121624.3	2869.9

续表

国内排名	国际排名	企业名称	营业收入	利润
3	37	日本邮政控股公司（JAPAN POST HOLDINGS）	118762.1	3548.3
4	53	日产汽车（NISSAN MOTOR）	101536.0	4363.5
5	60	日本电报电话公司（NIPPON TELEGRAPH & TELEPHONE）	96133.9	6145.2
6	79	日立（HITACHI）	83583.5	1434.0
7	92	软银集团（SOFTBANK GROUP）	76468.6	3949.7
8	111	日本永旺集团（AEON）	67757.7	49.8
9	113	索尼（SONY）	67518.8	1231.1
10	114	日本生命保险公司（NIPPON LIFE INSURANCE）	67118.0	3360.8
11	128	松下（PANASONIC）	62920.8	1609.8
12	131	JX 控股公司（JX HOLDINGS）	62510.6	-2319.9
13	135	日本第一生命保险（DAI-ICHI LIFE INSURANCE）	61090.1	1487.0
14	138	丸红株式会社（MARUBENI）	60809.9	518.6
15	151	三菱商事株式会社（MITSUBISHI）	57688.6	-1244.4
16	169	东芝（TOSHIBA）	52031.9	-3831.8
17	177	东京电力公司（TOKYO ELECTRIC POWER）	50561.1	1172.7
18	179	Seven & I 控股公司（SEVEN & I HOLDINGS）	50098.6	1333.6
19	191	三菱日联金融集团（MITSUBISHI UFJ FINANCIAL GROUP）	47599.8	7925.0
20	223	日本伊藤忠商事株式会社（ITOCHU）	42344.7	2002.3
21	231	MS&AD 保险集团控股有限公司（MS&AD INSURANCE GROUP HOLDINGS）	41757.5	1512.0
22	238	新日铁住金（NIPPON STEEL & SUMITOMO METAL）	40877.8	1211.3
23	243	日本三井住友金融集团（SUMITOMO MITSUI FINANCIAL GROUP）	39750.5	5386.8
24	245	三井物产株式会社（MITSUI）	39647.2	-694.8
25	248	富士通（FUJITSU）	39477.3	722.7
26	261	东京海上日动火灾保险公司（TOKIO MARINE HOLDINGS）	38142.7	2120.3
27	268	电装公司（DENSO）	37688.3	2034.6
28	271	日本 KDDI 电信公司（KDDI）	37201.9	4118.8
29	276	三菱电机股份有限公司（MITSUBISHI ELECTRIC）	36604.0	1903.3
30	284	日本明治安田生命保险公司（MEIJI YASUDA LIFE INSURANCE）	35622.6	1783.4
31	307	日本三菱重工业股份有限公司（MITSUBISHI HEAVY INDUSTRIES）	33709.0	531.7
32	308	住友商事（SUMITOMO）	33409.1	621.0
33	324	三菱化学控股（MITSUBISHI CHEMICAL HOLDINGS）	31845.6	386.9
34	332	佳能（CANON）	31400.9	1819.5
35	333	普利司通（BRIDGESTONE）	31318.1	2349.1
36	335	住友生命保险公司（SUMITOMO LIFE INSURANCE）	31099.9	550.8
37	371	日本钢铁工程控股公司（JFE HOLDINGS）	28585.6	280.4
38	373	马自达汽车株式会社（MAZDA MOTOR）	28376.2	1119.7
39	388	Sompo Japan Nipponkoa Holdings 公司（SOMPO JAPAN NIPPONKOA HOLDINGS）	27123.3	1329.3
40	391	关西电力（KANSAI ELECTRIC POWER）	27037.7	1172.8

续表

国内排名	国际排名	企业名称	营业收入	利润
41	393	爱信精机（AISIN SEIKI）	27014.9	807.8
42	395	富士重工（FUJI HEAVY INDUSTRIES）	26924.0	3637.2
43	399	日本瑞穗金融集团（MIZUHO FINANCIAL GROUP）	26782.5	5588.8
44	402	大和房建（DAIWA HOUSE INDUSTRY）	26596.1	862.8
45	405	铃木汽车（SUZUKI MOTOR）	26494.2	971.8
46	412	日本出光兴产株式会社（IDEMITSU KOSAN）	26147.2	－299.8
47	424	Medipal 控股公司（MEDIPAL HOLDINGS）	25224.1	256.3
48	440	住友电工（SUMITOMO ELECTRIC INDUSTRIES）	24432.0	758.0
49	447	东日本旅客铁道株式会社（EAST JAPAN RAILWAY）	23883.1	2043.4
50	448	日本中部电力（CHUBU ELECTRIC POWER）	23773.6	1413.9

资料来源：《财富》2016 年财富世界 500 强排行榜。

韩国

表 1　韩国国民经济主要指标（2016 年）

指标	2015 年	2016 年	同比增长（%）
一、总人口（万人）	4970.57	4985.58	0.30
男性（万人）	2481.98	2488.15	0.25
女性（万人）	2488.59	2497.43	0.36
二、国内生产总值（万亿美元）	1.378	1.411	2.39
人均 GNI（万美元）	2.734	2.751	0.62
家庭可支配收入（万美元）	1.439	1.563	8.62
消费价格指数（2015＝100）	0.7	1.0	42.86
生产价格指数（2010＝100）	100.95	99.11	－1.82
三、劳动力情况			
劳动力人口（万人）	2715.3	2741.8	0.98
就业人数（万人）	2617.8	2640.9	0.88
失业人数（万人）	97.6	100.9	3.38
失业率（%）	3.6	3.7	2.78
四、存款年利率（%）	1.74	1.48	－14.94
五、总储蓄率（%）	35.6	35.8	0.56
六、金融			
国债（万亿韩元）	591.5	626.9	5.98
国税（万亿韩元）	217.89	242.56	11.32
信用卡交易量（万件）	981.85	1066.37	8.61
M1（万亿韩元）	86757.1	97382.3	12.25
国际投资头寸（万亿美元）	1.143	1.244	8.84
海外净资产（百万美元）	324450.4	396708.9	22.27

续表

指标	2015 年	2016 年	同比增长（%）
经常账户（百万美元）	105939.6	99243.0	-6.32

资料来源：韩国统计局《综合统计数据月报》与《统计年鉴》。

表 2 韩国对主要贸易伙伴进出口情况（2016 年）

金额单位：百万美元，%

进口				出口			
国家和地区	金额	同比	占比	国家和地区	金额	同比	占比
总值	406060	-7.0	100.0	总值	495466	-5.9	100.0
中国	86962	-3.6	21.4	中国	124433	-9.3	25.1
日本	47454	3.5	11.7	美国	66473	-4.8	13.4
美国	43212	-1.9	10.6	中国香港	32780	7.8	6.6
德国	18917	-9.7	4.7	越南	32651	17.6	6.6
沙特阿拉伯	15723	-19.6	3.9	日本	24357	-4.8	4.9
中国台湾	16402	-1.5	4.0	新加坡	12459	-17.0	2.5
卡塔尔	10074	-38.9	2.5	中国台湾	12221	1.8	2.5
澳大利亚	15165	-7.7	3.7	印度	11599	-3.6	2.3
俄罗斯	8633	-23.7	2.1	墨西哥	9726	-10.7	2.0
越南	12495	27.4	3.1	马绍尔群岛	7728	3.1	1.6
科威特	7250	-19.2	1.8	马来西亚	7532	-2.6	1.5
印度尼西亚	8281	-6.4	2.0	澳大利亚	7489	-30.9	1.5
阿联酋	6941	-19.4	1.7	菲律宾	7277	-12.5	1.5
马来西亚	7505	-12.8	1.9	印度尼西亚	6603	-16.1	1.3
新加坡	6806	-14.3	1.7	泰国	6482	1.9	1.3

资料来源：中华人民共和国商务部国别数据网。

表 3 韩国货物进出口总额及增长速度（2016 年）

单位：千美元，%

国家	2015 年进口总额	2016 年进口总额	同比增长	2015 年出口总额	2016 年出口总额	同比增长
合计	526756503	495425940	-5.95	436498973	406192887	-6.94
中国	137123934	124432941	-9.26	90250275	86980135	-3.62
美国	69832103	66462312	-4.83	44024430	43215929	-1.84
中国香港	30418178	32782449	7.77	1493026	1614845	8.16
越南	27770750	32630457	17.50	9804831	12495154	27.44
日本	25576507	24355036	-4.78	45853834	47466592	3.52
新加坡	15011164	12458894	-17.00	7942129	6806348	-14.30
中国台湾	12029587	11596286	-3.60	4240565	4189284	-1.21
印度	12004264	12220455	1.80	16653850	16403201	-1.51
墨西哥	10891938	9720804	-10.75	3464245	3695371	6.67
马歇尔斯群岛	10830635	7500743	-30.75	16437806	15175870	-7.68

续表

国家	2015 年 进口总额	2016 年 进口总额	同比增长	2015 年 出口总额	2016 年 出口总额	同比增长
马来西亚	9481872	5643867	-40.48	19561487	15741673	-19.53
澳大利亚	8317925	7278420	-12.50	3251634	3228542	-0.71
菲律宾	7872404	6608530	-16.05	8850394	8285343	-6.38
印度尼西亚	7735293	7533347	-2.61	8609437	7507773	-12.80
泰国	7494648	7728391	3.12	27969	132898	375.16
德国	7390096	6288403	-14.91	6127123	5212314	-14.93
英国	6361610	6481531	1.89	4854350	4562808	-6.01
阿拉伯联合酋长国	6249319	5385010	-13.83	789555	742405	-5.97
沙特阿拉伯	6220211	6442963	3.58	20956544	18917005	-9.73
土耳其	6076775	5869962	-3.40	8614672	6941053	-19.43

资料来源：韩国国家统计局。

表 4　韩国主要商品出口金额及增长速度

单位：百万美元，%

商品类别	2015 年	2016 年	同比	占比
总值	526757	495466	-5.9	100
电机、电气、音像设备及其零附件	138349	134303	-2.9	27.1
车辆及其零附件，但铁道车辆除外	69024	62655	-9.2	12.6
核反应堆、锅炉、机械器具及零件	62125	58258	-6.2	11.8
船舶及浮动结构体	38420	33155	-13.7	6.7
光学、照相、医疗等设备及零附件	32520	27647	-15	5.6
矿物燃料、矿物油及其产品；沥青等	33124	27436	-17.2	5.5
塑料及其制品	27984	27428	-2	5.5
钢铁	20153	18658	-7.4	3.8
有机化学品	17992	17547	-2.5	3.5
钢铁制品	11167	11113	-0.5	2.2
橡胶及其制品	6842	6881	0.6	1.4
精油及香膏；香料制品及化妆盥洗品	2928	4210	43.8	0.8
珠宝、贵金属及制品；仿首饰；硬币	3276	3735	14	0.8
铜及其制品	4246	3687	-13.2	0.7
无机化学品；贵金属等的化合物	3526	3514	-0.3	0.7
针织物及钩编织物	3516	3385	-3.7	0.7
杂项化学产品	3286	3175	-3.4	0.6
化学纤维长丝	3119	2856	-8.4	0.6
纸及纸板；纸浆、纸或纸板制品	2796	2824	1	0.6
铝及其制品	2862	2583	-9.7	0.5
药品	1961	2408	22.8	0.5
鞣料；着色料；涂料；油灰；墨水等	2215	2364	6.7	0.5
贱金属器具、利口器、餐具及零件	2169	2134	-1.6	0.4

续表

商品类别	2015年	2016年	同比	占比
家具；寝具等；灯具；活动房	1967	1932	-1.8	0.4
航空器、航天器及其零件	1862	1896	1.9	0.4
化学纤维短纤	1643	1541	-6.2	0.3
玻璃及其制品	1462	1537	5.1	0.3
贱金属杂项制品	1367	1520	11.2	0.3
鱼及其他水生无脊椎动物	1278	1432	12	0.3
锌及其制品	1169	1300	11.2	0.3
以上合计	504348	473114	-6.2	95.5

资料来源：中华人民共和国商务部国别数据网。

表5　韩国主要商品进口金额及增长速度（2016年）

单位：百万美元，%

商品类别	2015年	2016年	同比	占比
总值	436499	406060	-7	100
矿物燃料、矿物油及其产品；沥青等	103402	81688	-21	20.1
电机、电气、音像设备及其零附件	77762	75145	-3.4	18.5
核反应堆、锅炉、机械器具及零件	46455	46036	-0.9	11.3
光学、照相、医疗等设备及零附件	18130	17472	-3.6	4.3
钢铁	15404	14323	-7	3.5
车辆及其零附件，但铁道车辆除外	15019	15235	1.4	3.8
有机化学品	12029	10934	-9.1	2.7
矿砂、矿渣及矿灰	12010	10848	-9.7	2.7
塑料及其制品	9945	10058	1.1	2.5
钢铁制品	8006	6512	-18.7	1.6
杂项化学产品	6494	6660	2.6	1.6
铝及其制品	5992	5422	-9.5	1.3
无机化学品；贵金属等的化合物	5775	5228	-9.5	1.3
铜及其制品	5480	5098	-7	1.3
非针织或非钩编的服装及衣着附件	5372	5273	-1.8	1.3
药品	4761	5528	16.1	1.4
航空器、航天器及其零件	3725	4071	9.3	1
鱼及其他水生无脊椎动物	3720	3943	6	1
谷物	3707	3212	-13.4	0.8
肉及食用杂碎	3673	3876	5.5	1
珠宝、贵金属及制品；仿首饰；硬币	3551	3109	-12.4	0.8
木及木制品；木炭	3113	3099	-0.4	0.8
家具；寝具等；灯具；活动房	2852	3011	5.6	0.7
针织或钩编的服装及衣着附件	2686	2896	7.8	0.7
橡胶及其制品	2459	2359	-4.1	0.6
玻璃及其制品	2433	2343	-3.7	0.6

续表

商品类别	2015 年	2016 年	同比	占比
鞣料；着色料；涂料；油灰；墨水等	2418	2442	1	0.6
鞋靴、护腿和类似品及其零件	2365	2535	7.2	0.6
船舶及浮动结构体	2355	1849	－21.5	0.5
皮革制品；旅行箱包；动物肠线制品	2111	2221	5.2	0.6
以上合计	393204	362426	－7.8	89.3

资料来源：中华人民共和国商务部国别数据网。

表 6　韩国分行业外商直接投资及增长速度

商品类别	2016 年报告案例（件）	2016 年投资金额（千美元）	2015 年同期金额（千美元）	同比（%）
总计	2987	16804330	20910281	－19.6
农业，畜牧业和林业	25	53996	6020	796.9
渔业	21	52756	4586	1050.4
矿业	3	1156	1052	9.9
餐饮	556	3666698	4564792	－19.7
纺织，面料和衣服	64	139777	226117	－38.2
纸和木材	13	66648	363367	－81.7
化学	4	2926	2147	36.3
非金属矿物制品	105	909814	1717316	－47.0
金属	15	161076	35269	356.7
机械和工具	35	157839	77782	102.9
电力和电子	87	381496	527100	－27.6
运输机械	118	939269	1184210	－20.7
医学	51	698481	266580	162.0
批发和零售（分销）	2366	12558290	14730617	－14.7
食物和住宿	1036	1357568	1180252	15.0
运输和仓库（物流）	182	784582	655464	19.7
金融与保险	118	373836	726890	－48.6
商业服务	173	5343777	6068107	－11.9
公共服务和其他服务	512	2373361	2021862	17.4
电信	46	131354	83318	57.7
房地产和租赁	7	3370	22566	－85.1
文化娱乐	227	2005532	2777888	－27.8
一般建筑	40	525346	1608851	－67.3
电，气	22	208899	1412511	－85.2
供水	5	272420	188656	44.4
专业工作的建设	1	9303	0	—
供水	12	34723	7684	351.9

资料来源：中华人民共和国商务部国别数据网。

表 7　韩国对中国进口主要商品构成

单位：百万美元，%

商品类别	2015 年	2016 年	同比	占比
总值	90250	86962	-3.6	100
电机、电气、音像设备及其零附件	31667	28835	-8.9	33.2
核反应堆、锅炉、机械器具及零件	10202	11002	7.8	12.7
钢铁	6885	6514	-5.4	7.5
光学、照相、医疗等设备及零附件	4326	3508	-18.9	4.0
钢铁制品	3659	3346	-8.6	3.8
有机化学品	2440	2558	4.8	2.9
非针织或非钩编的服装及衣着附件	2199	2084	-5.2	2.4
塑料及其制品	2198	2158	-1.8	2.5
无机化学品；贵金属等的化合物	2019	1843	-8.7	2.1
家具；寝具等；灯具；活动房	1871	1896	1.3	2.2
车辆及其零附件，但铁道车辆除外	1463	1458	-0.3	1.7
针织或钩编的服装及衣着附件	1193	1200	0.6	1.4
鞋靴、护腿和类似品及其零件	1133	1103	-2.6	1.3
杂项化学产品	1048	1251	19.4	1.4
玻璃及其制品	1009	922	-8.6	1.1
鱼及其他水生无脊椎动物	1006	1038	3.2	1.2
玩具、游戏或运动用品及其零附件	889	1035	16.4	1.2
铝及其制品	887	655	-26.2	0.8
矿物材料的制品	869	949	9.2	1.1
皮革制品；旅行箱包；动物肠线制品	825	857	3.9	1.0
陶瓷产品	782	814	4.1	0.9
木及木制品；木炭	657	590	-10.2	0.7
化学纤维长丝	566	519	-8.3	0.6
食用蔬菜、根及块茎	545	572	5.0	0.7
船舶及浮动结构体	539	629	16.7	0.7
矿物燃料、矿物油及其产品；沥青等	506	575	13.6	0.7
其他贱金属、金属陶瓷及其制品	444	395	-11.0	0.5
铜及其制品	437	381	-12.8	0.4
纸及纸板；纸浆、纸或纸板制品	436	503	15.4	0.6
鞣料；着色料；涂料；油灰；墨水等	432	440	1.9	0.5
以上合计	83132	79630	-4.2	91.6

资料来源：中华人民共和国商务部国别数据网。

表 8　韩国对中国出口主要商品构成

单位：百万美元，%

商品类别	2015 年	2016 年	同比	占比
总值	137124	124433	-9.3	100
电机、电气、音像设备及其零附件	52661	45333	-13.9	36.4

续表

商品类别	2015 年	2016 年	同比	占比
光学、照相、医疗等设备及零附件	19258	16622	－13.7	13.4
核反应堆、锅炉、机械器具及零件	15124	13888	－8.2	11.2
有机化学品	10075	9996	－0.8	8
塑料及其制品	9062	8959	－1.1	7.2
矿物燃料、矿物油及其产品；沥青等	4893	5023	2.7	4
车辆及其零附件，但铁道车辆除外	6353	4833	－23.9	3.9
钢铁	3077	3219	4.6	2.6
精油及香膏；香料制品及化妆盥洗品	1189	1607	35.2	1.3
无机化学品；贵金属等的化合物	1316	1581	20.1	1.3
铜及其制品	1576	1331	－15.5	1.1
钢铁制品	1077	1161	7.8	0.9
鞣料；着色料；涂料；油灰；墨水等	824	910	10.4	0.7
杂项化学产品	899	832	－7.5	0.7
橡胶及其制品	782	814	4.1	0.7
照相及电影用品	379	443	16.9	0.4
化学纤维长丝	474	434	－8.4	0.3
铝及其制品	588	428	－27.2	0.3
玻璃及其制品	354	423	19.5	0.3
家具；寝具等；灯具；活动房	447	406	－9.2	0.3
贱金属器具、利口器、餐具及零件	433	395	－8.8	0.3
贱金属杂项制品	296	328	10.8	0.3
针织物及钩编织物	373	326	－12.6	0.3
谷物粉、淀粉等或乳的制品；糕饼	265	297	12.1	0.2
鱼及其他水生无脊椎动物	199	252	26.6	0.2
非针织或非钩编的服装及衣着附件	248	250	0.8	0.2
洗涤剂、润滑剂、人造蜡、塑型膏等	236	248	5.1	0.2
化学纤维短纤	274	232	－15.3	0.2
杂项制品	228	227	－0.4	0.2
纸及纸板；纸浆、纸或纸板制品	211	216	2.4	0.2
以上合计	133175	121015	－9.1	97.2

资料来源：中华人民共和国商务部国别数据网。

表 9　韩国企业 50 强

名次	公司名称	行业
1	三星电子	电子
2	现代汽车公司	汽车
3	新韩金融集团	金融
4	韩国电信（KT）	电信
5	LG 电子	电子

续表

名次	公司名称	行业
6	起亚汽车	汽车
7	SK 电讯	电信
8	SK C&C	电子
9	韩国电力公司	电力
10	KB 金融集团	金融
11	浦项制铁	钢铁
12	现代摩比斯	汽车
13	现代重工	重工
14	SK 能源	能源
15	哈纳金融集团	金融
16	GS Caltex	金融
17	三星 SDS	电子
18	LG U +	电子
19	三星消防和海上保险	保险
20	新韩银行	金融
21	KB Kookmin Bank	金融
22	SK 海力士	美妆
23	爱喜	烟草
24	现代工程建设	地产
25	LG Display	电子
26	KOGAS	电子
27	新韩卡	金融
28	友利金融集团	金融
29	三星人寿保险	保险
30	乐天百货	零售
31	斗山重工业集团	机械
32	易买得	零售
33	斗山公司	机械
34	LG 化学	化工
35	CJ Cheiljedang	制糖
36	韩泰	机械
37	哈纳银行	金融
38	三星卡	金融
39	韩国兴业银行集团	金融
40	乐天玛特	零售
41	三星 C&T 公司	电子
42	大韩航空	航空

续表

名次	公司名称	行业
43	兰芝	美妆
44	S－Oil	能源
45	韩华人寿保险	保险
46	新罗酒店	酒店
47	Kyobo 人寿保险	保险
48	NAVER	电子
49	KB 国民卡	金融
50	东部保险	保险

资料来源：Best Global Brands ｜ Brand Profiles & Valuations of the World's Top Brands 网站资料数据。

朝鲜

表 1　朝鲜国民经济主要指标

指标	2016 年
一、人口	
人口数量（万人）	2536.86
人口密度（人/平方公里）	210.46
二、经济增长	
GDP（亿美元）	285
人均 GDP（美元）	1123.44
GDP 增长率	3.9%
三、农业	
粮食产量（万吨）	481
四、对外贸易	
贸易总额（亿美元）	65.5
贸易增长率	4.7%
出口额（亿美元）	28.2
出口增长率	4.6%
进口额（亿美元）	37.3
进口增长率	4.8%
贸易收支（亿美元）	－9.1
贸易收支增长率	5.4%
五、汇率	
朝鲜元兑美元汇价	100 朝鲜元 ＝ 0.111 美元

资料来源：韩国统计局、韩联社。

表 2　朝鲜与中国贸易情况

单位：亿美元，%

指标	2016 年
贸易额	60.5
贸易增长率	6.1%
贸易逆差	7.9
贸易逆差增长率	6.1%
占朝鲜外贸总额比重	92.5%

资料来源：韩国统计局、全球经济数据网。

表 3　朝鲜主要产品进口情况

单位：亿美元

产品	金额
原油、精炼油等矿物油	4.4
电气设备	3.3
锅炉·机械类	2.8
汽车及其零部件	2.6

资料来源：韩国统计局、全球经济数据网。

蒙古国

表1　蒙古国国民经济主要指标

指标	2016年
一、人口就业	
人口数量（万人）	312.09
人口净增长率（%）	2.10
人口密度（人/平方公里）	1.99
新生儿（人）	77762
生育率（‰）	25.44
死亡人口（人）	18805
死亡率（‰）	6.15
登记失业人口（万人）	3.44
失业增长率（%）.	5%
二、经济增长	
GDP（亿美元）	111.83
人均GDP（美元）	3583.26
GDP增长率（%）	-4.82
三、财政金融	
财政收入（万亿图）	5.8521
财政收入增长率（%）	-2.2
财政支出（万亿图）	9.5199
财政支出增长率（%）	33.4
财政赤字（万亿图）	3.6678
财政赤字增长率（%）	320
广义货币供应量（万亿图）	11.98
广义货币供应量增长率（%）	19.2
蒙古币储蓄（万亿图）	5.77
蒙古币储蓄增长率（%）	6.1
外币储蓄（万亿图）	2.78
外币储蓄增长率（%）	42.7
国内银行贷款余额（万亿图）	12.4
国内银行贷款余额增长率（%）	6.1
逾期贷款（亿图）	9128
逾期贷款增长率（%）	6.9
不良贷款（亿图）	10828
不良贷款增长率（%）	24.5
总体债务额（亿美元）	237.85
总体债务额增长率（%）	11
政府负债（亿美元）	47.59
中央银行负债（亿美元）	17.29
其他金融机构负债（亿美元）	23.51
公司间债务（亿美元）	68.17
其他领域负债（亿美元）	81.28
股票市场总交易量（亿图）	4628.91
股票市场总交易量增长率（%）	-48.5
证券交易次数（万笔）	9708.29
证券交易次数增长率（%）	230
四、对外贸易	
贸易总额（亿美元）	82.75
贸易增长率（%）	-2.3
出口额（亿美元）	49.17
出口增长率（%）	5.3
进口额（亿美元）	33.58
进口增长率（%）	-11.6
贸易收支（亿美元）	15.59
贸易收支增长率（%）	180
五、汇率	
美元兑蒙图格里克汇率	1美元≈2145.53蒙图

资料来源：蒙古国家统计局、蒙古银行。

表2　主要产业情况

产业	2016年
一、农业	
谷物总产量（万吨）	48.35
谷物总产量增长率（%）	220
土豆产量（万吨）	16.53
土豆产量增长率（%）	1.0
蔬菜（万吨）	9.44
蔬菜增长率（%）	30.5
饲料作物（万吨）	127.54
饲料作物增长率（%）	24
二、畜牧业	
牲畜存栏量（万头）	6154.92

续表

产业	2016 年
牲畜存栏量增长率（%）	9.9
马（万头）	363.55
牛（万头）	408.09
骆驼（万头）	40.13
绵羊（万头）	2785.66
山羊（万头）	2557.49
三、工矿业	
工矿业总产值（亿图）	99432
工矿业总产值增长率（%）	14.1
矿业总产值（亿图）	70593
矿业总产值增长率（%）	20.5
制造业总产值（亿图）	20230
制造业总产值增长率（%）	－3.2
水电暖供应等产值（亿图）	8610
水电暖供应等产值增长率（%）	12.7
四、建筑业	
建筑业总产值（亿图）	20371
建筑业总产值增长率（%）	－17.9
住宅建筑产值（亿图）	6928
住宅建筑产值增长率（%）	36.5
非住宅建筑（工业、贸易、医院、学校等）产值（亿图）	6915
非住宅建筑增长率（%）	9.8
一般通用建筑（道路、桥梁、公共设施等）产值（亿图）	6072
一般通用建筑增长率（%）	－13
建筑维修产值（亿图）	455
建筑维修产值增长率（%）	－27.1
五、交通运输业	
运输业总收入（亿图）	12185.4
运输业总收入增长率（%）	12.1
运输货物（万吨）	4033.64
运输货物增长率（%）	12.6
运送旅客（亿人次）	2.64
运送旅客增长率（%）	1.5
公路运输收入（亿图）	4970.76
公路运输收入增长率（%）	11.8
公路运输货物（万吨）	2040.62
公路运输货物增长率（%）	22.3
公路运送旅客（亿人次）	2.61

续表

产业	2016 年
公路运送旅客增长率（%）	1.6
铁路运输收入（亿图）	4418.46
铁路运输收入增长率（%）	13.9
铁路运输货物（万吨）	1992.72
铁路运输货物增长率（%）	4.1
铁路运送旅客（万人次）	264
铁路运送旅客增长率（%）	－5.5
航空运输收入（亿图）	2793.85
航空运输收入增长率（%）	9.8
航空运输货物（吨）	3082.6
航空运输货物增长率（%）	8.6
航空运送旅客（万人次）	67.28
航空运送旅客增长率（%）	9.1

资料来源：中国驻蒙古国使馆经济商务参赞处。

表 3　蒙古国与中国贸易情况

单位：亿美元，%

指标	2016 年
贸易额	49.63
贸易增长率	－6.4
占蒙古国外贸总额比重	60.0
对中国出口贸易额	39.02
对中国出口贸易额增长率	－0.2
自中国进口贸易额	10.61
自中国进口贸易额增长率	－23.7

资料来源：中国驻蒙古国使馆经济商务参赞处。

表 4　蒙古国主要产品出口情况

产品	数量	金额（亿美元）
煤炭	2580.93 万吨	9.73
铜精粉	156.20 万吨	16.08
铁矿石	608.48 万吨	2.5
原油	801.59 万桶	3.37
锌精矿粉	12.60 万吨	1.45

资料来源：蒙古国统计局。

表 5　2016 年蒙古国企业 10 强

排名	企业名称
1	MCS 集团
2	TAVAN BOGD 集团

续表

排名	企业名称
3	APU 有限责任公司
4	NOMIN 公司
5	ORGIL 公司
6	MINII DE
7	TAVAN TOLGOL
8	OYU TOLGOL
9	B. CHINGUUN
10	LGUUR 公司

资料来源：蒙古国统计局。

附录二　2016年东北亚各国入选全球500强的企业

表1　2016年中国入选全球500强的企业

单位：百万美元

排名	上年排名	公司名称（中英文）	营业收入	利润
2	7	国家电网公司（STATE GRID）	329601.30	10201.40
3	4	中国石油天然气集团公司（CHINA NATIONAL PETROLEUM）	299270.60	7090.60
4	2	中国石油化工集团公司（SINOPEC GROUP）	294344.40	3594.80
15	18	中国工商银行（INDUSTRIAL & COMMERCIAL BANK OF CHINA）	167227.20	44098.20
22	29	中国建设银行（CHINA CONSTRUCTION BANK）	147910.20	36303.30
25	31	鸿海精密工业股份有限公司（HON HAI PRECISION INDUSTRY）	141213.10	4627.10
27	37	中国建筑工程总公司（CHINA STATE CONSTRUCTION ENGINEERING）	140158.80	2251.30
29	36	中国农业银行（AGRICULTURAL BANK OF CHINA）	133419.20	28734.90
35	45	中国银行（BANK OF CHINA）	122336.60	27185.50
41	96	中国平安保险（集团）股份有限公司（PING AN INSURANCE）	110307.90	8625
45	55	中国移动通信集团公司（CHINA MOBILE COMMUNICATIONS）	106760.60	10144.20
46	60	上海汽车集团股份有限公司（SAIC MOTOR）	106684.40	4740.90
54	94	中国人寿保险（集团）公司（CHINA LIFE INSURANCE）	101273.60	4170.30
57	71	中国铁路工程总公司（CHINA RAILWAY ENGINEERING）	99434.70	983.1
62	79	中国铁道建筑总公司（CHINA RAILWAY CONSTRUCTION）	95651.60	1105.80
81	109	东风汽车集团（DONGFENG MOTOR GROUP）	82816.70	1479.80
91	115	中国华润总公司（CHINA RESOURCES NATIONAL）	76573.70	2489.20
95	113	中国南方电网有限责任公司（CHINA SOUTHERN POWER GRID）	74696.90	2222.50
99	156	太平洋建设集团（PACIFIC CONSTRUCTION GROUP）	73046.90	3205.20
102	—	中国南方工业集团公司（CHINA SOUTH INDUSTRIES GROUP）	70080.90	1487.90
105	143	中国邮政集团公司（CHINA POST GROUP）	69636.70	4194.30
109	72	中国海洋石油总公司（CHINA NATIONAL OFFSHORE OIL）	67799.40	4608.10
110	165	中国交通建设集团有限公司（CHINA COMMUNICATIONS CONSTRUCTION）	67764	1708.80
116	77	来宝集团（NOBLE GROUP）	66712.40	-1672
119	174	中国人民保险集团股份有限公司（PEOPLE'S INSURANCE CO. OF CHINA）	64606.10	3109.60
121	272	中粮集团有限公司（COFCO）	64515.50	265.5
122	146	天津物产集团有限公司（TEWOO GROUP）	64232.30	160.2
129	228	华为投资控股有限公司（HUAWEI INVESTMENT & HOLDING）	62855.40	5872.90
130	107	中国第一汽车集团公司（CHINA FAW GROUP）	62852.40	3252.60

续表

排名	上年排名	公司名称（中英文）	营业收入	利润
132	160	中国电信集团公司（CHINA TELECOMMUNICATIONS）	61795.80	1715.70
134	144	中国兵器工业集团公司（CHINA NORTH INDUSTRIES GROUP）	61621.20	803.1
139	105	中国中化集团公司（SINOCHEM GROUP）	60655.80	-55.1
143	159	中国航空工业集团公司（AVIATION INDUSTRY CORP. OF CHINA）	60252.10	882.7
153	190	交通银行（BANK OF COMMUNICATIONS）	57068.20	10586.20
156	186	中国中信集团有限公司（CITIC GROUP）	55938.10	3763.50
160	207	北京汽车集团（BEIJING AUTOMOTIVE GROUP）	54932.90	1097.50
163	234	山东魏桥创业集团有限公司（SHANDONG WEIQIAO PIONEERING GROUP）	53026.10	1120.90
189	235	招商银行（CHINA MERCHANTS BANK）	48459.30	9180.80
190	247	正威国际集团（AMER INTERNATIONAL GROUP）	47795.10	1140.50
195	271	兴业银行（INDUSTRIAL BANK）	46446.40	7989.10
200	253	中国电力建设集团有限公司（PowerChina）	45606.80	1170.40
201	239	河钢集团有限公司（HeSteel Group）	45265.70	-203.6
202	231	联想集团（LENOVO GROUP）	44912.10	-128.1
205	276	中国医药集团（SINOPHARM）	44324.90	443.4
207	227	中国联合网络通信股份有限公司（CHINA UNITED NETWORK COMMUNICATIONS）	44085.10	552.4
217	224	中国华能集团公司（CHINA HUANENG GROUP）	43223.90	774.5
221	281	中国民生银行（CHINA MINSHENG BANKING）	42449	7337.40
227	296	上海浦东发展银行股份有限公司（SHANGHAI PUDONG DEVELOPMENT BANK）	42030	8052.30
229	342	中国华信能源有限公司（CEFC CHINA ENERGY）	41845	603.2
234	265	中国化工集团公司（CHEMCHINA）	41412.40	-131.8
251	328	中国太平洋保险（集团）股份有限公司［CHINA PACIFIC INSURANCE (GROUP)］	39335.80	2820.90
259	355	和硕（PEGATRON）	38238.90	750.2
262	240	中国铝业公司（ALUMINUM CORP. OF CHINA）	37995.50	-850.7
266	—	中国中车股份有限公司（CRRC）	37837.20	1880.60
267	315	冀中能源集团（JIZHONG ENERGY GROUP）	37816.60	-228
270	196	神华集团（SHENHUA GROUP）	37611.50	1390.50
273	282	怡和集团（JARDINE MATHESON）	37007	1797
275	218	宝钢集团有限公司（BAOSTEEL GROUP）	36607.90	398.5
281	371	中国船舶重工集团公司（CHINA SHIPBUILDING INDUSTRY）	36012.20	1307.70
290	326	中国冶金科工集团有限公司（CHINA METALLURGICAL GROUP）	35314.30	383.8
293	288	中国机械工业集团有限公司（SINOMACH）	35134.10	766.7
303	362	广州汽车工业集团（GUANGZHOU AUTOMOBILE INDUSTRY GROUP）	34440.30	497.9
309	391	中国能源建设集团有限公司（CHINA ENERGY ENGINEERING GROUP）	33223.30	539.9
311	258	绿地控股集团有限公司（GREENLAND HOLDING GROUP）	33023.60	1095.80
313	420	中国光大集团（CHINA EVERBRIGHT GROUP）	32901.40	2114.30
314	274	江苏沙钢集团（JIANGSU SHAGANG GROUP）	32751.40	141.7
318	344	新兴际华集团（XINXING CATHAY INTERNATIONAL GROUP）	32567.30	455.7

续表

排名	上年排名	公司名称（中英文）	营业收入	利润
322	341	大同煤矿集团有限责任公司（DATONG COAL MINE GROUP）	31958.20	-165.6
323	198	中国五矿集团公司（CHINA MINMETALS）	31883.20	-1679.80
325	380	陕西延长石油（集团）有限责任公司［SHAANXI YANCHANG PETROLEUM (GROUP)］	31754.90	-367.3
326	389	广达电脑（QUANTA COMPUTER）	31734.30	561.7
327	270	中国建筑材料集团有限公司（CHINA NATIONAL BUILDING MATERIALS GROUP）	31705.50	-142.1
328	354	江西铜业集团公司（JIANGXI COPPER）	31554.90	-57.1
329	366	中国电子信息产业集团有限公司（CHINA ELECTRONICS）	31537	176.3
331	345	中国华电集团公司（CHINA HUADIAN）	31436.80	1212.60
337	264	山西焦煤集团有限责任公司（SHANXI COKING COAL GROUP）	31038.50	76
342	403	国家电力投资集团公司（STATE POWER INVESTMENT）	30616.10	289.4
344	437	中国航天科技集团公司（CHINA AEROSPACE SCIENCE & TECHNOLOGY）	30554.40	1854.20
345	343	中国国电集团公司（CHINA GUODIAN）	30515.20	819.3
347	416	陕西煤业化工集团（SHAANXI COAL & CHEMICAL INDUSTRY）	30331.30	-247
349	—	中国船舶工业集团公司（CHINA STATE SHIPBUILDING）	30190.90	437.9
353	464	海航集团（HNA GROUP）	29562.10	234.9
356	—	万科企业股份有限公司（CHAINA VANKE）	29329.30	2883.20
359	339	物产中大集团（WUCHAN ZHONGDA GROUP）	29051.80	220.3
366	—	京东（JD.COM）	28847.10	-1492.30
370	358	潞安集团（SHANXI LUAN MINING GROUP）	28642.40	-277.2
374	409	山西阳泉煤业（集团）有限责任公司（YANGQUAN COAL INDUSTRY GROUP）	28309.50	-29.5
381	—	中国航天科工集团公司（CHINA AEROSPACE SCIENCE & INDUSTRY）	27867.30	1470.80
383	426	中国通用技术（集团）控股有限责任公司（CHINA GENERAL TECHNOLOGY）	27667.40	522.5
384	379	山西晋城无烟煤矿业集团有限责任公司（SHANXI JINCHENG ANTHRACITE COAL MINING GROUP）	27571.90	-153.9
385	—	大连万达集团（DALIAN WANDA GROUP）	27376.90	2431.20
386	390	中国有色矿业集团有限公司［CHINA NONFERROUS METAL MINING (GROUP)］	27188.90	-462.9
400	423	仁宝电脑（COMPAL ELECTRONICS）	26694.90	273.6
401	457	中国保利集团（CHINA POLY GROUP）	26675.30	839.6
403	472	台积电（TAIWAN SEMICONDUCTOR MANUFACTURING）	26575	9541.50
406	392	中国大唐集团公司（CHINA DATANG）	26440.10	183.5
408	—	中国电子科技集团公司（CHIAN ELECTRONICS TECHNOLOGY GROUP CORPORATION）	26410.40	1636.90
410	477	浙江吉利控股集团（ZHEJIANG GEELY HOLDING GROUP）	26303.80	286.6
426	373	山东能源集团有限公司（SHANDONG ENERGY GROUP）	25136.40	-27.7
427	—	新华人寿保险股份有限公司（NEW CHINA LIFE INSURANCE）	25128.50	1368.60
443	316	台湾中油股份有限公司（CPC）	24361.80	-44.6
456	467	友邦保险（AIA GROUP）	23274	2691
465	432	中国远洋海运集团有限公司（CHINA COSCO SHIPPING）	22965.40	1144.50

续表

排名	上年排名	公司名称（中英文）	营业收入	利润
468	471	国泰人寿保险股份有限公司（CATHAY LIFE INSURANCE）	22881.20	1204.90
473	—	长江和记实业有限公司（CK HUTCHISON HOLDINGS）	22714.80	15294.60
481	—	美的集团股份有限公司（MIDEA GROUP）	22173.50	2021.90
484	321	中国航空油料集团公司（CHINA NATIONAL AVIATION FUEL GROUP）	22101.20	334.3
489	402	首钢集团（SHOUGANG GROUP）	21513.70	-320.4
495	—	万洲国际有限公司（WH GROUP）	21209	786
496	—	恒大集团（EVERGRANDE REAL ESTATE GROUP）	21184.20	2474.10

资料来源：据“财富中文网”数据。

表2　2016年俄罗斯入选全球500强的企业

单位：百万美元

排名	上年排名	公司名称（中英文）	营业收入	利润
56	26	俄罗斯天然气工业股份公司（GAZPROM）	99464.40	12882
76	43	卢克石油公司（LUKOIL）	84676.90	4765.10
118	51	俄罗斯石油公司（ROSNEFT OIL）	64749	5810.40
199	177	俄罗斯联邦储蓄银行（SBERBANK）	45607.50	3654.80
478	404	俄罗斯外贸银行（VTB BANK）	22449.40	175.1

资料来源：据“财富中文网”数据。

表3　2016年日本入选全球500强的企业

单位：百万美元

排名	上年排名	公司名称（中英文）	营业收入	利润
8	9	丰田汽车公司（TOYOTA MOTOR）	236591.60	19264.20
36	44	本田汽车（HONDA MOTOR）	121624.30	2869.90
37	38	日本邮政控股公司（JAPAN POST HOLDINGS）	118762.10	3548.30
53	59	日产汽车（NISSAN MOTOR）	101536	4363.50
60	65	日本电报电话公司（NIPPON TELEGRAPH & TELEPHONE）	96133.90	6145.20
79	89	日立（HITACHI）	83583.50	1434
92	110	软银集团（SoftBank Group）	76468.60	3949.70
111	147	日本永旺集团（AEON）	67757.70	49.8
113	116	索尼（SONY）	67518.80	1231.10
114	138	日本生命保险公司（NIPPON LIFE INSURANCE）	67118	3360.80
128	131	松下（PANASONIC）	62920.80	1609.80
131	92	JX控股公司（JX HOLDINGS）	62510.60	-2319.90
135	142	日本第一生命保险（DAI-ICHI LIFE INSURANCE）	61090.10	1487
138	125	丸红株式会社（MARUBENI）	60809.90	518.6
151	132	三菱商事株式会社（MITSUBISHI）	57688.60	-1244.40
169	157	东芝（TOSHIBA）	52031.90	-3831.80
177	161	东京电力公司（TOKYO ELECTRIC POWER）	50561.10	1172.70
179	184	Seven & I控股公司（SEVEN & I HOLDINGS）	50098.60	1333.60

续表

排名	上年排名	公司名称（中英文）	营业收入	利润
191	201	三菱日联金融集团（MITSUBISHI UFJ FINANCIAL GROUP）	47599.80	7925
223	206	日本伊藤忠商事株式会社（ITOCHU）	42344.70	2002.30
231	256	MS&AD 保险集团控股有限公司（MS&AD INSURANCE GROUP HOLDINGS）	41757.50	1512
238	204	新日铁住金（NIPPON STEEL & SUMITOMO METAL）	40877.80	1211.30
243	243	日本三井住友金融集团（SUMITOMO MITSUI FINANCIAL GROUP）	39750.50	5386.80
245	213	三井物产株式会社（MITSUI）	39647.20	-694.8
248	251	富士通（FUJITSU）	39477.30	722.7
261	290	东京海上日动火灾保险公司（TOKIO MARINE HOLDINGS）	38142.70	2120.30
268	293	电装公司（DENSO）	37688.30	2034.60
271	267	日本 KDDI 电信公司（KDDI）	37201.90	4118.80
276	291	三菱电机股份有限公司（MITSUBISHI ELECTRIC）	36604	1903.30
284	263	日本明治安田生命保险公司（MEIJI YASUDA LIFE INSURANCE）	35622.60	1783.40
307	319	日本三菱重工业股份有限公司（MITSUBISHI HEAVY INDUSTRIES）	33709	531.7
308	350	住友商事（SUMITOMO）	33409.10	621
324	361	三菱化学控股（MITSUBISHI CHEMICAL HOLDINGS）	31845.60	386.9
332	334	佳能（CANON）	31400.90	1819.50
333	340	普利司通（BRIDGESTONE）	31318.10	2349.10
335	372	住友生命保险公司（SUMITOMO LIFE INSURANCE）	31099.90	550.8
371	337	日本钢铁工程控股公司（JFE HOLDINGS）	28585.60	280.4
373	429	马自达汽车株式会社（MAZDA MOTOR）	28376.20	1119.70
388	396	损保日本兴亚控股公司（SOMPO JAPAN NIPPONKOA HOLDINGS）	27123.30	1329.30
391	384	关西电力（KANSAI ELECTRIC POWER）	27037.70	1172.80
393	442	爱信精机（AISIN SEIKI）	27014.90	807.8
395	452	富士重工（Fuji Heavy Industries）	26924	3637.20
399	412	日本瑞穗金融集团（MIZUHO FINANCIAL GROUP）	26782.50	5588.80
402	465	大和房建（DAIWA HOUSE INDUSTRY）	26596.10	862.8
405	436	铃木汽车（SUZUKI MOTOR）	26494.20	971.8
412	307	日本出光兴产株式会社（IDEMITSU KOSAN）	26147.20	-299.8
424	454	Medipal 控股公司（MEDIPAL HOLDINGS）	25224.10	256.3
440	461	住友电工（SUMITOMO ELECTRIC INDUSTRIES）	24432	758
447	476	东日本旅客铁道株式会社（EAST JAPAN RAILWAY）	23883.10	2043.40
448	419	日本中部电力（CHUBU ELECTRIC POWER）	23773.60	1413.90
452	444	日本电气公司（NEC）	23499.80	572.7
492	—	阿弗瑞萨控股公司（ALFRESA HOLDINGS）	21460.90	291.3

资料来源：据“财富中文网”数据。

表 4　2016 年韩国入选全球 500 强的企业

单位：百万美元

排名	上年排名	公司名称（中英文）	营业收入	利润
13	13	三星电子（SAMSUNG ELECTRONICS）	177440.20	16531.90

续表

排名	上年排名	公司名称（中英文）	营业收入	利润
84	99	现代汽车（HYUNDAI MOTOR）	81320.20	5674.90
172	193	韩国电力公司（KOREA ELECTRIC POWER）	51804.50	11751.70
173	162	韩国浦项制铁公司（POSCO）	51751.90	151.7
180	175	LG 电子（LG ELECTRONICS）	49996.20	110
208	242	起亚汽车（KIA MOTORS）	43792.40	2326.30
237	210	韩国现代重工集团（HYUNDAI HEAVY INDUSTRIES）	40883.20	－1193.70
277	329	韩华集团（HANWHA）	36589.50	－252
294	—	SK 集团（SK HOLDINGS）	34992.30	4727.50
310	347	现代摩比斯公司（HYUNDAI MOBIS）	33195.60	2701.90
414	445	乐天百货（LOTTE SHOPPING）	25757.90	－338.8
429	473	LG DISPLAY 公司（LG DISPLAY）	25100.20	854.7
431	302	GS 加德士（GS CALTEX）	25060.70	859.4
439	456	三星人寿保险（SAMSUNG LIFE INSURANCE）	24500.70	1071.10
464	332	韩国天然气公司（KOREA GAS）	23038.70	282.3

资料来源：据“财富中文网”数据。

图书在版编目(CIP)数据

中国－东北亚国家年鉴. 2017 / 董伟俊主编. -- 北京：社会科学文献出版社，2020.4
ISBN 978－7－5201－5719－3

Ⅰ.①中… Ⅱ.①董… Ⅲ.①中国－2017－年鉴②东北亚经济圈－2017－年鉴 Ⅳ.①Z52②Z531

中国版本图书馆 CIP 数据核字(2019)第 229593 号

中国－东北亚国家年鉴（2017）

主　　编／董伟俊
执行主编／笪志刚
副 主 编／刘　爽　张凤林　任晓菲

出 版 人／谢寿光
责任编辑／胡庆英
文稿编辑／李惠惠　李蓉蓉　汪延平

出　　版／社会科学文献出版社・群学出版分社（010）59366453
地址：北京市北三环中路甲 29 号院华龙大厦　邮编：100029
网址：www.ssap.com.cn
发　　行／市场营销中心（010）59367081　59367083
印　　装／三河市东方印刷有限公司

规　　格／开 本：787mm×1092mm　1/16
印 张：48.5　字 数：1203 千字
版　　次／2020 年 4 月第 1 版　2020 年 4 月第 1 次印刷
书　　号／ISBN 978－7－5201－5719－3
定　　价／298.00 元